THEATERGESCHICHTE IN EINEM BAND

Peter Simhandl

Theatergeschichte in einem Band

Aktualisierte Neuauflage

Mit Beiträgen von Franz Wille und Grit van Dyk

Henschel

www.henschel-verlag.de
www.seemann-henschel.de

Bibliografische Information der Deutschen Nationalbibliothek
Die Deutsche Nationalbibliothek verzeichnet diese Publikation in der Deutschen Nationalbibliografie;
detaillierte bibliografische Daten sind im Internet über http://dnb.d-nb.de abrufbar.

ISBN 978-3-89487-593-0

© 2007 by Henschel Verlag in der Seemann Henschel GmbH & Co. KG, 3., überarbeitete Auflage

© für den Beitrag von Franz Wille by Franz Wille, Berlin 2007
(Dieser Beitrag ist eine Aktualisierung des bereits im Jahrbuch 1999 von *Theater heute*,
Friedrich Berlin Verlag, erschienenen Textes.)

© für den Beitrag von Grit van Dyk by Grit van Dyk, Berlin 2007

Die Verwertung der Texte und Bilder, auch auszugsweise, ist ohne Zustimmung des Verlags
urheberrechtswidrig und strafbar. Dies gilt auch für Vervielfältigungen, Übersetzungen,
Mikroverfilmungen und für die Verarbeitung mit elektronischen Systemen.

Lektorat: Jürgen Bretschneider
Lektorat der Beiträge von Franz Wille und Grit van Dyk: Wibke Hartewig
Gesamtgestaltung und Satz: Grafikstudio Scheffler, Ingo Scheffler, Berlin
Titelbild: Robert Wilsons *Die goldenen Fenster*, Münchner Kammerspiele 1982 (Ausschnitt).
© Oda Sternberg, München
Druck und Bindung: Westermann Druck, Zwickau
Printed in Germany

Gedruckt auf alterungsbeständigem Papier mit chlorfrei gebleichtem Zellstoff.

Inhalt

VORWORT

DAS THEATER VON DEN URSPRÜNGEN BIS ZUM BAROCK

Die Wurzeln des Theaters 12
Das griechische Drama und seine Aufführungsform 16
Drama und Theater im antiken Rom 34
Traditionelles Theater im Fernen Osten 39
Geistliches und weltliches Spiel im Mittelalter 54
Drama und Theater im Humanismus und in der Renaissance 61
Die Commedia dell'arte 69
Drama und Theater im Elisabethanischen England 75
Barocktheater in Italien und Deutschland 91
Spanisches Drama und Theater im »Goldenen Jahrhundert« 101
Drama und Theater der Französischen Klassik 108

DAS THEATER DES BÜRGERLICHEN ZEITALTERS

Die Entstehung des bürgerlichen Dramas 116
Europäisches Lustspiel im 18. Jahrhundert 123
Von der Wanderbühne zum Stehenden Theater 133
Drama des Sturm und Drang 141
Drama und Theater der Deutschen Klassik 149
Drama und Theater der europäischen Romantik 159
Theater des hohen Stils und Volkstheater in Wien 166
Das deutsche Drama zwischen Restauration und Revolution 175
Die Übernahme des Theaters durch das Bürgertum 182
Drama und Theater des Naturalismus 190
Drama und Theater des russischen Realismus 199
Drama des Impressionismus und Symbolismus 209

DAS THEATER DES 20. JAHRHUNDERTS IM DEUTSCHSPRACHIGEN RAUM

Das Theater Max Reinhardts 218
Drama und Theater des Expressionismus 224

Zeitstück und Volksstück in der Weimarer Republik 232
Erwin Piscators Politisches Theater 238
Bertolt Brechts Episches Theater 245
Drama und Theater im Nationalsozialismus 252
Drama und Theater im Exil 257
Das Theater der ersten Nachkriegszeit 260
Drama und Theater in der Deutschen Demokratischen Republik 268
Theater in der Bundesrepublik Deutschland während des Wiederaufbaus 288
Politisierung des Dramas: Parabel – Dokumentarstück – Kritisches Volksstück 299
Theater in der Bundesrepublik Deutschland im politischen Aufbruch 308
Drama und Theater der siebziger und achtziger Jahre im westlichen
deutschsprachigen Raum 321
Das Ende der Normalität. Einige Entwicklungen des Theaters
seit 1990 · *Von Franz Wille* 337

DAS THEATER DER AVANTGARDE

Die Theaterreform um 1900 362
Theaterentwürfe der italienischen Futuristen 376
Drama und Theater im russischen Futurismus 381
Das Theater der Russischen Revolution 386
Abstraktes und Mechanisches Theater 398
Theatrale Elemente im Dadaismus und Surrealismus 409
Antonin Artauds »Theater der Grausamkeit« 419
Das Living Theatre und die Off-Off-Broadway-Bewegung 424
Das »Arme Theater« des Jerzy Grotowski 432
Eugenio Barba und das Odin Theater 437
Peter Brooks Theater der Einfachheit 444
Ariane Mnouchkine und das Théâtre du Soleil 451
Happening – Fluxus – Wiener Aktionismus – Performance Art 459
Tadeusz Kantors »Theater des Todes« 470
Robert Wilsons Bildertheater 479
Welt-Theater um die Jahrtausendwende: Eine Annäherung · *Von Grit van Dyk* ... 489

ANHANG

Literaturverzeichnis 508
Personenregister 533
Register der Bühnenwerke 548
Bildnachweis 564
Die Autoren 567

Für Marianne, wen sonst...

Vorwort

Dieses Buch will knapp, übersichtlich und allgemeinverständlich die Entwicklung des Dramas und des Theaters in ihren Grundzügen beschreiben. Als Einführung für SchülerInnen und Studierende sowie für alle LiebhaberInnen des Theaters gedacht, faßt es die verschiedenen auf seine Gegenstände bezogenen Forschungsergebnisse zusammen und stellt sie in einen Kontext. Es verzichtet auf das Nachzeichnen der verschlungenen Wege der Erkenntnis, auf die Wiedergabe fachlicher Kontroversen und auf einen komplizierten Anmerkungsapparat. Die wichtigsten aus der Vielzahl von Untersuchungen, denen dieses Buch verpflichtet ist, sind in dem thematisch gegliederten Literaturverzeichnis aufgeführt; dieses soll Hilfestellung leisten bei der weiterführenden Beschäftigung mit den einzelnen Gegenständen. In diesem Sinne wurde bei der Auswahl berücksichtigt, daß die genannte Literatur leicht zugänglich und nicht allzu schwierig zu rezipieren ist. In der Bibliographie sind auch jene Veröffentlichungen ausführlich zitiert, die im Text nur mit einem Kurztitel angegeben sind. Die Abbildungen wurden so ausgewählt und plaziert, daß der konkrete Bezug zum Text gegeben ist. Einige Kapitel über das Theater der Avantgarde sind in ausführlicher Form bereits in dem vom Autor 1993 vorgelegten Buch »Bildertheater« erschienen.

Die Auswahl der behandelten Epochen und Themen richtet sich nach deren Relevanz für das Gegenwartstheater, die der Autoren und Stücke nach ihrer Bedeutung in den Spielplänen seit dem Zweiten Weltkrieg. Die moderne fremdsprachige Dramatik wird jeweils im Zusammenhang mit derjenigen Epoche der deutschen Theatergeschichte behandelt, in der sie prägend in Erscheinung trat. Wie jeder Epochen-Gliederung kann auch der hier vorgenommenen mit triftigen Argumenten widersprochen werden, zumal ihre Kategorien unterschiedlicher Herkunft sind. Wie für das Kind ist für den Wissenschaftler »die Schachtel ein Lieblingsspielzeug« (Egon Friedell); die Fülle der Erscheinungen zu ordnen und historische Abläufe zu gliedern, gehört aber auch zu seinen originären Aufgaben. Dabei ist die Gefahr gegeben, daß er das Material so auswählt, arrangiert und deutet, daß es sich in sein System einfügt. Die Schlüssigkeit ist dann nicht die der Historie, sondern die des Historikers. Was die Künste betrifft, kann dieser Tendenz der von Benedetto Croce in seiner »Estetica« formulierte Gedanke entgegenwirken, daß jedes wahre Kunstwerk letzten Endes unvergleichlich ist und nur in seiner »Inselhaftigkeit« begriffen werden kann.

Neben diesen allgemeinen Problemen der Geschichtsschreibung stellen sich dem Theaterhistoriker noch solche, die aus seinem besonderen Gegenstand resultieren. Streng genommen existiert dieser gar nicht. Die Aufführung, verstanden als ein Prozeß, der sich zwischen mindestens zwei leibhaftig anwesenden Menschen abspielt, verschwindet mit ihren Teilnehmern. Das Ereignis wird in diesem Augenblick Geschichte, egal ob es vor zwei Tagen oder zweihundert Jahren stattgefunden hat. Was übrigbleibt, sind Dokumente und Zeugnisse von mehr oder minder starker Ausdruckskraft: Beschreibungen und Kritiken, Regiebücher und Modelle des Bühnenbildes, Kostüme und Requisiten, Fotos und Videoaufzeichnungen. In dem auf Literatur basierenden Theater kommt natürlich dem Text als Relikt der Aufführung eine besondere Bedeutung zu, wenn auch sein Quellenwert ganz von der Art und Weise abhängig ist, in der die Theatermacher mit ihm umgegangen sind. Dennoch sah der Autor auch in diesem Faktum einen Grund, der Entwicklung des Dramas in dieser Theatergeschichte einen verhältnismäßig breiten Raum zu gewähren.

Die Grenzen des Theaters zur Lebensrealität wie zu den Schwesterkünsten werden hier in ihrer Unschärfe belassen, denn gerade von seinen Rändern her hat das Medium immer wieder wichtige Impulse zu seiner Erneuerung bekommen. Erst recht vermieden wird eine Begrenzung im Hinblick auf die Funktion. Besonders in der Vielfalt und im Wechsel seiner Aufgabenstellung hat das Theater seine Lebenskraft bewiesen. Mal ist es als moralische Anstalt in Erscheinung getreten, mal als Waffe im politischen Kampf, mal hat es jenseitige Welten beschworen, mal Reiche des Phantastischen errichtet; mal hat es seine Zuschauer belehrt und erbaut, mal unterhalten und von den Sorgen des Alltags abgelenkt.

Wie ihm das über zweieinhalb Jahrtausende immer wieder gelungen ist, soll in diesem Buch skizziert werden.

Das Theater von den Ursprüngen bis zum Barock

Die Wurzeln des Theaters

Das Phänomen Theater, wie es zuerst um 1500 v. Chr. im alten Ägypten, tausend Jahre später dann im europäischen Altertum und nach dessen Untergang im Fernen Osten faßbar wird, hatte seinen Ursprung in magischen Ritualen. Als deren bildnerische Darstellung sind die steinzeitlichen Höhlenzeichnungen von tanzenden Menschen in Tierverkleidung anzusehen. In dem (verglichen mit der historischen Zeit) riesigen Zeitraum der Magie, der sich bei manchen Naturvölkern bis in die Gegenwart erstreckt, war die natürliche Umwelt für den Menschen undurchschaubar. Sie erschien ihm als ein mit eigenem Willen begabtes Wesen, das es zu meistern galt. In magischen Ritualen bemühte er sich, die Dämonen des Regens oder des Meeres zu bannen, in Brauchspielen und Tänzen, wie sie sich rudimentär mancherorts bis heute erhalten haben, suchte er die Fruchtbarkeit des Bodens zu beschwören. Eine wesentliche Rolle spielte dabei die Maskierung von Gesicht und Körper als Mittel zur »Auslöschung« der eigenen Person, zur Transformation in den Zustand der Trance und Ekstase, des Aus-sich-Heraustretens. Der Tänzer war, im wörtlichen Sinne, »besessen« von dem Geist dessen, den er verkörperte. Die Rituale bestanden meist in der mimetischen Darstellung des herbeigewünschten Zustandes: Der Jäger imitierte das Tier, das er erbeuten wollte, der Krieger den besiegten Feind; der Bauer beschwor durch die Pflanzenverkleidung eine üppige Vegetation. Durch körpersprachliche Rituale suchte man sich die Geister der Ahnen gefügig zu machen. Im Laufe der Entwicklung kamen Aktionen hinzu, die sich auf die Beherrschung der Naturvorgänge am Menschen, auf die Geburt und die Menstruation (in ihrem geahnten Zusammenhang mit dem Mondwechsel) sowie auf Krankheit und Tod richteten. Ausgeführt wurden die rituellen Zeremonien meist von den Männern, denen aufgrund ihrer größeren Kraft die Hauptrolle bei der Unterwerfung der Natur zufiel und damit auch deren symbolische Beschwörung. Wenn Frauen überhaupt zugelassen waren, so beschränkte sich ihre Aufgabe auf die musikalische Begleitung der Vorgänge. Nur in matriarchalischen Kulturen, in denen die Frauen durch Ackerbau und Gartenarbeit die Ernährung des Kollektivs sicherstellten, waren auch die Rituale ihre Sache.

Aus dem kollektiven Clan-Wesen entstand im Laufe der Zeit eine auf Privatbesitz und hierarchischen Machtstrukturen basierende Gesellschaftsordnung, die sogenannte Ständegesellschaft. Damit änderten sich auch die Vorstellungen des Menschen von der Natur und dem Kosmos. Aus den Dämonen als Verkörperungen der Naturkräfte wurden menschengestaltige Götter. Diese suchte man nicht mehr durch körpersprachliche Befehle und Beschwörungen günstig zu stimmen, sondern durch Opfer und Gebete. In der Gestalt des Priesters schuf sich das Kollektiv eine Vermittlungsinstanz, die göttlich berufen und gesellschaftlich sanktioniert ist, den Gott auf Erden zu repräsentieren. In dem vom Priester vollzogenen Ritual wird der Gott auch für die gewöhnlichen Menschen gegenwärtig. Im Unterschied zu den Teilnehmern am magischen Brauchtum, die sich mit dem Gott unmittelbar identifizieren, weist im religiösen Ritual der Priester lediglich stellvertretend auf die Macht hin, die sich in ihm offenbart, selbst aber einer höheren Welt angehört. Die Gemeinde verhält sich dabei im wesentlichen passiv. Während der Priester etwas darstellt, stellt sie sich lediglich etwas vor. Entkleidet man dieses Verhalten seines religiösen Charakters, so entspricht es ganz und gar der Struktur von Theater. Dort tritt allerdings an die Stelle des verpflichtenden Glaubens an die Realität des Dargestellten die freiwillige Verabredung, die fiktive Realität des Spiels als echte zu akzeptieren. Voraussetzung für den Schritt dahin war selbstverständlich die Tatsache, daß der Mensch gelernt hatte, zwischen Sein und Schein zu unterscheiden, worin eine seiner größten Errungenschaften besteht.

Erste Belege für die Weiterentwicklung des Rituals zum Theater finden sich in der Kultur des Mittleren Reichs der Ägypter (2000-1500 v. Chr.). Aus der Inschrift einer Steinstele läßt sich der Ablauf eines Spiels zu Ehren des Gottes Osiris erschließen. Wie im christlichen Passionsspiel des europäischen Mittelalters wurde auch hier alljährlich an die Leiden, den Tod und die Auferstehung des Gottes erinnert. Die dargestellten Vorgänge lassen noch deutlich den Ursprung im Fruchtbarkeitskult erkennen: Osiris wird von seinem Bruder ermordet und zerstückelt, von seinem postum geborenen Sohn gerächt und wieder zum Leben erweckt. Begleitet wurden die von Priestern und hochgestellten Laien aufgeführten Spiele von stark rhythmisch akzentuierten Frauentänzen mit erotischem und akrobatischem Charakter, wie sie auch bei Festgelagen und Begräbnisszenen präsentiert wurden.

Genauere Kenntnisse über den Zusammenhang von Ritual und Theater konnten erst für die griechische Antike gewonnen werden. Die Entwicklung des einen aus dem anderen ließ sich zwar eindeutig nachweisen, doch ist bis heute umstritten, ob sich dieser Prozeß allmählich oder in Sprüngen vollzogen hat. Während die eine Forschungsrichtung, in der Folge von Friedrich Nietzsches epochemachendem Werk »Die Geburt der Tragödie aus dem Geiste der Musik«, selbst in den Aufführungen der klassischen Epoche noch das kultisch-religiöse Moment ausgeprägt sieht, betont die andere deren weltlich-politischen Charakter und damit die entwicklungsgeschichtliche Diskontinuität.

Diesen Standpunkt hat zum Beispiel Bertolt Brecht mit Vehemenz vertreten: »Wenn man sagt, das Theater sei aus dem Kultischen gekommen, so sagt man nur, daß es durch eben den Auszug Theater wurde. Aus den Mysterien nahm es wohl nicht den kultischen Auftrag mit, sondern das Vergnügen daran, pur und simpel.« (Bertolt Brecht: Werke. Bd. 23. S. 67) Hauptsächlich interessiert an den gesellschaftlichen Wirkungen des Theaters, suchte es Brecht also schon an den Wurzeln möglichst scharf von der Religion zu trennen. Damit steht er im Gegensatz zu seinem Antipoden Antonin Artaud, der sich von der Orientierung an der Antike gerade die Wiedergewinnung der metaphysischen Dimension von Theater erhoffte.

Fruchtbarkeitstanz, Elfenbeinküste

Das wichtigste Zeugnis für die Entwicklung des griechischen Theaters, wie sie sich im 6. und 5. vorchristlichen Jahrhundert in der Polis von Athen vollzogen hat, gibt Aristoteles in seiner »Poetik«. Dort findet sich der Hinweis, daß sowohl die Tragödie als auch die Komödie aus dem Brauchtum des Dionysos entstanden ist. Das Kultlied, in dem die Taten und Leiden des Gottes behandelt wurden, brachte der Sänger Arion um 600 v. Chr. in eine festgefügte Form und ließ es zur Begleitung des Aulos, eines Blasinstruments ähnlich unserer Schalmei, vortragen und tänzerisch gestalten. Die Darsteller waren mit Widderhörnern, Spitzohren, Hufen und Schwänzen als Satyrne und Silene, als die geilen und trunksüchtigen Begleiter des Dionysos, kostümiert. Das griechische Wort »tragodia« kann als »Gesang der Böcke«, aber auch als »Gesang um den Preis des Bockes« übersetzt werden. Unklar dagegen ist die Bedeutung des Wortes »Dithyrambos« für das Lied zu Ehren des Gottes, das (wie dieser selbst) aus dem phrygisch-thrakischen Raum in Kleinasien stammt.

Diese Herkunft wird durch den Mythos bestätigt: Dionysos soll zu Schiff aus der Fremde gekommen sein, als Eindringling, der Widerstände brechen mußte, bevor er allgemein anerkannt wurde. Mit Vehemenz bemächtigte er sich der Gemüter und zwang die Menschen in seinen Bann, verlieh ihnen das Gefühl schrankenloser Freiheit, versetzte sie in Ekstase und führte sie in die äußerste Spannung zwischen Jubel und Schmerz. Dionysos war umgeben von einem Schwarm von Begleiterinnen, die als »Mänaden« oder – nach dem lydischen Namen des Gottes – als »Bakchen« bezeichnet wurden. Nach dem Mythos führt der Gott die Frauen aus der abgeschlossenen Welt des häuslichen Alltags hinaus in die Wildnis und schlägt sie mit Wahnsinn. Sie zerreißen die Tiere des Waldes und verzehren das rohe Fleisch, töten sogar, wie es Euripides in seiner Tragödie *Die Bakchen* schildert, ihre eigenen Kinder. Solche orgiastischen Elemente werden auch im Kult des Dionysos eine Rolle gespielt haben; damit war eine kollektive Abreaktion unterbewußter

Dionysos und Mänaden.
Vasenbild, um 540 v. Chr.

Triebenergien verbunden. Der Mythos sagt, daß Dionysos, Sohn des Göttervaters Zeus und der thebanischen Königstochter Semele, gleich nach der Geburt von den Titanen verschleppt worden ist. Um sie irrezuführen, verwandelte er sich nacheinander in einen Ziegenbock, in einen Löwen, in eine Schlange, in einen Tiger und schließlich in einen Stier. In dieser Gestalt haben ihn dann die Titanen in Stücke gerissen und verschlungen. Der Kopf allerdings wurde von Rhea, der Mutter des Zeus, gerettet, und auch die wiederausgespienen Glieder fügten sich auf wunderliche Weise zusammen. Der auferstandene Dionysos fuhr auf in den Olymp und wurde in den Kreis der Unsterblichen aufgenommen. Der Mythos von Tod und Wiedergeburt verweist auf die Vorgänge in der Natur. Dionysos gilt als die göttliche Verkörperung der Fruchtbarkeit, als Lebensbringer, dem die Vitalsäfte Blut, Wein, Wasser und Sperma heilig sind; darum wurde er besonders von den Bauern verehrt.

Der Alleinherrscher Peisistratos, der um die Mitte des 6. Jahrhunderts v. Chr. die Macht in Athen an sich riß, förderte den Kult des Dionysos, um für seine Auseinandersetzung mit dem Adel die Unterstützung der armen Landbevölkerung zu gewinnen. Er ließ einen eigenen Stadtbezirk mit verschiedenen Heiligtümern des Gottes aufbauen und stiftete einige Feste zu seinen Ehren; bei den »Großen Dionysien« sind die Tragödien und bei den »Lenäen« die Komödien aufgeführt worden. Hinter dem Unternehmen des Peisistratos mag auch die Absicht gestanden haben, die orgiastischen Energien des Kultes in kontrollierte Bahnen zu lenken. Zur Ausgestaltung des Festes holte der Politiker einen gewissen Thespis, der mit seinem sprichwörtlich gewordenen Karren übers Land zog, um dithyrambische Lieder und Tänze darzubieten. Diese schöpften nun nicht mehr allein aus den Mythen um Dionysos, sondern auch aus den Geschichten über die Götter und Helden des schon ein halbes Jahrtausend zuvor untergegangenen Mykener-Reiches, wie sie nach langer mündlicher Überlieferung schließlich von Homer in seinen Epen »Ilias« und »Odyssee« schriftlich festgehalten wurden. Aus diesen Wurzeln schuf Thespis die Grundform der Tragödie, indem er einen Chor und den Vorsänger in ein dialogisches Verhältnis setzte. Obwohl von ihm nur einige Verse erhalten sind, kann man die auch in der ausgebildeten Tragödie noch erkennbare Struktur seiner Stücke erschließen: Ein unglückliches Ereignis wird zuerst nur erahnt, dann durch einen Botenbericht zur Gewißheit gebracht und schließlich vom Chor bejammert und beklagt.

In der »Poetik« äußert sich Aristoteles auch zum Ursprung der Komödie. Er führt sie zurück auf die »Phallos-Lieder« und weist darauf hin, daß von solchen Gesängen begleitete Umzüge auch noch zu seiner Zeit lebendiges Brauchtum waren. Für diese Erklärung spricht auch die Bedeutung des Wortes. »Komodia« bedeutet »Gesang des Komos«, und »Komoi« hießen jene Schwärme von jungen Männern, die zu Ehren des Dionysos Umzüge mit Gesang und Tanz veranstalteten und dabei meterlange Nachbildungen des Phallos mit sich herumtrugen. In kurzen, oft recht obszönen Versen verspotteten und rügten sie die Zuschauer. Sie schwärzten sich die Gesichter mit Ruß und vermummten sich zu halb tier-, halb menschenartigen Wesen. Dieser Brauch lebte weiter bis zu den Tierchören in den Komödien des Aristophanes.

Das griechische Drama und seine Aufführungsform

Die Zeitspanne eines Jahrhunderts genügte für den Aufstieg, die Vollendung und den Ausklang der griechischen Tragödie. Innerhalb von nur drei Generationen vollzog sich ein geistig-kultureller Prozeß, der synchron zur politischen Entwicklung der Stadt Athen und des von ihr beherrschten Territoriums verlief. Schon die antiken Gewährsleute haben das Leben der drei großen Tragiker in Beziehung gesetzt zur »Schicksalsstunde« der Polis von Athen, dem Sieg über die Perser in der Schlacht bei Marathon im Jahr 490 v. Chr.: Aischylos hat mitgekämpft, Sophokles soll als Jüngling den Siegesreigen angeführt haben und Euripides in diesem Jahr auf die Welt gekommen sein. Von den drei Autoren haben sich dreiunddreißig Dramen vollständig erhalten – angesichts der ungefähr tausend zur klassischen Zeit entstandenen Dramen eine verschwindend geringe Zahl. Diese Werke haben allerdings eine ungeheure Wirkung auf die abendländische Kultur ausgeübt. Bis in unser Jahrhundert gehörten sie zum Fundament der Bildung, auf dem die geistige und sittliche Erziehung der kulturtragenden Schichten des Abendlandes basierte. Seit dem Beginn der Renaissance sind sie Gegenstand produktiver Auseinandersetzung gewesen. Nicht nur für das Drama des Humanismus sowie der Französischen und der Deutschen Klassik, sondern auch für die Gattung der Oper haben sie als Muster gewirkt. Die griechische Tragödie und ihre Reflexion in der »Poetik« des Aristoteles wurden immer wieder – so heftig wie kontrovers – diskutiert, unter verschiedenen Aspekten gedeutet und zum Vorbild genommen. Noch Bertolt Brecht benutzte sie als Gegenbild bei der Entwicklung seines »anti-aristotelischen« Theaters. Antonin Artaud, der andere große Theaterreformer des 20. Jahrhunderts, sah in der antiken Tragödie ein Orientierungsmuster für sein »Theater der Grausamkeit«. Bedeutende Regisseure des Gegenwartstheaters ließen sich durch die Dramen der Antike herausfordern. Dramatiker wie Hugo von Hofmannsthal, Eugene O'Neill, Jean Giraudoux, Jean Anouilh, André Gide, Jean-Paul Sartre und Heiner Müller haben an den alten Themen und Figuren die Probleme ihrer Gegenwart abgehandelt; wie einst die griechischen Tragiker nutzten sie die Mythen, in denen sich eine versunkene Welt widerspiegelt, zur Erkundung und Darstellung der aktuellen Wirklichkeit.

Aus der Frühzeit der Tragödie haben sich nur ganz spärliche Textreste erhalten. Genauere Kenntnis besitzen wir erst über das Werk des Aischylos. Der als Sohn aristokratischer Eltern in Eleusis, nahe der Stadt Athen geborene Dichter beteiligte sich zu Beginn des »klassischen« 5. Jahrhunderts zum ersten Mal an einem Tragödien-Wettkampf und ging dabei einen entscheidenden Schritt über Thespis und dessen hypothetisch erschlossene »Ur-Tragödie« hinaus: Er stellte dem Chor einen zweiten Schauspieler gegenüber; ihm fügte Sophokles noch einen dritten hinzu. Über diese Zahl von Akteuren ist das griechische Theater nicht hinausgegangen; das hatte erhebliche dramaturgische Einschränkungen zur Folge: Nie durften mehr als drei Figuren gleichzeitig auf der Bühne sein, und zwischen den Auftritten mußte es genügend Zeit für einen Wechsel von Maske und Kostüm geben. Die Handlung entfaltete sich bei Aischylos nach dem immer gleichen Grundschema, an das sich auch seine Nachfolger hielten: Nach dem Auftritt des (meist mit dem Autor identischen) »Protagonisten«, des ersten Schauspielers, der in einem Prolog die Ausgangslage klarstellt, folgt das Einzugslied des Chores (»Parodos«) und darauf eine Szene zwischen den Einzelakteuren (»Epeisodion«). Dieser schließen sich im Wechsel Standlieder des Chores (»Stasimon«) und weitere Szenen an, bis am Ende der Chor mit einem Lied wiederum auszieht (»Exodus«). Die Sprechpartien sind in jambischen Trimetern, die »Arien« der Solisten und die Chorlieder in verschiedenen lyrischen Versmaßen gehalten. Im Unterschied zum Drama der Neuzeit spielt das dialogische Moment eine untergeordnete Rolle. Vor allem die gesungenen Passagen dienen eher dem Gefühlsausdruck als der Kommunikation mit den anderen Gestalten. Der Chor artikuliert Freude und Schmerz, Angst und Zweifel; er kommentiert das Geschehen und greift nur selten direkt ein. Durch seine Anwesenheit gewinnen selbst die intimsten Szenen zwischen den Figuren eine gewisse Öffentlichkeit; die für das bürgerliche Theater charakteristische Verinnerlichung ist ausgeschlossen. Bei den Aufführungen im Dionysos-Theater vertrat der Chor den Standpunkt der Polis-Gemeinschaft, deren Probleme hier öffentlich verhandelt wurden. Für die Bürger von Athen stellten sich in dieser Zeit radikaler politischer und sozialer Umbrüche eine Fülle fundamentaler Fragen, deren Lösungsmöglichkeiten am Modell der überlieferten Mythen durchgespielt wurden. Die Tragödie trug zur Ausbildung der Fähigkeit bei, die Dinge von verschiedenen Seiten zu sehen, die Alternativen gegeneinander abzuwägen und so auf rationalem Weg zu den notwendigen politischen Entscheidungen zu gelangen. Weil sich dieser Prozeß in der Öffentlichkeit des Theaters vollzog, ging davon eine integrative und demokratisierende Wirkung auf die attische Bürgerschaft aus. So ist das Theater des Aischylos und seiner Nachfahren als ein wichtiger Teil des Lebens in der Polis zu verstehen, als eine Angelegenheit der gesamten Bürgerschaft und nicht eine für spezielle Interessenten, wie das heute der Fall ist.

Für sein ältestes erhaltenes Stück, *Die Perser*, wählte Aischylos – abweichend von der Regel – keinen mythologischen, sondern einen zeitgenössischen Stoff: den Kampf der Griechen gegen die feindliche Großmacht. In diesem einzigen überlieferten Zeitstück der Antike singt der Dichter allerdings nicht das Loblied der siegreichen Athener, sondern schildert die Leiden der Besiegten. Aischylos führt seinen Landsleuten das Schicksal der Perser vor Augen, um sie vor Überheblichkeit zu warnen, vor jener Hybris, die den Griechen als Vergehen gegen die Götter erschien. In all seinen Tragödien warnt Aischylos davor; immer wieder stellt er dar, wie Maßlosigkeit, die gegen die gesetzten Ordnungen verstößt, zum Untergang führt. Weil die Menschen das immer wieder vergessen, müssen sie durch die Schicksalsschläge der Olympier daran erinnert werden. Zentrum aller Tragödien von Aischylos ist die Macht, die zum »ernsten Nachsinnen« zwingt und die Menschen »durch Leiden lernen« läßt. *Sieben gegen Theben*, ein Drama, das schon ein Zeitgenosse als »vom Kriegsgott erfüllt« charakterisiert hat, behandelt den Kampf der Ödipus-Söhne Eteokles und Polyneikes um die Macht in Theben. Die Brüder töten sich gegenseitig im Zweikampf, die Stadt aber wird gerettet. Am Schluß verkündet ein Herold den Befehl, den Leichnam des einen mit allen Ehren zu bestatten, den des anderen aber den Vögeln und den

Tanz eines Chores in der Tragödie.
Vasenbild, 4. Jh. v. Chr.

Hunden zum Fraß vorzuwerfen. Hier setzt die Geschichte der Antigone ein, wie sie dann Sophokles in seiner gleichnamigen Tragödie erzählen wird.

Die Schutzflehenden ist das am seltensten gespielte Drama des Aischylos. Hier steht der Chor ganz im Mittelpunkt, der von den Töchtern des Danaos gebildet wird. Ihre Flucht vor der Werbung ihrer Vettern gibt Anlaß zu einer Diskussion des Asylrechts, dem in der griechischen Antike eine hohe Bedeutung zugemessen wurde. Kaum aufgeführt wird auch *Der gefesselte Prometheus*, das Anfangsstück einer Trilogie über den Halbgott und Titanen-Sohn, der den Menschen, gegen den Willen des Zeus, das Feuer gebracht hat. Der Göttervater, der hier als herrschsüchtiger und grausamer Tyrann erscheint, hat ihn zur Strafe an einen Felsen des Kaukasus schmieden lassen, wo er ewige Qualen leidet. Dort erhält er Besuch von den Töchtern des Okeanos, die erst sein Schicksal beklagen, dann das der Io, die (von der eifersüchtigen Hera in eine Kuh verwandelt) auf der Flucht vor den Nachstellungen des Zeus durch die Welt hetzt. Prometheus prophezeit ihr, daß sie die Ruhe wiedergewinnen wird und zur Stammutter eines Geschlechtes ausersehen ist, aus dem Herakles erwächst, der ihn befreien und sein Leiden beenden wird.

Die Orestie ist die einzige vollständig erhaltene Tragödien-Trilogie. Aischylos behandelt hier den auch von seinen Nachfolgern aufgegriffenen Mythos des fluchbeladenen Atriden-Geschlechts, der erfüllt ist von den schrecklichsten Untaten. Entstanden in der Zeit der Entmachtung des aus Adeligen zusammengesetzten Areopags, des obersten Gerichtshofes von Athen, der Übertragung seiner wichtigsten Rechte auf die Volksversammlung, beschäftigt sich das Werk mit einem höchst brisanten Thema. Es zeigt, wie am Ende der Verkettung von Rache und Gegenrache der Wahnsinn des abwechselnden Mordens ein Ende findet. Der Muttermörder Orest wird vom Athener Gerichtshof – unter kräftiger Mithilfe der Stadtgöttin Athene – freigesprochen. Das alte System der Blutrache weicht einer neuen, durch die

Orest und die Erynnien.
Vasenbild, 4. Jh. v. Chr.

Bürgerschaft von Athen garantierten, auf göttlichem Willen beruhenden Rechtsordnung. Die Erynnien, rächende Muttergottheiten, weichen der aus dem Haupt ihres Vaters entsprungenen Göttin der Vernunft; von Athene versöhnt, werden sie zu den segenspendenden Eumeniden. Ein Prozeß, der sich in der Frühgeschichte Athens über Jahrhunderte hin erstreckt hat, erscheint in der *Orestie* zusammengedrängt auf die Dauer einer Theatervorstellung.

Außer den sieben Tragödien sind von Aischylos die Fragmente von drei Satyrspielen überliefert. In dem zur Trilogie um die Töchter des Danaos gehörigen Stück *Amymone* wird die Titelheldin beim Wasserholen im Wald von einem lüsternen Satyr belästigt, durch das Eingreifen des Meeresgottes Poseidon befreit und von diesem in Gestalt eines schönen Jünglings zur Geliebten genommen.

In den *Netzfischern* entdeckt der Chor der Satyrn in einem an Land gezogenen Netz einen Kasten, in dem Danae mit ihrem kleinen Sohn an der Brust ausgesetzt wurde. Es handelt sich also um die Sage des Perseus, die Aischylos hier aus naiv-heiterer Sicht erzählt. Die gleiche Grundhaltung begegnet in den *Isthmosfahrern*, in denen Satyrn und Silene bei sportlichen Wettkämpfen gezeigt werden.

Über Sophokles ist mehr bekannt als über Aischylos; das ist kein Zufall, sondern entspricht der gewachsenen Bedeutung des Individuums in der entwickelten Polis. Sein Leben umspannt fast das ganze 5. Jahrhundert. Der

Dichter stammte aus einer vornehmen Familie, erhielt eine gute Ausbildung und erlernte die ärztliche Kunst, womit er ein Priester des Asklepios wurde, des Gottes der Heilkunde. Politisch stand Sophokles dem Perikles nahe, der als anerkannter Führer der demokratisch eingestellten Partei anderthalb Jahrzehnte lang die Politik Athens maßgeblich bestimmte. Mit dessen Unterstützung und aufgrund des Erfolges seiner ganz auf das Wohl der Polis ausgerichteten Dramen wurde er mehrfach in hohe Staatsämter gewählt. Sophokles hat 130 Schauspiele geschrieben; davon sind sieben Tragödien sowie ein Satyrspiel mit dem Titel *Die Spürhunde* erhalten, in dem es um die Einsetzung der Musik durch die Götter Hermes und Apollon geht. Mit seinen Werken scheint der Dramatiker bei seinen Mitbürgern auf ein hohes Maß von Einverständnis gestoßen zu sein, denn in den Theaterwettkämpfen hat er achtzehn erste und zwölf zweite Preise errungen.

Der *Aias*, das älteste erhaltene Stück des Sophokles, berichtet vom Streit der griechischen Helden vor Troja um die Waffen des gefallenen Achilles. Aias erhebt Anspruch darauf, durch eine List werden sie aber dem Odysseus zugesprochen. So sinnt Aias auf Rache, will seine Kampfgefährten ermorden; doch Athene schlägt ihn mit einem Wahn, in dem ihm eine Viehherde als das Lager der Griechen erscheint, und er richtet ein Blutbad unter den Tieren an. Von der Raserei befreit, muß er einsehen, daß er nun der Lächerlichkeit preisgegeben ist, und er stürzt sich in das eigene Schwert. Das selten aufgeführte Stück steht noch den Werken des Aischylos nahe, ist am wenigsten charakteristisch für den Stil des Sophokles.

Im Zentrum der *Antigone* steht der Konflikt zwischen der Heldin und ihrem Onkel Kreon, dem Herrscher von Theben. Entgegen seinem Befehl begräbt sie den Leichnam ihres Bruders Polyneikes. Mit radikaler Unbedingtheit vertritt sie ihre Auffassung: »Nicht mitzuhassen, sondern mitzulieben bin ich da!« Dafür opfert sie sogar ihr Leben. Familiäre und religiöse Pflichten stehen hier gegen Staatsräson und Realpolitik. In Kreons Auffassung klingt manches objektiv und berechtigt; seine Maßlosigkeit zeigt sich erst im Laufe des Geschehens. Kreons Prinzipien sind die Ausgeburt einer starren Herrschsucht. Insofern muß Georg Wilhelm Friedrich Hegel widersprochen werden, der in seiner berühmten Interpretation die von Antigone und von Kreon vertretenen Grundsätze als gleichberechtigt ansieht.

Dem Schicksal von Antigones Vater hat Sophokles zwei Tragödien gewidmet. *Ödipus auf Kolonos*, eines der letzten Werke des Dichters, ist ein lyrischer Trauergesang. Der ihm stofflich vorausliegende *König Ödipus* gilt als das Muster eines »analytischen Dramas«. Bei diesem im vorigen Jahrhundert, vor allem von Henrik Ibsen, wieder aufgegriffenen Typus besteht der Inhalt des Dramas in der Enthüllung von verborgenen Ereignissen der Vergangenheit. Sophokles zeigt, wie bei dem von seinen Untertanen geliebten Herrscher und glücklichen Ehegatten langsam die Erkenntnis wächst, daß er seinen Vater erschlagen und mit seiner Mutter geschlafen hat. Der Schicksalwechsel (»Peripetie«) ist mit höchster Ausdruckskraft gestaltet. Der Spruch der Götter erfüllt sich, wie sehr sich der Mensch auch müht, ihm zu entgehen. Im Scheitern realisiert sich die tragische Existenz des Helden. Noch im tiefsten Unglück baut Ödipus auf die Kraft, mit der er angetreten ist, auf die Kraft des Erkennens, auch wenn sie zu seinem Untergang führt. Sich selbst blendend, wird er zum wahrhaft Sehenden.

Das Drama *Elektra*, das zu den Spätwerken des Sophokles zählt, behandelt den gleichen Mythos wie der zweite Teil der *Orestie* des Aischylos. Allerdings tritt hier das Motiv des Muttermordes und der Blutrache in den Hintergrund zugunsten eines anderen Themas: der Verlassenheit Elektras, ihres verzweifelten Hoffens auf die Rückkehr des Rächers in Gestalt ihres Bruders Orest. Nicht ganz so aussichtslos erscheint die Tragik im *Philoktet* des Sophokles. Ein »Deus ex machina«, ein Gott, der mit einer kranartigen Maschine auf die Szene geschwenkt wird, führt am Ende des Dramas den wegen seiner stinkenden Wunden auf einer einsamen Insel ausgesetzten Helden, zusammen mit Odysseus und Neoptolemos, die gekommen sind, um ihm seinen zur Eroberung Trojas notwendigen Wunderbogen und die vergifteten Pfeile abzulisten, zurück ins Lager der Griechen.

Während bei Aischylos der religiöse Charakter offen zutage tritt, ist Sophokles eher der »Tragiker des Menschen«. Die überpersönlichen Schicksalsläufe konzentrieren sich auf das Individuum, das nun in einer reicheren Innerlichkeit erscheint. Das Schicksal tritt dem Menschen gegenüber; er verstrickt sich tragisch darin, erhebt sich aber im Leiden zu innerer Größe. Wenn auch die Helden des Sophokles ihrer Bestimmung nicht entgehen können, so bleibt ihnen doch die Freiheit der Entscheidung; sie sind durch das Schicksal zu erschüttern, aber nicht zu brechen. Der Zusammenstoß zwischen ihrer Unbeugsamkeit und der Unabwendbarkeit des Fatums bildet das Zentrum der Tragödien. Dieser spannungsgeladene Grundkonflikt läßt sich nicht im epischen Ablauf der Trilogie darstellen wie die auf lange Zeitläufe und mehrere Generationen ausgedehnten Geschehnisse des Aischylos. Er verlangt vielmehr das in sich geschlossene, streng komponierte Einzeldrama. Deshalb stehen die Stücke der Trilogie bei Sophokles relativ unabhängig nebeneinander. Ihr Zusammenhang besteht manchmal nur mehr darin, daß sie Themen aus dem selben Mythenkreis behandeln.

Euripides, der jüngste der drei großen griechischen Tragiker, wurde als Sohn eines Gutsbesitzers auf der Insel Salamis geboren. Im Gegensatz zu seinen Vorgängern leistete er keinen Militärdienst und bekleidete keine politischen Ämter. Das ist kennzeichnend für die Spätzeit der griechischen Klassik, für die Kluft, die jetzt zwischen dem einzelnen und der Polis-Gemeinschaft entstanden war. Für die isolierte Stellung des Dichters in der Gesellschaft spricht, daß Euripides oft die Empörung und den Spott des breiten Publikums provoziert hat.

Als Vertreter der athenischen »Normalbürger« waren ihm auch die Preisrichter bei den Theaterwettkämpfen nicht besonders wohlgesonnen; nur viermal setzten sie ihn auf den ersten Platz. Wie sehr der Nachruhm des Dichters seine Anerkennung durch die Zeitgenossen überstrahlte, belegt die große Zahl der überlieferten Dramen. Achtzehn Stücke, mehr als von Aischylos und Sophokles zusammen, sind erhalten geblieben.

Die nicht einmal zwei Jahrzehnte, die Euripides später als Sophokles geboren wurde, bedeuten einen großen Schritt in der stürmischen geistigen Entwicklung der Polis von Athen. Um die Mitte des 5. Jahrhunderts v. Chr. setzte die Epoche der griechischen »Aufklärung« ein. Die neue sophistische Philosophie beruht auf der Überzeugung, daß man jedes Ding von zwei Seiten anschauen muß, daß alles sein »Für« und sein »Wider« hat. Die menschliche Erkenntnis selbst wird zum Gegenstand der Reflexion. »Der Mensch ist das Maß aller Dinge.« (Protagoras) Er soll selbständig denken und urteilen, ohne zu Götterlehren Zuflucht zu nehmen. Diese Auffassungen der Sophisten wendet Euripides auf das Drama an. Sein Verhältnis zu den Göttern und damit zu den auch von ihm als Stoffgrundlage der Tragödie fraglos akzeptierten Mythen ist ein skeptisch distanziertes, jedoch geht er viel freier damit um als seine Vorgänger. Mit Vorliebe greift Euripides auf deren weniger bekannte Varianten zurück. Das Verhalten der Götter mißt er an den sittlichen Normen, welche auch die Menschen seiner Zeit für ihr Zusammenleben setzten. Bei einem Vergleich schneiden die Götter schlecht ab; sie betrügen und hintergehen, handeln ungerecht und üben Verrat. Euripides stellt ihr Verhalten in Frage, leugnet aber nicht ihre Existenz. Die griechische Tragödie bleibt also auch bei ihrem aufgeklärtesten Vertreter gebunden an ihre religiöse Grundhaltung. Je stärker das Individuum in den Mittelpunkt des Interesses rückt, desto mehr verliert der Chor, das Sprachrohr der Polis-Gemeinschaft, an Bedeutung. Euripides behandelt ihn oft recht beiläufig. Für ihn sind die Vorgänge im Innern der Figuren, die seelischen Triebfedern des menschlichen Handelns, das wichtigste. Euripides ist der erste Psychologe des abendländischen Theaters. Sophokles soll den Unterschied zwischen sich und dem jüngeren Kollegen auf folgende Formel gebracht haben: »Ich stelle die Menschen so dar, wie sie sein sollen, Euripides dagegen, wie sie sind.«

Die Dramen des Euripides beginnen in der Regel mit einem von der Hauptfigur oder einem Gott gesprochenen Prolog, in dem die Voraussetzungen der Handlung skizziert werden. Das ist nötig, weil die Zuschauer mit der vom Autor gewählten Version des Mythos oft nicht vertraut sind. Die Versöhnung, mit der viele seiner Stücke enden, führt Euripides manchmal ziemlich willkürlich herbei. Im gegebenen Augenblick taucht der Deus ex machina auf, dem es selbstverständlich nicht schwerfällt, den tragischen Konflikt aufzulösen. Bei Euripides regiert nicht mehr das von den Göttern verhängte Schicksal, sondern »Tyche«, der blinde Zufall. An die Stelle der Erschütterung über die unabwendbare Erfüllung des göttlichen Willens, wie sie von den Dramen des Aischylos und des Sophokles ausgeht, treten bei dem jüngsten der drei Tragiker das Erstaunen über die Wunderlichkeit der menschlichen Geschicke und die Bestürzung über den jähen Wechsel des irdischen Glücks.

Das früheste erhaltene Drama des Euripides ist die *Alkestis*; dabei handelt es sich um eine »Tragödie mit glücklichem Ausgang«, wie sie der Dichter häufig im Anschluß an die Tragödien-Trilogie aufführen ließ – anstelle des Satyrspiels also, von dem sich aus der Feder des Euripides nur ein Beispiel, *Der Kyklop*, erhalten hat. Hier tritt die Titelheldin anstelle ihres Gatten freiwillig den Gang in die Unterwelt an, aus der sie dann von Herakles zurückgeholt wird. Im Unterschied zu seinen Vorgängern enthält sich Euripides weitgehend der stilistischen Überhöhung; er zeichnet vielmehr das realistische Porträt einer Frau und Mutter, deren letzter Gedanke der Zukunft ihrer Kinder gilt. Überhaupt ist der jüngste der großen griechischen Tragiker ein Meister in der Schilderung der weiblichen Psyche. In der *Medea* konfrontiert er eine von elementarer Kraft erfüllte Frauengestalt mit einem schwächlich-opportunistischen Ehemann. Die Enkelin des Sonnengottes erscheint hier als eine ganz und gar menschliche Frau; um so erschreckender ist es, wenn sie – von ihrer Umwelt dazu getrieben – ihre eigenen Kinder ermordet, um dann von Helios auf dem Sonnenwagen in den Olymp entführt zu werden. Die Leidenschaften, die in der Seele von Phädra toben, der Gattin des sagenhaften athenischen Königs Theseus, die sich in ihren Stiefsohn verliebt, von ihm aber abgewiesen wird und Selbstmord begeht, stellt der Dichter mit höchster Sensibilität in *Hippolytos* dar.

Der Höhepunkt des dramatischen Schaffens von Euripides fällt in die Zeit des Peloponnesischen Krieges. So ist es nicht verwunderlich, daß er immer wieder auf diese Thematik zurückkommt. In seinen Tragödien *Andromache*, *Hekabe* und *Die Troerinnen* behandelt er die Mythen um den Trojanischen Krieg, die vom stolzen Sieg der Griechen berichten. Bei Euripides aber hört und sieht man nichts vom heroischen Glanz, sondern wird mit einer Kette von Grausamkeiten konfrontiert. Eine Flut von Leiden bricht über die Besiegten herein, und auch den Siegern wird schweres Unheil prophezeit. »Denn wer zerstört, der schafft sich selbst den Untergang!« verkündet der Gott Poseidon in den *Troerinnen*.

Das Spätwerk des Euripides zerfällt in zwei Teile. Da sind einerseits die »phantastischen« und »romantischen« Werke wie *Iphigenie auf Tauris*, *Helena* und *Die Phönikerinnen*, die von Abenteuern in fremden Ländern und auf fernen Meeren berichten und durchwegs einen glücklichen Ausgang nehmen, und da sind andererseits die Tragödien im eigentlichen Sinne. Dieser Typus erscheint am deutlichsten ausgeprägt in *Elektra* und in *Orest*, wo die Verfolgung des Muttermörders durch die Rachegöttinnen ganz »modern« und psychologisch als Leiden unter Schuldgefühlen gezeigt wird. Der Schwanengesang des Euripides ist das im makedonischen Exil entstandene Drama *Die Bakchen*.

Agaue mit dem Haupt des Pentheus und Mänaden. Spätantikes Relief

Ihm liegt der Dionysos-Mythos zugrunde, aus dem sich einst die »Ur-Tragödie« entwickelt hat. Im Prolog verkündet der Gott den Thebanern, daß er gekommen ist, um ein Strafgericht über das herrschende Königsgeschlecht zu halten, weil es seinen Kult nicht zulassen will. Er hat bereits die Frauen in ekstatische Raserei versetzt, trotzdem leistet ihm der absolut rationalistisch eingestellte König Pentheus noch immer Widerstand. Dionysos verheißt ihm, er könne – in weiblicher Verkleidung – dem Treiben der Bakchen vor der Stadt zuschauen. Pentheus geht in die Falle und wird von den Weibern in Stücke gerissen. Seine eigene Mutter, vom Wahn geschlagen, kehrt mit seinem Haupt als Trophäe nach Theben zurück. Schließlich erkennt sie, daß sie ihr Kind getötet hat und verbannt sich selbst aus der Stadt. Der Chor anerkennt in seinem Schlußlied die Macht der Götter. Am Ausgang der Tragödie stehen also noch einmal die Mahnung vor der Hybris und der Hinweis auf die Religion als der Grundlage des griechischen Theaters.

Die »Poetik« des Aristoteles ist erst drei Generationen nach dem Tod des letzten großen Tragikers entstanden; es handelt sich also um ein im nachhinein aus vorliegenden Kunstwerken abgeleitetes Regelsystem. Die als Gedankenstütze für Vorträge gedachte Schrift beschränkt sich oft nur auf Stichworte und ist voller Sprünge und Brüche. Der ganze zweite Teil, in dem der Philosoph die Theorie der Komödie behandelt hat, ist verlorengegangen.

Aristoteles geht davon aus, daß die Tragödie – wie die Dichtung überhaupt – die Wirklichkeit nachahmen soll. Den Begriff der Nachahmung (»Mimesis«) hat er von Platon übernommen, dabei aber von einer allgemeinen Kategorie für handwerkliche Produktion in eine spezifische für das künstlerische Schaffen umgewandelt. Als zweiten Terminus zur Bestimmung des Wirklichkeitsbezuges der Dichtung führt er den der »Wahrscheinlichkeit« (»Eikos«) ein. Dem Dichter soll es um das Mögliche und das Allgemeine gehen, dem Historiker dagegen um das Tatsächliche und das Besondere. Darum hält Aristoteles die Dichtkunst für ein ernsthafteres und philosophischeres Geschäft als die Geschichtsschreibung. Nach seiner Auffassung muß der Dramatiker die Figuren und Vorgänge als allgemeingültige Modelle gestalten, die der Zuschauer auf seine eigene Wirklichkeit beziehen kann. Die Wirkungsabsicht der Tragödie bezeichnet er mit den Begriffen »Eleos« (Jammer) und »Phobos« (Schauder). Indem der Zuschauer die auf der Bühne dargestellten Affekte nacherlebt, soll er sich davon befreien. Aristoteles gebraucht für diese Abreaktion den Begriff »Katharsis«. Dieser stammt aus der Medizin, wo er die Ausscheidung schädlicher Substanzen bezeichnet. In der Kunst enthält die Katharsis eine orgiastisch-entspannende und eine sittlich-bildende Komponente; der Betrachter fühlt sich gleichzeitig erleichtert und geläutert.

In der Theaterkultur des antiken Griechenland herrschte eine scharfe Trennung zwischen der Tragödie und der Komödie. Nie hat sich ein Autor in beiden Gattungen versucht; nie haben Aufführungen beider Gattungen bei dem gleichen Anlaß stattgefunden; nie ist ein tragischer Schauspieler in einer Komödie aufgetreten oder umgekehrt. Schon im Altertum haben die Gelehrten eine Dreiteilung der griechischen Komödie vorgenommen. Die »Alte Komödie«, die vor allem durch die Kritik am öffentlichen Leben der Polis von Athen gekennzeichnet ist, wird repräsentiert durch neun Werke des Aristophanes. Zwei Dramen aus der Spätzeit des Dichters, die märchenhaft anmutenden Lustspiele *Plutos* und *Die Weibervolksversammlung*, werden bereits der »Mittleren Komödie« zugerechnet. Von der »Neuen Komödie« mit ihrer Konzentration auf die Privatprobleme der attischen Bürger sind lediglich ein vollständiges Stück von Menander sowie eine Reihe von Fragmenten erhalten. Angesichts der insgesamt ungefähr zweitausend in klassischer Zeit entstandenen komischen Dramen ist also die Materialkenntnis vergleichsweise noch geringer als bei der Tragödie.

Schon vor Aristophanes, der um die Mitte des 5. Jahrhunderts v. Chr. geboren wurde, muß es eine Komödien-Tradition gegeben haben, denn der Dichter schöpfte von Anfang an aus einem reichen Fundus von Formelementen. Die Spannweite der Sprache reicht von den feinsten Lyrismen bis zu den gröbsten Obszönitäten. Die Hauptteile sind der vom Helden gesprochene Prolog, die als »Agon« bezeichnete Streitszene zwischen den Vertretern von zwei sich grundsätzlich widersprechenden Prinzipien, die oft von den beiden Halbchören unterstützt werden, und der »Exodus«, der Auszug des Chores zu einem Mahl oder zum »fröhlichen Beischlaf«, wie es in einer Komödie des Aristophanes heißt. Das älteste Bauelement der Alten Komödie, die noch deren Ursprung aus brauchtümlichen Rügespielen erkennen läßt, ist die »Parabase«. In dieser vom übrigen Geschehen relativ unabhängigen Sequenz wendet sich der Chor, nachdem er die Masken abgelegt hat, direkt an das Publikum, erklärt ihm die Ansichten und Absichten des Autors, teilt Ermahnungen und Seitenhiebe gegen Politiker und Konkurrenten im Theaterwettkampf aus und erfleht schließlich die Hilfe der Götter.

Die produktivste Schaffensperiode des Aristophanes fällt in die Zeit des Peloponnesischen Krieges, der verheerende Folgen für den Zustand der Polis von Athen hatte: Die Demokratie verfiel zusehends, und ebenso die Ökonomie. Das Bewußtsein der Gefährdung aller materiellen und geistigen Errungenschaften aus der Blütezeit des Staatswesens ist in allen Werken des Komödiendichters spürbar. Daraus resultiert seine scharfe Kritik an einzelnen Persönlichkeiten wie an der generellen Ausrichtung des politischen und kulturellen Lebens.

In den *Acharnern*, dem ältesten erhaltenen Stück, für das Aristophanes im Komödienwettkampf der erste Preis zugesprochen wurde, tritt ein Bauer als Friedensheld auf. Der Beeinträchtigung seines Lebens durch die kriegerischen Auseinandersetzungen überdrüssig, schließt er einen Privatfrieden mit dem Feind. Die Partei der Kriegshetzer ist hier durch den im Laufe des Geschehens zum Pazifismus bekehrten Chor der Kohlenbrenner aus der Stadt Achai vertreten. Sie verhandeln mit dem General Lamachos, in dem der Autor das genaue Abbild eines Zeitgenossen gegeben hat. Der bleibt stur bei seiner militaristischen Grundhaltung und kommt darum auch nicht in den Genuß der Segnungen des Friedens. Am Ende schleppt er sich verwundet über die Bühne, während die anderen ein dionysisches Fest feiern. Schon in den *Acharnern* kündigte Aristophanes an, daß er sich im nächsten Stück mit einer anderen Persönlichkeit des öffentlichen Lebens auseinandersetzen werde, mit dem Politiker Kleon.

Die Ritter, wie die meisten Komödien des Aristophanes benannt nach dem Chor, ist eine Satire auf die Kriegstreiberei und Demagogie des Staatsmannes. Es wird vorgeführt, mit welchen Mitteln zwei rivalisierende Politiker das als »Herr Demos« personifiziert auftretende

Figuren aus der Alten Komödie. Vasenbild aus dem 5. Jh. v. Chr.

Volk umschmeicheln und auf ihre Seite zu locken versuchen.

Nach den Politikern nimmt der Autor in *Die Wolken* eine andere Person des öffentlichen Lebens, den Philosophen Sokrates, aufs Korn. In der beim Wettkampf durchgefallenen Komödie bringt ein biederer alter Athener, der über seinen Stand geheiratet hat und sich nun von seinem zur Jeunesse dorée gehörenden Sohn in Schulden gestürzt sieht, den hoffnungsvollen Sprößling in die Schule des Sokrates, damit er dort die Argumentationskünste lernt, mit denen man sich seinen Verpflichtungen entziehen kann. Der Dichter setzt sich hier ironisch mit dem Sophismus auseinander, der jedes Ding von zwei Seiten zu sehen lehrt. Fälschlicherweise stellt er Sokrates als dessen Wortführer hin, womit er nicht unwesentlich zum Todesurteil gegen den Philosophen beigetragen hat.

In Athen bestimmte man die Richter durch das Los. Weil es gut honoriert wurde, drängten sich die Bürger zu diesem Amt, und man versuchte, möglichst viele Prozesse in Gang zu bringen; das Denunziantentum blühte. Aristophanes machte die Prozeßwut seiner Landsleute zum Thema seiner Komödie *Die Wespen*. Hier richtet ein junger Mann seinem Vater ein Privatgericht ein, damit dieser seiner Leidenschaft frönen kann, indem er zum Beispiel den Streit zwischen zwei Hunden um ein Stück Käse verhandeln läßt.

Das Thema der beiden Komödien *Der Frieden* und *Lysistrate* ist die Sehnsucht der Athener nach einem Ende der jahrelangen kriegerischen Auseinandersetzungen. Im erstgenannten Stück ist ein Weinbauer die Hauptfigur, der – nicht auf dem Flügelroß, sondern auf einem Mistkäfer – zum Olymp fliegt; falls er abstürzt, will er seinen Phallos als Steuerruder benutzen. Mit Hilfe des Chores, der Vertreter aller griechischen Stämme herbeiruft, befreit er die vom Kriegsgott eingesperrte Friedensgöttin. Wieder auf die Erde zurückgekehrt, feiert der Bauer Hochzeit mit einer ihrer Begleiterinnen, der »Göttin der Herbstfrucht«. In der *Lysistrate* versammelt die Heldin Frauen aus den verfeindeten griechischen Poleis und überzeugt sie von ihrem Plan, die Männer durch einen Liebesstreik zum Frieden zu zwingen.

Als die schönste der erhaltenen Komödien des Dichters gilt *Die Vögel*. Dieses Spiel ist ganz erfüllt von Poesie; die Handlung erscheint reicher und auch straffer geführt als in den meisten anderen Komödien. Frustriert von der Prozeßwut ihrer Mitbürger, verlassen zwei Athener ihre Heimatstadt und gründen mit Hilfe des Königs der Vögel eine Kolonie, genannt »Wolkenkuckucksheim«. Weil die Vögel das Reich der Lüfte beherrschen, können sie die Versorgung der Götter durch die Opfergaben der Menschen unterbinden. So müssen die Olympier dem einen der emigrierten Athener, der sich zum Tyrannen über den neuen Staat aufgeschwungen hat, die Göttin Basileia, die Personifikation der Weltherrschaft, zur Frau geben.

Eine beliebte Zielscheibe der satirischen Polemik des Dichters war der Tragiker Euripides. In den *Frauen am Thesmophorienfest* klagte ihn Aristophanes, ganz und gar unberechtigt, der Feindschaft gegen das weibliche Geschlecht an.

Auch in den *Fröschen* kommt Euripides schlecht weg. In einem fiktiven Wettkampf, zu dem sich der Theatergott Dionysos als Schiedsrichter in die Unterwelt begeben hat, unterliegt er dem Aischylos, der die alten Ideale der Polis vertritt. Die Besinnung auf die Werte einer großen Vergangenheit erschien Aristophanes überhaupt als das Allheilmittel für das attische Gemeinwesen.

Als die Spartaner gegen Ende des 5. Jahrhunderts v. Chr. die Mauern von Athen stürmten, ging jene politisch-soziale Ordnung unter, der die Alte Komödie als satirisches Regulativ gedient hatte. Das Schaffen des Aristophanes reicht ein gutes Stück über den Zusammenbruch seiner Heimatstadt hinaus. In den beiden der Mittleren Komödie zugerechneten Werken *Plutos* und *Die Weibervolksversammlung* sind nicht mehr prominente Zeitgenossen die Hauptpersonen, und die Politik ist nicht mehr Gegenstand der Kritik, sondern Anlaß für phantastisch-märchenhafte Utopien. Der Spott des

Aristophanes verlor an Schärfe und Zynismus, an Treffsicherheit und Witz. Das zeigt sich zum Beispiel im Vergleich der beiden Frauen-Komödien. Während in *Lysistrate* durch alle Phantastik hindurch die Hoffnung auf einen Sieg der Vernunft sichtbar bleibt, wird in dem Spätwerk *Die Weibervolksversammlung* der Gegenentwurf ad absurdum geführt: Die Frauen ergreifen die Macht und verkünden das Programm eines Primitivkommunismus, in dem alles allen gehören soll – auch in der Liebe. Indem Aristophanes vorführt, wie ein junger Mann, der zu seiner Geliebten will, das Opfer alter Vetteln wird, verhöhnt er die von ihm selbst entworfene Utopie. Mit einem unrealisierbaren Wunschtraum beantwortet er in *Plutos* auch die von seinen Landsleuten immer dringlicher gestellte Frage nach einer gerechten Verteilung der Lebensgüter. Ein armer Bauer verschafft Plutos, dem blinden Gott des Reichtums eine Kur, durch die er sehend werden soll; seine Blindheit war nämlich schuld daran, daß er seine Gunst den Betrügern geschenkt hat. Davon geheilt, wird er nunmehr bei den guten Menschen Einkehr halten.

Überschaut man das Komödien-Werk des Aristophanes als Ganzes, so fällt in erster Linie die Verbindung von Realismus und Märchen-Willkür ins Auge. Beide Komponenten sind aufs engste miteinander verknüpft. Der private Friedensvertrag des Helden in den *Acharnern* zum Beispiel erscheint phantastisch, doch kommt er unter realen Umständen zustande und wird von realen Menschen durchgesetzt. Auch die Stadt der Vögel ist ganz und gar unwirklich, doch werden ihre Schutzmauern aus Stein und Mörtel erbaut. In der Verzerrung und Überhöhung sollen die Athener ihre eigene Realität wiedererkennen und gleichzeitig die Fehlentwicklungen durchschauen.

Das Schwinden der Verantwortung für das Allgemeinwohl zugunsten des materiellen Zweckdenkens der einzelnen spiegelt sich in der Entstehung der Neuen Komödie wider. Diese dramatische Gattung setzte um 320 v. Chr. ungefähr gleichzeitig mit dem Hellenismus ein. Bezeichnend für diese Periode ist das Ausgreifen griechischen Lebens über die alten Grenzen sowie das rasche Wachstum neuer wirtschaftlicher und geistiger Zentren. Im Mutterland träumte man immer noch von der autonomen, demokratisch regierten Polis, auch wenn in Wirklichkeit nicht mehr viel davon vorhanden war. Die griechischen Stadtstaaten verloren ihre Unabhängigkeit, mußten sich zuerst den Makedoniern unter Alexander dem Großen und dann den Römern unterwerfen. In dieser Situation verlor sich endgültig das Interesse für Politik; sie wurde nun zur Sache einzelner Personen. Die sozialen Gegensätze verschärften sich. Die Plebejer hatten Mühe, bei sinkenden Löhnen infolge wachsender Konkurrenz durch die Sklaven ihr Existenzminimum zu sichern. Es entstand aber auch, hauptsächlich in den Städten, eine breite besitzende Schicht, die nur darauf bedacht war, das ererbte Vermögen sicher und gewinnbringend anzulegen. Das Leben in Athen und in den anderen griechischen Poleis entwickelte sich zu einem »bürgerlichen Dasein«. Das war der Nährboden für die Neue Komödie, wie sie in Gestalt des Werkes von Menander überliefert ist. Genauere Kenntnis ist erst seit Anfang des 20. Jahrhunderts gegeben. Damals wurden in Ägypten Papyri mit den Resten einiger Komödien gefunden, die in Verbindung mit den Nachdichtungen der römischen Autoren Plautus und Terenz ein relativ genaues Bild ergeben. Nur ein Stück, *Der Menschenfeind*, ist vollständig überliefert und das erst durch einen Fund aus den fünfziger Jahren. Von einer zweiten Komödie, die den Titel *Das Schiedsgericht* trägt, sind ungefähr zwei Drittel erhalten. Eine schmale Materialbasis angesichts der über hundert Komödien, die der Dramatiker verfaßt hat.

Das Milieu und die Handlung sind bei Menander bestimmt vom Alltäglichen, Häuslichen und Familiären. Meist steht im Zentrum die Auseinandersetzung zwischen den Angehörigen der älteren Generation, deren Sinn auf die Wahrung der gesellschaftlichen Normen und auf die Erhaltung des Besitztums gerichtet ist, und den Jungen, die auf Liebschaften und andere Vergnügungen aus sind. Da sie aber unter chronischem Geldmangel leiden, suchen sie die Alten zu betrügen, meist mit Hilfe eines listigen Sklaven oder eines Parasiten. Die eine Partei bemüht sich, die andere zu überlisten und auszustechen. Menander zeichnet Menschen, die ihr Geschick in die eigene Hand nehmen. Wie ihre Vorbilder in der Realität des hellenistischen Zeitalters glauben sie nicht mehr an ein von den Göttern verhängtes Schicksal. Tyche, die Göttin des Zufalls, gilt jetzt als die oberste Instanz. So kann das, was heute mißlingt, morgen gut gehen. Die Menschen stecken sich Ziele, entwerfen Pläne und laufen dennoch ins Leere. Weil es die Lustspiel-Konvention so will, bringt aber Tyche alles zu einem guten Ende. Besonders gern überrascht sie mit einer zufälligen Wiedererkennung; ausgesetzte Kinder und ihre Eltern sowie getrennte Liebende treffen sich dank ihrer Vorsorge wieder.

In der Neuen Komödie mußte eine Vielzahl von Varianten ein- und desselben Handlungsschemas gefunden werden, was erhebliche Ansprüche an die Phantasie und die Kombinationsgabe der Autoren stellt. Menander verfügte darüber in hohem Maße, nicht nur in bezug auf die Fabelführung, sondern auch was die Menschengestaltung betrifft. Er läßt zwar die immer gleichen Figuren auftreten, entfaltet sie aber ganz individuell. Dabei sind ihm die psychologischen Erkenntnisse zustatten gekommen, die sein Lehrer Theoprast in seinem berühmten Werk »Die Charaktere« dargelegt hat. Als Standardfiguren begegnen bei Menander der mal gutmütige, mal strenge Hausvater und seine Ehefrau, der selbstverständlich liberaler als seine Eltern denkende Sohn, der listige Sklave, die großherzige Hetäre, der prahlerische Soldat, der verschlagene Koch, die treue Amme und schließlich der Parasit, der sich aushalten läßt und sich mit allerlei Späßchen dafür revanchiert. Die Individualisierung des Personals und die Privatisierung des Geschehens haben erhebliche Konsequenzen für die dramaturgische Form. Vor allem verliert in der Neuen Komödie der Chor als Sprachrohr der Gemeinschaft wesentlich an Bedeutung. Bei Menander stellt er nur mehr die Überleitung von einem Akt zum nächsten dar. Dementsprechend änderte sich auch die Inszenierungspraxis: Die vom Publikum im Dreiviertelrund umgebene Spielfläche der Orchestra, die eine gewisse Einheit der beiden Hemisphären des

Familienszene aus der Neuen Komödie. Relief aus dem 3. Jh. v. Chr.

Theaters garantierte, wurde kaum mehr genutzt. Das Bühnengeschehen verlagerte sich auf das Dach des Skenengebäudes, schloß sich damit ab gegen die Welt der Zuschauer und konstituierte sich als ein eigenständiges Reich der Fiktion. Die »vierte Wand« wurde eingezogen; allerdings ist sie noch viel durchlässiger als später im bürgerlichen Theater. So gesehen ist der Schnitt zwischen der Neuen und der Alten Komödie bedeutender gewesen als jener zwischen der antiken und der neuzeitlichen Bühne.

Sowohl die Tragödien als auch die Komödien der griechischen Klassik haben ihre erste (und meist auch einzige) Aufführung im Rahmen religiöser Feste erlebt. Die Athener feierten gerne und oft. In seiner Leichenrede auf die Gefallenen des Peloponnesischen Krieges wies der Staatsmann Perikles (quasi zum Trost der Angehörigen) darauf hin, daß über das ganze Jahr verteilt Zerstreuungen und Vergnügungen geboten und keinem die Teilnahme an den Schauspielen versagt würde. Generell förderten die Politiker Feste und Spiele, um ihre Strategien durchzusetzen. Indem man dem Volk die Möglichkeit bot, sich am Fleisch der Opfertiere satt zu essen und sich an den Aufführungen zu erbauen und zu unterhalten, konnte man seine Gunst gewinnen für die Entscheidungen in der Volksversammlung. Dem Gemeinwesen als Ganzem diente die Tragödie als Mittel der Selbstreinigung, und das Lustspiel funktionierte als Ventil für angestauten politischen Unmut. Die Aufführungen der Komödien fanden in erster Linie beim Frühlingsfest der Lenäen im Januar/Februar statt, die der Trauerspiele bei den Dionysien im März/April, wenn nach den stürmischen Wintermonaten die Seefahrt wieder aufgenommen werden konnte. Um diese Jahreszeit schickten die Bundesgenossen ihre Delegationen mit den Tributen nach Athen. Diese Gelegenheit nutzte die Stadt zur Selbstdarstellung: Die Überschüsse der Staatskasse wurden öffentlich vorgezeigt, um den Einheimischen wie den Gästen den Reichtum und die Machtfülle der Polis zu demonstrieren. Die Dionysien bildeten auch den Rahmen für politische Akte wie die Ehrung verdienter Männer oder die Übergabe einer auf Staatskosten hergestellten Rüstung an die Söhne gefallener Bürger.

Bevor das Fest begann, versicherte man sich durch einen symbolischen Akt der »Anwesenheit« des Dionysos. Aus einem Dorf in der Umgebung holte man sein Kultbild, brachte es in einen kleinen Tempel außerhalb der Stadtmauern und geleitete es dann nach Einbruch der Dunkelheit mit einem Fackelzug zum Heiligentum in der Nähe des Theaters. Am Morgen des ersten Festtages fand eine prächtige Opferprozession statt, in der hölzerne Phalloi mitgeführt wurden. Der Nachmittag war dem Wettkampf von Männerchören im Vortrag des Dithyrambos vorbehalten. Die folgenden vier Tage standen ganz im Zeichen des Theaters. Am ersten kamen fünf, später nurmehr drei Komödien, an den folgenden jeweils eine Tragödien-Trilogie mit abschließendem Satyrspiel zur Aufführung. Vor Beginn wurde ein Ferkel geschlachtet und sein Blut versprengt, um den Spielort und die versammelten Zuschauer zu entsühnen. Dann wurden aus den Vertretern der Stadtbezirke durch das Los die Schiedsrichter für den Wettkampf bestimmt. Am Schluß des Tragödien-Agon entschieden sie über den Sieg und die Plätze. Der Chor wurde ausgezeichnet; der siegreiche Autor wurde bekränzt und erhielt einen staatlichen Ehrensold, wie auch die übrigen im Wettkampf vertretenen Dramatiker. Ihre Namen wurden in Stein gehauen und so der Nachwelt überliefert. Am Tag nach dem Dionysos-Fest wurde eine Volksversammlung abgehalten, in der man den ganzen Ablauf diskutierte und Änderungsvorschläge beschloß. Wie alle wichtigen Vorgänge in der Polis von Athen unterlagen also auch die Theaterfeste der Kontrolle durch die Öffentlichkeit.

Die Dionysien waren ein Ereignis, an dem ein großer Teil der freien Bürger von Athen sowie Gäste aus den verbündeten Städten teilnahmen. Ob Frauen dabei waren, ist bis heute nicht geklärt. Sklaven hatten nur in Begleitung ihrer Herren Zutritt. Die männlichen Vollbür-

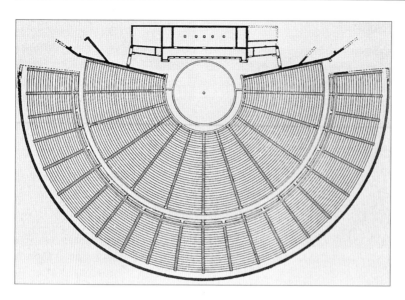

Grundriß des Theaters von Epidauros

ger saßen getrennt vom Rest des Publikums auf den besseren Plätzen und zwar geordnet nach Stadtbezirken. Alle Zuschauer kamen bekränzt und in Festtagskleidern. Man brachte sich etwas zu essen mit und einen gehörigen Vorrat Wein; schließlich war dieser Saft dem Gott geweiht, dessen Fest man feierte. Es herrschten eine recht gehobene Stimmung und eine große Bereitschaft mitzugehen; Zeitgenossen berichten von häufigem Szenenapplaus und Zwischenrufen. Aus dem Publikum kamen sachkundige Kommentare, denn die in den Tragödien behandelten Mythen waren ja allgemein bekannt und ebenso die aktuellen Themen der Komödien. Die Leistungen der Schauspieler wurden streng kritisiert; spielte einer besonders schlecht, drohte man ihm Prügel an. Der Eintrittspreis wurde von einem Privatunternehmer erhoben, der mit dem Ordnungsdienst betraut war. Weil Geldmangel kein Hindernis sein sollte, den Aufführungen beizuwohnen, wurde unter Perikles das »Theorikon« eingeführt, ein staatliches Ausgleichsgeld für den Verdienstausfall während der im Theater verbrachten Zeit.

Außerhalb von Athen sind für die klassische Zeit nur ganz vereinzelt Aufführungen nachgewiesen. Erst im 4. Jahrhundert v. Chr. breitete sich das Bühnenwesen über die ganze griechische Welt aus. Dabei lockerte und löste sich schließlich ganz die Bindung an den Kult und an die Polis-Gemeinschaft. In säkularisierter und entpolitisierter Form lebte die griechische Theaterkultur bis ins 1. Jahrhundert v. Chr. Allerdings brachte sie keine bedeutenden Dramen mehr hervor, sondern erschöpfte sich weitgehend in der Wiederaufführung des überlieferten Repertoires.

Die Vorbereitungen für die Theaterwettbewerbe in Athen nahmen mehr als ein halbes Jahr in Anspruch. Wenn der für die Durchführung des Festes verantwortliche Beamte, der »Archon«, sein Amt angetreten hatte, suchte er erst einmal von allen Dichtern, die sich beworben hatten, drei aus. Wahrscheinlich lagen ihm die Texte gar nicht vor, so daß er nur nach dem Ansehen entscheiden konnte, das sich die Autoren bei früheren Wettbewerben erworben hatten. Die nächste Aufgabe des Archons bestand darin, Bürger zu finden, die bereit waren, die erheblichen Kosten für die Einstudierung zu übernehmen. Normalerweise meldeten sich Bewerber für dieses als große Ehre und als Vorstufe zu hohen politischen Posten geltende Amt von sich aus. War das nicht der Fall, so mußte der Archon aus dem Kreis der vermögenden Athener einen »Choregen« bestimmen. Dieses Wort bezeichnete ursprünglich den Chorführer, wurde aber schon früh auf den Mäzen übertragen, der die Ausstattung der »Choreuten«, der Chorsänger, mit Kostümen und Masken sowie ihren Lebensunterhalt während der Probenmonate zu finanzieren hatte. Deren Zahl betrug in der Tragödie zwölf, später fünfzehn und in der Komödie vierundzwanzig. Die Einzelschauspieler honorierte der Staat. Dichter und Choregen wurden einander durch das Los zugewiesen. Die Chorsänger konnte sich der Chorege aus der Gesamtheit der freien Bürger von Athen auswählen. Niemand durfte sich der Aufgabe entziehen, wollte er nicht eine saftige Geldstrafe riskieren. Mit der künstlerischen Seite der Proben hatte der Chorege nichts zu tun. Das war in der Regel die Sache des Autors, der in der Anfangszeit sowohl sein eigener Regisseur als auch sein Hauptdarsteller gewesen ist. Als im Laufe des 4. Jahrhunderts Wiederaufführungen immer häufiger wurden, ging die Probenleitung an den Protagonisten über.

Die Uraufführung fast aller griechischen Dramen der klassischen Zeit fand in dem am Südhang der Akropolis gelegenen Dionysos-Theater von Athen statt. Dorthin hatte man die ursprünglich am Marktplatz angesiedelten Spiele zu Beginn des 5. Jahrhunderts verlegt. Von der in unmittelbarer Nähe des Dionysos-Tempels errichteten Anlage haben sich nur spärliche Reste erhalten. Immerhin ließ sich feststellen, daß von Anfang an die charakteristische Dreiteilung bestanden hat: Das Publikum saß zunächst einfach am Berghang, den man später aushöhlte und mit steinernen Bänken ausstattete. Für diesen Bereich gebrauchte man den Begriff »Theatron«, der dann auf die ganze Anlage übertragen wurde. Die kreisrunde »Orchestra« bildete den Aktionsraum des Chores; in der Mitte der Altar des Dionysos, der die Zuschauer ständig an den religiösen Charakter der Aufführung erinnerte. In der Tangente der Orchestra war die »Skene« angelegt. Das Wort bedeutet eigentlich »Zelt« und verweist auf die Vorform des (in der Frühzeit aus Holz und später aus Stein errichteten) Gebäudes, das als Umkleideraum und Requisitenkammer benutzt wurde. Aischylos bezog als erster die Fassade des Hauses als Hintergrund mit in das Spiel ein. Der schmale Streifen zwischen Skene und Orchestra, das »Logeion«, diente den Einzelakteuren als Spielfläche; bald erhöhte man es aus Sichtgründen um einige Stufen über das Niveau der Orchestra. Links und rechts wurde das Logeion durch zwei Seitenflügel begrenzt. Nach diesem Schema war auch das besterhaltene griechische Amphitheater, das von Epidauros, angelegt. In Athen ging man um die Mitte des 5. Jahrhunderts an einen grundlegenden Umbau des Dionysos-Theaters. Das Skenengebäude wurde aufgestockt; sein Dach diente jetzt als Ort für Göttererscheinungen. Die Orchestra rückte näher an den Hang, so daß der Zuschauerraum steiler ausgearbeitet werden mußte. Das Dionysos-Theater war harmonisch in die Landschaft eingebettet. Die Zuschauer konnten über das Geschehen hin weit in die Ferne schauen; in ihrem Rücken lag die Akropolis. Die Mittelachse verlief vom Nordwesten zum Südosten. Wenn am frühen Morgen das Spiel begann, warf also das Skenengebäude einen langen Schatten auf die Orchestra; die Choreuten standen im Gegenlicht. Im Laufe des Tages wurden dann die Sichtverhältnisse besser, doch am Nachmittag fiel schon wieder ein Schlagschatten der oberen Ränge auf die Orchestra. Ein anderer Grund für die relativ schlechten Sichtverhältnisse lag in der enormen Dimension der Anlage. Man hat errechnet, daß im Dionysos-Theater ungefähr vierzehntausend Menschen Platz gefunden haben. Die oberste Sitzreihe war ungefähr hundert Meter von der Spielfläche entfernt. Trotzdem konnte man jedes mit normaler Lautstärke gesprochene Wort an jeder Stelle des Zuschauerraums ausgezeichnet verstehen. Dieses Phänomen erklärt sich aus der Kombination verschiedener Faktoren: Durch die muschelförmige Höhlung wurde der Schall konzentriert und paßte sich, bedingt durch die aufströmende Warmluft, ihrer Krümmung an. Auch wurde ein Teil des Schalls durch das Skenengebäude reflektiert und verstärkt in das Auditorium gelenkt. Die gleiche Funktion erfüllte der Boden der Orchestra, den man deshalb mit geschliffenen Marmorplatten ausgelegt hatte.

Schauspieler mit Schaftstiefeln und Maske in der Hand. Vasenbild, 4. Jh. v. Chr.

Aristoteles berichtet in der »Poetik«, daß sich Sophokles als erster der Skenographie bedient hat, die Skene also mit Mitteln der Malerei ausgestalten ließ. Aischylos hat diese Praxis von seinen jüngeren Konkurrenten übernommen. Er engagierte den Maler Agatarchos von Samos, der mit dem Kunstmittel der Perspektive gearbeitet haben soll. In der Frühzeit beschränkte sich die Skenographie auf die bildnerische Gestaltung der Vorderwand des Bühnenhauses, vermutlich in Form schnell hingeworfener Linienzeichnungen. Erst für die hellenistische Spätzeit sind illusionistisch bemalte, auswechselbare Prospekte belegt. Ein wesentlicher Faktor bei der Inszenierung der griechischen Dramen waren die Maschinen. Auf dem »Ekkyklema«, einer aus der Mitteltür des Skenengebäudes herausrollbaren niederen Plattform, wurden in Gestalt lebender Bilder die ins Innere verlegten Mordszenen imaginiert. Die »Mechané«, eine kranartige Schwebevorrichtung, setzte man immer dann ein, wenn eine Figur von weither zum Ort der Handlung gebracht werden mußte oder wenn der Deus ex machina zu erscheinen hatte, um das Geschehen zu entwirren und zu einem guten Ende zu bringen.

Das Grundkostüm der Tragödien-Aufführungen war der »Chiton«, das auch im Alltag von Männern wie Frauen getragene Kleid, das aus einer rechteckigen Stoffbahn bestand, die mit Schulterspangen zusammengehalten und mit einem Gürtel in beliebiger Länge drapiert wurde. Von den weiblichen Gestalten wurde der Chiton meist knöchellang getragen und darüber ein Mantel, den man kapuzenartig über den Hinterkopf hochziehen konnte. Für die männlichen Figuren dagegen gab es ein spezielles Tragödien-Kostüm, das bis zum Boden reichte und (nach orientalischem Brauch) lange Ärmel hatte. Die Variation wurde nicht durch den Schnitt, sondern in erster Linie durch die Farbe und die Ornamentik erreicht. Über die Herkunft des Tragödien-Kostüms wurde viel gerätselt. War es das typische Kleid des Dionysos? Oder vielleicht die Festtracht aus der Entstehungszeit der Tragödie? Jedenfalls ließen sich im Stand wie in der Bewegung eindrucksvolle Wirkungen damit erreichen. Ebenso wie beim Gewand hat das griechische Theater auch bei den Schuhen eine vom Alltag abweichende Sonderform entwickelt, den »Kothurn«. Es handelte sich dabei um einen weichen, schmiegsamen, meist aus einem Stück hergestellten Schaftstiefel, der keine ausgearbeitete Sohle hatte, so daß er sowohl über den rechten als auch über den linken Fuß ge-

Schauspieler der Mittleren Komödie kostümieren sich. Vasenbild, 4. Jh. v. Chr.

Menander wählt Masken aus. Marmorrelief, 3. Jh. v. Chr.

zogen werden konnte. Für die Erfordernisse der Bühne war dieser Schuh sehr gut geeignet, weil er weder beim Schreiten noch beim Tanzen hinderte und außerdem die Schritte dämpfte, was bei der hervorragenden Akustik der Amphitheater wichtig war. Um die Gestalten schon in ihrer äußeren Erscheinung zu überhöhen, klebte man in der Spätzeit des griechischen Theaters unter den Kothurn eine bis zu dreißig Zentimeter dicke Sohle.

Während die Kostüme des Satyrspiels bis auf die Fellschürzen und die Phalloi der Choreuten denen der Tragödie ziemlich ähnlich waren, unterschied sich die Ausstattung der Komödien-Figuren wesentlich davon. Nicht statuarischer Prunk, sondern drastische Sinnlichkeit prägte das Erscheinungsbild: Unter einem fleischfarbenen Trikot waren Bauch und Hintern ausgestopft. Bei den männlichen Figuren deckte ein kurzer Chiton nur höchst unzureichend den künstlichen Penis, der als Relikt aus dem Dionysoskult den Darstellern zwischen den Beinen baumelte. Einen eigenen Bühnenschuh kannte das Komödien-Theater nicht. Seine Helden, meist kleine Leute, gingen wie im Alltag barfuß oder mit leichten Sandalen.

In allen Gattungen des griechischen Theaters traten sowohl die Choreuten als auch die Einzeldarsteller maskiert auf. Dieser Brauch entstammte den rituellen Ursprüngen des Theaters. Im Dionysos-Kult kam ihm eine ganz besondere Bedeutung zu, verlangte doch der Theatergott von seiner Gefolgschaft das Außersich-Sein, die Aufgabe der eigenen Persönlichkeit. Die griechischen Theatermasken bestanden aus Leinwand, die mit Kleister gesteift und dann bemalt wurde. Die männlichen Masken waren durch einen dunklen, die weiblichen durch einen hellen Teint gekennzeichnet. Wie ein Visierhelm bedeckten sie den ganzen Kopf. Die ältesten Abbildungen griechischer Masken stammen vom Beginn des 5. Jahrhunderts v. Chr. Sie zeigen einen ruhigen, verhaltenen Gesichtsausdruck. Das änderte sich im Laufe der Zeit; die Mundöffnungen wurden größer, der Ausdruck insgesamt pathetischer. In hellenistischer Zeit bildete sich ein Maskentypus heraus, der den Figuren durch einen hohen Haaraufsatz, den »Onkos«, eine übermenschliche Würde, aber auch einen schreckenerregenden Ausdruck verlieh. Wann die Differenzierung der Masken nach Alter, Stand und Charakter ein-

*Maske mit Onkos.
Nachbildung in Stein
aus hellenistischer Zeit*

setzte, ist nicht genau festzustellen. Jedenfalls trat im Hellenismus unter dem Einfluß der aufblühenden Porträtkunst eine Verfeinerung hin zur Charaktermaske ein. Die überlieferten Darstellungen von Szenen aus der Neuen Komödie zeigen das ebenso wie ein Relief, auf dem Menander bei der Auswahl der seinen Figuren entsprechenden Masken zu sehen ist. Bei den Komödienmasken zeigte sich der Hang zur Übersteigerung in den großen Augenhöhlen und den weit geöffneten Mündern.

Seit Aischylos den zweiten Schauspieler eingeführt hatte, mußte es Menschen geben, die nicht mehr als Dramatiker und Theatermacher gleichzeitig tätig waren, sondern ausschließlich als Darsteller. Der neue Berufsstand rekrutierte sich wohl in erster Linie aus dem Kreis der Choreuten. Das Prinzip des Wettkampfs führte schnell zu einer Professionalisierung und Spezialisierung. Auch in bezug auf die Darsteller gab es im griechischen Theater eine strenge Arbeitsteilung. Tragische Schauspieler traten niemals in Komödien auf, Komödien-Schauspieler nie in Tragödien. Auch die weiblichen Rollen wurden von Männern gespielt; Frauen kamen (ebenso wie Sklaven), schon wegen des religiösen Charakters der Spiele, als Akteure nicht in Frage. Die Begrenzung auf insgesamt drei Schauspieler hatte zur Folge, daß jeder Schauspieler in einer Tragödie mehrere Rollen spielen mußte; die Differenzierung wurde ihm natürlich durch den Wechsel der Maske erleichtert. Während in der Frühzeit die Zusammenarbeit von Dichter und Schauspieler im wesentlichen auf persönlichen Beziehungen beruht haben wird, teilte man später nicht nur die Choreuten, sondern auch die Einzeldarsteller den Dichtern durch Losentscheid zu. Anfangs mußte jeder Protagonist an einem einzigen Tag drei Hauptrollen hintereinander spielen; allmählich ging man jedoch dazu über, die Aufgaben gleichmäßiger zwischen den drei Akteuren zu verteilen. Die griechischen Schauspieler hatten als Diener des Gottes Dionysos beachtliche Privilegien. Sie waren vom Kriegsdienst befreit und genossen freies Geleit durch Feindesland, weshalb man sie gerne auch mit diplomatischen Missionen betraute. Im 4. Jahrhundert v. Chr. trat infolge der steigenden Zahl von Wiederaufführungen der Wettkampf der Schauspieler gegenüber dem der Dichter in den Vordergrund. Es bildeten sich »Stars« heraus, die in den Genuß öffentlicher Anerkennung und hoher Gagen gelangten. Die materielle Situation der Mehrzahl dürfte aber nicht rosig gewesen sein; sie besserte sich erst, als sich die an den Dionysien beteiligten Künstler zu einer Art Schauspielergewerkschaft zusammenschlossen.

Was die Spielweise des antiken Theaters betrifft, existieren fast nur Vermutungen. Aus den Texten kann man ersehen, daß das Bühnengeschehen in erster Linie verbal vermittelt wurde. Gerade die Höhepunkte der Handlung kommen nicht in der Bewegung und Gestik zum Ausdruck, sondern durch das Wort. Wenn im Text von mimischen Vorgängen die Rede ist, so konnte diese selbstverständlich keine Entsprechung im Visuellen haben. Drohte die Diskrepanz zwischen dem Wort und dem Ausdruck der Maske zu groß zu werden, verbarg der Schauspieler sein Gesicht in den Händen oder wandte sich ab. Die Dominanz des Wortes verlangte von den Schauspielern vollendete Leistungen in der Deklamation; sie mußten aber auch hervorragende Sänger und Tänzer sein. Das Bühnenwerk war ein außerordentlich komplexes Gebilde; Sprache, Musik und Tanz bildeten eine Einheit, von der man sich allerdings kaum ein konkretes Bild machen kann, weil die Überlieferung nur das erste der drei Elemente bewahrt hat; über die Musik, die hauptsächlich von der Flöte, von der Lyra und der Kithara dargeboten wurde, sowie vom Bewegungsstil ist wenig bekannt. Das gilt sowohl für die Tragödie als auch für die Komödie; bei letzterer dürfte alles bewegter und freier gewesen sein, bis hin zur grotesken Überzeichnung.

Drama und Theater im antiken Rom

Während die historische Leistung der Griechen vor allem in den Bereichen von Wissenschaft und Kunst lag, war die der Römer in erster Linie politischer Natur. Sie schufen ein Weltreich von bemerkenswerter Dauer und Stabilität. In der republikanischen Zeit waren sie mit dessen Eroberung beschäftigt, in der kaiserlichen mit dessen Beherrschung. Alle Energien richteten sich auf das Ökonomische, das Militärische und das Machtpolitische; die geistig-kulturelle Ausformung folgte erst an zweiter Stelle und stand weithin im Zeichen des Vorbildes der Griechen. Man übernahm die Prinzipien ihrer Philosophie und ihrer Religion, ihrer Literatur und ihres Theaters. Erst als die Römer in den Punischen Kriegen um die Mitte des 3. Jahrhunderts v. Chr. ihre mächtigsten Widersacher, die Karthager, unterworfen und die Vorherrschaft im westlichen Mittelmeerraum errungen hatten, fanden sie Muße und Energie, sich auch kulturellen Dingen zu widmen. So wurde das bis dahin nur aus Reiterspielen, Wagenrennen und Ringkämpfen bestehende Programm der »Ludi Romani«, der Feste zu Ehren des Hauptgottes Jupiter, um die Aufführung von Theaterstücken erweitert. Livius Andronicus, ein Kriegsgefangener aus der westgriechischen Kolonie Tarent in Unteritalien, erhielt den Auftrag, eine Tragödie und eine Komödie ins Lateinische zu übersetzen und bei den Spielen zu inszenieren. Zumindest für die literarische Seite der Aufgabe war er hervorragend qualifiziert, denn er hatte bereits die Odyssee des Homer ins Lateinische übertragen. Aufgrund dieser Leistung sowie seiner insgesamt vierzehn Adaptionen griechischer Dramen gilt Livius Andronicus als Stammvater der römischen Literatur. Von seinen Stücken, wie von denen der zwei Dutzend namentlich bekannten römischen Tragiker der republikanischen Zeit, haben sich allerdings nur spärliche Reste erhalten. Diese lassen erkennen, daß ebenso wie bei den Griechen fast ausschließlich mythologische Themen behandelt wurden.

Das römische Lustspiel ist mit den Namen von Plautus und Terenz verbunden. Beide Dramatiker haben auf das Muster der Neuen Komödie der Griechen, und zwar in erster Linie auf das Werk des Menander, zurückgegriffen, wobei sie nicht nur die ursprüngliche Atmosphäre, sondern auch den Schauplatz und das Kostüm beibehielten. Nach dem »Pallium«, dem griechischen Kleid, bezeichnete man die von ihnen geschaffene Komödienform als »Palliata«. Erst später entstand die »Togata«, das in die römische Verhältnisse transponierte und in dem entsprechenden Gewand dargestellte Lustspiel, von dem nur Fragmente überliefert sind. – Die Themen und Motive der zwanzig überlieferten Komödien des Plautus, der um 250 v. Chr. geboren wurde und vermutlich bis ins vierte Lebensjahrzehnt mit seiner Truppe über Land zog, ehe er sich dem Stückeschreiben zuwandte, ist außerordentlich vielfältig. Sein bekanntestes Werk ist das von Molière, Kleist, Giraudoux und Hacks als Vorlage benutzte *Amphitruo*; der Autor selbst hat es als Tragikomödie bezeichnet, denn die Lustspielfiguren treten hier gemeinsam mit den Helden und Göttern der Tragödie auf. Eine Sonderstellung nimmt auch das von Lessing besonders gerühmte Rührstück *Die Gefangenen* ein; hier gibt es keine Frauenrollen und damit auch nicht die für die Palliata typische Liebesintrige. In den übrigen Komödien des Plautus steht immer ein junges Paar im Zentrum; dessen nach vielen Irrungen und Wirrungen stets glücklich endende Geschichte erzählt der Autor in unterschiedlichen Stilen: In *Das Eselsspiel*, wo ein Vater als Nebenbuhler des eigenen Sohnes erscheint, dominiert das Derbe und Obszöne. Als Posse gibt sich die nach der Verkleidung der

Hauptgestalt benannte Komödie *Der Perser*, in der – gegen alle Regel – Sklaven als Liebhaber begegnen. Edle Gefühle und philosophische Gedanken kommen in der sentimentalen Familienkomödie *Das Dreigroschenstück* zum Tragen. Das Sich-Wiederfinden lange Getrennter bildet das Zentrum der *Kastenkomödie*. Witzige Betrügereien und raffinierte Intrigen bestimmen *Das Gespenst* und den oft nachgeahmten *Maulhelden*. In der *Goldtopfkomödie* zeichnet der Autor das Porträt eines Geizigen; Molière griff in seinem Charakterlustspiel auf dieses Werk zurück. Auch Shakespeare bediente sich bei Plautus; in seiner *Komödie der Irrungen* orientierte er sich an dessen Verwechslungskomödie *Die Zwillinge*. Ebenso wie die Themen und Handlungsstrukturen ähneln auch Plautus' Figuren denen seiner griechischen Vorlagen. Auch bei ihm gibt es die strengen und geizigen Väter, die leichtsinnigen Söhne, die gerissenen Dirnen und die edel gesonnenen Hetären, die listigen Schmarotzer, die prahlerischen Soldaten sowie die Wucherer und Kuppler, die Köche und Ammen. Die besondere Vorliebe des Plautus galt den verschlagenen, dabei aber treu ergebenen Sklaven, die oft geschickt die Fäden der Intrige ziehen. Meist sind sie ihren Herren geistig überlegen, oft üben sie Kritik an Mißständen, nie aber an der Sklaverei als solcher.

Angeblich wurde Publius Terentius, der aufgrund seiner libyschen Herkunft den Beinamen Afer trug, im Todesjahr des Plautus (185 v. Chr.) geboren. In jungen Jahren war er als Sklave in die Stadt Rom gekommen, wo ein Senator für seine Ausbildung sorgte und ihn schließlich in die Freiheit entließ. Als Fünfundzwanzigjähriger unternahm er, vermutlich um neue Komödienvorlagen zu beschaffen, eine Reise nach Griechenland, auf der er verschollen ist. Im Gegensatz zu Plautus, der - vor allem in den vielen eingestreuten Liedern - auf die Verhältnisse in Rom anspielte, bemühte sich Terenz um die möglichst getreue Vermittlung der griechischen Originale. Die sechs erhaltenen Stücke - *Das Mädchen von Andros*, *Die Schwiegermutter*, *Der Selbstquäler*, *Der Eunuch*, *Phormio*, *Die Brüder* – sind untereinander viel ähnlicher als die Werke seines Vorgängers. Sie behandeln durchweg Erziehungsprobleme, Konflikte zwischen den Generationen und Fragen des Zusammenlebens in der Ehe. Terenz achtet stärker als Plautus auf die Grenzen des im Sinne der Römer »Schicklichen«. Die alten Männer erscheinen bei ihm als respektable und wohlmeinende Väter, die sich redlich um das Glück ihrer Kinder bemühen. So verhalten sich auch die Söhne ihnen gegenüber einigermaßen manierlich, und die Sklaven benehmen sich nicht gar so dreist und unverschämt. An frivolen Dirnen findet Terenz wenig Gefallen; sein bevorzugter Frauentypus ist die edelsinnige Hetäre. Die Per-

Plautus: Der Maulheld. Wandzeichnung in Pompeji, 1. Jh. v. Chr.

sonen erscheinen psychologisch stärker durchgeformt und dadurch glaubwürdiger in ihrem Streben, auch wenn es letztendlich doch immer der Zufall ist, der ihr Schicksal bestimmt. Wie sein Vorbild Menander entwickelt Terenz die Komik unmittelbar aus dem Geschehen und erreicht so eine größere Geschlossenheit der Handlung und einen höheren Grad an Einfühlung beim Zuschauer. Das musikalische Element ist gegenüber der im gehobenen Umgangston vorgetragenen Rede stark in den Hintergrund getreten. Die Schimpfwörter und Obszönitäten, in denen Plautus geradezu schwelgte, sind fast verschwunden. Mit seinem gedämpften und differenzierten Stil hat Terenz einen wesentlichen Beitrag zur Ausbildung der lateinischen Literatursprache geleistet. Aufgrund der formalen wie der inhaltlichen Qualitäten wurden seine Dramen im Mittelalter zum Lesestoff der Klosterschulen; die Nonne Roswitha von Gandersheim gestaltete ihre im 10. Jahrhundert entstandenen biblischen Lesedramen nach diesem Muster. In der Renaissance wurden dann die Komödien des Terenz zum Ausgangspunkt für die Entwicklung des neuzeitlichen Lustspiels.

Von der Tragödie der römischen Kaiserzeit haben sich im wesentlichen die Werke des Philosophen Lucius Annaeus Seneca erhalten, der als Erzieher von Kaiser Nero auch Einfluß auf die Politik genommen hat. Von seinem Zögling wurde er der Verschwörung bezichtigt und zum Selbstmord gezwungen. Wahrscheinlich ist Senecas Ansehen als Hauptvertreter der Stoa, jener Geistesrichtung, die alles in der Welt als zugleich vernünftig und notwendig ansieht und die Überwindung der Leidenschaften als Voraussetzung für die Glückseligkeit begreift, der Grund dafür gewesen, daß gerade seine Dichtungen überlebt haben. Sechs der zehn Dramen des Dichters, von denen wir nicht wissen, ob sie für Aufführungen, zur Rezitation oder nur als Lesedramen konzipiert wurden, gehen auf Werke des Euripides zurück: *Der rasende Herkules*, *Die Troerinnen*, *Die Phönikerinnen*, *Medea* und *Phädra*; mit dem *Ödipus* folgte er dem Sophokles, mit dem *Agamemnon* der *Orestie* des Aischylos; nur für den *Thyestes* ist kein Muster überliefert. Seneca benutzt in seinen Dramen nicht nur die gleichen formalen Mittel wie die Griechen, sondern behandelt auch die gleichen Themen: die Gefährdungen der Mächtigen, die Bedrohung des Menschen durch das Schicksal, die Launenhaftigkeit des Glücks. Die seinen Tragödien zugrunde liegenden Mythen erzählt der Dichter einfach und geradlinig; er verzichtet auf die abenteuerlichen Verwicklungen, die kunstvoll gebauten Intrigen und die komplizierten Wiedererkennungen, wie sie besonders für die Dramaturgie des Euripides charakteristisch sind. Auffällig an seinen Werken sind das hochfliegende Pathos und die ausgiebige Schilderung von Grausamkeiten. Bei Seneca gibt es nur Extreme; jede Tat ist unerhört, jedes Gefühl äußert sich in Raserei. Die leidenschaftliche Selbstoffenbarung der Helden mit ihrer aufgesteilten Rhetorik beeindruckte die Dramatiker der Renaissance und des Barock mehr als die Gemessenheit der Gestalten in den griechischen Tragödien. So wurden die Werke von Seneca zum Ausgangspunkt für das neuzeitliche Trauerspiel.

Das anspruchsvolle Literaturtheater der Römer wurde während der Kaiserzeit immer stärker in den Hintergrund gedrängt von derbvolkstümlichen Spielformen, die ebenfalls auf Vorbilder der Griechen zurückgingen, wie sie in deren Kolonien auf der südlichen Apenninen-Halbinsel gepflegt wurden: auf die kurzen Improvisationen, die in deftiger Körpersprache Vorgänge des Alltags parodierten, auf die Mythen-Travestien, in denen die Götter in recht menschlichen Situationen vorgeführt wurden und auf die Phlyaken-Posse, ein grob-sinnliches Typentheater. Ähnlich strukturiert waren die nach einer unteritalischen Stadt benannten Atellanen-Spiele, deren Personal die stehenden Figuren des alten Trottels Pappus, des Einfaltspinsels Maccus, des Vielfraßes Dossenus und des kahlköpfigen Narren Bucco bildeten. Neben den durch Gesang und Tanz aufgelockerten Mimus-Spielen, wie sie im ganzen Imperium Verbreitung fanden, schufen die Römer die neue Gattung der Pantomime. Hier verkörper-

Doppelgesichtige Maske für Pantomimen-Spiele. Elfenbeintafel, 4. Jh. n. Chr.

te ein einzelner Darsteller durch Gestik und Bewegung die verschiedenen Rollen eines dramatischen Geschehens, während ein Rezitator oder ein ganzer Chor, begleitet von einem Orchester, die Texte deklamierte. Er wechselte die Maske oder benutzte eine solche, die durch Wendung des Kopfes ihren Ausdruck verändern konnte.

Im Gegensatz zum griechischen Theater mit seiner am Götterkult und an der Förderung des Gemeinwohls orientierten Funktion stand das Theater bei den Römern, zumindest in der Kaiserzeit, vor allem im Dienst des Machterhalts der Herrschenden und der Ablenkung des Volkes von der Politik. Der Gottesdienst spielte nur eine untergeordnete Rolle, beschränkte sich auf ein Opferritual am Anfang der Spiele. Zu den traditionellen »Ludi Romani« zu Ehren des Jupiter waren im Spielkalender der Hauptstadt immer mehr Theaterfeste hinzugekommen: die ebenfalls dem Hauptgott geweihten »Ludi Plebei«, die »Ludi Apollinares«, die für die Göttermutter Juno veranstalteten »Ludi Megalenses« und schließlich die »Ludi Florales«. Die Zahl der Spieltage erhöhte sich von vierzig zu Cäsars Zeiten auf über hundert pro Jahr in der Spätphase des Imperiums.

Den Charakter des römischen Theaters als Massenmedium belegt die Zahl der Theaterbauten. Zur Grundausstattung einer Stadt gehörte neben der als Amphitheater bezeichneten Arena, in der allerdings nur Tierhatzen und Gladiatorenkämpfe stattfanden, auch ein repräsentativer Bau, in dem die Theateraufführungen stattfanden. Nachdem man vorher im Freien gespielt hatte, auf einem als »Pulpitium« bezeichneten einfachen Holzpodium, das oft in der Nähe des Tempels jener Gottheit aufgeschlagen wurde, dessen Fest man gerade feierte, wurde der erste steinerne Theaterbau im Jahre 55 v. Chr. von Pompejus als Ort zur Verherrlichung seiner Siege in Auftrag gegeben. Dem Herrscherkult diente auch das von Augustus zum Gedenken an seinen Neffen gebaute Marcellus-Theater in Rom. Die ungefähr 250 Theaterbauten in den römischen Provinzen von England bis Nordafrika, von Spanien bis Kleinasien, waren in ihrer Grundstruktur am griechischen Muster ausgerichtet. Dank ihrer fortgeschrittenen Kenntnisse auf dem Gebiet der Statik waren die römischen Baumeister nicht mehr gezwungen, den Zuschauerraum an einem natürlichen Hang anzulegen, sondern konnten den Standort frei wählen. Mit der Konstruktion eines mehrstöckigen Auditoriums von tragenden Gewölben vollbrachten sie eine staunenswerte Leistung. Durch eine Vielzahl von Toren, über Treppen und durch gewölbte Gänge erreichten die Zuschauer ihre Plätze. Mit dem Wegfall des Chores im römischen Drama verlor die Orchestra ihre Bedeutung; sie wurde halbiert und als Sitzplatz für die Ehrengäste benutzt. Den Zuschauerraum gestaltete man – im Unterschied zum Dreiviertelrund der Griechen – als Halbkreis. Damit ergab sich eine gerade Trennungslinie zur Spielfläche hin, die sich bis heute in Gestalt der Rampe erhalten hat. Eine wichtige Neuerung war die Einführung des Vorhangs. Indem man die »Scenae frons«, die nach hinten abschließende Wand der Bühne, genausohoch baute wie den obersten Rang des Zuschauerraumes, ergab sich die Möglichkeit, die ganze Anlage zum Schutz gegen Sonne und Regen mit einer Plane zu überdachen. Auf diese Weise schufen die Römer den ersten geschlossenen Theaterbau. Den schlichten Hintergrund der griechischen Bühne entwickelten sie weiter zu

Ruine des römischen Theaters in Orange/Südfrankreich

einer monumentalen Schmuckwand, wie sie sich etwa im Theater von Orange in Südfrankreich erhalten hat. In die drei Tore konnten vermutlich perspektivisch bemalte Holztafeln eingeschoben werden, die den jeweiligen Schauplatz des Dramas kennzeichneten. Die Grundstruktur des römischen Theaters wurde wiederaufgenommen, als man mit dem »Teatro Olimpico« in Vicenza, dem ersten Theaterbau der Renaissance, das antike Vorbild zu rekonstruieren suchte.

Im antiken Rom herrschte eine verhältnismäßig strenge Trennung zwischen der Dramenproduktion und der Bühnenpraxis. Mit Ausnahme des Ahnherrn Livius Andronicus trat kein Dichter in seinen Stücken als Schauspieler auf. Schon in der Frühzeit entstand der Typus des wandernden Berufsschauspielers. Die kleinen Truppen, die sich unter der Leitung eines »Dominus gregis« zusammenfanden, spielten einerseits auf eigenes Risiko, andererseits gingen sie auch Abmachungen mit den für die Durchführung der offiziellen Spiele verantwortlichen Beamten (»Ädilen«) ein, die ihnen ein Pauschalhonorar garantierten. Während bei den Griechen die Mimen als »heilige Leute« galten, war ihr Ansehen bei den Römern gering.

Mit Ausnahme der Mimus-Spiele waren Frauen nicht zugelassen; dort wäre ein Spielverbot problematisch gewesen, denn dieses Genre wurde – als einziges – ohne Masken gespielt. Unter den Akteuren überwogen die Angehörigen der unteren Schichten, vor allem die Sklaven, die oft freigelassen wurden, wenn sie Erfolg hatten. Einige »Stars« unter den römischen Schauspielern gelangten zu Prominenz und Reichtum; der Rest aber lebte in ziemlich unwürdigen Verhältnissen. Mit der Beschaffung der Kostüme und Masken, die sowohl bei der Tragödie als auch bei der Komödie denen des griechischen Theaters ähnlich waren, beauftragten die Ädilen einen Privatunternehmer. Der Besuch der Festspiele war für römische Bürger gratis; nur Fremde hatten einen »Obulus« zu entrichten. Wenn sich mehrere Truppen um die Aufführungen bei den Festen bewarben, veranstaltete man Probeaufführungen, um die beste herauszufinden. Bei den Festen selbst gab es, im Unterschied zu Athen, keinen Wettbewerb. Auch die in der griechischen Klassik geltende Regel, daß nur neue Stücke aufgeführt werden dürfen, war in Rom unbekannt.

Traditionelles Theater im Fernen Osten

Während es in Europa zwischen dem Untergang des antiken Bühnenwesens und der Entstehung des geistlichen Spiels aus der Liturgie der christlichen Kirche so gut wie kein Theater gab, entfaltete sich im Fernen Osten ein Reichtum an theatralen Erscheinungen, die sich in ihren Grundformen bis in die Gegenwart erhalten haben. Mit der schier unglaublichen Stabilität der Überlieferung steht das asiatische Theater in direktem Gegensatz zum abendländischen, dessen Entwicklung in erster Linie durch steten Wandel und seit dem Beginn der Neuzeit zunehmend durch Brüche und Sprünge gekennzeichnet ist. Spätestens seit der Mitte des ersten nachchristlichen Jahrtausends existierte auf dem indischen Subkontinent ein rituelles Tempeltheater; um 750 n. Chr. wurden in China schon professionelle Darsteller für ein gleichzeitig erbauliches und unterhaltendes Volkstheater ausgebildet; in Japan übernahm man bald darauf zusammen mit dem Buddhismus religiöses und weltliches Spielgut von den Chinesen, das Verbindungen einging mit den einheimischen shintôistischen Kultspielen. Das Festhalten an der Tradition steht sicher in Zusammenhang mit dem Brauch, die Geheimnisse der Schauspielkunst innerhalb der Familie von einer Generation zur nächsten weiterzugeben. Schon als Kinder haben die asiatischen Schauspieler und Tänzer die komplizierten Bewegungskonventionen erlernt, die das Wesen ihrer Kunst ausmachen.

Wegen der Privilegierung der Körpersprache gegenüber der Wortsprache und der Künstlichkeit der Zeichensysteme haben viele westliche Theaterleute des 20. Jahrhunderts das traditionelle Bühnenwesen des Fernen Ostens zum Gegenbild des realistischen Literaturtheaters erkoren und ihre Konzeptionen daran orientiert. Das reicht von Edward Gordon Craig, dem Protagonisten der antinaturalistischen Theaterreform, über die russischen Avantgardisten Wsewolod Meyerhold, Sergej Eisenstein und Alexander Tairow bis zu Antonin Artaud, dessen Vision einer neuen metaphysischen Bühnenkunst vom balinesischen Tanztheater inspiriert war, und auch bis zu Bertolt Brecht, der in der chinesischen Schauspielkunst schon seinen Verfremdungseffekt vorgebildet sah. In der jüngsten Vergangenheit haben vor allem Jerzy Grotowski und Eugenio Barba sowie Peter Brook und Ariane Mnouchkine Anregungen aus dem traditionellen Theater des Ostens bezogen.

Das klassische Tanztheater der Inder wurzelt in Kulten und Ritualen des Hinduismus mit seiner Lehre von der Seelenwanderung und dem damit gerechtfertigten Kastenwesen sowie seinem Glauben an menschengestaltige Götter. Welch hohe Bedeutung in dieser Glaubenslehre dem Tanz zugemessen wird, zeigt sich schon darin, daß der Hauptgott Brahma als dessen Schöpfer, und Shiva, der »Zerstörer alles Bösen«, als »Herr der Tänzer« angesehen wird. Auch die übrigen hinduistischen Götter lieben den Tanz. So huldigten ihnen die Menschen, indem sie die Tempel mit entsprechenden Bildwerken zierten und tänzerische Darbietungen zu ihren Ehren veranstalteten. In eigens zu diesem Zweck errichteten Hallen innerhalb der Tempelbezirke vollzogen junge Mädchen unter Anleitung ihrer geistlichen Lehrer, der »Gurus«, bewegte Rituale und Zeremonien, aus denen sich bald regelrechte Tanzspiele entwickelt haben. Die Tänzerinnen der Frühzeit waren zugleich Prostituierte. In einem Sittenspiegel ist festgelegt, daß sie jedem Mann, der ihnen die Frage stellt »Wem gehörst Du?« zu antworten haben: »Dir gehöre ich!« Das klassische indische Theater speiste sich aber nicht nur aus religiösen Quellen, sondern auch aus den volkstümlichen Darbietungen fahren-

Gott Shiva. Bronzeskulptur, 13. Jh. n. Chr.

Klassischer indischer Tanz

der Spielleute. Diese waren Sänger, Tänzer, Schauspieler, Akrobaten und Pantomimen in einer Person. Im Mittelpunkt ihrer Vorstellungen stand oft der dickbäuchige und kahlköpfige, faule und gefräßige Spaßmacher Vidushaka. Während seine Darsteller in der Frühzeit improvisierten, hatten sie in den späteren, literarisierten Erscheinungsformen eine fest umrissene Figur zu verkörpern: den unverfrorenen Diener und verläßlichen Freund des Helden. An die Herkunft des Vidushaka erinnert die Tatsache, daß er in der Volkssprache Prakrit redet, wie die Angehörigen der niederen Kasten, obwohl ihm als Angehörigen der höchsten Kaste eigentlich die Gelehrtensprache Sanskrit entsprechen würde.

Eine ausführliche Beschreibung des traditionellen indischen Tanzdramas gibt das Lehrbuch »Nātyaśāstra«. Dieser Titel ist abgeleitet von dem Wort »Nātya«, das die Bedeutung sowohl von »Tanz« als auch von »Schauspiel« trägt. Das ausführliche Regelwerk ist spätestens 200 n. Chr. entstanden; Brahma selbst soll es dem Gelehrten Bharata in die Feder diktiert haben. Aus den vier »Vedas«, den heiligen Büchern der Inder, hat er zur Erschaffung des fünften je ein Element entnommen, um den Wunsch seines Mitgottes Indra nach einer Kunstart, die man sowohl sehen als auch hören kann, zu befriedigen. Aus dem ersten Buch bezog Brahma die Rezitation, aus dem zweiten den Gesang, aus dem dritten die Darstellung und aus dem vierten die Ästhetik. Neben Hinweisen zur Abmessung und Einrichtung der Spielräume, zu den Symbolfarben der Kostüme und dem sehr wichtig genommenen Schmuck der unbekleideten Körperteile, zur Intonation der Stimme und der Begleitinstrumente enthält das »Nātyaśāstra« vor allem Bestimmungen zur Bewegung und zur Gestik. Es nennt allein dreizehn Bewegungen des Kopfes, neun des Halses, sechs der Nasenflügel, sieben des Kinns, sechsunddreißig der Augen; auch die Wangen, Brauen und Lippen werden in ihren Ausdrucksfunktionen genau beschrieben. Dazu kommt die Schilderung einer Vielzahl von Bewegungen der Brust, des Bauchs, der Hüften und des Gesäßes sowie der verschiedensten Fußpositionen und Gangarten, die vor allem der sozialen Differenzierung der Figuren dienen. Eine besonders wichtige Rolle spielen die Haltungen der Hände (»Hastas«) und der Finger (»Mudras«). Jede steht für ein Wort, eine Re-

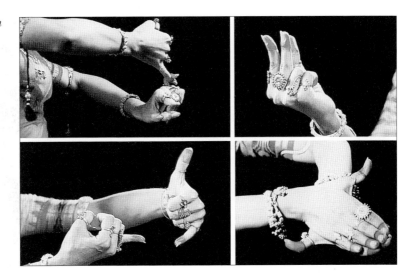

Hastas im klassischen indischen Tanz

densart oder eine Idee. Ursprünglich haben die Gesten Erscheinungen ihrer Umwelt nachgeahmt, es handelte sich also um »mimetische Zeichen«. Im Laufe der Zeit erreichten jedoch viele von ihnen einen solch hohen Grad der Abstraktion, daß sie zu Symbolen geworden sind. Zu den ersteren zählen Handhaltungen für Halbmond, Papageienschnabel oder Lotosblume, zu den zweitgenannten zum Beispiel die Hand mit hochgestreckten Fingern und abgewinkelten Daumen, die für Wald, Fluß, aber auch für Nacht oder Wolke stehen kann. Ihre jeweilige Bedeutung ergibt sich aus dem Kontext und ist nur demjenigen Zuschauer verständlich, der dieses gestische Alphabet kennt.

Um die Grundhaltung der Akteure und der Zuschauer im Tanzdrama zu definieren, benutzt das »Nāṭyaśāstra« die beiden Begriffe »Bhāva« und »Rasa«, denen in der traditionellen Ästhetik der Inder eine wesentliche Rolle zukommt. Mit den Worten Gefühl und Emotion ist ihr Inhalt nur recht unzureichend charakterisiert. Der Bhāva kann sowohl eine Stimmung sein als auch eine emotionale Haltung, ein psychischer Zustand, eine bestimmte geistige Qualität. Jedenfalls ist darin das Streben zur künstlerischen Aktion enthalten. »Rasa« war ursprünglich die Bezeichnung für den als »heiliges« Rauschmittel genutzten Saft der Soma-Pflanze. Das Wort steht für den sinnlichen Eindruck, aber auch für das Wesen des ästhetischen Erlebnisses, das im totalen Ergriffensein vom Kunstwerk seinen Höhepunkt findet. Das »Nāṭyaśāstra« kennt acht verschiedene Quellen dafür: die Erotik, die Heiterkeit, die Erschütterung, den Zorn, die Kühnheit, den Schrecken, den Ekel und das Entzücken; später wurde die Liste noch ergänzt durch den Seelenfrieden. Für jede dieser Wirkungen werden in dieser Schrift konkrete mimisch-gestische Ausdrucksmittel vorgeschlagen; für die Erotik zum Beispiel das heitere Lächeln und das Spiel mit den Augenbrauen, für den Schrecken das Zittern der Glieder. Ganz allgemein empfiehlt das »Nāṭyaśāstra« dem Akteur, sich nicht zu sehr mit sich selbst zu beschäftigen, sich nicht von anderen Gedanken beherrschen zu lassen, die Bewegungen im richtigen Maß auszuführen und das Wort ohne Hast und Roheit vorzutragen.

Was die Thematik des Tanzdramas betrifft, unterscheidet das »Nāṭyaśāstra« zwischen einer weltlichen Form, die im bürgerlichen oder höfischen Milieu verortet ist, und einer mythologischen, die ihre Stoffe aus den beiden großen Epen, dem »Ramayana« und dem »Mahabharata« bezieht. In beiden geht es um die kriegerischen Auseinandersetzungen und die Liebesabenteuer der Götter und der Heroen, wobei oft auch tiergestaltige Dämonen eine Rolle spielen.

In den meisten Tanzdramen gibt es einen Prolog, in dem Vidushaka ein Dreigespräch mit den Figuren des Protagonisten und des Theaterdirektors führt. (Von diesem Muster hat sich übrigens Goethe zum »Vorspiel auf dem Theater« im *Faust* inspirieren lassen.) Während sich in der profanen Variante des Tanzdramas aus dem Prolog unmittelbar das dramatische Geschehen entwickelt, stellt in der religiösen der Theaterdirektor erst einmal die Beziehung zum Mythos her. Er pflanzt den Stab des Gottes Indra auf, nimmt eine Blumenspende und eine rituelle Waschung vor und spricht eine Segensformel. Die Bezeichnung dieser Figur als »Fadenhalter« weist auf den Ursprung im Schattenspiel mit Leder- oder Holzpuppen hin, wie es in ganz Asien verbreitet war und vielerorts auch heute noch ist.

Die frühesten zur Gänze erhaltenen Tanzdramen stammen aus dem 2. und 3. Jahrhundert n. Chr. Eines der ältesten, in dem es um einen wegen seiner Freigebigkeit verarmten Kaufmann und seine Rettung durch eine edelmütige Hetäre geht, liegt in einer modernen Be-

Kathak-Tänzer. Gemälde aus dem 16. Jh. n. Chr.

arbeitung von Ferdinand Bruckner unter dem Titel *Das irdene Wägelchen* vor. Im Westen bekannt geworden ist auch das von den deutschen Klassikern und Romantikern gerühmte lyrische Liebesdrama *Shakuntalā* von Kālidhāsa aus dem 5. Jahrhundert. Kurz vor dem Ersten Weltkrieg hat es Alexander Tairow zur Eröffnung seines Moskauer Kammertheaters inszeniert.

Das traditionelle indische Tanztheater ist regional ganz unterschiedlich ausgeprägt. Neben dem auf das »Nātyaśāstra« rückorientierten »Bharata Nātyram« mit seiner komplizierten Gestensprache und dem durch langsame, schlangenartige Bewegungen charakterisierten »Maniouri«, sind das »Kathak«- und das »Kathakāli«-Theater die bekanntesten. Der Kathak entwickelte sich in Nordindien und erlebte seine Blütezeit im 19. Jahrhundert während der Regentschaft eines Fürsten, der selbst Dichter, Musiker und Tänzer war. Sein islamischer Glaube hinderte ihn nicht daran, die Darstellung hinduistischer Mythen zu fördern und sogar eine eigene Schule zur Weitergabe der über Jahrhunderte tradierten Kunstform zu errichten. Der Kathak kennt eine mimische Variante, bei der mythologische Geschichten erzählt werden, und eine abstrakte, bei der es nur um den Ausdruck bestimmter Gefühle geht. Bei der ersteren kommt zur Bewegung, Gestik und Gesichtsmimik noch die Musik, erzeugt von Sängern und Instrumentalisten außerhalb des Geschehens, als Gestaltungsmittel hinzu. Um die Fußgelenke tragen die Tänzerinnen und Tänzer Glöckchen; mit den Fußsohlen akzentuieren sie den Rhythmus. Der Bewegungskanon des Kathak steht prinzipiell fest; bei der abstrakten Form können aber die Akteure zumindest die Auswahl und die Reihenfolge der Elemente ad hoc bestimmen.

Was die Vielfalt der Ausdrucksmittel, speziell der Hastas und der Mudras, sowie die ästhetischen Zielsetzungen der Bhāvas und Rasas betrifft, gleicht der in dem südindischen Teilstaat Kerala beheimatete, nach der Befreiung von der Herrschaft der Engländer als nationales Kulturgut besonders geförderte Kathakāli

Kathakāli-Tänzer

weitgehend den anderen Regionalstilen. Seine Besonderheit besteht in den prächtigen Kopfbedeckungen, den weiten Kostümen und den in Farben mit Symbolbedeutung kunstvoll bemalten Gesichtern. Die temperamentvollen, akrobatischen, mit Kampfelementen durchsetzten Szenen aus dem »Baghavati«-Mythos um die große Urmutter und ihre Kämpfe mit den Dämonen des Bösen verlangen eine eminente Körperbeherrschung, die in einer neun bis zwölf Jahre dauernden, schon im Kindesalter beginnenden Ausbildung erworben wird. Die Bühne der Kathakāli-Aufführungen symbolisiert die Welt; eine große, helleuchtende Lampe stellt die Sonne dar, eine kleinere im Zuschauerraum den Mond. Wenn die Aufführung vor einem Tempel stattfindet, wird der Schrein weit geöffnet, um die Anwesenheit der Götter zu beschwören.

Die Theaterkultur Indonesiens geht im wesentlichen auf indische Einflüsse zurück. Schon vor einem Jahrtausend gelangten mit dem Hinduismus und seinen Mythen auch die darauf basierenden Theaterformen in die Inselwelt, vor allem nach Java und Bali. Aus der Verbindung mit einheimischen Spielbräuchen

Figur des Wayang kulit aus Bali

Balinesischer Tanz

bildeten sich zwei bis heute lebendige Traditionen heraus: das Schattenspiel und das Tanztheater. Beide besitzen religiöse Dimensionen, die allerdings mit ihrer Entwicklung zu Touristenattraktionen immer weiter in den Hintergrund getreten sind. Die Herkunft aus dem Kult, vor allem aus den Ritualen der Ahnenverehrung, offenbart sich beim Schattentheater darin, daß die Zuschauer meist nach dem Geschlecht getrennt werden; während die Männer auf der einen Seite der Projektionsfläche die aus Leder oder Holz hergestellten Flachfiguren sehen dürfen, wird den auf der anderen Seite sitzenden Frauen nur der Anblick der Schatten erlaubt. Das Geschehen mit seinen bis zu zweihundert Figuren wird von einem einzigen, als »Daeang« bezeichneten Künstler dargeboten, der darüber hinaus noch die Texte spricht und das kleine Gamelan-Orchester dirigiert. Dessen wichtigste Instrumente sind Metallophone aus Bronze, Gongs, Xylophone, Bambusflöten und zweisaitige Streichinstrumente. Nach den Themenkreisen unterscheidet man zwischen verschiedenen Formen des »Wayang« – so die indonesische Bezeichnung für »Schatten«, die später auch auf das Menschentheater übertragen wurde. Dem »Wayang purwa« liegen Ereignisse aus den hinduistischen Epen zugrunde, die auf Java und Bali mit einheimischen Überlieferungen eine Synthese eingegangen sind; das »Wayang madya« bringt Vorgänge aus der Geschichte zur Darstellung; das Wayang gedok behandelt die Liebesabenteuer eines legendären Prinzen.

Aufgeführt werden die indonesischen Schattenspiele bei Festlichkeiten am Ende der Reisernte und bei langen Dürreperioden zur Beschwörung des Regens sowie anläßlich von Geburten und Hochzeiten, um den Segen der Götter zu erwirken.

Das überlieferungsgebundene javanische und das daraus hervorgegangene balinesische Menschentheater existieren in einer religiösen und einer profanen Erscheinungsform. Das eine wird in den Höfen der Tempel und an magischen Orten, wie Wegkreuzungen oder Friedhöfen aufgeführt, das andere an allen dafür geeigneten weltlichen Orten, in zunehmendem Maße auch in den Touristenhotels. Gemeinsam ist beiden Varianten die dominierende Rolle der Bewegung und der Musik; die aus Mythen und Chroniken entnommenen Texte spielen eine untergeordnete Rolle; sie werden meist von außen eingesprochen. Nur im »Wayang wong«, einer Form des Tanztheaters, die vor allem an den Fürstenhöfen Zentraljavas gepflegt wurde, sprechen die Akteure selbst. Im Unterschied zu den Zeichen des indischen Theaters tragen die des indonesischen nur selten symbolische Bedeutungen. Bis auf wenige Handgesten erzählen sie mimetisch eine Geschichte. Die Gesichtszüge sind im balinesischen Theater unbewegt. Im »Wayang topeng« werden sie durch starre Masken ganz ausgelöscht. Diese Form des Tanztheaters ist beschränkt auf eine Reihe von Standardszenen und auf feststehende, durch Form und Farbe der Masken gekennzeichnete Figuren. Aufgeführt werden die indonesischen Tanzdramen entweder durch ein fünf- oder sechsköpfiges Ensemble oder durch einen einzigen Darsteller, der alle Rollen verkörpert, wobei er ständig die Maske wechselt. Deren Gebrauch hängt selbstverständlich mit den kultischen Ursprüngen zusammen; seine konkrete Begründung findet er in der auf Java und Bali verbreiteten Vorstellung, daß die Helden und Götter nur auf diese Weise zu vergegenwärtigen sind. Die balinesische Variante des »Wayang wong« zeichnet sich besonders durch die phantastische Gestaltung der in den Mythen vorgegebenen Tierfiguren des Vogels Garuda oder des Affenkönigs mit seinem Gefolge aus.

Das mythische Fabeltier Barong steht im Mittelpunkt der nach ihm benannten Tanzspiele, die auf Bali weit verbreitet sind. Der Barong ist die Verkörperung des Guten, das sich in einem ritualisierten Kampf gegen das Böse in Gestalt der Hexe Randa durchsetzen muß. Die oft schon im Alter von zehn Jahren auftretenden Akteurinnen sind prächtig gekleidet, tragen dekorative Kopfbedeckungen und sind mit kostbarem Schmuck geziert. Wehende Tücher und Schals unterstreichen die Wirkung des bewegten Körpers. Ihre Kunst erlernen sie in einer der Schulen, wie sie heute noch in jedem größeren Dorf existiert. Nur wenige der Schülerinnen und Schüler führen die in frühester Kindheit beginnende Ausbildung zum Höhepunkt, der ungefähr mit dem 18. Lebensjahr erreicht wird. Diese betreiben dann ihre Kunst professionell, werden zu Festlichkeiten eingeladen und treten bei Zeremonien in den Tempeln auf.

Szene aus einer Peking-Oper

Wie das traditionelle Theater des indischen Kulturraumes ist auch das Bühnenwesen der Chinesen aus religiösen Spielen und aus mimischen Volksbräuchen entstanden; eine besondere Rolle im Wurzelgeflecht haben hier die Rituale und Zeremonien der Schamanen gespielt. Über die verschiedensten Zwischenstufen in Gestalt schwankhafter Kurzdramen, mit Musikbegleitung vorgetragener Erzählungen und lyrischer Singspiele entwickelte sich ein reiches Repertoire an Stücken mit Themen aus der sozialen Wirklichkeit, aus der Sagenwelt und aus der (meist legendär ausgeschmückten) Historie. Dieses ist für die Grundformen des chinesischen Theaters – die Figurenbühne, das Schattenspiel und das Menschentheater – im großen und ganzen identisch. In allen drei Gattungen spielt die Musik eine herausragende Rolle; beim Theater der lebendigen Akteure kommt als dominierende Komponente noch die Bewegung hinzu, vor allem die Akrobatik. In einem Land, in dem bis in die jüngste Vergangenheit der überwiegende Teil der Bevölkerung weder lesen noch schreiben konnte, hatte das Theater neben der religiösen und der unterhaltenden auch eine belehrende Funktion.

Maske der Peking-Oper

Es propagierte die Werte des Konfuzianismus, der um die Jahrtausendwende den Buddhismus und den Taoismus weitgehend verdrängt hatte; dazu gehören: Weisheit, Güte, Treue und Mut sowie Ehrfurcht und Gehorsam. Trotz seiner wichtigen sozialpädagogischen Aufgabenstellung genoß das Theater in China nur geringes Ansehen. Das zeigt sich auch darin, daß die meisten Spielvorlagen anonym überliefert sind, weil sie ihren Autoren keinerlei Prestige einbrachten. Die Mimen zählten zu der untersten Gesellschaftsschicht; oft wurden Kinder von ihren Eltern gegen Entgelt Schauspiellehrern überlassen, die sie nach der Ausbildung mit Gewinn an Theaterunternehmer weiterverkauften.

Das traditionelle Musiktheater Chinas existierte während seiner Blütezeit in mehr als dreihundert regionalen Varianten; wegen seiner Nähe zur Volksmusik war es die beliebteste Theaterform. Während der Kulturrevolution zu purer Propaganda mißbraucht, ist es heute wieder gestattet, die überlieferten Stücke zu spielen, sofern sie nicht in zu krassem Gegensatz zur herrschenden Ideologie stehen. Im Unterschied zur westlichen Oper betätigt sich der Akteur hier nicht nur als Sänger und Schauspieler, sondern auch als Tänzer, Pantomime und Akrobat. Dementsprechend intensiv und vielseitig muß seine Ausbildung sein, auch wenn er in der Regel sein Leben lang nur solche Rollen spielt, die zu seinem »Fach« gehören. Die wichtigsten Figurentypen des traditionellen chinesischen Musiktheaters sind der »Sheng« als das Idealbild des chinesischen Mannes, die bis ins 20. Jahrhundert männlich besetzte »Dan« sowie der Bösewicht »Jing« und der Spaßmacher »Chou«. Die erste Ausbildungsstätte war die schon um die Mitte des 8. Jahrhunderts von Kaiser Ming Huang in seinem »Garten des immerwährenden Frühlings« errichtete Schule für den weiblichen und die »Schule im Birnengarten« für den männlichen Nachwuchs. Noch heute wird die Bezeichnung »Jünger des Birnengartens« als Ehrentitel verwandt und Ming Huang als Schutzpatron der Theaterkünstler verehrt. Die stimmlichen und körperlichen Mittel der chinesischen Darstellungskunst sind in hohem Maße stilisiert und aufgrund der langen Tradition außerordentlich verfeinert. So gibt es zum Beispiel 60 verschiedene Formen des Auftretens, 53 Formen des Gehens, 72 Bewegungen der Arme und 50 der Finger. Jede ist genau festgelegt und trägt eine ganz bestimmte Bedeutung. Auch den Gebrauch der Requisiten regelt eine strenge Konvention. Das Spiel mit dem Fächer etwa begegnet in einer Vielzahl von Varianten mit unterschiedlichen Bedeutungen, die von der jeweiligen Form des Objekts wie von dem Rollentypus abhängen.

Die visuelle Erscheinung des chinesischen Musiktheaters wird vor allem bestimmt durch die phantasievollen Schminkmasken, die allerdings nur für die Bösewichter und die Spaßmacher vorgesehen sind. An ihrer Form und Farbe kann der geschulte Zuschauer genau den Charakter der Figur innerhalb seines Rollenfaches ablesen. Jede der sieben Symbolfarben steht für eine bestimmte Charaktereigenschaft: Rot für Mut und Loyalität, Schwarz für Offenheit und Ehrlichkeit, Violett für Verschlossenheit, Blau für List, Gelb für Schläue; Grün kennzeichnet den hinterhältigen Ränkeschmied und Weiß schließlich den Schurken und Verräter. Die Kombination der Farben und ihre Lokalisierung in den einzelnen Partien des Gesichts offenbaren zusammen mit der Eigenart von Kostüm und Barttracht dem Kundigen die ganze Persönlichkeit. Realismus oder Geschichtstreue spielen weder hier eine Rolle noch beim Bühnenbild; dieses war bei den wandernden Truppen schon aus pragmatischen Gründen, aber auch bei den festen Bühnen recht sparsam gehalten. Den Hintergrund und die seitlichen Begrenzungen bildeten Vorhänge, durch welche die Auftritte und Abtritte erfolgten. Auf der rechten Bühnenseite saß das Orchester, bestehend aus 24 Musikern mit Streich-, Schlag- und Blasinstrumenten, denen vom Spieler der kleinen Trommel die Einsätze und der Takt vorgegeben wurden. Wenige Gegenstände – eine Bodenmatte, ein Tisch, einige Sessel – dienten als Versatzstücke; je nachdem, wie sie bespielt wurden, konnten sie die verschiedensten Bedeutungen annehmen. Ein durch zwei Bambusstöcke gehaltenes schwarzes Tuch mit Kreidezeichnungen konnte eine Wand vorstellen oder ein Tor, an einem Stöckchen befestigte Papierschnitzel ein Schneetreiben. In den besonders beliebten Stücken aus der Sphäre des Militärs bezeichneten die an der Schulter eines Generals befestigten Fähnchen die Zahl seiner Regimenter.

Unter den verschiedenen Erscheinungsformen des chinesischen Musiktheaters nimmt die Peking-Oper eine überragende Position ein. Entstanden zu Beginn des 19. Jahrhunderts aus dem Zusammenschluß einiger Truppen und der Verschmelzung ihrer wirkungsvollsten Elemente, erfreute sie sich zuerst in der Hauptstadt, dann auch im ganzen Land großer Beliebtheit. Zum Ruhm der Theaterform trugen in besonderem Maße die »13 Unvergleichlichen« bei, eine Gruppe von Darstellern, die ihre Technik zur Perfektion entwickelt hatten und für die Einrichtung einer eigenen Schule sorgten, um ihre Kunst an die nachfolgenden Generationen weiterzugeben. Aus einer Schar brillanter Darsteller wuchs in den zwanziger Jahren des 20. Jahrhunderts der legendäre Mei Lanfang hervor, ein phantasievoller und sensibler Darsteller von Frauenrollen, der mit seinen Gastspielen Weltruhm erlangte und den viele europäische Theaterreformer, wie zum Beispiel Edward Gordon Craig, Wsewolod Meyerhold und Bertolt Brecht, als Leitfigur für die Entwicklung einer neuen Theaterkunst betrachteten.

In Japan überlebte bis an die Schwelle der Moderne und teilweise bis heute ein halbes Dutzend eigenständiger Formen der Darstellenden Kunst, deren Traditionen in ganz unterschiedliche Epochen zurückreichen. Aus dem magischen Zeitraum stammen die »Kagura«-Tänze, die zu Ehren der shintôistischen Naturgötter aufgeführt wurden. Ihr mythischer Urgrund liegt in dem Tanz der Göttin Ama no Uzume, die damit Amaterasu, die als Urmutter des japanischen Volkes geltende Sonnengöttin, aus der Finsternis ihrer Höhle gelockt hat. Elemente ihres Kultes haben sich bis heute in den Kagura-Spielen erhalten: das Ausschmücken des Tanzplatzes mit immergrünen Zweigen, das Spenden von Opfergaben, das Flechten einer Kopfbedeckung und eines Straußes aus Bambus und das Herstellen des Spiegels, welcher der Sonnengöttin ihre eigene Herrlichkeit zeigt. Auf den Mythos bezieht sich auch der Brauch, die Spiele in der Nacht aufzuführen und mit dem ersten Hahnenschrei zu beenden.

Die als »Gigaku« und »Bugaku« bezeichneten Maskenspiele wurden im 7. und 8. Jahrhundert, also in buddhistischer Zeit, aus China übernommen. Beim Gigaku – das Wort bedeutet »kunstreiche Musik« – handelte es sich um Prozessionen von Tänzern und Musikern, die in kurze pantomimische Einzel- oder Gruppenszenen mündeten. Die Akteure trugen dabei Groteskmasken mit langen Hakennasen, mächtigem Gebiß und hervorquellenden Augen. Nach den spärlichen Zeugnissen zu schließen, war ihr Grundcharakter ein derbobszöner. Da wurde zum Beispiel gezeigt, wie zwei in Andacht vor Buddha versunkene Mädchen von einer mythischen Gestalt durch eine Phallos-Pantomime belästigt werden, sich aber so lange verteidigen können, bis ein Beschützer auftaucht und dem Ruhestörer in einem burlesken Tanz den Phallus ausreißt. Die Gigaku-Spiele verschmolzen nach einer relativ kurzen Blüte mit dem Bugaku (wörtlich »Tanz und Musik«), einer Gattung, die besonders auch

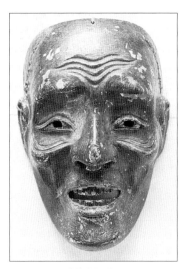
Nô-Maske

am kaiserlichen Hof gepflegt wurde. Bei den oft im Freien aufgeführten Spielen wurde der Tanz unterbrochen durch den Vortrag von altjapanischen Liedern und Gedichten. Gegenwärtig sind noch ungefähr zwei Dutzend Bugaku-Szenen lebendig, in denen mythologische Vorgänge dargestellt werden.

Ebenfalls tief im Brauchtum verankert waren die als »Deraku« (Reisfeldmusik) und »Sunraku« (Affenmusik) bezeichneten Spiele, die zwischen dem 12. und dem 14. Jahrhundert eine Professionalisierung und ästhetische Verfeinerung erfuhren – das eine im religiösen Umfeld shintoistischer und buddhistischer Tempel, das andere an den Höfen weltlicher Machthaber. Die Entwicklung zur Kunstform ist ablesbar an der Ergänzung ihres Namens durch die Silbe »nô«, die im Japanischen für »künstlerisches Können« steht. Aus den volkstümlichen Spielen entstand ein ästhetisches Phänomen, das »Sugaraku-nô-nô«, das die unmittelbare Vorstufe des Nô-Theaters gewesen ist. Als dessen Ahnherrn gelten der Sugaraku-Darsteller Kiyotsugu Kanami und vor allem dessen Sohn Motokiyo Zeami, ebenfalls Schauspieler und Dramenautor, aber auch Theoretiker der neuen Kunstform. Die in der ersten Hälfte des 15. Jahrhunderts entstandenen Schriften des Zeami – die im Zusammenhang mit dem Nô-Theater wichtigsten sind »Die Neun Stufen«, »Betrachtungen zum Schulungsweg des Nô« und »Das Sammeln von Perlen und das Erwerben von Blüten« – wurzeln tief in der Samurai-Kultur und im Zen-Buddhismus. Die ungefähr gleichzeitig mit dem europäischen Rittertum entstandene Kriegerkaste der Samurai mit ihren Idealen der Selbstlosigkeit, des Edelmutes, der Erhabenheit über den Tod und ihrer Verachtung von Feigheit, Verrat und Gewinnsucht betrachtete das Nô-Theater als ein Mittel zur Propagierung ihrer Werte und förderte es darum nach Kräften.

Das Zen, die gemeinsame Grundlage beider Erscheinungen, steht in krassem Gegensatz zum abendländischen Denken mit dessen Ausrichtung auf den Intellekt, seinem rastlosen Streben nach Erkenntnis im Sinne des zivilisatorischen Fortschritts. Der Jünger des Zen-Buddhismus dagegen sucht die Ruhe und die Stille, bemüht sich auf dem Weg der Meditation um die intuitive Erfahrung des Absoluten, um die »Erleuchtung«. Das Zen ist zwar von Mystik geprägt, doch führt es nicht zur Weltflucht und Passivität, sondern zu einem dynamischen Aufbruch der seelischen Tiefenschichten als dem wichtigsten Fundament des geistig-künstlerischen Schaffens. Obwohl das Zen in erster Linie auf das übersinnliche Einheitserlebnis zielt, ist es für viele Japaner heute weniger eine Religion als eine Ästhetik. Mit ihrem tiefen Empfinden für die verborgene Schönheit des Universums bestimmt es in Form der Tee-Zeremonie, der Tuschmalerei, der überlieferten Waka-Dichtung und eben des Nô-Theaters bis in die Gegenwart die Lebenskultur im Land der aufgehenden Sonne.

Auch die drei Schlüsselbegriffe in den Traktaten des Zeami stehen in engstem Zusammenhang mit den Lehren des Zen-Buddhismus. Das mit »Darstellung« oder »Nachahmung« zu übersetzende Wort »Monomane« benutzt der Autor, um den Unterschied zwischen einer bloßen Imitation und der getreuen Wiedergabe des inneren Wesens einer Person zu verdeutlichen. Aus den in der Realität beobachteten Kennzeichen eines Menschen soll der

Szene aus einem Nô-Spiel

Schauspieler diejenigen auswählen, die bedeutungsvoll, wichtig und schön sind. Dazu muß er fähig sein, Denkweisen und Lebenseinstellungen der Menschen zu begreifen und zu beurteilen. Die (durchwegs männlichen) Darsteller der weiblichen Rollen müssen nach Zeamis Auffassung vor allem studieren, wie Frauen gehen, wie sie sich setzen, wie sie ihren Fächer halten. Auch wenn er eine Wahnsinnige, einen alten Mann oder einen Dämon darzustellen hat, soll der Akteur des Nô-Theaters auf Anmut und Eleganz bedacht sein. Die Wirkung dieses Verhaltens auf den Zuschauer bezeichnet er als »Yûgen«. Die Bedeutung dieses Wortes kann in westlichen Sprachen nur annähernd wiedergegeben werden. Es meint jedenfalls etwas Erahntes und Verborgenes, das der Schauspieler nur hervorrufen kann, wenn seine Technik zu einem unbewußten Teil seiner selbst geworden ist. Während Yûgen eine feststehende Qualität meint, steht der Begriff »Hana« (Blüte) für eine sich verändernde. Zeami unterscheidet zwischen der »zeitweiligen Blüte«, die dem Akteur in Form der Jugendschönheit geschenkt ist, und der »wahren Blüte«, die ihm durch das ständige Training allmählich zuwächst. Jedenfalls muß das Hana den Zuschauer tief bewegen und gleichzeitig überraschen; in allen ihren Erscheinungen soll es für ihn ein wunderbares Novum sein.

Wie das Tuschbild und das Haiku-Gedicht zeichnen sich auch die Dramaturgie und die Spielweise des Nô-Theaters durch äußerste Dichte und Konzentration aus. Jede Bewegung ist reduziert auf ein knappes Zeichen. Wenn etwa Weinen gezeigt werden soll, hebt der Schauspieler ganz ruhig eine Hand, schiebt ihre Innenfläche vor das Gesicht, hält einen Augenblick inne und neigt dann ganz leicht seinen Kopf. Im Nô-Theater ist jede Geste verlangsamt, jeder Schritt gemessen. »Schlägt das Herz zehnfach, darf der Körper siebenfach reagieren«, heißt es bei Zeami. Da er seine Kraft im Bauch zentriert, die Hüften und das Gesäß anspannt und die Fußsohlen nicht vom Boden hebt, sondern gleitend vorwärts zieht, ist seine Fortbewegung mehr ein Schlurfen denn ein Gehen. Sein Aktionsraum ist dabei außerordentlich beschränkt; drei oder vier Schritte vorwärts drücken schon höchste Erregung aus. Auch der Tanz, der im Nô-Theater eine harmonische Synthese mit der Musik und dem gesprochenen Wort eingeht, besteht aus reduzierten und kontrollierten Bewegungen, die häufig eine symbolische Bedeutung tragen. Diese als »Kata« bezeichneten Aktionsformeln sind exakt festgelegt und werden manchmal gar nicht wegen ihrer inhaltlichen Bedeutungen, sondern nur um ihrer Schönheit willen präsentiert. Das wichtigste Requisit des Nô-

Spielers ist der Fächer; Gefühle werden damit zum Ausdruck gebracht und Aktionen angedeutet; in Harakiri-Szenen nimmt er die Bedeutung eines Schwertes an; führt man ihn zum Mund, so symbolisiert das den Vorgang des Trinkens.

Überaus sparsam ist auch die (oft im Innenhof eines Tempels errichtete) Bühne gehalten. Auf dem dreiseitig von Zuschauern umgebenen, fünf mal fünf Meter großen, knapp einen Meter hohen Podium aus glänzend poliertem Zedernholz gibt es nur ganz wenige stilisierte Versatzstücke; vier Stangen stehen zum Beispiel für eine Hütte, ein Blumengesteck für einen Garten. Die überdachte Spielfläche wird durch eine hölzerne Hinterwand abgeschlossen, auf die eine knorrige Pinie gemalt ist, während die rechte Seitenwand ein Bambus schmückt – beides Sinnbilder der Beständigkeit. Jedes Stück wird in dieser Dekoration aufgeführt. Die Spielfläche ist durch eine unsichtbare Linie von der Hinterbühne getrennt, auf der die vier Musiker mit ihren Instrumenten (Bambusflöte, Pauke, kleine und große Trommel) sitzen sowie die Bühnendiener (»Kôken«), die den Akteuren die Requisiten reichen und die Versatzstücke auf die Bühne bringen und wieder wegtragen. Die Chorsänger haben ihren Platz auf einer Art Veranda, die sich rechts an die Spielfläche anschließt. Unter ihrem Platz sind, ebenso wie unter dem Bühnenboden, Tonkrüge als Schallverstärker aufgestellt. Die Spielfläche ist durch einen bis zu zehn Meter langen, mit drei lebenden Pinien geschmückten Auftrittssteg (»Hashigakari«) mit dem durch einen Vorhang in symbolischen Farben getrennten »Spiegelzimmer« verbunden, wo sich die Schauspieler vorbereiten. Die bescheidene Bühnenausstattung des Nô-Spiels wird kompensiert durch prächtige Kostüme, die sich streng an die Farbsymbolik und an die überlieferten Schnitte halten. Das Gewand und die Perücke sind für die verschiedenen Standard-Figuren genau festgelegt. Bei den Masken ist das anders; sie sind alle sehr ähnlich und dabei fast ausdruckslos. Allerdings werden sie auch nur von einem der (in der Regel vier) Darsteller getragen, vom »Shite«, dem Protagonisten und Prinzipal des Ensembles, und zwar unabhängig davon, ob er einen Helden oder einen Greis, ein junges Mädchen oder eine verhärmte alte Frau darzustellen hat. Sein Partner, »Waki« genannt, tritt mit bloßem Gesicht auf, ebenso die Gefolgsleute sowie der meist aus acht Sängern bestehende Chor.

Das Nô-Stück ist eine Art »Ich-Drama«; es stellt die innere Welt und den geistigen Konflikt eines einzigen Menschen dar, der vom Shite verkörpert wird. Ursprünglich war er überhaupt der einzige Spieler; der Waki ist erst von einem Nachfolger Zeamis eingeführt worden. Ein dramatischer Konflikt zwischen den beiden ist ausgeschlossen, weil dem Waki nur die Aufgabe des Stichwortgebers und Kommentators zufällt; zu Beginn einer Szene stellt er die Situation klar und gibt dem Zuschauer die für das Verständnis des Stückes notwendigen historischen Informationen. Noch geringer ist die Bedeutung der Nebenfiguren; erscheinen diese, entgegen der Regel, als hochgestellte Persönlichkeiten, so läßt man sie oft von Kindern spielen, damit die Dominanz des Shite auf der Bühne auch in rein äußerlicher Hinsicht erhalten bleibt. Die vom Shite dargestellten Gestalten kommen aus dem Jenseits; in Wort und Bewegung geben sie eine Beschreibung ihres vergangenen irdischen Lebens, die erfüllt ist von Reue und Sehnsucht. Dabei bedienen sie sich einer gewählten Verssprache; der Waki dagegen spricht in einfacher Prosa.

Die Struktur des Nô-Dramas folgt in der Regel einem fünfteiligen Schema. Im ersten Abschnitt führt der Waki in das Geschehen ein, im zweiten präsentiert sich der Shite, im dritten kommt es zu einem Wechselgespräch, im vierten wird die Enthüllung des bis dahin in täuschender Verkleidung agierenden Protagonisten vorbereitet, im fünften begegnet er, nach einem Lied des Waki, in seiner wahren Gestalt, meist als Gott oder als mythischer Held. Aus fünf Teilen besteht auch das Programm einer Nô-Vorstellung, auch wenn es heute öfter auf drei, manchmal sogar auf ein einziges Drama reduziert wird. Die Auswahl erfolgt aus einem

Repertoire von ungefähr zweihundert Stücken, die als »klassisch« gelten. Insgesamt sind ungefähr zweitausend Nô-Spiele aus den verschiedenen Jahrhunderten erhalten. Der unterschiedlichen Herkunft ihrer Thematik (aus japanischen und chinesischen Mythen, aus Heldensagen und buddhistischen Legenden) entsprechend, wird die Nô-Dramatik in fünf Gruppen unterteilt, aus denen je eines für das mehrstündige, oft schon am Vormittag beginnende Programm ausgewählt wird. Am Beginn der Aufführung steht ein »Götterstück«, das die Entstehungsgeschichte eines Shintô-Schreines oder ähnliche religiöse Begebenheiten erzählt. Es folgt ein »Kriegsstück«, in dem der Shite oft den Geist eines Samurai verkörpert. Den dritten Teil bildet ein »Frauenstück« mit dem Shite in der Rolle einer überirdischen weiblichen Gestalt. Das vierte Stück schildert die Leiden einer Frau, die durch den Tod des Geliebten oder ihres Kindes in den Wahnsinn fällt. Im Schlußstück erobern Geister und Dämonen die Bühne, ehe mit einem Tanz die Vorführung endet.

In einem klassischen Programm folgt auf jedes Nô-Drama ein farcenhaftes Intermezzo, das »Kyôgen« (Verrückte Worte). In einer parallel zu der Entwicklung des Nô verlaufenden Traditionslinie kommt diese Gattung von den Sarugaku-Spielen des 13. und 14. Jahrhunderts her.

Das in seiner Wirkungsabsicht mit dem griechischen Satyrspiel vergleichbare Genre existiert in ungefähr 200 überlieferten Stücken. Hier werden die Gestalten der ernsten Dramen karikiert und menschliche Schwächen wie Dummheit, Eitelkeit, Besitzgier und Trunksucht der Lächerlichkeit preisgegeben. Dabei enthalten sie sich aber aller Grobheiten und aller Obszönitäten. Auch im Kyôgen agieren ausschließlich Männer. Eine Maske tragen sie nur in Ausnahmefällen, wenn sie ein Tier oder einen Dämon darzustellen haben. Die Spielweise ist locker und leicht; im Gegensatz zum Nô mit seinem Zeitlupentempo wird hier schnell und natürlich gesprochen.

Die drei Schriftzeichen, die das Wort »Kabuki« bilden, bedeuten »Lied«, »Tanz« und »künstlerisches Können«. Auch hierbei handelt es sich um ein theatrales Gesamtkunstwerk aus Gestik und Bewegung, Tanz und Akrobatik, Sprache und Musik, Bühnenbild, Kostüm und Maske. Im Unterschied zur ritterlich-aristokratischen Trägerschicht des Nô-Spiels entstammt das Kabuki-Theater einer bürgerlichen Lebenswelt. Zu Beginn des 17. Jahrhunderts, das in Europa durch den Glanz des Barock, aber auch durch das Elend verheerender Kriege geprägt war, erwuchs in Japan mit der Befriedung des Landes nach langen Bürgerkriegen eine

Das Innere eines Kabuki-Theaters, 19. Jh..

neue Gesellschaftsschicht, zusammengesetzt aus Kriegsgewinnlern, ehemaligen Bauern und Kleinhandwerkern, die sich vor allem in den Städten konzentrierte. Die schnell reich gewordene, jedoch ungebildete Schicht konnte der überlieferten Hochkultur wenig abgewinnen; von den Nô-Spielen war sie ohnehin ausgeschlossen. Ihrem Geschmack entsprachen mehr die Unterhaltungskünste, für die von der Obrigkeit eigene Vergnügungsviertel in den Städten errichtet wurden, um die Gaukler und Artisten, die Puppenspieler und Tänzerinnen, die Freudenmädchen und Strichjungen gut überwachen zu können.

In diesem Umfeld ist das Kabuki-Theater entstanden – selbstverständlich als eine eminent sinnliche und kulinarische Kunst. Seine »Erfindung« wird der Shintô-Priesterin Okuni zugeschrieben, die um 1600 aus der Provinz in die Kaiserstadt Kyoto gekommen war, um mit ihren traditionellen kultischen Tänzen Geld für den abgebrannten Tempel in ihrer Heimatstadt zu sammeln. Bald aber reduzierte sich ihr Unternehmen auf das rein Ökonomische. Sie kombinierte die Tänze mit einfachen Spielszenen und gab sie zusammen mit einigen angelernten jungen Mädchen im Vergnügungspark der Stadt zum besten. Einige Jahre später zog Okuni mit ihrer Truppe nach Edo, dem heutigen Tokio; auch dort hatten ihre Vorstellungen regen Zulauf. Bald ließen die Besitzer von Teehäusern eigene Kabuki-Gärten anlegen und gaben damit weiteren Truppen eine Verdienstmöglichkeit. Um die Gunst des Publikums zu gewinnen, wurden die Darbietungen immer freizügiger gestaltet. Besonders beliebt war eine Szene, in der das Verhalten der (von Frauen gespielten) Männer auf dem Weg ins Bordell dargestellt und karikiert wurde. Zwei Jahrzehnte nach der Entstehung sahen sich die Behörden gezwungen, das Bühnenspiel der Frauen zu verbieten. Daraufhin entstanden Knaben-Truppen, die mit ihren Darstellungen die als Laster angesehene Homosexualität befördert haben sollen.

Ab der Mitte des 17. Jahrhunderts war nurmehr das von erwachsenen Männern gespielte

Gestalt des Kabuki-Theaters

Kabuki-Theater erlaubt, das sich zudem aller erotisch-sexuellen Anspielungen zu enthalten hatte. Diese Hinwendung zur Seriosität beförderte die künstlerische Weiterentwicklung und die Literarisierung der Theaterform. Während man bis dahin nur einige wenige feststehende Textpassagen verwendet und den Rest improvisiert hatte, legte man den Kabuki-Aufführungen nun immer häufiger ausformulierte Dramen mit komplizierter Handlungsführung und ausgefeilten Dialogen zugrunde. Oft wurden sie von einem Autorenkollektiv erarbeitet, selten von Einzelautoren, wie etwa Monzaemon und Danjurô VII., die im 18. und 19. Jahrhundert Kabuki-Stücke verfaßten, die eine gewisse Ähnlichkeit hatten mit dem Bürgerlichen Trauerspiel in Europa. Neben diesem Dramentypus, in dem es immer um den Konflikt zwischen Pflicht und Neigung (meist in Gestalt der Liebe) geht, gibt es noch die Gattung des historischen Dramas sowie die des tanzorientierten Kabuki.

Während des 18. Jahrhunderts stand das Kabuki-Theater in einem produktiven Wettstreit mit der anderen vom Bürgertum bevorzugten Gattung, mit dem als »Yôruri«, später als »Bunraku« bezeichneten Puppenspiel. Man behandelte die gleichen historischen Stoffe, tauschte manchmal sogar die Stücke aus. Hatte das Menschentheater in bezug auf die Vitalität der Darstellung seine Vorteile, so das Puppentheater in dramaturgischer und technischer Hinsicht. Weil die Handlung von einem Rezitator in epischer Form vermittelt wurde, konnte das Bunraku Sprünge in Raum und Zeit besser bewältigen, auch bot die Mechanik interessante Gestaltungsmöglichkeiten. Indem aber das Kabuki-Theater vom Puppenspiel Neuerungen, wie etwa die Drehbühne, die Versenkung und die Hebevorrichtung übernahm, drängte es die Konkurrenz in den Hintergrund. Das ursprünglich ganz einfache Podium wandelte sich im Laufe der Zeit zu einer aufwendigen Bühnenanlage. Im Unterschied zum konventionellen Theater des Westens werden hier die beiden Hemisphären nicht scharf getrennt; Spielfläche und Zuschauerraum sind verbunden durch den »Hanamichi«, einen Steg, der von einer kleinen Tür im Hintergrund des Parketts über die Köpfe des Publikums hinweg zur Rampe führt. Dieser »Blumenweg«, benannt nach dem blühenden Zweig, den die Zuschauer samt Geldspenden in früherer Zeit dort hinterlegten, bietet nicht nur eine Auftrittsmöglichkeit gleichsam aus der Welt der Zuschauer, sondern auch einen zusätzlichen Spielort, speziell für Aufmärsche und Tänze. Aufwendiger als im Nô-Theater ist auch der Zuschauerraum eingerichtet. Schon in der Frühzeit gab es in den meist eigens errichteten Anlagen gedeckte Logen für die Betuchten.

Wie die anderen traditionellen Theaterformen des Fernen Ostens verzichtet auch das Kabuki-Theater auf die Wiedergabe der Realität in ihrer äußeren Gestalt. Alle Komponenten des Bühnengeschehens erscheinen in sehr hohem Maße stilisiert. Die Sprache wird in eine Art Gesang transformiert und akzentuiert durch die Musik von Instumentalisten, die in zeremonieller Kleidung mit auffälligen Schulterstücken an der hinteren Bühnenwand sitzen. Ihre Klänge begleiten auch die Bewegung, in der Akrobatik, Tanz und Kampfsport eine Verbindung eingehen. Besondere Konventionen haben sich für die Darstellung weiblicher Rollen herausgebildet. Die darauf spezialisierten Akteure bewegen sich mit leicht gebeugten, zusammengepreßten Knien und kommen auf diese Weise zu den charakteristischen Trippelschritten. Auch zeigen sie sich niemals frontal mit den breiten Männerschultern dem Publikum, sondern nehmen eine kleine Drehung des Oberkörpers vor, so daß ihre Silhouette schmaler erscheint. Die Lippen werden bei den Darstellern weiblicher Rollen als Punkt geschminkt; unterstützt durch die Überdimensionierung der Perücke wirkt ihr Antlitz dadurch klein. Die Gesichter der männlichen Figuren dagegen sind großflächig in Symbolfarben bemalt. Die Arrangements fügen sich immer wieder zu exakt komponierten Tableaus, die stets auf den »Star« hin ausgerichtet sind. Dieser tritt nie unter dem eigenen Namen auf, sondern nennt sich nach seinem Vorbild zum Beispiel Ichikawa III. oder Danjurô XI. Insgesamt gibt es in Japan heute ungefähr 350 Kabuki-Schauspieler. Sie unterstehen einer großen Theateraktiengesellschaft, die auch über einen reichen Fundus an historischen Kostümen verfügt, welche den von ihr organisierten Aufführungen äußeren Glanz verleihen. Die innere Kraft, ihr Publikum zu fesseln, geht allerdings mit der Durchsetzung westlicher Lebens- und Kunstformen allmählich verloren.

Geistliches und weltliches Spiel
im Mittelalter

Dem Untergang des römischen Bühnenwesens folgte ein theaterloser Zeitraum, der ein halbes Jahrtausend umfaßt. Erst im 10. Jahrhundert entwickelte sich aus der Liturgie des Christentums das geistliche Spiel des Mittelalters. Bis dahin hatte die Kirche das Theater als einen Umschlagplatz der Sünde angesehen und aufs schärfste bekämpft, wobei sie sich auf die Autorität der Kirchenväter berufen konnte; besonders eindringlich hat Augustinus die verderbliche Wirkung des Theaters beschrieben: »Nicht in der Absicht, Besseres zu wählen, war ich ungehorsam, sondern aus Liebe zu den Spielereien (...), um durch erdichtete Märlein meine Ohren zu reizen, daß sie immer lüsterner wurden und mir dieselbe Neugierde immer mehr und mehr aus den auf die Schauspiele gehefteten Augen leuchtete.« (Augustinus, Bekenntnisse, S. 37) Die rigorose Ablehnung seitens der christlichen Kirche als der wesentlichen ideologischen Macht des Mittelalters verhinderte das Weiterleben von Traditionen des Altertums. Beim geistlichen Spiel handelt es sich also um eine echte Neuschöpfung, in der das europäische Theater nach der Antike ein zweites Mal geboren wurde – und wiederum aus religiösen Ursprüngen.

Den geistigen Hintergrund dieses Vorgangs bildete die Ideologie des Gradualismus. Abgeleitet von »Gradus« (Stufe), steht dieser Begriff für die Einordnung des Menschen in den gottgewollten Stufenbau der Welt. Im Gefüge der Sozialpyramide mit ihren bis zur Leibeigenschaft reichenden Abhängigkeiten verstand sich jeder als ein für allemal auf einen bestimmten Platz gestellt. Der Versuch, die Grenzen der herrschenden Ordnung zu überschreiten, kam einer Auflehnung gegen die göttliche Satzung gleich. Selbstverständlich erstickte die Kirche im Sinne der Aufrechterhaltung ihrer Macht jeden Zweifel an dieser Anschauung schon im Keim. Ihrer Autorität unterlag alles philosophische und wissenschaftliche Denken. Der Glaube stand über dem Wissen von der Natur und dem Menschen. Das Ideal einer rationalen Durchdringung der Erfahrungswelt nach den Gesetzen der Logik lag fern. In seiner Orientierung auf die Ewigkeit und seiner statischen Auffassung des Diesseits behauptete der Gradualismus die Vorstellung einer Seinswelt, die erst mit dem Beginn der Neuzeit von dem Bild einer dynamischen Welt des Werdens abgelöst wurde. Angesichts der Geringschätzung des Irdischen ist es nicht verwunderlich, daß die hochmittelalterliche Kunst der Romanik nicht Abbilder des Menschen und seiner Umwelt gab, sondern Sinnbilder des Göttlichen.

Dieses Prinzip galt auch für das geistliche Spiel der Frühzeit, wie es zuerst in der Ost-Kirche in Erscheinung trat, deren Liturgie schon früh mit dialogischen Elementen, wie etwa der alternierenden Rezitation von Evangelien-Texten und den Wechselgesängen zwischen Priester und Gemeinde durchsetzt war. Zudem hatten sich in Byzanz Restbestände der griechischen Tragödie und des Mimusspiels erhalten, die mit christlichen Elementen Synthesen eingegangen waren. Angeregt durch die östlichen Vorbilder ging man um die Jahrtausendwende auch in der West-Kirche an die theatrale Ausgestaltung des Gottesdienstes. Der Ausgangspunkt der von Klerikern oratorienartig und mit feierlichen Bewegungen und Gesten in lateinischer Sprache dargebotenen Kirchenraumspiele war die Osterfeier, deren Liturgie durch kurze Dialoge (»Tropen«) erweitert wurde. Von der Kernszene, dem Besuch der drei Marien am Grab Christi, kann man sich durch die folgende Anweisung des Bischofs Ethelwood von Winchester ein Bild machen: »Während der Lesung (...) sollen sich vier Brüder umkleiden. Einer von ihnen soll mit der Alba bekleidet hereinkommen, sich an die Grabstelle begeben und dort mit einer Palme in der Hand still hinsetzen. Die drei anderen sollen (...) folgen, mit der Cappa bekleidet und mit Weihrauchfässern in der Hand und sich langsam, als ob sie etwas suchten, dem Grabe nähern. Sie stellen die drei Frauen dar, die mit Spezereien kommen, um Jesu Leichnam zu salben. Wenn nun der am Grab sitzende Bruder, der den Engel darstellt, die Frauen herannahen sieht, soll er mit sanfter Stimme zu singen beginnen: ›Wen sucht ihr im Grab, oh Christinnen?‹ Dann sollen die drei einstimmig antworten: ›Jesu Nazarenum, den Gekreuzigten, oh Himmlische.‹ Dann wieder jener: ›Er ist nicht hier, er ist auferstanden, wie er vorausgesagt hat. Geht und verkündet allen, daß er von den Toten auferstanden ist.‹ Daraufhin sollen sich die drei Frauen zum Chor wenden mit den Worten: ›Halleluja, der Herr ist auferstanden!‹ Danach soll der am Grab sitzende Engel die Frauen zurückrufen mit der Entgegnung: ›Kommt und seht die Stätte, wo der Herr begraben war‹.« (Zitiert nach Robert Fricker: Das ältere englische Drama. Bd.I. S. 24) Um dieses Zentrum gruppierten sich im Laufe der Zeit weitere Szenen: der Wettlauf der Apostel zum Grab, bei dem Petrus hinkend und schnaufend hinter dem jüngeren Johannes zurückbleibt, der ihm aber trotzdem den Vortritt läßt,

oder das burleske Spiel von dem geldgierigen Krämer, seinem keifenden Eheweib und den faulen, liederlichen Knechten, deren Anführer den Namen Rubin oder Robin trug, wie der Anführer des »Wilden Heeres« der Germanen, was die Herkunft aus dem heidnischen Brauchtum möglich erscheinen läßt.

Wie die Osterfeier bot auch die Weihnachtsliturgie eine Reihe von Ansätzen zu einer spielhaften Darstellung. Ebenfalls ausgehend von der Frage des Engels »Wen suchet ihr?«, hier an die Hirten gerichtet, entstanden Kirchenraumspiele um die Anbetung des Christuskindes, die Drei Könige sowie um Herodes und den betlehemitischen Kindermord. Allerdings gewannen diese nie die Bedeutung des über ganz Europa verbreiteten Osterspiels, von dem insgesamt fast siebenhundert Varianten, die in erster Linie aus dem Gebiet der deutschen Reichskirche stammen, überliefert sind.

Im Lauf des 13. Jahrhunderts erfuhr das geistliche Spiel eine entscheidende Wandlung. Mit dem Auftreten von Christus selbst als handelnder und sprechender Figur wurde die Darstellung einer Fülle weiterer Szenen möglich, wie die Begegnung des Auferstandenen mit Maria Magdalena, welche ihn für einen Gärtner hält, wie die Erscheinung Christi vor dem ungläubigen Thomas und vor den Jüngern auf

Besuch der drei Marien am Grab Christi. Elfenbeinrelief, Metz, 9. Jh.

dem Weg nach Emmaus, oder die Fahrt des Erlösers in die Vorhölle mit der Befreiung von Adam und Eva. Über viele Stationen wurde der Bogen geschlagen zurück zur Schöpfungsgeschichte. Die stoffliche Erweiterung führte schließlich zum Verlassen des Kirchenraums. Geistlichkeit und Gemeinde umkreisen jetzt in einer Prozession die Kirche und betraten sie wieder durch das Portal, das die Pforten der Vorhölle symbolisierte. Christus klopfte an; von innen antwortete der Teufel, widersetzte sich dem Eindringen des Erlösers, mußte aber am Ende doch das Tor öffnen und den armen Seelen den Weg in den Himmel freigeben; gemeinsam zogen dann alle Beteiligten in die Kirche. Parallel zu der räumlichen Veränderung vollzog sich die sprachliche; in den lateinischen Text drangen immer mehr Elemente der Volkssprache ein. Dies ist im Zusammenhang zu sehen mit der Durchsetzung des »Nominalismus«, wie er von Wilhelm von Occam zu Beginn des 14. Jahrhunderts begründet wurde. Der englische Philosoph ging davon aus, daß die allgemeinen Begriffe von den Dingen nur als Zeichen (»Nomina«) im menschlichen Geist gebildet werden und keine den Dingen selbst innewohnende Qualität besitzen. Wenn aber Sprache nur auf menschlicher Konvention beruht, dann könne es keine »heiligen Sprachen« als bevorzugte Medien der göttlichen Offenbarung geben. Die Dominanz der hebräischen und griechischen, vor allem aber der lateinischen Sprache, wurde damit auch im geistlichen Spiel obsolet.

Gründe für die Entwicklung vom szenischen Ritual zum religiösen Theater lagen aber auch in den tiefgreifenden sozioökonomischen Veränderungen gegen Ende des 13. Jahrhunderts. Die Ablösung der für den eigenen Bedarf bestimmten Hauswirtschaft durch die Produktion von Gütern für den Verkauf am Markt führte zur Herausbildung der neuen Berufsstände des Handwerkers und des Kaufmanns. In den aufblühenden Städten konstituierte sich das Bürgertum als eine neue Klasse, die sich zu einem großen Teil aus ehemals leibeigenen Bauern zusammensetzte. Gelöst aus der Bindung an ihre Lehnsherren, kamen sich allerdings viele eher ausgesetzt als befreit vor; verstärkt wurde dieses Lebensgefühl durch das schwindende Vertrauen auf die absolute Geborgenheit im Schoß Gottes. Der in zunehmendem Maße auf sich selbst gestellte Mensch entwickelte eine prinzipielle Skepsis gegenüber der Welt; der Gläubige wurde zu einem Zweifelnden. Ihn zu überzeugen, im Glauben zu bestärken und sein Gewissen wachzurütteln, setzte sich das religiöse Theater jetzt zum Ziel.

Prägend für die spätmittelalterliche Weltanschauung waren bürgerliche Ideale: nüchterne Sachlichkeit, rechnerisches Kalkül, Realismus. Selbstverständlich spiegeln sich diese auch im künstlerischen Schaffen wider. Die naturalistische Ausrichtung der Gotik verdrängt den Symbolismus der Romanik; statt überzeitlich gültiger Sinnbilder gibt die Kunst jetzt Abbilder der eigenen Zeit. So wie die gotische Architektur die Mauern der Kathedralen auflöst und Licht einströmen läßt, so öffnet sich auch der Raum des Theaters. Man spielt nicht mehr in der Kirche, sondern unter freiem Himmel, am Marktplatz, dem Zentrum bürgerlichen Lebens. Die Spielleitung lag zuerst noch in den Händen des Klerus, bald aber übernahmen Lehrer, Stadtschreiber und Bildende Künstler diese Funktion. Die bis zu 300 Darsteller, die man für die großen Passionsspiele brauchte, rekrutierten sich aus den Bewohnern der Stadt. Eine wichtige Rolle spielten die Handwerkerzünfte, denen oft die relativ selbständige Ausgestaltung einzelner Sequenzen übertragen wurde. Die Frauenrollen spielten junge Männer, denn die Präsentation des weiblichen Körpers galt als sündig. Die Realismus-Forderung führte zu Beginn des 16. Jahrhunderts dann doch zum Auftreten von Frauen und Mädchen auf der Bühne des Marktplatzspiels. Durch die wirklichkeitsorientierte Spielweise wollte man das Publikum zum Miterleben bewegen, hineinziehen in das Spannungsfeld zwischen dem Leiden Christi und dem Auferstehungsjubel, den die Passionsspiele in äußerster Drastik darstellten. Höchst spirituelle Szenen standen hier neben krassen Derbheiten, leise-poetische neben lauten, rohen, unflätigen. Alles wurde mit detailgenauer Deutlichkeit ausgespielt. So trug etwa der Christus-Darsteller eine Schweinsblase unter der Perücke, die mit Blut gefüllt war, das ihm bei der Dornenkrönung über das Gesicht lief.

Eine hervorragende Möglichkeit, Grausamkeit zu demonstrieren und dadurch das Publikum zu erschüttern, boten die Märtyrerspiele, die allerdings (ebenso wie die Weihnachtsspielen und Marienklagen, die Weltgerichts- und Fronleichnamsspiele) nur eine untergeordnete Rolle spielten. Das Bemühen um einen höchstmöglichen Naturalismus herrschte auch in der Kostümgestaltung; meist imitierte man einfach die zeitgenössische Mode; der Gedanke an eine historisierende Darstellung lag dem Mittelalter aufgrund des mangelnden Geschichtsbewußtseins fern. Die Kennzeichnung der Figuren erfolgte durch symbolische Beigaben; so trugen etwa die Juden gelbe Spitzhüte und die Feinde Christi eine rote Perücke. Was die überirdischen Figuren betrifft, orientierte man sich an der überlieferten Ikonographie: Die Engel stattete man mit weißen Alben und Flügeln aus, den Teufel mit einem Zottelpelz und einer

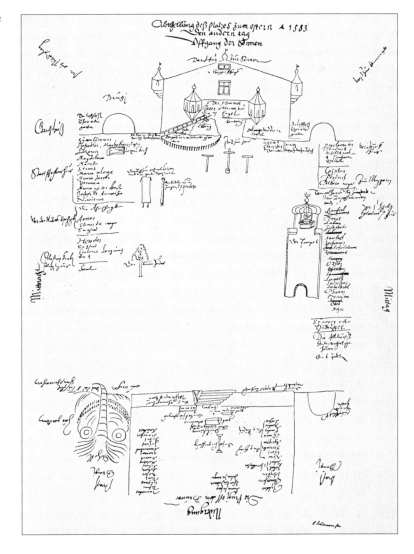

Renwart Cysats Plan zum Luzerner Passionsspiel, 1583

furchterregenden Maske. Auch Gestik und Sprechweise entfernten sich von den Konventionen des Kirchenraumspiels. An die Stelle der streng ritualisierten, symbolischen Gebärdensprache trat die alltägliche Körpersprache, an die Stelle des liturgischen Gesangs das in gehobenem Ton gesprochene Wort.

Die bedeutendsten Passionsspiele des deutschen Sprachraums haben in Wien und in Bozen, in Villingen und in Luzern, im hessischen Alsfeld und in Frankfurt am Main stattgefunden. Von dem zweitägigen Frankfurter Spiel aus der Mitte des 14. Jahrhunderts hat sich die Dirigierrolle erhalten, ein vier Meter langer Papierstreifen, in dem neben den Stichworten und Einsätzen der einzelnen Figuren auch detaillierte Regieanweisungen verzeichnet sind. Für die Frankfurter Aufführungen waren auf dem Römerberg in einem Oval ungefähr ein Dutzend als »Loca« bezeichnete Spielstände aufgeschlagen, deren Bedeutung durch die Ausstattung mit unterschiedlichen Versatzstücken von Tag zu Tag wechselte. Die aus Anlaß der Spiele von weither zusammengeströmten Zuschauer wanderten gemeinsam mit den Darstellern von einem Stand zum anderen; da alle Loca gleichzeitig vorhanden und auf einen Blick wahrnehmbar waren, bezeichnet man diese Bühnenform als »Räumliche Simultanbühne«. Himmel und Hölle, die beiden Pole des mittelalterlichen Weltbildes, lagen einander gegenüber, der Platz dazwischen bedeutete die Welt als Ort des christlichen Heilsgeschehens. Ein anschauliches Bild dieser Bühnenform vermittelt der Plan für eine der spätesten Aufführungen, jene des Luzerner Passionsspiels im ausgehenden 16. Jahrhundert. Zu dieser Zeit war das geistliche Spiel vielerorts durch die Reformation schon liquidiert worden; in den katholisch gebliebenen Landschaften hatte es immer mehr den Charakter eines Volksfestes mit ganz und gar nicht frommen Begleiterscheinungen angenommen, so daß sich die Städte und schließlich sogar der Klerus selbst genötigt sahen, rigorose Verbote auszusprechen. So wichen die geistlichen Spiele auf die Dörfer aus, wo sie – gestärkt durch die neue Religiosität des

Rekonstruktion eines mittelalterlichen Bühnenwagens der Aufführungen von Coventry, 15. Jh.

Barock – manchmal bis ins 20. Jahrhundert überlebt haben.

Das religiöse Theater Frankreichs stellt sich im Vergleich zum deutschen bildkräftiger und stringenter in der Dramaturgie dar; auch spiegelt es noch direkter die sozialen und kulturellen Verhältnisse der Zeit wider. Seine höchste Entfaltung erlebte es um die Mitte des 16. Jahrhunderts im Passionsspiel von Valenciennes. Dort waren die einzelnen Spielstände an einer Längsachse nebeneinander angeordnet; diese im ganzen französischen Sprachraum verbreitete Anordnung bezeichnet man als »Flächige Simultanbühne«. Die für Spanien charakteristische Erscheinungsform ist das eng mit der Einführung des Fronleichnamsfestes verbundene Prozessionsspiel. Aus schlichten Feiern entwickelten sich im Lauf der Zeit prächtige Umzüge, bei denen auf Plattformen lebende Bilder mitgetragen wurden, die sich auf den Plätzen in theatrale Aktionen auflösten. In England dominierte das Prinzip des Wagenbühnenspiels, von dem der folgende Bericht eines Zeitgenossen ein Bild gibt: »Nach Beendigung des ersten Spiels, das am Tor stattfand, bewegte sich der Wagen zum Haus des Bürgermeisters, und während die Szene dort wiederholt wurde, rückte auf den Platz am Tor der nächste Wagen mit der zweiten Szene vor. So hatte jedes Stück

*Neidhart mit dem Veilchen.
Holzschnitt, 1580*

seinen besonderen Wagen, und es wurde auf diese Weise gleichzeitig an mehreren Punkten fortlaufend gespielt, so daß die Zuschauer an den verschiedenen Stationen alle den gesamten Zyklus zu sehen bekamen.« (Zitiert nach Heinz Kindermann: Theatergeschichte Europas. Bd. I. S. 355) Neben der Wagenbühne kannte man in England, vor allem in Cornwall, auch eine räumliche Form der Simultanbühne; die einzelnen Spielstände wurden hier auf einem kreisrunden Erdwall errichtet.

Die weltlichen Spiele des Mittelalters blieben in ihrer Bedeutung weit hinter den geistlichen zurück. Ihre Ursprünge lagen einerseits in den mimischen Aktionen fahrender Spielleute, der sogenannten Joculatoren oder Histrionen, und andererseits im vorchristlichen Brauchtum, wie es sich mancherorts in Rudimenten bis in die Gegenwart erhalten hat. Aus Fruchtbarkeitsriten entwickelten sich Streitspiele zwischen den Jahreszeiten, wie etwa das niederländische *Speel van den Winter ende van den Somer* aus der Mitte des 14. Jahrhunderts. Hier disputieren die beiden Jahreszeiten über die Frage, welche für die Liebe geeigneter sei, der die Herzen erfreuende Sommer oder der Winter, der mit seiner Kälte die Menschen in die Betten treibt. Am Ende erscheint die Liebesgöttin Venus und schlichtet den Streit, indem sie beide für gleichrangig erklärt. Aus der Sitte des Maikönigtums sind vermutlich die mit Gesang- und Tanzeinlagen durchsetzten *Neidhartspiele* hervorgegangen, die vor allem in Süddeutschland und Österreich verbreitet waren. Ihre Hauptgestalt ist der legendäre Minnesänger und Spielmann Neidhart von Reuenthal, dem die Herzogin von Österreich versprochen hat, ihn zu ihrem Maibuhlen zu küren, wenn er ihr das erste Veilchen zeigt. Der Sänger entdeckt es tatsächlich, stülpt seinen Hut darüber und eilt zur Herzogin. Die Bauern aber, denen er sich mit seinen Spottversen mißliebig gemacht hat, vergällen ihm den Triumph. Als Neidhart vor der edlen Frau seinen Hut lüftet, liegt etwas Übelriechendes darunter. Die ursprünglich nur für wenige Darsteller konzipierte Szene schwoll im Lauf des Spätmittelalters zu einem umfangreichen Drama mit ungefähr siebzig Rollen an.

Auch das Fastnachtsspiel, wie es vor allem in Nürnberg und Lübeck sowie im Südtiroler Städtchen Sterzing während des Spätmittelalters zur Blüte gelangte, hatte seine Wurzeln in Volksbräuchen, wie zum Beispiel im Nürnberger Schembartlaufen, bei dem maskierte Handwerksgesellen in kleinen Versen und Liedern die Prominenten der Stadt verspotteten und für ihre Fehltritte rügten. Im Rahmen ihrer geselligen Zusammenkünfte während der Fastnachtszeit vergnügten sie sich mit Rätseln, Witzen und possenhaften Szenen. Die Improvisation trat aber bald in den Hintergrund; es entstanden die ersten schriftlich fixierten Spiele in Gestalt revueartiger Szenenfolgen. Deren Spott richtete sich in erster Linie gegen die Bauern, die den städtischen Handwerkern als Inbegriff der Dummheit erschienen, so daß sich alle möglichen derben und obszönen Witze über sie reißen ließen. Eine moralische Absicht verfolgte das frühe Nürnberger Fastnachtsspiel mit seinen Hauptautoren Hans Rosenplüt und Hans Folz noch nicht; erst Hans Sachs hat dann die Gattung auf ein höheres sittliches und künstlerisches Niveau gehoben. Während in Nürnberg vor allem das mittlere Bürgertum als Trägerschicht in Erscheinung trat, waren es in Lübeck die in der Zirkelbruderschaft organisierten Patrizier, die sich sogar satzungsmäßig dazu verpflichteten, an der Aufführung der Fastnachtsspiele mitzuwirken. Zwei Mitglieder hatten den Text zu schreiben, zwei andere waren für die Inszenierung verantwortlich, und die zwölf jüngsten mußten als Darsteller fungieren. Obwohl in der Hansestadt jahrzehntelang ohne Unterbrechung gespielt wurde, hat sich nur ein einziger Text erhalten. Daraus und aus den Titeln der übrigen läßt sich schließen, daß hier das belehrende Moment mindestens ebenso stark ausgeprägt war wie das unterhaltende.

In Frankreich erlebte im Spätmittelalter die dramatische Gattung der Farce ihre Blüte. Deren Eintritt in die Literaturgeschichte geschah um die Mitte des 15. Jahrhunderts mit dem von einem unbekannten Autor verfaßten *Maître Pathelin*, einem Spiel vom betrogenen Betrüger. Im Mittelpunkt steht ein angesehener Rechtsanwalt, der seinem Klienten, einem Schafdieb, den Rat gibt, sich dumm zu stellen und auf jede Frage des Richters nur »Me Me« zu antworten. Als es ans Bezahlen des Honorars geht, verhält sich der Dieb ebenso, und der Anwalt geht leer aus. Ihren Ursprung hatte die Farce in improvisierten Dialogen und Szenen, mit denen sich Handwerker und Kaufleute, Studenten und Schreiber, vor allem aber die Mitglieder der Juristenverbände die Zeit vertrieben. In seiner entwickelten Form lebte das Genre, das bald auch von wandernden Spielleuten aufgegriffen und auf einfachen Bretterbühnen dargeboten wurde, vom Wortwitz und von der Situationskomik, von der drastischen Spielweise und den schauspielerischen Paradenummern, zu denen die Verkleidungen und Verwechslungen reichlich Anlaß gaben.

Eine zwischen dem weltlichen und dem geistlichen Spiel angesiedelte Theaterform ist die Moralität, die auf dem Prinzip der Personifikation abstrakter Eigenschaften und Sachverhalte beruht. Das dramatische Grundelement dieses besonders in den Niederlanden und in England verbreiteten Typus ist der Streit. Die Verkörperungen von Tugenden und Lastern, von geistigen und sittlichen Kräften wie Verstand und Klugheit, Barmherzigkeit und Gerechtigkeit ringen um die Seele des Menschen. Fleischeslust, Begehrlichkeit, Neid und Habsucht ziehen ihn zum Bösen hin; Reue, Demut und Enthaltsamkeit zum Guten. Zeitweilig wird er von den Übeln in ihren Bann gezogen, am Ende aber durch Gottes Gnade erlöst. Die bedeutendsten Moralitäten sind *The Castle of Perseverance* (Das Schloß der Beharrlichkeit), das 1425 auf einer Rundbühne in Cornwall aufgeführt wurde, und der mehr als ein halbes Jahrhundert später entstandene *Everyman*, von dem neben der englischen auch eine niederländische Fassung erhalten ist. Diese Texte hat Hugo von Hofmannsthal seinem *Jedermann* zugrundegelegt, der seit der Etablierung der Salzburger Festspiele nach dem Ersten Weltkrieg alljährlich am Domplatz aufgeführt wird.

Drama und Theater im Humanismus und in der Renaissance

In der ersten Hälfte des 14. Jahrhunderts setzte nach der langen Stagnation des Mittelalters – zuerst in Italien, später auch in anderen Ländern Europas – ein höchst folgenreicher historischer Wandel ein, dessen kulturelle Komponente später mit dem französischen Wort Renaissance bezeichnet wurde, welches sich vom italienischen »rinascimento« (Wiedergeburt) herleitet. Die Bewegung ging von der Apenninen-Halbinsel aus, wo sich die antike Kultur in eindrucksvollen Resten erhalten hatte. Ihre Erneuerung sollte neben dem bis dahin allein gültigen Christentum eine zweite geistige Autorität installieren. Die großen Geister der Renaissance suchten im Altertum eine Legitimation für ihre Ideale, die oft in direktem Gegensatz zu denen des Mittelalters standen. Das Hauptmerkmal der Epoche war ihr diesseitig-weltlicher Grundcharakter. Dem religiösen Gedanken, der den Menschen des Mittelalters ganz erfüllt hatte, fehlte nun die Kraft, das Leben zu durchdringen und zu gestalten. Das Reich Gottes verlagerte sich zunehmend in das Innere des Menschen. Jetzt begnügte man sich nicht mehr mit der Vertröstung auf das Jenseits; das Glücksverlangen drängte nach Erfüllung schon im Hier und Heute. Der Protest gegen die mittelalterliche Askese äußerte sich vor allem in der Verherrlichung des menschlichen Geistes, in der Emanzipation des Körpers und in einer ungehemmten Lebensfreude. Der Ausruf Ulrich von Huttens »Die Studien blühen, die Geister prallen aufeinander, es ist eine Lust zu leben!« kann als Leitsatz der Epoche verstanden werden. An die Stelle des mittelalterlichen Erschauerns über das Unbekannte trat das freudige Erstaunen über die Erreichbarkeit des bisher in dunkle Ferne Gerückten. Die Renaissance war das Zeitalter der Entdeckungen auf dem Gebiet der Geographie wie des Geistes. Die Seefahrer erkundeten die Länder und Meere dieser Erde; Kopernikus sprach ihr gleichzeitig die Zentralstellung im Universum ab. In dem neu aufkeimenden wissenschaftlichen Denken drückte sich ein Streben ins Unbegrenzte aus. Die mittelalterliche Statik wurde abgelöst von einem dynamischen Lebensdrang, von einer Philosophie des Ewig-Werdenden, vom Ideal motorischer Tätigkeit.

Diese geistige Entwicklung ist aufs engste verbunden mit dem Aufblühen des Kapitalismus. Das Handelskapital nahm jetzt eine neue, unternehmerische Form an; in Siena und Florenz wurden die ersten Banken gegründet. »Der manufakturelle Betrieb setzte sich gegen und neben dem Handwerksbetrieb durch, es begann Kalkulation, die nötig wurde, weil nicht mehr ein geschlossener Standmarkt zu beschicken war, sondern ein beginnend offener Weltmarkt.« (Ernst Bloch: Vorlesungen zur Philosophie der Renaissance. S. 8) Mit der Entstehung der neuen Wirtschaftsform gewann das Bürgertum an Reichtum und Macht. In Koalition mit der aufsteigenden Klasse setzte sich in England, Frankreich und Spanien das Königtum gegen den meist noch in mittelalterlichen Vorstellungen befangenen Feudaladel durch. So entstanden die auf der einheitlichen Nationalität ihrer Untertanen basierenden Monarchien. Nur in Italien und in Deutschland kam es erst Jahrhunderte später zur nationalen Einigung.

Die kapitalistische Wirtschaftsweise mit ihrer Forderung nach dem »unternehmerischen« und auf sich selbst gestellten Individuum führte allmählich zur Ablösung des mittelalterlichen Kollektivismus. Der einzelne begann sich selbst zu erleben, zu beobachten, zu analysieren. Selbstverständlich spiegelte sich das auch im Bild des Künstlers wider. Während sich dieser im Mittelalter nur als Medium verstand, in dem sich die ewige Ordnung ausdrückte, und

Terenz: Die Brüder. Illustration zu der 1493 in Lyon erschienenen Ausgabe

dementsprechend meist anonym blieb, begriff er sich jetzt als autonomes schöpferisches Subjekt. Der Gedanke des Genies setzte sich durch, das als Inbegriff des menschlichen Vermögens und seiner Macht über die Realität aufgefaßt wurde. Das soziale Ansehen des Künstlers stieg enorm; Michelangelo nannte man ohne Umschweife den Göttlichen. In der ausgehenden Renaissance-Epoche wurde dann allerdings das Persönlichkeitsbewußtsein überspannt; dem »großen Individuum« sollte alles, sogar das Verbrechen, erlaubt sein.

Eine weitere Begleiterscheinung der Ausbildung des Kapitalismus und der bürgerlichen Klasse war das Vordringen rationaler Geisteshaltungen. In zunehmendem Maße wurde das Leben beherrscht von den Prinzipien der Zweckmäßigkeit, der Planung und der Berechenbarkeit. Ähnliches zeigte sich im Ästhetischen: Als »schön« empfand man in der Renaissance die logische Übereinstimmung aller Teile eines Ganzen, die zahlenmäßig ausdrückbare Harmonie, den berechenbaren Rhythmus der Komposition. Eine wesentliche Rolle spielte in diesem Zusammenhang auch die Wiederentdeckung der Perspektive – und zwar der räumlichen wie der zeitlichen. Ein neues Bewußtsein für den Zusammenhang von Gegenwart, Vergangenheit und Zukunft entstand; das hatte selbstverständlich weitreichende Folgen für Wissenschaft und Kunst. Im Bühnenwesen vollzog sich ein grundsätzlicher Wandel: Das Prinzip der Simultaneität wurde abgelöst durch das der Sukzession; an die Stelle des Nebeneinander trat das Nacheinander. Während man im Mittelalter den Beschauer an den Stationen eines Weges entlangführte, ließ man in der Renaissance das Geschehen an dem ortsfesten Publikum vorbeiziehen. Dieses Prinzip erwies sich in der Neuzeit bis in die Gegenwart als das dominierende.

Aus dem Wandel der Denkweise ergab sich in der Renaissance noch eine weitere grundsätzliche Veränderung: Das Kunstwerk verlor seine Funktion, auf eine höhere Realität hinzuweisen, und damit auch seinen religiösen Nimbus. Es stellte sich nun auf eine Ebene mit den übrigen Phänomenen der diesseitigen Realität. Allerdings grenzte es sich scharf davon ab, und zwar in der Malerei durch den Rahmen, bei der Skulptur durch den Sockel und in der Bühnenkunst durch das Portal. Aus der Abtrennung der fiktionalen von der realen Welt erwuchs das Bedürfnis nach Illusion, wie es für das neuzeitliche Theater im ganzen prägend wurde. Im Gegensatz zur Simultanbühne des Mittelalters, die den Blick des Zuschauers über die Gesamtanlage schweifen ließ, im Vertrauen darauf, daß er die Geschehnisse entsprechend ihrer durch die Bibel festgelegten Abfolge in die Reihe bringt, zentriert die Sukzessionsbühne den Blick auf die nach den Gesetzen der Kausallogik ablaufende Handlung. Dabei gibt es – zumindest bei einem zentralperspektivisch aufgebauten Bühnenbild, wie es die Renaissance entwickelt hat – nur einen Punkt, von dem aus das Geschehen optimal zu verfolgen ist; selbstverständlich befand sich genau dort der Platz des Fürsten.

Die Entwicklung des Renaissancetheaters nahm ihren Ausgang von den italienischen Höfen und Akademien. Gegen Ende des 15. Jahrhunderts initiierte der kunstliebende Fürst von Ferrara die erste Wiederaufführung einer Komödie des Plautus. Gleichzeitig sorgte der humanistische Gelehrte Pomponius Laetus in Rom für die früheste Tragödien-Inszenierung der Neuzeit, welche der *Phädra* des Seneca galt. Auch bei der Bühnengestaltung konnte man auf die römische Antike zurückgreifen und zwar auf die »Zehn Bücher über die Architektur« aus der Zeit des Kaisers Augustus, in denen der Baumeister Vitruv auch eine exakte Beschreibung des römischen Theaterbaus gegeben hatte. Durch die Neuausgabe dieses Werkes wurde das falsche Bild korrigiert, das man sich bis dahin von der antiken Bühne gemacht hatte. Man glaubte nämlich, daß ein Erzähler den Text rezitiert und Spielleute dazu pantomimisch agiert hätten. Pomponius Laetus und seine Kollegen in der römischen Akademie interessierten sich in erster Linie für Vitruvs Hinweise auf die Gestaltung der Scenae frons, der prächtigen Schauwand, welche die Bühne nach hinten abschloß. Eine Rekonstruktion hätte ihre Mittel bei weitem überschritten; so realisierten sie nur eine vereinfachte Form. Davon kann man sich anhand der Illustrationen der zur gleichen Zeit erschienenen Ausgaben der Komödien des Terenz ein Bild machen. Man sieht da einige im Winkel zueinander aufgestellte Wände mit Öffnungen, welche mit einem Vorhang verschließbar sind; darüber angebrachte Schrifttafeln geben Auskunft über den jeweiligen Besitzer der Häuser. Die neutrale Fläche davor bedeutet eine Straße, auf der sich das ganze Geschehen abspielt. Für diese Form der Szenengestaltung hat sich der Begriff »Badezellenbühne« eingebürgert. Mit dem Beginn des 16. Jahrhunderts ging man dazu über, die Auftritte nicht mehr nebeneinander, sondern hintereinander gestaffelt anzuordnen. Die im stumpfen Winkel zusammengefügten Holzrahmen wurden mit Stoff bespannt und perspektivisch bemalt, so daß die Illusion eines Tiefenraumes entstand. Diese Winkelrahmenbühne wies allerdings einen entscheidenden Nachteil auf: Es war nicht möglich, sie im Hintergrund zu bespielen, weil sich dort die Diskrepanz zwischen der Perspektivmalerei und den Akteuren in ihrer realen Größe illusionsstörend offenbart hätte. Dieses Problem konnte zwar gemildert werden, indem man den Fluchtpunkt hinter die mit einem Prospekt abgeschlossene Rückwand

Lionardo Salviati: Il grancho commedia. Stich, 1566

verlegte und damit die Verkürzung abschwächte, eine befriedigende Lösung aber lag außerhalb des Horizonts der Zeit. Den Szenographen der Renaissance blieb nichts anderes übrig, als eine neutrale Spielbühne im Vordergrund von der perspektivisch gestalteten Bildbühne zu trennen. Entsprechend diesem Prinzip entwarf Sebastiano Serlio um die Mitte des 16. Jahrhunderts Einheitsdekorationen für die drei hauptsächlichen Gattungen des Renaissancedramas: eine Palastarchitektur für die Tragödie, ein Straßenbild für die Komödie und eine Waldlandschaft für das Schäferspiel. Noch einen Schritt weiter ging Giacomo Barozzi da Vignola mit seinem Entwurf einer Typenbühne mit fünf Periakten, das heißt dreiseitigen Prismen, die so bemalt waren, daß man durch einfache Drehung einen schnellen Wechsel von einem Schauplatz zum anderen bewerkstelligen konnte.

Während man sich in der Frühzeit mit provisorisch aufgeschlagenen Perspektivbühnen in den Sälen der Palazzi begnügte, entstanden um die Mitte des 16. Jahrhunderts im Auftrag von Fürsten, Patriziern und Akademien in einigen oberitalienischen Städten die ersten permanenten Theaterbauten. Erhalten hat sich bis heute das im Auftrag der Olympischen Akademie, einer Vereinigung von Gelehrten und Künstlern, erbaute Teatro Olimpico in Vicenza.

Teatro Olimpico in Vicenza; erbaut 1580-1584 von Andrea Palladio und Vincenzo Scamozzi

Sein Architekt, Andrea Palladio, hatte sich die Aufgabe gestellt, eine möglichst getreue Rekonstruktion des altrömischen Theaters zu liefern, wobei er sich auf die Schriften des Vitruv stützte, zu deren Neuausgabe er selbst Illustrationen beisteuerte. Gegenüber dem stufenförmig ansteigenden Zuschauerraum, der durch einen säulengeschmückten Umgang und einen Kranz von Statuen der Akademiemitglieder im Habitus antiker Imperatoren bekrönt wird, liegt die prächtige Scenae frons. Ihre beiden unteren Geschosse sind durch Säulen und Nischen mit Skulpturen gegliedert; das obere schmücken Reliefdarstellungen der Taten des Herkules, des Schutzpatrons der Olympischen Akademie. Eine Inschrift rühmt Tugend und Genie, die beiden Ideale der Auftraggeber. Nach dem Tod des Palladio wurde ein anderer berühmter Baumeister, Vincenzo Scamozzi, mit der Fertigstellung betraut. Er setzte hinter die Tore der Scenae frons nicht die von seinem Vorgänger geplante veränderbare Periakten-Dekoration, sondern eine nicht verwandelbare, perspektivisch gestaltete Architektur aus Holz und bemaltem Gips. Sie stellt in idealisierender Manier das antike Theben dar, den Schauplatz des zur Eröffnung im Jahre 1584 aufgeführten *König Ödipus* von Sophokles. Aufgrund des steilen Anstiegs und der perspektivischen Verkürzung konnte der Raum hinter den Toren nicht bespielt werden; die drei Straßenzüge, zu denen noch zwei in den seitlichen Türen des Proszeniums kommen, um dem Mythos vom siebentorigen Theben zu entsprechen, dienen nur der Bildwirkung. Bald nach der Errichtung des Teatro Olimpico begannen sich Anschauungsweisen des Manierismus durchzusetzen.

Ebenso wie die Szenographie basiert auch die Dramaturgie der beginnenden Neuzeit auf der Wiedererweckung des klassischen Altertums. Die zuerst in Italien erscheinende geistige Bewegung des Humanismus, die schon im Namen das vollendete Menschentum, das sie in der Antike erreicht glaubte, als ihre eigentliche Zielsetzung zu erkennen gab, beförderte die verschütteten Traditionen wieder an die Oberfläche. Die Humanisten, deren Heimstatt die aufblühenden Universitäten, die aufgeschlossenen Fürstenhöfe und die Häuser reicher Patrizier waren, studierten und verbreiteten die griechischen Dramen und die *Poetik* des Aristoteles, vor allem aber die römischen Tragödien des Seneca sowie die Komödien des Plautus und Terenz. Sie machten sich Gedanken über die ursprüngliche Spielweise und wagten sich schließlich an Wiederaufführungen, und zwar zunächst in Latein, der verbindlichen Gelehrtensprache Europas; von ihrer Pflege erhoffte man sich nicht nur eine kulturelle Auferstehung des römischen Reiches, sondern auch eine politische Stärkung der als seine legitimen Nachfolger angesehenen italienischen Teilstaaten. Im Laufe der Zeit ging man dazu über, die antiken Dramen in italienischer Übersetzung zu spielen. Von hier aus war es nur mehr ein Schritt zur Schöpfung eigener Dramen nach deren Muster. Schon mehr als ein halbes Jahrhundert vor der Eröffnung des Teatro Olimpico entstand in Vicenza die erste italienische Renaissancetragödie: *Sofonisba* von Giangiorgio Trissino. Der Autor hielt sich an die Konventionen der Griechen (ständige Anwesenheit des Chores, Einheit von Zeit, Ort und Handlung), wählte aber einen Stoff aus der römischen Geschichte. Was den rhetorischen Stil und die ausgiebige Darstellung von Greueltaten betrifft, diente ihm Seneca als Vorbild.

Weitaus bedeutender als die Tragödie war das italienische Lustspiel der Renaissance, das man als »commedia erudita« (gelehrte Komödie) bezeichnete. Die Autoren übernahmen von Plautus und Terenz das Schema des Handlungsaufbaus in fünf Akten, das Prinzip der drei Einheiten, die typenhafte Figurenzeichnung, das Alltagsmilieu und die Liebesintrige. Besonders verdient um die Durchsetzung der Landessprache machte sich Pietro Aretino, der neben seinen epischen und lyrischen Werken sowie der Tragödie *Orazio* (Die Horatier) auch fünf Komödien vorlegte. Ludovico Ariost, der Autor des berühmten Epos »Orlando furioso« (Der rasende Roland), verfaßte für die Aufführung der Este in Ferrara eine Reihe von komischen Dramen, von denen die *Cassaria* (Kästchenkomödie) und *I suppositi* (Die Untergeschobenen) die gelungensten sind. Auch Kirchenfürsten versuchten sich als Komödienautoren; Enea Silvio Piccolomini, der spätere Papst Pius II., schrieb eine *Chrysis* und der Kardinal Bibiena eine *Calandria*, die in der Tradition von Giovanni Boccaccios »Decamerone« steht. Die Zeiten überdauert hat nur der deftige Schwank *La mandragola* von Niccolò Machiavelli, dem Autor der epochemachenden Schrift »Il Principe« (Der Fürst), der Rechtfertigung einer von allen ethischen Normen losgelösten Machtpolitik. Der als Ketzer verbrannte Theologe und Philosoph Giordano Bruno führte mit seinem Drama *Il candelaio* (Der Kerzenmacher), in dem er geistige und politische Tendenzen des ausgehenden Zeitalters persiflierte, die Commedia erudita zu einem letzten Höhepunkt.

Ausgehend von einer Imitation des einzig vollständig erhaltenen griechischen Satyrspiels, des *Kyklopen* von Euripides, durch Giovanni Giraldi Cinzio bildete sich neben der Tragödie und der Komödie als dritte Gattung des Renaissancedramas das Schäferspiel heraus. Darin spiegelt sich die Flucht der Humanisten aus einer Welt der permanenten politischen und ökonomischen Machtkämpfe in eine idyllisch stilisierte Natur. Den Auftakt gab Angelo Poliziano mit seiner Hirtendichtung *Favola d'Orfeo*, die als das erste weltliche Drama in italienischer Sprache gilt. Ihre wichtigste Pflegestelle hatte die neue Gattung am Hof der Este in Ferrara, wo Torquato Tasso nicht nur sein berühmtes Epos »Das befreite Jerusalem«, sondern auch sein Schäferspiel *Aminta* schuf. Die rührende Liebesgeschichte zwischen einer Nymphe und einem Hirten ist eine Beschwörung des Goldenen Zeitalters, in dem der Grundsatz herrscht: »Erlaubt ist, was gefällt«.

Diesem Motto setzte dann Battista Guarini in seiner schon vom Geist des Barock geprägten »Tragicommedia pastorale« *Il pastor fido* (Der treue Schäfer) die Parole entgegen: »Erlaubt ist, was sich ziemt«. Mit der Vermischung der Gattung schlug Guarini hier einen Weg ein, der direkt zur Schöpfung einer neuen Kunstform führte: der Oper.

Nördlich der Alpen gewannen Drama und Theater des Humanismus, wie die Bewegung überhaupt, nie solche Bedeutung wie im Süden. Immerhin nahmen in Italien ausgebildete Gelehrte an den Höfen und Universitäten des deutschsprachigen Raums wichtige Positionen ein. Am Wiener Hof von Kaiser Friedrich III. erwarb sich Enea Silvio Piccolomini Verdienste um die Verbreitung der klassischen Bildung und die Erneuerung der Kanzleisprache. Maximilian I. machte in der Art eines italienischen Renaissancefürsten seinen Hof zu einer erstrangigen Pflegestätte sowohl der Künste als auch der humanistischen Gelehrsamkeit. Im Zentrum stand der als Professor für Rhetorik und Poetik an die Wiener Universität berufene Konrad Celtis, der während seiner Studien in Rom die von Pomponius Laetus unternommenen Versuche der Wiederaufführung antiker Komödien miterlebt hatte. Auf seine Initiative geht auch die erste Aufführung eines lateinischen Dramas außerhalb Italiens zurück: Im Jahre 1500 inszenierte sein Schüler Laurentius Corvinus, der seinen Namen Rabe nach humanistischer Manier latinisiert hatte, mit den Studenten der Breslauer Lateinschule den *Eunuchus* des Terenz. Bald darauf begann auch Celtis selbst in Wien mit der Aufführung antiker Dramen; seinem Beispiel folgte man in anderen Universitätsstädten wie Rostock und Erfurt, Heidelberg und Tübingen.

Das Bemühen der Humanisten um die Säkularisierung des bis dahin allein durch die christliche Lehre bestimmten Bildungswesens sowie ihre fundierte und kritische Auseinandersetzung mit überlieferten Texten, welche auch die Bibel nicht ausnahm, ging im deutschsprachigen Raum eine enge Verbindung ein mit dem seit Generationen in relativ breiten Bevölkerungsschichten herrschenden Streben nach einer grundlegenden Erneuerung der Kirche. Erasmus von Rotterdam, der eine kritische Neuausgabe der Evangelien besorgt und damit eine entscheidende Vorarbeit für die Lutherische Reformation geleistet hatte, forderte in einem Brief Papst Leo X. auf, die »vornehmlichen Güter des menschlichen Geschlechts«, die »wahre christliche Frömmigkeit«, die Wissenschaften und die »öffentliche und ewige Eintracht der Christenheit« wiederherzustellen. Als Martin Luther am 31. Oktober 1517 am Tor der Schloßkirche von Wittenberg seine Thesen anschlug, in denen er die vom Papst geförderte Praxis des käuflichen Sündenablasses kritisierte, bewegte er sich also auf einem vorbereiteten Boden. Da sich der Reformator durch die autoritäre Reaktion der geistlichen und der weltlichen Mächte, durch den päpstlichen Bann und die Reichsacht, nicht in die Knie zwingen ließ, war schließlich die Spaltung der Kirche und der offene Ausbruch von kriegerischen Konflikten nicht mehr zu vermeiden. Die religiöse Opposition des Volkes vermischte sich mit der politischen. Die vom Landadel durch immer neue Abgaben und Frondienste belasteten Bauern beriefen sich auf Luthers Schrift »Von der Freiheit eines Christenmenschen«, als sie in den Krieg zogen. Der Reformator identifizierte sich mit ihrer Auffassung von der Gleichheit aller vor Gott, lehnte aber den Versuch, sie mit Gewalt in die Praxis umzusetzen, entschieden ab. In seinem Aufruf »Wider die räuberischen und mörderischen Rotten der Bauern« rechtfertigte er die Ordnungsmacht der Landesfürsten, die am Ende auch die Oberhand behalten sollten. Mit der Niederlage der Bauern im Jahre 1525 war die bis ins vorige Jahrhundert dauernde feudale Zersplitterung Deutschlands mit ihren verheerenden ökonomischen, sozialen und kulturellen Folgen besiegelt. Während in Westeuropa die mächtigen, fortschrittsorientierten Nationalstaaten entstanden, verharrten die deutschen Territorien in ihrer Beschränktheit und Rückständigkeit.

Für die Durchsetzung des Protestantismus war vor allem der Ausbau des Erziehungswesens von entscheidender Bedeutung. Die Forderung an den einzelnen zur Suche nach seinem Glauben setzte notwendig die Fähigkeit des Lesens voraus. Darum verlangte Luther von den Ratsherrn der Städte wie von den Landesfürsten die Einrichtung öffentlicher Bibliotheken und Schulen, wobei er immer wieder auf die Bedeutung des Theaterspielens als pädagogischer Maßnahme hinwies. Bei Gelegenheit äußerte er sich zu dem Thema so: »Comödien zu spielen soll man, um der Knaben in der Schule willen nicht wehren, sondern gestatten und zulassen; erstlich, daß sie üben in der lateinischen Sprache, zum anderen, daß in Comödien fein künstlich erdichtet, abgemalet und fürgestelet werden solche Personen, dadurch die Leute unterrichtet und ein Iglicher seines Amtes und Standes erinnert und vermahnet werde, was einem Knecht, Herrn, jungen Gesellen und Alten gebühre, wohl anstehe, und was er thun soll; ja, es wird darinnen fürgehalten und vor die Augen gestelet aller Dignitäten Grad, Ämter und Gebühre, wie sich ein Iglicher in seinem Stande halten soll im äußerlichen Wandel wie in einem Spiegel.« (Martin Luther: Tischreden und Colloquia. S. 357)

Von dieser Vorgabe angeregt und vom Geist des Humanismus beflügelt, gingen vielerorts die Rektoren und Lehrer an die Wiederaufführung antiker Dramen und an die Schöpfung neuer Werke, erst in lateinischer, bald aber auch in deutscher Sprache. Oft fanden die Aufführungen gar nicht mehr in der Schule statt, sondern vor einem breiten Publikum in Tanzsälen und Kirchen, Zunftstuben und Rathäusern. Gespielt wurde auf neutralen Bretterbühnen mit wenigen Versatzstücken, die auf drei Seiten von Zuschauern umgeben waren. Was die Stoffe des Schultheaters betrifft, wurde das antike Schrifttum immer mehr von der Bibel in den Hintergrund gedrängt. Besonders beliebt waren Vorgänge und Figuren aus dem Alten Testament, denen ein moralischer Lehrwert abgewonnen werden konnte, wie zum Beispiel die Geschichten von Kain und Abel, von Abraham und Isaak, von Moses, Hiob, Rebecca und Susanna. In den Evangelien boten sich besonders die Gleichnisse vom verlorenen Sohn, von den Arbeitern im Weinberg, von den klugen und den törichten Jungfrauen sowie bestimmte Ereignisse aus dem Leben Jesu zur Dramatisierung an.

Ebenso wie das Humanistendrama wurde auch das Volkstheater in den Dienst der Glaubenspropaganda gestellt. In den Niederlanden entwickelte sich aus spätmittelalterlichen Ansätzen das Laientheater der in Bruderschaften verbundenen »Rederijker« (Rhetoriker); allegorische Umzüge und lebende Bilder, Schwänke und Farcen sowie moralische »Spele van zinne« (Sinnspiele) kamen zur Aufführung. Ähnliche Spielformen gab es in der Schweiz. Der nicht nur als Poet, sondern auch als Maler, Architekt und Politiker in Bern tätige Niklas Manuel machte aus der überlieferten Gattung des Fastnachtsspiels ein Kampfmittel gegen die römische Kirche. Seine Dramen, wie zum Beispiel *Der Ablaßkrämer* oder *Vom Babst und seine Priesterschaft*, sind durch die Revueform, die zum Grotesken neigende Figurengestaltung, den Einsatz des Dialekts sowie durch derbe Zoten gekennzeichnet. In Straßburg, einem weiteren Zentrum reformatorischer Spielkultur, ging das Fastnachtsspiel eine Synthese mit dem humanistisch orientierten Schuldrama ein. Jörg Wickram etwa schrieb ein Stück *Die Weiberlist*, in dem das überlieferte Motiv der Frauenschelte zu einem religiös eingefärbten Lehrstück über den richtigen Umgang mit der Sexualität genutzt wird. In Nürnberg brachte der Schuhmacher und Poet Hans Sachs die Tradition des Fastnachtsspiels mit dem Gedankengut des Humanismus und der dialektisch-moralisierenden Tendenz des Schulspiels zur Synthese. Zusammen mit seinen Meistersinger-Kollegen bemühte er sich, das Volk mit dem aus der Antike und dem Christentum hergeleiteten Wertesystem vertraut zu machen. Dieser Anspruch rechtfertigte die Auffführung seiner Stücke in einem geweihten Raum. In die Nürnberger Marthakirche wurde ein Podium eingebaut, auf dem junge Handwerkergesellen die grob dargestellten Vorgänge und Figuren aus der Mythologie und der Bibel, aber auch aus der traditionellen Schwankliteratur (wie »Till Eulenspiegel«) und aus Novellensammlungen (wie Boccaccios »Decamerone«) zum besten gaben. Nach dem Tod von Hans Sachs suchte Jacob Ayrer mit seinen nicht weniger als 1500 didaktischen Kurzdramen die Nürnberger Tradition fortzusetzen, doch geriet er gegen Ende des 16. Jahrhunderts bereits in Konkurrenz zu den professionellen Wandertruppen, die aus Italien die Commedia dell'arte und aus England die Elisabethanischen Dramen und Spielweisen in den deutschen Sprachraum brachten.

Die Commedia dell'arte

Im italienischen Sprachgebrauch der Zeit bezeichnete der Begriff »Commedia« nicht das Lustspiel in unserem heutigen Sinn, sondern ganz allgemein das Phänomen Theater; und das Wort »Arte« umfaßte in diesem Zusammenhang nicht nur die Bedeutung von Kunst, sondern auch die von Handwerk. Schon der Name betont also die Professionalität der Träger dieser um die Mitte des 16. Jahrhunderts entstandenen Theaterform und akzentuiert den Unterschied ihrer Träger zu den »Dilettanti«, die sich unter Rückgriff auf die römische Komödie des Plautus und Terenz um eine Wiederbelebung der Theaterkultur des Altertums bemühten. Von der Commedia erudita übernahm die Commedia dell'arte die Fabelführung mit ihren komplizierten Verwicklungen und Intrigen sowie den Grundbestand an Figuren: die beschränkten alten Männer, die jungen Liebenden, die schlauen Diener und den prahlerischen Offizier. Eine Konkretisierung erfuhren einige der Typen durch die Masken des venezianischen Karnevals.

Ein unmittelbarer Vorläufer der Commedia dell'arte war der aus Padua stammende Stückeschreiber und Schauspieler Angelo Beolco, der sich den Künstlernamen Ruzante (oder Ruzzante) zulegte. So nannte er auch die Zentralfigur seiner Kurzdramen, in denen er das von Hunger und Krieg bedrohte, vom Streben nach einfachen, sinnlichen Genüssen bestimmte Leben der Bauern darstellte. Die Helden seiner Stücke, von denen *Des Ruzante Rede, so er vom Schlachtfeld kommen* (Parlamento de Ruzante che iera vegnù de campo) und *Die Paduanerin* (La moscheta) ins Deutsche übersetzt wurden, ließ er paduanischen Dialekt sprechen, während er den hochgestellten Personen seiner späteren, am Vorbild des Plautus geschulten Komödien die florentinische Hochsprache zubilligte. Mit seiner kleinen Wandertruppe zog Ruzante über das Land; ab 1520 gastierte er alljährlich während des Karnevals in Venedig. Er wurde oft auch in Patrizierhäuser eingeladen und fand Zugang zu akademischen Kreisen; schließlich erhielt er sogar die Möglichkeit, am Musenhof von Ferrara zu spielen. An seinem sozialkritischen Engagement hielt Ruzante trotzdem fest. Vor dem Kardinal von Padua ließ er den bäuerlichen Helden seine aufmüpfige Rede führen: »Wir müssen schwitzen und haben doch nie etwas für uns, die anderen jedoch, die nicht schwitzen, haben immer reichlich zu essen.«

Auch die Commedia dell'arte zeichnete sich, zumindest in der Frühzeit, durch die Parteinahme für die unteren Schichten und durch eine volkstümliche Spielweise aus. Ihre Wirkung beruhte nicht auf dem Reiz der Bilder wie beim höfischen Theater und nicht in der Überzeugungskraft des Wortes wie bei der Humanistenbühne, sondern auf der Macht des Gestischen. Auf der leeren Plattform oder der schlichten Winkelrahmenbühne setzte der Schauspieler mit seinem Körper die Akzente. Der Text war der Bewegung absolut untergeordnet und gewann erst in der Improvisation seine endgültige Gestalt. Das Fundament der Aufführung bildete ein »Scenario«, in dem nur die Grundzüge der Handlung festgelegt waren. Bei deren Konkretisierung waren die Akteure ganz auf die Erfindungsgabe und Phantasie angewiesen. Im Laufe der Zeit entstand dann ein Kanon von Monologen und Dialogen, auf den man immer wieder zurückgriff. Auch die besonders gelungenen »Lazzi« wurden von einer Generation zur nächsten weitergegeben. Diese komischen Aktionsformeln – zum Beispiel: Arlecchino ißt Spaghetti oder Arlecchino fängt eine Fliege, zerlegt sie und ißt sie auf – baute man in das Geschehen ein, wenn im Publikum Langeweile aufkam.

Pantalone wirbt um eine Dame. Stich, 16. Jh.

Die Szenarien der Commedia dell'arte handeln fast ausnahmslos von der Liebe. Sie bringt mannigfache Komplikationen in die Familien, doch bemühen sich alle Personen fanatisch darum, diese wiederum zu entwirren und das Geschehen zu einem Happy-End zu führen. Die oft recht gewaltsam konstruierten Lösungen nehmen weder auf die Moral noch auf die Gefühle der Betroffenen Rücksicht. Alle Figuren verhalten sich in sittlicher Hinsicht zweifelhaft, meist nur ihren Trieben folgend. Das hauptsächliche Ziel dieser Theaterform ist die vordergründige Unterhaltung; Belehrung und Erbauung sind nicht gefragt. Die Commedia dell'arte kennt keine Charaktere im Sinne des bürgerlichen Theaters der Folgezeit, sondern nur grob gezeichnete Typen. Diese wurden in bezug auf Kostüm und Maske sowie Gestik und Sprechweise schon in einem frühen Entwicklungsstadium festgelegt. Die relativ geringen Variationen ergaben sich aus der Spezifik der Darsteller, die in der Regel während ihres ganzen Berufslebens denselben Typus verkör-

perten; daraus resultierte selbstverständlich ein hohes Maß an Kunstfertigkeit und Routine. Nur ein Teil des Personals, nämlich die Alten und die Diener, trugen Masken; dieser Terminus wird auch für die Figuren selbst gebraucht. Ihre Darsteller mußten über eine außergewöhnliche Beredsamkeit des Körpers verfügen, um so den Wegfall der mimischen Ausdrucksmittel zu kompensieren. Am wenigsten charakteristisch für die Commedia dell'arte sind die Gestalten der »Amorosi«, der Verliebten. Sie entsprechen in ihren Eigenschaften wie in ihren Erscheinungen weithin den jugendlichen Figuren der Commedia erudita. Die Mädchen heißen Florinda, Flaminia, Silvia oder Rosaura, die jungen Männer Flavio, Silvio, Lelio oder Leandro. Als Kostüm trugen sie einfach die Mode der Zeit; durch Gewand und Schmuck waren sie als Angehörige der Oberschicht ausgewiesen. Die Amorosi bilden den Mittelpunkt des Geschehens, um den sich die Lazzi der Diener und die skurrilen Episoden der Väter gruppieren. Ihre Gefühle offenbaren die Liebenden in

Capitano. Stich, 1601

Pantalone. Gemälde, 18. Jh.

wohltönenden Reden; schmachtende Tiraden wechseln mit säuselnden Dialogen; sie sprechen reinstes Toskanisch, die eigentliche italienische Hochsprache der Zeit. Die männlichen Liebenden benehmen sich überaus höflich und galant, die Frauen dagegen bescheiden und züchtig.

Die Gestalt des Capitano verkörperte den Protest der Italiener gegen die spanische Fremdherrschaft; sein Beiname Spavento bedeutet »Schrecken«. Seine Abkunft vom »Miles Gloriosus« des Plautus liegt auf der Hand. Bei jeder Gelegenheit rühmt er sich seiner Heldentaten und seiner Tapferkeit, doch wenn es ernst wird, erweist er sich als kleinmütig und feige. Der Capitano lebt in der Illusion, allen Frauen zu gefallen; seine komisch-grotesken Liebesabenteuer nehmen allerdings in der Regel ein klägliches Ende. In seinem Charakter vereinigen sich Habgier, Hochmut und Prahlsucht zu einem üblen Gemisch. Trotzdem erheischt der arme Hungerleider, der selbst den Dienern das Essen wegstiehlt und sich dafür von ihnen verprügeln läßt, das Mitgefühl der Zuschauer. Sein Kostüm stellt eine militärische Variante der spanischen Weltmode dar: Ein enganliegendes Wams betont den athletisch gebauten Oberkörper; der lange weite Mantel fällt in eindrucksvoller Drapierung von der Schulter; die Figur ruht mit ihrem ganzen Gewicht lässig in Halbstiefeln. Im Gürtel steckt ein überdimensionales und darum gar nicht praktikables Schwert.

Die Väter der Liebenden gehören von Anfang an zum Typenbestand der Commedia dell'arte. Ihre Kinder bereiten ihnen schwere Sorgen; die aufmüpfigen Töchter schlagen die für sie vorgesehenen »guten Partien« aus, und die Söhne verbrauchen zu viel Geld. Pantalone und Dottore zählen zu den höheren Schichten; sie sind Städtebürger und führen ein materiell unbeschwertes Leben. Die Würde, die sie zu demonstrieren suchen, stellen sie selbst und die anderen ständig in Frage. Vor allem die eigenen Diener spielen ihnen übel mit, lassen sie dauernd in die Falle laufen und amüsieren sich köstlich über ihre Mißgeschicke. Das Charakterprofil der beiden Alten ist recht unterschiedlich ausgeprägt: Während der Dottore nur redet und nie zu einer Aktion kommt, gibt sich Pantalone als unternehmungslustiger Tatmensch. Sein Name enthält einen spöttischen Beiklang; er wird von »pianta leone« hergeleitet, der Bezeichnung für das venezianische Löwenbanner, das die Kaufleute auch dann noch als Zeichen für die Macht der Stadt aufpflanzten, als sie nur mehr winzige, unbedeutende Inseln in der Adria in Besitz nahmen, aber weiterhin mit ihren großen Taten renommierten. Pantalone

Dottore.
Aquarell, 18. Jh.

Brighella.
Zeichnung, 17. Jh.

Arlecchino.
Stich, 16. Jh.

trägt die Kleidung des wohlhabenden Patriziers von Venedig: rote Hose, rotes Wams und roten Hut, schwarzen Umhang und flache Pantoffeln. Aus der bräunlich-schwarzen Ledermaske sticht die überdimensionierte Nase hervor; das Kinn ziert ein überlanger weißer Spitzbart. Die Geldbörse ist das wichtigste Requisit der Figur; sie hängt am Gürtel als Zeichen für den Geiz und die Habsucht des Pantalone. Neben ihr steckt der Dolch zu ihrer Verteidigung gegen Diebe und Räuber. Meist erscheint Pantalone kränklich, von Magenschmerzen oder vom Zipperlein geplagt. Immer wieder greift er sich plötzlich ins Kreuz, dann bemüht er sich aber gleich wieder um eine Pose, die elegant und graziös aussehen soll. Trotz seiner Unpäßlichkeiten ist Pantalone ständig auf Liebschaften aus, wobei er natürlich Gefahr läuft, Hörner aufgesetzt zu bekommen.

Der Dottore ist Rechtsgelehrter oder Arzt und stammt aus der Universitätsstadt Bologna. Sein Kostüm entspricht der Amtstracht der Professoren: Wams, Kniehose, Strümpfe und Schuhe in Schwarz und ebenso die mit einer weißen Halskrause geschmückte Robe. Auf dem Kopf trägt der Dottore ein schwarzes Käppchen und darüber oft einen Hut mit großer Krempe. Die Halbmaske bedeckt nur Nase und Stirn, läßt die roten Bäckchen frei, die darauf schließen lassen, daß er ganz gern einen Schluck nimmt. Der Dottore hält sich für den gelehrtesten Menschen auf der ganzen Welt. Er hat zwar alles studiert, aber nichts begriffen. Seinen Redeschwall unterbricht er nur selten; jedes Wort gibt ihm Anlaß zu ausführlichen, mit (passenden und unpassenden) lateinischen Zitaten gewürzten Vorträgen, die zwar den Gesetzen der Logik entsprechen, aber keinerlei Sinn ergeben.

Die beiden Zanni – das Wort ist eine Verkleinerungsform von Giovanni – sind die populärsten Maskenfiguren der Commedia dell'arte. Brighella und Arlecchino stammen aus der Region Bergamo, einer ärmlichen Gegend, deren Bewohner oft ihr Auskommen als Lastenträger in Venedig suchten. Die ortsansässigen Plebejer sahen in diesen »Gastarbeitern« vor allem Konkurrenten und verhielten sich dementsprechend ablehnend. Ihre Abbilder auf der Bühne des volkstümlichen Theaters wurden darum dem mitleidlosen Lachen preisgegeben. In der Frühzeit der Commedia dell'arte erschienen die Zanni auf der Bühne als dumm, verschlagen, unverschämt, gefräßig und geil. Auch ihr weibliches Gegenstück, die Zagna, trug anfangs eher negative Züge; sie wurde von einem Mann gespielt; das Derbe und Obszöne stand im Vordergrund. Die grundlegenden Merkmale der Dienerfiguren lagen von Anfang an fest: Brighella ist aktiv und lebendig, hinterlistig und bösartig, Arlecchino dagegen passiv und plump, naiv und einfältig. Trotz ihrer moralischen und intellektuellen Beschränktheit triumphieren die Zanni in jeder Situation. Ihre Bühnensiege erschienen um so großartiger, je unmöglicher sie im wirklichen Leben sind. Das Grundkostüm der beiden Masken bestand ursprünglich aus einer weiten Hose und einer Bluse, die fast bis zu den Knien reicht, und unter der Taille von einem Gürtel zusammengehalten wird; beide trugen schwarze Halbmasken aus Leder. Brighella ist der Drahtzieher und Intrigant, bedient sich aller nur denkbaren Winkelzüge. Dank seiner List und Schläue ist er jeder Situation gewachsen und weiß auf alles eine Antwort. Wenn ihm doch einmal die Worte fehlen, beginnt er zu singen und zu tanzen oder präsentiert einen Lazzo. Seine Beziehungen zu den Frauen sind ambivalent; er fühlt sich zu allen hingezogen, verliebt sich aber in keine. Das weiße Grundkostüm des Brighella ist auf der Brust und an den Beinen mit grünen Querstreifen verziert, so daß der Eindruck einer Livree entsteht.

Arlecchino, der auch unter dem Namen Fritellino oder Truffaldino begegnet, zeichnet sich vor allem durch sein Streben nach Befriedigung der sinnlichen Genüsse aus; er liebt die Magd ebenso wie die Eßwaren, die sie in der Speisekammer verschlossen hat. Seine Gedanken werden von einer nur in seinem eigenen Gehirn existierenden Logik bestimmt. Die Unterscheidung von rechts und links ist für ihn ein großes Problem, manche schwierige Frage aber löst er spielend, mit traumwandlerischer Sicherheit. Seine Leichtgläubigkeit und seine Neugierde bringen ihn immer wieder in die heikelsten Situationen, aus denen er sich aber stets irgendwie herauszuwinden versteht. Arlecchino hat eine so lebendige Phantasie, daß er vor den eigenen Vorstellungsbildern er-

Pulcinella.
Stich von Giacomo Franco, 1642

schrickt und die Flucht ergreift. Im Zusammenhang des Bühnengeschehens ist ihm alles erlaubt. Er darf, wann immer es ihm gefällt, reden oder schweigen, singen oder tanzen oder seine Lazzi und akrobatischen Kunststücke vorführen. Auf Arlecchinos weißen Anzug waren ursprünglich Flicklappen in allen Farben genäht, woran man sein materielles Elend ablesen konnte. Später wurde daraus das stilisierte Rhombenmuster in den Farben Grün-Rot-Gelb. Auf seinem Kopf sitzt ein kleines, verdrücktes Hütchen; darauf wippt ein Hahnenschwanz, wie ihn die Bauern aus Bergamo zu tragen pflegten. Die Gesichtsmaske war in der Frühzeit mit einem Zottelbart und einer Beule auf der Stirn ausgestattet, die als Rudiment eines Teufelshorns gedeutet und als Beweis für den Einfluß der mittelalterlichen Mysterienspiele auf die Commedia dell'arte gewertet wurde. In einer Reihe von Scenarios begegnet Arlecchino als Familienvater mit einer Schar von Kindern, die ihm seine Partnerin geschenkt hat. Zagna ist in der gleichen Sozialschicht angesiedelt, verdient als Hausmagd ihr Brot. Später wandelt sie sich zur Kammerzofe der Ehefrau oder deren Tochter und hilft ihnen in weiblicher Solidarität, den Ehemann zu betrügen

Alessandro Scalzi: Fresko auf der Narrentreppe von Burg Trausnitz in Landshut, um 1570

taglia sowie Pulcinella, der auch im neapolitanischen Karneval eine wichtige Rolle spielt. Ähnlich wie seine norditalienischen Vettern ist er naiv und hinterhältig, gefräßig und immer auf seinen Vorteil aus. Ganz gleich, welchen Beruf er ausübt, drückt er sich vor der Arbeit; oft muß er sich statt dessen um seine Kinder kümmern, mit denen er reich gesegnet ist. Pulcinella trägt den weißen Anzug der Bauern; die weite Jacke kann seinen Buckel und den mächtigen Bauch nur unvollkommen verdecken. Seinen Hals ziert eine weiße Krause; auf dem Kopf sitzt der typische Hut in Form eines Zuckerstockes.

Die Truppen der Commedia dell'arte haben weite Reisen innerhalb Italiens, aber auch in viele andere Regionen unternommen. So gastierten die »Gelosi«, deren Name sich von ihrem Wahlspruch »Virtu gloria onore ne fan gelosi« (Ihre Tugend, ihr Ruhm und ihre Ehre machen alle Leute neidisch) herleitet, mehrfach in Paris, und die »Confidenti« (Die Zuversichtlichen) unternahmen zahlreiche Tourneen nach Spanien. Auch nördlich der Alpen präsentierten italienische Ensembles ihre Kunst. So spielte etwa im Jahr 1568 eine Commedia dell'arte-Truppe anläßlich der Hochzeit eines bayerischen Erbprinzen am Münchner Hof. Das junge Paar nahm die Schauspieler mit in seine Residenz nach Landshut und ließ ihnen dort in Gestalt der »Narrentreppe« ein bleibendes Denkmal setzen. Im Auftrag des Fürsten stattete ein italienischer Maler das Treppenhaus der Burg Trausnitz mit Wandmalereien aus, die Grundsituationen der Commedia dell'arte darstellen.

oder den strengen Vater durch eine heimliche Heirat zu hintergehen.

Neben der venezianischen Commedia dell'arte gab es eine süditalienische Erscheinungsform, die ihr Zentrum in Neapel hatte. Ihre wichtigsten Masken waren der Zanni Coviello, der dem Capitano entsprechende Scaramuccio, der dem Dottore verwandte Notar Tar-

Drama und Theater im Elisabethanischen England

In England setzten sich der Humanismus und die Renaissance nur zögernd und wesentlich später durch als auf dem Kontinent. In der zweiten Hälfte des 16. Jahrhunderts, während der Regierungszeit Königin Elisabeths I., entfaltete sich aber auch hier eine beispiellose kulturelle Blüte. Die Säkularisierung des Weltbildes, das Interesse am Menschen in seinen diesseitigen Bindungen und die Verinnerlichung des Glaubens im Zuge der anglikanischen Reformation warfen hier Probleme von grundsätzlicher Bedeutung für die ganze Neuzeit auf. Auf der Bühne des Elisabethanischen Theaters wurden sie exemplarisch durchgespielt; im Werk von William Shakespeare erfuhren sie eine überzeitlich gültige Formulierung. – Im letzten Viertel des Säkulums, als sich das Elisabethanische Theater gerade herausgebildet hatte, erlebte England eine Zeit wirtschaftlichen Aufschwungs. Im gleichen Maße, in dem das Bürgertum an Macht gewann, verlor der Adel an Bedeutung; die feudalen Verhältnisse und Lebensformen verfielen. Im Gegensatz zu dem Interesse der Aristokraten an einer uneingeschränkten Machtausübung auf ihrem eigenen Territorium, woraus sich immer wieder kriegerische Auseinandersetzungen entwickelt hatten, wünschte sich das Bürgertum einen einheitlichen nationalen Markt, einen friedlichen Handel und einen ungestörten Warenverkehr auf sicheren Straßen. So unterstützte es die Königin in ihrem Bemühen, die Macht der Barone zu brechen und deren militärische Gefolgschaften aufzulösen. Die Vermittlung zwischen den Interessen des Adels und denen der bürgerlichen Schichten war die bedeutendste Leistung von Elisabeth I. Durch eine ständig abwägende, oft widersprüchlich scheinende Politik gelang es ihr, das soziale Gleichgewicht herzustellen und zugunsten des Hofes zu konsolidieren. Ihr Regierungsprinzip bestand letzten Endes darin, daß sie ihre Untertanen durch die Sicherung der wirtschaftlichen Prosperität bestach. Solange ihr das glückte, blieb ihr Ansehen ungefährdet, und sie konnte als absolut gerechte Majestät auftreten, erhaben über alle Klassen und Parteien. Eben dieses Herrscherideal propagierte Shakespeare in seinen Dramen.

Unter den skizzierten politischen Bedingungen vollzog sich ein steiler Aufstieg der Wissenschaften und Künste. So wie im gesellschaftlichen hatte sich auch im kulturellen Leben die Klassenscheidung noch nicht in aller Schärfe ausgebildet, so daß die kulturellen Traditionen der verschiedenen Schichten zusammenfließen konnten. Zudem entstand dank des unermüdlichen Strebens der Humanisten ein vorzügliches Schulwesen, das nun nicht mehr von der Geistlichkeit, sondern von umfassend gebildeten Laien getragen wurde. Die Lehrer an Shakespeares Schule in Stratford zum Beispiel waren in ihrer Mehrzahl Absolventen der Universität Oxford. Die antike wie die zeitgenössische Literatur und Philosophie wurden auf diese Weise zum Allgemeingut breiter Schichten der Bevölkerung. Zwischen den Gebildeten und den Ungebildeten existierte kein so großer Abstand und nicht die scharfe Trennung wie heute. »Das College kontrollierte den Biergarten und der Biergarten das College.« (Bertolt Brecht: Werke. Bd. 22. S. 731) Die Kenntnis der nationalen und der europäischen Geschichte sowie der antiken und der christlichen Mythologien in ihren Grundzügen konnte bei großen Teilen des Publikums vorausgesetzt werden. Sicher gab es erhebliche Unterschiede im Wissen und Denken wie im sprachlichen Vermögen, aber man verstand einander noch, und eine Ausdrucksform bereicherte die andere. Mit dem Tod Königin Elisabeths I. (1603) und dem Machtantritt von Jakob I., dem prote-

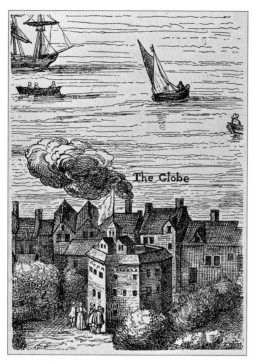

*Das Globe Theatre am Südufer der Themse.
Illustration zu: Visschers Ansicht
von London, 1616*

stantisch erzogenen Sohn Maria Stuarts, der ein streng absolutistisches Regierungsprinzip verfolgte und das von seiner Vorgängerin gestärkte Parlament zu entmachten suchte, zerbrach die relative Einheit der politischen wie der kulturellen Interessen. Die sprichwörtliche Lebensfreude im Elisabethanischen Zeitalter wich einer frivolen Genußsucht der Oberklasse; dagegen machte sich bald die puritanische Opposition des Bürgertums stark, die dann knapp ein halbes Jahrhundert später zur Schließung aller Londoner Theater führte.

Von grundlegender Bedeutung für die Blüte des Theaters im Elisabethanischen Zeitalter war die Tatsache, daß es zum ersten Mal seit der Antike wiederum professionelle Schauspieler gab. Schon aus der Mitte des 15. Jahrhunderts sind Dokumente erhalten, in denen »gewöhnlichen Ackerbauern« verboten wird, sich als Spielleute zu betätigen. Offenbar war im Zuge der Umstrukturierung der Landwirtschaft vom Ackerbau zur weniger personalintensiven Viehzucht eine große Zahl von Landarbeitern freigesetzt worden, die sich durch das Theaterspielen ihren Lebensunterhalt zu verdienen suchten. In ihrer höchst unsicheren, ständig von den brutalen Gesetzen gegen das Vagabundieren bedrohten Existenz, vertrauten sie sich dem Schutz mächtiger Herren an. Die Chroniken berichten schon aus der Mitte des 16. Jahrhunderts von Truppen, die im Dienste und damit unter der Patronage des Hofes und der Hocharistokratie standen. Ihre Zahl vermehrte sich sprunghaft: Für die Regierungszeit Elisabeths I. ließen sich mehr als hundertfünfzig professionelle Schauspielgruppen nachweisen. Mit dem wachsenden sozialen Ansehen fanden allmählich auch Angehörige des Bürgertums den Weg zum Theater. Sie besaßen in der Regel eine höhere Bildung als ihre Vorgänger und brachten die Kenntnis kapitalistischer Wirtschaftsorganisation mit. Unter ihrem Einfluß entstanden feste Kompanien, die sich als Aktiengesellschaften strukturierten. Die Hauptschauspieler waren als Aktionäre direkt am Gewinn ihrer Arbeit beteiligt; die jüngeren und weniger wichtigen Darsteller dagegen wurden im Lohnverhältnis beschäftigt. Um Teilhaber zu werden, mußte man sich mit einem bestimmten Betrag in das Unternehmen einkaufen. Wenn ein Aktionär starb, wurde den Erben sein Anteil ausbezahlt und einem neuen Mitglied der Einkauf angeboten. Dieses System war ein hervorragendes Mittel, die Teilhaber an die Truppe zu binden und ihr Interesse am gemeinsamen Erfolg wachzuhalten. Durch die den Besitzanteilen entsprechend ausgezahlten Gewinne konnte man ein wohlhabender Mann werden, wie das Beispiel Shakespeares beweist, der in seinen späteren Lebensjahren Grundstücke und Häuser in Stratford kaufte und gegen Zinsen Geld verleihen konnte. Den Lohnschauspielern dagegen ist es oft recht schlecht gegangen; mehr als einer landete im Schuldturm.

Neben der relativ seriösen Absicherung des Lebensunterhaltes der Theaterleute trug noch ein zweites Faktum zur Stabilisierung des Bühnenwesens und damit zu seiner künstlerischen Weiterentwicklung bei: die Errichtung von festen Theatergebäuden in London, die einigen Truppen die Möglichkeit gab, seßhaft zu werden. Die älteste Bühnenanlage, die einfach »The Theatre« genannt wurde, ließ der Zimmermeister und nachmalige Theaterunternehmer James Burbage in einer ursprünglich für Stierkämpfe, Bärenhatzen, Schwertspiele und ähnliche Volksbelustigungen dienenden Arena errichten. Dem folgten wenige Jahre später weitere Theaterbauten mit den klangvollen Namen »The Rose«, »The Swan« und »The Curtain« sowie »The Globe«, auf dessen Bühne die meisten Dramen von Shakespeare uraufgeführt wurden. Die Initiative dazu ging von unternehmungsfreudigen Bürgern aus, die ihre Häuser an die Truppen vermieteten und damit satte Gewinne machten. Die meisten öffentlichen Theater lagen im traditionellen Vergnügungsviertel der kleinen Leute am Südufer der Themse, also außerhalb der Londoner Stadtmauern und somit des Einflußbereiches der puritanisch eingestellten, theaterfeindlichen Stadtregierung. Die Bauten hatten die Form eines runden oder achteckigen Turmes, dessen massives Mauerwerk von mehreren Fenstern durchbrochen war. Auf der einen Seite erhob sich das hohe Bühnenhaus mit den Garderoben und der Requisitenkammer. Wenn gespielt wurde, wehte auf dem Dach eine weiße Fahne. Der offene Innenhof war umgeben von dreistöckigen umlaufenden Galerien. Wie eine Zeichnung des Swan Theatre zeigt, sprang vom Bühnenhaus her eine auf niedrigen Säulenstümpfen liegende Plattform ins Parkett vor. Im Raum darunter, der entsprechend den noch immer nachwirkenden Konventionen des mittelalterlichen geistlichen Spiels als »Hölle« bezeichnet wurde, befanden sich technische Einrichtungen wie eine Hebemaschine, mit der zum Beispiel die Hexen in *Macbeth* durch einen Ausschnitt im Bühnenboden auf die Spielfläche befördert wurden. Die Versenkung diente aber auch der »magischen« Erscheinung von Versatzstücken und konnte die Bedeutung einer Wasserfläche oder eines Grabes annehmen.

Johannis de Witt:
Das Swan Theatre.
Zeichnung, 1596

Zur Hinterbühne führten zwei Türen; weil in einer ganzen Reihe von Dramen der Zeit plötzliche Entdeckungen eine wichtige Rolle spielen, wird vermutet, daß es dahinter einen beweglichen Vorhang gab. Darüber sind auf der Zeichnung des Swan Theatre sechs Logen zu sehen, die wohl für hochstehende Besucher vorgesehen waren. Eine davon diente wahrscheinlich zur Darstellung von Balkon-Szenen, eine andere vielleicht als Raum für die Musiker. Das von zwei Säulen getragene Dach über der Plattform hatte die Funktion, die Schauspieler vor Regen und Sonne zu schützen; durch seine Bemalung mit Sonne, Mond, Sternen und Tierkreiszeichen symbolisierte es den Himmel. Über dem Plafond erhob sich noch eine Art Hütte, aus welcher der Trompeter heraustrat und den Beginn der Vorstellung ankündigte.

Die neutrale Spielfläche wurde in engem Kontakt mit den Zuschauern bespielt. In der publikumsnahen Position agierten vor allem die Narren und die Bösewichter, die in ihren Reden oft direkt auf die Lebenswelt der sie umgebenden plebejischen Zuschauer anspielten. Die Versatzstücke, wenn überhaupt welche gebraucht wurden, imitierten nicht die Realität, sondern gaben zeichenhafte Hinweise auf sie. Ein Baum zum Beispiel konnte für einen Schloßgarten stehen oder für einen Wald, je nachdem, welche Bedeutung ihm durch die Figurenrede zugewiesen wurde. Aus diesem als »Gesprochene Dekoration« oder »Wortkulisse« bezeichneten Prinzip resultierten Ansprüche an das Drama: Die Stückeschreiber mußten über eine besonders suggestive Sprache verfügen, die dem Zuschauer sowohl die Atmosphäre als auch die Gegenständlichkeit des Schauplatzes vor Augen führte. Die Technik der »Wortkulisse« machte es ihnen auch möglich, außerirdische Räume zu imaginieren. Einen gewissen Ausgleich zu der sparsamen Dekoration der Elisabethanischen Bühne boten die opulenten Kostüme. Sie unterschieden sich nicht wesentlich von der Mode ihrer Zeit; das belegen Hinweise, nach denen die Diener oft Kleider von ihren Herrschaften erbten, sie aber aus Standesgründen nicht tragen konnten und darum an Schauspieltruppen verkauften. Jedenfalls waren die Kostüme prächtig und reich verziert. Die rote Farbe symbolisierte Gewalt, die weiße Unschuld, die schwarze Trauer und Melancholie. Stand und Nationalität wurden durch typische Zutaten angedeutet: Brustpanzer und Röckchen charakterisierten den römischen Soldaten, der Turban den Türken, lange Gewänder den Orientalen und der Kaftan den Juden.

Während des Elisabethanischen Zeitalters spielten in London, einer mit hundertfünfzigtausend Einwohnern für damalige Verhältnisse riesengroßen Stadt, täglich mehr als ein halbes Dutzend Truppen, jede in einem Haus mit ungefähr zweitausend Plätzen. In den Theatern trafen sich Handwerker und Aristokraten, Lehrlinge und Studenten, Kaufleute und Gelehrte. Auch Frauen besuchten die Aufführungen, obwohl sie von strengen puritanischen Predigern darum als »Huren« gebrandmarkt wurden. Eine große und wichtige Gruppe im Publikum waren die »Gründlinge«, die jungen Plebejer und Kleinbürger, die dicht gedrängt die Spielfläche umstanden und mit ihren lautstarken Reaktionen oft über den Erfolg oder Mißerfolg einer Inszenierung entschieden. Den Eintrittspreis konnte sich jeder Londoner leisten; für einen Stehplatz bezahlte man einen Penny, so viel wie für einen Laib Brot, für einen Sitz auf der Galerie einen zweiten und für einen bequemen Sessel einen dritten; der Preis für die Logen bewegte sich zwischen einem halben und einem ganzen Schilling.

An die Kunst des Schauspielers wurden im Elisabethanischen Theater hohe Anforderungen gestellt. Sie hat sich in kurzer Zeit zu einer hohen Komplexität und Differenziertheit entwickelt, obwohl ihre Grundsätze und Regeln nur durch die Praxis weitergegeben wurden. An schriftlichen Zeugnissen haben sich lediglich Lobreden erhalten, die generell den Realismus der großen Darsteller rühmen. In einem allgemeinen Tenor sind auch die Anweisungen an die Schauspieler gehalten, die Shakespeare dem Hamlet in den Mund legt. Aufgrund des geringen Aussagewerts der Zeugnisse stehen sich zwei einander geradezu ausschließende Meinungen der Experten gegenüber. Die einen behaupten, daß man sich an mehr oder minder feststehende Zeichen gehalten habe, so daß nur wenig Raum für eine individuelle Interpretation blieb; die anderen meinen, daß ganz naturalistisch, aus dem subjektiven Empfinden heraus, gespielt worden sei. Sicher ist, daß die Akteure des Elisabethanischen Theaters über eine breit gefächerte Ausdrucksskala und eine große körperliche und stimmliche Leistungsfähigkeit verfügt haben. Auch ihr Gedächtnis muß phänomenal gewesen sein, wurde doch täglich das Programm gewechselt und alle zwei Wochen ein neues Stück herausgebracht. Selbst die erfolgreichsten Dramen konnten nicht öfter als einmal im Monat aufgeführt werden. Von einer Truppe weiß man, daß sie 38 Stücke gleichzeitig im Repertoire hatte. Dieses System konnte nur funktionieren, weil die Schauspieler auf bestimmte Fächer festgelegt waren, deren Konventionen sie immer wieder folgen konnten. Die wichtigsten Rollentypen waren der Held, der Schurke, der Narr und der Liebhaber sowie die von den Lehrlingen der Hauptschauspieler dargestellten jungen Mädchen in der koketten, in der empfindsamen und in der romantischen Variante; Müttergestalten, die von reifen Schauspielern verkörpert werden mußten, gab es im Elisabethanischen Drama nur selten. Meist verfaßten die Autoren ihre Stücke im Hinblick auf eine ganz bestimmte Truppe, deren Darsteller ihnen genau bekannt waren. Shakespeare schrieb seine Clowns-Rollen einem Kollegen auf den Leib; als dieser starb, änderte er die Konzeption der Figur im Hinblick auf seinen Nachfolger und dessen darstellerische Eigenarten. – Nach einer Entsprechung zu unserem Regisseur sucht man im Elisabethanischen Theater vergebens. Der »Bookkeeper« hatte eher die Funktion eines Souffleurs und Inspizienten. Seine Hauptaufgabe war es, für jeden Akteur seine Rolle samt den Stichworten herauszuschreiben und einen Plot herzustellen, einen Handlungsabriß, aus dem sich die Schauspieler über den Gesamtzusammenhang ihrer Rolle informieren konnten. Den vollständigen Text bekamen die Darsteller nicht in die Hände; die Gefahr einer Weitergabe an eine konkurrierende Truppe oder an einen Verleger wäre in den Zeiten vor Einführung des Urheberrechts viel zu groß gewesen.

Das Elisabethanische Zeitalter brachte nicht nur das Genie William Shakespeares hervor, sondern auch eine stattliche Reihe weiterer bedeutender Autoren. Die Grundlage für den künstlerischen Reichtum der Epoche bildete die Synthese der mittelalterlichen Spieltradition und der von den Humanisten wiederbelebten Theaterkultur der Antike. In den geistlichen Spielen gab es jene Mischung aus Ernst und Komik, aus Erhabenem und Derbem, die für Shakespeare und seine Zeitgenossen charakteristisch ist. Aus den Moralitäten konnte man die Grundsituation übernehmen: der Mensch in der Entscheidung zwischen zwei gegensätzlichen Handlungsmöglichkeiten. Auch das Prinzip der direkten Ansprache des Publikums, wie es insbesondere bei den Bösewichtern und bei den Narrenfiguren in Erscheinung tritt, stammt aus der mittelalterlichen Tradition. In den Moralitäten gab es das »Vice«, die Verkörperung des Lasters, welches mit den personifizierten Tugenden um die Seele des Menschen kämpft, eine Gestalt, die oft auch als Drahtzieher der Intrige fungierte und dabei das Einverständnis des Publikums mit seinen Übeltaten zu gewinnen suchte.

Neben der Entstehung des Berufsschauspielertums und der Einrichtung öffentlicher Theater hat auch die Ausbildung des neuen Berufes der »Playwrights« zur Blüte von Drama und Theater im Zeitalter Elisabeths I. beigetragen. Als mit der steigenden Zahl von Truppen der Bedarf an Stücken immer größer wurde, unternahm eine Vielzahl von Gelegenheitsschriftstellern, gescheiterte Akademiker und auch Schauspieler, den Versuch, ihren Lebensunterhalt durch das Stückeschreiben zu bestreiten. Die ungefähr fünfzig etablierten Autoren der Zeit haben annähernd 1000 Spielvorlagen verfaßt, von denen allerdings nicht einmal ein Zehntel noch aufgeführt wird. Das Ansehen der Dramatiker war im Elisabethanischen Theater relativ gering; dementsprechend wurden sie auch honoriert. In der Regel bekamen sie für ein Werk sechs Pfund, das war ungefähr so viel, wie ein schönes Königinnenkostüm kostete; später erhielt dann der Autor zusätzlich die Einnahme der zweiten Vorstellung. Unter diesen Umständen konnten die Dramatiker nur durch ein ununterbrochenes hektisches Schaffen zu den für das Überleben nötigen Mitteln kommen. Viele von ihnen steckten dauernd in Schulden und waren darum auf Vorschüsse der Theaterunternehmer angewiesen. Wurden sie ihnen gewährt, mußten sie sich gleich zur termingemäßen Ablieferung des nächsten Stückes verpflichten. So standen die Playwrights unter einem ständigen Produktionsdruck, der sich oft negativ auf die Qualität auswirkte.

Aus der Verbindung der ethischen Grundhaltung des Mittelalters und dem in der Renaissance neubelebten Geschichtsbewußtsein

Anonym: Arden of Feversham. Zeitgenössischer Holzschnitt

entstand in der Elisabethanischen Zeit eine neue dramatische Gattung: das »Historical Play«. Seine Entwicklung stand in engem Zusammenhang mit den politischen Ereignissen. Das im Laufe des 16. Jahrhunderts erwachte Nationalbewußtsein der Engländer, wie es sich in den kriegerischen Auseinandersetzungen mit den Kontinentalmächten herausgebildet hatte, lenkte die Aufmerksamkeit weiter Bevölkerungskreise auf die eigene Geschichte. Dieses Interesse wurde befriedigt durch die Herausgabe verschiedener Chroniken, die den Stückeschreibern als Stoffquelle dienten. Die ersten Historien, die um das Jahr 1590 erschienen, also ungefähr gleichzeitig mit dem Eintritt Shakespeares in das Londoner Theaterleben, reihten die Geschehnisse einfach unkommentiert aneinander. Erst mit Christopher Marlowes *Eduard II.* erreichte die Gattung ein gewisses geistiges und dramaturgisches Niveau; Shakespeare hat das Genre mit seinen Königsdramen dann zur Blüte geführt, indem er nicht nur die historischen Vorgänge darstellte, sondern auch deren Ursachen in der gesellschaftlichen Struktur und im Charakter der Mächtigen. Ohne diese Erweiterung des Horizonts wäre das Historical Play heute nurmehr von literarhistorischem Interesse.

Für die Tragödie diente den Elisabethanern das Werk des Seneca als Muster. Es lag ihnen weltanschaulich näher als das griechische Trauerspiel mit seiner von den Göttern verhängten unausweichlichen Tragik. Die Playwrights verlegten die Ursache des Scheiterns – ganz im Sinne des neuerwachten Individualbewußtseins – in des Helden eigene Brust. So ist es in Thomas Kyds *Spanischer Tragödie* (Spanish Tragedy), einem Rachedrama, das die Konzeption von Shakespeares *Hamlet* beeinflußt hat; so ist es auch in dem anonym erschienenen *Arden of Feversham*, einer im bürgerlichen Milieu angesiedelten Geschichte um Ehebruch und Gattenmord. Während in diesen Stücken das Geschehen nur recht äußerlich dargestellt wird, erfährt bei Christopher Marlowe die Handlung eine geistige und emotionale Vertiefung. In seinen Dramen *Tamerlan der Große* (Tamburlaine the Great), *Die tragische Geschichte des Doktor Faust* (The Tragical History of Doctor Faustus) und *Der Jude von Malta* (The Jew of Malta) bringt er die typische Renaissancegestalt des heroischen Individualisten in verschiedenen Variationen auf die Bühne. Marlowes Errungenschaften machte sich nicht nur Shakespeare zunutze, sondern auch eine ganze Reihe seiner Zeitgenossen und Nachfolger: Cyril Tourneur schrieb eine *Tragödie der Rächer* (The Revenger's Tragedy), in der die verschiedensten Schandtaten der Medici-Familie vorgeführt werden. John Webster verbindet in seinen Werken *Der weiße Teufel* (The White Devil) und *Die Herzogin von Malfi* (The Duchess of Malfi) alle nur denkbaren Schurkereien mit einem leidenschaftlichen »Memento mori«, das schon auf den Barock vorausweist. Das Gefühl, daß die Zeit »aus den Fugen« sei, wie es Shakespeare seinen Hamlet aussprechen läßt, liegt auch John Fords Inzest-Tragödie *Schade, daß sie eine Hure ist* ('Tis Pity She's a Whore) sowie der dramatischen Verfallstudie *Der Wechselbalg* (The Cangeling) von Thomas Middleton und William Rowley zugrunde. Hier findet sich keine Spur mehr von der Aufbruchsenergie und dem Übermenschentum der Renaissance. In der Jakobäischen Tragödie herrscht Endzeitstimmung; von der politischen Entwicklung hin zum Absolutismus ernüchtert und enttäuscht, schneiden die Stückeschreiber ihre Figuren auf ein kleines Format zurecht. Das Personal der Tragödie wird verbürgerlicht. Thomas Heywood, den man einen »Prosa-Shakespeare« genannt hat, siedelt sein Meisterwerk *Sie starb an ihres Gatten Güte* (A Woman Killed with Kindness) in der aufsteigenden Sozialschicht an. Die heroischen Ideale erscheinen in diesem Ehebruch-Drama abgelöst durch die bürgerlichen Werte der Vernunft und der wechselseitigen Rücksichtnahme in der Familie. An die Stelle der Rache des gehörnten Ehemannes tritt eine dem Milieu angemessene Lösung: Der Verführer flieht und die treulose Gattin wird in ein Landhaus verbannt.

Als Schöpfer der Elisabethanischen Komödie in ihrer höfisch stilisierten Variante gilt John Lyly, der mit seinem Roman »Euphues«, in dem er die Anschauungen der Zeit über die Liebe, die Religion, die Erziehung und die Politik darlegte, den vielfach nachgeahmten Stil des Euphuismus begründet hat. Die hauptsächlichen Merkmale dieser Schreibweise sind eine auf sorgfältige Symmetrie und kunstvollen Kontrast bedachte Anordnung des sprachlichen Materials und eine üppig wuchernde Fülle von Bildern und Vergleichen, die oft weniger auf Veranschaulichung als auf Verblüffung durch Originalität zielen. Mit ihrer geschliffenen Sprache gewannen die Werke von John Lyly erheblichen Einfluß auf das Komödienschaffen von Shakespeare, auch wenn sich dieser oft ironisch von dem dort gepflegten Stil distanzierte. Neben der eleganten Liebeskomödie entwickelte sich nach dem Regierungsantritt Jakobs I. die Gattung des satirischen Lustspiels, in der ein scharfer, kritischer Ton vorherrscht. Ihr Meister war Ben Jonson, der in seinen Stücken – zu den gelungensten zählen *Volpone* (Volpone, the Fox), *Der Alchimist* (The Alchimist) und *Die schweigsame Frau* (Epicoëne or the Silent Women) – den in der Realität immer deutlicher zum Ausdruck kommenden Konflikt zwischen dem auf seinen Vorteil bedachten Individuum und den Ansprüchen der Gesellschaft behandelt. Mit dem neuen Zeitalter entfernte sich das Theater der Elite immer stärker von dem auf alle Schichten bezogenen Volkstheater der Elisabethanischen Epoche. Immer mehr Stücke wurden geschrieben, die sich ausschließlich am Geschmack der höheren Schichten orientierten. Dazu zählen vor allem die von Francis Beaumont und John Fletcher in Kompaniearbeit verfaßten Tragikomödien. Sie zeichnen sich in erster Linie durch Überraschungseffekte und erotische Pikanterien aus. Eine geradezu symbolische Bedeutung für das Ende der Epoche hat eine Szene in dem bekanntesten Stück dieser beiden Autoren: *Der Ritter von der flammenden Mörserkeule* (The Knight of the Burning Pestle). Da wird ein Londoner Krämer als unerwünschter Kritiker auf die Bühne gestellt und verspottet – und mit ihm jene Zuschauerschichten, die das Elisabethanische Theater im wesentlichen getragen haben.

Wie für die übrigen Dramatiker des Elisabethanischen Zeitalters sind auch für Shakespeare nur wenige biographische Fakten überliefert. Es gibt keine Berichte von Zeitgenossen, keine Tagebücher oder Briefe, nur einige amtliche Zeugnisse. Diese legen den Schluß nahe, daß sein Leben undramatisch verlaufen ist. Der Dichter tötete niemanden im Duell wie Ben Jonson und wurde nicht ermordet wie Christopher Marlowe. Er lebte als geachtetes Mitglied der Gesellschaft, starb eines natürlichen Todes und hinterließ seiner Familie ein stattliches Erbe. Shakespeares genaues Geburtsdatum steht nicht fest; weil unter dem 26. April 1564 im Kirchenregister von Stratford-on-Avon seine Taufe eingetragen ist und diese in der Regel einige Tage nach der Geburt erfolgte, hat sich die Annahme durchgesetzt, daß er am 23. April, dem Tag des Heiligen Georg, des Schutzpatrons von England, geboren wurde. Wenn das zuträfe, wäre er genau zweiundfünfzig Jahre später gestorben. Shakespeares Vater war Mitglied der Zunft der Handschuhmacher und Weißgerber und handelte außerdem mit landwirtschaftlichen Produkten. Als Bürger des aufstrebenden Landstädtchens Stratford genoß er hohes Ansehen; er fungierte als Friedensrichter und Ratsherr und für ein Jahr sogar als Bürgermeister. Als William zwölf Jahre alt war, gab es einen Bruch in der Karriere des Vaters. Er blieb von jetzt an den Ratssitzungen fern, machte Schulden und ging auch nicht mehr zur Kirche. Der gehobene Stand des John Shakespeare während der Kindheit seines Sohnes läßt den Schluß zu, daß dieser die Grundschule seiner Heimatstadt besucht hat, an der gute Bildungschancen gegeben waren; fast alle Lehrer hatten ein Diplom der Universität Oxford erworben. Mit 18 Jahren heiratete Shakespeare die fast ein Jahrzehnt ältere Anne Hatheway, die Tochter eines Grundbesitzers aus einem nahen Dorf. Schon fünf Monate später wurde Susanne, das erste Kind des Ehepaares getauft, dem zwei Jahre darauf Zwillinge folgten. Die sieben Jahre bis zur ersten Erwähnung Shakespeares im Zusammenhang mit dem Londoner Theaterleben werden als »the lost years« bezeichnet, weil keinerlei Nachrichten darüber vorliegen, welcher Tätigkeit der Dichter nachgegangen ist und wo er sich aufgehalten hat. Von den vielen Hypothesen ist die wahrscheinlichste, daß er bereits der Schauspielerei nachging, vermutlich bei einer Wandertruppe in der Provinz. Einen Teil der Zeit verbrachte er jedenfalls mit der Arbeit an den beiden Verserzählungen »Venus und Adonis« und »Die Schändung der Lukretia«. Offenbar war er bestrebt, seinen literarischen Ruhm mit Werken zu festigen, die nicht nur den flüchtigen Beifall der Theaterbesucher finden sollten, sondern auch die Aufmerksamkeit gebildeter, kunstverständiger Kreise. Die Epen waren mit Widmungen an den Earl of Southampton versehen, woraus man auf eine enge Freundschaft mit dem jungen Aristokraten geschlossen hat. Daran knüpft sich die Spekulation, daß auch die einige Jahre später entstandenen Sonette des Dichters an diesen Adressaten gerichtet waren. Jedenfalls hat ihm dieser Gönner einen größeren Geldbetrag geschenkt, den er wahrscheinlich dazu benutzt hat, sich in eine Schauspielertruppe einzukaufen.

Die erste eindeutige Bestätigung für Shakespeares Theaterarbeit stammt von 1595. In diesem Jahr erscheint sein Name in den Rechnungsbüchern des Schatzmeisters der Königin im Zusammenhang mit der Bezahlung von zwei Vorstellungen der »Chamberlain's Men«. Die erst wenige Monate vorher entstandene Truppe nahm bei Hof eine privilegierte Stellung ein; über dreißigmal spielte sie vor Königin Elisabeth I. Nach deren Tod wurde sie in die Dienste Jakobs I. übernommen und legte sich nun den Namen »King's Men« zu. Shakespeares Beitrag zum Gedeihen der Truppe bestand vor allem in der Bereitstellung immer neuer Spielvorlagen. Darüber hinaus leitete er aber auch Proben und spielte in vielen Produktionen selbst mit; sein Rollenfach soll das des ehrwürdigen Greises gewesen sein; so verkörperte er den alten Diener Adam in *Wie es euch gefällt* und den Geist von Hamlets Vater. Als die Chamberlain's Men kurz vor der Wende zum 17. Jahrhundert ihr Haus niederrissen und aus dem Baumaterial das Globe Theatre errichten ließen, verteilten sie die Anteile neu; Shakespeare erwarb jetzt den Anspruch auf zehn Prozent der Gewinne. Diese müssen ganz beträchtlich gewesen sein, denn bald darauf kaufte er eines der größten Häuser in Stratford. Zahlreiche Nachrichten über Geschäfte mit seinen Mitbürgern lassen darauf schließen, daß er die letzten fünf Jahre seines Lebens hauptsächlich in der geruhsamen Ländlichkeit seiner Heimatstadt verbrachte, wo er im Jahre

1616 starb; sein Leichnam wurde in der Holy Trinity Church beigesetzt. Der möglicherweise vom Dichter selbst verfaßte Grabspruch verflucht alle, die den Versuch unternehmen sollten, das Grab zu öffnen. Die Forscher ließen sich davon nicht abhalten. Was sie fanden, trug allerdings auch nicht wesentlich dazu bei, das Geheimnis seiner Kunst zu lüften.

Das Auffälligste an Shakespeares Dramatik sind ihre Widersprüche; Peter Brook, einer der bedeutendsten Regisseure seiner Werke im 20. Jahrhundert, hat es so formuliert: »Shakespeare ist das Modell eines Theaters, das Brecht und Beckett einschließt, aber über beide hinausreicht. (...) Bei Shakespeare gibt es keine Abschwächung durch Innenschau und Metaphysik. Ganz im Gegenteil. Gerade durch den unversöhnlichen Gegensatz von Derbem und Heiligem (...) erhalten wir die aufwühlenden und unvergeßlichen Eindrücke seiner Stücke. Eben weil die Widersprüche so groß sind, brennen sie sich uns so tief ein. (...) Das Heilige wird mit dem Höllischen konfrontiert, die banalste Wirklichkeit mit traumhafter Poesie, der tiefe Ernst mit ausgelassener Komik. Dabei präsentiert der Dichter keine Aussagen und Ansichten, sondern stellt Fragen und gibt Befunde von Weltzuständen. Shakespeare ergreift nicht Partei, propagiert keine Wahrheiten und liefert keine Richtlinien zur Bewältigung des Lebens. Indem er Probleme aufwirft, ohne sie durch zeitbedingte Antworten zu verschleiern, fordert er jede Generation aufs Neue dazu heraus, ihre eigenen Haltungen zu finden.« (Peter Brook: Der leere Raum. S. 142 ff.)

Die Dramen Shakespeares kennen keine einheitliche und konsequent aufgebaute Handlung, wie sie Aristoteles in seiner »Poetik« fordert. Die einzelnen Episoden erscheinen oft relativ unverbunden aneinandergereiht. Nebenhandlungen, meist getragen von Figuren niederen Standes, kontrastieren das Hauptgeschehen. Nicht nur die Einheit der Handlung, sondern auch die des Ortes und der Zeit wird ignoriert. Mit den Prinzipien der Zeitdehnung und Zeitraffung geht der Stückeschreiber ganz souverän um. Die dargestellte Zeit, die tatsächliche Aufführungsdauer und das subjektive Zeiterlebnis des Rezipienten differieren oft erheblich, fügen sich jedoch immer zu einer spannungsvollen Einheit. Mehrdimensional wie die Handlungsstruktur ist auch das Figurenspektrum seiner Dramen. Es reicht von allegorischen Verkörperungen wie etwa der der »Zeit« in *Perikles* über Phantasiegestalten wie die Hexen in *Macbeth* oder die Feen in *Ein Sommernachtstraum* bis zu Typen wie den Narren und psychologisch differenzierten Charakteren wie Hamlet. Naturalistisch im Sinne des ausgehenden 19. Jahrhunderts sind seine Figuren in keinem Fall gezeichnet. Immer unterscheiden sie sich scharf von wirklichen Menschen durch die poetisch überhöhte Sprache mit ihrer rhythmischen Gliederung und rhetorischen Stilisierung. Oft bedienen sie sich unrealistischer Sprechweisen wie des Monologs oder der direkten Publikumsanrede. Die dramatische Sprache ist bei Shakespeare nicht allein Ausdruck der sprechenden Personen, sondern gleichzeitig immer auch Dichtung. Das vorherrschende Metrum ist der Blankvers, der reimlose fünffüßige Jambus, der vor allem in der Konfrontation mit der Prosa hohe Ausdruckskraft gewinnt.

Die dramatische Produktion des Elisabethanischen Theaters ist durch eine Vielfalt der Gattungen gekennzeichnet. Im *Hamlet* läßt Shakespeare den Polonius eine lange Liste herbeten: »Tragödie, Komödie, Historie, Pastorale, Pastoral-Komödie, Tragiko-Historie, Tragiko-Komiko-Historiko-Pastorale«. Die erste Sammelausgabe der Stücke des Dichters, die sieben Jahre nach seinem Tod von zwei Schauspielerkollegen besorgt wurde, reduzierte diesen ironisch überzogenen Kanon auf die drei Grundgattungen: Historie, Tragödie und Komödie. Die Nachfolger hielten bis heute an dieser Einteilung fest, haben sie nur etwas stärker differenziert. – In den Historien widmete Shakespeare sein Interesse vor allem den Kämpfen zwischen den Adelshäusern York und Lancaster, den sogenannten Rosenkriegen, und dem daraus erwachsenen Aufstieg der Tudor-Dynastie, als deren Höhepunkt die Herrschaft Elisabeths I.

angesehen wurde. Von seinen zehn Historien behandeln acht diesen Abschnitt der englischen Geschichte. Als Quelle dienten dem Dichter die in den achtziger Jahren erschienenen Chroniken von Ralph Holinshed und Edward Hall, mit deren Informationen er allerdings ziemlich frei umging. Im Sinne der Bühnenwirkung straffte er das Material und nahm Umstellungen und Aktualisierungen vor. Die Historien sind nicht in der Reihenfolge der ihnen zugrunde liegenden Ereignisse entstanden. Betrachtet man sie in ihrer Entwicklung, so zeigt sich eine deutliche Verlagerung des thematischen Schwerpunkts: Während in den früheren Stücken der Staat und seine Probleme im Mittelpunkt stehen, dominiert in den späteren die Frage nach dem richtigen Verhältnis zwischen dem Volk und seinem Herrscher; an konkreten Beispielen werden die verschiedenen Qualitäten diskutiert, die ein König braucht, um den Staat im Sinne des Allgemeinwohls zu lenken.

Die dreiteilige Historie *König Heinrich VI.* (Henry VI.) ist zwischen 1590 und 1592 entstanden und somit das früheste Drama des Dichters. Lange Zeit wurde bezweifelt, daß Shakespeare der alleinige Verfasser war. Nur so glaubte man die schwankende Qualität der einzelnen Szenen und die vielen stilistischen Brüche erklären zu können. Heute sieht man den Grund für die Schwächen des Stückes eher darin, daß sich der Stückeschreiber noch im Stadium des Lernens und Experimentierens befand. Das zentrale Thema dieses Königsdramas ist der als göttliches Strafgericht verstandene Sturz Englands in Zwietracht und Chaos. Heinrich VI. erscheint als ein Anti-Held, als ein Schwächling aus Gewissen, der im Verlauf der Trilogie immer mehr in die Rolle des entsetzten Zuschauers bei den gehäuften Greueltaten gerät und schließlich nur noch von der Ruhe und Harmonie eines Schäfer-Daseins träumt.

In *Heinrich VI.* tritt bereits Richard Gloster als Königsmörder auf. Ihm hat Shakespeare eine eigene Historie gewidmet, die den ganzen Geschichtszyklus beendet: *König Richard III.* Durch die Tyrannei dieses Herrschers wird die Bestrafung Englands zum Höhepunkt und Abschluß gebracht. Richard erscheint als Symbolfigur für die historische Schuld seines Landes und gleichzeitig als ein von Gott gesandter Racheengel; mit Ausnahme des Prinzen Richmond, der am Schluß die Herrschaft übernimmt, sind nämlich alle seine Opfer selbst in Schuld verstrickt und empfangen von seiner Hand die gerechte Strafe. Meisterhaft kalkuliert Shakespeare in der Figur Richards III. Abscheu und Bewunderung. Der Bösewicht bewegt sich nicht nur innerhalb des Bühnengeschehens, sondern kokettiert auch über die Rampe hinweg mit den Zuschauern, läßt sie gleichsam in seine Karten schauen und schafft so ein geheimes Einverständnis; damit steht er ganz in der Tradition des Vice, des personifizierten Lasters der mittelalterlichen Moralitäten.

Mit der Historie *König Johann* (King John) greift Shakespeare drei Jahrhunderte zurück. Die Dramaturgie dieser Historie ist bestimmt vom Bild des Rades der Fortuna, welche die Mächtigen aus ihren Höhen unerbittlich in die Tiefe stürzt. Mit Hilfe aller möglichen kriminellen Machenschaften kämpft König Johann vergeblich dagegen an.

Mit *König Richard II.* beginnt die in der historischen Abfolge vor der York-Tetralogie (*Heinrich VI.* und *Richard III.*) gelegene Lancaster-Tetralogie. Auch hier wirft die Drehung des Glücksrades den König vom Thron und hebt dafür seinen Gegenspieler Heinrich Bolingbroke hinauf. Richard II. treibt durch willkürliche Entscheidungen und rücksichtslose Ausbeutung das Land in den Ruin und bereitet damit seinen Sturz selbst vor. Er ist verliebt in das prunkvolle Ritual, in die glanzvolle Rolle, die er als König spielen darf; darüber verliert er die Realität der Machtverhältnisse aus den Augen. Mit der Gestalt Richards II. schuf Shakespeare seine erste große tragische Figur; sprachlich entfaltete sie sich vor allem durch eine hochstilisierte Rhetorik und eine wuchernde Fülle von Wortbildern.

Heinrich IV. – so der Königsname des Gegenspielers von Richard II. – erscheint in der ihm gewidmeten Historie nicht mehr als der kraftvolle Usurpator, sondern als alter, von seiner Schuld gebeugter Herrscher, der die angestrebte Einigung und Befriedung des Landes nicht erreichen kann. Überall erheben sich nun die ehemaligen Parteigänger und trachten nach seinem Sturz. Der eigene Sohn, Prinz Heinz, verbringt seine Tage und Nächte mit Taugenichtsen und Säufern, während das Land in Aufruhr steht. Die Hauptfigur dieser niederen Welt, die Shakespeare hier zum ersten Mal als Kontrast zur Welt der Mächtigen einführt, ist der verkommene Ritter Falstaff, in dessen Gestalt Leibesfülle und sprühender Witz eine außerordentlich bühnenwirksame Verbindung eingegangen sind.

Als König Heinrich V. steht der vormalige Prinz Heinz im Zentrum des gleichnamigen Historiendramas, das ausgesprochen episch angelegt ist. Die auf weit auseinanderliegenden Schauplätzen angesiedelten, nur durch die Titelrolle zusammengehaltenen Szenen werden durch die Figur des »Chorus« miteinander verknüpft. Hier gibt Shakespeare das Porträt eines idealen Herrschers; gelassene Heiterkeit und Tapferkeit verbinden sich bei dieser Gestalt mit einem hohen Verantwortungsbewußtsein für die Untertanen. Als Shakespeare am Ende seiner Schaffenszeit noch einmal ein Drama in der Art der Historien schrieb, war die Zeit für diese Gattung schon vorbei. *König Heinrich VIII.* (Henry VIII.) propagiert nicht mehr ein bestimmtes Herrscherbild oder eine bestimmte Geschichtsauffassung. Die Mischung aus Szenen über Aufstieg und Fall der Mächtigen und Vorgängen mit festlichem Charakter ergibt kein geschlossenes Ganzes. Die Vorliebe der Zuschauer für prachtvolle Schaustellungen, die Shakespeare hier zu bedienen suchte, kündigt einen Wandel des Publikumsgeschmacks hin zum Höfisch-Aristokratischen an. Uraufgeführt wurde *Heinrich VIII.* anläßlich einer Hochzeit am Hofe Jakobs I. Bei einer Vorstellung im Globe Theatre entzündete ein Salutschuß das Strohdach; der Bau brannte bis auf die Grundfesten nieder. Nachfahren haben darin ein Zeichen für das Ende einer Theaterepoche gesehen.

Die Lustspiele Shakespeares verteilen sich ziemlich gleichmäßig über seine ganze Schaffenszeit. Die ersten zehn, die »heiteren Komödien«, sind vor der Wende zum 17. Jahrhundert entstanden. Ihnen folgten kurz darauf die drei, oft als »Problem Plays« bezeichneten, »dunklen Komödien« und schließlich um 1610 die Romanzen. – Die frühen Lustspiele sind in der Antike oder in der italienischen Renaissance angesiedelt, ihre eigentliche Welt aber ist die der Träume und Sehnsüchte, der Ängste und Alpträume. Im Zentrum stehen durchweg Liebesgeschichten, die nach allen möglichen Irrungen mit der harmonischen Verbindung eines oder mehrerer Paare enden. Das Glück der Liebe wird oft durch Musik, Tanz und Maskenspiele symbolisch überhöht und strahlt meist auf die ganze Komödiengesellschaft aus. In den breit angelegten Schlußszenen finden sich lange getrennte Familienangehörige wieder, Schurken bekehren sich zum Guten, Zerstrittene versöhnen sich. Shakespeare zeigt die Liebe in seinen frühen Komödien meist in ihrem ersten Stadium, in dem der Werbung. Im Unterschied zu den häufig als Anregung benutzten Komödien des Plautus und Terenz werden die jungen Liebenden nicht allein durch das sinnliche Verlangen bewegt; ihre Gefühle sind verfeinerte und sublimierte. Der Dichter entwirft eine heiter-gelöste Spielwelt, die in Mädchengestalten wie Rosalinde in *Wie es euch gefällt* und Viola in *Was ihr wollt* am reinsten verkörpert erscheint. Hellsichtig und gescheit ziehen sie die Fäden der Handlung, wobei ihnen immer wieder der Zufall zu Hilfe kommt. Häufig treten sie als Männer verkleidet auf, um ihre wahren Gefühle uneingeschränkt durch die Geschlechterrolle zeigen zu können. In seinen heiteren Lustspielen *Komödie der Irrungen* (The Comedy of Errors), *Verlorene Liebesmüh'* (Love's Labour's Lost) und *Die beiden Veroneser* (The Two Gentlemen of Verona) spielte Shakespeare mit den Elementen, die er in der Überlieferung vorgefunden hat.

Die Überschreitung des tradierten Schemas gelang dem Dichter zuerst in der farcenhaften Komödie *Der Widerspenstigen Zähmung* (The

Taming of the Shrew); hier geht es äußerlich um die Dressur eines kratzbürstigen Mädchens zur gefügigen Ehefrau, hintergründig aber um die Problematik von Sein und Schein. – Als erster Höhepunkt im Komödienschaffen des Dichters ist *Ein Sommernachtstraum* (A Midsummer-Night's Dream) anzusehen. Die vier Figurengruppen – die Aristokraten, die jungen Liebenden, die übersinnlichen Gestalten aus dem Feenreich und die Handwerker – sind durch das Motiv der Liebe miteinander verbunden, das hier in den verschiedensten Variationen begegnet. Auch in seiner nächsten Komödie, *Der Kaufmann von Venedig* (The Merchant of Venice), konfrontiert Shakespeare extrem unterschiedliche Welten miteinander. Da ist zum einen die ganz und gar kommerzialisierte, halsabschneiderische Sphäre der Handelsmetropole Venedig, in welcher der Jude Shylock und seine Gegenspieler ihre Geschäfte machen – ein Ort scharfer Gesetze und plötzlicher Katastrophen. Und da ist zum anderen die Welt von Belmont, bezaubernd und geheimnisvoll wie seine Herrin Porzia; ihr Reich liegt in dünner Bergluft und kann nur über das Wasser erreicht werden, und es gibt dort harmonische Melodien und Märchenrätsel. – In *Die lustigen Weiber von Windsor* (The Merry Wives of Windsor), dem einzigen Lustspiel Shakespeares mit englischem Kolorit, herrscht auch stilistisch ein ganz anderer Ton als in den übrigen frühen Komödien. Das farcenhafte Element überwiegt gegenüber dem romantischen; alles ist direkter und realistischer. Im Zentrum steht der vitale und genußsüchtige Ritter Falstaff aus *Heinrich VI.*, den die Königin unbedingt als Liebhaber auf der Bühne sehen wollte. – *Viel Lärm um nichts* (Much Ado About Nothing) beruht wie *Ein Sommernachtstraum* auf der Spannung zwischen Sein und Schein; der Weg zur Wahrheit führt über Täuschung und Hinterlist. Das gilt für die beiden Liebenden, denen man erst etwas vorspielen muß, damit sie ihre Liebe füreinander erkennen, genauso wie für das andere Paar, das erst durch falsche Verdächtigungen geläutert werden muß, um zusammenzufinden. Die heitere Komödie *Wie es euch gefällt* (As you Like It) basiert auf einem Schäferroman der Zeit. Auch sie ist geprägt durch den Gegensatz von zwei Lebenswelten: Am Hof herrscht nackte Gewalt, im Wald dagegen die Liebe. Diese schildert Shakespeare wiederum in den unterschiedlichsten Erscheinungsformen: Der Narr will von dem naiven Bauernmädchen nur die Befriedigung seiner sexuellen Bedürfnisse, die Schäfer streben einem blutleeren romantischen Ideal nach, die vom Hof geflohenen Liebhaber finden aus der konventionellen Pose schließlich zu einem tiefen Gefühl füreinander. *Was ihr wollt* gilt als die gelungenste der »heiteren Komödien« des Dichters. Ihr originaler Titel, *The Twelfth Night*, ließ das Publikum ahnen, was es zu erwarten hatte. Die »zwölfte Nacht« ist die Nacht vor Dreikönige, im Volksbrauch ein Termin für allerlei Mummenschanz und Schabernack. Auch der Schauplatz dient der Verzauberung: Illyrien – ein mythisches Land an der Adria. Der Herzog, der dort regiert, gibt gleich mit seinen ersten Worten das Thema an: »Wenn die Musik der Liebe Nahrung ist, spielt weiter!« Spiel und Ernst, Wahn und Wirklichkeit, Täuschung und Wahrheit ziehen sich wie ein roter Faden durch das ganze Stück. Herzog Orsino erkennt nicht, daß die als Mann verkleidete Viola ihm eine Liebe bietet, die viel realer ist als seine wahnhafte Verliebtheit in Olivia; diese wiederum verliert sich in die Liebe zu Viola, deren Absurdität deutlich zeigt, wie blind sie sich vom äußeren Schein täuschen läßt. Stärker als in den früheren Komödien hat Shakespeare hier das Motiv der Verkleidung und Verwechslung zu einem Sinnbild menschlicher Täuschbarkeit und Unbeständigkeit gemacht.

Die Bezeichnung »Problem Play«, die ursprünglich für die Stücke Henrik Ibsens und George Bernard Shaws geprägt wurde, ist zu Beginn des 20. Jahrhunderts auf die zwischen 1601 und 1604 entstandenen Dramen *Troilus und Cressida*, *Ende gut, alles gut* (All's Well That Ends Well) und *Maß für Maß* (Measure for Measure) übertragen worden. Ihren Mittelpunkt bildet jeweils eine komplexe und verwirrende Gewissensfrage, die sowohl die Personen des Dramas als auch die Zuschauer vor eine schwierige moralische Entscheidung stellt. Theologische und philosophische Themen werden in ausführlichen Debatten von verschiedenen Standpunkten aus beleuchtet. In *Troilus und Cressida* geht es um Ehre und Recht sowie Wert und Treue, in *Ende gut, alles gut* um den Zusammenhang von sozialem Stand und Ehre, in *Maß für Maß* um Recht und Gnade. In allen drei Stücken steht der Ernst über der Heiterkeit, ohne aber ins Tragische zu münden. So ist ihre Zusammenfassung zu einer eigenen, zwischen Lustspiel und Trauerspiel angesiedelten Gattung durchaus gerechtfertigt.

Mit dem Begriff »Romanze« wird jene Gruppe von Lustspielen bezeichnet, die in Shakespeares letzter Schaffensphase zwischen 1606 und 1613 entstanden ist. Den Kern bilden *König Kymbelin* (Cymbeline), *Das Wintermärchen* (The Winter's Tale) und *Der Sturm* (The Tempest); am Rande stehen *Perikles*, die Überarbeitung eines bereits vorliegenden Stückes, und *Die beiden edlen Vettern* (The Two Noble Kingsmen), eine Kompaniearbeit Shakespeares mit einem bisher nicht identifizierten Kollegen. Von der hauptsächlich in der Epik des Elisabethanischen Zeitalters herrschenden Konvention der »Romance«, als deren bedeutendstes Werk Philip Sidneys Roman »Arcadia« gilt, hat Shakespeare nicht nur das Prinzip des von allegorischen Figuren herbeigeführten guten Endes übernommen, sondern auch zahlreiche Handlungselemente wie Sturm und Schiffbruch, Trennung und Wiederfinden, sensationelle Zufälle und exotische Abenteuer. Wenn Motive der Schäfer-Dichtung einfließen, wie zum Beispiel im *Wintermärchen*, so dienen sie der Verdeutlichung des Kontrastes zwischen Natur und Zivilisation. Weitere typische Gegensatzpaare bilden Verfall und Regeneration sowie Chaos und Harmonie. Auch Schuld, Verzweiflung und Reue spielen in den Romanzen als Motive des dramatischen Geschehens eine wichtige Rolle. Der Rekurs auf das Magische und Mythische, auf das Märchenhafte und Wunderbare öffnet den Raum für das Aufscheinen des Archetypischen und eines utopischen Humanismus. In der manchmal recht unrealistisch geführten Handlung, in dem lockeren Aufbau und der meist ziemlich flachen Figurenzeichnung hat man Indizien für das Erlahmen von Shakespeares schöpferischer Energie gesehen.

In der Forschung hat es sich eingebürgert, die zehn Tragödien des William Shakespeare in drei Gruppen zu gliedern: Die beiden recht unterschiedlichen Dramen *Titus Andronicus* und *Romeo und Julia* (Romeo and Juliet) faßt man unter dem formalen Begriff »Frühe Tragödien« zusammen, *Antonius und Cleopatra*, *Coriolan*

William Shakespeare: Titus Andronicus. Zeichnung von Henry Peachum, 1595

und *Julius Cäsar* nach ihrem Stoff als »Römerdramen« und *Hamlet, Othello, König Lear, Macbeth* und *Timon von Athen* als »Reifetragödien«. Unter inhaltlichen Gesichtspunkten lassen sich die Trauerspiele auf keinen gemeinsamen Nenner bringen. Shakespeare folgt keinem konstanten literarischen Modell; er spielt viel mehr unbekümmert mit dem Reichtum der Möglichkeiten, die ihm und seinen Zeitgenossen in Bezug auf die Stoffwahl, die dramaturgische Struktur und die Sprachverwendung offenstanden. Die beiden frühen Tragödien stehen mit ihren melodramatischen Zügen und dem rhetorischen Sprachstil ganz in der Tradition des Seneca. Der Begriff von Tragik ist ein eher äußerlicher und unterscheidet sich grundsätzlich von dem der Spätwerke.

Bei *Titus Andronicus* entsteht angesichts der Grausamkeit des Helden überhaupt kein tragisches Mitleiden; und die Liebenden von Vero-

Figuren aus den erfolgreichsten Stücken des Elisabethanischen Zeitalters. Illustration zu Kirkmans: The Wits, London 1672

na gehen weniger durch einen unausweichlichen Schicksalsschlag als durch eine Verkettung unglücklicher Umstände zugrunde.

Die in Shakespeares fruchtbarster Arbeitsperiode, in der ersten Dekade des 17. Jahrhunderts entstandenen Römerdramen bilden innerhalb seines Tragödienschaffens eine relativ einheitliche Gruppe. Wenn auch *Antonius und Cleopatra, Coriolan* und *Julius Cäsar* im einzelnen erhebliche stilistische Unterschiede aufweisen, so gleichen sie sich doch in der Thematik und in der dramatischen Gesamtkonzeption. Die Quelle waren Plutarchs klassische Parallelbiographien römischer Staatsmänner. Dem antiken Autor ging es nicht so sehr um die Beschreibung der historischen Vorgänge als um die Ausleuchtung der Charaktere. Dabei arbeitete er mit stilistischen Elementen, die Shakespeares Intentionen von vornherein entgegenkamen: psychologische Widersprüche, dramatische Grundsituationen, spannende Handlungsbögen. Im Zentrum aller drei Römerdramen steht der Konflikt zwischen dem großen Individuum und der staatlichen Ordnung, die Diskrepanz zwischen dem Verhalten eines Menschen im öffentlichen Leben und seiner privaten Natur. Shakespeare erfüllte dabei die römische Geschichte, die in der Elisabethanischen Epoche als politisches Exempel für die eigene Zeit angesehen wurde, mit aktuellem Leben.

Die fünf großen Tragödien aus der Reifezeit des Dichters folgen in vielen Punkten den Normen, die Aristoteles in der »Poetik« aufgestellt hat. Der Held erscheint als eine edle Gestalt; sein Untergang gründet auf einem fundamentalen Irrtum, einer charakterlichen Schwäche oder einer moralischen Fehlhaltung. Das Erkennen und Durchleiden des unentrinnbaren – und damit im eigentlichen Sinne tragischen – Schicksals zielt auf eine Katharsis beim Zuschauer.

Hamlet, Prinz von Dänemark, das bekannteste, längste und am häufigsten interpretierte Drama Shakespeares, steht am Anfang der Reihe und hebt sich in verschiedener Hinsicht von den folgenden Tragödien ab: Während dort die Helden überhastet und blind eine falsche Entscheidungen treffen und dann in einem Prozeß der Läuterung Einsicht in den Irrtum gewinnen, wird für Hamlet die Entscheidung selbst zum Problem. In dieser Hinsicht erscheint der Held als eine der ersten Figurationen des zur Subjektivität befreiten, dieser gleichzeitig aber auch ausgelieferten modernen Menschen. Die Möglichkeit, sich frei zu entscheiden, dafür aber auch die Verantwortung zu tragen, führt Hamlet in ein moralisches Dilemma, aus dem sein Zaudern zu erklären ist. Bereits geprägt vom neuzeitlichen Bewußtsein, gleichzeitig aber noch dem mittelalterlichen Rachedenken verhaftet, steht er am Schnittpunkt zweier Zeitalter und ihrer Ideologien. Er reflektiert den Konflikt unter den Aspekten von Vernunft und Moral, löst ihn aber in der überlieferten Weise des Feudalismus.

Im Vergleich mit den übrigen Tragödien aus Shakespeares Reifeperiode fallen bei *Othello* der straffe Aufbau und die konzentrierte Geschlossenheit auf. Die Ereignisse folgen rasch aufeinander; der Schauplatz wechselt selten; keine Nebenhandlung unterbricht den Ablauf des Geschehens. Zwei menschliche Verhaltensweisen, die nach Auffassung der Elisabethaner in allen Stufen des Seins bis hin zum Kosmischen ihre Entsprechung haben, stehen zueinander im Widerspruch. Da ist auf der einen Seite das negative Prinzip, verkörpert durch Kannibalismus, Barbarei, sexuelle Begierde, durch den Aufruhr unter den Soldaten und die drohende Gewalt des Meeres, und auf der anderen das positive Prinzip, symbolisiert durch das vom Senat und den Dogen von Venedig garantierte Ordnungsgefüge. Othellos Tragik liegt in dem unaufhaltsamen Abstieg vom imponierenden Feldherrn und glücklich Liebenden bis auf das Niveau des intriganten Bösewichts Jago. Keine andere Figur Shakespeares wandelt sich so schnell und so radikal. Die unheilvolle Verblendung Othellos als Ursache seines Schicksals äußert sich in der Leichtgläubigkeit gegenüber Jagos Anschuldigungen ebenso wie in der Abscheu gegenüber Desdemona und der Besessenheit von ihrer Schuld, die schließlich zum Eifersuchtsmord führt. Auch im *König Lear* (King Lear) liegt der Kardinalfehler des Helden in seiner Blindheit gegenüber der Realität. Sie ist das eigentliche Thema des Stückes; alles dreht sich um das richtige Sehen und Erkennen der Wahrheit. In dieser Tragödie, die oft als seine erschütterndste angesehen wird, reißt der Dichter dem Menschen und seiner Welt die Maske des Vernünftigen herunter, um in der Narrheit seine wahre Gestalt zu offenbaren.

Die kurze und in rasantem Tempo ablaufende Handlung des *Macbeth* kontrastiert das Verhalten zweier Charaktere in einer außergewöhnlichen Situation: Der Titelheld wandelt sich vom tapferen Krieger und treuen Vasallen zum Königsmörder und Tyrannen. Er kann sich der Macht des Bösen, den Einflüsterungen der Hexen, dem Ehrgeiz seiner Frau und der eigenen Machtgier nicht entziehen. Banquo dagegen, der ebenso von den Prophezeiungen der Unterirdischen verunsichert wird, steht treu zu seinem König. Auch die beiden Hauptgestalten unterscheiden sich deutlich in ihrem Wesen: Lady Macbeth denkt nüchtern und verhält sich pragmatisch, ihr Mann dagegen ist ganz von Phantasie, Gefühl und Traum beherrscht.

In seiner letzten Tragödie, *Timon von Athen*, zeichnet der Dramatiker das Bild eines reichen Atheners, der durch seine maßlose Großzügigkeit bei seinen falschen Freunden nur Verstellung und Schmeichelei befördert und damit mehr Unheil anrichtet als mancher Bösewicht. Bis zuletzt erweist sich also Shakespeare als skeptischer Kenner und unbestechlicher Porträtist des menschlichen Wesens.

Barocktheater in Italien und Deutschland

Trotz der sozialen Gegensätze und der religiösen Konflikte, trotz der dauernden kriegerischen Auseinandersetzungen und der wiederkehrenden Seuchen, trotz politischer Unterdrückung und Inquisition war das Zeitalter des Barock, das im wesentlichen identisch ist mit dem 17. Jahrhundert, die glanzvollste und vielseitigste Epoche der Theatergeschichte. In allen sozialen Schichten wurde Theater gespielt: Das Volk ergötzte sich an den mit derben Späßen der komischen Figur durchsetzten Haupt- und Staatsaktionen der Wandertruppen, die katholische Kirche nutzte die Bühne als Instrument der gegenreformatorischen Propaganda, die protestantische als didaktisches Medium; den Fürsten dienten die neuentstandenen Gattungen der Oper und des Balletts sowohl zur Unterhaltung als auch zur Repräsentation ihrer Macht. Die Professionalisierung der Akteure, die Errichtung eigener Bauten und die fundamentalen Neuentdeckungen im Bereich der Bühnentechnik schufen die Voraussetzungen für eine qualitativ hochstehende Theaterkultur. Im Gegensatz zum Renaissancetheater mit seiner Dominanz des Wortes lag jetzt der Schwerpunkt beim Bild; alles war auf die visuelle Versinnlichung ausgerichtet. Nicht der Dramatiker und der Darsteller standen im Zentrum, sondern der Ausstatter und der Maschinist. Lope de Vega resümierte eine Aufführung mit den Worten: »Meine Verse waren das wenigste«.

Das Wort »Barock«, das sich vom portugiesischen »Pérole bârocka« (unregelmäßige Perle) herleitet, tauchte zum ersten Mal im 18. Jahrhundert auf und wurde negativ in der Bedeutung von sonderbar, bizarr, übertrieben und schwülstig gebraucht. Mit dem Begriff verurteilte man auch die Sache. Die Vertreter klassizistischer Kunstprogramme wie Johann Joachim Winckelmann, Gotthold Ephraim Lessing und Johann Wolfgang Goethe kritisierten den Barock wegen seiner Regellosigkeit und Willkür und verbanden damit die Vorstellung des Überspannten und Wuchernden. In der Tat wurde im Barock die antikisch klare Linie der Renaissance vom Pathos erfaßt, die Gerade löste sich auf im Ornament, aus Schlichtheit wurde Fülle, aus Einfachheit Überschwang. Die feste, plastische und lineare Form verwandelte sich in ein Bewegtes, Schwebendes, Unfaßbares. Die Grenzen und Konturen verwischten sich, so daß der Eindruck des Unbeschränkten, Unermeßlichen, Unendlichen entstand. Das bleibende, starre, objektive Sein wurde abgelöst durch ein dynamisches Werden.

Das Theater ist für den Menschen des Barock ein Gleichnis der Welt; Gott sieht er als Urheber und Regisseur, den Menschen nur als einen Rollenspieler in seiner Hand. Charakteristisch für das »Große Welttheater« – so auch der Titel eines Dramas von Calderón – ist das Flüchtige und Scheinhafte seiner Existenz. Die Welt erscheint in der Perspektive des Barock identisch mit der Bühne: sinnlich, aber nicht wirklich. Der Unterschied besteht nur darin, daß es sich im einen Fall um einen gefährlichen Trug, im anderen um ein bewußtes Spiel handelt. Während sich der Renaissance-Mensch auf sicherem Boden zu bewegen meinte, dominierte nun das Gefühl des Gleitens und Entgleitens; die fliehende Zeit und damit die Vergänglichkeit bestimmen wesentlich das Erleben der Menschen. Das Empfinden des Zwiespalts der Welt tritt an die Stelle des Harmonie-Denkens. Die Polarität zwischen Weltfreude und Todesschatten, zwischen dem Zeitlichen und dem Ewigen, zwischen dem Irdischen und dem Himmlischen beherrscht die Epoche. Kein Fest geht vorüber, ohne daß des Todes gedacht wird.

Der Barock war eine Epoche der wirtschaftlichen, politischen und kulturellen Reaktion.

Die in der frühen Neuzeit begonnene Durchsetzung bürgerlich-kapitalistischer Verhältnisse wurde abgeschwächt und teilweise unterbrochen durch die Rückkehr zum Feudalismus. Europa erlebte das Heraufkommen der absoluten Monarchien; die »von Gottes Gnaden« eingesetzten Fürsten hielten sich für »legibus solutus«, das heißt für frei von allen Gesetzen. Die Parlamente und Landtage als Vertretungen der Stände wurden aufgelöst oder zumindest entmachtet. Im »Heiligen Römischen Reich deutscher Nation« wurde die Einrichtung einer absolutistischen Zentralgewalt zwar verhindert, dafür aber die Regentschaft einer Vielzahl von weltlichen und geistlichen Fürsten gefestigt. Sie alle orientierten sich, wie die übrigen europäischen Herrscher, an der Kultur und den Sitten des Hofes König Ludwigs XIV. Nach dem Vorbild von Versailles feierte man an jedem noch so kleinen Hof pompöse Feste. In den Inszenierungen von Herrschergeburtstagen und Thronjubiläen, von Siegesfeiern und Fürstenhochzeiten zeigt sich der Hang des Barock zur Theatralisierung des Lebens. Die Selbstdarstellungen der Mächtigen wurden als bühnenmäßige Auftritte gestaltet, in denen sie sich so präsentierten, wie sie ihren Untertanen erscheinen wollten. Die Mitglieder der fürstlichen Familien übernahmen bei den Theaterfesten die Rollen antiker Helden und Götter. Das theatrale und das gesellschaftliche Rollenspiel verschmolzen auf diese Weise zu einer Synthese im Dienste der absoluten Machtausübung.

Mit prachtvollen Selbstinszenierungen demonstrierte auch die im Barock wiederum erstarkte katholische Kirche ihren Machtanspruch, der oft mit den weltlichen Interessen konform ging, in den geistlich regierten Territorien damit sogar identisch war. In den Religionskriegen spielten machtpolitische Aspekte eine wesentliche Rolle. Im Dreißigjährigen Krieg stand auf der einen Seite die katholisch-feudale Reaktion, angeführt von Spanien und dem habsburgisch regierten Österreich, im anderen Lager Dänemark, Schweden, das zum Zweck der Machtbegrenzung des Hauses Habsburg mit ihm verbündete Frankreich, die bereits bürgerlich-republikanisch ausgerichteten Niederlande sowie die protestantischen Fürstentümer des Deutschen Reiches. Dessen Territorium war auch der Hauptschauplatz des Ringens um die Vorherrschaft in Europa. Das Ende des Krieges, infolge Erschöpfung der Kontrahenten, ließ Land und Menschen in einem ausgebluteten Zustand zurück. Das Erlebnis des Krieges schärfte das Bewußtsein des Menschen für die Hinfälligkeit alles Irdischen und ließ ihn Schutz und Trost in der Religion suchen. Das Diesseits erschien ihm als ein Ort der Sündhaftigkeit; deshalb flüchtete er aus der Welt und versenkte sich in das mystische Erlebnis des Jenseits. Die katholische Kirche gab diesem Lebensgefühl durch die Gegenreformation einen neuen Halt. Die ideologische Offensive, wesentlich getragen durch den von Ignatius von Loyola ins Leben gerufenen Jesuiten-Orden, verschaffte dem Katholizismus wieder weitreichenden Einfluß. Die Frömmigkeit nahm im alltäglichen Leben mehr Raum ein als je zuvor. Das geforderte »übermenschliche Maß« an Religiosität ließ sich allerdings nicht auf Dauer verwirklichen. Im Augenblick tiefster Verzagtheit lieferte sich der Mensch bedingungslos dem Gegensatz aus, der überschwenglichen Hingabe an das Diesseits. So stand dem »Memento mori« ein ungezügeltes Streben nach Lebensgenuß gegenüber, wie es sich auch in der Kirchenkunst des Barock ausdrückt.

Eine wesentliche Rolle in der katholischen Glaubenspropaganda spielte das sinnenfrohe Ordenstheater, welches sich aus den Schulaufführungen des ausgehenden 16. Jahrhunderts entwickelt hat. Getragen wurde es vor allem von den Jesuiten, mancherorts aber auch von den Benediktinern und den Piaristen. Seine Wirksamkeit beschrieb der Dramatiker Jacob Bidermann in der Vorrede zur Buchausgabe seines *Cenodoxus*, einem Spiel um die Bekehrung eines nur vom Streben nach diesseitigem Ruhm motivierten Gelehrten, auf anschauliche Weise: »Es ist bekannt, daß der *Cenodoxus* im Geiste der Zuschauer eine so große Bewegung wahrer Frömmigkeit hervorrief, daß, was hundert Predigten kaum vermocht hätten, die wenigen diesem Schauspiel gewidmeten Stunden zustande brachten. Es haben sich nämlich von den Allervornehmsten der Bayerischen Residenz und der Stadt München, im ganzen vierzehn Männer, von heilsamer Furcht vor dem die Tage der Menschen so streng richtenden Gott erschüttert, nicht lange nach dem Ende des Spiels zu uns zu den Ignatischen Exerzitien zurückgezogen, worauf bei den meisten eine wunderbare Bekehrung eintrat.« (Heinz Kindermann: Theatergeschichte Europas. Bd. III. S. 443 f.) – Im allgemeinen behandelten die Jesuitendramen, die zunächst lateinisch, später deutsch abgefaßt und in der Regel von den Studenten der Kollegien unter der Leitung des Professors für Rhetorik aufgeführt wurden, die Unbeständigkeit des Glücks und die Vergänglichkeit alles Irdischen. Der deklamatorischen Sprechweise entsprach ein künstlicher, steifer Bewegungsstil; der Spielleiter des Münchner Jesuitenkollegs, Franciscus Lang, beschrieb in seiner 1727 erschienenen »Dissertatio de actione scenica« detailliert Haltungen und Gesten, mit denen bestimmte Affekte zum Ausdruck gebracht werden sollten. Viele der vor allem im süddeutsch-österreichischen Raum eingerichteten Ordenstheater verfügten über eine hochentwickelte Bühnentechnik, so daß die wunderbaren Ereignisse des biblischen Geschehens und der Märtyrerlegenden auf eine die Sinne überwältigende Weise inszeniert werden konnten. Das auf Anregung von Kaiser Ferdinand III. in Wien erbaute Theater ließ ein Dutzend Verwandlungen zu. Die von dem Südtiroler Aristokraten Nicolaus von Avancini dafür geschriebenen Stücke konnten als prunkvolle Gesamtkunstwerke mit Aufzügen und Gefechten, mit Seeschlachten und Feuerwerken, mit Tanz- und Gesangseinlagen inszeniert werden. Die allegorischen Figuren vereinigten sich am Schluß der einzelnen Akte zu Chören und Tableaus, um einen möglichst eindringlichen Effekt zu erreichen. In den »Ludi Caeserie« (Kaiserspielen) gingen Ordensdrama und Hoftheater, Glaubenspropaganda und höfische Selbstdarstellung eine vollkommene Synthese ein.

Auch das Schultheater der Protestanten lebte in der Barockzeit weiter. In vielen Städten wurden seine Aufführungen, deren Publikumskreis sich nun auf das Bürgertum der Stadt ausweitete, von den Magistraten unterstützt. Der materielle Aufwand war allerdings geringer als bei den katholischen Ordenstheatern. Anfangs begnügte man sich meist mit einer Podiumsbühne, die durch einen Zwischenprospekt geteilt wurde, so daß man im hinteren Teil kleinere Umbauten vornehmen konnte, während im vorderen weitergespielt wurde. Erst allmählich setzte sich die Verwandlungsbühne nach italienischem Vorbild durch. Ein Vorreiter war der Architekt und Bühnenbildner Joseph Furttenbach, der nach mehrjährigen Studienaufenthalten in Mailand, Genua, Rom und Florenz im Jahr 1640 im Auftrag der Stadt Ulm für die dortige Lateinschule eine Bühne schuf, die mit fünf vierseitigen Prismen (Telari) ausgestattet war, auf die (perspektivisch genau) verschiedene Standardmotive gemalt waren. Durch einfache Drehung konnte man Verwandlungen bewerkstelligen. Später legte

Illustration zu Franciscus Lang:
Dissertatio de actione scenica,
1727

Furttenbach einen orginellen Entwurf vor, der allerdings nicht realisiert wurde: In der Mitte eines großen Saales sollte eine Drehscheibe installiert sein, die sich nach dem Ende eines Stückes von der einen der vier umliegenden Bühnen zur nächsten weiterdrehen konnte.

Auf den Bühnen der beiden Gymnasien von Breslau erlebten die Stücke von Andreas Gryphius und Caspar von Lohenstein ihre Uraufführung. Die beiden Autoren waren keine Schulmeister, sondern gelehrte, juristisch ausgebildete und in hohen öffentlichen Ämtern tätige Männer, die mit ihren Werken einen Beitrag zur Anhebung des allgemeinen Bildungsstandes leisten wollten. Die Tragödien der als Hauptvertreter des »Schlesischen Kunstdramas« in die Literaturgeschichte eingegangenen Schriftsteller sind am Muster der rhetorisch aufgestellten, blutrünstigen Stücke des Seneca ausgerichtet. Ein christlich getönter Stoizismus bildet ihre philosophische Basis: Gryphius und Lohenstein propagieren die Auffassung, daß der Mensch alle Affekte überwinden muß, um sich in der so gewonnenen Standhaftigkeit das ewige Leben zu verdienen. Diese Ideologie wird an historischen Begebenheiten dargestellt. Die Personen sind hohen Standes; an ihrem tiefen Fall kann die Vergänglichkeit irdischen Glücks eindrucksvoll demonstriert werden. Nach dieser zuerst von Martin Opitz in seinem »Buch über die deutsche Poeterey« dargelegten Konzeption gestaltete Gryphius seine Trauerspiele; die bekanntesten sind: *Leo Armenius, Catharina von Georgien oder Bewehrte Beständigkeit, Ermordete Majestät oder Carolus Stuardus, Großmütiger Rechtsgelehrter oder Sterbender Aemilius Paulus Papinianus.* Der eine Teil des für die Barockdramatik charakteristischen Doppeltitels ist häufig identisch mit dem Namen des Helden, der andere bezeichnet die Grundidee, die das Stück zur Anschauung bringen soll.

In den Dramen des eine Generation jüngeren Casper von Lohenstein (*Ibrahim Passa, Cleopatra, Sophonisbe, Agrippina, Epicharis*) erscheinen im Vergleich zu Gryphius und dem gemeinsamen Vorbild Seneca die Grausamkeiten noch gesteigert. Der Dichter läßt Morde, Folter und Hinrichtungen vor den Augen der Zuschauer geschehen. Prunkende Rhetorik mit weithergeholten Metaphern und Gleichnissen bestimmen die Figurenrede. Anstelle der passiven Märtyrer des Gryphius, die gefaßt ihr Schicksal zu ertragen wissen, bringt Lohenstein aktive Helden auf die Bühne, denen ihre Leidenschaften zum Verhängnis werden. In formaler Hinsicht gleichen sich die Tragödien der beiden Autoren weitgehend. Sie sind in fünf Akten aufgebaut, mit »Reyen« genannten Zwischenspielen, in denen die Handlung durch Allegorien und bildhafte Figurationen ins Universelle gesteigert wird. Die Hindernisse für eine heutige Aufführung der Schauspiele von Gryphius und Lohenstein liegen nicht nur in der mangelnden Aktualität der Inhalte, sondern auch in dem schwer sprechbaren Versmaß des Alexandriners.

Auch die Lustspiele des deutschen Barock finden sich nur selten auf den Spielplänen der Gegenwart. Zumindest literarhistorisches Ansehen genießen Andreas Gryphius' *Absurda comica oder Herr Peter Squentz*, eine Variation des Pyramus-und-Thisbe-Stoffes und *Horribilicribrifax*, eine Komödie um die schon von Plautus eingeführte Typenfigur des prahlerischen Offiziers. Nurmehr von geschichtlichem Interesse ist auch das Werk des Zittauer Gymnasiums-Rektors Christian Weise, der für die Schulaufführungen Tragödien mit komischen Intermezzi geschrieben hat und auch einige Lustspiele (*Der bäurische Machiavellus, Die unvergnügte Seele*), in denen sich bereits die Frühaufklärung ankündigt.

Die Mischung von ernstem Pathos und volkstümlicher Komik charakterisierte auch das Repertoire der Wanderbühnen, welche die diesseitig-lebensfrohe Komponente des barocken Lebensgefühls repräsentierten. Ihren Ursprung hatte die weltliche Erscheinungsform des Barocktheaters einerseits in den Gastspielen von Commedia dell'arte-Truppen an den süddeutschen und österreichischen Höfen und andererseits in der Spielkultur der Englischen Komödianten, die schon zu Ende des 16.

Jahrhunderts, als das Elisabethanische Bühnenwesen gerade seinen Höhepunkt erreicht hatte, auf den Kontinent übersiedelten, um der Konkurrenz auf der Insel auszuweichen. Über Dänemark und Holland gelangten sie zunächst ins nördliche Deutschland, dehnten aber bald ihre Aktivitäten auch auf andere Landstriche aus. Unter argen Strapazen zogen sie von einer Stadt zur anderen und präsentierten auf einfachen Bretterbühnen ihr Repertoire, die Dramatik Shakespeares und seiner Zeitgenossen. Auch an so manchen Fürstenhöfen fand ihre Kunst Gefallen. Herzog Heinrich Julius von Braunschweig war von ihrem Spiel so angetan, daß er sich selbst als Stückeschreiber versuchte, und Landgraf Moritz von Kassel ließ für sie ein eigenes Haus errichten, das »Ottonium«, welches als erster eigenständiger Theaterbau im deutschen Sprachraum gilt. Weil die Mehrzahl der Zuschauer ihre Sprache nicht verstand, reduzierten die Englischen Komödianten ihre literarischen Vorlagen auf die dramatischen Höhepunkte und nutzten diese zur Präsentation mimischer Glanznummern. Im Laufe der Zeit erlernten sie die Sprache des Gastlandes und nahmen heimische Schauspieler, meist entlaufene Studenten oder arbeitslose Magister, in ihre Kompanien auf. Mit ihrer Hilfe entstand also die früheste Form eines deutschen Berufstheaters. Um die Mitte des 17. Jahrhunderts führten die Wandertruppen eine Neuerung ein, die den Reiz ihrer Aufführungen (zumindestens für die männlichen Zuschauer) wesentlich erhöhte: die Darstellung der bis dahin von jungen Männern gespielten weiblichen Rollen durch Frauen.

Angesichts der scharfen Konkurrenz befriedigten die Wanderbühnen immer skrupelloser die Elementarinstinkte ihres Publikums. Mit den »Haupt- und Staatsaktionen« wurde der Wunsch nach blutrünstigen Kämpfen und idealisierten Liebschaften unter den Edlen und Vornehmen und gleichzeitig das Bedürfnis nach Zoten aller Art erfüllt. Im Mittelpunkt der eingeschobenen Lach-Szenen stand die komische Figur, die nach dem Vorbild des englischen Clowns als »Pickelhering« (gepökelter Hering) oder nach dem Muster der italienischen Commedia dell'arte als Harlekin erschien. Der einheimische Figurentypus des Hanswurst wurde von Schauspielern im ganzen deutschsprachigen Raum in verschiedenen Varianten entwickelt. Der bekannteste war der »Wienerische Hanswurst«, den Joseph Anton Stranitzky zu Beginn des 18. Jahrhunderts schuf, als er sich mit seinen »Teutschen Komödianten« in der österreichischen Hauptstadt niederließ und das »Theater am Kärntnertor« bespielte, das auf diese Weise zur Urzelle der Wiener Volkskomödie wurde, wie sie mit den Stücken von Ferdinand Raimund und Johann Nestroy im 19. Jahrhundert ihren künstlerischen Höhepunkt erreichte.

Die vollkommene Theaterform im Sinne des Barock ist die Oper, denn sie schließt alle Komponenten zu einem opulenten Gesamtkunstwerk zusammen. Die neue Gattung nahm ihren Ausgang von den Versuchen florentinischer Humanisten, die antike Tragödie wiederzubeleben. Man stellte sich diese als eine Folge von Rezitationen zur Kithara vor, unterbrochen durch halb gesungene, halb gesprochene Chorpassagen. Dementsprechend war auch in den frühen Opernwerken die Musik dem Text untergeordnet. Darauf deutet schon die ursprüng-

Pickelhering. Stich von 1652

liche Gattungsbezeichnung »dramma per musica« hin, die erst später durch das vom lateinischen »Opera« (Werk) abgeleitete Wort ersetzt wurde. Als erstes Exemplar der Gattung gilt *Dafne*, komponiert von Jacopo Peri nach einem Libretto von Ottavio Rinuccini. Kurz vor 1600 wurde es im Palazzo Corsi in Florenz vor einem Publikum von Liebhabern aufgeführt. Die Musik ist verloren; ihr Hauptgewicht dürfte auf einer Art rezitativem Sprechgesang mit sparsamer Instrumentalbegleitung gelegen haben. Auch für ihr zweites Werk wählten Peri und Rinuccini ein lyrisch-romantisches Thema aus dem antiken Mythos, die Geschichte vom Sänger Orpheus, der seine Gattin Eurydike aus dem Hades zurückholt. Jahrzehntelang hielten sich die Opernkomponisten fast ausschließlich an diese beiden Themen, denn von allen Vorlagen standen diese dem in der Zeit überaus beliebten Schäferspiel am nächsten. Das erste künstlerisch wirklich bedeutsame Werk der neuen Gattung war *Orfeo* von Claudio Monteverdi. Er gestaltete die Rezitative musikalisch reicher, baute Arien und Duette ein und verwendete auch selbständige Instumentalmusik. Als Kapellmeister des San-Marco-Theaters trug er wesentlich zur Blüte der Oper in Venedig bei. Von hier sowie von Rom und Neapel aus verbreitete sich die neue Gattung als eine in erster Linie von den Höfen gepflegte Kunst über ganz Europa. Ihr Themenkreis erweiterte sich, das Rezitativ trat in den Hintergrund zugunsten der großen Arien, in denen die Kastraten und die Primadonnen brillieren konnten.

Die erste Opernaufführung nördlich der Alpen fand 1618 im Hellbrunner Steintheater der Salzburger Fürstbischöfe statt. Sie war einer Variation der Orfeo-Themas gewidmet und wurde von italienischen Sängern bestritten, so wie es an allen deutschen Höfen langhin Brauch gewesen ist. Den Ruhm, die erste deutschsprachige Oper geschaffen zu haben, erwarben sich der schlesische Dichter Martin Opitz und der Komponist Heinrich Schütz mit ihrem Werk *Daphne*, das seine Uraufführung ein Jahrzehnt danach auf Schloß Hartenfels bei Leipzig erlebte.

Zu einer regelmäßigen Opernpflege kam es an den deutschen Fürstenhöfen allerdings erst nach dem Ende des Dreißigjährigen Krieges. So wie die Feuerwerke, Wasserspiele und Pferdeballette dienten auch die prachtvoll ausgestatteten Operninszenierungen in erster Linie der Demonstration absolutistischer Machtfülle.

In wesentlich bescheidenerem Rahmen bemühte sich das Bürgertum von Hamburg, der damals bedeutendsten deutschen Handelsstadt, um die Entwicklung des Musiktheaters. Mit Geldern der Patrizier errichtete man am Gänsemarkt ein Opernhaus, das in den Jahrzehnten um 1700 regelmäßig bespielt wurde. Die Komponisten Reinhard Keiser und Georg Philipp Telemann begründeten in Hamburg das volkstümliche Singspiel als deutsche Sonderform der Oper. Als weit über den Durchschnitt hinausragender Ausstatter wirkte hier Oswald Harms, der die neuesten Tendenzen der Malerei und der Szenographie in Italien studiert und an den Höfen in Dresden und Braunschweig prachtvolle Kulissenbühnen für Opernaufführungen geschaffen hat.

*Joseph Anton Stranitzky
als Hanswurst.
Zeitgenössischer Stich*

Aus dem barocken Ideal der Synthese aller Künste erwuchs als weitere theatrale Kunstform das Ballett. Seine Wiege stand in Frankreich; in Paris fanden schon um die Mitte des 16. Jahrhunderts prächtige Tanzfeste statt, an denen sich die ganze Hofgesellschaft beteiligte. Daraus entwickelten sich dann reine Schautänze, wie das *Ballet comique de la Reine*, das anläßlich einer Fürstenhochzeit 1581 aufgeführt wurde und dem, wie den meisten höfischen Balletten der Frühzeit, ein antiker Mythos zugrunde lag, nämlich der Versuch der Zauberin Circe, den aus Troja zurückkehrenden Odysseus zu umgarnen. Sein Schöpfer, der Kammerherr Balthazar de Beaujoyleux, definierte die Form sehr präzise als »geometrische Aufstellung mehrerer Personen, die nach dem Zusammenklang der Musikinstrumente gemeinsam tanzen«. Alle Akteure gehörten dem Adel an; noch mehr als achtzig Jahre später tanzte Ludwig XIV. selbst in einem *Ballet de la nuit* die Rolle des Sonnengottes Apollon; daher stammt

Ballet comique de la Reine, 1581. Illustration zum Libretto

sein Beiname »Sonnenkönig«. Die dominierende Form seiner Zeit war allerdings das von Berufstänzern dargestellte »Comédie-Ballet«, eine theatrale Mischform, die den Witz der Komödie mit der Grazie des höfischen Tanzes in Verbindung brachte und zwei der bedeutendsten Künstler der Epoche zusammenführte: Jean Baptiste Lully als Komponisten und Molière als Textdichter.

Die neuen Gattungen und die veränderten Funktionen des höfischen Theaters verlangten selbstverständlich auch nach neuen räumlichen Strukturen. Zu Beginn der Epoche spielte man oft noch in Sälen, die auch für Turniere und Tanzfeste Verwendung fanden. Im Teatro Farnese in Parma, dem frühesten ausschließlich für szenische Darbietungen eingerichteten Barocktheater, wurde gegenüber der amphitheatralisch ansteigenden hufeisenförmigen Zuschauertribüne eine Guckkastenbühne mit einem prächtigen Portal und einem tief gestaffelten Proszenium installiert, das noch an der Musterbühne der Renaissance, dem Teatro Olimpico in Vicenza, orientiert war. Im Laufe der Entwicklung weitete sich das Portal immer mehr und gab den Blick frei auf die eindrucksvollen perspektivischen Bühnenbilder. Mancherorts konnte die Hinterwand des Bühnenhauses geöffnet werden, so daß sich die Sicht in den Park ergab. Den Zuschauerraum gliederte man in der Waagerechten wie in der Senkrechten. Darin drückt sich das soziale Schichtdenken des Zeitalters aus. Die Mitteloge des ersten Ranges war dem Fürsten vorbehalten. Nur von seinem Platz aus konnte das Geschehen in der richtigen Perspektive wahrgenommen werden;

*König Ludwig XIV.
als Apollo in dem Ballet de la nuit.
Stich von 1665*

*Teatro Farnese in
Parma.
Errichtet 1618/19
von Giovanni
Battista Aleotti*

allein der Herrscher hatte den authentischen Blick auf die Ereignisse, so wie im großen Welttheater die wahre Sicht auf das irdische Treiben Gott vorbehalten ist.

Mit dem Übergang ins Rokoko, das mit dem Markgräflichen Opernhaus in Bayreuth, dem Schönbrunner Schloßtheater in Wien, dem Cuvilliés-Theaters in München oder dem Schwetzinger Schloßtheater prächtig-überladene Bauten hervorgebracht hat, ging die eindeutig-klare Weltanschauung nicht nur in der Realität, sondern auch in ihrer theatralen Widerspiegelung verloren. Die Bühnenbildner der Zeit, meist aus Italien stammend und oft dynastisch verbunden, wie die Burnacini in Wien und die Galli-Bibiena im süddeutschen Raum, gaben sich nun nicht mehr mit der Zentralperspektive zufrieden, sondern arbeiteten mit Diagonalperspektiven und sich kreuzenden Bildachsen.

Alle die prächtigen Theaterbauten der Zeit waren mit Kulissenbühnen ausgestattet, die eine rasche Verwandlung von einem Schauplatz zum anderen ermöglichten. Das vom Empfinden des ständigen Wechsels beherrschte Lebensgefühl des Barock fand darin seinen exemplarischen Ausdruck. Die für das Zeitalter charakteristische Sehnsucht nach Illusionierung, das Spiel mit dem Gegensatz von Sein und Schein sowie der Wunsch, das Unglaubliche und Wunderbare anschaubar zu machen, wurden durch die Vervollkommnung der Perspektivmalerei befriedigt. Der Erfinder der Kulisse – der Name leitet sich von dem französischen »couler« (gleiten) her – war Giovanni Battista

Markgräfliches Opernhaus Bayreuth. Errichtet 1744 - 1748 von Giuseppe und Carlo Galli-Bibiena

Giuseppe Galli-Bibiena: Bühnenbildentwurf zu einem unbekannten Werk, um 1719

Aleotti. Er entwickelte ein Verwandlungssystem mit paarweise an den beiden Seiten der Bühne angebrachten, mit Leinwand bespannten Holzrahmen, die durch ein zentrales Triebrad in Gleitschienen bewegt wurden. Den Abschluß nach hinten bildete ein perspektivisch bemalter Prospekt, den nach oben die Soffitten, eingehängte Stoffbahnen, die Wolken oder den freien Himmel vortäuschen sollten. Diese Bühnenform, die sich in ihrer Grundstruktur bis ins 20. Jahrhundert erhalten hat, realisierte Aleotti erstmals um 1600 im Hoftheater von Ferrara und zwei Jahrzehnte später noch einmal im Teatro Farnese in Parma.

Der Ruhm, das Kulissensystem technisch vollendet und in ganz Europa zum Sieg geführt zu haben, gebührt Aleottis Schüler Giacomo Torelli. Er stellte in seinen Bühneneinrichtungen für das Teatro Novissimo in Venedig und für den französischen Hof (zum Zweck einer besseren Illusionierung) die Kulissen schräg und setzte sie auf Wagen, die auf der Unterbühne liefen; so konnten die Umbauten noch einfacher und schneller bewerkstelligt werden. Die blitzartige Verwandlung vor den Augen der Zuschauer gehörte zu den Standardeffekten des Barocktheaters. Beliebt waren auch Erscheinungen aus dem Bühnenhimmel und aus der Versenkung. Im Gegensatz zur Renaissancebühne und zum bürgerlichen Theater der Folgezeit, die – entsprechend ihrem Weltbild – die Bewegung in der Horizontalen bevorzugten, spielte im Barock auch die Vertikale eine wesentliche Rolle.

Spanisches Drama und Theater im »Goldenen Jahrhundert«

In Spanien gelangte das Theater in der ersten Hälfte des 17. Jahrhunderts zu seiner höchsten Blüte, als zwar das kulturelle Leben noch »golden« war, aber nicht mehr die politisch-ökonomische Realität. Das Land hatte seine Großmachtstellung verloren und stand vor dem wirtschaftlichen Ruin. Nach dem ungeheuren Aufschwung infolge der Entdeckung und Kolonisierung Amerikas, der das »Siglo d'Oro« eingeleitet hatte, bewirkte jetzt die wirtschaftliche und soziale Rückständigkeit einen katastrophalen Niedergang. Der Verkauf von Konzessionen und Handelsprivilegien durch die notorisch verschuldete Krone führte dazu, daß ein beträchtlicher Teil des Reichtums aus den Kolonien ins Ausland abfloß. Infolge der Vertreibung der Moslems und der Juden kam es zu einer Lähmung von Handel und Gewerbe. Das amerikanische Gold wurde nicht zur Förderung der Produktion verwendet, sondern zum Erwerb von Grund und Boden durch die Herrenschicht. Bald aber geriet auch die Landwirtschaft in die Krise. Die Felder lagen brach, obwohl die Regierung jedem, der bereit war, als Bauer zu arbeiten, den erblichen Adel versprach. Die Maßnahme fruchtete nichts, weil körperliche Arbeit jedem freien Spanier als Schande galt. So kam es sowohl unter den Leibeigenen auf dem Lande als auch unter den Plebejern in den Städten immer wieder zu Hungersnöten. Die Verelendung erfaßte schließlich auch die Aristokratie; trotzdem oder vielleicht gerade deshalb trugen die Granden und Caballeros einen übertriebenen Stolz zur Schau, gaben sich würdevoll bis zur Lächerlichkeit. Miguel de Cervantes de Saavedra hat in seinem Roman »Don Quijote« davon ein höchst anschauliches Bild gegeben. Von ihrer einstigen Macht und Größe war nurmehr die äußere Hülle geblieben: der weite Mantel, den sie geschickt zur Selbstinszenierung nutzten. Auch jetzt noch waren sie unter allen Umständen bereit, ihre Ehre mit dem Degen in der Hand zu verteidigen. Das Kleidungsstück und die Waffe haben einer ganzen Gattung, dem »Mantel-und Degenstück«, den Namen gegeben. Die Ehre wurde nach der Ideologie des spanischen Barock nicht durch Verdienste in der Welt erworben, sondern jedem von Gott bei der Geburt mitgegeben; den Menschen war keine andere Aufgabe zugewiesen, als sie bis zu ihrem Lebensende zu bewahren. Diese nicht gerade zu praktischer Arbeit und unternehmerischer Aktivität anspornende Ideologie war mitverantwortlich für die ökonomischen Schwierigkeiten, welche die Verlagerung der Macht in die nördlicheren Länder Europas mit ihrer bereits bürgerlich-kapitalistischen Prägung zur Folge hatten. Ein Ratgeber des französischen Königs, der zu Beginn des 17. Jahrhunderts Spanien bereiste, hat den Sachverhalt auf den Punkt gebracht: »Dieses Aufrechterhalten der Ehre macht schon ihre ganze Ehre aus; sie ist nutzlos und mitschuldig an der Unfruchtbarkeit Spaniens.« (Zitiert nach Hans-Joachim Müller: Das spanische Theater im 17. Jahrhundert. S. 135)

Dieser Geisteshaltung entsprechend bildeten der Verlust und die Wiedergewinnung der Ehre ein zentrales Thema des spanischen Barocktheaters. Lope de Vega hat in seiner dramentheoretischen Schrift »Die neue Kunst der Komödiendichtung in dieser Zeit« ausdrücklich betont, daß »Fälle, die von Ehre handeln, die besten sind, denn sie ergreifen Menschen aller Stände mit Macht«. (Zitiert nach Erika Fischer-Lichte: Geschichte des Dramas. Bd. I. S. 166) Die Ehre wird im Verständnis der Zeit einerseits als Ausdruck der jedem Menschen zukommenden Werte verstanden, andererseits als eine von der Gesellschaft bestimmte Größe. In einem Drama von Lope de Vega heißt es:

»Kein Mensch ist allein durch sich schon
ehrenwert,
Er bekommt die Ehre von den anderen
zugeteilt.
Ein tugendhafter und verdienstvoller Mann
zu sein,
Ist noch nicht ehrenvoll. Und deshalb
Wohnt die Ehre bei den anderen und nicht
Bei einem selbst.«

In dem Verständnis der Ehre als Garantie der sozialen Identität kommt es darauf an, welchen Ruf man in der Umwelt genießt. In der patriarchalischen Familie ist die Ehre des Mannes eine Frage des guten Rufes seiner Gattin. Dieser scheint den Caballeros im spanischen Barockdrama permanent gefährdet, obwohl sie doch alles tun, um ihre Frauen von der Öffentlichkeit fernzuhalten. Daß die Ehre und ihre Bedrohung eine Angelegenheit aller sozialer Schichten darstellt, wird in Tirso de Molinas *Der Verführer von Sevilla oder Der steinerne Gast* deutlich, dem Vorbild für die verschiedenen dramatischen Variationen des Don-Juan-Themas. Der Ehrverlust der Bäuerin Aminta und ihres Bräutigams erscheint dort als ebenso gravierend wie der des adeligen Don Octavio und seiner Verlobten. Sogar der Verführer selbst ist auf seine Ehre bedacht; auf die Frage des Steinernen Gastes »Hältst du mir ritterlich dein Wort?« antwortet Don Juan: »Ich bin ein Ehrenmann, gegebnes Wort, ich lös' es ein, da ich ein Ritter bin.« Was ihn daran hindert, sich auch gegenüber den Frauen ritterlich und ehrenhaft zu benehmen, ist seine tiefe Leidenschaft. Diese ist charakteristisch für alle Helden des spanischen Barockdramas. Der durch nichts zu verhindernde Ausbruch ihrer Affekte ist ein wichtiges Motiv, aus dem dann alle nur denkbaren Verwicklungen und Katastrophen entstehen. Die Bühne warnt aber nicht nur, sondern bietet auch die Möglichkeit, das zu genießen, was in der Realität verpönt ist: den authentischen Ausdruck der großen Gefühle.

In einer Zeit der verlorenen Schlachten und des verlorenen Reichtums, des unaufhaltsamen Verfalls der einstigen Weltmacht, vermittelte wenigstens noch das Theater das Bild einer heroisch-ritterlichen Welt. Es fungierte hier als Ersatz-Wirklichkeit, als Ort der Erinnerung an größere Zeiten. Damit beförderte es die mit dem Begriff »Desengaño« bezeichnete Stimmung der Melancholie und Morbidität, der Trauer und des Zweifels an einem Leben, das nur noch als Traum erscheint, als ein »Lufthauch im All«. Dieses durch die spezifische Situation Spaniens bedingte Lebensgefühl traf sich mit den allgemeinen weltanschaulichen Tendenzen des Barock, vor allem mit der Auffassung der Welt als Bühne und des Menschen als Rollenspieler in der Hand Gottes. Umgekehrt wird aber im Barock die Bühne auch als Welt verstanden, als deren Inbegriff und Gleichnis. Wie in den anderen Bereichen des geistig-kulturellen Lebens herrscht in dieser Epoche auch auf den »Brettern, die die Welt bedeuten« eine strenge Ausrichtung auf das Jenseits. Die Vorgänge werden nicht nur in ihrer Bedeutung für die irdische Realität ausgewählt und bewertet, sondern auch nach ihrer Symbolkraft für den Bereich des Transzendenten. Neben der Ehre stellt der Glaube den zweiten Grundwert dar, auf den sich das Leben in der Realität wie auf den Bühne orientiert. Indem sie das Vertrauen in die Gnade Gottes befördert und die jenseitige Welt als die eigentliche ausweist, bestärkt die Bühne ihr Publikum in der Überzeugung, die schlechte Wirklichkeit sei nur ein vergänglicher Schein.

Die Funktion des Theaters als Stätte des Trostes, der Zuflucht und der Ablenkung führte im ganzen spanischen Volk, quer durch die sozialen Schichten, zu einer regelrechten Theatergier, die von den Dramatikern kaum befriedigt werden konnte. Weil die Stücke schnell abgespielt waren, weil immer wieder Neues verlangt wurde, entwickelte sich eine ungeheuer reiche und vielfältige Dramenproduktion, an der Gelehrte, Geistliche, Aristokraten bis hin zu König Philipp IV. und selbstverständlich auch Theaterleute beteiligt waren. Lope de Vega konnte am Ende seines Lebens auf ein Werk von anderthalbtausend Dramen zurückblicken; Tirso de Molina hat in seiner zwanzigjährigen Schaffenszeit immerhin vierhundert Stücke verfaßt, und in einer ähnlichen Größenordnung bewegt sich das Werk von Calderón de la Barca. Insgesamt sind innerhalb eines knappen Jahrhunderts rund zehntausend Comedias – so der Oberbegriff für alle dramatischen Formen des spanischen Barock – geschrieben worden. Auch wenn sich immer wieder Grenzfälle und Überschneidungen finden, so läßt sich der Gesamtbestand doch grob in einen weltlichen und einen religiösen Teil scheiden. In der erstgenannten Gruppe dominiert das Genre der Mantel- und Degenkomödie, das von Liebes- und Ehrenhändeln, von Verwechslungen und listigen Betrügereien handelt. Daneben steht das ernste Drama, in dem es um Sachverhalte geht wie die Kunst des Regierens, das angemessene Verhalten in schwierigen Lebenssituationen und die Freiheit des menschlichen Willens. Den Schwerpunkt der geistlichen Dramatik bilden die »Comedias de Santos«, die das Leben der Heiligen und Geschehnisse aus der Bibel schildern, sowie die »Autos sacramentales«, eine nur in Spanien bekannte Gattung allegorischen Theaters. Deren Figurenspektrum umfaßt einerseits Sozialtypen wie König, Bauer, Bettler und andererseits Personifikationen wie die Religion und die Gnade, die Schönheit oder auch Frau Welt. Bei unterschiedlicher Thematik ist allen »Autos« – das Wort leitet sich vom lateinischen »Actu« (Handlung) her – das zentrale Anliegen gemein: die Verherrlichung der Eucharistie. Sie beschränken sich auf einen Akt, waren nur als Einlage zur Fronleichnamsprozession konzipiert und wurden in diesem Zusammenhang ergänzt durch ein lustiges Nachspiel sowie ausgelassene Tänze und die Präsentation von Riesenfiguren.

Weil Spanien nur wenig Anteil an der Kultur der Renaissance hatte, blieben die Neuansätze eines weltlichen Dramas relativ unbedeutend. Erwähnenswert sind die als »Eglogas« bezeichneten Schäferspiele des Juan del Encina, die »Soldatendialoge« und »Heiratskomödien« des Bartolomé de Torres Naharro sowie die Farcen und Bibeldramen des sowohl portugiesisch als auch spanisch schreibenden Gil Vicente. Die aus der italienischen Renaissancekomödie übernommenen Elemente mischten sich hier von Anfang an mit mittelalterlich-religiösen und volkstümlichen Traditionen. Die Lust am Wunderbaren und am Abenteuer, am überraschenden Ereignis und an den Wechselfällen des Schicksals überwucherte die aufkeimenden Errungenschaften des neuzeitlichen Dramas: die dramaturgische Logik, die Einheit von Zeit, Ort und Handlung, die strenge Akte-Struktur. Als Vorbild diente den Dramatikern des Goldenen Jahrhunderts die heute noch gespielte Tragikomödie *La Celestina* von Fernando de Rojas. Das um 1500 entstandene Stück entfaltet sich um die Gestalt der listigen und verschlagenen Kupplerin, deren Bemühen um die Verbindung zweier junger Leute mit deren und mit ihrem eigenen Tod endet. Diese »bittere Pille in süßer Speis« nimmt sich wie eine nachträgliche Rücknahme der Sinnlichkeit und erotischen Lust aus, die ohne Umschweife vor Augen geführt wird. Komische Dienerszenen, lyrische Ständchen und Gefechte weisen schon auf die Mantel- und Degenkomödie voraus. Für eine bühnenmäßige Realisierung der *Celestina* fehlte in der Zeit ihres Entstehens noch die Voraussetzung in Gestalt eines professionellen Theaterwesens. Dessen Begründung ist erst um die Mitte des 16. Jahrhunderts Lope de Rueda gelungen und zwar nach dem Vorbild der Commedia dell'arte. Mit einer Handvoll Kollegen zog er über Land, gastierte auf Jahrmärkten und Volksfesten in den Städten und auch regelmäßig am Hof von Madrid. In seine hispanisierten Versionen italienischer Komödien baute er improvisierte Sequenzen der komischen Figur ein, die auf der einen Seite Kritik an den herrschenden Zuständen übte, auf der anderen immer wieder Hinweise auf die Nichtigkeit allen menschlichen Strebens gab.

Aus solchen Vorbildern entstand die spezifische Dramaturgie der spanischen Barock-Comedia. Die Handlung ist hier nicht in Akte und Szenen unterteilt, sondern in »Jornadas«, in Tagreisen; das Geschehen bewegt sich also von einer Station zur nächsten weiter. Dazwischen sind »Entremeses« eingeschoben, kurze Zwischenspiele; im Laufe der Zeit emanzipierten sie sich zu einer selbständigen Gattung. Eingeleitet wurde die Aufführung einer Comedia durch einen als »Loa« bezeichneten komischen Auftritt, in dem eine der Personen den Inhalt des Stückes erzählte. Den Abschluß bildete ein gesungenes und getanztes Maskenspiel. Dem Reichtum der Fomelemente entspricht in der Comedia eine vielfältige Figurenkonstellation. In Calderón de la Barcas *Richter vom Zalamea* zum Beispiel stehen folgende Personen gleichzeitig auf der Bühne: König Philipp II., ein General, ein Hauptmann, ein reicher Bauer mit seinen Kindern, ein armer Landedelmann mit seinem Diener, ein Sergeant, ein einfacher Soldat und eine Marketenderin. Daß auch Personen niederen Standes im Zentrum einer ernsten Handlung stehen können, unterscheidet das spanische Drama des Barock grundsätzlich von dem in Frankreich, Italien oder Deutschland, wo man sich streng an die Ständeklausel hielt. Die Tendenz zur Egalisierung resultiert aus der im katholischen Spanien besonders konsequent vertretenen Auffassung, daß nicht der Rang der von Gott ein für allemal zugewiesenen Rolle ausschlaggebend ist, sondern nur die Art und Weise, wie man sie spielt. Hier liegt auch ein Grund dafür, daß der Gracioso, die komische Dienerfigur, im Gegensatz zu seinen Vettern in den anderen Ländern, nicht auf die Funktion des puren Lustigmachers beschränkt ist, daß er seinen Herrn nicht nur in dessen hohler Phraseologie parodiert, sondern ihm auch als ernstzunehmender Ratgeber zur Seite steht.

Am Beginn des spanischen Barockdramas steht das Werk von Miguel de Cervantes de Saavedra, dem Autor des parodistischen Ritterromans »Don Quijote«. Zum Broterwerb schrieb der Dichter rund zwei Dutzend Comedias, von denen sich nur zehn erhalten haben. In seinen Schauspielen *Das Treiben in Algier* (El trato de Argel) und *Die Gefangenen und Sklaven von Algier* (Los cautivos ó los esclavos) verarbeitete er seine Erlebnisse während einer mehrjährigen Gefangenschaft in der Hand von Piraten, in die er als Teilnehmer des Feldzuges der Heiligen Allianz gegen die Türken geraten war. Das Drama *Die Zerstörung von Numancia* (El cerco de Numancia), das als bedeutendstes spanisches Trauerspiel des Goldenen Jahrhunderts gilt, handelt vom Untergang einer antiken Stadt in Spanien, deren Bewohner sich selbst töten, um nicht in die Hand der römischen Feinde zu fallen. Allegorische Figuren erläutern die aktuelle Absicht des Autors: die Wiedergeburt heroischer Tugenden als Voraussetzung einer besseren Zukunft seines Landes. Am Vorbild der italienischen Renaissancekomödie, die er in jungen Jahren als Mitarbeiter eines spanischen Kardinals in Rom kennengelernt hatte, orientierte sich Cervantes bei seinen Lustspielen; das bedeutendste, *Pedro von Urdemala*, bezieht seinen Reiz aus dem Zigeunermilieu, in dem die von einem gewitzten Diener eingefädelte Liebesintrige angesiedelt ist. Als theaterwirksam haben sich vor allem die Entremeses des Cervantes erwiesen, einaktige Farcen, die Ausschnitte aus der zeitgenössischen Lebensrealität auf die Bühne bringen und stets mit einem moralischen Lehrsatz enden.

Nach diesem Vorspiel begann mit dem Auftritt von Lope de Vega um 1580 das Hauptkapitel des spanischen Barocktheaters. Von seinem angeblich mehr als dreimal so umfangreichen Werk haben sich vierhundertfünfzig Comedias und vierzig Autos sacramentales erhalten. Neben lyrisch-poetischen Schäferspielen stehen realistische Historienstücke, neben frivolen Komödien weltabgewandte Märtyrerdramen. So widersprüchlich wie das Werk erscheint auch das Leben von Lope de Vega: Theologiestudium, Eintritt in einen Orden, Tod durch Selbstgeißelung stehen auf der einen, erotische Skandale, Verdacht auf Diebstahl und Verbannung auf der anderen Seite. In seinen Mantel-und Degenstücken – die bekanntesten sind *Die Sklavin ihres Geliebten* (La esclava de su galán), *Die kluge Närrin* (La dama boba), *Der Ritter vom Mirakel* (El caballero del miraglo) – wird das Leben als ein Maskentanz vorgeführt. Die Verkleidungen und Verwandlungen, die Mißverständnisse und Verwechslungen treten gehäuft in Erscheinung. Immer wieder werden die gleichen Intrigen gesponnen und erst im letzten Augenblick wieder aufgelöst. Lope de Vegas Stücke sind nicht von den Charakteren, sondern von den Situationen her aufgebaut. Das Verhalten der Figuren ist von keiner durchgehenden Psycho-Logik bestimmt. Von den historischen Dramen ist *Das brennende Dorf* (Fuente Ovejuna) das heute meistgespielte; dargestellt wird hier die kollektive Rebellion eines Ortes gegen den Statthalter des Königs, der die Mädchen, die sich ihm verweigern, mit seinem Zorn verfolgt. Eines übergibt er seiner Soldateska, ein anderes entführt er von der Hochzeit weg. Während er den Bräutigam foltern läßt, entkommt aber die Braut und ruft die Bauern zusammen, die den Wüstling erschlagen. Der aus Madrid entsandte Untersuchungsrichter, erhält auf seine Fragen nach den Tätern von allen die gleiche Antwort: »Das Dorf Fuenteovejuna!« So bleibt dem König nichts anderes übrig, als eine allgemeine Amnestie auszusprechen.

Der bedeutendste Dramatiker im Umkreis von Lope de Vega war Gabriel Téllez, der sich als Dichter Tirso de Molina nannte. Von seinem Kollegen übernahm er die dramaturgische Technik, verfeinerte aber die Figurenzeichnung. Seine exzellente Menschenkenntnis soll er sich nach der Auskunft von Zeitgenossen im Beichtstuhl erworben haben. Eine Reihe der Komödien von Tirso de Molina war so freizügig, daß ihre Aufführung von der Zensur untersagt wurde. In der Comedia *Der Verführer von Sevilla oder Der steinerne Gast* (El burlador de Sevilla y convidado de piedra) stellte der Dramatiker zum ersten Mal die Gestalt des Don Juan auf die Bühne, die dann von Molière und Christian Dietrich Grabbe bis hin zu Ödön von Horváth und Max Frisch immer wieder die Phantasie der Dramatiker beschäftigt hat und durch Mozarts Oper unsterblich geworden ist. Das Stück besteht aus flüchtigen Szenen, in denen die Opfer und die Gegenspieler des Helden oft nur skizzenhaft angedeutet sind. Bilder des Schreckens wechseln mit Passagen überschäumender Sinnlichkeit; die Antithetik des barocken Weltgefühls drückt sich darin aus. In vielen der Comedias von Tirso de Molina bilden weibliche Figuren das Zentrum. Oft stehen sie mit ihrem Anspruch auf ein und denselben Mann in Konkurrenz zueinander. Sie agieren mit geistreicher List, mit Witz und Energie. Die Männer, meist hilflose Schwächlinge, zappeln wie Marionetten in ihrer Hand. Das gelungenste Beispiel ist die resolute Donna Diana, die sich in *Don Gil von den grünen Hosen* (Don Gil de las calzas verdes) als Mann verkleidet, um so ihren treulosen Bräutigam zurückzuholen.

Die rund vierhundert Comedias von Calderón de la Barca, von denen die Hälfte überliefert ist, bilden den Höhepunkt und Ausklang des spanischen Barockdramas. Sie wurden mit Parabolspiegeln verglichen, in denen das Treiben der Menschen eingefangen und als Spiel der göttlichen Macht ausgewiesen ist. Weil die Aufhebung aller menschlichen Konflikte in Gott vorausgesetzt wird, gibt es bei Calderón keine echte Tragik. Neben seinem Gott fühlte sich der als Hofdichter zu hohen Ehren gekommene Dramatiker nur der absolutistischen Königsmacht verpflichtet. Dem Richter von Zalamea legte er folgende für seine Gesamthaltung bezeichnenden Verse in den Mund:

»Meinem König Gut und Leben,
das ist Pflicht, die Ehre doch
ist das Eigentum der Seele,
und der Seele Herr ist Gott.«

Ein religiöses Bekehrungsdrama hat Calderón mit *Das Leben ein Traum* (La vida es sueño) geschrieben, das schon in seinem Titel die Scheinhaftigkeit des irdischen Lebens behauptet, so wie der Titel *Das große Welttheater* (El gran teatro del mundo) auf die Vorstellung der Welt als Bühne Gottes verweist. Neben diesen beiden Stücken erfreute sich bei den Nachfahren *Der wundertätige Magier* (El mágico prodigioso) besonderer Beliebtheit. In den moralischen Lehrstücken von Calderón dreht sich alles um die Verletzung und Wiederherstellung der Ehre einer seriösen Familie. Die besten Beispiele für diesen Dramentyp hat der Autor mit *Der Richter von Zalamea* (El alcalde de

Corral-Bühne des 17. Jh. in Madrid

Zalamea) geliefert. In seinen Komödien folgte er der von Lope de Vega und Tirso de Molina eingeschlagenen Richtung des Mantel- und Degenstückes. Als sein gelungenstes gilt *Dame Kobold* (La dama duende). Das Chaos stiftet hier eine von ihren Brüdern eifersüchtig gehütete junge Witwe; die Komik liefert der Gracioso, der in den schier unauflöslichen Verwicklungen nur das Werk eines Kobolds zu sehen vermag.

Ebenso vielfältig wie die Dramatik des spanischen Barocktheaters sind die Formen ihrer theatralen Umsetzung. Neben den Wagenbühnen für die im Rahmen der Fronleichnamsprozession dargebotenen Autos sacramentales und den mit allen Instrumenten barocken Bühnenzaubers ausgestatteten Hoftheatern gab es die volkstümlichen Corrales-Bühnen. Das waren einfache Holzpodien, aufgeschlagen in ungedeckten Höfen zwischen den Häuserblöcken. Den Hintergrund bildete ein Vorhang, durch dessen Schlitze man auftreten konnte. Zog man ihn weg, so blickte man in einen Innenraum oder auf Prospekte, die eine Landschaft andeuten sollten. Im Zuschauerraum waren leicht erhöhte Logen für die Angehörigen der Oberschicht eingerichtet und Bänke für die kleinen Leute aufgestellt; dahinter saßen getrennt die Frauen in einem als »Hühnerstall« bezeichneten Abteil. Die Fenster der umliegenden Häuser wurden an vornehme Damen vermietet, die durch Jalousien zuschauen konnten, ohne selbst gesehen zu werden, was schädlich für ihren Ruf gewesen wäre. Den größten Teil des Hofes nahm das Stehparterre ein, der Raum für die »Mosqueteros«, die Lehrlinge und Studenten, die mit ihren lautstarken Äußerungen oft über den Erfolg oder Mißerfolg eines Stückes entschieden. Die Corrales wurden eingerichtet von karitativ tätigen Bruderschaften und dann an Theaterunternehmer vermietet. Letztere organisierten auch die Spiele bei den Kirchenfesten und, zumindest in der Frühzeit, auch die Aufführungen bei Hofe. Später ließ der theaterbesessene König Philipp IV. prächtige Spektakel in Szene setzen und holte sich dafür aus Italien »Machinista«, unter denen vor allem Cosimo Lotti hervorragte.

Im Vorwort zur Buchausgabe seiner Stücke gab Lope de Vega folgende Beschreibung: »Als der Vorhang sich öffnete, sah man ein Meer in der Perspektive meilenweit bis zum anderen Ufer sich auftun und die Stadt mit dem Hafen und Leuchtturm und einigen Schiffen. (...) Sogar Fische sah man in den Wellen schaukeln. (...) Und alles war künstlich beleuchtet mit mehr als 300 Lichtern, von denen man aber kein einziges sah. Dann erschien Venus in einem von Schwänen gezogenen Wagen und sprach mit ihrem Sohn Amor, der in der Höhe umherflog. (...) Das Herabschweben der Gottheiten und die verschiedenen Verwandlungen nahmen mehr Aufmerksamkeit in Anspruch als meine Ekloge, die zwar die Seele war; aber die körperliche Darstellung bot einen Augenschmaus, dem das Gehör unterliegen mußte.« (Zitiert nach Karl Vossler: Lope de Vega und sein Zeitalter. S. 204 f.) Dieses ganze Blendwerk wurde zum Amüsement und zur Selbstinszenierung der schmalen Schicht an der Spitze der barocken Sozialpyramide entfacht, während das Land verfiel und schließlich sogar die königliche Leibwache um die Armensuppe betteln mußte.

Drama und Theater der Französischen Klassik

Der Barock brachte auch in Frankreich eine vielfältige Theaterkultur hervor, und zwar für alle sozialen Schichten: Die höfische Gesellschaft amüsierte sich bei prunkvollen Operninszenierungen und festlichen Balletten; das Bürgertum suchte Erbauung in den öffentlichen Theatern bei den Tragödien von Corneille und Racine und Unterhaltung bei den Lustspielen von Molière; die Plebejer hatten ihren Spaß am volkstümlichen »Théâtre de la Foire«, dem Jahrmarktstheater. Bis zur Mitte des 17. Jahrhunderts herrschte im Theater wie in den anderen Künsten der Barockstil, dann wurde dessen Überschwang gebändigt von der gegenläufigen Bewegung des Klassizismus mit seiner Orientierung am strengen Kunstideal der Antike. Dieser Prozeß steht in Zusammenhang mit der Durchsetzung des Rationalismus, wie ihn René Descartes mit dem Prinzip des methodischen Zweifelns und der Bestimmung der menschlichen Existenz aus dem Denken – »Cogito ergo sum« (Ich denke, also bin ich) – begründet hat. Den Hintergrund für die neue Vernunftreligion bildeten die politischen Kämpfe, in denen das Königtum die Oberhand gewann über die zentrifugalen Kräfte des alten Feudaladels. Das war im wesentlichen das Werk der beiden Kardinäle Richelieu und Mazarin, die als Minister von Ludwigs XIII. und Ludwig XIV. die Regierungsgeschäfte führten. Durch die Niederschlagung der »Fronde«, des Aufstandes von Adel und Finanzbürgertum, waren alle Voraussetzungen gegeben für die absolutistische Herrschaft Ludwig XIV., des »Sonnenkönigs«. Er entmachtete die Feudalaristokratie endgültig, indem er sie an den Hof zog und mit unwichtigen Repräsentationspflichten betraute. Aus dem Schwertadel, der jahrhundertelang die Geschicke Frankreichs bestimmt hatte, wurde ein domestizierter Hofadel. Mit seiner Verschwendungssucht gab Ludwig XIV. ein Beispiel, dem die Höflinge folgten. Viele gingen bankrott und lieferten sich so auf Gedeih und Verderb der Gnade des Herrschers aus. Ein Blick oder ein Wort von ihm zu erhaschen, galt als das höchste Glück; durfte man seiner Morgentoilette beiwohnen, so fühlte man sich über alle Maßen geehrt. Kein Wunder, daß der König die Höflinge zutiefst verachtete; jedes Lustspiel des Molière, in dem sie lächerlich gemacht wurden, konnte auf seine Gunst rechnen. Für die politisch wichtigen Positionen holte der König Männer aus dem Bürgertum, deren Leistungswille und Sachorientierung ihm eine bessere Voraussetzung für die Arbeit im Dienste des Staates zu bieten schienen.

Die Angehörigen des entmachteten Schwertadels und des neuen Amtsadels bildeten die soziale Formation der höfischen Gesellschaft, in welcher der Rang ebenso wie das Einkommen allein vom Prestige bei Hof abhing. Im absoluten Zentrum des Koordinatensystems stand der »von Gottes Gnaden« eingesetzte Monarch, durch den der Staat erst seine eigentliche Begründung erhielt, so daß Ludwig XIV. mit Recht sagen konnte: »Der Staat bin ich«. So wie das politische Leben wurde auch das gesellschaftliche vom Königshof bestimmt. Dort wurde festgelegt, was als schön und elegant, als geistreich und vornehm zu gelten hatte; dort wurden die Normen der »Schicklichkeit« bestimmt, denen sich alle Angehörigen der höfischen Gesellschaft unterwerfen mußten. Auch der König selbst hatte sich streng an die Etikette zu halten; sie war die einzige Macht, die über ihm stand. Sein Tageslauf war streng geregelt; er begann mit dem Lever, dem öffentlichen Ankleidezeremoniell, und endete abends meist mit einer prunkvollen Selbstdarstellung im Rahmen eines Festes oder eines Banketts. Ludwig XIV. spielte ständig eine Rolle, deren Wirkung auf das gesellschaftliche Umfeld genau

Tragödien-Darsteller der Comédie Française. Gemälde, um 1700

kalkuliert war, und die Höflinge taten es ihm gleich.

Auch auf der Bühne war Schicklichkeit das oberste Gebot. In formaler wie inhaltlicher Hinsicht suchte man die Übereinstimmung mit der Weltanschauung und dem Menschenbild, mit den Moralvorstellungen und Geschmackskriterien des Hofes. Diese wurden nicht als historisch gebundene Konventionen angesehen, sondern als überzeitlich gültige Gesetze. So konnten Pierre Corneille und Jean Racine, die beiden hervorragenden Tragödiendichter der Epoche, ihre antiken Helden und Liebhaberinnen als zeitgenössische Höflinge auftreten lassen. Hippolyte Taine charakterisierte ihre Gestalten so: »Sie sprechen mit vollendeter Höflichkeit und mit einer weltmännischen Übung. (...) Die rasendsten oder die wildesten Liebhaber sind vollendete Kavaliere, welche zierliche Redensarten drechseln und Verbeugungen machen. (...) Sie sprechen sterbend regelrechte Satzfolgen; ein Prinz muß bis zum letzten Atemzug etwas vorstellen und mit feierlichem An-stande zu sterben wissen.« (Hippolyte Taine: Philosophie der Kunst. S. 70) Entsprechend der Abschnürung der Aristokratie von allem Handeln, das sich nicht auch in Worten, in der Konversation, ausdrückt, stand auch auf der Bühne der sprachliche Ausdruck im Vordergrund. Die Schauspieler der französischen Klassik waren in erster Linie Redner; ihre Hauptaufgabe bestand darin, die Worte des Dichters nach den Regeln der Rhetorik zu deklamieren. Was die Bewegung betrifft, galt der höfische Tanz als Muster. Die Schauspielkunst beruhte also auf einer prinzipiell erlernbaren, handwerksmäßigen Leistung; nichts blieb der »unberechenbaren« Phantasie und Sensibilität der Akteure überlassen. Die Schicklichkeit war wichtiger als die Glaubwürdigkeit. So durfte man zum Beispiel nie mit dem Rücken zu den hochgestellten Zuschauern hin agieren, auch dann nicht, wenn sie mit auf der Bühne saßen, um sich gemeinsam mit den Schauspielern ihren Untertanen zu präsentieren. Dieser Brauch herrschte in der Comédie Française bis zur Mitte des 18. Jahrhunderts. Auch in ihrem Äußeren entsprachen die Bühnenfiguren dem Muster der höfischen Gesellschaft. Alle trugen elegante und prachtvolle Kostüme, in denen sie ohne weiteres auch bei Hofe hätten erscheinen können. Die natürliche Gestalt wurde durch Reifröcke und hoch aufgetürmte Frisuren für die Frauen, durch Allongeperücken, Federhüte und Absätze für die Männer überhöht und zeichenhaft stilisiert. Personen aus dem antiken Rom und dem alten Orient – beides bevorzugte Schauplätze der klassischen Tragödie – waren mit Helm, Brustpanzer und kurzem Röckchen beziehungsweise mit Turban und einen prächtigen Umhang ausstaffiert. Die Dramaturgie der klassischen Tragödie beruht auf der Einhaltung der von Nicolas Boileau formulierten »Doctrine classique«, die neben der Schicklichkeit und Wahrscheinlichkeit als den Grundprinzipien vor allem die Wahrung der Einheit von Zeit, Ort und Handlung vorschreibt. Die Mitglieder der von Kardinal Richelieu als Instrument zur Zentralisierung von Kultur und Wissenschaft gegründeten Académie Française stritten so heftig wie ausdauernd über die Auslegung der »Poetik« des Aristoteles. Jeder der gelehrten Dramentheoretiker erhob Anspruch auf die einzig richtige Interpretation. Mit der Autoriät des griechischen Philosophen begründete man nicht nur die Regel von den drei Einheiten, sondern auch die Ständeklausel, nach der im Trauerspiel nur Personen vornehmen Standes auftreten dürfen, während das gemeine Volk ins Lustspiel verbannt ist. Hier setzte dann die Kritik von Diderot und Lessing an, die im Sinne der Emanzipation des Bürgertums von der Herrschaft der Aristokratie die Ständeklausel verworfen haben.

Am Anfang der französischen Theaterklassik steht als Dramatiker Pierre Corneille. Kurz nach Beginn des 17. Jahrhunderts in Rouen geboren und bei den Jesuiten erzogen, studierte er Jura und praktizierte in seiner Heimatstadt als Advokat; dort sind die meisten seiner insgesamt dreißig Dramen entstanden; im Alter übersiedelte er nach Paris. Weil er nach dem Auftreten von Jean Racine, dem eine Generation jüngeren Konkurrenten, keinen Erfolg mehr hatte, geriet Corneille in finanzielle Bedrängnis und war angewiesen auf eine Rente, die ihm der König zum Dank für sein uneingeschränktes Bekenntnis zum absolutistischen Regime aus der Privatschatulle gewährte. Schon die erste Komödie des Dichters, *Mélite*, der sechs weitere folgten, darunter die Meisterwerke *Der Lügner* (Le Menteur) und *Die komische Illusion* (L'illusion comique), brachte Corneille die Berufung in ein von Richelieu zusammengestelltes Dramatikerkollegium, dem die Aufgabe gestellt war, nach einem vorgegebenen Thema unter strenger Beachtung der aristotelischen Regeln ein Stück zu schreiben, und zwar jeder Autor einen Akt. Corneille lieferte pflichtgemäß seinen Beitrag und erwarb sich damit die Aussicht, in die Académie Française berufen zu werden. Dann aber verscherzte er sich mit dem dramatischen Geniestreich *Der Cid* die Gunst des Kardinals. Das in Spanien angesiedelte Trauerspiel, in dem es um Liebe, Ehre und Rache geht und in dessen Mittelpunkt ein von Leidenschaften und Kampfesmut entflammter Held steht, löste beim Publikum eine Welle der Begeisterung aus; von der Académie aber erntete Corneille scharfe Kritik. Der häufige Szenenwechsel und die Vernachlässigung der Einheit von Zeit und Ort widersprachen ihrer Lehrmeinung. In einer langen Reihe von Streitschriften wurde die Kontroverse ausgetragen; schließlich brach die Académie den Stab über das Stück und seinen Autor. Corneille beugte sich dem Druck und schrieb von nun an nur mehr »regelmäßige« Dramen. In den Tragödien *Horace* und *Cinna* behandelte er an Ereignissen der römischen Geschichte den aktuellen Konflikt zwischen dem Machtanspruch der absoluten Monarchie und dem Glücksverlangen des Individuums. In dem Märtyrerdrama *Polyeucte* ist der Konflikt ins Religiöse verlagert; an die Stelle der Staatsräson tritt der Gehorsam gegenüber Gott. Thema der *Rodogune* ist das Festhalten an der Macht bis zur Selbstvernichtung, dargestellt an der historischen Gestalt der Cleopatra. Corneilles letztes Stück, *Nicomède*, plädiert dann eindeutig für die Unterwerfung des einzelnen unter die Königsmacht. Alle diese Dramen enthalten typische Elemente der Tragödie und enden doch untragisch im Kompromiß. Ihre Helden werden beherrscht von einem Laster, befreien sich aber davon und sühnen es durch tugendhaftes Verhalten. So würde es der poetischen Gerechtigkeit widersprechen, sie sterben zu lassen. Der Schlußsatz des *Cid* faßt diese Haltung prägnant zusammen: »Was als Verbrechen gilt, wird öfters ausgeglichen, ist etwas Zeit darüber nur verstrichen.«

Die Kindheit und Jugend von Jean Racine waren geprägt vom Jansenismus, einer auf Askese und strengste Moralität ausgerichteten Reformbewegung des Katholizismus. Noch während seiner Schulzeit im Kloster Port Royal, dem Zentrum dieser Lehre, wandte er sich der Schriftstellerei zu, die in seiner Umgebung als sündhaftes Treiben galt. Gleich in seinem ersten geglückten Werk, der Tragödie *Andromaque*, entfaltete er seine Grundthemen und seinen dramatischen Stil. Immer geht es bei Racine um rivalisierende Leidenschaften, um die Aussichtslosigkeit des Begehrens, um die Psychologie der Erotik, um abgewiesene Liebe und Eifersucht. In allen seinen Dramen demonstriert der Dichter die Unmöglichkeit des Menschen, in einer Welt sich gegenseitig eliminierender Ansprüche er selbst zu bleiben. Nach dem Erfolg der *Andromaque* machte Racine mit *Britannicus*, *Bérénice*, *Bajazet*, *Mithridate* und *Iphigénie* schon früh eine glänzende Karriere, die mit *Phèdre* ihren Höhepunkt erreichte. In dieser Tragödie erzählt Racine den griechischen Mythos neu: Die athenische Königin Phädra verliebt sich in ihren Stiefsohn, wird aber von ihm verschmäht; so verleumdet sie ihn und geht schließlich freiwillig in den Tod. Das Schicksal ist unerbittlich; Phädra kann tun und lassen was sie will, um der Pflicht gegen ihren Gatten treu zu bleiben und die als unerlaubt empfundene Liebe zu unterdrücken; gegen die Macht der Leidenschaft kann auch der stärkste Wille nichts ausrichten. Nach schweren Anfeindungen seiner Tragödie zog sich Racine vom Theater zurück. Der Jansenismus seiner Jugend holte ihn wieder ein; er entsagte der als sündig angesehenen Theaterleidenschaft und wurde Historiograph des von ihm vergötterten Sonnenkönigs. Auf Wunsch von dessen Mätresse schrieb er nach einer Pause von mehr als zehn Jahren für das von ihr geleitete Mädchenpensionat zwei biblische Dramen, *Esther* und *Athalie*, in denen das Bewußtsein tragischer Ausweglosigkeit der christlichen Heilsgewißheit gewichen ist.

Hatte Corneille die dramaturgischen Regeln noch als Zwang empfunden und bekämpft, so ging Racine ganz souverän damit um. Bei ihm

Pierre Corneille: Andromède. Paris 1650. Bühnenbildentwurf von Giacomo Torelli

ist die Einheit der Handlung, des Ortes und der Zeit eine Selbstverständlichkeit. Durch die Reduktion des äußeren Geschehens verlagert sich der Schwerpunkt in die Innenräume der Figuren. In einem zur Lyrik tendierenden Ton berichten sie von ihren Seelenqualen, denen sie hilflos ausgeliefert sind. Als »passive Helden« spiegeln sie die totale Determination des Menschen, wie sie von der jansenistischen Ideologie behauptet wird und im absolutistischen Herrschaftsprinzip ihr politisches Äquivalent findet. Dieses prägt das politische Profil, das Racine seinen Herrschergestalten verleiht. Deren Allmacht ist begründet in Gott, so daß die Politik letztendlich zu einer Frage der christlichen Moral im jansenistischen Verständnis wird. Gelingt es den Fürsten, ihre Leidenschaften zu beherrschen, so ist auch das Wohl des Staates garantiert; erliegen sie ihnen, so gerät es in Gefahr.

Während die Wirkung der Tragödien von Corneille und Racine aufgrund ihrer Verankerung in der Geschichte, der Mentalität ihres Ursprungslandes und des schwierig zu übersetzenden Alexandriner-Verses im wesentlichen auf Frankreich beschränkt blieb, sind die Lustspiele des Molière zu einem festen Bestandteil des Welttheaters geworden. Jean-Baptiste Poquelin, der sich früh den Künstlernamen Molière zulegte, wurde als Sohn eines Hoftapezierers 1622 in Paris geboren. Mit vierzehn Jahren trat er in ein Jesuitenkolleg ein; dort war er Schüler des Philosophen Pierre Gassendi, der seinen Widersacher Descartes mit »Geist« titulierte und von ihm »Fleisch« genannt wurde, weil Gassendi einen christlich fundierten Hedonismus lehrte, welcher der höfischen Gesellschaft eine willkommene Rechtfertigung für ihre Libertinage lieferte. Nach dem Schulabschluß erlernte Molière bei seinem Vater das Tapeziererhandwerk, studierte dann aber Jura an der Universität von Orléans. Auf einer Reise im Gefolge von König Ludwig XIII. machte er die Bekanntschaft der Schauspielerin Madeleine Béjart und stellte mit ihr ein Ensemble zusammen, das sich »L'Illustre Théâtre« nannte. Nach kurzer Zeit war das Unternehmen pleite, und Molière mußte ins Schuldgefängnis. Der Mißerfolg vermochte aber seinen Enthusiasmus nicht zu bremsen. Zusammen mit einer neuen Truppe zog er die folgenden zwölf Jahre durch die französische Provinz. Dabei gewann er neben der schauspielerischen Erfahrung vor allem die Einsicht, daß Theater ein sinnliches Vergnügen bereiten muß. An diesem Prinzip orientierte die Truppe ihren Spielplan, der hauptsächlich aus zeitgenössischen Lustspielen in der Tradition der Commedia dell'arte und den (verschollenene) Frühwerken von Molière bestand. Mit dem zunehmenden Erfolg konnte die Truppe daran denken, sich in Paris niederzulassen. Eine konkrete Chance ergab sich durch ein Gastspiel am Hof im Jahre 1658. Man gab eine Tragödie von Corneille, bei der sich der König langweilte; das komische Nachspiel jedoch, Molières *Der verliebte Doktor* (Le docteur amoureux), amüsierte ihn; damit war das Glück der Truppe gemacht: Der König gewährte ihr eine Unterstützung, und sein Bruder übernahm das Patronat. Als Spielort wurde ihr das »Théâtre Petit-Bourbon« zugewiesen, ein Ballsaal im Louvre, in den man eine Kulissenbühne eingebaut hatte. Diesen Raum nutzte gleichzeitig auch die »Comédie Italienne«, der französische Ableger der Commedia dell'arte. Als der Saal ausbrannte, übersiedelten beide Truppen in den Theatersaal von Kardinal Richelieus Palais Royal. Dort spielte das Ensemble bis zum Tod von Molière im Jahr 1673. Dann wurde es von der Operntruppe des Hofkomponisten Jean-Baptiste Lully verdrängt und wenige Jahre später mit den Schauspielern des Hôtel de Bourgogne zur Comédie Française vereinigt.

Als sich seine Truppe in Paris etabliert hatte und das Wohlwollen nicht nur des höfischen, sondern auch des bürgerlichen Publikums genoß, begann Molières eigentlich produktive Phase als Dramatiker. Bis zu seinem Tod verfaßte er mehr als dreißig Stücke, also zwei pro Jahr. In den meisten spielte er selbst die Hauptrolle. So auch in seinem letzten, *Der eingebildete Kranke* (Le malade imaginaire). Während einer der ersten Vorstellungen erlitt Molière einen Blutsturz und starb noch in derselben Nacht. Nach dem Willen des Bischofs sollte er, weil Angehöriger des als »unehrenhaft« geltenden Schauspielerstandes, nicht in geweihter Erde begraben werden. Dabei hat auch eine Rolle gespielt, daß Molière mit vierzig Jahren die halb so alte Armande geheiratet hatte, eine uneheliche Tochter seiner Geliebten Madeleine Béjart; Feinde des Dichters setzten das Gerücht in Umlauf, Armande sei sein leibliches Kind gewesen. Um die Verleumder zum Schweigen zu bringen, hatte Ludwig XIV. die Patenschaft für das erste Kind aus dieser Ehe übernommen.

Den ersten großen Erfolg in Paris feierte Molière mit dem Einakter *Die lächerlichen Preziösen* (Les précieuses ridicules), in dem er die gekünstelte Sprechweise gewisser Hofkreise verspottete. Ebensolcher Beliebtheit beim Publikum erfreuten sich die beiden Lustspiele *Die Schule der Männer* (L'école des maris) und die *Schule der Frauen* (L'école des femmes). Besonders das letztgenannte, in dem der Dramatiker das traditionelle Motiv vom alten Mann und der jungen Frau behandelt, traf genau die Erwartung der aristokratischen wie der bürgerlichen Zuschauer. Die konservativen Kräfte aber, vor allem die Kirche, opponierten in aller Schärfe gegen die Freizügigkeit der Komödie. Ihnen schlossen sich neidische Konkurrenten an. Gegen sie hatte Molière zeitlebens zu kämpfen. Meist hat er das mit seinen Stücken getan, wie etwa dem Einakter *Das Stegreifspiel von Versailles* (L'Impromptu de Versailles). Auch mit *Tartuffe*, dem Porträt eines Scheinheiligen, erregte er den Zorn der Kirche, die ein Aufführungsverbot und die Verfolgung des Autors als Ketzer verlangte. Der König aber stellte sich wieder schützend vor ihn, so daß er unbehelligt blieb und die Komödie fünf Jahre später in einer entschärften Fassung auf die Bühne bringen konnte. Wie hier die Heuchelei, gab Molière in seiner folgenden Komödie *Der Menschenfeind* (Le misanthrope) die Misanthropie der Lächerlichkeit preis. Dabei stellte er den Helden nicht nur als verlachenswertes, sondern auch als erbarmungswürdiges Geschöpf dar.

Gottlosigkeit und Untreue, Frivolität und Hybris geißelte Molière in seinem nach dem spanischen Vorbild des Tirso de Molina geschriebenen *Don Juan*. Reine Farcen legte er dagegen mit *Der Arzt wider Willen* (Le médecin malgré lui) und dem nach Plautus verfaßten *Amphitryon* vor. Dessen Grundthema, die Gefährdung der Ehe durch Lug und Trug, steht auch im Zentrum von *George Dandin*: Ein reicher Bauer hat sich mit einer Adeligen verheiratet, die ihn nach Strich und Faden hintergeht, dafür allerdings nicht die verdiente Strafe erhält; das Ausbleiben der poetischen Gerechtigkeit verleiht dieser Komödie einen bitteren Beigeschmack. Beim *Geizigen* (L'avare) nimmt sich die Handlung eher dünn und konventionell aus, der Hauptcharakter aber stellt ein Meisterwerk dramatischer Menschengestaltung dar. Mit dieser Figur hat Molière eine ganze Sozialschicht zum Gegenstand der Komik gemacht: die der guten alten Zeit nachhängenden wohlhabenden Bürger, die ihr Geld horten, anstatt es im Sinne einer florierenden Volkswirtschaft in gewinnträchtige Unternehmungen zu investieren.

Zusammen mit Jean-Baptiste Lully schuf Molière eine neue dramatische Gattung: die Ballett-Komödie, ein barockes Gesamtkunstwerk aus den Elementen Gesang, Tanz und Schauspiel. Als das gelungenste Beispiel gilt das vom König persönlich in Auftrag gegebene Werk *Der Bürger als Edelmann* (Le bourgeois gentilhomme), das schon in seinem Titel zu erkennen gibt, worauf die satirische Kritik gerichtet ist. Mit seinem Lustspiel *Die gelehrten Frauen* (Les femmes savantes) schließlich griff der Stückeschreiber ein Motiv seines ersten Erfolgsstückes, *Die lächerlichen Preziösen*, wieder auf: Einige Damen aus dem gehobenen Bürgertum bemühen sich um Bildung und Gelehrsamkeit, aber nur mit dem einen Ziel, sich in der Konkurrenz um die Männer Vorteile zu verschaffen.

Am Ende von Molières dramatischem Schaffen steht eine Ballett-Komödie, deren Zentrum wiederum eine ausgeprägte Charaktergestalt bildet: *Der eingebildete Kranke* (Le malade ima-

*Molière in: Der Geizige.
Illustration der Ausgabe
von 1682*

ginaire). Hier wird einerseits die Lächerlichkeit einer übertriebenen Sorge um das körperliche Wohlbefinden und andererseits das überzeitlich gültige Thema der vorwiegend materiellen Interessen mancher Ärzte dargestellt.

Wie alle großen Dramatiker war Molière mehr ein Vollender als ein Erfinder. Er verarbeitete in seinen Werken die verschiedensten Traditionen, vor allem die der Farce, der Commedia dell'arte und der spanischen Barockkomödie. Vom Volkstheater, wie er es als Junge auf den Pariser Jahrmärkten kennengelernt hatte, entlehnte er die vulgär-possenhafte Komik, vom italienischen Stegreiftheater die Umrisse einer Reihe von Figuren, von der Mantel- und Degenkomödie die kunstvolle Handlungsführung. Molières wichtigste Leistung besteht darin, daß er die komische Wirkung durch die Mischung einander widersprechender Züge seiner Gestalten sucht, welche die bis dahin übliche Eindeutigkeit auflöst und Individualität schafft. Damit wurde er zum Schöpfer der Charakterkomödie.

Bei dieser dramatischen Gattung dient das Geschehen vor allem der Enthüllung einer bestimmten lächerlichen Eigenschaft des Helden. Das in der spanischen Komödie des Goldenen Jahrhunderts so wichtige Belauschen, Verkleiden und Verwechseln tritt bei ihm in den Hintergrund. Vom Geist des Barock, dem er allerdings mit seinen Ballett-Komödien durchaus verbunden blieb, trennt Molière auch die Beschränkung auf das Irdische. Seine Lustspiele sind fast ausnahmslos angesiedelt in der Gesellschaft seiner Zeit, die er mit äußerster Genauigkeit und Schärfe beobachtet und beschrieben hat. Darin gründet der prinzipielle Realismus, der sein Werk von der Künstlichkeit des Corneille und Racine unterscheidet.

»Der Tragiker«, so Molière, »kann dem frei entfalteten Flug seiner Phantasie folgen, die oft die Wirklichkeit im Stich läßt, um das Wunderbare zu erreichen. Der Komödienschreiber dagegen muß lebensähnliche Porträts geben, in denen man die Menschen unserer Zeit erkennt.« Molières Weltbild ist geprägt von dem Glauben an die Vernunft des Menschen und die Gesetze der Natur: »Das Lächerliche ist die äußere Form, welche die Vorsehung der Natur allem, was unvernünftig ist, gegeben hat. (...) Um dieses Lächerliche zu kennen, muß man das vernünftige Maß kennen, von dem es die Abweichung bedeutet, und sehen, worin das vernünftige Maß besteht.« (Zitiert nach Jürgen Grimm: Molière. S. 152)

*Das Theater
des bürgerlichen
Zeitalters*

Die Entstehung des bürgerlichen Dramas

Im Zusammenhang mit der Emanzipation des Bürgertums von den Zwängen der feudal-absolutistischen Herrschaft und der geistigen Offensive der Aufklärung hat sich um die Mitte des 18. Jahrhunderts – zuerst in England und Frankreich, dann auch im deutschen Kulturraum – das bürgerliche Drama und in enger Verbindung damit das theatrale Illusionsprinzip herausgebildet. Mit seiner pädagogischen Grundintention, mit seiner Fundierung durch die dramatische Literatur und seinen realistisch-psychologischen Aufführungsprinzipien ist diese Erscheinungsform von Theater bis zum Ende des 19. Jahrhunderts die absolut dominierende gewesen.

Der Begriff »Aufklärung« beruht auf der Licht-Metaphorik. Durch seine Verwendung wollten die Wortführer der Bewegung ihre Absicht zum Ausdruck bringen, die Finsternis des Aberglaubens und der Vorurteile durch das Licht der Vernunft zu vertreiben. Über den Barock hinweg schlugen sie den Bogen zurück zu den Idealen des Humanismus und der Renaissance. Nach ihrem Willen sollte ein Zeitalter der wahren Erkenntnis von Natur und Gesellschaft anbrechen. Das Augenmerk der Aufklärer richtete sich nicht nur auf das Denken, sondern auch auf das Fühlen des Menschen; die Fundamente der modernen Psychologie wurden jetzt gelegt.

Der Spätaufklärer Karl Philipp Moritz, Verfasser des Schauspielerromans »Anton Reiser«, begründete eine neue Wissenschaft, die er als »Erfahrungsseelenkunde« bezeichnete. Immanuel Kant definierte die Aufklärung als »Ausgang des Menschen aus seiner selbstverschuldeten Unmündigkeit« und gab die Parole aus: »Habe Mut, dich deines Verstandes zu bedienen!« Ein solches Insistieren auf der individuellen Vernunft stand selbstverständlich im Widerspruch zu den Auffassungen der Kirche und des absolutistischen Staates, die sich beide im Besitz einer ewig gültigen Wahrheit und eines daraus abgeleiteten Herrschaftsanspruchs wähnten. Die Philosophie der Aufklärung dagegen versteht die Wahrheit als einen Wert, um den sich der einzelne immer aufs neue bemühen muß. Damit der Individualismus nicht in einen unbeschränkten Egoismus und in ein rücksichtsloses Ausleben der Triebbedürfnisse umschlägt, errichtete man gleichzeitig ein rigides System von sittlichen Ansprüchen, durch welche die Freiheit des einzelnen im Sinne der Allgemeinheit beschränkt wird.

Die aus dem Emanzipationsstreben des Bürgertums resultierenden Konflikte wurden in den einzelnen Ländern West- und Mitteleuropas, entsprechend den jeweiligen Machtverhältnissen, auf unterschiedliche Weise ausgetragen: In England kam es zu einer technisch-wirtschaftlichen, in Frankreich zu einer politischen, in Deutschland (nur) zu einer geistigen Revolution. Bezeichnend für die Lage in den deutschen Teilstaaten ist ein Wort des Preußenkönigs Friedrich II. an seine Untertanen: »Räsoniert soviel ihr wollt und worüber ihr wollt, aber gehorcht!« Die Beamten und Gelehrten, die in Ermangelung einer geeinten und finanzstarken Bougeoisie hier die Interessen der aufsteigenden Klasse vertraten, erkannten durchaus die Grenzen jenes »aufgeklärten Absolutismus«, auf den sich Friedrich II. so viel zugute hielt. Immanuel Kant konstatierte in aller Deutlichkeit, daß der mit den Ideen von Voltaire sympathisierende »Große Fritz« gewisse Freiheiten nur gewähren konnte, weil er ein »wohldiszipliniertes zahlreiches Heer zum Bürgen der öffentlichen Ruhe« in Bereitschaft hielt.

Während den Zeitgenossen das Wort »Aufklärung« zur Kennzeichnung einer bestimmten

Geisteshaltung diente, wurde es im 19. Jahrhundert als Signum auch für eine Epoche der Geistes- und Literaturgeschichte gebräuchlich. Im engeren Sinne versteht man darunter den vom Rationalismus bestimmten Zeitraum zwischen 1700 und 1770, in einem weiteren auch die folgenden Jahrzehnte, die eine dialektische Aufhebung durch irrationale Strömungen wie den Sturm und Drang und die Empfindsamkeit brachten.

Die ersten Voraussetzungen für die neue Verstandes- und Gefühlskultur schuf der englische Staatsmann und Philosoph Francis Bacon, der als Begründer des Empirismus in die Geistesgeschichte eingegangen ist. Er vertrat die Auffassung, daß nur durch die genaue Beobachtung und das kalkulierte Experiment Erkenntnis zu gewinnen und das Vorurteil auszuräumen ist. Den entgegengesetzten Standpunkt vertrat René Descartes, der von der Überzeugung ausging, daß die Wahrnehmung ein ganz und gar subjektives und höchst unsicheres Faktum sei. Einen verläßlichen Grund sah er allein im Akt des Denkens selbst; aus ihm begründete er die menschliche Existenz.

Den Empiristen und den Rationalisten gemeinsam ist die Orientierung an den Methoden des Zweifelns und des Kritisierens, des Vergleichens und des Unterscheidens. Aus diesen Quellen speiste sich der durch nichts zu erschütternde Vernunftoptimismus, wie er in Deutschland zuerst von Christian Thomasius gegen Ende des 17. Jahrhunderts an den Universitäten in Leipzig und Halle gelehrt wurde.

Der Philosoph wandte sich mit seinen Vorlesungen bewußt an ein breites Publikum und vertrat übrigens die für seine Zeit höchst ungewöhnliche These, daß »Weibs-Personen der Gelehrtheit ebenso wohl fähig sind als Manns-Personen«. Mit seiner Behauptung eines aus der menschlichen Vernunft abgeleiteten Naturrechts, dem sich alle von der Obrigkeit erlassenen Gesetze unterzuordnen haben, wurde er zum ersten Wortführer bürgerlicher Kritik an der absolutistischen Herrschaft. Wenn Thomasius an die Stelle Gottes als höchster Rechtsinstanz die auf Erfahrung basierende Vernunft setzte, so vollzog er damit die entscheidende Wende von der Jenseitsorientierung des Barock zu einer optimistisch-tatkräftigen Ausrichtung auf die diesseitige Welt.

Neben den auf die Säkularisierung des Weltbildes gerichteten Tendenzen formierten sich gegen Ende des 17. Jahrhunderts auch gegenläufige Kräfte, die nach einer Vertiefung und Verinnerlichung des christlichen Glaubens strebten. Innerhalb des deutschen Protestantismus entstand die pietistische Bewegung, welche die Glaubenserfahrung des einzelnen ganz ins Zentrum rückte. Nach dieser Lehre muß der Mensch auf seine Seelenregungen hören und die Tiefen seines subjektiven Empfindens ausloten, um die Zeichen der göttlichen Gnade wahrzunehmen. Gleichzeitig hat er sich aber im praktischen Leben zu bewähren; insofern stärkte der Pietismus auch den sozialen Aufstiegswillen des Bürgertums.

Der individualistische Grundzug führte zu einer Veränderung der Glaubenspraxis. Neben den Gemeindegottesdienst trat die stille Andacht im engsten Familien- und Freundeskreis, in der das religiöse Gefühl in hoher Intensität zu erleben ist. Der Pietismus hatte einen hohen Anteil an der Entwicklung des Freundschafts- und Innerlichkeitskultes, wie er insbesondere in Deutschland während des 18. Jahrhunderts gepflegt wurde. Der Rückzug auf das private Ich war hier für den Bürger eine Art Kompensation seiner Machtlosigkeit im politischen Leben. Als Katalysatoren wirkten bei diesem Vorgang die Natur und die Poesie. Goethe hat in den »Leiden des jungen Werther« diesen Sachverhalt exemplarisch dargestellt: Der Bürgersohn gerät aus Versehen in eine adelige Gesellschaft und wird hinauskomplimentiert; Werthers Reaktion: »Ich strich mich sacht aus der vornehmen Gesellschaft, ging, setzte mich in mein Kabriolet und fuhr nach M., dort vom Hügel die Sonne untergehen zu sehen und dabei in meinem Homer den herrlichen Gesang zu lesen, wie Ulyß von dem trefflichen Schweinehirten bewirtet wird.« (Johann Wolfgang Goethe: Sämtliche Werke. Bd. 1.2. S. 255)

In ihrer Neigung zur Empfindsamkeit sah sich die bürgerliche Intelligenz in Deutschland bestärkt durch die englischen Sensualisten. Diese schilderten in ihren Naturgedichten und Romanen – der sicher bedeutendste ist Laurence Sternes »Sentimental Journey« – ausführlich das Gefühlsleben ihrer Helden; und in ihren »Moralischen Wochenschriften« propagierten sie jene Tugenden, durch die sich das Bürgertum von der Aristokratie abzuheben suchte: Sittlichkeit und Fleiß, Sparsamkeit und Arbeitsethos, Brüderlichkeit und Mitgefühl. Auch der Familiensinn spielte in dem bürgerlichen Emanzipationsstreben eine zentrale, wenn auch ambivalente Rolle. Die Kleinfamilie fungierte als Ort bürgerlicher Selbstbehauptung, aber auch als Ort der Ausübung autoritärer Macht durch den »Hausvater« und deren Erleiden durch die Frau und die Kinder. Die durch Herrschaftsverhältnisse auf der einen, durch enge Gefühlsbindungen auf der anderen Seite charakterisierte Kleinfamilie hielt bald ihren Einzug auch ins Theater. Bezeichnenderweise war das zuerst in England der Fall, wo sich das Bürgertum schon gegen Ende des 17. Jahrhunderts zur staatstragenden Schicht entwickelt hatte und wo der Absolutismus mit der »Declaration of Rights« durch eine konstitutionelle Monarchie abgelöst worden war. Der wachsende bürgerliche Anteil am Theaterpublikum fand keinen Gefallen an dem »Heroic Drama«, wie es nach der Aufhebung des puritanischen Theaterverbots im Jahr 1660 die Londoner Bühnen beherrschte. Statt des tragischen Geschicks hochgestellter Helden wollte man die alltäglichen Probleme von Menschen aus der eigenen Klasse auf der Bühne dargestellt sehen. So entstanden neben der (die Traditionen von Ben Jonson weiterführenden) »Sittenkomödie« zwei neue Gattungen des Dramas: das »Weinerliche Lustspiel«, dessen Hauptvertreter Richard Steele war, und das »Bürgerliche Trauerspiel«, für das George Lillo mit seinem *Kaufmann von London* (The London Merchant) im Jahre 1731 das erste Beispiel vorlegte. Das vom Autor ausdrücklich als »moralische Erzählung aus dem Privatleben« bezeichnete Werk ist im Mittelstand angesiedelt; die Ständeklausel, die bis dahin allgemeine Gültigkeit beanspruchen konnte, war also aufgehoben. In seinem Bemühen, den Bürger tragödienfähig zu machen, fand Lillo in seinem Heimatland nur wenige Mitkämpfer und Nachfolger, wohl aber auf dem Kontinent. Was in England unsystematisch und nur an konkreten Beispielen erprobt wurde, entwickelten Denis Diderot und Gotthold Ephraim Lessing zu einer umfassenden dramaturgischen Konzeption, für die sie mit ihren Dramen auch künstlerische Muster lieferten.

Die beiden Theaterreformer konnten, wenn auch nicht in dramentechnischer, so doch in ideologischer Hinsicht an das Werk eines der größten Geister der Aufklärung anknüpfen. François-Marie Arouet, der sich Voltaire nannte, verfaßte neben seinen philosophischen Schriften über fünfzig Dramen, teils Komödien zur Ergötzung seiner adeligen Gönner, zu denen bekanntlich auch Friedrich der Große gehörte, teils flüchtig niedergeschriebene Tragödien, von denen *Oedipe, Zaïre, Mahomet* und *Mérope* die gelungensten sind; gespielt werden heute weder die einen noch die anderen. In formaler Hinsicht folgte Voltaire dem von Corneille und Racine entfalteten Muster der Französischen Klassik: Einheit von Zeit, Ort und Handlung, Wahrung der Ständeklausel und Verwendung des Alexandriner-Verses. Thematisch gesehen entsprachen Voltaires Tragödien ganz dem neuen Zeitgeist; es handelt sich geradezu um Thesenstücke, in denen der Philosoph dem Publikum, zumeist in wohldosierter Form, seine aufklärerische Grundhaltung vermittelte.

Der vor allem durch die von ihm zusammen mit d'Alembert herausgegebene »Encyclopédie« zu Nachruhm gelangte Schriftsteller und Gelehrte Denis Diderot arbeitete im Bereich des Theaters mit imponierender Konsequenz an der Ablösung der von edlen und hochgestellten Personen getragenen Handlungsentwürfe durch Sujets aus der häuslich-familiären Sphäre und deren Entfaltung in der »Comédie larmoyante« oder im »Genre sérieux«, für das er später auch den Begriff »Tragédie domestique et bourgeoise« verwendete. Der Dramatiker dieser Gattungen hat nach Auffassung von Diderot seine Stoffe so zu wählen und zu bearbeiten, daß die Familie »in ihrer ganzen Herrlichkeit« erstrahlt. Er soll idealisierte Abbilder der Realität geben, in denen die universelle Harmonie der Natur als utopisches Ziel für das soziale Zusammenleben erscheint. In seinem berühmten theatertheoretischen Dialog »Paradox über den Schauspieler« hat Diderot einem der Gesprächspartner seine Ansicht in den Mund gelegt: »Überlegen Sie einmal einen Augenblick, was es auf dem Theater heißt: wahr zu sein. Bedeutet das die Dinge so zu zeigen, wie sie in der Natur sind? Keineswegs! Das Wahre in diesem Sinne wäre nur das Gewöhnliche. Was ist also das Wahre auf der Bühne? Es ist die Übereinstimmung der Handlungen, der Reden, der Gestalt, der Stimme, der Bewegung, der Gebärde mit einem vom Dichter erdachten ideellen Modell.« (Denis Diderot: Ästhetische Schriften. Bd. II. S. 492) Dieses muß nach Diderot so gestaltet sein, daß das Publikum glaubt, der Realität selbst gegenüberzustehen. An diesem Punkt kommt die Widersprüchlichkeit der Konzeption zum Vorschein. Der Zuschauer erfährt im Nacherleben des tugendhaften Verhaltens von Familienmenschen aus seiner Klasse eine Stärkung des Selbstbewußtseins; gleichzeitig aber wird sein Emanzipationswille unterlaufen, weil ihm die bessere Welt als eine bereits existierende vorgegaukelt wird.

Aus der neubestimmten Wirkungsabsicht leitete Diderot konkrete Änderungsvorschläge für die vom Klassizismus bestimmte Gestalt des Dramas und Theaters ab: Um die Illusionierung des Zuschauers sicherzustellen, soll das Bühnengeschehen als eine in sich geschlossene Welt erscheinen; die bis dahin übliche Publikumsanrede muß unterbleiben. Aus dem Illusionsprinzip ergibt sich zwangsläufig die Forderung nach Glaubwürdigkeit der Figuren. Der Autor darf nach Diderot seine Geschöpfe nicht als »Blasrohre« für seine eigenen Aussagen benutzen, sondern hat ihnen eine dem Charakter und der Situation angemessene Sprache zu verleihen. Die Dominanz der Rede wird zugunsten der Gestik und des Arrangements aufgehoben. An die Stelle der einförmigen Anordnung im Halbkreis sollen wechselnde »Tableaus« treten, in denen die »schönen«, weil gefühlvollen Augenblicke des häuslich-familiären Lebens zur Anschauung kommen. Auf den Höhepunkten des Geschehens will Diderot das Wort ganz dem Bild und der Gebärde untergeordnet sehen. Darum beschreibt er in seinen eigenen – nur mehr historisches Interesse beanspru-

Denis Diderot: Der Hausvater. Comédie Française, 1761. Aquarell von J. G. Ziesenis

chenden – Dramen *Der natürliche Sohn* (Le fils naturel) und *Der Hausvater* (Le père famille) ausführlich das stumme Spiel sowie die erwünschte illusionsfördernde Gestaltung von Bühne und Kostüm.

Die von Diderot entworfene Konzeption gab Lessing den Anstoß zu tiefgründigen Reflexionen über das bürgerliche Drama. Der deutsche Aufklärer bezeichnete seinen französischen Kollegen als den besten »Kunstrichter« und nannte dessen *Hausvater* ein »vortreffliches Drama«. Im Vorwort zu den Übersetzungen der Schauspiele von Diderot und der darauf bezogenen theoretischen Abhandlung, die Lessing unter dem Titel »Das Theater des Herrn Diderot« im Jahr 1760 veröffentlicht hat, sprach er von dem Autor als dem »philosophischesten Kopf«, der sich seit Aristoteles mit dem Theater beschäftigt hat. Absolut einig war sich Lessing mit seinem Vorbild in der Überzeugung, daß die Tragödien von Corneille und Racine durchaus nicht jenen Grad von Vollkommenheit aufweisen, wie er ihnen von »schaalen Köpfen« zugemessen wird. Diese Bemerkung ist vor allem auf Johann Christoph Gottsched gemünzt. Der Leipziger Literaturprofessor und Herausgeber einer »Moralischen Wochenschrift« empfahl in seiner Poetik mit dem Titel »Versuch einer critischen Dichtkunst« dem Dramatiker, sich zuerst einen moralischen Lehrsatz zu suchen und diesen dann durch eine nach den aristotelischen Regeln gebaute Handlung zu entfalten. Mit seiner akademisch-steifen Mustertragödie *Der sterbende Cato* gab er ein Beispiel für seine Theorie. In bezug auf die Form hielt Gottsched an der Französischen Klassik mit ihrer Ausrichtung an den Interessen und Gepflogenheiten des Hofes und der Aristokratie fest. Lessing dagegen vertrat die Auffassung, daß der Hof gerade nicht der Ort ist, an dem ein Dichter die Natur studieren kann, weil »Pomp und Etikette« aus den »Menschen Maschinen macht«. Ihm erschien das von Gottsched wegen seiner »Regellosigkeit« geradezu verabscheute Werk von William Shakespeare viel geeigneter. Eine produktive Konsequenz aus dieser Einsicht hat Lessing allerdings nicht gezogen; das blieb der nächsten Dichtergeneration, den Stürmern und Drängern, vorbehalten.

Wie Diderot ging Lessing von dem Standpunkt aus, daß die sittliche Besserung des Zuschauers die Hauptaufgabe des Theaters sei. In der »Hamburgischen Dramaturgie« schreibt er: »Die Bestimmung der Tragödie ist diese: sie soll unsere Fähigkeit, Mitleid zu fühlen, erweitern.« Und in bezug auf das Lustspiel heißt es dort: »Die Komödie will durch Lachen bessern, aber nicht durch Verlachen. (...) Ihr wahrer allgemeiner Nutzen liegt (...) in der Fähigkeit, das Lächerliche zu bemerken.« (Gotthold Ephraim Lessing: Sämtliche Werke. Bd. 9. S. 303) Während Lessing die moralische Aufgabe des Lustspiels einfach behauptet, begründet er sie für die Tragödie ausführlich. Er beruft sich dabei, ebenso wie die Theoretiker der Französischen Klassik und in ihrer Nachfolge Gottsched, auf die Autorität des Aristoteles. Allerdings sieht Lessing nicht die Regel von den drei Einheiten als das Wesentliche an, sondern die Katharsis-Theorie. Der antike Philosoph stellt in seiner »Poetik« die Forderung auf, daß die Zuschauer durch den Nachvollzug von »Eleos« und »Phobos«, von Jammer und Schauder, wie die beiden Begriffe heute übersetzt werden, von diesen Gefühlen gereinigt werden. Als Exponent der Empfindsamkeit ist Lessing nicht an solchen elementaren Affekten interessiert, sondern eher an verhaltenen seelischen Regungen. So übersetzt er die aristotelischen Termini als »Mitleid« und »Furcht«. Eine »Schule des Mitleidens« soll das Drama sein, denn der »mitleidigste Mensch« ist auch »der beste Mensch, der zu allen gesellschaftlichen Tugenden, zu allen Arten der Großmut aufgelegteste«. Wenn das Mitleiden zu einer dauerhaften Besserung führen soll, so muß die Furcht des Zuschauers dazukommen, daß es ihm selbst genauso ergehen wird wie dem bemitleideten Helden. Furcht und Mitleid sind also direkt miteinander verbunden: »Furcht ist das auf uns selbst bezogene Mitleid.« (Gotthold Ephraim Lessing: Sämtliche Werke. Bd. 10. S. 117) Indem Lessing die Verwandlung dieser Leidenschaften in »tugendhafte Fertigkeiten« verlangt, macht er das von Aristoteles als ein auf Erleichterung und Entlastung, letztendlich also auf Lustgewinn gerichtete Prinzip zu einem moralischen, womit der Tragödie die Eignung als Mittel zur sittlichen Behauptung des Bürgertums gegenüber der Aristokratie zugesprochen wird.

Damit der bürgerliche Zuschauer die Gefühle des Helden teilen kann, darf dieser nicht »schlimmer« sein, als »wir gemeiniglich zu sein pflegen«; er muß »vollkommen so denken und handeln, als wir in seinen Umständen würden gedacht und gehandelt haben«. Mit dieser Forderung setzt Lessing die Ständeklausel endgültig außer Kraft und begründet eine neue Gattung des Dramas: das »Bürgerliche Trauerspiel«. Es geht ihm aber nicht um den einfachen Austausch des »vornehmen«, aristokratischen Tragödien-Personals durch ein bürgerliches, sondern um das vom gesellschaftlichen Status unabhängige »wahre Menschentum« des Helden. Ihm gelten nicht mehr heroische, staatspolitisch hervorragende Taten als Ausweis des Menschseins, sondern tiefe Gefühle. Nicht mehr Bewunderung soll sich beim Zuschauer einstellen, sondern Rührung. »Wenn wir mit Königen Mitleid haben«, heißt es in der »Hamburgischen Dramaturgie«, so haben wir es mit ihnen als mit Menschen und nicht als mit Königen. Macht ihr Stand schon öfters ihre Unfälle wichtiger, so macht er sie darum nicht interessanter.« (Gotthold Ephraim Lessing: Sämtliche Werke. Bd. 9. S. 239) Eine hochgestellte Persönlichkeit kann also durchaus im Bürgerlichen Trauerspiel als Held erscheinen, aber sie muß in ihrer privaten Existenz vorgeführt werden. Deren Rahmen bilden nicht Staat und Hof, sondern Haus und Familie. Ebenso wie Diderot erklärt Lessing die Kleinfamilie zum Ort des »wahren Menschentums«. Durch die Ansiedelung in dieser Sphäre erscheint ihm die Einfühlung des Zuschauers in das dramatische Geschehen garantiert. So rühmt er auch die »empfindsamen« Lustspiele, die Christian Fürchtegott Gellert noch vor der Jahrhundertmitte nach dem Vorbild der französischen »Comédie larmoyante« und der englischen »Sentimental Comedy« geschaffen hat, als »wahrhafte Familiengemälde, in denen man sogleich zu Hause ist«. In der Familie spiegelt sich für Lessing das allgemeine Ordnungssystem, in dem die »Zufälligkeiten« der Welt vernünftig und zur »Wirkung des Guten« verbunden sind.

Um seinen Figuren, seinen »Schattenrissen der Schöpfung«, einen möglichst hohen Grad von Allgemeingültigkeit zu verleihen, muß der Dramatiker nach Lessings Ansicht von allen Ausnahmen und Besonderheiten absehen. Deshalb verwirft der Theaterreformer die auf eine einzige Leidenschaft zentrierten Figuren der Tragödien von Corneille und Racine sowie der Lustspiele von Molière und fordert statt dessen »gemischte Charaktere«, die sich an die Wirklichkeit anlehnen, jedoch nicht mit ihr identisch sind. Sie sollen »nichts von der engen Sphäre kümmerlicher Umstände verraten«, aus denen sich jeder Mensch gerne »herausarbeiten« will. Ebenso wie bei Diderot herrscht also auch in Lessings Konzeption des bürgerlichen Dramas die Tendenz zur Idealisierung der Wirklichkeit, zu einem Theater der empfindsam-schönen Begebenheiten, das den Bürger in der Illusion über seine Ohnmacht in der Realität hinwegtröstet.

In engem Bezug zur Entwicklung seiner Theorie schrieb Lessing eine ganze Reihe von Stücken, mit denen er zum Begründer des deutschen bürgerlichen Dramas auch in künstlerisch-praktischer Hinsicht wurde. Das früheste Werk des 1729 geborenen, in einem sächsischen Pfarrhaus aufgewachsenen, zum Theologen bestimmten, sein Leben jedoch in verschiedenen Brotberufen fristenden Dichters entstand während seines Studiums in Leipzig, als er bei der Wandertruppe der Friederike Caroline Neuber hospitierte und sich als Übersetzer nützlich machte. *Der junge Gelehrte*, so der Titel, stand noch ganz in der Tradition der satirischen Typenkomödie, wie sie Gottsched theoretisch begründet und seine Frau Luise Adelgunde Victoria sowie Johann Elias Schlegel und andere heute vergessene Autoren praktisch erprobt haben. Nach verschiedenen dramatischen Etüden, von denen *Der Freigeist* und *Die*

Gotthold Ephraim Lessing:
Minna von Barnhelm.
Königliches Theater Berlin, 1770.
Stich von Daniel Chodowiecki

Juden die bedeutendsten sind, schrieb Lessing ausgehend von George Lillos *Der Kaufmann von London* mit dem moralisierenden und tränenseligen Stück *Miß Sara Sampson* das erste Bürgerliche Trauerspiel der deutschen Literaturgeschichte. Während seiner Tätigkeit als Sekretär des preußischen Generals Bogislaw Friedrich von Tauentzien fand Lessing den Stoff und die Figuren für sein Lustspiel *Minna von Barnhelm oder Das Soldatenglück*, mit dem er die »Tränen-Dramaturgie« einerseits und die oberflächliche Komik der Typenkomödie andererseits überwand. Empfindsamkeit und Vernunft gehen in der Titelfigur wie in dem Lustspiel als Ganzem eine harmonische Synthese ein. Aus Lessings direkter Berührung mit der Theaterpraxis als Dramaturg des Hamburgischen Nationaltheaters entstand das Bürgerliche Trauerspiel *Emilia Galotti*, in dem der Autor das sittenlose Treiben der absolutistischen Fürsten und ihrer Kreaturen schildert. Die Heldin verkörpert, obgleich sie zum Adel gehört und das Geschehen nach Italien verlegt ist, das Tugendideal des deutschen Bürgertums. Sie läßt sich lieber von ihrem Vater erstechen als vom Prinzen verführen. Seinen Ruhm als Dichter krönte Lessing mit dem als »Dramatisches Gedicht« charakterisierten Schauspiel *Nathan der Weise*, dem Hohelied des aufklärerischen Vernunftoptimismus, der Toleranz und der Friedfertigkeit. Der Jude Nathan, dessen Familie einem Pogrom zum Opfer gefallen ist, verweigert dem Sultan auf die tückische Frage, welche der Religionen die richtige sei, eine direkte Antwort, denn jede wäre für ihn selbstzerstörerisch. Statt dessen erzählt er ihm die Parabel von den drei Ringen. Ihre Lehre: Jeder soll nach dem Gesetz einer von Vorurteilen freien Menschenliebe handeln; darin beweist sich dann der wahre Glaube.

Europäisches Lustspiel im 18. Jahrhundert

Ausgehend von der Commedia dell'arte und dem dramatischen Werk von Molière entfaltete sich im Laufe des 18. Jahrhunderts in verschiedenen Ländern Europas eine Komödienliteratur, die sich teilweise bis heute auf den Spielplänen erhalten hat. In England entstand das neue Genre der »Comedy of Manners«, der Sittenkomödie, deren Hauptautoren William Congreve, George Farquar, Oliver Goldsmith und Richard Brinsley Sheridan einerseits an Ben Jonson, den Satiriker des Elisabethanischen Zeitalters, und andererseits an Molière anknüpften. Dessen Schaffen nahm sich auch Ludvig Holberg zum Vorbild, der im Zusammenhang mit der Einrichtung eines dänischen Nationaltheaters in rascher Folge zwei Dutzend Lustspiele vorlegte. In Italien setzten sich die beiden Venezianer Carlo Goldoni und Carlo Gozzi mit dem Erbe der Commedia dell'arte auseinander; während sie der eine im Sinne des bürgerlichen Theaters zu reformieren suchte, ging es dem anderen vor allem um ihre Wiederherstellung. Aus der »Comédie Italienne«, dem französischen Ableger des Stegreiftheaters, entwickelte Pierre Carlet de Chamblain de Marivaux sein psychologisches Lustspiel, in dem sich bereits bürgerliches Denken ankündigte. Seinen Endpunkt erreichte das Komödien-Theater des 18. Jahrhunderts mit Beaumarchais' Schauspiel *Der tolle Tag oder Figaros Hochzeit*, dessen Aufführung ganz wesentlich zum Ausbruch der Französischen Revolution beigetragen hat.

Die erzieherische Aufgabe, wie sie das allmählich sich emanzipierende Bürgertum dem Theater stellte, hatte in der Komödie vor allem eine Tendenz zur Moralisierung zur Folge. Während sich das Lustspiel der Renaissance und des Barock durch eine sittliche Indifferenz auszeichnete und die »positiven« Figuren eher blaß zeichnete, rückten nun vorbildhafte Personen ins Zentrum, mit denen sich der Zuschauer identifizieren sollte. In der Komödie des 18. Jahrhunderts geht es hauptsächlich um die Sorgen und Nöte durchschnittlicher Menschen; durch die Erkenntnis und die Überwindung des fehlerhaften Verhaltens werden sie zum Verschwinden gebracht. Am Ende herrschen allseitiges Verstehen und Harmonie auf der Basis von Vernunft und Tugend. Die bürgerliche Ideologie schlägt sich im Lustspiel auch als Hang zur Egalisierung nieder. Es wird demonstriert, daß das Gute in jedem Menschen angelegt ist. So erscheint der Sieg im dramatischen Geschehen nicht mehr als Privileg der Höhergestellten. Auch der Diener kann das bessere Ende für sich haben; Beaumarchais hat das in der *Hochzeit des Figaro* exemplarisch vorgeführt.

Das Jahr 1660, in dem (nach Oliver Cromwells Tod) die Stuart-Monarchie wieder restauriert wurde, ist ein wichtiges Datum nicht nur in der politischen Geschichte Englands, sondern auch in der Theaterentwicklung. Nach knapp zwei Jahrzehnten der Unterdrückung durch die Puritaner kam es in künstlerischer wie in institutioneller Hinsicht zu einem Neuanfang. Für den Spielbetrieb in London, dem absoluten Zentrum des englischen Theaterlebens, wurde ein Monopol an zwei Gesellschaften vergeben, das über hundert Jahre lang Bestand hatte. Die von ihnen errichteten Häuser unterschieden sich wesentlich von denen der Shakespeare-Zeit; mit ihren ungefähr fünfhundert Plätzen faßten sie vergleichsweise nur ein Viertel der Zuschauer; an die Stelle des neutralen Podiums trat eine aufwendige Kulissenbühne; die Frauenrollen wurden nun weiblich besetzt; das Publikum rekrutierte sich nicht mehr aus allen Volksschichten, sondern vorwiegend aus der Hofgesellschaft und der Aristokratie. Deren Interessen wurden durch das von John

Dryden nach dem Vorbild von Corneille und Racine geschaffene »Heroic Drama« bedient. Ideologisches Ziel war es, die Monarchie zu stärken und in der Öffentlichkeit Bewunderung für die Großen des Staates zu wecken. Im Zentrum stehen hochrangige Persönlichkeiten, die sich in extremen Situationen, hauptsächlich in Aufständen und Kriegen, zu bewähren haben. Dabei stellen sie, selbst im äußersten Konfliktfall, ihre Verpflichtung gegenüber der Allgemeinheit über ihren individuellen Vorteil. Obwohl ihre Lage aussichtslos erscheint, retten sie durch Mut und Standhaftigkeit das glückliche Ende. Bei der Aufführung der Heroischen Dramen dominierten Prunk und Pomp in der Dekoration wie in den Kostümen; der Darstellungsstil orientierte sich an der Französischen Klassik, war also bestimmt von steifen Bewegungen und pathetischer Deklamation.

Die andere für die Restaurationszeit charakteristische Gattung ist die »Comedy of Manners«. Nach ersten tastenden Versuchen um 1670 erreichte sie zu Beginn des 18. Jahrhunderts ihren Höhepunkt. Angesiedelt in der sozialen Oberschicht, die sich dem Druck puritanischer Moral entzog und einem frivolen Lebensstil hingab, thematisiert sie die Konflikte zwischen dem Handeln des einzelnen und den allgemeingültigen Normen der Zeit. Die Lösung wird herbeigeführt durch eine Verhaltenskorrektur des Individuums. In manchen Zügen noch dem vorbürgerlichen Lustspiel mit seiner moralischen Indifferenz verbunden, leugnete die »Komödie der Sitten« nicht ihre Lust an der freizügigen Darstellung derjenigen Sachverhalte, die sie kritisierte, so daß es oft treffender erscheint, von einer »Komödie der Un-Sitten« zu sprechen. Das Grundthema des Genres ist die Beziehung zwischen Liebe und Geld. Dem Zuschauer wird vorgeführt, wie man das Gleichgewicht hält zwischen dem emotionalen Impuls und der Vernunftkontrolle, wie man Witz und Verstellung, die beiden in dieser Zeit wichtigsten Arten der Kommunikation, falsch oder richtig einsetzt.

William Congreve, der älteste unter den bedeutenden Autoren der Comedy of Manners, hat diese Thematik in einer Reihe von Stücken entfaltet, von denen nur zwei auf den Spielplänen überlebt haben: *Liebe für Liebe* (Love for Love) und *Der Lauf der Welt* (The Way of the World). Während das erste durch die genaue soziale Charakterisierung der Figuren und die geschliffenen, pointensicheren Dialoge besticht, zeichnet sich das zweite besonders durch die Glaubwürdigkeit der Empfindungen und des Verhaltens aus. – Gleichzeitig mit Congreve schuf der aus Irland stammende George Farquhar, der schon vor dem dreißigsten Lebensjahr gestorben ist, seine Bearbeitungen von Schauspielen des Elisabethanischen Zeitalters sowie einige Originaldramen. Seine Stücke entstanden als Lohnarbeiten, denn Farquar hatte den Schauspielerberuf aufgegeben, nachdem er einen Kollegen auf der Bühne (ohne Absicht) schwer verletzt hatte. Seine Erfahrungen in holländischen Militärdiensten verarbeitete der Autor in seiner gelungensten Komödie *The Recruiting Officer*, die Lessing als Modelldrama geschätzt und Bertolt Brecht unter dem Titel *Pauken und Trompeten* für das Berliner Ensemble übersetzt und bearbeitet hat. Mit diesem Werk sowie mit der ebenfalls heute noch gespielten Komödie *Strategen der Liebe* (The Beaux' Strategem) entwickelte Farquhar die Sittenkomödie weiter in Richtung auf Anstand und Natürlichkeit.

Mehr als ein halbes Jahrhundert später erlebte die Sittenkomödie in England eine Nachblüte. In scharfer Opposition zur Sentimental Comedy, die sich unter dem Einfluß der bürgerlichen Empfindsamkeit die Londoner Bühnen erobert hatte, schuf der Ire Oliver Goldsmith eine neue Variation der Comedy of Manners, die sich aber – trotz der Fürsprache von Goethe – auf den deutschsprachigen Bühnen nicht durchsetzen konnte. Mehr Erfolg hatte der ebenfalls aus Irland stammende Richard Brinsley Sheridan, dessen *Lästerschule* (The School for Scandal) nicht nur in der Literaturgeschichte, sondern auch auf der Bühne einen festen Platz hat. Mit diesem Stück griff der Autor noch einmal zurück auf die typischen Handlungsmuster der Gattung. Zwei Brüder bemühen sich um ein Mädchen und müssen eine Reihe verwirrender Situationen und moralischer Proben durchstehen. Dabei kommt ihr wahres Wesen zum Ausdruck: Der eine erweist sich, obwohl er gelegentlich über die Stränge schlägt, als guter Kerl; der andere ist äußerlich ein Muster an Tugend, gibt sich aber schließlich als ein von Geldgier und Sinnlichkeit getriebener Heuchler zu erkennen. – In dem Genre der »lachenden« Komödie versuchte sich – nicht ohne Erfolg – auch die bedeutendste Theaterpersönlichkeit, die England im 18. Jahrhundert hervorgebracht hat: David Garrick. Sein Ruhm beruht aber doch eher auf seinen Leistungen als Schauspieler. Ihm ist die Ablösung der grob überzeichnenden und bombastischen Spielweise durch eine realistisch-psychologische zu danken, und das nicht nur für Gegenwartsstücke, sondern auch für das Werk Shakespeares, das er auf diese Weise dem bürgerlichen Theater neu gewonnen hat.

Der im norwegischen Bergen geborene, nach dem Studium an der Universität Kopenhagen dort zum Professor für Latein, Metaphysik und Geschichte berufene Ludvig Holberg ist nicht nur als Mitbegründer des dänischen Nationaltheaters, sondern auch als Komödienautor von Rang in die Theatergeschichte eingegangen. Auf ausgedehnten Reisen durch halb Europa hatte er sich ein umfassendes Bild von der Theatersituation im beginnenden 18. Jahrhundert erworben. So wurde er von dem Prinzipal einer französischen Truppe, die entsprechend dem Brauch der Zeit für den Hof und die Aristokratie Aufführungen in Französisch gegeben hatte, sich aber nun entschloß, in die Sprache des Gastlandes überzuwechseln, als Berater engagiert. Holbergs wertvollster Beitrag waren die 22 (von insgesamt 34) Komödien, die am Theater in der Lille Grønnegade uraufgeführt wurden. In seinen an Molière geschulten Charakterkomödien erwies sich der Autor, so wie in seinen wissenschaftlichen Werken, als glühender Verfechter der Aufklärung. Indem er menschliche Schwächen dem Lachen preisgab, wollte er eine erzieherische Wirkung auf das Publikum ausüben. In seinem gelungensten Stück, *Der politische Kannegießer*, das schon drei Tage nach der Eröffnung des ersten dänischsprachigen Theaters im Herbst 1722 uraufgeführt wurde, besteht der Fehler des Helden, eines biederen Handwerkers, in der Sucht zum Politisieren auf Stammtisch-Niveau; davon wird er geheilt durch die vorgetäuschte Ernennung zum Bürgermeister von Hamburg; diese Aufgabe zeigt ihm die Grenzen seines Verstandes und seiner Bildung und bringt ihn zu der Einsicht, daß es leichter ist, die Politik zu kritisieren als dafür Verantwortung zu übernehmen. – Dem Helden von Holbergs Lustspiel *Jeppe vom Berg oder Der verwandelte Bauer* wird übel mitgespielt. Sein Gutsherr läßt den aus Kummer über sein zänkisches Weib zum Säufer gewordenen Bauern nach einem Totalrausch im Schloß als »Baron« aufwachen. Alsbald nimmt Jeppe die Rolle an und entpuppt sich als herrschsüchtiger Tyrann. Nach dem zweiten Totalrausch findet er sich auf dem Misthaufen wieder, und ein von seinem Herrn inszeniertes Gericht verurteilt ihn wegen Anmaßung des Adelsstandes zum Tode. Beim nächsten Erwachen wird er aber begnadigt und mit vier Talern entlohnt, die er gleich wieder ins Wirtshaus trägt. Ebenso wie im *Politischen Kannegießer* vermittelt der Autor auch hier die Botschaft, daß jeder in der Umgebung

Richard Brinsley Sheridan: Die Lästerschule.
Drury Lane Theatre London, 1777

Ludvig Holberg:
Jeppe vom Berg.
Grønnegade-Theater
Kopenhagen, 1722

bleiben soll, in die er hineingeboren wurde. – So wie Jeppe bleibt auch dem Helden in *Jean de France* eine wirksame Belehrung versagt: Der junge Mann, der sich nach einem Bildungsaufenthalt in Paris in seiner vermeintlich unkultivierten Heimatstadt nur noch »französisch« gibt, ist auch am Ende noch der Tölpel, der er immer war.

In Italien entwickelte sich das bürgerliche Lustspiel aus der Tradition der Commedia dell'arte. Von vielen wegen ihrer Verstöße gegen die Moral und den Geschmack des aufsteigenden Bürgertums schon totgesagt, wirkte diese um die Mitte des 18. Jahrhunderts auf zwei Dramatiker ihrer Heimatstadt Venedig noch einmal als produktive Herausforderung. Carlo Gozzi hauchte ihr mit seinen Märchenstücken neues Leben ein, und Carlo Goldoni nutzte sie als Ausgangsbasis für die Schöpfung einer neuen Komödienform.

Goldonis dramatisches Werk ist gespeist von der Erfahrung eines abenteuerlichen Lebens, das er als Achtzigjähriger in seinen Memoiren (»Geschichte meines Lebens und meines Theaters«) mit heiterer Gelassenheit nacherzählt hat. Als Sohn eines Arztes 1707 in Venedig geboren, studierte er die Rechte und suchte dann als (wenig erfolgreicher) Advokat, als Arztgehilfe und als (schlecht besoldeter) Diplomat in verschiedenen norditalienischen Städten sein Auskommen. Schließlich wandte er sich dem seit der Kindheit geliebten Theater zu, verfaßte einige Lustspiele und Tragikomödien, von denen er sich aber später distanzierte. Vier Jahre lang leitete Goldoni eine Bühne in seiner Heimatstadt, die er aber wegen finanzieller Schwierigkeiten wieder verlassen mußte. Nach neuen abenteuerlichen Reisen eröffnete er eine Anwaltskanzlei in Pisa. Dort erreichte ihn der Ruf des Prinzipals Girolamo Medebac, der mit seiner Truppe in Venedig eines der sieben großen Theater bespielte. Als Hausautor des Teatro Sant'Angelo, dann des Teatro San Luca, verfaßte Goldoni eine lange Reihe von Stücken; zählt man die frühen Tragikomödien, die Opernlibretti und die Szenarien dazu, sind es mehr als zweihundert. Angesichts dieser Zahl ist es nicht verwunderlich, daß sich darunter viele mittelmäßige und eine Reihe mißlungener Werke finden.

Den Weg von der Commedia dell'arte zum bürgerlichen Lustspiel ist Carlo Goldoni zögernd und in kleinen Schritten gegangen. Nach einigen noch ganz der Konvention entspre-

Komödienaufführung im 18. Jahrhundert in einem venezianischen Theater. Gemälde aus der Schule von Pietro Longhi

chenden Szenarien legte er in den späten dreißiger Jahren sein erstes Stück vor, in dessen Zentrum nicht mehr die traditionellen Maskenfiguren standen und dessen Text zumindest teilweise ausformuliert war. Bei seinem ersten großen Erfolgsstück, dem für einen der letzten großen Arlecchino-Darsteller geschriebenen *Diener zweier Herren* (Il servitore di due padroni), waren schon alle Texte festgelegt, doch hielt Goldoni hier an den feststehenden Typen und an der Gesichtsmaske fest, obwohl ihm der von dem neuen bürgerlichen Publikum erwartete Seelenausdruck des Schauspielers unter der Maske wie »Feuer unter der Asche« erschien. Die endgültige Abkehr von der Tradition vollzog der Dramatiker in den Jahren seines Engagements am Teatro Sant'Angelo, als er abwechselnd Komödien mit und solche ohne Commedia-Typen vorlegte. Zu Goldonis Pflichten gehörte hier auch die Einstudierung seiner Stücke. So mußte er die vom Improvisationstheater herkommenden Darsteller streng dazu anhalten, den Text auswendig zu lernen und in der Vorstellung auch dabei zu bleiben. Schwieriger noch war die Entwicklung einer Spielweise, die dem zunehmenden Realismus seiner Dramen entsprach.

Um die teilweise schon recht individuell gestalteten Charaktere glaubwürdig darstellen zu können, mußten die Schauspieler ganz neue Qualitäten entwickeln, vor allem Einfühlungsvermögen sowie die Fähigkeit zur Beobachtung und Nachahmung realer Verhaltensweisen. Dabei kam ihnen entgegen, daß Goldoni seine Gestalten nach Vorbildern aus der unmittelbaren Umgebung porträtierte. Seinem prinzipiellen Streben nach einer wirklichkeitsgetreuen Figurenzeichnung waren in der Charakterkomödie allerdings Grenzen gesetzt. Deren Wirkungsmechanismus beruht ja gerade darauf, daß eine bestimmte Eigenschaft »unrealistisch« überzeichnet ist. Wie Molière, den er tief verehrte, zeigte Goldoni menschliche Schwächen in zugespitzter Form und gab sie damit dem Gelächter preis, von dem er sich als überzeugter Aufklärer eine erzieherische Wirkung erhoffte. Er stellte Geizhälse und Verschwender, Spieler und Bankrotteure, Schmeichler und Lästermäuler, Schwätzer und Lügner, Nörgler und Schwärmer, Schürzenjäger und Weiberhasser ins Zentrum seiner Lustspiele, die oft schon durch ihren Titel verraten, worum es geht: *Der Lügner* (Il bugiardo), *Der Spieler* (Il giuocatore) oder *Der mürrische Herr*

Todero (Signore Todero brontolon), *Die venezianischen Zwillinge* (I due gemelli veneziani), *Die Grobiane* (I rusteghi). Den entscheidenden Schritt über die Charakterkomödie hinaus ging Goldoni mit dem Verzicht auf die lasterhaft-lächerliche Zentralgestalt zugunsten eines Ensembles gleichwertiger Rollen. In seinen Sittenkomödien gab er ein anschauliches Bild des Alltagslebens in seiner Heimatstadt. Die gelungensten sind: *Viel Lärm in Chioggia* (La baruffe chiozzotte), *Der kleine Platz* (Il campiello), *Das Kaffeehaus* (La bottega del caffé) und *Der Fächer* (Il ventaglio). In diesen »chorischen« Lustspielen präsentiert Goldoni einen Querschnitt durch die Gesellschaft; er zeigt die Adligen auf ihren Landgütern, die Kaufleute, Ärzte, Rechtsanwälte des gehobenen Bürgertums, die kleinbürgerlichen Händler und Gewerbetreibenden, die Matrosen und die Gondolieri und selbstverständlich auch deren Frauen und Töchter. Die Theaterleute fehlen natürlich nicht im Figurenspektrum; in dem Stück *Das komische Theater* (Il teatro comico) behandelt Goldoni in Anlehnung an Molières *Impromptu de Versailles* das Leben in der Truppe des Theaters Sant'Angelo, in *Impresario von Smyrna* (L'impresario delle Smirne) den erbitterten Konkurrenzkampf zwischen Opernsängerinnen ohne Engagement.

Die hauptsächlichen Themen von Goldoni sind die des aufsteigenden Bürgertums: eheliche Treue, ein harmonisches Familienleben, Sparsamkeit und Aufrichtigkeit. Während er die bürgerlichen Figuren mit ihren Problemen durchaus ernst nimmt, macht er die Aristokraten oft lächerlich. Exemplarisch dafür ist das (auch unter dem Namen *Mirandolina* bekannte) Lustspiel *Die Wirtin* (La locandiera). Drei heruntergekommene Adlige bemühen sich um die tüchtige Gastwirtin Mirandolina, die aber landet nach vielen komischen Wirrungen in den Armen ihres strebsamen Kellners, und die Aristokraten stehen als die Gefoppten da. Das Theater von Goldoni ist nicht nur in ideologischer Hinsicht als »bürgerlich« zu bezeichnen; dem Bewußtsein der aufsteigenden Klasse entspricht auch sein Interesse für die konkreten Details des Zusammenlebens, das im Gegensatz steht zu dem aristokratischen Hang nach dem einsamen Helden in seiner abstrakten Größe; »bürgerlich« ist schließlich auch Goldonis Hochschätzung der Gefühle, und zwar nicht nur der schmerzlich-rührenden, sondern auch der ausgelassen-freudigen.

Ganz im Gegensatz zu Goldoni vertrat Carlo Gozzi die Interessen der reaktionären Aristokratie. Eineinhalb Jahrzehnte nach seinem Antipoden als Sohn einer der zahlreichen verarmten Adelsfamilien in Venedig geboren, diente er zuerst der Republik in Dalmatien und Albanien als Offizier und trat dann ins literarische Leben ein. Von Anfang an kämpfte Gozzi in seinen Streitschriften und Pamphleten gegen die aufklärerischen Tendenzen im politischen wie im kulturellen Bereich. Er polemisierte gegen die Lehre vom Naturrecht und zog gegen die Annäherung zwischen den Klassen zu Felde, schrieb Satiren über die neuen Kleidermoden und Anstandsregeln und opponierte gegen die Ausrichtung der Künste an der Lebenswirklichkeit.

Eine besondere Zielscheibe von Gozzis Angriffen war Carlo Goldonis Theaterreform. In seinen Schriften unterzog er das Werk des Kollegen einer Fundamentalkritik: »Viele seiner Komödien sind nichts anderes als eine Anhäufung von Szenen, die derart gemeine, plumpe und schmutzige Wahrheiten enthalten, daß ich, mögen sie mich selbst auch bei der Interpretation durch die Schauspieler amüsiert haben, nicht verstehe, wie ein Schriftsteller sich dazu herablassen kann, sie aus den seichtesten Pfützen des Pöbels zu schöpfen.« (Zitiert nach Johannes Hösle: Carlo Goldoni. S. 254)

Der mit Polemiken solcher Art ausgetragene »Theaterkrieg« erhielt Anfang der sechziger Jahre eine neue Qualität, als der streitbare Graf Gozzi der realistischen Sitten-Komödie ein eigenes dramaturgisches Modell, die »Fiabe«, entgegenstellte. Die Stoffe dieses neuen Genres stammten fast ausschließlich aus Märchensammlungen, vor allem denen des Orients, die sich zu der Zeit einer großen Beliebtheit erfreuten. Als oberstes Kunstprinzip gilt hier das

Wunderbare und Unwahrscheinliche. Die gesamte Handlung entwickelt sich in überraschenden Wendungen; die Konflikte lösen sich meist durch das Eingreifen übernatürlicher Wesen. Das Personal der Märchenkomödien bilden Könige, Prinzessinen, sprechende Tiere, Feen, Zauberer und Hexen auf der einen, die traditionellen Commedia dell'arte-Masken auf der anderen Seite. Gleich mit seiner ersten Fiabe, *Die Liebe zu den drei Orangen* (L'amore delle tre melarance), feierte der Autor und auch die Truppe des Antonio Sacchi, die das Teatro San Samuele bespielte, einen triumphalen Erfolg. Das Wesentliche an Carlo Gozzis Versuch zur Bewahrung der Commedia dell'arte als einem venezianischen (und darüber hinaus gesamtitalienischen) Kulturgut bestand darin, daß er die Masken in einen ganz neuen stofflichen Zusammenhang stellte. In *Die Liebe zu den drei Orangen* erzählt er die Geschichte des melancholischen Prinzen Tartaglia, der die schöne Prinzessin Ninelta zu erobern sucht, was ihm mit Hilfe des listigen Truffaldino schließlich auch gelingt, obwohl es böse Gegenspieler verhindern wollen. In einem von diesen porträtierte Gozzi seinen Erzrivalen Goldoni. – Von den übrigen neun Märchenkomödien werden heute noch gespielt: *Der Rabe* (Il corvo), *König Hirsch* (Il re cervo), *Das schöngrüne Vögelchen* (L'augellin belverde) und *Turandot*, die Geschichte von der chinesischen Prinzessin, die den Männern, die um sie werben, ein Rätsel vorlegt und diejenigen töten läßt, die es nicht lösen können; nur Prinz Kalaf gelingt das, doch zögern neue Verwicklungen die Verbindung hinaus, bis sich Turandots Stolz in liebende Demut verwandelt.

Der ungeheure Erfolg der Märchenkomödien von Gozzi sowie dessen ständige Polemiken haben Goldoni dazu bewogen, ein Angebot der Pariser Comédie Italienne anzunehmen. Dort wurden keine fertig geschriebenen Stücke von ihm verlangt, sondern konventionelle Szenarien – ein Werktypus also, über den er längst hinausgewachsen war. Angesichts ihrer Unfähigkeit, sich dem neuen bürgerlichen Geschmack anzupassen, befand sich die Comédie Italienne in einer Existenzkrise. Schon kurz nach dem Eintreffen von Goldoni in Paris sah sich das Unternehmen gezwungen, mit einem anderen Theater zu fusionieren, mit der »Opéra comique«. (Diese war aus dem »Théâtre de la Foire«, dem Pariser Jahrmarktstheater, entstanden, als diesem auf Betreiben der Comédie Française das Sprechen auf der Bühne verboten wurde, so daß man zur Pantomime oder eben zur Musik ausweichen mußte.) Nach dem Zusammenschluß mit der Opéra comique schwand die Bedeutung der Comédie Italienne immer weiter, und bald erlosch nun auch in Frankreich die jahrhundertelange Tradition des Stegreiftheaters. Goldoni hatte sich schon vorher als Italienischlehrer am Hof verdingen müssen. König Ludwig XVI. gewährte ihm eine Pension, die aber im Zuge der Revolution gestrichen wurde. Daß der Konvent die Entscheidung rückgängig machte, erfuhr der Dichter nicht mehr; er war am selben Tag gestorben.

Bis zu ihrem Untergang, war die Comédie Italienne mehr als ein Jahrhundert ein prägender Faktor des Pariser Theaterlebens gewesen; daran hatte auch eine zwanzigjährige Verbannung (wegen der Beleidigung einer Mätresse des Königs) nichts ändern können. Der entscheidende Wendepunkt ihrer Entwicklung lag in der Anpassung an die Kultur und im Übergang zur Sprache des Gastlandes um das Jahr 1680. Pantalone nannte sich jetzt Grognard oder Oronte und erfuhr eine Differenzierung seines Charakters; Dottore wandelte sich vom Rechtsgelehrten zum Arzt Docteur Gratian Balourde. Eine Gesichtsmaske trug nurmehr Arlecchino; seine derbe Komik wandelte sich zum feinsinnigen Esprit. Aus Pedrolino, in der Commedia dell'arte eine Nebenfigur, wurde in Paris Pierrot mit seinem melancholischen Charme. Scaramuccio mutierte zum Scaramouche, einer Dienergestalt, die auch Züge des italienischen Capitano in sich aufnahm. Die jungen Liebespaare änderten sich nur wenig; sie wurden in das Milieu des französischen Bürgertums der Zeit versetzt und mit modisch-eleganten Kostümen und Perücken ausstaffiert. Um die klassischen Figuren gruppierten sich in

Italienische Komödianten. Gemälde von Jean-Antoine Watteau, um 1720

der Comédie Italienne eine Vielzahl von Gestalten aus dem Pariser Alltag, die oft als Sprachrohr der Kritik an den Sitten des Adels und des gehobenen Bürgertums, an den Verhaltensweisen der Ärzte und Juristen, an der Weltfremdheit der Philosophen und an den Schauspielerkollegen der Comédie Française dienten. Die satirische Komponente wurde vor allem von einer Reihe französischer Autoren eingebracht, die eine Vielzahl mehr oder weniger witziger Kurzdramen der vorgegebenen Thematik für die Italiener verfaßt haben. Zwei Dutzend Texte aus der ersten Entwicklungsphase sind unter dem Titel *Ancien théâtre italien* im Jahr 1700 gedruckt erschienen.

Nach der Rückkehr der italienischen Komödianten aus der Verbannung im Jahr 1715 gelang es dem neuen Prinzipal Luigi Riccoboni, einen hervorragenden Dramatiker zu gewinnen: Pierre Carlet de Chamblain de Marivaux. Der Bürgersohn, der sich selbst den klangvollen Adelstitel zugelegt hatte, verfaßte zwischen 1720 und 1740 über 30 Komödien. Zwei Drittel davon schrieb er den Darstellern der Comédie Italienne auf den Leib, vor allem Riccoboni selbst, der den melancholischen Liebhaber Lélio spielte, dem Arlequin-Darsteller Tommaso Vicentini und Gianetta Benozzi in der Rolle der liebreizenden Silvia. Marivaux entwickelte die Commedia weiter zu einer neuen dramatischen Gattung, dem psychologischen Lustspiel. Von der Stegreifkomödie übernahm er die symmetrische Anordnung von Herren und Dienern und das idealisierte junge Paar sowie das Grundthema der Liebe. Während aber dort die Leidenschaft als sofortiges Begehren in Erscheinung tritt, dessen Zustandekommen nicht weiter interessiert, rückt bei Marivaux das Entstehen der Liebe in den Mittelpunkt. Das Keimen der sich selbst noch nicht sichernden, zurückgedrängten oder nicht eingestandenen, schließlich aber doch bejahten Emotion ist sein Thema. Plötzlich überfällt sie die Liebenden und stellt ihr bis dahin problemloses Ich-Gefühl in Frage. Die Affekte drohen die Herrschaft über ihre Gedanken und ihr Verhalten zu gewinnen; ihr Bewußtsein spaltet sich; in ihrem Inneren tobt ein Kampf zwischen dem Wunsch, die Vernunftkontrolle zu behalten, und der Sehnsucht, sich dem irrationalen Gefühl auszuliefern. Die Angst davor beschreibt Lélio exemplarisch in der Komödie *Die Liebesüberraschung* (La surprise de l'amour): »Frauen, ihr beraubt uns unserer Vernunft, unserer Freiheit, unserer Ruhe; ihr entreißt uns uns selbst und ihr laßt uns leben! Gibt es denn nicht Männer genug, deren Zustand nur allzu deutlich macht, was ihnen widerfahren ist? Arme Verrückte, verstörte Menschen, trunken vor Schmerz und Freude.« Der Umkreis der von Marivaux behandelten Themen läßt sich an den Titeln seiner wichtigsten Lustspiele ablesen: *Unbeständigkeit auf beiden Seiten* (La double inconstance), *Das Spiel von Liebe und Zufall* (Le jeu de l'amour et du hasard), *Die falschen Vertraulichkeiten* (Les fausses confidences), *Der Streit* (La dispute).

Für die diffizilen psychologischen Vorgänge, die Marivaux in seinen Liebeskomödien demonstriert, hielt die französische Sprache der Zeit keine adäquaten Ausdrucksformen bereit. So sah sich der Dramatiker zur Neuschöpfung von Wörtern, Wortverbindungen, Redewendungen und Bildern gezwungen; für seinen künstlich wirkenden Prosastil, mit dem er (nach eigener Aussage) die »Alltagspoesie« der Konversation nachahmen wollte, haben Zeitgenossen den bis heute gebräuchlichen Begriff »Marivaudage« geprägt, der durchaus nicht positiv gemeint war. Ein erheblicher Teil der Zuschauer fühlte sich überfordert und darum abgestoßen nicht nur von den diffizilen Inhalten, sondern auch von der Art, wie sie präsentiert wurden. Im Unterschied zur Commedia dell'arte und zum Werk von Molière erscheint in den psychologischen Lustspielen von Marivaux alle Komik in das Innere der Figuren verlegt. Der Zuschauer muß sie sich erst auf dem Weg der Reflexion vor Augen führen. Die Grundstimmung ist nicht ausgelassen-komisch, sondern von stiller Heiterkeit. Darin ist ein typischer Ausdruck des Rokoko zu sehen, dem das Werk von Marivaux oft zugeordnet wird. Wie Jean-Antoine Watteau, der wohl bedeutendste Künstler der Epoche, in seinen Gemälden, bringt auch Marivaux eine desillusionierte Welt zur Darstellung, welche die spontanen Gefühle verloren gibt, durch die vollendete Form den Verlust jedoch mildert.

Das Geschehen ist bei Marivaux in keiner konkreten Wirklichkeit angesiedelt, wo die experimentelle Untersuchung des Gefühls, die mit fast naturwissenschaftlicher Präzision durchgeführte Analyse der Seelen, durch konkrete gesellschaftliche Einflüsse gestört werden könnte. Der Autor wählt meist ein nicht näher charakterisiertes Landhaus als Schauplatz. Auch die Figuren bleiben in sozialer Hinsicht undefiniert. Geld und Rang gelten dem Dramatiker wenig gegenüber dem allgemeinmenschlichen Phänomen der Liebe. Sogar den Dienerfiguren gesteht er, im Gegensatz zur Tradition, eine eigene Persönlichkeit mit einer eigenen Gefühlswelt zu. Das gilt aber nur für die Liebeskomödien. Außer ihnen hat Marivaux eine Reihe von sozialutopischen Stücken geschrieben, die – ganz im Sinne der Frühaufklärung – moralpädagogisch angelegt sind: In dem Einakter *Die Insel der Sklaven* (L'île des esclaves) werden durch einen Schiffbruch die Rollen von Herr und Knecht vertauscht; in der Satire *Die Insel der Vernunft* (L'île de la raison) werden acht Europäer auf eine von der Zivilisation unberührte Insel verschlagen, wo sie auf die Größe von Liliputanern schrumpfen; je vernünftiger sie sich verhalten, desto rascher wachsen sie aber wieder; in dem Lustspiel *Die Kolonie* (La colonie) ergreifen die Frauen die Macht, und es gelingt dem Anführer der Männer nur mit einem Trick, ihren Aufstand niederzuwerfen. In allen drei Fällen ist also am Schluß der ursprüngliche Zustand wiederhergestellt; dennoch wird die Kritik nicht zurückgenommen; das optimistische Vertrauen auf eine Zukunft im Geist der Humanität bleibt bei Marivaux als Idee erhalten.

Eine Generation später haben sich die realen Gegensätze zwischen Aristokratie und Bürgertum verschärft; aus den Ideen der Aufklärung ist ein konkretes Programm mit politischer Sprengkraft entstanden. Einen nicht unerheblichen Anteil daran hatte der Pariser Uhrmachersohn Pierre-Augustin Caron, der sich (schon ehe er geadelt wurde) das Prädikat »de Beaumarchais« zugelegt hatte. Er führte ein abenteuerliches Leben als Musiklehrer am Hof, als Geheimagent, als Waffenhändler und Literat. In Geldgeschäften unterwegs in Spanien, mußte er die Ehre seiner Schwester verteidigen, die von dem Karrieristen Clavigo sitzengelassen wurde. Goethe hat dieses Kapitel aus einer Schrift von Beaumarchais als Stoff für sein Trauerspiel gewählt. Nach Mißerfolgen mit einigen am Modell des bürgerlichen Dramas von Denis Diderot orientierten Dramen wandte sich der Schriftsteller und Journalist dem Lustspiel zu. Mit seiner Komödie *Die nutzlose Vorsicht oder der Barbier von Sevilla* (La précaution inutile ou le barbier de Séville), die nur als Libretto der Oper von Gioacchino Rossini überlebt hat, stellte sich Beaumarchais in die Tradition der Comédie Italienne. Der Typ des gefoppten Alten begegnet hier ebenso wie die jungen Liebenden und der gewitzte Diener. Als Drahtzieher des Geschehens verhilft Figaro seinem Herrn, der nichts anderes ist als eine Marionette in seiner Hand, gegen alle Hindernisse zur Heirat mit dem geliebten Mädchen. Komödienhaft leicht zeigt der Autor die Abhängigkeit der degenerierten und unproduktiven Aristokratie von der Tüchtigkeit und der zunehmenden Macht der unterprivilegierten Schichten.

Der zweite Teil der »Figaro«-Trilogie, dem Beaumarchais nach der Revolution den letzten (allerdings mißglückten) unter dem Titel *Der zweite Tartuffe oder Die Schuld der Mutter* (L'autre Tartuffe ou la mère coupable) folgen ließ, trägt den Titel *Der tolle Tag oder Figaros Hochzeit* (La folle journée ou le mariage de Figaro). Hier tauchen die aus dem *Barbier* bereits bekannten Figuren wieder auf. Figaro ist jetzt Diener im Haus des adeligen Paares, dessen Ehe er gestiftet hat. Er bringt seinem Herrn eine empfindliche Niederlage bei, als dieser versucht, seine Verlobte, die Zofe Susanne, mit Hilfe des Privilegs adeliger Gutsherrn auf die »erste Nacht« herumzukriegen. Nach Figaros Plan tauschen Susanne und die Gräfin ihre Kleider, so daß der Graf beim nächtlichen Rendezvous von der eigenen Frau empfangen wird. Trotz des harmonischen Endes im gegenseitigen Vergeben, das in der Musik von Mozart eine über das Irdische hinausweisende Dimension gewinnt, ist die Gesellschaftskritik der Komödie von schneidender Schärfe. In dem großen Monolog des Figaro hat sie der Autor explizit zum Ausdruck gebracht: »Weil Sie ein großer Herr sind, halten Sie sich für einen großen Geist. (...) Adel, Reichtum, ein hoher Rang, Würden, das macht so stolz. Was haben Sie denn getan, um so viele Vorzüge zu verdienen? Sie machten sich die Mühe, auf die Welt zu kommen, weiter nichts; im übrigen sind Sie ein ganz gewöhnlicher Mensch; während ich, zum Teufel, ein Kind aus der obskuren Menge, nur um zu leben, mehr Witz und Verstand aufbringen mußte, als man seit hundert Jahren auf das Regieren ganz Spaniens und seiner Länder verwandt hat.«

Aus dem gewitzten Diener des konventionellen Lustspiels ist hier das Sprachrohr einer fundamentalen Systemkritik geworden, die in aller Schärfe die Forderung nach Gleichheit erhebt, die wenige Jahre später den revolutionären Massen als Parole diente. König Ludwig XVI. hat diesen Zusammenhang deutlich gesehen, als er das (letztlich erfolglose) Aufführungsverbot von *Figaros Hochzeit* so begründete: »Die Aufführung des Stückes wäre eine gefährliche Inkonsequenz, wenn man nicht zuvor die Bastille niederreißen wollte.«

Von der Wanderbühne zum Stehenden Theater

Mit der politisch-sozialen Emanzipation der bürgerlichen Klasse und der sie begleitenden geistigen Offensive der Aufklärung wandelten sich nicht nur Inhalt und Form der dramatischen Literatur, sondern auch die Prinzipien ihrer theatralen Realisierung. Weitreichende Folgen hatte vor allem der Übergang vom Wanderschauspiel zum »Stehenden Theater«. In Deutschland hat sich, verglichen mit den westeuropäischen Ländern, dieser Prozeß recht mühsam und relativ spät vollzogen. Die Ursache dafür war die politische Zersplitterung des Territoriums in eine Unzahl kleiner und kleinster Herrschaftsbereiche, die der Entstehung eines einheitlichen und starken Bürgertums entgegenstand und die auch – mit Ausnahme von Hamburg und Leipzig – das Wachsen größerer Städte nicht zuließ. An allen anderen Orten war das Publikumspotential schnell erschöpft. Daran änderte auch das Buhlen um die Gunst der Zuschauer durch den Einbau von Tanzszenen und Pantomimen und das Umbiegen tragischer Schlußszenen zu einem Happy-End nur wenig.

Die Zugehörigkeit der Schauspieler zu den »fahrenden Leuten« war einer der Gründe für die Verachtung, die das Bürgertum und vor allem auch die Kirche dem Stand entgegenbrachten. Dagegen blieben alle Bemühungen der Theaterleute um »Anstand« und »Sitte«, im Privatleben wie auf der Bühne lange Zeit folgenlos. Eine herausragende Rolle bei dem Streben nach Anerkennung hat Friederike Caroline Neuber gespielt. Die zwar nicht einzige, jedoch bedeutendste Prinzipalin war eine außerordentlich gebildete und selbstbewußte Frau. Ihre Anrede an die Leser eines selbstverfaßten *Deutschen Vorspiels* verdient zitiert zu werden: »Lieber Leser! Hier hast du etwas zu lesen. Nicht etwa von einem großen gelehrten Manne; nein! von einer Frau, deren Stand du unter den geringsten Leuten suchen mußt, denn sie ist nichts als eine Komödiantin. (...) Sie kann von nichts als von ihrer Kunst Rechenschaft geben: Wenn sie gleich so viel wissen sollte, daß sie einen jeden Künstler verstehen könnte, wenn er von seiner Kunst redet. Fragst du sie, warum sie auch schreibt, antwortet sie: (...) Darum! Fragt dich jemand, wer ihr geholfen hat? So sprich: (...) Es könnte wohl sein, daß sie es selbst gemacht hätte.« (Zitiert nach Renate Möhrmann: Theaterwissenschaft heute. S. 328)

Wie wenig die Bemühungen der Neuberin, »die Comödianten als vernünftig und wohlgesittete Leute zu bessern« die öffentliche Meinung zu beeinflussen vermochten, zeigt die Tatsache, daß ihr selbst das Sterben in einem »angesehenen Gasthaus« sowie ein kirchliches Begräbnis verweigert wurden. Ein entscheidender Wandel vollzog sich erst, als den tüchtigsten unter den Wandertruppen Einlaß in die Hoftheater gewährt wurde, so daß sie zumindest einen Teil des Jahres ein seßhaftes Leben führen konnten. Immerhin stieg das Ansehen der Schauspieler innerhalb weniger Jahrzehnte so weit, daß sie der Geheime Rat und Minister Johann Wolfgang von Goethe als Partner in der künstlerischen Arbeit akzeptieren konnte. Doch der Weg zur Anerkennung war für die meisten gepflastert mit Mühen und Leiden. Viele starben in frühen Jahren an Auszehrung oder an der Schwindsucht, die geradezu als Berufskrankheit der Schauspieler galt. Überlebten sie die Strapazen von Kälte und Hunger, war ihnen oft ein Alter in äußerster Armut beschieden. Die »gesitteten« Bürger hielten sich privat von den Schauspielern fern. Die Aristokratie rekrutierte lediglich ihre Mätressen aus dem Ensemble des Hoftheaters. Diesem Brauch huldigte selbst Herzog Karl August an seinem Weimarer »Musenhof«; Goethe hatte als Theaterdirektor schwer darunter zu leiden, daß eine Schauspielerin im Bett des Herzogs gegen ihn intrigierte.

Trotz aller Mühen und Plagen des Schauspielerdaseins hatten die Wanderbühnen keinen Mangel an Nachwuchs. Für die zweite Hälfte des 18. Jahrhunderts wird die Zahl der Mimen auf über tausend geschätzt, die der Truppen auf fünfzig. Nicht nur verkrachte Studenten und entlaufene Theologen, entlassene Soldaten und »in Schande geratene« Mädchen aus dem Volk, sondern auch wohlsituierte Bürgerkinder zog es zur Bühne. In den siebziger Jahren herrschte in Deutschland eine regelrechte »Theatromanie«. Die ganze bürgerliche Intelligenz schien von diesem Virus befallen zu sein; die einen drängte es unwiderstehlich zu der als Ideal der Freiheit verklärten Profession, die anderen lebten wenigstens im Zuschauerraum ihre Leidenschaften aus. Romanhelden wie Anton Reiser in dem gleichnamigen Werk von Karl Philipp Moritz oder Goethes Wilhelm Meister suchten auf der Bühne die ihnen im realen Leben verweigerte Entfaltung der Persönlichkeit. Sie stehen für die Schicht junger, bürgerlicher Intellektueller, denen die Wirklichkeit »nichts sagt«, weil sie dort »nichts zu sagen« haben. Bei den Frauen wird oft auch die relative Gleichberechtigung und Selbständigkeit eine Rolle gespielt haben, wie sie zu dieser Zeit in kaum einem anderen Bereich gegeben war. Ihre Möglichkeiten verschlechterten sich allerdings, als die Stücke von Shakespeare mit ihrer geringen Zahl von weiblichen Rollen ins Zentrum rückten. Die meisten Prinzipale engagierten jetzt nur mehr halb so viele Frauen wie Männer. Insgesamt umfaßten die größeren Ensembles zwischen fünfzehn und zwanzig Akteure und Aktricen. Sie waren fast durchwegs auf Rollenfächer festgelegt, wie den Heldenvater und den jugendlichen Liebhaber, die komische Alte oder die Naive.

In Hinsicht auf die Gleichberechtigung der Geschlechter hatte die Tendenz zur Verbürgerlichung der Theaterleute auch eine negative Folge. Während bis zur Mitte des 18. Jahrhunderts durchaus auch Frauen an der Spitze von Wandertruppen stehen konnten, war es nachher damit vorbei. Angesichts der patriarchalischen Verhältnisse in der bürgerlichen Familie erschien nun auch in der Komödianten-Sozietät eine weibliche Dominanz undenkbar. Die relativ demokratische Struktur des Zusammenlebens wich zunehmend einer geradezu absolutistischen Herrschaft des Prinzipals. Er suchte die Stücke aus und verteilte die Rollen, ihm gehörten die Requisiten und die Kostüme. Er verhandelte mit den Behörden über die Spielerlaubnis. War er geschickt und hatte er

Aufführung einer Wandertruppe im Nürnberger Komödienhaus. Illustration aus: Angenehme Bilderlust. Nürnberg, um 1730

Glück, so bekam er ein Aufführungsmonopol zugesprochen. Daran waren die Truppen ungeheuer interessiert, denn es herrschte ein unerbittlicher Konkurrenzkampf, der manchmal sogar handgreiflich ausgetragen wurde. So zertrümmerten zum Beispiel einmal Mitglieder des Ensembles von Theophil Doebbelin bei einer Aufführung der Seylerschen Truppe die Sitzbänke der Galerie.

Die Orte, an denen die Komödianten ihre Kunst präsentierten, waren in der Frühzeit die Marktplätze und die Vergnügungsstätten, wo auch Zauberer und Quacksalber, Puppenspieler und Kunstreiter, Tierbändiger und Straßenmusiker auftraten. Im Freien oder im Saal eines Gasthauses schlugen sie ein Podium auf und markierten mit ein paar Versatzstücken die Schauplätze. Später wurden in den größeren Städten eigene Theaterbauten errichtet, entweder von den wenigen wohlhabenden Prinzipalen oder von den inzwischen theaterfreundlicheren Magistraten. Im Laufe der Zeit fanden sich auch immer mehr aufgeschlossene Fürsten bereit, ihr Hoftheater dem deutschen Schauspiel und einem größeren Publikum zu öffnen. Im Räumlich-Bildnerischen folgten die bürgerlichen Theater den im Barock entwickelten Prinzipien, doch war alles sehr schlicht gehalten, bis hin zur Kargheit. Der Fundus bestand aus einigen Typendekorationen, wie sie von den neuen bürgerlichen Dramen gefordert wurden: Wohnzimmer, Residenzsaal, Kerker, Wirtsstube, Landstraße und Wald. Selbstverständlich handelte es sich dabei nicht um plastische Aufbauten, sondern um gemalte Kulissen und Prospekte. Die Umbauten waren bei diesem System relativ leicht zu bewerkstelligen. Oft geschahen sie hinter einem Zwischenvorhang, während auf der Vorderbühne weitergespielt wurde. Dieser Wechsel von flacher und tiefer Bühne hat sich als dramaturgisches und szenisches Prinzip bis ins vorige Jahrhundert erhalten. Die Beleuchtung erfolgte durch Kerzen und Öllampen, die an der Rampe und hinter den Kulissen angebracht waren; durch komplizierte Spiegelsysteme wurde das Licht verstärkt und in die gewünschten Richtungen gelenkt. Der Zuschauerraum war durch Kronleuchter erhellt, die man während der Pausen herabließ, um die Kerzen zu putzen. Mit der wachsenden Verbürgerlichung setzte sich immer mehr das Prinzip des dunklen Zuschauerraums durch. Im Gegensatz zur höfischen Gesellschaft, die nicht nur der Vorstellung, sondern auch der Repräsentation wegen ins Theater ging, war das Bürgertum mehr daran interessiert zu sehen als gesehen zu werden. Jetzt fanden auch die Vorstellungen in der

Friedrich Schiller: Die Räuber. Kulissen der Mannheimer Uraufführung, 1782

Regel abends statt, weil das neue Publikum sich nur am Tagesende Zeit für seine Unterhaltung und Erbauung nehmen konnte. Aus der Dämmerung kommend, die zur Arbeit nicht mehr genug Licht bot, betrat es den dunklen Zuschauerraum, so daß sich, wenn der Vorhang aufging, die ganze Aufmerksamkeit auf die helle Bühne konzentrierte, was auch der angestrebten Illusionierung dienlich war.

Eine große Rolle spielte im bürgerlichen Theater des 18. Jahrhunderts das Kostüm. Schon die Neuberin bemühte sich in Zusammenarbeit mit Johann Christoph Gottsched um eine gewisse Historisierung und soziale Differenzierung. Die bescheidenen Gewinne ihrer Theaterarbeit verwandte sie in erster Linie für die Anschaffung »kostbarer theatralischer Kleidungen«. Der Kostümbestand war der wertvollste Besitz einer Bühne und stand dementsprechend bei den nicht seltenen Pfändungen im Mittelpunkt. Für zeitgenössische Stücke galt das Prinzip der Selbstkostümierung der Schauspieler, wie es sich mancherorts bis ins 20. Jahrhundert erhalten hat. Dieser Brauch verhinderte tendenziell ein einheitliches Erscheinungsbild des Bühnengeschehens. Wenigstens ein Minimum an Übereinstimmung sicherzustellen, war die Hauptaufgabe des »Regisseurs«. Dieser Begriff tauchte um 1770 zum ersten Mal auf und zwar in den Akten des Wiener Burgtheaters. Dort produzierte man das sogenannte Wöchner-System; dieses bestand darin, daß einer der erfahrenen Schauspieler jeweils für einige Wochen die Verantwortung für den Ablauf aller in diesem Zeitraum gegebenen Aufführungen und Neuinszenierungen übernahm. Nicht nur am Burgtheater scheint es häufig zu Streitigkeiten zwischen dem Probenleiter und den Schauspielern gerade in der Kostümfrage gekommen zu sein. Dazu trug die Gewohnheit bei, daß oft nicht einmal die Endproben in Kostüm und Maske stattfanden. Das ist schwer verständlich angesichts der Tatsache, daß mit der Individualisierung der Figuren im bürgerlichen Drama auch deren äußere Erscheinung als Kennzeichen des Charakters immer mehr an Bedeutung gewann. Daraus scheinen allerdings nur die herausragenden Schauspieler-Persönlichkeiten wie Konrad Ekhof und August Wilhelm Iffland Konsequenzen gezogen zu haben. An dem einen wurde gerühmt, daß seine Bauern gar nichts mehr mit den Schäfer-Figuren des Rokoko zu tun hatten, an dem anderen seine Kunst der Verwandlung mit Hilfe einer »Unzahl von Kleidungsstücken verschiedenster Bestimmung, Herkunft und Bedeutung«.

Im deutschen Kulturraum verstand sich das bürgerliche Theater nicht nur als Instrument der Emanzipation von den feudalabsolutistischen Zwängen, sondern auch als Mittel zur Stärkung der nationalen Identität. Ab der Mitte des 18. Jahrhunderts legten Schriftsteller und Kritiker immer wieder Programmschriften zur Errichtung eines »Nationaltheaters« vor. Ihre Forderung entsprang nicht einer chauvinistischen Gesinnung, sondern dem Wunsch nach einer dem französischen Vorbild ebenbürtigen deutschen Dramatik und Schauspielkunst, welche einen Beitrag leisten sollte zur Überwindung der Kleinstaaterei. Friedrich Schiller hat die Nationaltheater-Idee in einer Rede dargelegt, die den programmatischen Titel trägt: »Die Schaubühne als moralische Anstalt betrachtet« (bekannt auch unter der Überschrift »Was kann eine gute stehende Schaubühne eigentlich leisten?«). Der Dichter beschreibt dort das Theater als einen Raum, in dem sich »die Bildung des Verstandes und des Herzens mit der edelsten Unterhaltung vereinigt«. Im Unterschied zur Religion wirkt die Bühne durch »Anschauung und lebendige Gegenwart«, durch eine höhere Gerechtigkeit. Deshalb ist sie auch in den Händen eines »weisen Gesetzgebers« ein wichtiges gesellschaftspolitisches Instrument für den Staat: »Die Gerichtsbarkeit der Bühne fängt an, wo das Gebiet der weltlichen Gesetze sich endigt«. Das Theater macht »den Menschen mit dem Menschen bekannt« und wird auf diese Weise zu einem »Wegweiser durch das bürgerliche Leben«. In seiner Möglichkeit zur »sittlichen Bildung« liegt für Schiller der hauptsächliche Wert des Theaters. An die schon von Lessing entwickelten Ideen anknüpfend schreibt er: »Eine merkwürdige Klasse von Menschen«, gemeint ist der Adel, »hat Ursache, dankbarer als alle übrigen gegen die Bühne zu sein. Hier nur hören die Großen der Welt, was sie nie oder selten hören – Wahrheit; was sie nie oder selten sehen, sehen sie hier – den Menschen.« Im Theater als Forum politischer Aufklärung sind also nicht nur Bildungsmöglichkeiten für das bürgerliche Individuum, sondern auch für die Erziehung der Gesamtgesellschaft enthalten. Die Bühne bietet die Möglichkeit, den »Geist der Nation« im Sinne der bürgerlichen Wertvorstellungen zu verändern. Schiller sieht in der Existenz des Nationaltheaters eine Grundvoraussetzung für das Entstehen einer veränderten politischen Realität. Mit idealistischem Überschwang konstatiert er schon erste Erfolge auf dem Weg dahin: »Menschlichkeit und Duldung fangen an, der herrschende Geist unserer Zeit zu werden; ihre Strahlen sind bis in die Gerichtssäle und noch weiter – in das Herz unserer Fürsten gedrungen.« (Friedrich Schiller: Sämtliche Werke. Bd. 5. S. 823 ff.)

Wesentlich realistischer hatte Lessing die Situation gesehen; er bezeichnete das Scheitern des Versuchs Hamburger Kaufleute, ein bürgerliches Nationaltheater einzurichten, als »gutherzigen Einfall«, weil eben die Deutschen noch keine Nation seien. An dem Unternehmen war er in den Jahren 1767/68 selbst als Dramaturg beteiligt gewesen, doch hatte er weder dem Mangel an bürgerlichen Dramen noch dem Mangel an Zuschauern abhelfen können, an denen das Projekt scheiterte. Auch den Plan, durch Analysen der schauspielerischen Leistungen das künstlerische Niveau zu heben, hatte Lessing angesichts der Empfindlichkeit der Darsteller bald aufgeben müssen. Im letzten Kapitel der »Hamburgischen Dramaturgie« gab er folgende Erklärung dafür: »Allgemeines Geschwätze (über die Schauspielkunst) hat man (...) genug, aber spezielle, von jedermann erkannte (...) Regeln, nach welchen der Tadel oder das Lob des Akteurs in einem besonderen Falle zu bestimmen sei, deren wüßte ich kaum zwei oder drei. Daher kömmt es, daß alles Raisonnement über diese Materie immer so schwankend und vieldeutig scheinet, daß es eben kein Wunder ist, wenn der Schauspieler, der nichts als eine glückliche Routine hat, sich auf alle Weise dadurch beleidigt findet. Gelobt wird er sich nie genug, getadelt aber alle Zeit viel zu viel glauben.« (Gotthold Ephraim Lessing: Sämtliche Werke. Bd. 10. S. 212)

Die neben Lessing bedeutendste künstlerische Persönlichkeit bei dem Hamburger Unternehmen war Konrad Ekhof, der als »Vater der deutschen Schauspielkunst« in die Theatergeschichte eingegangen ist. Im Jahr 1720 in ärmlichen Verhältnissen geboren und von der Erscheinung her nicht unbedingt für den Beruf prädestiniert, schloß er sich als junger Mann der Truppe von Friedrich Schönemann an, der sein Handwerk bei der Neuberin gelernt hatte. Wie andere Prinzipale seiner Zeit unternahm Schönemann immer wieder den Versuch, irgendwo festen Fuß zu fassen. Einen Teilerfolg hatte er, als im Jahr 1753 der Herzog von Meck-

Romulus: Schule der Väter.
Gothaer Hoftheater, 1776.
Szene mit Ekhof und Hensel.
Stich nach
Georg Michael Kraus

lenburg-Schwerin die Truppe für acht Monate des Jahres in seine Dienste nahm; die restliche Zeit konnte sie in Hamburg gastieren. Ekhof, der rasch zum künstlerischen Mittelpunkt des Ensembles geworden war, sah in dieser Situation die Chance, einen lange gehegten Plan zu verwirklichen: die Einrichtung einer Schauspieler-Akademie. Schon die Wahl der Bezeichnung »Akademie« war ein selbstbewußter und kühner Schritt, verband sich doch damit seit Kardinal Richelieus Gründung der Académie Française die Bedeutung einer höchsten Instanz für ein bestimmtes Gebiet des geistigen und kulturellen Lebens. Die Mitglieder des Arbeitskreises waren alle Schauspieler aus Schönemanns Ensemble. In ihren dreizehn Monate lang regelmäßig stattfindenden Sitzungen beschäftigten sie sich sowohl mit Fragen der Schauspielkunst als auch mit solchen des Sozialverhaltens. Über ein Gespräch zu diesem Thema liest man im Protokoll der Akademie: »Wir haben 1) die Pflichten eines Schauspielers gegen Gott und die Welt auseinandergesetzt, und gezeigt, daß es unumgänglich notwendig sei, daß ein Comödiante vor anderen in seinem Leben ein ehrbares, gesetztes und vernünftiges Wesen zeige, um die Vorurteile zu ersticken, die diesen Stand so häufig verfolgen. 2) Die Pflichten gegen seine Gesellschafter; hiebei haben wir uns überzeugt, daß er gesellschaftlich sein müsse, und dieses Wort weitläufig zergliedert und 3) die Pflichten gegen sich selbst, daß er nämlich seine Ehre zu behaupten und einen guten Ruf zu erhalten suchen müsse.« (Heinz Kindermann: Konrad Ekhofs Schauspieler-Akademie. S. 32 f.) Daß die Aufstellung solcher Maximen durchaus notwendig war, zeigen die in der Satzung der Akademie festgeschriebenen Strafandrohungen für alle möglichen Vergehen von der Unpünktlichkeit bis zur Trunkenheit.

In dem auf die Kunst bezogenen Teil der Programmschrift nennt Ekhof die »Vorlesungen derjenigen Schauspiele, die gespielt werden sollen«, als Aufgabe der Akademie. Entgegen der bis dahin geübten Praxis sollten die Schauspieler vor Beginn der Proben das ganze Stück kennenlernen. Ob es sich dabei um eine Leseprobe in unserem Sinne gehandelt hat, ist ungewiß; wahrscheinlich hat Ekhof den ganzen Text allein vorgetragen. Als zweiter Schwerpunkt der Arbeit war vorgesehen die »gründliche und genaue Untersuchung der Charaktere und Rollen« und der Art, »wie sie gespielt werden können und müssen«. Als dritte Aufgabe der Akademie-Mitglieder bestimmte Ekhof die »unparteiischen, ohne Ansehen der Person, von allen Vorurteilen und Schmeicheleien entfernten critischen Betrachtungen über die Stücke und ihre Vorstellungen« sowie die Beratung darüber, »wie die etwa untergeschlichenen Fehler abgeschafft oder verbessert werden können«. (Heinz Kindermann: Konrad Ekhofs Schauspieler-Akademie. S. 13) Außer den konkret auf die Stücke und Inszenierungen der Truppe bezogenen Fragen behandelte die Schauspieler-Akademie auch grundsätzliche Probleme. Man steckte sich sogar das Ziel, eine »Grammatik der Schauspielkunst« zu entwickeln. Als Basis für weitere Diskussionen legte Ekhof eine Definition vor, die konsequent aus dem Illusionsprinzip hergeleitet war: »Die Schauspielkunst ist, durch Kunst die Natur nachahmen, und ihr so nahe kommen, daß Wahrscheinlichkeiten für Wahrheiten angenommen werden müssen oder geschehene Dinge so natürlich wieder vorstellen, als wenn sie jetzt erst geschehen.« Um diesen Anspruch zu erfüllen, reicht es nicht mehr, daß der Schauspieler (wie in der Französischen Klassik) bestimmte Darstellungskonventionen handwerksmäßig beherrscht; es müssen Talent und Begabung hinzukommen, die ihn in die Lage versetzen, die in inhaltlicher und formaler Hinsicht interpretationsbedürftigen neuen Dramen mit ihren komplexen Charakteren zu deuten und auf individuelle Weise zu verkörpern. Das Handeln des Akteurs gewinnt so seinen spezifischen Kunstcharakter sowie eine gewisse Selbständigkeit gegenüber der literarischen Vorlage. Die wichtigsten Begabungen des Schauspielers sind für Ekhof »eine lebhafte Einbildungskraft« und eine »männliche Beurteilungskraft«. Diese Gaben der Natur müssen allerdings, wie er immer wieder betonte, mit »unermüdlichem Fleiß« und in »nimmermüder Übung« entwickelt werden. (Heinz Kindermann: Konrad Ekhofs Schauspieler-Akademie. S. 17)

Das Schauspielen war zu einem theoretischen und pädagogischen Problem geworden. Konrad Ekhof und seinen Mitstreitern war das durchaus bewußt. Sie studierten intensiv die schauspielmethodischen Schriften, die um die Mitte des Jahrhunderts in Frankreich erschienen waren und bald darauf auch in deutscher Sprache vorlagen. Einige Sitzungen widmete man der Lektüre und Diskussion von Francesco Riccobonis Schrift »Die Schauspielkunst« (L'Art du théâtre 1750, übersetzt von Lessing) und auch Pierre Rémond de Sainte-Albines Essay »Der Schauspieler« in der ebenfalls von Lessing besorgten Zusammenfassung. In den beiden Schriften werden entgegengesetzte Standpunkte vertreten. Bei Sainte-Albine liest man: »Wollen die tragischen Schauspieler uns täuschen, so müssen sie sich selbst täuschen. Sie müssen sich einbilden, daß sie wirklich sind, was sie vorstellen; eine glückliche Raserei muß sie überreden, daß sie selbst diejenigen sind, die man verrät, die man verfolgt. Alsdann (...) werden sie zu unumschränkten Gebietern über unsere Seelen.« (Gotthold Ephraim Lessing: Sämtliche Werke. Bd. 6. S. 129) Dieser »Selbsttäuschungstheorie«, aufgestellt von einem Journalisten und Komödienautor, steht die »Bewußtseinstheorie« des Schauspielers Riccoboni gegenüber. Dessen Hauptthese lautet: »Ausdruck nennt man diejenige Geschicklichkeit, durch welche man den Zuschauer diejenigen Bewegungen, worein man versetzt zu sein scheint, empfinden läßt. Ich bin niemals der Meinung gewesen, daß man darein versetzt ist, habe vielmehr allzeit als etwas Gewisses angenommen, daß wenn man das Unglück hat, tatsächlich zu empfinden, man außerstande gesetzt ist, zu spielen.« (Francesco Riccoboni: Die Schauspielkunst. S. 73)

Auch nach der Auffassung von Diderot, wie er sie in seinem berühmten »Paradox über den Schauspieler« dargelegt hat, darf der Darsteller die Gefühle, die er auszudrücken hat, nicht wirklich empfinden. Während die »Akteure ursprünglicher Empfindung« immer zur Ungleichmäßigkeit verurteilt sind, »bleibt sich der Schauspieler, der mit Überlegung nach dem Studium der Natur spielt, immer gleich und vollkommen«. Daraus ergibt sich für Diderot folgende Konsequenz: »Ich verlange vom Schauspieler sehr viel Urteilskraft; für mich muß dieser Mensch ein kühler und ruhiger Beobachter sein. Ich verlange daher von ihm Scharfblick, nicht aber Empfindsamkeit.« (Denis Diderot: Ästhetische Schriften. Bd. II. S. 484) Und an anderer Stelle heißt es: »Der Schauspieler hört sich zu, indem er Sie in Erregung bringt, und sein ganzes Talent besteht nicht etwa darin zu fühlen, sondern die äußeren Anzeichen des Gefühls so gewissenhaft wiederzugeben, daß Sie sich täuschen lassen. (...) Nach der Vorstellung fühlt er sich äußerst müde, er geht seine Wäsche wechseln oder legt sich zu Bett. (...) Nur Sie tragen alle Eindrücke mit sich fort. Der Darsteller ist müde, Sie sind traurig. Das kommt daher, daß er sich heftig bewegt hat, ohne etwas zu empfinden, während Sie empfunden haben, ohne sich zu bewegen.« (Denis Diderot: Ästhetische Schriften. Bd. II. S. 488 f.)

Selbstverständlich ist keine der beiden Theorien in ihrer Absolutheit zutreffend. Die Eigenart des Spielens besteht ja gerade in der Verbindung der beiden gegensätzlichen Verhaltensweisen, in einem dauernden Umschalten zwischen Selbsttäuschung und Realitätsbewußtsein, in einem Oszillieren zwischen Einfühlung und Reflexion, zwischen Bei-sich-Sein und Sich-Verlieren, zwischen Identifikation und Distanz. Der ganze Streit war also einer um des Kaisers Bart.

Konrad Ekhof war auch an der Einrichtung des ersten Stehenden Theaters in Deutschland beteiligt. Im Jahr 1775 wurde er durch die Vermittlung von Herzogin Anna Amalia von Sachsen-Weimar, der Mutter des Goethe-Freundes Karl August, nach Gotha berufen, als künstlerischer Leiter des Hoftheaters, welches das ganze Jahr hindurch in der kleinen Residenz spielen und ausschließlich aus der Schatulle des Hofes erhalten werden sollte. Herzog Ernst II. von Sachsen-Gotha-Altenburg übernahm tatsächlich alle Mitglieder des Ensembles in seinen Dienst und sicherte ihnen auch Versorgung im Alter zu. Was das Bürgertum von Hamburg, der damals größten deutschen Stadt, mit seinem Nationaltheater-Projekt nicht zustande gebracht hatte, realisierte sich hier unter dem Patronat eines »aufgeklärten« Fürstenhofes. Das Gothaer Beispiel machte Schule. In den folgenden Jahren entstanden Stehende Bühnen in Wien, Mannheim, Berlin, München und Weimar, die nun auch den Begriff »Nationaltheater« in ihrem Namen trugen. Der Vorgang ist geradezu symbolisch für den Kompromiß, den das deutsche Bürgertum (mehr oder minder freiwillig) mit der Feudalaristokratie geschlossen hatte. Diese war selbstverständlich weit davon entfernt, wirklich national zu denken, denn das hätte letztlich die Aufhebung ihrer Macht zugunsten einer starken Zentralgewalt bedeutet. Bei der Entscheidung einiger Fürsten, die italienische Oper durch ein deutsches Schauspiel zu ersetzen und ihre Häuser dem gehobenen Bürgertum gegen Eintrittsgebühren zu öffnen, spielten vor allem materielle Gründe eine Rolle. Nichts deutet darauf hin, daß sie auch der Ideologie der kritischen bürgerlichen Intelligenz Einlaß gewährten; dem stand schon die Zensur entgegen. Die Schauspieler erkauften sich also in gewisser Weise ihren sozialen Aufstieg mit politischem Wohlverhalten. Die tendenziell widerständige Haltung der ehemals unterprivilegierten Außenseiter wich einem ausgeprägten Konservatismus; bezeichnenderweise waren während der Französischen Revolution die Hofbühnen der deutschen Fürsten geradezu ein Hort der Reaktion.

Nachdem Konrad Ekhof schon drei Jahre nach seiner Verpflichtung gestorben war und nach weiteren zwei Spielzeiten das Gothaer Hoftheater wieder geschlossen wurde, setzte man in Mannheim die Arbeit in seinem Geist fort. Der kunstsinnige und relativ liberale Freiherr Wolfgang Heribert von Dalberg konnte den pfälzischen Kurfürsten Karl Theodor, der nach Übernahme des bayerischen Thrones seine Residenz nach München verlegte, dazu bewegen, das Theater zu erhalten und in den Besitz der Stadt Mannheim zu überführen. Der künstlerische Aufstieg dieser Bühne begann mit dem Engagement einer Gruppe junger Schauspieler aus Gotha. Unter ihnen stach der gerade neunzehnjährige August Wilhelm Iffland hervor, der bei der legendären Mannheimer Uraufführung von Schillers *Räubern* im Jahre 1782 den Franz Moor spielte. Er entwickelte den Stil von Ekhof weiter, erst für sich selbst, dann als verantwortlicher Spielleiter mit dem ganzen Ensemble. Dieser »Mannheimer Stil« zeichnete sich durch eine gewisse Überhöhung und Verschönerung aus, ohne allerdings die Ebene des Wahrscheinlichen und Glaubwürdigen zu verlassen. Mit der Tendenz zur Idealisierung befand sich Iffland in Übereinstimmung nicht nur mit Ekhof, sondern auch mit Diderot und Lessing.

In den Augen seines großen Gegenspielers Friedrich Ludwig Schröder allerdings zeigte seine Spielweise »zuviel Reflexion« und »geschickte Berechnung«. Dieses Urteil verwundert nicht angesichts der Tatsache, daß Schröder dem intuitiv-leidenschaftlichen Gestus der Stürmer und Dränger verpflichtet war. Er gab sich nicht mit der kontrollierten Wahrscheinlichkeit auf der Bühne zufrieden, sondern verlangte »Wahrheit« und »Natur«. Als Direktor des nun endlich dauerhaft etablierten Deutschen Theaters in Hamburg und als dessen Protagonist machte sich Schröder nicht nur um die Aufführung der jungen Genie-Dichter verdient, sondern auch um die Durchsetzung der Werke ihres großen Vorbildes Shakespeare. Die meisten allerdings mußten für die empfindsamen Seelen der Zeit zurechtgestutzt werden. Nachdem es bei der Premiere von *Othello* »frühzeitige mißglückte Niederkünfte« gegeben hatte, war Schröder gezwungen, in den nächsten Vorstellungen Othello und Desdemona am Leben zu lassen.

Drama des Sturm und Drang

Der Sturm und Drang, der seinen Namen einem Drama von Friedrich Maximilian Klinger verdankt, ist nur in Teilgebieten der Künste, nämlich in der Literatur und im Theater, in Erscheinung getreten und das auch nur in Deutschland. Die Aufklärung als geistige Offensive des nach Emanzipation strebenden Bürgertums trat damit in ein neues Stadium. Statt der rational-kritischen Komponente, die bis ungefähr 1770 dominiert hatte, trat jetzt die empfindsam-emotionale in den Vordergrund. Der politische und sozialkritische Impetus verstärkte sich, indem neue Ausdrucksmöglichkeiten für die Leidenschaften und Affekte des zur Selbstverwirklichung drängenden Individuums gewonnen wurden. Der revolutionäre Elan des Sturm und Drang blieb ganz auf den Bezirk des Geistigen beschränkt; ein Umschlagen der mit Aplomb vorgetragenen revolutionären Losungen in die Praxis war angesichts der politischen Ohnmacht des deutschen Bürgertums von vornherein ausgeschlossen. Johann Wolfgang Goethe, der mit seinen Freunden Heinrich Leopold Wagner, Jakob Michael Reinhold Lenz und Friedrich Maximilian Klinger sowie dem ein Jahrzehnt jüngeren Friedrich Schiller zu den Protagonisten der Bewegung gehörte, hat sich später in »Dichtung und Wahrheit« über das Gerede seiner Freunde von »Gärung« und »nahender Revolution« lustig gemacht.

Während sich die Ideen der Aufklärung jenseits des Rheins zu politischen Programmen verdichteten, die letztendlich zur Französischen Revolution führten, blieb es in Deutschland bei einem vagen Aufbegehren. Obwohl sich die Hoffnungen auf eine »Erziehung des Menschengeschlechts«, wie sie Lessing in seiner gleichnamigen Schrift artikuliert hatte, als Illusionen erwiesen hatten, blieben die jungen Genies bei ihrem Glauben an die Veränderbarkeit der Wirklichkeit durch die Kraft des Geistes und durch das Handeln des einzelnen. In ihrem Ideal des »Selbsthelfers«, wie es exemplarisch in der Gestalt von Goethes Götz von Berlichingen begegnet, offenbarte sich das mangelnde Vertrauen in den kollektiven Weg zur Änderung der Verhältnisse. Ihre Gegner sahen die Dichter des Sturm und Drang nicht nur im Adel, sondern auch in den bürgerlichen Mittelschichten, die mit ihrer absolut gesetzten Vernünftigkeit und Moralität die freie Entfaltung aller körperlichen und geistig-seelischen Kräfte sowie die Befriedigung elementarer Bedürfnisse einschränkten. Im Grunde hielten die Stürmer und Dränger den Konflikt zwischen der Neigung des Individuums und den Zwängen der Allgemeinheit für unlösbar. So trat neben den flammenden Protest gegen eine »feindliche Gesellschaft« gleich auch wieder die Resignation und die Tendenz zur Flucht aus der Gesellschaft. In dem während seiner »Geniezeit« entstandenen Singspiel *Claudine von Villa Bella* läßt Goethe eine der Figuren diese Haltung so beschreiben: »Wißt ihr die Bedürfnisse eines jungen Herzens, wie meins ist? Ein junger toller Kopf? Wo habt ihr einen Schauplatz des Lebens für mich? Eure bürgerliche Gesellschaft ist mir unerträglich! Will ich arbeiten, muß ich Knecht sein. Muß nicht einer, der halbwegs dies wert ist, in die weite Welt gehen?«

Die rebellische Haltung der Stürmer und Dränger entsprang vor allem der emotionalen Opposition gegen die Machtinstanzen im öffentlichen wie im familiären Bereich. Die jungen Autoren – keiner war älter als fünfundzwanzig, als er seine ersten Dramen schrieb – hatten »das Glück, nicht nur subjektiv, sondern auch objektiv so alt zu sein wie ihr Zeitalter« (Ernst Bloch), so daß die literarische Darstellung ihrer privaten Generationskonflikte eine übergeordnete Bedeutung gewinnen konnte. In ihrem Werk ist die Auflehnung gegen die leiblichen Väter ausgedehnt auf die Über-Väter in Staat und Kirche. Die bürgerliche Kleinfamilie erscheint nicht mehr – wie noch eine Generation vorher bei Diderot und Lessing – als idealisiertes Modell des Gemeinwesens, sondern als Ort von gestörten Beziehungen und von Katastrophen. Der Sohn steht gegen den Vater, der Bruder gegen den Bruder; die Tochter wird entehrt, die Mutter grämt sich zu Tode. Der souverän-gütige »Hausvater« der frühen bürgerlichen Dramatik wandelt sich zum tyrannischen Patriarchen, gegen den Widerstand von vornherein sinnlos erscheint. Auch wenn die Väter schwach werden, wie zum Beispiel der alte Mohr in Schillers *Räubern*, resultiert daraus nicht die Befreiung der Söhne, sondern nur eine tiefe Verwirrung, die ins gesellschaftliche Chaos und zum Untergang des Helden führt. So bleibt nur das verzweifelte Fazit, das Jakob Michael Reinhold Lenz eine seiner Gestalten auf dem Totenbett ziehen läßt: »Weg mit den Vätern!« Der Widerstand der jungen Intellektuellen richtet sich nicht gegen die bürgerliche Kleinfamilie an sich, sondern gegen deren autoritäre Grundstruktur. Sie soll zugunsten der als »natürlich« angesehenen, emotional vertieften Bande zwischen den einzelnen Mitgliedern aufgehoben werden. Diese Forderung hatten schon die »Vernunftaufklärer« erhoben, ohne aber eine wesentliche Voraussetzung dafür zu benennen: die freiwillige Bindung der Ehepartner auf der Basis der wechselseitigen Liebe. Von den Stürmern und Drängern wurde nun ganz entschieden die damals allgemein übliche Fremdbestimmung der Ehepartner durch elterliche Gewalt oder Standesunterschiede, durch gesellschaftliche Konventionen oder moralische Vorschriften entschieden abgelehnt.

Bei der Begründung ihrer Weltanschauung ließen sich die Dichter des Sturm und Drang von Jean-Jacques Rousseau leiten. Nach Ansicht des Philosophen hat die von der Ratio bestimmte Entwicklung des Menschen dessen natürliches Wesen entstellt; allein durch die Rückwendung zur Natur, durch die Besinnung auf das Ursprüngliche, kann eine Besserung der Zustände erreicht werden. Aufgrund von eigenen Erfahrungen mit den Exponenten der aufgeklärten Gesellschaft, wie er sie in den Pariser Salons kennengelernt hatte, kam er zu der Überzeugung, daß die Seelen in dem Maße verdorben wurden, wie sich die Künste und Wissenschaften vervollkommnet hatten. Mit dieser Ansicht setzte sich Rousseau in absoluten Widerspruch zur Fortschrittsideologie der Aufklärung. Er schwächte damit zwar die geistige Dynamik der bürgerlichen Emanzipationsbewegung, doch bereicherte er sie gleichzeitig auch durch neue Argumente. Indem er die natürliche Freiheit als unveräußerlichen Besitz des Menschen und die Ungleichheit als ein im Zivilisationsprozeß von der Gesellschaft geschaffenes Unrecht erklärte, gab er wichtige Stichworte für die Französische Revolution. Napoleon soll an Rousseaus Grab geäußert haben, daß es besser für »Frankreichs Ruhe« gewesen wäre, wenn er nie gelebt hätte. In Deutschland wurden die Lehren des Philosophen in erster Linie unter dem Blickwinkel der Freiheit des Individuums und der Rückkehr zu seinem »natürlichen Wesen« rezipiert. An diesem Ideal richteten die Sturm-und-Drang-Dramatiker nicht nur das Verhalten ihrer Bühnenfiguren, sondern auch ihr Privatleben aus. Sie pflegten einen »rauhen, aber herzlichen Umgangston«, bemühten sich um eine natürliche Körpersprache und entdeckten ihre Liebe zum Eislaufen und Nacktbaden.

Der Begriff »Natur« spielte eine zentrale Rolle schon in der Begegnung des knapp zwanzigjährigen Jura-Studenten Goethe mit dem fünf Jahre älteren, aus Ostpreußen stammenden Pfarrer, Kritiker und Philosophen Johann Gottfried Herder im Jahr 1770 in Straßburg, die als Geburtsstunde des Sturm und Drang gilt. Die Allgegenwart Gottes in der Natur, die Volkspoesie als die eigentliche Muttersprache der Menschheit, das »Originalgenie« als die höchste Verkörperung des Naturmenschen – alle diese Gedanken des Freundes und Lehrers griff der junge, noch ganz unbekannte Dichter begierig auf und verarbeitete sie in seinen volksliedhaften Natur- und Liebesgedichten sowie in einigen kunsttheoretischen Abhandlungen. In dem Essay »Von deutscher Baukunst« rühmte Goethe die Architektur der Gotik, die ihm Herder im Angesicht des Straßburger Münsters nahegebracht hatte. In der Rede »Zum Schäkespeares Tag« bezeichnete er den Elisabethaner als »Dichter aus der Hand der Natur« und rief begeistert aus: »Natur! Natur! nichts so Natur wie Schäkespears Menschen.« (Johann Wolfgang Goethe: Sämtliche Werke. Bd. 4. S. 135) Shakespeare erschien ihm als die reinste Verkörperung jenes Idealbildes, für das Goethe und seine literarischen Freunde den Begriff »Genie« gebrauchten. Sie verstanden darunter den ganz aus der Originalität seiner individuellen Natur heraus schaffenden Künstler. Dieser sollte nach ihrer Auffassung sich an keine Regeln gebunden fühlen als an die ihm selbst innewohnenden. Damit stellten sie sich bewußt in Gegensatz zu den Dichtern und Theoretikern vom Schlage Diderots und Lessings, die das künstlerische Schaffen als einen im Prinzip erklärbaren, bestimmten Gesetzmäßigkeiten gehorchenden Prozeß begriffen hatten. Sie sahen das Dichten als einen geheimnisvollen Vorgang an, der aus den unergründlichen Quellen der Intuition und der Inspiration gespeist wird. An die Stelle des »Studiums« tritt das »Ingenium« als Voraussetzung der Kreativität. Grundsätzlich ist das Genie, das sich nicht nur in der Kunst oder Wissenschaft, sondern auch in der unbedingten Liebe oder in der großen politischen Tat verwirklichen kann, in jedem Menschen angelegt. Goethe bezeichnete es als einen »gesalbten Gott«. Damit folgte er Gedankengängen von Johann Georg Hamann. Der ebenfalls aus Ostpreußen stammende Freund und Lehrer Herders behauptete, daß Gott selbst aus dem Genie spricht. Den bis zum Wahnsinn reichenden Enthusiasmus des Genies betrachtete Hamann als Widerstandskraft gegen den einseitigen Rationalismus, den er in der Aufklärung am Werk sah. Gegen die Dominanz des Verstandes setzte er das Vorrecht der Leidenschaften und Empfindungen. Statt der Sprache der Analyse, des logischen Schlußfolgerns und des Urteilens propagierte und benutzte er in seinen Werken – seine bedeutendste Schrift sind die »Sokratischen Denkwürdigkeiten« – die Sprache der Analogien und poetischen Bilder. Seine Schriften – eine wilde Mischung aus Zitaten, Gedankensplittern, dunklen Andeutungen und Glaubensbekenntnissen – zeigen ein tiefes Vertrauen in die Macht der unmittelbaren sinnlichen Erfahrungen. »Denken Sie weniger, leben Sie mehr!« – Diese Aufforderung Johann Georg Hamanns stieß bei den Stürmern und Drängern auf offene Ohren.

Herders Ansichten über die Entwicklung der Literatur gaben den Stürmern und Drängern einen weiteren Grund zur Inthronisation Shakespeares als Idol. Sie lassen sich so zusammenfassen: Weil der Mensch nicht nur ein denkendes, sondern auch ein sinnlich wahrnehmendes und fühlendes Wesen ist, soll die Dichtung wieder zum Empfindungsausdruck werden, wie sie es in einem frühen, ursprünglichen Stadium der Menschheitsgeschichte gewesen ist. Die sich auf die Autorität der Antike berufenden Regelsysteme haben sie zu kalter, glatter »Letternpoesie« erstarren lassen. »Herz! Wärme! Blut! Menschheit! Leben!« – Qualitäten, die der Poesie einst zu eigen waren, sind nach Herders Ansicht durch die Verabsolutierung der Verstandeskultur und durch die asketische Moral aus der zeitgenössischen Literatur verschwunden. Durch die Rückbesinnung auf die Ursprünge und die eigenen Traditionen, vor allem auch auf die Volksdichtung, könnten sie wiedergewonnen werden. Mythen, Sprache und Dichtung eines Volkes, die eine Einheit bilden, lassen sich nicht ohne weiteres auf eine andere Kultur übertragen. Jede Epoche ist ein in sich geschlossenes Ganzes und hat als solche ihren Platz in der Menschheitsgeschichte. Mit seinem Plädoyer für eine historisch differenzierende Betrachtungsweise trat Herder der bis dahin gültigen Annahme überzeitlicher Kriterien für die Kunst entgegen und machte damit den Weg frei für die Rezeption von Shakespeare in seiner geschichtlichen Spezifik.

Herders Überlegungen ermutigten den Goethe-Freund Jakob Michael Reinhold Lenz zum kritischen Studium der Dramaturgie Shakespeares im Hinblick auf die eigene literarische Produktion und die seiner Weggefährten. In seinen »Anmerkungen übers Theater« wandte sich Lenz in aller Schärfe gegen die aristotelische Regel der Einheit von Zeit, Ort und Handlung. »Zum Henker«, schrieb er, »hat denn die Natur den Aristoteles gefragt, wenn sie ein Genie schuf?« (Jakob Michael Reinhold Lenz: Werke und Briefe. Bd. 2. S. 654) In Gegensatz zu der antiken Autorität stellte sich Lenz auch mit seiner Behauptung, daß nicht die Handlung, sondern die Charaktere das Primäre im Trauerspiel sind. Im Lustspiel dagegen ist es nach seiner Ansicht umgekehrt. Allerdings zweifelt Lenz daran, daß unter den politischen Umständen seiner Zeit die Schöpfung eines reinen Lustspiels überhaupt möglich ist. In der Selbstrezension seines Schauspiels *Der neue Menoza* schreibt er: »Komödie ist Gemälde der menschlichen Gesellschaft, und wenn sie ernsthaft wird, kann das Gemälde nicht lachend werden.« (Jakob Michael Reinhold Lenz: Werke und Briefe. Bd. 2. S. 703) So erschien ihm allein eine Mischgattung geeignet, die aktuelle Wirklichkeit auf der Bühne darzustellen. Darin sah er sich bestärkt durch die Argumente des Diderot-Schülers Louis-Sébastian Mercier. Dieser behauptete in seiner 1773 erschienenen Schrift »Du théâtre ou Nouvel essai sur l'art dramatique«, die Heinrich Leopold Wagner, ein Studienkollege von Goethe und Lenz in Straßburg, unter dem Titel »Neuer Versuch über die Schauspielkunst« in einer Übersetzung vorlegte, die Tragikomödie sei die zeitgemäße Gattung des Dramas. Zudem forderte Mercier die Aufnahme von Angehörigen der unteren Gesellschaftsschichten in das Personal der Dramatik; auch darin stimmte Lenz mit ihm überein.

Sieht man von Heinrich Wilhelm von Gerstenbergs auf einer Episode aus Dantes »Göttlicher Komödie« beruhenden Drama *Ugolino* ab, das neben der Beschwörung von Natur und Freiheit noch manche Elemente der Vernunftaufklärung enthält, so ist Goethes *Götz von Berlichingen* das früheste Drama des Sturm und Drang. Die erste Fassung ist 1771 entstanden, wurde dann überarbeitet, zwei Jahre später gedruckt und bald darauf uraufgeführt. Die Kritik stürzte sich begierig auf das Werk des unbekannten Dichters, der bis dahin im dramatischen Fach nur epigonale Werke, wie das Schäferspiel *Die Laune des Verliebten* und die farcenhafte Verwechslungs- und Verkleidungskomödie *Die Mitschuldigen*, hervorgebracht hatte. Es entwickelte sich eine öffentliche Debatte, die der Autor und seine Freunde dazu nutzten, ihre ästhetischen Ansichten darzulegen. Das Werk brachte in der Titelfigur des Götz von Berlichingen zum ersten Mal die Gestalt des »Kraftkerls« und »Selbsthelfers« auf die Bühne und setzte sie einem neuartigen tragischen Konflikt aus: dem Zusammenstoß des »Eigentümlichen seines Ichs und seines Wollens« mit dem »notwendigen Gang des Ganzen«. Das starke Ich fordert die Welt heraus und muß an ihrer Gegenwirkung zerbrechen. Dieses Prinzip, das er für den Wesenskern von Shakespeares Trauerspielen hielt, brachte Goethe an einem Stoff der deutschen Geschichte zur Anschauung. Als Quelle diente ihm die Autobiographie eines Mannes, der ein recht unideales Raubritterleben geführt hatte, vom Autor aber zum edel gesonnenen, nur »Gott und dem Kaiser untertanen« Helden stilisiert wurde. Hinter der historischen Figur scheint der Bürger des 18. Jahrhunderts hervor, der seinen Handlungsspielraum gegen die Herrschaft des Absolutismus geltend macht. Götz stirbt mit dem Wort »Freiheit« auf den Lippen; die Nachfahren werden aufgerufen, sich seiner zu erinnern. So revolutionär wie der Inhalt muß die Form des Dramas auf die Zeitgenossen gewirkt haben: Goethe entfaltet die Fabel in schnell wechselnden Kurzszenen und bricht radikal mit den drei Einheiten.

Kurz nach *Götz von Berlichingen* erschien ein weiteres Drama des Dichters: *Clavigo*. Als Vorlage hatte Goethe den gerade erschienenen autobiographischen Bericht des französischen Schriftstellers Beaumarchais gewählt. Das in acht Tagen aufgrund einer Wette entstandene Werk beeindruckt durch seinen straffen Aufbau und die strenge Beachtung der klassischen Regeln. Der Autor stellte hier keinen »Kraftkerl« ins Zentrum des Geschehens, sondern einen schwächlichen und schwankenden Charakter. Clavigo hat die Aussicht, am spanischen Hof Karriere zu machen. Bei dem Aufstieg ins aristokratische Milieu wäre ihm allerdings die bereits versprochene Heirat mit dem armen Mädchen »ohne Stand« sehr hinderlich. Sein Freund, das personifizierte Realitätsprinzip, bestärkt ihn in dem Entschluß, die Geliebte zu verlassen und beruhigt sein schlechtes Gewissen. Das Mädchen aber grämt sich zu Tode; an der Bahre ersticht ihr Bruder den treulosen Liebhaber. Ähnlich wie in Shakespeares *Romeo und Julia* stellt sich im Tod eine höhere Gemeinschaft zwischen den Liebenden her.

In *Stella*, einem »Schauspiel für Liebende«, wie die Gattungsbezeichnung lautet, führt Goethe die im *Clavigo* angelegten Tendenzen in Richtung auf das reine »Seelendrama« weiter. Hier erscheint die Beziehung zur sozialen Welt und damit der typische Sturm-und-Drang-Konflikt fast vollständig aufgelöst. Das Geschehen wird beherrscht von der in einer überschwenglichen und stammelnden Sprache ausgedrückten Empfindung. Hatte Clavigo seine Liebe dem Ehrgeiz geopfert, so bricht hier die erotische Leidenschaft des Helden ohne äußere Einflüsse zusammen und läßt ihn elend als betrogenen Bürger zurück. Der Mann, der zwei Frauen durch die Kraft seiner Liebe glücklich gemacht hat, droht sie auch zu vernichten. Der Konflikt im Dreiecksverhältnis zwischen ihm, seiner verlassenen Frau und der wiedergefundenen Geliebten ist unversöhnlich. Trotzdem läßt Goethe in Überschreitung der durch die zeitgenössische Konvention gesetzten Grenzen alle drei sich vereinen in einem unaufhebbaren Bund: »Eine Wohnung, Ein Bett, Ein Grab«, so die letzten Worte des Dramas. Erst nach seiner Sturm-und-Drang-Phase schrieb Goethe eine neue – tragische – Schlußsequenz.

In der ersten Hälfte der siebziger Jahre verfaßte Goethe eine Reihe kleinerer Werke der verschiedensten Genres: die beiden Singspiele *Erwin und Elmire* und *Claudine von Villa Bella*, die Literatursatire *Götter, Helden und Wieland*, das Kurzdrama *Satyros oder Der vergötterte Waldteufel*, das in der Art des Hans Sachs geschriebene Fastnachtspiel vom *Pater Brey*, die volkstümlichen Farcen *Das Jahrmarktsfest zu Plundersweilern* und *Hanswursts Hochzeit*. Wenn Goethe im letztgenannten Stück seitenlang Namen der Hochzeitsgäste wie Hans Arsch von Rippach, Ursel mit dem kalten Loch oder Peter Sauschwanz aufführt, so zeigte sich darin nicht nur eine unbändige Lust am Obszönen und Unflätigen, sondern auch die sinnliche Vitalität des Frankfurter Großbürgersohnes und studierten Juristen; diese fand in einer kräftigen Sprache und im volkstümlichen Knittelvers ihren Ausdruck. Diese Eigenheiten kamen auch in der ersten Skizze für den *Faust* zum Tragen, die als *Urfaust* in die Literaturgeschichte eingegangen ist. Der Stoff – das Leben und Treiben des in der ersten Hälfte des 16. Jahrhunderts in Südwestdeutschland herumziehenden Alchimisten, Magiers und Kurpfuschers – war Goethe als Volksbuch und Puppenspieltext schon seit der Kindheit bekannt. Den Dichter des Sturm und Drang reizte die Figur, in der er eine Art »metaphysischen Selbsthelfer« sah. Der *Urfaust* ist ein großartiger Torso, bestehend aus drei Handlungsblöcken: dem Gelehrten-Drama, der Universitätssatire und der Gretchen-Tragödie. Im großen Eingangsmonolog bekundet Faust sein Ungenügen an der Buch-Gelehrsamkeit; er weiß alles und versteht nichts, vor allem aber erlebt er nichts von dem, was er weiß. Diesen Zustand sucht er zu überwinden, sogar durch einen Bund mit dem Teufel. Mit Hilfe von Mephistopheles erobert er Margarete, reißt sie aus ihrem häuslich beschränkten Dasein in ein Abenteuer, dem sie nicht gewachsen ist. Sie bringt das Kind zur Welt, tötet es, wird verhaftet und zum Tode verurteilt. Faust versucht noch, sie zu retten, aber aus dieser Tragödie gibt es keinen irdischen Ausweg mehr. So bleibt Gretchen nur das Vertrauen in die göttliche Gnade und Faust die Zuflucht zu den Machenschaften des Teufels. Im Gegensatz zur ausgearbeiteten Fassung des *Faust* gibt es hier keine Erlösung, keinen wie immer gearteten Ausblick in eine höhere Welt. Der Versuch, das subjektive Gefühl über alle Schranken hinweg zu verwirklichen, endet im

Zustand der Schuld. Ob Faust sie sühnen wird, bleibt offen.

Die historische Begebenheit, auf die Goethe in der Gretchen-Tragödie zurückgreift, hat auch seinen Freund Heinrich Leopold Wagner zu einem Drama inspiriert. In seiner *Kindermörderin* führt dieser eine kleinbürgerliche Welt vor, in die ein adliger Offizier als Verführer eindringt. Gerührt durch den beleidigten Tugendstolz des Mädchens, wandelt er sich und verspricht die Heirat. Dieser Plan wird aber durch die Intrige eines skrupellosen Kameraden hintertrieben. Das Mädchen glaubt sich verlassen und tötet in seiner Verzweiflung auf offener Bühne das neugeborene Kind. Dieser Schluß war für das zeitgenössische Publikum zu krass. Um die Aufführung zu ermöglichen, ließ der Autor eine zweite Version mit dem moralisierenden Titel *Evchen Humbrecht oder Mütter merkt's Euch!* damit enden, daß die jungen Leute trotz des Standesunterschiedes die Ehe eingehen. Auch Wagners zweites abendfüllendes Drama, *Die Reue nach der Tat*, hat ein Liebesverhältnis über die Standesschranken hinweg zum Thema: Eine »Justizrätin« treibt mit ihrem Dünkel den eigenen Sohn und die von ihm geliebte Tochter eines Kutschers in den Tod.

Ähnliche Themen behandelte Jakob Michael Reinhold Lenz, der neben Goethe und Schiller bedeutendste Dramatiker des Sturm und Drang, in seinen beiden Sozialdramen *Der Hofmeister* und *Die Soldaten*. Das erstgenannte ist in einem Milieu angesiedelt, das der Autor aus eigener Erfahrung kannte. Nach einem aus finanziellen Gründen abgebrochenen Theologiestudium in Königsberg hielt sich der Sohn eines armen livländischen Dorfpfarrers jahrelang als Hauslehrer über Wasser, bis er, geistig umnachtet, auf den Straßen Moskaus verhungerte. *Die Vorteile der Privaterziehung*, der Zweittitel des Schauspiels, ist ironisch gemeint. Lenz zeigt, daß diese für alle Beteiligten nur Nachteile bringt, und er plädiert für den Ausbau des öffentlichen Schulwesens. Die entwürdigende Situation des bürgerlichen Intellektuellen unter dem feudalabsolutistischen Regime demonstriert Lenz durch eine lange Reihe von Demütigungen, die der Hofmeister im Hause seines adligen Herrn erdulden muß. Seine Zwangslage verschärft sich, als sich die Schülerin von ihm nur allzu willig verführen läßt. Die Flucht in das Haus eines väterlich-tyrannischen Dorfschulmeisters ist nichts als der Wechsel von einer Zwangsjacke in die andere. Um seine sexuellen Gelüste abzutöten, kastriert sich der Hofmeister, worauf er von seinem Mentor, dem die radikale Triebunterdrückung als höchste Qualifikation für das Lehramt erscheint, als »Leuchte der Menschheit« gepriesen wird. Zu dessen Enttäuschung tut sich aber der Hofmeister schließlich mit einem naiven Landmädchen zusammen, das in Anbetracht ihrer Mühen mit der zu hütenden Gänseschar freiwillig auf Kinder verzichten will. Lenz erhebt mit seinem Drama nicht nur Anklage gegen den borniertn und korrupten Adel, sondern auch gegen die kleinbürgerliche Intelligenz, die mit ihrer Unterwürfigkeit dessen Machtposition noch stärkt. In der Selbstkastration hat er dafür ein einprägsames Bild gefunden.

Der sozialkritische Impetus, die offene Dramaturgie, die Mischung von tragischen und komischen Elementen sowie die kräftige volkstümliche Ausdrucksweise, die Lenz in seinen Übertragungen von Lustspielen des Plautus und Shakespeares *Love's Labour's Lost* unter dem Titel *Amor vincit omnia* geschärft hatte, kennzeichnen auch sein Schauspiel *Die Soldaten*. Hier werden in aller Drastik die Übergriffe der Offiziere gezeigt, denen ein Heiratsverbot auferlegt ist und die sich dafür an naiven Bürgerstöchtern schadlos halten. Auch dieses Milieu kannte Lenz, verbrachte er doch einige Zeit damit, zwei kurländischen Baronen, die im Elsaß Militärdienst leisteten, als Gesellschafter zu dienen. Wie in Wagners *Kindermörderin* hat hier ein junger Offizier einem Mädchen die Heirat und damit den Aufstieg in die Aristokratie versprochen, sie dann aber sitzengelassen. Daraufhin wird er von dem bürgerlichen Verlobten des Mädchens ermordet, der sich aber auch selbst das Leben nimmt. Der vom Autor einer der Figuren in den Mund gelegte Vorschlag, »Pflanzschulen für Soldatenweiber« einzurichten, ist durchaus ernstgemeint.

In Lenz' drittem bedeutenden Stück, *Der neue Menoza*, unterzieht Prinz Tandi, ein Vertreter des in dieser Zeit überaus beliebten Typus des »edlen Wilden«, des unverdorbenen Naturmenschen, dem die Sittlichkeit angeboren ist, die europäische Zivilisation einer vernichtenden Kritik: »Wo man hinrieht, faule, ohnmächtige Begier! (...) Ihr wißt erstaunlich viel, aber ihr tut nichts!« Am Schluß löst sich allerdings die Konfrontation in nichts auf; der angebliche Exot erweist sich als der Sohn eines deutschen Hauptmanns; der »edle Wilde« ist in Wirklichkeit ein »edler Europäer«.

Als Ausdruck ganz individueller Sehnsüchte Lenz' läßt sich sein Drama *Die Freunde machen den Philosophen* deuten. Ein Weiser wird hier in seinem Edelmut noch übertroffen von einem Aristokraten, der ihm am Hochzeitsabend seine Frau überläßt. Wahrscheinlich sollte das eine Parodie auf Goethes *Stella* sein. Auch hier gab Lenz seinem merkwürdigen Drang nach, auf den Spuren von Goethe zu wandeln, so wie er es bei Friederike Brion und dann bei Frau von Stein versuchte, woraufhin ihn Goethe aus Weimar abschieben ließ.

Nicht besser erging es Friedrich Maximilian Klinger, der ebenfalls seine (schon aus der gemeinsamen Frankfurter Kindheit herrührende) Freundschaft mit Goethe nutzen wollte, um am Weimarer Hof Karriere zu machen. Der zu Amt und Würden gekommene Dichter empfand ihn als einen »Splitter im Fleisch« und sorgte dafür, daß er sich »heraus schwürte«. Klinger mußte Weimar verlassen und verdingte sich bei einer Wandertruppe als Theaterdichter, um dann endlich in Rußland als Vorleser eines Großfürsten Boden unter den Füßen zu gewinnen und schließlich als General des zaristischen Kadettencorps in der militärischen Hierarchie hoch aufzusteigen. Auch als Autor einer Romanreihe im Geiste der Spätaufklärung konnte sich Klinger gewisses Ansehen erwerben. Den Dramen seiner Genie-Periode, *Otto, Das leidende Weib, Die neue Arria, Simsone Grisaldo, Der Wirrwarr* – von dem Schweizer »Kraftapostel« Christoph Kaufmann in *Sturm und Drang* umgetauft – liegen kühne Entwürfe zugrunde, die in einem überhitzten Ton ausgeführt sind. »Löwenblutsäufer« wurde der Dichter von seinen Freunden genannt. Allerdings fehlte Klingers Werken meist der konkrete gesellschaftliche Bezug, der notwendig gewesen wäre, um die individuelle Problematik als eine allgemeine erkennbar zu machen. Ein großer Theatererfolg war nur seinem Schauspiel *Die Zwillinge* beschieden, einem Brudermord-Drama, das als Beitrag zu einem Preisausschreiben des von Friedrich Ludwig Schröder geleiteten Hamburger Theaters verfaßt wurde. Demselben Anlaß verdankt das thematisch ähnlich gelagerte Trauerspiel *Julius von Tarent* von Johann Anton Leisewitz seine Entstehung, das in formaler Hinsicht dem Muster von Lessings *Emilia Galotti* folgte. Eine Randstellung im Sturm und Drang nahm auch Friedrich Müller ein, der sich, künstlerisch doppelt begabt, »Maler Müller« nannte. Als Dichter ging er mit den im Milieu seiner pfälzischen Heimat angesiedelten Idyllen in die Literaturgeschichte ein. Als Dramatiker trat er mit einem religiösen Schauspiel, *Golo und Genoveva*, und mit einer Faust-Dichtung hervor, in der die Verbindung mit dem Teufel und die Höl-

Friedrich Maximilian Klinger: *Die Zwillinge*. Zeitgenössischer Stich von J. Albrecht

lenfahrt nur ein böser Traum sind, aus dem der Gelehrte und Magier am Ende erwacht.

Nachdem die erste Welle des Sturm und Drang ihren Höhepunkt bereits überschritten hatte, erfuhr die Bewegung mit den Jugenddramen von Friedrich Schiller noch einmal einen Aufschwung. Ein Jahrzehnt nach Goethe geboren, in geistig und materiell beengten Verhältnissen aufgewachsen, erhielt der Dichter in der »Pflanzschule« des Württembergischen Herzogs eine strenge Ausbildung zum »Regimentsmedicus«. Noch in seiner Studienzeit entstand das Schauspiel *Die Räuber*, vom Autor selbst als das »Gemälde einer verirrten großen Seele« bezeichnet. Die Thematisierung des Generationskonflikts und der Emanzipation des Individuums sowie die Mischung philosophischer Probleme mit politischer Opposition machten das Werk zu einem aufwühlenden Bild der Zeit. Obwohl der Autor auf Betreiben des Freiherrn von Dalberg, des Intendanten der Mannheimer Bühne, das Geschehen ins 15. Jahrhundert zurückverlegt hatte, war die Wirkung auf das Publikum der Uraufführung überwältigend. Ein Zeitgenosse berichtet: »Das Theater glich einem Irrenhause, rollende Augen, geballte Fäuste, heisere Aufschreie im Zuschauerraum. Fremde Menschen fielen einander schluchzend in die Arme, Frauen wankten, einer Ohnmacht nahe, zur Tür. Es war eine allgemeine Auflösung wie im Chaos, aus dessen Nebeln eine neue Schöpfung hervorbricht.« (Zitiert nach Heinz Kindermann: Theatergeschichte Europas. Band IV. S. 701) Schiller erzählt die Fabel von den ungleichen Söhnen eines Grafen in zwei Handlungssträngen, die geschickt miteinander verknüpft sind. Der zweitgeborene, nicht erbberechtigte Sohn Franz spinnt im Schloß des Vaters seine mörderischen Intrigen, die den Bruder Karl aus beleidigter Ehre zum Hauptmann einer Räuberbande werden lassen. Karl wird in echter Sturm-und-Drang-Manier zum »Selbsthelfer« aus einer tiefinneren Verletzung und dem Zweifel an der Sittlichkeit der herrschenden Ordnung. Als Anführer einer kriminellen Bande will er die Sache der Gerechtigkeit verfechten; die terroristischen Mittel diskreditieren jedoch in zunehmendem Maße die gute Absicht. Nachdem in einem gefühlsrasenden Finale seine Familie und auch die treue Geliebte zugrunde gegangen sind, will er sich der Justiz stellen. Erst jetzt entschließt er sich zu einer wirklich sozialen Tat: »Ich erinnere mich, einen armen Schelm gesprochen zu haben, der im Taglohn arbeitet und elf lebendige Kinder hat. – Man hat tausend Louisdore geboten, wer den großen Räuber lebendig liefert – dem Manne kann geholfen werden.«

In seinem zweiten Schauspiel, *Die Verschwörung des Fiesco zu Genua*, zeigt Schiller den republikanisch gesinnten Renaissance-Helden nicht als »Opfer ausschweifender Empfindung« wie Karl Moor, sondern läßt ihn an seiner eigenen »Kunst und Kabale« zugrunde gehen. Das Stück bekam negative Kritiken und hatte auch trotz einer grundlegenden Umarbeitung keinen Erfolg. Der Autor erklärte sich das damit, daß die Idee der »republikanischen Freiheit«, die hier beschworen wird, in Deutschland eben nur »Schall und Rauch« sei.

Die Hauptfiguren von Schillers »Bürgerlichem Trauerspiel« *Kabale und Liebe*, der adelige Präsidentensohn und die arme Musikertochter, zerbrechen an der Unvereinbarkeit der Stände, gleichzeitig aber auch an der patriarchalischen Familienstruktur. Aristokratisch oder bürgerlich – die Übermacht der Väter, des brutalen und skrupellosen wie des zärtlichen und sittenstrengen, ist an jene Stelle gerückt, die in der griechischen Tragödie das Fatum einnimmt. Der Traum von einer Gesellschaft, in der die Klassenschranken überwunden sind und »die Menschen nur Menschen sind«, ist für die Liebenden im Leben nicht zu verwirklichen.

Hatte sich in *Kabale und Liebe* nochmals der Sturm und Drang ausgetobt, so weist *Don Carlos* schon auf Schillers große Historiendramen der klassischen Zeit voraus. Sein rebellischer Sinn kommt aber auch hier zum Ausdruck, in der Gestalt des Marquis von Posa, der »nicht Fürstendiener sein kann« und in kühner Rede vom König »Gedankenfreiheit« verlangt.

Drama und Theater der Deutschen Klassik

In der Deutschen Klassik erreichte im letzten Viertel des 18. Jahrhunderts die geistig-künstlerische Komponente der bürgerlichen Emanzipationsbewegung, die mit der Aufklärung begonnen und durch den Sturm und Drang eine antithetische Weiterentwicklung erfahren hatte, ihren Höhepunkt. Weil aufgrund der territorialen Zersplitterung Deutschlands noch kein einheitliches, starkes Bürgertum existierte, konnte sich die kulturelle Blüte nur unter dem Patronat eines »aufgeklärten« Fürstenhofes vollziehen. In der provinziellen Enge des kleinen Herzogtums Sachsen-Weimar-Eisenach entstand eine weltbürgerlich ausgerichtete deutsche Nationalkultur. Daß diese keine politische Entsprechung fand, lag nicht nur in den objektiven Bedingungen, sondern auch in der Mentalität der geistigen Führungsschichten begründet. Diese verhielten sich zur Französischen Revolution als dem epochemachenden Ereignis des Zeitalters zwiespältig. Die ersten Nachrichten wurden von der Mehrzahl der bürgerlichen Intellektuellen begeistert aufgenommen; sobald aber die Ideen durch das Gewicht der Tatsachen in den Hintergrund rückten, verwandelte sich bei den meisten die positive Haltung in Ablehnung und oft gar in fanatischen Haß. Auch die Weimarer Klassiker wandten sich vehement gegen den konkreten Verlauf der Revolution. Schiller, der aufgrund des Freiheitspathos' seiner Frühwerke zum »Ehrenbürger der Französischen Republik« ernannt worden war, ging unter dem Eindruck der Schreckensherrschaft der Jakobiner und der Machtergreifung Napoleons auf Distanz. Und Goethe, der sich als Minister eines reaktionären Regimes weit von den Idealen seiner Sturm-und-Drang-Zeit entfernt hatte, opponierte scharf gegen alle Tendenzen, in Deutschland »künstlicherweise ähnliche Szenen herbeizuführen wie in Frankreich«. Er befürwortete zwar prinzipiell eine Umgestaltung, doch hielt er die Deutschen noch nicht reif dafür und plädierte darum nur für vorsichtige Reformen. Ganz im Geiste der deutschen Aufklärung zielte er auf den geistig-moralischen Fortschritt, der den Menschen, unabhängig von seinem Stand, auf eine höhere Ebene der Sittlichkeit heben sollte, woraus sich (nach seiner Ansicht) die sozialen und politischen Veränderungen quasi von selbst ergeben würden. Die Ausrichtung auf eine ferne Zukunft führte im literarischen Schaffen der Weimarer Klassiker zu einem weitgehenden Verzicht auf die Darstellung der aktuellen Wirklichkeit. Die herrschenden Konflikte und Widersprüche wurden zugunsten einer utopisch vorausgreifenden Idealisierung der Realität in den Hintergrund gedrängt. Goethe war sich dieses Sachverhalts durchaus bewußt, als er während der Arbeit an *Iphigenie auf Tauris* darüber klagte, daß König Thoas so rede, als ob »kein Strumpfwürker in Apolda hungerte«. In die gleiche Richtung weist Schillers Bemerkung, daß das »Ideal der politischen Gleichheit« in Deutschland nur im »Reich des ästhetischen Scheins« zu verwirklichen sei.

Anders als die »Olympier« von Weimar verhielt sich unter den deutschen Dichtern jener Zeit vor allem Friedrich Hölderlin. In seinem Werk ist deutlich die positive Affinität zur Französischen Revolution zu erkennen. Für ihn war die griechische Antike nicht nur ein geistiger Orientierungspunkt, sondern auch das Muster für eine demokratische Gesellschaftsordnung. In den drei Fragment gebliebenen Versionen seiner Tragödie *Der Tod des Empedokles* schildert Hölderlin das Ringen des vorsokratischen Philosophen gegen eine der Natur ebenso wie den Göttern fernstehende Priesterschaft, gegen ein absolutistisches Regime und für ein gleichberechtigtes Zusammenleben der Menschen.

Die Entfremdung von der Umwelt und von den Göttern sucht der Held durch eine beispielhafte Opfertat rückgängig zu machen. Indem er sich, wie sein historisches Urbild es getan haben soll, in den Krater des Ätna stürzt, sucht er seine Mitbürger von der Notwendigkeit eines grundsätzlichen Umdenkens und Hinarbeitens auf »bessere Tage« zu überzeugen. Empedokles ist hier ein Vertreter demokratisch-revolutionärer Ansichten; in seiner Rede an das Volk fallen Sätze wie diese: »Das ist die Zeit der Könige nicht mehr!« oder: »Euch ist nicht zu helfen, wenn ihr euch selbst nicht helft!« In dem Tragödien-Fragment reflektiert Friedrich Hölderlin seine eigene Situation als Dichter in einer Zeit radikaler Umwälzungen. Trotz der Enttäuschung über die Machtübernahme Napoleons und die Weigerung der Franzosen, Pläne zur Gründung einer schwäbischen Republik zu unterstützen, hielt er im Glauben an die Revolution fest. Auch in seiner Überzeugung von der politischen Mission des Schriftstellers blieb er unerschütterlich. Bevor sich sein Geist verdunkelte, formulierte er in einem »Gedicht an die Deutschen« seine Ahnung eines »himmlischen Tages«, der die Einkehr des »Genius unseres Volkes« bringen werde.

Als die Epoche der Deutschen Klassik gilt der Zeitraum zwischen der Begegnung von Goethe und Schiller im Jahr 1794 und dem Tod des Letztgenannten im Jahre 1805, in dem ein großer Teil ihrer bedeutendsten Arbeiten entstanden ist. Faßt man den Begriff weiter, so lassen sich auch die Gebrüder Humboldt, der späte Herder sowie der Altertumsforscher Johann Joachim Winckelmann zur Klassik zählen. Bevor das Wort die Bedeutungen von »allgemeingültig«, »vollendet«, »vorbildlich«, »maßvoll« und »abgeklärt« in sich aufgenommen hatte, wurde es in erster Linie zur Bezeichnung des antiken Griechentums gebraucht. In dessen Geisteswelt und Kunst, für die Winckelmann die Formel von der »stillen Einfalt und edlen Größe« geprägt hatte, sahen die Klassiker jenes Humanitätsideal verwirklicht, das im Zentrum ihres Erziehungsprogrammes stand. Johann Gottfried Herder, Goethes Mentor in Straßburg und später Superintendent in Weimar, hat es so formuliert: »Humanität ist der Charakter unseres Geschlechts; er ist uns aber nur in Anlagen angeboren. Wir bringen ihn nicht fertig auf die Welt mit; auf der Welt aber soll er das Ziel unseres Betrebens, die Summe unserer Übungen, unser Wert sein.« Die griechische Antike erscheint dem Philosophen als das »Jünglingsalter der Menschheit« mit all seinem Glanz und all seinen Grenzen: »In der Geschichte der Menschheit wird Griechenland ewig der Platz bleiben, wo sie ihre schönste Jugend und Brautblüte verlebt hat. Und wodurch kamen die Griechen zu diesem allen? Nur durch ein Mittel: durch Menschengefühl, durch Einfalt der Gedanken und durch ein lebhaftes Studium des wahrsten, völligsten Genusses, kurz: durch Kultur der Menschheit. Hierin müssen wir alle Griechen werden, oder wir bleiben Barbaren.« (Johann Gottfried Herder: Werke. Bd. II. S. 606)

Aus der Vergegenwärtigung der Antike erwuchs ein Erziehungsprogramm, das auf die Wiederherstellung der Einheit von Vernunft und Sinnlichkeit und auf die Vermittlung zwischen der Selbstverwirklichung des Individuums und der Humanisierung des Gemeinwesens ausgerichtet ist. Der Kunst fällt dabei eine zentrale Aufgabe zu. Sie soll einen »Vor-Schein« der harmonisch ausgebildeten und dadurch für die Entwicklung der Allgemeinheit wertvollen Persönlichkeit geben. Wie es in Schillers Ankündigung der Zeitschrift »Die Horen« heißt, soll die Kunst durch ein »höheres und allgemeines Interesse an dem, was rein menschlich und über allen Einfluß der Zeiten erhaben ist«, die Gemüter »wieder in Freiheit setzen und die politisch geteilte Welt unter der Fahne der Wahrheit und Schönheit wieder (...) vereinigen.« (Friedrich Schiller: Sämtliche Werke. Bd. 5. S. 870) Was mit »unreinem Parteigeist gestempelt« ist, hat in der Kunst keinen Platz. Durch die Ausgrenzung der realen Interessenunterschiede, vor allem zwischen Bürgertum und Aristokratie, wird die Kunst zu einem Freiraum, in dem – fiktiv – eine allumfassende Versöhnung stattfindet.

Die Funktion des Schönen für das Individuum und für die Gesellschaft hat Schiller in seiner Abhandlung »Über die ästhetische Erziehung des Menschen« reflektiert. Sein Ausgangspunkt ist die von Immanuel Kant in der »Kritik der Urteilskraft« aufgestellte Definition der Kunst als »Symbol der Sittlichkeit«. In Opposition gegen die angebliche Poesiefeindlichkeit seiner Zeit, in welcher »der Nutzen« das »große Idol« geworden ist, fordert Schiller eine ästhetische Erziehung, die den einzelnen veredelt und damit auch dem Gemeinwesen ein höheres Maß an Moral und Freiheit verschafft. Von den »Symbolen des Vortrefflichen erzogen«, wird die »idealische Welt des schönen Scheins« in der Zukunft Wirklichkeit werden, und der »Staat in Not« wird sich in einen »moralischen Staat« verwandeln. Nur im ästhetischen Spiel gewinnt der Mensch jene innere Freiheit, die ihn erst zum Menschen macht: »Der Mensch spielt nur, wo er in voller Bedeutung des Wortes Mensch ist, und er ist nur da ganz Mensch, wo er spielt.« (Friedrich Schiller: Sämtliche Werke. Bd. 5. S. 618) Nur in der zweckfreien Beschäftigung mit dem »schönen Schein« läßt sich also die im Zuge der fortschreitenden Differenzierung und Zersplitterung der Gesellschaft verlorengegangene Totalität wiederfinden.

Auf solchen Überlegungen zur Funktion der Kunst beruhte sowohl die Dramenkonzeption der Deutschen Klassik als auch die Regiepraxis von Goethe und Schiller am Weimarer Hoftheater. Die beiden Dichter, die über ein Jahrzehnt hin im freundschaftlichen Gespräch und im engen Briefkontakt wechselseitig ihre Dramen kritisierten, bearbeiteten und in Szene setzten, waren sich weithin einig in den Ansichten über die politische und kulturelle Situation der Gegenwart wie in ihrer Haltung zur Geschichte. Was aber ihre Zusammenarbeit so produktiv werden ließ, waren die Unterschiede in Begabungen, geistigen Vorlieben und Vorgehensweisen. Während bei Goethe die Anschauung, der »beobachtende Blick, der still und rein auf den Dingen ruht«, vorherrschte, ließ sich Schiller, geprägt von der Philosophie Kants, in erster Linie durch die spekulative Idee leiten; während der eine naturwissenschaftlichen Fragestellungen nachging, konzentrierte sich der andere auf die Historie und die Philosophie. In ihrer Einstellung zur dramatischen Tradition, konkret zum bürgerlichen Drama der Aufklärung, stimmten sie aber ganz und gar überein. In den gemeinsam verfaßten »Xenien« äußerten sie sich mit Spott und Ironie:

»Uns kann nur das christlich-moralisch rühren,
Und was recht populär, häuslich und bürgerlich ist (...)
Was? Es dürft kein Cesar auf euren Bühnen sich zeigen,
Kein Antonius, kein Orest, keine Andromache mehr?
(...) Nichts! Man siehet bei uns nur Pfarrer, Commerzienräthe
Fähndriche, Sekretairs oder Husarenmajors.«

(Johann Wolfgang Goethe: Sämtliche Werke. Bd. 2. S. 496)

In kritischer Distanz standen Goethe und Schiller auch zum Sturm und Drang und damit zu ihrem eigenen Frühwerk. An die Stelle der an Shakespeare ausgerichteten Dramaturgie mit ihrer lockeren Reihung der Szenen trat jetzt in den Werken beider Dichter das Modell des geschlossenen Dramas in der Art der Französischen Klassik. Die Prosa wurde abgelöst durch den jambischen Vers, der sich – besonders bei Schiller – zu einem hohen Pathos aufschwingt und oft zu Sentenzen gerinnt. Darin kann man, ebenso wie in den effektvollen Aktschlüssen, in den großen Gesten und in den glanzvollen »Schau-Aktionen«, einen Rückgriff über das bürgerliche Theater hinweg zur Barock-Tragödie sehen. Jedenfalls kehren die Gestalten aus der Historie und Mythologie, die nach Schillers Worten »mehr oder weniger idealisierte Masken und keine eigentlichen Individuen« sind, in der Deutschen Klassik auf die Bühne zurück und verdrängen das bürgerliche Personal. Im Gegensatz zu den Frühaufklärern, welche die Oper wegen ihrer Künstlichkeit abgelehnt hatten, erschien diese den Klassikern geradezu als

Inbegriff des Theaters, eben weil sie nicht der Realität folgt, sondern eigenen Kunstgesetzen gehorcht. Ihr Muster hatte Schiller vor Augen, als er in der Vorrede zu seinem Schauspiel *Die Braut von Messina* dem Naturalismus »offen und ehrlich den Krieg erklärte«.

Ungefähr gleichzeitig mit Goethe, der unter dem Eindruck der Italienreise mit der Vollendung von *Iphigenie auf Tauris* den entscheidenden Schritt zur Klassik tat, überwand Schiller den Sturm und Drang im Zuge der radikalen Umgestaltung des *Don Carlos*. Die nun in klassischen Jamben gefaßte Familientragödie ist nicht im zeitgenössischen Bürgertum angesiedelt (wie noch *Kabale und Liebe*), sondern am spanischen Königshof zu Beginn der Neuzeit. Die geschichtlichen Vorgänge erscheinen nicht als abgeschlossene Ereignisse (wie noch im *Fiesco*), sondern als eine Kette aufeinanderfolgender Begebenheiten. In der mit unerbittlicher Notwendigkeit abrollenden Geschehnisfolge steht der Held mit seinem Freiheitsideal von vornherein auf verlorenem Posten. Wie in allen seinen Tragödien zeigt Schiller in *Don Carlos* die große Persönlichkeit, die im Widerstreit zwischen der Schicksalsmacht und der erhebenden Kraft des Absoluten real scheitert, im Tod jedoch Freiheit gewinnt und in einem höheren Sinne triumphiert.

Bei seiner *Wallenstein*-Trilogie griff Schiller auf einen Stoff zurück, den er im Rahmen seiner Tätigkeit als Professor für Geschichte an der Universität Jena genau studiert und in seiner »Geschichte des Dreißigjährigen Krieges« dargestellt hat. In diesem ersten voll und ganz zur Klassik gehörenden Drama erscheinen alle Qualitäten, die Schillers Größe ausmachen: die mitreißenden Dialoge in ihrem leidenschaftlichen Pathos, der kunstvolle, schlüssige Handlungsaufbau, der Reichtum an Konflikten und nicht zuletzt der Blick für große Gegenstände mit exemplarischer Bedeutung für Grundsituationen der menschlichen Existenz. *Wallenstein* ist ein Geschichtsdrama im doppelten Sinne: zum einen ein Trauerspiel um den großen einzelnen, dem man wünscht, er möge ans Ziel gelangen, was ihm aber im Sinne eines geordneten Gangs der Geschichte nicht gestattet werden darf, zum anderen eine Tragödie des historischen Ablaufs, in dem kein sittlicher Fortschritt zu erkennen ist. Gerechte und Ungerechte werden in den Strudel des Untergangs gerissen; selbst dem idealistisch gesinnten jungen Liebespaar ist die Vereinigung im Diesseits verwehrt; um die Utopie zu retten, muß es im Tod enden.

Auch für die vier dem *Wallenstein* folgenden Dramen – *Maria Stuart, Die Jungfrau von Orleans, Die Braut von Messina, Wilhelm Tell* und *Demetrius* – wählte Schiller historische Stoffe. Goethe gegenüber begründete er diese Entscheidung mit der »objektiven Bestimmtheit« solcher Gegenstände, die seine »Phantasie zügelt« und seiner »Willkür widersteht«. Um die Gefahr des Steckenbleibens im »Prosaischen« zu vermeiden, forderte Schiller von sich selbst, die Realistik des historischen Sujets dichterisch zu überhöhen. Das gelang ihm eindrucksvoll in *Maria Stuart*, wo er als »poetischen Rettungsanker« des Machtkampfes der Königinnen, von denen nach dem Diktat der Geschichte eine verschwinden muß, Marias christlichen Glauben einführt. Die Aussicht auf die Freuden des Paradieses gewährt ihr einen leichten Tod. Das Ende ist also für sie subjektiv nicht tragisch; aus objektiver Sicht dagegen sind die Bedingungen der Tragödie durchaus erfüllt: Maria Stuart muß sterben, ohne Schuld auf sich geladen zu haben, nur weil die Geschichte keinen Platz für sie hat. Dagegen anzugehen wäre sinnlos; hier hilft in der Tat nur die Hoffnung auf eine Welt, die außerhalb des menschlichen Erfahrungsbereiches liegt. Die Überwindung der geschichtlichen Notwendigkeit kann nur im Tod erfolgen; Freiheit ist für Schiller nur als transzendentale zu denken. Unter diesem Gesichtspunkt stellt der Dichter auch das Schicksal der *Jungfrau von Orleans* dar. Wenn Johanna stirbt, soll entsprechend der szenischen Bemerkung »der Himmel mit einem rosigen Schein beleuchtet sein« – ein sichtbares Zeichen ihrer Erlösung von den Verstrickungen des Diesseits. Weil das als Gefäß göttlicher Gnade ausersehene Hirtenmädchen irdisch liebte, muß es zur Strafe die Erfahrung machen, was es heißt, von Gott verlassen zu sein. Nachdem Johanna willig Buße getan hat, wird ihr verziehen. Die Tragik, so könnte man schließen, liegt in der Gottesferne des aufgeklärten Menschen, denn ihm ist jede Hoffnung auf die transzendentale Freiheit genommen.

Mit dem Trauerspiel Die *Braut von Messina* brach Friedrich Schiller die Linie der historischen Ideendramen erst einmal ab. Dem Stück liegt kein wahres – nicht einmal ein wahrscheinliches – Ereignis zugrunde. Die antik anmutende, jedoch ins Mittelalter versetzte Geschichte von den beiden Brüdern, die ihre Schwester lieben, deren Identität ihnen aber unbekannt ist, erscheint ziemlich trivial. Das tragische Ende – der eine Bruder ermordet den anderen und geht dann in den Freitod – wird letztlich nur durch Zufälle herbeigeführt. Bei der Gestaltung dieses Schauspiels experimentierte Schiller mit der antiken Form des Chordramas und ließ sich von der Vorstellung einer »reinen Kunst« leiten, für die der Stoff absolut zweitrangig ist.

Nach diesem Experiment ging Schiller bei *Wilhelm Tell*, seinem letzten fertiggestellten Drama, wieder auf ein konkretes historisches Ereignis ein. Der Held stellt hier das zur Rebellion bereite Volk durch seinen Mord an dem Tyrannen vor die vollendete Tatsache der zurückgewonnenen Freiheit; das »gute Alte« ist wieder erreicht; der Fortschritt erscheint als Rückwendung in die Vergangenheit.

Wie die Dramen aus Schillers klassischer Schaffensperiode sind auch die aus Goethes Reifezeit angesiedelt im Spannungsfeld von humanistischem Ideal und historischer Realität. Das gilt schon für die *Egmont*-Tragödie, deren Stoffwahl noch in die Geniezeit des Dichters zurückreicht, die aber erst während der Italienreise vollendet worden ist. Der Charakter der Titelgestalt ist noch geprägt vom Enthusiasmus des Sturm und Drang. Damit gewinnt Graf Egmont nicht nur die Liebe des Bürgermädchens Klärchen, sondern auch die des niederländischen Volkes. Doch kommt es ihm nicht in den Sinn, sich an die Spitze des Aufstandes gegen die spanische Fremdherrschaft zu stellen. Egmont ist letztlich eine ganz unpolitische Gestalt, die ihr ganzes Leben gleichsam »wachend träumt« und ein Dasein ganz aus dem Augenblick heraus führt. Darin unterscheidet er sich grundsätzlich von seinem Gegenspieler Wilhelm von Oranien, welcher sich stets dem politischen Kalkül entsprechend verhält. Schiller fragte in seiner Rezension des Dramas zu Recht, was denn der Held eigentlich »Großes tue«. Damit verfehlte er allerdings Goethes Absicht, eine nicht in erster Linie durch ihr politisches Handeln, sondern durch ihr privates Sein bedeutende Gestalt auf die Bühne zu bringen. Im Reichtum von Egmonts Individualität liegt der Widerspruch, der ihn schließlich scheitern läßt; der Held selbst beschreibt es so: »Es glaubt der Mensch, sein Leben zu leiten, sich selbst zu führen; und sein Innerstes wird unwiderstehlich nach seinem Schicksal gezogen.« Dem »Dämonischen« – auf diesen Begriff hat der Autor seine Figur gebracht – verdankt diese sowohl ihre Attraktivität als auch ihr »grenzenloses Zutrauen zu sich selbst«. Erst im Angesicht des Todes gelingt es Egmont, sich seiner selbst zu versichern und dadurch eine höhere Form von Freiheit zu gewinnen. Jetzt kann er durch sein Sterben dem Volk ein Beispiel geben, und die Traumerscheinung Klärchens wird zur Allegorie seiner transzendentalen Freiheit sowie zum Vor-Schein der politischen Freiheit des Volkes.

Während in *Egmont* die Vorgänge und die Figuren eine Sinnlichkeit besitzen, die noch an den Sturm und Drang und an das Muster Shakespeares erinnert, gelangte Goethe bei der Suche nach einer dem mythischen Stoff von *Iphigenie auf Tauris* angemessenen Form in die Nähe der Französischen Klassik. Das Schauspiel gilt als ein Exempel humanitärer Gesinnung. Mit universalem Anspruch erhebt sich hier die »Stimme der Menschlichkeit«. Diese hört, wie Goethe seine Heldin sagen läßt, »jeder, dem des Lebens Welle durch den Busen rein und ungehindert fließt«. Durch die bedingungslose Sittlichkeit der Griechin wird sogar der rohe Barbarenfürst geläutert. Indem er seine Begierde nach der jungfräulichen Priesterin besiegt und den archaischen Brauch des Menschenopfers außer Kraft setzt, vollbringt er eine wahre Heldentat, die der des Kriegers weit überlegen ist.

Das Schauspiel um den Dichter *Torquato Tasso*, der am Renaissancehof von Ferrara sein großes Epos »Das befreite Jerusalem« vollendet hat, ist das persönlichste unter den dramatischen Werken von Goethe. »Bein von meinem Bein und Fleisch von meinem Fleisch« nannte er es in den Gesprächen mit seinem Sekretär Eckermann. In zwei entgegengesetzten Gestalten spiegelt sich der Dichter: in Tasso, dem Genie, das, übersensibel, mißtrauisch, überwältigt von sich selbst und am Rande der Selbstvernichtung, in einer von äußeren Formen bestimmten Gesellschaft scheitern muß, und in dem Staatssekretär Antonio, der immer die angemessenen Formen findet und sie auch beherrscht, indem er sich selbst beherrscht. Beide haben recht: der Künstler, der seinen eigenen Gesetzen folgen, und der Staatsmann, der die Unterordnung unter die gesellschaftlichen Regularien fordern und durchsetzen muß. Der Konflikt zwischen ihnen ist unlösbar; einer der beiden muß zerbrechen, und das ist natürlich Tasso, der Sensible und Verwundbare.

Aus dem Geist des Sturm und Drang geboren, in der Klassik gereift und über beide hinausreichend ist der *Faust* zu einem, wie Goethe selbst meinte, »inkommensurablen« Schauspiel geworden. Das Generalthema der beiden Teile ist das Streben des bürgerlichen Individuums nach Erkenntnis, persönlichem Glück und gesellschaftlich nützlicher Betätigung. War Faust ursprünglich als unverwechselbare, vom Anspruch her genialische Persönlichkeit konzipiert, so wandelte sich die Gestalt später zur Symbolfigur des strebenden, sich stetig höherentwickelnden Menschen. Seine Reise durch die verschiedenen Lebenssphären – den kleinbürgerlichen Daseinsbereich von Gretchen, den dämonischen Hexensabbat, den mittelalterlichen Kaiserhof und die Welt der griechischen Antike – endet in einer konkreten, praktischen Tätigkeit zum Wohle des Gemeinwesens. Der Versuch des Teufels, Faust von seinem Bemühen abzubringen, scheitert letztlich. Obwohl er auf seinem Weg immer wieder Schuld auf sich geladen hat, wird Faust am Ende des zweiten Teils gerettet – so wie Gretchen am Schluß des ersten. Im göttlichen Weltenplan sind eben das Versagen und Irren des Menschen ebenso vorgesehen wie das Bestehen und Gewinnen. Die Harmonie des Ganzen bleibt davon unberührt.

Auch als Theaterdirektor und Spielleiter bemühte sich Goethe um die Realisierung des Kunstideals der Klassik. Zeitweise ergab sich dabei eine produktive Kooperation mit Schiller. So entstand nun auch in Deutschland jener Einklang von Literatur und Theater, wie ihn England in der Elisabethanischen Epoche, Spanien unter Lope de Vega und Calderón und Frankreich in der Zeit von Molière, Corneille und Racine erlebt hatte. Das vollzog sich in der damals kaum 7000 Einwohner zählenden Residenzstadt eines kleinen, wirtschaftlich unterentwickelten Herzogtums. Schon vor Goethes Berufung herrschte am Weimarer Hof ein relativ liberaler, für Kunst und Wissenschaft aufgeschlossener Geist. Während der Regentschaft von Anna Amalia, der Mutter von Großherzog Karl August, hatte sich eine aus Bürgern und Aristokraten gemischte kulturelle Oberschicht ausgebildet, die auch der Bühne zugetan war. Man unterhielt ein kleines Hoftheater, das sich früh dem deutschen Schauspiel öffnete und für kurze Zeit von Konrad Ekhof geleitet wurde. Nach einem Brand des Hauses begnügte man sich dann mit einem Liebhabertheater. Gleich nach seinem Eintreffen in Weimar rückte Goethe in dessen Mittelpunkt. Er schrieb dafür unbedeutende Singspiele und Schwänke und studierte auf einer provisorischen Bühne die Prosa-Fassung seiner *Iphigenie auf Tauris* ein. Dabei spielte er selbst den Orest, der Bruder des Herzogs den Pylades; für die Titelrolle engagierte man die Berufsschauspielerin Corona Schröter. Weil sich Goethe immer mehr um seine Staatsämter kümmern mußte, schliefen die Aktivitäten des Weimarer Amateurtheaters allmählich ein. Um die Genüsse der Bühne nicht

*Johann Wolfgang Goethe:
Iphigenie auf Tauris.
Uraufführung der Prosa-Fassung,
Weimar 1779.
Stich von Facius nach einem Gemälde
von Georg Melchior Kraus.
Corona Schröter als Iphigenie,
Goethe als Orest*

ganz entbehren zu müssen, engagierte man für einige Zeit eine Wandertruppe. Nach diesem Intermezzo übertrug dann im Jahre 1791 der Herzog seinem Minister und Freund die »Ober-Direktion« des Theaters. Der war vorsichtig genug, sich die unbeschränkte Entscheidungsgewalt über alle künstlerischen Angelegenheiten auszubitten. In seiner Vereinbarung mit dem Herzog ließ er festschreiben, daß die Auswahl der Stücke, die Besetzung der Rollen und die Leitung der Leseproben allein seine Angelegenheit ist. Ausgestattet mit einer solchen Machtfülle, führte Goethe ein strenges Regiment und trumpfte oft auch autoritär gegenüber seinen Mitarbeitern auf. So verordnete er zum Beispiel einer jungen Schauspielerin, die, ohne seine Erlaubnis einzuholen, auswärts gastiert hatte, strengen Hausarrest und verdonnerte sie noch dazu, die Wache vor ihrer Wohnung selbst zu bezahlen.

Das Ziel seiner Arbeit brachte Goethe in einem Prolog zur Eröffnung des Theaters auf die Formel »Harmonie des ganzen Spiels«. Die Hauptkomponenten seines Bühnenstils waren die Deklamation, die harmonische Bewegung und das malerische Arrangement der Szenen. Damit wurde jene ästhetische Überhöhung erreicht, welche die Klassiker auch in ihrer Dramatik anstrebten. »Nicht allein die Natur nach-

*Friedrich Schiller:
Die Braut von
Messina.
Hoftheater Weimar,
1808. Gemälde von
J. F. Matthaei*

ahmen, sondern sie auch idealisch vorstellen«, so lautete das Credo des Theatermannes Goethe. Seine bevorzugten Begriffe waren »vornehmer Anstand«, »schickliche Stellung«, »Herzenssprache«. Die Schauspieler sollten wegkommen vom »Charakteristischen«, wie es im Theater des Sturm und Drang gefordert wurde, hin zum »Typischen« und »Idealischen«. Ein wichtiges Zeugnis der Theaterästhetik Goethes sind die berühmt-berüchtigten »Regeln für Schauspieler«. Eckermann hat die auf Zettel notierten Gebote zusammengestellt und in 91 Paragraphen geordnet. Sie betreffen die Sprechtechnik und Deklamation, die Körperhaltung und Bewegung, das Zusammenspiel und Arrangement. Im ganzen zielen sie auf die Einhaltung festliegender Konventionen und bedeuten insofern einen Schritt hinter den Realismus des bürgerlichen Theaters zurück zum höfischen Theater der Französischen Klassik. Da heißt es zum Beispiel: »Eine schöne, nachdenkende Stellung ist diese, wenn ich, die Brust herausgekehrt, den Kopf etwas auf die Seite neige, mit den Augen auf die Erde starre und beide Arme hängen lasse.« (Johann Wolfgang Goethe: Sämtliche Werke. Bd. 14. S. 83) Goethe orientierte sich bei seinen Vorschriften einerseits am höfischen Tanz und andererseits an der bildenden Kunst, wie es schon Johann Jakob Engel in seinen 1786 herausgegebenen »Ideen zu einer Mimik« und ein Jahrzehnt später dann Friedrich Hildebrand von Einsiedel, ein enger Freund Goethes, in seinen »Grundlinien zu einer Theorie der Schauspielkunst« getan hatten. Sein kompliziertes Regularium wollte der Dichter aber souverän gehandhabt wissen. Im letzten Paragraphen heißt es: »Alle diese technisch-grammatischen Vorschriften mache man sich zu eigen nach seinem Sinn und übe sie stets aus, daß sie zur Gewohnheit werden. Das Steife muß verschwinden und die Regel nur die geheime Grundlinie des lebendigen Handelns werden.« (Johann Wolfgang Goethe: Sämtliche Werke. Bd. 14. S. 90)

Der Intendant Goethe betrachtete das Weimarer Theater keineswegs nur als Uraufführungsbühne für seine eigenen Dramen und die von Schiller. Er bemühte sich nach Kräften, die wesentlichen Werke aller Epochen und Kulturen auf die Bühne zu bringen. Durch eigene Übersetzungen und Aufträge an Freunde gelang es ihm, eine erhebliche Zahl bedeutender Dramen für das deutsche Theater zu gewinnen. Er selbst übertrug *Mahomet* und *Tancred* von Voltaire, Schiller Shakespeares *Macbeth* sowie Carlo Gozzis *Turandot* und Racines *Phädra* ins Deutsche. Ferner galt Goethes Bemühen den dramatischen Werken von Plautus und Terenz,

Wolfgang Amadeus Mozart: Titus. Hoftheater Weimar, 1779. Bühnenbildentwurf von Giorgio Fuentes

Sophokles und Euripides, Calderón, Molière, Marivaux, Goldoni, Holberg. Allein damit wäre aber ein attraktiver Spielplan nicht zu bestreiten gewesen. So gab man am Weimarer Hoftheater auch Singspiele und Opern, vor allem die von Gluck und Mozart, sowie eine Fülle von zeitgenössischen Trivialdramen, unter denen die Rührstücke von August von Kotzebue und August Wilhelm Iffland dominierten. Deren mittelständische Personage schlug sich mit den Problemen herum, die dem bürgerlichen Zuschauer aus eigener Erfahrung bekannt waren: Liebes-, Ehe- und Familienkonflikte, Geldknappheit, Fragen der Alltagsmoral. Politische und soziale Konflikte blieben nicht ausgespart. August von Kotzebue, von dessen insgesamt 230 Stücken heute nurmehr *Die deutschen Kleinstädter* und *Menschenhaß und Reue* wenigstens dem Namen nach bekannt sind, scheute durchaus nicht davor zurück, Standesgrenzen in Frage zu stellen oder auch die Vorherrschaft des Mannes in Staat und Familie. Gefordert war bei diesem Genre nur, die Provokation in unterhaltsamer Weise darzubieten und die ganze Sache zu einem guten Ausgang zu führen. Neben den Rührstücken waren im Weimarer Spielplan in großer Zahl auch die meist in einem romantischen deutschen Mittelalter angesiedelten schauerlichen Ritterdramen vertreten; ein gewisses Niveau erreichten aber nur die von Goethes Schwager Christian August Vulpius.

Was die Ausstattung betrifft, ließ man am Weimarer Hoftheater eine in dieser Zeit seltene Sorgfalt walten. Entsprechend dem klassischen Ideal der harmonischen Einheit aller Komponenten des Theaterkunstwerks achtete Goethe auf den Zusammenklang zwischen Bühnenbild, Bewegung und Arrangement. Als Berater in Kostümfragen zog er den Maler Georg Michael Kraus und den Graphiker Conrad Horny heran. Im Bereich der Dekoration stand ihm Heinrich Meyer zur Seite, der – wenn keine der acht vorhandenen Typendekorationen verwendet werden konnte – eigene Entwürfe realisierte, die mit Goethe genau abgestimmt waren. Nur selten konnte man sich

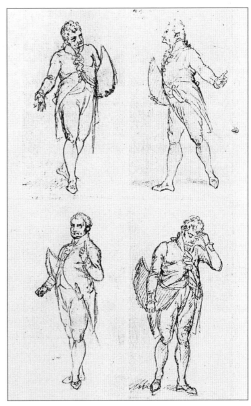

August Wilhelm Iffland als Marinelli in Lessings Emilia Galotti. Königliches Nationaltheater Berlin, 1810. Zeichnung von Wilhelm Henschel

einen über den Durchschnitt hinausragenden Gast leisten. Das war zum Beispiel bei der Inszenierung von Mozarts *Titus* der Fall, für die man Giorgio Fuentes aus Frankfurt am Main holte. Erst kurz vor seinem 1817 erfolgten Rücktritt als Theaterdirektor – wegen einer Auseinandersetzung mit Karoline Jagemann, der Mätresse des Herzogs, die die Aufführung eines Stückes mit einem dressierten Pudel als Hauptakteur durchgesetzt hatte – engagierte Goethe einen festen Bühnenbildner, den hochqualifizierten Friedrich Beuther, der einen idealisierenden Historismus vertrat.

Die Errungenschaften von Goethes Theaterarbeit im Geiste der Klassik wirkten im deutschsprachigen Raum weiter. Vor allem die beiden Metropolen Wien und Berlin standen in

Wolfgang Amadeus Mozart: Die Zauberflöte. Königliches Nationaltheater Berlin, 1816. Bühnenbildentwurf von Karl Friedrich Schinkel

enger Beziehung zur Weimarer Kultur. In der Hauptstadt Preußens leitete von 1789 bis zu seinem Tod im Jahre 1814 August Wilhelm Iffland das Hoftheater. Mit seiner noch am Vorbild Konrad Ekhofs geschulten Schauspielkunst wirkte er stilbildend für das Ensemble; sein Bemühen um prunkvolle Ausstattungen sicherte dem Haus den Zuspruch relativ breiter Bevölkerungsschichten.

Nach Iffland übernahm Karl Graf Brühl die Intendanz des Berliner Hoftheaters. Ihm ist im besonderen eine umfassende und weiterwirkende Kostümreform zu verdanken; zum ersten Mal wurde im deutschen Theater konsequent auf historische Treue geachtet. Graf Brühl erkannte auch die künstlerische Größe von Karl Friedrich Schinkel und engagierte den Maler und Baumeister als Bühnenbildner. Im Spannungsfeld von klassischer und romantischer Formensprache kreierte dieser eine Vielzahl von Entwürfen von hohem ästhetischen Reiz; in die Theatergeschichte eingegangen sind die Bühnenbilder zu Mozarts *Zauberflöte*. Von grundsätzlicher Bedeutung für die Bühnenbildkunst war Schinkels Versuch, die aus dem Barock überkommene perspektivische Tiefenbühne durch eine flache Bühne mit plastischen Versatzstücken im Vordergrund und einem abschließenden, malerisch gestalteten Prospekt zu ersetzen.

Auch als Architekt hat Schinkel Wesentliches für die Entwicklung des Berliner Theaters geleistet. Nach dem Brand des von Carl Gotthard Langhans, dem Erbauer des Brandenburger Tores, errichteten Königlichen Nationaltheaters schuf er zwischen 1818 und 1821 mit dem Schauspielhaus am Gendarmenmarkt einen der bedeutendsten Bauten des Klassizismus. Hier realisierte er seine Idee der Reliefbühne mit einem reich gegliederten Proszenium. Daß jetzt allmählich das bürgerliche Publikum gegenüber dem adligen die Oberhand gewann, zeigt die Anlage des Zuschauerraums. Der Aristokratie waren nun die Logen des Mittelrangs vorbehalten, während das Bürgertum das Parkett in Besitz nahm. Im Laufe des 19. Jahrhunderts gelangten dann auch die Logenplätze zum freien Verkauf. Die Rangordnung entsprechend der Geburt wurde abgelöst vom Kriterium der Zahlungsfähigkeit.

Drama und Theater der europäischen Romantik

Um das Jahr 1800, also nahezu gleichzeitig mit der Deutschen Klassik, setzte – zunächst in Deutschland, dann auch in anderen europäischen Ländern – eine neue geistig-künstlerische Bewegung ein: die Romantik. Ihre Wortführer, allen voran die Gebrüder Schlegel und Friedrich von Hardenberg, der sich als Dichter Novalis nannte, stimmten in ihren Grundüberzeugungen anfangs noch mit den Klassikern überein. Auch sie standen dem Verlauf der Französischen Revolution kritisch gegenüber und plädierten in bezug auf die politischen Verhältnisse in Deutschland für eine langsame Veränderung; auch sie reagierten auf die leidvoll erfahrenen Widersprüche zwischen den hohen aufklärerischen Idealen und dem realen Geschichtsverlauf mit dem Entwurf eines Bildungsprogramms, in dem der Kunst eine zentrale Rolle zugedacht war. Ihre Orientierung an der germanischen Vorzeit und am deutschen Mittelalter verstanden sie anfangs lediglich als eine Erweiterung der Klassik. Erst allmählich entwickelten sie gegenläufige Ideologien, distanzierten sich vom idealistischen Humanismus und setzten der Bindung des Schönen an das Sittliche die Auffassung von der Kunst als einem von der Realität abgekoppelten Freiraum entgegen. Im Ästhetischen sahen die Romantiker einen Ort, an dem sich das Individuum in seinem ganzen Reichtum an Gedanken und Gefühlen erfahren kann. Die Kultur der griechischen Antike mit ihrer festen Verankerung im Mythos wollten sie zur Synthese bringen mit dem Geist der Moderne, der ihnen wesentlich geprägt erschien durch den vom Christentum herbeigeführten Bruch zwischen dem Endlichen und dem Unendlichen. Dieser Gedanke hatte selbstverständlich gravierende Folgen für das Kunstwollen. Strebte die Klassik nach dem geschlossenen Ganzen, nach dem Harmonischen und Vollendeten, so bevorzugte die Romantik die offene Form, das Disparate und Fragmentarische. Das Lebenselement des romantischen Künstlers erwächst aus der Aufgabe, alles Reale in eine Funktion der Seele zu verwandeln, das Gefühl eins werden zu lassen mit dem Unendlichen. »Nach innen geht der geheimnisvolle Weg. In uns oder nirgends ist die Ewigkeit.« (Novalis: Briefe und Werke. Bd. 3. S. 58) Die Romantiker sind »Verbannte, die nach Heimat schmachten« (Schiller). In ihren Werken ist immer wieder vom »Wandern ohne Ende« die Rede, von der Suche nach der »Blauen Blume«, die unauffindbar bleibt. Mit den Klassikern ist man einig in der Ablehnung des aufklärerischen Rationalismus, der verantwortlich gemacht wird für die »Entzauberung der Welt«. Der logisch-kausalen Denkweise wird vorgeworfen, die »schöpferische Musik des Weltalls« auf das gleichförmige »Klappern einer ungeheuren Mühle« zu reduzieren. Im Gegensatz zur Aufklärung erfahren jetzt der Traum und die »Nachtseiten der Natur« eine Hochschätzung. Neben den Verstand stellen die Romantiker die Intuition, neben die Wirklichkeit die Fiktion, neben die Wissenschaft den Glauben. Während in der Klassik der Dichter dem Philosophen nahestand, tendiert jetzt seine Position zu der des Priesters. Der Künstler soll zum Organ Gottes werden und mit seinem Werk eine von der übrigen Welt abgesonderte Sphäre schaffen, ein Reich des schönen Scheins, in dem er der unumschränkte Herrscher ist.

Der Begriff »Romantik« (wie auch seine Abwandlungen in den anderen europäischen Sprachen) wurde von Anfang an als Name für die Bewegung gebraucht. Er geht zurück auf das altfranzösische Wort »Romance«, das ursprünglich (im Gegensatz zum Latein) die Landessprache bezeichnete; in der Aufklärung kam es als Gegenbegriff zu »wirklichkeitsgetreu« und »wahrhaftig« im Sinne von »erfunden« und »fabulös« in Umlauf. In seiner umgangssprachlichen Bedeutung wurde das Wort zuerst im Englischen zur Charakterisierung eines bestimmten Naturgefühls und der Rückbesinnung auf mittelalterliche Traditionen heimisch. Im Kontext der Wissenschaften versuchte man, den Terminus auf die Staatslehre und Rechtsphilosophie, auf die Naturwissenschaften und sogar die Medizin auszudehnen; allerdings stand dahinter oft eher als ein nachweisbarer Tatbestand der Wunsch, mit der Kategorie des Romantischen einen neuen Universalismus zu begründen. In erster Linie aber diente der Begriff zur Kennzeichnung ästhetischer Phänomene. Die unterschiedlichen Ausprägungen der romantischen Kunst in den einzelnen europäischen Kulturen sind identisch im Streben nach Beseitigung einschränkender Regelzwänge und Gattungsgrenzen, in der Hinwendung zur volkstümlichen Überlieferung, im Drang zur Natur und in der Offenheit gegenüber dem Religiösen. Getragen vom Hang zur Ich-Entgrenzung setzten überall in Europa junge Künstler und Intellektuelle einen Prozeß in Gang, den sie als Regeneration und als Gärung einer neuen Epoche begriffen.

In England begann schon um 1770 eine präromantische Bewegung, die sich in erster Linie in der Imitation der gotischen Baukunst und der Anlage malerischer Gärten manifestierte. Was die Literatur betrifft, wird das Erscheinen der »Lyrischen Balladen« von William Wordsworth und Samuel Taylor Coleridge kurz vor der Wende zum 19. Jahrhundert als Beginn der Romantik angesehen. Zur Lyrik kam bald als zweite für die Bewegung charakteristische Gattung der historische Roman hinzu. Sir Walter Scott, sein Begründer, vergegenwärtigte in der epischen Großform wie auch in seinen Versepen die Geschichte Schottlands.

Lord Byron, der bedeutendste englische Romantiker, verband in seinen Verserzählungen die Geschichtsmystik mit Naturschilderungen und Reiseberichten. Mit »Child Harold's Pilgrimage« feierte er einen enormen Erfolg, denn der Titelheld traf mit der zwischen Revolution und Resignation schwankenden Stimmungslage genau das Lebensgefühl der nach-napoleonischen Epoche. In seiner seelischen Zerrissenheit und Kulturmüdigkeit wurde er zu einer vielimitierten Modegestalt. Byron verlieh den Lebensproblemen seiner Generation einen verführerischen Reiz; er veräußerlichte und trivialisierte die romantische Sehnsucht und Ziellosigkeit und machte sie dadurch zu einer regelrechten Epidemie, die im Laufe des Jahrhunderts – angefacht durch seine literarischen Epigonen – immer wieder zum Ausbruch kam. Dort, wo hinter dem modischen Weltschmerz das echte Leiden an einer heillosen Welt sichtbar wird, besitzen Byrons Dichtungen bis heute eine gewisse Gültigkeit. Das trifft nur in sehr eingeschränktem Maße auf sein Versdrama *Manfred* zu, das von vornherein nur für die Lektüre bestimmt war. Auch das Mysterienspiel *Cain* – ebenfalls eine fast monologische Selbstdarstellung des Byronschen Heldentypus' – ist nicht auf die Gegebenheiten des Theaters ausgerichtet. Die historischen Dramen des Dichters erblickten zwar das Licht der Bühne, doch war ihnen kein besonderer Erfolg beschieden.

So erging es auch den dramatischen Werken des anderen englischen Romantikers von Rang: Percy Shelleys mythisch-allegorischem Lesedrama *Der entfesselte Prometheus* (Prometheus Unbound) und seiner in der italienischen Renaissance angesiedelten Inzest- und Rachetragödie *The Cenci*, die Antonin Artaud der einzigen Inszenierung seines »Theaters der Grausamkeit« zugrunde legte. Vorherrschend war auf den englischen Bühnen im Zeitalter der Romantik das Melodram, eine Trivialform der Tragödie, die nach dem immer gleichen Schema aufgebaut war: Ein dramatisch bewegtes Geschehen, das oft mit Flucht und Verfolgung zu tun hat und mit spektakulären Vorgängen wie Bränden oder Zweikämpfen, aber auch mit sentimental-rührenden Sequenzen durchsetzt ist, mündet gegen alle Erwartung schließlich doch in ein Happy-End, in dem sich der sympathische junge Held und die liebenswerte Heldin vereinigen, während den Schurken seine gerechte Strafe ereilt.

Lord Byron fand in dem Lyriker Giacomo Leopardi und in Alessandro Manzoni, dessen Tragödien nurmehr literaturhistorische Bedeutung zukommt, Nachfolger in Italien, wo er (ebenso wie Shelley) jahrelang lebte, ehe er im Kampf der Griechen gegen das türkische Joch zu Tode kam. Seine Dichtung wirkte auch in Polen weiter; dort war die literarische Romantik aufs engste verbunden mit der nationalen Freiheitsbewegung. Adam Mickiewicz schuf nach Byrons Vorbild seine »Balladen und Romanzen«, darunter ein programmatisches Gedicht, in dem er die Volksdichtung aus den Quellen des Glaubens und des Gefühls zum Muster der Poesie erhob. Seine dramatische Dichtung *Die Totenfeier* ist ein historisch-poetisch eingekleideter Protest gegen die russische Fremdherrschaft; in die gleiche Richtung zielte Julius Słowacki mit *Kordian*; beide Dramen hat übrigens Jerzy Grotowski in den sechziger Jahren des 20. Jahrhunderts in seinem Theater-Laboratorium in Wrocław zur Aufführung gebracht.

In Rußland machte sich der Einfluß der westlichen Romantik erst nach dem Rückzug Napoleons aus Moskau bemerkbar. Zum bedeutendsten Vertreter der Bewegung wurde Michail Lermontow mit seiner Lyrik im Stil Lord Byrons. Für einen kurzen Zeitraum ihres Schaffens unterlagen auch Alexander Puschkin und Nikolai Gogol romantischen Einflüssen. Mit ihren bekanntesten Werken sind beide aber bereits zum Realismus zu zählen. Was die Dramatik betrifft, sind nur in Puschkins an Shakespeare geschultem Hauptwerk *Boris Godunow* Stilzüge der Romantik auszumachen. In seinem Versroman »Eugen Onegin« befreite sich der Dichter von Byrons Vorbild und ging auf kritische Distanz zu dessen lebensmüden, müßigen Helden mit ihrer exzentrischen Weltschmerzpose.

Den Auftakt für die französische Romantik gab kurz nach 1800 François Chateaubriand mit seinem Buch »Der Geist des Christentums«, in dem er die Schönheit und den Glauben feierte und die mittelalterliche Welt als Quelle für Kunst und Literatur propagierte. Mit dem dramatischen Fragment *René* führte er den Weltschmerz als Motiv in die französische Literatur ein. Starke Impulse vermittelte der Bewegung auch Madame de Staël mit ihrem Buch »Über die Deutschen«, in dem sie ihre ausgedehnten Reisen beschrieb und die Begegnungen mit Geistesgrößen wie Goethe, Schiller und Wieland reflektierte. In einem besonders regen Gedankenaustausch stand sie mit August Wilhelm Schlegel, der sie (als Privatlehrer ihrer Kinder) über längere Zeit begleitete. Trotz solcher Einflüsse gewann die Romantik in Frankreich durchaus eigenständige Züge. Im Unterschied zu Deutschland fanden hier die Innerlichkeit und das Spekulative ein Gegengewicht in der Beschäftigung mit politischen und sozialen Fragen. Wenigstens theoretisch stand die Bewegung immer im Zeichen der Revolte, ob es nun um die Forderung nach künstlerischer Freiheit oder um politische Reformen ging.

Der Kampf gegen den Klassizismus fand seinen Höhepunkt in der legendären Theaterschlacht anläßlich der Uraufführung von Victor Hugos blutrünstigem und melodramatischem Stück *Hernani* im Jahre 1830, die der französischen Romantik zum endgültigen Durchbruch verhalf. Seine Konzeption hatte Hugo schon einige Jahre vorher in der Einleitung zu *Cromwell* dargelegt. Dort vertritt er die These, daß das romantische Drama nur eine Mischform sein könne, wie bei Shakespeare, wo das Groteske und das Erhabene, das Schreckliche und das Possenhafte, die Tragödie und die Komödie miteinander verschmolzen sind. Allein eine solche Orientierung entspreche dem modernen, vom Christentum geprägten Menschenbild, das die Seele als etwas Erhabenes und Sublimes ansehe. Dem Körper aber haftet nach Meinung Hugos immer etwas Groteskes und Komisches an. Wolle man den Menschen in seiner Totalität wirklichkeitsgetreu auf die Bühne bringen, müsse man also die Trennung zwischen Tragödie und Komödie aufheben. Dieses Verständnis von Realismus führte Hugo zur radikalen Ablehnung der drei Einheiten. Ein einziger Ort könne nie die Fülle des Lebens einschließen; das Einzwängen der Handlung auf einen Zeitraum von 24 Stunden sei unrealistisch und lächerlich; eine geschlossene, einheitliche Handlung könne nie das Leben in seiner Totalität widerspiegeln; allerdings hätten sich die Nebenhandlungen dem Hauptstrang absolut unterzuordnen. Victor Hugo geht es nicht um die Nachahmung der Alltagswirklichkeit in ihrer Oberflächendimension, sondern um deren verdichtete und überhöhte Darstellung. So versetzt er die Gestalten seiner Dramen – die wichtigsten sind (außer den schon genannten) *Lucréce Borgia, Marie Tudor, Ruy Blas* – in die Historie, gibt ihnen ein außergewöhnliches Profil und läßt sie Verse sprechen.

Neben Victor Hugo, der als Theoretiker wie als Dramatiker die beherrschende Gestalt der französischen Romantik war, gelangte zeitweise auch Alexandre Dumas père, der Autor des Romans »Die drei Musketiere«, zu Erfolgen auf den Pariser Bühnen. Seinen Durchbruch erlebte er mit dem Historiendrama *Heinrich III.*, dem als weiterer großer Wurf das Zeitstück *Anthony* folgte, das Porträt eines romantischen Helden, der an der Scheinmoral der Gesellschaft zugrunde geht. Nur mit einem einzigen Drama hat Dumas père überlebt, mit *Kean*, einem Lebensbild des zeitgenössischen englischen Schauspielers. Von diesem Werk hat Jean-Paul Sartre um die Mitte des 20. Jahrhunderts eine Bearbeitung vorgelegt.

Aus dem Dichterkreis um Victor Hugo ragt noch Alfred de Musset hervor, dessen Stücke zwar als Lesedramen konzipiert sind, sich aber dennoch als bühnentauglich erwiesen haben. Unter seinen »Sprichwörterkomödien« – einem typischen Genre der Zeit – gilt *Man spielt nicht mit der Liebe* (On ne badine pas avec l'amour) als die gelungenste. Auch sein *Fantasio* und *Die Launen der Marianne* (Les caprices de Marianne) finden sich heute noch auf den Spielplänen. Indem sie zauberisch das Ideal der Natürlichkeit beschwören, sind Mussets Spiele verwandt mit Shakespeares »Heiteren Komödien«; gleichzeitig aber erinnern sie an die Lustspiele von Marivaux, denn auch sie errichten künstliche Welten, in denen sich empfindsame Seelen begegnen und offenbaren. Mit seiner Tragödie *Lorenzaccio* hat Musset das bedeutendste historische Drama der französischen Romantik geschrieben. Ganz im Gegensatz zu den melodramatischen Gebrauchsstücken erschöpft es sich nicht in äußerlicher Dramatik und szenischen Effekten. Dem Dichter gelingt vielmehr in diesem Zeitgemälde der florentinischen Renaissance die Verbindung einer glaubwürdigen psychologischen Figurenzeichnung mit der Darstellung des Wesens der Epoche.

In Deutschland entfaltete sich die Romantik in zwei Phasen; die erste, als »Frühromantik« oder nach ihrem geographischen Zentrum auch »Jenaer Romantik« bezeichnet, reicht von den philosophischen und literarischen Anfängen ihrer wesentlichen Vertreter Johann Gottlieb Fichte, Friedrich Schelling, Friedrich und August Wilhelm Schlegel, Ludwig Tieck und Novalis im ausgehenden 18. Jahrhundert bis ins Jahr 1805. Zu diesem Zeitpunkt begann sich in Berlin eine Gruppe junger Schriftsteller zu sammeln, zu der E.T.A. Hoffmann, Adalbert von Chamisso, der Freiherr de la Motte-Fouqué und mit Einschränkungen auch Heinrich von Kleist gehörten. Gleichzeitig setzte auch die »Heidelberger Romantik« ein, deren Hauptvertreter der Germanist Joseph von Goerres, der Rechtshistoriker Friedrich von Savigny sowie die beiden Dichter Achim von Arnim und Clemens von Brentano, die Herausgeber der Volkslied-Anthologie »Des Knaben Wunderhorn«, waren; von diesem Werk wurden die Gebrüder Grimm zur Sammlung der »Kinder- und Hausmärchen« angeregt. Bei den Heidelberger Romantikern verlagerte sich der Akzent der Bewegung von dem zukunftsorientierten Idealismus zur Bindung an die Historie, von einer universalen Ausrichtung zu einer Beschränkung des Horizonts auf das Volkhaft-Nationale. Die »Spätromantik« (zwischen dem Wiener Kongreß und der Pariser Juli-Revolution von 1830) war dann von einem mehr oder minder reaktionären Bewußtsein geprägt. Jedenfalls zeugen die Werke Joseph von Eichendorffs und der »schwäbischen Romantiker« Justinus Kerner, Ludwig Uhland und Wilhelm Hauff von dem Rückzug der Intellektuellen aus der politischen Welt.

William Shakespeare:
Ein Sommernachtstraum.
Inszenierung:
Ludwig Tieck.
Königliches Hoftheater
Berlin, 1843

Das philosophische Fundament für die Entwicklung der romantischen Kunst und Literatur haben Johann Gottlieb Fichte und Friedrich Schlegel gelegt. Während der eine mit seinem »subjektiven Idealismus« die schöpferische Freiheit des absoluten Ichs als höchstes Prinzip des menschlichen Geistes einsetzte und damit die Verherrlichung des phantasiebegabten Individuums theoretisch begründete, eröffnete der andere mit seiner Lehre von der Identität des Systems der Natur mit dem System des menschlichen Geistes den Weg zu einer Neubestimmung der Relation zwischen dem Menschen und seiner lebendigen Umwelt. Die Klüfte zwischen Geist und Natur, zwischen Subjekt und Objekt, zwischen Idealem und Realem erscheinen damit aufgehoben. Das mystische Erfassen und die »intellektuelle Anschauung« treten gegenüber der rationalen Durchdringung in den Vordergrund. Dementsprechend wird die künstlerische Schöpfung zur privilegierten Form der Weltaneignung. Die Kunst hat das Leben und die Gesellschaft poetisch zu machen und ihrerseits lebendig und gesellig zu sein. Die festen Grenzen zwischen Kunst und Leben sollen sich auflösen, ebenso die zwischen Traum und Wirklichkeit. Mit Hilfe der Kunst wird das Ferne nahegebracht, das Bekannte dagegen in eine geheimnisvolle Distanz gerückt; »Entfremdung« ist ein zentraler Begriff der romantischen Kunsttheorie. Die Kunst verleiht dem Gewöhnlichen die »Würde des Unbekannten«. Die höchste der Künste ist für die Romantiker die Musik. Sie eröffnet Sphären, die mit der empirischen Welt nichts mehr gemein haben. In ihren Bann geraten, gibt sich der romantische Mensch einem unaussprechlichen Sehnen hin, das alles Bestimmte hinter sich läßt.

Für die Neubestimmung der Literatur im Geiste der Romantik haben die Brüder Schlegel das Wesentliche geleistet. Friedrich prägte den Begriff der »Universalpoesie«, womit er eine Art literarisches Gesamtkunstwerk meinte, in dem das Epische, das Lyrische und das Dramatische miteinander verschmelzen. August Wilhelms Konzeption zielte ebenfalls auf eine Mischgattung, auf die (in der deutschen Romantik allerdings nie erprobte) Tragikomödie. Mit diesem Prinzip stimmte auch Schelling überein; in seinen »Vorlesungen über die Philosophie der Kunst« stellte er die These auf, daß in der »Mischung des Entgegengesetzten« das Prinzip des modernen Dramas bestehen müsse. Vorbildhaft erschien den Romantikern in dieser Hinsicht die spanische Dramatik des Goldenen Zeitalters, besonders das Werk von Calderón de la Barca. An dessen religiös fundierten Schauspielen rühmten sie nicht nur das »Bemühen um die Erlösung des Menschen«, sondern auch die Dramaturgie der offenen Form mit ihrem weitgespannten räumlichen und zeitlichen Horizont. Daneben hatte nur William Shakespeare Platz, den die Gebrüder Schlegel so sehr verehrten, daß sie sich die Aufgabe stellten, sein Gesamtwerk zu übersetzen. Friedrich steuerte zu dem Unternehmen nur wenige Übertragungen bei, und auch August Wilhelm verlor nach einiger Zeit die Lust. Die Hauptarbeit leisteten unter der Leitung von Ludwig Tieck dessen Tochter Dorothea und Graf Wolf von Baudissin.

Als Dramaturg und Regisseur in Dresden und Berlin machte sich Tieck auch in bühnenpraktischer Hinsicht um die Einbürgerung von Shakespeare verdient. Sein Bemühen galt der damals durchaus noch nicht selbstverständlichen Texttreue sowie der Annäherung an die Elisabethanischen Bühnenverhältnisse. Am Hoftheater in Dresden inszenierte Tieck *Macbeth* auf einer fast leeren Bühne. Im Neuen Palais in Potsdam ließ er dann im Auftrag von König Friedrich Wilhelm IV. eine doppelstöckige Bühne mit einem vorgelagerten neutralen Podium installieren, auf der die erste Aufführung des *Sommernachtstraums* mit der Musik von Felix Mendelssohn-Bartholdy stattfand.

Mit ihren eigenen Stücken blieben die Dichter der Romantik weit hinter ihren theoretischen Forderungen zurück. Ihrer Welt- und Kunstanschauung standen der Roman und vor allem die Lyrik näher als das Drama. Oft schon von vornherein als Lesedramen konzipiert, entstanden einige Tragödien mit historischer oder religiöser Thematik, wie zum Beispiel Achim von Arnims *Halle und Jerusalem* und Ludwig Tiecks *Leben und Tod der heiligen Genoveva*. Für die Bühne geeignet war nur ein Genre der Romantik, das »Schicksalsdrama«, in dem dargestellt wird, wie übersinnliche Mächte in das Leben des Menschen eingreifen und ihn zum Spielball grausamer Verhältnisse machen. Die Tragödie der Deutschen Klassik und ihres autonomen Helden ist hier verkommen zum deterministischen, rührseligen Familiendrama. In dem bekanntesten Werk dieser Gattung, Zacharias Werners *Der 24. Februar*, verbinden sich Aberglaube und Familienfluch zu einem fatalistischen Machwerk, das allerdings beim breiten Publikum enormen Erfolg hatte und vielfach nachgeahmt wurde.

In literarischer Hinsicht gelungener stellt sich die Komödie der deutschen Romantik dar. Dazu hat Ludwig Tieck mit seinen Lustspielen *Der gestiefelte Kater* und *Die verkehrte Welt*, in denen das Spiel mit Sein und Schein, also das Phänomen Theater selbst, zum Thema gemacht wird, einen wichtigen Beitrag geleistet. Weniger bedeutend sind Clemens von Brentanos Lustspiel *Ponce de Leon*, auf das Büchner mit *Leonce und Lena* zurückgegriffen hat, sowie Joseph von Eichendorffs an Lope de Vega geschulte Verwechslungskomödie *Die Freier*.

Als bleibendes Vermächtnis hat diese Epoche dem Welttheater allein das dramatische Werk Heinrich von Kleists hinterlassen. Darin begegnet uns eine Fülle von Motiven der Romantik, doch geht es nicht voll in dieser Kategorie auf. Die Thematik von Kleists erstem vollendeten Werk, *Die Familie Schroffenstein*, gehört zur »Schauerromantik«; *Die Hermannsschlacht* kann zur Gattung des romantischen Nationaldramas gezählt werden; *Das Käthchen von Heilbronn* verrät schon durch seinen Untertitel, *Ein großes historisches Ritterschauspiel,* die Nähe zu der Richtung. Das große Thema, mit dem Kleists Schaffen die inhaltlichen und stilistischen Grenzen der Romantik überschreitet, ist die Suche nach der Wahrheit. Die Beschäftigung mit der Philosophie von Immanuel Kant hatte den Dichter, der nach einem zerrissenen Leben mit 34 Jahren freiwillig in den Tod ging, zu der Überzeugung gebracht, daß die absolute Wahrheit durch Vernunfterkenntnis nicht zu gewinnen ist. In seinem Lustspiel *Der zerbrochne Krug* erscheint das Problem in Handlung umgesetzt; es wird die Geschichte des über sich selbst zu Gericht sitzenden Richters erzählt, der den Bräutigam des Mädchens, das er verführen wollte, in den Kerker hätte werfen lassen, wenn die Wahrheit nicht ans Licht gekommen wäre.

Auch die Suche nach der Wahrheit des Gefühls, die Kleist nach der »Kant-Krise« als der einzig mögliche Daseinsgrund erschien, hat sich in einem Drama niedergeschlagen. In *Amphitryon* wird die Ehebruchsgeschichte, die bereits Plautus und Molière behandelt hatten, zu einem großen, turbulenten Verwirrspiel der Liebe. Es endet in dem gehauchten »Ach!« der Alkmene, wenn sie aus der Ohnmacht erwacht, in die sie nach all den Täuschungen gesunken war.

Mit äußerstem psychologischen Feingefühl zeichnet Kleist auch die Personen der in einer sagenhaften griechischen Vorzeit angesiedelten Liebes-Tragödie *Penthesilea*, als deren Gegenstück *Das Käthchen von Heilbronn* anzusehen ist. Der Dichter selbst bezeichnete die Titelfigur als die »Kehrseite der Amazonenkönigin«, als ihren »anderen Pol«, als ein »Wesen, das ebenso mächtig ist durch Hingebung als jene durch Handeln«.

Daß Heinrich von Kleists letztes Drama, *Prinz Friedrich von Homburg*, wie die meisten anderen erst nach seinem Tod den Weg auf die Bühne gefunden hat, liegt in erster Linie an der starken Gewichtung des Unbewußten. Im Mittelpunkt steht hier die Auseinandersetzung zwischen den beiden Hauptfiguren um Fragen der Gerechtigkeit und des Gesetzes. Erst als der Prinz – vom Kurfürsten weise als Richter über sich selbst eingesetzt – im Angesicht des Todes seine Schuld erkennt, ist er der fürstlichen Gnade würdig. Die harmonische Auflösung erscheint allerdings als »ein Traum – was sonst?« und ist damit in die Dimension des Utopischen gerückt.

Theater des hohen Stils und Volkstheater in Wien

Um die Wende vom 18. zum 19. Jahrhundert war Wien die theaterfreudigste Stadt im deutschen Sprachraum, zu messen nur an Paris und London. Die am Theater Interessierten konnten jeden Abend zwischen mehr als einem Dutzend Aufführungen wählen. Das Wiener Theaterleben war bestimmt durch das von der Aristokratie und vom Großbürgertum getragene »Theater nächst der Burg« auf der einen und den Vorstadttheatern mit ihrem kleinbürgerlichen Publikum auf der anderen Seite. Während das Burgtheater in erster Linie auf die Bildung und Erbauung seiner Zuschauer durch die dramatische Literatur ausgerichtet war, stand in den Volkstheatern die Unterhaltung durch die Kunst des Schauspielers im Vordergrund. Die Dominanz des Theatralischen über das Dramatische hat mit dem Weiterleben barocker Überlieferungen neben der (in Österreich ohnehin nicht sehr stark ausgeprägten) Aufklärung zu tun. Die Vorstellung, daß die Welt eine Bühne ist, Gott der Regisseur, die Menschen nur Marionetten in seiner Hand, hat sich in den katholischen Ländern des Reiches viel länger erhalten als in den protestantischen. Vor allem in Wien korrespondierte die Vorstellung vom »Welttheater« mit dem quer durch alle Gesellschaftsschichten ausgeprägten Verlangen, dieses auf sinnlich-komödiantische Weise vorgestellt zu bekommen. Hier wurde die Bühne mehr als Spektakel denn als »moralische Anstalt« angesehen. Selbst Franz Grillparzer, der einzige bedeutende Vertreter des klassischen Literaturtheaters in Österreich, betonte immer wieder, daß das »Dramatische« auch »theatralisch« sein müsse. Was anderenorts durch den Rationalismus und Moralismus der Aufklärung vertrieben wurde, konnte in der spezifischen Atmosphäre der Kaiserstadt überleben und sich weiterentwickeln. In der Mitte und im Norden des deutschsprachigen Raums von der Bühne verbannt, konnte der Hanswurst in Wien Wurzeln schlagen und zum Ahnherrn einer langen Reihe von komischen Figuren werden.

So wie die meisten deutschen Fürsten hat auch Kaiser Joseph II. in der Zeit der Aufklärung seine Hofbühne zum »Nationaltheater« erhoben, in dem hauptsächlich Schauspiele in deutscher Sprache gegeben werden sollten. Das Gründungsdekret von 1776 nennt als Ziele des Unternehmens die »Verbreiterung des guten Geschmacks« und die »Veredelung der Sitten«. Joseph II., der als »Aufklärer auf dem Kaiserthron« in die Geschichte eingegangen ist, gab dem Burgtheater ein gesichertes ökonomisches Fundament und eine relativ demokratische Leitungsstruktur: Fünf erfahrene Schauspieler sollten abwechselnd jeweils einen Monat lang die Geschäfte des Theaters führen und über Repertoire, Besetzung und Ausstattung entscheiden. Das Resultat dieser Regelung war, daß sich keine einheitliche künstlerische Linie ausbilden konnte. Erst als Johann Brockmann, ein Schüler von Friedrich Ludwig Schröder und neben diesem der bedeutendste Vertreter des Sturm-und-Drang-Stils, die Direktion übernahm, wurde der Spielplan konsistenter und offener, und die aus verschiedenen deutschen Kulturlandschaften stammenden Schauspieler wuchsen zu einem einheitlichen Ensemble zusammen.

Der Einfluß der Deutschen Klassik und des Weimarer Aufführungsstils wurde durch Joseph Schreyvogel ans Burgtheater vermittelt. Der literarisch hochgebildete Mann bestimmte als »Konsulent« und »Sekretär« – immer waren ihm als Direktoren sozial hochgestellte Persönlichkeiten übergeordnet – das künstlerische Antlitz des Theaters. Schreyvogel strebte einen »szenischen Real-Idealismus« an, der in etwa die Mitte hielt zwischen dem Deklamations-

und Tableau-Stil von Weimar und der auf darstellerische und bildnerische Effekte ausgerichteten Inszenierungsweise von Iffland am Berliner Nationaltheater. In bezug auf das Repertoire orientierte sich Schreyvogel an Goethes Ideal der »Weltliteratur«; er brachte Shakespeare, Holberg, Calderón und Lope de Vega, Goldoni und Molière und selbstverständlich auch Goethe und Schiller auf die Bühne des Burgtheaters. Ihm gelang sogar, was in Weimar und Berlin mißglückte: die Durchsetzung des Werkes von Kleist.

Als »eine Art Lessing – in gehörigem Abstand allerdings« rühmte Franz Grillparzer den Dramaturgen, der ihm das Burgtheater als Uraufführungsbühne zur Verfügung stellte. Über Grillparzer, den österreichischen Spätklassiker, schrieb ein Biograph den markanten Satz: »Wir sehen da auf ein gutes Dutzend von Theaterstücken, aber wir sehen nur auf eine einzige richtige Tragödie: Grillparzers Leben.« (Hans Weigel: Flucht vor der Größe. S. 105)

Der 1791 geborene Dichter stammte aus einer Familie, in der pathologische Karrieren nicht außergewöhnlich waren; seine Mutter und ein Bruder wählten den Freitod, der andere endete in der Psychiatrie. Grillparzer litt unter Depressionen und fühlte sich als ein »Zerrissener«. In seiner Autobiographie liest man: »In mir leben zwei völlig abgesonderte Wesen. Ein Dichter von der übergreifendsten, ja sich überstürzenden Phantasie und ein Verstandesmensch der kältesten und zähesten Art.« (Franz Grillparzer: Sämtliche Werke. Bd. IV. S. 88)

Was der Dichter schmerzlich an sich selbst erfuhr und auch seine Dramengestalten erleben ließ, ist im Grunde schon das Lebensgefühl des modernen Menschen: die Aufspaltung des Ich in entgegengesetzte Existenzweisen und die daraus resultierende Gefährdung des Individuums durch sich selbst. Grillparzer gehörte mit den einzelnen Schichten seiner Persönlichkeit verschiedenen Epochen an. Seine Denkweise entstammte der Aufklärung, seine Ideale waren aber bereits vom Liberalismus geprägt, und mit seiner Gefühlswelt war er noch tief im Barock verankert. Seine Position zwischen den Zeitaltern und die Zerfallenheit mit seiner Gegenwart war Grillparzer durchaus bewußt. In einem Epigramm hat er es so formuliert: »Ich komme aus anderen Zeiten/und hoffe in andere zu gehen.«

Grillparzers literarischer Weg begann mit dem Schicksalsdrama *Die Ahnfrau*, in dem sich eine ganze Familie unter dem Fluch einer Erbschuld, verkörpert in dem Gespenst einer Ehebrecherin, selbst ausrottet. Die Uraufführung erfüllte den Autor mit einer – nach seinen eigenen Worten – »unbeschreiblich widerlichen Empfindung«. Obwohl er zu verhindern gewußt hatte, daß sein Name auf dem Programmzettel erscheint, fühlte er sich in seinem Innenleben schamlos entblößt. In der Folgezeit brachte er es nicht mehr fertig, der Aufführung eines seiner Stücke beizuwohnen. Auch mußte ihm Schreyvogel jedes fertiggestellte Manuskript mit List und Tücke entwinden.

Als nächstes Stück schrieb Grillparzer die Künstlertragödie *Sappho*. Die alternde Dichterin vollzieht in ihrer Liebe zu einem jungen Freund die Abkehr von ihren ursprünglichen Kunstideen, indem sie nur noch die stillen häuslichen Freuden besingen will. Das klassische Gedankengut erfährt hier eine Verbürger-

Franz Grillparzer: Sappho. Burgtheater Wien. Charlotte Wolter in der Titelrolle, die sie von 1865 bis 1896 spielte

lichung, die in Richtung der biedermeierlichen Bewußtseinslage weist.

Mit der Trilogie *Das goldene Vließ* griff der Dramatiker auf den antiken Mythos zurück. Das Werk zeigt den Weg der Zentralgestalten Medea und Jason von einer innigen Gemeinschaft bis zur äußersten Entfremdung. Insofern handelt es sich nicht nur um ein Drama über den Verlust des Humanitätsideals, sondern auch um eine modern anmutende Ehetragödie.

Einen antiken Stoff verarbeitete Grillparzer auch in seinem Liebesdrama *Des Meeres und der Liebe Wellen*. An der Geschichte von Hero und Leander demonstriert er das vergebliche Bemühen um die Selbstbewahrung der Liebenden vor den Ansprüchen der Außenwelt. Hero tritt als Priesterin in den Dienst der Liebesgöttin, um sich vor den kleinlichen Vorschriften ihrer Familie zu schützen. In dem Moment, als sie ihr Gelübde ablegt und sich dem Liebesverbot unterstellt, begegnet ihr Leander. Beide werden in den Strudel der erotischen Leidenschaft gerissen, der ihr tragisches Ende herbeiführt.

Die durch eine ungerechte Herrschaft desavouierte Pflichttreue ist Thema des Trauerspiels *Ein treuer Diener seines Herrn*. An der Hauptfigur wird die in der Gedankenwelt des Barock verankerte, in der Habsburger-Monarchie noch lange lebendige Vorstellung des Dienens als Verpflichtung gegenüber einer überhistorischen Ordnungsmacht veranschaulicht.

Mit der Geschichte des österreichischen Herrscherhauses beschäftigt sich Grillparzer in seinem Drama *König Ottokars Glück und Ende*, das er selbst für sein bestes hielt. In der Figur Rudolf von Habsburgs zeichnete er sein Ideal eines »einfachen Herrschers«, in dessen Gegenspieler, dem Böhmenkönig Ottokar II., einen von Hybris besessenen Machthaber.

Das dramatische Märchen *Der Traum ein Leben* gibt schon im Titel den Hinweis auf *Das Leben ein Traum* des von Grillparzer hochgeschätzten Calderón. Traum und Leben durchdringen sich wechselseitig; der Traum läutert das Leben, als dessen Idealform auch hier ein Dasein im engsten Kreis, in gewohnter Häuslichkeit und Harmonie angesehen wird.

In der philosophischen Komödie *Weh dem, der lügt!* rekapitulierte Grillparzer die verschiedenen kulturellen Stadien der Menschheitsentwicklung, wie sie einerseits an der Sittlichkeit und andererseits an der Sprachfähigkeit abzulesen sind. Weil das Lustspiel den Erwartungen des Publikums an die Gattung nicht entsprach, fiel es jämmerlich durch.

Der Mißerfolg bot dem publikumsscheuen Autor eine willkommene Gelegenheit, alle literarischen Beziehungen zu seiner Umwelt abzubrechen. Für die letzten drei Dramen traf er die Verfügung, daß sie nach seinem Tode zu vernichten seien. Hätte man sich daran gehalten, wäre Grillparzer der Nachwelt hauptsächlich als Epigone der Weimarer Klassik erschienen; gerade das Alterswerk aber beweist seine eigenständige Bedeutung für die deutschsprachige Literatur. *Libussa* behandelt den Gründungsmythos der Stadt Prag. Der Dichter zeigt hier, wie die matriarchalische Idylle eines im Sinne von Rousseau konzipierten Naturzustandes abgelöst wird vom Patriarchat, aus dem der Prozeß der Zivilisation mit all seinen Licht- und Schattenseiten entspringt.

Ein Bruderzwist in Habsburg ist das reifste Werk des Dichters. Die Hauptfigur, Kaiser Rudolf II., lebt in der weisen Einsicht, daß Machtpolitik jedweder Art schuldhaft ist; seine Tragödie besteht nun darin, daß er auch durch sein Nichthandeln schuldig wird. – In seinem letzten Drama, *Die Jüdin von Toledo*, thematisierte Grillparzer den Widerspruch zwischen einer alles überflutenden Sinnlichkeit und einer rigiden politischen Ordnungsvorstellung. König Alphons lebt selbstsicher in einem Zustand innerer Ausgeglichenheit, bis es zur Begegnung mit Rahel kommt. Die Erfahrung der Wollust läßt seine Identität auseinanderbrechen. Immer stärker wird er von seinen Pflichten abgezogen. Rahel wird schließlich auf Befehl der Königin und der höchsten Repräsentanten des Staates ermordet; die Staatsräson triumphiert über das private Glück des Königs.

Gemeinsam ist allen Dramen Grillparzers der Widerspruch zwischen einem Bild der Welt als überzeitlichem Ordnungssystem und den

Begierden des nach Freiheit strebenden Individuums. Als Repräsentanten des modernen Subjektivismus leben seine Gestalten exzessiv ihre Begierden aus und verfallen dadurch der Selbstvernichtung. Aus diesem Mechanismus gibt es prinzipiell kein Entrinnen; nur in der Zurücknahme des Eigenwillens kann für einen Moment ein Ausgleich zwischen den Gegenständen stattfinden. Im Unterschied zu den Tragödien der Deutschen Klassik steht in Grillparzers Trauerspielen nicht mehr die Apotheose, sondern die Katastrophe der modernen Welt im Zentrum.

Abgrundtief mißtraut der Dichter jener »Größe«, wie sie von den Weimarer Klassikern beschworen wurde. Seine Gestalten sind ohnmächtig gegenüber dem Schicksal; Resignation, Schwermut und Verzweiflung beherrschen ihre Gefühlswelt. Ihr Handeln wendet sich oft gegen die eigene Person, und ihre Einsichten kommen immer zu spät. Ein bescheidenes Glück ist ihnen manchmal im kleinen, privaten Kreis gegeben. Der Friede ist, nach Grillparzers Auffassung, in der großen Welt der Politik nicht herstellbar, er kann nur als Seelenfrieden erlebt werden.

Als Gegenpol zum Bildungstheater hohen Stils, wie es an der »Burg« gepflegt wurde, erfreute sich das Volkstheater vom Beginn des 18. bis zur zweiten Hälfte des 19. Jahrhunderts größter Beliebtheit bei den Wienern. Es war ein Massenmedium und als solches Gegenstand des Tagesgesprächs; seine Zielgruppe war »das Volk«, das ein Zeitgenosse als diejenige »Classe« definiert hat, die »zwischen den Gemeinen und den Gebildeten in bürgerlicher Schlichtheit die Mitte hält«. Die Angehörigen der höheren Sozialschichten waren aber nicht ausgeschlossen. Zumindest die drei bedeutendsten Volkstheater, das Leopoldstädter Theater, das Theater an der Wien und das Theater in der Josefstadt wurden auch von den Großbürgern und dem Adel, manchmal sogar vom Kaiser mit seiner Suite besucht. Mit seiner Verbindung von Sprache und Musik, mit seinen Tanzeinlagen und Pantomimen, mit den prächtigen Kulissen und dem Maschinenzauber diente es dem sinnlichen Amüsement fast aller Bevölkerungsgruppen. Die besondere Zuneigung des Publikums galt der komischen Figur mit ihren Späßen und Extempores über die aktuellen Vorgänge der großen Politik und des Wiener Lokalgeschehens. Als Ort der Unterhaltung, der Ablenkung und der Anpassung an die bestehenden Verhältnisse genoß das Volkstheater die Sympathie der Herrschenden. Jeder Ansatz einer »revolutionären Gesinnung« aber wurde durch eine strenge Zensur zu unterdrücken versucht. So hielten sich die Theaterleute bei den einzureichenden Texten zurück und präsentierten das Verfängliche als Improvisation.

Eine mindestens ebenso wichtige Rolle wie der Text spielten im Volkstheater die Darstellung und die Musik. Bedeutende Komponisten – keine geringeren als Joseph Haydn und Wolfgang Amadeus Mozart – haben ihre Kunst in seinen Dienst gestellt; mit der *Zauberflöte*, die Emanuel Schikaneder für sein »Theater an der Wien« in Auftrag gab und zu der er das Libretto schrieb, leistete es einen Beitrag zur Weltkultur. Die wichtigsten musikalischen Elemente der Volkskomödie waren das Couplet, ein eingeschobenes Lied, in dem eine Gestalt ihre Situation reflektiert und verallgemeinert, und das Quodlibet, eine Folge beliebter Melodien, denen ein neuer, satirischer Text unterlegt wurde.

Das Wiener Volkstheater ist aus der Synthese heterogener Elemente entstanden. Vom Ordenstheater und der Prunkoper übernahm es den Hang zum Übersinnlichen und zur Allegorie sowie die Lust am Wunderbaren und am Zaubern mit der Bühnenmaschinerie, aber auch die Intention zur Besserung der Zuschauer. Die Wanderbühne lieferte ihm das dramaturgische Prinzip der Kontrastierung von seriösen und volkstümlich-deftigen Szenen, von hochgestelltem Helden und komischem Diener. Die zentrale Gestalt war der »Wienerische Hanswurst«, erschaffen von Joseph Anton Stranitzky, der sich nach Jahren des Wanderlebens als Schauspieler und »Zahnbrecher« zu Beginn des 18. Jahrhunderts in Wien niederließ, um dort mit seinen »Teutschen Komödianten« das

Held und Hanswurst in einer Haupt- und Staatsaktion. Illustration zu Joseph Anton Stranitzkys Lustiger Reiß-Beschreibung, 1717

»Theater am Kärntnertor« zu bespielen. In seinen meist aus italienischen Opernlibretti geschneiderten Haupt- und Staatsaktionen stand Hanswurst im Mittelpunkt des Geschehens. Er verkörpert den Typus des gewitzten und schlauen Dieners. Seine Aussagen erscheinen naiv, stecken aber in Wirklichkeit voller Ironie. Mit seinen Repliken hebt er das Pathos in den Reden seines Herrn auf, entlarvt dessen Wendungen als hohle Phrasen. So wird der Widerspruch aufgedeckt zwischen dem aufgeblähten Schein und dem realen Sein, der immer wieder Anlaß zum Lachen gibt. Im Gegensatz zu dem hehren Idealismus seines Herrn bleibt Hanswurst ganz der Sphäre des Materiell-Sinnlichen verhaftet. Er ignoriert die Moral und die guten Sitten; für ein gutes Essen und eine Flasche Wein verkauft er seine Seele dem Teufel. Ebenso unersättlich wie seine Freß- und Sauflust ist sein Sexualtrieb, der auf sofortige Befriedigung ausgerichtet ist.

Nach Verkündung der »Spektakelfreiheit« im Jahre 1776, die es jedermann gestattete, ein Theater aufzumachen, stieg der Bedarf an Stücken sprunghaft. Die Bühnen engagierten Hausdichter, die in Serie produzierten. Ihr Werk läßt sich in folgende Kategorien einteilen: Gespenster- und Ritterstück, Lokalposse, mythologische Karikatur, Parodie, Zauberburleske und Besserungsstück. Einige Gattungen gingen bald wieder unter, andere entfalteten sich kontinuierlich über einen langen Zeitraum, vielfach vermischten sie sich auch. Die meisten Autoren stellten sich unmittelbar auf die konkrete Situation des jeweiligen Theaters ein; sie setzten dessen Maschinerie ein und schrieben den Schauspielern die Rollen auf den Leib. Besonders die zentrale komische Figur mußte ihrem festliegenden Charakter entsprechend bedient werden. Der Hanswurst war inzwischen vom kindlichen »Bernadon« des Joseph von Kurz und dieser wieder vom »Kasperl« abgelöst worden, den der Schauspieler Johann Laroche erfunden hatte. An Stelle des widerspenstigen Bauernlümmels stand jetzt ein ängstlicher und weinerlicher Anti-Held im Mittelpunkt des Geschehens; aus dem prügelnden war ein verprügelter Plebejer geworden.

Die von Adolf Bäuerle erfundene Gestalt des »Parapluimachers Chrysostomus Staberl« schließlich war der Inbegriff des feigen, verlogenen und habgierigen Spießbürgers. Staberl ist neugierig und geschwätzig, ein arger Aufschneider, der auch unverschämt werden kann, sich jedoch sofort zurückzieht, wenn es ernst wird. Seine materialistische Weltsicht findet in der stehenden Redewendung »Wenn ich nur etwas davon hätt'« ihren Ausdruck.

Seinen künstlerischen Höhepunkt erlebte das Wiener Volkstheater in der ersten Hälfte des 19. Jahrhunderts mit den Werken von Ferdinand Raimund und Johann Nestroy. Wie sein Publikum aus dem Kleinbürgertum stammend, lernte Raimund die Bühne aus der Perspektive des Konditorlehrlings kennen, der abends im Burgtheater Süßigkeiten verkaufen mußte. In seiner Autobiographie erinnert er sich: »Die Neigung zur Schauspielkunst erwachte schon

Ferdinand Raimund: Der Barometermacher auf der Zauberinsel.
Theater in der Leopoldstadt Wien, 1826.
Illustration aus Bäuerles Theaterzeitung

früh und mit solcher Heftigkeit in mir, daß ich schon als Knabe beschloß, nie einen anderen Stand zu wählen; doch war mein Sinn vorzugsweise dem Trauerspiel zugewandt, das Lustspiel begeisterte mich weniger, die Posse war mir gleichgültig.« (Ferdinand Raimund: Sämtliche Werke. S. 1) In diesem Faktum liegt die Ursache für Raimunds Lebenstragödie. Das Trauerspiel ist für ihn ein unerreichbares Ideal geblieben. Er scheiterte meist an ernsten Rollen, so daß er sich schließlich der Volkskomödie zuwandte. Knapp ein Jahrzehnt nach seinem Schauspieler-Debüt versuchte sich Raimund als Autor. Er griff zur Feder, weil ihm die in Serienproduktion hergestellten Spielvorlagen der Konfektionsdramatiker zu seicht waren.

Daß Raimund das Stückeschreiben ernster nahm als seine Zeitgenossen, zeigt schon die Tatsache, daß er nur insgesamt acht Stücke verfaßte. Diese stehen ganz in der dramatischen Tradition. Hauptsächlich kombinieren sie Elemente des Besserungsstücks mit solchen des Zauberspiels. Raimunds Theaterkosmos umspannt Himmel und Hölle; seine Sprachwelt erstreckt sich vom hohen Pathos bis zur Parodie. Die Stärke des Dichters sind die im volkstümlichen Milieu angesiedelten Szenen mit ihren gemütvoll-liebenswürdigen Bauern, Handwerkern, Dienern. Eine dieser Rollen schrieb sich Raimund jeweils selbst auf den Leib. Sein erstes Stück, *Der Barometermacher auf der Zauberinsel*, zeigt noch die gängige Schablone des dramatischen Zaubermärchens. Auch sein zweiter Versuch, *Der Diamant des Geisterkönigs*, erscheint konventionell, unübersichtlich im dramaturgischen Aufbau und nicht zu Ende gedacht. Eine Szene läßt allerdings schon Raimunds Größe ahnen: Auf der weltweiten Suche nach dem Diamanten kommt der Held auch in ein Land der Wahrheit und der strengen Sitte; dieses Reich ist aber nicht, wie zu erwarten wäre, der Idealstaat, sondern die Hölle. Raimund wußte eben, daß das verabsolutierte Ideal allzuleicht in sein Gegenteil umschlägt. Das erste über Wien hinaus bekanntgewordene Stück trägt den barocken Doppeltitel *Das Mädchen aus der Feenwelt oder Der Bauer als Millionär*. Es geht um die Korrektur von sittlichen Fehlhaltungen: Die Protagonisten des irdischen wie des überirdischen Bereichs haben sich durch Unmäßigkeit schuldig gemacht. Ihre Besserung erfolgt durch den Zauberapparat, in dessen Zentrum – ganz im Sinne der Biedermeier-Ideologie – die Allegorie der Zufriedenheit steht.

Ferdinand Raimunds zwiespältiger Charakter, der sich in Hypochondrie und Depression ausdrückte und ihn schließlich aus ganz nichtigem Anlaß Selbstmord begehen ließ, offenbart sich besonders deutlich in seinem gelungensten Stück: *Der Alpenkönig und der Menschenfeind*. Der Held mit dem sprechenden Namen »Rappelkopf« quält mit seiner zänkischen Unverträglichkeit und Misanthropie seine ganze Umgebung. Um ihn zu heilen, steigt ein märchenhafter Alpenkönig zur Erde nieder und unterzieht ihn einer ebenso weisen wie theatralisch wirksamen Therapie: Er verwandelt sich in Rappelkopf und diesen in seinen Schwager. Mit sich selbst konfrontiert, erkennt der Misanthrop sein unleidliches Wesen und wird davon geheilt. Während *Die unheilbringende Zauberkrone* ein glatter Reinfall war, erzielte Raimund mit dem *Verschwender*, seinem letzten Stück, nochmals einen triumphalen Erfolg, nicht nur in Wien, sondern auch bei Gastspielen in Hamburg, München und Berlin. In einer vielschichtigen Handlung und in sinnfälligen Bildern beschreibt der Dichter hier noch einmal das Glück der Selbstbescheidung.

Als Ferdinand Raimund in seinem Todesjahr (1836) Nestroys erstes Stück sah, soll er gesagt haben: »Neben dem Nestroy bin i nix mehr; no, machen mir halt Platz!« Der Ehrgeiz seines Vorgängers, Tragödien zu schreiben und als Schauspieler am Burgtheater aufzutreten, war dem ein Jahrzehnt jüngeren Komiker fremd. Nestroy hat seine Auffassung der Dichterfigur einer seiner Komödien in den Mund gelegt: »Bis zum Lorbeer versteig ich mich nicht, g'fallen sollen meine Sachen; sich unterhalten, lachen sollen d'Leut und mir soll die G'schicht a Geld tragen, daß ich auch lach, das ist doch der ganze Zweck!« (Johann Nestroy: Komödien. Bd. 1. S. 270 f.) Während Raimund mit seinen Stücken humorvoll moralisierte und sich dazu der Geister- und Märchenwelt bediente, kritisierte Nestroy satirisch die Schwächen der Menschen und die herrschenden Verhältnisse. Wenn er die Zauberwelt überhaupt auf die Bühne brachte, so gab er sie dem Spott preis. Raimunds Schauspiele lassen sich als naiv, pathetisch, verklärend bezeichnen, die Nestroys als ironisch, skeptisch, entlarvend. Ferdinand Raimund zeigt Güte und Nachsicht mit den Menschen, Johann Nestroy verspritzt Gift und Galle; seine Devise war: »Ich glaub' von jedem Menschen das Schlechteste, selbst von mir, und ich hab' mich noch selten getäuscht.« (Johann Nestroy: Komödien. Bd. 1. S. 444)

Auch Nestroy kam über die Schauspielerei zum Stückeschreiben. Seine Hauptrollen konzipierte er für sich oder seinen Partner, den dicken und behäbigen Komiker Wenzel Scholz, der schon äußerlich in Kontrast zu ihm stand. Die Stoffe für seine fast 70 Stücke holte er sich, wo er sie finden konnte, häufig aus französischen Vaudevilles oder englischen und deutschen Triviallustspielen. Ganz ungeniert übernahm er die grundlegenden Situations- und Handlungsmuster, übertrug sie auf Wien und bevölkerte sie mit seinen im Grundtypus wiederkehrenden Figuren aus allen Schichten des Bürgertums. In immer neuen Variationen erzählte er die banalen Geschichten von Erbschaften und Wetten, erzwungenen Heiraten und geldgierigen Vormündern. Die Mehrzahl seiner Stücke ist von Schärfe, fast Bitterkeit geprägt, auch wenn sie – wie es die Konvention des Volkstheaters verlangte – stets ein gutes Ende nehmen. Nestroys größte Stärke ist seine souveräne Beherrschung der Sprache in ihren verschiedenen Varianten, vom gröbsten Wiener Dialekt bis zur geschliffenen Hochsprache. Aus dem Spiel mit den Worten beziehen seine Stücke den wesentlichen Teil ihrer

Johann Nestroy: Das Haus der Temperamente. Theater an der Wien, 1837. Illustration aus Bäuerles Theaterzeitung

Komik. Darum sind sie auch ohne Verlust ihrer eigentlichen Qualität weder ins Hochdeutsche noch in Fremdsprachen zu übersetzen.

Mit dem Zauberspiel *Der böse Geist Lumpazivagabundus oder Das liederliche Kleeblatt* erlangte Nestroy seinen ersten großen Erfolg als Stückeschreiber. Vordergründig scheint es sich dabei um ein Besserungsstück zu handeln; drei moralisch auf Abwege geratene Handwerksburschen werden durch Geistermacht auf den rechten Weg zurückgeleitet. Bei genauerer Betrachtung zeigt sich jedoch, daß es sich genau umgekehrt verhält. Die ganz unmotivierte, geradezu blitzartige Wandlung der beiden Hallodris Knieriem und Zwirn zu pflichtbewußten Biedermännern wird als oberflächliches Zugeständnis an das Genre erkennbar. Menschliche Fehler und Laster, so die Grundaussage des Stücks, sind nicht korrigierbar. Jeder bleibt, was er einmal geworden ist, und die Geister haben keine Macht mehr über die Menschen.

In der Folge verzichtete Johann Nestroy überhaupt auf die Präsentation übersinnlicher Mächte und konzentrierte sich ganz auf die Darstellung der irdischen Welt, insbesondere der psychologischen und sozialen Differenzen zwischen den Menschen. In seinem Drama *Zu ebener Erde und im ersten Stock* konfrontierte er auf einer Simultanbühne das Schicksal der reichen Familie in der Beletage mit dem der armen im Erdgeschoß. Dieses Bühnenprinzip benutzte er auch in *Das Haus der Temperamente*: In den vier Zimmern wohnen die Familien von Braus, von Fad, von Trüb und von Froh, deren Töchter durch Herrn von Sturm, Herrn von Schlaf, Herrn von Schmerz und Herrn von Glück umworben werden.

Die Diskrepanz zwischen Sehnsucht und Erfüllung demonstriert Nestroy in der Posse *Einen Jux will er sich machen*: Der Handlungsgehilfe Weinberl will die Freuden der Stadt auskosten und gerät dabei in alle möglichen heiklen Situationen. Sein Wunsch nach dem Ausbruch aus der Leere eines fremdbestimmten Daseins führt zur Verwicklung in die undurchschaubaren Mechanismen des Großstadtlebens.

Im Zentrum von Nestroys *Der Talisman* steht Titus Feuerfuchs, wegen seiner roten Haare ein Außenseiter der Gesellschaft. Er durchschaut dieses Vorurteil und macht es sich zunutze. Die verschiedenen Perücken, die er sich in einer Folge burlesker Aktionen verschafft, ermöglichen seinen Aufstieg, weil sich drei Witwen ihm an den Hals werfen. Titus löst jede Bindung, sobald etwas Besseres in Sicht ist, bis er schließlich bei der ebenfalls rothaarigen Gänsemagd Salome Pockerl sein Glück findet. Die Schlußpointe: mit der Vermehrung der Rothaarigen wird auch das Vorurteil gegen sie verschwinden.

Daß Nestroys Kritik im Grunde direkt gegen das reaktionäre Metternich-Regime gerichtet war, beweist die im Revolutionsjahr 1848 entstandene Posse *Freiheit in Krähwinkel*, in der er in den schärfsten Tönen über die weltliche wie die geistliche Herrschaft herzieht. Den Zensor bezeichnet er als einen »menschgewordenen Bleistift«, als »Krokodil, das an den Ufern des Ideenstroms lagert und den darin schwimmenden Literaten die Köpf abbeißt«. Für den Kampf gegen die Reaktion empfiehlt er ein wirksames Mittel: »Die Reaktion ist ein Gespenst, aber Gespenster gibt es bekanntlich nur für den Furchtsamen; drum sich nicht fürchten davor, dann gibt's gar keine Reaktion!« Nach der fehlgeschlagenen Revolution richteten sich Nestroys satirische Angriffe auf ungefährlichere Gegenstände, vor allem auf die Werke seiner Kollegen des seriösen Genres. Friedrich Hebbels am Burgtheater aufgeführter Tragödie *Judith* ließ er ein ebenso parodistisches Echo folgen wie auf Richard Wagners *Tannhäuser* und auf *Lohengrin*. Mit dem Rückzug Johann Nestroys von der Bühne im Jahre 1860 nahm die Blütezeit des Wiener Volkstheaters ihr Ende.

Das deutsche Drama zwischen Restauration und Revolution

Die Epoche zwischen dem Wiener Kongreß von 1814/15 und der Revolution von 1848 war in geistesgeschichtlicher Hinsicht bestimmt von der Überwindung des Idealismus, wie er in der Klassik und Romantik seinen künstlerischen Ausdruck gefunden hatte. Im Zusammenhang mit der wachsenden Bedeutung experimenteller und analytischer Methoden der Erkenntnissuche anstelle der philosophischen Reflexion und Spekulation trat eine materielle Weltsicht in den Vordergrund. Bis dahin hatte sich die von Immanuel Kant begründete idealistische Philosophie als die »wahre Wissenschaft« verstanden. Sie ging davon aus, daß der Wirklichkeit eine Idee zugrunde liegt, die dem Dasein Sinn und Ziel gibt; ihr Interesse galt dementsprechend in erster Linie der hinter den Erscheinungen verborgenen »eigentlichen« Wahrheit. Während Johann Gottlieb Fichte und Friedrich Wilhelm Schelling in Gott beziehungsweise in der Natur die Wesenheit sahen, auf die alle Erscheinungen zurückzuführen sind, setzte Georg Friedrich Hegel, der letzte bedeutende Vertreter des deutschen Idealismus, an deren Stelle den »Weltgeist«, den er als die »Summe der Vernunft aller« definierte. Dieser treibt nach Hegels Meinung sowohl das Individuum als auch die Gruppen und Völker an, die allerdings selbst ohne Bewußtsein ihrer jeweiligen Rolle in diesem Prozeß sind. Eine »List der Vernunft« läßt sie ihre subjektiven Ziele verfolgen, doch ihr Fortschreiten oder Scheitern dient in Wahrheit den andersgearteten, im Moment des Handelns nicht erkennbaren Zielen des Weltgeistes. Den historischen Prozeß versteht Hegel als einen Fortschritt im Bewußtsein der Freiheit; gleichzeitig behauptet er, daß der Weltenlauf von der Vernunft beherrscht wird, daß es in der Geschichte vernünftig zugegangen ist. Die Verweigerung der Freiheit ist somit nach der Auffassung von Hegel geschichtsfeindlich und unvernünftig. Für das Drama leitet der Philosoph daraus die Forderung ab, daß es das wirkliche »Sichvollführen des an und für sich Vernünftigen« zu offenbaren hat. Indem es historische Prozesse möglichst so darstellt, wie sie »wirklich« verlaufen sind, zeigt es das Vernünftige und gewinnt dadurch eine zukunftsweisende Funktion.

Hegels Gedanken hatten erheblichen Einfluß nicht nur auf die Entwicklung der Philosophie, sondern auch auf die Wissenschaften und die Theologie. Nach seinem Tod entbrannte ein ideologischer Streit unter seinen Schülern, der sich an einer religionsphilosophischen Frage entzündete. Hegel hatte die »Aufhebung« der Religion in der Philosophie verlangt. Die »Rechtshegelianer« verstanden nun darunter das Aufgehen der Religion in der Philosophie unter Bewahrung ihres religiösen Gehalts. Die »Linkshegelianer« dagegen interpretierten das Wort »aufheben« im Sinne von »auslöschen« und sahen sich aufgefordert, alle Glaubensgehalte aus der Philosophie zu eliminieren. Eine zentrale Rolle spielte in dieser Auseinandersetzung die Schrift »Das Leben Jesu« von David Friedrich Strauß aus dem Jahre 1835. Der Autor untersucht darin die Evangelien vom Standpunkt des Historikers, und er vertritt die Auffassung, daß es sich um zeitgebundene Texte handelt, die keinen Anspruch auf absolute Wahrheit erheben können, sondern als Mythen zu betrachten sind. Christus erscheint in der Sicht des Wissenschaftlers als reale, historisch bedingte Gestalt; seine Gotteskindschaft wird in Frage gestellt und damit die Gültigkeit der christlichen Dogmen. Ein anderer Linkshegelianer, Ludwig Feuerbach, radikalisierte noch die Gedanken von David Friedrich Strauß. Sein Hauptwerk, »Das Wesen des Christentums«, beruht auf einem psychologischen Ansatz: der Gelehrte behauptet, daß sich die Menschen aus dem Bedürfnis, einen höheren Wert anzuerkennen, einen Gott vorstellen, der so ist wie sie selbst, nur mächtiger, klüger, unfehlbar, kurz eine Idealisierung ihrer eigenen Existenz. Den Glaubenssatz »Gott schuf den Menschen nach seinem Bilde« drehte er einfach um: »Der Mensch schuf Gott nach seinem Bilde.«

Der Verzicht auf die christliche Jenseitsideologie und ihre Trost- und Ablenkungsfunktion für das diesseitige Leben, welches für die breite Masse des Volkes mit der Industrialisierung im Laufe des 19. Jahrhunderts immer schwerer wurde, eröffnete einen neuen unvoreingenommenen Blick auf die gesellschaftlichen Verhältnisse. Der französische Graf Claude Henri von Saint-Simon war der erste Theoretiker, der in seinen Schriften den »unproduktiven Klassen« der weltlichen und geistlichen Würdenträger die »produktiven Klassen« der »Tätigen« gegenüberstellte. So kam er zu der Forderung, die alte Ständeordnung durch eine Hierarchie der Tüchtigen zu ersetzen. Saint-Simons Ideen wurden in Verbindung mit Elementen der Lehre von Hegel zur Ausgangsbasis des »historisch-dialektischen Materialismus'« von Karl Marx.

Mußte der Idealismus in der Philosophie materialistischen Anschauungen weichen, so in der Kunst dem Realismus-Prinzip. An die Stelle der klassisch-romantischen Konzeption des Kunstwerks als autonomer Schöpfung trat dessen Verständnis als Widerspiegelung der Wirklichkeit, nun aber nicht mehr (wie in der Aufklärung) im Sinne einer Nachahmung der allgemeinen Wesensgesetze der Natur, sondern als Darstellung deren aktueller Erscheinungsformen. In seiner Abhandlung »Die romantische Schule« (1835) konstatierte Heinrich Heine das Ende der »Goethischen Kunstperiode«, in der die Kunst ausschließlich um ihrer selbst willen, als »unabhängige zweite Welt« gesehen worden sei. Carl Gutzkow, ein anderer Autor der als »Junges Deutschland« bezeichneten literarischen Bewegung, verfaßte einen Artikel mit dem bezeichnenden Titel »Über Goethe im Wendepunkt zweier Jahrhunderte«, in dem er den »Dichterfürsten« als letzten Vertreter eines veralteten Menschenbildes und Kunstverständnisses darstellte. Im Gegensatz zur früheren Abtrennung der Poesie von der Erfahrungswirklichkeit forderte Gutzkow nun eine realitätsbezogene, zeitgemäße »Tendenzdichtung«. Dem Schriftsteller wies er die Aufgabe zu, in den politischen Auseinandersetzungen seiner Zeit Partei zu ergreifen. Dem Bildungsprogramm der Klassiker (»Durch Schönheit zur Freiheit«) setzten die Vertreter des Jungen Deutschland die Auffassung entgegen, daß die politische Erziehung der ästhetischen vorausgehen müsse. Noch schärfere Kritik übten sie an den Romantikern, denen sie elitäres Denken und Verachtung der Masse vorwarfen. Mit der zunehmenden Politisierung des allgemeinen Bewußtseins in der Nachfolge der Französischen Revolution und der Epoche Napoleons erschien den fortschrittlichen Geistern das klassisch-romantische Kunstideal als »aristokratisch«; sie wollten es ersetzen durch ein »demokratisches«. Dieser Begriff stand zwar noch nicht für ein ausformuliertes Programm, enthielt aber schon den Impuls zur Wahrnehmung der Gesellschaft in allen ihren Differenzierungen sowie zur Reflexion der Abhängigkeit des einzelnen von seiner sozialen Lage.

Die revolutionären Überzeugungen der kritischen Intelligenz standen im diametralen Gegensatz zu den reaktionären Haltungen der Herrschenden. Die Zeit zwischen dem Wiener Kongreß und dem bürgerlichen Aufbegehren im Jahre 1848 war geprägt von deren Bemühen, das System des Absolutismus zu restaurieren. Die Regierungen der im »Deutschen Bund« zusammengeschlossenen Territorien nutzten die Niederlage Napoleons zur Zähmung der politischen Energien, die mit der Französischen Revolution freigesetzt worden waren. Durch hinhaltende Versprechungen auf der einen, durch Polizeiterror auf der anderen Seite, durch ein gut organisiertes Spitzelwesen und eine strenge Zensur versuchte man, die liberal und national eingestellten Kräfte in Schach zu halten. Das alles konnte aber den vom Bürgertum zusammen mit breiten plebejischen Schichten getragenen März-Aufstand von 1848 nicht verhindern. Geistig vorbereitet hatten ihn kritische Schriftsteller und Journalisten sowie die in »Burschenschaften« zusammengeschlossenen Studenten schon im »Vormärz«, wie der Zeitraum seit der Pariser Juli-Revolution von 1830 genannt wird. Von diesem Ereignis, in dessen Verlauf König Karl X. gestürzt wurde und der »Bürgerkönig« Louis Philippe den Thron bestieg, gingen erhebliche Wirkungen auch auf Deutschland aus. In allen Ländern mit Ausnahme der beiden stärksten, Preußen und Österreich, wurden Verfassungen eingeführt, die dem Volk Möglichkeiten zur Mitsprache einräumten. Vor allem im Südwesten entfaltete sich ein relativ liberales politisches Leben. So konnte 1832 auf Schloß Hambach in der Pfalz ein Fest stattfinden, bei dem die Absetzung der Fürsten und eine deutsche Republik gefordert wurden. Weitere Demonstrationen folgten: In Frankfurt am Main versuchten Studenten, die Wache zu stürmen; in Oberhessen kam es zu Aufständen und Verschwörungen, bei denen Georg Büchner, der bedeutendste deutsche Dramatiker der Epoche, eine wichtige Rolle spielte. Die reaktionären Mächte erstickten alle diese Revolten mit brutaler Gewalt; ihre Anstifter wurden ins Gefängnis geworfen, ihre geistigen Urheber mundtot gemacht. Ludwig Börne und Heinrich Heine, die beiden Hauptvertreter des Jungen Deutschland, zwang man zur Emigration. Die Frankfurter Bundesversammlung, ein willfähriges Instrument der Herrschenden, sprach von dem schädlichem Einfluß auf »Religion, Zucht und Sitten« und drohte mit der Anwendung der Vorschriften »in ihrer vollen Strenge«.

Trotz aller Beschränkungen ließen sich die Autoren des Jungen Deutschland von ihrem Bemühen um eine die politischen und sozialen Verhältnisse kritisch widerspiegelnde und kommentierende Literatur nicht abbringen. Ihr besonderes Interesse galt dem Drama und dem Theater, in dem sie eine Möglichkeit sahen, ihre Ansichten – trotz der Zensur – einer relativ großen Öffentlichkeit zu vermitteln. Heinrich Laube, nach der Revolution Direktor des Wiener Burgtheaters, bezeichnete die Bühne als den »Telegraphen des Volkslebens«, welcher der »langsamen Fahrpost bürgerlicher Freiwerdung« vorauseilen müsse. Von der hohen Mission des Theaters überzeugt, leisteten die Jungdeutschen als Kritiker wie als Stückeschreiber einen wichtigen Beitrag zur Entwicklung des deutschen Theaters, der heute allerdings nurmehr von historischer Bedeutung ist. Die Dramen von Carl Gutzkow (*Pugatschew, Wullenweber*) und von Heinrich Laube (*Struensee, Die Karlsschüler*) überzeugen mehr durch ihre Tendenz als durch ihre künstlerische Qualität. Die Neuheit der verkündeten Botschaft stand oft im Widerspruch zu einer dramatischen Struktur, die sich vom konventionellen Intrigenstück und vom Melodram herleitete. Indem diese Stücke krisenhafte Situationen des Geschichtsverlaufes so darstellten, daß sie dem zeitgenössischen Zuschauer Vertrauen in die Unaufhaltsamkeit des politischen Fortschritts einflößten, berührten sie dennoch den Nerv ihrer Zeit.

Eine Breitenwirkung allerdings verhinderte die strenge Zensur. Obwohl es im Mittelpunkt des öffentlichen Interesses stand, fungierte das Theater im wesentlichen doch nur als Ersatz für das unterdrückte politische Leben. Der ihnen von den Machthabern zugewiesenen Rolle entsprechend, spielten die Bühnen neben seichten Komödien weiterhin die bürgerlichen Rührstücke von August Wilhelm Iffland und August von Kotzebue; dazu kamen die kitschigsentimentalen Trivialdramen von Charlotte Birch-Pfeiffer und Julius Roderich Benedix. Sogar die Werke der Klassiker schienen der Reaktion zu viel politischen Sprengstoff zu enthalten; so hielt man sich lieber an ihre Epigonen wie Friedrich Halm und Ernst Raupach.

Angesichts dieser Ausrichtung des Bühnenwesens erscheint es nicht verwunderlich, daß auch die wenigen über ihre Zeit hinausweisenden Werke der beiden bedeutendsten Dramatiker der Epoche, Christian Dietrich Grabbe und Georg Büchner, keinen Platz auf den Spielplänen gefunden haben. Dabei konnte sich der geniale, an seiner Trunksucht elend zugrunde gegangene Grabbe der Gunst eines der wenigen progressiv eingestellten Theaterdirektoren der Zeit erfreuen. Die letzten Jahre seines jammervollen Lebens verbrachte er als Dramaturg an der von Karl Immermann geleiteten, von einem bürgerlichen Verein und nicht von einem Fürstenhof getragenen Reformbühne in Düsseldorf. Dieser zu den Jungdeutschen zählende Theatermann, der mit einem Freiheitsdrama über Andreas Hofer einigen Erfolg erzielt hatte, führte das heute noch praktizierte System der Vorbereitung einer Inszenierung durch Leseprobe, Stellprobe und Bühnenprobe ein und bemühte sich um die Durchsetzung eines literarischen Spielplans mit den Werken von Goethe und Schiller, spanischen Barockdramen und vor allem den Schauspielen von Shakespeare, die er auf einer am historischen Original orientierten Bühne aufführen ließ.

Auch im theaterkonzeptionellen Denken Grabbes spielte der Elisabethaner eine zentrale Rolle. Seine Historien rühmte der Dichter in dem Aufsatz »Über Shakespeareo-Manie« als Vorbild für ein nationales Geschichtsdrama. Schon in seiner Frühzeit experimentierte der Dichter mit diesem dramaturgischen Modell, wobei neben konventionellen Imitationen radikale Neuansätze standen. Gemeinsam ist allen Dramen Grabbes aus seiner frühen Schaffensphase jener Grundimpuls der Auseinandersetzung mit den als obsolet empfundenen Idealen und Normen, dem Menschenbild, der Geschichtskonzeption und dem Bildungsprogramm des Idealismus und der Klassik. Diese haben nach seiner Auffassung ihre Glaubwürdigkeit verloren, weil sich ihr Versprechen auf eine bessere Zukunft in der aktuellen Realität nicht eingelöst hat. Die Erfahrung der faktischen Ohnmacht fortschrittlich ausgerichteter Kräfte unter den repressiven und restaurativen politischen Verhältnissen verallgemeinerte Grabbe zu der Ansicht, daß die historisch-gesellschaftliche Praxis überhaupt sinnlos sei. Das Handeln nach sittlichen Prinzipien denunzierte er als realitätsblinden Idealismus; die Utopien der Klassik verwarf er als illusionär. Das sich mit dem Erstarken des Kapitalismus immer mehr ausprägende Konkurrenzverhältnis zwischen den Individuen erschien ihm als ein überhistorisch gültiges Faktum. In seinen frühen Dramen stellte Grabbe das Zusammenleben der Menschen als ununterbrochenen Kampf aller gegen alle dar. Die Möglichkeit zur Selbstverwirklichung steht in einer so gesehenen Welt nur wenigen Ausnahme-Individuen offen. Diese scheinen in seinen Dramen, ausgestattet mit einem asozialen und immoralischen Zynismus, aller gesellschaftlichen Verantwortung enthoben. Ein Prototyp ist der Neger Berdoa im Erstlingswerk *Herzog Theodor von Gothland*. Die aus Reminiszenzen an Schillers Franz Moor und die Schurken von Shakespeare aufgebaute Gestalt tut Böses aus purer Lust, während sein Gegenspieler Gothland durch die erlittenen Ungerechtigkeiten zum Verbrecher wird. »Der Himmelsbogen ist«, wie Grabbe eine seiner Gestalten sagen läßt, »ein Henkerrad, auf das Tage und Nächte wie Delinquenten geflochten sind, um gerädert zu werden«.

Die in bombastischen Bildern und mit überspanntem Pathos dargestellte Verzweiflung des *Gothland*-Dramas über die Unausweichlichkeit menschlicher Bestialität wird in ihrer Wirkung noch übertroffen durch den menschenverachtenden Gestus seines Lustspiels *Scherz, Satire, Ironie und tiefere Bedeutung*. Der ironische Witz der romantischen Märchenkomödie im Stil von Tiecks *Gestiefeltem Kater* ist hier ins Zynische gesteigert. Das menschliche Streben erweist sich als ziel- und zusammenhanglos und deshalb als ebenso banal wie beliebig. Auch die Literatur als »das Jämmerlichste des Jämmerlichen« bleibt vom totalen Sinnverlust nicht verschont. Indem sich Grabbe am Schluß selbst als Figur auf die Bühne bringt, bezieht er das eigene Schaffen in die allgemeine Demontage aller Werte mit ein.

In *Don Juan und Faust* faßt der Dichter die Grundgedanken seiner beiden ersten Dramen zusammen. In der Existenz des großen Verführers spiegelt sich der zerrissene Kosmos von *Scherz, Satire, Ironie und tiefere Bedeutung* wider, im Zusammenbruch des Faustschen Idealismus die Destruktivität des *Herzog Theodor von Gothland*.

Am Beginn der zweiten Schaffensperiode von Grabbe steht das Hohenstaufen-Projekt, das auf insgesamt acht Dramen bemessen war, von denen allerdings nur zwei, *Kaiser Friedrich Barbarossa* und *Kaiser Heinrich der Sechste*, fertiggestellt wurden. Es war von dem Wunsch des Dichters bestimmt, einen konstruktiven Beitrag zu einer neuen Sinnstiftung zu leisten. Allerdings waren die Werte, die er propagierte, durchaus nicht so neu, wie es ihm selbst erschien. Die Absicht, die nationale Geschichte zu verherrlichen und den Deutschen in der Misere der Gegenwart Traditionsbewußtsein und damit ein Identitätsgefühl zu vermitteln, hatten schon die Romantiker auf die Tagesordnung gesetzt. Jetzt war der Höhepunkt der Begeisterung für das deutsche Mittelalter bereits überschritten. Unter dem Eindruck der Pariser Juli-Revolution von 1830 erkannte Grabbe selbst den anachronistischen Charakter seines bisherigen Denkens. Angesichts der unübersehbaren Wirksamkeit kollektiver Kräfte wandte er sich ab von der Auseinandersetzung mit den geschichtsträchtigen Persönlichkeiten.

In *Napoleon oder die hundert Tage* gerieten erstmals überindividuelle Mächte in sein Blickfeld. Die Titelfigur erscheint hier eingesponnen in ein Beziehungsgeflecht, das ihr Handeln determiniert. In *Hannibal* zeigt der Dramatiker den Helden als Opfer der Geschichte. Der Feldherr besitzt zwar den historischen Weitblick, der ihn befähigen würde, die Römer zu besiegen, als Führer eines vom Krämergeist regierten Volkes aber ist er zum Untergang verurteilt. »Wieder Siegesnachrichten, die uns keinen Scheffel Weizen eintragen!« Mit solchen Worten wird die Meldung vom Sieg bei Cannae auf dem Marktplatz von Karthago aufgenommen. Am Materialismus geht eine Welt zugrunde, die der Autor deutlich nach dem Muster seiner Zeit gestaltet hat.

In der *Hermannsschlacht* wandte sich Christian Dietrich Grabbe der deutschen Nationalgeschichte zu, und das wiederum in der Absicht, ein positives Gegenbild zur aktuellen politischen Realität zu liefern. Das patriotische Element erscheint hier allerdings grundsätzlichen Zweifeln ausgesetzt: Die siegreichen Germanen verstehen nicht einmal die tiefere Bedeutung der von ihrem Führer ausgegebenen Parole »Deutschland« und weigern sich, den Krieg gegen die Römer fortzusetzen.

Nach einem Wort von Friedrich Hebbel hatte Grabbe nur den »Riß zur Schöpfung«, den Plan also, Georg Büchner hingegen die »Kraft zur Schöpfung«. In der Tat unterscheidet sich das Werk der beiden Dramatiker grundsätzlich, obwohl es von gleichen Zeitumständen und Vorbildern geprägt ist. Auch für Büchner war die Pariser Juli-Revolution das entscheidende politische und die Begegnung mit Shakespeares Werk das wesentliche künstlerische Ereignis. Als Medizinstudent in Straßburg wurde er mit den Ideen von Saint-Simon bekannt und gewann daraus die Einsicht, daß »nur das notwendige Bedürfnis der großen Masse Umänderungen herbeiführen« kann. An die hessische Landesuniversität Gießen zurückgekehrt, gründete er eine »Gesellschaft für Menschenrechte«. Zusammen mit dem Pastor Ludwig Weidig, dem Führer der Oppositionsbewegung in der Region, verfaßte er die Flugschrift »Der Hessische Landbote«. Darin wurden unter dem Motto »Friede den Hütten, Krieg den Palästen!« die geschundenen Bauern zur Revolution aufgerufen. Doch das unterdrückte und abgestumpfte Volk reagierte nicht darauf. Die Verfasser wurden verraten und von der Polizei verfolgt; Weidig kam ins Gefängnis; Büchner versteckte sich bei seinen Eltern. Während die Polizeispitzel vor der Tür lauerten, schrieb er in nur fünf Wochen sein Drama *Dantons Tod*. Das Manuskript schickte er an Carl Gutzkow, der es bearbeitete und (mit dem reißerischen Untertitel *Dramatische Bilder aus Frankreichs Schreckensherrschaft* versehen) publizierte. Steckbrieflich gesucht, floh Büchner vor der drohenden Verhaftung ins Straßburger Exil und nahm sein Medizinstudium wieder auf. Gleichzeitig schrieb er die biographische Novelle »Lenz«, ausgehend von dem Tagebuch des Pastors Johann Gottfried Oberlin, der den Sturm-und-Drang-Dichter bei Ausbruch seines Wahnsinns versorgt und betreut hatte. Als

Büchner von einem Wettbewerb des Cotta-Verlages erfuhr, begann er mit der Arbeit an der Komödie *Leonce und Lena*; das verspätet eingesandte Manuskript erhielt er ungelesen zurück. Nach Abschluß seines Studiums wurde ihm von der Universität Zürich eine Dozentur angeboten. Ein halbes Jahr vor seinem Tod promovierte er dort mit einer Arbeit »Über das Nervensystem der Barben«. Gleichzeitig bereitete er eine Vorlesung über die europäische Philosophie von Descartes bis Spinoza vor und begann die Arbeit an dem unvollendet gebliebenen Drama *Woyzeck*. Im Frühjahr 1836 starb Georg Büchner an Typhus.

In seinem literarischen Schaffen ließ sich Büchner von ähnlichen Gedanken leiten wie die Schriftsteller des Jungen Deutschland. In einem Brief machte er sich über die »Idealdichter« lustig, die »nichts als Marionetten mit himmelblauen Nasen und affectiertem Pathos«, aber keine »Menschen aus Fleisch und Blut« geschaffen hätten. (Georg Büchner: Sämtliche Werke. Bd. 2. S. 444) Wie Heine und Börne warf er den Dichtern der »Kunstperiode« die Abkehr von der Erfahrungswirklichkeit vor. Nach seiner Meinung hat sich der Schriftsteller so eng wie möglich an die gegenwärtige Realität oder an den konkreten historischen Prozeß zu halten. Die Geschichte erklären zu wollen, schien ihm nach seinem fehlgeschlagenen politischen Engagement ebenso unsinnig wie jeder Eingriff in deren Verlauf. In einem Brief bekannte er: »Ich fühle mich wie zernichtet unter dem gräßlichen Fatalismus der Geschichte. Der Einzelne ist nur Schaum auf der Welle, die Größe ein purer Zufall, die Herrschaft des Genies ein Puppenspiel, ein lächerliches Ringen gegen ein ehernes Gesetz, es zu erkennen das Höchste, es zu beherrschen unmöglich.« (Georg Büchner: Sämtliche Werke. Bd. 2. S. 425 f.)

Gleich in seinem ersten Drama vollzog Büchner nicht nur in ideologischer, sondern auch in formaler Hinsicht einen radikalen Bruch mit der Tradition. *Dantons Tod* ist eine fast filmisch anmutende Szenenmontage und zwar in einer aus drastischem Alltagsjargon, politischer Rhetorik und metaphernreicher Poesie zusammengesetzten Sprache. Der Gegensatz von Danton und Robespierre trägt die Handlung; als dritter Faktor kommt das Volk hinzu. Der weitverbreitete Irrtum, die Äußerungen einer der Figuren mit der Ansicht des Autors gleichzusetzen, hat gerade bei diesem Drama zu gegensätzlichen Interpretationen geführt. Danton, dem handlungsunfähig gewordenen Revolutionär, eröffnet sich eine nihilistische Perspektive: »Die Welt ist ein Chaos. Das Nichts ist der zu gebärende Weltgott.« Danton ist auf dem halben Wege stehengeblieben, um die Früchte, die er der Revolution abgewonnen hat, genießen zu können. Er hat mitgeholfen, die Aristokraten zu beseitigen, um nun selbst so zu leben wie sie. Robespierre kritisiert diese Haltung und propagiert einen rigorosen Idealismus, der die Menschen einem abstrakten Tugendbegriff opfert: »Der Weltgeist bedient sich in der geistigen Sphäre unserer Arme ebenso, wie er in der physischen Vulkane oder Wasserfluten gebrauchet. Was liegt daran, ob sie an einer Seuche oder an der Revolution sterben?« Das Volk schließlich ist lenkbar – in jede Richtung. Sein Ruf »Es lebe Danton!« läßt sich ohne große Mühe in »Hoch lebe Robespierre!« verwandeln.

In einem Brief an Gutzkow hat Büchner davon gesprochen, daß »die Bildung eines neuen geistigen Lebens im Volke zu suchen« sei und »die abgelebte moderne Gesellschaft zum Teufel gehen« müsse, denn ihr ganzes Leben bestehe »nur in Versuchen, sich die entsetzliche Langeweile zu vertreiben«. (Georg Büchner: Sämtliche Werke. Bd. 2. S. 455) Genau das zeigte der Dichter auf höchst poetische Weise in seinem Lustspiel *Leonce und Lena*. Mit Anklängen an Clemens von Brentanos romantische Komödie *Ponce de Leon* und Alfred de Mussets *Fantasio* setzte er Motive und Stimmungen aus *Dantons Tod* in einen komisch-satirischen Zusammenhang. Die anachronistische Absurdität der absolutistischen Hofhaltung wird hier ebenso karikiert wie der »Weltschmerz« als das Privileg einer entlasteten Klasse und die Philosophie des Idealismus mit ihrer Vorstellung des autonomen Individuums. Prinz Leonce und

Prinzessin Lena versuchen, einer ihnen vorbestimmten Heirat zu entfliehen. Ohne sich zu erkennen, treffen sie aufeinander, verlieben sich und heiraten schließlich – so wie es ursprünglich die Staatsräson verlangt hat. Sie werden zu Opfern ihrer eigenen, vermeintlich freien Entscheidung; in der Flucht vor dem Schicksal erfüllt sich ihr Schicksal. Wortspiel und Witz, Märchenatmosphäre und scheinbares Happy-End stützen die gesellschaftskritische Aussage des Stücks und seine bittere Einsicht in die Determination des menschlichen Lebens durch die »Umstände«.

In diesem Problemkreis bewegt sich auch das *Woyzeck*-Fragment. Vor dem Hintergrund der materialistischen Position Büchners, nach der es »in niemandes Gewalt liegt, kein Dummkopf oder kein Verbrecher zu werden«, ergibt sich die Tendenz des nach einem wirklichen Kriminalfall modellierten Stückes fast zwangsläufig: Persönlichkeit und Verhalten der Figuren werden zurückgeführt auf die sozialen Verhältnisse. Woyzeck gehört als gemeiner Soldat zur untersten Schicht der Gesellschaft. Um seine Geliebte und ihr gemeinsames Kind zu erhalten, stellt er sich einem menschenverachtenden Wissenschaftler für medizinische Experimente zur Verfügung, die ihn psychisch wie physisch zerrütten. Das führt dazu, daß sich seine Geliebte mit einem Tambourmajor einläßt. Woyzeck ersticht sie und verliert damit das einzige, was er auf Erden hatte. Ein eindrucksvoller Beleg für die Hoffnungslosigkeit des Stücks ist das Märchen der Großmutter: Dem einsam und verlassen durch das Weltall wandernden Kind, das vergeblich nach einer lebendigen Zuflucht sucht, entpuppt sich der von den Romantikern so oft beschworene Mond als »ein Stück faules Holz«, die Sonne, das Symbol der Aufklärung, als »verwelkte Sonnenblum'«. Der Desillusionierung des Kosmischen folgt die des Irdischen: Die Welt ist ein »umgestürzter Häfen«. Was bleibt, ist die absolute Einsamkeit und das Nichts. Schonungsloser und erschütternder läßt sich die Auflösung des aufklärerisch-idealistischen Weltbildes kaum darstellen.

Die Übernahme des Theaters durch das Bürgertum

Die Revolution von 1848 hat dem deutschen Bürgertum nicht die Macht im Staat, sondern nur die Macht im Theater gebracht. Nachdem der Aufstand durch die Fürsten niedergeschlagen und der Traum von politischer Freiheit und nationaler Einheit zerstoben war, konzentrierten die gehobenen bürgerlichen Schichten ihre ganze Energie auf das Ökonomische und Kulturelle. Besitz und Bildung wurden zum Ausweis jener Kreise, die sich noch im Verlauf der Revolution von ihren Bündnispartnern, den Kleinbürgern und Plebejern, distanziert und aus Furcht vor »sozialer Anarchie« und einer »roten Republik« den Kompromiß mit den feudal-aristokratischen Kräften gesucht hatten. Den Verzicht auf die politische Macht ließ sich die deutsche Bourgeoisie vom neo-absolutistischen Staat, der unter einem konstitutionellen Deckmantel restauriert wurde, mit der Begünstigung seiner wirtschaftlichen Interessen bezahlen. Die bürgerliche Intelligenz sah sich als Hüterin der humanen Werte, ohne sie aber in das politische Leben einzubringen. Wissenschaft und Kunst sollten nach ihrer Auffassung die Basis der nationalen Identität schaffen. Nach der Gründung des Deutschen Reiches im Jahre 1871 ließ das Anwachsen eines in elenden Verhältnissen dahinvegetierenden Proletariats ihre Rede von der freien Entfaltung des Individuums zur hohlen Form verkommen. Der Idealismus war jetzt endgültig obsolet geworden.

Neben den schon im Vormärz von David Friedrich Strauß und Ludwig Feuerbach entwickelten religionskritischen Materialismus, der die realistische Welthaltung und das Besitzstreben der Bourgeoisie beförderte, trat jetzt die Philosophie von Arthur Schopenhauer, in der die skeptisch-resignative Weltsicht des Bildungsbürgertums ihr geistiges Fundament fand. Jahrzehntelang war sein schon 1819 erschienenes Hauptwerk »Die Welt als Wille und Vorstellung« ohne nennenswerten Widerhall geblieben, jetzt aber wurde es auf breiter Basis rezipiert. Dem progressiven Entwicklungsdenken Feuerbachs steht bei Schopenhauer die Lehre vom unveränderlichen Kreislauf der Welt, von der steten Wiederkehr des Gleichen, entgegen. Das weltbewegende Prinzip erscheint ihm als blinder, zielloser, destruktiver Wille, der die Menschheit in einen leidvollen Kampf aller gegen alle stürzt. Eine angemessene Reaktion darauf sieht Schopenhauer in der kontemplativen Haltung des Künstlers sowie in dem weltabgewandten Dasein des Asketen. Als Feind jeder politischen Umwälzung erlebte der Philosoph die Frankfurter Straßenkämpfe von 1848 mit; daß der Aufstand des »Gesindels« niedergeschlagen wurde, erfüllte ihn mit tiefer Genugtuung.

In der »Gründerzeit« der siebziger Jahre wurden Schopenhauers Gedanken in Verbindung gebracht mit der »Selektionstheorie« von Charles Darwin. In Deutschland vornehmlich durch Ernst Haeckels »Natürliche Schöpfungsgeschichte« und die »Sechs Vorlesungen über die Darwin'sche Theorie« von Ludwig Büchner (dem Bruder des Dramatikers) popularisiert, drang die neue Lehre rasch in die Natur- und Geisteswissenschaften ein und wurde später zu einer wichtigen Grundlage des Naturalismus in den Künsten. Der Philosoph Eduard Hartmann suchte das allgemeine Machtdenken naturgesetzlich zu legitimieren. Den Pessimismus Schopenhauers glaubte er dadurch zu überwinden, daß er dem »Kampf ums Dasein« den kulturellen Fortschritt der Menschheit als positives Ziel unterschob. Unabdingbare Voraussetzung für die Entfaltung der Kultur ist nach Hartmann die Minderung der allgemeinen sozialen Freiheit und Gleichheit. Daß das Bürgertum einer solchen Auslöschung der Grundwerte, die es in seiner Aufstiegsphase vertreten hatte, nun durchaus zustimmte, versteht sich von selbst. Zumindest in ökonomischer Hinsicht war es ja soweit saturiert, daß emanzipatorische Zielsetzungen nur dem nachdrängenden Proletariat zugute gekommen wären.

Friedrich Nietzsche, der zweite die Weltanschauung der Epoche prägende Philosoph, folgte in seinem ersten aufsehenerregenden Werk, »Die Geburt der Tragödie aus dem Geiste der Musik«, Schopenhauers Vorstellung des Willens als elementarer Kraft der menschlichen Existenz. Seine Deutung des antiken Weltbildes und der griechischen Kunst weist auf die grundsätzliche Spannung zwischen der rauschhaft-bejahenden Energie des Dionysischen und den kontrolliert-formenden Kräften des Apollinischen hin. In der attischen Tragödie ist es nach Nietzsches Auffassung zur schöpferischen Zusammenfassung der beiden Tendenzen und damit zu einer seitdem nicht wieder erreichten Blüte der Kunst gekommen. Der Philosoph war davon überzeugt, daß die Moderne nur durch die Bejahung des Glaubens und die Wiedergewinnung des Mythos' ihre innere Zerrissenheit überwinden könne. Zunächst versprach er sich diese Erneuerung von Richard Wagners Konzeption des musikdramatischen »Gesamtkunstwerks«, das er aber später als zersetzend und vom Geist der Dekadenz beherrscht kritisiert hat. In den »Unzeitgemäßen Betrachtungen« und in »Menschliches. Allzumenschliches« rechnete Nietzsche scharf mit den Schwächen seiner Zeit ab. Er prangerte den Schwund der hohen Ideale an, den er zurückführte auf die Nivellierung des Geistes in der sich ausbildenden Massengesellschaft; er spottete über die ziellose Geschäftigkeit der Geisteswissenschaftler und beklagte die Unfähigkeit der Künstler, einen einheitlichen Stil zu entwickeln, der die Epoche erhellend widerspiegelt. In seiner Verbindung von Kulturkritik und Wissenschaft, von Philosophie und Literatur bildet Nietzsches Werk das letzte große gedankliche System des 19. Jahrhunderts; es trug wesentlich zur Neuschöpfung ästhetischer Werte bei und entwarf gleichzeitig das Bild eines »zukünftigen Menschen«, der

sich frei und ohne moralische Hemmungen über sein Zeitalter erhebt. In seinen Schriften »Jenseits von Gut und Böse« und »Der Wille zur Macht« beschwor der Philosoph das Heraufziehen einer Epoche des Nihilismus, dem durch ein freies Bekenntnis zu einer neuen Moral zu begegnen sei. Die »Vertreter des Geistes« könnten nach seiner Auffassung durch das Bekenntnis zum Willen und die rückhaltlose Bejahung des Prinzips »Leben« den ständig wiederkehrenden Ablauf des Weltgeschehens beeinflussen.

Für die von solchen Anschauungen geprägte Gesellschaft des ausgehenden 19. Jahrhunderts erfüllte die Kunst, vor allem die des Theaters, wichtige Funktionen und genoß darum uneingeschränkte Unterstützung. Zum ersten Mal in der Geschichte hatte das Bürgertum die Kraft, ohne Mitwirkung der Aristokratie ein aufwendiges Bühnenwesen zu unterhalten, das sich nun aber auch selbstverständlich an seinen Interessen orientieren mußte. So diente das Theater in dieser Epoche einerseits der Unterhaltung und Ablenkung von den »harten Alltagsgeschäften« und andererseits der geistig-moralischen Erbauung durch die überkommenen bürgerlichen Werte, die sich jedoch in der Praxis jetzt oft in ihr Gegenteil verkehrt hatten: Mit der zunehmenden Ausbildung kapitalistischer Strukturen rückte das Ideal der Gleichheit in weite Ferne; die Freiheits-Parole degenerierte angesichts der politischen und sozialen Ungleichheit für viele zu einer leeren Formel, und die Forderung nach Brüderlichkeit geriet in immer schärferen Widerspruch zum Konkurrenzkampf. Die Vorstellung von der Menschheit als einer großen gefühlsverbundenen Familie, wie sie die Aufklärung und die Klassik beschworen hatten, bezog sich nicht mehr auf die gesellschaftliche Realität, sondern nur noch auf den Bereich der Empfindungen. Der Schaubühne war nicht mehr die Vervollkommnung des »Menschen an sich« zum Ziel gesetzt, sondern die Verklärung von Werten, die zur allgemein verbindlichen Norm und zum unantastbaren »ewigen Besitz der Menschheit« deklariert wurden, obwohl oder gerade weil sie in der aktuellen politischen Situation nicht zu realisieren waren. Der Erfüllung dieser Aufgabe diente die Pflege der Klassiker. Für die Unterhaltung dagegen hatte das Lustspiel nach dem Muster der französischen Salonkomödie zu sorgen. Darin konnte sich die Bourgeoisie selbst bespiegeln, weil trotz der häufig aristokratischen Personage typisch bürgerliche Probleme behandelt wurden, vor allem die Erfolge und Mißerfolge ihrer Helden auf erotischem und sozialem Gebiet. Um der Forderung des Publikums nach unbeschwertem Kunstgenuß nachzukommen, mußten die schematischen Handlungen dieses Genres – oft um den Preis der Glaubwürdigkeit – in ein Happy-End münden.

Mindestens ebenso interessant wie die Vorgänge auf der Bühne war für das Bürgertum dieser Zeit das Umfeld des Theaters: der dekorative Pomp der Foyers und Pausenräume, die elegante Kleidung, das Souper mit den Aktricen im Chambre séparée. Wie Stefan Zweig in seinen Memoiren »Die Welt von gestern« berichtet, hatten die populären Burgschauspieler eine Leitfunktion für die Wiener Gesellschaft. Man kopierte die von dem Modemaler Hans Makart entworfenen Roben der Charlotte Wolter und ließ sich von demselben Schneider einkleiden wie Josef Kainz. Von Joseph Sonnenthal lernten die Söhne des Großbürgertums, wie man Hut und Stock tragen mußte und wie man sich im Salon zu unterhalten und zu benehmen hatte. Übrigens ist der Aufstieg Sonnenthals vom armen Handwerker zum geachteten und vom Kaiser geadelten Mitglied der Wiener Hautevolee ein Beweis für das gestiegene Ansehen des Berufsstandes. Daran hatten allerdings nur die prominentesten Mitglieder Anteil. Die große Mehrheit der Schauspieler wurde von den Bürgern ambivalent beurteilt. Vor allem die Frauen standen in einem zweifelhaften Ruf, was aber die Männer der »besseren Kreise« nicht daran hinderte, intim mit ihnen zu verkehren. Die Schauspielerinnen mußten sich oft notgedrungen darauf einlassen, war doch bei der Bemessung ihrer Gagen ein solcher Nebenverdienst meist einkalkuliert. Der Hauptgrund für die um sich greifende Verelendung des Berufsstandes lag in der Kommerzialisierung des Bühnenwesens nach dem Erlaß der Gewerbefreiheit im Jahre 1869, die es jedermann erlaubte, einen Theaterbetrieb zu gründen. Das führte zu einem ungeheuren Boom: Die Zahl der Ensembles verdoppelte sich, die der Schauspieler stieg auf das Dreifache. Das Überangebot erlaubte es den Unternehmern, die Künstler brutal auszubeuten. Daran änderte auch die Gründung der »Genossenschaft deutscher Bühnenangehöriger« erst einmal nur wenig.

Opernhaus Graz, erbaut 1896 von Ferdinand Fellner und Hermann Helmer

In den siebziger und achtziger Jahren kam es zu einer regelrechten Flut von Neubauten. Die Bürger jeder mittleren Provinzstadt hielten es jetzt für selbstverständlich, daß zum architektonischen Grundbestand ihrer Kommune auch ein repräsentativer Theaterbau gehört. Während es zu Beginn des 19. Jahrhunderts in etwa vierzig deutschen Städten ein Theater gab, waren es am Ende ungefähr zehnmal so viele. Allein in Berlin konkurrierten in der Zeit nach der Reichsgründung mehr als fünfzig öffentliche und private Bühnen um die Gunst der Zuschauer. Die Hauptstadt wurde zur Theatermetropole und damit zum Prüfstand der Talente, zum Kulminationspunkt der Karrieren und zum allgemeinen Orientierungspunkt der Provinz. In Konkurrenz dazu stand Wien als Hauptstadt der Österreichisch-Ungarischen Doppel-Monarchie. Hier erlebte das Burgtheater unter den Direktionen von Heinrich Laube und Franz von Dingelstedt eine Hochblüte. Diese beiden Personen stehen für die grundlegenden künstlerischen Möglichkeiten der Theaterarbeit in jener Epoche: Während der vom Jungen Deutschland herkommende Schriftsteller Laube das Bühnengeschehen ganz auf das Wort zentrierte, setzte Dingelstedt auf das Szenisch-Bildnerische.

Außerhalb der beiden deutschsprachigen Metropolen existierten dreißig bis vierzig Hof- und über einhundert Stadttheater, die entweder von Kapitalgesellschaften oder von den Kommunen selbst errichtet und an Prinzipale verpachtet wurden, welche in der Regel auf eigenes Risiko wirtschafteten. Die Übernahme der Trägerschaft durch die öffentliche Hand und die regelmäßige Subventionierung aus Steuergeldern erfolgte in größerem Umfang erst nach der Jahrhundertwende.

Die Entwürfe für die neu zu errichtenden Theaterbauten entstanden in einigen wenigen auf diesen Bereich der Architektur spezialisierten Ateliers. Das weitaus bedeutendste war das von Ferdinand Fellner und Hermann Helmer in Wien, das nach standardisierten Plänen und mit den immer gleichen, meist aus der Renaissance entlehnten, Schmuckelementen arbeitete. Die oft bis heute bespielten Häuser baute man an einem zentralen Ort der Stadt. Durch eine prunkvolle Fassade und ein pompöses, häufig an einen Tempel gemahnendes Portal gaben sie sich Bedeutung und setzten städtebauliche Akzente. Im Inneren behielt man das Schema des höfisch-barocken Theaterbaus bei. Die Logen wurden an den neuen »Geldadel« vermietet; im Parkett hatte das mittlere Bürgertum seine durch ein Abonnement gesicherten Plätze; die Ränge waren für »das Volk« vorgesehen, für die Handwerker und kleinen Kaufleute. Der barocken Tradition entsprechend waren der Zuschauerraum und das Proszenium in den Farben Rot und Gold gehalten und reichlich mit Stuck verziert. Zahlreiche Theaterbrände – der katastrophalste war der des Wiener Ringtheaters, bei dem es 450 Tote gab – veranlaßten die Behörden zu strengen Sicherheitsauflagen, die wesentlichen Einfluß auf die Gestaltung des ganzen Baukörpers hatten; Bühne und Zuschauerraum mußten jetzt durch einen »Eisernen Vorhang« getrennt werden. Die elektrische Beleuchtung löste nun das Gaslicht ab. Was die Maschinerie betrifft, brachten die Entwicklung des Stahlbaus und der Hydraulik neue Möglichkeiten für die Bühnenbildgestaltung und die Verwandlungstechnik. Als künstlerisch ertragreich erwiesen sich die Drehbühne und der Rundhorizont, die von Carl Lautenschläger, dem »Obermaschinendirektor« der Münchner Hoftheater, kurz vor der Jahrhundertwende eingeführt wurden.

Die Leitungsfunktion ging jetzt auch in den Hoftheatern von den adligen »Kavaliersintendanten« auf bürgerliche Fachleute über, die sich aus dem Stand der Schauspieler oder der Stückeschreiber rekrutierten. Sie hatten an den öffentlichen Bühnen die Subventionen zu rechtfertigen und in den privaten Unternehmen für satte Gewinne zu sorgen. In den »Geschäftstheatern« begegneten sich Theatermacher und Zuschauer als Produzenten und Konsumenten, deren Verhältnis sich nach dem Gesetz von Angebot und Nachfrage regulierte. Selbstverständlich hatte die Kommerzialisierung Einfluß auf die Spielpläne. Sie wurden beherrscht von den klassischen Stücken, deren Darbietung risikolos war, weil sie zum festen Bestandteil des bürgerlichen Bildungsfundus' gehörten. Neben den Werken von Shakespeare, Molière, Lessing, Schiller und Goethe spielte das seriöse Gegenwartsdrama nur eine untergeordnete Rolle. Dem – zumindest in quantitativer Hinsicht – blühenden Theaterleben fehlte die Entsprechung in der Dramatik. Die gewöhnlich mit dem Begriff »Bürgerlicher Realismus« bezeichnete Epoche brachte zwar Meisterwerke der Epik hervor, wie die Erzählungen und Romane von Gottfried Keller, Conrad Ferdinand Meyer, Theodor Storm und Theodor Fontane, die dramatische Literatur jedoch verkam im Epigonentum. Man berief sich auf die Klassik und versuchte deren Dramaturgie zu rekonstruieren, wie etwa Gustav Freytag in seiner vielgelesenen Schrift »Die Technik des Dramas«, einer Sammlung von dramaturgischen Regeln mit normativem Anspruch. Die Bühnenautoren hielten nicht nur am Formmuster der Klassik fest, sondern auch an dem damit verbundenen idealistischen Menschenbild. Dieses stand aber bereits im Widerspruch zu der neuen Weltsicht, die geprägt war von der Relativierung der sittlichen Werte, vom Vordringen der psychologischen Betrachtungsweise und dem weitgehenden Verlust des metaphysischen Bewußtseins. Dieser prinzipielle Antagonismus von Inhalt und Form war die eigentliche Ursache für den Niedergang des Dramas, der in den historisierenden Machwerken von Bildungsdichtern wie Paul Heyse oder Emanuel Geibel seinen Ausdruck fand.

Die einzige Ausnahme bildet Friedrich Hebbel, der 1813 (im selben Jahr wie Georg Büchner) in der damals zu Dänemark gehörenden Region Dithmarschen geboren wurde, in ärmlichen Verhältnissen aufwuchs und sich autodidaktisch ausbildete. Das Revolutionsjahr 1848 führte zu einer wichtigen Zäsur in seinem Schaffen. In seinen vorrevolutionären Dramen hatte der Autor einerseits die trotzige Auflehnung des weiblichen Individuums gegen die Umwelt und andererseits dessen Unterdrückung durch eine engstirnige Männerwelt demonstriert. In dem »Bürgerlichen Trauerspiel« *Maria Magdalena* leitet Hebbel den tragischen Konflikt nicht aus dem sozialen Gegensatz zwischen Bürgertum und Aristokratie her, wie Lessing in *Emilia Galotti* oder wie Schiller in *Kabale und Liebe*, sondern aus der Beschränktheit des Kleinbürgertums selbst. So fehlt dem Stück der »lösende Ausklang«. Das haben nicht nur kritische Zeitgenossen, sondern auch der Autor selbst erkannt und als Mangel empfunden. Die nach 1848 entstandenen Dramen von Friedrich Hebbel (*Herodes und Mariamne, Agnes Bernauer, Gyges und sein Ring, Die Nibelungen*) sind auf die resignative Entsagung des einzelnen angelegt, der seinen Verzicht oder seinen Untergang als notwendiges Schicksal bejaht. Trotz der Unterschiede zwischen den beiden Werkgruppen ist ein durchgehender Grundzug festzustellen: In all seinen Dramen behauptet Hebbel den statischen, unveränderlichen Zustand der sittlichen Weltordung. Konsequent folgt er seinem Vorsatz, »die vorhandenen Institutionen nicht umzustürzen, sondern tiefer zu begründen«. Daß der Dramatiker mit seinem Festhalten an der klassischen Dramenform nicht ins reine Epigonentum abgesunken ist, liegt in seinem Streben nach der Synthese von archaisch-mythischer Monumentalität und psychologischem Realismus begründet.

Epochale Bedeutung für die Entwicklung von Drama und Theater in der zweiten Hälfte des 19. Jahrhunderts kommt vor allem Richard Wagner zu und das nicht nur wegen seiner Musikdramen und deren selbstverfaßten Libretti, sondern auch wegen seiner theaterkonzeptionellen Überlegungen, wie er sie in den Abhandlungen »Die Kunst und die Revolution«, »Das Kunstwerk der Zukunft« und »Oper und Drama« dargelegt hat. Der Komponist betont in erster Linie den engen Zusammenhang zwischen Kunst und Gesellschaft; die soziale Revolution erscheint ihm als die notwendige Voraussetzung für eine neue Kunst, die nicht mehr klassenspezifisch orientiert ist, sondern dem ganzen Volk gehört. Als Vorbild für seine Reformbestrebungen, die in der Einrichtung der

Bayreuther Festspiele (1876) ihr Ziel erreichten, diente ihm das griechische Theater der Antike. Die Aufführung der klassischen Tragödie gab auch das Muster ab für die Konzeption des »Gesamtkunstwerkes«, das die tragenden Elemente aller Einzelkünste in sich aufnehmen und miteinander verschmelzen sollte. Wagners dramaturgische Überlegungen mündeten in den Plan zur Schaffung einer »Nationaloper«, deren Stoff nach seiner Ansicht nur in der Vergangenheit eines Volkes zu finden ist. So wählte er die germanische Mythologie als Stoffquelle für seine grandiose Tetralogie *Der Ring des Nibelungen*. In der aus dem Revolutionsjahr stammenden Urfassung des Werkes befreien Siegfrieds Tod und Brünnhildes Selbstopfer die Nibelungen vom Fluch des Goldes und ermöglichen eine neue, humane Weltordnung. In der Endfassung jedoch steht am Schluß die Götterdämmerung. Was aus sozialrevolutionärer Hoffnung konzipiert war, erschien nach dem gescheiterten Revolutionsversuch als Passion erlösender Selbstzerstörung.

Die bei weitem wichtigste Rolle im Repertoire spielte in dieser Epoche aber die Trivialdramatik. Belanglose Verwechslungs- und Intrigenkomödien, mit äußeren Effekten überladene Rührstücke und seichte Konversationslustspiele feierten die größten Erfolge. Sie sorgten für die ungetrübte Feierabendstimmung des bürgerlichen Publikums. Autoren wie Eduard von Bauernfeld, Roderich Benedix und Charlotte Birch-Pfeiffer lieferten mit ihren Serienproduktionen den Grundstock des Spielplans. Franz von Schönthan versorgte die Bühnen mit Militärschwänken und schrieb zusammen mit seinem Bruder Paul das Lustspiel *Der Raub der Sabinerinnen*, das einzige Stück aus dieser Zeit, das heute noch ab und zu gespielt wird. Paul Lindau und Adolph L'Arronge schließlich kopierten das französische Sittenstück, wie es Eugène Scribe, Alexandre Dumas fils und Victorien Sardou zur Blüte gebracht hatten. In diesen meist in den Wohnzimmern der Bourgeoisie angesiedelten Stücken, die massenweise und oft in Kompaniearbeit mehrerer Autoren verfertigt wurden, ging es immer wieder um die Gefährdungen der bürgerlichen Familie durch Seitensprünge oder finanzielle Katastrophen, die aber dann doch abgewendet werden können. Der dramaturgische Apparat funktioniert wie eine gut geölte Maschine, die aber leer läuft. Die Personen werden nicht von Leidenschaften bewegt, sondern von kühler Berechnung und erotischer Abenteuerlust. Unter dem Sammelbegriff »Boulevardkomödie« erreichte das Genre in der zweiten Hälfte des 19. und im beginnenden 20. Jahrhundert mit den das unsittliche Verhalten des Bürgertums (oft unfreiwillig) entlarvenden Lustspielen von Eugène Labiche, den Farcen von Georges Courteline und den Schwänken von Georges Feydeau seinen Höhepunkt.

Ebenso wie die Dramatik entsprach auch die Aufführungspraxis der Epoche ganz dem Erwartungshorizont des bürgerlichen Publikums. Sein Bedürfnis nach Realitätstreue wurde durch die Einführung der »geschlossenen Zimmerdekoration« erfüllt, die in zunehmendem Maße an die Stelle der Kulissenbühne trat. In dem aus drei Wänden mit praktikablen Türen und einer eingehängten Decke bestehenden Raum konnte sich jene intim-zwanglose Konversation optimal entfalten, wie sie das Gegenwartsstück verlangte. Die Bühne wurde als zeitgenössischer Salon eingerichtet mit Plüschsofa, Zimmerpalmen und gerafften Draperien. Auch für die Aufführungen historischer Dramen verwendete man bei Innenszenen die ge-

Alexandre Dumas fils: Francillon.
Comédie Française Paris, 1887

William Shakespeare: Romeo und Julia. Burgtheater Wien, um 1875. Inszenierung: Franz von Dingelstedt. Bühnenbild: Carlo Brioschi

schlossene Zimmerdekoration; Nischen, Säulen, Balustraden setzten dekorative Akzente; bei Außenszenen traten nun öfter neben die gemalten Kulissen und Prospekte auch plastische Dekorationselemente.

Für die Inszenierung der Klassiker wurde der Historismus zum prägenden Prinzip, der sich in dem Bemühen äußerte, die Vergangenheit so exakt wie möglich zu rekonstruieren. Dem aufgestiegenen Bürgertum vermittelte sich dadurch das Gefühl einer historisch legitimierten Bedeutung. In den scheinhaften Welten der Kunst konnte es genau das finden, was es in Wirklichkeit nicht besaß: Echtheit und Gediegenheit. Nach dem Vorbild von Charles Kean, der mit seinen prachtvollen Masseninszenierungen von Shakespeare-Dramen schon seit der Jahrhundertmitte das Londoner Publikum fasziniert hatte, führte in Deutschland zwei Jahrzehnte später Georg II. von Sachsen-Meiningen den theatralen Historismus zu seinem Höhepunkt. Als künstlerischer Gesamtleiter baute der (infolge der Reichsgründung von den Regierungsgeschäften dispensierte Herzog) gemeinsam mit seiner Frau, der Schauspielerin Ellen Franz, und dem Regisseur Ludwig Cronegk ein Mustertheater auf, das durch eine Vielzahl von Gastspielen in ganz Europa und sogar in den USA den Meininger Stil berühmt machte. Als Schüler des Historienmalers Wilhelm Kaulbach entwarf der Herzog die Ausstattungen selbst, wobei er sich auf Skizzen stützte, die seine Mitarbeiter direkt von den Schauplätzen angefertigt hatten. Für die Inszenierung von *Julius Cäsar* zum Beispiel ließ er von einem Archäologen Pläne des antiken Forum Romanum rekonstruieren. Daß er auf diese Weise Shakespeares imaginativem (und nicht illustrativem) Theaterverständnis ganz und gar nicht gerecht wurde, kam ihm dabei nicht in den Sinn.

Neben den Werken des Elisabethaners dominierten im Spielplan der Meininger vor allem Dramen von Molière, Schiller, Kleist und Grillparzer. Bei seinen Kostümentwürfen griff der Herzog auf historische Bildzeugnisse zurück, folgte in Farbe, Schnitt und Material genau den Vorbildern. Was das Arrangement betrifft, orientierte er sich an den Kompositionsgesetzen der Historienmalerei. Die bis dahin übliche Anordnung der Personen in halbkreisförmig zum Publikum hin geöffneten Tableaus ersetzten die Meininger durch die Plazierung von Kleingruppen auf Treppen und Podesten. In monatelangen Proben wurde die Inszenierung bis ins Detail ausgefeilt, wobei jeder Schauspieler verpflichtet war, auch kleine Rollen zu spielen oder als Statist mitzuwirken.

William Shakespeare: Julius Cäsar. Szenenskizze von Herzog Georg II. von Sachsen-Meiningen, 1867

Mit seiner Ausrichtung auf das Ensembleprinzip stand der Theaterherzog im Gegensatz zu dem immer stärker in den Vordergrund tretenden Virtuosentum. Gegen Ende des 19. Jahrhunderts prägten in den meisten Ländern Europas reisende Stars das Bild des Theaters. Im Rahmen einer eigenen Truppe oder als Gäste in fertig einstudierten Inszenierungen präsentierten sie ihre Glanznummern. Edmund Kean und Tommaso Salvini, Eleonora Duse und Sarah Bernhardt waren die berühmtesten. Nach nur ein oder zwei »Einweisungsproben« nahm der Virtuose seinen Platz im Bühnengeschehen ein. Dabei kam es durchaus vor, daß ein Dialog zweisprachig geführt wurde. Auch die Durchschnittsschauspieler waren in der Lage, mit ihrem Repertoire einstudierter Rollen in fertige Inszenierungen einzuspringen, weil für die gängigen Stücke festliegende Konventionen für die Auf- und Abtritte und die Arrangements vorhanden waren. Die reisenden Gastschauspieler trugen übrigens den Spitznamen »Mauerweiler«, denn die Kritik in der Lokalzeitung begann üblicherweise mit der Formel »Gestern weilte in den Mauern unserer Stadt ...«. Daß sich solche Usancen negativ auf die künstlerische Qualität ausgewirkt haben, versteht sich von selbst.

Zugleich wird deutlich, wie revolutionär Meiningens Georg II. gedacht hatte, als er das Ensemblespiel förderte und die Gesamtwirkung des Bühnengeschehens ins Auge faßte. Mit diesem Bemühen hat er wesentlichen Einfluß auf die Protagonisten der nachfolgenden Theaterepoche des Naturalismus ausgeübt, auf André Antoine, Otto Brahm und Konstantin S. Stanislawski.

Drama und Theater des Naturalismus

Der Begriff »Naturalismus« bezeichnet eine in den letzten beiden Dezennien des vorigen Jahrhunderts in fast allen Ländern Europas verbreitete Erscheinungsform von Drama und Theater. Ihr hauptsächliches Kennzeichen ist die Orientierung aller Elemente am Prinzip der Realitätstreue. Sprache und Gestik, Bühnenbild und Kostüm sind bis ins Detail der Wirklichkeit nachgestaltet. Die Personen handeln und sprechen wie im Alltag. Die bis dahin übliche Direktkommunikation mit dem Publikum in »Beiseite«-Bemerkungen ist ebenso aufgegeben wie das übliche Arrangement, der zum Parkett hin geöffnete Halbkreis. Im naturalistischen Theater bleiben die Figuren ganz unter sich; sie agieren allein nach den Erfordernissen ihres Raumes. Die bereits von Diderot entwickelte Vorstellung der »vierten Wand« wird wieder aufgenommen. Die Darsteller sollen so agieren, als ob die Zuschauer gar nicht anwesend wären, und das Publikum soll das Geschehen wie durch die Scheibe eines Aquariums oder durch ein Schlüsselloch beobachten und es in der Illusion für die Wirklichkeit selbst halten.

Die Veränderung der Erscheinungsform ist Ausdruck eines Funktionswandels der Bühne. Ihre Aufgabe bestand nicht mehr allein im Amüsement und der Erbauung der Zuschauer. Das Theater des Naturalismus setzte sich vielmehr in scharfe Opposition gegen die seichte Unterhaltung und den erstarrten Historismus. Indem sie nach Darstellung der aktuellen Situation strebten, wollten die jungen Autoren und Theatermacher die illusionäre Flucht des saturierten Bürgertums in die Stabilität der Vergangenheit und zu den »ewigen Werten« verhindern. Sie konfrontierten ihr bildungsbürgerliches Publikum mit den verdrängten Gegenwartsproblemen seiner Klasse und darüber hinaus mit dem Elend des ausgebeuteten Proletariats. Mit der Objektivität von Laienrichtern sollten sich die Zuschauer ein Urteil bilden. Die Autoren selbst suchten sich soweit wie möglich einer Wertung zu enthalten; sie definierten das Bühnengeschehen als eine fotografisch genaue Momentaufnahme von Ausschnitten der Wirklichkeit, so »wie sie ist«. Die dargestellten Verhältnisse erschienen auf diese Weise als statisch: Ihre Ursachen blieben ebenso außerhalb des Blickfeldes wie mögliche Veränderungen. Sofern sie das Publikum nicht aus eigenem Antrieb hinterfragte, blieb es beim bloßen Mitgefühl.

Alle Naturalisten stimmten darin überein, daß sie an die dramatische Literatur und das Theater die Forderung nach »Wahrheit« stellten und sich deren Erfüllung von der möglichst weitgehenden Übereinstimmung zwischen der Nachahmung und der nachgeahmten Wirklichkeit erwarteten. Für Emile Zola, den eigentlichen Begründer der Bewegung, ist Kunst »ein Stück Natur, gesehen durch ein Temperament«. Arno Holz, sein deutscher Epigone, faßte sein Programm in die Formel »Kunst = Natur minus X«, um ihm so den Anschein von naturwissenschaftlicher Exaktheit zu geben. Ziel des Künstlers müsse es nach Holz sein, den Faktor »X«, das heißt die künstlerische Subjektivität und die Unvollkommenheit seiner Reproduktionsinstrumente, möglichst klein zu halten, wenn schon die Reduktion auf Null nie zu erreichen sei. (Arno Holz: Das Werk. Band X. S. 80)

In ihrem Streben nach »objektiver Wahrheit« orientierten sich die Naturalisten an den modernen Wissenschaften, vor allem an der positivistischen Methode, an der Milieutheorie und der Abstammungslehre. Auguste Comte, der Begründer des Positivismus, verwirft den metaphysischen und spekulativen Zugriff und läßt nur die Beobachtung und das Experiment als Mittel zur Entdeckung von Zusammenhängen und Gesetzmäßigkeiten gelten. Jede Erkenntnis muß durch Erfahrung kontrollierbar sein; sie kann sich also auf nichts anderes beziehen als auf das tatsächlich Gegebene und zweifelsfrei Überprüfbare. Für die positivistische Weltanschauung sind alle Prozesse, auch jene des menschlichen Lebens, unveränderlichen Gesetzen unterworfen. Comtes Schüler Hippolyte Taine stellte die Theorie auf, daß jedes Individuum von den drei Grundkräften »Rasse«, »Milieu« und »Zeit« geprägt werde. Die Biographie des Menschen sei also an die jeweilige Abstammung und das historische Umfeld gebunden. Nach Darwins Abstammungslehre verfahre die Natur streng und unerbittlich: Das »Überleben des Tüchtigsten« in dem durch die Überproduktion von Nachkommenschaft bewirkten »Kampf ums Dasein« sorge durch ständig verbesserte Anpassung an neue Lebensbedingungen für den Wandel des »Artbildes«. Im Prozeß der Selektion gingen diejenigen zugrunde, die unzulängliche Eigenschaften und Fähigkeiten besäßen. Die Rasse werde von den tüchtigsten Exemplaren erhalten, welche durch die Wahl geeigneter Fortpflanzpartner, durch »Zuchtwahl«, ihre positiven Eigenschaften an die Nachkommen vererbten. In Darwins Theorie findet das deterministische Menschenbild des Positivismus seine biologische Bestätigung.

Emile Zola stürzte sich als Theoretiker des Naturalismus insbesondere auf die von Claude Bernard im Jahre 1865 veröffentlichte »Einführung in das Studium der experimentellen Medizin«. In dieser Schrift wird der bis dahin vorwiegend auf die Beobachtung ausgerichteten Forschung der Weg zum Experiment gewiesen. Zolas Abhandlung über den experimentellen Roman liest sich über weite Strecken wie ein Exzerpt aus Bernards Schrift, nur daß das Wort »Mediziner« durch das Wort »Romancier« ersetzt ist. In seinem zwanzigbändigen Romanzyklus über die Familie Rougon-Macquart lieferte der Schriftsteller ein praktisches Beispiel für seine Theorie. Er stellte dar, wie, ausgehend von einer gemeinsamen Voraussetzung, dem Erbgut der Ahnen, unter ganz verschiedenen Umweltbedingungen unterschiedliche Nachkommen erwachsen. Mit einem wissenschaftlichen Experiment ist dieses Unternehmen selbstverständlich nicht gleichzusetzen; im Roman existiert ja alles nur in dieser Weise, weil es der Autor so will. Die untersuchten Phänomene reagieren nie unerwartet und unabhängig vom Einfluß des Untersuchenden, wie das im Laboratorium der Fall ist.

Zolas Beitrag zum naturalistischen Theater liegt hauptsächlich im Programmatischen. Seine praktische Beziehung zur Bühne war in erster Linie von kommerziellen Interessen bestimmt. Mit erfolgreichen Dramen konnte man zu seiner Zeit viel Geld verdienen, und so betrachtete er seine Stücke als reine Lohnarbeiten; allerdings sind sie beim Pariser Publikum nicht besonders gut angekommen. Erfolgreich dagegen war Zola mit den (meist nicht einmal von ihm selbst hergestellten) Dramatisierungen seiner Romane. In seiner 1881 veröffentlichten Abhandlung »Le naturalisme au théâtre« entwirft der Schriftsteller das Bild einer Schaubühne der Zukunft, welche die »wirklichen Zustände« des zeitgenössischen Lebens genauestens beobachtet und in getreuen Nachahmungen auf die Bühne bringt. Damit sind nicht nur die äußeren, sondern auch die geistigen und seelischen Vorgänge gemeint. Auf der naturalistischen Bühne dürfe es nach Zola keine Verstiegenheit ins Phantastische und Metaphysische geben; alles Rhetorische und Idealisierte müsse vermieden werden und ebenso das Historische. Der Weg aus der Sackgasse, in die das Theater geraten sei, könne nur durch die konsequente Ausrichtung auf die eigene Zeit gebahnt werden. Der Dramatiker solle wie ein Untersuchungsrichter vorgehen, der die Menschen in seine Schranken fordert und ihre Taten genauestens erkundet. In seinem Werk schildert er, wie sie sich unter bestimmten Bedingungen verhalten. Damit gewinnt das Milieu eine zentrale Bedeutung; auf der Bühne müsse es detailgenau nachgeahmt werden. In die gleiche Richtung zielen Zolas Forderungen an die Schauspielkunst: Der Darsteller solle seine Rolle nicht »spielen«, sondern »leben«; er habe sich und die Zuschauer zu »vergessen«, so wie das Publikum zu »vergessen« habe, daß er spiele. Der Akteur dürfe nach Zolas Ansicht die Bühne erst betreten, wenn er das Leben auf der Straße, in den Gasthäusern, Geschäften und Büros, in den Wohnungen genau studiert habe und wenn er fähig sei, dieses mit größter Einfachheit wiederzugeben.

Die praktische Durchsetzung der von Zola entwickelten Konzeption ist das Verdienst von André Antoine, der 1887 (als Amateur) in Paris das »Théâtre libre« gründete. Nach dessen Vorbild entstanden innerhalb weniger Jahre in mehreren Städten Europas naturalistische Mustertheater. In Berlin gründete Otto Brahm die »Freie Bühne«, in London Jacob Thomas Grein das »Independent Theatre«, in Moskau Konstantin Stanislawski zusammen mit Wladimir Nemirowitsch-Dantschenko das »Künstlertheater«. In ihren Hauptzielen stimmen alle diese Bühnen überein: Konzentration des Spielplans auf Gegenwartsstücke und Entwicklung einer wirklichkeitsnahen Aufführungsform. Weil sie kommerziell motivierte Zugeständnisse an den Geschmack des breiten Publikums ablehnten, waren sie entweder auf Mäzene oder auf einen festen Stamm von Abonnenten angewiesen, der sich in erster Linie aus dem Kreis der fortschrittlichen Intelligenz rekrutierte; André Antoine spricht in seinen Lebenserinnerungen vom »gelehrten Publikum« des Théâtre libre. Die schmale Schicht konnte allerdings seine Bühne nicht tragen, so daß sie in dem knappen Jahrzehnt ihrer Existenz trotz der Zuwendungen von Gönnern stets mit finanziellen Schwierigkeiten zu kämpfen hatte. Der künstlerischen Entwicklung tat das aber keinen Abbruch. Mit unbestechlicher Konsequenz verhalf Antoine dem Naturalismus zum Durchbruch, indem er die Stücke von Ibsen und Strindberg, von Leo Tolstoi und Gerhart Hauptmann in mustergültigen Inszenierungen herausbrachte. Sein oberstes Gebot war Milieutreue. Auf der als »geschlossene Zimmerdekoration« eingerichteten Bühne, die das Kulissensystem abgelöst hatte, entsprach alles bis ins letzte Detail der Wirklichkeit.

Auch was die Darstellung betrifft, strebte Antoine nach äußerster Wirklichkeitsnähe. Sein Ensemble stellte er vorwiegend aus Laien zusammen und gab dafür folgende Begründung: »Er, der seinen Beruf beherrscht, ist gehemmt. Er, der ihn nicht beherrscht, ist unbefangen; er geht mit seinem lebhaften Alltagsschritt, wohin man ihn zu gehen heißt. Der andere hat einen besonderen Schritt, einen ›Theaterschritt‹. Um sich den abzugewöhnen, müßte er hundertmal mehr Mühe aufwenden als er brauchte, um ihn zu erlernen.« (André Antoine: Meine Erinnerungen an das Théâtre libre. S. 184 f.)

*Emile Zola:
La terre. Théâtre
Antoine Paris, 1902.
Inszenierung:
André Antoine*

In dem Bereich der dramatischen Literatur war Henrik Ibsen der Begründer des Naturalismus. Bevor er mit seinen »Gesellschaftsstücken« der neuen Richtung zum Durchbruch verhalf, verfaßte der 1828 in einer norwegischen Kleinstadt geborene, zum Apothekergehilfen ausgebildete und schließlich durch glückliche Umstände als Regisseur ans Theater in Bergen berufene Dramatiker eine Reihe von nationalromantischen Werken. Neben dem Historienstück *Die Kronprätendenten* ist vor allem das monumentale, mit phantastischen Sequenzen und Visionen durchsetzte Versdrama *Brand* erwähnenswert. Während er dort die Hauptgestalt in den Dienst einer absoluten moralischen Idee stellte, zeichnete er in *Peer Gynt* das Porträt eines Aufschneiders und Lügenboldes. Auch dieses (wiederum in Versen geschriebene) Stück ist reich an symbolischen Überhöhungen. Die Titelfigur selbst steht für den norwegischen Volkscharakter. Zutiefst enttäuscht darüber, daß die Norweger ihrem dänischen Brudervolk im Krieg mit Preußen im Jahre 1864 nicht beigesprungen waren, kritisierte sie Ibsen als »Phrasendrescher« und attestierte ihnen »gänzlichen Mangel an Kraft und Mitgefühl zu einer großen Tat«. Dementsprechend zeichnete er Peer Gynt als eine Gestalt, die nie wirklich konsequent handelt, sich aber dennoch ihrer unverwechselbaren Identität rühmt. Erst am Ende des Dramas wird sich Peer seiner Selbstüberschätzung bewußt und stirbt geläutert in den Armen von Solveig, die in »Glaube, Liebe und Hoffnung« ein Leben lang auf seine Rückkehr in die Heimat, die gleichzeitig eine zu sich selbst ist, gewartet hat.

Nach einer schöpferischen Pause von nahezu einem Jahrzehnt wandte sich Ibsen den Problemen der »gehobenen Gesellschaft« seiner Zeit zu. Hatte er in den früheren Stücken die bürgerliche Existenz nur als Ausgangspunkt für die Flucht in ein Reich der Phantasie dargestellt, so nahm er sie nun zum Gegenstand der Betrachtung und Analyse. In den Gesellschaftsstücken hielt er dem Bürgertum den Spiegel vor, in dem es den tiefen Widerspruch zwischen seiner nach außen zur Schau getragenen Sittlichkeit und der Unmoral des tatsächlichen Verhaltens sehen konnte. Ibsens Intention ist auf die Entlarvung der »Lebenslüge« gerichtet. In den Gestalten seiner naturalistischen Werke steigt die verdrängte Schuld der Vergangenheit an die Oberfläche und reißt sie in die Katastrophe. Dieser Vorgang wird mit der Technik des »analytischen Dramas« demonstriert. Bei diesem dramaturgischen Verfahren, das sein Grundmuster in Sophokles' *König Ödipus* hat, ist die Enthüllung eines verborgenen Ereignisses der eigentliche Gegenstand der Handlung. Ganz im Sinne des Naturalismus sind Ibsens Gesellschaftsdramen charakterisiert durch die genaue Schilderung des Milieus, durch die realitätsnahe Sprache und die differenzierte Psychologie der Figuren. Diese lösen sich geradezu von ihrem Erfinder ab und führen ein Eigenleben. Auf die Frage eines Kritikers, ob der Tischler Engstrand in *Gespenster* nun das Feuer gelegt habe oder nicht, antwortete der Autor: »Zuzutrauen wäre es dem Kerl schon.«

In seinem ersten Gesellschaftsdrama, *Stützen der Gesellschaft*, das er als bereits Fünfzigjähriger geschrieben hat, zeigt Ibsen am Beispiel eines reichen Reeders und ungekrönten Königs einer norwegischen Kleinstadt, daß die Stützen auf einem ziemlich morschen Boden stehen, daß ihr Aufstieg zu Reichtum und Macht oft auf Lug und Trug basiert. Seine ironische Bedeutung verliert der Titel des Dramas erst, wenn eine emanzipierte Frau das moralische Fazit verkündet: »Der Geist der Wahrheit und der Geist der Freiheit – das sind die Stützen der Gesellschaft.«

Das Thema der Frauenemanzipation steht in dem nächsten Stück, *Nora oder Ein Puppenheim*, ganz im Mittelpunkt. Ibsen beschäftigt sich hier mit dem Problem, daß die in eigenen Empfindungswelten lebenden Frauen nach Normen und Gesetzen beurteilt werden, die von Männern gemacht sind. In formaler Hinsicht bedeutet *Nora* einen wesentlichen Schritt vorwärts: Das Geschehen ist stärker konzentriert als in den vorhergehenden Dramen, der Zeitverlauf zusammengedrängt, das Personal reduziert. Die Betonung liegt auf den inneren

Vorgängen, ohne daß aber die äußere Handlung an Spannung verliert. Die Lösung des Konflikts erfolgt in einem mit Vernunftargumenten geführten Dialog, in dem die Heldin zu dem (in dieser Zeit »revolutionären«) Entschluß kommt, ihren Mann zu verlassen.

Eine neue Stufe der Entwicklung markiert *Gespenster*. In diesem Drama erscheint die Gesellschaft nicht mehr als das unmittelbare Bezugssystem des Geschehens, sondern nurmehr als Folie, vor der sich das Schicksal der Personen erfüllt. In diesem und den folgenden Dramen tritt die Analyse und Kritik der sozialen Praxis gegenüber der Ausleuchtung des Seelenhorizonts der Gestalten in den Hintergrund. Das Gesellschaftsdrama wird überlagert durch die Seelentragödie; Leid und existentielle Not führen zum Tod als ausweglosem Ende. Scheinbar alltägliche Vorgänge gewinnen dabei durch symbolische Überhöhung eine allgemeingültige Bedeutung. Mit dem Titel *Gespenster* (im Sinne von wiederkehrenden Toten) verweist Ibsen metaphorisch auf eine dunkle Vergangenheit, die im Laufe des Geschehens auch nicht vollständig erhellt wird. Im Naturalistischen verankert ist das Stück in erster Linie durch die Figur des jungen Künstlers Oswald. Dessen Erkrankung an Syphilis, die zur Paralyse führt, ist das Erbe seines Vaters, der ein ausschweifendes Leben geführt hat. Diese gründlich verdrängte Vergangenheit wird in der sich anbahnenden Beziehung Oswalds zur unehelichen Tochter seines Vaters, die (wie schon ihre Mutter) als Dienstmädchen im Hause lebt, wieder lebendig.

In Ibsens nächstem Drama, *Ein Volksfeind*, erscheint eine durch Abwässer verseuchte Therme als Symbol für den politischen und moralischen Sumpf einer Gemeinde. In Opposition zu der kompakten Mehrheit der Bevölkerung, die sich wegen der Minderung ihres Einkommens gegen eine Sanierung der Bäder sperrt, kämpft der Badearzt Dr. Stockmann mit selbstgerechtem Aufklärungsidealismus dagegen an, auch wenn seine eigene Existenz und die seiner Familie dabei draufgeht. Seine Schlußbehauptung »Der ist der stärkste Mann, der ganz

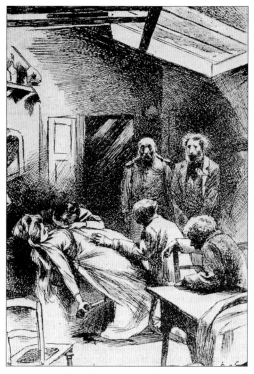

Henrik Ibsen: Die Wildente.
Théâtre libre Paris, 1890.
Inszenierung: André Antoine

allein steht!« macht die Fragwürdigkeit einer solchen Haltung deutlich.

Daß das unbedingte Streben nach Wahrheit zu einem lebensfeindlichen Prinzip werden kann, demonstriert Ibsen in dem Schauspiel *Die Wildente*. Ein rigoroser Wahrheitsfanatiker bringt hier mit seiner »idealen Forderung« nur Unheil. Am Ende steht er als lebensfremder Unmensch da, während die Gegenfigur des Skeptikers und Zynikers mit ihrer Meinung recht behält: »Nehmen Sie einem Durchschnittsmenschen seine Lebenslüge, und Sie nehmen ihm damit das Glück.« Das muß auch Hedda Gabler in dem gleichnamigen Stück erfahren, die sich erschießt, als sie die Mittelmäßigkeit ihres Ehemannes erkennt. In den folgenden Arbeiten entfernte sich Ibsen immer weiter vom Naturalismus der Gesellschaftsdramen; in seinem Spätwerk dominierte dann die symbolistische Komponente.

Der 1849 in Stockholm geborene, in ärmlichen Verhältnissen aufgewachsene und zeitlebens von dem Verlangen nach der »Herrlichkeit der Oberklasse« verzehrte August Strindberg hat als Dramatiker in Henrik Ibsens Spur begonnen. Zum Naturalismus gehört er nur mit seinen frühen Dramen *Der Vater, Fräulein Julie* und *Gläubiger*. Nach ebenso radikal wie leidenschaftlich durchlebten geistigen und seelischen Krisen, von denen er in seinem Bekenntnisbuch »Inferno« Zeugnis abgelegt hat, entwickelte er sich zu einem mystischen Symbolismus hin, der in den »Traumspielen« seinen Niederschlag fand. Das seinen naturalistischen Werken zugrunde liegende Programm erläuterte Strindberg im Vorwort zu *Fräulein Julie*. Dort weist er dem Bühnenautor die Aufgabe zu, die »Gedanken der Zeit in populärer Form« zu verbreiten, »so populär, daß die Mittelklasse, die hauptsächlich das Theater bevölkert, ohne viel Kopfzerbrechen begreifen kann, worum es geht.« (August Strindberg: Werke in zeitlicher Folge. Bd. 5. S. 759) Im direkten Bezug des naturalistischen Dramas auf die Lebenswirklichkeit des Zuschauers sieht der Schriftsteller den Hauptunterschied zum seichten Unterhaltungstheater der Zeit. Die dem Naturalismus adäquate Gattung ist nach seiner Überzeugung der Einakter, weil dieser den Zuschauer in Beschlag nehme, ohne ihm eine Pause zu gönnen, und ihn zur intensiven gefühlsmäßigen Beteiligung herausfordere.

Im Unterschied zu Zola, dessen Programmschrift er eingehend studiert hat, propagierte Strindberg neben dem »soziologischen Experiment« vor allem die Darstellung des inneren Konflikts der Figuren. In diesem Sinne forderte er ein »neues psychologisches Drama« und gab mit *Der Vater* ein erstes praktisches Beispiel dafür. Die 1887 entstandene Tragödie beruht auf Anschauungen, die der Autor dem aktuellen Diskurs seiner Zeit entnommen hat: auf dem Gedanken des »Seelenmordes durch Suggestion« und der Idee des »Kampfes zwischen den Geschlechtern«. Das Grundthema des ganz und gar aus der Perspektive der Hauptfigur konzipierten Stückes ist der Zweifel des Helden an einer Vaterschaft; daneben behandelt es autobiographische Motive wie Frauenhaß, Streit zwischen Ehepartnern um die richtige Erziehung sowie Gefährdung durch Wahnsinn. Der Einakter *Fräulein Julie*, der die Gattungsbezeichnung »Ein naturalistisches Trauerspiel« trägt, demonstriert den »Kampf ums Dasein« am Beispiel der Grafentochter und des Kammerdieners. Im Gegensatz zum vorherigen Stück, in dem der Vater in der Zwangsjacke endet, trägt hier der Mann den Sieg davon. In der Gestalt des Dieners dominiert das »frische Blut der Unterklasse« über den »degenerierten Nervenmenschen der Oberklasse«, wie ihn die Komtesse Julie verkörpert. Während die soziale Frage hier noch strukturbildend in Erscheinung tritt, spielt sie in der Tragikomödie *Gläubiger* keine Rolle mehr. Die typischen Themen August Strindbergs begegnen hier gehäuft: Kampf der Geschlechter, Widerstand gegen die Frauenemanzipation, männliche Eifersucht.

Ebenso wie Strindberg zählt auch George Bernard Shaw nur mit einem Teil seines Werkes zum Naturalismus. 1856 im katholischen Irland als Protestant geboren und mit fünfzehn Jahren schon als Lehrling bei einem Häusermakler angestellt, mußte er früh die Gegensätze der Religionen und der Klassen erfahren. Nachdem er als junger Mann nach England übersiedelt war, studierte er die Werke von Karl Marx und trat der »Fabian Society« bei, einer Gemeinschaft undogmatischer Sozialisten, die (wie der römische Feldherr Fabius) den Feind allmählich ermüden wollte, um durch Aufklärungsarbeit einem Staatssozialimus den Boden zu bereiten. Neben seiner politisch-propagandistischen Arbeit schrieb Shaw Musik- und Theaterkritiken, in denen er scharf sowohl gegen die historisierenden Shakespeare-Inszenierungen als auch gegen die oberflächlichen Lustspiel-Novitäten opponierte. Als Vorbild einer Dramatik auf der Höhe der Zeit rühmte er das Werk von Henrik Ibsen, dem er sogar ein eigenes Buch gewidmet hat. Mit dessen *Gespenstern* eröffnete auch Jacob Thomas Grein das nach dem Vorbild von Antoines Théâtre libre gegründete Londoner Independent Theatre.

Um den direkten Anschluß an den Skandal-Erfolg sicherzustellen, brauchte das Unternehmen dringend ein ähnliches Werk, das aber direkt auf die englischen Verhältnisse Bezug nehmen sollte. In dieser Situation gelang es Grein, den bisher nur als Romancier hervorgetretenen Shaw zur Wiederaufnahme der Arbeit an einem lange zuvor begonnenen Stück zu bewegen. So kam mit *Die Häuser des Herrn Sartorius* (Widower's Houses) das erste Drama des fünfunddreißigjährigen Autors auf die Bühne, dem bis zur Mitte des 20. Jahrhunderts noch mehr als fünfzig folgen sollten, die den unterschiedlichsten Stilen und Gattungen zuzurechnen sind. In seinem naturalistischen Erstlingswerk griff Shaw auf einen parlamentarischen Untersuchungsbericht zurück, der offenbarte, in welchem Maße die Londoner Hausbesitzer und ihre Mittelsmänner an den katastrophalen Wohnverhältnissen in den Slums verantwortlich waren. Auf *Die Häuser des Herrn Sartorius* folgte *Frau Warrens Gewerbe* (Mrs. Warren's Profession). Dieses Stück durfte zwar in den internen Aufführungen des Independent Theatre gespielt werden, für die öffentlichen Bühnen freigegeben wurde es jedoch erst Mitte der zwanziger Jahre. Es erregte Anstoß, weil eine ehemalige Prostituierte nicht, wie sonst in der Zeit üblich, als reuige Sünderin dargestellt wird, sondern als erfolgreiche Geschäftsfrau, die sich auch als Bordellbesitzerin streng an die Spielregeln der kapitalistischen Gesellschaft hält. Statt sich ausbeuten zu lassen, ist sie selbst zur Ausbeuterin geworden.

Weil dieses Schauspiel von der kleinen Musterbühne Thomas Greins nicht adäquat besetzt werden konnte, richtete George Bernard Shaw von nun an sein dramatisches Schaffen auf die kommerziellen Bühnen des Londoner Westend aus. Seinen ersten großen Publikumserfolg erzielte er mit dem Lustspiel *Helden* (Arms and the Man), in dessen Mittelpunkt der schweizer Offizier Bluntschli steht, dem es nicht um Patriotismus, Mut und Heldentum geht, sondern allein darum, seine Haut zu retten. Auch in den folgenden Komödien – die gelungensten sind *Major Barbara*, *Der Arzt am Scheideweg* (The Doctor's Dilemma), *Pygmalion* (populär geworden durch das Musical *My Fair Lady*) und *Haus Herzenstod* (Heartbreake House) – bemühte sich George Bernard Shaw, die Erwartung des breiten Publikums zu erfüllen. Er brachte dessen Lebenswirklichkeit auf die Bühne und benutzte die ihm vertrauten Konventionen, doch konfrontierte er die ihnen zugrunde liegenden idealistisch verbrämten Wertsetzungen mit der Realität und entlarvte sie dadurch als Illusionen.

Shaws Wirklichkeitsbegriff wandelte sich um die Wende zum 20. Jahrhundert von einem soziologisch fundierten zu einem biologischen. Ausgehend von Hypothesen der zeitgenössischen Wissenschaften gelangte er zu der Überzeugung, daß in der Natur eine »Lebenskraft« herrscht, die nach der Methode von Versuch und Irrtum für eine ständige Höherentwicklung sorgt. Diese Weltanschauung, die er in *Mensch und Übermensch* (Man and Superman) zum ersten Mal auf die Bühne brachte, gewann eine geradezu religiöse Dimension. Die geistige Perspektive seines dramatischen Werkes öffnete sich damit ins Utopisch-Visionäre. In seinen um 1920 entstandenen Schauspielen *Zurück zu Methusalem* (Back to Methusalem) und *Die heilige Johanna* (Saint Joan) fand das »komisch verkleidete Prinzip Hoffnung«, mit dem Shaw die realistische Darstellung und Diagnose der Gegenwart transzendiert, seinen überzeugendsten Ausdruck.

In Deutschland setzte der Naturalismus infolge der chauvinistischen Abgrenzung gegen die ausländische, vor allem gegen die französische Kultur erst relativ spät ein. Nach 1880 erhoben aber auch hier junge Schriftsteller Protest gegen die Wirklichkeitsferne der zeitgenössischen Literatur. Dahinter stand bei den meisten der mehr oder minder deutlich artikulierte Wunsch nach grundlegenden sozialen Reformen, die vor allem eine Verbesserung der Situation des im Zuge der hektischen Industrialisierung rapide angewachsenen Proletariats bringen sollte. Diese Haltung führte viele Naturalisten in die geistige Nähe der von August Bebel und Wilhelm Liebknecht geführten »Sozialdemokratischen Arbeiterpartei«, die durch Bismarcks berüchtigte »Sozialistengesetze« in die Illegalität gedrängt worden war. Mit großsprecherischer Attitüde eröffneten die Naturalisten den propagandistischen Kampf gegen die herrschenden Schichten des Kaiserreichs: »Kameraden! Rührt die Trommeln und stoßt in die Trompeten! Und wenn die Lunge birst – blast! Die Bourgeoisie ist die Fäulnis, die Bourgeoisie ist der Feind – sie falle!« Weil der Sozialismus der jungen Intellektuellen meist nur rein gefühlsmäßig fundiert war, folgte bei vielen nach kurzer Zeit schon ein radikaler Wechsel der Einstellung. Im Laufe der neunziger Jahre konvertierten sie unter dem Einfluß von Friedrich Nietzsche zu einem Kult des Individuums.

Dem naturalistischen Drama in Deutschland zum Durchbruch verholfen zu haben, ist das Verdienst des Theaterkritikers Otto Brahm, der 1889 in Berlin, zusammen mit gleichgesinnten Journalisten und Literaten, nach dem Muster von André Antoines »Théâtre libre« den Theaterverein »Freie Bühne« gründete. Frei sein sollte die Bühne von der Zensur und zugleich von kommerziellen Zwängen. Beide Ziele waren eben durch die Gründung eines Vereins zu erreichen, dessen Mitglieder als Abonnenten das Ganze finanzierten. Für die Aufführungen mietete Brahm, der als Vorsitzender fast alle Entscheidungen allein traf, von Fall zu Fall Theaterräume und engagierte ein Ensemble von Berufsschauspielern. Gestartet wurde auch dieses Unternehmen mit einer Inszenierung von Ibsens *Gespenstern*. Darauf folgte die Uraufführung von Gerhart Hauptmanns Erstlingswerk *Vor Sonnenaufgang*, die einen ungeheuren Skandal hervorrief. Neben drei weiteren Hauptmann-Inszenierungen (*Das Friedensfest*, *Einsame Menschen* und *Die Weber*) brachte Otto Brahm *Die Macht der Finsternis* von Leo Tolstoi, *Fräulein Julie* von Strindberg und das Schauspiel *Familie Selicke* heraus. Dessen Autoren, Arno Holz und Johannes Schlaf, wollten damit ein Beispiel geben für ihr Programm eines »konsequenten Naturalismus«, der in bezug auf Milieuzeichnung und Sprache charakterisiert ist durch eine ins Extrem getriebene Detailgenauigkeit der Nachahmung. In ausführlichen szenischen Bemerkungen werden ganz exakt die Lebensumstände der Personen beschrieben. Dementsprechend besteht *Familie Selicke* hauptsächlich aus epischen Schilderungen der Zustände, welche die Figuren zwar bejammern, sie aber nicht ändern können.

Getragen von sozialistisch orientierten Mitgliedern der Freien Bühne entstand 1890 die »Freie Volksbühne«. Dieses als Instrument zur kulturellen Emanzipation des Proletariats konzipierte Unternehmen, von dem sich bald unter dem Namen »Neue Freie Volksbühne« ein eher kleinbürgerlich eingestellter Flügel abspaltete, veranstaltete zuerst eigene Aufführungen für seine Zielgruppe, degenerierte aber dann zu einer Verteilerstelle für verbilligte Karten. Die Freie Bühne selbst löste sich im gleichen Jahr auf. Brahm wechselte auf den Direktorensessel des Deutschen Theaters. Dort pflegte er nicht nur die moderne Dramatik, sondern auch das Klassiker-Repertoire. Sein Bemühen galt dabei insbesondere der psychologischen Vertiefung der Schauspielkunst. Damit schuf er ein Fundament, auf dem Max Reinhardt aufbauen konnte, als er 1905 die Leitung des Deutschen Theaters übernahm, nachdem sich Otto Brahm ans Lessing-Theater zurückgezogen hatte.

Wesentlichen Anteil am Erfolg von Otto Brahm hatte der 1862 in Schlesien geborene Gerhart Hauptmann, dessen Dramen zuerst durch die Freie Bühne, dann im Deutschen Theater und im Lessing-Theater zur Uraufführung kamen. Wie bei Henrik Ibsen und August Strindberg ist auch in seinem Werk der Naturalismus nur eine Komponente neben anderen. Dessen wesentliche Themen hat er schon in seinem Frühwerk abgehandelt. Den Anfang bildete *Vor Sonnenaufgang*, eine Milieustudie über eine plötzlich reich gewordene, erblich belastete Bauernfamilie. Dem folgten zwei Dramen über dekadente bürgerliche Familienverhältnisse: *Das Friedensfest* und *Einsame Menschen*. Hauptmann schuf aber auch naturalistische Lustspiele wie *Kollege Crampton*, in dem

Gerhart Hauptmann: Die Weber. Erste öffentliche Aufführung im Deutschen Theater Berlin, 1894. Zeichnung von F. Eppler

der Konflikt zwischen Künstler und Bürgertum thematisiert wird, oder die Diebeskomödie vom privaten Klassenkampf einer gewitzten Berliner Waschfrau *(Der Biberpelz)*, die eine Fortsetzung in der weniger geglückten Tragikomödie *Der rote Hahn* fand.

Dramaturgisches Neuland betrat Hauptmann mit dem Dialektstück *Die Weber*, einer Schilderung der schlesischen Weberaufstände von 1844. Treibende Kraft ist hier nicht mehr ein individueller Held, sondern die Menge. Der Autor läßt die Ausgebeuteten selbst ihre Not aussprechen und das Schicksal in die eigene Hand nehmen. *Die Weber* machten Furore nicht nur beim Theaterpublikum, sondern auch im politischen Bereich. Kaiser Wilhelm II. kündigte aus Protest seine Loge im Deutschen Theater.

Nach der Traumdichtung *Hanneles Himmelfahrt*, dem Bauernkriegsdrama *Florian Geyer* und dem Märchenspiel *Die versunkene Glocke* kam Hauptmann auf den Naturalismus zurück. Das wiederum in schlesischer Mundart abgefaßte Schauspiel *Fuhrmann Henschel* ist von Thomas Mann treffend als »attische Tragödie« im »rauhen Gewand volkstümlich-realistischer Gegenwart« bezeichnet worden. *Rose Bernd* stellt eine Übertragung des Bürgerlichen Trauerspiels ins bäuerliche Milieu dar. Die Berliner Tragikomödie *Die Ratten* ist das letzte gänzlich gelungene Drama Gerhart Hauptmanns. Die Elendsschilderung wird hier konfrontiert mit possenhaften Szenen um einen abgetakelten Theaterdirektor, der sich über Wasser hält, indem er Schauspielschülern seine antiquierten ästhetischen Anschauungen vermittelt. Bevor er sich mit seiner *Atriden-Tetralogie* in die überzeitliche Welt des Mythos' zurückzog, schuf Hauptmann zum Goethe-Jubiläum 1932 ein Drama, das schon durch seinen Titel, *Vor Sonnenuntergang*, auf die Anfänge des Dichters im Naturalismus zurückweist.

Drama und Theater des russischen Realismus

Für den Beitrag Rußlands zur dramatischen Literatur und zur Bühnenkunst in der zweiten Hälfte des 19. und im beginnenden 20. Jahrhundert hat sich der diffuse, aber dennoch nützliche Sammelbegriff »Realismus« eingebürgert. Mit ihm lassen sich die (in manchem noch der Romantik verpflichteten) Werke von Alexander Puschkin und Nikolai Gogol fassen und auch die Stimmungsdramen von Iwan Turgenjew, die Schauspiele von Alexander Ostrowski, die Historienstücke von Alexei Graf Tolstoi, die naturalistischen Dramen von Leo Tolstoi sowie die Bühnenwerke von Anton Tschechow und Maxim Gorki und schließlich auch die Regiekunst von Konstantin Stanislawski. Für den russischen Realismus läßt sich also kein gemeinsames weltanschauliches Programm ausmachen. Übereinstimmung besteht allein in der recht allgemeinen Grundauffassung, daß die Bühne als Spiegel der Wirklichkeit fungieren soll. Das Verständnis von Wirklichkeit war allerdings bei den einzelnen Autoren recht unterschiedlich. Die einen sahen darin vornehmlich die empirisch faßbare Oberfläche, die anderen auch das geistige und seelische Leben des Menschen.

Die Vorgeschichte des russischen Bühnenrealismus' ist relativ kurz und unbedeutend. Bevor die Kultur des Landes ihren Einfluß auf Westeuropa geltend machen konnte, hatte sie selbst zwei Jahrhunderte im Banne ausländischer Vorbilder gestanden. Neben italienischen Opernensembles gastierten französische und deutsche Schauspieltruppen am Zarenhof. Erst um die Mitte des 18. Jahrhunderts wurde eine russische Berufsbühne gegründet, die dann zum Petersburger Hoftheater avancierte. Dieses konfrontierte ihr (hauptsächlich aristokratisches) Publikum mit der gängigen westeuropäischen Dramatik, mit den Lustspielen von Molière, mit den Tragödien von Corneille und Racine, mit den Werken von Ludvig Holberg, von Beaumarchais und Gotthold Ephraim Lessing. Eine russische Originaldramatik entwickelte sich nur zögernd. Die aus Deutschland stammende Zarin Katharina II. leistete selbst einen wichtigen Beitrag dazu. Mit einer Unmenge von Singspielen und Komödien, aber auch mit einer Reihe von seriösen Aufklärungsdramen sorgte sie sowohl für die Unterhaltung als auch für die Bildung und Moralisierung ihrer Untertanen. Von ihrem Beispiel angesteckt, richteten sich auch viele Adlige in ihren Moskauer oder Petersburger Palais sowie auf ihren Landgütern Theatersäle ein. Als Akteure beschäftigten sie Leibeigene, die mit dem Prügelstock als pädagogischem Mittel ausgebildet wurden, und mit denen man einen schwungvollen Handel trieb. Diese Praxis währte bis zur Aufhebung der Leibeigenschaft im Jahre 1861.

Eine wirklich eigenständige russische Dramenliteratur bildete sich erst nach dem Sieg über Napoleon aus, als das Nationalgefühl stärker wurde und gleichzeitig die niedere Aristokratie den Hofadel in der geistigen Führung des Landes ablöste. Diese Schicht stand dem zaristischen Regime durchaus kritisch gegenüber und reflektierte auch unvoreingenommen seine eigene, gegenüber dem Volk privilegierte Situation. So vollzog sich der Auftakt der russischen Dramenliteratur gleich im Zeichen der satirischen Kritik. Im ersten Werk von übernationalem Rang, Alexander Gribojedows Lustspiel *Verstand schafft Leiden* aus dem Jahre 1825, geht der Autor scharf mit den sozialen Mißständen ins Gericht. Indem er Verse verwendet und sich an die drei Einheiten hält, folgt er dem Formmuster der Klassik; was die psychologische Differenzierung der Figuren betrifft, weist seine Komödie aber weit darüber hinaus. Durch eine Fülle lebensnah gezeichneter Gestalten läßt er ein Bild der eigenen Klasse entstehen, das nicht gerade schmeichelhaft erscheint. Die Angehörigen des Adels und der hohen Beamtenschaft erweisen sich als korrupt und verantwortungslos. Über das auch heute noch in Rußland recht populäre Stück schrieb Wissarion Belinski, der bedeutendste zeitgenössische Kritiker nicht nur des russischen Theaters, sondern auch der Gesellschaft: »Ein Theaterstück, das das ganze lesekundige Rußland nach handschriftlichen Exemplaren auswendig lernte, mehr als zehn Jahre, bevor es gedruckt erschien! Gribojedows Verse verwandelten sich in Sprichwörter und Redensarten, seine Komödie wurde zur unversieglichen Quelle für Nutzanwendungen auf die Ereignisse des Alltagslebens, zur unerschöpflichen Fundgrube für Epigramme.« (Zitiert nach Georg Hensel: Spielplan. Bd. 1. S. 560)

Der 1799 in Moskau geborene Alexander Puschkin gilt als der Begründer der russischen Nationalliteratur. Seine historischen Romane, sozialen Novellen, Märchendichtungen sowie seine Lyrik, die in ihrer Abkehr von den kanonisierten Inhalten und normierenden Kunstgesetzen als »romantisch« zu bezeichnen ist, entstanden in Opposition gegen das extrem reaktionäre Regime von Zar Nikolaus I. und dessen Zensurbehörden. Für die Bühne schrieb Puschkin vier kleine Dramen: eine Variation des Don-Juan-Themas mit dem Titel *Der steinerne Gast*, dann *Der geizige Ritter*, die Skizze einer menschlichen Grundeigenschaft, *Das Gelage während der Pest* als symbolische Darstellung der allgegenwärtigen Gefahr, und schließlich den Einakter *Mozart und Salieri*, die Dramatisierung des Gerüchts, der Komponist sei von seinem Konkurrenten vergiftet worden. Alexander Puschkins dramatisches Hauptwerk ist *Boris Godunow*, das erste Historiendrama in russischer Sprache. Das an Shakespeares Königsdramen geschulte Werk, in dem allerdings nicht der Herrscher, sondern das Volk der eigentliche Held ist, wurde sofort von der Zensur verboten und kam erst 1870, fast ein halbes Jahrhundert, nachdem es entstanden war, zu seiner Uraufführung. In Deutschland erschien es zuerst als Oper mit der Musik von Modest Mussorgski. Die von Puschkin für die russische Literatur adaptierte Gattung des Historiendramas hat nur wenige Höhepunkte erreicht. Erwähnenswert ist der dreiteilige Zyklus *Der Tod Iwans des Schrecklichen*, *Zar Fjodor* und *Zar Boris* von Alexei Graf Tolstoi, dessen Mittelstück Stanislawski um die Jahrhundertwende in der historisierenden Manier der Meininger im Moskauer Künstlertheater herausbrachte.

Für Nikolai Gogol hatte der zehn Jahre ältere Alexander Puschkin eine wichtige Vorbildfunktion. Für sein (neben den Komödien *Die Heirat* und *Die Spieler*) weitaus bedeutendstes Drama *Der Revisor* lieferte ihm der Kollege den Stoff. Den realen Vorfall, den Puschkin ihm erzählte, verarbeitete Gogol in wenigen Wochen zu einer der ganz großen Komödien der Weltliteratur. In der grotesk überzeichneten und scharf zugespitzten Gesellschaftssatire wird vor allem das korrupte Behördenwesen gegeißelt. Der Hochstapler Chlestakow wird auf der Durchreise von den Beamten einer Provinzstadt für einen Revisor aus Petersburg gehalten. Alle sind bemüht, ihn durch Bestechung wohlgesinnt zu stimmen. Er verlobt sich sogar mit der Tochter des Stadthauptmanns, reist aber schnell ab, als ihm der Boden unter den Füßen zu heiß wird. Erst ganz am Schluß kommt der Augenblick der Wahrheit: Die Ankunft des echten Revisors wird gemeldet, woraufhin alle Personen in einem lebenden Bild erstarren. Um zu verdeutlichen, daß es sich bei den kritisierten Zuständen um die Folge eines Gebrechens der Gesamtgesellschaft handelt, durchbricht der Autor am Schluß die theatrale Illusion, die sonst streng gewahrt ist. Getroffen von der öffentlichen Blamage, wendet sich der Stadthauptmann an die »ganze Welt«, an die »ganze Christenheit«: »Und nicht genug damit, daß unsereins zum Gespött der Leute wird – es findet sich noch ein Tintenklecksler, ein Skribent, der dich in einer Komödie vorführt. (...) Und alle blecken die Zähne und klatschen Beifall. Über wen lacht ihr dann? Über euch selbst!«

Nach seiner Hinwendung zu einem mystischen Christentum gab Gogol eine metaphysi-

Nikolai Gogol: Der Revisor. Teatr Alexandrinsky Petersburg, 1836. Stich nach einer Zeichnung des Schauspielers V. Samoilow

sche Interpretation seines Dramas: »Denken Sie sich einmal aufmerksam in die Stadt hinein, die in dem Stück dargestellt wird. (...) Solch eine Stadt gibt es nicht. Was aber, wenn es sich nun hier um eine seelische Stadt handelt und sie in jedem von uns steckt? Nein, schauen wir uns nicht mit den Augen eines irdischen Menschen an – es wird ja auch kein irdischer Mensch über uns das Urteil sprechen.« (Nikolai Gogol: Gesammelte Werke. Bd. 3. S. 139)

Iwan Turgenjew, der ein ganz hervorragender Kenner der westlichen Kultur war und Deutschland in dieser Hinsicht sein »zweites Vaterland« genannt hat, gelangte früh zu der Erkenntnis, daß Rußland zwar eine hochrangige Lyrik besaß, aber keine konkurrenzfähige Bühnenliteratur. Außer Gogol konnte er kein echtes dramatisches Talent entdecken. So stellte sich Turgenjew selbst die Aufgabe, die Lücke zu füllen. Er gab sein (ohnehin recht epigonales) lyrisches Schaffen auf und widmete sich der Epik und dem Drama, das er für die »Krone der Schöpfung« hielt. Zwischen 1842 und 1853 verfaßte er zehn Theaterstücke, von denen sich zwei bis heute auf dem Spielplan gehalten haben: der an Alfred de Mussets »Sprichwörterkomödien« orientierte Einakter *Wo es dünn ist, reißt es*, in dessen Mittelpunkt eine grübelnde Hamlet-Figur steht, und die Tragikomödie *Ein Monat auf dem Lande*. Turgenjew vermittelt hier die von Arthur Schopenhauer übernommene Auffassung des Lebens als »tragischer Farce«. Fest überzeugt von der Unveränderlichkeit der menschlichen Natur, brachte der Dichter ausgesprochen statische Gestalten auf die Bühne; in dem Verzicht auf aktiv handelnde Charaktere und eine stringente Fabel erscheint er als ein Vorläufer Anton Tschechows. Auch bei Turgenjew dominieren die innere Handlung und der aus Sprechen und Schweigen kunstvoll komponierte Dialog. Die Personen sind Wartende, die erdrückt werden von der Langeweile, und deren Vorhaben immer in einem ganzen oder halben Scheitern enden.

Der produktivste Bühnenautor unter den russischen Realisten war Alexander Ostrowski mit seinen fast fünfzig Theaterstücken der verschiedensten Genres. Zwei Drittel davon sind im Milieu der Kaufleute angesiedelt, das der Autor als Beamter am Moskauer Handelsgericht aus eigener Erfahrung kennengelernt hatte, bevor er sich ganz dem Theater widmete. All die Dramen Ostrowskis zeichnen sich durch einen konzentrierten Handlungsaufbau und eine plastische Schilderung des Milieus aus. Die Figuren sind teilweise an traditionellen Typen orientiert, zum Beispiel an dem tyrannischen Familienvater, dem korrupten Beamten oder der schlauen Heiratsvermittlerin; dabei besitzen sie aber ein durchaus individuelles Profil. Die Sprache ist überaus reich, durchsetzt mit Elementen von Mundarten, Standessprachen und volkstümlichen Redewendungen. Obwohl die Stücke tief in den russischen Verhältnissen nach der Mitte des 19. Jahrhunderts verankert sind, besitzen sie bis heute Aktualität. Sie beschreiben nicht nur die Verkommenheit der Aristokratie und des zur Macht drängenden Bürgertums der Zeit, sondern stellen auch allgemeine Schwächen der Menschen dar und geben sie dem befreienden Lachen preis. Ostrowskis gelungenstes Schauspiel aus dem Kaufmannsmilieu ist *Es bleibt ja in der Familie*, in dem es um einen vorgetäuschten Bankrott geht. Als Meisterwerk des Dramatikers gilt *Das Gewitter*. Hier steht eine junge Frau, die an der Unbarmherzigkeit ihrer patriarchalisch strukturierten Umgebung zugrunde geht, im Zentrum des Geschehens. Ihr Ausbruch aus einem unerträglichen Familiengefängnis in Form eines Seitensprungs treibt sie in den Selbstmord aus schlechtem Gewissen. In der Komödie *Eine Dummheit macht auch der Gescheiteste* zeichnet Ostrowski das Porträt eines jungen Mannes, der sich bemüht, in die Moskauer gute Gesellschaft aufgenommen zu werden. Kurz bevor er sein Ziel erreicht hat, wird sein Tagebuch bekannt, in dem er eben diese Schicht in ihrer Beschränktheit und Doppelmoral schonungslos beschrieben hat. Gleichzeitig offenbart das Tagebuch seinen Verfasser als einen Menschen, der um des eigenen Vorteils willen Schmeichelei und Verstellung, Lüge und Intrige einsetzt, so daß ihn das Kollektiv schließlich widerwillig als einen der Seinen erkennen und akzeptieren muß.

Eine eigene Gruppe in Ostrowskis Werk bilden die Dramen aus dem Leben der Schauspieler, die er als Theaterdirektor gut gekannt und immer wieder gegen Vorurteile in Schutz genommen hat. Oft gespielt wird *Der Wald*; hier werden zwei wandernde Komödianten, die auf ein Gut gekommen sind, als viel moralischer dargestellt als die dort seßhaften Vertreter des Adels und der Geschäftswelt.

Die von Alexander Ostrowski in satirischer Weise dargebotene Welt der Laster und der Leidenschaften erscheint auch in den Schauspielen von Leo Tolstoi, dort allerdings in einer beklemmenden Düsternis. Die Ähnlichkeit ist kein Zufall; der 1828 geborene Dichter betrachtete den nur wenige Jahre älteren Kollegen als Vorbild in bezug auf die Authentizität des Milieus und die Eindringlichkeit der szenischen Bilder. Nach einigen Fragment gebliebenen Dramen und der (neben dem großen Roman »Krieg und Frieden« nur mit halber Kraft geschriebenen) Gesellschaftskomödie *Die verseuchte Familie* legte Leo Tolstoi erst im Alter von fast sechzig Jahren sein epochemachendes Drama *Die Macht der Finsternis* vor, das in Westeuropa sofort als Muster des Naturalismus erkannt wurde. André Antoine setzte es auf den Spielplan seines Pariser Théâtre libre und Otto Brahm brachte es an der Freien Bühne in Berlin zur Aufführung. Theodor Fontane, der weitsichtigste Theaterkritiker jener Zeit, schrieb darüber: »Die moderne realistische Kunst hat nichts Besseres und trotzdem wir überall in Nacht blicken, nichts heilig Leuchtenderes aufzuweisen als dieses Stück. Wer über realistische Kunst und ihre Berechtigung oder Nichtberechtigung mitsprechen will, der darf ihre Art nicht an ihren Entartungen demonstrieren, an ein Stück wie dieses muß er herantreten.« (Theodor Fontane: Theaterkritiken. Band 4. S. 224) Was Fontane an *Die Macht der Finsternis* besonders beeindruckte, war die »Wahrheit und Ungeschminktheit in der Wiedergabe des Lebens«. Das sittliche und materielle Elend hat der selbst aus einem Adelsgeschlecht stammende Dichter auf seinen Wanderungen durch das Land in allen seinen Schattierungen kennengelernt und durch seine Predigten für ein asketisches Christentum zu lindern gesucht. In Leo Tolstois Schauspiel steht der willensschwache Knecht Nikita im Zentrum. Er heiratet eine Bäuerin, die ihren alten Mann vergiftet hat, beginnt aber ein Verhältnis mit ihrer Stieftochter. Als sie ein Kind von ihm bekommt, werden die beiden von der Frau und der Mutter Nikitas gezwungen, dieses zu ermorden. Nikita kann zwar seine Angst vor der Strafe, nicht aber die Belastung durch die Sünde ertragen und bekennt öffentlich seine Schuld. Das Böse im Menschen, die »Macht der Finsternis«, wird hier kraft des Gewissens und des »göttlichen Lichtes« überwunden. Bei der Beichte Nikitas spricht sein Vater, ein einfacher Bauer, die religiöse Grundidee des Dramas aus: »Hier ist Gottes Werk, ein Mensch tut Buße.« Nur durch sie allein kann nach Tolstois Auffassung der Mensch die Erlösung von seinen Sünden finden.

Nach einem Lustspiel-Intermezzo mit *Früchte der Bildung*, einer etwas langatmigen Satire auf die Gutsbesitzer und die aufgeklärten Intellektuellen, arbeitete Tolstoi um die Jahrhundertwende an seinen beiden Altersdramen: *Der lebende Leichnam* und *Und das Licht scheint in der Finsternis*. Neben der scharf ablehnenden Haltung gegenüber dem Staat ist ihnen das Thema des Ausbrechens aus dem eigenen Lebenskreis gemeinsam. In beiden Dramen, die stark autobiographisch gefärbt sind, spielen Motive aus Shakespeares *König Lear* eine Rolle: in dem einen das Umherschweifen des Helden, der sich von seiner Familie entfernt hat, im anderen, welches unvollendet geblieben ist, das gegenseitige Nichtverstehen von Vater und Kindern, das Fremdwerden des Vaters in der eigenen Familie.

Seinen Höhepunkt erreichte der russische Realismus in den Dramen von Anton Tschechow sowie in der Theaterarbeit von Konstantin Stanislawski, der im Moskauer Künstlertheater die vier großen Schauspiele des Dichters, *Die Möwe, Onkel Wanja, Drei Schwestern* und *Der Kirschgarten*, zur Uraufführung gebracht hat. Neben diesen Werken haben sich aus der frühen Schaffensphase des Dichters zwei Schauspiele (*Platonow* und *Iwanow*) sowie die Einakter *An der Landstraße, Der Bär, Der Heiratsantrag* und *Die Hochzeit* auf den Spielplänen durchgesetzt. Auf seine Prägung als Schriftsteller hat der schon mit vierundvierzig Jahren an Tuberkulose gestorbene Tschechow in einem Brief angespielt: »Schreiben Sie mal eine Erzählung darüber, wie ein junger Mann, der als Gymnasiast dazu erzogen wurde, jedem Rang Unterwürfigkeit entgegenzubringen, der für jedes Stück Brot dankbar sein mußte, oft geprügelt wurde, bei reichen Verwandten gern zu Mittag aß, vor Gott und den Menschen ohne Notwendigkeit heuchelte, allein aus dem Gefühl seiner Nichtigkeit heraus – schreiben Sie, wie dieser junge Mann Tropfen für Tropfen den Sklaven aus sich herauspreßt.« (Anton Tschechow: Briefe. Bd. I. Seite 398).

Die zweite wichtige Prägung erfuhr Tschechows Kunst durch sein Medizinstudium und die Tätigkeit als Arzt: »Die Beschäftigung mit der Medizin hat mein Beobachtungsfeld bedeutend erweitert, mich mit Kenntnissen bereichert, deren wirklichen Wert für mich als Schriftsteller nur der ermessen kann, der selber Arzt ist. Die Bekanntschaft mit den Naturwissenschaften und dem wissenschaftlichen Verfahren brachte mich dann dazu, stets wachsam zu bleiben, und ich bemühte mich, wo es nur möglich war, den wissenschaftlichen Tatsachen Rechnung zu tragen.« (Anton Tschechow: Briefe. Bd. IV. S. 190) Der distanzierte Blick machte Tschechow nicht unempfindlich für das Elend der Menschen. Im Jahre 1890 besuchte er die Insel Sachalin vor der Küste Sibiriens, um die Zustände an diesem Verbannungsort für Kriminelle, aber auch für das zaristische Regime einfach nur Mißliebige zu studieren. Durch die Vorlage eines ungeschminkten Untersuchungsberichtes versuchte er, hier Abhilfe zu schaffen.

Neben der Orientierung an den Methoden der Wissenschaft verbindet Tschechow das Bemühen um eine absolut wahrheitsgetreue Darstellung der Realität mit dem Naturalismus. Allerdings gehen seine Werke in dieser Kategorie nicht voll auf; bei ihm kommt die Tendenz zur Vergeistigung und symbolischen Überhöhung hinzu. Tschechows Dramen sind arm an äußerer Handlung und an dramatischen Konflikten. Die wesentlichen Vorgänge spielen sich in den Seelen ab und finden in Blick und Tonfall ihren Ausdruck. Die Dialoge werden unterbrochen durch Pausen, die oft bedeutungsvoller sind als die Worte. Tschechow ist ein Meister der impressionistischen Darstellung der Klänge, der Farben, der Gerüche. Die dadurch hervorgerufenen Stimmungen erscheinen jedoch nicht als Werte an sich, sondern bilden nur eine Komponente des Gesamtgeschehens, das dadurch einen eigenartig schwebenden Charakter gewinnt. Bevor sich Sentimentalität einstellt, erfolgt ein Bruch, meist durch burleske Momente. Stanislawski scheint in seinen Inszenierungen diesen Punkt nicht immer getroffen zu haben, denn der Autor schrieb an den Besucher einer Vorstellung: »Sie sagen, man hätte in meinen Stücken geweint. (...) Und nicht nur Sie. (...) Aber ich habe sie doch nicht darum geschrieben, damit (...) so etwas Weinerliches daraus wird. Ich habe etwas anderes gewollt. (...) Ich wollte den Menschen nur ehrlich sagen: (...) ›Begreift doch, wie schlecht und langweilig ihr lebt!‹ Was gibt es da zu weinen?« (Zitiert nach Elsbeth Wolffheim: Anton Tschechow. S. 112) Der Dichter diagnostiziert als Grundkrankheit der Epoche den Mangel an Persönlichkeit. Er bringt Menschen auf die Bühne, denen ihr Daseinsgrund abhanden gekommen ist, und die sich über die Leere hinwegzustehlen trachten. Mit Scharfblick und Mitgefühl registriert er aber auch die seelischen Anstrengungen derer, die sich trotz der Schwerkraft des Banal-Alltäglichen das Streben nach einem höheren Lebensziel bewahrt haben, auch wenn sie nicht die zu einer Veränderung nötige Energie aufbringen.

Der andere bedeutende Autor auf dem Höhepunkt des russischen Realismus war Alexei Peschkow, der sich als Schriftsteller »Gorki« (Der Bittere) nannte. Er wuchs wie Tschechow in bedrückenden Verhältnissen auf, versuchte sich in allen möglichen Berufen, wanderte jahrelang durch Rußland und lernte dabei das Leben der Ausgebeuteten und Entrechteten kennen. Unter diesem Eindruck näherte er sich den Bolschewiki, trat in Verbindung zu Lenin, nahm an der Revolution von 1905 teil. In dieser Zeit schrieb er den Roman »Die Mutter«, den Bertolt Brecht später zu einem Lehrstück verarbeitet hat, und das Schauspiel *Die Feinde*. Diese beiden literarischen Darstellungen des Klassenkampfes wurden dann von der sowjetischen Literaturkritik zu Mustern des sozialistischen Realismus erklärt. Obwohl sich Lenin um die Unterstützung Gorkis bemühte, kam es nach der Oktoberrevolution zu immer ernsteren Differenzen. Anfang der zwanziger Jahre siedelte der Schriftsteller nach Italien über, doch die Faszinationskraft des sozialistischen Aufbaus und wohl auch das Heimweh nach Rußland ließen ihn am Ende des Jahrzehnts zurückkehren. Stalin warb um den berühmten Dichter als kulturel-

Maxim Gorki: Nachtasyl. Moskauer Künstlertheater, 1902. Inszenierung: Konstantin Stanislawski

les Aushängeschild, mäßigte sogar zu diesem Zweck vorübergehend den Terror gegen die Intellektuellen. So kam es dazu, daß Gorki 1934 der Proklamation des sozialistischen Realismus' seine Stimme lieh. Er selbst verstand darunter allerdings nicht die plumpe Propagandaliteratur, sondern eine Verschmelzung von Realismus und sozialistischer Romantik, wie er sie in seinen eigenen Werken versucht hatte. Die bedeutendsten sind neben *Nachtasyl*, dem Elendsbild der Ausgestoßenen, vor allem die Sozialpanoramen *Sommergäste*, *Kinder der Sonne*, *Die Letzten* und *Wassa Schelesnowa*.

Der als Sohn einer reichen Fabrikantenfamilie 1863 in Moskau geborene Konstantin Sergejewitsch Alexejew, der sich als Schauspieler Stanislawski nannte, um den Ruf seiner Familie nicht zu gefährden, betrieb das Theater lange Zeit nur als Liebhaberei. Nach Anfängen im Stil des Salonstück-Theaters wurde ein Gastspiel der Meininger in Moskau zu einem vorwärtstreibenden Erlebnis. Darüber schrieb er in seiner Autobiographie: »Das berühmte Ensemble (...) stellte erstmals eine neue Art von Inszenierung vor: historisch getreue Ausstattung, Volksszenen, prachtvolle Dekorationen, erstaunlich diszipliniertes Spiel und perfekte Organisation eines richtigen Festes der Kunst. Ich ließ keine einzige Vorstellung aus, nicht nur um sie zu sehen, sondern auch, um sie zu studieren.« (Konstantin Stanislawski: Mein Leben in der Kunst. S. 161) Erst im Alter von 35 Jahren machte Stanislawski das Theater zum Beruf. Zusammen mit dem Kritiker und Leiter einer Schauspielschule Wladimir Nemirowitsch-Dantschenko gründete er kurz vor der Jahrhundertwende das »Moskauer Künstlertheater für alle«. Die Bezeichnung enthielt im Kern auch schon die Konzeption: Der Schauspieler sollte sich als Künstler verstehen, und die Institution Theater sollte für alle Schichten dasein, nicht nur für das Bildungsbürgertum. Den revolutionären Anspruch des Unternehmens beschrieb Stanislawski so: »Wir protestierten gegen veraltete Spielweisen, gegen Theatralik und falsches Pathos, gegen die Deklamiererei und Übertreiben im Spiel, gegen leere Stilisierung in Inszenierung und Bühnenbild, gegen das Starsystem, das jedes Ensemble zersetzte, gegen die ganze Struktur der Aufführungen und das armselige Repertoire der damaligen Theater.« (Konstantin Stanislawski: Mein Leben in der Kunst. S. 233) Die beiden Direktoren der neuen Bühne, von denen Nemirowitsch-Dantschenko für Organisation und Dramaturgie und Stanislawski für die Regie verantwortlich war, ließen sich durch den stürmischen Erfolg der Eröffnungspremiere mit *Zar Fjodor*

Alexei Graf Tolstoi: Zar Fjodor. Moskauer Künstlertheater, 1898. Inszenierung: Konstantin Stanislawski

von Alexei Tolstoi nicht darüber hinwegtäuschen, daß erst der Abschluß der Saison für das Weiterbestehen des Theaters ausschlaggebend sein würde. Das Publikum sollte nicht eine Inszenierung akzeptieren, sondern ein Programm. Am Ende der Spielzeit aber stand die Pleite. Dem Eingreifen eines Mäzens, der alle Aktien aufkaufte, die Schulden bezahlte und die nächste Saison vorfinanzierte, verdankte das Künstlertheater sein Überleben.

Das Repertoire der ersten Spielzeit war bewußt pluralistisch angelegt; dem Historiendrama von Alexei Tolstoi folgte ein Gegenwartsstück, das bei seiner Uraufführung in Petersburg durchgefallen war: *Die Möwe* von Anton Tschechow. Das Künstlertheater feierte damit einen Triumph, und seitdem ist eine Möwe sein Wahrzeichen. Die Inszenierungen der ersten Periode hat Stanislawski selbst nach »Linien« geordnet. Als die wichtigste erschien ihm die »Linie der Intuition und des Gefühls«; exemplarisch dafür waren die Inszenierungen der Werke Tschechows. »Ihr Reiz«, schreibt Stanislawski, »liegt in etwas, was sich mit Worten nicht beschreiben läßt, sondern sich hinter und zwischen ihnen, in den Blicken der Schauspieler und in der Ausstrahlung ihres Gefühls verbirgt. Dabei leben selbst die toten Gegenstände, die Geräusche, die Dekoration auf. Davon leben die Gestalten und die Stimmung des Stücks und der Inszenierung. Hier kommt es auf die kreative Intuition und das Gefühl des Schauspielers an. Auf den Gedanken der Intuition und des Gefühls bin ich durch Tschechow gekommen. Um zum Wesen seiner Werke vorzustoßen, muß man eine Art Ausgrabung seiner seelischen Tiefen vornehmen.« (Konstantin Stanislawski: Mein Leben in der Kunst. S. 269)

Die erste Entwicklungsperiode des Künstlertheaters endete mit der Spielzeit 1905/06, die begleitet war von Unsicherheit und Zweifeln. Tschechow war gestorben; Gorki, der zweite »Hausautor«, ging ins Ausland; es gab Repertoire-Schwierigkeiten. Welchen Weg sollte das Theater in Zukunft einschlagen? Unter dem Einfluß anti-naturalistischer Strömungen, die aus Westeuropa nach Rußland gelangt waren, stellte Stanislawski seine bisherigen Positionen radikal in Frage. Er beschäftigte sich mit symbolistischer Literatur und moderner Musik, arbeitete mit jungen Malern zusammen und gründete mit seinem Schüler Wsewolod Meyerhold, der sich vom Naturalismus losgesagt hatte, ein Experimentierstudio. In dieser Zeit entstand die Inszenierung von Maurice Maeterlincks Märchendrama *Der blaue Vogel*. In den Regienotaten legte Stanislawski seine damalige, vorübergehende Kunstauffassung dar: »Es ist notwendig, so tief wie möglich erfüllt zu sein vom Mystizismus des Autors und auf der Bühne eine entsprechende Sphäre zu schaffen, die für das Publikum bezaubernd ist. (...) Der Mensch ist umgeben vom Geheimnisvollen, Schrecklichen, Schönen, Unerwarteten. (...) Es zieht uns zu dem Geheimnisvollen, wir ahnen es, verstehen es aber nicht. (...) Der Mensch herrscht auf der Erde und denkt, daß er die

Anton Tschechov: Der Kirschgarten.
Moskauer Künstlertheater, 1904.
Inszenierung:
Konstantin Stanislawski

Weltgeheimnisse begriffen hat. In der Tat aber weiß er wenig.« (Zitiert nach Joachim Fiebach: Von Craig bis Brecht. S. 20) Was die Schauspielkunst betrifft, wandte sich Stanislawski in dieser zweiten Entwicklungsperiode ganz der »inneren Technik« zu, nahm den Darstellern versuchsweise alle Gesten und Bewegungen. Alles sollte durch die Mimik und besonders durch die Augensprache sowie durch die Intonation ausgedrückt werden. Wie er bald selbst erkannte, erzeugte das nur eine »besonders starke Verkrampfung« bei den Akteuren. Wesentliche Impulse empfing der Regisseur in dieser Zeit von der amerikanischen Tänzerin Isadora Duncan, der Begründerin des Freien Tanzes. Durch ihre Vermittlung lernte Stanislawski auch den ganz anti-naturalistisch eingestellten Theaterreformer Edward Gordon Craig kennen und lud ihn zu einer Regiearbeit am Künstlertheater ein. Nach mehrjährigen Vorbereitungen brachte Craig dort im Jahre 1911 seine berühmte *Hamlet*-Inszenierung heraus. Stanislawskis Abstand zum Symbolismus war aber inzwischen so groß geworden, daß er die Produktion nicht akzeptieren konnte; die Arbeit der Schauspieler schien ihm zu äußerlich, die abstrakte Raumgestaltung zu gewollt.

»Zweifellos sind wir zu einem von Erfahrung und Arbeit angereicherten Realismus zurückgekehrt, der sich verfeinert hat und tiefer und psychologischer geworden ist. In ihm werden wir uns ein wenig kräftigen, um dann erneut auf die Suche zu gehen.« (Konstantin Stanislawski: Briefe. S. 274) Diese Äußerung vom Ende des Jahres 1908 bezeichnet den Beginn der dritten und letzten Arbeitsperiode Stanislawskis. Den Bezugspunkt seiner theoretischen und praktischen Bemühungen bildete jetzt die Konzeption eines geistig-seelischen Naturalismus. Im Gegensatz zur ersten Schaffensperiode ist die entscheidende Bedingung für den Realitätsbezug nicht mehr die genaue Nachahmung äußerer Details, sondern die Glaubwürdigkeit des darstellerischen Handelns. Diese ist gewährleistet, wenn der Schauspieler das psychische Sein der Figuren selbst realisiert. Nur der auf sein eigenes Erleben konzentrierte Akteur kann sicherstellen, daß sich der Zuschauer in die Vorgänge und Personen einfühlt und sich in der Illusion mit einem Stück Wirklichkeit konfrontiert glaubt. Um diese Wirkung zu erreichen, soll der Schauspieler »echt«, »natürlich« und »organisch« empfinden; sein Handeln muß gespeist sein aus der Intuition. »Die beste schöpferische Aufgabe ist jene«, schreibt Stanislawski, »die den Künstler unmittelbar ergreift, emotional, unbewußt, und die ihn intuitiv zum wahren grundlegenden Ziel des Stückes führt.« (Zitiert nach Joachim Fiebach: Von Craig bis Brecht. S. 132) Im Regelfall stellt sich das unbewußt-organische Schaffen nicht von selbst ein, sondern muß durch vorbereitende psychische Verfahren wie Willensanstrengung, Konzentration der Aufmerksamkeit, Aktivierung der Einbildungskraft und Phantasietätigkeit angeregt werden. Die Gesamtheit der dazu von ihm entwickelten Methoden nannte Stanislawski »Psychotechnik«.

Die Oktoberrevolution von 1917 hatte auf das Denken des Künstlers keine grundsätzlichen Auswirkungen. An die neu eingesetzte Leiterin der jetzt verstaatlichten Moskauer Theater schrieb Stanislawski: »Wie kann unsere komplizierte und gewaltige Kunst auf die schnell vorüberziehenden großen Ereignisse reagieren? Je größer diese sind, um so mehr Zeit benötigt man, sie zu verarbeiten und in Werken der Bühnenkunst widerzuspiegeln. Vorläufig bleibt uns nur eines: gute Stücke zu spielen, und je größer die Ereignisse sind, um so besser muß die Aufführung sein.« (Konstantin Stanislawski: Briefe. S. 450) Von Beginn der zwanziger Jahre an konnte der Theatermann aus gesundheitlichen Gründen nurmehr selten spielen und inszenieren. In den Mittelpunkt seines Schaffens rückte jetzt die Weiterentwicklung seines »Systems« und dessen Überprüfung in der schauspielpädagogischen Praxis. Immer wieder korrigierte er seine Formulierungen und suchte nach einfacheren und verständlicheren; die Folge war, daß zu seinen Lebzeiten nur ein einziger Band seines großangelegten Werkes erschienen ist; alle übrigen Veröffentlichungen wurden aus dem Nachlaß zusammengestellt.

Auch in dieser Schaffensperiode, die mit seinem Tod im Jahre 1938 endete, hielt Stanislawski an der Ästhetik des geistig-seelischen Naturalismus fest. Das Theaterkunstwerk solle aus genau nachgeahmten Partikeln der Realität Abbildungen herstellen, die aussagekräftiger seien als die Wirklichkeit selbst. Unabdingbare Voraussetzung für das Gelingen dieses Vorhabens war für Stanislawski nach wie vor die schauspielerische »Kunst des Erlebens«. Dafür entwickelte er aber um 1930 ein neues methodisches Instrumentarium, die »Theorie der physischen Handlungen«. Um das »Leben des menschlichen Geistes« zu schaffen, wird jetzt dem Schauspieler als Ausgangspunkt die Arbeit am »Körperleben« der Rollenfigur empfohlen.

»Die neue glückliche Eigenart des Verfahrens liegt darin«, so Stanislawski in einer seiner letzten schriftlichen Äußerungen, »daß es, durch das ›Leben des menschlichen Körpers‹ das ›Leben des menschlichen Geistes‹ hervorrufend, den Künstler veranlaßt, Gefühle zu erleben, die den Gefühlen der von ihm darzustellenden Person analog sind.« (Zitiert nach: Joachim Fiebach: Von Craig bis Brecht. S. 271) Mit dieser Konzeption hat Stanislawski, gestützt auf die Tradition des russischen Realismus, einen in seiner Bedeutung weit über seine Zeit hinausweisenden Beitrag zur Entwicklung des Schauspielens geleistet, der bis heute Gültigkeit besitzt.

Drama des Impressionismus und Symbolismus

Das Erscheinungsbild der dramatischen Literatur an der Wende zum 20. Jahrhundert stellt sich außerordentlich vielfältig dar. Die relativ geschlossene naturalistische Bewegung wurde ab 1890 von einer Vielzahl nebeneinander und ineinander wirkender Strömungen überlagert. Deren wichtigste Ausdrucksformen waren die impressionistische Seelenkunst von Arthur Schnitzler und die »Lyrischen Dramen« von Hugo von Hofmannsthal, die symbolistischen Spätwerke von Henrik Ibsen und die »Traumspiele« von August Strindberg, die mystischen und märchenhaften Dramen von Maurice Maeterlinck und Oscar Wildes *Salome*, die neu-romantischen Spiele von Gerhart Hauptmann und die Grotesken von Frank Wedekind. Dazu kommen noch die Werke von zwei irischen Dichtern, welche für das kurz nach der Jahrhundertwende als Pflegstätte der irischen Kultur gegründete Dubliner »Abbey Theatre« geschrieben worden sind: die oft auf keltischen Sagen beruhenden Versdramen von William Butler Yeats, wie *Gräfin Katlin* (The Countess Cathleen), *Das Land der Sehnsucht* (The Land of Heart's Desire) und *Das Einhorn von den Sternen* (The Unicorn from the Stars) sowie die zwischen Symbolismus und Realismus angesiedelten Schauspiele von John Millington Synge: *Der Schatten der Bergschlucht* (The Shadow of the Glen), *Reiter ans Meer* (Riders to the Sea), *Die Quelle der Heiligen* (The Well of the Saints), *Kesselflickers Hochzeit* (The Tinker's Wedding) und *Der Held der westlichen Welt* (The Playboy of the Western World).

Die Gemeinsamkeit aller dieser Erscheinungsformen liegt in der Negation des Naturalismus. Diesem wurden Kunstfeindlichkeit und einseitige Rationalität vorgeworfen; gegen seine Durchschaubarkeit setzte man das Geheimnis, die Phantasie und den Traum als Orientierungswerte. Die »Parole Individualität« als das neue Leitmotiv übernahm man von Friedrich Nietzsche; seine Lehre wurde in erster Linie als Verherrlichung der freien und souveränen Persönlichkeit verstanden, die jedwede Bindung an Gesellschaft, Staat und Religion ablehnt. Während der Naturalismus, überspitzt ausgedrückt, das »Kunstwerk ohne Künstler« wollte, proklamierten die Opponenten nun eine ganz auf das individuelle Wahrnehmen und Erleben des schöpferischen Individuums gegründete Kunst. Die meisten Vertreter der naturalistischen Bewegung gaben noch vor der Jahrhundertwende ihre ursprünglichen Ideale auf. Von der angeblichen Gleichmacherei des Sozialismus ebenso angewidert wie vom Materialismus und Machtstreben der staatstragenden Schichten, fanden sie sich mit den ihnen unverbesserlich erscheinenden Zuständen ab und beschränkten ihr Interesse auf das Individuum. Die äußere Wirklichkeit erschien ihnen unbedeutend gegenüber den »inneren Welten«. Vor der als häßlich empfundenen Wirklichkeit flüchteten sie in einen Ästhetizismus, wie ihn etwa Oscar Wilde und der junge Hofmannsthal gepflegt haben. Entsprechend der Auffassung von Friedrich Nietzsche, daß die Welt und das menschliche Dasein in erster Linie als ästhetische Phänomene zu rechtfertigen seien, betrachteten viele das Kunstwerk als die eigentliche Realität. Diese Haltung führte zum Verzicht auf praktisches Handeln und damit auch auf ethische Prinzipien. Eine Genußmoral breitete sich aus, wie sie beispielsweise Oscar Wilde mit seiner Ansicht vertreten hat, »daß sich die meisten Menschen durch einen ungesunden, übertriebenen Altruismus ruinieren«.

Das intensiv erlebte und in der Kunst zum Ausdruck gebrachte Gefühl, in einer Spätzeit, im »Fin de siècle«, zu leben, führte zu Passivität, Resignation, zu einer Stimmung der Herbstlichkeit und des Abschieds, die mit einer Überkultivierung und Überfeinerung einherging. Die mit dem Begriff »Dekadenz« gefaßte Untergangsstimmung wurde aber durchaus genossen; man war unwiderstehlich angezogen vom Morbiden, vom Perversen, vom Nervösen. Es entwickelte sich ein Sensorium für feine Nuancen, für Zwischentöne, für diffizile Spannungen und für die Abgründe der Seele. Die Beobachtung und Erforschung des Unbewußten rückte ins Blickfeld der Wissenschaft; exakt im Jahre 1900 erschien mit der »Traumdeutung« das erste bedeutende Werk von Sigmund Freud. Den Beschwörungen des Todes in der Literatur und in der bildenden Kunst stand ein ausgeprägter Vitalismus entgegen. Im Unterschied zu den Naturalisten mit ihrem statischen Verhältnis zur Welt erfuhren die Künstler diese nun als dynamisch flutende Bewegung. Der Begriff »Leben« bezeichnete einen Grundwert der Epoche. Sein Verständnis war ausgerichtet an der »Lebensphilosophie«, wie sie Friedrich Nietzsche schon zwei Jahrzehnte zuvor in seinen »Unzeitgemäßen Gedanken« begründet hatte. Der Philosoph kritisierte die Bildung im Sinne des Historismus und Positivismus als ein »recht falsches und oberflächliches Wissen, weil man den Widerspruch von Wissen und Leben ertrug, weil man das Charakteristische an der Bildung wahrer Kulturvölker gar nicht sah: daß die Kultur nur aus dem Leben emporwachsen und herausblühen kann«. (Friedrich Nietzsche: Sämtliche Werke. Bd. II. S. 186) Die Ideen von Nietzsche wurden nicht nur in akademischen Kreisen diskutiert, sondern auch durch eine lebensphilosophisch eingestellte Publizistik an relativ breite Bevölkerungsschichten vermittelt. Ungeheuer populär wurde das Buch »Rembrandt als Erzieher« von Julius Langbehn, in dem gegen das beengte Leben der »Fabrikschlote und Schreibtische« die Ideale der Kraft, Gesundheit und Lebensfreude gesetzt sind. Vor allem das mittlere Bürgertum sah in solchen Zielstellungen eine Möglichkeit, der zunehmend undurchschaubaren städtischen Industriegesellschaft zu entfliehen. Die jungen Leute aus dieser Sozialschicht begehrten auf gegen die Zwänge der Arbeitswelt, gegen die beschränkten Wohnverhältnisse und die überlieferten Konventionen. Mit Rucksack und Gitarre zogen die »Wandervögel«, wie sie sich nannten, »aus grauer Städte Mauern« ins Freie, tauschten die steifen Gehröcke und weißen Stehkragen gegen Bundhose und geknotete Halstücher. Das gesellige Erlebnis beim Wandern, beim Lagerfeuer, beim Volkstanz befriedigte ihr Bedürfnis nach ungezwungener Gemeinschaft und authentischem Selbstausdruck.

Die Entwicklung der impressionistischen Strömung steht in enger Beziehung zu den neuen Prozessen in der Physik. Das jahrhundertelang gültige kausal-mechanistische Weltbild erwies sich als unhaltbar. Wassily Kandinsky, zu diesem Zeitpunkt gerade auf dem Weg zur Begründung der abstrakten Kunst, setzte das »Zerfallen des Atoms« mit dem »Zerfall der ganzen Welt« in seiner »Seele« gleich. Nachdem der Impressionismus in der Malerei schon Jahre vorher als tendenzielle Auflösung des Gegenstandes in Farb- und Lichtreize in Erscheinung getreten war, eroberte er um 1900 auch die Literatur. Die philosophische Begründung für diesen Prozeß lieferte der Physiker Ernst Mach. In seiner Studie »Die Analyse der Empfindungen und das Verhältnis des Physischen und Psychischen« leugnet er die ordnende Funktion des Geistes bei der Verarbeitung von Sinneseindrücken. Nach seiner Lehre gibt es keine konstante Wirklichkeit und auch kein Ding an sich. Die Realität ist für ihn nichts weiter als eine Reihe von Impressionen und Empfindungen. Abstrakte Spekulation ist also gegenstandslos; das einzig Existierende ist der Eindruck. Damit verliert das Ich seine Konsistenz; es ist sich seiner selbst nicht mehr gewiß. Wo es Sicherheit vorgibt, täuscht es sich und die anderen; es kann sich nicht ausdrücken, ohne etwas vorzuspiegeln, was es im nächsten Augenblick schon nicht mehr ist. Arthur Schnitzler hat der Titelfigur seines Dramas *Paracelsus* die Worte in den Mund gelegt: »Wir spielen immer, wer es weiß, ist klug.«

Unter dem Einfluß des impressionistischen Lebensgefühls machte sich in mehreren Ländern Europas kurz vor der Wende zum 20. Jahrhundert die Tendenz zu einer Literatur der Stimmungen und atmosphärischen Eindrücke bemerkbar. Es entstand eine Lyrik der flüchtigen Sensationen, der unbestimmten Sinnesreize, der zarten Farben und der müden Klänge. Was die Dramatik betrifft, fand diese Strömung in erster Linie bei Arthur Schnitzler und Hugo von Hofmannsthal ihren Ausdruck. Die beiden Hauptvertreter der unter dem Begriff »Junges Wien« in die Literaturgeschichte eingegangenen Gruppe standen auf dem Boden einer subtilen Wahrnehmungskultur, deren wissenschaftliche und künstlerische Erscheinungsformen sich wechselseitig befruchteten. Die empiriokritizistische Philosophie von Ernst Mach übertrug Hermann Bahr, der Programmatiker des im Café Griensteidl residierenden Schriftstellerzirkels, in seinem brillanten Essay »Das unrettbare Ich« auf die Kunsttheorie. Damit schuf er wesentliche geistige Voraussetzungen für die Überwindung des Naturalismus, der in Wien (im Gegensatz zu Berlin) ohnehin nie recht hatte Fuß fassen können. Das Bemühen um die Fixierung des flüchtigen Augenblicks führte zur Privilegierung literarischer Kleinformen wie der Skizze, des lyrischen Kurzdramas und des Einakters.

Der letztgenannten Gattung hat sich Arthur Schnitzler häufig bedient. Schon in seinem ersten Einakter-Zyklus, *Anatol*, gelang ihm ein eindrucksvolles Porträt des »impressionistischen Menschen«. Diesen Typus beschreibt der Dichter so: »Die Seele mancher Menschen scheint aus einzelnen gewissermaßen flottierenden Elementen zu bestehen, die sich niemals um ein Zentrum gruppieren, also auch keine Einheit zu bilden imstande sind. So lebt der kernlose Mensch in einer ungeheuren und ihm doch niemals völlig zu Bewußtsein kommenden Einsamkeit dahin.« (Arthur Schnitzler: Aphorismen und Betrachtungen: S. 56 f.) – Anatol lebt ganz aus dem Augenblick, ohne die Selbstvergewisserung in der Vergangenheit und ohne auf die Zukunft gerichtete Absichten. Sein Gegenüber ist ihm lediglich ein Spiegel des eigenen Selbst und ein Vorwand für die Darstellung seiner Person. Der Monotonie einer solchen Existenz versucht Anatol durch seine Liebesabenteuer zu entgehen, durch das außerordentliche Erlebnis der »unsterblichen Stunden«. Seine Probleme sind allein solche des Bewußtseins; er führt ein finanziell unabhängiges Dasein als Rentier zwischen Großbürgertum und Boheme. Mit einem »süßen Mädel« aus der Vorstadt frönt er den einfachen Freuden, eine Balletteuse lädt er zum Champagner-Souper ins Chambre séparée; nur die verheiratete Dame von Welt widersteht seinem Liebeswerben, um nicht ihre soziale Existenz aufs Spiel zu setzen. Im erotischen Abenteuer ist bei Anatol immer schon das Bewußtsein vom Ende gegenwärtig. Seine Neigung zur sterbenden Liebe macht den Helden zu einem typischen Vertreter der dekadenten Lebenshaltung. Schnitzler näherte sich diesem »impressionistischen Menschen« in einer Art teilnehmenden Beobachtung; eine kritische Position ihm gegenüber nahm er erst in späteren Werken ein, vor allem in seinem Erfolgsdrama *Liebelei*. Dort betreibt der zu echten Emotionen und Bindungen unfähige Held die Liebe als Spiel, während das Mädchen aus der Vorstadt ein tiefes Gefühl zu ihm entwickelt und an der Untreue des Mannes zerbricht.

Mit Frauenschicksalen beschäftigte sich Schnitzler auch in dem Schauspiel *Das Märchen*, das die Thematik des »gefallenen Mädchens« aufgreift, sowie in dem Drama *Freiwild*, in dem die prekäre Situation einer Provinzschauspielerin vorgeführt wird, die vom Theaterdirektor und von den jungen Herren aus dem Publikum gleichermaßen gejagt wird. In *Der Ruf des Lebens* erscheint die Ausbeutung der Frau verlagert in die Familie; die Heldin muß hier ihre Jugend der Pflege des kranken egoistischen Vaters opfern. Wird der *Anatol*-Zyklus von der durchgehenden Figur zusammengehalten, so die zehn Dialoge des *Reigens* durch den sich wiederholenden Vorgang des Geschlechtsverkehrs samt Vor- und Nachspiel. Das Geschehen zieht sich von der Dirne und dem Soldaten durch alle sozialen Schichten bis hinauf zum Grafen, der wiederum zur Dirne hinabsteigt. Schnitzler gibt im *Reigen* die komplexe Zustandsbeschreibung einer Gesellschaft, deren moralische Fundamente im Bett des Ehepaares behauptet, in allen übrigen Szenen aber destruiert werden. Begreiflich, daß diese schonungslose Darstellung der bürgerlichen Doppelmoral zu seiner Zeit nicht aufgeführt werden konnte. Noch die ein Vierteljahrhundert verspätete Uraufführung von 1920 an Max Reinhardts Berliner Kleinem Schauspielhaus endete mit einem Skandal und zog einen Prozeß wegen Unzucht nach sich.

Während das konservative Wiener Publikum die meisten seiner Dramen ablehnte, feierte Schnitzler in Berlin große Erfolge, die er vor allem Otto Brahm zu verdanken hatte. Als Direktor des Deutschen Theaters brachte dieser sowohl *Das Vermächtnis*, ein das Recht auf freie Liebe einforderndes Schauspiel, zur Uraufführung als auch die beiden Einakter-Zyklen *Lebendige Stunden* und *Marionetten*, in denen es in erster Linie um das Begleichen alter Rechnungen im Angesicht des Todes sowie um schuldhaftes Verhalten der Männer gegenüber dem anderen Geschlecht geht. Schnitzlers Groteske *Der grüne Kakadu*, angesiedelt während der Französischen Revolution, spielt souverän mit dem Wechsel von Sein und Schein. Dieser Einakter kam am Wiener Burgtheater heraus, verschwand aber nach dem Einspruch des Kaiserhauses sofort wieder vom Spielplan. Als eine subtile kritische Analyse der impressionistischen Lebensform ist Schnitzlers Schauspiel *Der einsame Weg* angelegt. Dieses Werk trägt als letztes die Zeitangabe »Gegenwart«. In dem folgenden Drama, *Das weite Land*, vom Beginn der zehner Jahre ist der Blick schon rückwärts gewandt auf das Wien um 1900. In dieser Tragikomödie wird am Zustand einer Ehe der Zustand einer Gesellschaft sichtbar, deren Kennzeichen Irritation, Brüchigkeit, Statik und Konservatismus sind. Die »Komödie« *Professor Bernhardi* schließlich, ein intrigenreiches Problemstück um das Scheitern eines humanen jüdischen Arztes in einer ihm feindlich gesinnten Umwelt, endet im Guten – allerdings nur, weil der Vorhang rechtzeitig fällt.

Im ganzen gesehen, zeichnet sich Arthur Schnitzlers Dramatik vor allem durch die tiefgründige Analyse der menschlichen Psyche aus. Diese Qualität veranlaßte Sigmund Freud, den Dichter seinen »Doppelgänger« zu nennen. Schnitzler stellte nicht nur dem bürgerlichen Individuum eine präzise Diagnose, sondern auch der Gesellschaft und Kultur seiner Zeit. Durch die genaue Darstellung des sozialen Rollenspiels gibt er tiefe Einblicke in das Wesen und die Struktur des Bürgertums, die weit über das Wien um die Wende zum 20. Jahrhundert hinaus Gültigkeit besitzen. Der Dichter erhebt keine Anklage und schlägt keine politischen Veränderungen vor. Seine Werke sind vielmehr durch eine skeptische Weltsicht gekennzeichnet; daraus entspringt ein resignativer Grundzug und eine Haltung der Ratlosigkeit und des Geltenlassens. Meist finden seine Dramen ein offenes, alles in der Schwebe haltendes Ende.

Hugo von Hofmannsthal, der zweite bedeutende Dramatiker aus dem Kreis des Jungen Wien, suchte in seinem Frühwerk die impressionistische Komponente mit der symbolistischen zur Synthese zu bringen. In seinen lyrischen Dramoletten *Gestern*, *Der Tod des Tizian*, *Der Tor und der Tod*, *Der weiße Fächer*, *Der Abenteurer und die Sängerin* mit ihrer Konzentration nicht auf Handlungen, sondern auf Zustände, mit ihren erlesenen historischen Schauplätzen und poetischen Sprachbildern

Arthur Schnitzler: Der Reigen.
Radierung von Stefan Eggeler.
Illustration zur Buchausgabe von 1921

kommt ein ähnliches Lebensgefühl zum Tragen wie bei Schnitzler, zugleich aber wird darin die Faszination des Dichters durch den französischen Symbolismus deutlich. Im Gegensatz zum Impressionismus, der den Zerfall der einheitlichen Weltsicht in beziehungslose Sinneseindrücke einfach widerspiegelt, strebt der Symbolismus nach Alternativen. Der Kunst wird dort die Aufgabe zugewiesen, den verlorenen Zusammenhang wiederherzustellen, indem sie das einzelne als Sinnbild des Universums erkennt und zur Darstellung bringt. Den Symbolisten geht es um die Suche nach dem verborgenen Geheimnis und um dessen Beschwörung durch die suggestive Kraft der künstlerischen Mittel. Weil man nach ihrer Auffassung durch die Anstrengung der Ratio nie zu einer gültigen Erkenntnis gelangen kann, muß man sich tragen lassen von der spontanen Folge seiner Visionen. Diese Kunstrichtung stellt also den denkbar größten Gegensatz zum Naturalismus und dem ihm zugrunde liegenden positivistischen Weltbild dar.

Als eine Zusammenfassung von Hofmannsthals dichterischen Erfahrungen in der ersten Schaffensperiode kann sein fiktiver »Brief« des Philipp Lord Chandos an Francis Bacon gelten. Unter der Maske eines englischen Adligen des 17. Jahrhunderts legte der Autor im Jahre 1902 diese kleine Schrift vor, die unter verschiedenen Aspekten gelesen werden kann: als Kommentar zur symbolistischen Poetik, als sprachkritisches Traktat, als Psychogramm einer Schaffenskrise. Dort heißt es: »Es ist mir völlig die Fähigkeit abhanden gekommen, über irgend etwas zusammenhängend zu denken und zu sprechen. (...) Ich empfand ein unerklärliches Unbehagen, die Worte, deren sich doch die Zunge naturgemäß bedienen muß, um irgendwelche Urteile an den Tag zu geben, zerfielen mir im Mund wie modrige Pilze.« (Hugo von Hofmannsthal: Gesammelte Werke. Bd. 7. S. 465) In solchen Formulierungen offenbart sich das Bemühen des Dichters, den Ästhetizismus seiner frühen Dramen zu überwinden. Obwohl er die Faszination eines am Kunstideal ausgerichteten Lebens durchaus kennengelernt hatte, stand er ihm doch nie kritiklos gegenüber, weil er darin eine Bedrohung der Lebensfrische und der Spontaneität sah. Bevor er endgültig in Distanz zu dieser Grundhaltung ging, um mit seinen Bearbeitungen antiker Tragödien und seinen Opernlibretti für Richard Strauss (*Ödipus, Elektra, Ariadne auf Naxos, Der Rosenkavalier, Die Frau ohne Schatten, Die ägyptische Helena*), mit seinen Variationen religiöser Schauspiele (*Jedermann, Das Salzburger große Welttheater*) und den Konversationskomödien *Der Schwierige* und *Der Unbestechliche* überlieferte Dramenmodelle durchzuspielen, leistete Hofmannsthal mit seinem Aufsatz »Die Bühne als Traumbild« noch einen wichtigen Beitrag zur Programmatik des Symbolismus. Dort heißt es: »Vergessen wir doch niemals, daß die Bühne nichts ist, und schlimmer als nichts, wenn sie nicht etwas Wundervolles ist. Daß sie der Traum der Träume sein muß. (...) Wer das Bühnenbild aufbaut, muß wissen (...), daß es auf der Welt nichts Starres gibt, nichts, was ohne Bezug ist, nichts, was für sich alleine lebt. (...) Es muß die Magie kommen, mit welcher der aus der Seele hervorbrechende Blick begabt ist.« (Hugo von Hofmannsthal: Gesammelte Werke. Bd. 10. S. 490 f.)

Mit diesen Gedanken befand sich Hofmannsthal ganz in Übereinstimmung mit der Konzeption von Maurice Maeterlinck. Einen »Tempel des Traums« nannte der 1862 im flämischen Gent geborene und aufgewachsene, später jedoch französisch schreibende Dichter die Bühne. In seinem Essay »Das Androidentheater« beschrieb er die Kunst als »provisorische Maske, mit der das Unbekannte uns besucht«. Praktische Beispiele lieferte der Dichter mit seinen mystischen Märchenspielen *Pelléas und Mélisande, Prinzessin Maleine, Der blaue Vogel* und mit seinen Einaktern *Der Eindringling, Interieur* und *Die Blinden*. Maeterlinck ging von der Überzeugung aus, daß hinter der täuschenden Ruhe des Daseins dunkle Schicksalsmächte lauern, deren Zugriff die »Tragik des Alltags« ausmacht. Um diese auf der Bühne darzustellen, bedarf es keiner Intrigen und keiner dynamischen Handlung. In den von ihm selbst als »statische Dramen« bezeichneten Bühnenwerken läßt Maeterlinck die Personen unter dem Druck der übernatürlichen Mächte wie Marionetten agieren. Ihr Gespräch dient nicht der Kommunikation, sondern ist nur ein zielloses Aneinander-Vorbeireden, das die Leere des Wartens auf die unvermeidlich eintretende metaphysische Katastrophe überbrückt. Die »bedeutenden Dinge« ereignen sich im Schweigen; hier »erwachen die Seelen und machen sich ans Werk«. Eine derart strukturierte Bühnendichtung verträgt natürlich keine realistische Darstellungsform, die das Kunstwerk zunichte machen würde, indem sie »die Dinge wieder so anordnet, wie sie vor der Ankunft des Dichters gewesen waren.« Nach Maeterlincks Ansicht ist die Bühne ein Ort, an dem die »Meisterwerke sterben«, denn durch die Vermittlung über die zufällige Subjektivität des Schauspielers werden sie in sich widersprüchlich. »Jedes Meisterwerk ist ein Symbol, und Symbole ertragen keine aktive menschliche Gegenwart. (...) Vielleicht wäre es notwendig, alles Lebendige von der Bühne ganz fernzuhalten. (...) Wird das menschliche Wesen durch einen Schatten ersetzt, durch einen Reflex, eine Projektion symbolischer Formen oder durch ein Wesen, das sich wie ein lebendiges verhält, ohne doch zu leben?« (Maurice Maeterlinck: Prosa und kritische Schriften. 1983. S. 50 f.) Maeterlinck hat für diese Stellvertreterfigur des Menschen den Begriff des »Androiden« gewählt; Edward Gordon Craig wird dann einige Jahre später in seinen theaterkonzeptionellen Schriften von der »Über-Marionette« sprechen.

Mit der von Maurice Maeterlinck und zuvor schon von Stéphane Mallarmé im Zusammenhang mit seiner lyrischen Szene *Hérodiade* ausgesprochenen Erkenntnis, daß sich das symbolistische Drama mit seiner imaginativen Sprache eher dafür eignet, Bilder und Klänge in der Vorstellung des Lesers wachzurufen als ein konkretes Bühnengeschehen zu konstituieren, beschäftigte sich unter den Theaterleuten zuerst Paul Fort. In seinem Pariser »Théâtre d'Art« realisierte er Einakter von Maeterlinck und einige Kurzdramen anderer, weniger bedeutender Symbolisten in einer streng anti-naturalistischen Form. Das Bühnenbild reduzierte Fort auf ornamental gestaltete Prospekte, denen die Aufgabe zufiel, Form- und Farbanalogien zur Poesie der Worte herzustellen. Dafür engagierte er junge Maler aus der Nabi-Schule, unter denen sich keine geringeren Künstler als Paul Gauguin, Edouard Vuillard und Pierre Bonnard befanden. Das von Fort unternommene kurzlebige Experiment setzte Aurelien-François-Marie Lugné-Poë mit dem »Théâtre de l'Œuvre« fort. Als Ziel schrieb er dem 1893 gegründeten Unternehmen vor, ein »halb feenartiges Theater mit lyrischem Einschlag zu schaffen, ein Theater der Phantasie und des Traums«. Auch Lugné-Poë arbeitete eng mit modernen Malern zusammen, setzte die visuellen Komponenten der Bühne als Suggestivkraft ein. Vom Schauspieler forderte er größte Einfachheit und Sparsamkeit der Gesten; statt naturalistischer Nachahmung verlangte er Abstraktion und Künstlichkeit. Lugné-Poë ist auch die erste Aufführung eines Werkes von Paul Claudel zu verdanken, dessen am Katholi-

Maurice Maeterlinck: Der blaue Vogel.
Théâtre Réjane Paris, 1911.
Inszenierung: Leopold Sulershitzki.
Bühnenbild: Wladimir Jegorow

zismus ausgerichtete Dramatik tief in der Geisteswelt des Symbolismus verankert ist. Während die Hauptwerke des Dichters, *Die Mittagswende* (Partage de midi) und *Der seidene Schuh* (Le soulier de satin) erst ein halbes Jahrhundert nach ihrem Entstehen zur Aufführung kamen, spielte des Théâtre de l'Œuvre noch vor dem ersten Weltkrieg Claudels *Verkündigung* (L'Annonce faite à Marie).

Für die bedeutendste Manifestation des Symbolismus hielt Lugné-Poë die auf seiner Bühne in Musterinszenierungen vorgestellten Spätwerke von Henrik Ibsen. Dort erscheint die symbolische Dimension, die sich schon in den späten Gesellschaftsdramen des Schriftstellers angedeutet hatte, ins Elementare und Kosmische geweitet. In *Rosmersholm* sind es die weißen Pferde, die als Mahnung einer Toten die Lebenden an ihre Schuld erinnern; in *Die Frau vom Meer* steht die See für die ungestillten Sehnsüchte der Heldin; in *Baumeister Solness* verkörpert ein himmelstürmender Kirchenbau die Forderung der Titelgestalt nach dem Höchsten, die aber mit ihrem Absturz endet. Mehr Symbol als Wirklichkeit ist auch die Titelfigur in Ibsens Spätwerk *Klein Eyolf*. Der verkrüppelte Junge, der als Kleinkind vom Tisch gefallen ist, während sich seine Eltern liebten, gemahnt diese sichtbar an ihre (letztlich nur eingebildete) Schuld. Wie zuvor schon in *Baumeister Solness* steht auch in den letzten beiden Dramen des Dichters, *John Gabriel Borkman* und *Wenn wir Toten erwachen*, das Problem des Alterns im Mittelpunkt. In dem einen Drama wird ein Mann zur Erkenntnis geführt, daß er sich versündigt hat, als er zugunsten der Macht seine Liebe opferte; in dem anderen verwirft ein Künstler sein Werk, als er begreift, daß der Preis dafür ein unerfülltes Leben gewesen ist. Hier verwirklichte Ibsen am konsequentesten, was er als Ziel seines gesamten Schaffens ansah: »Gerichtstag halten über sich selbst.«

Bei August Strindberg ist die Wandlung vom Naturalismus zu einem mystischen Symbolismus im Zusammenhang mit der psychischen und weltanschaulichen »Inferno«-Krise zu sehen, die ihn zur Einsicht in die »Realität des Irrealen« geführt hat. Mit dem dreiteiligen Zyklus *Nach Damaskus* schuf er sein erstes symbolistisches »Ich-Drama«. Die ganz und gar autobiographisch angelegte Zentralfigur des »Unbekannten« ist nicht mehr mit realistisch-psychologischen Kriterien zu fassen. Das dramatische Gewicht dieser Gestalt ist so stark, daß alle Nebenfiguren zu Schatten, zu gespensterhaften Schemen, degradiert werden. Statt einer kontinuierlichen Handlung garantiert hier das »zentrale Ich« den Zusammenhang der einzelnen Szenen; vorgeführt werden verschiedene Stationen seines Weges. Dementsprechend hat sich für diesen dramaturgischen Typus, der im Laufe unseres Jahrhunderts immer wieder aufgegriffen wurde, der Begriff »Stationendrama« eingebürgert. Die dramatische Wirklichkeit erscheint hier aufgelöst in eine Vielfalt von Bildern, in denen sich Traum und Realität durchdringen. Das Bühnenbild wird zum Ausdruck der subjektiven Wirklichkeitserfahrung des Autors, wobei alltägliche Dinge und Vorgänge eine eindringliche Symbolbedeutung gewinnen. In direktem Zusammenhang mit der *Damaskus*-Trilogie steht eine Gruppe religiöser Dramen: die Mysterienspiele *Advent* und *Ostern* sowie das vom Dichter selbst als »Passionsspiel« bezeichnete Drama *Rausch*. Eine Einheit bilden auch die unter dem Einfluß Maeterlincks entstandenen folkloristisch-märchenhaften Stücke *Schwanenweiß* und *Die Kronbraut*. Sie leiten über zum *Traumspiel*, dem künstlerischen Höhepunkt jener Schaffensperiode von Strindberg. Dieses handelt von der Tochter des Gottes Indra, die auf die Erde niedergestiegen ist und das Leiden der Menschen in allen Variationen miterlebt, um sich schließlich mit der Erkenntnis »Es ist schade um die Menschen« wieder zu verabschieden. Die Welt wird als eine fehlerhafte Kopie eines Urbildes betrachtet und letztlich als ein Phantom. Im Vorwort zum *Traumspiel* hat der Autor seine Konzeption ausführlich dargelegt: »Im Anschluß an mein früheres Traumspiel *Nach Damaskus* habe ich in diesem versucht, die unzusammenhängende, aber scheinbar logische Form des Traums nachzuahmen. Alles kann geschehen, alles ist möglich und wahrscheinlich. Zeit und Raum existieren nicht. Vor einem unbedeutenden Wirklichkeitsgrund entfaltet sich die Einbildung und webt neue Muster: ein Gemisch aus Erinnerungen, Erlebnissen, freien Erfindungen, Absurditäten und Improvisationen. Die Personen spalten sich, verdoppeln sich, sie verflüchtigen und verdichten sich, zerfließen und fügen sich wieder zusammen. Aber ein Bewußtsein steht über allem, das des Träumers. Für ihn gibt es keine Geheimnisse, keine Inkonsequenz, keine Skrupel, kein Gesetz.« (August Strindberg: Über Drama und Theater. S. 139 f.)

Schon am Beginn seiner Laufbahn als Bühnenautor war Strindberg der Überzeugung, daß immer nur dann eine »wirkliche Dramatik« entstanden ist, wenn der Autor ein Theater zur Verfügung hatte. 1889 machte er darum seinen ersten Versuch, ein Bühne einzurichten, was allerdings eklatant scheiterte. Fast zwei Jahrzehnte später wurde aber dann in Gestalt des »Intimen Theaters« in Stockholm sein Traum doch noch Wirklichkeit. Während des dreijährigen Bestehens wurden in dem kleinen Haus mit nur 160 Plätzen unter der Direktion des jungen Regisseurs August Falck ausschließlich Werke von Strindberg gespielt. Die Gründung des Theaters war für den Dichter der eigentliche Anlaß, sich nach mehrjähriger Pause wieder in der Dramatik zu erproben. Für das neue Haus schuf er mit einer Reihe von »Kammerspielen« ein Repertoire, welches den räumlichen Dimensionen entsprach. Die Stücke *Wetterleuchten*, *Die Brandstätte*, *Gespenstersonate* und *Der Scheiterhaufen* unterscheiden sich von seinen früheren Experimenten mit der kleinen Form vor allem dadurch, daß der Naturalismus ganz und gar überwunden ist; sie sind als Vorläufer des expressionistischen und des surrealistischen Dramas zu werten.

Sieht man von Gerhart Hauptmanns nicht-naturalistischen Experimenten mit der Traumdichtung *Hanneles Himmelfahrt* und den beiden Märchendramen *Und Pippa tanzt* und *Die versunkene Glocke* ab, so beschränkt sich der Beitrag Deutschlands zur Dramatik um 1900 auf das Werk von Frank Wedekind. In diesem fand vor allem der Vitalismus der Epoche seinen Ausdruck. Das Grundmotiv der Stücke – *Frühlings Erwachen*, *Lulu*, *Der Marquis von Keith*, *Der Kammersänger* und *Musik* sind die gelungensten – ist der Gegensatz zwischen den Konventionen einer erstarrten Gesellschaft und dem nicht zu unterdrückenden Lebenstrieb. Die Elementarkräfte äußern sich vor allem im Sexuellen. Wedekinds Protagonisten eines natürlichen, sinnenhaften Lebens, wie zum Beispiel Melchior und Ilse in *Frühlings Erwachen* sowie die Titelfiguren von *Der Marquis von Keith* und *Lulu*, rebellieren gegen die lebensfeindlichen Kräfte der Gesellschaft. Gegen die »Haustiere, die so wohlgesittet fühlen, an blasser Pflanzenkost ihr Mütchen kühlen«, stellt Wedekind das »wilde schöne Tier« – so wird Lulu im Prolog des aus den beiden Teilen *Erdgeist* und *Die Büchse der Pandora* bestehenden Schauspiels angekündigt. Die Antithese ist »der Bürger« als Repräsentant einer statischen Welt, die durch Farblosigkeit, Sicherheitsstreben und Durchschnittlichkeit präzise charakterisiert ist.

Frank Wedekind stand in Opposition nicht nur zum Naturalismus, sondern zur dramatischen Tradition überhaupt. Seine Vorbilder suchte er im nicht-literarischen Bereich. Dem Nummernprinzip der Revue und des Zirkus folgend, ersetzte er die dramatisch strukturierte Handlung durch die Aneinanderreihung von Episoden. Seine Texte bereicherte er durch nonverbale Elemente wie Tanz und Pantomime, deren sinnliche Kraft seiner Forderung nach Ausdruck der »einfachsten, animalischen Instinkte« besser entsprach als das Wort. Was die Stilistik betrifft, nutzte er vor allem das Groteske, um die Wirklichkeit seiner Zeit der Lächerlichkeit preiszugeben und dadurch zu ihrer Veränderung beizutragen.

Frank Wedekind hat das gegen den Naturalismus gerichtete Theater der Jahrhundertwende zu einem Punkt geführt, an den der junge Brecht anknüpfen konnte. Für ihn gehörte Wedekind neben Strindberg zu »den großen Erziehern des neuen Europa«.

Das Theater

des 20. Jahrhunderts im

deutschsprachigen Raum

Das Theater Max Reinhardts

Der 1873 in Baden bei Wien als Sohn einer jüdischen Kaufmannsfamilie geborene, nach seiner eigenen Aussage auf der »Vierten Galerie des Burgtheaters« aufgewachsene Max Goldmann, der sich den Künstlernamen Reinhardt zulegte, hat wie kaum eine andere Künstlerpersönlichkeit die Entwicklung des Theaters im 20. Jahrhundert geprägt. Als ein genialer Eklektiker begründete er, den Gedanken von Edward Gordon Craig folgend, das moderne Regietheater. Nach dem Vorbild von Konstantin Stanislawski befreite er die Schauspieler aus den Rollenfächern, in die sie bis dahin eingezwängt waren, und verschmolz sie zu einem Ensemble. Adolphe Appias Forderung entsprechend, ersetzte er die gemalte Kulissenbühne durch die Raumbühne mit Rundhorizont und Drehscheibe; von den Meiningern übernahm er das Prinzip der Massenregie und steigerte dessen Wirkungskraft durch monumentale Vereinheitlichung. Reinhardt gewann für das Theater neue Spielorte wie zum Beispiel Festsäle und Ausstellungshallen, Parks und öffentliche Plätze. Er förderte die zeitgenössische Dramatik und eröffnete neue Sichtweisen auf die klassische Literatur; durch deren sinnliche Verlebendigung machte er das aus dem 19. Jahrhundert überkommene historisierende Bildungstheater obsolet. Die von ihm erreichte seelische Vertiefung der Schauspielkunst sprengte die Grenzen des Naturalismus. In seinem Streben nach dem theatralen Gesamtkunstwerk suchte und fand Reinhardt die Unterstützung bedeutender Schriftsteller, Musiker und bildender Künstler seiner Epoche.

Nach einer Schauspielausbildung und ersten Praxiserfahrungen an Wiener Vorstadtbühnen und am Salzburger Landestheater wurde Max Reinhardt 1894 von Otto Brahm ans »Deutsche Theater« nach Berlin geholt. Acht Spielzeiten lang konnte er dort, hauptsächlich in den Rollen alter Männer, die von fatalen Erbanlagen und elenden Lebensumständen beschwerten Gestalten von Henrik Ibsen, Leo Tolstoi, August Strindberg und Gerhart Hauptmann studieren und die »zurückhaltende, unergründliche, ökonomische Spielweise nordischer Menschen« kennenlernen. Sein eigenes, heiter-spielerisches und dabei leicht melancholisches Naturell gelangte hier zur Einheit mit der sozialen Genauigkeit, gedanklichen Schärfe und psychologischen Glaubwürdigkeit des Spiels. Nach wenigen Spielzeiten geriet Reinhardt in Widerspruch zu den Grundsätzen von Otto Brahm. Seine eigene Auffassung von Theater ist einem Text zu entnehmen, der vermutlich erst Ende der zwanziger Jahre entstanden, jedoch auf das Jahr 1901 datiert ist, um den Weg des Regisseurs als die konsequente Realisierung eines von vornherein existierenden Plans erscheinen zu lassen. »Was mir vorschwebt«, heißt es in diesem Aufsatz, »ist ein Theater, das den Menschen wieder Freude gibt. Das sie aus der grauen Alltagsmisere über sich selbst hinausführt in eine heitere und reine Luft der Schönheit. Ich spüre es, wie die Menschen es satt haben, im Theater immer wieder das eigene Elend wiederzufinden und wie sie sich nach helleren Farben und einem erhöhten Leben sehnen. (...) Wahrheit und Echtheit verstehen sich von selbst; aber ich verlange mehr. Ich will schöne Menschen um mich haben; und ich will vor allem schöne Stimmen hören. (...) Ich werde nicht müde werden (...), bis ich es erreicht habe, daß man wieder die Musik des Wortes hört. (...) Und dann, wenn ich mein Instrument so weit habe, daß ich darauf spielen kann, wie ein Geiger auf seiner kostbaren alten Geige, (...) dann kommt das Eigentliche: Dann spiele ich die Klassiker. (...) Von den Klassikern her wird ein neues Leben über die Bühne kommen: Farbe und Musik und Größe und Pracht und Heiterkeit.«

Neben einem »intimen Raum für das moderne Seelendrama und einem mittleren Haus für die Klassiker« ist in diesem Aufsatz auch die Rede von einem »Festspielhaus für die Kunst monumentaler Wirkungen, ein Haus des Lichts und der Weihe in der Form des antiken Amphitheaters«. (Max Reinhardt: Leben für das Theater. S. 73 ff.)

Den ersten Schritt zur Verwirklichung seines Programms ging Reinhardt schon vor der Trennung von Brahms Deutschem Theater. Zusammen mit Künstlerfreunden gründete er unter dem Namen »Schall und Rauch« eine Brettelbühne, auf der Chansons, Rezitationen, Sketche und Parodien geboten wurden. Bald darauf erwirkte er von den Behörden die Genehmigung, in einem von Peter Behrens, dem berühmten Jugendstil-Architekten, umgebauten Saal abendfüllende Stücke aufzuführen. In dem als »Kleines Theater« bezeichneten Raum erlebten bedeutende Werke der neuen Dramatik ihre Uraufführung. Reinhardts erste größere Regiearbeiten galten Stücken von Maurice Maeterlinck, Oscar Wildes *Salome* und Hugo von Hofmannsthals *Elektra*. Im »Neuen Theater« am Schiffbauerdamm, das er als weiteren Grundstein seines Theaterimperiums übernommen hatte, entstand 1905 auch seine erste Inszenierung von Shakespeares *Sommernachtstraum*, der ihn immer wieder zu neuen Interpretationen angeregt hat; mehr als ein dutzendmal realisierte er das Stück auf der Bühne und schließlich auch als Hollywood-Film.

Zehn Jahre nachdem er von Otto Brahm ans Deutsche Theater engagiert worden war, übernahm Reinhardt dessen Leitung. Hatte er für seine erste Reise nach Berlin noch um einen Vorschuß bitten müssen, so konnte er jetzt, vor allem dank der Geschäftstüchtigkeit seines Bruders Edmund, der immer neue Geldgeber zu interessieren verstand, das ganze Unternehmen in seinen Besitz bringen. In Reinhardts erster Schaffensperiode (zwischen 1905 und 1920) war das Deutsche Theater in der Schumannstraße der Mittelpunkt seiner künstlerischen Arbeit. In annähernd hundert Inszenierungen machte er sich in erster Linie um die Erneuerung der klassischen Theaterliteratur verdient. Dazu kamen noch weitere dreißig, meist der modernen Dramatik gewidmete Regiearbeiten für die von ihm gegründeten »Kammerspiele« des Deutschen Theaters. Es gibt kaum einen bedeutenden Autor, mit dem sich Reinhardt in dieser Arbeitsphase nicht beschäftigt hat.

Maurice Maeterlinck: Pelléas und Mélisande. Neues Theater Berlin, 1903. Inszenierung: Max Reinhardt. Bühnenbildentwurf von Lovis Corinth und Leo Impekoven

In seinem Schaffen ließ er sich stets von der schon früh formulierten Absicht leiten, jedes Stück bis in die kleinste Rolle mit dem dafür besten Schauspieler zu besetzen. In der Arbeit mit den großen deutschsprachigen Darstellern der Zeit (Gertrud Eysoldt, Alexander Moissi, Tilla Durieux, Adele Sandrock, Ernst Deutsch, Max Pallenberg, Hermann und Helene Thimig, Werner Krauss, Emil Jannings, Fritz Kortner) beschränkte sich der Regisseur auf die Vorgabe seiner Grundauffassung von Sinn und Form der literarischen Vorlage. Im übrigen ließ er sich inspirieren von den Angeboten der Schauspieler und suchte sie mit der Grundmelodie der Inszenierung in Einklang zu bringen. »Ich glaube an ein Theater, das dem Schauspieler gehört«, erklärte er programmatisch. In dessen Daseinsweise als »berufsmäßiger Gefühlsmensch« sah Reinhardt eine Möglichkeit, der zunehmenden Versachlichung und Entpersönlichung der menschlichen Beziehungen entgegenzuwirken. Er bestimmte die Bühne als den »seligsten Schlupfwinkel« derjenigen, »die ihre Kindheit heimlich in die Tasche gesteckt und sich damit auf und davon gemacht haben, um bis an ihr Lebensende weiterzuspielen« und damit sich und ihre Zuschauer von der »konventionellen Schauspielerei des Lebens zu befreien«. (Max Reinhardt: Leben für das Theater. S. 436)

Ebenso wie in der Schauspielkunst nutzte Reinhardt auch im Bildnerischen alle Möglichkeiten der vom Zwang zur naturalistischen Wiedergabe der Realität befreiten Bühnenkunst. Als einer der ersten Regisseure bemühte er sich systematisch um die Mitarbeit bedeutender Maler. Die Impressionisten Max Slevogt und Lovis Corinth schufen Szenenentwürfe für Shakespeares *Die lustigen Weiber von Windsor* beziehungsweise Maurice Maeterlincks *Pelléas und Mélisande*, der norwegische Symbolist Edvard Munch für Ibsens *Gespenster*, die Jugendstilkünstler Emil Orlik, Carl Czeschka und Karl Walser für Shakespeares *Das Wintermärchen*, *König Lear* und *Ein Sommernachtstraum*. Auch Reinhardts hauptberufliche Bühnenbildner ließen sich von der modernen Kunst inspirieren: Alfred Roller bei seinen Entwürfen für *Faust II* vom Symbolismus und bei denen für Hugo von Hofmannsthals *Ödipus und die Sphinx* vom Neo-Klassizismus. Ernst Sterns Skizzen zu Henrik Ibsens *John Gabriel Borkman* trugen Stilzüge des Expressionismus. Statt mit gemalten Kulissen arbeiteten Reinhardt und seine Ausstatter meist mit plastischen Versatzstücken, die oft auf der Drehscheibe montiert waren. Deren erster künstlerisch voll überzeugender Einsatz in der Inszenierung des *Sommernachtstraums* von 1905 war eine Sen-

Henrik Ibsen: Gespenster. Kammerspiele des Deutschen Theaters Berlin, 1906. Inszenierung: Max Reinhardt. Szenenentwurf von Edvard Munch

sation; in Massen strömten die Berliner ins Theater, um zu sehen, wie sich »bei Reinhardt der Wald dreht«.

Der Ästhetizismus und die Opulenz des Theaters von Max Reinhardt entsprangen seinem ganz in der Ideenwelt der Jahrhundertwende verankerten Wunsch, die Menschen aus der häßlichen und zunehmend undurchschaubaren Realität in ein Reich des Schönen zu entrücken. Ihre konsequenteste Ausformung erfuhr diese Konzeption in seinen zahlreichen Festspiel-Projekten. In den Jahren 1909 und 1910 veranstaltete Reinhardt im Münchner Künstlertheater festliche Sommerspiele. Und mitten im Ersten Weltkrieg begann er, Pläne für Festspiele in Salzburg zu schmieden, die dann nach Kriegsende mit seiner Inszenierung des *Jedermann* von Hofmannsthal Realität wurden. In einem Manifest legte Reinhardt im Jahr 1917 seine Theaterauffassung dar: »Die Welt des Scheines, die man sich durch die furchtbare Wirklichkeit dieser Tage ursprünglich aus allen Angeln gehoben dachte, ist völlig unversehrt geblieben, sie ist eine Zuflucht geworden für die Daheimgebliebenen, aber ebenso für viele, die von draußen kommen und auch für ihre Seele Heimstätten suchen. Es hat sich gezeigt, daß sie nicht nur ein Luxusmittel für die Reichen und Saturierten, sondern ein Lebensmittel für die Bedürftigen ist.« (Max Reinhardt: Leben für das Theater. S. 215)

Gleichzeitig mit dem Salzburger Projekt betrieb Max Reinhardt den Ankauf des in unmittelbarer Nähe des Deutschen Theaters gelegenen alten Zirkus Schumann. Mit dem Umbau

William Shakespeare: König Lear.
Deutsches Theater Berlin, 1908.
Inszenierung: Max Reinhardt.
Kostümentwurf von Carl Czeschka

William Shakespeare:
Ein Sommernachtstraum.
Deutsches Theater
Berlin, 1913.
Inszenierung:
Max Reinhardt.
Bühnenbildentwurf
von Ernst Stern

*Sophokles: König Ödipus.
Zirkus Schumann Berlin, 1910.
Inszenierung: Max Reinhardt*

zum »Großen Schauspielhaus« für mehr als dreitausend Zuschauer, dessen Raumstruktur dem antiken Amphitheater entsprechen sollte, wurde mit Hans Poelzig einer der bedeutendsten Architekten der Zeit beauftragt. Hier hatte Reinhardt ein Haus für jene »monumentalen Wirkungen«, die er schon vorher mit den Massen-Inszenierungen des *König Ödipus* von Sophokles und der religiösen Pantomime *Das Mirakel* von Karl Vollmoeller erprobt hatte. Das Große Schauspielhaus eröffnete der Regisseur mit der *Orestie* des Aischylos; es folgten Büchners Drama *Dantons Tod*, *Lysistrate* von Aristophanes sowie Shakespeares *Hamlet* und *Julius Cäsar*. Auf Treppen und Podesten, in Lichtkaskaden und Scheinwerferkegeln waren die Gestalten der großen einzelnen in Kontrast gesetzt zu den anonym dargestellten Volksmassen. Nach wenigen Spielzeiten mußte Reinhardt allerdings dazu übergehen, das Große Schauspielhaus mit Operetten-Aufführungen und Revuen zu füllen. Der Versuch, »weite Kreise der Bevölkerung, denen aus wirtschaftlichen Gründen der Eintritt versperrt« war, für das Bildungstheater zu gewinnen, war fehlgeschlagen.

Mit der Konstituierung der Weimarer Republik änderte sich das geistige Klima in Deutschland von Grund auf. Was das Theater betrifft, traten das ideelle und das politische Moment in den Vordergrund. Reinhardts eminent sinnliche Kunst erschien zunehmend obsolet; der »Theaterzauberer« zog sich immer mehr zurück in seine österreichische Heimat. Schon aus historischer Distanz würdigte der angesehene Kritiker Herbert Jhering seine Leistungen, als er resümierend feststellte: »Max Reinhardt: Ein genialer Verschwender des Theaters. Ein Genießer von Wirkungen. Ein Nachschmecker seiner Reize. Max Reinhardt, die farbigste Theaterbegabung aller Zeiten, intuitiv, zwanglos improvisierend, Anregungen aufnehmend, Anstrengungen ausstreuend. Max Reinhardt, der geniale Vollender des großbürgerlichen Theaters, vergleichslos in seinen Leistungen, unerschöpflich in seiner künstlerischen Wandelbarkeit.« (Herbert Jhering: Der Kampf ums Theater. S. 247)

In seinen von Mitarbeitern geleiteten Berliner Häusern arbeitete Max Reinhardt in den zwanziger Jahren nurmehr als Gastregisseur. Einen beträchtlichen Teil seiner Energie setzte er für die Salzburger Festspiele ein; im besonderen ging es ihm darum, die Aura existierender Örtlichkeiten für theatrale Wirkungen zu nutzen und so – in echt barocker Manier – die Grenzen zwischen Schein und Sein aufzuheben. Außer dem *Jedermann* am Domplatz inszenierte er das *Salzburger große Welttheater* von Hofmannsthal in der Kollegienkirche, Goldonis *Der Diener zweier Herren* und Goethes *Faust* in der Felsenreitschule sowie Molières *Der eingebildete Kranke* und Shakespeares *Was ihr wollt* im Gartentheater des von ihm erworbenen Schlosses Leopoldskron. In Wien nutzte Reinhardt den prachtvollen Redoutensaal der Hofburg und den Arkadenhof des Rathauses für Aufführungen. Auch bei der Übernahme des Theaters in der Josefstadt war das räumliche Ambiente des Hauses ein wesentliches Motiv. Hier baute Reinhardt aus Klassikern und aus Novitäten wie Hofmannsthals *Der Schwierige*, Shaws *Heilige Johanna* oder Pirandellos *Sechs Personen suchen einen Autor* ein umfangreiches Repertoire auf, das mit seinen gegen Ende der zwanziger Jahre wiederum öfter in Berlin herausgebrachten Inszenierungen ausgetauscht wurde. Zu Reinhardts Imperium gehörten in dieser Zeit neben dem Deutschen Theater und den Kammerspielen unter anderem auch die »Komödie am Kurfürstendamm«, das »Theater am Kurfürstendamm«, das »Berliner Theater« und das »Theater am Nollendorfplatz«. Seine letzte Inszenierung in der deutschen Hauptstadt galt Calderóns *Großem Welttheater* in der Bearbeitung seines langjährigen literarischen Wegbegleiters Hugo von Hofmannsthal. Einen Tag nach der Premiere, im Frühjahr 1933, verließ Reinhardt Deutschland für immer. Sein Theaterunternehmen, das im Zuge der Weltwirtschaftskrise in schwere Schulden geraten war, übertrug er dem Deutschen Reich, in dem mittlerweile die Nationalsozialisten die Macht ergriffen hatten. Deren Angebot, eine »Ehren-Arierschaft« anzunehmen, schlug er aus. Sein letztes Lebensjahrzehnt verbrachte Reinhardt im Exil. Nach Inszenierungen des *Sommernachtstraums* in den Boboli-Gärten in Florenz sowie in Oxford schuf er 1937 am Wiener Theater in der Josefstadt mit Franz Werfels *In einer Nacht* seine letzte Inszenierung auf europäischem Boden.

In der amerikanischen Emigration entwickelte der Regisseur eine Vielzahl von Plänen, von denen sich aber nur wenige realisierten. Wie er selbst resignierend meinte, war er »zu schwerfällig für den Tanz um das goldene Kalb«. Im Herbst 1943 starb Max Reinhardt in einem Hotelzimmer in New York.

Drama und Theater des Expressionismus

Die um 1910 einsetzende geistige und kulturelle Bewegung des Expressionismus trat fast ausschließlich im deutschen Sprachraum in Erscheinung. Sie war eine Reaktion auf die hier besonders stark ausgeprägte wirtschaftliche, politische und soziale Situation: Die Industrie erlebte einen ungeheuren Produktivitätsschub; der Handel und das Finanzwesen florierten, die neu entstehenden Trusts und Konzerne trieben die kleinen Gewerbeunternehmen massenweise in den Konkurs; mit einiger Verspätung gegenüber den westeuropäischen Mächten strebte auch das endlich geeinte Deutsche Reich nach Kolonien in Übersee, nach dem sprichwörtlichen »Platz an der Sonne«. Zu diesem Zweck betrieb es eine aggressive Rüstungspolitik, vor allem im Flottenbereich. Die Rivalitäten zwischen den europäischen Großmächten ließen bereits den Ersten Weltkrieg ahnen. In diesem Klima sahen die jungen Künstler den Weg in die ästhetische Selbstverwirklichung, wie ihn die vorhergehende Generation eingeschlagen hatte, für sich versperrt.

Sie richteten ihr Augenmerk auf die Wirklichkeit; diese verwandelte sich allerdings in ihrer Wahrnehmung in Spiegelungen des eigenen Ichs. In diesem Sinne wurde das Kunstwerk als Ausdruck (»Expression«) des schöpferischen Individuums verstanden. Mit der Tendenz zum Subjektivismus folgten die Künstler des Expressionismus den Ästheten der Jahrhundertwende, doch begriffen sie ihr Schaffen nicht als Flucht aus der Realität, sondern als Appell zu deren Veränderung. Viele wurden zu Propheten einer besseren Zukunft und verliehen sich messianische Züge. Der immer wieder mit Emphase beschworene »neue Mensch«, der aus den Bindungen an seine Umwelt heraustreten, sich als autonomes Subjekt begreifen und als solches eine »neue Welt« schaffen sollte, wurde als Gegenbild bestimmt zum selbstzufriedenen, geistig trägen, dem Materiellen verhafteten »Bürger«. Mit diesem Begriff war keine soziologische Qualität gemeint, sondern eine der Mentalität und der Lebensart.

Sowohl mit ihrer Behauptung der Autonomie des Individuums als auch mit der Bestimmung des Kunstwerks als subjektivem Gefühlsausdruck standen die Expressionisten in radikaler Opposition zum Naturalismus. Ausgehend von der Überzeugung, daß die »vorhandene Welt« verändert werden muß, erschien deren objektive und detailgenaue Nachahmung widersinnig. In der Kunst sollte vielmehr das »Schattendasein des Alltags« vernichtet und das Bild einer »höheren Wirklichkeit« entworfen werden. Das Theater beschrieben die Expressionisten als »gipfelhafte Erscheinung über dem Flachland des Wirklichen«, als »Entflammung alles Symbolistischen gegen nächste und wildeste Realität«. Der revolutionäre Anspruch, wie er in der Literatur und im Theater vorgetragen wurde, richtete sich auf allgemeine Wesenheiten, auf die Welt und den Menschen an sich. Daraus erwuchsen der Absolutheitsanspruch und die überspannte Pathetik sowie der oft unfreiwillig komische Größenwahn dieser Richtung. Für die Expressionisten gab es nur Extreme: das Bestehende erschien ihnen als das ganz Negative, das Kommende dagegen sollte das total Positive sein. Es fehlte ihnen jegliches Verständnis für allmähliche Veränderungen auf dem Weg der Reform; sie akzeptierten einzig die Revolution. Damit war allerdings nicht eine politisch-soziale Umwälzung, sondern die grundsätzliche seelisch-geistige Änderung des Individuums gemeint. Aufgerüttelt durch die maßlos überschätzte Kraft des Wortes, sollte der einzelne eine radikale Wandlung vollziehen, vom »Tier« zur »reinen Lichtgestalt«, vom Egoisten zum »Mitmenschen«, vom hochmütigen Hasser zum demütig Liebenden.

Von der Eskalation individueller Wandlungen erhoffte man sich das Heraufkommen des »Menschheitsparadieses«. Wie dieses konkret aussehen sollte, lag außerhalb des Vorstellungsbereiches der Expressionisten. Ihr Kultwort »Gemeinschaft« bezeichnete lediglich das, was sie in ihrer Gegenwart so vermißten: zwischenmenschliche Wärme und das Gefühl der Zugehörigkeit zu einem sozialen Ganzen.

Die dramatischen Werke von Oskar Kokoschka, Else Lasker-Schüler und Carl Sternheim gehören zum Umfeld des Expressionismus. Daß gerade ein Maler zum Anreger der Literatur wurde, war kein Zufall, handelt es sich doch um eine Kunstrichtung, die von der »Vision« ausgeht und dem Dichter die Rolle eines »Sehers« zuweist. Wie später Ernst Barlach suchte auch Kokoschka sowohl in der bildenden Kunst als auch im Drama nach dem adäquaten Ausdruck für sein Innenleben. Sein Schaffen beruhte auf der Überzeugung, daß der Künstler die darzustellende Welt ganzheitlich zu rezipieren habe. Sein Bewußtsein sollte sich öffnen für die »Gesichte«, diese aufnehmen und gleichzeitig seine Seeleninhalte darein ergießen. Nach Kokoschkas Kunstauffassung kann also die »geschaute« Welt nur als subjektive Welt Gestalt gewinnen. Indem der Künstler »die Dinge vermenschlicht«, befreit er sie von dem »Bann des Unerforschlichen«. Sie werden faßbar und verlieren ihren »metaphysischen Schrecken«. Dieses Verständnis des schöpferischen Prozesses führte den Maler fast zwangsläufig zum Theater, in dem »alles durch den Menschen gesehen wird«. In seinen Stücken *Mörder, Hoffnung der Frauen; Sphinx und Strohmann; Der brennende Dornbusch* und *Orpheus und Eurydike*, die zwischen 1908 und 1917 entstanden, stellte er immer wieder die zu Archetypen verdichteten Personen in existentielle Grundsituationen, die eine Entscheidung verlangen zwischen Sexus und Eros, Geschlechtsliebe und Nächstenliebe und – in letzter Konsequenz – zwischen Chaos und Harmonie. Seine bildnerischen Arbeiten aus der Zeit vermitteln eine Vorstellung davon, wie Kokoschka selbst seine Stücke inszeniert hat. Die natürliche Gestalt des Menschen ist stilisiert durch Verzerrungen und Verrenkungen; nicht realistische Gestalten erscheinen hier, sondern Gleichnisträger, verkörperte Gesichte ihres Schöpfers.

Else Lasker-Schüler hat mit ihrem Drama *Die Wupper* auf die Entwicklung der neuen Kunstrichtung eingewirkt. Ihre übrigen Stücke, das um Versöhnung von Christen und Juden bemühte, in der eigenen Familiengeschichte verankerte Werk *Arthur Aronymus und seine Väter* und das in Palästina entstandene Mysterienspiel *Ichundich*, gehören allerdings in die Kategorie der Exilliteratur. Die 1908 geschriebene Szenenfolge *Die Wupper* behandelt in atmosphärischen »Seelenbildern« das Alltagsleben in den verschiedenen Sozialschichten der Industrielandschaft im Wuppertal, wo Lasker-Schüler als Tochter eines jüdischen Bankiers geboren wurde. Expressionistisch an dieser »Stadtballade«, wie die Autorin ihr Werk genannt hat, ist die Mischung von Dramatischem und Lyrischem, Naturalistischem und Phantastischem, Gespenstischem und Groteskem.

Carl Sternheim, geboren 1878 in Leipzig, steht vor allem durch seine Opposition gegen den herrschenden Geist des Wilhelminischen Deutschland in Beziehung zum Expressionis-

Oskar Kokoschka:
Mörder, Hoffnung der Frauen.
Eigene Illustration zur
Buchausgabe von 1907

mus. Eine Verwandtschaft zeigt sich auch in seiner kürzelhaften Diktion, die aus dem Widerstand gegen die von ihm als »geschwätzig« empfundene Sprechweise des naturalistischen Dramas resultierte. In seinem Stück *Das Fossil* legt er einer der Figuren folgende Begründung für seine Sprache in den Mund: »Behauptest du, auszusagen, braucht's Satz? Gibt das Dingwort nicht klarste, allgemeinste Vorstellung? Sind wir Feuilletonisten, Papperlapapps? Wir verständigen uns stenographisch.« In dem ab 1909 entstandenen Zyklus über die Familie »Maske«, der die Einzeldramen *Die Hose, Der Snob* und *1913* umfaßt, denen *Das Fossil* dann Anfang der zwanziger Jahre nachgeschoben wurde, beschreibt Sternheim den Aufstieg einer Kleinbürgerfamilie bis in die Aristokratie. Ihren Namen hat der Autor symbolisch gewählt, denn auf Verstellung beruht das Verhalten aller ihrer Mitglieder; er reißt die Maske weg und zeigt das wahre Gesicht dieser ebenso macht- wie geldgierigen Zeitgenossen. Gleichzeitig gibt er einen prophetischen Ausblick auf den Untergang der abgelebten höheren Klassen.

Auch die übrigen Stücke, die Sternheim mit dem ironischen Sammeltitel *Aus dem bürgerlichen Heldenleben* versehen hat, beschäftigen sich mit dem Thema des sozialen Aufstiegs. In dem Lustspiel *Bürger Schippel* geht er von der Situation aus, daß dem Quartett eines Männergesangsvereins, das an einem Wettbewerb teilnehmen möchte, der Tenor ausgefallen ist. Weit und breit ist kein anderer Ersatz aufzutreiben als der Proletarier Schippel, der überdies noch einer unehelichen Verbindung entstammt, also in doppelter Hinsicht als nicht gesellschaftsfähig anzusehen ist. Wohl oder übel muß er trotzdem ins Quartett aufgenommen werden, womit sein Aufstieg zum Bürger beginnt. In *Tabula rasa* schließlich zeigt Sternheim einen Arbeiterfunktionär, der nach außen hin den Sozialisten mimt, in seinen vier Wänden aber den Schritt ins Bürgertum vorbereitet. Am Ziel seiner Wünsche angelangt, feiert er seine neue »Freiheit« mit dem Bekenntnis zum uneingeschränkten Egoismus. Nach dem Ersten Weltkrieg nahm Carl Sternheim das Thema der Spießer-Kritik noch einmal auf; *Nebbich* erzählt die Geschichte eines kleinbürgerlichen Handlungsreisenden, der von einer exaltierten Sängerin in die High Society gehievt werden soll, jedoch zurückstrebt zu den »Wonnen der Gewöhnlichkeit seiner Klasse«, nach dem Wanderverein und dem Chorgesang.

Die erste Phase der im engeren Sinne »expressionistischen« Literaturbewegung ist vor allem durch den Ausdruck des Leidens an der allgemeinen Stagnation und durch den unbestimmten Willen zum Aufbruch gekennzeichnet. Der Schwerpunkt liegt in dieser Zeit bei der Lyrik; Georg Heym und Ernst Stadler sowie August Stramm mit seinen Gedichten im Telegrammstil und einigen sprachlich aufgesteilten, emotional überhitzten Kurzdramen haben dazu die wesentlichen Beiträge geleistet. In der Dramatik setzte der Expressionismus mit dem 1910 entstandenen Schauspiel *Der Bettler* von Reinhard Johannes Sorge ein. Dieses Stationendrama führt den Weg eines Dichters vor, der gegen die massiven Widerstände seines sozialen Umfeldes in »stolzer Einsamkeit« dem Ruf seiner »Sendung« folgt. Mit äußerstem Absolutheitsanspruch verkündet er pathetisch: »Ich will die Welt auf meine Schultern nehmen und sie zur Sonne tragen.« Am Ende steht seine Offenbarung: »Empfanget mich doch! Umdrängt mich doch! Ich bin des Segens voll!«; sie verhallt allerdings im Leeren. Die von den »Metaphysikern« Ernst Barlach und Hans Henny Jahnn später wieder aufgenommene quasi-religiöse Ausrichtung findet bei Sorge ihre formale Entsprechung in der Dramaturgie des Stationendramas, die von August Strindbergs Passionsstück *Nach Damaskus* übernommen wurde. Anklänge an die Passion Christi finden sich auch in Georg Kaisers auf einen Bericht aus dem Spätmittelalter zurückgehenden Schauspiel *Die Bürger von Calais*. Die von den Engländern belagerte Stadt soll der Vernichtung durch den Feind entgehen, wenn sich sechs Bürger bereitfinden, stellvertretend für die übrigen den Opfertod zu sterben. Es melden sich aber sieben, woraufhin einer Selbstmord begeht und damit die anderen rettet; der englische König ist nämlich von dieser Tat so beeindruckt, daß er auf weitere Opfer verzichtet und an der Bahre des Toten das Knie beugt.

Der Generationskonflikt, der schon bei Sorge eine Rolle gespielt hatte, rückte bei Arnolt Bronnen ins Zentrum des dramatischen Schaffens. In seinem Erstlingswerk *Die Geburt der Jugend* lokalisiert ihn der Dichter im Bereich der Schule, in dem Stück *Vatermord* in der bürgerlichen Familie. Der in seinem Beruf als kleiner Beamter unterdrückte Vater will seinen Sohn durch eine karriereträchtige Ausbildung zum Instrument seiner Rache an den »Oberen« formen; dieser aber strebt nach einem ruhig-bescheidenen Leben als »Landwirt«, also einem Dasein außerhalb der modernen Gesellschaft, und weigert sich, die Aufgabe anzunehmen. Er flüchtet zur Mutter, schläft mit ihr und mordet schließlich seinen Erzeuger. Bevor er ziellos in seine fragwürdige Freiheit aufbricht, wendet er sich in der Wohnungstür noch einmal an die Mutter: »Ich hab genug von Dir/ich hab genug von allem/Geh Deinen Mann begraben Du bist alt/Ich bin jung aber/ich kenn Dich nicht/ich bin frei/niemand vor mir niemand neben mit über mir der Vater tot/Himmel ich spring Dir auf ich flieg/Es drängt zittert stöhnt klagt muß auf schwillt quillt sprengt fliegt muß auf/Ich/Ich blühe.« Diese hochartifizielle Sprache mit den Wortballungen und auftrumpfenden Superlativen ist typisch für das expressionistische Drama. Sie trägt nichts bei zur psychologischen und soziologischen Charakterisierung der Figuren. Darauf kommt es auch gar nicht an, denn nach dem Willen der jungen Autoren sollen nicht ausdifferenzierte Individuen auf der Bühne erscheinen, sondern »Prototypen des Menschseins«.

Auch Walter Hasenclevers *Der Sohn* demonstriert die Polarität von Vater und Sohn, doch bildet der Generationskonflikt hier nur den Stoff für den Wandlungsprozeß des Helden vom Jüngling, der die Wirklichkeit flieht, zum frei handelnden Mann, der diese prinzipiell bejaht und tätig auf sie einwirken will. Das Stück besteht hauptsächlich aus visionären Monologen des Helden; die übrigen Personen sind aus dessen Sicht gezeichnet. In typisch expressionistischer Manier fungiert die Bühne als Ort für die Projektionen der Zentralgestalt, ihrer Ängste und Sehnsüchte.

Den Typus des »Anti-Wandlungsdramas«, in dem eher die weltanschauliche Skepsis als die Zukunftshoffnung der Autoren im Vorfeld des Weltkriegs zum Ausdruck kommt, verkörpert Georg Kaisers *Von morgens bis mitternachts*. Es handelt von einem biederen Bankkassierer, der aus seinem spießbürgerlichen Dasein ausbricht und mit Hilfe unterschlagener Gelder das »eigentliche«, das ekstatische Leben kaufen will. Sein Drang geht dahin, wo er dieses vermutet: in der Großstadtbar und im Sportpalast. Er muß jedoch erkennen, daß dort im Prinzip dieselbe Ödnis herrscht wie in seiner vorherigen Umwelt. Sein Versuch, beim Sechstagerennen durch eine Prämie die Stimmung zum Massenrausch zu steigern, mißlingt. Auch der religiöse Fanatismus der Heilsarmee bringt ihm

Walter Hasenclever: Der Sohn.
Bühnenbildentwurf von
Otto Reigbert, 1919

nicht das, was er erwartet. Von einem der Mädchen um der ausgesetzten Belohnung wegen verraten, erschießt er sich – mit ausgestreckten Armen gegen ein Kreuz gesunken.

Die zweite Phase des Expressionismus in den Jahren zwischen 1915 und 1920 stand im Zeichen von Krieg und Revolution. Neben die messianische und die metaphysische Linie der Literatur trat unter dem Einfluß des aktuellen Zeitgeschehens eine politisch-aktivistische. Motiviert vom Schock des brutalen Schlachtens, das die jungen Schriftsteller in ihrer Mehrzahl als Soldaten unmittelbar miterlebten, nahmen nicht wenige Abschied von ihrem vage-allgemeinen Streben nach einem »neuen Menschen« und einer »neuen Welt« und orientierten sich an konkreten Zielsetzungen. So schilderte etwa Reinhard Goering in seinem Schauspiel *Seeschlacht* die dramatischen Vorgänge im Panzerturm eines Kriegsschiffes. Vor ihrem Untergang erkennen die Matrosen: »Wir sind Schweine, die auf den Metzger warten. Wir sind Kälber, die abgestochen werden. Unser Blut färbt die Fische. Vaterland, sieh, sieh, sieh! Schweine, die gemetzt werden, Kälber, die abgestochen werden! Herde, die der Blitz zerschmeißt.« Die Möglichkeit einer Auflehnung deutet sich in den Worten eines der todgeweihten Matrosen an: »Ich habe gut geschossen, wie? Ich hätte auch gut gemeutert! Wie?« Die Aktivisten ächten den Krieg und propagieren den ewigen Frieden; einen realistischen Weg dahin können sie aber nicht weisen.

Der als Offizier erzogene und vor dem Krieg mit patriotischen Dramen hervorgetretene, dann aber zum überzeugten Pazifisten gewordene Fritz von Unruh propagierte den Mythos der ewig-mütterlichen Schöpfungskraft als Heilmittel gegen den Völkermord. In seinem Drama *Ein Geschlecht* läutert sich »die Mutter« angesichts der kriegerischen Untaten des Sohnes und beschwört pathetisch die Wandlung aller Mütter und die Übernahme des »Führerstabes« aus den Händen der Männer.

Die neue Erfahrung technisierten Mordens spiegelt sich in Georg Kaisers Dramen *Gas I* und *Gas II* wider, welche die moralischen Probleme einer ungezügelten technischen Entwicklung am Beispiel der Produktion von Giftgas thematisieren. Die hier schon anklingende Kritik am Kapitalismus machte Kaiser in dem Schauspiel *Hölle Weg Erde* zum Hauptthema. Als »Hölle« wird die herrschende Wirtschaftsform gesehen; »Weg« bezeichnet das Erwachen der Massen zu einer ethischen Grundhaltung und »Erde« den ersehnten Zustand, der visionär vorweggenommen wird.

Als bedeutendster Vertreter des politisch ausgerichteten Expressionismus gilt Ernst Toller. In seinem mitten im Ersten Weltkrieg entstandenen Drama *Die Wandlung*, das den bezeichnenden Untertitel *Das Ringen eines Menschen* trägt, stellt er die Entwicklung eines jungen Künstlers vom unreflektierten Patrioten zum Vorkämpfer für Revolution und Freiheit dar. In der Manier des (für den Expressionismus typischen) »Verkündigungsdramas« endet das Stück mit einem Aufruf an das Publikum: »Nun ihr Brüder, rufe ich euch zu: Marschiert! Marschiert am lichten Tag! Nun geht hin zu den Machthabern und kündet ihnen mit brausenden Orgelstimmen, daß ihre Macht ein Truggebilde sei. Geht hin zu den Soldaten, sie sollen ihre Schwerter zu Pflugscharen schmieden. Geht hin zu den Reichen und zeigt ihnen ihr Herz, das ein Schutthaufen ward. (...) Flammender freudiger Ton! Schreite durch unser freies Land. Revolution! Revolution!« Wie die meisten expressionistischen Dramen ist auch *Die Wandlung* autobiographisch fundiert. Ernst Toller rückte bei Kriegsbeginn freiwillig ein, erlitt aber nach einem Jahr einen psychischen und physischen Zusammenbruch, wurde als untauglich entlassen und wandte sich dem Studium der Philosophie zu. Unter dem Einfluß von Gustav Landauer und Kurt Eisner, den geistigen Führern der radikalen Linken, ließ er sich nach Kriegsende zum Vorsitzenden der Münchner Arbeiter- und Soldatenräte wählen. Nach Liquidierung der Bayerischen Räterepublik wurde er zu fünfjähriger Festungshaft verurteilt. In dieser seiner produktivsten Zeit als Schriftsteller schrieb er die Komödie *Der entfesselte Wotan*, die in der Gestalt eines größenwahnsinnigen, politisierenden Friseurs den zur gleichen Zeit ebenfalls in einem bayerischen Gefängnis einsitzenden Putschisten Adolf Hitler porträtiert. In *Masse Mensch* setzte sich Toller mit der Frage auseinander, ob die Anwendung von Gewalt zur Durchsetzung des Sozialismus ethisch zu rechtfertigen ist. Auch in dem Schauspiel *Die Maschinenstürmer*, das die Vorgänge in einer englischen Fabrik in frühkapitalistischer Zeit behandelt, wird das Gewaltproblem diskutiert. Im Zentrum von Tollers *Der deutsche Hinkemann* steht ein verkrüppeltes und kastriertes Opfer des Krieges, das zum Gespött der Allgemeinheit geworden ist. Verzweifelt fragt Hinkemann nach den Ursachen des Schicksals: »Auf allen Straßen der Welt schreien sie nach Erlösung. Der Franzos', der mich zum Krüppel schoß, der Neger, der mich zum Krüppel schoß, schreit vielleicht nach Erlösung. (...) Er tat mir weh, und ein anderer tat ihm weh. Wer aber tat uns allen weh?«

Nicht alle Vertreter des politischen Expressionismus konnten sich zu einer solch tiefgründig fragenden Haltung durchringen; eine Reihe von ihnen suchte einfache Antworten in dogmatischen Ideologien. Johannes R. Becher, später Kulturminister der DDR, und Friedrich Wolf wandten sich dem Kommunismus zu, Arnolt Bronnen und Hanns Johst dem Nationalsozialismus.

Die Vertreter des metaphysischen Expressionismus sahen die Aufgabe der Kunst in erster Linie darin, »die Menschheit zu erinnern, daß sie aus Menschen besteht, und den Menschen zu erinnern, daß er Gottes ist und eine Seele hat.« (Paul Kornfeld, zitiert nach Annalisa Viviani: Das Drama des Expressionismus. S. 17) Mit seinem Drama *Himmel und Hölle*, einem modernen Mysterienspiel um Hörigkeit und Schuld, hat Paul Kornfeld einen wichtigen Beitrag zu dieser Strömung geleistet. Der Bildhauer und Dramatiker Ernst Barlach legte in seinem Erstlingswerk *Der tote Tag* sein Credo der Figur eines blinden Sehers in den Mund: »Wenn ich nachts liege und Finsterniskissen mich drücken, dann drängte sich zuweilen um mich klingendes Licht, sichtbar meinen Augen und meinen Ohren hörbar. Und da stehen dann die schönen Gestalten der besseren Zukunft um mein Lager. Noch starr, aber von herrlicher Schönheit, noch schlafend – aber wer sie weckte, der schüfe der Welt ein besseres Gesicht.« Die hier beschworene Zukunft ist zu realisieren durch den »neuen Menschen«, der sich nach Barlach durch sein »Vermögen der Aufgetanheit gegenüber dem Undeutbaren« auszeichnet. Zu der mit Begriffen wie »die Herrlichkeit«, »das Geistige«, »der hohe Herr« oder »die Macht, die Gewalt hat über die Gewalt« umschriebenen metaphysischen Instanz steht der Mensch im Verhältnis eines »armen Vetters« – mit ihr verwandt, aber doch im Vergleich zu ihr stets bedürftig. Aus diesem Grund kann er sich selbst nie genug sein, sondern muß über sich hinausstreben; der »neue Mensch« erscheint bei Barlach immer als der »werdende Mensch«. In einer seltsamen Mischung aus Erhabenem und Lächerlichem, Mystik und Humor, Spießersatire und Volksstück machte Barlach in seinen Werken *Der arme Vetter*, *Die echten Sedemunds* und *Der blaue Boll* diese Gedanken anschaulich, wobei Landschaft und Volkscharakter Norddeutschlands einen plastischen Hintergrund abgeben. Seine mit christlichen Symbolen befrachtete Trilogie *Der Findling*, *Die Sündflut* und *Die gute Zeit* dagegen ist in einem abstrakten Raum angesiedelt, so daß sich ihre Inhalte in einer allgemeinen Gleichnishaftigkeit verflüchtigen.

Verwandt mit Barlach in seiner Beschäftigung mit dem christlichen Gedankengut ist Hans Henny Jahnn. Der auch als Religionsstifter und als Orgelbauer aufgetretene Schriftsteller, dessen Roman »Fluß ohne Ufer« zu den bedeutendsten Werken der neueren deutschen Literatur zählt, gehört vor allem mit seinem während des Ersten Weltkriegs entstandenen Drama *Pastor Ephraim Magnus* zum Expressionismus. Die Titelfigur dieses in überladenen Sprachbildern schwelgenden Werkes verkündet sterbend: »Es gibt nur zwei Wege, die Sicherheit bergen. (...) Der eine ist, die Dinge leben, die gewollt sind, restlos, ohne Rücksicht lieben, Liebe leisten, so wie Gott es wollte: freveln. Und der andere: Gott gleich werden, alle Qualen auf sich nehmen, ohne je erlöst zu werden. (...) Der dritte weglose Weg ist der Tod.« Die drei Kinder des Pastors bewegen sich mit äußerster Konsequenz auf diesen Bahnen. Der eine Sohn geht den Weg des Frevels: er schwängert ein junges Mädchen, das bei der Geburt des Kindes stirbt; von ihrem Tod erschüttert, ermordet er, um in deren Innern »die Seele zu suchen«, eine Dirne und wird hingerichtet. Die Tochter rammt sich eine glühende Eisenstange in den Schoß, nachdem sie den anderen Bruder kastriert hat. Der bleibt am Leben, um den Geschwistern ein Grabgewölbe zu bauen, »tief in die Erde hinein, daß niemand auf Sonn- und Mond- und Sternenstrahlen hinein sich kann stehlen«. Die exzessiven Handlungen der Figuren entspringen weder nihilistischen noch obszönen Tendenzen des Autors, sondern dienen der Propagierung eines »neuen Menschen«, der gekennzeichnet sein soll durch die Dynamisierung aller Lebensprozesse, auch der zerstörerischen, sowie durch die Konzentration auf die Innenwelt und auf das Wesentliche. Nachdem Jahnn Anfang der zwanziger Jahre in einem an Shakespeare angelehnten Schauspiel, *Die Krönung Richard III.*, sowie in seiner Version des *Medea*-Mythos, in der die Heldin als Farbige dargestellt ist, später in einem *Neuen Lübecker Totentanz* seine um Sexus und Tod kreisenden Gundmotive entfaltet hatte, griff er nach dem Zweiten Weltkrieg mit *Thomas Chatterton* die Problematik des Künstlers in der bürgerlichen Gesellschaft auf. In Jahnns Nachlaßwerk *Die Trümmer des Gewissens*, das Erwin Piscator uraufgeführt hat, geht es um die ethische Bewertung wissenschaftlicher Experimente, um Tierversuche, um Militärforschung und den Einsatz der Atomenergie.

Die Kraft der expressionistischen Dramatik war schon fast erloschen, als ihre Werke endlich zur Uraufführung kamen. Angesichts der formalen Neuheit wagten die Theaterleiter erst spät, ihr Publikum damit zu konfrontieren. Ein wichtiger Impuls ging von der 1917 unter Max Reinhardts Schirmherrschaft gegründeten Versuchsbühne des Berliner Deutschen Theaters aus. In den drei Spielzeiten, die sie existierte, wurden u.a. Reinhard Johannes Sorges *Der Bettler*, Reinhard Goerings *Seeschlacht*, Fritz von Unruhs *Ein Geschlecht*, Paul Kornfelds *Himmel und Hölle* und Oskar Kokoschkas *Der brennende Dornbusch* in der Inszenierung junger Regisseure, manchmal aber auch von Reinhardt selbst, herausgebracht. Parallel dazu entwickelten die Regisseure Carl Zeiss, Richard Weichert und Gustav Hartung in Frankfurt am Main, Karl Heinz Martin am

William Shakespeare: König Richard III. Staatliches Schauspielhaus Berlin, 1920. Inszenierung: Leopold Jessner. Bühnenbildentwurf von Emil Pirchan

Hamburger Thalia-Theater und Otto Falckenberg an den Münchner Kammerspielen zusammen mit den Bühnenbildnern Ludwig Sievert, Otto Reigbert und César Klein einen Inszenierungsstil, der vor allem durch eine extrem anti-naturalistische Schauspielkunst und eine abstrakte Bühnengestaltung gekennzeichnet war. Sie setzten die primär durch das Licht gegliederte Raumbühne mit nur wenigen einfachen Versatzstücken durch, so wie sie Adolphe Appia schon um die Jahrhundertwende vorgeschlagen hatte. Auch der emotionale Gehalt der expressionistischen Bühnenräume, bei denen es sich fast immer um nach außen gekehrte psychische Innenräume der Figuren handelt, wurde vornehmlich durch das Licht zum Ausdruck gebracht. Durch seine Veränderung konnte der häufige Szenenwechsel, wie ihn das Stationendrama verlangt, unkompliziert und schnell bewerkstelligt werden. Im expressionistischen Drama begegnen immer wieder dieselben Raumtypen: der geschlossene Raum als Ausdruck der Isolation, der horizontal entgrenzte Raum als Kennzeichen des Ausgeliefertseins, der vertikal entgrenzte als Zeichen der Sehnsucht nach Erlösung. Die Natur erscheint oft symbolisch aufgeladen; durch verzerrte Perspektiven entstehen magisch-suggestive Wirkungen.

Wie in der Sprache des expressionistischen Dramas ist auch in der szenischen Gestaltung Reduktion das oberste Gebot. Aus der Vorlage filtern die Regisseure und Bühnenbildner die zentrale Idee und bringen diese in einfachster Form zum Ausdruck. Als exemplarisch für diese Methode gelten die Klassiker-Inszenierungen von Leopold Jessner, der zu Beginn der Weimarer Republik zum Leiter der Berliner Staatstheater berufen wurde. In die Theatergeschichte eingegangen ist seine szenische Interpretation von Schillers *Wilhelm Tell* als »Freiheitsschrei« auf einer von Emil Pirchan entworfenen Stufenbühne, die dann auch für die Inszenierung von William Shakespeares *König Richard III.* Verwendung gefunden hat.

Weil es den Expressionisten um den »Menschen an sich« ging und nicht um den unverwechselbaren einzelnen, erscheinen die Figuren ihrer Dramen häufig reduziert auf ihr Wesen. Oft tragen sie nicht einmal einen Namen, sondern werden nur als »der Sohn« oder »die Mutter«, als »der Mann« und »die Frau« bezeichnet. Die Konsequenzen einer solchen Figurenkonzeption für die Schauspielkunst liegen auf der Hand: Verzicht auf Individualisierung und die detailgenaue Nachahmung der Alltagswirklichkeit. Im Nachwort zu seinem Drama *Die Verführung* erklärt Paul Kornfeld: »Der Schauspieler (...) bemühe sich nicht, so zu tun, als würde der Gedanke und das Wort, dem er Ausdruck zu geben hat, erst in dem Augenblick, da er es ausspricht, in ihm entstanden sein; muß er auf der Bühne sterben, so gehe er nicht vorher ins Krankenhaus, um sterben zu lernen. (...) Er wage es, groß die Arme auszubreiten und an einer sich aufschwingenden Stelle so zu sprechen, wie er es niemals im Leben täte.« (Paul Kornfeld: *Die Verführung*. Nachwort an den Schauspieler. S. 202) An den Platz der psychologisch zerlegenden Schauspielkunst des Naturalismus und Impressionismus soll eine rhythmisch konstruierende treten. Diese Forderung bezieht sich auf die Sprechweise ebenso wie auf die Bewegung, die mit dem Expressionismus eine ungeheure Aufwertung erfahren hat. Körperlichkeit als »Urgrund der Entblößung« ist für den Typus des expressionistischen Darstellers, wie ihn Ernst Deutsch, Fritz Kortner und Agnes Straub am reinsten verkörpert haben, das wichtigste Gestaltungsmittel. Die Suggestivkraft der rhythmischen Bewegung soll bewirken, daß die Zuschauer in die Gegen-Welten des expressionistischen Theaters hineingezogen werden und die Sehnsucht nach Überschreitung der Alltagswelt entwickeln.

Zeitstück und Volksstück in der Weimarer Republik

In der Politik wie in der Kunst war die kurze Lebenszeit der ersten deutschen Republik eine Periode der harten Konflikte und der scharfen Kontraste. Das geistige Klima in den eineinhalb Jahrzehnten zwischen dem Zusammenbruch des Kaiserreichs und der Machtergreifung der Nationalsozialisten war geprägt von unerbittlichen Auseinandersetzungen zwischen den vorwärtstreibenden Kräften und der rückwärtsgewandten Reaktion. Die antidemokratischen Traditionen des alten Obrigkeitsstaates lebten weiter und verhinderten eine konsequente Umsetzung der in Weimar – gleichsam unter den Augen von Goethe und Schiller – entworfenen Verfassung. Die Umwälzung nach Kriegsende hatte weder den Großgrundbesitz noch das kapitalistische Wirtschaftssystem angetastet, so daß die Macht der Landjunker und der Industriebarone relativ ungebrochen erhalten blieb. Die Arbeiterbewegung war gespalten in einen sozialdemokratischen und einen kommunistischen Flügel, die sich gegenseitig bekämpften. So fehlte der Linken die Kraft, den Aufstieg des Nationalsozialismus zu verhindern. Die Republik, die den Deutschen endlich das allgemeine Wahlrecht, die Presse- und Versammlungsfreiheit sowie die Anerkennung der Gewerkschaften als Tarifpartner gebracht hatte, ging zugrunde an der fehlenden Einheit der wirklich demokratisch eingestellten Minorität und an der ablehnenden, zumindest gleichgültigen Haltung der Mehrheit, der es infolge der langwährenden autoritären Machtstrukturen in Deutschland an politischer Reife mangelte.

Trotz der politischen Zerrissenheit wurde die Weimarer Republik in kultureller Hinsicht zu einer der fruchtbarsten Perioden der deutschen Geschichte. Es entfaltete sich ein reiches und widerspruchsvolles geistiges und kulturelles Leben. Neben die Hochkultur des Bildungsbürgerpublikums trat die aus den USA importierte Massenkultur, die in erster Linie von der neuen Mittelschicht der Angestellten getragen wurde. Deren Bedürfnis nach Zerstreuung dienten Jazz und Revue, Sport und Kino. Viele Intellektuelle sahen in dieser Entwicklung ein Anzeichen für den bevorstehenden Untergang der traditionellen abendländischen Kultur. Die Konkurrenz, vor allem des Films, konnte dem Theater jedoch nichts anhaben. Dieses erlebte in den zwanziger Jahren sogar einen Höhepunkt in quantitativer wie qualitativer Hinsicht. Mit der Umwandlung der Hofbühnen und der kommunalen Pachttheater in staatliche und städtische Subventionstheater wurde nach dem Zusammenbruch des Kaiserreichs neben dem politischen Druck durch die Zensur auch der kommerzielle durch die Kasse weitgehend beseitigt. In der Weimarer Republik existierten ungefähr 150 Bühnen, die von der öffentlichen Hand relativ großzügig unterstützt wurden. Mehr als drei Viertel lagen in der Provinz mit den regionalen Zentren München, Hamburg, Frankfurt am Main, Dresden und Düsseldorf. Den absoluten Mittelpunkt der deutschen Theaterlandschaft aber bildete die Hauptstadt. »In Berlin gehörte das Theater zu den Atmungsorganen der Stadt«, stellte der Kritiker Herbert Jhering rückblickend fest, »es war ein Teil seiner selbst, notwendig wie Straßen, Untergrundbahnen, Wohnungen und Restaurants, notwendig wie die Spree, der Wannsee und der Grunewald, notwendig wie Arbeit, Fabriken und Potsdam, notwendig, also selbstverständlich wie sie. Es war kein Feiertag, kein Universitätskolleg, kein Fest und kein Gegenstand zum Auftrumpfen. Es war Alltag, aber gespannter, geladener, wacher, heller, befeuernder Alltag.« (Herbert Jhering: Berliner Dramaturgie. S. 10 f.) Über dreißig Bühnen spielten jeden Abend in der Hauptstadt. Nirgends sonst gab es einen solchen Wettbewerb und nirgends sonst wurde die Phantasie der Regisseure und der Dramaturgen, der Bühnenbildner und der Schauspieler so herausgefordert.

Das Berliner Theater der Weimarer Republik war ein Theater der Schauspieler und gleichzeitig eines der Regisseure. Deren Bedeutung wuchs zusehends, übertraf bald die der Autoren. Dieses Faktum steht im Zusammenhang mit der Ablösung des Ideals der »werkgetreuen« Inszenierung durch das Prinzip der aktualisierenden Ausdeutung der literarischen Vorlagen. Die führenden Regisseure der Weimarer Republik waren Leopold Jessner, Erwin Piscator und Jürgen Fehling; Max Reinhardt zog sich unter dem Eindruck der zunehmend politischen Ausrichtung des Bühnenwesens immer öfter auf seine österreichischen Theaterunternehmungen zurück. Während Piscator den Kommunisten nahestand, sympathisierte Leopold Jessner mit den Sozialdemokraten. Gleich nach der Konstituierung der Weimarer Republik zum Intendanten der Berliner Staatstheater berufen, wurde er in einen Kampf an allen Fronten verwickelt – so wie der Staat, dem er mit seiner künstlerischen Arbeit dienen wollte. Nach einer Reihe ganz auf eine zentrale politische Idee von aktueller politischer Bedeutung konzentrierten Klassiker-Inszenierungen wie *Wilhelm Tell*, *Richard III.*, *Napoleon oder die hundert Tage* von Grabbe und *Herodes und Mariamne* von Hebbel sowie zeitgenössischen Stücken von Frank Wedekind, Arnolt Bronnen und Georg Kaiser war Jessners Kraft gegen Ende der zwanziger Jahre erschöpft vom Kampf mit den extremen Kräften auf der rechten wie auf der linken Seite, in dem ihn die Sozialdemokratische Partei nur halbherzig unterstützt hatte.

In die künstlerische Zentralposition an den Preußischen Staatstheatern rückte jetzt Jürgen Fehling, dessen visionäre Kraft und fanatische Wahrheitssuche im Gegensatz standen zu Leopold Jessners analytisch-intellektuellem Theater. Fehlings Regiekunst entfaltete sich vor allem in den Uraufführungen der Dramen seiner norddeutsch-protestantischen Geistesverwandten Ernst Barlach und Hans Henny Jahnn sowie in exemplarischen Inszenierungen von Werken Christian Dietrich Grabbes und Heinrich von Kleists. Herbert Jhering charakterisierte seine künstlerische Eigenart so: »Fehling fängt da an, wo die meisten aufhören. Er beginnt in Gewittern und Stürmen. (...) Er stellt sich den Gefahren der Dichtung. Wenn ein Werk in abgerissenen Szenen gebaut ist, täuscht er keine ebenmäßige Komposition vor. Er betont das Fragmentarische und verdeckt keine ›Schwächen‹. Er klärt nicht das Dunkle und lichtet nicht das Verhängte. Nicht durch freundliche Landschaften schreiten die leidenden und Schicksal fordernden Helden, sondern durch Schroffen und Klüfte. Das Grauen wird betont und der Schrecken lastet.« (Herbert Jhering: Regie. S. 33 f.)

Die Vielfalt der Inhalte und Formen von Drama und Theater in der Weimarer Republik war wesentlich größer als in den vorhergegangenen Epochen. Neben dem überschwenglichen Gefühlsausdruck stand die nüchterne Dokumentation, neben der bohrenden Gottsuche das Engagement für politisch-soziale Veränderungen, neben der Aufbruchsstimmung die Endzeit-Atmosphäre. Die sich überlagernden, miteinander verschmelzenden Grundtendenzen kamen in drei Wellen zum Tragen, die den politischen Entwicklungsphasen jenes Zeitraums entsprachen. In der ersten Phase, zu Beginn des Jahrzehnts, stand noch der Expressionismus mit seinem revolutionären Grundantrieb im Vordergrund, in der zweiten, ab Mitte der zwanziger Jahre, die Tendenz zu einer »Neuen Sachlichkeit«, in der dritten ein Hang zum Politischen im engeren Sinne, der sich besonders in den Konzeptionen von Erwin Piscator und Bertolt Brecht zeigte. Während der Expressionismus die Totalabrechnung mit der Wilhelminischen Fassadenkultur vollzog, suchten die Vertreter der Neuen Sachlichkeit aus den Trümmern ein neues geistiges Gebäude zu errichten und neue Werte zu setzen. Von einer nüchternrationalen Haltung erhofften sich viele Künstler und Intellektuelle einen materiellen Fortschritt und die politische Stabilisierung der jungen Republik. In der Wissenschaft und Philosophie, in der Malerei und in der Architektur, in der Literatur und im Theater wurde der oft überspannte Utopismus der Expressionisten konfrontiert mit einer sachlich-nüchternen Anschauung der Realität. An die Stelle der angstvollen Ablehnung des modernen Lebens, wie sie bei den kulturtragenden Schichten bis zum Ersten Weltkrieg verbreitet gewesen war, trat jetzt ein positives Einverständnis mit den Phänomenen Großstadt, Technik und Geschwindigkeit. Beispielhaft manifestierte sich die Neue Sachlichkeit in dem strengen Bauhaus-Design, in der funktionalen Architektur, in der »Gebrauchsmusik« von Paul Hindemith und Kurt Weill, in der Lyrik von Bertolt Brecht, Kurt Tucholsky und Erich Kästner sowie in der Malerei von Otto Dix, Rudolf Schlichter, Christian Schad. In allen Künsten schwand das Interesse am Ich-Ausdruck zugunsten der Beschäftigung mit dem Faktischen und Kollektiven.

Im Drama manifestierte sich die Tendenz zur Sachlichkeit in erster Linie in der neuen Gattung des Zeitstücks. Dessen Autoren stellten sich die Aufgabe, ähnlich wie die Naturalisten einige Jahrzehnte zuvor, das zeitgenössische Leben so getreu wie möglich abzubilden und die politisch-sozialen Probleme ihrer Gegenwart zu verhandeln. Der Anspruch, Kunst von überzeitlicher Gültigkeit zu schaffen, war für sie zweitrangig; in erster Linie ging es ihnen um die Verbesserung der herrschenden politischen und gesellschaftlichen Verhältnisse. Das Zeitstück war in seiner Grundtendenz gegen jene Kräfte gerichtet, die den reaktionären Geist des Kaiserreichs weiter konservierten. Diese konzentrierten sich vor allem in der Justiz und im Erziehungswesen, im Offizierskorps und in der Bürokratie. Was die Rechtsprechung betrifft, erwiesen sich die alten Normen angesichts der rapiden Veränderungen als viel zu eng; die gesellschaftlichen Ursachen der Kriminalität blieben oft außerhalb des Blickfeldes. Dies demonstrierte Ferdinand Bruckner in seinem Zeitstück *Die Verbrecher*; in einem aufgeschnittenen Mietshaus als Schauplatz führte er verschiedene Fälle von sozial bedingter Übertretung der Gesetze vor. Daß häufig die Not zum Rechtsbruch führt, machten am Beispiel der Abtreibung Carl Credé mit seinem Schauspiel *§ 218 – Frauen in Not* und Friedrich Wolf mit *Cyankali* deutlich.

Der später in der DDR zu hohen Ehren gekommene Wolf hat auch mit dem Bauernkriegsdrama *Der arme Konrad* einen wichtigen Beitrag zum politischen Theater der Weimarer Republik geleistet. Seine Absicht, die Kunst als Waffe einzusetzen, zeigt sich deutlich in der Schlußsequenz seines Stückes *Die Matrosen von Cattaro*, das die Revolte auf einem österreichischen Kriegsschiff kurz vor dem Ende des Ersten Weltkriegs behandelt. Obwohl das Unternehmen scheitert, gibt der Autor seinem Publikum eine positive Perspektive: »Kameraden, das nächste Mal besser!« läßt er einen der Matrosen emphatisch ausrufen.

Peter Martin Lampel wies mit *Revolte im Erziehungshaus* auf die Mißstände hin, die er als Betreuer in einem Berliner Fürsorgeheim kennengelernt hatte. Die aller Menschenwürde hohnsprechenden Zustände und die daraus folgende Not der Jugendlichen haben hier ihre konkrete Ursache in der Unfähigkeit des »Hausvaters« wie des Pfarrers, sich in die neuen demokratischen Verhältnisse einzufinden; sie fühlen sich immer noch als Wächter im Geiste des autoritären Obrigkeitsstaates. Die sexuellen Probleme der bürgerlichen Jugend in einer Zeit des sozialen und moralischen Wandels behandeln *Anja und Esther* von Klaus Mann sowie Ferdinand Bruckners *Krankheit der Jugend*. Die Welle des Erfolgs, von der das Zeitstück getragen wurde, ebbte aber nach wenigen Jahren ab. Ende der Zwanziger wurden die politischen Auseinandersetzungen zunehmend in der Realität ausgefochten und nicht mehr auf der Bühne. Viele Theaterleute engagierten sich für die Arbeit in Parteien, besonders in den am Rand des politischen Spektrums stehenden. Das breite Publikum siedelte in die Etablissements der Unterhaltungsindustrie über – zum letzten »Tanz auf dem Vulkan«.

Während das Zeitstück die Epoche, auf die es bezogen war, nur in Ausnahmefällen überdauert hat, erwies sich das Volksstück der Weimarer Republik als lebenskräftiger. Die Werke seiner beiden bedeutendsten Autoren, Marieluise Fleißer und Ödön von Horváth, wurden von der politischen Aufbruchsbewegung Ende der sechziger Jahre wiederentdeckt, weil sie deren Interesse an der Beobachtung und Analyse von gesellschaftlichen Strukturen entgegenkamen. Für die jungen Dramatiker Martin Sperr, Rainer Werner Fassbinder und Franz Xaver Kroetz wurden sie zum Vorbild für das eigene Schaffen. Das Volksstück der Weimarer Republik führte eine schon fast abgestorbene Tradition weiter, die sich – vor allem in Österreich und Süddeutschland – seit dem Barock als Alternative zum pompösen Hoftheater und dann zur moralisierenden Schaubühne des Bürgertums entwickelt hatte. In der zweiten Hälfte des 19. Jahrhunderts begann der Niedergang des Volkstheaters. Nicht mehr die Aufklärung, sondern die Verklärung des Volkes war jetzt sein Wesensmerkmal.

Diese Erscheinungsform, die dann im Fernsehen fröhliche Urständ feierte, hat Bertolt Brecht in Zusammenhang mit seinem einzigen ausdrücklich als »Volksstück« bezeichneten Drama *Herr Puntila und sein Knecht Matti* so charakterisiert: »Das Volksstück ist für gewöhnlich krudes und anspruchsloses Theater und die gelehrte Ästhetik schweigt es tot oder behandelt es herablassend. Im letzteren Fall wünscht sie es sich nicht anders, als es ist, so wie gewisse Regimes sich ihr Volk wünschen: krud und anspruchslos. Da gibt es derbe Späße, gemischt mit Rührseligkeiten, da ist hanebüchene Moral und billige Sexualität. Die Bösen werden bestraft, und die Guten werden verheiratet, die Fleißigen machen eine Erbschaft, und die Faulen haben das Nachsehen.« (Bertolt Brecht: Werke. Bd. 24. S. 293)

Als Ausnahme ließ Brecht nur das Münchner Vorstadt-Brettel von Karl Valentin gelten, in dem er in seiner Jugend als Klarinettist mitgewirkt hatte. Dort erschienen die Kleinbürger mit den Mitteln des Grotesken und Absurden »zur Kenntlichkeit entstellt«. Ihre Auseinandersetzungen mit der Realität, die in den zwanziger Jahren gerade für den Mittelstand immer bedrohlicher wurde, kommen bei Valentin vornehmlich als Kampf mit den Doppelsinnigkeiten der Sprache zum Ausdruck. In ihrer Angst vor dem Absinken ins Proletariat imitieren seine Gestalten die »besseren Leute«. Wenn sie ihnen leibhaftig begegnen, erfaßt sie ein Schwindel. Der bankrotte Bittsteller zum Beispiel, der den Herrn Geheimrat um einen Kredit ersucht, vergaloppiert sich bei dem verzweifelten Suchen nach einer passenden Anrede für dessen Ehefrau: »Ihre geheime Alte, ihre alte geheime Frau Rat, ihre Geheimfrau.«

Den ersten Schritt zur Erneuerung des Volkstheaters ging Carl Zuckmayer, als er 1925 (»angekotzt vom Expressionismus«, der ihm »immer verkrampfter und lebensfremder« erschien) sein Lustspiel *Der fröhliche Weinberg* schrieb. Das Stück, verfaßt im Dialekt der rheinhessischen Heimat seines Autors und lokalisiert im Milieu einer Winzergemeinde, vertritt allerdings eine konservative Ideologie. Lebenslust und Naivität werden gegen intellektuelle Blutleere und Rationalität ausgespielt; die vorindustrielle Welt erscheint als positives Gegenbild zur modernen Zivilisation. Die gesunde Ursprünglichkeit setzte Zuckmayer auch in seiner »Räuberballade« *Der Schinderhannes* gegen die moderne Gesellschaft und deren Kultur. Mit dem sich gegen Ende der Weimarer Republik gefährlich verschärfenden Militarismus beschäftigte sich der Dramatiker in seinem »preußischen Märchen« *Der Hauptmann von Köpenick*. Dabei benutzte Zuckmayer die Gattung des Volksstückes durchaus in kritischer Absicht: Der ausgegrenzte Schuster Voigt findet nur mit Hilfe einer gestohlenen Uniform seine Stellung in der Gesellschaft und sein Selbstbewußtsein wieder.

Die in Ingolstadt, im katholischen Niederbayern, geborene und aufgewachsene, von Brecht 1926 nach Berlin geholte Marieluise Fleißer schildert in ihren Dramen die bedrückende Atmosphäre ihrer Heimatstadt als das Produkt bestimmter sozio-kultureller Bedingungen. Repressive Erziehungsmethoden, klerikale Bevormundung, Ausbeutung und Unterdrückung, der Zwang überlieferter Ordnungsmuster halten die Menschen aus dem Volk in dauernder Unmündigkeit. So sind sie nicht in der Lage, sich authentisch auszudrücken und damit unfähig zu einer echten Kommunikation. In ihren Schauspielen *Fegefeuer in Ingolstadt* und *Pioniere in Ingolstadt* führt die Autorin vor, wie schon die jungen Leute ihre Pressionen an die jeweils Schwächeren weitergeben – an die Außenseiter und an die Frauen – und diese damit zerstören. Die Verhaltensweisen der Figuren sind nicht realistisch, sondern künstlich-befremdend dargestellt. Im Sinne von Bertolt Brechts Verfremdungstheorie gab Marieluise Fleißer folgende Anweisung: »Sitten und Gebräuche dürfen nicht natürlich, das hieße verkleinernd, gespielt werden, sondern in einer höheren Art aufzeigend, so daß sie typisch gemacht, wesentlich auffallend, erstmalig sind.« (Marieluise Fleißer: Gesammelte Werke. Bd. IV. S. 421)

Nach der Trennung von Brecht arbeitete Marieluise Fleißer im Schauspiel *Der Tiefseefisch* ihre leidvollen Erfahrungen im Spannungsfeld zwischen dem linken Stückeschreiber und dem national-konservativen Lyriker Hellmuth Draws-Tychsen auf. Das Werk kam erst 1972 zur Uraufführung. Von den Nazis mit Schreibverbot belegt, zog sich die Fleißer nach Ingolstadt zurück, heiratete einen ungeliebten Jugendfreund und schuftete in dessen Betrieb. Neben dem Historiendrama *Karl Stuart* entstand in dieser Zeit nur noch ein (diesmal ausdrücklich als »Volksstück« bezeichnetes) Drama: *Der starke Stamm*, eine autobiographisch eingefärbte Familiengeschichte. Den Hintergrund seiner Entstehung beschreibt die Autorin so: »Ich habe an meinem Ehemann und an seinen Verwandten die Mentalität solcher zwischen Bürger- und Bauerntum schwankenden Leute sehr hautnah erfahren und mich sehr hart daran gestoßen. Ich war tief in den unteren Volksschichten und ihrer Umgangssprache vergraben, an einen anderen Ort konnte ich mich nicht versetzen. Da nahm ich die Umgangssprache als Spracherlebnis und versuchte sie zu reiben, bis sie vor Lebendigkeit sprühte.«

Ödön von Horváth, der als Sohn eines Diplomaten der Donaumonarchie 1901 in Fiume geboren und als noch nicht Vierzigjähriger auf den Pariser Champs Elysées von einem herabstürzenden Ast erschlagen wurde, entlarvte in seinen Volksstücken den Mythos von der Integrität der kleinen Leute und der Gemütlichkeit ihres Lebens. Die traditionellen Mittel des Genres benutzte er als Instrumente der Aufklärung und der Kritik. In seinen Stücken *Italienische Nacht, Geschichten aus dem Wiener Wald, Kasimir und Karoline, Glaube Liebe Hoffnung*, die den Kern seines Œuvres bilden, setzt der Dramatiker all die gängigen Schablonen, die kitschigen Gefühle, die abgedroschenen Redensarten und die zersungenen Lieder ein, um auf diese Weise gegen die Mentalität anzugehen, aus der sie entstanden sind. Das falsche Bewußtsein, das er »demaskieren« will, ist vor allem im Kleinbürgertum verbreitet. »Nun besteht aber Deutschland«, so Horváth in der »Gebrauchsanweisung« zu seinen Stücken, »wie alle übrigen europäischen Staaten, zu neunzig Prozent aus vollendeten und verhinderten Kleinbürgern. Will ich also das Volk schildern, darf ich natürlich nicht nur die zehn Prozent schildern, sondern als treuer Chronist, die Masse.« (Ödön von Horváth: Gesammelte Werke. Bd. IV. S. 622)

Die breite Schicht des abgesunkenen Mittelstandes, die sich in materieller Hinsicht vom Proletariat kaum noch unterscheidet, in ideeller aber an den bürgerlichen Orientierungen festhält, bildet also die Personage von Horváths Volksstücken. Ihre Sprache bezeichnet der Autor als »Bildungsjargon« – ein treffender Ausdruck für das Gemisch aus hohlen Floskeln, unpassenden Zitaten und leeren Wendungen, das die ursprünglich bayerisch-österreichische Mundart seiner Figuren zersetzt hat. In ihrer reduzierten, uneigentlichen Sprache können sie nur höchst unzulänglich ausdrücken, was sie wirklich bewegt. Ein Beispiel für diese Redeweise: »Trautes Heim, Glück allein. Häuslicher Herd ist Goldes wert. Die Grundlage dieses Staates ist die Familie. Was kann Schönres sein als ein Lied aus Wien.«

Sprachliche Fehlleistungen und »Stillen«, in denen nach Horváths Intention der »Kampf zwischen dem Bewußten und dem Unbewußten« stattfindet, offenbaren die eigentlichen Empfindungen und Impulse seiner Gestalten. In solchen Augenblicken erscheinen sie – ganz im Sinne der Lehre von Sigmund Freud – dominiert von ihren Aggressionen und den Destruktionswünschen, vom Sexualtrieb und der Todessehnsucht. Überhaupt stellt der Dramatiker seine Figuren in den Schatten des Todes; vor allem *Geschichten aus dem Wiener Wald* ist voll von Metaphern der irdischen Vergänglichkeit: Ruine und Tierkadaver, Skelett und Totenmesse. Am Ende spielt ein »himmlisches Streichorchester« die »Sphärenmusik« des Walzers von Johann Strauß, der dem Stück den Titel gegeben hat. Solche Motive machen deutlich, daß Horváth nicht nur die politisch-sozial bedingte Not seiner Figuren, sondern auch ihr Gefühl »metaphysischer Verlassenheit« zum Ausdruck bringen will.

Wie in den Stücken von Marieluise Fleißer sind die Frauen am schlimmsten dran; sie leiden und dulden als wahre »Opferlämmer«. In ihrer verzweifelten Suche nach dem kleinen Glück werden sie vom Egoismus der Männer und deren gesellschaftlich abgesichertem Herrschaftsanspruch niedergemacht. So gesehen sind Horváths Volksstücke auch als Darstellung des autoritären und brutalen Verhaltens der Mächtigen und der Desorientierung und Hilflosigkeit ihrer Opfer im Vorfeld des Faschismus zu lesen.

Erwin Piscators Politisches Theater

Nach dem Ersten Weltkrieg hat sich als erster Erwin Piscator um die Ausrichtung des deutschen Theaters auf die Politik bemüht. Neben Bertolt Brecht und chronologisch gesehen noch vor ihm entwickelte er im Berlin der zwanziger Jahre ein Theater, das mit radikaler Konsequenz die Interessen des Proletariats vertrat. Zusammen mit einer Reihe bedeutender Mitarbeiter schuf er zwei neue dramaturgische Modelle: das »Epische Drama« und das »Dokumentarstück«; zu deren Realisierung nutzte er konsequent die Mittel der modernen Bühnentechnik, wie zum Beispiel die Projektion und das laufende Band. Zudem stellte Piscator mit seiner *Revue Roter Rummel*, inszeniert für den Reichstagswahlkampf der Kommunistischen Partei im Jahre 1924, dem meist von Laien getragenen Agitprop-Theater ein Grundmuster zur Verfügung.

Als Nachkomme einer Pastorenfamilie 1893 in Hessen-Nassau geboren, bei einem Hoftheater-Schauspieler ausgebildet, wurde Piscator als Soldat im Ersten Weltkrieg »angesichts der berstenden Granaten« zum Pazifisten. Unmittelbar nach Kriegsende waren allerdings Kunst und Politik für ihn noch »zwei Wege, die nebeneinander herliefen.« Erst die Erfahrung der November-Revolution fundierte seinen »Umschwung des Gefühls durch Erkenntnis«, und er entschloß sich, dem Spartakusbund beizutreten, der bald darauf in die Kommunistische Partei Deutschlands umgewandelt wurde; angeblich soll ihm Rosa Luxemburg persönlich den Parteiausweis überreicht haben. Im Sog der politischen Kämpfe kam Piscator endgültig zu der Überzeugung, daß die »Kunst nur Mittel im Klassenkampf sein kann, wenn sie überhaupt einen Wert haben soll«. (Erwin Piscator: Schriften. Bd. 1. S. 22) Mit einer Szenenfolge unter dem Titel *Gegen den weißen Schrecken – Für Sowjetrußland* eröffnete er 1920 sein »Proletarisches Theater«. Nach weiteren vier Produktionen wurde das Unternehmen durch eine Verfügung des sozialdemokratischen Berliner Polizeipräsidenten geschlossen. Hinter der offiziellen Begründung – Konkursgefahr und »künstlerische Unqualifiziertheit« des Leiters – standen politische Motive: Die meisten Mitglieder der als Konkurrenzunternehmen zur Volksbühne gegründeten Besucherorganisation gehörten syndikalistisch orientierten politischen Gruppen an. In dem knappen halben Jahr, in dem das Proletarische Theater ohne allzugroße Behinderung arbeiten konnte, hatte es außerordentlichen Erfolg. Für die fünf- bis sechstausend Mitglieder der Organisation wurden in den traditionellen Versammlungslokalen der Berliner Arbeiterschaft über fünfzig Aufführungen veranstaltet.

Zur Eröffnung des Proletarischen Theaters legte Piscator eine programmatische Erklärung vor, die von einer fundamentalen Kritik der herrschenden Kunstrichtungen ausgeht: »Der Naturalismus beschränkt sich auf Milieuschilderungen«, unternimmt aber keinerlei Versuch der sozialen Erkenntnis und Wertung; seine Nachahmungen sind »wie schlecht photographierte Bilder« und somit, trotz der sozialen Anklage, harmlos und ungefährlich. »Diese Beurteilung gilt in verstärktem Maße vom Expressionismus. Symbolische Verschwommenheit, absichtlich wahlloses Nebeneinander von Farben, Linien, Gegenständen, Verzerrungen, Worten und Begriffen kennzeichnen das in die Ecke gedrängte Seelenleben der Menschen, die sich an die Rockschöße des Kapitalismus klammerten und so den Zusammenhang mit der fortschreitenden Klasse, dem Proletariat, verloren. Dada, obwohl erkennend, wohin die entwurzelte Kunst führt, ist kein Ausweg.« Im Gegensatz zu den herrschenden Kunstströmungen verfolgte Piscator mit seinem Proletarischen Theater zwei Ziele: Einerseits die »Propagierung und Vertiefung des kommunistischen Gedankens« innerhalb einer homogenen, revolutionär gesinnten Zielgruppe, andererseits die Ausübung der »propagandistischen und erzieherischen Wirkung auf diejenigen, die politisch noch schwankend und indifferent sind«. Für diese in ihrem Kunstverständnis »naturalistisch verbürgerlichten« Gruppen sah Piscator Stücke vor, in denen »die alte Welt gefunden« wird, »mit der auch der Rückständigste vertraut ist«. So könnte ein »großer Teil der Weltliteratur der revolutionären proletarischen Sache« dienstbar gemacht werden. (Erwin Piscator: Schriften. Bd. 2. S. 9 f.)

Dazu ist es während der kurzen Lebensdauer des Proletarischen Theaters nicht gekommen; gespielt wurden vielmehr kleine Agitationsstücke, die in einer auf Vereinfachung und Typisierung zielenden Spielweise dargeboten wurden. Der relativ große Erfolg des Unternehmens beweist, daß die Erwartungen der Zuschauer in hohem Maße erfüllt wurden. Die Anhänger eines bürgerlichen Kunstbegriffs in der KPD dagegen kritisierten Piscators Ansatz. Die Rezensentin der »Roten Fahne«, des Zentralorgans der Partei, sprach von einer »schlechten Karikatur«; »Kunst«, meinte sie, wäre eine »zu heilige Sache, als daß sie ihren Namen für platteste Propagandamachwerke hergeben dürfte«. Es meldeten sich aber auch andere in der »Roten Fahne« zu Wort, die das grundlegend Neue des Unternehmens erkannten und die Nähe des Bühnengeschehens zur Lebenswirklichkeit der Zuschauer und ihre Einbeziehung in das Spiel positiv hervorhoben.

Die Divergenz in der Einschätzung von Piscators Proletarischem Theater ist typisch für die unentschiedene kulturpolitische Haltung der KPD zu Beginn der zwanziger Jahre. Die einen bemühten sich um die Heranführung des Proletariats an die »bürgerliche« Kunst, die anderen faßten den Aufbau einer eigenständigen proletarischen Kunst nach dem Vorbild des russischen »Proletkult« ins Auge. Da in der KPD unter dem Eindruck einiger Arbeiteraufstände weithin die illusionäre Auffassung herrschte, daß die Revolution unmittelbar bevorstünde, entwickelte man keine eigenen Theaterformen, sondern beschränkte sich auf den Einsatz konventioneller Kunstmittel im Rahmen von Parteiveranstaltungen und überließ im übrigen das Feld den anderen linken Kräften. Einer Initiative der Gewerkschaften entsprangen zum Beispiel die zwischen 1920 und 1924 alljährlich in Leipzig veranstalteten Massenfestspiele. Als mit der relativen Stabilisierung der Weimarer Republik die Hoffnungen auf den sofortigen Ausbruch der Revolution schwanden, begann auch die KPD damit, ihre politischen Überzeugungen über das Medium Theater zu verbreiten. Ins Zentrum traten die schon seit Ende des 19. Jahrhunderts im künstlerischen Repertoire der deutschen Arbeiterbewegung fest verankerten Sprechchöre. Aus einem Mittel der pathetischen Selbstfeier und emotionalen Stärkung des Proletariats wurde jetzt ein Instrument der Propaganda. Die Auflockerung der bis dahin recht getragenen Darbietungsweise gelang jedoch erst, als der Berufsschauspieler Gustav von Wangenheim die Leitung des Zentralen Sprechchors der KPD übernahm. Er schrieb und inszenierte 1923 den *Chor der Arbeit*, wobei er Argument und Gegenargument so gegeneinandersetzte, daß eine Art Dialog entstand.

Um die Mitte der zwanziger Jahre war die Diskrepanz zwischen dem revolutionären Ziel und einer nichtrevolutionären Wirklichkeit immer offenkundiger geworden. Jetzt mußte ein wirksam arbeitender Apparat die Überzeugung der Mitglieder stärken; die Partei sollte »näher heran an die Massen«. So entschloß man sich zur Förderung von Laiengruppen, denen die Aufgabe gestellt wurde, mit theatralen Mitteln Agitation und Propaganda zu betreiben. Mit dieser Zielsetzung waren bestimmte Anforderungen an die theatrale Form gegeben: Sie mußte dem Unterhaltungsbedürfnis breiter Schichten entgegenkommen, die politische Botschaft direkt und eindeutig vermitteln, die spontane Berücksichtigung aktueller Ereignisse ermöglichen und durch Abwechslung das Interesse wachhalten. Ein Muster für eine solche

Gestaltung des Bühnengeschehens lieferte Piscator mit seiner im Auftrag der KPD zum Reichstagswahlkampf von 1924 inszenierten *Revue Roter Rummel*, die zwei Wochen lang in den Versammlungsräumen der Berliner Arbeiter gespielt wurde. Ein Jahr später ließ ihr Piscator dann die ganz aus dokumentarischen Texten, Bildern und Szenen über den Ersten Weltkrieg und die gescheiterte Revolution aufgebaute Revue *Trotz alledem!* folgen. Als dramaturgisches Vorbild diente ihm die bürgerliche Revue, wie sie zu Ende des 19. Jahrhunderts in Paris entstanden war, dann in London, New York und schließlich auch in Berlin Triumphe feierte. Tanz, Gesang, Artistik, Zauberkunststücke, lebende Bilder, Couplets waren in diesem Medium zu einem »kulinarischen Narkotikum« verbunden. In der von Piscator umfunktionierten Form bestand die Revue aus Sketchen, Kampfliedern, Couplets, Rezitationen, Darbietungen von Arbeitersportlern und Schnellzeichnern. Von der Pariser Revue übernahm der Regisseur das Prinzip der durchgehenden Figuren; in der *Revue Roter Rummel* traten ein «Prolet» und ein »Bourgeois« auf, die den Ablauf vorantrieben und die einzelnen Nummern kommentierten. Selbstverständlich besiegte der positiv überzeichnete Proletarier immer wieder seinen dümmlichen Partner.

Nach 1925 bildeten sich in mehreren deutschen Großstädten Agitprop-Truppen, die das Vorbild der *Revue Roter Rummel* meist direkt kopierten. Auftrieb erhielt die Bewegung durch Gastspiele der nach ihrer Spielkleidung als »Blaue Blusen« bezeichneten Truppen aus der Sowjetunion. Im Jahre 1929, als das Agitprop-Theater auf seinem Höhepunkt war, spielten in Deutschland dreihundert verschiedene Truppen, die mehr als dreieinhalb Millionen Zuschauer erreichten. In ihren Aufführungen ging oft die theatrale Fiktion direkt in Realität über. So wurde zum Beispiel in eine gespielte Streikszene die Nachricht über den tatsächlichen Ausbruch eines Streiks eingegeben und von Darstellern gleich mit den Zuschauern diskutiert; am Schluß sammelte man dann für die Streikkasse. Die intensive Beteiligung des Publikums war sowohl durch die Inhalte als auch durch die Darstellungsweise garantiert. Die Laienschauspieler verstanden sich als »Sprachrohr der Massen« und orientierten sich bei der Themenwahl ganz an den konkreten Problemen ihrer Zielgruppe: Lohnabbau, Arbeitslosigkeit, Kampf ums nackte Überleben. Gespielt wurde auf Lastwagen, in Hinterhöfen und Wirtshaussälen. Praktikabilität und Mobilität galten als oberste Prinzipien der Bühnengestaltung. Als Grundkostüm diente meist der blaue Overall; die soziale Charakterisierung der Figuren erfolgte durch zeichenhafte Attribute wie Zigarre, Frack und Melone.

Im Rahmen der Volksfront-Politik gegen den Faschismus, die sich gegen Ende der zwanziger Jahre in der KPD immer stärker durchsetzte, sollten vor allem auch die Mittelschichten für die Ideen der Partei gewonnen werden. Die neue Zielsetzung erforderte Vorlagen und Spielweisen, die dem bürgerlich geprägten Erwartungshorizont dieser Zielgruppen besser entsprachen als die Muster des Agitprop-Theaters. So griff man zurück auf das traditionell gebaute Drama und auf die Darstellungstechnik des Berufsschauspielers. Im »Bund proletarisch-revolutionärer Schriftsteller« fanden sich Autoren, die Beispiele für ein sozialistisches Drama lieferten; arbeitslose Schauspieler schlossen sich zu »Kollektiven« zusammen. Sie spielten Stücke wie Carl Credés *§ 218 – Frauen*

Hände weg von China.
Agitprop-Truppe des Kommunistischen
Jugendverbandes, 1927

in Not, Friedrich Wolfs *Cyankali*, ebenfalls ein Abtreibungsstück, und *Revolte im Erziehungshaus* von Peter Martin Lampel. Gustav von Wangenheim verarbeitete in seinen Dramen *Die Mausefalle, Da liegt der Hund begraben* und *Wer ist der Dümmste?* die gängigen Kulturformeln von *Hamlet* bis *Faust*, denn gerade die kleinbürgerlichen Schichten schätzten den Umgang mit den »ewigen Werten«, um sich auf diese Weise vom Proletariat zu distanzieren. Weil sie im anerkannten Kleid daherkam, gewann die radikale Botschaft Ansehen und Zustimmung.

Parallel zu seiner Arbeit mit Amateuren aus der Arbeiterbewegung versuchte Piscator, seine politischen Ziele auch im institutionalisierten Berufstheater zu verfolgen. An der Volksbühne, dem Haus der sozialdemokratisch eingestellten Publikumsorganisation, inszenierte er Alfons Paquets *Fahnen*. Das vom Autor selbst als »dramatischer Roman« charakterisierte Stück behandelt die Arbeitskämpfe am Ende des 19. Jahrhunderts in Chicago. Auch die Regie betonte die epischen Züge des Dramas. Auf eine Leinwand projizierte Photographien, Zeitungsausschnitte, Plakate und andere Dokumente aus Geschichte und Gegenwart verdeutlichten die Aktualität des historischen Geschehens und erklärten die politischen Zusammenhänge. Die Vorgänge zwischen den Individuen erschienen eingebettet in ihr konkretes soziales Umfeld. Für dieses hier zum ersten Mal angewandte Verfahren hat Piscator den Begriff »Soziologische Dramaturgie« geprägt.

In den folgenden Arbeiten an der Berliner Volksbühne erprobte Piscator zusammen mit dem Bühnenbildner Traugott Müller die technischen Mittel, die er dann in den großen Produktionen seines eigenen Theaters, der sogenannten »Piscator-Bühne«, souverän und massiert einsetzte. Für die Inszenierung von Paquets Drama *Sturmflut*, einer Darstellung der Oktoberrevolution, ließ er eigens einen Film drehen, der den Hintergrund für die Spielszenen bildete. Immer ging es Piscator um die möglichst unmittelbare politische Wirkung. Alle technischen Mittel, alle künstlerischen Intentionen dienten allein diesem Zweck. »Nicht Kunst: laßt uns mit der ›Kunst‹ zufrieden. Sie mag heute Kunst heißen, morgen aber heißt sie Politik. Wir unterstellen alles dem Zweck.« (Erwin Piscator: Schriften. Bd. 2. S. 18) Nach dieser Maxime inszenierte Piscator auch Schillers *Die Räuber* am Berliner Staatstheater. Das individuelle Schicksal der Brüder Karl und Franz Moor trat ganz in den Hintergrund; Spiegelberg erschien als Revolutionär in der Maske Trotzkis, und die Räuber zogen unter den Klängen der verjazzten »Internationale« ein; der Schluß war gestrichen; die Aufführung endete mit den Worten »Freiheit! Freiheit!« Gegen die massive Kritik an seinem Umgang mit den Klassikern wehrte sich Piscator mit einem Statement, dessen Kernaussage bereits der Konzeption des heutigen Regietheaters entspricht: »Der Regisseur kann gar nicht bloßer ›Diener am Werk‹ sein, da dieses Werk nicht etwas Starres und Endgültiges ist, sondern, einmal in die Welt gesetzt, mit der Zeit verwächst, Patina ansetzt und neue Bewußtseinsinhalte assimiliert. So erwächst dem Regisseur die Aufgabe, jenen Standpunkt zu finden, von dem aus er die Wurzeln der dramatischen Schöpfung bloßlegen kann. Dieser Standpunkt kann nicht erklügelt und nicht willkürlich gewählt werden: nur wenn der Regisseur sich als Diener und Exponent seiner Zeit fühlt, wird es ihm gelingen, den Standpunkt zu fixieren, den er mit den ent-

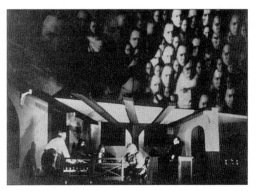

Ehm Welk: Gewitter über Gottland.
Inszenierung: Erwin Piscator. Volksbühne
Berlin, 1927. Szene und Filmprojektion

Ernst Toller: Hoppla, wir leben! Piscator-Bühne Berlin, 1927. Inszenierung: Erwin Piscator. Bühnenbild: Traugott Müller

scheidenden, das Wesen der Epoche formenden Kräften gemeinsam hat.« (Erwin Piscator: Schriften. Bd. 1. S. 90)

Im Jahre 1927 brachte Piscator an der Volksbühne die Uraufführung von Ehm Welks Drama *Gewitter über Gottland* heraus, in dem der Kampf zwischen dem Städtebund der Hanse und den Vitalienbrüdern als Auseinandersetzung zwischen kapitalistischen und kommunistischen Kräften beschrieben wird. »Das Drama spielt nicht nur um 1400« – dieses Motto des Schauspiels bestärkte den Regisseur in seinem Vorhaben, das Geschehen direkt auf die aktuelle politische Situation zu beziehen. Er stellte den »Gefühlsrevolutionär« Störtebeker als Nationalsozialisten dar und den »Verstandesrevolutionär« Asmus als Abbild Lenins. In einem eingeblendeten Film ließ er Störtebeker und seine Genossen auf die Zuschauer losschreiten, wobei sich ihr Kostüm so veränderte, daß »die Gesetzmäßigkeit der Revolution und ihrer Exponenten in wenigen Sekunden durch den Ablauf der Jahrhunderte zu verfolgen war«. (Erwin Piscator: Schriften. Bd. 1. S. 100 f.) Die Kritiker der bürgerlichen Zeitungen wähnten sich in eine »Wahl- und Agitationsversammlung der Kommunistischen Partei« oder in eine »Lenin-Feier« geraten und kritisierten das Unternehmen in aller Schärfe. Der Vorstand der Volksbühne sah sich zum Eingreifen genötigt,

Rasputin, die Romanows, der Krieg und das Volk, das gegen sie aufstand. Piscator-Bühne Berlin, 1927. Inszenierung: Erwin Piscator. Bühnenbild: Traugott Müller

strich einzelne Passagen und verstümmelte damit die Inszenierung. Es war Piscators letzte an der Volksbühne.

Bald darauf erhielt der Regisseur durch die finanzielle Unterstützung eines Brauereidirektors die Möglichkeit, ein eigenes Theater zu errichten. Walter Gropius, der Direktor des Bauhauses, legte den Entwurf für ein »Totaltheater« vor. Der ans Utopische grenzende Plan sah drei Variationen vor: den Guckkasten, eine Arena sowie eine Rundbühne, die den Zuschauerraum einschließt. Eine komplizierte Projektionsapparatur sollte die Möglichkeit

*Die Abenteuer des braven
Soldaten Schwejk
Piscator-Bühne Berlin, 1928.
Entwurf für eine Kunstfigur
von George Grosz*

bieten, das Publikum »mitten in eine Demonstration zu versetzen« oder die »Deckengewölbe mit einem Sternenhimmel zu überziehen«. Aufgrund der enormen Kosten konnten die Pläne nicht realisiert werden; Piscator mußte sich damit begnügen, das bestehende »Theater am Nollendorfplatz« mit seiner »Hoftheater-Architektur« anzumieten und zu adaptieren. Zur Eröffnung inszenierte er dort das Stück *Hoppla, wir leben!* von Ernst Toller, die Geschichte eines aus jahrelanger Haft entlassenen Revolutionärs, der sich in der veränderten Umwelt nicht mehr zurechtfindet. Das Bühnenbild bestand aus einem mehrstöckigen Gerüst, dessen einzelne Etagen simultan bespielt wurden. Die in der Mitte angebrachte Leinwand diente als Projektionsfläche für Dias und einen Film, der die politischen Ereignisse seit den November-Aufständen zeigte.

Die zweite Inszenierung der Piscator-Bühne, *Rasputin, die Romanows, der Krieg und das Volk, das gegen sie aufstand,* basierte auf einem Drama von Alexei Tolstoi und einer Fülle historischer Quellen. Der Bühnenbildner Traugott Müller konstruierte eine riesige, silberglänzende Weltkugel, deren Segmente man aufklappen konnte, so daß der Blick auf die einzelnen Spielflächen freigegeben wurde. Die dokumentarischen Kurzfilme und Dias projizierte man auf die Kugelfläche, auf eine Leinwand über dem Schauplatz und auf einen Gazevorhang.

Noch konsequenter wurde das dokumentarische Prinzip in der nächsten Produktion angewandt. Ein Kollektiv, dem auch Brecht angehörte, montierte aus einzelnen Szenen des Romans »Die Abenteuer des braven Soldaten Schwejk« von Jaroslav Hašek eine Spielvorlage, die ursprünglich mit einem Schauspieler (Max Pallenberg) und sonst nur technischen Mitteln realisiert werden sollte. Schließlich gab es aber doch Ensembleszenen, die mit Dokumentaraufnahmen sowie einem Trickfilm nach Zeichnungen von George Grosz konfrontiert wurden. In dieser Inszenierung setzte Piscator gegeneinander laufende Bänder ein, auf denen (ebenfalls von Grosz entworfene) Kunstfiguren auf die Bühne gefahren wurden.

Die Durchleuchtung der kapitalistischen Ökonomie setzte sich Piscators Inszenierung des Stückes *Konjunktur* von seinem Dramaturgen Leo Lania zum Ziel. Diese *Komödie der Wirtschaft* – so der Untertitel – schildert internationale Auseinandersetzungen um die Erdölförderung in einem Operetten-Albanien. »Vor der leeren Bühne – dem nackten Feld«, so beschrieb der Regisseur seine Konzeption, »sollte sich aus kleinsten Anfängen lawinenartig der Kampf um eine zufällig gefundene Ölquelle entwickeln, ein Spielaufbau, der sich vor den Augen des Zuschauers vollzieht und den ganzen technischen Hergang der Ölproduktion demonstriert. Von der Entdeckung der Petroleumquelle bis zu den Vorbereitungen der Bohrungen, dem Aufbau der Bohrtürme, bis zur Kommerzialisierung des Öls als Ware sollte die Handlung – Rivalität, Mord, Schiebung, Korruption, Revolution – vor dem Zuschauer abrollen, ihn so in das ganze Getriebe der internationalen Petroleumspolitik hineinreißen.« (Erwin Piscator: Schriften. Bd. 1. S. 208)

Nach dieser Arbeit stand die Piscator-Bühne vor dem Bankrott. Die Einnahmen reichten nicht aus, um die Ausgaben für den enormen technischen Aufwand zu decken. Während sich die Unkosten verdoppelten, halbierte sich das Publikum.

Vor einem neuerlichen Anlauf faßte Piscator noch einmal die Grundlinien seiner Konzeption zusammen: »An Stelle des Privaten tritt das Allgemeine, an Stelle des Besonderen das Typische, an Stelle des Zufälligen das Kausale. Das Dekorative wird abgelöst vom Konstruktiven. Dem Emotionellen wird als gleichwertig das Rationelle beigeordnet, und das Sensuelle wird durch das Pädagogische, das Phantastische durch die Wirklichkeit, das Dokument, abgelöst.« (Erwin Piscator: Schriften. Bd. 2. S. 50)

Die einzige Produktion der zweiten Piscator-Bühne basierte auf Walter Mehrings Stück *Der Kaufmann von Berlin*. Es behandelt vor dem Hintergrund der Inflation das Schicksal des nach Berlin verschlagenen Ostjuden Kaftan, der als Nutznießer des Kapitalismus schließlich von diesem zerrieben wird. Der Bauhaus-Künstler László Moholy-Nagy schuf das Bühnenbild und einen Hintergrund-Film; Hanns Eisler komponierte die Musik. Wieder bemühte Piscator einen komplizierten Apparat: durch laufende Bänder wurden Kaftans Wanderungen durch Berlin imaginiert; die Drehbühne war in Aktion; Dekorationselemente wurden auf Brücken aus dem Schnürboden heruntergelassen. Obwohl auch jetzt das Publikum wegblieb, gab Piscator nicht auf.

Zusammen mit einigen seiner Schauspieler gründete er 1930 ein Theaterkollektiv und inszenierte auf der Bühne des »Wallner-Theaters«, das mitten in einem Proletarierviertel Berlins gelegen war, Carl Credés Abtreibungsstück *§ 218 – Frauen in Not*. Der Dramaturg Felix Gasbarra schrieb für diese Tragödie über eine zehnköpfige Arbeiterfamilie, die in einem einzigen Zimmer hausen muß und nun noch ein Kind erwartet, eine Rahmenhandlung, die Parkett und Bühne zusammenschloß und das Geschehen zu einem Tribunal machte. Am Schluß jeder Aufführung wandte sich die Figur des Untersuchungsrichters direkt an das Publikum und forderte es zu einer Abstimmung auf, deren Ergebnis dann dem »Reichsausschuß gegen den § 218« mitgeteilt wurde.

In seiner letzten Regiearbeit in Deutschland vor dem Machtantritt der Nazis brachte Piscator noch einmal alle grundlegenden Prinzipien seiner Theaterkonzeption zur Anwendung. Er bearbeitete mit Friedrich Wolf dessen Stück *Tai Yang erwacht* im Sinne der Soziologischen Dramaturgie; die revolutionären Vorgänge im chinesischen Landproletariat wurden in Beziehung gesetzt zur aktuellen Situation in Deutschland. Der Ausstatter John Heartfield stellte durch Bambusbrücken die Verbindung zwischen der Bühne und dem Zuschauerraum her, der mit Wandzeitungen und Spruchbändern als »Parteilokal« gestaltet war.

Nach dieser Inszenierung folgte Piscator einer Einladung in die Sowjetunion, um einen Film nach Anna Seghers' Novelle »Der Aufstand der Fischer von St. Barbara« zu drehen. Von Moskau aus ging er 1936 nach Frankreich und 1939 in die USA. In New York leitete er einen »Dramatic Workshop«. Aus dieser Schule, die auf dem Prinzip des »learning by doing« basierte und Studiengänge zu allen Theaterberufen umfaßte, sind so bedeutende Leute wie Tennessee Williams, Arthur Miller, Marlon Brando oder Judith Malina, die Mitbegründerin des »Living Theatre«, hervorgegangen.

1949 kehrte der Regisseur in die Bundesrepublik Deutschland zurück, wo man ihn aber nicht sehr generös behandelt hat. Das Theater war noch weitgehend in den Händen derer, die sich während des Naziregimes durchlaviert hatten. Jahrelang mußte der Remigrant in der Provinz gastieren, ehe er 1962 zum Intendanten der West-Berliner Freien Volksbühne berufen wurde. In den vier Jahren bis zu seinem Tod trat der inzwischen über 70jährige noch einmal ins Zentrum des Theatergeschehens und wurde zum Geburtshelfer einer neuen deutschen Dramatik in Gestalt des Dokumentarstückes. Piscator brachte Rolf Hochhuths *Stellvertreter* zur Uraufführung und setzte die Linie erfolgreich fort mit Heinar Kipphardts *In der Sache Robert J. Oppenheimer* sowie mit der *Ermittlung* von Peter Weiss.

Bertolt Brechts Episches Theater

Die Dramen Bertolt Brechts, seine theatertheoretischen Abhandlungen und seine Inszenierungen bilden einen gewaltigen Werkkomplex, der zu den bedeutendsten Leistungen in der Theatergeschichte des 20. Jahrhunderts zählt. Mit seinen fast fünfzig Schauspielen gehört der »Stückeschreiber«, wie sich Brecht selbst bezeichnet hat, zu den meistgespielten Autoren; seine Konzeption des »Epischen Theaters«, entstanden auf dem kulturellen Humusboden Berlins in der Zeit der Weimarer Republik, wirkt bis heute als Anregung für Dramatiker und Theatermacher in aller Welt. Von den Nationalsozialisten ins Exil getrieben, baute er seine Theorie weiter aus und schuf eine Reihe seiner Hauptwerke. Deren Inszenierung stand dann im Zentrum seiner Arbeit am Berliner Ensemble. Wenn auch die politische Ausrichtung von Brechts Schaffen nach dem Zusammenbruch des real existierenden Sozialismus problematisch erscheint, so bleiben doch die Methoden ein Gegenstand produktiver Auseinandersetzung. Sein Denken in Widersprüchen ist eine Herausforderung zur Dynamisierung erstarrter Verhältnisse. In einem Nachtrag zum »Kleinen Organon für das Theater« konstatierte der Dichter: »Die Überraschung der logisch fortschreitenden oder springenden Entwicklung, die Unstabilität aller Zustände, der Witz der Widersprüchlichkeiten usw., das sind Vergnügungen an der Lebendigkeit der Menschen, Dinge und Prozesse, und sie steigern die Lebenskunst sowie die Lebensfreudigkeit.« (Bertolt Brecht: Werke. Bd. 23. S. 290)

Eugen Friedrich Berthold Brecht, der in den zwanziger Jahren seinen Vornamen in »Bertolt« änderte, wurde 1898 in Augsburg als Sohn eines Fabrikdirektors geboren. Schon in der Schule gab es den ersten in einer langen Reihe von »Brecht-Skandalen«: Das Aufsatzthema »Süß und ehrenvoll ist es, für das Vaterland zu sterben«, bezeichnete Brecht als »Zweckpropaganda« – und das am Höhepunkt des Ersten Weltkriegs. Nur der Fürsprache eines Lehrers mit dem Argument, es handle sich dabei um den Auswuchs eines »vom Krieg verwirrten Schülerhirns«, rettete ihn vor dem Rausschmiß. Mit seinen Freunden, darunter Caspar Neher, der später als Bühnenbildner einer seiner wichtigsten Mitarbeiter wurde, verbrachte er »wilde Jahre« in Augsburg. 1918 inskribierte sich Brecht an der medizinischen Fakultät in München, besuchte aber vor allem die Seminare des »Theaterprofessors« Arthur Kutscher. In der Oktoberfestbude des Komikers Karl Valentin wirkte er als Klarinettist mit. Von ihm holte er sich auch Ratschläge für seine erste Inszenierung, die Marlowes *Leben Eduard II.* gewidmet war. Auf die Frage, wie sich Soldaten in der Schlacht verhielten, antwortete Valentin: »Angst haben's, weiß san's«; Brecht ließ daraufhin alle Statisten weiß schminken.

Trotz eines Herzfehlers wurde Brecht kurz vor dem Ende des Ersten Weltkriegs einberufen, mußte aber nicht mehr an die Front. Die Revolution und die gescheiterte Münchner Räterepublik erlebte er als Soldatenrat und Theaterkritiker der »Augsburger Zeitung«, die von der Unabhängigen Sozialdemokratischen Partei, einem linken Ableger der SPD, herausgegeben wurde. Wegen der aggressiven Schärfe seiner Kritiken, insbesondere wegen der Bezeichnung des Schwanks *Alt Heidelberg* als »Saustück«, zitierte ihn das Personal des Augsburger Stadttheaters vor Gericht.

Neben mehr als 250 Gedichten, darunter so gelungene wie »Vom Schwimmen in Seen und Flüssen«, »Vom ertrunkenen Mädchen«, »Vom armen B. B.« und »Erinnerungen an die Marie A.«, entstanden zwischen 1918 und 1922 die ersten Stücke Brechts; schon im *Baal* warf er ein Problem auf, das ihn dann die ganzen zwanziger Jahre hindurch beschäftigt hat: die Existenzmöglichkeit des Individuums in der Massengesellschaft. Konzipiert als Gegenentwurf zu Hanns Johsts expressionistischem Drama *Der Einsame*, das den Dichter Christian Dietrich Grabbe zum Weltschöpfer stilisiert, negierte Brecht die Möglichkeit zur Selbstverwirklichung des einzelnen. Dem Glücksanspruch des vitalen, von moralischen Skrupeln freien, keiner politischen Zielsetzung folgenden Baal stehen die Anpassungszwänge der bürgerlichen Gesellschaft entgegen. Der sich selbst absolut setzende Held, der seine sexuelle Gier wie seine ungeheure Freß- und Sauflust uneingeschränkt auslebt, löscht sich schließlich als Individuum aus und stirbt – in vollem Einverständnis mit der Natur.

Auch *Trommeln in der Nacht* demonstriert einen Fall von sozialer Isolation. Ein in das Berlin der Arbeiteraufstände von 1919 zurückgekehrter Soldat findet »den Platz auf seiner Braut« von einem Kriegsgewinnler besetzt. Schwankend, ob er sich der Revolution anschließen soll oder nicht, zieht er dann doch vor, die vom Vorgänger geschwängerte Verlobte zurückzuerobern und mit ihr im Bett zu verschwinden. Brecht desillusionierte also die weitverbreiteten Hoffnungen auf das Entstehen einer neuen Gesellschaft. Aus der Frühzeit des Dichters datieren auch die kurzen Farcen

Bertolt Brecht: Trommeln in der Nacht. Kammerspiele München, 1922.
Inszenierung: Otto Falckenberg. Bühnenbildentwurf von Otto Reigbert

Die Kleinbürgerhochzeit, Der Bettler oder Der tote Hund, Er treibt einen Teufel aus, Der Fischzug und *Lux in Tenebris*. In seinem dritten größeren Stück der Frühzeit, *Im Dickicht der Städte*, führt Brecht vor dem Hintergrund von Chicago den Kampf zwischen zwei Männern vor, der ohne Motiv, nur um seiner selbst willen in Gang gesetzt wird. Die Atmosphäre dieses Stückes vermischte sich mit den Eindrücken des Autors, als dieser die Großstadt Berlin kennenlernte. »Eines ist im Dickicht: die Stadt. Die ihre Wahrheit zurückhat, ihre Dunkelheit, ihre Mysterien«, so schrieb er in sein Tagebuch. (Bertolt Brecht: Werke. Bd. 26. S. 261)

Im Herbst des Jahres 1922 wurde *Trommeln in der Nacht* an den Münchner Kammerspielen uraufgeführt, was dem jungen Dramatiker den Durchbruch brachte. Herbert Jhering schrieb: »Der vierundzwanzigjährige Dichter Bert Brecht hat über Nacht das dichterische Antlitz Deutschlands verändert. Mit Bert Brecht ist ein neuer Ton, eine neue Melodie, eine neue Vision in der Zeit.« (Herbert Jhering: Von Reinhardt bis Brecht. Bd. 1. S. 273) Brecht erhielt daraufhin einen Vertrag als Dramaturg an Max Reinhardts Deutschem Theater. Neben ihm arbeitete Carl Zuckmayer, der (wie so viele) fasziniert war von Brechts »wuchernder Produktivität« und seinem »realistischen Weltblick«.

Um die Mitte der zwanziger Jahre fand Bertolt Brecht neue künstlerische Orientierungen. Ganz im Sinne der »Neuen Sachlichkeit« forderte er jetzt Nüchternheit auf der Bühne wie auch im Zuschauerraum, wünschte sich ein Publikum »wie im Sportpalast«, das in der distanzierten Haltung von »rauchenden Beobachtern« die Vorgänge auf der Bühne verfolgt. Die Klassiker erschienen ihm nurmehr als »Material zum Ausschlachten« von Wert. Als Quelle der Anregung betrachtete er jetzt vor allem die Wissenschaft. In ihrer Art wollte er die Figuren »ganz kalt, objektiv, klassisch« vor die Zuschauer hinstellen. Das erste Resultat dieser Bemühungen war das Schauspiel *Mann ist Mann* aus den Jahren 1924/25. Drei Soldaten der englischen Kolonialarmee bauen als »Gefühlsingenieure« den irischen Packer Galy Gay zu einer »menschlichen Kampfmaschine« um. Der Stückeschreiber vertritt hier, inspiriert von der behavioristischen Psychologie, die Ansicht, daß die Umweltbedingungen den Menschen vollständig determinieren. Galy Gay ist das Objekt von Mechanismen, die außerhalb seiner Person mit naturgesetzlicher Präzision ablaufen. Über diesen Ansatz fand Brecht den Weg zu den Gesellschaftswissenschaften. In einem Briefwechsel mit dem Soziologen Fritz Sternberg bekannte er: »Keine andere Wissenschaft als die Ihre besitzt genügend Freiheit des Denkens, jede andere ist allzusehr interessiert und beteiligt sich an der Verewigung des allgemeinen zivilisatorischen Niveaus unserer Epoche.« (Bertolt Brecht: Werke. Bd. 21. S. 202 f.)

Zweifel an der Nützlichkeit der Fachwissenschaften stellten sich ein, als Brecht im Zuge der Vorarbeiten für ein neues Stück das Funktionieren der Weizenbörse von Chicago zu begreifen versuchte: »Ich dachte, durch einige Umfragen bei Spezialisten und Praktikern mir rasch die nötigen Kenntnisse verschaffen zu können. Die Sache kam anders. Niemand, weder einige bekannte Wirtschaftsschriftsteller noch Geschäftsleute, konnte mir die Vorgänge an der Weizenbörse hinreichend erklären. Ich gewann den Eindruck, daß diese Vorgänge schlechthin unerklärlich, das heißt von der Vernunft nicht erfaßbar und das heißt wieder einfach unvernünftig waren.« (Bertolt Brecht: Werke. Bd. 20. S. 46) Brecht begann mit der Lektüre nationalökonomischer Werke und konnte den Freunden bald mitteilen, daß er »acht Schuh tief« im »Kapital« von Karl Marx stecke. Ein Ergebnis seiner Studien war das Schauspiel *Die heilige Johanna der Schlachthöfe*. In Brechts Bearbeitung des Themas sucht ein unwissendes Mädchen der Heilsarmee nach der Ursache des Elends der Massen. Zunächst meint Johanna, dieses sei von den Betroffenen durch ihre Ungläubigkeit und ihren mangelnden Arbeitswillen selbst verschuldet. Bei ihren »Gängen in die Tiefe« des sozialen Lebens erkennt sie aber, daß die kapitalistischen Verhältnisse der Grund sind für die Arbeitslosigkeit und ihre schlimmen Folgen. In der

Konfrontation mit dem Fleischkönig von Chicago läßt Bertolt Brecht seine Heldin Einsicht gewinnen in den Zusammenhang von Profitstreben und Verelendung. Johanna entschließt sich, den Kampf der Arbeiter zu unterstützen, lehnt aber die Anwendung von Gewalt strikt ab. Bevor sie, durch Kälte und Hunger geschwächt, an einer Lungenentzündung stirbt, ringt sie sich aber doch zu der Einsicht durch: »Es hilft nur Gewalt, wo Gewalt herrscht.«

Eine verhältnismäßig breite Popularität erlangte Bertolt Brecht mit der *Dreigroschenoper*, die 1928 am Berliner Theater am Schiffbauerdamm, dem späteren Domizil des Berliner Ensembles, Premiere hatte. An den Erfolg dieser Geschichte um den Gentleman-Gangster Mackie Messer, der die Allianz aus organisiertem Verbrechen und Unternehmertum durcheinanderbringt, wollte der Stückeschreiber mit *Happy End* anknüpfen. Obwohl dieses Kriminalspektakel, das er zusammen mit Elisabeth Hauptmann verfaßte und unter einem Pseudonym herausbrachte, eine Reihe einprägsamer Songs enthielt, fiel es bei der Presse ebenso wie beim Publikum durch. Mit Kurt Weill, Komponist der *Dreigroschenoper* und von *Happy End*, arbeitete Brecht auch bei dem Songspiel *Mahagonny* zusammen. Diese »Sittenbilder des 20. Jahrhunderts« über die Gründung und Selbstzerstörung einer Vergnügungsstadt sind eine Satire auf die Glücksverheißungen des Kapitalismus.

In den Anmerkungen zu *Mahagonny* legte Brecht zum ersten Mal die Grundkonzeption seines Epischen Theaters dar. In einem Schema stellte er die dramatische Form und die epische Form einander gegenüber. Das Hauptmerkmal des (»alten«) dramatischen Theaters ist die Einfühlung des Zuschauers in die Vorgänge und in die Figuren. Das (»neue«) epische Theater dagegen sucht eine solche Wirkung zu verhindern. Es setzt vielmehr auf die verstandesmäßige Erfassung und Durchdringung des Gezeigten. »Nicht miterleben soll der Zuschauer, sondern sich auseinandersetzen.« Im dramatischen Theater wird ein Vorgang »verkörpert«; die »Spannung ist auf den Ausgang« gerichtet; »eine Szene steht für die andere«; »das Geschehen verläuft linear«. Im epischen Theater wird ein Vorgang erzählt; die Spannung ist auf den Gang gerichtet; jede Szene steht für sich; »das Geschehen verläuft in Kurven«. (Bertolt Brecht. Werke. Bd. 24. S. 85) Als Grundmodell des Epischen Theaters führt Brecht im *Messingkauf*, seinem zur Aufführung gedachten theatertheoretischen Hauptwerk, die sogenannte »Straßenszene« ein. Sie besteht in der Rekonstruktion eines Unfalls und seiner Ursachen im Verhalten der Beteiligten sowie in der Feststellung der Schuldigen. »Ein wesentliches Element der ›Straßenszene‹, das sich auch in der ›Theaterszene‹ vorfinden muß, soll sie episch genannt werden, ist der Umstand, daß die Demonstration gesellschaftlich praktische Bedeutung hat. Ob der Straßendemonstrant nun zeigen will, daß bei dem und dem Verhalten eines Passanten oder des Fahrers ein Unfall unvermeidlich, bei einem anderen vermeidlich ist. Oder ob er zur Klärung der Schuldfrage demonstriert – der Zweck seiner Demonstration bestimmt, welchen Vollständigkeitsgrad er seinen Nachahmungen verleiht. Unser Demonstrant braucht nicht alles, nur einiges von dem Verhalten seiner Person zu imitieren, eben soviel, daß man ein Bild bekommen kann.« Der Vollständigkeitsgrad der Nachahmung bestimmt sich also aus der Absicht und dem Verwendungszusammenhang des Gezeigten. Obwohl die »Theaterszene« gemäß ihres »weitergesteckten Zieles« in der Regel »weit vollständigere Abbilder« gibt, muß auch sie »ihren Aufwand rechtfertigen können aus dem Zweck heraus«. (Bertolt Brecht: Werke. Bd. 22.1. S. 373)

Das entscheidende Kriterium des Epischen Theaters ist sein »Realismus«. Brecht versteht darunter eine Form von Nachahmung zwischenmenschlichen Verhaltens, die nicht nur die zutage tretenden Erscheinungen, sondern auch die ihnen zugrundeliegenden sozialen Gesetzmäßigkeiten zeigt. Die Wirklichkeit soll im Theater nicht nur wiedererkannt, sondern auch durchschaut werden. Damit das möglich ist, muß sich das Bühnengeschehen als etwas künstlich Gemachtes zu erkennen geben. Der Zuschauer darf nicht über dessen Zeichencharakter hinweggetäuscht werden, wie das im Illusionstheater (tendenziell) der Fall ist. Das Auffälligmachen der Differenz zwischen der Realität des Theaters und der von ihm nachgeahmten Realität ist ein Akt der Verfremdung. Dieses für das Epische Theater konstituierende Prinzip besteht darin, daß ein allzu vertrauter Gegenstand oder Sachverhalt zu einem fremden gemacht wird, so daß er Staunen hervorruft und in der Folge Erkenntnis möglich macht. Bezogen auf die gesellschaftliche Funktion des Theaters erwartet sich Brecht vom V-Effekt, daß er den dargestellten sozialen Vorgängen den »Stempel des Vertrauten« wegnimmt, der sie »vor dem Eingriff bewahrt«. Er schreibt: »Das lange nicht Geänderte (...) scheint unveränderbar. Allenthalben treffen wir auf etwas, was zu selbstverständlich ist, als daß wir uns darum bemühen müßten, es zu verstehen. Was sie miteinander erleben, scheint den Menschen das gegebene menschliche Erleben. Damit all dies viele Gegebene ihm (dem Menschen) als ebensoviel Zweifelhaftes erscheinen könnte, müßte er jenen fremden Blick entwickeln, mit dem der große Galilei einen ins Pendeln gekommenen Kronleuchter betrachtete. Den verwunderten diese Schwingungen, als hätte er sie so nicht erwartet (...), wodurch er dann auf die Gesetzmäßigkeiten kam. Diesen Blick, so schwierig wie produktiv, muß das Theater mit seinen Abbildungen des menschlichen Zusammenlebens provozieren.« (Bertolt Brecht: Werke. Bd. 23. S. 81) Bei der Darstellung geschichtlicher Stoffe muß das Setzen des V-Effekts vor allem in der bewußten Verdeutlichung ihres historischen Charakters bestehen; das Fremde daran darf nicht durch oberflächliche Aktualisierungen verwischt werden. Bei Vorgängen aus der Gegenwart ist die Historizität dadurch zu erreichen, daß man sie von einem politisch fortgeschrittenen Standpunkt aus betrachtet; daß dieser im Sinne des Marxismus zu bestimmen ist, steht für Brecht außer Zweifel.

Die Betrachtung der gesellschaftlichen Verhältnisse als gewordene und damit auch änderbare steht im Gegensatz zur Ideologie des »Ewig-Menschlichen«. Im Ästhetischen entspricht dieser Geschichtsauffassung das Prinzip der Einfühlung, das Brecht so umrissen hat: »Der Schauspieler ahmt den Helden nach und er tut es mit solcher Suggestion und Verwandlungskraft, daß ihn der Zuschauer darin nachahmt und sich so in Besitz der Erlebnisse des Helden setzt. Die Wahrnehmungen, Gefühle und Erkenntnisse des Zuschauers waren (im ›alten‹ Theater) denjenigen der auf der Bühne handelnden Personen gleichgeschaltet. Der Zorn des Lear über seine Töchter steckte den Zuschauer an, das heißt, der Zuschauer konnte, zuschauend, ebenfalls Zorn erleben, nicht etwa Erstaunen oder Beunruhigung, also andere Gemütsbewegungen. Der Zorn des Lear konnte also nicht auf seine Berechtigung hin geprüft oder mit Voraussagen seiner möglichen Folgen versehen werden. Es war nicht zu diskutieren, nur zu teilen. Die gesellschaftlichen Phänomene traten so als ewige, natürliche, unabänderbare und unhistorische Phänomene auf und standen nicht zur Diskussion.« (Bertolt Brecht. Werke. Bd. 22.1. S. 554)

Brechts Kritik an der Einfühlung ist keine absolute. Abgesehen davon, daß er die emotionale Ansteckung der Zuschauer in einer Situation zugespitzter Klassenkämpfe für durchaus berechtigt hielt und selbst dafür mit seinem Stück *Die Gewehre der Frau Carrar* ein praktisches Beispiel lieferte, löste er in seiner letzten Arbeitsphase den starren Gegensatz zwischen der einfühlenden und der distanzierten Rezeptionshaltung immer mehr zugunsten einer dialektischen Relation auf. Diesen Ansatz hat der Stückeschreiber zwar nicht mehr ausbauen können, doch gibt eine späte Notiz einen deutlichen Hinweis in diese Richtung: »Nehmen wir an: Die Schwester beweint es, daß der Bruder in den Krieg geht, und es ist der Bauernkrieg, und er ist Bauer und geht mit den Bauern. Sollen wir uns ihrem Schmerz ganz hingeben? Oder gar nicht? Wir müssen uns ihrem Schmerz hingeben können und nicht hingeben können. Unsere eigentliche Bewegung wird durch die Erkennung und Erfühlung des zwiespältigen Vorgangs entstehen.« (Bertolt Brecht: Werke. Bd. 23. S. 413)

Der Grad der Einfühlung des Zuschauers in das Bühnengeschehen ist nach Brecht abhängig vom Grad der Einfühlung des Schauspielers in die Figur. Wenn die emotionale Ansteckung des Zuschauers vermieden werden soll, muß also auch die Identifizierung des Schauspielers mit der Figur vermieden werden. Er darf sich nicht »vorbehaltlos in die Personen des Stückes hineinwerfen«, ihnen nicht »blind nachleben«. So wie der Zuschauer ist aber auch der Schauspieler des Epischen Theaters nicht ohne Gefühl und erst recht nicht die von ihm verkörperte Figur. Selbstverständlich müssen lebendige – und das heißt bei Brecht: widerspruchsvolle – Gestalten auf der Bühne stehen. Der Schauspieler muß diese glaubwürdig verkörpern können; zudem aber soll er auch seine Meinung über ihr Verhalten zum Ausdruck bringen und damit die Zuschauer zur Kritik an ihren Verhaltensweisen auffordern. Der Schauspieler des Epischen Theaters spricht und handelt in der Haltung des Erzählers, das heißt, er bringt deutlich zum Ausdruck, daß »das Ereignis stattgefunden hat« und hier »die Wiederholung stattfindet«; er gibt nicht vor, zu improvisieren, sondern er zeigt, »was die Wahrheit ist: er zitiert«. So verhindert er die Illusion des Zuschauers, »einem momentanen spontanen, nicht geprobten, wirklichen Vorgang beizuwohnen«, seinem Spiel unterliegt »der Gestus des Aushändigens von etwas Fertigem«. (Bertolt Brecht: Werke. Bd. 23. S. 97)

So wie in der Schauspielkunst müssen nach Brechts Auffassung auch im Bühnenbild die Mittel erkennbar sein. Diesem Zweck dient die Sichtbarkeit der Lichtquellen. Eine distanzierende Wirkung wollte er auch durch die Projektion von Kommentaren auf den Zwischenvorhang erreichen. Als Regisseur ließ er nur solche Objekte auf der Bühne zu, die direkt mit den Spielvorgängen in Beziehung stehen. Jedes muß in seiner Aussage durchdacht sein. Über die Arbeit von Caspar Neher schrieb er: »Wie sorgsam wählte er einen Stuhl und wie bedachtsam plazierte er ihn. Und alles hilft dem Spiel. Da ist ein Stuhl kurzbeinig und auch der Tisch dazu von studierter Höhe, so, daß die an ihm essen, eine ganz besondere Haltung einnehmen müssen, und das Gespräch der tiefer als gewöhnlich gebückten Esser bekommt etwas Besonderes, den Vorgang deutlich Machendes.« (Bertolt Brecht: Werke. Bd. 22.2. S. 854) Caspar Neher hat sich in seinen Bühnenskizzen nie auf die Darstellung der materiellen

Bertolt Brecht: Herr Puntila und sein Knecht Matti. Berliner Ensemble, 1949. Inszenierung: Bertolt Brecht. Arrangementskizze von Caspar Neher

Welt beschränkt, sondern auch Hinweise gegeben für die Haltung der Figuren, ihrer Beziehungen zueinander und für das Arrangement der Szene; so konnten sie beim Probieren als Ausgangspunkt dienen.

Parallel zur Konzeptionierung des Epischen Theaters entwarf Brecht Ende der zwanziger Jahre das Modell des Lehrstückes. Diese dramatische Form war in erster Linie für die politische Selbsterziehung proletarischer Laien gedacht. Die wichtigsten Beispiele für diese Gattung sind: *Der Ozeanflug, Das Badener Lehrstück vom Einverständnis, Der Jasager und Der Neinsager, Die Maßnahme, Die Ausnahme und die Regel, Die Horatier und die Kuratier.* »Das Lehrstück«, so Brecht, »lehrt dadurch, daß es gespielt, nicht dadurch, daß es gesehen wird. Prinzipiell ist für das Lehrstück kein Zuschauer nötig, jedoch kann er natürlich verwertet werden. Es liegt dem Lehrstück die Erwartung zugrunde, daß der Spielende durch die Durchführung bestimmter Handlungsweisen, Einnahme bestimmter Haltungen, Wiedergabe bestimmter Reden usw. gesellschaftlich beeinflußt werden kann. Ästhetische Maßstäbe für die Gestaltung von Personen, die für die Schaustücke gelten, sind beim Lehrstück außer Funktion gesetzt.« (Bertolt Brecht: Werke. Bd. 22.1. S. 351)

In diesem Stücktypus, der in den siebziger Jahren in Westdeutschland vorübergehend im Rahmen der Theaterpädagogik, verstanden als Sozialarbeit mit theatralen Mitteln, eine wichtige Rolle gespielt hat, gibt es keine individuell gezeichneten Figuren. Der einzelne ist angesichts der Vermassung »ausgelöscht«; er muß im Kollektiv neu bestimmt, gleichsam »wiedergeboren«, werden. Diesen Lernprozeß sollen die Lehrstücke auf spielerische Art und Weise einüben.

Drama und Theater im Nationalsozialismus

Der Anspruch des nationalsozialistischen Regimes und seines »Führers« an die Dramatiker und Theatermacher war ein totaler. Er ließ nur die bedingungslose Anpassung, den Rückzug aus der Öffentlichkeit oder die Emigration zu. Alfred Rosenberg, der mit seinem Buch »Der Mythos des 20. Jahrhunderts« wesentlich zur Ideologiebildung des Regimes beigetragen hat, sprach von einem »einheitlichen Willensantrieb«, der beim »ersten Erwachen der Rassenseele« Weltanschauung und Kunst »aufs engste miteinander verknüpft«. In diesem Sinne versuchten die Nazis gleich nach dem Machtantritt im Jahre 1933, das Theater in den Dienst ihrer Sache zu stellen. Dumpfheit, Chauvinismus und eine gegen jede Art von Modernität gerichtete Grundeinstellung rückten damit auch auf der Bühne an die Stelle von geistiger Freiheit, Weltoffenheit und Experimentierlust, wie sie bei den Künstlern und Intellektuellen in der Weimarer Republik weithin geherrscht hatten.

Die Weltanschauung der Nationalsozialisten war uneinheitlich und verschwommen. Von den Programmatikern wurde immer wieder betont, daß es sich um eine Bewegung handle und nicht um einen Zustand, daß man daher keine fertigen Formeln, sondern nur Richtungen angeben könne. Charakteristisch war vor allem der ausgeprägte Irrationalismus, dem man auf allen Gebieten huldigte. Gegen den »kranken Intellekt« wurde das »gesunde Gefühl«, gegen den »degenerierten Gehirnmenschen« der »normale Instinktmensch« ausgespielt. Bei der Durchsetzung ihrer Ideologie bauten die Nazis nicht auf argumentative Überzeugung, sondern auf die emotionale Überwältigung. Hitler hatte schon in seinem Programm-Buch »Mein Kampf« von dem »beseelenden Fanatismus« und der »vorwärtsjagenden Hysterie« als den eigentliche Triebkräften der »gewaltigsten Umwälzungen« in der Weltgeschichte gefaselt. Daß unter solchen Auspizien kein geschlossenes Programm zustande kommen konnte, versteht sich von selbst.

Einig waren sich die Vordenker der Nazis vor allem im Negativen, im Haß gegen die Juden und die Intellektuellen, gegen die parlamentarische Demokratie und den Internationalismus, gegen die moderne Kunst und den kritischen Journalismus. Die positiven Werte wurden eher vage, mit vieldeutigen Schlagworten benannt. Die wichtigsten waren: »Rasse«, »Blut«, »Heimat«, »Führer« und »Volk«. Die »völkische Einheit« der Deutschen sahen die Nationalsozialisten in dem »nordischen Blutanteil« begründet, der mit allen Mitteln gestärkt werden sollte. So entstand der die Menschenwürde verachtende Plan zur Züchtung blonder und blauäugiger Herrenmenschen durch die Zusammenführung geeigneter Geschlechtspartner. Aus der Bindung an »Blut und Rasse« sowie an das »Ahnenerbe« resultiere, wie die Nazi-Ideologen meinten, die Bindung an den »Heimatboden«. Das Volkstum realisiere sich darum am reinsten in der bäuerlichen Bevölkerung. Mit ihrer überlieferten archaischen und hierarchischen Ordnung bilde sie den positiven Gegensatz zu der »kranken Zivilisation« der Städte sowie zur politischen »Gleichmacherei« und zu den Entartungen der »seelenlosen Technik«. Die (vor allem im Kleinbürgertum grassierenden) Ängste der Menschen vor dem nicht überschaubaren Fortschritt wurden in dem Gerede von der »Rückkehr zur Scholle« aufgegriffen und den eigenen Zielen dienstbar gemacht.

Einen geradezu mystischen Charakter besaß bei den Nazis die nicht als historisch geprägt, sondern als überzeitlicher Organismus verstandene »Volksgemeinschaft«, in deren Seele »das richtige Gefühl« und in dessen Bewußtsein »das richtige Denken« aufgehoben sind. Die gesellschaftlichen Verhältnisse und Beziehungen sowie die Gegensätze zwischen den Klassen und Schichten wurden also ins Mythische entrückt und damit ihrer politischen Sprengkraft beraubt.

Der Künstler habe das, was der Volksgemeinschaft gemäß sei, in einem ganz besonderen Maße zu spüren und zum Ausdruck zu bringen. Dabei müßten ihn seine natürlichen Anlagen leiten; nicht Bildungsgänge und Denkprozesse seien ausschlaggebend für die Qualität seines Werkes, sondern »die Stärke seines Charakters«. Nur wenn er dem »völkischen Gewissen« verpflichtet sei, werde der Künstler ein wirklich »volkstümliches« Werk schaffen; er sei eigentlich nur das Medium des Volksgeistes und der Volksseele. Wer nicht dem deutschen Volk angehöre, wer nicht die Eigenschaften der germanischen Rasse besitze, werde nie dazu in der Lage sein. Der in einem solchen Sinne volksverbundenen Künstlerpersönlichkeit solle die Möglichkeit geboten werden, daran mitzuarbeiten, daß die Kunst wieder zum »höchsten schöpferischen Ausdruck der artgleichen Blutgemeinschaft« werde, daß sie »explosiv«, »eruptiv«, »elementar« hervorbreche »aus der Volksseele«, wie es der Propagandaminister Joseph Goebbels gleich nach Machtergreifung postuliert hatte. Seine Erwartung von einer neuen, mit dem Begriff »stählerne Romantik« charakterisierten Kunst hat sich allerdings nur in einem sehr beschränkten Maße eingelöst. In der Musik ist so gut wie nichts Neues entstanden, sondern nur Antiquiertes aufgewärmt worden; die bildende Kunst erschöpfte sich in der Darstellung von leeren Heldenposen, naturgetreu bis ins einzelne Schamhaar. Nur die Architektur erreichte eine im wesentlichen auf Monumentalität beruhende Wirkung – meist in der Form von Einschüchterung und Überwältigung.

Dem Theater wurde von den Nazis die Aufgabe zugewiesen, den Menschen völkisches Bewußtsein und »Liebe zur heimatlichen Scholle«, ein Gefühl für die Überlegenheit der »arischen« Rasse und eine »heroische« Einstellung zu vermitteln. Besonders beim jungen Publikum sollten »heldische Herzen erweckt« werden, wie es der »Reichsjugendführer« Baldur von Schirach ausgedrückt hat. Durch die Aufführung neu entstandener »Heldendramen« und die Interpretation der Klassiker in diesem Sinne sollte die Bereitschaft des einzelnen zur Opferung im Sinne eines höheren Ganzen propagiert werden – nicht unwichtig, wenn ein Krieg vorbereitet wird. Heroische Opferbereitschaft wurde als spezifische Eigenschaft der germanischen Menschen ausgegeben; nur dieser wurde als fähig angesehen – gläubig gegenüber dem Schicksal wie dem »Führer« –, sein Leben für das der Gemeinschaft hinzugeben.

Die weniger ideologisch aufgeladenen Zielsetzungen für die Bühne, wie »Bereicherung des Seins«, »Läuterung des Gemüts« oder »Zuwachs an Kraft«, wurden nur punktuell eingelöst. Was die Nazis tatsächlich bewirkten, war die Zerstörung fast aller kreativen Ansätze und Traditionen, wie sie sich in der Weimarer Republik entwickelt hatten. Der schon in den zwanziger Jahren aktive, damals jedoch noch wenig erfolgreiche »Kampfbund für deutsche Kultur« unter dem später zum »Beauftragten des Führers für die Überwachung der weltanschaulichen Erziehung« ernannten Alfred Rosenberg und das Goebbels-Ministerium wetteiferten bei der »Säuberung« des Kulturlebens von allen nicht genehmen Persönlichkeiten; ihre Positionen wurden von Parteigängern oder willfährigen Mitläufern eingenommen. »Politisch unzuverlässige« und »nicht-arische« Künstler wurden mit den brutalsten Mitteln ausgegrenzt. Ein erster Höhepunkt des Terrors war die Bücherverbrennung, bei der auch viele bedeutende Theatertexte in den Flammen aufgingen. Bald begann der massenhafte Auszug der besten Dramatiker, Regisseure und Schauspieler in die Emigration. Wer seine arische Herkunft nicht nachweisen konnte oder kein Treuegelöbnis zum Naziregime ablegte, wurde mit Schreib- oder Spielverbot belegt und damit beruflich vernichtet. Die übrigen Theaterleute köderte man durch erhebliche Verbesserungen ihrer materiellen und sozialen Situation. Manche Schauspieler (und besonders

Schauspielerinnen) waren regelrechte Hätschelkinder der Machthaber: sie erhielten Gagen und Privilegien, von denen sie vorher nur geträumt hatten. Die »Reichstheaterkammer«, in der man als Bühnenangehöriger Mitglied sein mußte, kontrollierte das Theaterwesen in allen organisatorischen und personellen Belangen; keine einigermaßen wichtige Frage konnte ohne ihre Zustimmung entschieden werden. Auch die Rekrutierung der Besucher wurde gleichgeschaltet; an die Stelle der Volksbühnen und der christlichen Theatergemeinden trat die Massenorganisation »Kraft durch Freude«, mit deren Hilfe die Machthaber die Freizeitgestaltung ihrer Untertanen in den Griff zu bekommen suchten.

Die inhaltliche Ausrichtung der Spielpläne durch eine Art Vorzensur war Aufgabe einer »Reichsdramaturgie« und ebenso die Entwicklung und Förderung einer nationalsozialistischen Dramatik. Dabei konnte man zurückgreifen auf das »völkisch-konservative« Schauspiel, das sich schon im 19. Jahrhundert ausgebildet hatte und seinen Höhepunkt im Ersten Weltkrieg erreichte, als es dessen ideologische Absicherung an der »Heimatfront« betrieb. In der Weimarer Republik agitierten die Stücke dieses Genres gegen die »Schmach von Versailles« und propagierten deutschnationale Positionen. Das völkische Drama fühlte sich den »Freikorps« verbunden, jenen versprengten Soldatenhaufen, die nach dem Krieg nicht abrüsteten, sondern in Oberschlesien und im besetzten Ruhrgebiet »für die deutsche Sache« kämpften. Einer ihrer Anführer wurde von den Franzosen wegen Spionage hingerichtet; diesen Leo Schlageter bauten die Rechtsradikalen zu ihrem Märtyrer auf; und der Schriftsteller Hanns Johst, später Präsident der Reichsschrifttumskammer, schrieb ein Schauspiel *Schlageter*, das zum Vorbild für den heroisch-aktivistischen Typus des nationalsozialistischen Dramas wurde.

Eine andere Grundströmung des dramatischen Schaffens während der Nazizeit entsprang der »Blut und Boden«-Ideologie. Ihre Wurzeln lagen in einer schon um die Jahrhundertwende als Opposition gegen die Industrialisierung und Verstädterung entstandenen Bewegung, die einerseits das bäuerliche Leben auf der »heimatlichen Scholle« rühmte und andererseits die These vom »Volk ohne Raum« unter die Leute brachte, die Hitlers Eroberungsfeldzüge im Osten vorbereiten sollte. Während auf diesem Sektor des »Grenzlanddramas« nur unerfreuliche Machwerke entstanden, gab es unter den »Heimatstücken« Ausnahmen: die in einer kräftigen, mundartlich gefärbten Sprache gehaltenen Dichtungen des Österreichers Richard Billinger. Die Menschen in seinen Dramen (*Rosse, Rauhnacht, Der Gigant*) sind ganz im Heimatboden verwurzelt, doch erscheinen sie nicht »gesund« und vorbildhaft im Sinne des Nationalsozialismus, sondern dumpf verstrickt in die elementaren Abläufe der Natur. Billinger schildert ihre Auseinandersetzung mit dem Phänomen der modernen Zivilisation, mit der Stadt und der Technik, die immer tödlich für sie endet.

Neben den Gegenwartsstücken entstand während des »Dritten Reichs« eine verhältnismäßig große Zahl von historischen Schauspielen, die allerdings – sehr zurecht – heute vergessen sind. Ihren Autoren ging es im Grunde nicht um die Darstellung geschichtlicher Prozesse, sondern um die Behauptung der überzeitlichen Gültigkeit von nationalsozialistischen Grundkategorien. Obwohl unter diesem Gesichtspunkt jede Epoche gleichermaßen hätte geeignet sein müssen, bevorzugte man doch deutlich bestimmte Zeitabschnitte, wie die »graue Vorzeit« und das Mittelalter, oder bestimmte Figuren, wie Martin Luther, Napoleon und Bismarck.

Mit dem »Thing-Spiel«, benannt nach dem Gerichtsplatz der Germanen, wollten die nationalsozialistischen Kulturpolitiker eine eigene Theaterform schaffen. Mit einem ungeheuren Einsatz an Menschen und Mitteln wurde das Projekt um die Mitte der dreißiger Jahre gestartet, doch mußte es schon nach wenigen Jahren als gescheitert angesehen und eingestellt werden. In der neuen Gattung spielte der Chor eine wichtige Rolle, in dem sich die Beziehung zwischen dem Volk und seinen Führern exemplarisch offenbaren sollte. Auch für die räumliche Gestaltung nahm man sich die Antike zum Vorbild. Meist an »geweihten Plätzen« (wie Hünengräbern, Schlachtfeldern oder historischen Fürstensitzen) errichtete man Freilichtanlagen für bis zu 20.000 Besucher. Im Sinne einer möglichst intensiven Kommunikation legte man den Zuschauerraum im Halb- oder Dreiviertelrund um die Spielfläche an. Das erklärte Ziel war die »Verschmelzung« der Zuschauer mit dem Bühnengeschehen wie auch untereinander. Die »Volksgemeinschaft« sollte hier vom einzelnen gleichsam symbolisch erlebt werden. Das in diesem Zusammenhang immer wieder gebrauchte Wort »Mysterium« weist auf den pseudo-religiösen Charakter des ganzen Unternehmens hin. Die Texte des Thing-Spiels waren selbstverständlich von dem gleichen Ungeist erfüllt wie die Weltanschauung der Nazis insgesamt. In künstlerischer Hinsicht war nur das *Frankenburger Würfelspiel*, ein Massendrama über die Bauernkriege in Österreich von Wolfgang Eberhard Möller, einigermaßen akzeptabel; es wurde anläßlich der Olympischen Spiele von 1936 in Berlin auf der größten der zwanzig fertiggestellten Anlagen, auf der heutigen »Waldbühne«, uraufgeführt.

Erfolgreicher als der »kulturelle Thing« war der »politische Thing«, wie die Nazis ihre Massenveranstaltungen nannten. In der Inszenierung von Aufmärschen und Kundgebungen realisierte sich die Ästhetik des Nationalsozialismus in ihrer eindrucksvollsten Form. Besonders bei den »Reichsparteitagen« auf dem Nürnberger »Märzfeld« wurden alle Register gezogen. Vor der imposanten Kulisse einer monumental-klassizistischen Architektur bewegten sich Tausende von Uniformierten in raffiniert ausgedachten Choreographien zu den Klängen von Trommeln und Fanfaren. Fahnen spielten in diesen oft von Hitler persönlich festgelegten Ritualen eine ebenso wichtige Rolle wie die mit Flakscheinwerfern gestalteten »Lichtdome«. Dem Film *Triumph des Willens*, den Leni Riefenstahl beim Reichsparteitag von 1934 gedreht hat, ist eine ästhetische Qualität gewiß nicht abzusprechen. Das gilt auch für die Massenchoreographie bei der Eröffnungsfeier der Olympischen Spiele, für die man mit Rudolf von Laban und Mary Wigman die bedeutendsten Vertreter des Ausdruckstanzes herangezogen hat; kurz darauf wurden sie allerdings von den Machthabern wieder fallengelassen. Die politische Wirkung solcher Unternehmen war natürlich genau kalkuliert. Durch die Faszination des Monumentalen sollten auf suggestive Weise die kritisch-emanzipatorischen Kräfte der Menschen ausgeschaltet werden.

In der Institution Theater selbst kamen die Blütenträume der Nazis nicht zum Reifen. Angesichts des Mangels an neuen Stücken mußte man bei der Spielplangestaltung auf das gängige Repertoire zurückgreifen, auf die Klassiker und auf das seichte Unterhaltungsdrama. Besonders nach dem Beginn der direkten Kriegsvorbereitungen, als die Ablenkung und Zerstreuung der Volkgenossen immer wichtiger wurde, setzte man auf die »leichte Kost«, auf die Operette und das musikalische Lustspiel. Mit der Inszenierung klassischer Stücke wollte man der Erbauung und weltanschaulichen Festigung dienen. Dabei war »Werktreue« der oberste Grundsatz; dahinter verbarg sich allerdings oft eine verkürzte Interpretation der Dramen im Sinne der herrschenden Ideologie. Für die wenigen kritisch eingestellten Theaterleute, die von den Machthabern geduldet wurden, boten klassische Texte die Möglichkeit, zwischen den Zeilen Opposition anzudeuten; relativ häufig mußte sich die »Geheime Staatspolizei« mit solchen Fällen beschäftigen. Was die Ästhetik betrifft, trat das Klassiker-Theater in erster Linie rhetorisch und pathetisch in Erscheinung – beides eine Folge der gegen den Naturalismus ebenso wie gegen die Stimmungskunst Max Reinhardts gerichteten Tendenz zur großen Form und zum idealtypisch überhöhten Charakter. Das Bühnenbild orientierte sich fast durchweg an dem Monumental-Klassizismus, wie er für die Nazi-Kunst insgesamt charakteristisch ist.

Von den in Deutschland gebliebenen Theaterleuten ist es nur wenigen gelungen, ihr

Niveau zu halten oder sich gar weiterzuentwickeln. Unter den Regisseuren trifft das nur auf Gustaf Gründgens, Heinz Hilpert und Jürgen Fehling zu, die alle in Berlin gearbeitet haben. Als Leiter der Preußischen Staatstheater beziehungsweise des Deutschen Theaters haben die beiden erstgenannten manchem verfemten Kollegen eine Heimstatt geboten. Der Versuch von Gründgens, das Niveau der deutschen Theaterkultur einigermaßen zu halten, wird kontrovers beurteilt; unbestritten sind seine schauspielerischen Qualitäten und seine Fähigkeit, als Regisseur die künstlerische Individualität der Kollegen zur Geltung zu bringen. Ein Verdienst von Gründgens besteht darin, daß er unter dem Patronat des Preußischen Ministerpräsidenten Hermann Göring, der mit Emmy Sonnemann, einer Schauspielerin des Staatstheaters, verheiratet war, den kritischen und eigenwilligen Jürgen Fehling gehalten hat. Dieser sicher bedeutendste Regisseur in der Zeit der Naziherrschaft wagte mitunter kühne Angriffe auf die Machthaber. Als er zum Beispiel *König Richard III.* als Spiegel des herrschenden Systems inszenierte, stellte sich zwangsläufig die Verbindung zwischen Shakespeares hinkendem Erzbösewicht und dem gehbehinderten Goebbels her. Fehlings Regiekunst wird als »überhitzt« und »visionär« beschrieben und stand so in einem Gegensatz zu dem »eleganten« und »kalten« Stil von Gustaf Gründgens.

Drama und Theater im Exil

Unter den Künstlern und Intellektuellen, die von den Nationalsozialisten aus Deutschland vertrieben wurden, hatten es die Dramatiker und die Theatermacher besonders schwer. Durch die Emigration verloren sie mit den deutschen Bühnen das Bezugsfeld ihrer Arbeit. Meist waren sie auch ihres wichtigsten Produktionsmittels, der deutschen Sprache, beraubt. Nur wenige Schauspieler haben es geschafft, diese Hürde zu überwinden; im Film war das immerhin noch leichter möglich als auf der Bühne. Angesichts dieser Schwierigkeit wählten viele Theaterleute Österreich (bis zu dessen Anschluß an das »Dritte Reich«) und die deutschsprachige Schweiz als Exil. Das Zürcher Schauspielhaus wurde auf diese Weise zu einem Hort deutscher Theaterkunst. Hier konnten hervorragende Schauspieler wie Wolfgang Heinz, Karl Paryla, Wolfgang Langhoff und Therese Giehse ihren Beruf ausüben. Unter der Leitung des mutigen und liberalen Intendanten Oskar Wälterlin brachten die ebenfalls aus Hitler-Deutschland geflohenen Regisseure Leonard Steckel und Leopold Lindtberg in Zusammenarbeit mit dem Bühnenbildner Teo Otto neben vielen Klassikern auch eine Reihe bedeutender Stücke von Exil-Dramatikern heraus: Ödön von Horváths *Hin und her*, Ferdinand Bruckners *Rassen*, Friedrich Wolfs *Professor Mamlock*, Carl Zuckmayers *Ulla Windblad* und von Bertolt Brecht *Mutter Courage, Leben des Galilei, Der gute Mensch von Sezuan*. Der ebenfalls exilierte Dramaturg Kurt Hirschfeld hat die Aufgabenstellung des Zürcher Schauspielhauses in diesen Jahren so umrissen: »Es galt, das Theater wieder als wirkende kulturelle Institution einzusetzen, seinen geistigen Ort zu bestimmen und seine Funktion zu restituieren in einer Zeit, in der das deutschsprachige Theater lediglich Propagandawaffe war. Es galt, künstlerische, ethische, politische und religiöse Probleme zur Diskussion zu stellen in einer Zeit, in der Diskussion durch blinde Gefolgschaft abgelöst schien. Es galt, das Bild des Menschen in seiner ganzen Mannigfaltigkeit zu wahren und zu zeigen und damit eine Position gegen die zerstörenden Mächte des Faschismus zu schaffen.« (Zitiert nach Werner Mittenzwei: Das Zürcher Schauspielhaus. S. 179)

Eine andere Möglichkeit, in deutscher Sprache zu spielen, boten die von den Emigranten selbst getragenen, politisch meist weit links angesiedelten Theaterklubs, wie sie zeitweise in Schweden und in Mexiko, in England und in Argentinien existierten und in denen oft Laien und Berufsschauspieler gemeinsam auftraten. Professionelle Unternehmungen wie die Uraufführung von Bertolt Brechts *Furcht und Elend des Dritten Reichs* und *Die Gewehre der Frau Carrar* in Paris blieben die Ausnahme. Eine spezifische Form des Exil-Theaters konnte sich dort entwickeln, wo schon vor der Nazi-Zeit eine große Zahl von Auslandsdeutschen lebte. Das war vor allem in den Großstädten Nord- und Südamerikas der Fall sowie in der Sowjetunion. Erwin Piscators großangelegter Versuch, in der Stadt Engels, dem Zentrum der Wolgadeutschen, eine Bühne einzurichten, scheiterte allerdings. Einer Reihe von kommunistischen Truppen gelang es dagegen, in Rußland Fuß zu fassen. Einige Exil-Dramen, vor allem die von Friedrich Wolf, wurden von ihnen zur Uraufführung gebracht.

Neben den vielleicht zwei Dutzend einigermaßen erfolgreichen Emigranten stehen die ungefähr viertausend Autoren und Theatermacher, die in psychischer und oft genug auch in materieller Not lebten. Häufig waren sie durch die Ausdehnung des Herrschaftsbereiches der Nazis dazu gezwungen, von Station zu Station weiterzuziehen, wobei sie dem Mißtrauen und manchmal auch den Schikanen der Behörden ihrer Gastländer ausgesetzt waren. Relativ viele haben den Freitod gewählt. Eine Integration in die Gesellschaft und in das Kulturleben der Exil-Länder gelang nur wenigen, selbst wenn ihnen ein berühmter Name oder persönliche Beziehungen gute Voraussetzungen boten. Der in die USA emigrierte Philosoph Theodor W. Adorno hat neben der »enteigneten Sprache« vor allem die »abgegrabene geschichtliche Dimension« dafür verantwortlich gemacht.

Die ungefähr siebenhundert Stücke umfassende Exil-Dramatik stellt im großen und ganzen eine Fortsetzung der Entwicklung in der Weimarer Republik dar. Allerdings verloren die Arbeiten der meisten Autoren unter den veränderten Bedingungen wesentlich an Qualität. Gleichzeitig verengte sich der Themenkreis, aus begreiflichen Gründen, auf die aktuellen Zustände in Deutschland. Die dramatische Auseinandersetzung mit dem Nazi-Regime geschah sowohl in zeitgenössischer Gestalt als auch in historischer Verkleidung. Die größere Bedeutung kam dem Zeitstück zu; die frühesten und gleichzeitig wichtigsten Dramen dieser Gattung waren Ferdinand Bruckners *Rassen* und *Professor Mamlock* von Friedrich Wolf. In dem erstgenannten Schauspiel, das im Studentenmilieu angesiedelt ist, werden psychische Konstellationen aufgezeigt, die zur Entstehung von Rassismus führen: die irrationale Sehnsucht nach Gemeinschaft und eine latente Aggressivität. Wie der Rassismus die Demokratie zersetzt, zeigt Wolf in seinem Stück am Beispiel eines jüdischen Arztes, der sich auf die Grundrechte beruft, aber trotzdem entlassen und mit abgeschnittenen Hosen durch die Stadt gejagt wird, worauf er nurmehr im Selbstmord einen Ausweg sieht; sein vom Kommunismus überzeugter Sohn geht in den Widerstand. Wie auch die anderen Exil-Dramen von Friedrich Wolf (*Floridsdorf, Das trojanische Pferd*) vermittelt ein »positiver Held« dem Publikum die Überzeugung, daß nicht banges Abwarten, sondern Kampf das richtige Mittel gegen die Nazi-Barbarei ist. Neben dem Rassismus wurden in den Gegenwartsstücken Themen behandelt wie der sozialistische Widerstand gegen die Nazis (Gustav von Wangenheims *Helden im Keller*), die »bekennende Kirche« (Ernst Tollers *Pastor Hall*) und das Scheitern der deutschen Offensive in Rußland (Johannes R. Bechers *Die Winterschlacht*).

Häufiger als in der Weimarer Republik wurde das Geschichtsdrama zur Darstellung der aktuellen politischen Probleme genutzt. Peter Martin Lampel brachte seine Einstellung gegenüber Hitler und seinem Regime am Beispiel des *Königs von Zion*, des Anführers der Münsteraner Wiedertäufer, zum Ausdruck; Franz Theodor Csokor gestaltete sein Stück über die polnische Heilige *Jadwiga* als Aufruf zum Widerstand; Gustav von Wangenheim leistete mit *Heinrich von Lettland* einen Beitrag aus kommunistischer Sicht, ebenso Wolf mit seinem Historiendrama *Beaumarchais oder Die Geburt des Figaro*, das die tragische Situation des Schriftstellers beschreibt, der von der revolutionären Kraft seines eigenen Werkes eingeholt wird. Überhaupt war die Französische Revolution ein bevorzugtes Themenfeld mehrerer Exil-Dramatiker. So behandelten Georg Kaiser, Ferdinand Bruckner und Arnold Zweig die Gestalt Napoleon I.; Fritz von Unruh schrieb ein Stück über Charlotte Corday, die Mörderin von Jean Paul Marat.

Der einzige Theaterautor, der die Exilsituation für seine Entwicklung produktiv machen konnte, war Bertolt Brecht. Wenngleich auch abgeschnitten von jeder Möglichkeit zur Überprüfung auf der Bühne, schrieb er in dieser Zeit eine ganze Reihe seiner bedeutendsten Stücke. In der Parabel *Die Rundköpfe und die Spitzköpfe* veranschaulichte er die These, daß der Rassismus nichts anderes ist als ein Auswuchs des Kapitalismus. Diese (doch recht eindimensionale) Ansicht legte er auch dem Drama *Der aufhaltsame Aufstieg des Arturo Ui* zugrunde; wenn sich dort die Mitglieder des »Karfiol-Trusts« von Chicago mit dem Gangster Arturo Ui und dessen Gang einlassen, so ist das ein Gleichnis für die Beziehungen zwischen der deutschen Wirtschaft und den Nationalsozialisten. In der von ihm selbst als »szenische Gestentafel« bezeichneten Einakter-Reihe *Furcht und Elend des Dritten Reichs* demonstrierte Brecht an konkreten Beispielen die schrecklichen Auswirkungen der Nazi-Herrschaft auf das Alltagsleben. Sein Drama *Leben des Galilei* hat in der ersten Fassung hauptsächlich die »Schwierigkeiten beim Verbreiten der Wahrheit« in Zeiten der Unterdrückung zum Thema; bei der zweiten Version legte er dann den Schwerpunkt auf die politische Verantwortung des Wissenschaftlers, denn dieses Problem war durch die Fortschritte beim Bau der Atombombe gegen Kriegsende brennend aktuell geworden.

In seinem Schauspiel *Der gute Mensch von Sezuan* suchte der Stückeschreiber den Beweis zu führen, daß es im Kapitalismus unmöglich ist, gütig zu sein und trotzdem das eigene Überleben zu sichern. Im Mittelpunkt des Volksstückes *Herr Puntila und sein Knecht Matti* steht ein Gutsherr, der sich seinem Chauffeur gegenüber nur dann menschlich verhält, wenn er betrunken ist, im nüchternen Zustand dagegen ist er äußerst herrisch und rücksichtslos.

In *Mutter Courage und ihre Kinder*, angesiedelt im Dreißigjährigen Krieg, konfrontiert Brecht das Publikum mit einer Unbelehrbaren, die ihre Kinder durch den Krieg verloren hat, diesen aber noch immer lobt, weil er ihr das Auskommen als Marketenderin sichert. Wenn auch die Figur selbst durch Erfahrung nicht klüger wird, so kann doch der Zuschauer auf dem Weg des »antithetischen Lernens« aus dem vorgeführten Geschehen klüger werden. In ihrem unbedingten Überlebenswillen hat die Courage einen Verwandten in Gestalt des Schweyk, den Brecht aus dem Roman von Jaroslav Hašek übernommen und zur Zentralfigur seines Schauspiels *Schweyk im zweiten Weltkrieg* gemacht hat. An dem listigen Überlebenskünstler demonstriert er seinen Glauben an die durch nichts zu verwüstende Kraft des Volkes. Dieses Vertrauen sowie die felsenfeste Überzeugung, daß die Menschen fähig sind, ihre Welt zum Besseren hin zu verändern, haben ihm die Kraft gegeben, die »finsteren Zeiten« des Exils relativ unbeschadet zu überstehen.

Das Theater der ersten Nachkriegszeit

In der kurzen Zeitspanne zwischen dem Ende des Zweiten Weltkriegs und der Konstituierung der beiden Teilstaaten dachten viele Deutsche ähnlich wie Thomas Mann, der wenige Tage nach der Kapitulation von seinem Exil in den USA aus eine Rede an die Radiohörer in der Heimat hielt: »Wie bitter, wenn der Jubel der Welt der Niederlage, der tiefsten Demütigung des eigenen Landes gilt! Wie zeigt sich darin noch einmal schrecklich der Abgrund, der sich zwischen Deutschland, dem Land unserer Väter und Meister, und der gesitteten Welt aufgetan hat!« (Thomas Mann: Deutsche Hörer! S. 153 f.) Ohne die Vergangenheit zu verdrängen oder sich mit vorschnellen Antworten zufriedenzugeben, suchten verantwortungsbewußte Menschen aus den Ereignissen Schlüsse zu ziehen für die Gestaltung einer besseren Zukunft und den Aufbau einer neuen politischen Ordnung. »Deutschland besitzt aus der unglaublichen Gunst seiner totalen Niederlage heraus die Kraft zur totalen Wandlung.« – So optimistisch wie der Schriftsteller Alfred Andersch dachten nicht wenige. Wolfgang Borchert, der Autor von *Draußen vor der Tür*, dem bedeutendsten deutschen Drama der ersten Nachkriegszeit, formulierte die Ansicht der jungen Intelligenz so: »Wir sind eine Generation ohne Heimkehr, denn wir haben nichts, zu dem wir heimkehren könnten. (...) Aber wir sind eine Generation der Ankunft. Vielleicht sind wir eine Generation voller Ankunft auf einem neuen Stern, in einem neuen Leben. Voller Ankunft unter einer neuen Sonne, zu neuen Herzen. Vielleicht sind wir voller Ankunft zu einem neuen Leben, zu einem neuen Lachen, zu einem neuen Gott.« (Wolfgang Borchert: Das gesamte Werk. S. 79)

Die Mehrzahl der Kriegsheimkehrer, der Flüchtlinge und der oft mit ihren Kindern alleingebliebenen Frauen hatte erst einmal konkretere Probleme zu lösen. Sie fingen an, die Trümmer nach Brauchbarem zu durchstöbern, behelfsmäßige Unterkünfte einzurichten, aus Waffenschrott Werkzeuge für den Wiederaufbau herzustellen. Der materielle Neuanfang drängte dann bald den geistig-moralischen in den Hintergrund. Die oft beschworene »Stunde Null« mit der »glühenden Hoffnung« auf ein »revolutionär erneuertes Deutschland« war in mancher Hinsicht nicht mehr als ein nachträglich konstruierter Gründungsmythos. Die Mehrheit der Deutschen suchte angesichts der aus dem radikalen Umbruch der Lebensverhältnisse resultierenden Verunsicherung, wo immer es möglich war, an Traditionen anzuknüpfen und in den gewohnten Bahnen weiterzugehen. Insbesondere auf dem kulturellen Sektor bestand dazu die Gelegenheit. Die Rückbesinnung auf die überlieferten Denkmuster und Kunstformen des Humanismus und der Klassik, die das Nazi-Regime pervertiert hatte, konnte einen gewissen Schutz und Trost gewähren. Die politisch neutralisierte Kultur des Überlieferten und Bewährten bot sich als Fluchtraum an vor den Herausforderungen der Gegenwart und als Mittel zur Beruhigung des Gewissens über das Geschehene. Die Pflege des »kulturellen Erbes« als Beweis für die Wiedergeburt eines »besseren Deutschland«, als Sühne der historischen Schuld und als Ersatz für eine unbequeme Trauerarbeit stand in dieser Zeit unter den Wertsetzungen in Ost und West ganz obenan.

Eine zentrale Rolle spielte in diesem Zusammenhang selbstverständlich das Theater. Gleich nach dem Zusammenbruch bemühte man sich mit großer Intensität um die Aufführung der klassischen Dramen, wobei neben Goethes *Iphigenie auf Tauris* (als Loblied der Humanität) und Schillers Dramen der Auflehnung gegen übermächtige Autoritäten (*Kabale und Liebe* und *Don Carlos*) vor allem Lessings zwölf Jahre lang verbotenes Toleranzdrama *Nathan der Weise* eine bevorzugte Stellung genoß. Mit dessen Inszenierung durch Fritz Wisten, der Oberspielleiter am Theater des »Jüdischen Kulturbundes« in Berlin gewesen war und das Konzentrationslager überlebt hatte, wurde im Herbst 1945 das Berliner Deutsche Theater wiedereröffnet. Neben den im »Dritten Reich« verfolgten und den ins Exil vertriebenen Regisseuren, die meist in die sowjetisch besetzte Zone zurückkehrten, übernahmen bald auch jene wieder Inszenierungsaufgaben, die während der Nazi-Herrschaft mit ihrem pseudoklassizistischen »Reichsparteitags-Stil« zum künstlerischen Niveauverlust beigetragen hatten. Heinz Hilpert, Karl Heinz Stroux, Hans Schweikart, Gustav Rudolf Sellner, nach seiner »Entnazifizierung« dann auch Gustaf Gründgens. Als Bertolt Brecht, aus der Emigration zurückkehrend, im Jahre 1948 zum ersten Mal wieder deutsches Theater sah, brach er in Zorn aus; Max Frisch berichtete darüber: »Es begann mit einem kalten Kichern, dann schrie er, bleich vor Wut, erschreckend. Das Vokabular dieser Überlebenden, wie unbelastet sie auch sein mochten, ihr Gehaben auf der Bühne, ihre wohlgemute Ahnungslosigkeit, die Unverschämtheit, daß sie einfach weitermachten, als wären bloß ihre Häuser zerstört, ihre Kunstseligkeit, ihr voreiliger Friede mit dem eigenen Land, all dies war schlimmer als befürchtet, Brecht war konsterniert, seine Rede ein großer Fluch.« (Max Frisch: Erinnerungen an Brecht. S. 68 f.)

Neben der Erbauung durch das Klassiker-Theater mit seinem meist hohlen Pathos verlangte das Publikum der ersten Nachkriegszeit von der Bühne in erster Linie Ablenkung von den Sorgen des Alltags. Dieses Bedürfnis wurde auch prompt erfüllt. Schon wenige Wochen nach der Kapitulation gab es zum Beispiel im Berliner Renaissance-Theater schon wieder Franz und Paul Schönthans unverwüstliche Posse *Der Raub der Sabinerinnen* zu sehen. Überhaupt setzte eine hektische Aktivität ein. Bis zum Ende des Jahres 1945 kamen allein in Berlin hundertzwanzig Neuinszenierungen heraus; zwei Dritteln davon lagen Boulevard-Komödien, musikalische Lustspiele und Operetten zugrunde.

Später als in Berlin, das bis zur Gründung der beiden deutschen Staaten das Theaterzentrum blieb, begann auch in der Provinz wieder der Betrieb. Ein denkwürdiges und für die Theaterbegeisterung der Zeit typisches Ereignis war 1947 die Einrichtung der Ruhrfestspiele Recklinghausen, entstanden aus einem Tauschgeschäft zwischen dem Hamburger Schauspielhaus und Bergleuten aus dem Ruhrgebiet, die das Theater mit einer Extraration Kohle versorgten und dafür ein Gastspiel als Gegenleistung erhielten. Überall in Deutschland spielte man auf Behelfsbühnen, in Turnhallen und Wirtshaussälen, in Kellern und Kantinen. In kargen Dekorationen und Kostümen inszenierte man, was das Repertoire hergab und was die Zensur der Besatzungsmächte passierte. Die dafür zuständigen »Kulturoffiziere« waren teilweise Emigranten mit hervorragender Kenntnis der deutschen Theaterszene. Entsprechend den politischen Differenzen unterschieden sich auch die kulturellen Strategien der vier Alliierten; jeder förderte »seine« Dramatik und »seine« Theaterkonzeptionen. Mit der Entwicklung des »kalten Krieges« wurde dann aus dem kulturellen Systemvergleich ein harter Konkurrenzkampf. Obwohl sich noch im Frühjahr 1947 die leitenden Kulturoffiziere der Vereinigten Staaten und der Sowjetunion versicherten, daß im Theaterbereich eine »vollkommene Verständigung« möglich sei, wurde die Polarisierung immer schärfer; sie schlug sich in der politischen Ausrichtung der Spielpläne ebenso nieder wie in den Spielweisen.

Ansätze zu dieser Entwicklung waren bereits in dem unmittelbar nach Kriegsende einsetzenden Bestreben der vier Siegermächte zu erkennen, die Deutschen in ihre jeweiligen Kulturen einzuführen. Damit befriedigten sie ein enormes Nachholbedürfnis. Die Nazis hatten ja mehr als ein Jahrzehnt alles unterdrückt, was außerhalb der Grenzen des »Dritten Reichs« von Bedeutung gewesen war. Besonders intensiv förderten die Sowjets das Theaterleben. Noch im Lauf des Jahres 1945 eröffneten sie in ihrer Besatzungszone vierundsiebzig Bühnen, teilweise sogar in Orten, wo es noch nie ein Theater gegeben hatte. Dabei übten sie Einfluß aus nicht nur durch die Empfehlung russischer Klassiker und der neuen sowjetischen Dramatik, sondern auch durch die Förderung der Ästhetik des sozialistischen Realismus, als dessen Exponent Konstantin Stanislawski angesehen wurde. Um die Durchsetzung seines Systems machten sich zurückgekehrte Emigranten wie Maxim Vallentin, Gustav von Wangenheim, Wolfgang Langhoff und später auch Wolfgang Heinz verdient.

Die Westalliierten setzten ausschließlich auf die zeitgenössische Dramatik. Allein die Amerikaner stellten sechzig Stücke durch Übersetzung und Ablösung der Rechte zur Aufführung bereit. Sie sollten zur »Reeducation« der Deutschen im Sinne von Demokratie und Liberalismus sowie zu ihrer Wiedereingliederung in den geistig-moralischen Diskurs des Abendlandes beitragen. Zu der humanistisch geprägten Dramatik aus den Vereinigten Staaten gehörten die Stücke von Thornton Wilder, wie zum Beispiel seine Schilderung des schönen Lebens im kleinen privaten Bereich mit dem Titel *Unsere kleine Stadt* (Our Town) und das vom deutschen Publikum als Gleichnis seiner Situation verstandene Drama *Wir sind noch einmal davongekommen* (The Skin of Our Teeth). Dieses handelt von einer in der amerikanischen Mittelklasse angesiedelten Familie Antrobus (Jedermann), die als archetypisch für die ganze Menschheit erscheint; sie geht durch alle Weltkatastrophen, durch die Sintflut, die Eiszeit und den Krieg. Der Vater behauptet trotzdem seine vom Christentum und von der Philosophie des deutschen Idealismus geprägte Weltsicht – auch gegen seinen eigenen Sohn, der die Gestalt des Brudermörders Kain assoziieren läßt. Das Prinzip des Bösen vertritt auch das Dienstmädchen Lily Sabina, eine Verkörperung der dämonischen Lilith, die (nach dem »Talmud«) Adams erste Frau gewesen ist.

Thornton Wilder grundierte seine von Gottvertrauen erfüllten, gegen jegliche Form von Tragik abgeschotteten Bühnenwelten mit Humor und leiser Ironie. Dabei benutzte er sowohl in den abendfüllenden Dramen und Bearbeitungen (*Alkestiade* nach Euripides, *Die Heiratsvermittlerin* nach Nestroy) als auch in seinen Einaktern und Drei-Minuten-Spielen Theatermittel, die er Anfang der dreißiger Jahre auf einer Europareise kennengelernt hatte. Von Piscator und Brecht übernahm er das Modell des Epischen Dramas, allerdings ohne dessen politische Implikationen. Wilder läßt seine Figuren aus der Rolle fallen und bricht dadurch immer wieder die Illusion; in *Unsere kleine Stadt* bringt er einen Spielleiter auf die Bühne, der das Geschehen von außen kommentiert. Diese anti-illusionistischen Techniken dienten ihm zur Ausweitung seiner Bühne zu einer Art Welttheater, in dem das banale Alltagsleben Sinn und Würde gewinnen soll. Die Tendenz zur Auflösung der konkret-historischen Vorgänge im überzeitlichen Mythos des Ewig-Menschlichen kam dem deutschen Publikum der ersten Nachkriegszeit sehr entgegen. Die Zuschauer strömten zu den Inszenierungen von Thornton Wilders Dramen, und die Kritik lobte die Darstellung »zeitloser Urverhältnisse« und »uralter Weisheiten«, die »weit über das Aktuelle hinausgeht«.

Die Schauspiele von Eugene O'Neill sind als gebrochener Reflex auf den »amerikanischen Traum« zu verstehen. Diese Deutung legt ein Selbstkommentar des Autors nahe: »Ich gehe aus von der Theorie, daß die Vereinigten Staaten, anstatt das erfolgreichste Land der Erde zu sein, der größte Fehlschlag sind. (...) Ihre führende Idee ist jenes ewige Spiel mit dem Versuch, die eigene Seele dadurch zu gewinnen, daß sie gleichzeitig etwas außerhalb davon gewinnen. Eigentlich ist das in der Bibel viel besser gesagt worden. Wir sind das größte Beispiel für ›Was hülfe es dem Menschen, wenn er die Welt gewönne und nähme an der Seele Schaden‹.« (Zitiert nach Georg Hensel: Spielplan. Bd. II. S. 660) Obwohl die meisten Stücke von O'Neill schon in den zwanziger Jahren entstanden und zum Teil auch in Deutschland aufgeführt worden sind, war ihnen erst nach dem

Zweiten Weltkrieg ein breiter Erfolg beschieden. Nach den Erfahrungen der jüngsten Vergangenheit interessierte man sich für die Abgründe der menschlichen Seele, wie sie dieser erste bedeutende Stückeschreiber Amerikas dargestellt hatte. In seiner Dramatik rezipierte O'Neill in immer neuen Anläufen die verschiedenen aufeinanderfolgenden Strömungen der europäischen Moderne. Ein Leben lang experimentierte er mit allen zur Verfügung stehenden dramaturgischen Mustern. Neben dem abendfüllenden Stück stehen der Einakter und die Trilogie, neben dem realistischen Drama das expressionistische Stationentheater und die antikisierende Tragödie, neben dem Dialog das stumme Spiel und der innere Monolog, neben der illusionistischen Ausstattung das symbolische Dekor und die Maske. Auch was die Inhalte betrifft, vollzog O'Neill mehrere Wandlungen. Das naturmythische Denken seiner Anfänge wurde durch tiefenpsychologische Ansätze abgelöst. In seiner letzten Schaffensperiode unterlag der Dichter dann einem tiefen Pessimismus, der beeinflußt war von der Philosophie Schopenhauers, Nietzsches und Kierkegaards.

O'Neills Frühwerk besteht aus einer Reihe von kurzen Stücken, meist Einaktern, in denen der Mensch in der Konfrontation mit dem Universum erscheint, das häufig durch das Meer symbolisiert wird; *Jenseits vom Horizont* (Beyond the Horizon) und *Anna Christie* sind die besten Beispiele dafür. Dazu gehören aber auch *Kaiser Jones* (Emperor Jones) und *Der haarige Affe* (The Hairy Ape), in denen die existentielle Entfremdung und Heimatlosigkeit des modernen Menschen thematisiert werden.

Die mittlere Arbeitsphase des Dramatikers markieren die Tragödien *Gier unter Ulmen* (Desire Under the Elms) von 1921 und die ein Jahrzehnt später entstandene Trilogie *Trauer muß Elektra tragen* (Mourning Becomes Electra). In dem stark autobiographisch gefärbten Spätwerk mit *Fast ein Poet* (A Touch of the Poet), *Der Eismann kommt* (The Iceman Cometh), *Ein Mond für die Beladenen* (A Moon for the Misbegotten) und *Eines langen Tages Reise in die Nacht* (A Long Day's Journey into Night) verkündet O'Neill die Botschaft der »hoffnungslosen Hoffnung«. In dem Einakter *Hughie*, Teil eines groß angelegten, jedoch Fragment gebliebenen Zyklus', wird diese geistige Haltung besonders deutlich: Das Zweipersonenstück zeigt den Versuch eines kleinen Gauners, den Nachtportier eines schäbigen New Yorker Hotels in ein Gespräch zu verwickeln, um dadurch seine existentielle Isolation aufzuheben. Lange Zeit scheitert er an der Apathie des Partners, bis dessen verdrängte Spielleidenschaft eine kurze Begegnung ermöglicht, in der beide ihre Bedürfnisse befriedigen. Der einzige vorübergehende Trost, der dem Menschen bleibt, ist die Begegnung mit dem Nächsten, auch wenn sie letztlich Täuschung ist.

Eine Sonderstellung im deutschen Theater der Nachkriegszeit nahm *Trauer muß Elektra tragen* ein. Diese an der *Orestie* des Aischylos orientierte Tragödie schildert den Untergang einer streng religiösen Familie in Neuengland nach dem Bürgerkrieg. An die Stelle des Fluchs der Götter treten hier psychologische Verstrickungen, die der Autor (ausgehend von den Erfahrungen einer analytischen Behandlung) ebenso authentisch wie differenziert gestaltet. Als ausschlaggebende Ursache für die Katastrophe zeigt er die im Puritanismus wurzelnde Ansicht seiner Gestalten, daß Schuld und Sühne unabdingbare Notwendigkeiten sind. Diese Thematik traf genau das zentrale Problem vieler Deutschen in der Trümmerzeit und gab ihnen die Möglichkeit, das eigene Versagen als überindividuelles, als »gottgewolltes« Schicksal zu interpretieren.

Mit seiner Bestimmung des psychologisch durchgeformten Charakters als Zentrum dramatischen Geschehens wurde Eugene O'Neill zum Vorbild für zwei andere amerikanische Schriftsteller, die eine bedeutende Rolle im deutschen Nachkriegstheater spielten: Tennessee Williams und Arthur Miller. Die labilen, psychisch gefährdeten Individuen in den Dramen von Williams leben in der einst äußerst glanzvollen, jetzt schäbigen und kleinlichen Welt der Südstaaten. In Aggressionen und Neurosen entlädt sich die unter dem Zwang des Puritanismus verdrängte Sexualität. Dieses Motiv fehlt nur in *Die Glasmenagerie* (The Glass Menagerie), dem ersten zu Berühmtheit gelangten Werk. Hier erzählt der Autor aus der Perspektive eines autobiographisch angelegten jungen Dichters mit poetischer Melancholie die Geschichte eines introvertierten behinderten Mädchens, das nach einer kurzen Erweckung ihrer Gefühle zurückgestoßen wird in die Welt ihrer Träume. Alle Figuren des Stücks, besonders aber die von einer besseren Jugend im feudalen Süden träumende Mutter, leiden unter der Anonymität und Entfremdung der großstädtischen Zivilisation; gleich die erste Regieanweisung lautet: »Die Wohnung (...) ist im rückwärtigen Teil eines Hauses gelegen, das eine jener bienenkorbartigen Anhäufungen von Zellen menschlicher Gemeinschaft darstellt, wie sie, warzengleich, in übervölkerten Stadtbezirken mit kleinbürgerlicher Einwohnerschaft sich ansammeln. Sie sind symptomatisch für den Trieb dieses breitesten und grundsätzlich versklavten Sektors der amerikanischen Gesellschaft, jede Beweglichkeit und alle Differenzierung zu vermeiden und die Existenz und die Funktion einer in sich verschachtelten Häufung von Automaten zu behaupten.« In den übrigen Stücken, von denen *Endstation Sehnsucht* (A Streetcar Named Desire), *Die Katze auf dem heißen Blechdach* (Cat on a Hot Tin Roof), *Süßer Vogel Jugend* (Sweet Bird of Youth), *Plötzlich im letzten Sommer* (Suddenly Last Summer) und *Die Nacht des Leguans* (The Night of the Iguana) – vor allem auch durch die danach gedrehten Hollywood-Filme – weltbekannt geworden sind, schafft Tennessee Williams durch suggestive Darstellungsmittel eine schwül-fiebrige Atmosphäre, in der seine psychologisch extremen (und darum bei Schauspielern außergewöhnlich beliebten) Charaktere ihre Konflikte auf Leben und Tod austragen. Mit der zunehmenden sexuellen Liberalisierung haben diese Stücke später dann einen wesentlichen Teil ihres Reizes verloren und sind darum nur noch selten auf den Spielplänen zu finden.

Auch die Dramen von Arthur Miller haben an Wirkungskraft verloren. Obwohl auch er dem Realismus verpflichtet ist und psychologische Konflikte in seinem Werk eine wichtige Rolle spielen, unterscheidet sich der vom intellektuellen Klima New Yorks geprägte Nachkomme deutsch-jüdischer Einwanderer wesentlich von seinem Kollegen aus den Südstaaten. Anders als bei Williams erscheinen in Millers Dramen die Beziehungen in der Familie nicht nur als individualpsychologisches, sondern auch als soziales Problem. Der politisch engagierte Moralist stellt immer wieder die Frage, wie das Glücksstreben des einzelnen mit seiner Verpflichtung gegenüber dem gesellschaftlichen Ganzen zu verbinden ist. In seinem ersten am Broadway erfolgreichen Stück, *Alle meine Söhne* (All My Sons), behandelt er diese Frage in dem von Henrik Ibsen übernommenen Formmuster des »analytischen Dramas«; der Held wird schuldig aus Mangel an sozialer Verantwortung, existiert aber weiter mit seiner »Lebenslüge« bis zur vernichtenden Erkenntnis der Wahrheit. Arthur Millers erfolgreichstes Schauspiel, *Der Tod eines Handlungsreisenden* (Death of a Salesman), ist nur eine Variation dieses Themas, doch wesentlich spannender, weil Vergangenheit und Gegenwart zu einer kompakten Handlungseinheit verschmolzen sind. Ein verbrauchter, erfolgloser Vertreter hat seinen Söhnen zeitlebens das Erfolgsrezept der »gewinnenden Persönlichkeit« einzuimpfen versucht, das sich aber eines Tages als Illusion entlarvt. Dadurch nicht klüger geworden, begeht er am Schluß dann Selbstmord, um durch die Versicherungsprämie dem Sohn eine – wieder illusionäre – »Traumkarriere« zu ermöglichen.

Mit seinem historischen Drama *Hexenjagd* (The Crucible) hat Miller gegen die von Senator McCarthy während des kalten Krieges initiierte Kommunistenverfolgung opponiert und dabei gezeigt, wie durch einen plumpen Irrationalismus latente faschistische Energien geweckt werden können. Die Zusammenschau von gesellschaftlicher und individueller Problematik ist Arthur Miller in seinen späteren

Dramen nurmehr selten geglückt. Die beiden Einakter *Erinnerungen an zwei Montage* (A Memory of Two Mondays) und *Blick von der Brücke* (A View From the Bridge) zeigen den Autor auf dem Weg zur autobiographisch gefärbten Darstellung von Einzelschicksalen. Nach einer langen Pause folgte dann als letztes bedeutendes Drama *Nach dem Sündenfall* (After the Fall), in dem Miller sein Eheleben mit Marilyn Monroe und die Frage nach seiner Mitschuld an ihrem Freitod thematisiert hat.

Während die Amerikaner mit den Stücken von O'Neill und Wilder, von Williams und Miller entscheidenden Einfluß auf das Repertoire des deutschen Nachkriegstheaters ausübten, war der Beitrag Englands eher bescheiden. Durchsetzen konnte sich neben den Familienstücken des Vielschreibers John Boynton Priestley mit ihrer leicht rosarot eingefärbten Gesellschaftskritik (*Die Zeit und die Conways* – The Time and the Conways und *Ein Inspektor kommt* – An Inspector Calls) nur die »Poetische Dramatik« von Thomas Stearns Eliot und Christopher Fry. Besonders in Eliots Werken sah das Publikum der Trümmerzeit die Möglichkeit zu einer Art »moralischen Aufrüstung«, denn sie sind geprägt von einer konservativen Gesinnung, die auf eine Renaissance des Christentums als Fundament der abendländischen Kultur zielt. Das erste Drama des in Amerika geborenen, dann in England lebenden Autors mit dem Titel *Mord im Dom* (Murder in the Cathedral) entstand im Auftrag der anglikanischen Kirche. Es behandelt das Schicksal von Thomas Beckett, dem im Mittelalter als Märtyrer gestorbenen Erzbischof von Canterbury. Anläßlich der deutschen Erstaufführung erkannte die Kritik, daß der Dramatiker eine »Weltaufgeschlossenheit« zeige, die »provinzielle Enge« und »kleinbürgerliche Moral« weit hinter sich lasse und durchaus zum Nachdenken anrege; gleichzeitig aber wurden die auch heute noch geltenden Zweifel angemeldet, ob Form und Inhalt das bewirken könnten, was Theater auch leisten müßte, nämlich »packen, ergreifen, erschüttern«. In jedem Fall geht von Eliots großen Versdramen – *Der Familientag* (The Family Reunion), *Die Cocktail Party*, *Der Privatsekretär* (The Confidential Clerk) und *Ein verdienter Staatsmann* (The Elder Statesman) – ein hoher poetischer Reiz aus, auch wenn ihre Sprache auf Einfachheit und Klarheit ausgerichtet ist und ihre Thematik der Alltagswelt der Zuschauer entstammt. »Der Dichter muß eine Versform finden«, so fordert Eliot von sich selbst, »in der sich alles sagen läßt, plattes Alltagsgespräch darf durch den Vers nicht verkünstelt werden, dramatische Höhepunkte dürfen nicht von hohem Pathos unerträglich gemacht werden.« (Zitiert nach Georg Hensel: Spielplan. Bd. II. S. 1149) Durch die kalkuliert eingesetzten sprachlichen Kunstmittel gelingt es dem Dichter, hinter der Handlung eine zweite Ebene aufscheinen zu lassen, die unbewußt aufgenommen wird und die hinter der beschränkten Wirklichkeit des Hier und Heute das Absolute aufscheinen läßt.

Auch Christopher Fry hat seinen Weg als Dramatiker mit Auftragswerken für die Kirche begonnen; das erste international bekannt gewordene Stück, *Ein Schlaf Gefangener* (A Sleep of Prisoners), das von den Träumen englischer Kriegsgefangener über Schuld und Vergebung handelt und dabei oft alttestamentarische Bildkraft erreicht, wurde in einer Kirche uraufgeführt. Zwar werden in Frys poetisch überhöhten Konversationsstücken Glaubensfragen nie direkt angesprochen, doch sind sie tief religiös fundiert. Er selbst sagte: »Die Komödie ist eine Flucht, doch nicht eine Flucht vor der Wahrheit, sondern vor der Verzweiflung: eine enge Pforte zum Glauben.« Wie Eliot faßte auch Fry seine Dramen in Versen ab, um die Geschehnisse damit ins Gleichnishafte zu erheben. Im 15. Jahrhundert, aber »ebenso zu irgendeiner anderen Zeit«, handelt sein Stück *Die Dame ist nichts fürs Feuer* (The Lady's Not for Burning), das wie *Venus im Licht* (Venus Observed) und *Das Dunkel ist Licht genug* (The Dark is Light Enough) an den westdeutschen Theatern mit großem Erfolg gespielt wurde.

Tiefgreifende Einflüsse auf das geistige Leben im Nachkriegsdeutschland gingen vom französischen Existenzialismus aus. Diese philosophische Strömung behauptet die individuelle Freiheit des von der prinzipiellen Sinnlosigkeit seines Daseins überzeugten »Menschen ohne Transzendenz«. Gott sei tot; der zur Entscheidung verdammte Mensch definiere sich selbst durch seine Taten, für die er allein die Verantwortung zu übernehmen habe. Die beiden bedeutendsten Vertreter dieser Lehre, Jean-Paul Sartre und Albert Camus, haben ihre Ansichten auch in einigen Bühnenwerken dargelegt, die diesseits des Rheins begierig aufgenommen wurden. In der Spielzeit 1947/48 inszenierten Gustaf Gründgens und Jürgen Fehling Sartres Drama *Die Fliegen* (Les mouches): Der unreife Jüngling Orest gewinnt seine wahre Existenz, indem er sich ohne Reue zu dem Mord an seiner Mutter bekennt und damit die Macht über die Götter erringt und die Vaterstadt von der über sie verhängten Insektenplage befreit. Seine Schwester Elektra dagegen, die ihn hysterisch zu der Tat angetrieben hat, verfällt durch ihre Reue der Unfreiheit.

Ein Bild des ganz auf sich selbst gestellten Menschen zeichnet Sartre auch in seinem Stück *Geschlossene Gesellschaft* (Huis clos): Drei Menschen, gefangen in ihrem »Existenzkerker«, außerhalb dessen nur das Nichts existiert, aneinandergekettet in Liebe und Haß, machen die Erfahrung, daß »die Hölle immer die anderen« sind. Mit der Situation von Menschen in extremen Zwängen beschäftigt sich Sartre in seinen Stücken *Tote ohne Begräbnis* (Mort sans sepulture) und *Die ehrbare Dirne* (La putain respectueuse). In Grenzsituationen müssen sie Entscheidungen treffen, die erhebliche Konsequenzen für die Allgemeinheit haben. In dem politischen Diskussionsdrama *Die schmutzigen Hände* (Les mains sales) konfrontiert Sartre die Haltung des humanen Pragmatismus mit dem auf die »Reinheit der Lehre« insistierenden Dogmatismus. Als das Stück im Osten wie im Westen als antikommunistische Propaganda mißverstanden wurde, stellte der Autor klar, daß es ihm vor allem um die »psychologische Studie eines jungen Mannes gegangen ist, der einen Mord begeht« und sich (im Sinne der existenzphilosophischen Lehre) dazu bekennt, indem er lieber stirbt als ihn zu verleugnen.

Mit seinem letzten bedeutenden Stück, *Die Eingeschlossenen von Altona* (Les séquestrés d'Altona), nahm Sartre ganz direkt auf die Probleme der Deutschen nach dem Zweiten Weltkrieg Bezug, indem er die ausweglose Gewissensprüfung eines jungen Mannes und seinen Konflikt mit dem Vater darstellt, auf dessen Befehl hin er schuldig geworden ist.

Albert Camus artikulierte in seinen Dramen *Caligula*, *Das Mißverständnis* (La malentendu), *Der Belagerungszustand* (L'état de siège) und *Die Gerechten* (Les justes) ähnliche Ideen und ein ähnliches Lebensgefühl wie Sartre. Als sich dieser immer stärker dem Marxismus näherte, ging er jedoch auf Distanz zu ihm; Camus hielt fest an seinem strengen Moralismus und seinen Grundpositionen der Humanität und Brüderlichkeit. Für ihn war der marxistische

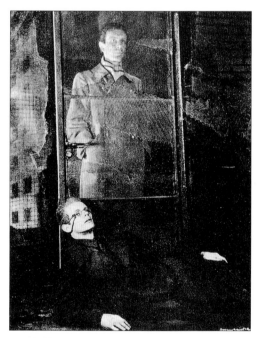

Wolfgang Borchert: Draußen vor der Tür.
Hamburger Kammerspiele, 1947.
Inszenierung: Wolfgang Liebeneiner.
Bühnenbild: Helmut Koniarski.
Hans Quest als Beckmann

Revolutionsbegriff unakzeptabel; er suchte die Idee der Revolte freizuhalten von jeglicher geschichtsphilosophischen Einbindung. Nach Camus' Auffassung existiert keine Ordnung, die anzustreben sinnvoll wäre. Die Welt ist bestimmt von Chaos und Gewalt und mit den Mitteln der Vernunft nicht erklärbar. In einer irrationalen Welt bleibt dem Individuum nichts anderes als die Gewißheit des Absurden, das seinen Ort zwischen Sehnsucht und Enttäuschung hat. Mit dieser Auffassung, dargelegt in seinem epochemachenden Essay »Der Mythos von Sisyphos«, hat Albert Camus das geistige Fundament für das »Absurde Drama« der fünfziger Jahre geschaffen.

Was die deutsche Dramatik betrifft, konnte das Nachkriegstheater zurückgreifen auf das eine oder andere Stück aus der Weimarer Republik sowie auf die im Exil entstandenen Werke. Vor allem in der Ost-Zone kamen antifaschistische Dramen, wie Friedrich Wolfs *Professor Mamlock*, Ernst Tollers *Pastor Hall*, Bertolt Brechts *Furcht und Elend des Dritten Reiches* (später dann am Berliner Ensemble seine großen Exil-Dramen) oder Johannes R. Bechers *Winterschlacht*, zur Aufführung. In den Schubladen der in die »innere Emigration« abgetauchten Autoren hatten sich während des »tausendjährigen« Reiches zwar lyrische und erzählerische Werke angesammelt, aber kaum dramatische, da ja keinerlei konkrete Aussicht auf die Inszenierung von nicht absolut linientreuen Stücken bestanden hatte.

Einen beachtlichen Beitrag zum deutschen Theater der ersten Nachkriegszeit leistete Günther Weisenborn, der als Mitglied der Widerstandsgruppe »Rote Kapelle« 1942 wegen Hochverrats zum Tode verurteilt wurde und im Zuchthaus Luckau saß, bis ihn 1945 sowjetische Truppen befreiten und so vor der Hinrichtung bewahrten. In der Weimarer Republik hatte Weisenborn schon einige dramatische Talentproben abgelegt und mit Brecht an der Bearbeitung von Gorkis Roman »Die Mutter« zusammengearbeitet. Bald nach Kriegsende eröffnete er zusammen mit dem vom Expressionismus beeinflußten Regisseur Karl Heinz Martin das Hebbel-Theater als erste wieder regelmäßig spielende Bühne in den Westsektoren Berlins. Dort fand auch 1946 die Uraufführung seines Schauspiels *Die Illegalen* statt, in dem er persönliche Erfahrungen im Widerstand auf berührende, stellenweise etwas sentimentale Weise darstellte. Im Deutschen Theater in Ost-Berlin inszenierte er 1947 sein eigenes antikapitalistisches Stück *Babel*.

Die gelungenste dramatische Auseinandersetzung mit der nationalsozialistischen Vergangenheit leistete Carl Zuckmayer mit *Des Teufels General*. Dabei handelt es sich um das nach einem realen Vorbild gezeichnete Porträt eines Fliegergenerals, der im Laufe des Geschehens begreift, daß er nicht einem »von der Vorsehung berufenen Führer« Treue geschworen hat, sondern dem Teufel. Trotzdem findet er keine klare Haltung zu dem von einem Mitarbeiter praktizierten Widerstand gegen das verbrecherische Regime, sondern begeht Selbstmord, indem er bewußt ein defektes Flugzeug besteigt.

Neben Carl Zuckmayers Werk kann für die Periode unmittelbar nach dem Krieg nur Wolfgang Borcherts *Draußen vor der Tür* bestehen. Der an Kriegsfolgen früh gestorbene Autor hat sich in seinem Stationendrama, das eine aus der Sicht des Helden alptraumhaft verzerrte Wirklichkeit auf die Bühne bringt, am Expressionismus orientiert. Die autobiographisch fundierte Zentralfigur – im Militärmantel und mit einer Gasmaskenbrille – ist für alle, die sich in der neuen Umwelt schon wieder eingerichtet haben, eine lächerliche Gestalt. Überall erntet dieser Beckmann nur Spott und Unverständnis, auch bei dem Oberst, auf dessen Befehl er seine Kameraden in den Tod kommandiert hat und dem er die ihm übertragene Verantwortung zurückgeben will. Mit *Draußen vor der Tür* hat Borchert ein Werk geschaffen, das mit seiner authentischen Beschreibung des Lebensgefühls einer »verlorenen Generation« und in seinem moralischen Anspruch auch heute noch aktuell ist.

Drama und Theater in der Deutschen Demokratischen Republik

Das Bühnenwesen der Deutschen Demokratischen Republik war tief verankert im gesellschaftlichen und politischen System. In den vierzig Jahren ihres Bestehens haben sowohl der Staat und die Partei als auch die Bevölkerung der DDR dem Theater eine hohe Wertschätzung entgegengebracht. Es existierten fast siebzig Bühnen mit annähernd zweihundert Spielstätten, die ohne Ausnahme durch Subventionen erhalten wurden. In Relation zur Bevölkerungszahl waren das mehr als in jedem anderen Land der Welt. Wenn auch in den achtziger Jahren infolge einer grundlegenden Veränderung der Freizeitgewohnheiten, vor allem durch die Hinwendung zum Fernsehen, die Zuschauerzahl zurückging, so zählten die Bühnen der DDR dennoch bis zur »Wende« ungefähr zehn Millionen Besucher pro Jahr. Durch die niedrigen Eintrittspreise und das durchorganisierte System der Kartenverteilung über Betriebe, Schulen, Verbände etc. konnten breite Bevölkerungsschichten für das Theater gewonnen werden. Bei Umfragen erklärten die Hälfte der Angestellten und immerhin noch ein Viertel der Arbeiter und der Genossenschaftsbauern ihr Interesse an dem Medium. Dem kam ein flächendeckendes Versorgungssystem nach. Selbst in Kreisstädten mit nur einigen zehntausend Einwohnern wurden Bühnen mit einem verhältnismäßig hohen künstlerischen Niveau unterhalten. Die Spitzenposition hinsichtlich des Aufwands wie der Qualität nahmen allerdings eindeutig die Bühnen der Hauptstadt ein.

Die Fürsorge für das Theater hatte ihre Kehrseite in der Bevormundung. Die Bühnen der DDR unterstanden der Aufsicht der staatlichen Behörden sowie der Sozialistischen Einheitspartei, die in den Theatern selbst durch Parteigruppen und Parteisekretäre vertreten war. Diese Instanzen wachten darüber, daß die dem Medium zugewiesenen Funktionen erfüllt wurden. Die wichtigste war die Popularisierung des Marxismus-Leninismus als der herrschenden Staatsideologie und die Propaganda zunächst für den Aufbau und dann für die Festigung des Sozialismus. Das Theater sollte Optimismus verbreiten und dem »westlichen Nihilismus« entgegentreten; es sollte den Menschen als lernfähig darstellen und die Welt als prinzipiell erklärbar und beherrschbar. Als »Partner der Politik« hatte es die utopischen Ziele der gesellschaftlichen Entwicklung zu propagieren und in der Fiktion vorwegzunehmen. Dieser Aufgabe kamen die Dramatiker und Theatermacher durchaus nach, doch zeigten sie zugleich auch immer wieder den Abstand zwischen dem Idealzustand und der herrschenden Realität auf.

Neben dieser politisch-pädagogischen Aufgabe war den Bühnen auch die der Entspannung und Unterhaltung gestellt. Dieses von der Mehrzahl der Zuschauer artikulierte Bedürfnis konnten Partei und Staat nur gutheißen, diente doch dessen Befriedigung zum einen der Kompensation des nicht selten beschwerlichen Alltagslebens, zum anderen der Reproduktion der Arbeitskraft. Das Theater spielte in der DDR auch eine wichtige Rolle als Ersatz für die durch staatliche Repressionen ausgeschaltete kritische Öffentlichkeit. Es gehörte zu den wenigen Orten, an denen sich zumindest ansatzweise Einverständnis über Mängel des politischen Systems und der Wunsch nach Reformen herstellen konnte. Auf der Bühne kamen oft auch Sachverhalte zur Sprache, die sonst nur im privaten Bereich formuliert werden konnten. So erfüllte das Theater eine Ventilfunktion, zugleich stärkte es aber auch den Mut zur öffentlichen Kritik am herrschenden System. Nicht zufällig waren bei dessen Sturz im Herbst 1989 Theaterleute maßgeblich beteiligt.

Die erste Periode der Theaterentwicklung in der DDR, die im Zeichen des sozialistischen Aufbaus stand, wird begrenzt durch die Staatsgründung Ende der vierziger und den Machtantritt Erich Honeckers zu Beginn der siebziger Jahre. Der Errichtung des östlichen deutschen Staates war eine ganz andere Entwicklung vorausgegangen als der Konstituierung der Bundesrepublik Deutschland. Konnten sich die Deutschen im Westen schon bald nach der Währungsreform als die ökonomischen Gewinner des Zweiten Weltkrieges fühlen, so mußten die im Osten lange Zeit schwer an dessen Folgen tragen. Die Pro-Kopf-Belastung durch Reparationen war wesentlich höher, zudem gab es keinen Kapitalimport und keine Hilfsmaßnahmen. Auch die von der sowjetischen Militäradministration verfügte Verstaatlichung der Schlüsselindustrien und die zunehmende Zentralisierung waren der wirtschaftlichen Entwicklung wenig förderlich. Obwohl sie am Endziel, dem Aufbau einer Gesellschaft nach sowjetischem Vorbild, keinen Zweifel ließen, gingen die zum Großteil aus dem russischen Exil zurückgekehrten Politiker zunächst vorsichtig zu Werke. Im Sinne der schon vor dem Krieg betriebenen Volksfrontpolitik suchten sie die Kooperation mit den linken und antifaschistischen Kräften auch im bürgerlichen Lager. Weil zur Durchsetzung ihrer Ziele der Rückhalt in der Bevölkerung zu gering war, strebten die Kommunisten nach der Vereinigung mit den Sozialdemokraten. Während sich die SPD in den westliche Zonen allen Angeboten verweigerte, kam es im Osten zum Zusammenschluß der organisierten Arbeiterbewegung in der Sozialistischen Einheitspartei Deutschlands, der SED.

Bis zur Gründung der DDR entwickelte sich das kulturelle Leben in relativ liberalen Bahnen. Im Gegensatz zum Westen bemühte man sich intensiv um die Rückkehr der Emigranten und zwar unabhängig von ihrer politischen Einstellung. Eine beachtliche Zahl angesehener Dichter und Intellektueller folgte der Einladung in die sowjetisch besetzte Zone: Arnold Zweig und Anna Seghers, Peter Huchel und Stephan Hermlin, Friedrich Wolf und Bertolt Brecht. Heinrich Mann erklärte sich bereit, den Vorsitz der neugegründeten Akademie der Künste zu übernehmen, starb jedoch, bevor er sein Amt antreten konnte. Johannes R. Becher, der einst stark vom Expressionismus geprägte Dichter, übernahm die Präsidentschaft des antifaschistischen »Kulturbundes zur demokratischen Erneuerung Deutschlands«; 1954 wurde er dann zum Kulturminister der DDR ernannt.

Was das Theater betrifft, bekannte man sich erst einmal uneingeschränkt zum »bürgerlichen Erbe«. Auf der ersten Kulturkonferenz der KPD wurde festgelegt, daß den Werktätigen nicht eine »gesonderte Kunst« angeboten werden sollte, sondern «das Beste, was künstlerische Schaffenskraft hervorzubringen vermag«. Dementsprechend suchten die politisch bestimmenden Kräfte Einfluß zu nehmen auf das Repertoire und die Inszenierungsweisen. Die mit ihnen konform gehenden Theaterleute bemühten sich um eine realistische Darstellung der von den Nazis verfälschten Werke der Klassiker, um die Aufführung von Exil-Stücken und der während des »Dritten Reichs« boykottierten fremdsprachigen Literatur. Die Dramatik und die Theaterkunst des sowjetischen Kulturraumes spielte dabei die Hauptrolle. Das lag zum einen an der Förderung durch die Besatzungsmacht, zum anderen daran, daß die meisten Schlüsselpositionen mit Theaterleuten besetzt wurden, die in die Sowjetunion emigriert waren, wo sie ein enges Verhältnis zur russischen Kultur entwickelt hatten. Zum ersten Intendanten des Deutschen Theaters nach dem Kriegsende berief man Gustav von Wangenheim, der in der Weimarer Republik eine kommunistische Agitprop-Truppe geleitet hatte. Aus der gleichen Tradition kam Maxim Vallentin; er richtete in Weimar ein Institut zur Verbreitung der Lehre Konstantin Stanislawskis ein, die in der Sowjetunion zur verbindlichen Schauspielmethodik des sozialistischen Realismus erklärt worden war. Fritz Erpenbeck gründete 1946 die im Verlag von Bruno Henschel herausgegebene Zeitschrift »Theater der Zeit« und nahm durch seine Grundsatzartikel Einfluß auf die Theaterpolitik.

Die überragende Persönlichkeit im ostdeutschen Theater war Bertolt Brecht, der mit seiner Frau Helene Weigel 1948 nach Berlin zurückkehrte. Zuvor hatte er in der Schweiz eine fast einjährige Besinnungspause eingelegt, um sich neu zu orientieren und seine im Exil ausgeformte Theaterkonzeption nochmals zu überdenken und praktisch zu überprüfen. Mit Helene Weigel in der Titelrolle inszenierte er am Theater des Städtchens Chur seine Bearbeitung der *Antigone* des Sophokles. Sein Augsburger Schulfreund und späterer Arbeitspartner Caspar Neher entwarf die Ausstattung. In dem zur gleichen Zeit entstandenen »Kleinen Organon für das Theater« gab Brecht eine zusammenfassende Beschreibung seines Epischen Theaters. So vorbereitet, reiste der Stückeschreiber in den Ost-Sektor von Berlin, wo er von führenden Funktionären mit allen Ehren empfangen wurde. Wolfgang Langhoff gewährte ihm Gastrecht in dem von ihm geleiteten Deutschen Theater. Ein eigenes Haus bekam das aus erfahrenen Schauspielern wie der Intendantin Helene Weigel, Erwin Geschonneck, Fred Düren und aus Anfängern wie Regine Lutz, Käthe Reichel, Ekkehard Schall bestehende Ensemble, zu dem für einzelne Inszenierungen Gastschauspieler wie Leonard Steckel, Therese Giehse oder Ernst Busch kamen, erst fünf Jahre später mit dem »Theater am Schiffbauerdamm«. In den Jahren bis zu seinem Tod (1956) schuf Brecht zusammen mit seinen Schülern und Mitarbeitern, unter denen als Regisseure Berthold Viertel und Erich Engel, als Bühnenbildner Caspar Neher und später Karl von Appen herausragten, eine lange Reihe bedeutender Inszenierungen. Sie galten unter anderem den eigenen Stücken *Mutter Courage und ihre Kinder*, *Herr Puntila und sein Knecht Matti*, *Die Gewehre der Frau Carrar*, *Der kaukasische Kreidekreis* wie seinen Bearbeitungen von Gorkis Roman *Die Mutter* und Jakob Michael Reinhold Lenz' *Der Hofmeister*. Die Regiearbeiten ließ Brecht in »Modellbüchern« dokumentieren, die mit ihren ausführlichen Analysen und dem aufschlußreichen Bildmaterial geradezu als Lehrbücher für Theaterstudierende zu verwenden sind.

Bertolt Brecht: Mutter Courage und ihre Kinder.
Berliner Ensemble, 1949.
Inszenierung: Bertolt Brecht.
Helene Weigel in der Titelrolle

Neben Brechts eigenen Inszenierungen kamen unter seiner Mentorschaft am Berliner Ensemble die ersten eigenständigen Arbeiten seiner Schüler heraus. Egon Monk realisierte den *Urfaust*, Benno Besson die mit dem Lehrer gemeinsam erstellten Adaptionen des *Don Juan* von Molière, der englischen Restaurationskomödie *Pauken und Trompeten (The Recruiting Officer)* von George Farquhar und von Anna Seghers' Hörspiel *Der Prozeß der Jeanne d'Arc zu Rouen*, Manfred Wekwerth die eigene Bearbeitung des chinesischen Schauspiels *Hirse für die Achte*, Peter Palitzsch (zusammen mit Carl M. Weber) das ebenfalls aus dem Chinesischen stammende Stück *Der Tag des großen Gelehrten Wu*. Auch die Schauspielerinnen Therese Giehse (mit Kleists *Der zerbrochne Krug*) und Angelika Hurwicz (mit Ostrowskis *Die Ziehtochter*) versuchten sich an eigenen Inszenierungen.

Pauken und Trompeten (Bearbeitung von George Farquhars The Recruiting Officer). Berliner Ensemble, 1955. Inszenierung: Benno Besson. Szenenentwurf: Karl von Appen

Die nie illustrierende, immer mit eigenständigem Kunstanspruch auftretende Musik für die Inszenierungen des Berliner Ensembles schufen Hanns Eisler und Paul Dessau.

Das Berliner Ensemble war bis in die sechziger Jahre hinein ein lebendiges Theaterlaboratorium. Hier wurde die von Brecht entwickelte Schauspielmethodik überprüft; hier erprobte man kollektive Arbeitsweisen im Bereich von Regie und Dramaturgie; hier erkundeten Brecht und Neher neue Prinzipien der Bühnengestaltung; hier wurde durch die intensive Beschäftigung mit politischen und ästhetischen Fragen ein geistiges Niveau erreicht, an dem sich dann in den sechziger und siebziger Jahren die Theaterarbeit im Osten wie im Westen Deutschlands orientieren konnte. Die grundsätzliche Parteinahme für den Sozialismus war eine nicht hinterfragte Voraussetzung der Arbeit, auch wenn Brecht mehr als einmal in Widerspruch zur offiziellen Parteilinie geriet, und sein Schaffen in der Frühzeit nur als geduldete Ausnahme von der Doktrin des sozialistischen Realismus betrachtet wurde. Zu Zweifeln an seiner prinzipiellen Loyalität hat der Dichter aber nie Anlaß gegeben. Bei einigen Ereignissen und Maßnahmen der stalinistisch geprägten Politik mußte Brecht allerdings ausweichen in den Kompromiß oder in die Ironie – manchmal auch in ein schwer nachvollziehbares Schweigen.

Mit der Konstituierung der Deutschen Demokratischen Republik und dem sich verschärfenden Konkurrenzverhältnis zur Bundesrepublik Deutschland im Rahmen des kalten Krieges festigten sich die Zielsetzungen von Partei und Regierung, zugleich verschärften sich die Methoden ihrer Verwirklichung. Die Kultur wurde jetzt noch entschiedener in den Dienst der Politik genommen. Diese war ausgerichtet auf die Stalinisierung des Systems durch konsequente Unterdrückung aller abweichenden Ansichten und Verhaltensweisen. In ökonomischer Hinsicht bemühte man sich vor allem um die Kollektivierung der Landwirtschaft und um eine Erhöhung der Arbeitsproduktivität durch die Einführung von Normen und entsprechender Aktivistenprämien. Der Literatur und dem Theater war die Aufgabe zugewiesen, für diese Ziele zu werben. Die mit der Parteilinie konform gehenden Autoren begaben sich auf die Suche nach dafür geeigneten dramaturgischen

Mustern. Erwin Strittmatter lehnte sich an Brechts Modell des Epischen Theaters an; zusammen mit dem Berliner Ensemble überarbeitete er sein Stück *Katzgraben*, eine Komödie über die Haltung der Bauern zur Bodenreform, die selbstverständlich mit dem Sieg der progressiven Kräfte endet. Während dieses Stück (im Sinne Brechts) mehr auf die gedankliche Überzeugung als auf die emotionale Überwältigung zielte, schlug Friedrich Wolf mit seinem ebenfalls im dörflichen Milieu angesiedelten Schauspiel *Bürgermeister Anna* genau den entgegengesetzten Weg ein. Seine Wirkungsabsicht hat der Autor so umrissen: »Das wahre Drama entläßt die Menge nicht, ehe es sie nicht von Grund auf durchgerüttelt, durchgeknetet und ›gereinigt‹ hat; es verlangt sofortige innere Entscheidungen, die sich in lebhaftem Applaus oder im Pfeifkonzert und Türknallen der entrüstet den Zuschauerraum Verlassenden entladen.« (Friedrich Wolf: Gesammelte Werke. Bd. 16. S. 104)

Die Haltung von Partei und Regierung zum »kulturellen Erbe« war in der ersten Entwicklungsperiode der DDR gekennzeichnet durch einen starren Dogmatismus. Das bekam selbst eine so prominente Persönlichkeit wie Hanns Eisler zu spüren. Der Komponist hatte es 1952 gewagt, in seinem Libretto *Johann Faustus* das Thema anders zu interpretieren als die offizielle Goethe-Deutung es vorschrieb; er zeichnete die Gestalt nicht als humanistisches Vorbild, sondern als einen Intellektuellen, der einen Pakt mit der Macht eingeht. Eisler wurde gerügt; sein Projekt verschwand in der Schublade. Ähnlich erging es Brecht mit seiner *Urfaust*-Bearbeitung, die auf der Grundüberzeugung beruhte, daß die Nachgeborenen eine kritische Haltung zu den klassischen Texten einnehmen müssen, um sie für die Gegenwart wieder verfügbar zu machen. Damit stand er allerdings in krassem Gegensatz zur Erbe-Theorie von Georg Lukács, auf die sich die Kulturpolitiker der DDR bis in die sechziger Jahre stützten. Der ungarische Philosoph und Literaturwissenschaftler behauptete, daß eine sozialistische Kultur unmittelbar an den »bürgerlichen Humanismus« anknüpfen müsse, und daß der sozialistische Realismus unmittelbar aus den »klassischen Meisterwerken« der Vergangenheit abzuleiten sei. Deren Kennzeichen ist nach Lukács »die Verbindung rücksichtsloser Wahrhaftigkeit mit Schönheit«, die Behandlung »großer politisch-sozialer Zeitfragen« und schließlich ihre »Volksverbundenheit«. Exemplarisch verwirklicht sah er diese Qualitäten in den großen französischen und russischen Romanen des vorigen Jahrhunderts von Balzac, Dostojewski, Tolstoi, in den Dramen Maxim Gorkis sowie in den Werken der deutschen Klassik. Angesichts dieser bereits vorliegenden Muster erschien ihm die experimentelle Entwicklung neuer Kunstformen überflüssig, als ein Ausdruck von »Formalismus« und »dekadenter Neuerungssucht«. Gegenüber Lukács und den vielen Nachbetern seiner Theorie in Partei und Regierung hat Brecht kurz vor seinem Tod nochmals, mit aller Vorsicht zwar, jedoch unmißverständlich, seinen Standpunkt dargelegt: »Der so notwendige Kampf gegen den Formalismus, das heißt gegen die Entstellung der Wirklichkeit im Namen ›der Form‹ und gegen die Prüfung der in Kunstwerken erstrebten Impulse auf gesellschaftliche Wünschbarkeit hin, sinkt bei Unvorsichtigen oft zu einem Kampf gegen die Formung schlechthin ab, ohne welche die Kunst nicht Kunst ist.« (Bertolt Brecht: Werke. Bd. 23. S. 147)

Die Verwalter der orthodoxen Kunsttheorie hatten von Anfang an Schwierigkeiten mit der Konzeption und Praxis des Epischen Theaters. Schon Brechts erste Inszenierung in der DDR, *Mutter Courage und ihre Kinder*, rief ein recht zwiespältiges Echo hervor. Vermißt wurde vor allem die Wandlung der Hauptfigur zum Positiven; man konnte nicht akzeptieren, daß die Courage aus dem Verlust ihrer Kinder durch den Krieg nichts lernt. Brecht entgegnete mit der Feststellung, daß ja der Zuschauer trotzdem etwas lernen könne. Fritz Erpenbeck verdächtigte die Inszenierung in »Theater der Zeit« der »volksfremden Dekadenz«. Im Zuge der Formalismus-Kampagne kritisierte man Brechts *Die Mutter* als »historisch falsch« und

»politisch schädlich«; für *Die Tage der Commune* erließ man ein Aufführungsverbot wegen »Objektivismus« und »Defaitismus«; und die von Paul Dessau nach einem Libretto von Brecht komponierte Oper *Das Verhör des Lukullus* wurde nach einigen Vorstellungen abgesetzt. Der geänderten Fassung gab der Autor dann den eindeutigen Titel *Die Verurteilung des Lukullus*. Fritz Erpenbeck war es wieder, der nach der letzten großen Inszenierung von Brecht, seinem *Kaukasischen Kreidekreis* gewidmet, meinte warnen zu müssen; die Rezension war überschrieben mit »Vorsicht Sackgasse!«. Als eine solche erschien den Gralshütern des sozialistischen Realismus auch Brechts Schauspielmethodik. Dieser nahm ihre Kritik als Aufforderung, seinen eigenen Ansatz neu zu überdenken und genauer zu beschreiben. Die Lehren Stanislawskis erschienen ihm nun nicht mehr, wie in den zwanziger Jahren, als »Ausgeburt alles Pfäffischen in der Kunst«, sondern als ein selbstverständliches Fundament aller Theaterarbeit im Geiste des Sozialismus. Die Differenz zu seiner eigenen Auffassung sah er vor allem in der unterschiedlichen Gewichtung der beiden Komponenten des schauspielerischen Prozesses, der einfühlend-erlebenden und der distanziert-darstellenden.

Nach 1953 kam es in der Deutschen Demokratischen Republik zu einer kulturpolitischen Liberalisierung. Der Tod Stalins wirkte entlastend, doch die zwiespältige Reaktion vieler Intellektueller auf den Arbeiteraufstand vom 17. Juni mahnte zur Vorsicht. Die Partei verkündete nun, daß »die Möglichkeiten einer freien schöpferischen Tätigkeit gesichert« werden müßten. Die Grundprinzipien (Theater als Instrument der Politik, sozialistischer Realismus als Form-Doktrin, das bürgerliche Erbe als Vorbild) wurden aber nicht in Frage gestellt. Immerhin reduzierte sich der Anteil sozialistischer Stücke in den Spielplänen zugunsten bestimmter Werke der westlichen Dramatik; bei den Klassiker-Inszenierungen konnten offenere Lesarten gewagt werden. Die Theaterleute gingen allerdings so weit, daß sich nach der »Tauwetter-Spielzeit« 1956/57 Partei und Regierung zum Eingreifen genötigt sahen. Nachdem im Januar 1956 Johannes R. Becher in seinem Referat zur Eröffnung des IV. Deutschen Schriftstellerkongresses »Von der Größe unserer Literatur« gesprochen hatte, kritisierte dann die Kulturkonferenz der SED im Herbst 1957 das »Einwirken bürgerlicher Dekadenz« und wandte sich scharf gegen alle »Aufweichungstendenzen«. An der Schwäche der sozialistischen Dramatik in Gestalt der Aufbau-Stücke, die selten über pure Propaganda und Schönfärberei hinauskamen, konnte die Partei allerdings nichts ändern. Dem Regime im Prinzip durchaus positiv gegenüberstehende Schriftsteller wie Anna Seghers und Stefan Heym beklagten das »öde, kleinbürgerliche Niveau« und die »hölzerne Primitivität« der Gegenwartsliteratur.

Als Reaktion auf diese Tatsache wurde die Einleitung einer »zweiten Etappe der sozialistischen Kulturrevolution« propagiert. Man erinnerte sich an Konzeptionen, die in Rußland unmittelbar nach der Revolution unter dem Stichwort »Proletkult« diskutiert und erprobt worden waren. Bei diesen nach wenigen Jahren unterdrückten Versuchen ging es um die Entwicklung einer eigenständigen proletarischen Kultur, um die Überwindung der Kluft zwischen der materiellen Produktion und dem Kulturschaffen und um die Beseitigung der Differenz zwischen Kunst-Amateuren und professionellen Künstlern. Angeregt von solchen verschütteten Traditionen wurde Ende der fünfziger Jahre, im April 1959, von der SED eine Konferenz ins Elektrochemische Kombinat Bitterfeld einberufen, auf der eine neue kulturpolitische Leitlinie vorgeschlagen wurde, die als »Bitterfelder Weg« in die Literaturgeschichte eingegangen ist. Schon im Vorfeld hatte der Mitteldeutsche Verlag in Halle die Chemiearbeiter der Umgebung dazu aufgefordert, literarische Beschreibungen des sozialistischen Aufbaus zu verfassen und einzureichen. Über dreihundert schreibende Arbeiter und hundertfünfzig Berufsschriftsteller debattierten dann auf dem Kongreß über die Prinzipien ihres Schaffens und beschlossen für die Zukunft eine Doppel-

Strategie: Zum einem sollten die Kopfarbeiter in die Betriebe gehen, um das Leben der Werktätigen kennenzulernen, zum anderen sollten die Handarbeiter verstärkt »zur Feder greifen«, um die Auseinandersetzungen und die Fortschritte in der Produktion zu dokumentieren und sich dadurch zu den »Höhen der Kultur« hinaufzuarbeiten. Die praktischen Ergebnisse der Kampagne waren unterschiedlich. Während die »Patenschaften« von Schriftstellern für Betriebe und ihre Besuche in den Produktionsstätten nur wenig konkrete Folgen hatten, brachte die Mobilisierung der Werktätigen eindrucksvolle Ergebnisse. Es entstanden überall »Zirkel schreibender Arbeiter« und Laienspielgruppen; Kulturhäuser wurden eingerichtet, Dorffestspiele gegründet und das System des organisierten Theaterbesuchs noch weiter ausgebaut.

Unter den professionellen Stückeschreibern gelang es nur wenigen – Helmut Baierl, Rainer Kerndl, Rudi Strahl, Peter Hacks und Heiner Müller – mit künstlerisch überzeugenden und publikumswirksamen Stücken auf die Zeitsituation zu reagieren. Sie alle waren um 1930 geboren worden und hatten in den fünfziger Jahren ihre ersten Versuche vorgelegt.

Baierls *Die Feststellung* ist ein an Brechts Lehrstück-Konzeption geschultes Drama, das sich mit dem Thema der Bodenreform beschäftigt und die für den einzelnen daraus resultierenden Härten nicht ausklammert. Beim folgenden Werk des Autors, *Frau Flinz*, handelt es sich um eine der gelungensten Komödien der DDR-Literatur; sie folgt dem Grundmuster von Brechts *Mutter Courage und ihre Kinder*. Die fünf Söhne der Titelheldin wenden sich einer nach dem andern dem neuen Staat zu; die Mutter empfindet das als Niederlage und Verlust. Im Gegensatz zur Courage lernt sie aber mit Hilfe der Partei, ihren beschränkten Horizont zu erweitern und steigt schließlich zur Vorsitzenden einer Landwirtschaftlichen Produktionsgenossenschaft auf. Die Komik liegt, nach Baierls eigener Aussage, im »grotesken Kampf (der Frau Flinz) gegen ihre eigenen Interessen, ihren verzweifelten Anstrengungen gegen eine Ordnung, die eigentlich die ihre ist«. (Zitiert nach Wolfgang Emmerich: Kleine Literaturgeschichte der DDR. S. 140) Baierls Komödie *Johanna von Döbeln* ist eine aktuelle Version der Jungfrau von Orleans-Thematik. Die Hauptfigur, eine »positive Heldin«, wirft als Angestellte in einer Fabrik, ausgehend von einem konkreten Vorfall, die Frage auf, ob sich die Leitungstätigkeit am Menschen oder am Produktionsplan zu orientieren habe. Nach einer gründlichen Selbstkritik kommen die in den Fall involvierten Personen zu der Einsicht, daß es im Sozialismus nicht mehr um den einfachen Widerspruch zwischen »gut« und »schlecht« gehe, sondern um den nicht-antagonistischen Widerspruch von »gut« und »besser«.

Rainer Kerndl, der hauptberuflich als Theaterkritiker gearbeitet hat, ist als Dramatiker mit seinem Schauspiel *Schatten eines Mädchens* bekannt geworden, dessen Uraufführung 1961 stattfand. Das auf zwei Zeitebenen, in der Gegenwart und im »Dritten Reich«, angesiedelte Geschehen macht deutlich, wie der Tod eines polnischen Mädchens noch Jahre später das Leben einer deutschen Familie überschattet. Auch beim folgenden Dutzend Stücke des Autors – die bedeutendsten sind *Der verratene Rebell, Nacht mit Kompromissen, Die lange Ankunft des Alois Fingerlein* – handelt es sich um kammerspielartige Familiendramen. Die gesellschaftlichen und politischen Probleme werden dargestellt am Schicksal von Individuen. Kerndl folgte der konventionellen Theaterkonzeption mit ihrer Behauptung der vierten Wand und der Forderung nach Einfühlung des Zuschauers in die Zentralfigur. Lediglich in den beiden *Fingerlein*-Stücken, die einen naiven Helden vorführen, der im Krieg zwischen die Fronten geraten ist, orientierte sich Kerndl an Brechts Modell des Epischen Theaters. Sein Grundthema ist der innere Konflikt des einzelnen zwischen dem selbstlosen Einsatz für das Kollektiv und der Befriedigung individueller Bedürfnisse.

Der meistgespielte Autor der DDR war Rudi Strahl mit seinen Lustspielen, in denen Widersprüche und Mißstände des sozialistischen Alltagslebens auf unterhaltsame Weise thematisiert wurden. Mit ihrem kalkulierten dramaturgischen Aufbau, mit den zur Identifikation einladenden Figuren und den witzigen Dialogen knüpften sie an das Genre der Boulevard-Komödie an. Als exemplarisch erwies sich schon sein Erstlingswerk *In Sachen Adam und Eva*. Es handelt von der Säuglingsschwester Eva und dem Automechaniker Adam, die eine Urlaubsbekanntschaft gleich zu einer Angelegenheit für das Standesamt machen wollen. Sie werden einem Ehetauglichkeitsgericht vorgeführt und dort mit typischen Problemen des Zusammenlebens konfrontiert. Auf diese Weise belehrt, sind sie am Schluß dann wirklich reif für die Hochzeit. Wenn Rudi Strahl auch mit den weiteren Stücken (*Noch mal ein Ding drehen, Wie die ersten Menschen, Ein irrer Duft von frischem Heu, Schöne Ferien, Sehr jung, sehr blond und das gewisse Etwas*) nicht mehr den ganz großen Erfolg seines Erstlingswerkes wiederholen konnte, kam kein Theater zwischen Stralsund und Zittau ohne seine Stücke aus.

Nicht beschränkt auf die Theaterlandschaft der DDR war die Wirkung von Peter Hacks. Mitte der siebziger Jahre zählte er zu den meistgespielten deutschsprachigen Gegenwartsautoren. Als der junge Schriftsteller 1955 aus politischen Motiven von München nach Ost-Berlin übersiedelte, hatte er drei historische Dramen im Gepäck, die inspiriert waren vom Werk Bertolt Brechts: *Das Volksbuch von Herzog Ernst, Die Eröffnung des indischen Zeitalters* und *Die Schlacht bei Lobositz*. Es handelt sich dabei um Bilder aus Zeiten des Umbruchs, die in Analogie gesetzt werden zu den gesellschaftlichen Umwälzungen in der Nachkriegszeit. Von Brecht hat Peter Hacks vor allem die Methode des Umfunktionierens historischer Stoffe übernommen. Diese brachte er auch in seinem Stück *Der Müller von Sanssouci* in Anwendung, in dem er zwar die bekannte Anekdote erzählt, aber nicht so, daß Preußen als ein Rechtsstaat erscheint, sondern als ein besonders hinterlistiger Unrechtsstaat. Damit demontiert er die Legende von der aufgeklärt-fortschrittlichen Haltung Friedrichs des Großen. Die Untertänigkeit der Untertanen, so die Lehre des Stücks, erzeugt den Despotismus der Despoten.

Mit *Die Sorgen und die Macht* wandte sich Peter Hacks Ende der fünfziger Jahre den Gegenwartsproblemen der DDR zu. Angeregt von einem Leserbrief in einer Zeitung, in dem Stahlwerker die schlechte Qualität ihrer Briketts beklagten, ging Hacks in einen Betrieb und informierte sich über die dortigen Probleme. Verwoben mit einer Liebesgeschichte stellt er dar, wie eine Brikettfabrik, die minderwertigen Brennstoff liefert, das aber in großer Menge, vom Staat gelobt wird, selbst wenn sie auf diese Weise den Arbeitsprozeß eines anderen Betriebes behindert. Weil Hacks den Widerspruch zwischen utopischer Zukunft und problematischer Gegenwart nicht verschleiert, weil er die Partei ironisiert, indem er – wenn die Genossen zu Wort kommen – von der Prosa in einen pathetischen Blankvers wechselt, geriet sein Stück trotz des positiven Endes in die Schußlinie der Machthaber. Der Versuch, es aufzuführen, kostete Wolfgang Langhoff die Intendanz und den Autor die Dramaturgen-Stelle am Deutschen Theater. Trotzdem griff Peter Hacks mit *Moritz Tassow* noch einmal ein aktuelles Thema auf: Die Handlung entwickelt sich hier aus dem nach Kriegsende aufbrechenden Gegensatz zwischen den Bauern und Landarbeitern auf der einen und den Gutsherren auf der anderen Seite. Im Zentrum steht ein Schweinehirt, der sich zwölf Jahre lang seinem Herrn untergeordnet hat, jetzt aber die Stunde der Revolution für gekommen sieht und munter darangeht, das Land zu verteilen. Weil er der Partei vorgreift, gerät er in Konflikt mit den Funktionären und dann auch mit dem Eigennutz der anderen. Konsequenterweise läßt Peter Hacks seinen Helden am Ende Schriftsteller werden; der darf der Zeit vorauseilen, wenn auch nur in der von Partei und Regierung vorgegebenen Richtung.

So wie Peter Hacks akzeptierte auch Heiner Müller den Sozialismus als »Gebot der Stunde«, nahm aber eine kritische Haltung zur Art und Weise seines Aufbaus in der DDR ein – er betrachtete diesen, wie er selbst formulierte,

»gleichsam mit den Augen des Klassenfeindes«. Die widersprüchliche Haltung hat ihre Wurzeln in der Biographie des Dichters. Als antifaschistisch erzogener Junge mußte er miterleben, wie sein Vater, der erst sozialdemokratischer Funktionär und dann überzeugtes Mitglied der SED gewesen war, dennoch zwei Jahre nach Gründung des Staates DDR in den Westen ging. Zu diesem Zeitpunkt begann Müller zu schreiben und übernahm gleichsam imaginär die zwiespältige Haltung des Vaters. Der junge Mann setzte sich mit dem Werk Brechts auseinander und studierte insbesondere dessen Versuche, ein sozialistisches Gegenwartsdrama zu schaffen. Für sein erstes Stück, *Der Lohndrücker*, das er 1956 zusammen mit seiner (ein Jahrzehnt später freiwillig aus dem Leben geschiedenen) Frau Inge Müller schrieb, benutzte er dieselbe authentische Geschichte, die Brecht seinem *Büsching*-Fragment zugrunde gelegt hatte: Der Maurer Balke entschließt sich angesichts der gravierenden ökonomischen Folgen, die ein Produktionsausfall hätte, die Kammern eines Ringofens trotz der sengenden Hitze bei laufendem Betrieb umzubauen. Bei der Durchsetzung seines Vorhabens hat er die verschiedensten Schwierigkeiten zu überwinden: Der »bürgerliche« Ingenieur muß gewonnen werden; ein Parteifunktionär, den Balke in der Nazizeit verraten hat, muß lernen, seine Rachegefühle im Sinne der Sache hintanzustellen; die Kollegen, die keinen Unterschied zwischen kapitalistischer Akkordarbeit und sozialistischer Normenschinderei sehen können, müssen aufgeklärt werden. Schließlich ergibt sich eine optimistische Perspektive, die gespeist wird aus der Überzeugung vom Sieg der »historischen Notwendigkeit«. Die Sehnsüchte nach privatem Glück haben allerdings dahinter zurückzustehen. Der Widerspruch zwischen dem Interesse der Allgemeinheit und dem des einzelnen erscheint als noch nicht aufgelöst. Die Gegenwart verlangt Opfer, damit die Möglichkeit einer glücklichen Zukunft offengehalten werden kann.

Was die Form betrifft, orientierte sich Heiner Müller im *Lohndrücker* am lakonischen Sprachgestus der Brechtschen Lehrstücke. Die Vorgänge sind bis zum äußersten verknappt, die Figuren reduziert auf ihre soziologisch bedeutsamen Wesenszüge. Diese Ästhetik bereitete den Verwaltern der reinen Lehre im Parteiapparat einige Schwierigkeiten, doch gestatteten sie die Uraufführung.

In Müllers nächstem Produktionsstück, *Die Korrektur*, geschrieben 1956 wieder gemeinsam mit Inge Müller, lernt ein Brigadier auf einer Großbaustelle, daß es nicht genügt, »rot bis auf die Knochen zu sein«, sondern daß man auch Energie und Geduld entwickeln muß, um seine Mitarbeiter politisch zu überzeugen. Nachdem es als Hörspiel ausgestrahlt worden war, diskutierten die Autoren das Stück mit den Arbeitern der Fabrik, in der sie es angesiedelt hatten, und nahmen entsprechend der Kritik Änderungen vor. Die Haltung der Funktionäre war wiederum zwiespältig. Einerseits wurden Inge und Heiner Müller mit einem Literaturpreis ausgezeichnet, andererseits aber als »Schwarzmaler« kritisiert.

Müllers Drama *Traktor*, das zur Kategorie der sogenannten »Landstücke« gehört, handelt von einem Traktoristen, der sich bereit erklärt hat, ein noch vom Krieg vermintes Feld umzupflügen, um die Versorgungslage zu verbessern, dabei ein Bein verliert, sich aber weigert, die ihm zugedachte Rolle des Helden zu spielen: »Ich bereus und machs nie wieder. Ich bin kein Held. Ich will mein Bein wiederhaben. Mein Bein ist der Mittelpunkt der Welt.« Wiederum zeigte Müller anschaulich, daß das für die Zukunft verheißene Glück durch den Schmerz des einzelnen in der Gegenwart erkauft wird. Es ist nicht verwunderlich, daß *Traktor* erst Mitte der siebziger Jahre, also zwei Jahrzehnte nach seiner Entstehung, in Neustrelitz uraufgeführt werden konnte. Ähnlich erging es Heiner Müllers Landstück *Die Umsiedlerin oder Das Leben auf dem Lande*, einem Bilderbogen mit psychologisch durchgeformten Rollen, der die problematischen Folgen der Bodenreform und der Kollektivierung für den einzelnen Menschen aufzeigt. Nach der ersten Aufführung 1961 durch die Studentenbühne der Berliner Hochschule für Ökonomie unter der Leitung von B.K. Tragelehn wurden weitere Vorstellungen verboten und die Mitwirkenden zur demütigenden Selbstkritik gezwungen. Der Regisseur verlor seine Anstellung am Senftenberger Theater und wurde »zur Bewährung« ins Braunkohlenrevier geschickt.

Das Mitte der sechziger Jahre entstandene Stück *Der Bau* ist das letzte, das Müller in der Realität der DDR angesiedelt hat. Der auf eine Großbaustelle beorderte Parteisekretär sucht sich die unbequemsten Leute als Partner aus: eine rüde Brigade, die auf eigene Faust wirtschaftet, einen resignierten Jung-Ingenieur, dessen Ideen auf dem Schreibtisch des Vorgesetzten hängenbleiben, eine gerade von der Hochschule kommende Ingenieurin, die sich mit dem allgemeinen Trott nicht abfinden will. Der Bau mit all den Hindernissen seiner Realisierung ist eine Metapher für das gesellschaftliche Bauwerk des Staates DDR. Die involvierten Menschen sind sich bewußt, daß sie in einer Zeit des Übergangs leben, fühlen sich dabei allerdings ausgesetzt auf eine »Fähre zwischen Eiszeit und Kommune«, wie es bei Müller heißt.

Nach dem Machtantritt von Erich Honecker zu Beginn der siebziger Jahre definierte sich die DDR als ein Land, in dem der Sozialismus »real existiert«. Die neuen Kräfte bestimmten den erreichten Zustand als eine relativ selbständige Formation des Übergangs vom Kapitalismus zum Kommunismus. In der Tat hatten in den beiden vorangegangenen Jahrzehnten in allen Bereichen grundlegende Veränderungen stattgefunden. Staat und Gesellschaft waren nach dem Vorbild der Sowjetunion umgestaltet worden. Mit der Abschottung gegen den Westen durch die Todesgrenze war die Abwanderung von Arbeitskräften gestoppt und damit die Voraussetzung für einen gewissen wirtschaftlichen Aufschwung geschaffen worden. Trotz der zunehmenden ökonomischen und politischen Stabilisierung hatte sich allerdings Ende der sechziger Jahre wiederum eine krisenhafte Situation ergeben, die dann 1971 zur Ablösung von Walter Ulbricht als Erstem Sekretär der Partei führte. Unter Erich Honecker kam es im Dezember 1972 zum Abschluß des Grundlagenvertrags mit der inzwischen von Willy Brandt geführten Regierung der Bundesrepublik und in der Folge zur weltweiten diplomatischen Anerkennung der DDR und der Aufnahme beider deutschen Staaten in die Vereinten Nationen.

Im Zeichen dieser Entspannung meinten sich nun die Machthaber auch eine Liberalisierung der Kulturpolitik leisten zu können. Auf dem VII. Schriftstellerkongreß 1973 wurde die Rolle der Intellektuellen und Künstler neu definiert. Jetzt war nicht mehr von der »führenden Rolle der Partei« die Rede, sondern von ihrem »partnerschaftlichen Verhältnis zu den Kulturschaffenden«. In der Praxis änderte sich allerdings wenig. Der Kritik von Robert Havemann, Rudolf Bahro und vielen anderen Angehörigen der kritischen Intelligenz trat man mit den »altbewährten Mitteln« entgegen. Neu kam das der zwangsweisen Ausbürgerung hinzu, welches zuerst 1976 gegen den Liedermacher Wolf Biermann angewandt wurde. Ein Sturm der Entrüstung war die Folge dieser Maßnahme; viele prominente Schriftsteller und Theaterleute, darunter Volker Braun, Heiner Müller, Adolf Dresen, Matthias Langhoff, appellierten an die Partei- und Staatsführung, ihr Verdikt noch einmal zu überdenken. Getreu dem Motto »Die Partei hat immer recht«, ließ man sich auf keinerlei Diskussion mit den Aufmüpfigen ein. Der Vorgang führte zur Desillusionierung vieler Kulturschaffender, auch solcher, die sich bis dahin mit den Zielen von Partei und Regierung durchaus identifiziert hatten.

Unter den Theaterleuten suchten viele nach neuen Orientierungen. Ruth Berghaus, die nach Helene Weigels Tod im Jahre 1971 die Leitung des Berliner Ensembles übernommen und gemeinsam mit Heiner Müller als dramaturgischem Berater um eine Erneuerung gekämpft hatte, gab die politische Auseinandersetzung auf und widmete sich stärker der Inszenierung von Opern, vor allem auch im Westen des deutschsprachigen Raums, wo ihre Ästhetik als produktive Herausforderung wirkte. Schon in den Arbeiten für das Berliner Ensemble hatte

*Heiner Müller: Zement. Berliner Ensemble, 1973. Inszenierung: Ruth Berghaus.
Ausstattung: Andreas Reinhardt*

sie den Versuch unternommen, durch zeichenhafte Bilder und eine artifizielle Körpersprache, den verordneten Realismus zu überschreiten. Exemplarisch dafür war 1973 ihre Inszenierung von Heiner Müllers *Zement*. Auch den Experimenten junger Regisseure stand sie aufgeschlossen gegenüber. Unter ihrer Intendanz brachte das Regie-Duo Einar Schleef und B. K. Tragelehn, die dann in den Westen übersiedelten, Frank Wedekinds *Frühlings Erwachen* und August Strindbergs *Fräulein Julie* heraus, beide als Panoramen einer pathologischen Bürgerwelt, in der psychisch deformierte Subjekte ihre erotischen Konflikte ausagieren. Für die kritische Intelligenz der DDR waren das Kult-Inszenierungen.

Nach dem Rücktritt von Ruth Berghaus übernahm Manfred Wekwerth 1977, zusammen mit

*August Strindberg: Fräulein Julie.
Berliner Ensemble, 1975.
Inszenierung: Einar Schleef/B.K. Tragelehn.
Szene mit Annemone Haase, Jutta Hoffmann
und Jürgen Holtz*

Aristophanes: Der Frieden.
Deutsches Theater Berlin, 1962.
Inszenierung: Benno Besson.
Ausstattung: Heinrich Kilger.
Fred Düren als Trygaios

Sophokles: König Ödipus.
Deutsches Theater Berlin, 1967.
Inszenierung: Benno Besson.
Ausstattung: Horst Sagert

der Brecht-Erbin Barbara Berg und deren Ehemann Ekkehard Schall, die Leitung des Berliner Ensembles. Seine orthodoxe Inszenierungsweise und die konservative Spielplanpolitik führten zum Vorwurf der »Musealisierung«.

Der Brecht-Schüler Benno Besson schlug einen ganz anderen Weg ein. Er löste sich schon bald nach dem Tod des Lehrers vom Berliner Ensemble und ging ans Deutsche Theater. Dort schuf er in den sechziger Jahren zwei in die Theatergeschichte eingegangene Inszenierungen: *Der Frieden* von Aristophanes, in der Bearbeitung von Peter Hacks, und *Der Drache*, ein Märchenspiel des russischen Dichters Jewgeni Schwarz. Dafür gewann er die beiden (neben Karl von Appen) bedeutendsten ostdeutschen Bühnenbildner der Zeit: Heinrich Kilger und Horst Sagert. Die Hauptmerkmale dieser Arbeiten waren Sinnlichkeit, Grazie und Lust. Über die »Möglichkeiten eines neuen Theaters« schrieb Besson: »Es entstehen (...) große Genüsse, sobald es Menschen gelingt, auf der Bühne und damit auch im Zuschauerraum ihre persönlichen, ihre privaten Eigenschaften: Gefühle, Fähigkeiten, Denkart, nicht mehr nur als private Kräfte zu empfinden, sondern sie als gesellschaftlich wirksame Kräfte zu erkennen. (...) Weiter bestehen wir vor allem auf dem theatralischen Spaß. (...) Im Theater sollte es nicht genauso ernst und anstrengend zugehen wie im Leben, sondern leicht und heiter.« (Zitiert nach: Theater der Zeit. Nr. 24/1965. S. 9) Als Welschschweizer mit der romanischen Tradition vertraut, benutzte er Kunstmittel der Commedia dell'arte, wie zum Beispiel die Halbmasken in *Der Frieden*. Für die Inszenierung des *König Ödipus* von Sophokles ließ Besson afrikanisch anmutende Masken herstellen, um so das Archaische der griechischen Tragödie zum Ausdruck zu bringen. Bei den Kulturfunktionären löste er damit jedoch Unbehagen aus. Sie fürchteten, daß durch »das Verschwinden des menschlichen Antlitzes« hinter der Maske das »sozialistische Menschenbild« in Gefahr geraten könnte; die mechanische Spielweise hielten sie »für wenig geeignet zur theatralischen Darstellung der Konflikte und ihrer

Henrik Ibsen:
Die Wildente.
Volksbühne Berlin,
1973.
Inszenierung:
Manfred Karge/
Matthias Langhoff.
Bühnenbild:
Pieter Hein

von Menschen betriebenen Lösungen in unserer sozialistischen Wirklichkeit«. Trotz solcher Attacken führte Besson seine Arbeit in der eingeschlagenen Richtung weiter. Als Intendant der Volksbühne am Rosa-Luxemburg-Platz schuf er eine Reihe von Inszenierungen, die das Publikum durch ihre naive Sinnlichkeit überzeugten. Höhepunkte waren zwei von ihm angeregte, unter seiner und Manfred Karges Leitung veranstaltete *Spektakel*, bei denen – teilweise simultan – in allen Räumen der Volksbühne und auf dem Platz davor publikumsnahes Theater geboten wurde. Beim ersten Projekt 1973 gab es historische und zeitgenössische Volksstücke zu sehen, im Jahr darauf dann Gegenwartsdramatik von DDR-Autoren.

Auch Manfred Karge und Matthias Langhoff arbeiteten nach ihrer Trennung vom Berliner Ensemble ab 1972 an der Volksbühne. Dort widmeten sie sich in erster Linie klassischen Stücken, wobei sie gängige Vorstellungen von »Werktreue« und »Wahrung des kulturellen Erbes« über Bord warfen und zu radikalen Neuinterpretationen vorstießen. Bei Schillers *Räubern* deuteten sie das Verhalten der Banditen als kleinbürgerlich-anarchistisch; bei *Othello* konzipierten sie die Titelfigur als regelrechtes Monster; bei Ibsens *Wildente* zeigten sie die Figuren als Relikte einer bereits untergegangenen Epoche. Mit diesem Ansatz feierten sie Erfolge auch bei Gastinszenierungen an westdeutschen Bühnen. Sie bereiteten dort den Weg für das Engagement einer ganzen Reihe von Kollegen wie Herbert König, Jürgen Gosch, Wolfgang Engel, Adolf Dresen, Alexander Lang, Frank Castorf.

Was auf das Theater im westlichen deutschsprachigen Raum ungeheuer befruchtend wirkte, war für das Kulturleben der DDR eine Katastrophe. Seitdem infolge der Ausbürgerung Biermanns die Devise galt: »Wem es nicht paßt, der kann ja gehen«, waren neben den Regisseuren auch Dramatiker wie Stefan Schütz und Thomas Brasch und Schauspieler wie Angelica Domröse, Hilmar Thate, Jutta Hoffmann, Jürgen Holtz in den Westen übergesiedelt. Außer dem Berliner Ensemble verloren nun auch das Deutsche Theater und die Volksbühne (mit der Rückkehr Benno Bessons in die Schweiz) ihr Profil. Die Politiker und Kulturfunktionäre schien das indes wenig zu kümmern. Der absolut linientreue Rostocker Intendant Hans Anselm Perten meinte, man brauche sich vom Weggang »einzelner Schriftsteller und Künstler« nicht irritieren zu lassen: »Ein Volk, das gute Politiker hat, braucht keine schlechten Dichter.« Und Kurt Hager, der Chefideologe der Partei, erklärte vor dem Plenum der Akademie der Künste, »Überwechsler in das Lager des Gegners« habe es schon immer gegeben, »mögen ihre Motive nun Feindschaft gegen den Sozialismus oder Geltungsdrang« sein. Zugleich warnte er die noch im Land lebenden Künstler davor, »Kultur und Kunst als ›Trojanisches Pferd‹ (...) gegen den Sozialismus zu mißbrauchen«. Solcherart begann die neuerliche Rückkehr zu der überwunden geglaubten kulturpolitischen Eiszeit. Staat und Partei reagierten auf jede Abweichung mit Bespitzelung und Unterdrückung. Realität und Ideologie klafften immer weiter auseinander. Was Erich Honecker auf dem X. Parteitag der SED 1981 verkündete, klang wie der blanke Hohn: »Angesichts der gewaltigen Leistungen, die unser Volk in den letzten Jahrzehnten vollbracht hat, kann man mit Recht feststellen, daß sich im Gegensatz zur bürgerlichen Gesellschaft Geist und Macht vereinten. (...) Über 30 Jahre DDR bestätigen die Wahrheit, daß sich Literatur und Kunst nie zuvor auf deutschem Boden so frei entfalten konnten wie in unserer sozialistischen DDR.«

Bevor das Regime der realitätsblinden, vergreisten Betonköpfe unter tatkräftiger Nachhilfe der von Michail Gorbatschows Glasnost- und Perestroika-Politik ermunterten Opposition wie ein Kartenhaus in sich zusammenstürzte, wurde noch mancher ernstgemeinte Reformversuch unternommen. So diskutierte man wenige Monate vor der Wende eine »Perspektivkonzeption zur Entwicklung der Theaterkunst«, die das Kulturministerium vorgelegt hatte. Sie betraf eine ganze Reihe der wesentlichen Probleme, unter denen das Theater der DDR schon lange litt: die Erstarrung der Ensembles infolge eines kunstfremden Systems sozialer Absicherung, die aus der zentralen Steuerung resultierende Schwierigkeit, auf die jeweiligen lokalen Gegebenheiten einzugehen, die mangelnde Effizienz im Technischen und Organisatorischen.

Zurück aber noch einmal zum Beginn der Honecker-Ära: Die Doktrin des sozialistischen Realismus wurde gelockert; die Ästhetik der Moderne war für die Schriftsteller jetzt nicht mehr tabu. Wie in Lyrik und Prosa weitete sich auch im Drama die Thematik ins Allgemeine und Individuelle. Das Kriterium der »subjektiven Authentizität« (Christa Wolf) wurde zunehmend wichtiger. Die Behauptung des einzelnen gegenüber der Gesellschaft erschien als neues Motiv. Ulrich Plenzdorf gestaltete es exemplarisch in seinem in Ost und West gleichermaßen erfolgreichen Stück *Die neuen Leiden des jungen W.* Mit einer filmischen Dramaturgie des ständigen Vor- und Rückblendens erzählte der Autor die Geschichte vom Leben und Tod eines jungen Menschen am Rande der Gesellschaft. Der achtzehnjährige Edgar Wibeau formuliert in aller Radikalität seinen Anspruch auf Selbstverwirklichung gegen die gesellschaftlich verordneten Normen. Goethes Briefroman »Die Leiden des jungen Werther«, den der Held auf dem Klosett seiner Laube gefunden hat, bildet die Folie für seine Gefühlswelt und den Kontrast zu seiner schnoddrigen, unsentimentalen Sprache. Edgars Tod ist kein verzweifelter Ausstieg, sondern Folge eines Unfalls bei der sozial durchaus nützlichen Arbeit an einer Erfindung. Seine Opposition ist eine loyale, die kein prinzipielles Mißtrauen gegenüber dem Staat und der Partei erkennen läßt, die nur aufzeigt, daß in der DDR-Gesellschaft nicht alles so glattgefügt ist, wie es behauptet wird. Ulrich Plenzdorf legte seinem Helden Sätze in den Mund, die recht genau die Stimmungslage einer Mehrheit der DDR-Bevölkerung trafen: »Sie haben nichts gegen den Kommunismus. Kein einziger intelligenter Mensch kann etwas gegen den Kommunismus haben. Aber ansonsten sind sie dagegen.«

Thomas Brasch beschäftigte sich, ähnlich wie Plenzdorf, mit der Situation des Individuums, wobei er das Verbindende zwischen der Gesellschaft im »real existierenden Sozialismus« und der im Kapitalismus herausstellte. In der Farce *Herr Geiler* (nach dem Vorbild von Goethes *Satyros*) zeichnete er das Porträt eines aus der Stadt in den Wald emigrierten Aussteigers, der einerseits gegen den »Geist der DDR« kämpft, der ihn zu zermalmen droht, wenn er nicht in das Gefängnis der Arbeitswelt zurückkehrt, und andererseits gegen den »regressiven Individualismus« und das westliche Konsumdenken. Ähnlich strukturiert ist die Heldin von

Braschs Stück *Lovely Rita*. Sie lebt gänzlich nach ihrer Devise: »Arbeiten kann, wer keine Lust zum Leben hat. Für Leute mit Verstand gibts nur zwei Möglichkeiten: Künstler oder Krimineller.« So erfindet Rita grausame Vergewaltigungsspiele, zelebriert anarchistische Rituale, erschießt den Geliebten, einen Besatzungsoffizier, der sie heiraten möchte, unternimmt einen Selbstmordversuch und gelangt schließlich zu einem nur auf sich bezogenen Nihilismus: »Keinen Grund haben für Nichts. (...) Keine Überzeugung haben, die länger vorhält als zwei Minuten. (...) Ich bin mir selbst genug.« Eine solche weltanschauliche Position konnten die Kulturfunktionäre selbstverständlich nicht akzeptieren. Brasch geriet unter Druck und siedelte nach West-Berlin über. Hier vollendete er sein Drama *Rotter*, die Biographie eines notorischen Mitläufers sowohl im Nazi-Reich als auch in der DDR, eine Karikatur des »neuen Menschen«, »ständig einsatzbereit, ohne hemmende Individualität im bürgerlichen Sinne«. Eine Haßliebe verbindet Rotter von Jugend an mit dem Gegenspieler Lackner, einem extremen Individualisten, dessen Wahlspruch lautet: »Ich bin einer von mir.« Die Handlung dieses »Märchens aus Deutschland«, so die Gattungsbezeichnung des Stücks, ist durchsetzt von allegorischen Traumszenen mit symbolischen Figuren, genannt die »alten Kinder«. Mit nicht-naturalistischen Mitteln arbeitete Brasch auch in *Lieber Georg*, einem Porträt des beim Schlittschuhlaufen 1912 in der Havel ertrunkenen expressionistischen Dichters Georg Heym.

Wenn man von Georg Seidel absieht, dessen Stücke über Menschen, die an den dumpfen und rigiden Verhältnissen scheitern (*Jochen Schanotta, Carmen Kittel, Villa Jugend*), direkte Abbilder der Gegenwartssituation in der DDR vor ihrem Zusammenbruch sind, haben sich alle bedeutenden Dramatiker schon im Laufe der siebziger Jahre auf historische und mythologische Stoffe zurückgezogen. Peter Hacks wandte sich, nachdem er mit seinem Produktionsstück *Die Sorgen und die Macht* den Unwillen der Partei erregt hatte, wiederum dem Geschichtsdrama zu, dem sein Interesse schon vor der Übersiedlung in die DDR gegolten hatte. Mit seinen Bearbeitungen klassischer Stücke und Themen wie *Der Frieden, Die schöne Helena, Polly, Amphitryon, Omphale, Das Jahrmarktsfest zu Plundersweilern* (nach Goethe), *Ein Gespräch im Hause Stein über den abwesenden Herrn von Goethe, Senecas Tod* suchte er das Fundament zu schaffen für eine »Sozialistische Klassik«, in welcher der Realismus (im Hegelschen Doppelsinn des Wortes) »aufgehoben« ist. »Das Theaterstück von morgen ist das klassische Drama«, so Hacks in einer seiner zahlreichen Abhandlungen zur Dramentheorie, denn es hat »alle Klassen zum Publikum und befriedigt ihre Ansprüche.« Die neue Qualität der »postrevolutionären Dramaturgie« liege darin, daß die gezeigten Ideale im Prinzip bereits verwirklicht, daß die noch vorhandenen Widersprüche nicht revolutionär, sondern evolutionär aufhebbar seien. Zwar habe die Welt noch Fehler, doch ohne diese wäre die Kunst überflüssig. Sie lebe geradezu davon. Indem sie »Unbefriedigendes auf zufriedenstellende Weise abbildet«, überspringt sie gleichsam die Kluft zwischen Utopie und Realität. »Die Differenz zwischen der Wirklichkeit und ihrer künstlerischen Reproduktion ist die Stelle, wo Form statthat, und die Form ist die Wohnung der Seele des Künstlers.« (Peter Hacks: Die Maßgaben der Kunst. S. 103)

So ist für Peter Hacks die Form das eigentlich Politische in der Kunst. In seinen Dramen entwickelte er sie zu höchster Brillanz. Virtuos ist auch sein dramaturgischer Umgang mit den alten Fabeln und die Beherrschung der poetischen Sprache. Als Gegenbewegung zur Alltagsrealität der DDR entwarf Hacks immer neue Reiche der Poesie. Im Lauf der Jahre verloren sie allerdings jegliche Spannung zur Realität. Heiner Müller hat den Kollegen darum scharf kritisiert: »Für den Hacks war und ist doch das Problem, daß er eigentlich nicht von dieser Welt ist. Die DDR war für ihn immer ein Märchen – er hat sie als eine Märchenwelt erlebt und beschrieben.« (Heiner Müller: Gesammelte Irrtümer. S. 24)

*Christoph Hein: Die wahre Geschichte des Ah Q. Deutsches Theater Berlin, 1983.
Inszenierung: Alexander Lang. Bühnenbild: Hans-Joachim Schliecker*

Für Müller selbst wie auch für Christoph Hein, Volker Braun und Stefan Schütz bedeutete die Rück-Wendung hin zu Mythos und Geschichte nicht eine Flucht aus der Gegenwart und schon gar nicht aus der Politik. Hein hat das in bezug auf seine historischen Dramen *Cromwell, Lassalle fragt Herrn Herbert nach Sonja, Die Ritter der Tafelrunde* sowie auf die Parabel *Die wahre Geschichte des Ah Q* ausdrücklich festgestellt: »Stücke, die in der Gegenwart geschrieben werden, sind Gegenwartsstücke. Diese Banalität zu behaupten, scheint mir wichtig, da heute ein Gegensatz zwischen sogenannten historischen Stücken und gegenwärtigen Stücken konstruiert wird.« (Christoph Hein: Schlötel oder Was soll's. S. 177) Hein und seinen Dramatiker-Kollegen ging es darum, an Modellen der Vergangenheit die erstarrte Gegenwart in ihrer historischen Relativität und damit in ihrer Veränderbarkeit zu zeigen. Mit diesem Rückgriff auf Brechts Methode der Verfremdung durch Historisierung stellten sie sich in Opposition zur politisch vorgegebenen Geschichtstheorie mit ihrer Intention, sich aller »fortschrittlichen Traditionen als uns gehörig zu versichern«. Den Dramatikern ging es auch nicht um die »Reinigung der Historie von reaktionären Verfälschungen« und nicht um deren »positiven Lehrwert«. Sie zeigten vielmehr das Scheitern von Vernunft und Humanität, um das Publikum zu einer antithetischen Haltung gegenüber der Vergangenheit und der Gegenwart herauszufordern.

Auch Volker Braun hat von Brecht gelernt, obwohl er erst nach dem Tod des Stückeschreibers seine Laufbahn als Dramaturg am Berliner Ensemble begann. Er entnahm seine historischen Modelle vor allem jenen Zeitaltern, in denen sich die Art des menschlichen Zusammenlebens grundsätzlich änderte oder hätte ändern können. Die Transformation einer Gesellschaftsform in eine andere erschien ihm als Vorgang besonders interessant, weil eben auch die Gesellschaft der DDR als eine des Übergangs angesehen wurde. Den Versuch des Fortschreitens zum Kommunismus begleitete Braun mit kritischem Engagement. *Lenins Tod* beschreibt den Verfall der Oktoberrevolution und den Übergang zur Diktatur Stalins. In der DDR wurde das 1970 entstandene Stück erst 1988 uraufgeführt. In dem Schauspiel *Guevara oder Der Sonnenstaat* verfolgt der Dramatiker den Weg des Revolutionärs von seinem Tod zurück zu seinen politischen Anfängen im Kreis Fidel Castros. Trotz des tödlichen Scheiterns wird der Vorgriff auf den Sonnenstaat Campanellas als ein ermutigendes Beispiel für die Auflehnung gegen das Arrangement mit den herrschenden Verhältnissen gewertet.

Im *Großen Frieden* imaginierte Braun eine Revolution in China, lange vor unserer Zeitrechnung, die mit der »Gleichheit aller« auch die allgemeine Befriedung bringen soll, jedoch auf halbem Weg steckenbleibt. Am Ende der Utopie steht die große Ernüchterung – so wie ab Mitte der siebziger Jahre in der DDR. Auch in *Dmitri* (nach Schillers *Demetrius*-Fragment) erzählt Volker Braun die Geschichte einer gescheiterten Hoffnung. Ein Knecht steigt zum Zaren von Rußland auf und nimmt sich vor, »aus Sklaven freie Menschen zu machen«, doch wird er ermordet, bevor er sein Werk in Gang setzen kann. Mit der deutschen Geschichte beschäftigte sich Braun in den beiden folgenden Dramen: *Simplex Deutsch* ist eine für das Theater wie für den Unterricht gedachte Collage mit Sequenzen aus Brechts *Trommeln in der Nacht*, Becketts *Warten auf Godot* und Heiner Müllers *Die Schlacht* sowie weiteren Texten, die von der geduckten Haltung der Deutschen gegenüber der Obrigkeit handeln. Das dreiteilige Werk *Siegfried Frauenprotokolle Deutscher Furor* thematisiert – nach dem Vorbild von Friedrich Hebbels *Nibelungen* und Heiner Müllers *Germania Tod in Berlin* – drei grundsätzliche Zivilisationsprobleme in ihrer spezifisch deutschen Erscheinungsweise: die Unterwerfung der Natur durch den Menschen (in Gestalt des Drachentöters Siegfried), die Unterjochung der Frau durch den Mann (dargestellt am Schicksal Kriemhilds und Brünhilds) und den Krieg als die absichtsvolle, brutale Vernichtung des Gegners. Volker Braun behauptet in diesem Stück eine Tradition zwischen den sogenannten Heldentaten der Germanen und dem Deutschen Furor, wie er im Faschismus zu seinem schrecklichen Endpunkt gelangt ist.

Mit dem Schicksal von Menschen, die vor den Nazis fliehen müssen, beschäftigt sich Braun in dem Stück *Transit Europa*, entstanden nach Motiven des gleichnamigen Romans von Anna Seghers. Drei Emigranten warten 1940 in Marseille auf ihre Schiffskarten und die Einreisevisa in die USA. Das Exil als Situation des Übergangs, das dem Autor als Modell dient, um die Gegenwart zu beschreiben.

Seiner überzeugendsten Darstellung der Lebensverhältnisse in der DDR während der Zeit des »real existierenden Sozialismus« gab Volker Braun den Titel *Die Übergangsgesellschaft*. Angeregt durch eine Inszenierung von Thomas Langhoff am Maxim-Gorki-Theater 1982 versetzte er Tschechows *Drei Schwestern* aus dem zaristischen Rußland in die Gegenwart der DDR. In einer Szene mit dem Titel »Der Flug« imaginieren seine Figuren eine Flugzeugentführung, die jeden in das Reich seiner Wünsche befördert. Ihre Sehnsüchte nach einem Ausbrechen aus einem engen und ideologisch genormten Leben werden offenbar. Vor dem Hintergrund von Gorbatschows Glasnost und Perestroika gewann bei der Uraufführung 1988 »Moskau« als Sehnsuchtsmetapher der drei Schwestern eine ganz aktuelle Bedeutung.

Weniger auf historische Exempel als auf mythologische Stoffe griffen Stefan Schütz und Heiner Müller in ihren Dramen der siebziger und achtziger Jahre zurück. Das erscheint zunächst seltsam bei Autoren, die durch ein kulturelles Umfeld geprägt sind, in dem die alten Mythen nach dem Muster von Marx als kindliche »Volksphantasien« und als überwunden durch den zivilisatorischen Fortschritt dargestellt wurden. Nur aufgeschlossene Geister erkannten deren Bedeutung als fragmentarische Erinnerung an frühe Gesellschaften. Christa Wolf betrachtete die griechischen Tragödien als »Zusammenfassungen ungeheuerster jahrhundertelanger Kämpfe, in denen die Moral der Sieger formuliert ist«, hinter der aber die »Bedrohung durch Älteres, Wildes, Ungezügeltes durchschimmert«; Heiner Müller sah in den Mythen den »kollektiven Ausdruck von Erfahrungen«, die »schlimmerweise« noch immer die gleichen sind, weil sich an der Verfassung des Menschen in den letzten Jahrhunderten »nicht allzuviel verändert hat«. Volker Braun hat von Lemnos, dem Ort des *Philoktet* von Sophokles, als einem »Jetztort« gesprochen, an dem die »Jetztzeit« auch immer noch »die alte

Zeit« ist. Vor diesem Hintergrund wird deutlich, warum die antiken Mythen zu bevorzugten Themen jener Autoren geworden sind, denen der sozialistische Tagtraum zu einem Alptraum wurde. Ohne die Gegenwart direkt ansprechen zu müssen und damit die Herrschenden herauszufordern, konnten sie doch ihr Ungenügen an der realen Gestalt des Sozialismus artikulieren. Indem sie die Kämpfe der mythischen Vergangenheit als immer noch andauernde vorführten, klagten sie das angestrebte, aber noch in weiter Ferne liegende Endziel der sozialistischen Entwicklung ein und traten dem propagierten Optimismus entgegen, zu dem die Realität immer weniger Anlaß bot.

Kritik an der Gegenwart übte auf diese Weise auch Stefan Schütz in seinem Heiner Müller gewidmeten Stück *Odysseus Heimkehr*. Darin kommt der Held zurück in ein Land, in dem alle von Schorf befallen sind, und in dem ihm der eigene Sohn, der an die Macht will, und die Gattin, die mit den Freiern ins Bett geht, feindlich gegenüberstehen. Sie lassen ihn umbringen, während das Volk dahinvegetiert, ohne seine Unterdrückung überhaupt noch erkennen zu wollen: »Die Zukunft im Grind macht alle gleich«, so das bittere Resümee.

Die zweite Antiken-Adaption Stefan Schütz' mit dem Titel *Die Amazonen* beschreibt die Durchsetzung der patriarchalischen Ordnung: König Theseus opfert der Staatsräson seine Liebe zu der Amazonenkönigin Antiope, die sich in sein Schwert stürzt; der Untergang ihres Volkes ist damit besiegelt. Obwohl dieses Stück weniger politischen Sprengstoff enthielt, wurde es in der DDR nicht gespielt. Auch in Westdeutschland, wo Schütz seit seiner Übersiedlung im Jahre 1980 lebt und arbeitet, haben die Bühnen von seinem inzwischen mehr als ein Dutzend Werke umfassenden Œuvre kaum Notiz genommen, obwohl kein Geringerer als Heiner Müller auf dessen theatralische Qualitäten und die »betörend schöne« Sprache hingewiesen hat.

Heiner Müller war einer der gedankenschärfsten und sprachmächtigsten deutschen Gegenwartsautoren der siebziger und achtziger Jahre. In seinem Werk vereinen sich eine hochentwickelte, vom dialektischen Materialismus geprägte Theorie mit einer experimentellen Praxis. Seine späten Texte sind gleichzeitig »Denkspiele« und surrealistische Collagen aus Traumbildern, Visionen und Kommentaren. Statt Wirklichkeiten abzubilden, konstituieren sie Wirklichkeiten; statt auf die Außenwelt zu verweisen, werfen sie den Rezipienten zurück auf sein subjektives Bewußtsein. Sie befördern die Entwicklung seiner eigenen Kreativität und tragen somit – in letzter Konsequenz – zur Aufhebung der Kunst bei. Die Arbeit an der Herausbildung des »neuen Menschen« ist also verbunden mit der »Arbeit am Verschwinden des Autors«. Müllers Texte wirken als Provokation des Theaters in seiner bestehenden Form; ihre Funktion sah der Dichter darin, der Bühne Widerstand zu leisten.

Der 1929 im sächsischen Eppendorf geborene, 1995 als Co-Direktor des Berliner Ensembles gestorbene Heiner Müller erfuhr seine wesentlichen Prägungen durch den Terror des Faschismus und die Schwierigkeiten in der Aufbauphase des Sozialismus. Schon in seinem ersten Projekt, *Die Schlacht*, hat er die beiden Themenkomplexe zueinander und zu seiner Biographie in Verbindung gesetzt. Eine Episode der erst Mitte der siebziger Jahre fertiggestellten Szenenreihe behandelt ein »Urerlebnis« seiner Kindheit, das immer wieder in seinen Werken auftaucht. Müller schilderte es so: »Das erste Bild, das ich von meiner Kindheit habe, stammt aus dem Jahr 1933. Ich schlief, dann hörte ich Lärm aus dem nächsten Zimmer und sah durch das Schlüsselloch, daß Männer meinen Vater schlugen. Sie verhafteten ihn. Die SA, die Nazis haben ihn verhaftet. Ich ging wieder ins Bett und stellte mich schlafend. Dann ging die Tür auf. Mein Vater stand in der Tür. Die beiden Männer waren viel größer als er. (...) Dann schaute er herein und sagte: ›Er schläft.‹ Dann nahmen sie ihn mit. Das ist meine Schuld. (...) Das ist eigentlich die erste Szene meines Theaters. (...) Da ist noch eine Erinnerung von 1936 oder 37. Wir mußten in der Schule einen Aufsatz über die Autobahn schreiben. Man sagte uns, der beste Aufsatz wird nach Berlin geschickt. Ich konnte also einen Preis oder ein Abzeichen bekommen. Ich kam heim. Mein Vater war arbeitslos. (...) Ich erzählte meinem Vater von dem Aufsatz. Er sagte: ›Kein Problem. Du brauchst das Abzeichen nicht zu kriegen. Mach dir keine Sorgen.‹ Zwei Stunden später sagte er: ›Ich helfe dir beim Aufsatz.‹ Und er half mir. Dann sagte er: ›Du mußt schreiben, es ist eine gute Sache, daß der Führer die Autobahn baut, weil mein arbeitsloser Vater da Arbeit bekommen kann.‹ Das war die Erfahrung von Verrat und Schwäche. (...) Von da an war ein Bruch zwischen uns.« (Heiner Müller: Gesammelte Irrtümer. S. 90 f.)

Der Verrat, den die Figuren in Heiner Müllers Stücken begehen, ist meist einer an sich selbst, an der eigenen Utopie. Das ist schon in dem nach der Tragödie des Sophokles entstandenen *Philoktet* der Fall, dem ersten Werk des Autors nach seinen Produktionsstücken. Odysseus und Neoptolemos unternehmen den Versuch, den wegen seiner stinkenden Geschwüre ausgesetzten Philoktet wieder für den Krieg zu gewinnen, denn ein Seher hat geweissagt, daß ohne dessen Bogen Troja nicht einzunehmen ist. Während Sophokles in seiner Tragödie das Unternehmen mit Hilfe von Herakles als Deus ex machina gelingen läßt, endet es bei Heiner Müller mit einem Fehlschlag. Neoptolemos, der Vertreter humanistischer Positionen, tötet Philoktet, als dieser auf Odysseus zielt. Die beiden Überlebenden verständigen sich darauf, im Lager der Griechen zu erzählen, Philoktet sei durch die Trojaner ermordet worden. Eine solche Lüge würde griechische Rachegefühle wecken und ihnen auf diese Weise mehr helfen als der lebende Held samt seinem Bogen. Das für die Allgemeinheit Nützliche macht also Verrat und Lüge des einzelnen nötig. Odysseus spricht es gegenüber dem jungen Neoptolemos in aller Deutlichkeit aus: »So weit sind wir gegangen in den Sache/ Im Netz aus eignem und aus fremden Schritt/ Daß uns kein Weg herausgeht als der weitere./ Spuck aus dein Mitgefühl, es schmeckt nach Blut/ Kein Platz für Tugend hier und keine Zeit jetzt.« Mit dem Verzicht auf individuelle Moral und Mitleiden im Sinne der übergeordneten Idee von der glückseligen Zukunft aller wird Odysseus zu einer

William Shakespeare/Heiner Müller: Macbeth. Volksbühne Berlin, 1982.
Inszenierung: Ginka Tscholakowa. Bühnenbild: Hans-Joachim Schliecker. Kostüme: Jutta Harnisch

Art Symbolfigur für rücksichtslosen Terror auf dem Weg zum Sozialismus.

Sein Hauptthema, die Probleme des Individuums, das für die Gesellschaft arbeitet, sich dabei aber nicht selbst aufgeben will, behandelte Müller auch in seiner Version des römischen Stoffes von den Horatiern und den Kuratiern, der schon Bertolt Brecht als Vorlage für sein gleichnamiges Lehrstück gedient hatte. Der Einzelkämpfer für die Gesellschaft wird hier zu ihrem Feind, weil er ohne deren Einverständnis und ohne jede Rücksicht auf seine familiäre Bindung zu dem Gegner diesen einfach abschlachtet. Ähnlich ist es im *Mauser*, mit dem sich Müller auf Bertolt Brechts Lehrstück *Die Maßnahme* bezieht und dieses an Radikalität noch überbietet: Einem Berufshenker der Russischen Revolution wird seine Arbeit zur Lust, so daß er blind mordet, anstatt mit klarem Kopf den politischen Feind zu beseitigen. Am Ende muß er seine eigene Liquidierung befehlen. Daß der Festigungsprozeß der Gesellschaft an den einzelnen die Forderung stellt, sich zu verhärten und sich als verbindendes Element zu verstehen, das einen stabilen Aufbau des Ganzen garantiert, kommt schon im Titel des Stückes *Zement* zum Ausdruck, das Müller nach einem Roman von Fjodor Gladkow geschrieben hat. Während in *Mauser* und *Zement* noch die Hoffnung auf eine von den Traumata der Geschichte befreite Welt durchschimmert, hält Müller in seinem dritten Revolutionsstück, *Der Auftrag* (nach Motiven aus der Erzählung »Das Licht auf dem Galgen« von Anna Seghers), nur noch die Möglichkeit offen, daß die in Europa immer wieder an der Staatsräson und am Bürokratismus erstickte Revolution im Aufstand der ausgebeuteten und terrorisierten Völker in der Dritten Welt zu einem befriedigenden Ende kommt.

Grundsätzlich sieht Müller in der Revolution auch eine Chance zur Emanzipation der Frau von der Herrschaft des Mannes. Indem sie die Tötung als Mittel zur Befreiung akzeptieren und bereit sind, Gewalt einzusetzen, erweisen sich die Frauenfiguren in Müllers späten Texten als Nachfahrinnen mythischer Gestalten.

Das Thema begegnet im *Elektratext* und im *Medeaspiel*, in *Verkommenes Ufer Medeamaterial Landschaft mit Argonauten* und in der *Hamletmaschine*. In dem letztgenannten Werk läßt der Dichter Ophelia als Rächerin nicht nur der Frauen, sondern der Unterdrückten überhaupt erscheinen, wenn er ihr folgende Sätze in den Mund legt: »Hier spricht Elektra. Im Herzen der Finsternis. Unter der Sonne der Folter. Im Namen der Opfer. Nieder mit dem Glück der Unterwerfung. Es lebe der Haß, die Verachtung, der Aufruhr, der Tod.«

Im *Medeamaterial* erscheint die Heldin als ein Monstrum, allerdings ein von der Männerwelt produziertes. Jason, der Gatte Medeas, handelt exemplarisch als abendländischer Mann; im Namen der Zivilisation unterwirft und kolonisiert er die Frau, die Umwelt und seinen eigenen Körper. Am Schluß scheitert er mit seinen Strategien und muß sich selbst als Todesbringer erkennen.

Heiner Müller zeigt in seinen mythischen und historischen Darstellungen die Geschichte aus der Perspektive des Schreckens. Ob es sich nun um die Antike handelt oder um den Feudalismus wie in der *Macbeth*-Bearbeitung, ob um den Übergang zur bürgerlichen Gesellschaft wie im *Hamlet* oder um das Vorfeld der Französischen Revolution wie in *Quartett*, ob um die Aufklärung wie in *Leben Gundlings Friedrich von Preußen Lessings Schlaf Traum Schrei* oder um den Faschismus wie in der *Schlacht* und *Germania Tod in Berlin*, immer schildert er die Vergangenheit in ihrer Brutalität und Widersprüchlichkeit. Die Realität des Bösen und des Grausamen, das Unerlöste und das Unbegriffene sind in seinen Werken ständig präsent. Auch im revolutionären Fortschritt dominieren in seiner Sicht Angst und Ekel, aber auch die immer damit verbundene Lust. Grauenvoll offenbart sich das Neue, die Hoffnung in ihrer ersten Gestalt.

»Das Theater handelt«, so schrieb Müller in einem Brief, »von den Schrecken/Freuden der Verwandlung in der Einheit von Geburt und Tod. Das macht seine Notwendigkeit aus.« (Heiner Müller: Theater-Arbeit. S. 126)

Theater in der Bundesrepublik Deutschland während des Wiederaufbaus

Mit der Gründung der Bundesrepublik im Jahre 1949 begann in Westdeutschland eine Epoche, die geprägt war durch den Wiederaufbau der zerbombten Städte, durch einen geradezu als »Wunder« angesehenen wirtschaftlichen Aufstieg, durch eine Konsolidierung der Demokratie und durch die Tendenz zur Restauration von Denkformen und Verhaltensweisen der Zeit vor dem Zweiten Weltkrieg. Aus der Mischung der verschiedensten Sozialschichten und landsmannschaftlichen Gruppierungen in der Folge von Flucht und Vertreibung entstand ein Menschentypus, der durch Mobilität und Aufstiegswillen auf der einen und durch die Sehnsucht nach einer übersichtlichen, geordneten Gesellschaft und einer zuverlässigen politischen Führung auf der anderen Seite gekennzeichnet war. Seine Wünsche richteten sich in erster Linie auf das eigene materielle Auskommen und Weiterkommen; die Sorge für das Allgemeinwohl überließ man denjenigen, die man dazu für berufen hielt. An der Spitze der politischen Klasse stand unangefochten die noch von der Kaiserzeit und der Weimarer Republik geprägte Patriarchen-Gestalt Konrad Adenauers. Gegen die von ihm dominierte »Kanzler-Demokratie« konnte die sozialdemokratische Opposition, mit ihrer auf eine stärkere staatliche Lenkung orientierten Wirtschaftspolitik, mit ihrem Kampf gegen die Wiederbewaffnung und den Überlegungen zu einem Ausgleich mit dem Osten, nur wenig ausrichten. Ihre Funktion beschränkte sich im wesentlichen darauf, gemeinsam mit den Gewerkschaften sicherzustellen, daß von dem erwirtschafteten Wohlstand ein angemessener Teil für die Arbeitnehmer abfällt. Zwar kritisierte der SPD-Vorsitzende Kurt Schumacher anfangs noch in aller Schärfe die »vierfache Verbindung von Kapitalismus, Kartellen, Klerikalismus und Konservatismus«, doch warf die Partei im Laufe der fünfziger Jahre die marxistischen Grundsätze über Bord und verwandelte sich in eine linke Volkspartei, die dann ein starkes Gegengewicht zur Christlich Demokratischen Union auf der anderen Seite des politischen Spektrums bilden konnte. Die Adenauer-Partei setzte in ökonomischer Hinsicht ganz auf die Konzeption der sozialen Marktwirtschaft, wie sie von Ludwig Erhard in die politische Praxis umgesetzt wurde. Die Hilfsmaßnahmen der USA und die beginnende wirtschaftliche Integration Westeuropas unterstützten diesen Prozeß. Die bald spürbare Verbesserung der materiellen Situation nahm allen Kritikern den Wind aus den Segeln, auch wenn das Pro-Kopf-Einkommen der Unternehmer auf das Zehnfache der Arbeiter-Einkünfte stieg. Das politische Handeln der CDU in der Ära Adenauer stand unter dem Motto »Nur keine Experimente!« Das kam dem Sicherheitsbedürfnis einer großen Mehrheit der Bevölkerung entgegen, die vor allem am Wohlergehen in der Gegenwart interessiert war. Zukunftsentwürfe waren ebensowenig gefragt wie eine wirklich fundamentale Auseinandersetzung mit der Nazi-Vergangenheit. Daraus resultierten die beiden geistig-politischen Grundhaltungen der Zeit: erstens ein strikter Anti-Kommunismus, der im Zuge des kalten Krieges zur immer schärferen Abgrenzung gegenüber der DDR führte, und zweitens die »Unfähigkeit zu trauern« über das im »Dritten Reich« angerichtete Unheil. Von einer moralischen Besinnung, wie sie in der ersten Nachkriegszeit noch von vielen für notwendig erachtet wurde, war jetzt kaum mehr die Rede. Eine ideale Möglichkeit zum Vergessen, besser: zum Verdrängen, bot der Konsum; es wurde gleichsam zu einem Mittel der kollektiven Entlastung. Hinter dieser Fassade vollzog sich die Restauration konservativer Wertsetzungen und Lebensformen sowie der Aufstieg der alten Eliten.

In dieser Periode der Restauration gab es viele, die (mehr oder minder bewußt) den Wunsch hegten, noch einmal von vorne beginnen zu können. Nach der Erfahrung von Krieg und Diktatur wollte man möglichst bald wieder als »anständiger« Mensch in einer »ordentlichen« Umwelt leben. Man baute sich die »eigenen vier Wände« wieder auf und richtete sich darin ein. Dem öffentlichen Leben wurde nur ein geringer Stellenwert beigemessen. Nach dem Zwang des Nazi-Regimes zu gemeinschaftlichen Aktivitäten wollten diese Bürger eines neuen Biedermeier vor allem in Ruhe gelassen werden. Das »traute Heim«, die Familie mit dem rasch die Karriereleiter hinaufkletternden Vater, der treusorgenden Mutter und den wohlerzogenen Kindern – so sah das Wunschbild aus. Nach der »Einrichtungswelle« und der »Freßwelle« folgte die »Reisewelle«. Wer das Geld nicht hatte, konnte doch wenigstens bei den Schlagersendungen im Rundfunk von »Florentinischen Nächten« träumen und davon, wie »bei Capri die rote Sonne im Meer vergeht«. Die überwiegende Mehrzahl der Bundesbürger identifizierte sich mit dem Caterina-Valente-Schlager: »Es wird besser, besser, besser, immer besser, besser.«

Heinrich von Kleist: Penthesilea.
Städtische Bühnen Frankfurt am Main, 1962.
Inszenierung: Heinrich Koch.
Bühnenbild: Franz Mertz

Neben Kino und Fernsehen, Rundfunk und Illustrierten als den Medien der Unterhaltung und Zerstreuung, vor allem der Unterschichten, erlangte in den »gehobenen Kreisen« auch das Theater den Platz wieder, den es vor dem Krieg innehatte. Der anspruchsvolle Mittelstand verlangte nach der Begegnung mit den »klassischen Werten«, die intellektuelle Elite nach der Auseinandersetzung mit den Grundproblemen der menschlichen Existenz. Der Bühne jedenfalls wurde die Aufgabe zugewiesen, die Banalität eines ganz auf die Befriedigung materieller Bedürfnisse ausgerichteten Lebens mit einer schönen und erbaulichen Fassade zu schmücken. So ging man auch bald daran, die im Krieg beschädigten Bauten zu renovieren oder ganz neue Häuser zu errichten. In den fünfziger Jahren boten in der Bundesrepublik 170 Theater jeden Abend 125.000 Plätze an – und drei Viertel davon wurden besetzt. Dafür sorgte auch ein gut organisiertes Abonnement-System, das allerdings im Laufe der Zeit ganz wesentlich zur Erstarrung des Betriebs beigetragen hat.

Mit der Teilung Berlins verlor das deutsche Theater seinen Mittelpunkt. Beim Wiederaufbau des westdeutschen Bühnenwesens, das mit dem Österreichs und der deutschsprachigen Schweiz bald wieder zu einer relativ einheitlichen Theaterlandschaft zusammenwuchs, bildeten sich verschiedene regionale Zentren heraus. Neben dem Wiener Burgtheater und dem Zürcher Schauspielhaus waren von ungefähr gleicher Bedeutung das Düsseldorfer Schauspielhaus unter der Leitung von Gustaf Gründgens und später von Karl Heinz Stroux, das Deutsche Schauspielhaus Hamburg in der Ära Gründgens, das von Gustav Rudolf Sellner geleitete Darmstädter Landestheater, die Münchner Kammerspiele unter der Ägide von Hans Schweikart, das Schauspiel Frankfurt mit Harry Buckwitz und Heinrich Koch, das Deutsche Theater in Göttingen mit Heinz Hilpert an der Spitze, Hans Schallas Bochumer Schauspiel sowie die Staatlichen Schauspielbühnen unter Boleslaw Barlog und das Theater am Kurfürstendamm unter Oskar Fritz Schuh in West-

Berlin. Alle diese Intendanten, die meist auch ihre wichtigsten Regisseure waren, hatten die entscheidenden Prägungen während des »Dritten Reichs« erfahren. Daraus erklärt sich ihre Distanz zu der aktuellen politischen Realität, ihr Rückzug auf die Form, der Hang zur Stilisierung und die Ideologie der »Werktreue«. Dieses Theaterverständnis lag zum Beispiel der legendären *Faust*-Inszenierung von Gustaf Gründgens zugrunde, auch wenn es darin Anspielungen auf die Atombombe und in den Bühnenbildern von Teo Otto Anleihen beim Surrealismus gab.

Neben Gründgens war es vor allem Gustav Rudolf Sellner, der den Stil der fünfziger Jahre prägte. In seinen Darmstädter Inszenierungen entwickelte er zusammen mit dem Bühnenbildner Franz Mertz das Modell eines stilisierten Theaters, das sich zum Ziel setzte, »die Seinsstruktur des Menschen zu offenbaren«. Ähnlich allgemein dachte Oskar Fritz Schuh, der die Bühne als »geistigen Raum« definierte. Durch radikale Vereinfachung der Szenerie, durch unpsychologisches Sprechen und eine expressiv übersteigerte Gestik zeichnete sich auch Hans Schallas »Bochumer Stil« aus. Heinrich Koch hatte das Ziel, die Substanz der Dichtung in Raumwerte zu übertragen, wobei er immer wieder auf die Grundform der Scheibe zurückkam, die man bald ironisch als »Kochplatte« bezeichnete.

Von wesentlich anderen ideologischen wie ästhetischen Ansätzen gingen die aus der Emigration zurückgekehrten Regisseure aus. Neben Leopold Lindtberg, der nach seiner Exil-Zeit am Zürcher Schauspielhaus vor allem am Wiener Burgtheater und am West-Berliner Schiller-Theater eine lange Reihe von Inszenierungen schuf, die wegen ihrer leidenschaftlichen Intellektualität und komödiantischen Heiterkeit gerühmt wurden, steht vor allem Fritz Kortner für die Qualität des westdeutschen Theaters. Den pathetisch aufgestellten Klassiker-Inszenierungen und dem seichten Lustspiel-Theater der Zeit setzte er einen detailscharfen Realismus entgegen. Prinzip seiner Arbeit war die »geistige Durchdringung« der Vorlage, wie er sie als Schauspieler in den zwanziger Jahren bei Max Reinhardt, Karl Heinz Martin und Leopold Jessner gelernt hatte. Kortner lehnte die weitverbreitete »gesangesfreudige Wiedergabe des Verses« radikal ab, ordnete die Sprechmelodie der Sinngebung unter. Auch die Körpersprache entschlackte er von allen Arabesken, motivierte sie nur aus der Psychologie. Sein Ziel war es, die Figuren aus der überzeitlichen Abstraktion in die konkrete Nähe der Zuschauer zu rücken. Bei seinen Inszenierungen klassischer Werke entwickelte Kortner die politischen Bezüge aus der genauen Analyse der Vorgänge. Seinen Umgang mit Stücken hat Ivan Nagel, einige Zeit Dramaturg bei ihm, so beschrieben: »Kortner liest wie kein anderer: gegen den Strich, auf dem konventionelle Anschauungen gehen, um sich der Masse zu verkaufen. Er liest argwöhnisch, lauert dar-

Johann Wolfgang Goethe: Faust II. Düsseldorfer Schauspielhaus, 1958. Inszenierung: Gustaf Gründgens. Bühnenbild: Teo Otto

auf, daß sich Könige und Helden wider Willen verraten, daß Heroinen mit ihren Worten und trotz ihrer Worte preisgeben, wer sie in Wirklichkeit sind. Er liest bald präzis forschend, bald phantastisch auslegend, so wie ein Talmud-Gelehrter die Schrift liest.« (Ivan Nagel: Kortner, Zadek, Stein. S. 28) Kortner gelang es immer wieder, für klassische Stücke neue, faszinierende Interpretationshorizonte zu eröffnen. In seinen Inszenierungen gab es keine einheitlich durchstilisierten Kompositionen, keine Figuren »aus einem Guß«, keine schlüssigen Lesarten, sondern Brüche und Widersprüche. Diese Haltung erwuchs aus seinem von Erfolg und Scheitern, Leiden und Kämpfen erwachsenen Credo: »Ich glaube nicht an das Alleinseligmachende (...). Das Alleinseligmachende ist gegen die Urgesetze, aus denen jede Gesetzmäßigkeit gefolgert werden kann. (...) Es ist der Hochverrat an dem Kontinuum des Lebens. Alleinseligmachung – in deinem Lager herrscht Vernichtung.« (Klaus Völker: Fritz Kortner. S. 408)

Nicht nur das System und die Funktion, sondern auch die Spielpläne wurden in den fünfziger Jahren in den alten Formen restauriert. Die Mehrzahl der Theater bot im bunten Wechsel Unterhaltung und Bildung, Entspannung und Erbauung, Lustspiele und seriöse Dramatik, Stücke der Vergangenheit und Novitäten. Im Vergleich zu den nachfolgenden Jahrzehnten fällt der hohe Anteil der Klassiker auf. Lessings *Minna von Barnhelm* und *Nathan der Weise*, Schillers *Kabale und Liebe* und *Maria Stuart*, Goethes *Faust*, Kleists *Zerbrochner Krug* und Shakespeares *Was ihr wollt* waren die Spitzenreiter. Eine Auseinandersetzung mit der politischen und sozialen Wirklichkeit fand nur selten statt. Das aktuelle Repertoire bestand in erster Linie aus den Werken des »Poetischen Dramas« und des »Absurden Dramas«, Gattungen, die den Menschen vor allem in seiner Individualität ansprechen. Beide Erscheinungsformen wurden aus den romanischen Ländern importiert; die daran anknüpfenden deutschsprachigen Dramatiker blieben weit hinter ihren Vorbildern zurück; keines ihrer Werke konnte sich auf Dauer durchsetzen.

Die Hauptvertreter des Poetischen Dramas sind der Italiener Luigi Pirandello, der Spanier Federico García Lorca und die Franzosen Jean Giraudoux und Jean Anouilh. Sie alle errichteten »Reiche der Poesie«, wie sie dem deutschen Publikum als Orte der Flucht aus den Mühen des Wirtschaftswunder-Alltags und aus der Erinnerung an die gräßliche Vergangenheit hoch willkommen waren.

Die schon in der Zwischenkriegszeit entstandenen, in Deutschland aber nur ganz selten gespielten Dramen Pirandellos – die wichtigsten sind *So ist es – wie es Ihnen scheint* (Cosa è – se vi pare), *Heute abend wird aus dem Stegreif gespielt* (Questa sera si recita a sogetto), *Sechs Personen suchen einen Autor* (Sei personaggi in cerca d'autore) und *Die Riesen vom Berge* (I giganti della montagna) – haben fundamentale Bedeutung für das moderne Theater.

Pirandello stellte, analog zu den Erkenntnissen der neuen Physik, die Wahrnehmungsweise der Menschen und ihrer Beziehungen zueinander prinzipiell in Frage. In seiner dramatischen Konzeption erscheint die Rollenfigur nicht mehr als feste Größe, sondern unterschiedlich, entsprechend der Blickweise ihres jeweiligen Partners. Es gibt keinen Fixpunkt mehr, von dem die einzig wahre Sicht möglich wäre; jede Anschauung wird damit als relativ ausgewiesen. So verschwimmen die Grenzen zwischen Schein und Sein, Illusion und Wirklichkeit, Wahn und Normalität, Person und Maske. Weil nicht nur der Betrachter, sondern auch der Betrachtete einem steten Wandel unterworfen ist, kann der Mensch nie in seiner wahren Identität erkannt und dargestellt werden. Wenn aber alle Masken tragen, dann wird auch die Grenze fragwürdig, die den Zuschauer im Saal vom Schauspieler auf der Bühne trennt. So gewinnt für Pirandello das Verhältnis von Bühnenillusion und wirklicher Täuschung zentrale Bedeutung. In seinem bekanntesten Stück, *Sechs Personen suchen einen Autor*, entwickeln sich die Konstellationen so: Eine Gruppe von Gestalten kommt während einer Probe ins Theater und klagt ihr Existenzrecht auf der Bühne ein. Ein Dramatiker hat sie erfunden, dann aber fallengelassen, weil sie ihm zu »melodramatisch« erschienen sind. Als sie ihr Schicksal vorspielen, beginnen sich die probierenden Schauspieler für sie zu interessieren und schlüpfen schließlich in ihre Rollen. Gegen die drohende Rückübersetzung aus der Phantasie-Wahrheit des Dichters in Bühnenstereotype erheben sie allerdings Protest; die literarische Fiktion erscheint ihnen wahrer als die Darstellung durch Menschen aus Fleisch und Blut.

»Im Theater müssen die Personen, die auf der Bühne erscheinen, ein Gewand aus Poesie tragen, und gleichzeitig müssen ihre Knochen, muß ihr Blut zu sehen sein.« – Nach diesem Grundsatz hat der 1936 von den Franco-Faschisten ermordete Federico García Lorca eine Reihe von Stücken geschrieben, die ihn, zusammen mit seiner faszinierenden Lyrik, zum wichtigsten spanischen Dichter des 20. Jahrhunderts gemacht haben. Während seine phantastisch-surrealen Spiele aus den Jahren der Freundschaft mit Salvador Dalí und Luis Buñuel, *Das Publikum* (El público), *Komödie ohne Titel* (Comedia sin título) und *Sobald fünf Jahre vergehen* (Así que pasen cinco años), erst in jüngerer Zeit für die deutsche Bühne entdeckt wurden, sind seine »Frauentragödien aus spanischen Dörfern« schon in den Fünfzigern zum festen Bestandteil der Spielpläne geworden. Durch Akzentuierung ihrer mythischen Dimension konnte man das deutsche Nachkriegspublikum mit Grundfragen der Existenz konfrontieren, ohne auf die aktuelle Realität Bezug nehmen zu müssen. Die Inszenierungen von *Bluthochzeit* (Bodas de sangre) und *Yerma*, von *Doña Rosita bleibt ledig oder Die Sprache der Blumen* (Doña Rosita la soltera o El lenguaje de las flores) und *Bernarda Albas Haus* (La casa de Bernarda Alba) haben das Archaische und Elementare gegenüber dem Sozialkritischen in den Vordergrund gestellt. García Lorca zeigt Menschen, hauptsächlich Frauen, die eingespannt sind in den Widerspruch zwischen ihren Leidenschaften und den Konventionen einer erstarrten Gesellschaft; alle Versuche auszubrechen, enden tödlich.

Im Gegensatz zu den Werken des Spaniers konnten sich die poetischen Dramen von Jean Anouilh, dem meistgespielten Autor der fünfziger Jahre, nicht auf den Spielplänen behaupten. Dem Formmuster des bürgerlichen Lustspiels folgend, konfrontiert Anouilh die Zuschauer mit seinem desillusionierten Bild einer ans Absurde grenzenden Existenz. Seine bittersüßen, manchmal leicht kitschigen Konversationsdramen geben mal eine negativ-tragische Antwort auf die grundsätzlichen Lebensfragen, wie zum Beispiel *Romeo und Jeannette*, *Medea*, *Antigone*, mal eine ironisch-positive, wie *Einladung ins Schloß* (L'invitation au château), *Leocadia*, *Cècile oder Die Schule der Väter* (Cécile ou l'école des pères). Meist sind die Probleme aller konkret-historischen Spezifik entkleidet, so daß sie sich ohne Umstände in die entpolitisierte Atmosphäre des Nachkriegsdeutschlands einpassen ließen. Die Figuren erscheinen oft als Wiedergänger antiker Mythengestalten, entrückt in eine überzeitliche Welt der Poesie.

In diesem Raum hat auch der eine Generation ältere Jean Giraudoux seine Dramen angesiedelt, die in der Zwischenkriegszeit von Louis Jouvet, dem bedeutendsten französischen Regisseur der Zeit, in subtil-poetischen Inszenierungen zur Uraufführung gebracht wurden. Dabei spielte die rhetorische Komponente eine bedeutsame Rolle; Giraudoux läßt alle seine Figuren in einem geschliffenen Französisch parlieren. In Deutschland sind seine geistreich-amüsanten Werke erst in der Adenauer-Ära auf die Bühne gekommen und begeistert aufgenommen worden. In *Elektra*, *Amphitryon 38*, *Der trojanische Krieg findet nicht statt* (La guerre de Troie n'aura pas lieu), *Undine* und in *Sodom und Gomorrha* brachte Giraudoux seine zutiefst pessimistische Einstellung gegenüber dem Lauf der Welt zum Ausdruck. Die Bekenntnisse zu Freude und Liebe, wie sie etwa der Gärtner in *Elektra* in einer Art fröhlichen Verzweiflung dem unaufhaltsam abrollenden Schicksal entgegenhält, sind nur Illusionen. Auch in *Die Irre von Chaillot* (La folle de Chaillot), dem besten und auch heute noch relativ oft gespielten Stück des Dichters, ist der Triumph der guten Mächte auf den ersten Blick als ein »falsches Happy-End« zu durchschauen.

Neben dem Poetischen bildete das Absurde Drama ein Zentrum der Spielpläne des westdeutschen Theaters in der Periode des Wiederaufbaus. Zu dieser literarischen Kategorie zählen in erster Linie die Werke von Eugène Ionesco, Samuel Beckett und Jean Genet. Der ungeheure Erfolg der Richtung beweist, daß sie einen Nerv der Zeit getroffen hat. Sie brachte die Schatten der jüngsten Vergangenheit zum Vorschein und die Ängste vor der Zukunft. Damals, in der Zeit des kalten Krieges zwischen Ost und West und der atomaren Bedrohung, war zum ersten Mal in der Geschichte die Selbstzerstörung der Menschheit vorstellbar geworden, und das Szenario des Weltgeschehens wurde für den einzelnen immer undurchschaubarer. In Deutschland, wo der Zusammenbruch einer ganzen Gesellschaftsordnung tiefe Irritationen nach sich gezogen hatte, fand das Drama des Absurden ein besonders lebhaftes Echo. Die Sinnentleerung, die zunehmende Vereinzelung und Entfremdung des Menschen, führte zur allmählichen Erosion des Aufbau-Optimismus'. Mit der zunehmenden Befriedigung der materiellen Bedürfnisse traten wieder Sinnfragen in den Vordergrund, auf die aber keine hinreichenden Antworten zu finden waren. In dieser geistigen Situation konnten sich immer mehr Menschen mit dem Lebensgefühl der Absurdität identifizieren, für das schon einige Jahre zuvor Albert Camus in seinem philosophischen Essay »Der Mythos von Sisyphos« ein einprägsames Bild gefunden hatte: »Ein Mensch spricht hinter einer Glaswand ins Telephon; man sieht nur sein sinnloses Mienenspiel: man fragt sich, warum er lebt.« (Albert Camus: Der Mythos von Sisyphos. S. 18) Als adäquate Reaktion auf den Widersinn der Welt propagierte der Philosoph die Revolte des Individuums. Sie entreißt den einzelnen seiner Einsamkeit, schenkt ihm die verpflichtende Gewißheit sozialer Solidarität: »Ich empöre mich, also sind wir.« (Albert Camus: Der Mensch in der Revolte. S. 27) Im Unterschied dazu erschien den Autoren des Absurden Dramas jede Auflehnung von vornherein aussichtslos; sie akzeptierten den absurden Weltzustand fraglos als das Gegebene und Selbstverständliche. So zielten sie mit ihren Werken nicht mehr – wie Camus und Sartre in ihrer »engagierten Literatur« – auf die Vermittlung moralischer und politischer Impulse, sondern behaupteten die Sinnlosigkeit der Welt als ein nicht aufhebbares Faktum. Diese Ansicht schlug sich auch in der Form des Dramas nieder; Verfahren des Surrealismus wie die alogische Handlungsführung, die Verweigerung rational nachvollziehbarer Aussagen, die Übersteigerung und die äußerste Reduktion des Geschehens wurden wieder aufgegriffen.

Das Absurde Drama war im wesentlichen beschränkt auf den französischen Sprachraum, auch wenn der Engländer Harold Pinter mit einigen seiner Dramen wie *Der stumme Diener* (The Dumb Waiter), *Die Geburtstagsparty* (The Birthday Party), *Der Hausmeister* (The Caretaker) und *Niemandsland* (No Man's Land) und der Amerikaner Edward Albee mit *Die Zoogeschichte* (The Zoo-Story) und *Der Tod der Bessie Smith* (The Death of Bessie Smith) Beiträge zu dieser literarischen Strömung geleistet haben. Eine gewisse Verwandtschaft mit der Dramatik des Absurden zeigen auch die (versteckt regimekritischen) Stücke des späteren tschechischen Staatspräsidenten Václav Havel (*Das Gartenfest, Die Benachrichtigung* u.a.) sowie des polnischen Dramatikers Sławomir Mrożek (*Die Polizei, Auf hoher See, Karol, Striptease*), der sich auf die phantastisch-surreale Literatur der Zwischenkriegszeit in seinem Land beziehen konnte, wie sie in den Erzählungen von Bruno Schulz und in den dramatischen Werken von Stanisław Ignacy Witkiewicz in Erscheinung trat. In dieser Traditionslinie stand auch der in Polen geborene, auf einer Weltreise in Argentinien vom Zweiten Weltkrieg überraschte und nach dessen Ende nach Paris übersiedelte Schriftsteller Witold Gombrowicz mit seiner Groteske *Yvonne, die Burgunderprinzessin*, seinem Traumspiel *Die Trauung* und mit *Operette*, einer Parodie auf dieses Genre in seiner »göttlichen Idiotie und himmlischen Sklerose«. Im deutschen Sprachraum hat sich allein Wolfgang Hildesheimer mit dieser Dramenform auseinandergesetzt und zwar in den beiden Zyklen *Spiele, in denen es dunkel wird* und *Die Uhren* sowie mit seiner »Rede über das absurde Theater« von 1960. Darin erklärte der Autor, daß er aus einer so »tiefen Überzeugung« heraus absurde Dramen schreiben würde, daß ihm »nicht-absurde oft absurd« vorkämen. Im Gegensatz zu Albert Camus zieht Hildesheimer die Revolte als Folge einer solchen Weltsicht nicht in Betracht. Für ihn erschöpft sich die Funktion des Absurden Dramas darin, die »Fremdheit des Menschen in der Welt« aufzuzeigen, auf die Tatsache hinzuweisen, daß »das Leben nichts aussagt«, daß es »zusammenhanglos und unlogisch« ist.

Obwohl der schon zu Beginn der sechziger Jahre geprägte Begriff recht unscharf ist und die Tendenz zur schier unbegrenzten Erweiterung seines Bedeutungsfeldes in sich trägt, lassen sich doch einige Grundzüge des Absurden Dramas bestimmen: die übersteigerte Darstellung des Banalen, die Opposition gegen alles Didaktische, die Reduktion der Handlung auf das rein Spielerische, die Ablösung der psychologisch durchgezeichneten Charaktere durch Clowns und andere Kunstfiguren, das dramaturgische Schema des zum Anfang zurückkehrenden Endes und der Ersatz des sinnvollen, kommunikativen Dialogs durch das Geschwätz. Unter diesen Gesichtspunkten betrachtet, lassen sich die (heute fast vergessenen) Schauspiele des seit seiner Jugend in Paris lebenden, im Nordkaukasus geborenen Arthur Adamov, wie *Ping-Pong* und *Paolo Paoli*, und vor allem die Werke von Eugène Ionesco mit dem Begriff Absurdes Drama fassen, mit einigen Vorbehalten auch die Stücke von Jean Genet und Samuel Beckett.

Ionesco, als Sohn einer Rumänin und eines Franzosen kurz vor dem Ersten Weltkrieg geboren und in Frankreich aufgewachsen, machte sich schon sehr früh mit den Werken und Prinzipien des Surrealismus bekannt. Während seiner Ausbildung zum Französischlehrer an der Universität Bukarest studierte er die Theaterstücke von Alfred Jarry und die seines rumänischen Landsmanns Tristan Tzara, dem Begründer des Zürcher Dadaismus und Gegenspieler von André Breton. Von den Vorbildern übernahm Ionesco das Prinzip der Autonomie des Bühnengeschehens gegenüber der Alltagsrealität und das ästhetische Verfahren der alogischen Anhäufung von Wirklichkeitspartikeln. In seinem ersten, als »Anti-Stück« bezeichneten dramatischen Text *Die kahle Sängerin* (La cantatrice chauve), entstanden 1949, geben die Figuren zweier »typischer englischer« Ehepaare in einem »typisch englischen« Interieur und »typisch englisch« gekleidet in ständiger Wiederholung sinnentleerte Floskeln von sich. Wie meist bei Ionesco verfügen die Subjekte nicht über ihre Sprache, sondern sind deren Objekte; sie befinden sich auf einer Ebene mit der Standuhr, die ebenso sinnlos und mechanisch läutet wie sie plappern. Hier herrscht der reine Leerlauf, der vom Autor in unterschiedlichen Stimmungslagen abgespult und mit absurden Überraschungen durchsetzt wird. So erscheint zum Beispiel unversehens ein Feuerwehrmann und bestellt Grüße von einer kahlen Sängerin, die dem Stück seinen Nonsens-Titel gegeben hat. Über seine Intention notierte Ionesco: »Das Theater (oder was sich so nennt) demontieren, (…) der Versuch eines abstrakten oder gegenstandslosen Theaters. Oder im Gegenteil, wenn man will, eines konkreten Theaters. Es ist nur das, was man auf der Bühne sieht. (…) Es ist Spiel, Wortspiel, szenisches Spiel. (…) Sein Material: nicht-figurative Figuren. Jede Intrige ist uninteressant. Jede besondere Handlung (…) ohne jeden besonderen Gegenstand. Trotzdem wird etwas Ungeheuerliches zum Vorschein kommen. Was auch nötig ist, denn schließlich ist das Theater die Enthüllung von (…) ungeheuerlichen figurenlosen Zuständen (…), die wir in uns tragen. (Eugène Ionesco: Argumente und Argumente. S. 176 f.) Auch in seiner tragischen Farce *Die Stühle* (Les chaises) läßt Ionesco das gewöhnliche Geschehen so oft und so zusammenhanglos wiederholen, daß es seine ganze

Absurdität offenbart. In einem allabendlich veranstalteten »Spiel mit sich selbst« führt ein altes Ehepaar all seine Erinnerungen, Meinungen und Sehnsüchte vor. Je größer dieser Fundus wird, desto zahlreicher werden auch die Stühle auf der Bühne, die sie nach und nach für ihre imaginären Gäste aufbauen. Triumphierend begehen sie schließlich gemeinsam Selbstmord, als in ihrer Einbildung der »Kaiser« erscheint.

Neben der Anhäufung des Gewöhnlichen dient Eugène Ionesco auch dessen Übersteigerung als Mittel zur Darstellung seiner Weltsicht. In dem Kurzdrama *Der neue Mieter* (Le nouveau locataire) geht beides ineinander über: Es fängt ganz realistisch damit an, daß die Titelfigur ihre Möbel und den Hausrat in die angemietete Wohnung bringen läßt. Bald aber folgt der Umschlag ins Absurde: Der Strom der herangeschafften Dinge reißt nicht ab, bis die ganze Wohnung ausgefüllt und der Mieter von seinem Besitz gleichsam erdrückt und von der Umwelt isoliert ist.

Eine zweite Gruppe von Stücken Ionescos beruht auf der Kontrastierung widersprüchlicher Aussagen. Der Dichter benutzt dieses Mittel, um die eindeutige Rezeption seiner Werke zu verhindern. Damit setzte er sich in Opposition zur Dramatik seiner Zeitgenossen; für einen Thesendramatiker wie Bertolt Brecht, den er gelegentlich als »Briefträger« bezeichnete, hatte er nur Spott und Hohn übrig. »Ich liebe Brecht nicht«, so Ionesco, »weil er lehrhaft ist. Brecht ist ideologisch. Er ist nicht naiv, er ist einfältig. Er selbst liefert keinen Stoff zum Denken. Er ist Spiegel einer Ideologie. Er illustriert sie. Er sagt mir nichts Neues, er schwatzt. Der Brechtsche Mensch ist flach. (...) Er ist nur sozial. Was ihm fehlt, ist die Tiefendimension. Die metaphysische Dimension.« (Eugène Ionesco: Argumente und Argumente. S. 130)

Um den Gehalt seiner Stücke ins Vieldeutige aufzuheben, weckt Ionesco Erwartungen, die dann schroff enttäuscht werden. In dem Schauspiel *Die Lücke* (La lacune) zum Beispiel kontrastierte er den ungeheuren Ruhm eines Wissenschaftlers mit der Entdeckung der Tatsache, daß dieser Mann gerade in den Schulfächern durchgefallen ist, die jetzt sein Spezialgebiet sind.

In einer dritten Gruppe von Stücken beschäftigte sich Eugène Ionesco mit der Bedrohung der menschlichen Freiheit durch die übergeordneten Systeme. Das berühmteste Beispiel, das dem Dichter einen Welterfolg brachte, ist die Tierfabel *Die Nashörner* (Les Rhinocéros). Der Held, ein Jedermann mit dem Namen Bérenger, der auch in den folgenden Werken des Dichters auftaucht, widersteht der Verlockung, der alle seine Mitbürger verfallen; sie verwandeln sich in Dickhäuter, in ganz und gar uniforme Wesen, die fähnchenschwingend durch die Straßen trampeln. Das 1959 uraufgeführte Stück wurde von den Deutschen als Parabel auf den Nationalsozialismus verstanden, es läßt sich aber auf jede Form von Massenwahn und Totalitarismus beziehen.

In seiner letzten Schaffensperiode, ab dem

Eugène Ionesco: Fußgänger der Luft. Uraufführung am Düsseldorfer Schauspielhaus, 1962. Regie: Karl Heinz Stroux. Bühnenbild: Teo Otto. Karl Maria Schley als Behringer

Jahr 1962, wurde Eugène Ionesco von einer wahren Obsession durch das Thema des Todes ergriffen. *Der König stirbt* (Le roi se meurt) stellt den Tod des einzelnen als allmähliche innere und äußere Abdankung von König Behringer dar. In *Fußgänger der Luft* (La piéton de l'air) verwirklicht Behringer den alten Menschheitstraum vom Fliegen; was er aber in den Lüften sieht, sind Bilder des Chaos und der Katastrophe. In *Triumph des Todes* (Jeú de mort ou Jeux de massacre) endet jede der zwanzig Szenen letal; es sterben einzelne, Paare und ganze Menschengruppen. In einer Zeit, in der das Sterben von vielen gründlich verdrängt wird, erinnert der Dichter an den Tod als eine banale Tatsache, die uns aus der Welt schafft, selbst aber nicht aus der Welt zu schaffen ist.

Samuel Beckett, der 1906 in Dublin geborene und 1989 in seiner französischen Wahlheimat gestorbene Dichter des Absurden, hat in seinen Romanen und Gedichten, in seinen Texten für Radio, Film und Fernsehen sowie in seinen Dramen immer wieder ein Thema variiert: die Unmöglichkeit, angesichts des Todes dem Leben einen Sinn zu geben. Im Zentrum seiner Weltsicht steht das Nichts, die Leere, die Absurdität des Daseins. In der Betonung der Gleichheit von Leben und Tod – »Wir gebären rittlings über dem Grabe«, heißt es in einem seiner Werke – läßt er die Frage offen, wie der Zeitraum dazwischen sinnvoll zu füllen ist. Für ihn gibt es weder eine diesseitige noch eine metaphysische Instanz, die dem Menschen dazu verhelfen könnte. Seine Werke erscheinen als Figurationen der Vergeblichkeit. Ihre »Helden« sind keine sich bewährenden oder scheiternden Individuen, sondern vom Leben Gezeichnete, die immer schon gescheitert sind, weil sie gelebt haben. Sie fristen ihr Dasein mit sinn- und ziellosen Gesprächen und vertreiben sich die Zeit mit Nonsensspielen, ihrer Hauptwaffe gegen das Leiden. Fallen sie aus dem Spiel, dringt der Schmerz in ihre Sätze ein, und es entstehen peinigende Pausen. Wirkliche Kommunikation gibt es nicht; der einzelne ist einer fundamentalen Einsamkeit ausgesetzt.

In Becketts Spätwerken reden die Gestalten immer häufiger in Monologen oder verharren im Schweigen. Sie werden sich äußerlich immer ähnlicher. »Altes, weißes Gesicht, Mähne nach oben ausgebreiteten weißen Haares«, so beschreibt Samuel Beckett die Figur seines Spiels *Damals* (That Time).

Wie die Dramen von Ionesco verschließen sich auch die von Beckett einer eindeutigen Interpretation; ihr Autor lehnte es strikt ab, irgendeine Erklärung zu geben. Als Regisseur seines *Endspiels* (Fin de partie) am Berliner Schiller-Theater verweigerte er sich allen diesbezüglichen Fragen mit der Feststellung: »Ich weiß nur, was dasteht.« Becketts Dramen weisen den Rezipienten auf sich selbst zurück; er findet darin keine »absolute Wahrheit«, sondern immer nur sich selbst. *Warten auf Godot* (En attendant Godot) zum Beispiel kann durch seine Offenheit die verschiedensten Deutungen in sich aufnehmen: Heinrich Böll dachte an die auf einen Zug wartenden Landstreicher in seiner irischen Wahlheimat; Theodor W. Adorno interpretierte die Lucky-Pozzo-Sequenz als eine Hegel-Paraphrase auf das Thema Herr-Knecht; ein algerischer Regisseur sah in Wladimir und Estragon zwei Fellachen, die auf eine Landreform warten. Bertolt Brecht, fasziniert von der literarischen Qualität des Stückes, nahm sich eine Bearbeitung vor, in der Estragon als Proletarier und Wladimir als Intellektueller erscheinen sollte; aus dem Gewaltmenschen Pozzo sollte ein Grundbesitzer und aus Lucky, dem Mischwesen aus dressiertem Tier und programmierter Denkmaschine, ein Sklave werden. Dem Vorgang des Wartens wollte Brecht durch einen eingeblendeten Dokumentarfilm über den Aufbau in der Volksrepublik China einen eindeutigen Sinn geben.

Im Gegensatz zu der sozialistischen Zukunftshoffnung von Brecht betrachtete Samuel Beckett die Zeit, »da noch Aussicht auf Glück bestand«, als Vergangenheit. Er ist ein Dichter des Pessimismus und der Ernüchterung. Durch soziale Verbesserungen oder Revolutionen ist seinen Gestalten nicht zu helfen. Mit seinem Verzicht auf eine positive Aussage und die Vermittlung einer sinnstiftenden Botschaft verblüfften und irritierten seine Stücke das zeitgenössische Publikum, standen sie doch im radikalen Widerspruch zu der optimistischen, handlungsfrohen Gebärde der fünfziger Jahre, die sich – ganz besonders in Deutschland – aus einem festen Glauben an die Machbarkeit aller Dinge speiste.

Nachdem sich für *Warten auf Godot* fünf Jahre lang kein Theater gefunden hatte, erlebte das Stück 1953 endlich seine Uraufführung in einem relativ unbedeutenden Pariser Theater und zwar unter der Regie von Roger Blin, eines ehemaligen Mitarbeiters von Antonin Artaud. Die Originalversion war in Französisch geschrieben; der Autor bevorzugte das fremde Idiom, weil es ihm stärkeren Widerstand entgegensetzte als die Muttersprache. Der Erfolg von *Warten auf Godot* war ungeheuer; das Stück, das Beckett (nach eigener Aussage) nur »zur Entspannung von der Arbeit an den Romanen« verfaßt hatte, machte ihn über Nacht berühmt.

Einen weltweiten Erfolg erzielte Beckett auch mit dem *Endspiel*, wo das Motiv des Wartens der Figuren auf das Ende verbunden ist mit der Beobachtung des eigenen Verfalls. Hier herrscht ein apokalyptischer Zustand, in dem die Menschen an Rollstühle gefesselt sind und in Mülltonnen hausen. Vom Verfall gezeichnet ist auch der Held des Monodramas *Das letzte Band* (Krapp's Last Tape). Der alte Mann hört ein Tonband ab, das er vor dreißig Jahren besprochen hat und begegnet sich dabei als ein Fremder, als der »alberne Idiot«, der er einst gewesen ist. Der Mensch erscheint hier nicht nur von den anderen, sondern auch von sich selbst getrennt. – In dem 1961 entstandenen Drama *Glückliche Tage* (Happy Days) plappert die ständig mit ihrer Verschönerung beschäftigte Frau wie in selbsthypnotischer Trance litaneihaft Formeln vom Glück des Lebens vor sich hin, während sie im Beisein ihres fast zum Tier regredierten Ehemannes immer tiefer in einen Sandhügel versinkt.

In den siebziger Jahren reduzierte Beckett seine Komposition auf einzelne Elemente des Theaters. In *Tritte* (Footfalls) und *Quadrat* sind es die Kunstfigur und das Licht, in *Ein Stück Monolog* (A Piece of Monologue) die Figurenrede, in *Ohio Impromptu* das von zwei gesichtslosen Gestalten vorgelesene Wort. Der letzte Satz dieses Stückes lautet: »Es gibt nichts mehr zu erzählen.« Becketts letztes dramatisches Werk, das 1982 entstandene Kurzdrama *Katastrophe*, das dem ehemaligen tschechischen Dissidenten Václav Havel gewidmet ist, demonstriert, daß die Katastrophen keinem bestimmten Lebensbereich zugehören, sondern überall präsent sind – auch im Theater. Die Zurichtung von Menschen findet hier nicht mit dem ohnehin zweifelhaften Zweck ideologischer Erziehung statt, sondern aus ästhetischen Gründen, und das macht sie besonders perfide.

Das dramatische Werk Jean Genets, der – als Fürsorgezögling aufgewachsen – kriminell wurde und nur aufgrund der Fürsprache bedeutender Persönlichkeiten wie Cocteau und Sartre der lebenslangen Haft entging, teilte mit dem Absurden Drama den skeptisch-nihilistischen Blick auf die Realität sowie die Ablehnung des traditionellen Menschenbildes und die Negation der gängigen Baugesetze des Dramas. Stärker als das Werk von Beckett und Ionesco trägt die Dramatik von Genet rituelle Züge. In seinem Erstlingswerk *Die Zofen* (Les bonnes) von 1947, für das der Autor die Darstellung der Frauenrollen durch Männer verlangt hat, vollziehen zwei Schwestern, die bei einer »Gnädigen Frau« dienen, eine Art Ritus, indem sie abwechselnd in das Kleid ihrer Herrin schlüpfen. Sie verkörpern ihre Rollen konsequent bis zum bitteren Ende. Aus dem als imaginäre Befreiung angelegten Mord an der in Haßliebe umkreisten Herrin geht die Tötung der einen Schwester hervor, die auf dem rücksichtslosen Vollzug der einmal begonnenen Handlung besteht. Erst als Täterin und als Opfer gewinnen die beiden soziale Realität. Das Drama *Unter Aufsicht* (Haute surveillance) spielt unter drei Schwerverbrechern in einem Gefängnis, von denen einer den zuletzt Eingelieferten ermordet, um durch diese Tat Aufnahme in die Gruppe der »Harten« zu finden.

Der Autor präsentiert hier eine Negativkopie der Bürgerwelt, einen Traum vom Bösen, das als integraler Bestandteil der Welt seine eigene Hoheit besitzt. Ähnlich wie in seinen Romanen (»Notre-Dame-des-Fleurs«, »Pompes funèbres«, »Querelle de Brest«) und in dem autobiographischen »Tagebuch eines Diebes« (Journal du voleur) stellt Genet auch in seinen Dramen dar, wie die an den Rand der Gesellschaft Gedrängten nur durch die Umkehrung der geltenden Normen eigene authentische Realität gewinnen können.

In seinen folgenden Stücken, die in der zweiten Hälfte der fünfziger Jahre entstanden sind, hat Jean Genet zu immer kunstvolleren Handlungskonstruktionen gegriffen. In dem Drama *Der Balkon* (Le balcon) wird gezeigt, wie eine Revolution am Bordell der Madame Irma scheitert, weil diesem »Haus der Illusionen« größere Anziehungskraft für die Männer innewohnt; die suchen dort Befriedigung, indem sie die Rollen von Würdenträgern des Staates, der Kirche und des Militärs spielen. Die »Stützen der Gesellschaft« werden als Sklaven ihrer Triebe entlarvt. In dem von Genet als »Clownerie« bezeichneten Drama *Die Neger* (Les nègres) spielen sich Schwarze und Weiße, die aber ebenfalls von Schwarzen (und zwar in Masken) dargestellt werden, gegenseitig jene Bilder vor, die sich in den Köpfen der jeweils anderen von ihnen festgesetzt haben. Die Weißen werden von den Schwarzen grausam getötet, woraufhin betrunkene Weiße eine Strafexpedition in den Dschungel unternehmen.

Genets letztes Stück, *Wände überall* (Les paravents), das 1961 – und zwar im Berliner Schloßpark-Theater – uraufgeführt wurde, spielt in Algerien während der französischen Kolonialherrschaft. Der Protest verkörpert sich hier in den Ausgestoßenen, in dem »ärmsten Sohn des Landes« und in der »häßlichsten Frau des Landes«. Die Kolonialherren sind Prototypen der Bosheit und des Dünkels, lächerliche Popanze. Zuletzt gibt es für Genet nur eine Wirklichkeit: die des Todes. Am Ende sehen die »Toten« zu, wie die noch Lebenden die Bühne abbauen, und sie ziehen sich dann zurück samt den Stellwänden, die als Raumelemente dem Stück seinen Namen gegeben haben. Die letzten Sätze lauten: »Die Bühne ist ganz leer. Das Spiel ist aus.«

Politisierung des Dramas:
Parabel – Dokumentarstück – Kritisches Volksstück

In der ersten Hälfte der sechziger Jahre kam es im westdeutschen Bühnenwesen zur grundsätzlichen Verlagerung des Schwerpunkts. Während im vorangegangenen Jahrzehnt das Poetische und das Absurde Theater mit ihrer Ausrichtung auf das Individuum dominiert hatten, drängten jetzt verschiedene Spielarten der politischen Literatur auf die Bühne: die dramatischen Parabeln von Martin Walser und den beiden Schweizern Max Frisch und Friedrich Dürrenmatt, das Dokumentardrama mit seinen Hauptautoren Rolf Hochhuth, Heinar Kipphardt und Peter Weiss und schließlich das in erster Linie von Martin Sperr, Rainer Werner Fassbinder und Franz Xaver Kroetz getragene »Kritische Volksstück«. Basierend auf den Konzeptionen, die Erwin Piscator und Bertolt Brecht, Ödön von Horváth und Marieluise Fleißer in der Weimarer Republik entwickelt hatten, wandten junge Schriftsteller ihren Blick wiederum auf die konkreten Probleme der Gegenwart. Durch ihre Werke verschafften sie – erstmals nach dem Zweiten Weltkrieg – der deutschsprachigen Dramatik wiederum Ansehen im Ausland. Mit ihrem Streben, die Zeitgenossen moralisch aufzurütteln und politisch aufzuklären, wirkten sie im restaurativen Klima der Bundesrepublik als Unruhestifter. Walser hat ihre Intention so umrissen: »Das Wichtigste am Theater ist seine Öffentlichkeit. In aller Öffentlichkeit können hier Dinge beim richtigen Namen genannt werden. Ja, die Freiheit kann augenblicksweise so weit getrieben werden, daß wir alle lachen können über etwas, das wir sonst elend erleiden. Das ist gute menschliche Arbeit, einer Übermacht zu begegnen. Was wir alle zusammen politisch wirken und verwirken, das können wir im Theater alle zusammen anschauen, als Zeugen, als Fachleute, als Betroffene.« (Martin Walser: Erfahrungen und Leseerfahrungen. S. 68)

Die Politisierung des westdeutschen Dramas ist als Ausdruck eines tiefgreifenden realgeschichtlichen Wandels zu verstehen. Mit der Ablösung des ungehemmten wirtschaftlichen Wachstums durch eine Stagnation, die bald in eine Rezession überging, kam das »Wirtschaftswunder« an sein Ende. Durch den Bau der Berliner Mauer im August 1961 erfuhren die Deutschen in der Bundesrepublik die Grenzen der politischen Potenz des Westens; zudem wurden sie zur Neubestimmung ihrer nationalen Identität gezwungen. In den großen KZ-Prozessen der frühen sechziger Jahre kehrten die Gespenster der Vergangenheit mit Macht wieder zurück und setzten einen Schlußpunkt hinter die Flucht aus der Geschichte, wie sie in der Phase des Wiederaufbaus bestimmend war.

Um die »Bewältigung« der deutschen Vergangenheit im Drama machte sich zuerst ein Schweizer Autor verdient: Max Frisch. Angeregt von Bertolt Brecht, mit dem er in engem Arbeitskontakt gestanden hatte, als jener nach der Rückkehr aus dem Exil für ein Jahr in Zürich weilte, benutzte er die Form der Parabel; jedoch wollte er damit keine ausgeprägte Ideologie vermitteln; im Gegensatz zu Brecht nahm Frisch in seinen Stücken den Gestus des Fragens ein. Er präsentierte Bilder von defekten Gesellschaftsordnungen, enthielt sich aber strikt aller Verbesserungsvorschläge. Gleichnishaft spielte er in seinem Drama *Biedermann und die Brandstifter* exemplarische Situationen und Vorgänge in totalitären Regimen durch. Herr Biedermann verkörpert das anpassungswütige Verhalten des Spießers unter den Bedingungen des Terrors. Aus Angst um sein Eigentum macht er sich zum Handlanger eines Verbrechers, der in seine Wohnung eingebrochen ist und ihn unter Druck setzt. Ein Chor zieht – in parodistischer Anspielung auf die *Antigone* des Sophokles – das fatalistische Resümee:

>»Sinnlos ist viel, und nichts
>Sinnloser als diese Geschichte:
>Die nämlich, einmal entfacht,
>Tötete viele, ach, aber nicht alle
>Und änderte gar nichts.«

In einem Nachspiel in der Hölle reflektiert Biedermann seine Mitschuld an der Zerstörung der Stadt und bejammert sich selbst als Opfer der Geschichte. »Was hat unsereiner denn getan?« In diesem »Lehrstück ohne Lehre«, so die Gattungsbezeichnung von *Biedermann und die Brandstifter*, hat der Autor im Rückblick auf den Faschismus und zugleich in bezug auf die Gegenwart den Zustand einer Gesellschaft diagnostiziert, die den Keim der Selbstzerstörung in sich trägt.

Das von Max Frisch 1961 vorgelegte Drama *Andorra* ist ebenfalls eine politische Parabel und zwar über die Entstehung inhumaner und fremdenfeindlicher Verhaltensweisen durch das Festhalten an Vorurteilen und durch feige Anpassung an die Mehrheit. Der angebliche Judenjunge Andri, auf dessen Rettung aus dem Land der bösen Nachbarn, der »Schwarzen«, die Andorraner einst so stolz gewesen sind, wird von ihnen so lange auf seine vermeintliche Andersartigkeit hingewiesen, bis er diese verinnerlicht hat und sich auch dementsprechend verhält. Wie die Andorraner wirklich sind, offenbart sich, als die »Schwarzen« ins Land einfallen; ohne Zaudern liefern sie Andri als Sündenbock ans Messer. Die politische Thematik ist in *Andorra* verbunden mit dem Identitätsproblem. Dieses zieht sich wie ein roter Faden durch das gesamte Werk Max Frischs. Schon in seinen frühen Dramen *Graf Öderland* und *Don Juan oder Die Liebe zur Geometrie* vom Beginn der fünfziger Jahre hatte er seine Helden im Kampf gegen die Rollenansprüche der Gesellschaft vorgeführt.

Ganz auf die private Dimension reduzierte Frisch die Problematik in dem Schauspiel *Biografie* aus dem Jahre 1968. Die tendenzielle Abwendung vom Politischen begründete er in dem Roman »Mein Name sei Gantenbein«: »Manchmal scheint auch mir, daß jedes Buch, so es sich nicht befaßt mit der Verhinderung des Krieges, mit der Schaffung einer besseren Gesellschaft und so weiter, sinnlos ist, (...) unstatthaft. Es ist nicht die Zeit für Ich-Geschichten. Und doch vollzieht sich menschliches Leben oder verfehlt sich am einzelnen Ich, nirgends sonst.« In *Biografie* vermittelt Frisch seine Grundansicht, daß die faktisch gelebte Realität nur eine von ungeheuer vielen Möglichkeiten ist. Weil das Theater die Fixierungen der Wirklichkeit fiktiv aufbrechen kann, bietet es die Chance, dies anschaulich darzustellen. Zu diesem Zweck erfindet der Autor die Gestalt eines Professors mit dem sprechenden Namen Kürmann. Der nun auf den Tod krank im Spital liegt, hat vor sieben Jahren auf einer Feier seine Frau kennengelernt. Wie wäre sein Leben verlaufen, wenn diese Begegnung nicht stattgefunden hätte? Wie bei einer Schachpartie wird Kürmanns Leben auf mögliche andere »Züge« zurückverfolgt und in Varianten wiederholt. Kürmann weigert sich, »allem, was einmal geschehen ist, weil es Geschichte geworden ist und damit unwiderruflich, einen Sinn zu unterstellen«. Diese Überzeugung vertritt sein Autor in Hinblick sowohl auf die individuelle als auch auf die politische Geschichte. In dieser Perspektive erscheint der Tod als die »letzte Wiederholung«, die keine Variante mehr zuläßt. Diese Thematik umkreist auch das 1978 entstandene Spätwerk von Max Frisch mit dem Titel *Tryptichon*. Dessen großes Mittelbild, in gleißender Helle an dem Unterweltfluß Styx spielend, läßt die Toten endlose Gespräche über Vergangenes führen und mündet schließlich in der Feststellung: »Die Ewigkeit ist banal.«

Der ein Jahrzehnt jüngere Friedrich Dürrenmatt ging bei seinem dramatischen Schaffen von der Überzeugung aus, daß sich die von ungezügeltem Machtstreben beherrschte Welt im Chaos befindet und darum in der Tragödie nicht mehr adäquat darzustellen ist. In seiner Schrift »Theaterprobleme« entwickelte er die Theorie, daß nur in der Komödie die nötige Distanz gegeben ist, um einer ungestalten Welt im Kunstwerk Gestalt zu verleihen. »Das Drama Schillers«, so Dürrenmatt, »setzt eine sichtbare Welt voraus, die echte Staatsaktion, wie ja auch die griechische Tragödie. Sichtbar in der Kunst ist das Überschaubare. Der heutige Staat ist jedoch unüberschaubar, anonym, bürokratisch geworden. Uns kommt nur noch die Komödie bei. Unsere Welt hat ebenso zur Groteske geführt wie zur Atombombe.« (Friedrich Dürrenmatt: Theaterprobleme. S. 44)

Seine Diagnose des Weltgeschehens hat Dürrenmatt eindrucksvoll in der Komödie *Die Ehe des Herrn Mississippi* zur Anschauung gebracht: Drei Weltverbesserer – ein »Narr der Liebe«, ein moralisierender Staatsanwalt und ein kommunistischer Revolutionär – werden als wandelnde Anachronismen vorgeführt, weil sie immer noch an Ideologien glauben. Daß ungreifbare, anonyme »Hackmaschinen« den Weltenlauf bestimmen und das Nichtstun die beste Reaktion darauf ist, behauptete der Dramatiker auch in seinem Lustspiel *Romulus der Große*. Dort flüchtet der Held in die Rolle eines vertrottelten Hühnerzüchters und gibt damit die stillschweigende Einwilligung zum Untergang des Römischen Weltreichs, um dadurch die Welt von einer blutigen »Hypothek« zu befreien. Ähnliches ereignet sich in Dürrenmatts *Die Physiker:* Ein Atomforscher stellt sich wahnsinnig, um dadurch die Welt vor den katastrophalen Folgen seiner Erfindung zu bewahren. Am Ende muß er jedoch erkennen, daß sein Einsatz umsonst war. Eine Irrenärztin hat sich nämlich die Unterlagen angeeignet und will nun sein Wissen zur Errichtung eines Regimes nutzen, das die Zerstörung der Erde zum Ziel hat.

Das erfolgreichste Werk von Friedrich Dürrenmatt ist das von ihm selbst als »tragische Komödie« bezeichnete Schauspiel *Der Besuch der alten Dame*. Eine in der Fremde reich gewordene Frau stiftet den Bewohnern ihres Heimatdorfes eine hohe Geldsumme, allerdings unter der Bedingung, daß diese ihren Geliebten umbringen, der sie einst wegen einer besseren Partie mit einem Kind hat sitzenlassen. Die Bürger weisen zwar zunächst das Ansinnen als unmoralisch zurück, erliegen aber schließlich doch der materiellen Verlockung. Um des Wohlstands willen gehen sie im wahrsten Sinne des Wortes über Leichen. Die Ausnahme von der Regel gestaltet Dürrenmatt in der Figur des Opfers. In Anspielung auf die Passion Christi läßt er den von seinen Mitbürgern isolierten Mann seine Schuld annehmen und für die Folgen einstehen. Die Untätigkeit, mit der er seine Liquidierung erwartet, erscheint als einzig mögliche Alternative zu dem Fehlverhalten der Gesellschaft. Daß hier scharfe Kritik an der westdeutschen Wirtschaftswunder-Gesellschaft, wie an den Wertsetzungen des Kapitalismus überhaupt, geübt wird, ist nicht zu übersehen.

Die Grundpositionen von Martin Walser ähneln in gewisser Hinsicht denen von Frisch und Dürrenmatt. Auch er bemühte sich um die »Bewältigung« der Vergangenheit, übte eine Sozialkritik ohne utopisches Gegenbild und betrieb angesichts des schäbigen Arrangements der Deutschen mit ihrer Vergangenheit die öffentliche politische Auseinandersetzung mit den Mitteln des Theaters. In Walsers erstem Stück, *Der Abstecher*, verlangt ein erfolgreicher Geschäftsmann von seinem Chauffeur, daß er sich etwas Pikantes über seine Liebesabenteuer ausdenken soll. Der denkt sich aber gar nichts, denn dies scheint ihm in jeder Hinsicht, auch in politischer, das Beste für ihn zu sein. Handelt es sich hier um eine Persiflage auf *Herr Puntila und sein Knecht Matti* von Bertolt Brecht, so stellt *Eiche und Angora* eine Auseinandersetzung mit dessen *Schweyk im zweiten Weltkrieg* dar. Während sich dort der »kleine Mann« anpaßt, insgeheim aber doch den Herrschenden ein Schnippchen schlägt, zeichnet Walser das Porträt eines nicht sonderlich intelligenten Vertreters der unteren Schichten, der immer zu spät erst begreift, was vorteilhaft ist. Er wird zum Nazi, nachdem sich das Blatt der Geschichte schon gewendet hat und muß sich dann von den Oberen, die sich rechtzeitig »gewendet« haben, kritisieren und belehren lassen.

In der Parabel *Überlebensgroß Herr Krott* schildert der Autor, wie sich in der satten Wohlstandsgesellschaft die Gegensätze zwischen den Klassen in billigen Übereinkünften auflösen. Mit dem Drama *Der schwarze Schwan* schuf Martin Walser sein bei weitem gelungenstes politisches Schauspiel. Ein moderner Hamlet will hier nach dem Vorbild des Dänenprinzen durch ein inszeniertes Spiel seinen Vater zum Bekenntnis seines schuldhaften Verhaltens als KZ-Arzt zwingen, scheitert aber damit. Die junge Generation, für die der Held steht, kann sich mit der älteren nicht identifizieren, weil sie entdeckt hat, welche unmenschlichen Taten ihre Väter begangen und ihnen verschwiegen haben.

Auch im Dokumentardrama stand die Auseinandersetzung mit politischen Themen im Mittelpunkt. Durch die Authentizität der Dokumente wollten die Autoren das Publikum dazu bringen, sich mit den allgemeinen Fragen der Zeit zu beschäftigen. Die neue Gattung entsprang dem Streben, die Szene zum Tribunal zu machen, vor dem die großen Themen der Gegenwart und der jüngsten Vergangenheit verhandelt werden: die Massenvernichtung in den Konzentrationslagern, die Untätigkeit der katholischen Kirche angesichts der Judenverfolgung, die drohende Zerstörung des Planeten durch die Atombombe, die Ausbeutung der Dritten Welt durch die Industriestaaten. Den Autoren ging es um die Entlarvung von Geschichtslügen, um das Aufdecken von verschleierten und verdrängten Tatbeständen, um die Richtigstellung der in den Massenmedien veröffentlichten Behauptungen und Meinungen. Sie stützten sich fast ausschließlich auf authentisches Material, bearbeiteten dieses allerdings entsprechend ihren Absichten und Zwecken, indem sie auswählten und kürzten.

Auf den – bei allem Bemühen, die Fakten für sich selbst sprechen zu lassen – künstlerisch-subjektiven Charakter der Gattung hat Peter Weiss in seinen »Notizen zum dokumentarischen Theater« mit Nachdruck hingewiesen: »Wenn das dokumentarische Theater versucht, sich von dem Rahmen zu befreien, der es als künstlerisches Medium festlegt, selbst wenn es sich lossagt von ästhetischen Kategorien, (...) so wird es doch zu einem Kunstprodukt, und es muß zum Kunstprodukt werden, wenn es Berechtigung haben will. Denn ein dokumentarisches Theater, das in erster Hand ein politisches Forum sein will, stellt sich selbst in Frage. In einem solchen Fall wäre die praktische politische Handlung in der Außenwelt effektiver.« (Peter Weiss: Rapporte.Bd. 2. S. 96) Das verwendete Material bewahrt also seine Authentizität, erhält aber durch die künstlerische Zurichtung und den Kontext, in den es gestellt wird, einen »ästhetischen Mehrwert« und eine bestimmte, vom Autor gewollte Bedeutung. Beim Dokumentarstück handelt es sich nicht um eine Erfindung der sechziger Jahre, sondern um die Weiterentwicklung des von Piscator und seinem Dramaturgen-Kollektiv in der Weimarer Republik geschaffenen Modells. Erwin Piscator war es auch, der nach Übernahme der Intendanz der West-Berliner Freien Volksbühne (1962) in seinen letzten vier Lebensjahren die neue Dramatik durchsetzte. Er inszenierte Rolf Hochhuths Erstlingswerk *Der Stellvertreter*, das vorher von allen Theatern und Verlagen abgelehnt worden war, brachte Heinar Kipphardts *In der Sache J. Robert Oppenheimer* zur Uraufführung und realisierte schließlich auch *Die Ermittlung*, Peter Weiss' Stück über den Auschwitz-Prozeß.

Die Uraufführung des *Stellvertreters* löste heftige Debatten in der Öffentlichkeit und sogar im Deutschen Bundestag aus; selbst der Vatikan sah sich zu einer Stellungnahme genötigt, denn Hochhuth beschuldigte Papst Pius XII., während der Naziherrschaft aus diplomatischen Gründen jeden Versuch unterlassen zu haben, die Verschleppung und Ermordung der Juden zu verhindern. Hochhuth orientierte sich an dem Modell des historischen Entscheidungsdramas von Friedrich Schiller; mit dem Klassiker verbindet ihn auch sein moralischer Anspruch. Gegen Friedrich Dürrenmatts Auffassung, daß im modernen Staatsapparat keine Schuldigen mehr auszumachen seien, setzte Rolf Hochhuth die Ansicht von der Verantwortlichkeit des Individuums. Im Prinzip nicht anders als Schiller stellt er historische Prozesse als Auseinandersetzungen zwischen einzelnen Persönlichkeiten dar. Held contra Gegenspieler, Pragmatiker contra Idealist, so einfach ist die Figurenkonstellation im *Stellvertreter*. Die Problematik einer solchen Reduktion des Geschichtlichen zeigte sich in aller Deutlichkeit schon im zweiten Stück des Autors mit dem Titel *Soldaten*. Hier wird der britische Premierminister Winston Churchill angeklagt, schuld an den Bombardements deutscher Städte zu sein. Damit schwärzte Hochhuth in ganz ungerechtfertigter Weise das Bild des Staatsmannes, was in England zu heftigen Protesten führte. Diese beschränkte Sichtweise kennzeichnet auch die folgenden Stücke des Dramatikers über die verschiedensten politischen Gegenwartsfragen, die immer weniger dokumentarisch angelegt waren. Immerhin ist es wesentlich Hochhuths Verdienst, daß die deutschsprachige Bühne ihre politisch-publizistische Sprengkraft wenigstens für einige Jahre zurückgewinnen konnte.

Heinar Kipphardt, der in den fünfziger Jahren aus dem Westen nach Ost-Berlin ging und bis zu seiner Rückübersiedlung (noch vor dem Mauerbau) als Dramaturg am Deutschen Theater gearbeitet hat, schuf mit *Der Hund des Generals* sein erstes auf westlichen Bühnen erfolgreiches Drama. Am Beispiel eines Untersuchungsverfahrens zur Vorbereitung eines Kriegsverbrecherprozesses zeigt er die Ohnmacht juristischer »Vergangenheitsbewältigung«. Handelte es sich hier noch um ein Episches Drama in der Nachfolge von Brecht, in das authentische Materialien nur relativ sparsam eingestreut sind, so schrieb Kipphardt mit *In der Sache J. Robert Oppenheimer* ein reines Dokumentardrama. Das 1964 uraufgeführte Werk basiert auf dem dreitausendseitigen Protokoll des ein Jahrzehnt zuvor von der Atomenergiekommission der USA durchgeführten Verfahrens gegen den Physiker wegen Verzögerungen beim Bau der Wasserstoffbombe. Im Gegensatz zur Realität macht Oppenheimer in dem Stück während der Verhöre einen Wandlungsprozeß durch, indem er sich seiner moralischen Verpflichtung bewußt wird.

Auch in *Joel Brand* stützte sich Heinar Kipphardt auf historische Quellen, doch ist der strenge Dokumentarstil zurückgenommen; die Erfindung erhält einen breiteren Spielraum. In diesem Drama zeigt der Autor anhand eines tatsächlichen Vorfalls die inhumanen Geschäftspraktiken bei den Verhandlungen zwischen den Nazi-Schergen und den Vertretern einer jüdischen Organisation über die Evakuierung ungarischer Juden, die aber dann am Einspruch der Alliierten gescheitert ist. Für die Freilassung von einer Million Juden sollte das Regime zehntausend Lastwagen bekommen. Die Symbolik des Vorgangs – der Mensch wird zur Ware, mit der sich Geschäfte machen lassen – leuchtet unmittelbar ein. Darüber hinaus wollte der Autor die Brutalität und Pedanterie des Schreibtischmörders Adolf Eichmann darstellen. Dessen Verhalten beim Prozeß vor einem israelischen Gericht hat Heinar Kipphardt dann ein eigenes, wiederum dokumentarisch fundiertes Drama mit dem Titel *Bruder Eichmann* gewidmet.

Als der bedeutendste Vertreter des Dokumentardramas gilt der 1916 in Nowawes bei Potsdam als Sohn eines jüdischen Kaufmanns geborene, 1934 nach Schweden emigrierte Peter Weiss. Nach Versuchen als Maler und Gestalter surrealistischer Kurzfilme konnte er sich um 1960 mit den detailscharfen Erzählungen »Der Schatten des Körpers des Kutschers«, »Abschied von den Eltern« und »Fluchtpunkt« als Prosaautor etablieren. Ein großes Publikum erreichte er aber erst mit seinem 1964 entstandenen Drama *Die Verfolgung und Ermordung Jean Paul Marats, dargestellt durch die Schauspielgruppe des Hospizes zu Charenton unter Anleitung des Herrn de Sade*. Diesem seinem Meisterwerk waren das traditionelle Künstlerdrama *Der Turm*, die groteske Spießersatire *Die Versicherung*, die Moritat *Nacht mit Gästen* und ein Kasperlspiel in Knittelversen, *Wie dem Herrn Mockinpott das Leiden ausgetrieben wird*, vorangegangen. Die Erfahrung mit den verschiedenen dramatischen Formen schlug sich nieder in der reichen und komplexen Struktur von *Marat/Sade*. Die Handlung ist fiktiv, die wesentlichen Elemente aber stammen aus historischen Quellen: Der Gedanke, die Ansichten der beiden Hauptgestalten über die Revolution einander gegenüberzustellen, kam Peter Weiss durch die historische Gedenkrede des Marquis auf den Revolutionsführer; die Einkleidung als »Spiel im Spiel« leitete er aus der Tatsache ab, daß de Sade in den letzten Jahren seines Lebens in der Heilanstalt Charenton gelebt und dort mit den Patienten Dramen einstudiert hat. *Marat/Sade* ist ein Diskussionsstück, in dem sich die Vertreter von These und Antithese – der Revolutionär und der extreme Individualist – gleichwertig gegenüberstehen. Das dramatische Verfahren hat der Autor selbst so beschrieben: Das Werk ist »nicht nach den Gesetzen der Logik aufgebaut«. Es will nicht »die abgeschlossene Handlung, den epischen Stoff, das durchgeführte Drama«. Im Gegensatz zur traditionellen Dramatik, die »überladen ist (...) von all diesem Dialog, der einem alles erklären will, von dieser Schilderung von geschlossenen Persönlichkeiten, geht es hier um den Ausdruck von Emotionen, von Gedankenketten, die sich der Vernunft oft entziehen«. Das Stück »arbeitet (...) wie in einem kubistischen Collage-Bild mit den Bruchstücken der Realität«. (Peter Weiss: Rapporte. Bd. 1. S. 14) Neben der Brisanz des Themas und der Vielschichtigkeit der Dramaturgie bewirkte der aus dem Zusammenklang von Schauspiel, Musik, Gesang, Tanz und Pantomime resultierende ästhetische Reiz den ungeheuren internationalen Erfolg des Werkes.

In seinem Dokumentarstück *Die Ermittlung*, dem die Protokolle des Prozesses gegen das Wachpersonal des KZ Auschwitz zugrunde liegen, benutzte Peter Weiss völlig andere Mittel als in *Marat/Sade*. An die Stelle des »totalen« Theaters trat hier das reine Worttheater, an die Stelle der Kombination von authentischem und fiktivem Material das pure Dokument. So wie Dante Alighieri das Inferno-Geschehen seiner »Göttlichen Komödie«, gliederte auch Peter Weiss sein »Oratorium« in dreiunddreißig Gesänge. Die aktuellen Bezüge, das behauptete Fortdauern von ideologischen Rastern des Faschismus bis in die Entstehungszeit des Stückes, sind durch das sich zu dieser Zeit immer schärfer ausprägende politische Bewußtsein des Schriftstellers fundiert. In seinem 1965 publizierten Text »10 Arbeitspunkte eines Autors in der geteilten Welt« bekannte sich Weiss uneingeschränkt zum Sozialismus. Die neue Position fand ihren künstlerischen Ausdruck in seinen folgenden Werken. Im *Gesang vom Lusitanischen Popanz* klagte er die Politik des faschistischen Portugal gegenüber seinen Kolonien an; im *Viet Nam Diskurs* nahm er Partei für den Vietkong in dessen Krieg gegen die USA.

Peter Weiss:
Die Ermittlung.
Freie Volksbühne
Berlin, 1965.
Inszenierung:
Erwin Piscator.
Ausstattung:
Hans-Ulrich
Schmückle/
Sylta Busse

Zur Parabel und zum Dokumentarstück trat im Laufe der sechziger Jahre das Kritische Volksstück als dritte Erscheinungsform der politischen Dramatik. Seine wichtigsten Vertreter waren die Bayern Martin Sperr, Rainer Werner Fassbinder und Franz Xaver Kroetz sowie der Österreicher Peter Turrini, der allerdings nur mit seinen Frühwerken *Sauschlachten* und *Rattenjagd* dem Genre zuzurechnen ist. Die jungen Autoren knüpften an das Modell des Volksstückes von Marieluise Fleißer und Ödön von Horváth an. Deren Werke waren aufgrund der Verfolgung durch die Nazis so gründlich in Vergessenheit geraten, daß ihre um 1965 einsetzende Ausgrabung einer Neuentdeckung gleichkam. Die Wirkung auf die jungen Talente war intensiv. Franz Xaver Kroetz bekannte, daß er »viel von der Fleißer gelernt« habe und sich als »Horváth-Schüler« fühle, Sperr befreundete sich mit der Autorin der »Ingolstadt«-Stücke, und Fassbinder äußerte die Überzeugung, daß er ohne die Dramatikerin nicht zum Schreiben gekommen wäre.

Was das Kritische Volksstück mit dem Dokumentardrama verbindet, ist seine Bezogenheit auf die Gesellschaft; was es davon trennt, ist der engere Blickwinkel. Die Aufmerksamkeit der jungen Stückeschreiber ist nicht primär auf das »Große und Ganze« gerichtet, sondern auf sorgfältig gewählte Ausschnitte des sozialen Feldes, die sich anschaulich darstellen und konkret kritisieren lassen. Die Einstellungen, Verhaltensweisen und Wertsetzungen des süddeutschen und österreichischen Kleinbürgertums, der bäuerlichen Bevölkerung und verschiedener Randgruppen stehen im Mittelpunkt. Das »Heimatliche« wird entlarvt in seiner bedrückenden und verkrümmenden Enge. Die psychischen Deformationen der Figuren offenbaren sich in ihrer Sprache. Selten nur sprechen sie in authentischer Mundart, meist ist diese durchsetzt mit jener ebenso abstrakten wie beschränkten Hochsprache, wie sie durch die Massenmedien bis in die entlegensten Winkel verbreitet wurde.

Den Auftakt zur Erneuerung des Volksstückes gab Martin Sperr mit seinem 1966 uraufgeführten Drama *Jagdszenen aus Niederbayern*. Es handelt sich dabei um das Soziogramm eines Dorfes unmittelbar nach der Geldumstellung von 1948. Die Währung ist zwar reformiert, nicht aber das Bewußtsein der Menschen. Der große Frieden ist verkündet, doch der kleine Krieg jeder gegen jeden geht weiter. Der politische Faschismus ist ausgelöscht, nicht aber der alltägliche; Außenseiter wie der homosexuelle Abram und der geistig zurückgebliebene Rovo werden von den Bewohnern des Dorfes wie Tiere gehetzt und ins Verbrechen oder in den Selbstmord getrieben. Mit seinen Stücken *Landshuter Erzählungen* und *Münchner Freiheit* erweiterte Martin Sperr sein Erstlingswerk zu einer »Bayerischen Trilogie«.

Für Rainer Werner Fassbinder, der in seinem nicht einmal vierzig Jahre währenden Leben als Theaterregisseur, Dramatiker und Filmemacher ungeheuer produktiv gewesen ist, war das Volksstück der Weimarer Republik nur eine der Traditionen, aus denen er als Autor schöpfte. Genauso wichtig war der Einfluß aus einer ganz anderen Richtung, der des Hollywood-Kinos nämlich, besonders durch die Filme von Douglas Sirk. Als Fassbinder für das Münchner »Action-theater« (eine am Living Theatre orientierte Theaterkommune, in dessen Nachfolge er dann 1968 zusammen mit Hanna Schygulla und Peer Raben sein »antiteater« gründete) nach geeigneten Stücken suchte, stieß er auf Marieluise Fleißers *Pioniere in Ingolstadt* und brachte es in einer Bearbeitung auf die Bühne.

Auch sein erstes eigenes Schauspiel, welches den für Italiener in herabsetzender Absicht gebrauchten Ausdruck »Katzelmacher« als Titel trägt, schließt sich an das Werk der Autorin an. Fassbinders Stück beschäftigt sich mit dem Verhalten Jugendlicher gegenüber Außenseitern. Das Eintreffen eines gutaussehenden griechischen Gastarbeiters in einem bayerischen Dorf legt faschistoide Bewußtseinsstrukturen frei, die sich vor allem in einem aggressiven Sexualneid äußern. Die Jugendlichen schlagen den Fremden brutal zusammen; seine Chefin, die angeblich ein Verhältnis mit ihm hat, und das Mädchen, das ihn liebt, werden aus der Gemeinschaft ausgeschlossen. Am Ende erweist sich der Verfolgte als potentieller Verfolger, indem er sich weigert, mit einem Türken zusammenzuarbeiten. Ebenso wie in Marieluise Fleißers »Ingolstadt«-Dramen sprechen die Figuren ein aus der bayerischen Mundart und einer Kunstsprache gemixtes Idiom. Wie in den Volksstücken Horváths ist die Sprache reduziert auf standardisierte Klischees. Wo aber die Worte keine wirkliche Kommunikation mehr garantieren, liegt die Ausübung körperlicher Gewalt nahe. – Für das »antiteater« fertigte Fassbinder in gut zwei Jahren, zwischen 1968 und 1971, nicht weniger als fünfzehn Stücke, teils filmisch aufgebaute Collagen über das Thema von Gewalt im Alltag wie *Preparadise sorry now*, *Anarchie in Bayern*, *Blut am Hals der Katze*, *Werwolf*, *Die bitteren Tränen der Petra von Kant* und *Bremer Freiheit*, teils krude Bearbeitungen klassischer Dramen – von Goethes *Iphigenie auf Tauris*, von Sophokles' *Ajax*, Lope de Vegas *Brennendem Dorf* und Goldonis *Das Kaffeehaus*. Während seiner kurzen Direktionszeit am Frankfurter Theater am Turm schrieb Fassbinder sein umstrittenstes Stück: *Der Müll, die Stadt und der Tod*, eine obszöne und groteske Darstellung unsauberer Grundstücksgeschäfte. Die 1985, ein Jahrzehnt nach der Entstehung des Schauspiels geplante Uraufführung wurde wegen des fahrlässigen Umgangs mit antisemitischen Stereotypen von der Jüdischen Gemeinde unter gewaltigem Getöse des Feuilletons verhindert.

Der wichtigste Autor des Kritischen Volksstücks war Franz Xaver Kroetz. Seine in rascher Folge entstandenen Stücke sind naturalistische Beschreibungen des Lebens an den unteren Rändern der Gesellschaft. Kroetz zeigt, wie in dieser Schicht die Sprachlosigkeit zur sozialen Verkümmerung und zum totalen Kommunikationsverlust führt. Die Themen seiner frühen Schauspiele sind unerwünschte Schwangerschaften (*Heimarbeit*), Abtreibungen (*Michis Blut*), versuchter oder vollzogener Totschlag (*Wildwechsel, Männersache, Geisterbahn*), die Isolation von Außenseitern (*Lieber Fritz*). Soziale Not, Sprachnot und Triebnot: aus dieser Trias, die Kroetz in kurzen Szenen zusammenrafft, gibt es kein Entkommen; die Not kann sich nicht anders äußern als in aggressiver Sexualität und brutaler Gewalt. Letztere richtet sich gegen die noch Schwächeren oder gegen sich selbst, wie zum Beispiel in dem Einpersonenstück *Wunschkonzert*, in dem eine einsame Frau die Vorbereitungen für ihren Selbstmord trifft. In *Stallerhof* schwängert ein alter Knecht die debile Tochter der Bauersleute; daraufhin verjagt man ihn vom Hof; der Hund als sein einziger Vertrauter wird vergiftet; an der Minderjährigen nimmt die Bäuerin einen Abtreibungsversuch vor, schließlich findet man sich aber doch mit dem illegitimen Enkel ab. Die Fortsetzung in *Geisterbahn* behandelt dann den

Franz Xaver Kroetz: Stallerhof.
Deutsches Schauspielhaus
Hamburg, 1972.
Inszenierung: Ulrich Heising.
Bühnenbild: Karl Kneidl

Umzug der Tochter in die Stadt; wo sie ihr Kind schließlich tötet.

Im Zusammenhang einer politischen Standortbestimmung zu Anfang der siebziger Jahre hinterfragte Kroetz die Prinzipien seines dramatischen Schaffens. Die bloß registrierende »Mitleidensdramatik« mit ihrem Randgruppen-Personal wurde nun abgelöst durch stärker repräsentative und perspektivisch ausgerichtete Werke. In *Dolomitenstadt Lienz* benutzte der Autor erstmals Songeinlagen als Kontrast und Kommentar zu der statischen Situation eines Strafgefangenen. In *Oberösterreich* treten nicht mehr Randexistenzen, sondern Durchschnittsbürger auf, ein Arbeiterehepaar, das vor der schwierigen Frage steht, ob es sich ein ungewolltes Kind leisten kann oder nicht. Die Fähigkeit zur Reflexion des Problems und die positive Lösung, der Verzicht auf eine Abtreibung, bezeichnen die Distanz zu den früheren Stücken des Autors.

Die Karikatur kleinbürgerlicher Verhaltensweisen versuchte Kroetz erstmals in seiner polemischen Bearbeitung von Friedrich Hebbels bürgerlichem Trauerspiel *Maria Magdalena*. Obwohl er sich nun intensiver mit den Positionen Bertolt Brechts beschäftigte und die begrenzte Reichweite des Volksstück-Modells von Horváth und Fleißer kritisierte, blieb Kroetz bei seiner Einfühlungsdramaturgie. Auf die persönliche Betroffenheit, aus der die Erkenntnis und eine praktische Konsequenz resultieren sollen, baute Kroetz in seinem 1975 entstandenen Drama *Das Nest*: Ein Arbeiter kippt für seinen Chef Giftmüll in einen See; das eigene Kind stirbt fast an den Folgen; der Vater erkennt daraufhin die Notwendigkeit des politischen Engagements.

Die Identifikation mit dem positiven Helden ist das Grundmuster auch für das Stück *Agnes Bernauer*, in dem sich der Autor lose an das gleichnamige Drama von Friedrich Hebbel anlehnt. Hier versuchte er zum ersten und einzigen Mal, die gesellschaftliche Totalität zu gestalten: die Tochter eines armen Friseurs heiratet den Sohn eines Devotionalienfabrikanten, empört sich über dessen Ausbeutung und verläßt mit ihrem Mann das Schloß der reichen Schwiegereltern. Das antikapitalistische Märchen fand aber keine Fortsetzung. Die nächsten Stücke (*Mensch Meier, Der stramme Max*) spielen wieder in vertrauter Umgebung; die Angst vor der Arbeitslosigkeit, gesundheitsgefährdende Arbeitsbedingungen, Jugendarbeitslosigkeit sind ihre Themen.

In den Werken der achtziger Jahre bemühte sich Kroetz weiter um die ästhetische Überhöhung des dramatischen Geschehens. Bei *Nicht Fisch nicht Fleisch* fügte er in die realistische Geschichte um die Folgen der Rationalisierung im Druckgewerbe expressionistische Sequenzen ein; in *Furcht und Hoffnung der BRD* wurden die Alltagsszenen durchsetzt mit Stimmungsbildern der eigenen Seelenlage des Dramatikers; *Bauernsterben* und das Ernst Tollers *Der deutsche Hinkemann* nachempfundene Drama *Der Nusser* tragen Züge des Passionsspiels.

Theater in der Bundesrepublik Deutschland im politischen Aufbruch

Nach der politischen und kulturellen Restauration in der Zeit des Wiederaufbaus und den ersten Ansätzen zu einer Weitung des Horizonts, wie sie etwa im Dokumentardrama sichtbar wurden, kam es gegen Ende der sechziger Jahre zu einem gewaltigen Aufbruch in der westdeutschen Gesellschaft. Die Folgen dieses (mit dem gängigen Begriff »Studentenbewegung« nur unzureichend gefaßten) Prozesses sind in vielen Lebensbereichen bis heute wirksam, wenn auch im großen und ganzen beschränkt auf die bürgerlich-liberale Intelligenz. Vor allem in dieser Schicht leben die Errungenschaften der Zeit weiter; als Beispiele seien genannt: die verhältnismäßig offene Beziehung zwischen den Geschlechtern, die nichtautoritäre Erziehung, die Toleranz gegenüber Außenseitern, die multikulturelle Orientierung, die Ächtung des Krieges und die Bereitschaft, sich im Rahmen von Bürgerbewegungen in die Politik einzumischen. Nicht nur in den Schulen und Universitäten, im Sozialwesen und in den Medienbetrieben, sondern auch im Bereich der Kunst sind Denkformen und Verhaltensweisen anzutreffen, die sich damals in der Auflehnung gegen die überlieferten Strukturen ausgeprägt haben. Viele meinungsbildende Institutionen, im besonderen auch die Theater, wurden lange Zeit bestimmt von den »Achtundsechzigern«, die dort Führungspositionen innehatten.

Der Ausgangspunkt der Bewegung war die durch jahrelange Versäumnisse von Politik und Wirtschaft verursachte Rezession von 1966/67, der ersten seit Gründung der Bundesrepublik. Die Krise bedeutete das Ende der Kanzlerschaft Ludwig Erhards, der als Nachfolger von Konrad Adenauer rasch sein Renommee als »Vater des Wirtschaftswunders« verspielt hatte. Es kam zur Bildung einer Großen Koalition von CDU und SPD unter dem Kanzler Kurt Georg Kiesinger und Willy Brandt als seinem Stellvertreter und Außenminister. Der Zwang zum Kompromiß innerhalb dieser Regierung, das »wohltemperierte Harmoniestreben«, weckte bei vielen Widerspruch und führte zur Ausbildung eines beachtlichen Protestpotentials. Weil das Bündnis der beiden Großparteien eine wirksame Opposition im Bundestag praktisch ausschloß, formierte sich eine »Außerparlamentarische Opposition« (APO). Ihre Politik konzentrierte sich auf den Kampf gegen die geplanten »Notstandsgesetze«, die die alliierten Vorbehaltsrechte im Krisenfall ablösen sollten. Die außerparlamentarischen Kritiker zweifelten daran, daß die ehemaligen Mitläufer der Nazis, die jetzt oft hohe Verantwortung in Staat und Gesellschaft trugen, auch im Notstand uneingeschränkt zur Demokratie stehen würden. Überhaupt drängte die APO darauf, die sowohl im privaten als auch im öffentlichen Bereich herrschenden Tabus im Umgang mit der Vergangenheit aufzuheben. Die Söhne und Töchter des Bildungsbürgertums, die als Studierende den Kern der APO bildeten, befragten ihre Eltern insistierend über deren Verhalten im »Dritten Reich«.

Peter Stein, ein typischer Vertreter der Bewegung, hat die Situation in einem Interview folgendermaßen beschrieben: »Nach einigen Ansätzen der Entnazifizierung durch die Besatzungsmächte ist das in der Bundesrepublik ausgefallen. Dieses Versäumnis führte bei Leuten, die sich damit nicht zufrieden geben wollten, zu großen persönlichen Problemen und Schwierigkeiten. Denn wo sollten sie hin mit ihrem schlechten Gewissen oder mit ihrer Unruhe? (...) Der erste hilflose Lösungsversuch bestand darin, sich gegen seine Eltern zu wenden. Antifaschistisches Bewußtsein verband sich also mit dem Generationskonflikt. (...) Meine erste sozusagen politische Tätigkeit spielte sich also im ›kleinen Ohrfeigenrahmen‹ ab.« (Zitiert nach Dieter Kranz: Positionen. S. 176)

Autoritäres Durchgreifen, wie sie es im eigenen Elternhaus, als Hitlerjungen oder als Soldaten kennengelernt hatten, war meist die einzige Reaktion der Väter; das verständnisvolle Gespräch lag außerhalb ihrer Möglichkeiten. Als dann in West-Berlin nach der Erschießung von Benno Ohnesorg durch einen Polizisten, im Rahmen einer Demonstration gegen den Schah von Persien, die Studenten auf den Kurfürstendamm gingen und das Gespräch mit den Bürgern suchten, fuhr Gudrun Ensslin, später Mitglied der »Roten Armee Fraktion« verzweifelt und resigniert dazwischen: »Ihr könnt mit denen nicht reden, das ist die Generation von Auschwitz.«

Daß die Außerparlamentarische Opposition in der studentischen Jugend ihren Kern fand, hatte eine wesentliche Ursache auch in dem sogenannten Bildungsnotstand, wie er im Zusammenhang mit der ökonomischen Krise diskutiert wurde. Liberale Politiker und Hochschullehrer kritisierten, daß angesichts der Konzentration auf das »Wirtschaftswunder« die Modernisierung der Schule und der Universität vernachlässigt worden sei, und machten das Mißverhältnis zwischen den für die technologische Entwicklung notwendigen und den faktisch vermittelten Qualifikationen für die wirtschaftlichen Schwierigkeiten verantwortlich. In der Tat wurden zu wenig Akademiker und diese in recht antiquierter Weise ausgebildet. Der von den Studenten artikulierte Kampfruf »Unter den Talaren der Muff von 1000 Jahren!« traf diesen Zustand ziemlich genau. Ihre Kritik richtete sich gegen die undemokratische Struktur der Universitäten und das apolitische »Fachidiotentum« der Professoren. Sie weitete sich sehr schnell aus auf den verknöcherten Staatsapparat mit seiner stringent durchorganisierten Bürokratie, auf das pflichtbesessene, auf Leistung orientierte »Establishment«, auf die kapitalistische Wirtschaftsordnung und das gesamte politische System der westlichen Welt, das sich in der Ausbeutung der unterentwickelten Länder und dem Krieg der Vereinigten Staaten in Vietnam von der häßlichsten Seite zeigte.

Die geistigen Väter dieses Aufbruchs waren in allererster Linie die Philosophen Herbert Marcuse und Ernst Bloch. Während Marcuse vor allem durch seine gedankliche Verbindung von Marxismus und Psychoanalyse, mit seiner Akzentuierung des Lustprinzips und dem Postulat von der »großen Weigerung« gegen die Machtapparate, für die jungen Rebellen wichtig geworden ist, nährte Bloch mit seinem »Prinzip Hoffnung« das utopische Potential der Bewegung. Angespornt von den Protesten gegen den Vietnam-Krieg in den USA und von der Auflehnung der französischen Studenten gegen das autoritäre Verhalten der Staatsorgane unter dem Präsidenten de Gaulle radikalisierte sich die westdeutsche Studentenbewegung im Laufe des Jahres 1968 in zunehmendem Tempo. Im Februar fand in West-Berlin, organisiert vom »Sozialistischen Deutschen Studentenbund«, ein großer internationaler Kongreß statt, bei dem sich die Teilnehmer mit den vietnamesischen Kämpfern solidarisierten. Rudi Dutschke, der wortgewaltige und charismatische Vordenker der Bewegung, rief aus: »In Vietnam werden auch wir täglich zerschlagen!« Der abschließende Demonstrationszug mit zwölftausend Teilnehmern wurde zu einer Konfrontation mit der Mehrheit der Bürger, die Angst davor hatte, daß alles zerstört würde, was in den Jahren seit 1945 unter Mühen aufgebaut worden war.

Im November 1968 erreichte die Revolte ihren Höhepunkt. Bei der legendären »Schlacht am Tegeler Weg« trug eine große Zahl von Demonstranten und Polizisten zum Teil schwere Verletzungen davon. Daraufhin wurden innerhalb der Bewegung selbst kritische Stimmen laut, die in der weiteren Gewaltanwendung keinen politischen Sinn sahen. Bald kam es zur Zersplitterung in verschiedene Gruppen und Grüppchen. Die einen suchten das Bündnis mit den Arbeitern, allerdings ohne jeden Erfolg; die anderen hielten die Formierung kleiner revolutionärer Zellen für das Gebot der Stunde; es bildeten sich leninistische, trotzkistische und maoistische Fraktionen. Die radikalste Konzeption war die der »Roten Armee Fraktion«, die meinte, durch Brandstiftung, Raubüberfälle und Bombenattentate die »von den Medien verdummte Masse« aus ihrem »falschen Bewußtsein« aufrütteln zu müssen und dabei schnell in die Kriminalität und den Terrorismus abrutschte.

Das auf unmittelbar politische Wirkungen im Sinne des Sozialismus ausgerichtete Streben der Studentenbewegung war überlagert von anarchisch-subkulturellen Tendenzen. Ausgehend von der »Underground«-Kultur in den USA, von den Hippies und Beatniks mit ihrem bohemehaften Lebensstil und ihrer Lust an freier Sexualität, Drogenkonsum und aufreizender Musik, bildete sich eine »Szene«, die auf dem europäischen Kontinent vor allem in Amsterdam und in West-Berlin ihre Zentren hatte. Neben eher skurrilen Gruppierungen, wie dem »Zentralrat der umherschweifenden Haschrebellen«, bildete sich die »Kommune 1«, unter deren Mitgliedern sich Rainer Langhans und Fritz Teufel durch spektakuläre Aktionen einen legendären Ruf erworben haben. Zum geflügelten Wort wurde Teufels Replik »Wenn's der Wahrheitsfindung dient!«, als ihn bei einer Verhandlung der Richter zum Aufstehen aufforderte. Die Idee der sexuellen Freizügigkeit beschäftigte die Phantasie der Bürger. Als sie merkten, daß es in den Kommunen gar nicht so toll zuging, wie die flotten Sprüche erwarten ließen, flaute ihr Interesse ab; die jüngeren und aufgeschlosseneren übernahmen sogar Positionen der Rebellen, selbstverständlich in abgeschwächter Form. Aus der Kommune wurde die Wohngemeinschaft. Während in der Anfangsphase die libidinöse und destruktive Energie der Kommunarden und die analytisch ausgerichteten Kräfte der »Sozialisten« im Rahmen von Happenings, »Go-ins« und »Love-ins« produktiv zusammenflossen, standen sie später oft im Gegensatz zueinander. Als der Kommunarde Rainer Kunzelmann öffentlich erklärte, daß ihm seine Orgasmus-Schwierigkeiten wichtiger seien als der Krieg in Vietnam, war der Bruch mit dem Sozialistischen Deutschen Studentenbund nicht mehr zu verhindern.

Selbstverständlich unterzog die Studentenbewegung auch den Bereich der Kunst einer fundamentalen Kritik. Ihre bürgerlichen Erscheinungsformen wurden wegen ihrer prinzipiell anpasserischen Haltung gegenüber der herrschenden politischen Ordnung radikal abgelehnt. Unter Berufung auf Herbert Marcuses Schrift »Über den affirmativen Charakter der Kultur« forderten die besonders Konsequenten ganz einfach ihre Abschaffung. Jedenfalls verlangte man die Verlagerung des Schwerpunkts von der ästhetischen Bildung der Eliten auf die »Alphabetisierung der breiten Massen«. Am herrschenden Theater kritisierte die Studentenbewegung vor allem die Ausrichtung an den Bedürfnissen des Bildungsbürgertums, die passive Rolle der Zuschauer und die autoritäre Betriebsstruktur. Dieses »Krawattentheater« habe, so monierte man, weder Kontakt zu den Werktätigen noch zu der progressiv eingestellten Jugend und darum keinerlei gesellschaftliche Relevanz. Das »engagierte Theater«, konstatierte Peter Handke im April 1968, findet jetzt ohnehin auf der Straße und in den Hörsälen statt, »wenn einem Professor das Mikrofon weggenommen wird, wenn von Galerien Flugblätter auf Versammelte flattern, wenn Revolutionäre ihre kleinen Kinder mit zum Rednerpult nehmen«. (Peter Handke: Prosa. Gedichte. Theaterstücke. Hörspiel. Aufsätze. S. 305 f.)

Auf dem Höhepunkt der Studentenrevolte vermischten sich tatsächlich Theater und Aktion. In Frankreich besetzten die Studenten die Tempel der Kunst. Judith Malina, die Schülerin Erwin Piscators und Leiterin des Living Theatre, kommentierte diesen Vorgang so: »Ich glaube, daß Piscators Idee vom politischen Theater sich in der Besetzung des Théâtre de l'Odéon vollendet hat. (...) Es war ja beinahe ein Wunder: Tagelang ist im Theater politisch diskutiert worden. Alles ging ohne Autoritäten und Formalitäten vor sich. Niemand war Regisseur, niemand war Schauspieler. Die Studenten fanden ganz einfach: das Beste, was man aus Theater machen kann, ist eine Tribüne.« (Zitiert nach: Erika Billeter: The Living Theatre. S. 16)

Weil die bestehenden Bühnen für nicht reformierbar gehalten wurden, entwickelten sich außerhalb der Institutionen neue Einrichtungen. Das oft von Halbprofis getragene, bewußt kunstlose Straßentheater, das sich am Modell des Agitprop-Theaters in der Weimarer Republik orientierte, setzte sich kein geringeres Ziel, als sein Zufallspublikum in die »revolutionäre Praxis einzuüben«; viel Erfolg war ihm dabei nicht beschieden. Auch das Zielgruppentheater, das auf die konkreten Bedürfnisse unterprivilegierter Gruppen wie der Lehrlinge, der Gastarbeiter, der Schwulen und Lesben, der Arbeitslosen und der Strafgefangenen einzugehen versuchte, blieb eine vorübergehende Erscheinung; seine Intentionen und Gestaltungsmittel sind dann von der Theaterpädagogik, verstanden als Arbeit mit theatralen Mitteln im sozialen Feld, aufgenommen, reflektiert und weitergeführt worden.

Allein das realistische und emanzipatorische Kindertheater, das die traditionellen Weihnachtsmärchen-Aufführungen ablöste, hat bis in die achtziger Jahre den Geist der Studentenbewegung lebendig erhalten. Gestützt auf das wiederentdeckte Programm eines proletarischen Kindertheaters, das Walter Benjamin zusammen mit Asja Lacis nach 1920 entworfen hatte, wurde eine Form des Zielgruppentheaters geschaffen, das seine Aufgabe darin sah, der nachwachsenden Generation eine liberale, kritische, solidarische und friedfertige Grundhaltung zu vermitteln. Aus der Perspektive der Kinder und für sie Partei nehmend, stellte man Alltagsprobleme der Kinder dar und spielte (mit Kindern als handelnden Figuren) Lösungsmöglichkeiten durch. Eine wichtige Rolle kam dabei den zum Mitsingen animierenden Liedern zu. Dieses Modell wurde im wesentlichen von Volker Ludwig am West-Berliner Grips-Theater zusammen mit Musikern, Regisseuren und Schauspielern entwickelt; die hier entstandenen Stücke sind über Jahre hinweg an vielen Bühnen, auch außerhalb des deutschen Sprachraums, nachgespielt worden.

Die Ablehnung des Theaters in seiner überkommenen institutionellen Ausprägung, die in erster Linie gekennzeichnet war durch strenge Hierarchien, autoritäre Entscheidungsstrukturen, extreme Arbeitsteilung und kunstferne Produktionszwänge, führte Anfang der siebziger Jahre zur Entstehung von »Freien Gruppen«. Vor allem in den größeren Städten erblühte eine Theaterszene, die sich als Alternative zu den Stadt- und Staatstheatern verstand und das nicht nur in bezug auf die Produktionsweise, sondern auch in ideologischer und ästhetischer Hinsicht. Frustrierte Theatermacher verließen die Institutionen und schlossen sich zu Arbeitsgruppen zusammen, die oft zugleich auch Lebensgemeinschaften waren. Absolventen von Schauspielschulen gingen nicht ans Staatstheater, sondern riefen Freie Gruppen ins Leben, wie die Münchner »Rote Rübe« oder das Berliner »Theater zum westlichen Stadthirschen«. Autodidakten oder Halbprofis, ausgebildet in den verschiedensten Workshops, sorgten bald für einen Boom der Bewegung. Quantität ging schließlich über Qualität. In der Frühzeit war das Programm der Gruppen wesentlich durch die gesellschaftskritischen Intentionen bestimmt. Die Vorlagen schrieb man sich entweder selbst oder entwickelte sie in der gemeinsamen Improvisation; manchmal griff man auch auf existierende Stücke zurück und funktionierte sie für die eigenen Zwecke um. Was die Spielweise betrifft, orientierte man sich an einem körperbetonten Stil, wie ihn in den USA das »Living Theatre«, die »San Francisco Mime Troupe« und das »Bread and Puppet Theatre« entwickelt hatten. Auch der Versuch von Ariane Mnouchkine, mit ihrem »Théâtre du Soleil« die Kunstmittel der Commedia dell'arte wiederzubeleben, wirkte anregend auf die freie Theaterszene im westlichen deutschsprachigen Raum. Als Spielorte dienten meist leerstehende Lagerhallen und Fabriketagen, bei den mobilen Truppen manchmal auch Zirkuszelte.

In den achtziger Jahren sind dann in einer ganzen Reihe größerer Städte von den Kommunen feste Spielräume mit einer technischen Grundausstattung zur Verfügung gestellt worden, wie zum Beispiel die Kampnagelfabrik in

Hamburg, das Theaterhaus in Stuttgart oder das Pumpenhaus in Münster. Die Subvention der Freien Gruppen durch die öffentliche Hand war und ist – im Vergleich zu der für die Stadt- und Staatstheater – weniger als bescheiden. Selbst die künstlerisch gut ausgewiesenen Truppen, wie die »Bremer Shakespeare Company«, das »Freie Theater München«, das Wiener »Serapionstheater« oder in Berlin das »Freie Schauspiel« und das »Teatr Kreatur« sind nur durch radikale Selbstausbeutung ihrer Mitglieder in der Lage, ihren Lebensunterhalt mit der künstlerischen Arbeit zu bestreiten. Von der überregionalen Theaterkritik werden sie kaum zur Kenntnis genommen, von den Kollegen aus dem institutionalisierten Theater oft nur müde belächelt. Ihre ästhetischen Neuerungen aber werden von den Apparaten schnell aufgesogen. So ist es nicht verwunderlich, daß nur wenige Gruppen ihren ursprünglichen Intentionen treu geblieben sind. Das Fazit eines Kenners, zweieinhalb Jahrzehnte nach dem Entstehen der alternativen Theaterszene, klang ernüchternd: »Keine Kunst ist so gealtert wie die des freien Theaters. (...) In den siebziger Jahren blühte eine Workshopkultur auf, die in der Entdeckung des eigenen Körpers ein neues Maß für Theaterkunst finden wollte. Kultur für alle meinte auch Kultur durch alle: Zuschauer wurden zu Spielern, vom Widerstandspotential blieb oft nur noch das Selbstbestätigungsritual. Noch immer kann sich jeder auf eine Bühne stellen. Das ist schön und schrecklich zugleich. Schön, weil die individuelle künstlerische Selbstverwirklichung damit jedem möglich ist. Schrecklich aus demselben Grund. Denn oft sieht man im freien Theater keine Kunst, sondern nur Selbstbewußtsein. Die Demokratisierung und Erweiterung des Kunstbegriffs wirkt in Deutschland oft genug nur als sozialtherapeutische Veranstaltung. Oder wie eine schlechte Kopie des etablierten Stadttheaters.« (Hartmut Krug in: Theater heute. Heft 1/1994. S. 31)

Die politische Aufbruchenergie machte sich auch innerhalb der Institution Theater bemerkbar. Oft bildeten die jüngeren Ensemblemitglieder zusammen mit dem aus den Schauspielschulen kommenden Nachwuchs Aktionsgruppen, die auf neue Inhalte und Arbeitsmethoden drängten. In den Dramaturgien oder in ihrem Auftrag entstanden aktuelle Gebrauchsstücke, meist in Gestalt lockerer Szenenfolgen; man spielte auch die Partei nehmenden Stücke von Peter Weiss, wie *Der Gesang vom Lusitanischen Popanz* und *Viet Nam Diskurs*, und die aus dem Amerikanischen übersetzten Agitationsstücke gegen den Vietnamkrieg.

Am stärksten wirkte der emanzipatorische Impetus der Zeit in institutioneller Hinsicht. Entsprechend der allgemeinen Tendenz zur Demokratisierung von Entscheidungsprozessen wurde auch an den Theatern der Ruf nach Mitbestimmung laut. Obwohl von den Intendanten ebenso wie von der eher konservativ ausgerichteten Bühnengewerkschaft skeptisch bis ablehnend betrachtet, unternahmen einige couragierte Theaterleute Versuche in dieser Richtung. Ihre Argumente klangen überzeugend: Wenn das Theater als Medium der Emanzipation fungieren soll, dann kann der Prozeß, in dem seine Produkte hergestellt werden, kein entfremdeter sein. Also müssen die Schauspieler und alle Theaterangehörigen die Möglichkeit erhalten, über die Ziele, Inhalte und Methoden ihrer Arbeit mitzubestimmen. Fast an allen Bühnen entbrannten heiße Dis-

PIGasUS (nach Gedichten von Schizophrenen).
Bremer Theater, 1970.
Choreographie: Johann Kresnik

kussionen über diese Frage, aber nur an wenigen ist man zu praktischen Ergebnissen gekommen. An den Städtischen Bühnen in Frankfurt am Main führte der Brecht-Schüler Peter Palitzsch, der zu den gescheitesten, offensten und sensibelsten Regisseuren der sechziger und siebziger Jahre zählte, einen zähen Kampf um die Mitbestimmung. Obwohl die Stadt als Rechtsträger das Unternehmen stützte und Palitzsch sowie viele seiner Mitarbeiter einen enormen Einsatz dafür brachten, hat das Modell nie richtig funktioniert und wurde nach sieben erfolglosen Jahren wieder außer Kraft gesetzt. Der progressive Frankfurter Kulturdezernent Hilmar Hoffmann mußte ein trauriges Fazit ziehen: »Die Mitbestimmung ist zur Selbstbedienung verkommen.«

Wenn auch die Demokratisierung als formales Prinzip überall gescheitert ist, so hat sie sich doch in der künstlerischen Arbeit dauerhaft niedergeschlagen. Vor allem änderte sich der autoritäre Umgang der Regisseure mit den Schauspielern und den übrigen Mitarbeitern; an die Stelle der streng hierarchisierten Produktionsweise trat die Bereitschaft zur Teamarbeit. Vielerorts wurden die autokratisch regierenden Intendanten abgelöst durch Leitungsgremien. Im Zusammenhang damit fand um 1970 ein Generationswechsel auf breiter Basis statt. Die nachrückenden Regisseure und Schauspieldirektoren kamen entweder vom Studententheater, das in den sechziger Jahren lebendig, intelligent und experimentierfreudig gewesen ist, oder sie hatten ihre Lehrzeit bei einem der Meisterregisseure absolviert, die aus der Emigration zurückgekehrt waren. Der Piscator-Schüler Hansgünther Heyme wurde in das Direktorium des Kölner Theaters berufen; der Kortner-Assistent Jürgen Flimm übernahm die Leitung des Thalia-Theaters in Hamburg; Claus Peymann wurde Schauspieldirektor in Stuttgart; Peter Zadek ging als Intendant nach Bochum; Peter Stein, der bei Fritz Kortner hospitiert hatte, trat 1970 in die Leitung der Berliner Schaubühne am Halleschen Ufer ein, die in kürzester Zeit zum Modelltheater der siebziger Jahre wurde.

Eine wichtige Vorstufe dafür war die gemeinsame Arbeit einer Reihe von jungen und begabten Theaterleuten an den Bühnen der Freien und Hansestadt Bremen. Kurt Hübner, der dort 1962 die Intendanz übernahm, hatte sich zuvor schon am Stadttheater in Ulm als Entdecker von Talenten erwiesen. Vor allem war er auf Peter Zadek aufmerksam geworden, der (als Sohn einer deutschen Emigrantenfamilie) in England seine ersten Theatererfahrungen gemacht hatte. Dank Hübners Offenheit konnte sich Zadek vor allem mit Shakespeare-Dramen und neueren Stücken des englischsprachigen Repertoires dem deutschen Publikum vorstellen. Seine Inszenierungen von Brendan Behans *Die Geisel* (The Hostage) und *Der Spaßvogel* (The Quare Fellow) sowie von Sean O'Caseys *Der Rebell, der keiner war* (The Shadow of a Gunman) und *Der Preispokal* (The Silver Tassie) trugen wesentlich zur Einbeziehung der beiden irischen Realisten ins deutschsprachige Repertoire bei. Außer Zadek arbeiteten in der Ära Hübner am Bremer Theater Peter Palitzsch, Rainer Werner Fassbinder, Hans Neuenfels, Peter Stein und Klaus Michael Grüber; als Ausstatter wirkten Wilfried Minks und Karl-Ernst Herrmann; als Schauspieler waren unter anderem engagiert: Edith Clever, Jutta Lampe, Hannelore Hoger, Traugott Buhre, Bruno Ganz, Michael König.

Im Jahre 1968 wurde Johann Kresnik in Bremen die Möglichkeit geboten, statt der traditionellen Ballett-Compagnie ein modernes Tanzensemble aufzubauen. Mit ihm entwickelte er in den folgenden zehn Jahren sein »Choreographisches Theater«, eine Mischform von Bühnentanz und Schauspiel. Damit wurde er, zusammen mit Reinhild Hoffmann und Pina Bausch, zum Protagonisten einer theatralen Gattung, des »Neuen deutschen Tanztheaters«, das in der Folgezeit erhebliche Bedeutung gewonnen und anregend auf das Schauspiel gewirkt hat. Die Besonderheit von Kresniks Arbeiten war ihre politische und gesellschaftskritische Ausrichtung. Sowohl in inhaltlicher als auch in formaler Hinsicht bezog sein Werk Impulse aus dem Umfeld am Bremer Theater. Die wichtigsten waren die Neigung zum Populären, zum gewollt Unästhetischen, die Lust am Trivialen und Plakativen und die Tendenz zur gezielten Provokation. Von Peter Zadek und Wilfried Minks übernahm Kresnik die an der »Pop Art« orientierte Bildsprache, die rauhe, von ihm selbst als »rostig« bezeichnete Ästhetik und das dramaturgische Modell der Revue. Umgekehrt beeinflußte er seine Kollegen vom Schauspiel durch die aggressiv-gewalttätige Bewegungsform, die aus den verschiedensten Quellen schöpfte, aus dem Sport und den modernen Gesellschaftstänzen, aus der Folklore und dem Jazz Dance, aus der Arbeitswelt und dem Exerzierreglement des Militärs.

Im Mittelpunkt der Bremer Theaterarbeit dieser Jahre standen die Inszenierungen von Peter Zadek. Auf den freigeräumten, hell erleuchteten Bühnen von Wilfried Minks, ausgestattet nur mit Schrifttafeln, Fotos und Bildzitaten, realisierte er seine aktualisierenden Versionen von Shakespeares *König Heinrich V.* (unter dem Titel *Held Henry*), Wedekinds *Frühlings Erwachen* und Schillers *Die Räuber*. Der Höhepunkt dieser Reihe war die 1967 entstandene, in die Theatergeschichte eingegangene Inszenierung mit dem langen und komplizierten Titel *Maß für Maß von William Shakespeare in der Übersetzung und Bearbeitung von Martin Sperr unter Mitarbeit von Peter Zadek und Burkhard Mauer als Ausgangspunkt einer Inszenierung des aktuellen Stückgehaltes auf freier Bühne von Peter Zadek, Bühne: Wilfried Minks*. Schon der Titel enthält die Konzeption: Shakespeares Drama wurde von dem jungen Autor Martin Sperr in einen lapidaren Gegenwartsjargon übertragen; der von einem Team, bestehend aus Dramaturg, Regisseur und Bühnenbildner, nochmals überarbeitete Text bildete nur die Basis für die Darstellung des aktuellen Stückgehaltes, und zwar auf der leeren Bühne, die nur mit Glühbirnen eingerahmt war. Die Schauspieler agierten in Alltagskleidung und praktizierten eine extrem körperliche Spielweise. Im Programmheft benannte Peter Zadek die Voraussetzungen dieser epochemachenden Arbeit: »Ich habe angefangen, eine einigermaßen realistische Inszenierung von dem

Friedrich Schiller:
Die Räuber.
Bremer Theater, 1966.
Inszenierung:
Peter Zadek.
Bühnenbild:
Wilfried Minks

Stück zu machen. Dabei habe ich nach vierzehn Tagen Arbeit festgestellt, daß die Vorgänge auf der Bühne den Vorgängen meiner Phantasie nicht entsprachen. Daraufhin habe ich mich entschlossen, neu anzufangen und rücksichtslos nur das zu inszenieren, was (...) beim Lesen in der Phantasie geschah. Dieser Inszenierung liegt also kein ›Stil‹ zugrunde, keine Theorie, keine bewußt ästhetische Haltung. Statt dessen eine subjektive intuitive Arbeit. (...) Die Form oder Stilisierung wurde nicht von außen aufgesetzt, sondern entstand, entwickelte sich in den Proben.« (Peter Zadek: Das wilde Ufer. S. 80) Antiautoritär im Geist der Zeit war also sowohl der Umgang mit dem Text als auch das Verhältnis zwischen den Darstellern und ihrem Regisseur.

Neben Peter Zadek arbeitete in Bremen sein späterer Antipode Peter Stein. Nach Assistenzen und den ersten eigenständigen Regiearbeiten an den Münchner Kammerspielen, deren letzte mit einem Rausschmiß endete, weil er im Anschluß an eine Vorstellung des *Viet Nam Diskurs* eine Geldsammlung für den Vietcong veranstaltete, inszenierte Stein in der Spielzeit 1968/69 *Kabale und Liebe* und *Torquato Tasso* in der Hansestadt. Goethes Drama über den Hofdichter von Ferrara interpretierten der Regisseur und seine Mitarbeiter ganz aus der aktuellen Zeitsituation heraus. Bruno Ganz zeigte die Titelfigur als »Emotionalclown« der Herrschenden und zog damit die Parallele zum Selbstverständnis des Künstlers in der Zeit des politischen Aufbruchs. Wilfried Minks hatte einen Käfig aus Plexiglas gebaut, in dem sich die Gestalten auf einem giftgrünen Kunstrasen wie seltsam-schöne Tiere in einem Zoologischen Garten bewegten. Eine lebensgroße Büste des Geheimrats Goethe ließ dessen Situation in seiner Weimarer Gartenidylle assoziieren. Die Verrenkungen, die Tasso anstellt, um den Machthabern zu gefallen, machte der Schauspieler durch körperliche Zeichen anschaulich. Gleich zu Beginn probierte Bruno Ganz die verschiedensten »Genie-Posen« – so lange, bis er rücklings auf den Boden fiel. Ähnlich erging es ihm bei seinen Versuchen, sich den beiden von Jutta Lampe und Edith Clever

William Shakespeare: Maß für Maß. Bremer Theater, 1967.
Inszenierung: Peter Zadek. Bühnenbild: Wilfried Minks

dargestellten Eleonoren zu nähern. Peter Steins eminente Begabung, geistige Sachverhalte in bildhafte Zeichen zu übersetzen, zeigte sich auch im Schlußbild: Tasso klettert auf die Schultern des durch Vernunft und Besonnenheit charakterisierten Gegenspielers Antonio und wird von ihm wie ein hilfloses Kind hinausgetragen. In seiner *Tasso*-Inszenierung arbeitete Stein zum ersten Mal konsequent nach dem Prinzip des Konzeptionstheaters, wie er es dann in seinen Berliner Schaubühnen-Inszenierungen zu höchster Meisterschaft entwickelt hat.

Den in Bremen eingeschlagenen Weg ging Peter Stein zusammen mit dem Bühnenbildner Karl-Ernst Herrmann und der Kostümbildnerin Moidele Bickel sowie den Schauspielern Bruno Ganz, Jutta Lampe, Edith Clever, Werner Rehm, zu denen noch Otto Sander, Michael König und andere hervorragende Schauspieler kamen, in Berlin weiter. Der dortige Senat hatte der Truppe das Angebot gemacht, sich in die Schaubühne am Halleschen Ufer zu integrieren. Der Etat dieses aus einer Studentenbühne hervorgegangenen Privattheaters wurde erheblich aufgestockt. Es bildete sich ein Direktorium, dem neben Jürgen Schitthelm und Klaus Weiffenbach, den beiden Geschäftsführern des Hauses, sowie dem Dramaturgen Dieter Sturm die beiden neu hinzugekommenen Regisseure Peter Stein und Claus Peymann angehörten. Letzterer schied allerdings wegen künstlerischer Differenzen nach nur einer Inszenierung wieder aus. In nächtelangen Diskussionen zwischen allen Angehörigen des Theaters – auch den Technikern und dem Verwaltungspersonal – wurde eine Satzung ausgearbeitet, die der Vollversammlung und einem von ihr gewählten Ausschuß weitreichende Mitbestimmung in Fragen des Spielplans, der Besetzung, des Neuengagements und sogar der Gagenhöhe garantierte. Aus betriebspraktischen Gründen mußte diese Regelung im Laufe der Zeit immer weiter eingeschränkt werden, doch blieb der demokratische Grundcharakter des Theaters bis Ende der siebziger Jahre erhalten; er war einer der Gründe für die herausragende Qualität der künstlerischen Arbeit an diesem Haus.

Für die Eröffnung der Schaubühne in der neuen Struktur und unter der neuen Leitung wählte man 1970 programmatisch Brechts Lehrstück *Die Mutter*, entstanden nach Maxim Gorkis Roman über die Revolution von 1905 in Rußland. Peter Stein, Wolfgang Schwiedrzik und Frank Patrick Steckel führten kollektiv Regie – ein Experiment, das man nicht mehr wiederholt hat. Das junge Ensemble gruppier-

Johann Wolfgang Goethe: Torquato Tasso. Bremer Theater, 1969. Inszenierung: Peter Stein. Bühnenbild: Karl-Ernst Herrmann

te sich um Therese Giehse, die man im Sinne einer Reverenz vor der Tradition des kritischen Theaters der vorhergehenden Generation als Gast engagiert hatte. Der klare und prägnante Stil riß das Publikum zu Beifallsstürmen hin, obwohl das Stück mit seiner eindeutig kommunistischen Tendenz nicht unbedingt der Ideologie aller Zuschauer entsprach. Um die Zielgruppe zu erreichen, für die das Stück eigentlich gemacht war, gastierte man mit einzelnen Sequenzen in Gewerkschaftsheimen und Freizeitstätten. Aus dieser Aktivität entstand das »Arbeiter- und Lehrlingstheater«, eine relativ selbständige Produktionsgruppe innerhalb der Schaubühne, deren Ziel es sein sollte, »nicht die Kunst, sondern den Marxismus-Leninismus zu verbreiten«. Nach der Inszenierung von zwei Stücken junger Autoren über soziale Probleme der Arbeiterschaft (*Die Auseinandersetzung* von Gerhard Kelling und *Transportarbeiter Jakob Kuhn* von Johannes Schenk, einem Bühnenarbeiter des Hauses) sowie einer Kollektivarbeit über die Arbeiteraufstände des Jahres 1921 mit dem Titel *Märzstürme* schlief das Unternehmen wieder ein. Zwar brachte die Schaubühne in den folgenden Jahren noch das eine oder andere Stück mit sozialistischer Ausrichtung auf die Bühne, wie Hans Magnus Enzensbergers *Das Verhör von Habana*, Wsewolod Wischnewskis *Optimistische Tragödie*, Brechts *Die Ausnahme und die Regel* und Heiner Müllers *Lohndrücker*, doch verlagerte sich der Schwerpunkt immer mehr auf das »bürgerliche« Repertoire.

Das erste Beispiel für die theatrale Erkundung der Geschichte des Bürgertums, die man sich als Generalziel setzte, war die Inszenierung von Henrik Ibsens *Peer Gynt* 1971. Diese Arbeit hat Peter Stein und die Schaubühne über die Grenzen der Bundesrepublik hinaus berühmt gemacht. In der Manier eines Historienfilms wurde in den dramaturgisch genau durchdachten und ästhetisch faszinierenden Bildern von Karl-Ernst Herrmann die Geschichte vom Aufstieg und Fall eines sich selbst überschätzenden Kleinbürgers erzählt. Um Rivalitäten im Ensemble zu vermeiden, teilten sich sechs Schauspieler die Titelrolle.

Die Linie der großen Gesellschaftspanoramen setzte Peter Stein in den nächsten Jahren fort mit Inszenierungen von Kleists *Prinz Friedrich von Homburg*, der Boulevardkomödie *Das Sparschwein* von Eugène Labiche, Maxim Gorkis *Sommergästen*, Shakespeares *Wie es euch gefällt* und schließlich der *Orestie* des Aischylos.

An fast allen diesen Arbeiten war als Übersetzer und Produktionsdramaturg in prägender Weise Botho Strauß beteiligt. Dessen eigene

Henrik Ibsen: Peer Gynt. Schaubühne am Halleschen Ufer Berlin, 1971. Inszenierung: Peter Stein. Bühenbild: Karl-Ernst Herrmann. Kostüme: Moidele Bickel/ Joachim Herzog/ Susanne Rasching

*Euripides: Die Bakchen. Schaubühne am Halleschen Ufer Berlin, 1974.
Inszenierung: Klaus Michael Grüber.
Bühne: Gilles Aillaud/Eduardo Arroyo.
Kostüme: Susanne Raschig*

Stücke, *Trilogie des Wiedersehens, Groß und Klein, Der Park*, brachte Peter Stein Ende der siebziger und Anfang der achtziger Jahre auf die Bühne. All diese Inszenierungen beeindruckten in erster Linie durch die genaue Figurenzeichnung und die ingeniösen Raumlösungen. Die meisten hat Stein zusammen mit Karl-Ernst Herrmann entwickelt, der den engen und nicht einmal mit einer Oberbühne ausgestatteten Saal am Halleschen Ufer für jede Produktion entsprechend der jeweiligen Konzeption vollkommen neu einrichtete. Bei *Peer Gynt* zum Beispiel setzte man die Zuschauer auf zwei Tribünen an die Längsseiten des Raumes und baute dazwischen eine Landschaft mit Dünen und Bergen, Sphinxen und Pyramiden auf. Für Heinrich von Kleists Schauspiel *Prinz Friedrich von Homburg*, das Stein als Traum seines Autors inszenierte, war das Bühnengeschehen den Zuschauern gegenüber angesiedelt. Der Prospekt erinnerte an Gemälde von Caspar David Friedrich, dem Zeitgenossen des Dichters. In *Sommergäste* von Maxim Gorki stellte Herrmann einen ganzen Birkenwald auf

die Bühne. Shakespeares *Wie es euch gefällt* spielte man in einem Filmatelier, die Hofszenen in einer kahlen Palastarchitektur, die Waldszenen in einem kunstvoll arrangierten Areal mit simultan bespielten Schauplätzen; die beiden Räume waren verbunden durch einen labyrinthischen Gang voll von merkwürdigen Figuren, Pflanzen, Tieren und Objekten. Dieses Environment mußten die Zuschauer zusammen mit den Spielern durchschreiten, um von der einen Welt in die andere zu gelangen.

Im Gegensatz zu anderen Regisseuren seiner Generation, wie zum Beispiel Peter Zadek, die den Text aufgebrochen und als Ausgangsmaterial für ihre Erfindungen und die der Schauspieler benutzt haben, entfaltete Stein das Bühnengeschehen ganz aus der Einlassung auf den Text. Seinen, wie er selbst sagt, »verzweifelten Ehrgeiz, die Strukturen der Stücke aufzuspüren und zu verstehen«, übertrug er in der Frühzeit der Schaubühne auf das ganze Ensemble. Gemeinsam bereitete man sich (oft monatelang) durch das Studium von Bildbänden und Filmen, manchmal auch durch Exkursionen auf die Inszenierungen vor. Geleitet wurden diese Unternehmungen meist von dem Dramaturgen Dieter Sturm, der als erster im westdeutschen Theater das Prinzip der probenbegleitenden Produktionsdramaturgie konsequent verwirklicht hat.

Mit der Übersiedlung der Schaubühne aus den beengten Verhältnissen ihres Domizils im Arbeiterbezirk Kreuzberg auf den Kurfürstendamm, in einen Kinobau aus den zwanziger Jahren, der von Grund auf saniert worden war, so daß drei technisch hervorragend ausgestattete Säle zur Verfügung standen, war eine Schwächung des künstlerischen Potentials verbunden, die bald zum Verlust der Vorbildfunktion des Theaters und Mitte der achtziger Jahre zum Rücktritt von Peter Stein als künstlerischem Leiter führte. Sein Nachfolger wurde für kurze Zeit Luc Bondy, der sich mit seinen atmosphärisch dichten, psychologisch ungeheuer differenzierten Inszenierungen von Else Lasker-Schülers *Die Wupper*, Alfred de Mussets *Man spielt nicht mit der Liebe* und *Kalldewey*,

Empedokles – Hölderlin lesen.
Schaubühne am
Halleschen Ufer
Berlin, 1975.
Inszenierung:
Klaus Michael Grüber.
Bühnenbild:
Antonio Recalcati.
Kostüme:
Moidele Bickel/
Susanne Raschig

Farce von Botho Strauß für die Aufgabe qualifiziert hatte.

In Peter Steins Arbeiten zeigte sich nach 1980 eine Wende hin zum Konservativen, die sich schließlich auch in der Übernahme der Schauspieldirektion bei den Salzburger Festspielen niederschlug. Als Verfahrensprinzip trat an die Stelle der gegenwartsbezogenen Ausdeutung der literarischen Vorlage die möglichst getreue Rekonstruktion ihrer ursprünglichen Intention und Gestalt. Das ging so weit, daß Stein bei seiner Arbeit an Tschechows *Kirschgarten* und *Drei Schwestern* auf das Modell der Uraufführungen von Stanislawski am Moskauer Künstlertheater zurückgriff. Auf sein Frühwerk sah der Regisseur kritisch zurück; zur *Torquato Tasso*-Inszenierung sagte er in einem Interview: »Natürlich hegt man als junger Mensch ganz grundsätzlich eine Opposition gegen die vermeintliche Vollkommenheit, gegen die Durchdachtheit und Kontrolliertheit der Goetheschen Formen. (...) Man glaubt etwas erkannt zu haben und macht das dann ganz besonders deutlich, fuchtelt damit herum, hißt alle Fahnen. (...) Das kritisiere ich heute, ohne die Arbeit deswegen zu bereuen.« (Peter Stein in: Theater heute. Jahrbuch 1993. S. 9)

Eine ähnliche Entwicklung vollzog Klaus Michael Grüber, der zweite prägende Regisseur der Schaubühne. Seine erste Inszenierung dort galt Horváths *Geschichten aus dem Wiener Wald*. Er zerlegte das Stück und setzte die Partikel neu zusammen, so daß sich die Absurdität der dargestellten Welt offenbarte. Höchst anschaulich wurde diese Konzeption durch die vom Surrealismus beeinflußte Raumgestaltung von Karl-Ernst Herrmann und durch die signifikanten Körperbilder, in denen die Innenwelten der Figuren nach außen projiziert erschienen. Grübers Tendenz zur Kreation autonomer Kunstwelten, die konträr zu Peter Steins grundsätzlichem Realismus steht, zeigte sich deutlich auch in seiner Inszenierung der *Bakchen* des Euripides. Der Regisseur und seine Bühnenbildner, die beiden Maler Eduardo Arroyo und Gilles Aillaud, konfrontierten archaische Bilder der Antike mit Objekten der Gegenwart: einer Kehrmaschine und Astronautenanzügen sowie Neonröhren, welche die Ausstellungshalle, in die man für diese Produktion gewechselt war, in ein gleißendes Licht tauchten. Die Spielfläche wurde nach hinten durch eine weiße Wand mit mehreren Öffnungen abgeschlossen. Hinter der einen sah man von Zeit zu Zeit zwei Pferde stehen. Eine eindeutige Interpretation solcher Zeichen wird nicht nahegelegt; sie scheinen willkürlich gewählt und fügen sich zu einem mehr assoziativen als logischen Zusammenhang. Im ganzen handelte es sich bei den Inszenierungen von Grüber um faszinierende Kunstgebilde voller überraschender Brüche und großartiger schauspielerischer Momente. Das gilt in besonderem Maße für die Auseinandersetzung des Regisseurs mit Texten von Friedrich Hölderlin. Das Tragödien-Fragment *Der Tod des Empedokles* inszenierte er vor einer Nachbildung von Caspar David Friedrichs Gemälde »Eismeer«, früher fälschlich »Die gescheiterte Hoffnung« genannt. Ausstaffiert wie ein Polarforscher, ersteigt der von Bruno Ganz dargestellte Philosoph das Gebirgsmassiv, begegnet seinem Jünger Pausanias, führt mit ihm ein düster getöntes Streitgespräch, ehe er sich in den Krater des Ätna stürzt. Diese Vorgänge kontrastiert Grüber mit Szenen zwischen Alltagsmenschen der Gegenwart im heruntergekommenen Wartesaal eines Bahnhofs.

Einzelne Sätze aus Hölderlins Briefroman »Hyperion« verwandte er auch in seiner 1977 im Berliner Olympiastadion veranstalteten Performance, die den Titel *Winterreise* trug; so lautete auch der Deckname für die seinerzeitige Fahndungsaktion nach Mitgliedern der »Roten Armee Fraktion«. Der Regisseur setzte die klassischen Texte mit der faschistischen Architektur, mit Szenen zwischen Pennern vor der nachgebauten Ruine des Anhalter Bahnhofs und mit dem Training von Sportlern so in Verbindung, daß sich den Zuschauern nicht nur die Kälte der Winternacht, sondern auch die des sozialen und politischen Klimas der Zeit vermittelte. Wie in fast allen Inszenierungen von Grüber gab es auch hier Bilder, die sich tief ins Gedächtnis einbrannten. Ein Kritiker hat die spezifische Qualität des Regisseurs so beschrieben: »Einer der letzten genuinen Theatererfinder. Seine Bilder und Inbilder entspringen nicht der Technik, nicht der elektronischen Welt, sondern ganz altehrwürdig der Inspiration. Manchmal gar: einem visionären Traum vom Theater. Vom Leben.« (Peter von Becker in: Theater heute. Heft 1/1996. S. 19)

Drama und Theater der siebziger und achtziger Jahre im westlichen deutschsprachigen Raum

In den siebziger und achtziger Jahren war die Arbeit der westdeutschen Bühnen bestimmt durch einen Pluralismus der Ziele und Inhalte, der dramatischen Literatur und der Aufführungsweisen. Auf den Bühnen der Bundesrepublik, Österreichs und der deutschsprachigen Schweiz, die zu einer einheitlichen Theaterlandschaft zusammengewachsen waren, spiegelte sich jene Vielfalt des politisch-sozialen wie des geistig-kulturellen Lebens wider, für die der Philosoph Jürgen Habermas den Begriff »Neue Unübersichtlichkeit« geprägt hat. Die Ursache für die Entwicklung dahin war der um 1975 einsetzende Bewußtseinswandel bei den meinungsbildenden Schichten.

An die Stelle fester Standpunkte, objektiver Ansprüche und allgemeiner Zielsetzungen traten jetzt Subjektivität und Innerlichkeit als neue Orientierungen. Der tendenzielle Rückzug aus der politischen Verantwortung, die man im Aufbruch von 1968 so betont hatte, war einerseits Ausdruck der Enttäuschung über den geringen Erfolg der großangelegten gesellschaftlichen Projekte, andererseits aber auch eine Reaktion auf die allgemeine Entwicklung: Der Fortschrittsglaube und die Machbarkeits-Ideologie wurden in der ersten Hälfte der siebziger Jahre erstmals in Frage gestellt; die »Öl-Krise« offenbarte die Anfälligkeit der Überflußgesellschaft; desillusionierende Einsichten in die »Grenzen des Wachstums« verbreiteten sich. Die sozialen Konzepte der »Achtundsechziger« erwiesen sich angesichts steigender Arbeitslosigkeit als wirklichkeitsfremdes Wunschdenken. Mit dem Rücktritt Willy Brandts als Bundeskanzler rückte zudem eine wichtige Identifikationsfigur der fortschrittlichen Kräfte aus dem Blickfeld.

Die meisten Angehörigen der linksliberalen Intelligenz behielten zwar ihre Ausrichtung auf eine grundsätzliche Umgestaltung der Gesellschaft bei, vertagten sie aber angesichts der realen Verhältnisse und zentrierten ihr Interesse auf das Individuelle. Die »Neue Subjektivität« definierte sich – in Reaktion auf die Kopflastigkeit der Studentenbewegung – durch das Bekenntnis zum Sinnlichen und Körperlichen. Ein Band des »Kursbuches«, des wichtigsten Selbstverständigungsorgans der westdeutschen Linken, trug den bezeichnenden Titel »Sinnlichkeiten«. In den einzelnen Aufsätzen war viel die Rede von einer neuen »Gefühlssprache«, von »Blick- und Hautkontakten«, in denen sich neue »Wahrnehmungs- und Kommunikationsformen« andeuten. Man suchte nach Ausdrucksformen der Emotionen und nach einer Entkrampfung der erotischen Beziehungen. Auch der Umgang des Individuums mit sich selbst gestaltete sich jetzt freier und offener.

Die Angehörigen der jungen Generation, zumindest die der Mittel- und Oberschichten, strebten nach Selbsterfahrung und Selbstverwirklichung. Die Einflußnahme der Eltern auf die Berufsentscheidung und die Partnerwahl wurde in den Hintergrund gedrängt. Die Orientierung auf materielle Werte, wie sie sich in der Zeit des »Wirtschaftswunders« ausgebildet hatte, verlor bei vielen ihre Bedeutung; Anspruchslosigkeit wurde zum Kennzeichen eines alternativen Lebensstils. Dazu gehörte auch ein pfleglicher Umgang mit dem eigenen Körper durch gesunde Ernährung, sportliche Betätigung und naturnahe medizinische Behandlungsmethoden. Das Leben »in der Nische« wurde zum Ideal erhoben; dort konnte der Hunger nach Erfahrung im Überschaubaren, der an die Stelle der globalen Denkstrategien der politischen Aufbruchsbewegung getreten war, ohne Risiken gesättigt werden. In dieser Subkultur bestand keine Gefahr, sich verausgaben zu müssen oder vereinnehmen zu lassen. Hier war der Wunsch nach dem einfachen »Leben im Kleinen« zu befriedigen, wie er sich als Reaktion auf die immer perfekteren Großsysteme mit ihren rigiden Zwängen ausgebildet hatte.

Diese Haltung führte oft zu einer selbstgenügsamen Egozentrik, bei vielen aber auch zu dem Versuch, die Selbstveränderung mit der Gesellschaftsveränderung zu verbinden. Es entstanden Bürgerbewegungen, die sich vor allem gegen die Zerstörung der Umwelt, gegen die Nutzung der Atomenergie und gegen die forcierte Aufrüstung zur Wehr setzten. Die mächtigste Emanzipationsbewegung dieser Zeit war aber die der Frauen, die breite Bevölkerungsschichten erfaßte und in vielen Bereichen zu konkreten Fortschritten geführt hat.

Die Individualisierung schlug sich auch im literarischen Schaffen nieder. Es entfielen die Gemeinsamkeiten, wie sie im vorigen Jahrzehnt zum Beispiel unter den Autoren des Dokumentardramas oder denen des Kritischen Volksstückes geherrscht hatten. Die Dramatiker der späten siebziger und der achtziger Jahre waren weder durch eine Weltanschauung noch durch eine ästhetische Konzeption, weder durch ein zentrales Thema noch durch gemeinsame Vorbilder miteinander verbunden. Jeder ging seiner eigenen Wege, entfaltete seine speziellen Inhalte und Motive. So entstand ein breites Spektrum der Theaterliteratur mit einem guten Dutzend herausragender Autoren. Der älteste unter ihnen war Tankred Dorst, der nach Versuchen mit der Gattung der Farce (*Die Kurve*), der Parabel (*Große Schmährede an der Stadtmauer*), des Märchenspiels (*Der gestiefelte Kater oder Wie man das Spiel spielt*) und des Dokumentardramas (*Toller*) jetzt seine zentralen Themen fand: die wechselseitige Durchdringung von Wirklichkeit und Phantasie, die Diskrepanz von schlimmer Gegenwart und Utopie, die Rollenhaftigkeit der menschlichen Existenz. Immer wieder erscheinen bei Dorst diese Motive und zwar in den verschiedensten Einkleidungen: in dem Familienstück *Auf dem Chimborazo*, in dem monumentalen Bilderbogen über König Artus und seine Tafelrunde mit dem Titel *Merlin oder Das wüste Land*, in den Schauspielen *Die Villa* und *Heinrich oder Die Schmerzen der Phantasie*, wo private Schicksale mit den Ereignissen der jüngsten deutschen Geschichte verknüpft werden.

Die Spannung zwischen der politischen Entwicklung und der Biographie einzelner ist charakteristisch auch für die dramatischen Werke von Gerlind Reinshagen; sie zeigen, wie sich die historischen Ereignisse im Bewußtsein der Menschen niederschlagen. In den drei Schauspielen *Sonntagskinder*, *Das Frühlingsfest* und *Tanz, Marie!*, die die Autorin als Teile einer »Deutschen Trilogie« versteht, werden die Nazizeit und die Periode des Wiederaufbaus aus der Sicht von Kindern dargestellt, deren ungelebte Möglichkeiten in ihren Träumen aufscheinen.

Die Autorinnen der nächsten Generation schrieben bereits aus dem Bewußtsein der Frauenbewegung heraus: Friederike Roth erkundete in ihren Stücken (*Ritt auf die Wartburg*, *Krötenbrunnen*, *Die einzige Geschichte*, *Das Ganze ein Stück*) die Trennlinie zwischen den Geschlechtern. Sie strebte danach, »eine Zwischenform von äußerer und innerer Realität« darzustellen. In ihren Dramen durchdringen sich Wirklichkeit und Imagination; Alltagsdialoge wechseln mit lyrischen Passagen. Ein Kritiker hat das Verfahren treffend als »halsbrecherische Gratwanderung zwischen Kalkül und Trunkenheit« bezeichnet.

Mit größerer Schärfe hat Elfriede Jelinek feministische Positionen vertreten. In ihren Stücken *Was geschah, nachdem Nora ihren Mann verlassen hatte*, *Krankheit oder Moderne Frauen* und *Clara S.* erscheinen die Frauen als Objekte in einer von Männern dominierten Gesellschaft. Erzogen zur Passivität, ausgestattet mit einem gewissen Masochismus, gehen sie als Verliererinnen aus dem Kampf der Geschlechter hervor.

Mit ganz realistischen Mitteln suchte der Schauspieler und Regisseur Klaus Pohl in seinen Stücken *Das Alte Land*, *La Balkona Bar*, *Hunsrück*, *Heißes Geld* die bundesrepublikanische Situation in den Jahren vor der Wiedervereinigung zu beschreiben.

Randfiguren der Gesellschaft stehen im Mittelpunkt der Stücke von Harald Mueller, die in der ersten Hälfte der siebziger Jahre entstanden sind: *Großer Wolf*, *Halbdeutsch*, *Strandgut*. Ein großer, allerdings nur kurz andauernder Erfolg war seinem als Reaktion auf die Atomkatastrophe von Tschernobyl geschriebenen Endzeit-Drama *Das Totenfloß* beschieden, das unter den wenigen Überlebenden einer unbewohnbar gewordenen Welt spielt.

Stilelemente des Volksstücks verwendete Herbert Achternbusch in seinen grotesk-komischen Porträts bayerischer Menschen in ihrem Kampf gegen eine von staatlichen und kirchlichen Zwängen bestimmte Umwelt: *Ella*, *Susn*, *Gust*, *Der Frosch*, *Mein Herbert*; der stilisierten Mundart kommt dabei eine verfremdende Funktion zu.

Eines von Wortungetümen erfüllten, expressionistisch aufgesteilten Kunst-Dialekts bediente sich der früh verstorbene Österreicher Werner Schwab in seinen obszön und fäkalisch geprägten Redestücken wie *Pornogeographie*, *Troiluswahn und Cressidatheater*, *Die Präsidentinnen*, *Endlich tot endlich keine Luft mehr*.

Als einer der wenigen ist Peter Turrini nach Anfängen im Bereich des Kritischen Volksstückes (*Rattenjagd*, *Sauschlachten*) seiner im engeren Sinne politischen Ausrichtung treu geblieben. Seinen Zorn und seine Empörung hat er immer wieder in scharf gezeichneten Bildern und zugespitzten Vorgängen zum Ausdruck gebracht; einigermaßen erfolgreich war er mit *Der Minderleister*, *Tod und Teufel* und *Maria und Josef*.

Herausragende Beiträge zur Dramatik des westlichen deutschsprachigen Raums schufen in dieser Epoche Peter Handke, Botho Strauß, Thomas Bernhard und George Tabori. Wenngleich verschiedenen Generationen angehörend, haben alle ihre Arbeit für das Theater in den Jahren um 1970 begonnen. Der 1939 in Kärnten geborene Peter Handke feierte seinen ersten Bühnenerfolg mit der von Claus Peymann 1966 am Theater am Turm in Frankfurt am Main uraufgeführten *Publikumsbeschimpfung*. Der provokante Gestus machte das Stück und seinen Autor über Nacht in der Kunstszene berühmt. Seine Absicht, »auf dem Theater zu protestieren«, realisierte sich voll und ganz; die Verneinung der gültigen theatralen Konventionen durch die provokante Direktanrede des Publikums rief einen Skandal hervor. Die *Publikumsbeschimpfung* war nicht nur eine Attacke gegen die herrschende Erscheinungsform von Theater, sondern auch gegen die Sprache, in der über Theater geredet wird. Die Konfrontation mit einer Aneinanderreihung von Gemeinplätzen sollte das Publikum hellhörig machen und immun gegen Sprachschablonen. Welchen Anpassungszwängen der Mensch beim Erlernen der Sprache ausgesetzt ist, demonstrierte Handke 1968 in seinem Drama *Kaspar*, dem die Geschichte von Kaspar Hauser zugrunde liegt, des Findlings, der seine ersten sechzehn Lebensjahre in Isolation verbracht hat und dann erst mühsam sprechen lernte. Kaspars Sprechunterricht bei den als »Einflüsterern« bezeichneten Gestalten, die ihm immer neues Sprachmaterial soufflieren, wird als Dressurakt dargestellt, als Einübung in die Tyrannei der Sprache.

Auf die beiden Sprechstücke folgte im dramatischen Schaffen von Peter Handke zunächst ein »Schweigestück« mit dem Titel *Das Mündel will Vormund sein*. In Zeitlupe wird hier eine Herr-Knecht-Beziehung vorgeführt, bei der von Zeit zu Zeit die Rollen gewechselt werden, das Unterwerfungsprinzip aber erhalten bleibt.

In dem Drama *Ritt über den Bodensee* dient Handke die Sage vom Reiter, der das zugefrorene Gewässer überquert hat und nach überstandener Gefahr, auf sie aufmerksam gemacht, vor Schrecken stirbt, als Metapher für die menschliche Kommunikation: Unter der Eisdecke der Zivilisation, die das Alltagsverhalten trägt, lauert der Schock des Erkennens. Diese Kernaussage wird in jener Szene zwischen drei Figuren deutlich, welche die Namen von berühmten Filmstars der Vergangenheit tragen: Henny Porten schreitet eine Treppe herab; Heinrich George und Emil Jannings zählen bis sieben; die Treppe hat aber noch eine achte

Stufe, und Porten, die auf ebener Erde weitergehen will, fällt hin. In solchen Sequenzen fließen die Themen von *Kaspar* und *Das Mündel will Vormund sein* zusammen: Schauspieler werden – stellvertretend für jedermann – zu Gefangenen eines Sprach- und Gebärdenkanons gemacht, der schon vor ihnen da war.

Konkreter faßte Handke den Konflikt zwischen den Ansprüchen der Gesellschaft und dem Wunsch des Individuums nach Selbstverwirklichung in seinem Stück *Die Unvernünftigen sterben aus*. Die Hauptfigur, ein erfolgreicher Unternehmer, bemüht sich vergeblich, aus den gesellschaftlichen Zwängen auszubrechen; statt einer neuen Identität wartet immer wieder die alte Rolle auf ihn. Ein »unvernünftiges« Leben außerhalb der Rolle ist in dieser Welt nicht zu realisieren; so rennt sich der tragikomische Held am Ende an einem Felsbrocken den Schädel ein.

Nach einer mehrjährigen Pause schrieb Peter Handke erst 1981 wieder ein Stück, das »dramatische Gedicht« *Über die Dörfer*. Gegen die Endzeitstimmung dieser Jahre setzte er die emphatische Beschwörung positiver Werte, die er vortragen läßt von einer als »Nova« (die Neue) bezeichneten Figur: »Der Himmel ist groß. Das Dorf ist groß. Der ewige Friede ist möglich. (...) Seid himmelwärts. Seht den Pulstanz der Sonne und traut eurem kochenden Herzen. Laßt die Farben erblühen. (...) Geht ewig entgegen. Geht über die Dörfer.« Die Kritik hat diesem Werk eine »schlechte Transzendenz« bescheinigt, und das Publikum der Uraufführung stand ihm ratlos gegenüber.

Wiederum vergingen acht Jahre, ehe Handke mit dem *Spiel vom Fragen* seinen nächsten Theatertext vorlegte. Er geht hier gleichsam zurück zum Nullpunkt und tut so, als könne man »mit leerem Kopf und leerem Raum« das Medium noch einmal erfinden und das herrschende Theater der verfestigten Behauptungen durch eines der offenen Fragen ersetzen.

Zwanzig Jahre nach seinem ersten »Schweigestück« versuchte sich Handke erneut in dieser Gattung. In dem Szenarium *Die Stunde da wir nichts voneinander wußten* läßt er über hundert Figuren aus verschiedenen Kulturen und Sozialschichten auftreten, die in ganz unterschiedlicher Weise einen Platz überqueren und den Zuschauer dazu anregen, das kurz aufleuchtende Bild von sich aus weiter auszumalen. Die realistischen Figurenentwürfe überhöht der Autor durch »etwas Traumspielhaftes«, wie er es selbst ausgedrückt hat, durch »ein paar alte Mythen, die wir noch immer in uns haben, aber nicht mehr darstellen können«.

Am deutlichsten und zugleich am subtilsten offenbaren sich die Haltungen und Befindlichkeiten der westdeutschen Intellektuellen vor der Wiedervereinigung im dramatischen Werk von Botho Strauß. Der 1944 geborene Autor war nach dem Studium der Germanistik, Theaterwissenschaft und Soziologie kurze Zeit als Kritiker und dann als Produktionsdramaturg an der Berliner Schaubühne am Halleschen Ufer tätig. In diesem Umfeld machte er nicht nur den für seine Generation typischen Politisierungsprozeß durch, sondern in der Folge auch die Desillusionierung, die Auflösung kollektiver Identität und den Rückzug auf das Individuelle und Subjektive. In seinen Bearbeitungen von Ibsens *Peer Gynt*, Kleists *Traum vom Prinzen von Homburg*, Labiches *Das Sparschwein* und Gorkis *Sommergästen* spiegelte sich jene Dialektik von Aufbruch und Scheitern wider, die für die Arbeit der Schaubühne in der ersten Hälfte der siebziger Jahre charakteristisch war. An diesem Theater kam auch das erste Stück von Botho Strauß, *Die Hypochonder*, zur Uraufführung. Aus Elementen des Liebesdramas, des Kriminalstückes und der Salonkomödie hat der Autor ein im bürgerlichen Milieu um 1900 angesiedeltes Geschehen von hoher Künstlichkeit gestaltet, dessen Figuren durch nervöse Selbstbeobachtung, Überempfindlichkeit, Ohnmachtsgefühle, wahnhafte Obsessionen gekennzeichnet sind.

Botho Strauß' nächstes Drama, *Bekannte Gesichter, gemischte Gefühle*, spielt in der Bundesrepublik in »diesen Jahren«. In einem schäbigen, heruntergewirtschafteten Hotel lebt seit langem eine Gruppe von Freunden: das Besitzerehepaar, Angestellte, Dauergäste; ihre Gemeinschaft wird zusammengehalten durch alte Abhängigkeiten, Gewöhnungen und leere Hoffnungen. Die Ankündigung des Verkaufs ihrer Herberge bricht die erstarrte Situation auf; für kurze Zeit stellt sich eine unwirkliche, traumhafte Harmonie her, die aber durch den Suizid des Hotelbesitzers ein plötzliches Ende findet. Sein Tod in der Kühltruhe kann als Metapher verstanden werden für den Zustand der westdeutschen Gesellschaft in den siebziger Jahren. Während es in diesem Drama eine geheimnisvolle Doppelgängerin und andere überreale Motive gibt, verzichtete Strauß in der *Trilogie des Wiedersehens* auf jede formale Überhöhung. Auf diese Weise entstand Raum für differenzierte und sensible Porträts von Zeitgenossen aus dem kulturellen und sozialen Milieu des Autors. Das Publikum der Uraufführung an der Schaubühne am Halleschen Ufer konnte sich in den Bühnenfiguren, den Besuchern einer Vernissage, gleichsam selbst betrachten. Die Inszenierung von Peter Stein arbeitete besonders die Vereinzelung des Gegenwartsmenschen, die Unfähigkeit zu authentischer Kommunikation, die Vergeblichkeit der Wünsche und Sehnsüchte heraus.

Die im Vergleich zu den hypersensiblen Kunstfreunden wesentlich gröber strukturierte Heldin von Strauß' Schauspiel *Groß und Klein* stellt die Verkörperung eines Menschen dar, der sich in seiner Einsamkeit verliert. Die Ansprüche und Angebote der Mittdreißigerin an ihren früheren Mann, an ihre Bekannten und die Familie laufen ins Leere; ihr Weg durch die westdeutsche Gesellschaft ist eine Reise ins Nichts; dadurch wird sie immer ärmer, schwächer, haltloser: Das Stationendrama kulminiert in einer symbolistisch überhöhten Szene mit dem bezeichnenden Titel »Falsch verbunden«. Als letzte Stufe des Selbstverlustes erscheint hier der Verlust des Glaubens; die schonungslose Analyse der Innenwelten mündet in die Sinnfrage.

Die metaphysische Perspektive ist auch dem Schauspiel *Kalldewey, Farce* von Botho Strauß inhärent, das als eine Art Satyrspiel auf die Tragödie *Groß und Klein* folgte. Ein Mann und eine Frau, beide Musiker in einem Orchester, trennen sich; ein zweites Paar, voll und ganz im Trend der Zeit liegende Lesben, gerät in Situationen, in denen ihre Beziehung hart geprüft wird. Am Schluß des ersten Teils reißen die Frauen den Mann in Stücke – ein Hinweis auf die antike Mythologie, auf den von den Mänaden zerrissenen thebanischen König Pentheus. Im zweiten Teil erscheint Kalldewey, den alle als ihren Führer anerkennen und dem zwei der Frauen folgen wie dem Rattenfänger, obwohl er nichts zu bieten hat als obszönes Gerede. Nach einer Parodie auf psychische Techniken der Ich-Analyse und der Selbsterfahrung folgt ein Zwischenspiel, in dem sich das Paar zum Anfang seiner Geschichte mühsam zurückbuchstabiert. Das Stück endet, wie es begonnen hat, mit der Trennung von Frau und Mann. Seine letzten Worte sind ein typischer Ausdruck der Befindlichkeit der westdeutschen Intelligenz in den achtziger Jahren:

»Was ich dir noch sagen wollte, nicht wahr ...
Ich bin jetzt sehr zufrieden, tätärätätä
Wir haben alles in Sinnproduktion gesteckt, tätärätätä. Es hat sich gelohnt.
Wir haben einen neuen Harmonierekord zu verzeichnen, tätärätätä
Mehr Sein, weniger Schein, tätärätätä
Alle Restinstinkte runderneuert; tätärätätä
(...)
Ich bin zufrieden. Tätärätätä.«

So wie in *Kalldewey, Farce* hat Botho Strauß auch in seinem Schauspiel *Der Park* den Versuch unternommen, individuelle Konflikte als Resultat einer psychosozialen Krisensituation darzustellen, wobei er dem Spielgeschehen Motive aus Shakespeares *Sommernachtstraum* unterlegte. In dem Drama *Die Fremdenführerin* steht ein Liebeskonflikt im Mittelpunkt; der Kampf zwischen einem alternden Intellektuellen und einer jungen Studentin, die in Griechenland aufeinandertreffen, ist eine aktuelle Version des Mythos von Pan und den Nymphen.

In den drei kurz vor der deutschen Wiedervereinigung entstandenen Szenenfolgen *Die Zeit und das Zimmer*, *Sieben Türen* und *Besu-*

cher schildert Botho Strauß, ohne jeden Anspruch auf Vermittlung einer »Botschaft«, die Begegnung zwischen Menschen der Gegenwart, die ihre Außenwelt aus einer subjektiv verengten Perspektive nur bruchstückhaft wahrnehmen.

Auch Thomas Bernhard zeigte in seinen Werken den reduzierten und deformierten Menschen. Allerdings sah er die Ursachen des Tatbestandes nicht in bestimmten sozialen und kulturellen Bedingungen, sondern im Wesen der menschlichen Existenz. Bernhard wurde 1931 als uneheliches Kind österreichischer Eltern in Holland geboren, wuchs bei seinem als Heimatdichter hervorgetretenen Großvater in der Nähe von Salzburg auf, erkrankte früh an Tuberkulose und starb im Jahre 1989 auf seinem Bauernhof im Salzkammergut.

Als Prosaschriftsteller schon bekannt und gerühmt, feierte er 1970 sein Debüt als Dramatiker. Von diesem Zeitpunkt an legte er in rascher Folge achtzehn abendfüllende Werke vor, die fast alle von Claus Peymann, zuerst in Stuttgart und Bochum, dann am Wiener Burgtheater, zur Uraufführung gebracht wurden. Bernhards Personal besteht in erster Linie aus geistig und seelisch, manchmal auch körperlich kranken Gestalten inmitten von Endsituationen. Unter debilen Krüppeln spielt sein Erstlingswerk *Ein Fest für Boris*. Erblindet und todkrank ist der General in dem Stück *Die Jagdgesellschaft*; Verfall herrscht auch in der Natur: Die Wälder des Generals sind von Schädlingen befallen. Im Drama *Der Präsident* scheint das politische Ordnungsgefüge zu zerbrechen; Anarchie bedroht die Staatsgewalt. Als Fluchtpunkt bleibt die Kunst; dort aber ist das Streben nach Perfektion verbunden mit tödlicher Krankheit, wie bei der Sopranistin in *Der Ignorant und der Wahnsinnige*, oder mit dem Scheitern trotz intensivsten, bis zur Besessenheit reichenden Bemühens. »Ich liebe das Cello nicht, aber es muß gespielt werden«, sagt der Zirkusdirektor in *Die Macht der Gewohnheit*, der seine Artisten dazu bringen will, Schuberts »Forellenquintett« zu spielen, was aber aus den verschiedensten Gründen nie gelingt.

Eine solche inhaltliche Ausrichtung läßt selbstverständlich keine lineare Handlungsführung zu. Die stete Wiederholung austauschbarer Redewendungen ist für Bernhards Sprachstil ebenso charakteristisch wie das Monologisieren der Figuren. In seinen Stücken erzählt er mit musikalischer Redseligkeit immer wieder die Geschichte von unserer Welt als der denkbar schlechtesten aller Welten. Sein Genuß an der sprachlichen Formulierung zeigt sich in den langen Satzketten, die nicht rational und logisch, sondern assoziativ und aphoristisch aufgebaut sind. Es handelt sich fast ausschließlich um männliche Figuren, die diese Sprachwucherungen hervorbringen; die Frauen dagegen bleiben bei Bernhard, von wenigen Ausnahmen abgesehen, nahezu stumm.

Daß sich Thomas Bernhard im Laufe der Zeit immer mehr der Komödie zugewandt hat, liegt in der Konsequenz seiner Weltanschauung. Wo das persönliche Schicksal als unaufhebbar erscheint, ist Tragik letztlich ausgeschlossen. Am Ende der Aufklärung läßt sich das »Große Welttheater« nurmehr als Komödie darstellen. In dem Stück *Immanuel Kant* fährt ein seltsamer Philosoph mit dem Schiff nach Amerika; der Import der »Kritischen Vernunft« soll ihm die Heilung eines Augenleidens ermöglichen. Während der Überfahrt macht er einen Papagei zum Bewahrer seiner Lehre.

Der Titelheld in der Komödie *Der Weltverbesserer* schließlich ist die Karikatur eines greisenhaften Gelehrten; sein Traktat über die Verbesserung der Welt ist ein Traktat über die Abschaffung der Welt.

Die Gestaltungskraft von Thomas Bernhard schien sich in der ständigen Wiederholung der immer gleichen Motive zu erschöpfen; da überraschte er 1979 mit einem unmittelbar politisch motivierten Drama. Mit dem gewohnt hohen Kunstanspruch reagierte er auf die Auseinandersetzung um die Vergangenheit des badenwürttembergischen Ministerpräsidenten Hans Filbinger als Militärrichter bei den Nazis. *Vor dem Ruhestand* trägt den treffenden Untertitel *Eine Komödie von deutscher Seele*. Ein westdeutscher Gerichtspräsident feiert alljährlich den Geburtstag des SS-Führers Heinrich Himmler zusammen mit seinen Schwestern. Die ältere bewegt sich ganz auf der Linie des Bruders, die jüngere, die infolge eines Bombenangriffs während des Krieges an den Rollstuhl gefesselt ist, spielt im KZ-Drillich die Opferrolle.

In Thomas Bernhards ersten Stücken der achtziger Jahre, *Über allen Gipfeln ist Ruh'* und *Am Ziel*, stehen Schriftsteller im Mittelpunkt; der eine ist ein Dichterfürst, der sich vor seiner demütigen Gattin, einer betulichen Doktorandin, einem Feuilletonredakteur und seinem geschäftstüchtigen Verleger aufbläst, der andere ein melancholischer Anarchist, der sich erfolglos um einen Skandal bemüht.

Nach diesen beiden Satiren auf den Kulturbetrieb, denen schon eine über die Salzburger Festspielgrößen mit dem Titel *Die Berühmten* vorangegangen war, brachte Bernhard in *Der Schein trügt* zwei ältere Brüder auf die Bühne, einer ehemals Artist, der andere Schauspieler. Beide hassen ihre rituellen wöchentlichen Zusammenkünfte und leben doch nur darauf hin; beide reden wie um ihr Leben, aber ein Dialog kommt nicht zustande.

Den alten Komödianten verkörperte Bernhard Minetti. Für ihn schrieb der Dichter zum 80. Geburtstag ein fast monologisches Stück, das den Namen des Mimen als Titel trägt und um das Phänomen der Schauspielerei kreist. Auch beim Entwurf seiner Komödie *Der Theatermacher* dachte Thomas Bernhard an Minetti als Hauptdarsteller, doch spielte in der Uraufführung bei den Salzburger Festspielen Traugott Buhre die Rolle des kolossalen Theaterschwätzers, der sich für einen genialen Dramatiker und den größten Schauspieler aller Zeiten hält. Der Text setzt sich zusammen aus wortmächtigen Schimpf-Tiraden über die Frauen und die Schauspieler, über die Ärzte und selbstverständlich über Österreich. (»Dieses Land ist das Papier nicht wert, auf dem seine Prospekte gedruckt werden.«) Auch in dem als »Keine Komödie« bezeichneten Schauspiel *Elisabeth II.* räsoniert die Zentralgestalt, ein österreichischer Großbürger, über sein Heimatland, über die Politik, über das Burgtheater. Zusammen mit seinen Zuhörern, die sich auf dem Balkon drängen, um die englische Königin zu sehen, stürzt er schließlich ab.

Heldenplatz, benannt nach dem Ort, an dem Zehntausende Wiener 1938 Adolf Hitler nach seinem Einmarsch begeistert zujubelten, ist eine Abrechnung mit autoritärer Gesinnung und Antisemitismus, mit Borniertheit und Heuchelei, mit Selbstgerechtigkeit und Überheblichkeit in der österreichischen Bevölkerung. Den Professor Schuster, einem nach Wien zurückgekehrten Emigranten, der sich aus dem Fenster stürzt statt angesichts des Neonazismus ein zweites Mal ins Ausland zu gehen, legt der Autor die Worte in den Mund:»Das alles ist ganz schrecklich um mich herum, aber leben möchte ich doch nirgends anders als eben hier.«

George Tabori, der als Stückeschreiber und Regisseur das Theater der siebziger und achtziger Jahre wesentlich mitgeprägt hat, wurde am Vorabend des Ersten Weltkriegs in Budapest als Sohn jüdischer Eltern aus dem gebildeten Bürgertum geboren. Sein Vater und viele seiner Verwandten wurden von den Nazis in Auschwitz ermordet; seine Mutter entging nur durch Zufall diesem Schicksal. Als Hitler die Macht übernahm, lebte Tabori in Berlin, wo er gerade eine Ausbildung in der Hotelbranche absolvierte. Im Jahre 1936 emigrierte er nach London, arbeitete für die BBC als Korrespondent in der Türkei und dann als Nachrichtenoffizier für die britische Armee auf dem Balkan und im Nahen Osten. In dieser Zeit entstanden drei nicht sonderlich bedeutende Romane.

Nach Kriegsende übersiedelte er in die USA, lebte vom Drehbuchschreiben (unter anderem für Anatole Litvak, Alfred Hitchcock, Joseph Losey). In Hollywood begegnete er Thomas Mann und Bertolt Brecht; als erster übersetzte er ein Werk des großen deutschen Dramatikers ins Amerikanische.

Taboris erstes Theaterstück, *Flucht nach Ägypten* (Flight into Egypt), erlebte seine Uraufführung am Broadway in einer Inszenierung von Elia Kazan. Im »Actor's Studio«, dem berühmten Weiterbildungsinstitut für Schauspieler, arbeitete er mit dem von Stanislawskis »System« inspirierten Pädagogen Lee Strasberg zusammen. Gemeinsam mit seinem Schwiegersohn Martin Fried brachte Tabori 1968 mit einer Off-Broadway-Truppe sein Stück *Die Kannibalen* heraus, eine »schwarze Messe«, in der die Insassen eines Konzentrationslagers im Hunger-Delirium wegen einer Brotkante einen Zellengenossen ermorden und von den SS-Schergen gezwungen werden, dessen Leiche zu kochen und aufzuessen; bis auf zwei weigern sich alle, lassen sich eher vergasen. Ein Jahr später erhielten die beiden Regisseure den Auftrag, die Inszenierung in der Werkstatt des Berliner Schiller-Theaters zu wiederholen. Nach dem Skandalerfolg entschloß sich der bereits siebenundfünfzigjährige Autor und Regisseur, in Deutschland zu bleiben.

Nach einigen Gastinszenierungen an verschiedenen Häusern erhielt George Tabori Mitte der siebziger Jahre die Chance, am Theater in Bremen ein Experimentierstudio einzurichten. Zusammen mit zehn Schauspielern und einer Bühnenbildnerin suchte er in erster Linie nach einer neuen, nicht-autoritären Form der Zusammenarbeit zwischen allen Beteiligten. Durch Gruppenübungen verschiedenster Art,

George Tabori: Jubiläum.
Schauspielhaus Bochum, 1983.
Inszenierung: George Tabori.
Ausstattung: Kazuko Watanabe

George Tabori und Ensemble:
Sigmunds Freude.
(nach und mit Protokollen von Frederick S. Pearls).
Theater der Freien und Hansestadt Bremen, 1975.
Inszenierung: George Tabori.
Ausstattung: Marietta Eggmann

die aus dem Kanon von Lee Strasberg und aus der Psychotherapie stammten, teilweise aber auch selbst entwickelt wurden, entstand ein Klima, das ein offenes und streßfreies Arbeiten möglich machte. Tabori verstand sich eher als Geburtshelfer der Schauspieler bei der Erarbeitung der Rolle denn als Regisseur im üblichen Sinne. Wie beim Jazz spielten Improvisation und Zufall eine große Rolle in seiner Arbeit. Er ließ den Schauspielern ein großes Maß an Freiheit, forderte aber ihren totalen Einsatz. Sein Orientierungspunkt ist das Leben selbst – die Schauspieler in Menschen zu verwandeln, nicht die Menschen in Schauspieler, nannte er als Ziel seiner Arbeit. »Die beste Schauspielkunst, die ich in den letzten zehn Jahren gesehen habe«, so der Theatermacher in einem Gespräch, »war nicht an der Schaubühne, nicht bei Grotowski oder Peter Brook, sondern in drei Fernsehdokumentarsendungen: über ein Krankenhaus für Sterbende in London, über eine Klapsmühle, über Strichjungen in Hamburg«.

Mit diesem Anspruch entwickelten Tabori und seine Schauspieler im Bremer Theaterlaboratorium eine Reihe von Produktionen, die sich wesentlich von denen des »Regietheaters« unterschieden, das in dieser Zeit gerade seinen Kulminationspunkt erreichte. *Sigmunds Freude* basierte auf Protokollen aus der Praxis von Frederick S. Pearls, dem Begründer der Gestalttherapie, einer Methode, die auf dem leibhaftigen Ausleben der psychischen Konflikte beruht.

Die *Talk Show* genannte Arbeit kreiste um die von Tabori immer wieder anvisierten Grundthemen von Liebe und Tod; das ganze Geschehen spielte sich auf einem großen Matratzenlager ab. Die Probenarbeit für *Hungerkünstler* (nach der Erzählung von Franz Kafka) führte zu einem Skandal, weil sich die Schauspieler entschlossen hatten, zweiundvierzig Tage (unter ärztlicher Aufsicht) zu hungern, um die realen Erfahrungen dessen zu machen, was sie darstellen sollten. Der Bremer Kulturdezernent als oberster Dienstherr der Schauspieler versuchte (erfolglos), das Unternehmen zu verhindern.

Die Arbeit des Theaterlabors am *Hamlet* war für Tabori die Auseinandersetzung mit einem Problem, das er so umrissen hat: »Jeder Sohn möchte irgendwann einmal seinen Vater umbringen; wenn aber – wie in meinem Fall – andere das für ihn erledigen (...), was dann?« (George Tabori: Unterammergau. S. 37)

Als die Arbeit in Bremen durch einen Intendantenwechsel abrupt abgebrochen wurde, wechselte George Tabori mit seiner Gruppe an die Münchner Kammerspiele. Zwischen 1978 und 1987 inszenierte er dort mit Schauspielern des regulären Ensembles Variationen zu Shakespeares *Kaufmann von Venedig*, die ein Shylock-Zitat als Titel trugen: *Ich wollte meine Tochter läge tot zu meinen Füßen und hätte die Juwelen in den Ohren*, sowie Becketts *Warten auf Godot* und *Glückliche Tage*, *Die Troerinnen* des Euripides und *Totenfloß* von Harald Mueller. Mit den Akteuren seiner eigenen Truppe erarbeitete Tabori *Untergang der Titanic* (nach einem Gedicht von Hans Magnus Enzensberger), einen Beckett-Abend und eine Version der *Medea* unter dem Titel *M*, in der nicht die Titelfigur, sondern Jason den Mord an seinen Kindern begeht.

Sein eigenes Stück *Jubiläum* inszenierte Tabori 1983 am damals von Claus Peymann geleiteten Bochumer Schauspielhaus. Da tritt ein junger Nationalsozialist auf, der in dummdreister Weise den Massenmord an den Juden leugnet. Auch Arnold, ein Jude, der überlebt hat, wünscht sich manchmal, die »Auschwitz-Lüge« würde zutreffen, dann wäre sein vergaster Vater vielleicht noch am Leben. Am Ende des Stücks erscheint dieser dann tatsächlich – bei der Uraufführung von Tabori selbst gespielt; wortlos reicht er Arnold ein Bündel, in dem sich frisch gebackenes süßes Brot befindet, wie es am Sabbat gegessen wird. Der Sohn teilt es mit den anderen Figuren des Stückes, auch mit dem jungen Nazi. Der ißt davon und sagt: »Schmeckt komisch«; darauf Arnold: »Wir sind halt komische Leute.«

Eine andere Inszenierung Taboris in Bochum galt seinem Schauspiel *Peepshow*, einem selbstironischen Rückblick des Autors auf ein

Leben im Spannungsfeld zwischen Bett und KZ, Geburt und Tod, zwischen dem Satz der Mutter im Wochenbett »Du mußt jetzt raus, Willi!« und Willis Todesanzeige: »Ich freue mich, euch anzuzeigen, daß ich heute nacht starb im Schoß meiner gesegneten Mutter, zurückkehrend, mit einem zärtlichen Krampf, in den intimsten aller Familienkreise.«

In all seinen Stücken, ob es sich nun um *Mein Kampf* handelt, in dem ein junger Kunstmaler namens Hitler mit einem Hausierer zusammentrifft, der den Namen von Theodor Herzl, dem Begründer des Zionismus trägt, ob um *Weisman und Rotgesicht*, in dem ein jüdisch-indianischer Identitätstausch stattfindet, oder um die *Goldberg-Variationen* mit ihrer Präsentation biblischer Szenen als Theaterprobe, immer bewegt sich Tabori auf dem schmalen Grat zwischen dem Erinnern an das in seiner Monstrosität gar nicht nachvollziehbare historische Geschehen und dessen grotesk-komisch verfremdeter Darstellung. In einer Laudatio sagte Wolf Biermann: »George Tabori ist ein altmodisches Kind der Aufklärung, aber er will uns Menschenkinder – zum Glück! – nicht moralinsauer belehren über unser Glück. (...) Tabori erzählt Geschichten, die die ängstlichen Kinder lieber gar nicht hören wollen und von denen sie doch den Hals nicht vollkriegen. Erzähl uns mehr! Erzähl uns das Häßliche, denn du erzählst so schön. Und weil der Erzähler todmüde ist von einer unheilbaren Trauer, und weil er auch betrübt ist von den Grenzen der Aufklärung, scherzt und spielt er und erzählt seine Geschichten so, als wären sie lauter jüdische Witze.« (Wolf Biermann in: Theater heute. Heft 11/1992. S. 23)

Außer der deutschsprachigen Gegenwartsdramatik kam in den siebziger und achtziger Jahren eine Vielzahl von Übersetzungen neuer Stücke aus fremden Sprachen zur Aufführung. Nur wenige aber konnten sich dauerhaft durchsetzen. Am ehesten die gesellschaftskritischen Farcen von Franca Rame und Dario Fo; Sam Shepards spielerische Demontagen des »American Way of Life«; die Probleme des Judentums behandelnden Schauspiele des Israeli Joshua Sobol (wie *Ghetto* und *Die Palästinenserin*) und die Werke von Bernard-Marie Koltès, die sich mit Abgründen und Obsessionen der spätbürgerlichen Gesellschaft beschäftigen.

Eine einigermaßen stabile Position haben sich unter den ausländischen Autoren nur die englischen Realisten mit ihren dramaturgisch meist perfekten, unterhaltenden und nie in die Banalität abgleitenden Gebrauchsdramen erworben; neben dem »Altmeister« Harold Pinter sind die bedeutendsten Dramatiker dieser Richtung Peter Shaffer, Tom Stoppard, David Storey, Allan Ayckbourn.

Friedrich Schiller: Demetrius oder die Bluthochzeit zu Moskau. Württembergische Staatstheater Stuttgart, 1982. Inszenierung: Hansgünther Heyme. Ausstattung: Wolf Münzner

Der Anteil zeitgenössischer Stücke am Repertoire machte insgesamt kaum ein Viertel aus. Die aus der »Achtundsechziger«-Bewegung bezogenen Impulse zur Auseinandersetzung mit dem politischen Geschehen der Gegenwart hatten sich bei den Dramaturgen und Regisseuren relativ schnell erschöpft. Immer stärker zog man sich auf die Klassiker zurück. Botho Strauß hat in seiner Büchner-Preis-Rede von 1989 die Situation einprägsam beschrieben: »Das Sprechtheater zeigt (...) eine starke Tendenz, sich wie die Oper zu verhalten. Es verstärkt die Herrschaft der Interpreten, läßt einen kleinen, nicht sehr glanzvollen Starbetrieb rotieren und befindet im übrigen: Repertoire zu; Bestand geschlossen. Der Kirschgarten als Rosenkavalier.« (Botho Strauß in: Theater heute. Heft 12/1989. S. 37)

Neben die Spitzenreiter Shakespeare, Molière, Lessing, Goethe, Schiller und Kleist traten in größerer Zahl Dramen aus der Zeit der Wende vom 19. zum 20. Jahrhundert. Die Schauspiele von Henrik Ibsen, August Strindberg, Gerhart Hauptmann, Arthur Schnitzler und Anton Tschechow boten den Theatermachern die Möglichkeit zur Auseinandersetzung mit den soziologischen und psychologischen Strukturen jener Klasse, der sie selbst und die Mehrzahl ihrer Zuschauer entstammten.

Das Sprechtheater dieser Epoche erfuhr sei-

William Shakespeare: Troilus und Cressida. Münchner Kammerspiele, 1987. Inszenierung: Dieter Dorn. Ausstattung: Jürgen Rose. Szene mit Sunnyi Melles und Peter Lühr

ne wesentlichen künstlerischen Prägungen durch die drei Schaubühnen-Regisseure Peter Stein, Klaus Michael Grüber und Luc Bondy sowie durch ein halbes Dutzend weiterer Regisseure, die fast alle auch ihre eigenen Direktoren gewesen sind.

Hansgünther Heyme leistete mit seinen ganz auf die Gegenwart bezogenen Inszenierungen antiker Tragödien, barocker Trauerspiele von Casper Lohenstein und Andreas

Anton Tschechow: Onkel Wanja. Städtische Bühnen Köln, 1982. Inszenierung: Jürgen Flimm. Bühnenbild: Erich Wonder. Kostüme: Nina Ritter

Gryphius sowie der Geschichtsdramen von Friedrich Schiller einen wichtigen Beitrag.

Von Hans Neuenfels fanden vor allem die tiefenpsychologisch fundierten Interpretationen der *Medea* des Euripides, von Goethes *Iphigenie auf Tauris*, der *Penthesilea* von Kleist und der *Frösche* des Aristophanes Beifall.

Robert Ciulli schuf mit dem Dramaturgen Helmut Schäfer in Gestalt des Mülheimer »Theaters an der Ruhr« das Modell eines von den üblichen institutionellen Zwängen relativ freien Betriebs und zudem eine lange Reihe ebenso gescheiter wie ästhetisch faszinierender Produktionen.

Zu den herausragenden Regisseuren der Zeit zählte auch Jürgen Flimm mit seinen am Schauspielhaus Köln und am Hamburger Thalia-Theater – zusammen mit hervorragenden Schauspielern und Ausstattern wie dem Ehepaar Glittenberg und Erich Wonder – geschaffenen Inszenierungen.

Auch die Arbeiten von Dieter Dorn, die ihre Qualität vor allem aus den Bühnenbildern und Kostümen von Jürgen Rose sowie aus den Leistungen des exzellenten Ensembles der Münchner Kammerspiele bezogen haben, müssen in diesem Zusammenhang genannt werden.

Mit im Zentrum des Theaters der siebziger und achtziger Jahre stand Claus Peymann, der als Direktor in Stuttgart und Bochum, später dann am Wiener Burgtheater so bedeutende Schauspielerinnen und Schauspieler wie Kirsten Dene, Lore Brunner, Martin Schwab und Gert Voss um sich scharte. Als Regisseur machte er sich besonders verdient um die neue deutschsprachige Dramatik; er brachte Stücke von Peter Handke, Gerlind Reinshagen, Botho Strauß, Peter Turrini und George Tabori zur Uraufführung. Die Interpretationen der Werke von Thomas Bernhard waren Höhepunkte seines Schaffens. Bei seinen vielgerühmten Klassiker-Inszenierungen arbeitete Peymann mit den bedeutendsten Bühnenbildnern zusammen; mit Achim Freyer realisierte er in Stuttgart Schillers *Räuber*, Kleists *Käthchen von Heilbronn* und beide Teile des *Faust*, mit Karl-Ernst Herrmann in Bochum *Nathan der Weise* und

Heinrich von Kleist: Das Käthchen von Heilbronn. Württembergische Staatstheater Stuttgart, 1975. Regie: Claus Peymann. Ausstattung: Achim Freyer

Thomas Bernhard: Der Weltverbesserer. Schauspielhaus Bochum, 1981. Inszenierung: Claus Peymann. Ausstattung: Karl-Ernst Herrmann. Szene mit Bernhard Minetti

Kleiner Mann, was nun? (nach dem gleichnamigen Roman von Hans Fallada).
Bühnenfassung: Tankred Dorst und Peter Zadek. Schauspielhaus Bochum, 1972.
Bühnenbild: Georges Wakhevitch.
Kostüme: Georges Wakhevitch/Jeanne Renucci

Torquato Tasso. Als einer der wenigen Regisseure aus der Generation von 1968 bewahrte sich Peymann trotz aller Ernüchterungen und Enttäuschungen den Glauben an die politische Funktion von Theater. In einem Interview sagte er: »Wir müssen den Mut haben, das Einmalige am Theater wiederzuerkennen. Die Theater sind der einzige Ort in der Einsamkeit dieser Fernseh-Gesellschaft, wo sich Abend für Abend Hunderte von Menschen zusammenfinden in der Erwartung eines gemeinsamen Erlebnisses. Zum Beispiel die Mächtigen, die Herrschenden, lächerlich zu machen, um uns klarzumachen, daß auch sie nur alberne Menschen sind, und um sie gemeinsam auszulachen und darüber unsere Angst vor ihnen zu verlieren und eine gemeinsame Kraft (...) zu gewinnen, das Theater zurückzuführen auf diese Urpositionen der Überwindung von Angst, der gemeinsamen Lust am Entdecken und Aufdecken, in diese Lüste zurückzukehren, über das Erlebnis des Spielens – dann hätte das Theater wieder seine Einmaligkeit, seine Energie.« (Zitiert nach Wend Kässens/Jörg W. Gronius: Theatermacher. S. 131)

Auch Peter Zadek hat mit seinen Arbeiten an dem von ihm geleiteten Schauspiel Bochum und am Deutschen Schauspielhaus in Hamburg sowie mit vielen Gastinszenierungen an fast allen bedeutenden Bühnen des westlichen deutschsprachigen Raums, bei denen meist seine wichtigsten Schauspieler (Ulrich Wildgruber, Eva Mattes, Hannelore Hoger, Hermann Lause) beteiligt waren, das westdeutsche Theater der beiden vergangenen Jahrzehnte wesentlich geprägt. Seine Vorliebe für das Entertainment und für das Triviale wurde vor allem in den Shakespeare-Inszenierungen (*König Lear*, *Othello*, *Hamlet*) deutlich. Charakteristisch war die Reduktion komplexer Sachverhalte auf plakative Kürzel, die meist dem Bereich von »Sex and Crime« entlehnt waren. Ein Kritiker hat diese Komponente von Zadeks Theaterarbeit als einen »in die Schmiere hochgetriebenen Manierismus« bezeichnet. Durch Besetzungen »gegen den Strich«, gestische Zitate aus dem Alltag und anachronistische Kostüme vermittelte der Regisseur zeitnahe Einsichten in die historischen Dramen. Mit seiner Devise »Lieber ein Theater, das lebendig ist bis zur Bewußtlosigkeit, als eines, das bewußt ist bis zur Leblosigkeit« provozierte er manchen Skandal.

Ganz anders ging Zadek mit den Stücken der bürgerlichen Epoche um. Seine Inszenierungen von Anton Tschechows *Die Möwe* und Henrik Ibsens *Baumeister Solness* waren geduldige und leise Erkundungen soziologischer und psychologischer Zustände. Publikumserfolge erzielte der Regisseur mit der Theatralisierung populärer Romane wie Heinrich Manns *Professor Unrat* oder Hans Falladas *Kleiner Mann, was nun?* und *Jeder stirbt für sich allein*. Sein künstlerisches Credo hat Peter Zadek im Zusammenhang mit der letzten seiner drei szenischen Auseinandersetzungen mit Shakespeares *Kaufmann von Venedig* formuliert: »Ich glaube, jede Inszenierung, die ich mache, hat immer wieder Gedanken, Emotionen, Phantasien, Projektionen konzentriert, so daß man sie von außen ansehen kann. (...) Ich bin nicht idealistisch und meine, daß Kunst das Leben verändert, aber ich glaube schon, daß es eine Wirkung hat – eine Langzeitwirkung. (...) Ich glaube nicht, daß man Leute überzeugen kann, aber man kann Sachen zeigen, und wenn man sie glaubhaft zeigt – nicht realistisch, sondern glaubhaft –, dann bewirken sie etwas.« (Zitiert nach Mechthild Lange: Peter Zadek. S. 54 ff.)

Bei dieser Übersicht fällt auf, daß die Regie als die zentrale künstlerische Position der Theaterarbeit in den siebziger und achtziger Jahren fast ausschließlich von Männern besetzt war. In einem dem Schauspiel benachbarten Bereich war das allerdings anders: Die Entwicklung des sogenannten Neuen deutschen Tanztheaters ist im wesentlichen eine Leistung von Frauen gewesen. Sie haben dieser Theaterform zu künstlerischem Rang und relativ weiter Verbreitung, nicht nur im Stadttheater, sondern auch in Freien Gruppen, verholfen.

Anknüpfend an verschüttet geglaubte Traditionen des deutschen Ausdruckstanzes und des amerikanischen Modern Dance entwickelten Tänzerinnen und Choreographinnen, allen voran Susanne Linke, Reinhild Hoffmann und Pina Bausch, das neue Genre als ein theatrales Gesamtwerk, in dem außer der Bewegung als dem dominierenden Element auch der Musik und der Sprache, der Raumgestaltung und dem

William Shakespeare:
Othello.
Deutsches Schauspielhaus Hamburg, 1976.
Regie: Peter Zadek.
Ausstattung: Peter Pabst.
Ulrich Wildgruber in der Titelrolle

Kostüm eine wesentliche Bedeutung zukommen. Neben dem Streben nach Vermittlung konkreter sinnlicher Erfahrungen, welche die normierte Wahrnehmungsweise irritieren und verändern sollen, ist die Konzentration auf das subjektiv gesehene und dargestellte Detail das Hauptcharakteristikum dieser Gattung. In seinem Verzicht auf objektive, allgemeingültige »Konzepte« und eindeutige »Aussagen« war das Neue deutsche Tanztheater eine Reaktion auf das Diskussionstheater aus dem Geist der Studentenbewegung.

An die Stelle der einseitig rationalen, wortsprachlich ausgerichteten Erscheinungsformen setzten die jungen Choreographinnen ihren existentiellen Ausdruck von Ängsten und Zwängen, Wünschen und Sehnsüchten. Wie ihre Vorläuferinnen im Freien Tanz der Jahrhundertwende (Loïe Fuller, Isadora Duncan, Ruth St. Denis) und im Ausdruckstanz (Rudolf von Laban, Mary Wigman, Kurt Jooss) fragten sie weniger danach, »wie sich die Menschen bewegen« als danach, »was sie bewegt«. Allerdings richtete das Tanztheater seine Aufmerksamkeit nicht nur auf das Innenleben des einzelnen, sondern auch auf die Verflechtungen und Widersprüche zwischen der »eigentlichen« und der im Zivilisationsprozeß geprägten »zweiten Natur« des Menschen. Es zeigte die Normen auf, die ein bestimmter Geschichtsverlauf in unseren Körper eingeschrieben hat, und entkam dadurch der mystischen Fahndung nach der überhistorisch gültigen »authentischen Geste«, wie sie etwa Mary Wigman betrieben hatte. Was aber die Künstlerinnen und Künstler des Neuen deutschen Tanztheaters von ihren Vorläufern übernehmen konnten, war die Grundhaltung zu ihrem Metier. »Genauigkeit« und »Ehrlichkeit« nannte Pina Bausch, als sie gefragt wurde, was sie von Kurt Jooss an der Folkwangschule in Essen gelernt habe, an der sie (ebenso wie Susanne Linke und Reinhild Hoffmann) ihr Studium absolviert hatte.

Eine andere Reaktion auf die Dominanz des Worttheaters in den Jahren nach 1970 war die Tendenz zu einer »neuen Bildlichkeit«. Die Funktion der Bühnenbildner und Kostümgestalter gewann an Bedeutung. Das läßt sich auch an der Tatsache ablesen, daß eine Reihe von ihnen zur Regie überwechselte: Wilfried Minks, Barbara Bilabel, Axel Manthey, Achim Freyer, Karl-Ernst Herrmann. Nicht wenige traten neben ihrer Arbeit am Theater als Maler oder Objektkünstler in Erscheinung, schufen Rauminstallationen, Environments und »Inszenierte Räume«. Ihre Aufgabe sahen die Bildner jetzt nicht mehr darin, einen vom Stück vorgegebenen Rahmen möglichst genau zu rekonstruieren oder das Bühnengeschehen geschmackvoll zu dekorieren, sondern in der Kreation komplexer Bildwelten, als integraler Bestandteil der Gesamtkonzeption, die Gedanken und die psychischen Befindlichkeiten der Figuren anschaulich zu machen. Typisch für

Pina Bausch: Two Cigarettes in the Dark. Wuppertaler Tanztheater, 1985. Leitung: Pina Bausch. Bühne: Peter Pabst. Kostüme: Marion Cito. Szene mit Jan Minarik und Bénédicte Billiet

den visuellen Stil waren in diesen Jahren die Anachronismen im Bühnenbild und vor allem im Kostüm, die allerdings nicht in jedem Fall zur Erhellung des Sinngehalts beitrugen und bei mittelmäßigen Künstlern oft zur »Masche« verkamen.

Ähnlich verhielt es sich mit der zuerst von der Berliner Schaubühne am Halleschen Ufer geübten Praxis, die Theaterhäuser zu verlassen und in leeren Fabrikräumen oder Ausstellungshallen zu spielen, wo das starre Gegenüber von Guckkastenbühne und Zuschauerraum zugunsten inhaltlich bedingter Zuordnungen aufgelöst werden konnte.

Das Ende der Normalität. Einige Entwicklungen des Theaters seit 1990

Von Franz Wille

Eigentlich hatte alles vielversprechend begonnen. Die DDR hatte sich, womit niemand rechnen durfte und was keiner zu hoffen wagte, mit einem theatralischen Mega-Happening verabschiedet. Ausgerechnet der Staat, dessen performative Höchstleistungen sich sonst in 1.-Mai-Paraden erschöpften, die sogar Erich Honecker die gefrorene Langeweile ins Gesicht trieben, hatte mit einer kollektiven Spontanimprovisation alle Bemühungen des Kalten Krieges weit übertroffen. Die Mauer fiel, der wehrlos überraschte Westen kapitulierte umgehend und mußte sich, in nationaler Zwangseinheit überwältigt, auch noch verkniffene Zustimmung abzwingen. Wer sich immer noch nicht richtig mitfreuen wollte, wurde von einer konzentrierten Benzin-Wolke aus garantiert verbrennungsfreien Trabbi-Motoren solange eingenebelt, bis noch die letzte renitente Hirnzelle freiwillig den Geist aufgab.

Auf die bis dato kreativeren Geister wirkte das Geschehen lähmend. Dem tonangebenden West-Theater der Siebziger und Achtziger – von Claus Peymann über Dieter Dorn zu Jürgen Flimm oder Peter Stein – fiel dazu nichts ein. Und im Osten war es wieder einmal Heiner Müller, der als erster die Folgen wirklich verstand. Ein Land war über Nacht verschwunden, vier Jahrzehnte Biographie, Lebenserfahrung, Orientierung und Feindbild auf einen Schlag unbrauchbar geworden: »Auf dem Bildschirm sehe ich meine Landsleute / Mit Händen und Füßen abstimmen gegen die Wahrheit / Die vor vierzig Jahren mein Besitz war / Welches Grab schützt mich vor meiner Jugend«, schrieb er 1989. Keine fünf Jahre später hatte ihn die Krankheit aufgezehrt, der in seinem Stück *Quartett* der letzte Satz galt: »Krebs, mein Geliebter.«

Ausgangspunkte: Müllers *Hamlet*, Zadeks *Iwanow*

Heiner Müllers *Hamlet*-Inszenierung, nach sechsmonatiger Probenzeit im März 1990 vorgestellt, war ein Zeitstück, eine Bilanz und ein Vermächtnis. Ungelöst standen die Fragen im Raum, an denen sich Müller vierzig Jahre in der DDR abgearbeitet hatte, türmten sich die Widersprüche, an denen der sozialistische deutsche Zweitstaat zerbrach. Acht Stunden dauerte die Inszenierung, die von ihrer eigenen Last erdrückt wurde, zusammengehalten von Ulrich Mühe. Sein Hamlet, dessen Vatergeist Heiner Müller per Tonkonserve mit Stalin identifizierte, dessen Schwager Jörg Gudzuhn in einen spießigen Machttechniker verwandelte, dessen Mutter Dagmar Manzel in ein deutsches Gertrud-Standbild goß und dessen Geliebte Ophelia Margarita Broich hoffnungslos überfordert an die Rampe gestikulierte, dieser Hamlet wußte, daß er keine Chance hat.

Mühe, im viel zu großen schwarzen Anzug ein schmächtig intellektueller Trauergast, sprach mit scharfem, drängendklarem Ausdruck, persönliche Gefühle ausblendend. »Sein oder nicht sein«, brüllte er verzweifelt ins Publikum: kein melancholischer Grübler, sondern ein überscharfes Bewußtsein, sich jederzeit im Klaren, daß der Mantel auf seinen Schultern zu groß ist, daß Überforderung und Scheitern feststehen. Er arbeitete am Zerfall eines verdient untergehenden Staats, der seine Familie ist und der ihn noch im Untergang mitreißen wird. Für Empfindungen, gar Liebe, war kein Raum. Später, zur *Hamletmaschine*, erschien er mit Bowler wie ein trauriger Stummfilmkomiker, übte Sidesteps.

Während sich Heiner Müller zu Beginn des Jahrzehnts in Berlin in eine Geschichte verstrickte, die er zeitlebens als sinnvolle Kata-

Angela Winkler und Gert Voss in Peter Zadeks Wiener Iwanow-Inszenierung von 1990

strophe empfunden haben muß, inszenierte Peter Zadek in Wien ein weiteres Mal Tschechow. Ebenfalls monatelange Probenzeit, ebenfalls nur die ersten Schauspieler ihrer Hemisphäre, ebenfalls ein inszenatorisches Luxusprojekt, wie es allein das deutschsprachige Stadt- und Staatstheater ermöglichen kann. Der Gutsbesitzer Nikolai Alexejewitsch Iwanow ist verarmt, seine Frau, die er nicht mehr liebt, sterbenskrank und das langweilige Leben zu Hause eine Qual. Außerdem befällt ihn, der langsam in die Jahre kommt, immer mehr jene besondere russische Antriebsschwäche aufgeklärter Intellektueller des 19. Jahrhunderts, deren jugendliche Ideen von Arbeit und Veränderung sich im Lauf ihres Lebens in Wodka-Nebel und Unfähigkeit auflösen. Das einzige, was sie nie verlernen, sind unglückliche Lieben.

Alle um ihn herum sagen, Iwanow sei ein schlechter Mensch, und doch sind sie in Peter Zadeks Inszenierung die mit Abstand zweifelhaften Zeitgenossen, eine Gesellschaft aufregender Nervensägen: Martin Schwab als weltkluger Ausnahmetrinker; Hans Michael Rehberg, der lebenshungrige Menschenfeind; Ignaz Kirchner als liebeskrank moralinsaurer Arzt, dessen größtes Vergnügen darin besteht, die Gefühle anderer Leute zu ruinieren; Annemarie Düringer als ehestiftende Kupplerin, die sich aus Menschenkenntnis in ihren Geldschrank verliebt hat; dazu Anne Bennents streng lockende Braut und Angela Winkler, die Iwanows todkranke Frau mit tiefempfundenem Gefühl ausstattet und doch zeigt, daß ihre fliegenden Hitzen aus Liebe, Verzweiflung und Gefühlserpressung jeden Mann aus dem Haus treiben müssen. Im Zentrum Gert Voss, ein Wiener Publikumsliebling und notorischer Sympathiemagnet, dessen Iwanow erfolgreich gegen alles schlechte Gerede anspielt und doch unterliegt: sich seiner selbst hell bewußt und düster befremdet von dem, was um ihn, was mit ihm, was durch ihn geschieht. Sein Tod ist eine Erschöpfung; er fällt leblos vom Stuhl. Mit ihm stirbt ein zweiter Hamlet, ein weiterer halbintellektueller Überflüssiger, noch ein handlungsgehemmter Lebenszuschauer.

Zadeks *Iwanow* war das westliche Gegen-

Werner Schwab, der in der Silvesternacht 1994 starb

modell und Doppelbild zu Müllers Shakespeare-Inszenierung: Nur an den Gefühlswelten seiner Figuren interessiert und dennoch historisch und sozial nicht weniger aussagekräftig. Zwei Gesellschaftspanoramen und Untergangsskizzen standen am Anfang des Jahrzehnts, zwei großformatige, auftrumpfende Endspiele: mächtig aufgesockelte Scherbenhaufen.

Werner Schwab, die Ironie und die Moral
Die Antwort auf den allseits akklamierten Befund lautete im Westen zum einen: Ironie. Gegeben haben sie neben einigen Theaterleuten vor allem Autoren. Den Anfang machte Werner Schwab, der erste postmoderne Heimatdichter mit einer neuen Sprache. In seinen Stücken schlägt sich das Personal des kritischen Volksstücks mit den bekannten Problemen aus kritischen Volksstücken herum, allerdings nur äußerlich: Bigotte Moral, brutale Väter und soziale Repression waren von Horváth bis zu Fleißer, von Fassbinder zu Kroetz die zentralen Würgeeisen, unter deren Zwang selbst weniger empfindsamen Menschen die Luft ausging. Verhandelt werden dabei meist die ersten und letzten Dinge, es geht zwischen Vögeln und Verrecken um die endlose, chancenlose Quälerei dazwischen. Doch dafür, daß der aussichtslose Befund nicht in Depression umschlägt, es selbst beim Sterben nicht allzu tragisch wird, sorgt ein Sound, der als »Schwabisch« zum vielzitierten Markenartikel avanciert ist.

Sprachliches Ausgangsmaterial sind austriakisch-süddeutsch grundierte Formulierungsprobleme, die Soziologen als Aufsteigersyndrom bezeichnen würden. So ähnlich reden Menschen, die der Hochsprache nicht mächtig sind, es aber trotzdem versuchen. Heraus kommt ein fürchterlicher Verhau an verbogener Grammatik, schwindelerregenden Substantivzusammenballungen und gestelzten Redewendungen, die sich rettungslos ineinander verknäulen, bis die gefesselten Sprachungetüme nach heftigen Zerr- und Hüpfbewegungen regelmäßig auf der Nase landen. Der zerstörerischste Effekt solcher linguistischen Verzweiflungstaten ist allerdings, daß den manisch

Drauflosredenden alles, einschließlich ihrer selbst, irgendwann zur Sache wird, die sie dann nur noch in der dritten Person verhandeln. Vielleicht war der Österreicher Schwab für solche Erfahrungen prädestiniert, denn dort hat sich schon zu Zeiten der k. u. k.-Verwaltungsbeamtenschaft bewährt, daß Menschen wenig, bürokratische Sachverhalte aber alles bedeuten. So trifft sich bei Schwab das Ende des Subjekts mit guten alten Traditionen, grüßen sich Derrida, Foucault und Kaiser Franz Joseph.

Wo Schwab eine neue Sprache fand, kurbelten andere wie Thomas Jonigk oder Wilfried Happel die Komödienmaschinerien an, bis sich spießige Kleinfamilien in alle erdenklichen Einzelteile zerlegten. Thomas Bernhard nicht unähnlich, ging das Stückeschreiben dabei vor allem bei Schwab, nachdem die Form einmal gefunden war, so flott wie's Brezelbacken, und die Dramen mutierten zu seriellen Produkten aus dem Geist von Pop-Mastermind Warhols Campbell-Dose. Gelernt hatten die jungen Autoren alle von Elfriede Jelinek, von ihrer Zerlegungsarbeit an der redend handelnden Bühnenfigur, von ihren abgründig glattpolierten Sprachflächen, auf denen die ethischen Standardwerte schwindelerregende Tänzchen riskierten. Auf der Strecke blieben dabei die Illusion geschlossener Figuren sowie alle Reste dessen, was ältere Dramentheorien »Charakter« nannten. Vor allem aber: jedes Bekenntnis zu Moral.

Die Unterscheidung in gute oder verwerfliche Handlungen, in solche, welche die Verhältnisse bessern und andere, die sie verschlechtern, ist nur dann sinnvoll, wenn tatsächlich Aussicht auf Veränderung besteht. Wenn es also handlungsfähige Subjekte gibt oder Menschen, die sich zumindest der Illusion hingeben, ihr Verhalten könne in die bestehenden Verhältnisse eingreifen. Jede moralische Argumentation wird aber spätestens dann überflüssig oder realitätsfremd, sobald sich die Überzeugung durchsetzt, die Gegebenheiten seien übermächtig, und wenn auch nur aus Trägheit. In Deutschland verfestigte sich dieser Eindruck spätestens in Kohls zweitem Regierungsjahr-

zehnt zur (trügerischen) Gewißheit, an der endlich auch Kohl scheiterte. Als er selbst zu glauben begann, er regiere aus Schicksalsgnadentum, brachen ihm die '98er-Wahlen endlich das politische Genick.

Die aufgeschminkte Heiterkeit der Erben des kritischen Volksstücks und der realistischen Dramatik, die trostlos munteren Spiele von Schwab und Nachfolgern, die Farcen, die aufgestylten Komödien und schrillen Klamotten verweisen deshalb nur oberflächlich auf ein verantwortungsloses Verhöhnen aller Errungenschaften von '68. Dahinter steckt ein verzweifelteres Erschrecken vor einer unverbesserlichen Welt als in jener zwangsläufig restoptimistischen Sozialkritik, die sie beerbt haben. Seine euphorischsten Sätze hat Schwab zuletzt über den Tod geschrieben; sie kommen fast ohne Manierismen aus: »Der Tod ist die Schönheit im Schönen. Im Tod wird auch die Mariedl gutkostbar aufgequollen sein dürfen. Das ist das wirkliche Vorspiel für die weichgekochte Liebe, das Sterben.«

Robert Wilsons Erben: Tanz, Körper und postdramatische Selbstreferenz
Ironie als Technik der Distanzierung von unabwendbaren Verhältnissen, die man trotzdem lieber missen möchte, akzeptiert zum Schein, was sie nicht verhindern kann. Eine andere Möglichkeit der Negation ist radikaler: Schluß mit dem Gerede, den kontaminierten diskursiven Spuren.

Zunächst noch am Rand des etablierten Theaterbetriebs nahm im Lauf der Neunziger das Interesse an allem, was kein Stück war, dramatisch zu: Tanz, Performance, Live Art. Während Pina Bausch zu Hause in Wuppertal immer marginalere Produktionen hervorbrachte und den Ruhm ihrer Kompanie auf internationalen Gastspielreisen feierte, während Reinhild Hoffmann in Bochum abgewickelt wurde und Hans Kresnik sein hochideologisiertes choreographisches Theater bis zum Abwinken forcierte, entstand eine Szene, die sich zwischen dem Frankfurter TAT, dem Berliner Hebbel Theater und einigen Festivals und halbfreien Trägern ihre eigenen Umschlagplätze schuf.

Gemeinsam ist den Erben von Robert Wilson, ist Jan Fabre oder Romeo Castellucci, ist dem postmodernen Tanztheater, ist Performance-Theatralikern wie Gob Squad oder der sich fröhlich selbst feiernden Boy-group Showcase beat le Mot der weitgehende Verzicht auf die traditionelle Bedeutungsebene jedes Erzähltheaters: keine Handlung, keine Geschichte, keine Figuren, in die sich die Spieler/Tänzer verwandeln und damit: keine von der Realität des Bühnengeschehens deutlich abgehobene fiktive Repräsentation von Welt.

Stattdessen betrachten sich in diesen theatralischen Unternehmungen die Darsteller als Darsteller, die Tänzer als Körper, die Performer als Menschen wie du und sie. Sie fahnden nach »Körperbildern« und arbeiten an der (Selbst)-Wahrnehmung, sie finden das Material ihrer Arbeit bei sich, in sich und den Bezug zum Außen vor allem darin, wie sich dieses Außen in ihrem Eigenmaterial spiegelt. Psychologie wird ausgeklammert, gilt als Schimpfwort. Auch Sasha Waltz, die in Inszenierungen wie *Allee der Kosmonauten* oder *Na Zemlje* durchaus auf Erzähltheatertraditionen zurückgreift, hält am Primat des Körpers fest: »Ich habe mich am postmodernen Tanz orientiert und habe ganz abstrakt versucht, den Körper zu erforschen ... Am Anfang wird nicht psychologisiert, es wird keine Geschichte festgelegt, die wir anschließend versuchen umzusetzen, sondern wir entwickeln sie über den Körper.« Oder mit den Worten von Hans-Thies Lehmann, der 1999 – gerade rechtzeitig zum Ende des Jahrzehnts – eine Theorie des »Postdramatischen Theaters« vorlegt: »Der dramatische Prozeß spielte sich ›zwischen‹ den Körpern ab, der postdramatische Prozeß spielt sich ›am‹ Körper ab.«

Natürlich segelt die Szene im Windschatten der postmodernen Theoriedebatten der Siebziger und Achtziger, die in den Neunzigern auch das Theater erreichten. Und hat wesentliche theatertheoretische Anknüpfungspunkte, was sie so ohne weiteres niemals eingestehen würde, bei einem enttäuschten Brecht, also Müller.

Die Kompanie von Sasha Waltz 1997 in ihrer Inszenierung Allee der Kosmonauten

Auch Brecht hatte die Illusion einer Bühnenfiktion durchbrochen, allerdings um die Verhältnisse als veränderbare zu zeigen, und damit einen Realismus begründet, der auf eine Wirklichkeit nur verweist, ohne sich scheinhaft in diese zu verwandeln. Diese Hoffnung auf Veränderbarkeit war Müller in der DDR aus den bekannten Gründen vergangen. So liegt der wesentliche Unterschied zwischen Verfremdung und »Postdramatik« im Preisgeben der Utopie von gesellschaftlicher Veränderung und folgerichtig in der Verschiebung der Gewichte vom gesellschaftlichen Bezug auf die »Selbstreferenz«, die Lehmann zurecht in seinen Überlegungen besonders hervorhebt; also vom Reflex auf soziale Realität zum Reflex auf sich selbst.

Das fügt sich nahtlos in die bekannten poststrukturalistischen Metaphernballungen, in die Angriffe auf das gute alte, denkende und handelnde Subjekt, in den Tod des Autors und die Kritik des Logozentrismus. Alle damit verbundenen Probleme sind glücklich eskamotiert, sobald die Argumentation bei Baudrillard angekommen ist. Spätestens wenn jede außertheatralische Wirklichkeit als allumfassende mediale Konstruktion entlarvt ist, gibt es keine soziale Realität mehr, auf die man Bezug nehmen könnte, und alles bildet sich in fröhlicher Pseudo-Wissenschaft in sich selbst ab.

Wenn man jedoch an der Idee festhält, daß es außer einem selbst eine Wirklichkeit gibt, die nicht in Virtualität und Vorstellung aufgeht, dann stellt sich die Frage, ob der Rückzug auf die Materialität der Theaterzeichen nicht auf das altbekannte Symptom eines Theaters verweist, dem die Außenwelt abhanden gekommen ist und das sich deshalb vornehmlich mit sich selbst beschäftigt. Daran schlösse sich dann die bösartige Vermutung an, daß große Teile dieser westlichen Tanz- und Theaterszene nichts anderes sind und waren als die Innerlichkeit der fitneßgestählten Neunziger.

Für eine Antwort wäre am jeweiligen Fall zu entscheiden, ob die Konzentration auf den Körper, den jedes Individuum nun einmal hat und der gerade darum das Persönlichste und zugleich nichts Individuelles ist, ob diese Konzentration in Tanz oder Theater ein Körperbild vorstellt, an dem sich die Deformationen und Wirkungen von Welt abbilden, oder ob sich nur ein entweder narzißtisch entzücktes oder zur langweilenden Tautologie verdammtes Theater ausagiert, das keine anderen Bedeutungen transportiert als Gertrude Stein im Spiegel: ein Körper ist ein Körper ist ein Körper.

Nele Hertling und Maria Magdalena Schwaegermann jedenfalls, die Direktorinnen des Berliner Hebbel Theaters und unbedingte Förderinnen dieser Strömungen in den neunziger Jahren, haben sich am Ende des Jahrzehnts mit einer klaren Geste von allem distanziert, was sie zehn Jahre lang nach Kräften unterstützt haben. Sie nannten es »Designtheater«.

Und auch Hans-Thies Lehmann macht im Epilog seines Buches noch einen entscheidenden Rückzieher: Nachdem er 465 Seiten lang bestritten hat, zeitgenössisches Theater könne soziale Realität repräsentieren, wird auf Seite 466 – Stichwort »Drama und Gesellschaft« – doch noch alles anders: »Gibt man einen Moment lang der Versuchung nach, allen Bedenken zum Trotz postdramatisches Theater als einen Ausdruck gegenwärtiger sozialer Strukturen anzusehen, so ergibt sich ein eher düsteres Bild. Der Verdacht ist kaum zu unterdrücken, daß die Gesellschaft sich die komplexe und vertiefte Darstellung zerreißender Konflikte, Darstellungen, die an die Substanz gehen, nicht leisten kann oder will.« Lehmann sieht »kaum Anzeichen dafür, daß die Gesellschaft über die Fähigkeit verfügt, ihre wirklich fundierenden Grundfragen und Grundlagen, die doch stark erschüttert sind, auch als ungewiß zu ›dramatisieren‹. Postdramatisches Theater ist auch Theater in einer Zeit der ausgelassenen Konfliktbilder«. Plötzlich wird das postdramatische Theater also doch noch zum Spiegel, zur viel geschmähten Repräsentation der Welt. Und kaum zu glauben: Da wünscht sich der Theoretiker des Fabelzerfalls im neuen Theater kurz vor Schluß doch wieder die Fabel für unsere Gesellschaft zurück! – Auch die wildesten Denker leben gerne in geordneten Verhältnissen.

Einar Schleef oder die Tragödie mit der Utopie

Ironie und »Designtheater« – so einfach konnte man es sich in der ehemaligen DDR mit ihrer tragischen Geschichtserfahrung nicht machen. Ein Staat, der ein Gutteil seines moralischen Selbstbewußtseins aus dem Kampf gegen den Faschismus gewonnen hatte und der erleben mußte, wie sich ein staatlich sanktionierter Antifaschismus unter der Hand in eine Diktatur verwandelte mit ehemaligen Widerstandskämpfern als bürokratischen Tyrannen. Heiner Müller hatte diese apokalyptische Geschichtsphilosophie in *Wolokolamsker Chaussee IV: Kentauren* noch einmal zusammengefaßt: Der Alptraum eines Stasi-Kaders, der einen Untergebenen bei Rot über die Ampel kommandiert, weil jeder funktionierende Staat einen Staatsfeind braucht. Als er den befehlsgemäß umgekommenen Verkehrstoten vor sich sieht, »gefallen an der Front der Dialektik«, durchzuckt den Genossen ein »Schmerz wie eine Schweißnaht«: »Ich war mit meinem Schreibtisch fest verwachsen«. In diesem Bild sammelt sich die schizophrene Grunderfahrung eines Lebens als DDR-Bürger: die lautere Absicht, die zur Absurdität verkommene sozialistische Utopie und der Mensch dazwischen eingekeilt wie eine lebende Schublade.

Konflikte zwischen Prinzipien auf gleichrangiger Wertebene, in denen Menschen erst festgeklemmt und dann zerbrochen werden, heißen Tragödien. Die DDR hat nicht nur im übertragenen Sinn Einar Schleef alle Knochen zerschmettert. Als Jugendlicher fiel er aus einem Zug, der ausrangiert werden sollte und keine Türschlösser mehr hatte. Nach einem Jahr im Sterbezimmer eines Provinzkrankenhauses erwartete ihn ein Leben, das er seinem autobiographischen Essay »Droge Faust Parzifal« zufolge als deutsche Passion empfunden hat. Geboren 1944 im thüringischen Sangerhausen, unverstandenes Kind seiner Eltern, vom Vater kaum wahrgenommen, vom Staat mißhandelter Student, am Berliner Ensemble unterdrückt, ausgereist 1976 in die Bundesrepublik, dort ignoriert, verhöhnt und lange verhindert. Gleichzeitig bleibt er seiner haßgeliebten DDR obsessiv verbunden, ist er von der Mutter und der Sangershäuser Heimat nie losgekommen; davon berichten die zwei Teile seines monumentalen *Gertrud*-Romans und die Theaterstücke *Totentrompeten I* und *II*.

Seine Inszenierungen spalten das Publikum, provozieren empörte Ablehnung und frenetische Begeisterung. 1993 hat Schleef Hochhuths *Wessis in Weimar*, eine wie immer akribisch recherchierte, kolportagehafte Szenenfolge über auftrumpfend ausbeuterische Westdeutsche in den neuen Bundesländern, in eine mörderische Selbstzerfleischung gesteigert. Hochhuths saubere moralische Trennlinien zwischen Ost und West verwischen unter den silbengenauen, unerbittlichen Dirigierbefehlen der Chorführer. Nackte Männer in schweren Stiefeln schwingen blankschimmernde Äxte und brechen keuchend zusammen. Wo Hochhuths Worte und Fragmente nicht hinreichen, schürt Schleef mit Schiller die deutsche Selbstzerfleischung. Acht schwarz-rot-gold gewandete Luisen werden von einer stampfenden Ferdinand-Meute vergiftet; Franz und Karl, zwei Männer wie Gott sie schuf, ringen und lieben sich bis zum Umfallen. Auf schmucklos leerer Bühne tobt ein erbitterter Bruderkampf.

Sein *Puntila* 1996 (ebenfalls im Berliner Ensemble) ließ Finnland Deutschland sein und kam ohne den aufklärerisch überlegenen Knecht Matti aus. Schleef höchstpersönlich im Frack verwandelte den wechselhaften Aquavitschlucker in einen faszinierend silbenschmetternden Bühnendiktator und unerbittlichen Untergangsdirigenten. Entgegen der traditionell optimistischen Sicht von der intellektuellen Überlegenheit des Knechts, die sich in naher Zukunft unfehlbar realpolitisch auswirken werde, dem »Handwerk des Hoffens« (B. B.), verleiht der Regisseur/Hauptdarsteller Schleef seinem Titelheld zwiespältig verführerische Züge. Schleef spielt Puntila im eleganten Frack, spricht und dirigiert. Genauer: Er redet wie ein intelligentes Maschinengewehr, in makelloser Diktion und massiver Lautstärke prasseln die Sätze auf seine Mitspieler. Dazu skandieren seine Arme die Worte mit messerscharfen, genau rhythmisierten Gesten wie ein rasender, dabei immer kontrollierter und hochkonzentrierter Kapellmeister. Ein nobler Diktator regiert die Bühne, jeder Widerstand ist zwecklos. Dieser Puntila geht über Leichen – ob nüchtern oder besoffen – wie seine großen Vorbilder, die Untergangsdirigenten dieses Jahrhunderts. Schleefs Lösung für Brechts Rätsel ist ein Perspektivwechsel: Statt des komödienhaft überlegenen, optimistisch aufklärerischen Blicks zurück auf überstandenes (Kriegs- und Hitler-) Unheil von 1948/49 inszeniert Schleef den Blick nach vorn aus der Entstehung des Stücks Mitte 1940 – in die unausweichliche Tragödie.

In »Droge Faust Parzifal« hat Schleef seine Erfahrungen in eine Theorie gegossen, der Nietzsche Pate stand. Im Geiste der »Geburt der Tragödie« und ihrem Verdikt über die Hybris des aufgeklärten, säkularisierten Menschen

Rolf Hochhuths Wessis in Weimar in Einar Schleefs Inszenierung am Berliner Ensemble 1993

betreibt Einar Schleef sein zivilisationskritisches Projekt. Sein »Ansatz« ist, »den Chor, die Gemeinschaft der miteinander Arbeitenden, die Gemeinschaft der Figuren, die eine Sprache sprechen, die des Autors, wieder auf der Bühne zu beheimaten«. Die einstimmige Masse ist ihm ein verlorener Idealzustand, soll sowohl notwendige Korrektur sein, »notwendige Besinnung, notwendig, um das Überleben der gefährdeten Kunstform des Sprech- und Musiktheaters zu ermöglichen«, als auch »politisch utopischer Ansatz«. Dazu gehört auch »die Rückführung der Frau in den zentralen Konflikt«. Schleef greift zurück auf die Mänaden, das rasende weibliche Gefolge des Dionysos, das im ekstatischen Rausch alle und jeden zerreißt, die sich dem Lebensgott auf seinen Feldzügen gegen die vernunftbestimmte zivilisatorische Ordnung in den Weg stellen.

Schleefs Utopie von der Wiederherstellung der Gemeinschaft fand in Elfriede Jelineks *Sportstück* seine Herausforderung. Denn Elfriede Jelinek interessiert sich allenfalls voll Abscheu für das »Verhalten der Masse«, vorgeführt am Beispiel Sportbegeisterung. Sport, so schreibt Jelinek, ist die »Organisation menschlicher Unmündigkeit«, eine »Sommerkollektion an Grausamkeiten«, Vorübung zum Krieg: »Sportler sind wie Soldaten«. Das *Sportstück* liefert keine Kritik am Entwurf von Individualisierung, sondern das Gegenteil: die Frage und den Vorwurf, wo und warum sich Individualität aufgibt.

Das Aufeinandertreffen von Schleefs Hoffnung mit Jelineks Angst endete 1998 im Wiener Burgtheater in einem kräftezehrenden Theatermarathon. Der Riß, den diese Inszenierung in ihren Widersprüchen aufdeckt, reicht tief in den ganz alltäglichen Zwiespalt einer demokratischen Massengesellschaft, die Individualität zu ihrem höchsten Wert erklärt hat. Denn einnehmend oder auch nur freundlich erscheint die dionysische Gemeinschaft in Schleefs Inszenierungen nie. Dagegen stockt der Atem in den ersten Reihen, wenn fünfzehn Männer oder Frauen im Spurt an die Rampe stürzen, einen halben Meter vor der Absturzkante bremsen, in Richtung Zuschauer kicken und wie aus einem Mund Text hernieder prasselt. Schleefs Mannen und Frauen zeigen, ob ihr Regisseur das nun will oder nicht: Zuviel Gemeinschaft, zuviel Masse aus Individuen wird schnell gefährlich. Schleefs Utopie ist auch ein deutscher Alptraum – siehe *Wessis in Weimar*, siehe *Puntila* –, und niemand wiederum zeigt das deutlicher als Einar Schleef.

Frank Castorf und die Volksbühne: paradoxe Verhältnisse

»Von Stalin kann man sich nicht befreien, ohne ihn zumindest ästhetisch zu wiederholen, und so begreift die neue russische Kunst Stalin als ästhetisches Phänomen, um ihn zu kopieren und auf diese Weise loszuwerden«, zitiert eines der ersten Programmhefte der Volksbühne 1992 eine Schlüsselstelle aus Boris Groys' Essay »Gesamtkunstwerk Stalin«. Und Frank Castorf hat mehrfach darauf hingewiesen, daß ihn seine Haßliebe zum Osten zwinge, den Stalinismus, der in ihm sei, abzuarbeiten. Noch in seiner filmisch dokumentierten *Dämonen*-Inszenierung wird der panslawistische Gottsucher Schatow keineswegs nur zum armen Irren, der er aus westlich aufgeklärter Perspektive sein müßte. »Diese Kunst«, fährt Groys in seinem Essay fort, »erlaubte, Stalin frei von Ressentiments, doch mit dem Gefühl der Überlegenheit zu begegnen: Jede Familie hat ihr schwarzes Schaf.«

Was in den fünfzehn Volksbühnen-Jahren bei dieser Kunst herausgekommen ist, ist inzwischen hinlänglich bekannt. Ein selten widerspruchsfreies, nicht immer besonders klar gedachtes Theater, das viel Chaos produziert, sich als Ost-Bühne inszeniert, die ersten Jahre mit drei festen West-Regisseuren arbeitet und das Hans Kresnik im Gespräch das einzige Theater genannt hat, wo die Wiedervereinigung funktioniere, worauf Castorf geantwortet hat, er habe sich ja nie wiedervereinigen wollen. Noch so ein Paradox. Depression strahlt die Volksbühne dabei nie ab, in den Neunzigern zu Ostberlin keine geringe Leistung.

Castorfs ironischer, gelegentlich zynischer Zugriff erhält im Osten eine andere Färbung als im Westen, zumindest, wenn man sich unverhohlen zu seinem inneren Stalin bekennt. Dann entfällt die selbststilisierende Überlegenheitsgeste der Ironie und wird zu einem oft frenetischen, manchmal verzweifelten, aber sich nie kraftlos aufgebenden Versuch, den Kopf aus dem eigenen Sumpf zu heben. Seit 1992 macht Frank Castorf an der Volksbühne ein Theater, das nicht nur Stücke inszeniert, sondern das bei dieser Gelegenheit sich selbst aufführt. Das also nicht nur Theaterfiguren, sondern sich selbst beobachtet und beobachten läßt. Wie dort ein Schauspieler seine Rolle spielt, hat nichts zu tun mit Einfühlung, auch nichts mit der Wekwerthschen Brecht-Variante, die Figur neben sich zu stellen wie einen Besenstiel. Es wirkt mehr, als wäre der Schauspieler vor der Vorstellung in den Fundus gerannt, hätte sich dort sein verabredetes Kostüm herausgezerrt und probiere es jetzt mal vor dem Spiegel aus Zuschauern an. Er guckt es sich von innen und von außen an, hält es gegen's Licht, der Fetzen wird dann übergezogen, man wirft sich hinein, daß die Nähte krachen und schmeißt ihn zwischendurch mindestens zweimal in die Ecke.

So kann es passieren, daß vor der Pause eine sehr blonde, sehr kühle, schon in der DDR recht glamouröse Aktrice sich in eine schneidige Luftwaffen-Uniform zwängt und einen so messerscharf verführerischen Harras elegant an der Rampe platziert, daß im Vergleich dazu selbst Curd Jürgens wirkt wie Bratwurst zu Champagner. Nach der Pause hat sich die Rolle dann ein anderer Schauspieler übergezogen, ein sehr kraftvoll schwitzender und vor Anstrengung triefender Kollege, der vorher in Hamburg beschäftigt war und jetzt als souveräner Himmelsheld vor allem durch unablässig panische Schweißausbrüche glänzt. Nach diesem *Teufels General* wird sich mancher sehr zu Recht fragen, was Zuckmayer da vor fünfzig Jahren geschrieben haben mag, denn er hat zwei Perspektiven auf deutsche Gesellschaft gesehen, von denen der Autor noch nicht mal alpträumen konnte.

Castorfs Schauspieler setzen sich den Texten sichtbar sprunghaft aus, oft ratlos und widersprüchlich, dabei neugierig und voller Spiellust und gern gekleidet in diese Strumpfhosen

*Pension Schöller/Die Schlacht in der Inszenierung von Frank Castorf
mit Henry Hübchen und Herbert Fritsch 1994*

und Strampelanzüge wie ein Haufen Kinder, die abends zu lange aufbleiben dürfen. So haben sie sich im *Lear* in einem freundlich senilen Alten die überforderten Polit-Heroen vorgespielt, haben sich in einer Slapstick-Collage aus Müllers *Schlacht* und *Pension Schöller* den Hitler-Faschismus und DDR-Antifaschismus als zwei Seiten einer Medaille im Kartoffelsalat erstrampelt, haben in *Danton* fröhlich mit dem Dreck der revolutionären Ideale und neuen Paradoxa um sich geworfen. Mit den Schauspielern des Hamburger Schauspielhauses hat Castorf auf diese Weise eine *Fledermaus* erspielt, in der sich ein begabtes Operettenensemble bruchlos in die niedersten bundesrepublikanischen Vergnügungen begibt, und in Wien entstand aus drei Nestroy-Stücken und einigen örtlichen Rampenfreuden ein einfühlsames Alpenpanorama der glühenden Menschenverachtung.

In solchen Spielweisen verschmelzen Selbstbewußtsein und Verunsicherung, die Schauspieler purzeln von einer hektischen Gefühlslage übergangslos in die nächste, bleiben zwischendurch mit sturer Gleichgültigkeit in schwer durchschaubaren Seelenrillen hängen, die sie in zwanghafter Wiederholung abarbeiten, pflegen Sprachstörungen und steile Überspanntheiten, pendeln zwischen Karikatur und Pathologie. Über ihrem ganzen Repertoire an Ticks, Übersprüngen, neurotischen Schüben oder purem Klamauk bleiben die Darsteller als Personen präsent, fallen umstandslos aus ihren Rollen in private Haltungen und zurück, beharren auf dem Theaterspielen als Spiel auf dem Theater. So erkennt man in diesen Aufführungen, was immer man sonst davon halten mag, die Gegenwart ihrer Macher. Darin liegt, bei allen Schwächen, eine Stärke, der weder wütende Verrisse noch erdrückende Hymnen der Theaterkritik viel anhaben konnten.

Natürlich droht auch der Volksbühne und ihrem Intendanten eine Gefahr, die alle reich und berühmt Gewordenen einholt und der auch sie irgendwann erliegen werden: ein Virtuosentum, an dem gut zehn Jahre früher die

Schaubühne gescheitert ist, und ein rundum immunisierter Salon-Nihilismus, der am Ende nur noch sich selbst gelten läßt. Aber solange in Castorf noch ein Restchen Stalin lebt und in der Volksbühne der Osten, bleibt Hoffnung.

Christoph Marthalers fröhliche Kulturkritik
Wer nach dem kleinsten vereinbaren Nenner sucht, der fünfzig Jahre Nachkriegsintellektuelle zusammenhält, der Adorno und Heidegger, Gehlen und Grass, die alten Linken und Botho Strauß unter einen Hut bringt, braucht nicht lange zu rätseln. Was wollen wir denn? Irgendwo haben doch alle etwas gegen zuviel Markt und Wirtschaftseffizienz, gegen zuviel Rationalität im allgemeinen, gegen die immer schneller davonrasende Zeit, gegen den Verlust von Konzentration, gegen Entfremdung. Irgendwo drückt uns doch alle der Schuh, demnächst vielleicht nicht mehr so recht mitzukommen mit dem Tempo der Welt, weil wir ein bißchen zu wenig anpassungsfähig sind, und irgendwo denken wir alle, daß doch eigentlich die anderen Schuld haben, weil wir schließlich einer geistigen Elite angehören, und wenn sie sich nur darin äußert, daß wir den Tag bewußter verschlafen. In den Tiefen ihrer Herzen meinen doch die meisten, die heutzutage noch ins Theater gehen, daß die moderne Welt ein wenig zu modern geworden ist, und spätestens wenn wir dazu keine hektischen Zigaretten rauchen, sondern noch etwas von guten Zigarren verstehen, ist Christoph Marthaler unser Mann.

Kulturkritik weiß, was früher besser war. Sie vermittelt ein Gefühl von Ohnmacht einerseits, Überlegenheit andererseits. Bei Heiner Müller wurde daraus Apokalypse vom intellektuellen Feldherrnhügel mit Whisky ohne Eis. Bei den darauf spezialisierten Stadttheatern von Frank-Patrick Steckel in Bochum oder von Andrea Breth an der Berliner Schaubühne entweder verbiesterte Untergangsentschlossenheit, bis keine Zuschauer mehr kamen, oder kitschgefährdete Abschiedsfeiern des bürgerlichen Individuums nebst Verdammungsurteilen für Ensemblemitglieder, die auch mal einen Film drehen wollten, bis das Theater am Ende war. Irgendwann dämmerte jedem noch so eingefleischten Kulturkritiker im Theater der neunziger Jahre, daß damit kein Blumentopf mehr zu gewinnen sei.

Dann kamen Christoph Marthaler und seine Bühnenbildnerin Anna Viebrock. Sie ließen Uhren bewegungsunfähig an der Wand hängen oder drehten ihnen die Zeiger ab, sie ließen fortschrittstaumelige Sinnsprüche Buchstabe für Buchstabe von der Wand fallen und Fahrstühle rumpeln, die niemals ihre Türen öffneten; ihre liebevoll ausgesuchten Hinweisschilder führten ins Nichts, Treppen wiesen in den Himmel und Drehtüren ließen ihre Passagiere unerbittlich ins Zimmer zurückpurzeln. Anna Viebrocks Räume voll klaustrophobischem Einfallsreichtum sind ausweglos sinnentleerte Wartesäle, in denen das ausgehende Jahrhundert die Menschen umstellt. Sie geben präzise Zeitzeichen, zusammengesetzt aus authentischen Fundstücken, oft auf Schrottplätzen entdeckt und angefüllt mit dem Geruch des gerade Vergangenen und Belebten, aber so kombiniert, daß sie jeden Gebrauchssinn in die Verzweiflung treiben und noch die ausgeprägteste Realitätstüchtigkeit in die Kapitulation.

Darin inszeniert Christoph Marthaler seine menschlich bewegten, vollmechanisch durchkonstruierten Bühnenkunstwerke, die sich mit folgerichtiger Sinnlosigkeit im Kreis drehen: wahre Wunderwerke der verschlungenen Komplikation und verschränkten Repetition aus Musik, Bewegung und den hochtrainierten, vollends unnützen Kunstfertigkeiten seiner Akteure. Sie prahlen mit verschwindend dünnen Muskeln und entsetzlich schlechten Witzen wie in *Murx*, sie üben Händeschütteln am Seitpferd oder Roter-Teppich-Weitrollen wie in *Stunde Null*, sie schlagen sich ansatzlos zusammen oder klappen aus den Wänden wie in *Wurzelfaust*; und im unerwartetsten Moment erhebt sich aus allen Kehlen ein glockenheller Chorgesang, dessen vollharmonische Stimmkultur sich gerne an makellos debilen Liedtexten erprobt. Das Spiel dieser geisteshellen Wiederholungstäter ist ein bedrohlich freundlicher Hohn

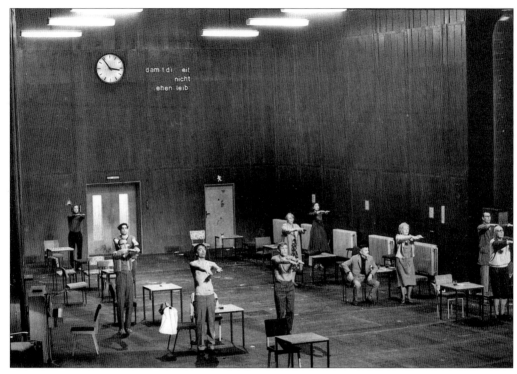

Christoph Marthalers Murx den Europäer! 1993 an der Volksbühne

auf hochfahrende Fortschrittsemphasen, voller Respekt vor den Menschen, die diese erdulden müssen, und einem innigen Gefühl für alle Modernisierungsverlierer. Erfüllt von tiefer Skepsis gegenüber aller westoptimierten Erfolgstüchtigkeit, gepaart mit ebenso großem Mißtrauen in die deutsche Geschichte und ehrlicher Sympathie für den gefährlichsten Feind jedes auf's Funktionieren abgestellten Systems: fehlbare, faule, unperfekte Menschen.

Christoph Marthaler und Anna Viebrock ist gelungen, was kein Mensch mehr glauben wollte, was niemand mehr zu hoffen wagte: der überzeugende Nachweis, daß Kulturkritik doch recht behalten kann, wenn dabei auch nichts Richtiges herauskommt. Umso besser. Vom Berliner Osten über die Wiener Festwochen nach Hamburg und Zürich liegen ihnen Publikum und Kritik zu Füßen: die größten gemeinsamen Vereinbarer seit der Wiedervereinigung. (Danke für diese schönen Stunden...)

Zwischenstand zur Jahrtausendwende

Schleefs Nietzscheanische Utopie, die tragische Sehnsucht nach Chor und Gemeinschaft, Marthalers fröhliche Kulturkritik und Demontage der zeitgewissen Realitätstüchtigkeit, Castorfs und seiner Schauspieler anarchische Selbstrettungsversuche vor der Geschichte in ihnen selbst – drei »kritische« Reaktionen auf Gegenwart und Ideologie, die im Gegensatz zur Kritik der siebziger und achtziger Jahre nicht mehr mit ausdrücklich moralischen Urteilen operieren und die Ansprüche der Vernunft listig unterlaufen. Nicht etwa aus Gründen moralischer Indifferenz, sondern eher aus der erlebten Überzeugung, daß Moral und Vernunft am Ende dieses Jahrhunderts von ihrem ideologischen Mißbrauch nur schwer zu trennen sind, und daß ein Theater, das den Instrumentalisierungen aufklärerischer Ideale nachspürt, sich selbst desavouieren würde, wenn es moralisch und vernünftig rechtbehalten wollte.

Man hat in den neunziger Jahren oft von einer »Krise« des Theaters gesprochen, weil die klaren Orientierungen, auch die auftrumpfenden Gebärden des Theaters der sechziger bis achtziger Jahre ausgeblieben (oder hohl geworden) sind. An den Arbeiten dieser drei Regisseure kann man erkennen, daß so manches der angeblichen Krisenphänomene zu den Höhepunkten eines Gegenwartstheaters gehört, das Antworten auf die Fragen gefunden hat, die Müllers *Hamlet* und Zadeks *Iwanow* am Beginn des Jahrzehnts gestellt haben: keine Auswege, keine großartigen Perspektiven, aber eine zum Teil wütende Behauptungskraft und einen intelligenten Pragmatismus, der die Realität auf der Höhe ihrer Widersprüche erfaßt. Wer sich in Widersprüche begibt, kommt darin um, hieß es früher einmal. Für die Neunziger galt: Wer nicht darin umkommen will, muß sich in Widersprüche begeben.

Generationenwechsel

Fast zwei Jahrzehnte, von Ende der Sechziger bis Anfang der Neunziger, waren die Barometer des Erfolgs in der Hand weniger Männer. Peter Zadek und Peter Stein, Claus Peymann und Dieter Dorn, Klaus Michael Grüber und Jürgen Flimm, Luc Bondy oder Hans Neuenfels – so hießen einige der wichtigsten Matadore des deutschen Staats- und Stadttheaters, das nach dem Krieg und spätestens seit Fritz Kortner vom Schauspieler-Theater zum Forum der Regisseure geworden war. Ihre Hauptreibungsfläche, die restaurativen Tendenzen in einem Nachkriegsdeutschland, welches nicht zuletzt dank einer gewissen moralischen Großzügigkeit gegenüber der nationalsozialistischen Vergangenheit wirtschaftlich prosperierte, war allerdings spätestens in den Neunzigern erschöpft. Zudem hatte es die Generation der langsam an die Pensionsgrenze vorrückenden Theatergrößen nicht nur versäumt, Nachfolger heranzuziehen, sondern sie hatte diese regelrecht verhindert. Und zwar, was das Schlimmste daran ist: nicht einmal bewußt. Denn das Klima, welches sie an den bald von ihnen geleiteten Theatern und Regiestäben kultivierten, war von den gleichen Leistungs- und Konkurrenzreflexen bestimmt, die sie selbst einst befähigt hatten, ihre Vorgänger aus dem Weg zu räumen. Der scharfe Wettbewerb hatte viel der Entwicklung von Ellenbogenmuskulaturen gedient und weniger der des künstlerischen Nachwuchses.

Der neue ökonomische Legitimationszwang, unter den das deutsche Theater in den neunziger Jahren im Zeichen defizitärer öffentlicher Haushalte geriet, war zwar unbequem, wirkte aber auch entschlackend. Eine Folge war vor allem der längst überfällige Generationswechsel. Ende der Neunziger setzte ein, was noch zu Beginn des Jahrzehnts fast undenkbar gewesen wäre. Junge Regisseure Anfang dreißig sahen sich plötzlich nicht nur in ungewohnt umworbener Situation, sie durften sogar Theater leiten. Stefan Bachmann wurde 1999 Schauspieldirektor in Basel, Thomas Ostermeier übernahm im Jahr 2000 die Berliner Schaubühne, Matthias Hartmann das Bochumer Theater. Übersprungen wurde dabei eine ganze Generation von Regisseuren in den Mittvierzigern, eben jene, welche die Steins oder Peymanns hätten beerben sollen und sich nicht durchsetzen konnten.

Die spektakulärste Blitzkarriere gelang dabei Ostermeier. Ausgewiesen hatte sich der junge Regieabsolvent der Ostberliner Ernst-Busch-Schule zwei Jahre lang als Leiter der für ihn eingerichteten Nebenspielstätte des Deutschen Theaters, dem 99-Plätze-Anbau »Baracke«. Der dort entwickelte und gepflegte Spielplan knüpfte mit Mark Ravenhills *Shoppen und Ficken*, Enda Walshs *Disco Pigs*, mit den Stücken von Sarah Kane oder Marius von Mayenburgs *Feuergesicht* an eine in den achtziger Jahren abgerissene sozialrealistische Tradition an, allerdings nicht ohne Blessuren. Die Helden geben sich den finalen Messerfick, lassen sich zerstückeln oder jagen sich samt Elternhaus in die Luft – nicht gerade das, was man als Zukunftsperspektive bezeichnen würde. Das alte Hoffnungspotential ist nur noch ein wütendes, kompromißloses Behaupten der letzten Spielräume, die sie bis zur Selbstzerstörung ausschreiten.

Katharina Schüttler (links) als Hedda Gabler in Thomas Ostermeiers gleichnamiger Inszenierung an der Schaubühne am Lehniner Platz, Berlin 2005

Dabei entstehen Theaterfiguren, deren metiersicher theatralische Herstellung nicht zu übersehen ist. Sie werden mit einer gut beobachteten Psychologie ausgestattet, die sich in den besseren Inszenierungen weit genug von Klischees und abgegriffenen Erklärungsmustern abhebt, so daß man sie noch für wirklichkeitsgetreu halten darf. Also genau jene an der Ernst-Busch-Schule trainierte Mischung aus Brecht und Stanislawski, aus Technik und Einfühlung, die sich für jede Art realistischer Erzähldramatik eignet, ideal geeignet für handelnde Menschen auf der Bühne, die vielleicht nicht immer wissen, was sie tun – das aber entschieden. Da war es also wieder, das handlungswillige, wenn auch oft ohnmächtige Individuum im original aufklärerischen Auftrag.

Als Leiter der Schaubühne, angetreten, die politisch ambitionierte zeitgenössische Dramatik in den repräsentativen Mendelsohnbau am Lehniner Platz zu verpflanzen, mußte Ostermeier allerdings die Grenzen seiner theatralischen Sendung erfahren: Die überzeugendsten Erfolge der ersten sieben Jahre waren nicht mehr die radikaleren Stücke des Aufbruchs, sondern gediegene bürgerliche Dramatik des 19. Jahrhunderts. Mit Ibsens *Nora* und *Hedda Gabler* erkundete er die Innenwelten des neuen Berlin. Katharina Schüttlers Hedda Gabler markiert den aktuellen Stand dessen, was man vor zwanzig bis dreißig Jahren noch Emanzipation nannte: Man macht sich nicht mehr angestrengt die selbstbestimmten Finger schmutzig, sondern angelt sich einen gutmütig langweiligen Mann, den man jederzeit um den Finger wickeln kann, und der ansonsten, weil verläßlich unterlegen, keinen Ärger macht. Das sichert ein einkömmliches arbeitsfreies Leben, gibt viel Zeit zum Shoppen, Flirten und angewandtem Zickentum, ohne die Vielfalt der Aktivitäten auch nur im Ansatz einzuschränken. Gibt mithin: die Freiheit, sich zu nichts entscheiden zu müssen, aber sich die maximale Anzahl Türen offenzuhalten. Die Optionsbürger-Schlampe. In Hedda and her friends findet Ostermeier den angemessenen Ausdruck des sich rasend saturierenden Berliner Mitte-Tums: Das Material Girl und die Stilbürger, die sich mit Gesten und Attributen von Geschmack, Geld und viel Freiheit umgeben, ohne genauer zu wissen, wozu eigentlich.

Thomas Ostermeier ist mittlerweile nur einer von mehreren seiner Regiegeneration, die die Spielpläne der großen deutschsprachigen Häuser dominieren und mit einem Pluralismus der Stile und Mittel versuchen, ihre Vorstellung von zeitgenössischem Realismus umzusetzen. Stephan Kimmigs psychologischer Realismus, die pathetisch aufgestylten Leidensgefühlswelten bei Michael Thalheimer, die an Castorf geschulten Figurencollagen eines Andreas Kriegenburg, Armin Petras' scheinbar spontan und naiv abrollenden Klassikeraktualisierungen, Stefan Puchers zwischen Kino und Pop wehmütig sampelnde Tschechow- und Shakespeare-Inszenierungen – sie alle stehen für heterogene Zugriffe auf eine komplex empfundene Wirklichkeit, für die im ersten Jahrzehnt des neuen Jahrtausends weder allzu verbindliche Wahrnehmungen noch gemeinsame Perspektiven existieren.

Das Ende der Normalität
Die deutsche Einheit war ein historischer Lottogewinn, den niemand verdient hatte und dessen Folgen auf beiden Seiten alles Erwartbare übertrafen. Im tieferen Westen, in München oder Düsseldorf, in Frankfurt oder Hamburg gingen die Dinge danach weiter ihren gewohnten Gang, und es gab dort in der ersten Hälfte der Neunziger wenig Grund, über die neuen Länder anders zu denken als über das baufällige Häuschen der entfernten Tante, das man gerade überraschend geerbt hatte und nun eben in Schuß bringen wollte. Daß das Unternehmen teurer werden würde als je gedacht, wäre ja noch hinzunehmen gewesen; daß es das eigene Leben nach und nach auf den Kopf stellen würde, konnte sich damals niemand vorstellen. Im Osten dagegen war allen klar, wie anders die Welt von einem Tag auf den anderen geworden war. Das schleichende Realitätsdefizit West und der Wirklichkeitsschock Ost lebten die ersten Jahre unterschiedlich fröhlich nebeneinander her und trafen sich in einem Punkt: dem Ende der Normalität.

Der Magdeburger Soziologe Rainer Paris hatte nach »längerer Begriffsbastelei nächtens am Schreibtisch« eine Definition von Normalität versucht: »Normalität ist ein sozial vorgegebener mentaler Zustand fragloser Übereinstimmung mit situativ geltenden Rechts- und Sittennormen, in dem sowohl die Kontinuität von Traditionen (Üblichkeiten) als auch die problemlose Fortsetzung eingeschliffener Gewohnheiten sichergestellt scheint.« (»Was ist Normalität?«, in *Merkur*, 5/2004. S. 429 ff.) Hinter der millimeterkorrekten Ausdrucks-Kartographie und soziologischen Definitionen-Liebe wird schnell klar: Normalität für alle ist seit der Wende deutschlandübergreifend nicht mehr zu haben. Fraglose Übereinstimmung? Kontinuität von Üblichkeiten? Eingeschliffene Gewohnheiten? Was der eine für normal hält – ein gesicherter Arbeitsplatz und dreizehn Monatsgehälter beispielsweise – ist für den anderen seit Jahren der unerreichbare Glücksfall.

Angesichts dessen wirken die Arbeiten von Christoph Schlingensief um die Jahrtausendwende fast prophetisch, wie sie die Grenzen der Realität zum Flirren bringen. Waren die Arbeitslosen aus der Hamburger *Sozialstation* alle echt, oder spielen sie noch im Gastvertrag? Und wie steht es mit den Asylanten von *Ausländer raus* in Wien, die 1999 in einem Container gegenüber der Staatsoper im Kampf um die Zuschauersympathie gegen ihre Auslieferung anspielten? Dabei greifen die oft bis zur Unkenntlichkeit ausbalancierten Vexierspiele zwischen Kunst und Leben ganz ungeniert auf gute alte Performance-Traditionen zurück – wie auch die inszenierten Stadterkundungen und andere Aktionen der Gruppe Rimini Protokoll um Stefan Kaegi, Helgard Haug und Daniel Wetzel. Was Schlingensief und die Wirklichkeitsforscher von Rimini von vielen fröhlichen Selbst-

Rimini Protokolls Version von Wallenstein am Nationaltheater Mannheim 2005

erkundern aus der Performer-Szene unterscheidet, ist ihre Neugier auf die Außenwelt jenseits des eigenen Bauchnabels.

Das Rimini-Prinzip ist dabei ganz einfach: Man suche sich zu einem Thema lebensechtes Personal und arrangiere die sorgsam gecasteten Selbstdarsteller in einer Publikumssituation zwischen Talkshow und Laientheater. Zum Beispiel in *Wallenstein* (Mannheim 2006) Dr. Sven-Joachim Otto, der schon im zarten Alter von neunundzwanzig Jahren in der schönen Schiller-Stadt Mannheim für die CDU in einen aussichtslosen Bürgermeisterwahlkampf zog, dafür hübsche bunte Broschüren mit Frau und Hund drucken ließ und mit einem 5-Liter-Bierfäßchen unter'm Arm von Gartenparty zu Gartenparty zog, auf Sympathiesuche beim Wahlvolk. Ein Mann aus der Hefe unserer Parteiendemokratie, karrierebereit, charakterglatt, sauber gescheitelt und schon in jungen Jahren im vergeblichen Einsatz gegen Bauchansatz und Haltungsschaden, der so hinreißend unschuldig von sich und seinen kleinen Bauernschlauereien erzählt, daß man ihm am Ende nicht einmal das Mitleid versagen kann.

Da Dr. Otto bald nach seinem OB-Einsatz durch eine miese kleine Stadtratsintrige auch noch als Kämmerer durchgefallen ist, steht er für den verratenen Wallenstein; seine neun Mit-Laien vom Vietnam-Veteranen (Pappenheimer) bis zur Inhaberin einer Seitensprung-Agentur (Kuppel-Gräfin Terzky) vertreten weitere Gegenwartsanalogien zu Schillers Originalpersonal. Alle spielen sich mit einer semiprofessionellen Unbeholfenheit, die deshalb authentisch wirkt, weil schauspielernde Laien auf Bühnen zwar gerne professionell tun, sich aber deshalb nur umso perfekter ausstellen.

Die dramatische Referenz kann man sich dazudenken oder nicht, und wer die Klassikerausgabe im Hinterkopf zugeklappt läßt, erhält Performance pur – realpräsente Darsteller ihrer selbst, die nur noch auf die eigene Biographie als Rolle verweisen: Riminis inzwischen weitgehend perfektionierter Trick, das alltägliche Sein mit Eigen-Sinn zu füllen, ohne daß es noch etwas über sich Hinausweisendes bedeuten muß.

Während sich Performer immer neue Reality-Formate einfallen lassen, um der Wirklichkeit auf die Spur zu kommen, hat auch das klassische Dokumentartheater der Sechziger wieder eine Chance, allerdings weniger aus empörtem Hochhutschen Enthüllungsfuror denn als gegenständliche Einführung in Lebenswelten, mit denen der Durchschnittszuschauer normalerweise nicht in Berührung kommt. Andres Veiel und Gesine Schmidt haben sich für *Der Kick* auf den Weg nach Potzlow gemacht, jenes trostlose brandenburgische Kaff, in dem man schon seit langem nicht mehr die Arbeitslosen zählt, sondern die wenigen anderen, die noch Beschäftigung haben. Wie konnten dort ein paar besoffene Freunde einen der Ihren stundenlang demütigen, ausdauernd quälen, bis sie ihm schließlich unter rechtsradikalen Sprüchen in mehreren Anläufen den Schädel zertrümmerten? Das aus zahllosen Interviews zusammengestellte Stück macht ebenso mit einer geschlossenen Gesellschaft bekannt wie Feridun Zaimoglus und Günter Senkels *Schwarze Jungfrauen*, das mit ebenso authentischem Gesprächsmaterial junge Türkinnen in Deutschland vorstellt, deren hybrider Kulturmix westlichen Lebensstil, jede Menge Sex und knallharte fundamentalistische Ansichten zusammenbringt.

Mehr Sein als Sinn: Jürgen Gosch
Der neue Drang, sich mit den Mitteln der Performance oder authentischem Material einer unsicher gewordenen Realität zu versichern, läßt sich auch im Literaturtheater beobachten, am deutlichsten bei Jürgen Gosch. Er hat seit seiner Hamburger *Wie es euch gefällt*-Inszenierung 2003 eine erstaunlich wandlungsfähige Standardaufführungssituation entwickelt. Die Schauspieler sitzen in bequemer Alltagsprobenkleidung in der ersten Reihe und steigen als Zuschauervertreter ins Stück ein. Dabei wird die Fiktion der Vorlage möglichst vollständig ins Sein des Schauspielers herübergezogen, bis der Illusionismus einen Purzelbaum macht: Nicht der Schauspieler verwandelt sich in seine Figur, sondern er/sie verwandelt seine/ihre Figur zu sich. Soweit das jedenfalls die heutigen Körper und Köpfe hergeben: bei Tschechow mehr, bei *Macbeth* etwas weniger. Dabei lernt der Zuschauer, sofern er sich überhaupt erreichen läßt, die Affekte und Reaktionen der Figuren deutlich näher kennen als nur vom Hörensagen: ein Theater der Erfahrung, das Texte und Bühnensituationen nutzt, um die Situationen genauer zu erleben, vor denen (zuweilen auch: in denen) man gerade existiert. Weniger zur distanzierten Sinnausstattung der Gegenwart geeignet als zum unmittelbaren Abtasten von deren Fieberkurve.

Wie fühlt es sich denn so an, als Birnams Wald herumzustehen vor der Schlacht, die keiner überleben wird? Die Katastrophe schon im Blick, aber sonst noch in ganz beschaulichen Verhältnissen? Die Frage dürfte in den zahllosen bisherigen *Macbeth*-Inszenierungen tatsächlich noch kein Regisseur mit seinem Ensemble gestellt haben, und Jürgen Goschs Lösung muß jedem, der das Stück mehr oder weniger wirkungsvoll »erzählen« will, seltsam hirnverbrannt erscheinen: Die Schauspieler gehen durch den Zuschauerraum ab, kommen mit übermannshohen, dicht belaubten Birkenzweigen zurück, die sie mühsam durch die Tür zerren müssen, und verteilen sich gleichmäßig auf der Bühne, jeder hinter seinem Ast. So bleiben sie dann endlos erscheinende Minuten lang regungslos stehen. Zu sehen ist in dieser Zeit ein atmendes Bild von bestürzender Schönheit: die grünen Zweige in einer bereits gründlich von Blut und Sudel vollgemüllten Bühne; abgekämpfte Schauspieler, die noch ein letztes Mal ihre Konzentration sammeln; dazu ein zunehmend gereizt ansteigender Erwar-

Macbeth in der Inszenierung von Jürgen Gosch am Düsseldorfer Schauspielhaus 2005

tungsdruck im Zuschauerraum, daß jetzt doch wohl endlich etwas Entscheidendes passieren müsse. Ein letztes entspanntes Warten bei höchster Anspannung. So könnte es gewesen sein, bei Birnam.

Was folgt, nicht minder. Zwei Männer, die den Kampf austragen, dessen Ausgang jedem noch so oberflächlichen Shakespeare-Kenner klar ist: Macbeth wird sterben. Man kann das zügig erledigen, die Erzählpointe ist schließlich, daß die Prophezeiung der Hexen in Erfüllung geht, Macbeth zwar König wird, aber sein verbrecherisches Königtum mit ihm zugrunde geht. Tatsächlich sieht man in Goschs Düsseldorfer Inszenierung von 2006 ein endlos erscheinendes Anrennen zweier Männer mit lächerlichen Dolchen, die sich bespringen, schlitzen, mit Blut übergießen, keuchen und ringen, bis sie schließlich irgendwann mehr aus Erschöpfung denn Verletzung verrecken. So muß es wohl sein, wenn zwei Menschenkörper mit einer simplen Waffe aufeinander einhauen, bis tatsächlich keiner mehr aufstehen kann.

Jürgen Goschs Inszenierungen sind voll von diesen Momenten, die Zeit anhalten, damit man sie aushalten muß. Abläufe, die jeden Rhythmus sprengen, die quer liegen zu jeder gut organisierten Erzählrationalität – und dazu zwingen, Vorgänge zu erleben und nicht nur zu verstehen. Ob Andrej und Natalja in trostloser Geilheit ausführlich übereinander herfallen und Christoph Franken sich noch unendlich lange die postkoital schwabbelnde Wampe klopft (*Drei Schwestern*, Hannover), ob durch eine halbbevölkerte Notunterkunft eine grundlose Gewaltwelle nach der anderen fegt (*Unten*, Hamburg) oder sich ein mittelaltes Mittelstandspaar durch sinnloses Umzugskistenschleppen wieder ins Gefühlsgleichgewicht schwitzt (*Die Frau von früher*, Köln) – immer sind es die Momente, in denen das Leben lebt und der gediegene Handlungsfluß stockt, weil es gerade zu schön ist oder zu unerträglich, egal ob Nebensache oder Haupt- und Staatsaktion, ob Liebe, Langeweile oder üble Aggression: ohne Bedeutungsanlauf mitten ins Sein.

Popliteratur und Text-Performance: Rainald Goetz, Elfriede Jelinek, René Pollesch

Manche Autor(inn)en wissen schon länger, wie man die Wirklichkeit und deren Sinnansprüche kurzschließt. Ob Elfriede Jelinek in *Bambiland* und *Babel* die tägliche Medienberichterstattung während des Irak-Kriegs zu Text verarbeitet oder Rainald Goetz ein Jahr lang sein tägliches Internet-Tagebuch »Abfall für alle« führt: Der Versuch, den Abstand zwischen Wahrnehmen und Schreiben, zwischen Material und Literatur semi-journalistisch kurzzuhalten, gehört seit Rolf Dieter Brinkmann zu den Standards der Pop-Literatur. »Reden lassen, immer reden lassen«, faßt ein gewisser Heidegger mit altchinesischer Weisheit das poetologische Programm in Rainald Goetz' erstem Stück *Heiliger Krieg* 1988 zusammen, was arbeitsaufwendige Nachbehandlung und silbenstecherischen Feinschliff nicht ausschließt: »Der muß erst noch erfunden werden, der sich nicht selber in den Ruin redet.«

Wie man sich in einem Text auf den Scheitel schaut, ob das Theater dabei mitmachen will oder nicht, wird Elfriede Jelinek nicht müde, vorzuführen. Sie ist ein literaturbiologisches Phänomen, das sich nicht von ungefähr im Wiener paläontologischen Museum hat fotoporträtieren lassen: ein Dinosaurier der Ideologiekritik, der genau weiß, wie lächerlich das ewige Generve auf ausgetrampelten Pfaden ist, davon aber nicht lassen kann, weil Österreich immer noch ist, wie es ist, und die Leute reden, wie sie reden, und der deshalb sich und den Leuten und vielen anderen, die den Leuten mit Literatur ins Wort gefallen sind, solange weiter ins Wort fällt, wie die anderen eben auch weiterreden. Mit dem Kraftwerksbau in Kaprun hat sie sich eine nationalmythenschwangere Geschichtsbaustelle der Alpenrepublik ausgegraben, und mit diesem *Werk* wurde Nicolas Stemann zu ihrem überzeugendsten Uraufführungsregisseur, der das Werk der Autorin in ihrem Sinn gehörig fleddert.

Stemanns Inszenierungen von *Das Werk*, *Babel* und *Ulrike Maria Stuart* sind gerade kein deutungsmächtiger, deutungsentschlossener Zugriff wie die Jelinek-Inszenierungen von Einar Schleef (*Sportstück* 1998) oder Jossi Wieler (*Wolken.Heim.* 1993), sondern der Versuch, als Regisseur die Jelinekschen Verfahren anzuwenden: sich immer ins Wort fallen, kommentieren, kalauern, zwischendurch eine treffende Bosheit, dann wieder viel Selbstironie und noch ein böser Witz. Ein Jelinek-Theater, das die Jelinek nicht zu konventionellem Figuren-Theater bekehren will, sondern sich ohne Übersicht ins Material begibt – die unerschöpfliche Wiener Sprachfontäne macht es auch nicht anders: »Die Sprache ist, gerade in diesem Stück über Technik, auch nur eine Technik von vielen, und viele andere Autoren, auch der anonyme ›Volksmund‹, tragen dazu bei, diese Sprachfetzen, die sie mir geliefert haben, in meiner Packung fortzutragen, weiterzutragen, zu vertragen wie Hundescheiße an einer Schuhsohle.« (Programmheft *Das Werk*, Burgtheater 2003)

Die jüngste Variante der dramatischen Text-Performance durch sprachlichen Direkteinschluß der außertheatralischen Gegebenheiten hat René Pollesch zwischen Luzern, Hamburg, Berlin, Stuttgart und Wien dialogfähig gemacht. Sein Rohmaterial sind die gerade anschlußfähigen Theorie-Module – Kapitalismuskritik immer gut, Repräsentationskritik auch gerne gesehen, Globalisierungskritik keine Frage –, welche die kapitalistischen, vergeblich um Identität ringenden und vollglobalisierten Zeitgenossen solange auf sich selbst anwenden, bis sie ihre eigene Unmöglichkeit bei selbstverständlich eindrucksvoller Realpräsenz nachgewiesen haben: eine rasende Salatschleuder aus Denken und Sprache, der niemand entkommt. Polleschs an die jeweils aktuellsten Wissensdiskurse angedockten, die Höhe der jeweiligen Urbanisierungs-, Gender- oder Culture-Erkenntnisse mühelos erklimmenden, aber mit dem Tonfall begriffsstutziger Kleinkinder an der Grenze zur Hysterie ihren Text um sich werfenden Bühnenwesen verbinden vermeintlich Nicht-Zusammengehöriges: das faustische Streben des Bürgers, seinen unendlichen Wissensdurst und Forscherdrang, und den Couch-Potatoe in ihm, die Lust an der täglichen mehrstündigen Fernsehentspannung mit jederzeit durchschautem Trash. Daß man Talkshow und Advanced Studies zusammen sehen muß, weil Gleichheit und Emanzipation ihren Preis im jeweils anderen haben, ist der Riß durch die Brust des Darstellers, der sich mit stimmbandschreddernden »Scheiße«-Schreien wenn nicht Luft, so doch jede Menge Lust macht. Woran sich nicht zuletzt die mitreißende Erkenntnis knüpfen läßt, daß Entfremdung einen Haufen Spaß machen kann.

Neue Stücke – Marius von Mayenburg, Moritz Rinke, Theresia Walser, Roland Schimmelpfennig, Albert Ostermaier, Lukas Bärfuss, Dea Loher, Fritz Kater

Die konventionellere figurenzentrierte Erzähldramatik, die nach wie vor an die Möglichkeit von Repräsentation auf dem Theater glaubt, war in diesen Jahren aber auch nicht faul. Neben Marius von Mayenburg, dem entschiedensten deutschen Anknüpfungspunkt an die New Brits, denen der gute alte aufklärerische Humanismus in ein kompromißloses Ausschreiten der letzten Spielräume geronnen ist, gibt es eine ganze Reihe zeitgenössischer Dramatiker, die auf den Dialog der Verhältnisse hören. Moritz Rinke zieht zwischen seine Figuren und die restliche Welt einen Vorhang aus fein zurechtgeschliffenen Dialogen nebst zitierfähigem Aphorismenmaterial, in dem sich zeitgenössisches Trendpersonal selbst zu Dampf zerplaudert (*Republik Vineta*, *Die Optimisten*). Theresia Walser (*King Kongs Töchter*, *Wandernutten*) sucht und findet das Heil ihrer Figuren ebenfalls in der Sprache, denn ihren souveränen Unglücksspezialisten kann das Wasser bis über den Hals stehen, aus dem Mund kommt noch eine überraschende Blase, eine treffend trockene Metapher als Rettungsring, mit der man gerade noch rechtzeitig den Kopf wieder an die Luft bekommt. Ihre unverbesserlichen Überlebensredner schwingen sich poetisch auf, aber vor dem Abheben in den schönen Schein bewahrt sie unweigerlich die nächste prekäre Existenzsituation. Und dann landen sie mit einem unüberhörbaren kleinen Plumps wieder auf dem Boden der Realität.

Roland Schimmelpfennig experimentiert sich lieber mit dramatischen Erzähltechniken über die Bordsteinkante einer allmächtigen Alltagsrealität. *Die arabische Nacht* ist ein Erzähldrama in fünf Stimmen, in dem Darstellung und Erzählung in eins fallen; *Push up 1–3* funktioniert als Parallelmontage von Zweierszenen, in denen sich Karrierewahn im Souterrain spiegelt, und *Vorher/Nachher* entfacht ein Momentgewitter mit sechsunddreißig Rollen, das die handlungsentscheidenden Mini-Ereignisse per Zeitsprung ausklammert. Und in *Die Frau von früher* ist es der multiple zeitversetzte Szeneneinstieg, welcher der beziehungsbanalen Gegenwart eine mythische Herausforderung vor die Wohnungstür mogelt. Albert Ostermaier wiederum arbeitet gern mit dramaturgischen Spiegeltricks, um die ausweglose Welt wenigstens gut konstruktivistisch als nur eine von vielen möglichen Welten in sich zu verkapseln. Dazu hat er in *The Making Of. B-Movie* oder *Death Valley Junction* ein sich selbst erzeugendes, in sich geschlossenes Mediensystem entworfen, dessen Bezug zur Außenwelt auf die Vorstellungswelt der Insassen begrenzt ist, die sich wiederum auf ein paar Filme oder andere Gegenwartsmythen beschränkt: das Leben als geschlossene Endlosschleife.

Selbst das gute alte Problemstück darf wieder die anstehenden Probleme angehen, allerdings ohne je zu behaupten, sie damit lösen zu können: Wenn Lukas Bärfuss mit der lustvollen und behinderten Dora die *Sexuellen Neurosen unserer Eltern* ergründet, mit einer *Bus*-Ladung säkularer Alltagssünder die Erlösungsfähigkeit einer Wellness-Reisegesellschaft erforscht oder sich mit Alice auf *Alices Reise in die Schweiz* zur Sterbehilfe begibt, wird danach keins der angeschnittenen Probleme auch nur annähernd erledigt sein. Im Gegenteil: Mit Vorliebe fügt er

*Armin Petras' Inszenierung von Fritz Katers WE ARE CAMERA
am Hamburger Thalia-Theater 2003*

den zahlreichen Aporien der westlichen Welten noch ein paar Widersprüche hinzu, die man so noch gar nicht gesehen hatte.

Ob sie sich an der Welt die Köpfe blutig schlagen oder ob sie sie mit dramaturgischer Präzisionsarbeit und Formulierungsvirtuosität auf Abstand halten: Allen Autoren gemeinsam sind beschränkte Wirklichkeitsausschnitte, überschaubare Probleme, der Abschied von allen größer dimensionierten Utopien. Sie können kein Pathos gebrauchen, denken eher in Alternativen und Nischenlösungen als in weitreichenden Entwürfen. Man muß sich dessen nicht schämen. Nicht erst seit Schnitzler, Hofmannsthal oder Shaw reagieren Dramatikerhirne in noch einigermaßen wohlstandsgepolsterter Ratlosigkeit mit brillanter Dauererregung aus dem Sprachzentrum.

Und wer glaubt noch ungebrochen an den bürgerlichen Lebenstraum von einem seiner selbst mächtigen Individuum, dem sein Denken, Fühlen, Handeln und Wollen in erbaulicher Lebenskontinuität zu Füßen liegt? Dea Loher hat seit ihrem Inzest-Drama *Tätowierung* viele Stücke geschrieben, in denen das, was den Figuren geschieht, immer mächtiger war als das, was die Figuren selbst geschehen lassen. Bis man am Ende oft sehr zu Recht fragen konnte, wer denn das noch war, dem das alles geschehen ist? Adam Geist zum Beispiel, der Hilfsschüler und Tischlerlehrling, dessen Vater verschwunden ist, dessen Mutter gleich zu Beginn stirbt, der zum Drogendealer wird, eine Geliebte vergewaltigt und tötet, einen Selbstmordversuch unternimmt, bei der Feuerwehr zum Menschenretter und Helden wird, ein Kettensägenmassaker anrichtet, als Söldner in den Balkan zieht, dort einen Freund erschießt, der einen alten Mann quält und und und. Bei Bernd Eichinger wäre so ein Drehbuchentwurf wahrscheinlich nicht über die Sekretärin hinausgekommen. Bei Dea Loher kommt es hingegen nicht auf die Scheinplausibilität des Erzählkinos an, denn bei ihr passiert, was passieren kann, bis die Dinge den Menschen, denen sie geschehen, über alle Köpfe wachsen. Ob *Klaras Verhältnisse* oder *Unschuld*, in Dea Lohers Stücken halten nicht die Menschen die Ereignisse zusammen, sondern die Ereignisse die Menschen, bis sie zu Bruch gehen. Am Ende ist es eine rein theoretische Frage, ob es das jeweilige Subjekt, das da zerlegt wird, jemals wirklich gegeben hat.

Auch Armin Petras spielt gerne mit Perspektiven, die sich innerhalb eines Einzelnen verwirrend überkreuzen. Dabei fängt der Regisseur bei sich selbst an. Als Autor Fritz Kater hat er sich bis zur Ausreise 1987 eine lupenreine DDR-Biographie erfunden, die ihr Erfinder nur teilweise teilt: Petras war mit seinen Eltern erst 1969 in die sozialistische Einheitsrepublik übergesiedelt und hat sie im wirklichen Leben erst 1988 wieder westwärts verlassen. Zeit genug im wirklichen und entworfenen Leben, um dieses Land unter der Haut zu tragen – mit allen Vergegenwärtigungsproblemen, die das heute aufwirft. Soll man sich an sich mit der gebotenen Sentimentalität erinnern oder eher die retrospektiven Peinlichkeiten hervorheben? Was ist, wenn man sich bei der Selbstbeobachtung in einzelne Bestandteile zerlegt, die hinterher nicht einmal zusammenpassen? Was ist, wenn ich mehr bin als eine Perspektive? Wer war man denn eigentlich zwischen lächerlichem FDJ-Ernst und den gar nicht komischen Repressionen, zwischen Kleinbiedertum, (selbst)zerstörerischen Anarchieschüben und dem ganzen absurden Wahnwitz, der oft weder absurd noch witzig war? Und wohin damit, jetzt, wo es weg ist?

Petras, der sich schon nicht zwischen sich und Fritz Kater entscheiden will, neigt nicht zu rückschauender Einheitsmythenbildung – weder in Richtung *Sonnenallee*-Klamotte noch mit Kurs auf filmpreisträchtige Problemkomödien à la *Good-bye, Lenin!*. Stattdessen versammelt er in seiner Hamburger Trilogie (*Fight City. Vineta, zeit zu lieben zeit zu sterben, WE ARE CAMERA / jasonmaterial*) ein durch Zeitsprünge zusammengehaltenes Biographiepanorama, dessen Darsteller in halsbrecherischer Achterbahnfahrt zwischen Psychologie und Klamotte, Atmosphäre und Kleinkunst, Kabarett und Tragödie steuern. Alles, was nur zusammenpaßt, wenn man sich von der tröstlichen Illusion verabschiedet, daß Biographie eine vorhersehbare Richtung hat oder Charakter partout etwas Rundes und Tiefes sein muß. Weil es neben den satten Identitätsbesitzern immer mehr andere gibt. Es leben nun mal viele Wahrheiten in einem vereinigungszerrissenen deutschen Petras/Kater-Menschen und womöglich mehr Petras/Kater-Menschen, als man denkt.

Tschechows Konjunktur

Noch in den späten neunziger Jahren des vergangenen Jahrhunderts glaubte man, es fehlten der Gesellschaft nur gut kommunitaristisch ein paar verbindende Werte, und wenn man dergleichen durch Feuilletondebatten, »100 Meisterwerke« und ein paar Romankanons wieder einzieht, bekommt das gemeinsame Viele wieder soviel allgemeine Verbindlichkeit, daß sich darin kommod und zivilisiert weiterleben läßt. Inzwischen hat sich das Problem ein wenig verschärft. Unsere ökonomischen und politischen Funktionseliten haben sich derweil unter dem Druck der globalisierten und demographischen Realitäten zu noch vergleichsweise weichgespülten neoliberalen Einsichten entschlossen. Mehr Markt, mehr Wettbewerb, mehr Eigenverantwortung, mehr Existenzrisiko, mehr Rendite und entsprechend weniger Wohlfahrtsstaat, soziale Gerechtigkeit, gesellschaftliche Solidarität und andere nicht-instrumentelle Spielplätze wie Kunst und dergleichen.

Auf der Seite der künstlerischen oder (gelegenheits-)intellektuellen Sinnproduzenten auf Bühnen, in Redaktionsstuben oder auf Universitätsfluren hat man die Botschaft wohl vernommen, sieht die Zusammenhänge auch mehr oder weniger willig ein und hat nur das Problem, daß damit auch die eigenen Werte massiv in Frage stehen. Die Schwierigkeit dort ist weniger ein Mangel an Sinnorientierung, als daß man sich seine schönen Werte nicht mehr leisten kann, respektive sie nicht mehr finan-

Samuel Finzi und Wolfram Koch in Dimiter Gotscheffs Iwanow-Inszenierung an der Volksbühne Berlin 2005

ziert bekommt. Für die Spezies der Sinnproduzenten, die vor gar nicht so langer Zeit noch ziemlich geschätzte Leute waren, ist ihre neue Überflüssigkeit reichlich bitter, in vielen Fällen: ausweglos.

Tschechow war das Problem bestens bekannt. Ob *Kirschgarten* oder *Platonow*, ob »DreiSchwesternOnkelWanjaIwanow«: Wie eine Gesellschaft implodiert, die sich nicht verändern kann, wie ein traumverlorener Haufen Leute, die nicht aus sich herauskönnen, immer wieder vor die eigene innere Wand läuft, läßt sich dort aufschlußreich beobachten. Alle sind dabei mit ihrer Selbstreflexion jederzeit auf der Höhe des Geschehens: Mascha: »Was hat das Leben für einen Sinn? Draußen schneit es – was hat das für einen Sinn?« Oder Olga: »Wofür wir leben, wofür wir arbeiten, ich weiß es einfach nicht.« In den ersten Jahren des neuen Jahrtausends waren gleich eine ganze Reihe herausragender Tschechow-Inszenierungen zu sehen. Drei Beispiele.

Bei Stefan Pucher in Zürich wurde aus *Drei Schwestern* ein wohlarrangiertes Gruppenbild von heute, in dem alle guten Vorsätze auf Veränderung als Erinnerungsbilder von sich selbst schon ins Familienalbum geklebt sind. Lauter Gegenwärtige drängeln sich auf der Bühne, die von sich in der Vergangenheitsform sprechen, weil sie wissen, daß ihre Gleichförmigkeit keine Spuren hinterlassen wird. Die übliche durchschnittliche Freizeitgesellschaft, der von außen auch niemand ansieht, wie freiwillig ihre Freizeit gerade ist.

Andrea Breth, nach ihrem Abschied von der Berliner Schaubühne am Wiener Burgtheater, hat sich für den *Kirschgarten* 2005 von Gisbert Jäkel eine Bühne bauen lassen, die an einen postsowjetischen Schwarzmeer-Urlaubsbunker erinnert, in den von hinten links, im perspektivischen Zentrum des Raums, ein mannshohes Kanalisationsrohr hereinragt und gleich hinter der ersten Sitzgruppe endet. Läßt sich gar nicht übersehen, müßte man meinen. Irrtum, kann man prima übersehen, wenn man ein echter deutsch-russischer Bühnen-Gutsbesitzer ist. Andrea Clausen, Udo Samel, Elisabeth Orth und noch ein paar andere ausgewählte Edelmimen kommen aus Paris hereingeschneit und spielen Tschechow wie vor zwanzig Jahren in Berlin, Bochum oder Wien. Ein königliches Spreizen, ein seliges Schrankanbeten, Bonbonlutschen, Telegrammaufreißen, Liebesdramatisieren und Firs-Kommandieren setzt ein und erzählt doch von nichts anderem als einer grotesken Blindheit für das Nächstliegende, das vor aller Augen offen Daliegende, den raumgreifenden totalen Verfall. Eine ganze Gesellschaft spielt Tschechow, als sei nichts passiert, dabei hat ihr angeblicher Kirschgarten mindestens schon drei Brandrodungen hinter sich und dürfte mittlerweile nicht viel mehr sein als eine verkarstet-verseuchte Uferkloake. Aber die Herrschaften sehen es einfach nicht.

Oder Dimiter Gotscheffs *Iwanow*, ebenfalls 2005 an der Berliner Volksbühne. Es muß ein grauenvolles Jahr gewesen sein, das dieser einst umschwärmte Held der russischen Provinz hinter sich hat. Der Mann ist nur noch ein Schatten seiner selbst, das sagen alle und sie haben Recht. Samuel Finzi schlurft mit kleinen tapsigen Psychotiker-Schrittchen in Schlappen an die Rampe, Antidepressiva gab's bei Tschechow noch nicht. Dabei ist im vergangenen Jahr doch gar nichts passiert. Nichts. Aber das ist ja gerade Iwanows ganzes Problem: Er sitzt immer noch auf seinem verschuldeten Gut, umgeben, ähnlich wie bei Zadeks eingangs erwähnter Inszenierung, von allerlei menschlichen Zumutungen aus dem Bilderbuch des fröhlichen Kapitalismus. Man muß lange hinsehen, um zu erkennen, was Samuel Finzi aus der Situation macht, bis das ganze Ausmaß des Grauens deutlich wird. Denn Finzi spielt sehr intensiv und mit jeder Faser seines Körpers: nichts, gar nichts, die totale teilnahmslose Gleichgültigkeit. Keine Kokketterie, keine Larmoyanz, kein Charme, kein Narzißmus, kein Selbstmitleid, nichts, womit Legionen von Iwanow-Darstellern, allen voran Gerd Voss, ihre Rolle aufgepolstert haben.

Nach knapp zwei Stunden wird er mit ebenso kleinen mechanischen Schrittchen den Rückweg antreten, das Jackett zur Zwangsjacke umgeknöpft. Dann spritzt er sich mit leichter Hand die Kugel als Graffiti vor's Hirn, ein spielerisches Heiner-Müller-Zitat, der das nämliche Bild kurz vor seinem Tod an die Museum gewordene Mauer sprühte. Man kann die Jahre zwischen beiden *Iwanows* auch anders zusammenfassen: Zadek hat sie überlebt, aber Müller – zumindest seinen Befürchtungen nach – gewonnen.

Das Theater

der

Avantgarde

Die Theaterreform um 1900

Zu Beginn des 20. Jahrhunderts ist es überall in Europa zu einem grundsätzlichen Wandel der realen Lebensverhältnisse und damit auch der geistig-kulturellen Situation gekommen. Der rapide technische Fortschritt, die Industrialisierung, die Verstädterung und das gesteigerte Lebenstempo hatten in relativ weiten Kreisen der Bevölkerung Irritationen und Ängste zur Folge. Die kulturtragenden Schichten des gehobenen Bürgertums waren zwar von dem stolzen Bewußtsein erfüllt, am Höhepunkt einer Entwicklung zu stehen, die mit dem Aufstieg ihrer Klasse begonnen hatte, gleichzeitig aber voller Unsicherheit und Zukunftsskepsis. Die Wirklichkeit in ihrer zunehmenden Komplexität erschien ihnen zerfallen in beziehungslose Fakten; das Gefühl, undurchschaubaren Mächten ausgeliefert zu sein, griff um sich. Einsteins Relativitätstheorie und Max Plancks Quantentheorie erschütterten das Vertrauen in das bis dahin festgefügte Newtonsche Weltbild; die Erforschung des Unbewußten durch Sigmund Freud stellte das aus der Aufklärung überkommene Menschenbild in Frage. Die Idee des autonomen Individuums, wie sie die Philosophie und die Kunst des bürgerlichen Zeitalters entworfen und propagiert hatten, verlor ihre Überzeugungskraft; bald wurde sie durch die Herausbildung der Massengesellschaft und die politischen Kollektivierungszwänge endgültig obsolet. Eingespannt in ein bis dahin in solcher Stringenz nicht gekanntes Lebenssystem, suchten viele Angehörige des Großbürgertums und der Aristokratie nach Möglichkeiten zur Flucht in das Reich des schönen Scheins. Sigmund Freud hat den Sachverhalt so formuliert: »Das Leben, wie es uns auferlegt ist, ist zu schwer für uns, es bringt uns zuviel Schmerzen, Enttäuschungen, unlösbare Aufgaben. Um es zu ertragen, können wir Linderungsmittel nicht entbehren. (…) Die Ersatzbefriedigungen, wie die Kunst sie bietet, sind gegen die Realität Illusionen, darum nicht minder psychisch wirksam dank der Rolle, die die Phantasie in unserem Seelenleben behauptet hat.« (Sigmund Freud: Gesammelte Werke. Bd. X. S. 432 f.)

In Zusammenhang mit dieser Entwicklung wurden kurz nach 1900 etliche Theaterkonzeptionen vorgelegt, die das Bühnengeschehen nicht mehr als realistisches Abbild der Wirklichkeit definierten, sondern als utopisch-fiktives Gegenbild. Mit der Ablösung der illusionistischen Nachahmung durch das autonome Kunstgebilde, das seinen eigenen zeitlichen und räumlichen Gesetzmäßigkeiten folgt, war eine Reihe konkreter Veränderungen verbunden: der Verzicht auf die kausal-logisch aufgebaute Handlung und die psychologisch ausdifferenzierte Bühnengestalt, die Aufhebung der Dominanz des gesprochenen Wortes zugunsten der Bewegung und des Bildes, die tendenzielle Verdrängung des Menschen in seiner natürlichen Erscheinung durch künstlich überformte Figuren und schließlich die Verlagerung der Wirkungsabsicht von der Vermittlung rational faßbarer Botschaften und nachfühlbarer Emotionen zur Provokation und Erweiterung der sinnlichen, gedanklichen und gefühlsmäßigen Horizonte.

Die von Adolphe Appia, Edward Gordon Craig und Georg Fuchs aufgestellten Grundsätze bildeten den Ausgangspunkt für eine Entwicklungslinie der Bühnenkunst, die das ganze 20. Jahrhundert hindurch das konventionelle Theater mit seiner mehr oder minder konsequenten Orientierung am Erwartungshorizont des breiten Publikums, mit seiner Verankerung in institutionalisierten Betrieben und mit seiner Fundierung durch die dramatische Literatur begleitet und konterkariert hat. Die Protagonisten dieser Bewegung setzten nicht so sehr auf die Eigenschaften des Theaters als sozialer Institution, sondern mehr auf dessen Kunst-Charakter. Sie kamen auch meist nicht aus dem »Metier«, sondern von den bildenden Künsten und von der Musik her. Das dort herrschende Prinzip »Avantgarde« – der Begriff kommt aus der Sprache der Militärs und bezeichnet dort die Vorhut, die den Weg erkundet für das Gros der Truppe – übertrugen sie auf das Theater und sicherten damit dessen Anschluß an die künstlerische Gesamtentwicklung. Ihre Errungenschaften wurden – meist mit erheblicher Verzögerung und in »entschärfter« Form – vom institutionalisierten Theater aufgenommen, das sich auf diese Weise immer wieder erneuern konnte. Gegen Ende des 20. Jahrhunderts ist allerdings das Avantgarde-Prinzip in zunehmendem Maße problematisch geworden. Vorausgesetzt, man akzeptiert den Entwicklungsgedanken für die Künste überhaupt, so ist dieser jedenfalls mit der allgemeinen Erosion des Fortschrittsglaubens zutiefst fragwürdig geworden. Die Beobachtung der aktuellen Kunstszene zeigt, daß die beiden Grundkriterien des Avantgardismus, die Neuheit und die provozierende Wirkung auf das Publikum, unbrauchbar geworden sind zur Charakterisierung und Bewertung heutiger Kunstwerke. In einer Zeit, in der (zumindest im Fachpublikum) keiner mehr ernsthaft die Gültigkeit bestimmter Konventionen behauptet, wird auch der Provokation der Boden entzogen. Im »postmodernen« Klima des »anything goes« ist es grundsätzlich ausgeschlossen, daß Innovationen wirklich schockierend wirken. Zudem wird es immer schwieriger, »Neues« zu kreieren; dem darauf ausgerichteten Künstler kann es leicht so gehen wie dem Märchenhasen bei seinem Wettlauf mit dem Igel.

Trotz dieser Bedenken erscheint der Gebrauch des Begriffs Avantgarde für Phänomene, auch solche des Theaters, die in den ersten drei Vierteln des 20. Jahrhunderts entstanden sind, durchaus sinnvoll. Die an das Reformgeschehen um 1900 anknüpfenden Künstler des Futurismus, des Dadaismus, des Konstruktivismus und des Surrealismus haben sich selbst als Avantgardisten verstanden und aus ihrer fortgeschrittenen Position gegenüber der Mehrheit einen Großteil ihrer schöpferischen Energie bezogen. Als eine Wiederkehr dieser »historischen Avantgarden«, als eine »Neo-Avantgarde«, ist die zweite künstlerische Aufbruchsbewegung zu verstehen, die in den frühen sechziger Jahren Erscheinungsformen hervorgebracht hat, welche auch für das Theater wichtig geworden sind, wie die Aktionskunst (Happening, Fluxus, Performance), das Bildertheater (Tadeusz Kantor, Robert Wilson) und das von den Theatervisionen Antonin Artauds inspirierte mythisch-rituelle Theater (Living Theatre, Jerzy Grotowski, Eugenio Barba).

Die antinaturalistische Theaterreform ging aus vom Werk Adolphe Appias. Durch die calvinistische Atmosphäre seiner Heimatstadt Genf erst einmal vom Theater ferngehalten und an verschiedenen Konservatorien musikalisch ausgebildet, war Appia schon Mitte Zwanzig, als er den Entschluß faßte, seine Kraft der Erneuerung des Theaters zu widmen. Sein Schlüsselerlebnis war der Besuch einer Aufführung von Richard Wagners *Parsifal* in Bayreuth – noch zu Lebzeiten des Meisters. Appia begeisterte das neue »Musikdrama«, in dem durch die Sprache die Handlung bestimmt wird und die Musik das »innere Drama« zum Ausdruck bringt. Auch die Architektur des Bayreuther Festspielhauses mit dem amphitheatralisch angelegten Zuschauerraum fand seine Zustimmung. Was ihn aber störte, war der konventionelle Charakter des Bühnenbildes und der darstellerischen Aktion. Appia stellte einen prinzipiellen Widerspruch zwischen der Modernität des Musikdramas und der Rückständigkeit seiner Inszenierung fest. Damit befand er sich durchaus in Übereinstimmung mit Richard Wagner selbst, dem »vor diesen Kostümen und diesem Schminken graute«, und der davon träumte, nach dem »unsichtbaren Orchester« auch das »unsichtbare Theater« einzuführen. Die Regiepraxis in Bayreuth war bestimmt von dem detailversessenen und überladenen Schwulst der zeitgenössischen Landschafts- und Historienmalerei. Was das Bildnerische betrifft, hat Wagner seine Forderung nach einem »Gesamtkunstwerk«, in dem jede der Einzelkünste zu ihrer »höchsten Vollkommenheit streben soll«, absolut nicht einzulösen vermocht. Diesen Mangel zu beheben, stellte sich Adolphe Appia als Aufgabe.

Nach Hospitanzen in den damals bestausgestatteten technischen Abteilungen der Opernhäuser in Dresden und in Wien schuf Appia eigene Entwürfe und Regiebücher zu *Parsifal* und *Der Ring des Nibelungen*, wobei er sich allein von seinen Einfällen beim Hören der Musik und nicht von Richard Wagners Realismus fordernden Regieanweisungen leiten ließ. Sein Ziel bestand darin, dem Zuschauer schöpferische Ansichten der Realität zu geben und keine illusionierenden Abbilder davon. In seiner 1899 erschienenen Hauptschrift »Die Musik und die Inscenierung« hat er folgende Begründung dafür gegeben: »Das Auge zu täuschen, hat innerhalb der echten Kunst keinen Wert: die Illusion, welche ein wahres Kunstwerk hervorruft, beruht nicht darauf, daß sie uns nur auf Kosten der Wirklichkeit über die Natur der Dinge oder Sinneseindrücke irreführe, sondern sie will uns im Gegenteil so tief in eine neue Sehweise mit sich ziehen, daß diese Schauweise unsere eigene zu werden scheint.« (Adolphe Appia: Die Musik und die Inscenierung. S. 31) Angesichts dieser radikalen Abwendung von allem Naturalismus und Historismus sah sich Appia auch gezwungen, Richard Wagners »Musikdrama« als Modell seiner Reformgedanken zu verabschieden. Er war zu der Überzeugung gelangt, daß die konventionellen Inszenierungsideen ihres Autors entstellend auf das Libretto und die Partitur zurückgewirkt haben. So schuf er sich das hypothetische Konstrukt des »Wort-Tondramas« als literarisch-musikalische Komponente eines auch im Inszenatorischen überzeugenden Gesamtkunstwerks.

Um über Wagners Konzeption hinauszugelangen, warf Appia die Grundsatzfrage auf, wie sich die Bühne verändern müsse, damit der Künstler seine Visionen möglichst authentisch zum Ausdruck bringen könne. Die aus dem Barock überkommene Kulissenbühne schien ihm dazu vollkommen ungeeignet; seine Kritik daran läßt an Schärfe nichts zu wünschen übrig: »Ein Sammelsurium von bemalten und in Stücke geschnittenen Leinwänden, die senkrecht zur Bühne und mehr oder weniger parallel und in die Tiefe gestaffelt aufgestellt werden. Diese Leinwände sind mit gemalten Lich-

Richard Wagner: Parsifal. Bühnenbildentwurf von Adolphe Appia, 1896

tern, gemalten Schatten, gemalten Gegenständen, Körpern, Architekturen bedeckt; und das alles selbstverständlich auf einer flachen Ebene, denn so ist eben das Wesen der Malerei. Die dritte Dimension wird hier arglistig durch ein verlogenes Hintereinander im Raum ersetzt. (...) Dem Darsteller widerfährt die letzte Erniedrigung, sich zwischen gemalten und auf einem waagrechten Boden aufgepflanzten Bilderrahmen zu bewegen. (Zitiert nach: Adolphe Appia. 1862-1928. S. 53) Appia konstatierte also in aller Deutlichkeit den Grundwiderspruch zwischen der Körperlichkeit des Akteurs und der Flächigkeit seiner Umwelt, die ein unmittelbares Zusammenwirken der beiden Hauptkomponenten des Bühnengeschehens verhindert. Auch wies er noch einmal auf die altbekannte Tatsache hin, daß die Darsteller auf der Kulissenbühne in ihrer Bewegungsfreiheit eingeschränkt sind, weil außerhalb eines relativ engen Spielbereichs die Gesamtperspektive nicht mehr stimmt und die Illusion zusammenbricht; die »schönste Dekoration« wird dann zu einer »eitlen Zusammenstellung bemalter Leinwand«.

Bei der Entwicklung seiner Alternative zur Kulissenbühne geht Appia vom leeren Raum aus. Darin soll der Darsteller durch seine Haltungen und Bewegungen die ersten Akzente setzen. Hinzu kommen dreidimensionale Elemente wie Kuben und Schrägen, Treppen und Podeste. Deren Aufstellung richtet sich nach dem Prinzip der Praktikabilität, das heißt, sie stehen in direktem Bezug zum Akteur. Weil dessen Kontakt zur materiellen Bühnenwelt im Stehen und Gehen ein ganz besonders enger ist, kommt der Gestaltung des Spielterrains eine wesentliche Bedeutung zu. Seine Form bestimmt sich aus den rhythmischen Bewegungen des Darstellers und wirkt wiederum darauf zurück. Der Rhythmus aber ist bei der Realisierung des hypothetischen Wort-Tondramas vorgegeben durch die Musik. So gewinnt sein Schöpfer die ihm von den Theatermachern »vorenthaltene« Verfügungsgewalt über die Inszenierung, was Appia als die Voraussetzung erscheint für die angestrebte Einheit des dramatisch-theatralischen Kunstwerkes. Seine Gesamtwirkung kann es nur dann »ungetrübt erhalten, wenn es kein Element in sich schließt, das nicht ganz und unmittelbar in der Gewalt des Schöpfers liegt«. (Adolphe Appia: Die Musik und die Inscenierung. S. 3)

Die Beziehung zwischen den Einzelkünsten ist erst einmal eine rein formale. Der Rhythmus als einigendes Band reguliert nur die Maßverhältnisse. Den emotionalen Gehalt der Musik auszudrücken, ist nach Appia vor allem die Sache des Lichtes. Befreit von seiner Aufgabe, die Kulissen zu erhellen, kann es sich auf der architektonisch gestalteten Raumbühne zum künstlerischen Ausdrucksmittel emanzipieren. Die Voraussetzung dafür boten selbstverständlich erst die technischen Fortschritte der Zeit. Durch den Scheinwerfer wurde die Dynamisierung des Lichts, durch Stellwerke und Potentiometer die Regulierung seiner Intensität möglich; die Projektion gestattete die inhaltliche Kennzeichnung von Schauplätzen und ihren schnellen Wechsel ohne Änderung der rhythmisch-plastischen Gestalt der Dekoration. Mit Hilfe neuer Filter konnte das Licht als Stimmungsträger eingesetzt werden und damit Ausdrucksfunktionen der Farbe übernehmen. Im Wechsel der Lichtfarben, im Spiel von Licht und Schatten, Dunkel und Helligkeit standen nun ideale Mittel zur Verfügung, um die Gefühlswerte der Musik zu visualisieren.

Das Verständnis vom Darsteller ist in Appias Theatermodell ein grundsätzlich anderes als im realistischen Schauspiel. Während der Akteur dort (in dem vom Dramatiker vorgegebenen Rahmen) über Sprechweise und Bewegung, über Ort und Tempo seines Handelns (im Einvernehmen mit dem Regisseur) selbst entscheiden kann, ist er hier ganz und gar gebunden durch die Vorschriften des Wort-Tondichters. Das Zeitmaß der Musik bestimmt die Bewegungen des Darstellers, nicht mehr der innere Impuls. Das aus der Lebenserfahrung gewonnene emotionale Material ist unbrauchbar. Statt Individualität wird ein höchstmöglicher Grad von »Entpersönlichung« gefordert. Unerläßlich ist die perfekte Beherrschung des

Adolphe Appia: Rhythmischer Raum, 1909/10

körperlichen Instrumentariums. »Geschmeidigkeit« und »Beweglichkeit« sind hier die wichtigsten Qualitäten des Akteurs. »Im Wort-Tondrama«, so Appia, »ist der Darsteller nicht mehr der einzige, auch nicht mehr der höchste Vermittler zwischen Dichter und Publikum; hier ist er eines der Ausdrucksmittel, nicht mehr und nicht minder notwendig als alle übrigen Bestandteile des Dramas. Da er nicht mehr das große Wort zu führen hat, stellt er sich gleichwertig in die Reihe seiner Mitbrüder, der verschiedenen poetisch und musikalischen und darstellerischen Ausdrucksmittel.« (Adolphe Appia: Die Musik und die Inscenierung. S. 15)

Was die konkrete Form der Darstellung betrifft, bekam Appia die entscheidenden Anregungen von dem ebenfalls aus Genf stammenden Émile Jaques-Dalcroze. Dieser hatte, ausgehend von der altbekannten Tatsache, daß Musik und Bewegung durch den Rhythmus miteinander verbunden sind, als Musikpädagoge am Konservatorium seiner Heimatstadt die »Rhythmische Gymnastik« geschaffen. In diesem Übungssystem entspricht jedem Notenwert eine bestimmte Körperbewegung, jeder Tonlage eine bestimmte Haltung, so daß die Möglichkeit gegeben ist, Musikstücke in ihrer ganzen Komplexität in räumliche Bewegungen zu übersetzen. Nach seiner ersten Begegnung mit Jaques-Dalcroze beobachtete Appia jahrelang systematisch dessen Arbeit und erlernte noch als Vierzigjähriger selbst die neue Körpersprache, die ihm genau das zu realisieren schien, was er in seiner Theorie versucht hatte zu beschreiben. Erst zögernd, dann immer entschiedener beförderte er die Entwicklung der Rhythmischen Gymnastik von einem pädagogischen Mittel zu einer künstlerischen Form. Er schlug Jaques-Dalcroze vor, den Schülern Hindernisse in Gestalt von Stufen und Treppen entgegenzustellen, um ihre Bewegungsabläufe zu variieren. Daraus entstanden die Entwürfe zu »Rhythmischen Räumen«, in denen Appia immer wieder neue Maßverhältnisse und neue Proportionen zwischen statischen und dynamischen Akzenten erkundete.

Als Jaques-Dalcroze 1910 den Auftrag erhielt, in der als Modell einer umfassenden Lebensreform konzipierten Gartenstadt Hellerau bei Dresden eine eigene Schule aufzubauen, folgte ihm Appia als bildkünstlerischer Berater.

Schon bei der Planung des Festspielhauses, in dem das Institut untergebracht werden sollte, machte der Künstler seinen Einfluß geltend. Auf sein Drängen hin wurde nicht die übliche Guckkastenbühne installiert, sondern ein Raum geschaffen, in dem Zuschauerbereich und Spielfläche ineinander übergehen und nur fallweise durch einen absenkbaren Orchestergraben zu trennen sind. Außer den amphitheatralisch ansteigenden Tribünen gab es keine festen Einbauten. Der Bühnenraum sollte für jede Inszenierung mit Hilfe geometrischer Körper neu gestaltet werden. Auch in bezug auf das Licht gelang es Appia, zusammen mit dem Techniker Alexander von Salzmann, seine Vorstellungen weitgehend zu verwirklichen: Der Hellerauer Theaterraum konnte einerseits als Ganzes durch mehrere tausend Lampen hinter der weißen Stoffbespannung von Decke und Wänden in ein diffuses Grundlicht getaucht werden, andererseits bot eine technisch hoch entwickelte Anlage mit beweglichen Scheinwerfern und Stellwerk zum ersten Mal in der Theatergeschichte die Möglichkeit, das Licht wirklich konsequent als Gestaltungsfaktor einzusetzen.

In dem für seine Zeit in technischer wie ästhetischer Hinsicht hypermodernen Theaterraum fanden 1912 und 1913 jene legendären »Schulfeste« statt, die zu einem Höhepunkt der antinaturalistischen Theaterreform vor dem Ersten Weltkrieg wurden. Im ersten Jahr brachte man die von Jaques-Dalcroze komponierte Pantomime *Echo und Narziß* sowie den 2. Akt von Glucks *Orpheus und Eurydike*, im nächsten dann die ganze Oper sowie Paul Claudels religiöses Schauspiel *Die Verkündigung* zur Aufführung. Während Jaques-Dalcroze die Vorschläge von Appia zur Gestaltung des Bühnenraumes kritiklos übernahm, widersetzte er sich dem ästhetischen Rigorismus in bezug auf die Kostüme. Neben dem Arbeitstrikot in Schwarz sowie einigen Grauabstufungen wollte Appia nur einen schlichten weißen Umhang verwenden, dessen »Faltenwurf wie ein räumliches Echo dem Rhythmus der Bewegung antwortet«. Obwohl Appia noch vor der Premiere

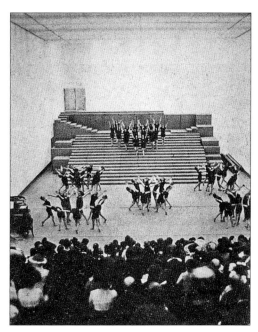

Christoph Willibald Gluck:
Orpheus und Eurydike.
Schulfest Hellerau, 1913.
Inszenierung: Émile Jaques-Dalcroze.
Bühnenbild: Adolphe Appia

erzürnt abreiste, beriet er im darauffolgenden Jahr Jaques-Dalcroze doch wieder bei der Gesamtinszenierung von *Orpheus und Eurydike*. Sie wurde ein überwältigender Erfolg. Ein illustres Publikum hatte sich versammelt: Konstantin Stanislawski, Georges Bernard Shaw, Hugo von Hofmannsthal und Max Reinhardt, der daraufhin für seine Schauspieler gleich Kurse in »Rhythmischer Gymnastik« einrichtete, sowie Sergej Diaghilew, der eine Assistentin von Jaques-Dalcroze als Mitarbeiterin seiner »Ballets russes« engagierte.

Die in Hellerau zum ersten Mal praktisch erprobte Konzeption des Bühnenraumes ist in der Folge von Theaterleuten in allen europäischen Ländern aufgenommen worden; Appia selbst hatte nur noch zu zwei – halb gescheiterten, halb im Skandal erstickten – Inszenierungen Gelegenheit: *Tristan und Isolde* an der Mailänder Scala (1923) und *Der Ring des Nibelungen* in Basel (1924/25).

Die Expressionisten rezipierten Appias Prinzipien der Bühnengestaltung und der Lichtführung, die russischen Konstruktivisten orientierten sich in ihrem Streben, die illusionistische Bildbühne durch die abstrakte Raumbühne zu ersetzen, an seinem Grundmodell. Die Bühnenbildner unkonventioneller Wagner-Inszenierungen – wie Alfred Roller in Wien oder Ewald Düllberg an der Berliner Kroll-Oper – ahmten seine Entwürfe nach. Selbst in Bayreuth hat man, wenn auch mit einer Verspätung von einem halben Jahrhundert, das Werk von Appia gewürdigt. In den fünfziger Jahren übernahm Wieland Wagner die Prinzipien, die in der kritischen Auseinandersetzung mit dem Werk seines Großvaters entstanden waren. Ihre Bedeutung für das moderne Theater hat sein Nachfahre im Bemühen um ein »reines Theater«, der französische Regisseur Jacques Copeau, so umrissen: »Das höchste Verdienst von Appia (...) liegt darin, daß er aus dem Theater hinausgegangen ist und uns dabei hat mitgehen lassen. Aus Liebe zu dieser lebendigen Kunst hat er das Theater verneint und verworfen, um es von neuem Wurzeln schlagen und Kraft schöpfen zu lassen, und zwar anderswoher als aus den staubigen Brettern der entweihten Bühne. Er hat die Decke dieses mittelmäßigen Prestige-Kastens zum Bersten gebracht. Die Luft ist eingeströmt, und wir haben den Himmel gesehen. Und das Leben.« (Zitiert nach Misolette Bablet: Adolphe Appia und Jaques-Dalcroze in Hellerau. S. 41)

Neben Adolphe Appia war es vor allem Edward Gordon Craig, der mit seinen Reformschriften und Entwurfszeichnungen gegen den Historismus und den Naturalismus des ausgehenden 19. Jahrhunderts opponierte. Ganz im Sinne der Kunstdoktrin des Symbolismus ging der Künstler von der Überzeugung aus, daß hinter der empirisch wahrnehmbaren Wirklichkeit eine Welt verborgen liegt, in der ewige Wesenheiten wie Harmonie und Schönheit herrschen, die es mit Hilfe der Phantasie zu schauen und durch die künstlerische Darstellung zu offenbaren gilt. Der Nachahmung der Wirklichkeit in ihrer Oberflächendimension erteilte Craig eine scharfe Absage. Mit dem Bemühen um Realismus hat nach seiner Auffassung in der Renaissance der Verfall der abendländischen Kunst begonnen. An die »Künstler des Theaters der Zukunft« richtete er darum folgende Aufforderung: »Vermeiden Sie alles, was man ›naturalistisch‹ nennt, sowohl in der Bewegung als auch in der Szenengestaltung. (...) Diese Tendenz zur Natürlichkeit hat nichts mit Kunst zu tun und ist ebenso abgeschmackt, wenn sie sich in der Kunst zeigt, wie die Künstlichkeit abgeschmackt ist, wenn man ihr im täglichen Leben begegnet. Wir müssen endlich begreifen, daß die beiden Dinge voneinander getrennt sind und daß wir jedes für sich belassen müssen.« (Edward Gordon Craig: Über die Kunst des Theaters. S. 37) Dem konventionellen Theater seiner Zeit warf Craig vor, daß es die beiden Bereiche ständig vermische. Damit müsse es ein Ende haben; alle Gestaltungsmittel sollten einen künstlichen Charakter bekommen: »Die Arbeit des Dichters hat zu sein, was sie ist – eine unnatürliche Sprachweise, oder Verse. Des Schauspielers Arbeit soll eine unnatürliche Art der Vermittlung sein. Die Szenerie eine nichtnaturale Erfindung, zeitlos und ohne genaue Ortsbestimmung. Die Schauspieler sollen so verkleidet sein, daß man sie nicht erkennt – wie die Marionette. Nach einem bestimmten System formalisierte Bewegungen. Ein offen unnatürliches Licht. (...) Masken.« (Zitiert nach Joachim Fiebach: Von Craig bis Brecht. S. 91)

Bevor er zwischen 1905 und 1910 seine wichtigsten Aufsätze, Dialoge und Szenenentwürfe vorlegte, hatte Edward Gordon Craig, Sohn des bedeutenden Architekten, Bühnenbildners und Regisseurs Edward William Craig und der berühmten Schauspielerin Ellen Terry, jahrelang als Darsteller auf der Bühne gestanden. Der von seinem Stiefvater und künstlerischen Lehrer Henry Irving am Londoner »Lyceum Theatre« zu höchster Perfektion entwickelte Bühnenrealismus erweckte früh seine grundsätzlichen Zweifel. Noch nicht einmal fünfundzwanzig Jahre alt, brach er eine steile Karriere ab und wandte sich dem Studium von Grundwerken der Ästhetik zu. Dessen Ertrag brachte der Biograph des Künstlers auf folgenden Nenner: »Von Goethe lernt er, daß die Kunst das Nichtausdrückbare gestaltet, und daß nur das theatralisch ist, was auch visuell symbolisch ist. Tolstoi bestätigt ihn in seiner Auffassung, daß die Reproduktion des Wirklichen die Negation der Kunst bedeutet. Nietzsche wird ihm offenbaren, daß jegliche ästhetische Aktivität und Wahrnehmung die Ekstase voraussetzen. So entwickelte sich in ihm eine wahrhafte Mystik der Kunst, die Sehnsucht nach der idealen Schönheit, die dem ästhetischen Idealismus der Jahrhundertwende entspricht.« (Denis Bablet: Edward Gordon Craig. S. 48)

Diese Programmatik lag auch den bildnerischen Studien zugrunde, denen sich Craig nach seinem Abgang von der Bühne mit äußerster Intensität widmete. Von Künstlerfreunden lernte er die verschiedensten graphischen Techniken und erprobte sie in einer Fülle von Illustrationen für Zeitschriften und Bücher. Gleichzeitig eignete er sich Prinzipien und Strukturen bildkünstlerischen Denkens an, von denen er sich bei der Wiederannäherung an das Theater leiten ließ.

Durch seine Beschäftigung mit Musiktheorie und Komposition wurde Craig mit einem jungen Dirigenten bekannt, dessen Suche in eine ähnliche Richtung ging wie die seine. Gemeinsam gründeten sie die »Purcell Opera Society« mit dem Ziel, Werke des Barock aufzuführen, die im Opernbetrieb der Zeit vernachlässigt wurden. In diesem Rahmen brachte Craig seine erste eigene Inszenierung heraus: *Dido und Äneas* von Henry Purcell. Auf dem einfachen Stufenpodium eines Konzertsaales gestaltete er aus den Elementen Form, Farbe und Licht eine Folge von harmonischen Gesamtbildern, die keine bestimmte Epoche und keine konkreten Schauplätze bezeichneten, sondern die Grundidee und die verschiedenen Stimmungen des Werkes zur Anschauung brachten. Ähnlich wie Appia bei seinen frühen Szenenentwürfen zu den Musikdramen von Richard Wagner verzichtete Craig auf die phantasietötende Detailgenauigkeit; auch er setzte auf die suggestive Kraft großzügiger architektonischer Formen und auf die Wirkungen des gestaltenden Lichtes. In *Dido und Äneas* wie in den folgenden Inszenierungen der »Purcell Opera Society« (*The Masque of Love,* nach einer Musik von Purcell, Händels *Acis und Galathea* und *Betlehem,* nach dem Text eines modernen Mysterien-Dichters) ging er allein von seinen Visionen und den in seiner bildnerischen Arbeit erprobten künstlerischen Mitteln aus.

Die epochemachende Bedeutung von Craigs Inszenierungen wurde nur von wenigen erkannt. Die meisten Kritiken fielen negativ aus; das Londoner Publikum kam nur spärlich zu den Aufführungen; das Unternehmen bewegte sich am Rande des Bankrotts. Da sprang Ellen Terry ein und versuchte dem Sohn mit ihrem bekannten Namen und einer erklecklichen Summe zu helfen. Für die Inszenierung von Henrik Ibsens mythologischem Drama *Nordische Heerfahrt* wurde ein gut ausgestattetes Haus angemietet und ein Ensemble erfahrener Berufsschauspieler engagiert. Craig kümmert sich nicht nur um jedes visuelle Detail der Inszenierung, sondern auch um die Sprechweise und die Bewegungen der Darsteller. Zum ersten Mal erfuhr er sich als Herrscher über alle Ausdrucksmittel der Bühne und realisierte jenes Ideal des Regisseurs, das dann bei seiner Neubestimmung des Theaters eine große Rolle spielen sollte. Wiederum fand er Bilder von hoher symbolischer Ausdruckskraft, ohne dabei auf die realistischen Regieanweisungen des Autors Rücksicht zu nehmen. Auch diese Inszenierung fiel beim Publikum durch, ebenso wie die folgende Produktion der Shakespeare-Komödie *Viel Lärm um nichts.* Daraufhin entschloß sich Craig, alle Brücken zu seinem Heimatland abzubrechen.

Der mit einem außergewöhnlichen Sensorium für zukunftsweisende Tendenzen in der Kunst ausgestattete Mäzen Harry Graf Kessler, Berater des Hofes in Weimar, holte Craig 1904 nach Deutschland. Durch Kessler wurde der Künstler mit Max Reinhardt bekannt; die geplante Zusammenarbeit an der Inszenierung von Hugo von Hofmannsthals *Elektra* scheiterte allerdings. Das gleiche Schicksal erlitt der

Plan, an dem von Otto Brahm geleiteten Berliner Lessing-Theater Hofmannsthals Bearbeitung des *Geretteten Venedig*, eines englischen Barockdramas von Thomas Otway, herauszubringen; die Differenzen zwischen dem als Begründer des deutschen Bühnennaturalismus in die Theatergeschichte eingegangenen Intendanten und Dramaturgen und dem symbolistisch eingestellten Regisseur erwiesen sich als unüberbrückbar.

Die während seines Aufenthalts in Deutschland entstandenen Entwürfe von Gordon Craig zeigen eine Erweiterung seiner Phantasie ins Räumliche. Sie weisen Ähnlichkeiten auf mit den Arbeiten von Adolphe Appia, über die der Künstler allerdings erst ein Jahrzehnt später Genaueres erfuhr. Craig konzipierte 1905 das mit vier Skizzen illustrierte Drama *Die Treppe*, in dem die Architektur der eigentliche Hauptakteur ist. Durch die auftretenden Personen und ihre Handlungen gewinnt sie unterschiedliche Bedeutungen und Stimmungswerte. Im ersten Bild spielen Kinder auf der Treppe, so daß sie hell und fröhlich wirkt, im zweiten scheint sie »einzuschlafen«, im dritten und vierten erhält sie durch das Aneinandervorbeigehen und Zusammensinken zweier Gestalten den Ausdruck nächtlicher Ruhe und Trauer. Craig gab dazu folgenden aufschlußreichen Kommentar: »Obwohl mich der Mann und die Frau bis zu einem gewissen Grad interessieren, so ist es eigentlich doch die Treppe, die mich bewegt. Die Figuren beherrschen die Treppe eine Zeitlang; aber die Treppe bleibt immer.« (Zitiert nach Paul Pörtner: Experiment Theater. S. 100 f.)

Während es in diesem »Drama des Schweigens« in erster Linie die Bewegung des Menschen ist, die – zusammen mit dem Licht – dem Raum seine wechselnden Bedeutungen und damit seine Dynamik verleihen, bringt Craig in seinen »Moving scenes« die Architekturelemente selbst »zum Tanzen«. Körper und Flächen und sogar die Segmente des Bühnenbodens werden mit verschiedenen Geschwindigkeiten bewegt, so daß sich ein ausdrucksvoller szenischer Vorgang ergibt.

Edward Gordon Craig: Szenenentwurf für Hugo von Hofmannsthal: Elektra. Nicht realisiertes Projekt, 1905

Die Bedeutung des Körpers und der Bewegung für die Theaterkunst wurde Gordon Craig erst durch seine Verbindung mit Isadora Duncan voll bewußt. Für einige Jahre lebte er mit der Begründerin des Freien Tanzes zusammen, begleitete sie auf ihren Tourneen und studierte, mit dem Zeichenstift in der Hand, ihre Bewegungsformen. Die Tänzerin stellte den Kontakt mit Eleonora Duse her. Für sie entwarf Craig Bühnenbilder zu Henrik Ibsens *Rosmersholm*. Die Duncan war begeistert: »Kein Tempel erstrahlte jemals in so vollendeter Schönheit. Keine gotische Kathedrale, kein italienischer Palast! Durch weite blaue Räume, himmlische Harmonien, aufsteigende Linien, kolossale Massen wurde die Seele zur Klarheit dieser Bucht emporgetragen, und jenseits von ihr dehnt sich nicht eine Allee, sondern das Unendliche des Raumes.« (Zitiert nach Denis Bablet: Edward Gordon Craig. S. 110 f.) In der enthusiastischen Stimmung nach der Premiere wünschte sich die Duse, daß Craig ihr ganzes Repertoire bildnerisch neu gestaltet. Als die Schauspielerin aber zuließ, daß die Dekoration auf das Maß einer Gastspielbühne zugeschnitten wurde, zog sich der Künstler von ihrem Unternehmen – und von der Institution Theater überhaupt – zurück.

Für Craig begann die sechs Jahrzehnte – bis zu seinem Tod im Jahre 1966 – währende Periode der Theaterarbeit am Zeichentisch und am Modell. Seine Entwürfe wurden aufgrund ihres ästhetischen Eigenwerts als bildende Kunst rezipiert, genossen die Wertschätzung der Sammler und Galerien, fanden aber nur ganz selten den Weg in die Werkstätten eines Theaters. Außer einer Inszenierung von Ibsens *Kronprätendenten* in Kopenhagen und der Beratung einer Produktion des *Macbeth* an einem New Yorker Theater (beides in der zweiten Hälfte der zwanziger Jahre) blieb die zwischen 1909 und 1912 entstandene *Hamlet*-Inszenierung am Moskauer Künstlertheater Craigs einzige praktische Bühnenarbeit. Daß gerade die Kooperation mit dem künstlerischen Antipoden Stanislawski, trotz vieler Reibereien und Unterbrechungen, zu einem positiven Ende kam, war wohl in erster Linie dessen Toleranz zu verdanken.

Gordon Craig brachte den Konflikt zwischen Hamlet und dem dänischen Hof in zwei kontrastierenden Spielbezirken zum Ausdruck; der eine war ganz in Gold, der andere in tiefem Schwarz gehalten. Um rasche Verwandlungen möglich zu machen, arbeitete er mit dem von ihm erfundenen und bis heute immer wieder kopierten System beweglicher Wandschirme (»Screens«). Die Stimmungen stellte Craig mit Hilfe der Beleuchtung her. Durch das wechselnde Spiel von Licht und Schatten aktivierte er einzelne Spielzonen und ließ andere ins Unbedeutende versinken. Die Leinwandflächen der Screens gewannen in der Helle eine seltsame Lebendigkeit, die goldenen Kostüme der Hofgesellschaft eine gleißende Strahlkraft; im Dunkel entstand eine geheimnisvolle Mystik, die insbesondere den Geistererscheinungen dienlich war.

Bald nach der *Hamlet*-Inszenierung erhielt Craig, wiederum durch einen Mäzen, die Möglichkeit, einen langgehegten Wunsch zu verwirklichen: die Einrichtung einer Schule zur Erforschung und Erprobung seiner Bühnentheorie. Kurz vor dem Ersten Weltkrieg eröffnete er in Florenz die »Arena Goldoni«, benannt nach dem Freilichttheater, in dem die Aufführungen des Instituts stattfinden sollten. Im Eröffnungsprospekt heißt es: »Das Ziel der Schule ist die Erarbeitung der Mittel, zu tun, was das moderne Theater nicht tut; die Durchdringung der Künste und Techniken der Bühne mit lebendiger Kraft der Phantasie und also die Belebung der schöpferischen Macht der Theaterkünstler aus neuen Quellen.« (Zitiert nach Denis Bablet: Edward Gordon Craig. S. 191)

Nach Craigs Plan sollte die Schule aus zwei in ihrer Zusammensetzung völlig verschiedenen Abteilungen bestehen. In der einen sollten Handwerker und Künstler der verschiedensten Bereiche (Architekten, Elektriker, Musiker, Tänzer, Stimmbildner, Modellbauer usw.) an der praktischen Überprüfung von Craigs Ideen und Visionen arbeiten, in der anderen unter seiner Leitung eine Gruppe von Schülern in den Fächern Musik, Bewegung, Zeichnen, Modellieren, Beleuchtung, Maskenbau, Theatergeschichte unterrichtet werden. Im Fächerkanon der Arena Goldoni war die Rollengestaltung bewußt ausgespart, denn Craigs Auffassung war, daß man sie nicht direkt lernen, sondern nur die ihr zugrundeliegenden Elementarfähigkeiten trainieren könne. Die Arbeit der Schule war ausgerichtet am sprachlosen »Mimodram« als dem »Theater der Zukunft«. Um die Schüler darin auszubilden, schickte sie Craig zur Beobachtung in alle Winkel der Stadt; wenn sie nach ein paar Stunden zurückkamen, mußte jeder das Ereignis mimodramatisch darstellen, das ihn am meisten beeindruckt hatte.

Das theoretische Fundament der infolge des Kriegsausbruches bald wieder eingestellten Arbeit bildeten die Aufsätze für die von Craig in fast alleiniger Autorschaft (unter verschiedenen Pseudonymen) herausgegebenen Zeitschrift »The Mask«. Die wichtigsten Beiträge wurden 1911 unter dem Titel »Über die Kunst des Theaters« in Buchform veröffentlicht. Ausgangspunkt von Gordon Craigs theaterkonzeptionellem Denken ist der Dialog zwischen einem konservativ eingestellten »Theaterbesucher« und einem »Regisseur«, dem der Autor seine eigenen Ansichten in den Mund legte:

»Regisseur: Wissen Sie eigentlich, was das ist, die Kunst des Theaters?

Theaterbesucher: Die Kunst des Theaters ist meiner Meinung nach die Schauspielkunst.

Regisseur: Ist denn ein Teil gleichbedeutend mit dem Ganzen?

Theaterbesucher: Nein, natürlich nicht. Dann meinen Sie wohl, daß die Kunst des Theaters aus dem Theaterstück besteht?

Regisseur: Das Stück ist ein Werk der Literatur. Wie kann denn eine Kunst zugleich eine andere sein?

Theaterbesucher: Nun gut, wenn Sie der Meinung sind, daß weder die Schauspielkunst noch das Stück die Kunst des Theaters ausmachen, dann muß ich zu dem Schluß kommen, daß sie aus Szenerie und Tanz besteht. Doch kann ich mir nicht vorstellen, daß Sie mir das sagen wollen.

Regisseur: Nein, die Kunst des Theaters ist weder die Schauspielkunst noch der Tanz. Sie ist die Gesamtheit der Elemente, aus denen die einzelnen Bereiche zusammengesetzt sind. Sie besteht aus der Bewegung, die der Geist der Schauspielkunst ist, aus den Worten, die den Körper des Stücks bilden, aus Linie und Farbe, welche die Seele der Szenerie sind, und aus dem Rhythmus, der das Wesen des Tanzes ist.« (Edward Gordon Craig: Über die Kunst des Theaters. S. 10)

Mit dieser Definition grenzte sich Craig scharf ab von den herrschenden Ansichten seiner Zeit, vor allem von der (für die bürgerliche Theaterperiode so charakteristischen) Gleichsetzung des Bühnenwerkes mit der dramatischen Literatur. Mit der Feststellung, daß nur über die Reduktion der Einzelkünste auf ihre Elemente die Einheitlichkeit des Bühnenwerkes zu erreichen ist, geht Craig den entscheidenden Schritt über Richard Wagners Auffassung des Gesamtkunstwerkes hinaus. Dieser hatte (wie andere Reformer des 19. Jahrhunderts) das Auseinanderfallen der Künste beklagt und das Ideal ihrer Synthese beschworen, ohne aber ihre Eigengesetzlichkeit und Selbständigkeit wirklich in Frage zu stellen. Im großen und ganzen hatte man sich bislang damit begnügt, Literatur, Musik, Tanz und bildende Kunst durch gemeinsame stilistische Kriterien zusammenzubinden. Das sah man als die eigentliche Aufgabe des Regisseurs an. Solange keine strukturellen Veränderungen vorgenommen wurden, war er der Spezialist für die stilistische Einheit geblieben und hatte keine Chance, zum Schöpfer des Theaterkunstwerks zu werden, wie es Gordon Craig vorschwebte. Für ihn war das Kunstwerk nur vorstellbar als Ausdruck der Innenwelt eines schöpferischen Individuums. Während Adolphe Appia dem Wort-Tondramatiker, der über den Rhythmus der Musik auch die Bewegung und die Raumgestaltung kontrolliert, diese Rolle zuweist, sieht Craig im Regisseur die zentrale künstlerische Persönlichkeit. Von seiner Genialität hängt das Gelingen der einheitlichen Bühnensynthese ab. Die Voraussetzung dafür ist selbstverständlich seine Verfügungsgewalt über alle Ausdrucksmittel. Diese kann ihm aber nur zuteil werden, wenn er die Einzelkünste nicht in ihrer aktuellen Erscheinungsform akzeptiert, sondern sie zurückführt auf ihre Grundelemente.

Was das Bildnerische betrifft, hatte schon Appia das Wesentliche geleistet, indem er die Bühne befreite von ihrer Bindung an die Historien- und Landschaftsmalerei und damit die Elemente Form, Farbe und Licht zu einer neuen Verwendung bereitstellte. Craig ist, unabhängig davon, mit seinen Moving Scenes und mit den Screens den Weg noch einmal gegangen. Als schwieriger erwies sich die Reduktion des Dramas und der Schauspielkunst. Um Craigs Lösungsvorschläge zu begreifen, muß man sich das Grundprinzip seines Denkens vor Augen führen: Er gibt auf alle Fragen immer zwei Antworten; die eine zielt auf die Reform der bestehenden Theaterverhältnisse, die andere auf ein utopisches »Theater der Zukunft«. Was die Literatur betrifft, konkretisiert sich das so: Auf der ersten Stufe verlangt Craig vom Regisseur, daß er sich als Interpret des Dichters begreift; auf der zweiten legt er ihm nahe, seine Vorlagen selbst zu schaffen, in Gestalt »ungesprochener Dramen«. Mit seinem Szenarium *Die Treppe* hat er ein Beispiel dafür gegeben. Greift aber der Regisseur auf ein vorliegendes Drama zurück, so muß sein Verhältnis dazu das denkbar freieste sein. Am Beginn seiner Auseinandersetzung soll eine Gesamtschau des Werkes stehen, aus der sich alle Einzelheiten der Gestaltung ableiten. Der Regisseur reduziert also die Vielfalt der Motive eines Dramas auf die »zentrale Idee«; dadurch macht er es zum verfügbaren Material seiner Inszenierung.

Vom Schauspieler verlangt Craig die absolute Unterordnung unter den Willen des Regisseurs. In der Utopie will er ihn sogar ersetzen durch die »Über-Marionette«. Weil der lebendige Darsteller den Zufälligkeiten seines Organismus' ausgeliefert ist, ein Kunstwerk aber nur aus Materialien geschaffen werden kann, die absolut planbar und handhabbar sind, ist er ganz und gar ungeeignet für das Theater der Zukunft. »Der Schauspieler muß das Theater räumen«, fordert Craig, »und seinen Platz wird die unbelebte Figur einnehmen – wir nennen sie die Über-Marionette, bis sie sich selbst einen besseren Namen erworben hat. (...) Sie ist ein Abkömmling der Steinbilder in den alten Tempeln: das heute recht degenerierte Abbild eines Gottes. (...) Die Über-Marionette wird nicht mit dem Leben wetteifern, sie wird über das Leben hinausgehen. Ihr Vorbild wird nicht der Mensch aus Fleisch und Blut, sondern der Körper in Trance sein; sie wird sich in eine Schönheit hüllen, die dem Tode ähnlicher ist, und doch lebendigen Geist ausstrahlen.« (Edward Gordon Craig: Über die Kunst des Theaters. S. 66)

Der deutsche Theaterreformer Georg Fuchs, der als Mitglied der Künstlerkolonie in Darmstadt mit dem Jugendstil in Berührung gekommen war und an den aus seinem Geist gestalteten Festspielen des Jahres 1901 mitgewirkt hatte, legte seine Gedanken zu einer umfassenden Theaterreform in den beiden Büchern »Die Schaubühne der Zukunft« und »Die Revolution des Theaters« dar. Wie der mit ihm befreundete Architekt und Designer Peter Behrens in seiner Schrift »Feste des Lebens und der Kunst« fordert Fuchs die Aufhebung der Rampe, die ihm geradezu als ein Sinnbild für die Entfremdung des Menschen von der Welt durch den Sündenfall erscheint. Durch das dionysisch-rauschhafte Verschmelzen von Darstellern und Zuschauern soll, zumindest in dem fikiven Reich der Kunst, die verlorene Einheit wiederhergestellt werden. Als wesentliche Kraft, die dieser Vereinigung zugrunde liegt, betrachtet Georg Fuchs den Rhythmus, der sowohl beim Darsteller als auch beim Zuschauer zur Wirkung kommt. Zwischen beiden besteht für ihn kein grundsätzlicher Unterschied; beide sind Künstler, der eine ein »aktiver«, der

Edward Gordon Craig: Die Über-Marionette.
Lithographie, 1907

andere ein »passiver«. »Bei den aktiven Künstlern«, so Fuchs, »sind die rhythmischen Schwingungen so stark, daß sie nicht nur das ganze Nervensystem und den Intellekt, sondern auch die äußeren Organe mitergreifen und zur Entladung anreizen. So kommt der aktive Künstler zur Geste, zum Ausdruck, während beim passiven Künstler die Fortstrahlung andere Wege sucht.« (Zitiert nach Lenz Prütting: Die Revolution des Theaters. S. 96)

Wie andere kulturreformerisch eingestellte Geister der Zeit, etwa Rudolf Steiner und Émile Jaques-Dalcroze, sieht auch Fuchs den Rhythmus als ein irrationales Prinzip an, das die im Zuge des Zivilisationsprozesses vereinzelten Individuen wieder miteinander und mit den kosmischen Kräften in Verbindung bringt. Um diese Wirkung bei sich und bei den Zuschauern hervorzurufen, muß sich der Schauspieler in eine Art Trance versetzen. Sein Vorbild könne, so meint Fuchs, die seinerzeit ungeheuer populäre »Schlaftänzerin« Magdeleine G. sein: »Die Magdeleine (...) hat es uns offenbart, welche bildenden Kräfte schlummern in Fleisch und Blut, und daß es möglich ist, sie im einzelnen zu erwecken – denn in Wahrheit wurde Magdeleine nicht ›eingeschläfert‹, sondern vielmehr erst in Wahrheit wachend, als der Rausch der Rhythmen mit magischer Gewalt sie überkam.« (Georg Fuchs: Die Revolution des Theaters. S. 67 f.)

Ganz im Geist des Jugendstils mit seiner Tendenz zur Flächigkeit propagierte Georg Fuchs die Einführung der Reliefbühne. Wer wie er und »die Träger des modernen Kulturlebens fast alle (...) durch die Schule der Malerei« gegangen sei, könne sich nicht mehr gefallen lassen, daß die Theater noch immer versuchten, »räumliche und landschaftliche Tiefe vorzuspiegeln, ohne doch irgend imstande zu sein, die menschliche Figur dieser Tiefe entsprechend kleiner erscheinen zu lassen und dabei noch den Anspruch der Naturtreue zu erheben«. (Georg Fuchs: Die Revolution des Theaters. S. 51 f.)

Wie vor ihm schon Adolphe Appia, verlangt auch Fuchs die Reinigung der Bühne von allem Kulissenzauber, doch sieht er im Gegensatz zu seinem Kollegen nicht die architektonische Raumbühne als Ausweg an, sondern eben die malerische Flächenbühne. Bei ihrer konkreten Ausgestaltung spielen – so wie in der Malerei der Zeit – fernöstliche Vorbilder eine wichtige Rolle. »Der japanische Regisseur«, schreibt Fuchs, »folgt mit der Farbenkomposition der Gewänder und der Ausstattung der Szenen ganz wundervoll dem psychischen Gange des Stückes. Wir haben z.B. eine Szene, in welcher ein Mann und eine Frau sich anfangs ganz harmlos unterhalten. Plötzlich nimmt das Gespräch eine ernste, gefahrvolle Wendung. Im Nu wird der koloristische Akkord umgestimmt. War es erst etwas helles Grün mit Kirschblüte, so fallen nun plötzlich die Mäntel, eine Matte wird aufgerollt, (...) und der Akkord ist mit einem Male blutrot mit schwarz geworden: unheimlicher als alle maschinellen Theaterdonner und Sturmwinde sein können.« (Georg Fuchs: Die Schaubühne der Zukunft. S. 70)

Neben dem »rhythmischen Kolorismus« und der Tendenz zur Flächigkeit faszinierte Fuchs noch ein drittes Element am japanischen Theater: die Verbindung der Spielfläche mit dem Zuschauerraum durch den »Blumensteg«. Dieser erscheint ihm als ein ideales Hilfsmittel bei der Verschmelzung der Darsteller und Zuschauer zu einer »Gemeinde der rhythmisch Bewegten«.

Nach dem Scheitern der Darmstädter Festspiele aus finanziellen und künstlerischen Gründen – weder das von Fuchs verfaßte pathos-geschwängerte Spiel *Das Zeichen* noch die lyrisch-symbolischen Weihespiele eines jungen Darmstädter Dichters fanden den Beifall des Publikums – setzte der Theaterreformer seine Arbeit in München fort, dem zweiten Zentrum des deutschen Jugendstils. Zusammen mit dem Architekten Max Littmann entwarf er die Pläne zum Bau des Münchner Künstlertheaters. Die nötigen Mittel wurden von einem Verein aufgebracht, der die Protektion des Wittelsbacher Herrscherhauses genoß, und dessen Vorstand Georg Fuchs als Schriftführer angehörte.

Das Haus entsprach in seiner Grundstruktur ganz den Reformideen, wie sie Behrens und Fuchs für Darmstadt entwickelt hatten: Der amphitheatralisch ansteigende Zuschauerraum war durch einen abdeckbaren Orchestergraben, eine Vorbühne und ein variables Proszenium getrennt von der Reliefbühne, die durch zwei Schiebewände unterteilt und nach hinten durch einen Prospekt abgeschlossen werden konnte. Die Bühnengestaltung beschränkte sich im wesentlichen auf das Zweidimensionale, was ganz den Wünschen der Jugendstil-Maler entsprach, die als Ausstatter vorgesehen waren.

Auch dieses Unternehmen scheiterte nach nur einer Spielzeit. Das Haus wurde an Max Reinhardt verpachtet, der die Ansätze von Fuchs und den anderen antinaturalistischen Theaterreformern begierig aufnahm und realisierte, allerdings in abgeschwächter Form, so daß sie von einem relativ breiten Publikum goutiert werden konnten.

Theaterentwürfe der italienischen Futuristen

Die erste künstlerische Bewegung, die sich selbst als Avantgarde verstand und sich auch so bezeichnete, war der italienische Futurismus. Der Name schon sollte den Anspruch verdeutlichen, an der Spitze der Entwicklung zu stehen und der großen Masse den Weg zu bereiten in eine schönere Zukunft. Die jungen italienischen Künstler, die sich um den Dichter und Journalisten Filippo Tommaso Marinetti scharten, nachdem er im Februar 1909 – als Leitartikel des Pariser »Figaro« – das »Manifest des Futurismus« veröffentlicht hatte, protestierten mit aller Macht gegen die in ihrem Heimatland besonders stark ausgeprägte Orientierung an der Vergangenheit, die sie als »Passatismus« bezeichneten. Mit Vehemenz forderten sie den Aufbruch in die Zukunft und eine »Neukonstruktion des Universums«, aufbauend auf die Errungenschaften der Technik.

Sie begrüßten emphatisch die neuen Kommunikations- und Verkehrsmittel, verherrlichten vor allem das Automobil, das eine neue rauschhafte Erfahrung der Geschwindigkeit bot. Wie die Maschine überhaupt, wurde das Auto als Symbol der neuen Zeit mystisch verklärt. »Ein Rennwagen, dessen Karosserie große Rohre schmücken, die Schlangen mit explosiven Atem gleichen«, so Marinetti in seinem Manifest, »ist schöner als die Nike von Samothrake.« (Zitiert nach Hansgeorg Schmidt-Bergmann: Futurismus. S. 77) Die antike Skulptur der geflügelten Siegesgöttin hatte zur gleichen Zeit der noch ganz dem Geist der Jahrhundertwende verbundene Rainer Maria Rilke als »Wunder« angesehen.

Auch die sozialen und die politischen Phänomene der Zeit – Urbanismus, Massengesellschaft, Nationalismus, Machtstreben und Rivalität zwischen Staaten – wurden von den italienischen Futuristen unkritisch begrüßt. Der männliche Gestus der Bewegung zeigte sich deutlich in der Haltung zu Gewalt und Krieg. Im Gründungsmanifest finden sich Sätze wie: »Schönheit gibt es nur noch im Kampf. Ein Werk ohne aggressiven Charakter kann kein Meisterwerk sein. (...) Wir wollen den Krieg verherrlichen – diese einzige Hygiene der Welt, den Militarismus, den Patriotismus, die Vernichtungstat des Anarchisten (...) und die Verachtung des Weibes.« (Zitiert nach Hansgeorg Schmidt-Bergmann: Futurismus. S. 77 f.)

Der revolutionäre Elan, der die Futuristen für den Eintritt Italiens in den Ersten Weltkrieg agitieren ließ und sie als Freiwillige auf die Schlachtfelder trieb, erwuchs aus dem Gefühl eines allgemeinen Stillstandes. Die Bewegung um ihrer selbst willen war folglich ein Kernpunkt futuristischer Weltanschauung und futuristischer Kunsttheorie. Im Zusammenhang damit bildete sich die Idee der Simultaneität heraus, verstanden als das Bewußtsein der Gleichzeitigkeit von gegenwärtiger Wahrnehmung der Außenwelt und aktualisiertem Erinnern von Vergangenem. So wie die Geschwindigkeit tendenziell die Strukturen des Raumes aufhebt, so negiert die Simultaneität den Ablauf der Zeit. Dementsprechend gingen die Futuristen von der Auffassung aus, daß es in der Kunst weder ein Nacheinander noch ein Nebeneinander, sondern nur die Synthese von Augenblicken der inneren und der äußeren Wahrnehmung geben soll.

Beflügelt von einem ungeheuren Sendungsbewußtsein trugen die Künstler ihre Ansichten und Überzeugungen in die Öffentlichkeit. Ganz im Stil der neuen Zeit nutzten sie dabei die Mittel der Reklame und der Propaganda. Im Eiltempo reisten sie kreuz und quer durch den Kontinent, eröffneten Filialen in den europäischen Großstädten und ließen Flugblätter mit ihren Parolen abwerfen. Sie inszenierten sogenannte »Serate«, Abendveranstaltungen, bei denen sie ihre Bilder präsentierten, Lautgedichte vortrugen und ihre Manifeste ins Publikum schleuderten. Die meisten Künstler betätigten sich in mehreren Sparten zugleich.

Über eine futuristische Abendveranstaltung berichtet ein Zeitzeuge: »Marinetti tritt auf. (...) Ein gut aussehender junger Mann (...) mit sturzbachartigem Redefluß, katzenhaften Bewegungen. Mit ihm die Gruppe der Maler: Balla, Depero, Prampolini. Und die Dichter und Musiker: Bragaglia, Cangiullo, Russolo. Dynamische Bilder wurden aufgestellt und die Musiker mit Lärminstrumenten bewaffnet. Marinetti deklamierte das Manifest des Futurismus. (...) Das Publikum schmiß unverdrossen und lärmend Lebensmittel auf die Bühne. Es regnete infernalisch Tomaten, Orangen und Kartoffeln und ganze Bunde Zwiebeln. Das Publikum beschimpfte sich gegenseitig und beantwortete die Anwürfe von der Bühne mit Schreien. (...) Der Ort wurde zum Marktplatz, es herrschte der Ausnahmezustand. Russolo rannte herum, der Speichel triefte ihm vom Mund, und Carrá brüllte: ›Schmeißt doch mit Ideen anstatt mit Tomaten, ihr Idioten‹.« (Zitiert nach Brigitte Landes: Es gibt keinen Hund. S. 209)

Mit der Entdeckung der Aktion als neuem Medium gewannen die Futuristen der Kunst eine bis dahin unbekannte Wirkungsmöglichkeit: das Aufrütteln aus geistiger und seelischer Lethargie durch die gezielte Provokation. Neben die mittelbare Kommunikation über das von seinem Schöpfer abgelöste Werk, über ein Gedicht oder ein Bild, trat nun die direkte Begegnung zwischen dem Künstler und seinem Publikum. Die Literatur und vor allem die bildende Kunst erfuhren auf diese Weise eine Erweiterung ins Theatrale. Seit dem Futurismus ist dieses Moment, verbunden mit der Hoffnung auf eine Annäherung von Kunst und Leben, immer wieder in Erscheinung getreten, besonders intensiv im Dadaismus sowie in der Aktionskunst der sechziger und siebziger Jahre.

Umberto Boccioni: Futuristische Serata. Mailand, 1911

Auf den Schock zielten auch die anderen futuristischen Theatermodelle; so das von Marinetti propagierte »Varieté-Theater«, das vor allem einen Beitrag leisten sollte zur »Vernichtung der Meisterwerke«, indem es zum Beispiel den ganzen Shakespeare an einem Abend zur Aufführung bringt, und zwar auf einer mit Schmierseife bedeckten Spielfläche, so daß die Akteure in tragischen Augenblicken übereinanderpurzeln. Dynamik soll auch im Publikum herrschen: Marinetti schlägt vor, die Sitze mit Leim zu bestreichen, Niespulver zu streuen oder denselben Platz gleich an zehn Besucher zu verkaufen.

Beim Modell des »Futuristischen synthetischen Theaters« erscheint das Geschehen – entsprechend dem Prinzip der Simultaneität – verdichtet zur dramatischen Momentaufnahme. Als ein Beispiel hier die Bühnensynthese *Detonation* von Francesco Cangiullo:

»Personen: Ein Projektil.
Eine nächtliche Straße, Kälte, Leere.
Eine Minute Stille.
Ein Revolverschuß.
Vorhang.«

(Brigitte Landes: Es gibt keinen Hund. S. 106)

Die Bühnensynthese soll nicht lange vorbereitet werden, sondern aus dem »dynamischen Sprung in die Leere der totalen Schöpfung« entstehen. Der futuristische Künstler bringt all die Entdeckungen auf die Bühne, die »unser Genie im Unterbewußten bereithält«. Gegenüber der empirisch faßbaren Realität verhält er sich ganz und gar autonom; er nimmt nur Partikel der Wirklichkeit und kombiniert sie nach seiner Laune. Rationalität und Logik sind außer Kraft gesetzt, das Irreale und das Absurde treten an ihre Stelle. Diesen Prinzipien huldigten dann auch die Dadaisten und die Surrealisten. Ziel des Futuristischen synthetischen Theaters ist die möglichst extreme Herausforderung des Publikums. Das Bühnengeschehen soll die Nerven der Zuschauer attackieren, soll sie durch »ein Labyrinth der Sinneswahrnehmung schleudern« und auf diese Weise konditionieren für die Flut der alltäglichen Reize in der modernen Welt.

Aus ihrer Verherrlichung der Technik haben die Futuristen den Schluß gezogen, daß der Mensch von der Maschine lernen muß. Wenngleich er nie deren Perfektion erreichen könne, müsse er doch danach streben, sich von der Psychologie zu befreien und mit der Maschine zu »verbrüdern«. Diese Auffassung wird in den futuristischen Manifesten mit einer ans Absurde grenzenden Euphorie beschworen: »Durch Kenntnis und Freundschaft der Materie (...) bereiten wir die Schöpfung des mechanischen Menschen mit Ersatzteilen vor. Wir werden ihn vom Todesgedanken befreien, und folglich auch vom Tode.« (Filippo Tommaso Marinetti, zitiert nach: Umberto Apollonio: Der Futurismus. S. 81)

Aus der völlig distanzlosen Identifikation mit dem Neuen resultierte die radikale Opposition gegenüber der Vergangenheit. Die Akademien und Museen sollen nach Auffassung der Futuristen sofort zerstört werden; die klassischen Werke taugen nicht mehr länger als Vorbild. Die überlieferten Schönheitsideale werden als obsolet betrachtet; die romantischen Stimmungen haben der Sachlichkeit Platz zu machen. »Tod dem Mondenschein« lautet der bezeichnende Titel eines ihrer unzähligen Manifeste. In allen Künsten soll nach ihrem Willen die »längst erschöpfte Psychologie des Menschen« durch die »lyrische Besessenheit der Materie« ersetzt werden.

In der Programmschrift »Die futuristische Malerei« heißt es: »Unsere neue Anschauung von den Dingen sieht den Menschen nicht mehr als Mittelpunkt des universellen Lebens. Der Schmerz eines Menschen ist für uns genauso interessant wie der einer elektrischen Birne, die leidet, zuckt und die qualvolle Schmerzensschreie ausstößt.« (Zitiert nach Umberto Apollonio: Der Futurismus. S. 42)

Aus dieser Grundhaltung heraus schufen die Futuristen die neue Gattung des Objektdramas und entfalteten sie in einer Vielzahl von Variationen: Marinetti legte ein Szenarium mit dem Titel *Kampf der Kulissen* vor, in dem vier typisierte Figuren auftreten, die – wirr redend und heftig gestikulierend – ihre Kommentare zu einer roten Wand abgeben, die auf diese Weise zum eigentlichen »Protagonisten« des Stückes wird. Personen und Dinge treten gleichberechtigt als handelnde und sprechende Elemente auf, wie zum Beispiel in Marinettis *Kleinem Theater der Liebe*, dessen Figuration aus den Angehörigen einer bürgerlichen Familie sowie deren Möbeln besteht. Der Mensch begegnet in den futuristischen Objektdramen oft in verdinglichter Gestalt, manchmal auch zersplittert in seine Körperteile. So schrieb Marinetti ein Szenarium, in dem nur Beine, und ein anderes, in dem nur Hände zu sehen sind. Die Sprache spielt in den Objektdramen eine untergeordnete Rolle, mitunter erscheint sie als »Gefecht mit Worten«, die, von allem Sinn befreit, nur als Klangelemente eingesetzt sind.

Die Dominanz des Visuellen zeigt sich besonders deutlich in den Kurzstücken von Fortunato Depero. Da treten etwa Farben an sich als »abstrakte Individualitäten« auf, denen bestimmte Klangwerte zugeordnet sind. Der Künstler schuf für die Bühne Mischwesen aus menschlichen, pflanzlichen und abstrakt-geometrischen Elementen. Für Sergej Diaghilews Ballets russes entwarf er – zu Igor Strawinskys *Gesang der Nachtigall* – Figurinen dieser Art.

Einen Schritt weiter in Richtung des Mechanischen ging Depero bei seinen »Plastischen Tänzen«. In den kurzen, absurd-grotesken Stücken bewegten sich kleine, roboterhafte Marionetten im Rhythmus einer eigens dafür komponierten Musik und fügten sich zu immer neuen phantastischen Bildkonstellationen. Gilberto Claven, der dramaturgische Mitarbeiter des Künstlers, hat die Grundintention dieser futuristischen Theaterform so umrissen: »Das plastische Theater (...) erweitert den Gesichtskreis der realen Welt und führt Sachen und Gegenstände verschiedener Art und Herkommen zu einem einheitlichen Ausstrahlungsmittelpunkt. (...) Die Dinge erscheinen nicht im wirklichen Rahmen einer gewöhnlichen Handlung, sondern gemäß ihrer besonderen Eigenschaften und formalen Beziehungen; sie bilden das Gefühl, das innere Erlebnis, und wirken nicht passiv als Ankündiger einer beschreibenden Handlung. Die Abstraktion der wirklichen Welt bis zu den Möglichkeiten der reinen Form wandelt die Dinge im Zusammenklang ihrer metaphysischen Dynamik; sie fließen rhythmisch in unsere Aufnahmefähigkeit ein, beleben sich oder enden.« (Zitiert nach Henning Rischbieter/Wolfgang Storch: Bühne und Bildende Kunst im XX. Jahrhundert. S. 75)

Selbstverständlich fand in der Theaterkonzeption der italienischen Futuristen auch deren Begeisterung für die Maschine ihren Niederschlag, die ihnen als neue Gottheit erschien, mit der sie sich vollkommen identifizierten. Aus dieser Einstellung heraus entwarf Depero ein *Lokomotiven-Ballett*, dargestellt von technoiden Gestalten. Giacomo Balla komponierte aus den Geräuschen und Bewegungen einer Setzmaschine eine Bühnensynthese mit dem Titel *Tipografia*, die von sechs Tänzern mit steifen, ruckartigen Bewegungen dargestellt wurde. Enrico Prampolini konstruierte ein *Teatro magnetico*, einen mehrere Meter hohen Theaterapparat mit elektromagnetisch bewegten Leuchtkörpern, Projektionsflächen und Lautsprechern. Der Pilot Fedele Azari schließlich legte ein Manifest über das »Futuristische Flugtheater« vor und veranstaltete 1918 eine Demonstration seiner Ideen. Durch eine Art Ausdruckstanz von Flugzeugen wurden dramatische Vorgänge und Seelenzustände zur Anschauung gebracht. Dieser »Luftzirkus« sollte

Fortunato Depero:
Figuren für ein
Lokomotiven-Ballett,
1924

zugleich eine »Schule des Heroismus« sein, in der die »Akrobaten des Raumes« im ständigen Bewußtsein der Allgegenwart des Todes existieren und darum besonders intensiv die Lebendigkeit des Augenblicks empfinden.

Auch wenn sie für die Aufführung in konventionellen Theaterräumen gedacht sind, verzichten die Bühnenstücke der Futuristen häufig auf den menschlichen Akteur oder drängen ihn zumindest ganz in den Hintergrund. Die Handlungsträger von Fillias Szenarium *Maschinen-Sinnlichkeit* sind eine rote Spirale als Symbol des Geistes, ein weißer Würfel, der für die Materie steht, und eine aus bunten Körpern zusammengesetzte Maschine als Sinnbild der Tat. Jedes dieser Elemente verändert seine Position nur dann, wenn die Geräusche und die Sprache aus seiner Richtung kommen. Die sechs Metallplatten dagegen, die den Bühnenraum bilden, sind ständig in Bewegung. Aus der Dynamik ergibt sich, zusammen mit dem dauernd wechselnden Farblicht, ein Bildertheater von hohem sinnlichen Reiz.

Das gilt auch für Giacomo Ballas Visualisierung von Igor Strawinskys nur fünf Minuten dauernde Komposition *Feuerwerk* durch kristallartige Körper, die von innen und außen beleuchtet waren und sich zu nicht weniger als fünfzig verschiedenen Bildern zusammenfügten. Die konzeptionelle Basis für solche Versuche schuf Enrico Prampolini mit seinem Manifest »Futuristische Bühnenbildnerei«, in dem er die »farblose elektromechanische Architektur« fordert, die entsprechend dem jeweiligen emotionalen Gehalt der Szene farbig ausgeleuchtet werden soll. Indem die Bühne eine »leuchtende Verkörperung der Freude« wird und das Geschehen eine »ungeheure Steigerung ihrer vitalen Intensität« erfährt, soll das futuristische Theater zum Ort der Utopie einer voll und ganz durch die Technik bestimmten Welt werden.

Drama und Theater im russischen Futurismus

Der russische Futurismus hat mit seiner ungeheuren Aufbruchsenergie die Oktoberrevolution von 1917 gleichsam ideell vorweggenommen. Maler und Musiker, Dichter und Theatermacher schufen in weniger als einem Jahrzehnt die Voraussetzungen für die Blüte der Künste in den ersten Jahren der Sowjetunion. Die Analogien zum italienischen Futurismus sind nicht zu übersehen, doch lassen sich auch wesentliche Unterschiede konstatieren. Die russischen Futuristen standen dem technischen Fortschritt zwar ebenfalls aufgeschlossen gegenüber, doch verherrlichten sie ihn nicht kritiklos. Ungezügeltem Machtstreben sowie nationalistischen und totalitären Tendenzen begegneten sie kritisch. Zwar begrüßte die Mehrzahl emphatisch die Revolution, viele zogen sich aber nach Stalins Machtübernahme – mehr oder minder freiwillig – aus dem öffentlichen Kunstleben zurück.

In manchen Punkten standen die russischen Futuristen – die bedeutendsten waren David Burljuk, Wladimir Majakowski, Kasimir Malewitsch, Michail Matjuschin, Alexander Krutschonych und Welimir Chlebnikow – in einem geradezu diametralen Gegensatz zu ihren italienischen Verwandten. So haben sie auch Marinetti ziemlich kühl empfangen, als er auf einer Werbetournee in Petersburg und Moskau seine Ideen zu propagieren suchte. Chlebnikow hat bei dieser Gelegenheit einen Aufruf erlassen, der die Eigenständigkeit des russischen Futurismus betont. Darin heißt es: »Heute werden sich manch Einheimischer und die italienische Niederlassung an der Neva (...) Marinetti zu Füßen werfen und, den ersten Schritt der russischen Kunst auf dem Weg der Ehre und Freiheit verratend, den edlen Hals Asiens unter das Joch Europas beugen. (...) Die Männer der Freiheit werden abseits stehen. Sie wahren das Gesetz der Gastfreundschaft, aber ihr Bogen ist gespannt und ihre Stirn zürnt.« (Welimir Chlebnikow: Werke. Bd. 2. S. 20)

Ebenso wie die italienischen Futuristen setzten sich auch die russischen das Ziel, ihre Zeitgenossen aus der geistigen Lethargie der Epoche vor dem Ersten Weltkrieg aufzurütteln. Schon durch ihre Aufmachung wollten sie provozieren: Die einen liefen mit geschminkten Grotesmasken herum, die anderen trugen einen Kochlöffel im Knopfloch oder eine Muschel als Ohrring; David Burljuk präsentierte sich mit der Aufschrift »Ich Burljuk« auf der Stirn als Vorkämpfer des »Egofuturismus«. Majakowski band sich statt einer Krawatte ein Stück gelben Samt um den Hals und ließ sich eine gelbschwarze Weste schneidern, in der er wie ein Jockey ausgesehen haben soll. So wie mit ihrer Erscheinung zielten sie auch mit ihren Aktionen auf den Schock. Bei einem »Abend der futuristischen Wortschöpfer« hielt Alexander Krutschonych vor einem von Malewitsch »kubofuturistisch« bemalten Prospekt eine absurde Schmährede, in deren Verlauf er eine Schale heißen Tee auf die Zuhörer in der ersten Reihe

*David Burljuk und
Wladimir Majakowski, 1914*

schüttete. »Eine Ohrfeige für den öffentlichen Geschmack« – in diesem Titel ihres Manifestes brachten sie ihre Wirkungsabsicht auf einen Nenner.

Ihre »Wortkunst« betrachteten die russischen Futuristen als das »Horn der Zeit«. Das Recht des Dichters auf die Schöpfung neuer Worte, welche zu einer Belebung der Sprache führen sollte, war der Hauptpunkt ihrer Poetik. Weil sich mit den erstarrten Worten der konventionellen Sprache ihre Emotionen nicht mehr adäquat ausdrücken ließen, sollten sie durch eine »Übersinnsprache« ersetzt werden, die auf einer »höheren Intuition« beruht und in der sich eine »neue Vernunft« ausdrückt. Alexander Krutschonych, der die »Befreiung« der Sprache bis zur äußersten Konsequenz bloßer Lautkombinationen vorangetrieben hat, verkündete eines Tages, daß er vom Mittagsschlaf aufgewacht sei und plötzlich alle Sprachen perfekt beherrscht habe. Gemeint sind jene »metalogischen«, »transrationalen« Sprachen, die von den Futuristen mit dem Wort »zaum« bezeichnet wurden, und die durch die Kombination von Lauten sowie durch die Ableitung nichtexistenter Formen aus bestimmten Wortstämmen zu entwickeln sind. Als Beispiel die deutsche Nachdichtung des Textes »Beschwörung durch Lachen« von Welimir Chlebnikow, dem nicht nur künstlerisch überaus produktiven, sondern auch sprachtheoretisch bedeutenden Hauptvertreter des literarischen Futurismus:

»Ihr Lacherer, schlagt die Lache an!
Ihr Lacherer schlagt an die Lacherei!
Die ihr vor Lachen lacht und lachhaftig lachen macht,
schlagt lacherich eure Lache auf!
Lachen verlachender Lachmacher!
Ungeschlachtes Gelächter!
Lachen lacherlicher Lachler, lach und zerlach dich!
Gelach und Gelacher,
lach aus, lach ein, Lachelei, Lachelau,
lacherich, lacherach.
Ihr Lacherer, schlagt die Lache an!
Ihr Lacherer, schlagt an die Lacherei!«
(Welimir Chlebnikow: Werke. Bd. 1. S. 17)

Eine andere Methode der futuristischen Dichter bestand im Zerhacken und Neuordnen der Silben; dieses Verfahren entspricht dem Collagieren in der bildenden Kunst. Die Verbindung zwischen den einzelnen Bereichen war im russischen Futurismus außerordentlich eng. Die oft gleichermaßen als Maler und als Dichter hervortretenden Künstler machten die Poesie durch die graphische Gestaltung auch zu einem visuellen Ereignis und umgekehrt das Bild durch das Einfügen von Buchstaben, Silben und Worten zu einem literarischen.

Für die Zusammenführung der Künste bot sich selbstverständlich in erster Linie das Medium Theater an. Ihren Höhepunkt erlebte die futuristische Bühnenkunst im Dezember des Jahres 1913. Aufgeführt wurden (jeweils zweimal) im Petersburger »Lunapark-Theater« ein Stück von Wladimir Majakowski, dem der Autor einfach seinen Namen als Titel gegeben hatte, und die von Michail Matjuschin komponierte Oper *Sieg über die Sonne* nach einem Libretto von Alexander Krutschonych. Ganz der Ideologie des Futurismus entsprechend, zeigt dieses Werk, wie sich der Mensch anschickt, das Universum zu erobern und sich die Gestirne untertan zu machen. Gleich zu Beginn zerreißen zwei Kraftmenschen den Vorhang mit den Worten »Wir fordern die Welt gegen uns heraus!« Unterbrochen von Sequenzen in »transrationaler« Sprache wird emphatisch eine herrliche Zukunft im Zeichen des technischen Fortschritts beschworen. Vom Visuellen her war die Inszenierung bestimmt durch die flächigen Pappdeckel-Kostüme Kasimir Malewitschs, die ihren Trägern nur Bewegungen parallel oder im rechten Winkel zur Rampe erlaubten. Bei den Prospekten wollte der Maler die Räumlichkeiten zweidimensional zur Anschauung bringen. Sie lassen bereits deutlich die Tendenz zum Suprematismus erkennen, mit dem Malewitsch beabsichtigte, der Kunst den Weg zu weisen von der Darstellung »gegenständlichen Gerümpels« zu einer der »Beschwörung kosmischer Energie« dienenden Abstraktion in Gestalt geometrischer Grundformen in Schwarz und Weiß.

Alexander Krutschonych/Michail Matjuschin: Sieg über die Sonne. Uraufführung, Lunapark-Theater Petersburg, 1913. Kostümentwürfe von Kasimir Malewitsch

In dem dramatischen Poem *Wladimir Majakowski Tragödie* tritt der Autor selbst als Gestalt auf, umgeben von Kunstfiguren, wie zum Beispiel einem tausendjährigen Greis mit schwarzen Katzen als Symbolen der Elektrizität, seiner sechs Meter großen Geliebten, »Kußkindern« und Männern, denen ein Ohr, ein Auge oder ein Bein fehlt. Die Auseinandersetzung der Majakowski-Figur mit den neuen materiellen und sozialen Phänomenen ist das zentrale Thema des Stückes. Der Dichter hat sich gegen den »Aufstand der Dinge« zu wehren und gegen die Bedrohung durch den »Moloch Stadt«. Die Technik erscheint allerdings hier nicht nur als Garant einer besseren Zukunft, sondern auch als zerstörerische Kraft. Der Held wird mit den gesellschaftlichen Problemen der Zeit konfrontiert, gerät in eine »Revolution der Bettler«. Schließlich wird er zum Dichter gekrönt, worauf ihn mythische »Tränenfrauen« mit dem Leid der Welt überhäufen. So legt er seine Würde nieder und bricht auf zum gewaltigen »Gott der Stürme am Nordmeer«. Die futuristischen Hintergrundprospekte von Josif Schkolnik sowie die Pappdeckel-Panzer des Malers Pawel Filonow, auf die Gesichter, Arme und Beine einfach rot aufgemalt waren, so daß die Figuren aussahen, als hätte man »menschlichen Ungeheuern die Haut abgezogen, um das Leid der Menschheit bis ins letzte bloßzulegen«, werden den herausfordernden Gestus des Werkes

Welimir Chlebnikow: Sangesi. Uraufführung, Kunstmuseum Petersburg, 1923. Inszenierung und Bühnenbild: Wladimir Tatlin

Wladimir Majakowski Tragödie. Uraufführung, Lunapark-Theater Petersburg, 1913. Prospektentwurf von Josif Schkolnik

noch gesteigert haben. Jedenfalls endete die Premiere mit einem ungeheuren Tumult. Die fortschrittlich eingestellten Studenten applaudierten begeistert; die Bürger gaben lautstark ihr Mißfallen kund; die Polizei demonstrierte ihre Bereitschaft zum Eingreifen. Weitblickende Zeitgenossen haben in dem Ereignis einen »Widerhall der zunehmend revolutionären Stimmung unter der demokratischen Jugend und bei einem Teil der Intelligenz« gesehen.

Die Oktoberrevolution erschien den Futuristen als eine Möglichkeit, ihre Träume von einer schöneren neuen Welt in die Realität umzusetzen. Sie suchten ihre Kunst den neuen Aufgaben gemäß zu entwickeln. Die Maler bauten die Ästhetik technoider Formen aus und gingen auf diese Weise konform mit der von Partei und Regierung betriebenen Propaganda für den Umbau des zurückgebliebenen Agrarlandes in einen modernen Industriestaat.

An die Stelle der intuitiven Komposition setzten viele Künstler jetzt das rationale Schaffensprinzip der Konstruktion. Mit der Methode des Entwerfens nach Maß und Zahl meinten sie ein Mittel zur Bewältigung aller technischen und sozialen Probleme in der Hand zu haben. Sie trennten sich von der traditionellen Staffelei-Kunst und wandten sich der Schöpfung dreidimensionaler Objekte zu. Um gesellschaftliche Relevanz ihrer Arbeit bemüht, gestalteten sie Gebrauchsgegenstände, konstruierten Wohnmaschinen aus Stahl und Glas und entwarfen »Städte der Zukunft«. Ihre hochfliegenden Pläne ließen sich aber angesichts der katastrophalen Wirtschaftslage nur selten praktisch umsetzen. In dieser Situation bot das Theater immerhin die Möglichkeit zu einer Realisierung im »verkleinerten Maßstab«. So benutzte zum Beispiel Wladimir Tatlin die Grundidee seines nicht ausgeführten »Monuments für die III. Internationale« für seine Inszenierung von Welimir Chlebnikows Poem *Sangesi* im Petersburger Kunstmuseum im Jahre 1923. Diese Textcollage gruppiert Lautgedichte und Zwitscherkonzerte von Vögeln, Dialoge zwischen Göttern aus den verschiedenen Mythologien, zahlenmystische Spekulationen über den Verlauf der Weltgeschichte und Lieder in einer vom Dichter erfundenen »Sternensprache« um die Verkündigungen eines Wahrsagers und Philosophen über die große Zukunft der Menschheit.

Das Theater der Russischen Revolution

Nach der Oktoberrevolution von 1917 hat sich in Rußland, anknüpfend an die Avantgarde der Vorkriegszeit, eine machtvolle kulturelle Bewegung herausgebildet, die einerseits nach der grundsätzlichen Umgestaltung des traditionellen bürgerlichen Bühnenwesens strebte, andererseits aber auch nach der Schaffung eines spezifisch proletarischen Theaters. Um dieses bemühte sich in erster Linie die gleich nach der Revolution gegründete Massenorganisation mit dem programmatischen Namen »Proletkult«. Sie koordinierte die Aktivitäten der Arbeiter- und Soldatenräte und unterstützte die Entwicklung neuer Theaterformen, wie zum Beispiel der »Lebenden Zeitung«, mit deren Hilfe das zum Großteil analphabetische Publikum bis in die entlegensten Provinzen über den Stand des Bürgerkriegs informiert wurde, oder des »Gerichtsspiels«, eines überaus anschaulichen Mittels zur Abrechnung mit den alten Machthabern. Auch auf die Ausgestaltung der Massenschauspiele zu den Feiern des »Roten Kalenders«, beispielsweise zum Tag der Arbeit oder zu den Revolutionsjubiläen, bei denen Tausende aus der »Roten Armee« rekrutierte Statisten die historischen Ereignisse nachspielten, nahm der Proletkult Einfluß. Geleitet wurden diese Unternehmungen von Regisseuren des bürgerlichen Theaters, ausgestattet von bildenden Künstlern, die sich in den Dienst der Revolution gestellt hatten.

Nach den Vorstellungen der Theoretiker des Proletkult sollte die Theaterarbeit dem Proletariat zum Selbstausdruck und zur Selbstverständigung verhelfen. Neben der Kollektivität des Schaffens war die Umgestaltung der Lebenswirklichkeit das zweite wesentliche Ziel. Alles Bestreben sollte, wie es in einer der vielen Programmschriften heißt, »die Kunst mit dem Arbeitsleben verschmelzen« und zu einem »Werkzeug der aktiven ästhetischen Umgestaltung des Lebens« machen. Eine weitere wesentliche Kategorie im Programm des Proletkult war das »Schöpferische«, dem man in der materiellen Produktion ebenso Gültigkeit verschaffen wollte wie in der Wissenschaft und Kunst. An die Stelle der Reproduktion fertiger Muster sollte das »wirklich Neue« treten.

»Das schöpferische Theater« nannte Platon Kershenzew sein Buch, in dem er die Konzeption des Proletkult darlegte. Sein Ausgangspunkt ist die radikale Ablehnung des bürgerlichen Theaters, weil dessen Struktur allein von der Maximierung des Profits bestimmt werde. Der Schauspieler könne dort nicht wirklich produktiv werden, weil er sich den ökonomischen Zwängen unterordnen müsse; er habe nur für das Wohlergehen der Zuschauer zu sorgen, welches ganz auf Passivität beruhe. Zwischen der Bühne und dem Zuschauerraum klafft im bürgerlichen Theater, Kershenzew zufolge, »ein Abgrund«. Das »schöpferische Theater« dagegen baue auf die erlebnismäßige Verschmelzung der Darsteller mit dem Publikum. Als Voraussetzung dafür sieht der Autor die »klassenbedingte Einheitlichkeit« der beiden Gruppen an. Die Akteure dürften sich also nicht zu Spezialisten entwickeln und in einer eigenen Subkultur leben, sondern müßten »an ihrer Drehbank bleiben«. Im Sinne der in allen gesellschaftlichen Bereichen angestrebten Synthese von geistig-planender und körperlich-ausführender Tätigkeit sollte jeder Theatermacher an allen Schritten der Inszenierung beteiligt sein. In eigenen Studios entsprechend geschult, sollten die Arbeiterdarsteller ihre selbst entwickelten Produktionen in ihren Betrieben und Wohnbezirken spielen und so die Ideen des Bolschewismus direkt zu den Massen tragen.

Die Konzeption des Proletkult hatte in Deutschland Einfluß auf die frühe Theerarbeit von Erwin Piscator sowie auf die Theorie und Praxis von Bertolt Brechts Lehrstück-Modell. In der Sowjetunion selbst stieß sie bald auf das Unverständnis und schließlich auf die offene Feindschaft von Partei und Regierung. Angesichts der extremen Rückständigkeit des Landes sahen die Machthaber in dem Streben nach einer eigenständigen proletarischen Kultur einen leeren Utopismus. Nach Meinung von Lenin sollte eine »wirkliche bürgerliche Kultur« fürs erste genügen. Nachdem schon im Jahre 1921 die sofortige Verwirklichung der Errichtung einer kommunistischen Gesellschaft aufgegeben worden und eine teilweise Rückkehr zu kapitalistischen Wirtschaftsformen erfolgt war, entfielen auch die ideologischen und materiellen Voraussetzungen für »selbsttätige« kulturelle Aktivitäten des Proletariats. Die Theaterzirkel des Proletkult lösten sich auf; ihre Prinzipien wurden teilweise weitergeführt von den Agitations- und Propagandatruppen der Gewerkschaften.

Nachhaltige Wirkungen gingen weniger von der Vielzahl der Laiengruppen des Proletkult aus als von den Studios und Versuchsbühnen. Eine zentrale Rolle spielte hierbei das »Erste Moskauer Arbeitertheater des Proletkult«, an dem der später als Filmregisseur zu Weltruhm gelangte Sergej Eisenstein zusammen mit dem Kulturtheoretiker Boris Arwatow und dem Schriftsteller Sergej Tretjakow ein eigenständiges Theatermodell entwickelte. Die Kollektivität des Schaffens und der Laienstatus der Mitglieder waren nun schon nicht mehr verpflichtend. Die Forderung nach der Verbindung von Kunst und Arbeitsleben dagegen wurde aufrechterhalten und zum zentralen Programmpunkt erhoben. Der Regisseur als »Zeremonienmeister der Arbeit und des Lebens«, der Schauspieler als »Spezialist für qualifiziertes Handeln« – das waren die Zielvorstellungen. Mit äußerster Konsequenz betrieb man hier die Ablösung der nachahmenden Kunst durch eine die Wirklichkeit organisierende »Produktionskunst«. Die Bühne sollte sich in ein »Laboratorium des neuen gesellschaftlichen Lebens« verwandeln, das »Vorbilder der Lebensweise« und »Modelle vom Menschen« bereitstellt.

Bei der Realisierung dieses Programms ging Sergej Eisenstein vom Grundsatz der Faktizität aus. Als Bühnenbildner der Inszenierung *Der Mexikaner* (nach Jack London) opponierte er gegen die Absicht des Regisseurs Walentin Smyschljajew, den Boxkampf (der Tradition entsprechend) hinter die Kulissen zu verlegen und dem Publikum nur durch die Reaktionen der Beobachter zu vermitteln. Eisenstein setzte durch, daß auf offener Bühne geboxt wurde; an die Stelle der fiktiv-darstellenden traten reale »Einwirkungsfaktoren«: das Klatschen des Boxhandschuhs auf dem Körper, der Schweiß, das Keuchen. Auch bei der Raumgestaltung herrschte das Prinzip der Faktizität: Eisenstein baute einen echten Boxring auf und benutzte das Licht nicht als szenischen Effekt, sondern einfach als Beleuchtung. Vorbild für einen solchen Einsatz der Mittel war der Zirkus, denn auch dort erscheint dem Zuschauer alles in seiner tatsächlichen Gestalt.

Bei seiner ersten eigenständigen Inszenierung reduzierte Eisenstein die Intrigenkomödie *Eine Dummheit macht selbst der Gescheiteste* von Alexander Ostrowski durch die Streichung alles Milieuhaften und Psychologischen auf das bloße Handlungsskelett. Übrig blieb eine Folge von artistischen und clownesken Attraktionen, die im Text meist nur recht vordergründig motiviert waren. Jede Emotion setzte sich in dieser Inszenierung unmittelbar in physische Handlungen um; »Wut stellte sich in einer Kaskade dar, Begeisterung in einem Salto mortale und Lyrisches im Hinaufsteigen auf den Todesmast«. Die selbstverständlich hervorragend trainierten Schauspieler verstanden sich als »Arbeiter der Szene«. Sie agierten auf einer nur mit praktikablen Spielgeräten ausgestatteten Rundbühne. Als besondere Überraschung wurde in das Bühnengeschehen ein Kurzfilm eingeblendet, in dem eine der Figuren aus einem Flugzeug auf ein Lastauto springt, welches auf das Theatergebäude zurast; abrupt bricht die Fahrt ab und der Akteur stürzt, eine Filmrolle in der Hand, leibhaftig auf die Bühne.

Das Theater der Avantgarde

Der Begriff »Montage der Attraktionen«, mit dem Eisenstein seine Konzeption bezeichnete, verweist einerseits auf den Zirkus und andererseits auf die Sphäre der industriellen Produktion. Ausgehend von einer exakt bestimmten Wirkung werden die einzelnen Attraktionen so montiert, daß sie sich im Bewußtsein des Zuschauers zu einer neuen Einheit verbinden. Während die Inszenierung des *Gescheitesten* von ihren Schöpfern selbst als ein »eher formales Experiment« eingeschätzt und nur sehr allgemein, als »Satire auf das bürgerliche Alltagsleben«, mit den Zielen der Revolution in Verbindung gebracht wurde, stellte Eisenstein bei der Produktion *Hörst du, Moskau?!* sein Theatermodell ganz in den Dienst der Agitation. Sergej Tretjakow hatte den Text auf eine ganz konkrete Absicht hin geschrieben, nämlich zur Unterstützung der Arbeiteraufstände 1923 in Deutschland. Die Beeinflussung des Publikums scheint in hohem Maße gelungen zu sein. Als am Schluß der Aufführung von der Bühne herab die Frage gestellt wurde »Hörst du, Moskau?« antworteten die Zuschauer im Chor: »Ich höre!« und stimmten spontan die »Internationale« an.

Auch bei der Inszenierung von Sergej Tretjakows *Gasmasken* zielte Eisenstein auf die »produktionsorganisierende Agitation« sowie auf die Verschmelzung von Kunst und Arbeitsleben. Das Stück handelt von der heroischen Entscheidung eines Proletarierkollektivs, ihre Fabrik unter Einsatz des eigenen Lebens zu retten. Es wurde in einem Gaswerk aufgeführt, und die Inszenierung endete mit der Aufnahme der Produktion durch die zur Schicht antretenden Arbeiter, die die Aggregate in Gang setzten und als Schlußeffekt eine Gasflamme emporlodern ließen. Eisenstein erkannte selbst, daß die Faktizität der Umgebung mit der Fiktion des Spiels nicht in Übereinstimmung zu bringen und im Medium Theater auch nicht aufzuheben war. So begann er noch während der Inszenierung von *Gasmasken* in derselben Fabrik und mit denselben Schauspielern die Dreharbeiten zu *Streik*, seinem ersten großen Film, den er im November 1924 fertigstellte.

Der bedeutendste Repräsentant des »Theateroktober« war Wsewolod Meyerhold. Bevor er 1921 – auf Initiative Anatoli Lunatscharskis – Vorsitzender der Theaterabteilung des Volkskommissariats für Bildung wurde, hatte er als Regisseur in Anlehnung an die Konzeptionen von Adolphe Appia und Gordon Craig sowie an die Dramatik des Impressionismus und Symbolismus sein Modell des »Stilisierten (Bedingten) Theaters« entwickelt. Ausgebildet an Nemirowitsch-Dantschenkos Schauspielschule, dann als Schauspieler an einigen Inszenierungen Stanislawskis beteiligt, opponierte der junge Meyerhold schon bald gegen das naturalistische Programm seiner Lehrer. Nach wenigen Spielzeiten trennte er sich vom Künstlertheater, stellte ein eigenes Ensemble zusammen

Alexander Ostrowski: Eine Dummheit macht selbst der Gescheiteste. Erstes Moskauer Arbeitertheater des Proletkult, 1923. Inszenierung und Ausstattung: Sergej Eisenstein

und begann mit Experimenten, die im Bildnerischen den Anschluß an die zeitgenössische Malerei suchten und im Schauspielerischen vor allem die Rhythmisierung von Sprache und Bewegung anstrebten. Um 1905 herum beteiligte sich auch Stanislawski an diesen Versuchen, kehrte aber bald wieder zu seiner naturalistischen Konzeption zurück.

Meyerhold entfaltete in einer Reihe von Arbeiten an Provinztheatern sowie als Chefregisseur am Theater der Schauspielerin Vera Kommissarshewskaja in Petersburg ein umfangreiches Repertoire neuer, anti-naturalistischer Kunstmittel. Dabei ging er, ähnlich wie Gordon Craig und Georg Fuchs, deren Schriften in Rußland intensiv rezipiert wurden, von der Überzeugung aus, daß die Bühne keine Abbilder der Wirklichkeit liefern und den Zuschauer nicht vereinnahmen dürfe und darum die »vierte Wand« als Trennung zwischen den beiden Hälften des Theaters durchlässig werden müsse. Als Vorbild diente Meyerhold das Amphitheater der Antike mit seiner runden Orchestra, die als Aktionsfeld des Chores zwischen dem Publikum und den Einzeldarstellern räumlich vermittelte. Nicht nur in architektonischer, sondern auch in funktionaler Hinsicht orientierte sich Meyerhold an der Antike. »Die Bühne entfernte sich«, so heißt es in einer seiner Programmschriften, »vom Element der religiösen Gemeinde, sie entfernte sich vom Zuschauer. Wie der heilige Kult der Tragödie sich in den dionysischen ›Läuterungen‹ darstellte, so fordern sie auch heute vom Künstler Heilung und Läuterung. (...) Wir wollen hinter der Maske und hinter der Handlung den Charakter der Figur ergründen und seine ›innere Maske‹ erfassen. Das neue Drama geht im Interesse des Inneren vom Äußeren ab, (...) um den Menschen mit dem dionysischen Rausch des ewigen Opfers trunken zu machen.« (Wsewolod Meyerhold: Schriften. Bd. 1. S. 132) Wolle sich das Theater diesem Ziel wieder nähern, müsse sich die Spielweise grundsätzlich ändern. Unter dem Einfluß von Maurice Maeterlincks Theorie und Praxis des »statischen Dramas«, in dem die Personen unbewegt und schweigend als Opfer eines unergründlichen Schicksals erscheinen, postulierte Meyerhold das Prinzip der »Statuarischen Plastizität«, wie es zum Beispiel bei der Inszenierung von Maeterlincks symbolistischem Drama *Schwester Beatrix* zur Anwendung kam. Dafür gab er folgende Begründung: »Gesten, Haltungen, Blicke, Schweigen bestimmen die wahren Beziehungen der Menschen. Worte sagen nicht alles. Also ist eine Struktur der Bewegungen auf der Bühne unentbehrlich, um aus dem Zuschauer einen scharfsinnigen Beobachter zu machen, um ihm Material an die Hand zu geben, mit dessen Hilfe er die seelischen Bewegungen der handelnden Personen erahnen kann. (...) Das Stilisierte Theater fixiert den skulpturhaften körperlichen Ausdruck und festigt dadurch im Gedächtnis des Zuschauers einzelne Gruppierungen, damit neben den Worten das Schicksalhafte der Tragödie zur Wirkung kommt.« (Wsewolod Meyerhold. Schriften. Bd. 1. S. 129 f.)

Wsewolod Meyerholds Streben nach der Wiederbelebung nichtnaturalistischer Traditionen zielte zuerst auf das Mystisch-Religiöse, dann auf das Komödiantisch-Spielerische. Die Commedia dell'arte und das spanische Lustspieltheater des Barock boten dabei Orientierungen. Alle Formen des traditionellen Volkstheaters bezeichnete der Regisseur mit dem Namen der russischen Jahrmarktsbühne als

Maurice Maeterlinck: Schwester Beatrix.
Theater Kommissarshewskaja,
Petersburg, 1906.
Inszenierung: Wsewolod Meyerhold.
Ausstattung: Sergej Sudeikin

»Balagan«. Als die wichtigsten wiederzugewinnenden Elemente erschienen ihm die von der Alltagsrealität unterschiedene Zeitstruktur, das publikumsnahe Spiel auf der Vorbühne, die Maske und das Typenkostüm, die Artistik sowie Gesang und Tanz. Die »Lieblingstechnik« des Volkstheaters ist Meyerhold zufolge die Groteske. Sie stellt, wie er in seiner Schrift »Balagan« ausführt, »hauptsächlich etwas Häßlich-Seltsames dar, ein Werk des Humors, der ohne sichtbare Gesetzmäßigkeit verschiedenartigste Begriffe miteinander verbindet, weil sie (...) sich überall nur das aneignet, was ihrer Lebensfreude und launisch-spöttischen Einstellung zum Leben entspricht. (...) Die Groteske kennt nicht nur das Niedrige oder das Hohe. Sie vermischt die Gegensätze, spitzt die Widersprüche bewußt zu. Das Groteske vertieft das Alltagsleben bis zu der Grenze, wo es aufhört, das Natürliche zu sein.« (Wsewolod Meyerhold: Schriften. Bd. 1. S. 216)

Eine Synthese von Mystischem und Spielerischem gelang Meyerhold in der Inszenierung von Alexander Bloks lyrisch-symbolistischem Drama *Die Schaubude* (Balagantschik), in dem er, so wie bei E. T. A. Hoffmann und Edgar Allan Poe, das Groteske exemplarisch verwirklicht sah. In diesem Bühnenwerk erschienen neben einer Gruppe von Mystikern beiderlei Geschlechts verschiedene Typenfiguren der Commedia dell'arte. Der Regisseur selbst spielte den Pierrot als eine Gestalt, die mit ihrer Einsamkeit und Melancholie im Gegensatz steht sowohl zu dem abgehobenen Spiritualismus der Mystiker als auch zu Arlecchinos Vitalismus. Die Souffleuse stieg vor den Augen des Publikums in ihren Kasten, und beim Umbau sah man die unverkleidete Maschinerie.

Diese Tendenz zur Brechung der Bühnenillusion lag einer ganzen Reihe von Inszenierungen Wsewolod Meyerholds während seiner vorrevolutionären Schaffensphase zugrunde, die (nach der Trennung von der Kommissarshewskaja im Jahre 1908) an den Kaiserlichen Bühnen in Petersburg herauskamen. Höhepunkte waren die Pantomime *Der Schleier der Pierette* nach dem Szenarium von Arthur Schnitzler, *Die Liebe zu den drei Orangen* von Carlo Gozzi, Molières *Don Juan* und Michail Lermontows *Maskerade*.

Meyerholds erste Inszenierung nach der Oktoberrevolution galt Wladimir Majakowskis *Mysterium buffo*. Wie schon der Titel sagt, handelt es sich dabei um eine Mischung aus Mysterienspiel und Buffonade. Motive der Bibel werden zur politischen Satire genutzt; die Sintflut und die anschließende Reise sieben reicher mächtiger und sieben armer proletarischer Paare durch Himmel und Hölle in ein »gelobtes Land« endet mit der kommunistischen Weltrevolution. Das ebenso pathetische wie groteske Werk erlebte 1918, zum ersten Jahrestag der Revolution, in Petersburg seine Uraufführung, wobei Majakowski selbst als Assistent von Meyerhold mitarbeitete und die streng charakterisierenden Kostüme entwarf, während die Bühnenbilder von Kasimir Malewitsch stammten. Das gesamte Werk war eine Herausforderung an das traditionelle Theater. Symbolisch wurden von den Schauspielern Plakate der Petersburger Bühnen sowie ein Vorhang zerrissen, auf den die typischen Requisiten des alten Theaters gemalt waren. Aufgrund der Kritik von Teilen der Kulturbürokratie sowie der chaotischen Zeitumstände wegen fanden nur wenige Aufführungen statt. Drei Jahre später dann führte Meyerhold *Mysterium buffo* in einer weniger provokanten Inszenierung an seinem Theater in Moskau zu einem großen Erfolg.

Über die Zeitschrift »Vestnik teatra« verkündete Meyerhold dann 1921, daß der Revolution im Leben die Revolution in der Kunst auf dem Fuße folgen müsse. In seinem spektakulären Aufruf an alle Bühnenschaffenden proklamierte er den »Theateroktober« und setzte sich sowohl für das Laientheater des Proletkult als auch für die Revolutionierung des professionellen Theaters ein. Dieses hat er mit einer Reihe von Inszenierungen an seiner Moskauer Bühne, die den stolzen Namen »Erstes Theater der Russischen Föderativen Sowjetrepublik« trug, wesentlich befördert. Als Debüt brachte er dort zum dritten Jahrestag der Revolution das

Stück *Morgenröte* des belgischen Symbolisten Emile Verhaeren heraus, das einen historischen Volksaufstand zum Thema hat. Das Drama wurde nicht vom Blatt gespielt, sondern der aktuellen Situation angepaßt, indem man Aufrufe, Losungen und die jeweils neuesten Frontberichte vom Bürgerkriegsgeschehen einfügte. Der junge Künstler Wladimir Dmitrijew gestaltete den Bühnenraum, eine Komposition aus silbergrauen, roten und blauen geometrischen Körpern. Von der Bühne führte eine Treppe in den Orchestergraben, in dem ein Chor des Volkes seinen Platz hatte; so entstand der Eindruck, seine Repliken würden direkt aus dem Zuschauerraum kommen.

Den wichtigsten Beitrag zum Theater der Russischen Revolution leistete Meyerhold mit den folgenden fünf Inszenierungen, in denen er die Prinzipien des Konstruktivismus mit äußerster Konsequenz auf die Bühnengestaltung übertrug und – ausgehend von seinen vorrevolutionären Experimenten mit körperbetonten Darstellungsweisen – den Bewegungsstil der »Biomechanik« entwickelte. Dieser basiert, ebenso wie die von dem Choreographen Nikolai Foregger kreierten Maschinentänze, auf der zeittypischen Begeisterung für den technischen Fortschritt.

Für die Entwicklung der Biomechanik nutzte Meyerhold die im nachrevolutionären Rußland mit ungeheurem Elan geförderte wissenschaftliche Arbeitsorganisation. Dieses oft auch als »Taylorismus« bezeichnete System hat seine Wurzeln in den Studien des amerikanischen Ingenieurs Frederick Taylor, der im Auftrage Henry Fords mit Hilfe genauer Analysen von Bewegungsabläufen im Produktionsprozeß und der Bestimmung optimaler Relationen zwischen Arbeit und Erholungspausen beträchtliche Effektivitätssteigerungen erzielte. Daß diese letztendlich auf verstärkte Ausbeutung und Erhöhung des Profits ausgerichtete Methode gerade in der Sowjetunion zu solcher Bedeutung gelangte, läßt sich nur aus der historischen Situation des von Chaos und Zerrüttung gezeichneten, unterentwickelten Landes erklären, das möglichst schnell an den Standard des Westens herangeführt werden sollte. Lenin und seine Berater sahen in der Durchsetzung des Taylorismus geradezu eine Frage der »Realisierbarkeit des Sozialismus«. Das System wurde nicht nur als Mittel der industriellen Rationalisierung verstanden, sondern ganz allgemein als Instrument zur Ausbildung der Körperkultur und damit des »neuen Menschen«.

Meyerhold studierte in seinen »Regiewerkstätten« zunächst die Bewegungsabläufe erfahrener Arbeiter und stellte dabei in erster Linie das Vermeiden überflüssiger Handlungen, ein exaktes Gefühl für den richtigen Körperschwerpunkt sowie eine ausgeprägte Rhythmik fest. Eine auf diesen Grundsätzen aufgebaute Bewegungsform hat nach seiner Ansicht etwas Tänzerisches; sie zu betrachten, bereitet ästhetisches Vergnügen. Vom Schauspieler verlangte Meyerhold, daß er wie ein Arbeiter in der Produktion sein Material organisiert, daß er seinen Körper so trainiert, daß dieser »augenblicklich« alle von außen, das heißt vom Gefühl oder vom Verstand des Darstellers selbst oder vom Regisseur gestellten Aufgaben ökonomisch, präzise und schnell ausführen kann. Ein »sicheres Augenmaß«, »Standfestigkeit« und »Gleichgewichtsgefühl« sowie eine genaue Kenntnis der Mechanik des menschlichen Körpers seien dafür die hauptsächlichen Voraussetzungen. Zu ihrem Erwerb hat Meyerhold dreizehn Standardübungen entwickelt, darunter den Dolchstoß, den Sprung auf die Brust und auf den Rücken des Partners, den Bogenschuß,

Biomechanische Übung: Balancieren auf dem Rücken des Partners, 1922

den Tritt mit dem Fuß oder das Absenken des Gewichts.

Meyerholds Biomechanik steht in absolutem Gegensatz zur naturalistisch-psychologischen Schauspielmethodik seines Lehrers Stanislawski. Sie baut nicht auf Lehrsätzen der Psychologie auf, sondern entwickelt, wie es ihr Schöpfer ausdrückt, die »Erregbarkeitsmomente ganz aus den körperlichen Handlungen«.

Praktische Anwendung fand das neue Darstellungssystem zum ersten Mal bei Meyerholds Inszenierung der Eifersuchtsfarce *Der herrliche Hahnrei* (Le cocu magnifique) von Fernand Crommelynck im Jahre 1922. Die konstruktivistische Künstlerin Ljubow Popowa baute ein Gerüst, das frei im Bühnenraum stand. Die vom Autor minutiös geschilderte Atmosphäre seiner flämischen Heimat ignorierte sie weitgehend; nur durch einen Windmühlenflügel stellte sie die Assoziation zu dem Schauplatz des Dramas her. Auf einem der Antriebsräder waren Buchstaben aus dem Namen des Autors zu lesen: CR ML NCK. Die Bühne wurde als »Werkbank des Schauspielers« definiert; die einzelnen Spielflächen waren durch Treppen und Rutschen miteinander verbunden, so daß sich den Darstellern hervorragende Aktionsmöglichkeiten boten. Die Dynamik des Spiels übertrug sich von dem einzelnen Schauspieler auf die ganze Gruppe und erfaßte schließlich sogar die Konstruktion: Auf dem Höhepunkt des Geschehens begann sich der Windmühlenflügel synchron zur Emotionskurve des Helden zu drehen. Die von Ljubow Popowa als Vorbilder einer zeitgemäßen Alltagskleidung gedachten Kostüme sollten durch ihre Ähnlichkeit mit Monteursanzügen die Darsteller als »Arbeiter der Szene« ausweisen; durch die Bewegung gewannen sie zeichenhaften Charakter.

Das Artistische und Clowneske der Biomechanik akzentuierte Meyerhold in seiner Inszenierung der konventionellen Gerichtsfarce *Tarelkins Tod* von Alexander Suchowo-Kobylin. Die im Programm als »Konstrukteurin« bezeichnete Warwara Stepanowa entwarf Versatzstücke, die eigentlich »akrobatische Trickapparate« waren: einen Tisch, der die Beine spreizte, wenn er belastet wurde, und unvermittelt wieder hochschnellte, einen Paravent, der sich scheinbar selbst entfaltete, einen Sarg, der sich in ein Klappbett verwandelte, eine Schaukel und einen Käfig mit Laufrad. Die Kostüme betonten die Mechanik der menschlichen Bewegungen; die geometrischen Ornamente fügten sich bei jedem Haltungswechsel zu einem neuen Muster. Auch die Stepanowa betrachtete ihre Kostüme als Vorbilder für eine funktionale Kleidung bei der Arbeit und beim Sport.

Fernand Crommelynck: Der herrliche Hahnrei. Meyerhold-Werkstätten Moskau, 1922. Inszenierung: Wsewolod Meyerhold. Ausstattung: Ljubow Popowa

Ljubow Popowas Bühne für Meyerholds Inszenierung der Textcollage *Die Erde bäumt sich* von Sergej Tretjakow war voller Maschinen. Über eine Rampe fuhren Motorradkolonnen auf die Bühne; ein Traktor und ein Lastwagen, echte Feldtelephone und Frontscheinwerfer wurden eingesetzt und von Personen bedient, die als Menschen der technisierten Zukunft ausstaffiert waren. Auf eine Leinwand wurden Photographien von Protagonisten der Revolution sowie Losungen und Kommentare projiziert – ein Verfahren, das dann Erwin Piscator übernommen und zu höchster Perfektion entwickelt hat.

Gleich drei Projektionsflächen benutzte Meyerhold in seiner nächsten Inszenierung *Trust D. E. – Her mit Europa!* nach Motiven von Ilja Ehrenburg. Auch in diesem Agitationssketch wurde das Bühnengeschehen durch projizierte Fakten und Parolen ergänzt. Mit Hilfe von fahrbaren Wänden und Suchscheinwerfern erreichte der Regisseur eine große Bewegungsdynamik und geradezu filmische Wirkungen. Das Proletariat trat in blauen Overalls auf und bewegte sich biomechanisch, die Bourgeoisie erschien in grotesk überzeichneter Aufmachung.

Nach den unmittelbar auf politische Wirkung zielenden Theaterarbeiten bemühte sich Meyerhold ab Mitte der zwanziger Jahre um eine zeitgemäße Rezeption der russischen Klassiker. Er nahm die vom Volkskommissariat für das Bildungswesen im Zuge der Rückwendung auf die bürgerlichen Traditionen ausgegebene Losung »Zurück zu Ostrowski!« auf und inszenierte dessen Komödie *Der Wald*. Auch dabei orientierte er sich an konstruktivistischen Prinzipien: Die Bühne war leergeräumt; aus dem Orchestergraben wand sich eine Rampe empor; in der Mitte des Spielraumes ein Mast, an dem zwei Schaukeln hingen; dazu einige Versatzstücke, die es den Schauspielern ermöglichten, ihre akrobatischen Fähigkeiten zu präsentieren. Die zirzensische Atmosphäre wurde durch clowneske Schminkmasken noch verstärkt.

Die Reihe der Klassiker-Inszenierungen setzte Meyerhold mit Nikolai Gogols *Revisor* fort. Aus sechs Varianten des Lustspiels sowie Passagen aus dem Roman »Die toten Seelen« montierte er einen Spieltext, der die sarkastische und die groteske Komponente betonte. Das Zusammenspiel von Sprache und Bewegung, Klang und Licht ergab ein ganz und gar musikalisch strukturiertes Bühnenwerk. Die Spielfläche war nach hinten begrenzt durch eine halbkreisförmige polierte Holzwand mit fünfzehn Türen, so daß sich die Auf- und Ab-

Nikolai Gogol: Der Revisor. Staatliches Meyerhold-Theater Moskau, 1926. Inszenierung und Bühnenbild: Wsewolod Meyerhold

tritts-Dramaturgie des Stückes eindrucksvoll realisieren ließ. Die meisten Episoden spielten auf kleinen Podien, auf denen die eng zusammengepferchten Gestalten wie Schatten der Vergangenheit aus der Bühnentiefe vorgefahren wurden, also gleichsam in Großaufnahme erschienen. Die Schauspieler agierten in einem mechanisch-puppenhaften Stil, den Meyerhold aus der Biomechanik entwickelt hatte. Grandios das Finale der Inszenierung: Als die Ankunft des echten Revisors verkündet wurde, standen alle Figuren minutenlang in Schreckensposen erstarrt. Erst allmählich merkten die Zuschauer, daß sie wirklich »tote Seelen« vor sich hatten – die Schauspieler waren ersetzt worden durch Wachspuppen.

Obwohl sich Wsewolod Meyerhold immer mehr von der stilisierten Aufführungsweise abwandte und die Biomechanik nurmehr als Trainingsmethode betrachtete, geriet er mit seiner Arbeit in Widerspruch zu der Kunstauffassung der Partei, die gegen Ende der zwanziger Jahre den bürgerlichen Naturalismus Stanislawskischer Prägung zum Vorbild erklärte und schließlich als Fundament des sozialistischen Realismus' kanonisierte.

Mit seinen Inszenierungen der beiden Wladimir Majakowski-Stücke *Die Wanze* und *Das Schwitzbad*, in denen gegen kleinbürgerliche Borniertheit beziehungsweise Bürokratismus zu Felde gezogen wird, verscherzte sich der Regisseur endgültig die Sympathie der Herrschenden. Die konstruktivistischen Ausstattungen von Alexander Rodtschenko und Sergej Wachtangow wurden als »formalistisch« gebrandmarkt. »Das Theater ist kein einfacher Spiegel, sondern ein scharfes Vergrößerungsglas. Mit starken Mitteln muß man kurieren!« Diese Parole ließen Majakowski und Meyerhold bei der Uraufführung von *Schwitzbad* im Zuschauerraum anschlagen; sie wurde von den Stalinisten als Angriff auf das System mißverstanden. Wenige Monate nach der Premiere nahm sich der Dichter, enttäuscht von der Pervertierung der ursprünglichen Intentionen der Revolution, das Leben. Meyerhold versuchte, seinen Überzeugungen treu zu bleiben und inszenierte die Satire *Der Selbstmörder* von Nikolai Erdman, dessen kritische Farce *Das Mandat* er Mitte der zwanziger Jahre – mit Zustimmung der Partei – hatte auf die Bühne bringen können. Die Aufführung von Erdmans neuer Satire aber wurde verboten, wie zuvor schon das Projekt *Ich will ein Kind haben*, nach einem Text des Schriftstellers Sergej Tretjakow, in dem es um die Züchtung einer neuen Menschenrasse unter rein genetischen Gesichtspunkten geht. Zusammen mit El Lissitzky hatte der Regisseur dafür eine ingeniöse Raumkonstruktion entworfen.

Im Zuge der Verstärkung des stalinistischen Terrors wurde das Meyerhold-Theater geschlossen. Stanislawski engagierte daraufhin seinen einstigen Schüler und künstlerischen Kontrahenten als Regisseur an sein Operntheater, doch auch das konnte diesen nicht retten. Meyerhold wurde verhaftet und gestand unter Folter eine angebliche Spionagetätigkeit; kurz vor seiner Hinrichtung im Jahre 1940 nahm er in einem Brief an den Vorsitzenden des Rates der Volkskommissare seine Aussage wieder zurück.

Im Gegensatz zu Meyerhold verstand es Alexander Tairow, sein Moskauer Kammertheater vor der Zerschlagung durch den Stalinismus zu bewahren. Ursprünglich ebenfalls anti-naturalistisch eingestellt, veränderte er nach heftigen Angriffen seine Konzeption in Richtung auf einen »strukturellen Realismus«, in dem das Bühnengeschehen wenigstens in seiner Grundstruktur auf die außertheatrale Wirklichkeit bezogen ist. So kam er dem Dogma des sozialistischen Realismus gleichsam auf halbem Wege entgegen. Aber auch dieser Annäherungsversuch wurde zurückgewiesen, und so rettete letztlich nur der Erfolg auf drei Tourneen durch ganz Europa das Kammertheater vor der Schließung.

Der ursprünglich bei Meyerhold als Schauspieler tätige Alexander Kornblit, der sich später den Künstlernamen Tairow zulegte, stellte das 1914 gegründete Kammertheater unter die Devise »Theatralisierung des Theaters«, wie sie der deutsche Theaterreformer Georg Fuchs ausgegeben hatte. Tairows Ziel war die Entwicklung einer »entfesselten« Bühnenkunst – befreit vom Zwang zur Nachahmung der Wirklichkeit wie von der Verpflichtung zur »werkgetreuen« Wiedergabe der dramatischen Literatur. In seinem 1920 erst in Russisch, bald aber auch in Deutsch erschienenen Buch mit dem Titel »Das entfesselte Theater« beschrieb er eine Reform, die auf der Synthese der verschiedensten darstellerischen Ausdrucksmittel (Sprache und Gesang, Tanz und Pantomime, Artistik und Clownerie) beruht, und in deren Zentrum ein sowohl in der inneren als auch in der äußeren Technik hervorragend geschulter Akteur, der »synthetische Schauspieler«, steht. So wie Meyerhold orientierte sich Tairow an Vorbildern wie der Commedia dell'arte und dem spanischen Komödientheater des Barock; Anregungen bezog er auch vom indischen Kathakāli-Theater mit seiner symbolisch-rituellen Zeichensprache. In seiner Theorie wie in der praktischen Bühnenarbeit grenzte sich Tairow nicht nur gegen den Naturalismus des Moskauer Künstlertheaters ab, sondern auch gegen das Konzept von Wsewolod Meyerhold, dessen vielfältige Experimente er unter dem Begriff »Stilbühne« zusammenfaßte: »›Alles wie im Leben‹ – sagte das naturalistische Theater. ›Alles anders als im Leben.‹ – sagte die Stilbühne. ›Der Zuschauer muß vergessen, daß er die Bühne vor sich hat.‹ ›Der Zuschauer darf keinen Augenblick vergessen, daß er sich im Theater befindet.‹ ›Der Schauspieler muß stets daran denken, daß er auf der Bühne, nicht aber im wirklichen Leben steht.‹ ›Der Schauspieler muß alles lebenswahr erleben.‹ ›Der Schauspieler darf durchaus keine wahren, wirklichen Gefühle haben.‹ (...) Wenn das naturalistische Theater ganz in den Banden der Literatur gelegen hatte, so geriet die Stilbühne von Anfang an in die Gefangenschaft der Malerei. Die ganze Bühne, sämtliche Aufgaben der Gestaltung wurden vom Standpunkt der ›Schönheit‹ aus betrachtet. Nicht aber der Schönheit des schauspielerischen Materials, sondern der Schönheit des allgemeinen dekorativen Plans und der malerischen Grundidee, die den Schauspieler lediglich als notwendigen ›Farbfleck‹ anerkannte.« (Alexander Tairow: Das entfesselte Theater. S. 46 f.)

Tairow geht davon aus, daß sowohl auf der stilisierten als auch auf der naturalistischen Bühne die Schauspielkunst ihrer eigentlichen Gestaltungsmittel beraubt und von den Schwesterkünsten dominiert wird. So plädiert er für die grundsätzliche Gleichrangigkeit der Komponenten: Weder die Literatur noch die Bildkunst dürfen die Darstellung unter ihr Joch zwingen; darauf muß der Spielleiter achten, dem die Funktion eines ordnenden Koordinators zugewiesen wird.

Von Anbeginn seines inszenatorischen Schaffens suchte Alexander Tairow die Zusammenarbeit mit den fortschrittlichsten russischen Künstlern seiner Zeit. Für eine der ersten Inszenierungen des Kammertheaters, *Thamy-*

William Shakespeare: Romeo und Julia.
Kammertheater Moskau.
Inszenierung: Alexander Tairow.
Kostümentwurf von Alexandra Exter

*Carlo Gozzi: Prinzessin Turandot.
Studio des Moskauer Künstlertheaters, 1922.
Inszenierung: Jewgeni Wachtangow.
Kostümentwurf von Ignati Niwinski*

ra, der *Kithara-Spieler* von Innokenti Annenski, entwarf die Malerin Alexandra Exter Figurinen, die eine Kombination von leichten, fließenden Gewändern und Körperbemalung vorsahen. Den antiken Schauplatz des Stückes gestaltete sie als eine Art kubistische Skulptur, ähnlich wie die Bühne zu Tairows Inszenierung der *Salome* von Oscar Wilde; auch die Kostüme entsprachen ganz diesem Stil. In Exters Entwürfen zu *Romeo und Julia* herrschte die Dynamik des Futurismus vor. Die gleichzeitig mit Ljubow Popowas Bühnenlösung für Meyerholds *Herrlichen Hahnrei* vollzogene Entwicklung zum Konstruktivismus manifestiert sich in ihren Szenenskizzen für Calderóns *Dame Kobold* in der Inszenierung des Stanislawski-Schülers Michail Tschechow. Diesem Stil fühlten sich auch andere Ausstatter Tairows verpflichtet: Alexander Wesnin in seinen Entwürfen für Racines *Phädra*, welche exemplarisch die Forderung des Regisseurs nach vertikaler Stufung der Bühne erfüllte, und für *Der Mann der Donnerstag war* (nach dem Kriminalroman von Gilbert Keith Chesterton) und die Brüder Stenberg bei ihren Entwürfen für *Die heilige Johanna* von George Bernard Shaw, für die Ope-

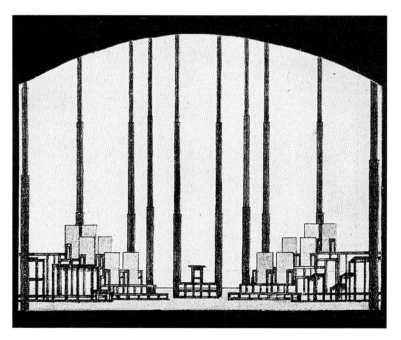

*George Bernard
Shaw: Die heilige
Johanna.
Moskauer Kammertheater, 1924.
Inszenierung:
Alexander Tairow.
Bühnenbildentwurf
von Alexander Wesnin*

rette *Tag und Nacht* von Charles Lecoq und für Bertolt Brechts *Dreigroschenoper*. Für seine Inszenierung von Lecoqs Operette *Giroflé-Girofla* ließ sich Tairow von dem Bildkünstler Giorgi Jakulow eine Zirkusarena mit praktikablen Spielgeräten einrichten.

In einem eingeschränkten Sinne gehört auch das Werk des 1922 jung verstorbenen Jewgeni Wachtangow zum »Theateroktober«. Der Meisterschüler Stanislawskis setzte sich von der Konzeption des Lehrers in erster Linie dadurch ab, daß er statt der Identifikation des Zuschauers mit den Figuren dessen Identifikation mit dem Schaffensprozeß des Schauspielers auf der Bühne forderte. Durch die Kunst des Darstellers, der beim Spielen zeigt, daß er spielt, soll eine »theatergemäße« und nicht »naturgetreue Wahrheit« entstehen. In der Betonung der Künstlichkeit von Theater trifft sich Wachtangows »Phantastischer Realismus« durchaus mit den Intentionen von Meyerhold und Tairow. Seine Werke – die bedeutendsten sind die Inszenierung des jüdischen Mysterienspiels *Der Dybbuk* von Scholem An-Ski und der Märchenkomödie *Prinzessin Turandot* von Carlo Gozzi – entstanden auf dem Weg der Improvisation. Bei der Arbeit an Gozzis der Commedia dell'arte verpflichtetem Stück wurden die meisten Vorgänge erst während der Probe gefunden. Das Improvisatorische zeigte sich auch darin, daß die Schauspieler ihre Alltagskleider behielten und sie nur durch einige charakteristische Kostümteile ergänzten. Der Eindruck der Spontaneität wurde weiterhin verstärkt durch die von Ignati Niwinski besorgte Ausstattung der Bühne mit leichten Dekorationselementen. Die Schräge des Bühnenbodens war als ein Hindernis für die Darsteller gedacht; die Auseinandersetzung damit sollte ihr Spiel lebendig halten. Im Ganzen spiegelte auch diese Meisterinszenierung von Jewgeni Wachtangow jene Unmittelbarkeit und Artistik wider, die für das Theater der Russischen Revolution insgesamt kennzeichnend war.

Abstraktes und Mechanisches Theater

Um das Jahr 1910 entstand, parallel zum italienischen Futurismus und zur russischen Avantgarde-Bewegung, eine Kunstrichtung, die vor allem auf die Überwindung des Materiellen durch den Geist und auf die Abstraktion von der Fülle der Erscheinungen auf das Wesen der Dinge ausgerichtet war, und die ihr Ziel in der Befreiung der Kunst vom Zwang zur Darstellung des Gegenständlichen sah. Ein philosophisches Fundament hatte die neue Kunsttendenz in dem schon 1908 erschienenen Buch »Abstraktion und Einfühlung« von Wilhelm Worringer, das zu den folgenreichsten kunsttheoretischen Arbeiten des 20. Jahrhunderts gehört. Der junge Wissenschaftler stellte die These auf, daß allein in der »reinen Abstraktion« eine Möglichkeit liege, »Ruhe im Inneren der Verwirrung und in der Dunkelheit des Weltbildes zu finden«. (Wilhelm Worringer: Abstraktion und Einfühlung. S. 81) Einige Jahre danach hat Hugo Ball, der spätere Begründer des Zürcher Dadaismus, diesen Gedanken konkretisiert, und zwar in einem Vortrag über Wassily Kandinsky, den Vorkämpfer der Abstraktion sowohl in der Malerei als auch in der Kunst des Theaters: »Die Künstler in dieser Zeit (...) suchen das Wesentliche, Geistige, noch nicht Profanierte, den Hintergrund der Erscheinungswelt, um dies, ihr neues Thema, in klaren, unmißverständlichen Formen, Flächen und Gewichten abzuwägen, zu ordnen, zu harmonisieren. Sie werden Schöpfer neuer Naturwesen, die kein Gleichnis haben in der bekannten Welt. Sie schaffen Bilder, die keine Naturnachahmungen mehr sind, sondern eine Vermehrung der Natur um neue, bisher unbekannte Erscheinungsformen und Geheimnisse. Das ist der sieghafte Jubel dieser Künstler, Existenzen zu schaffen, die man Bilder nennt, die aber neben einer Rose, einem Menschen, einem Abendrot, einem Kristall gleichwertigen Bestand haben.« (Hugo Ball: Kandinsky. S. 682)

Zu Beginn der zehner Jahre, als Kandinskys Bemühen um die Überwindung der gegenständlichen Malerei in den frühesten abstrakten Bildern der modernen Kunstgeschichte sein Ziel erreichte, arbeitete der Künstler zusammen mit dem ebenfalls aus Rußland nach München übergesiedelten Komponisten Thomas von Hartmann an den Bühnenkompositionen *Stimmen* (später *Der grüne Klang*), *Riesen* (später *Der gelbe Klang*) sowie *Schwarz und Weiß*. Der Schaffensprozeß lief dabei folgendermaßen ab: Während Kandinsky die ihm vor Augen stehenden Bilder mit Worten beschrieb, improvisierte der Musiker dazu am Klavier. Ihre Einfälle zu den Formen und Farben, zu den Klängen und Bewegungen notierten die Künstler in einer aus Worten und Noten bestehenden Partitur. Kandinsky hat keines dieser Werke auf der Bühne gesehen. Der Plan von Hugo Ball zur Aufführung am Münchner Künstlertheater scheiterte am Ausbruch des Ersten Weltkrieges. »Der gelbe Klang« ist das einzige Szenarium des Malers, das gedruckt vorliegt und zwar im Almanach »Der Blaue Reiter« aus dem Jahre 1912, der benannt ist nach der Künstlergruppe, zu der neben Kandinsky vor allem Gabriele Münter, Marianne von Werefkin, Alexej von Jawlensky, Franz Marc, August Macke gehörten. Bei den Bühnenkompositionen handelt es sich nicht um Dramen im üblichen Sinne, denn die Figurenrede steht ganz im Hintergrund. Sie beschränkt sich auf kurze lyrische Passagen, kennt überhaupt keine Dialoge. An wenigen Stellen wird das Wort eingesetzt, aber auch dann oft nur als Klangwert, »ohne Verdunklung durch den Sinn«, wie es Kandinsky ausgedrückt hat. Nach seiner Meinung darf keine »äußere Bedeutung« des Wortes den »inneren Klang« überdecken.

Als Beispiel hier die »Einleitung« zu Wassily Kandinskys *Der gelbe Klang – Eine Bühnenkomposition*:

»Im Orchester einige unbestimmte Akkorde. Vorhang. Auf der Bühne dunkelblaue Dämmerung, die erst weißlich ist und später intensiv dunkelblau wird. Nach einer Zeit wird in der Mitte ein kleines Licht sichtbar, welches mit der Vertiefung der Farbe heller wird. Nach einer Zeit Orchestermusik. Pause. Hinter der Bühne wird ein Chor hörbar, welcher so eingerichtet werden muß, daß die Quelle des Gesanges nicht zu erkennen ist. Hauptsächlich sind die Baßstimmen zu hören. Das Singen ist gleichmäßig, ohne Temperament, mit Unterbrechungen, die durch Punkte bezeichnet sind. Erst

Tiefe Stimmen: Steinharte Träume ... Und sprechende Felsen ... Schollen mit Rätseln erfüllender Fragen ... Des Himmels Bewegung ... Und Schmelzen ... der Steine ... Nach oben hochwachsend unsichtbarer ... Wall ...

Hohe Stimmen: Tränen und Lachen ... Bei Fluchen Gebete ... Der Einigung Freude und schwärzeste Schlachten.

Alle: Finsteres Licht bei dem ... sonnigsten ...Tag. – schnell und plötzlich abhauend – Grell leuchtender Schatten bei dunkelster Nacht!!

Das Licht verschwindet. Es wird plötzlich dunkel. Längere Pause. Dann Introduktion im Orchester.«

(Franz Marc/Wassily Kandinsky: Der Blaue Reiter. S. 212 f.)

So wie die Sprache erscheinen in Kandinskys Bühnenkompositionen auch die anderen Elemente des Theaters vom Zwang zum Realismus befreit; der Autor organisiert vielmehr die Szene allein nach seinen Visionen. Wie von den antinaturalistischen Theaterreformern seit der Wende zum 20. Jahrhundert immer wieder gefordert, spiegelt das Bühnenkunstwerk nur die Imaginationen seines Schöpfers wider. Ohne kausale Beziehungen aneinandergereiht, fügen sich die Vorgänge nicht mehr zu einer logisch nachvollziehbaren Handlung. Einzelne Sequenzen sind zwar für sich zu deuten, werden aber durch den Gesamtkontext wieder im Vieldeutigen aufgehoben. Die Zeichen stehen als Symbole für übersinnliche Realitäten. August Macke hat im Almanach »Der Blaue Reiter« diese Konzeption so beschrieben: »Unfaßbare Ideen äußern sich in faßbaren Formen. Faßbar durch unsere Sinne als Stern, Donner, Blume, als Form. Die Form ist uns Geheimnis, weil sie der Ausdruck von geheimnisvollen Kräften ist. Nur durch sie ahnen wir die geheimen Kräfte, den ›unsichtbaren Gott‹.« (Franz Marc/Wassily Kandinsky: Der Blaue Reiter. S. 54)

Kandinskys Szenarien sind aus solchen symbolischen Formen komponiert: Im *Grünen Klang* zum Beispiel sitzen drei wie Kugeln zusammengekauerte Gestalten von undeutlich trüber Farbe vor einem riesigen roten und grünen Hügel. Eine bunte Flut von Menschen quillt aus den sperrangelweit geöffneten Toren einer weißen Mauer, über der sich bizarre Kuppeln erheben – wahrscheinlich hatte Kandinsky die des Moskauer Kremls vor Augen. Gestalten in Orange und Rot rennen über die Bühne; eine grüne weibliche Figur tritt auf. In der Bühnenkomposition *Schwarz und Weiß*, zu der vier Skizzen Kandinskys in Kopie erhalten sind, sitzt ein Mann in Schwarz lange vor einer weißen Riesin und hebt schließlich langsam den Kopf; Männer ganz in Schwarz und Frauen ganz in Weiß schreiten parallel zur Rampe die Bühne aus; in einem langen vielfarbigen Band umkreisen Gestalten die nun liegende Riesin und singen dabei ein Rezitativ aus seltsamen Formeln. Vor einem orangefarbenen Himmel bewegen sich Bäume im Wind; schließlich fliegt ein grüner Vogel auf, der sich blau färbt.

Die Farben setzte der Maler entsprechend ihrer symbolischen Bedeutung ein, die er in seinen theoretischen Schriften immer wieder eingehend erörtert hat. Schwarz ist für Kandinsky ein »Schweigen ohne Möglichkeit« und steht für den Tod; Weiß drückt ebenfalls ein Schweigen aus, das aber alle Möglichkeiten offenläßt, wie die Geburt. Gelb ist die typisch irdische Farbe, Blau die typisch himmlische; Rot hat eine grenzenlose Wärme, doch nicht den »leichtsinnigen

Charakter« des Gelb. Grün ist nach Kandinsky die ruhigste Farbe, »ohne Beiklang der Freude, Trauer und Leidenschaft«, Grau ist klanglos, unbeweglich trostlos, und das Braun schließlich stumpf und hart. Folgt man diesen Bestimmungen, so läßt sich mancher Hinweis zur Deutung der Bühnenkompositionen finden. Daß sie als moderne Mysterienspiele zu lesen sind, legt schon der Zusammenhang nahe, in dem *Der gelbe Klang* publiziert wurde. Der ganze Almanach »Der Blaue Reiter« ist durchzogen von der Idee der Kunst als Heilmittel der Seele, und der Text des Szenariums ist illustriert mit der exotischen Maske eines Krankheitsdämons und einer aus dem Totenreich wiederkehrenden mythischen Gestalt. So kann zumindest *Der gelbe Klang* als eine Aussage über das Thema der Erlösung und Auferstehung verstanden werden. Darauf deutet auch der Schluß hin: Einer der gelben Riesen hebt die Arme seitwärts und wächst dabei. In dem Augenblick, in dem die Figur einem Kreuz gleicht, wird es plötzlich dunkel.

In seinem Buch »Über das Geistige in der Kunst« verdammt Kandinsky, wie so viele Intellektuelle seiner Zeit, die »materialistische Epoche« und beschwört das Heraufkommen eines neuen Zeitalters der Geistigkeit. Er läßt nur eine solche Kunst gelten, in der sich die hinter der wahrnehmbaren Wirklichkeit verborgene ideelle Welt enthüllt. Wie Maurice Maeterlinck, den er als Geistesverwandten in seiner Abhandlung ausdrücklich erwähnt, möchte er im Bühnengeschehen das »nichtmaterielle Streben und Suchen der dürstenden Seelen« zeigen. Mit den Expressionisten verbindet Kandinsky das Verständnis von Kunst als Ausdruck der »inneren Notwendigkeit« des schaffenden Individuums. Der allein diesem Kriterium folgende Künstler ist prinzipiell von allen formalen Regeln befreit, vor allem vom Zwang zur Nachahmung des in der äußeren Realität Vorgegebenen. Das Auge nur auf sein inneres Leben gerichtet, ist er in der Lage, auch nichtgegenständliche Formen zu künstlerischen Synthesen zu komponieren, in denen sich das Geistige ausdrückt.

In seinem Streben nach dem »Nichtmateriellen und Abstrakten« beschäftigte sich Kandinsky intensiv mit dem Wesen der Künste. Er analysierte und verglich deren Elemente und suchte daraus neue Synthesen zu komponie-

Wassily Kandinsky: Schwarz und Weiß. 1. Bild. 1908/09. Kopie von Thomas von Hartmann

ren. Durch seine synästhetische Veranlagung war er für ein solches Vorgehen besonders prädestiniert. Farbeindrücke lösten Klangempfindungen bei ihm aus, und beim Musikhören sah er Bilder vor seinen Augen. Dieses Phänomen wertete der Künstler als Beweis dafür, daß hinter den materiellen Erscheinungen eine geistige Ganzheit existiert. Die Frage nach Entsprechungen zwischen den Künsten führte Kandinsky zwangsläufig zur Problematik des theatralen Gesamtkunstwerks. In Opposition zu Richard Wagner, an dessen Programm er die bloß äußerliche Summierung und die Hierarchisierung der Einzelkünste (mit der Musik an der Spitze) kritisierte, forderte er die absolute Gleichrangigkeit der Komponenten und deren Synthese nicht nur nach dem Grundsatz des harmonischen Gleichklangs, sondern auch nach dem der Disharmonie. An Arnold Schönberg, mit dem er jahrelang einen fruchtbaren Gedankenaustausch pflegte und dessen visionäre Gemälde er überaus schätzte, schrieb Kandinsky im August 1912: »Ich will aber zeigen, daß Konstruktion auch auf dem ›Prinzip‹ des Mißklanges zu erreichen ist (oder besser) daß es hier viel mehr Möglichkeiten giebt. (...) *So* ist der Gelbe Klang konstruiert, d. h. ebenso, wie meine Bilder. Das ist das, was man ›Anarchie‹ nennt, worunter man eine Gesetzlosigkeit versteht (...) und worunter man Ordnung (in der Kunst Konstruktion) verstehen muß.« Die ästhetische Einheit des Gesamtkunstwerks sieht Kandinsky durch die Fähigkeit des Theaterkünstlers garantiert, die einzelnen Elemente (Farbe, Bewegung, Klang) »auf dem Boden ihrer inneren Notwendigkeit« zur Synthese zu bringen. (Arnold Schönberg/Wassily Kandinsky: Briefe. S.72)

Nach der kriegsbedingten Rückkehr in seine Heimat begegnete Kandinsky den futuristischen und konstruktivistischen Tendenzen der russischen Avantgarde. Dadurch wurde er in seinem Streben nach strenger Abstraktion, auch in der Bühnenkunst, noch weiter bestärkt. Nach seiner Berufung ans Bauhaus im Jahre 1922 veröffentlichte er einen Aufsatz mit dem programmatischen Titel »Über abstrakte Bühnensynthese«. Darin griff er die Forderung nach Reduktion der Einzelkünste des Theaters auf ihre Elemente und deren Synthese zu Bühnenkompositionen wieder auf und ergänzte sie in bezug auf die Architektur und die Dichtung. Zu Form, Farbe, Klang und Bewegung traten jetzt noch das Wort und der Raum. Das Kriterium ihrer Zusammenführung wird nun nicht mehr als »innerer«, sondern als »abstrakter Klang« bezeichnet. Diese Endstufe seiner Theaterkonzeption realisierte Kandinsky exemplarisch im Bühnenwerk *Bilder einer Ausstellung*, das 1928 am Dessauer Friedrich-

Wassily Kandinsky: Bilder einer Ausstellung. Entwurf von 1928

Theater Premiere hatte. Als Vorlage diente ihm das gleichnamige große Klavierwerk, das Modest Mussorgski 1874, inspiriert von realistischen Bildern des russischen Malers Viktor Hartmann, komponiert hatte. Kandinsky schuf seine Komposition aus den Bildern, die er beim Hören der Musik vor Augen hatte. Bis auf zwei Sequenzen, in denen geometrisch überformte menschliche Figuren auftreten, sind sie gegenstandslos.

An der Arbeit der Bühnenwerkstatt am Bauhaus hat sich Wassily Kandinsky nicht beteiligt. Diese überließ er ganz seinem Kollegen Oskar Schlemmer, der 1923 (nach dem Scheitern des auf einen mystischen Expressionismus ausgerichteten Lothar Schreyer) mit der Leitung betraut wurde. Schlemmer, der schon zuvor von Walter Gropius als Meister für Bildhauerei und Wandgestaltung an das 1919 in Weimar gegründete Institut berufen worden war, hatte seine Qualifikation für die neue Aufgabe bereits durch ein kleines mechanisches Spiel mit dem Titel *Das figurale Kabinett* sowie mit dem »mathematischen Kostümtanz« *Das Triadische Ballett* unter Beweis gestellt. Eine ebenso wichtige Voraussetzung war aber sein theoretischer Ansatz, der mit dem Gesamtprogramm des Instituts korrespondierte. In der ersten Entwicklungsphase war dafür vor allem der produktive Widerspruch von äußerster Rationalität und metaphysischer Orientierung charakteristisch. Bei Schlemmer konkretisierte sich diese Konzeption im Rückgriff auf die Gedankenwelt der deutschen Romantik. Von Novalis übernahm er den Satz »Reine Mathematik ist Religion« als Motto für seine Arbeit. Noch einen zweiten Romantiker, den Maler Philipp Otto Runge, zitierte Schlemmer als Zeugen für seine Kunstauffassung: »Die strenge Regularität (ist) gerade bei den Kunstwerken, die recht aus der Imagination und der Mystik unserer Seele entspringen, ohne äußeren Stoff oder Geschichte, am allernotwendigsten.« Nach Meinung Schlemmers bezieht die Kunst aus der formstrengen Abstraktion ihre Kraft, die Ordnung des Universums sichtbar zu machen. Der dritte romantische Künstler, dem sich Schlemmer verbun-

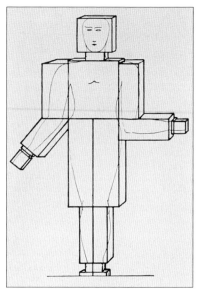

Oskar Schlemmer:
Wandelnde Architektur, 1924

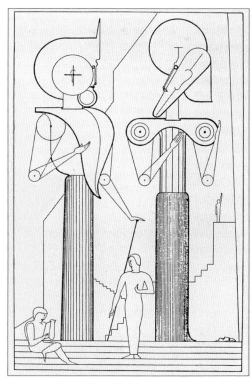

Oskar Schlemmer:
Die beiden Pathetiker, 1924

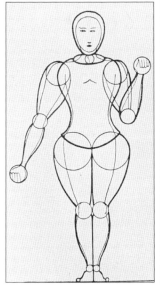 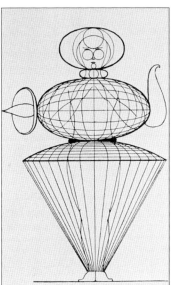 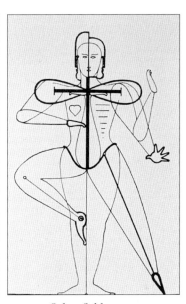

Oskar Schlemmer: *Oskar Schlemmer:*   *Oskar Schlemmer:*
Die Gliederpuppe, 1924   *Technischer Organismus, 1924*   *Die Zeichen im Menschen, 1924*

den fühlte, war Heinrich von Kleist. Dessen Essay »Über das Marionettentheater«, den er als eine Art Programmschrift für das eigene Schaffen betrachtete, ließ er als Einleitung zur Uraufführung des *Triadischen Balletts* vorlesen. In diesem Text erscheint die »Gliederpuppe« in ihrer naiven Unbewußtheit als Verkörperung von Harmonie und Grazie. Aufgrund ihrer Ungeziertheit und der Fähigkeit zur Überwindung der Schwerkraft ist sie dem Menschen absolut überlegen. Wenn der »letzte Bruch von Geist« verschwunden, wenn der die Marionette führende »Maschinist« durch einen »Kurbelmechanismus« ersetzt ist, tritt jener paradiesische Zustand wieder ein, der geherrscht hat, bevor der Mensch der Erkenntnis teilhaftig geworden ist. In der Marionette realisiert sich die ersehnte Einheit von Idee und Wirklichkeit, von Freiheit und Notwendigkeit, die die Welt durch den Sündenfall eingebüßt hat. Über die Synthese des Mechanisch-Unnatürlichen mit dem Übernatürlichen kann sich in Kleists Utopie der Mensch gleichsam durch die Hintertür wieder Zutritt zum Paradies verschaffen: »Doch so, wie sich der Durchschnitt zweier Linien auf der einen Seite eines Punktes nach dem Durchgang durch das Unendliche plötzlich wieder auf der andern Seite einfindet (...), so findet sich auch, wenn die Erkenntnis gleichsam durch ein Unendliches gegangen ist, die Grazie wieder ein; so daß sie zu gleicher Zeit in demjenigen menschlichen Körperbau am reinsten erscheint, der entweder gar keins oder ein unendliches Bewußtsein hat, das heißt in dem Gliedermann oder in dem Gott.« (Heinrich von Kleist: Sämtliche Werke. S. 830 f.)

Für Schlemmer ist die Marionette eine Verkörperung des fremdgesteuerten Individuums der modernen Zivilisationsgesellschaft, gleichzeitig aber das überhistorische Ideal der unstillbaren Sehnsucht des Menschen nach Überschreitung der ihm gesetzten Grenzen. In seinem programmatischen Aufsatz »Mensch und Kunstfigur« legte der Künstler dar, wie durch den Fortschritt der Technik auch die »Gestaltungsmöglichkeiten nach der metaphysischen Seite hin« zugenommen haben, wie moderne »Wunderfiguren« geschaffen werden können, die auch »einem neuen Glauben wertvolles Sinnbild zu sein vermögen«. (Oskar Schlemmer/László Moholy-Nagy/Farkas Molnár: Die Bühne am Bauhaus. S. 22) Um seine Vorstellung anschaulich zu machen, ergänzte er seinen Aufsatz durch die Zeichnung zweier »die Bühnenhöhe einnehmender Monumentalgestalten, Personifikationen pathetischer Begriffe wie Kraft und Mut, Wahrheit und Schönheit, Gesetz und Freiheit«. Im Rahmen seiner Bühnenarbeit benutzte Schlemmer dafür den Terminus »Kunstfigur«, den er aus Clemens von Brentanos Märchen »Gockel, Hinkel und Gackeleia« entlehnt hat. Als »Zwischenglied zwischen absoluter ›un‹-menschlicher Marionette und der natürlichen menschlichen Gestalt«, wie der Künstler selbst sie definiert hat, repräsentiert die Kunstfigur den zum Wesenhaften abstrahierten Typus, das ins Reich harmonisch geordneter Verhältnisse entrückte Idol. Sie entsteht durch die Betonung des Geometrischen und Mechanischen am Menschen. In Oskar Schlemmers Sicht ist der Mensch auf der einen Seite ein »Gefäß des Unbewußten und Metaphysischen« und auf der anderen ein »maßbestimmtes Gefüge, gebaut aus Knochen, ausgestattet mit dem Mechanismus der Gelenke«. Davon ausgehend entwickelte der Künstler vier Grundtypen für die Stilisierung des Menschen zur Kunstfigur: die »Wandelnde Architektur«, die »Gliederpuppe«, den »Technischen Organismus« und eine mit dem Stichwort »Die Zeichen im Menschen« charakterisierte Figur, bei der die Sternform der gespreizten Hand, das Kreuz aus Schultern und Rückgrat und die liegende Acht als Symbol der Unendlichkeit hervorgehoben sind. Diese Formen begegnen sowohl im *Triadischen Ballett* als auch in den Kostümentwürfen, die Schlemmer vor und neben seiner experimentellen Arbeit für konventionelle Inszenierungen geschaffen hat.

Das Interesse an den Bewegungsgesetzen des menschlichen Körpers führte Schlemmer schon während seiner Lehrzeit an der Stuttgarter Kunstakademie zur Beschäftigung mit dem Tanz. Nach seiner (von Friedrich Nietzsche übernommenen) Ansicht kann gerade diese Kunstform – in ihrem Wesen rauschhaft-»dionysisch« und auf Überschreitung angelegt, jedoch »apollinisch-streng« in ihrer »endlichen Gestalt« – die Polarität zwischen Organik und

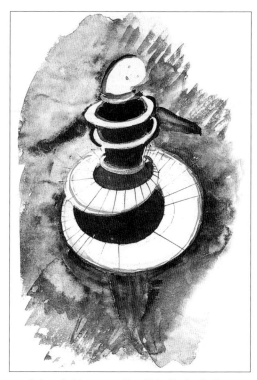

*Oskar Schlemmer: Das Triadische Ballett.
Die Spirale. Entwurf von 1919*

Mechanik, zwischen Natur und Geist, zu einem Ausgleich bringen. Während eines Lazarettaufenthaltes im Ersten Weltkrieg begann der Künstler mit der Arbeit am *Triadischen Ballett*, das allerdings erst 1922 zur Aufführung kam. In einer dazu von Schlemmer selbst verfaßten Ankündigung heißt es: »Unter Führung des Malers haben sich Tänzer und Verfertiger der Kostüme in den Dienst einer Sache gestellt, das Seltene zu erreichen: Einheit und Durchdringung aller Elemente des Tanzes: Körperbewegung, Raum, Kostüm, Form und Farbe. Es scheint, daß Malerei und Plastik, führend in der modernen künstlerischen Bewegung, die Aufgabe haben, universal zu wirken. So vermögen sie auch dem Tanz den Weg zu weisen und ihm elementare Kraft zu leihen. Der Maler bleibt also nicht auf die Entwurfsarbeit für Kostüme und Dekorationen beschränkt (...), vielmehr ist der Maler Inhaber und Vollstrecker der Gesamtidee. Dies könnte scheinen, daß es für den

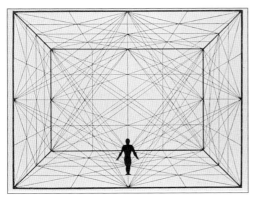

Oskar Schlemmer: Der Mensch – das »raumbehexte« Wesen, 1924

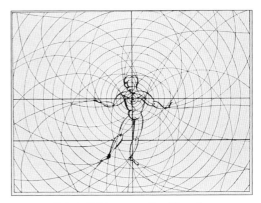

Oskar Schlemmer: Der Mensch – das raumschaffende Wesen, 1924

Tänzer die Aufgabe seiner selbst bedeute, ihn bestenfalls zur exakt arbeitenden Maschine degradiere. Dem ist nicht so: Das Gesetz der Form gibt Freiheit des Ausdrucks und die Seele kann nicht genommen werden. Wir haben in dem Stimmungskult und individualistischen Streben der letzten Vergangenheit Form und Gesetz wider Gebühr gering geschätzt. Heute sind sie mächtig in Anmarsch und es gilt die Eroberung des Typischen. (...) Doch wird das Triadische Ballett keine Weltanschauung tanzen, was niemand hindern soll, eine solche darin zu finden. (Es wird vielmehr reine Lust am Fabulieren sein, ein Fest in Form und Farbe.) Denn noch immer ist der Künstler der Schöpfer schöner Dinge und noch immer scheint es, daß alle Kunst zwecklos scheint.« (Zitiert nach Dirk Scheper: Oskar Schlemmer. S. 33)

Die Dominanz der bildnerischen Komponente spiegelt sich auch im Entstehungsprozeß des Werkes wider: Zuerst entwarf Schlemmer die Kostüme; aus ihren Grundformen leitete er dann die Weglinien der Tänzer ab, die sogenannte »Bodengeometrie«; dann folgte die Auswahl der Musik. Bei einer späteren Aufführung des *Triadischen Balletts* wurde eine von Paul Hindemith eigens geschaffene Komposition für mechanische Orgel verwendet. Getanzt wurde das Werk von einem Tanzpaar des Stuttgarter Theaters und von Schlemmer selbst. Die Zahl der Tänzer betrachtete er als eine jener Dreiheiten, welche die ganze Struktur des *Triadischen Balletts* bestimmen und ihm auch seinen Namen gaben. Die Drei ist für den Künstler eine eminent wichtige Zahl, denn sie bezeichnet den »Beginn des Kollektivs«, in dem das »monomane Ich« und der »dualistische Gegensatz« überwunden sind. Die zwölf Tänze, in denen sich achtzehn verschiedene Kunstfiguren mit Namen wie »Die Spirale«, »Die Goldkugel« oder »Der Abstrakte« präsentieren, bilden drei Abteilungen, die durch unterschiedliche Farben und Grundstimmungen charakterisiert sind. Der erste Teil soll bei zitronengelb ausgehängter Bühne »heiter-burlesk« wirken, der zweite bei rosafarbener Bühne »festlich-getragen«, der dritte vor einem schwarzen Hintergrund »mystisch-phantastisch«. (Oskar Schlemmer/László Moholy-Nagy/Farkas Molnár: Die Bühne am Bauhaus. S. 22)

Für seine pädagogische Tätigkeit am Bauhaus nahm sich Schlemmer vor, »beginnend mit dem Einmaleins und ABC«, einen »Kanon von Gesetzmäßigkeiten«, eine »Harmonielehre der Bühne« zu entwickeln. Forschergeist, Experimentierlust und Lernmotivation sollten bei der Lösung dieser Aufgabe zusammenfließen. Zur Methode des Vorgehens notierte der Künstler in seinem Tagebuch: »Das Rezept, nach dem die Bauhausbühne verfährt, ist sehr einfach. Man sei so unvoreingenommen wie möglich; man nähere sich den Dingen, als wäre eben erst die Welt erschaffen worden; man reflektiere eine Sache nicht zu Tode, sondern lasse sie,

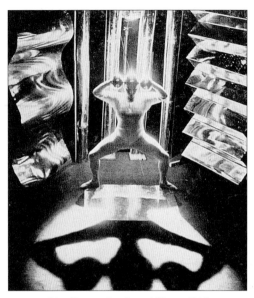
Metalltanz. Bauhausbühne, 1929

Stäbetanz. Bauhausbühne, 1926/27

zwar behutsam, aber frei, sich entfalten. Man sei einfach, nicht dürftig (...) ; man sei lieber primitiv als verschnörkelt oder geschwollen; man sei nicht sentimental, aber man habe statt dessen Geist. (...) Man gehe vom Elementaren aus. (...) Man gehe vom Punkt, von der Linie aus, von der einfachen Fläche, man gehe von den einfachen (...) Körpern aus. Man gehe von der einfachen Farbe aus, als da ist: Rot, Blau, Gelb und Schwarz, Weiß, Grau. Man gehe vom Material aus, empfinde die stofflichen Unterschiede von Materialien wie Glas, Metall, Holz und so weiter und assimiliere sie sich zuinnerst. (...) Man gehe vom körperlichen Zustand aus, vom Dasein, vom Stehen, vom Gehen und erst zu guter Letzt vom Springen und Tanzen.« (Oskar Schlemmer: Briefe und Tagebücher. S.112 f.)

Die Untersuchungen, die Schlemmer mit seinen Schülern am Bauhaus durchführte, konzentrierten sich auf das Visuelle. Der Ausgangspunkt war, der Gesamtidee des Instituts entsprechend, die Beziehung von Mensch und Raum. Dabei wurde zunächst der Guckkasten, wie er seit der Übersiedlung nach Dessau in dem kleinen und ganz einfachen Experimentiertheater zur Verfügung stand, widerspruchslos akzeptiert. Als die beiden gegensätzlichen Möglichkeiten bestimmte Schlemmer den Menschen als »raumbehextes« Wesen und den »raumschaffenden« Menschen. Die Entsprechung zu der einen Konstellation, in welcher der Mensch »eingesponnen« erscheint in das Netz der Raumlinien, ist die rhythmisch-mechanische Bewegung, das der anderen, in welcher der Mensch den Mittelpunkt eines radial ausstrahlenden Lineaments bildet, die gefühlsbedingt-organische Bewegung. In den Experimenten der Bauhausbühne wurde die Mensch-Raum-Beziehung im Hinblick auf die Fortbewegung in verschiedenen Richtungen, Tempi und Schrittarten (Schreiten, Gehen, Trippeln) erkundet. Darüber hinaus stellte man Untersuchungen zur Teilung des Raumes durch Flächen an (wie im *Kulissentanz*) oder durch Körper (wie im *Baukastenspiel*). Alle diese Erkundungen wurden der Öffentlichkeit präsentiert; weil sehr spielerisch angelegt, waren sie auch für ein Laienpublikum durchaus reizvoll.

Auch mit dem Element Farbe beschäftigte man sich in der Bühnenwerkstatt des Bauhauses intensiv. So wie in den anderen Abteilungen wurde hauptsächlich mit den Grundfarben Blau, Rot, Gelb gearbeitet, deren Mischungen und Differenzierungen sowie die ästhetischen

Oskar Schlemmer: Das figurale Kabinett, 1922

und psychologischen Wirkungen untersucht. In engem Zusammenhang damit standen die Übungen zum Thema »Licht«, das Schlemmer unter einem doppelten Gesichtspunkt betrachtete: »In den leeren Bühnenraum geworfen nach bestimmten Prinzipien, in bestimmter Form als Lichtkegel, Lichtwand, zerstreutes oder auf einen Punkt konzentriertes Licht, weiß oder farbig, vermag es (...) den Raum in oftmals überraschender ›optischer Täuschung‹ zu erhellen bzw. zu verwandeln. (...) Aber das Licht kann auch zu selbständigen Wirkungen gelangen, es sind Lichtspiele zu denken, die durch die Bewegung mehrerer weißer und farbiger Lampen-Scheinwerfer, durch Projektionen unendlich sich variieren lassen und ein interessantes Schauspiel bieten können.« (Zitiert nach Dirk Scheper: Oskar Schlemmer. S. 257 f.) Aufgrund der mangelnden technischen Ausstattung hielten sich die Versuche in recht bescheidenem Rahmen. Mit Taschenlampen, ein paar Scheinwerfern, einigen Farbgläsern und selbst zurechtgeschnittenen Schablonen aus Pappdeckeln stellte man vielfältige Experimente an. Kurt Schwerdtfeger und Ludwig Hirschfeld-Mack setzten in ihren *Reflektorischen Farblichtspielen* Musik in Lichtbilder um und nahmen damit ein Thema wieder auf, das schon im 18. Jahrhundert die Geister bewegt und vor dem Ersten Weltkrieg den Komponisten Alexander Skrjabin und den Lichtkünstler Alexander von Salzmann beschäftigt hatte. Selbstverständlich erforschte man an der Bauhausbühne auch die verschiedensten Materialien und Objekte. So entstanden ein *Metalltanz* und ein *Glastanz*, ein *Reifentanz* und ein *Stäbetanz*. In einem *Gestentanz* untersuchten drei Spieler mit Hilfe einer Bank, eines drehbaren Hockers und eines Metallstuhls die körperlichen Grundhaltungen Sitzen, Liegen, Stehen. Alle diese kurzen Spiele wurden entweder stumm vorgeführt oder von einfachen Klängen begleitet, die live mit Klavier, Trompete und Pauke sowie Gegenständen aus dem Alltagsleben erzeugt wurden; manchmal wurde aber auch klassische Musik über Grammophon eingespielt.

Angesichts der am Bauhaus allgemein herrschenden Hochschätzung der Technik überrascht es nicht, daß man sich intensiv auch mit Projekten des mechanischen Theaters beschäftigt hat. Noch bevor er die Leitung der Bühnenwerkstatt übernahm, realisierte Schlemmer das *Figurale Kabinett*, ein Spiel mit Groteskfiguren, abstrahierten Körperteilen sowie geometrischen und mechanischen Gegenständen, die von einer als »Magister« bezeichneten

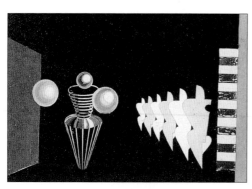

Xanti Schawinsky: Entwurf zu Mechanische Tiller-Girls, 1925

Gestalt über ein Triebrad bewegt und von unsichtbaren Helfern geführt wurden. Schlemmer selbst kommentierte mit Texten, die leider verloren gegangen sind, in Kostüm und Maske eines »Professors« das Geschehen. Das Vorbild des Mannes an der Kurbel war Dr. Spalanzani aus E.T.A. Hoffmanns Erzählung »Der Sandmann« – Konstrukteur der Olympia, eines menschenähnlichen Automaten, in dem Schlemmer ein Modell seiner Kunstfigur sah. Das *Figurale Kabinett* beschrieb Schlemmer selbst als ein »Gemisch aus Schießbude und Metaphysicum abstractum«. Damit sind auch die beiden inhaltlichen Hauptbezugspunkte der Theaterarbeit am Bauhaus genannt: das Transzendente und die populäre Unterhaltungskultur. Letztere vor allem haben die Schüler Oskar Schlemmers zum Gegenstand ihrer Experimente gemacht, so zum Beispiel Xanti Schawinsky in seinem Spiel *Mechanische Tiller-Girls*.

Schlemmer selbst stand einem reinen Maschinentheater eher skeptisch gegenüber, für ihn war – auch auf der Bühne – »der Mensch das Maß aller Dinge«: »Es sind Spiele zu denken«, so notierte er, »deren Geschehen lediglich in der Bewegung von Formen, Farben und Licht besteht. Geschieht die Bewegung auf mechanische Weise, unter gänzlicher Ausschaltung des Menschen, so erfordert dies eine technische Einrichtung gleich dem Präzisionswerk eines grandiosen Automaten. Die heutige Technik hält die hierfür nötigen Apparaturen bereit; es ist eine Geldfrage, und es ist nicht zuletzt eine Frage, inwieweit der technische Aufwand dem erzielten Effekt entspricht, nämlich wie lange das rotierende, sausende Spielwerk, einschließlich aller Variationen der Formen, der Farben und des Lichts zu interessieren vermag.« (Oskar Schlemmer in: Bauhaus. Heft 3/1927. S. 3)

Theatrale Elemente im Dadaismus und Surrealismus

Der Dadaismus war eine Reaktion auf den Ersten Weltkrieg mit seiner bis dahin nicht gekannten Brutalität des anonymen und massenhaften Abschlachtens. Eine Handvoll Intellektueller, die aus ihren kriegführenden und teilweise verfeindeten Heimatländern in die neutrale Schweiz geflüchtet waren, riefen eine Bewegung ins Leben, die sie mit dem zufällig gefundenen Kinderwort »Dada« bezeichneten. Der deutsche Schriftsteller Hugo Ball, der 1916 in der Züricher Spiegelgasse (vis-à-vis von Lenins Exil-Wohnung) mit dem »Cabaret Voltaire« die Keimzelle des Dadaismus ins Leben rief, hat ihr Empfinden exemplarisch zum Ausdruck gebracht: »Die Weltgeschichte bricht in zwei Teile. Es gibt eine Zeit vor mir und eine Zeit nach mir. Eine tausendjährige Kultur bricht zusammen. Umwertung aller Werte fand statt. Der Sinn der Welt schwand. Chaos brach hervor. Der Mensch verlor sein Gesicht, wurde Material, Zufall, Konglomerat, Tier, Wahnsinnsprodukt abrupt und unzulänglich zuckender Gedanken.« (Hugo Ball: Kandinsky. S. 682)

Für eine solche Welt des Schreckens und des Todestaumels lehnten die Dadaisten jede Verantwortung ab. Sie waren sich einig in der Überzeugung, daß der Krieg nichts anderes ist als die Fortsetzung des imperialistischen Machtkampfes der Staaten. Das erstmals mit modernen und weitreichenden Waffensystemen veranstaltete Gemetzel erschien ihnen als eine perverse Parodie auf den technischen Fortschritt, dem sie, im Gegensatz zu den Futuristen, kritisch gegenüberstanden. Die Züricher Dadaisten erkannten schon damals, daß der sich als Herr der Schöpfung fühlende Mensch im Namen von Aufklärung und Wissenschaft Kräfte entfesselt, die zerstörerisch auf ihn selbst zurückwirken. Eine solche Welt verabscheuten sie zutiefst. Tristan Tzara, der aus Rumänien stammende Wortführer der Gruppe, bezeichnete in diesem Sinne den »Ekel« als das wesentliche Motiv ihrer Bewegung.

Im Rahmen seiner Fundamentalopposition gegen alles und jedes verstand sich Dada als Anti-Kunst. Mit ihrer Weigerung, über das »Chaos von Dreck und Rätsel einen erlösenden Himmel zu stülpen«, brach die Bewegung mit der traditionellen pseudo-religiösen Funktionsbestimmung der Kunst. »Die Kunst ist tot. Es lebe Dada!«, wurde als Devise ausgegeben. Dichtung war für die Dadaisten »ein Schwindel«; für das beste Buch hielten sie das »unterlassene Buch«. Die Kunst in Leben zu überführen, setzten sie sich als Ziel. »Der neue Künstler malt nicht mehr, sondern schafft direkt!«, postulierte Tristan Tzara. Die Aktion verdrängte das Werk; die Künstler traten in direkte Kommunikation mit ihrem Publikum, attackierten es und stellten sich leibhaftig seiner Kritik.

Im Gegensatz zum Futurismus fehlte der Dada-Bewegung der Glaube an die Zukunft; ihre Weltanschauung war geprägt von einem radikalen Nihilismus. Richard Huelsenbeck postulierte: »Dada (...) bedeutet nichts. Dies ist das bedeutende Nichts, an dem nichts etwas bedeutet. Wir wollen die Welt mit Nichts ändern, wir wollen die Dichtung und die Malerei mit Nichts ändern und wir wollen den Krieg mit Nichts zu Ende bringen.« (Richard Huelsenbeck: Dada. S. 33) Ihre Ideologie präsentierten die Dadaisten auf der Bühne des Cabaret Voltaire als ein »Narrenspiel«. Jedes Wort, das dort gesprochen oder gesungen wurde, sollte zum Ausdruck bringen, daß es dem Zeitgeschehen nicht gelungen war, ihnen »Respekt abzunötigen«. Auf der Bühne sollte »die große Trommel« die Kanonen übertönen; es wurde ein »Hexensabbat« entfesselt, ein »Trara von morgens bis abends«, ein »Taumel«, eine »Ekstase«. Ein

Höhepunkt im Programm des Cabaret Voltaire war die Aufführung der frühexpressionistischen Farce *Sphinx und Strohmann* von Oskar Kokoschka, dargestellt in Masken von Marcel Janco. Tristan Tzara als Inspizient blitzte und donnerte an den falschen Stellen und erzeugte auf diese Weise eine totale Konfusion. Das Ereignis blieb die einzige echte Theateraufführung der Züricher Dadaisten; bei den weiteren Veranstaltungen benutzten sie nur einzelne Elemente der Bühnenkunst.

Mit dem gesprochenen Wort operierten sie bei ihren Lautgedichten. An der Möglichkeit, mit Worten Sinn zu vermitteln, zweifelten sie grundsätzlich. Die Sprache erschien ihnen verwüstet durch die Reklame und den Journalismus. Sie weigerten sich, »aus zweiter Hand« zu dichten, Worte zu übernehmen, die man nicht »funkelnagelneu« für den eigenen Gebrauch erfunden hat. Als Beispiel für die dadaistische Lautpoesie das Gedicht »Karawane« von Hugo Ball, das der Autor im Stil katholischer Meßgesänge, angetan mit einem priesterlichen Pappdeckelkostüm, vortrug:

Hugo Ball beim Vortrag eines Lautgedichtes im Cabaret Voltaire, Zürich 1916

>»jolifante bamba ô falli bambla
>grossiga m'pfa habla horem
>égiga goramen
>higo bloiko russula huju
>hollaka hollala
>anlogo bung
>blago bung
>blago bung
>bosso fataka
>ü üü ü
>schampa wulla wussa ólobo
>hej tatta gôrem
>eschige zunbada
>wulubu ssubudu uluw ssubudu
>tumba ba- umf
>kusagauma
>ba- umf«

(Hugo Ball: Gesammelte Gedichte. S. 28)

Nicht an den Verstand des Zuhörers, sondern an seine Sinne, an sein ganzes Wesen, das »in Resonanz geraten und vibrieren« sollte, wandte sich auch Richard Huelsenbeck mit seinen »Phantastischen Gebeten«, die aus Lauten und ohne erkennbaren Sinn aneinandergereihten Wortfolgen bestehen. Ihre Rezitation begleitete der Autor mit den rhythmischen Schlägen einer Reitgerte, die er »bildlich auf den Hintern des Publikums« niedersausen ließ; nach Berichten von Augenzeugen soll er dabei die Haltung des »kulturmüden Nihilisten« zelebriert haben. Auch die von den Dadaisten kreierten »Simultangedichte« waren in ihrer Wirkung ganz auf den Vortrag angewiesen. Untermalt von einer Lärmkulisse aus Pfiffen, Schreien und Sirenengeheul, wurden die meist in verschiedenen Sprachen gehaltenen Texte von mehreren Sprechern gleichzeitig präsentiert.

Neben der Rezitation bedienten sich die Dadaisten auch des theatralen Elements der Bewegung. »Negertänze« und als »expressionistisch« bezeichnete Schöpfungen des Ausdruckstänzers Rudolf von Laban und seiner Schülerinnen nach dem Rhythmus von Lautgedichten oder nach Musikstücken von Arnold Schönberg und Erik Satie wurden im Cabaret Voltaire dargeboten. Die dabei getragenen Masken von Marcel Janco sollen von »motorischer Gewalt« und »frappierender Unwiderstehlichkeit« gewesen sein und ihren Trägern einen

»pathetischen, an Irrsinn streifenden« Gestus diktiert haben.

Während sich Dada in Zürich auflöste, trug Richard Huelsenbeck die Bewegung nach Berlin, wo sie in der revolutionären Atmosphäre der Nachkriegszeit einen im engeren Sinn politischen Charakter gewann. Die provokative Absicht trat noch stärker hervor. So störte zum Beispiel der selbsternannte »Oberdada« Johannes Baader den Weihnachtsgottesdienst im Berliner Dom mit dem Zwischenruf »Ich frage Sie, was ist Ihnen Jesus Christus?« und gab sich selbst die Antwort: »Er ist Ihnen Wurst!« Selbstverständlich gab es einen ungeheuren Tumult, und Baader wurde wegen Gotteslästerung verhaftet. Durch solche Aktionen wollte man die pharisäerhafte Moral der bürgerlichen Gesellschaft entlarven. »Dada-Berlin« verstand sich als »verkörperte Feindschaft gegen den Bürger«, wie es Raoul Hausmann ausgedrückt hat. In der Überzeugung, daß die bestehenden Formen von Wirtschaft, Staat und Gesellschaft dem »Ansturm der Arbeiterklasse« nicht standhalten würden, sahen es die Berliner Dadaisten als ihre Aufgabe an, zu deren Untergang einen Beitrag zu leisten. Neben Huelsenbeck haben das in der Literatur vor allem Raoul Hausmann, Franz Jung und Walter Mehring und in der bildenden Kunst George Grosz und John Heartfield versucht.

Kurt Schwitters, der fast allein »Dada-Hannover« verkörperte, suchte durch das von ihm mitentwickelte Verfahren der Collage den Zusammenhang der Kunst mit der zeitgenössischen Wirklichkeit herzustellen. Er montierte Objekte aus seiner Umwelt zu Kunstrealitäten; in seinen Bild-Collagen waren es Fundgegenstände (meist aus dem Abfall), in seinen Dichtungen vorgeprägte Wörter; daraus komponierte er Sprachwerke wie die »Ursonate« oder Nonsens-Gedichte wie die über »Anna Blume«. Auch das Wort »MERZ«, mit dem Kurt Schwitters sein künstlerisches Schaffen etikettierte, hat er nach diesem Gestaltungsprinzip gefunden: Beim Herstellen eines Klebebildes war ihm von einem Anzeigentext der Kommerz- und Privatbank dieser Rest übriggeblieben.

Ebenso wie seine MERZ-Bilder, seine MERZ-Dichtungen und seinen MERZ-Bau konzipierte der »Hannover-Dada« auch die MERZ-Bühne als eine Collage aus den verschiedensten Materialien und Objekten, Vorgängen und Sachverhalten. In einem Manifest bezeichnet er »sämtliche festen, flüssigen und luftförmigen Körper, wie weiße Wand, Mensch, Drahtverhau, Wasserstrahl, blaue Ferne, Lichtkegel« als visuelle und »sämtliche Geräusche, die durch Violine, Trommel, Posaune, Nähmaschine, Ticktackuhr, Wasserstrahl usw. gebildet werden können«, als akustische Elemente der MERZ-Bühne. Sie sollen zu einem Gesamtkunstwerk verschmelzen, das nicht nach dem Ideal des Zusammenklingens komponiert ist, sondern nach dem Grundsatz der Disharmonie. Mit einem Wortschwall, der expressionistisches Pathos, futuristische Technikbegeisterung und dadaistischen Nihilismus verbindet, zugleich aber auch all diese Ansätze parodiert, umreißt Schwitters seine Vision: »Man setze riesenhafte Flächen, erfasse sie bis zur gedachten Unendlichkeit, bemäntele sie mit Farbe, verschiebe sie drohend und zerwölbe ihre glatte Schamigkeit. Man zerknicke und turbuliere endliche Teile und krümme löchernde Teile des Nichts unendlich zusammen. (...) Achsen tanzen mitterad rollen Kugeln Faß. Zahnräder wittern Zähne, finden eine Nähmaschine, welche gähnt. (...) Orgeln hinter der Bühne singen und sagen ›Fütt Fütt‹.« (Kurt Schwitters: Das literarische Werk. Bd. 5. S. 39 ff.) In der MERZ-Bühnen-Vision erscheinen alle Elemente gleichberechtigt; die Literatur und der darstellende Mensch sind den übrigen Komponenten nicht übergeordnet, sondern stehen mit ihnen auf der gleichen Stufe. Unabhängig von der Alltagslogik sollen sie miteinander kombiniert werden.

Um die Mitte der zwanziger Jahre änderte sich Schwitters' Theaterauffassung grundsätzlich. Nachdem er mit seinen Mini-Dramen *Schattenspiel* und *Kümmernisspiel* bereits literarische Fingerübungen vorgelegt hatte, versuchte er sich nun am Libretto zu einer grotesken Oper mit dem Titel *Der Zusammenstoß*, in dem es um den gerade noch verhinderten Weltuntergang durch den Einschlag eines Planeten im Zentrum von Berlin geht.

Dadaistische Dramen und regelrechte Aufführungen hat nur die Pariser Dada-Gruppe hervorgebracht, zu der die späteren Surrealisten André Breton, Louis Aragon, Philippe Soupault und Georges Ribemont-Dessaignes sowie Marcel Duchamp und Francis Picabia gehörten, die schon vor dem Krieg in New York in einer prädadaistischen Manier gearbeitet hatten; aus Zürich kommend stieß Tristan Tzara dazu. Er brachte die beiden Kurzdramen *Das erste himmlische Abenteuer des Monsieur Antipyrine* (La première aventure céleste de M. Antipyrine) und *Das zweite himmlische Abenteuer des Monsieur Antipyrine* (La seconde aventure céleste de M. Antipyrine) mit alogisch aufgebauten Szenenfolgen aus sinnlosen Wortgebilden mit nach Paris. Ihre Inszenierung wurde mit einfachsten Mitteln bewerkstelligt: Papiersäcke mit den Namen der Figuren als Kostüme, Masken aus zusammengeklebten Nudelkartons, kreuz und quer über die Bühne gespannte Seile als Dekoration und eine Lärmmaschine, die dem Publikum mit dreifachem Echo dadaistische Parolen einhämmerte. Die provokative Wirkung war ungeheuer. »Der Wahnsinn«, so berichtet ein Zeitgenosse, »beherrschte sowohl die Bühne als auch den Zuschauerraum«. Der Autor und seine Freunde, die alle Rollen selbst spielten, wurden mit faulen Eiern beworfen. Zeitweise kehrte sich das Verhältnis von Darstellern und Publikum regelrecht um: Die Zuschauer sprangen von den Sitzen auf und tobten ihre Wut aus, indem sie mit den Füßen trampelten und wild gestikulierten, während die Akteure von der Bühne aus seelenruhig das Treiben beobachteten. Bei der Uraufführung von Tzaras *Gasherz* (Cœur de gaz) wollte sich der Skandal-Erfolg nicht mehr recht einstellen, obwohl man einen Freund als Provokateur ins Publikum setzte, der immer wieder aufsprang und seine Bemerkungen nach vorn schrie: »Etwas mehr Leben auf der Bühne da oben!« oder »Es ist nett, Euer Stück, aber man versteht absolut gar nichts!« Mit allen erdenklichen Mitteln suchten die Pariser Dadaisten einen Skandal zu provozieren und dadurch ihre Zeitgenossen aufzurütteln. So lockten sie zum Beispiel das Publikum mit der Behauptung, daß Charlie Chaplin auftreten würde, in ihre Vorstellungen, oder sie wandten sich an die Börsenmakler mit der fingierten Einladung zu einem wirtschaftspolitischen Vortrag. Daß sich das Prinzip der gezielten Provokation schnell verbrauchte, daß die Aktionen eher ein angenehmes Prickeln als eine wirkliche Beunruhigung hervorriefen, erkannte als erster Ribemont-Dessaignes, als er feststellte: »Poesie: Kunst; keine Poesie: Kunst; die Wörter als Spiel: Kunst; die Mona Lisa mit Schnurrbart: Kunst; Scheiße: Kunst.« (Zitiert nach Jürgen Grimm: Das avantgardistische Theater Frankreichs. S. 135) Konsequenterweise zog sich der Dichter bald in ein beschauliches Landleben zurück.

Die Begründer der Surrealismus, allen voran André Breton, hatten sich bereits vom Dadaismus abgewandt, als dieser seinen theatralen Höhepunkt erreichte. 1924 kam in einem Pariser Theater ein »Anti-Ballett« zur Aufführung, das den Titel *Relâche* trug, was »Unterbrechung«, gleichzeitig aber auch »Geschlossen – Keine Vorstellung« bedeutet. Das Libretto und die Ausstattung lieferte Francis Picabia, die Musik Erik Satie; es tanzten nach einer Choreographie von Jean Börlin die »Ballets suédois«, ein Ableger der berühmten »Ballets russes«. Auf der Bühne standen drei Portale hintereinander; die Rückwand war besetzt mit Leuchten, die das Publikum blendeten. Getanzte Alltagsszenen wechselten mit absurden Real-Aktionen: ein Feuerwehrmann rauchte eine Zigarette nach der anderen; ein Unbeschäftigter saß am Bühnenrand und stand von Zeit zu Zeit auf, um die Bühne zu vermessen. Klassische Kunst wurde parodiert: Ein nacktes Paar posierte als Adam und Eva von Lucas Cranach. Zwischen den beiden Akten lief der von Picabia und Duchamp zusammen mit dem noch ganz unbekannten René Clair gedrehte Film »Entr'acte«, der auf Schock und Überraschung durch Doppelbelichtungen, manipulierte Größenverhältnisse und Nahaufnahmen angelegt war; gleichsam symbolisch feuerten zu Beginn des Films Picabia und Satie eine Kanonenkugel auf Paris ab. Am Schluß fuhren die Autoren im Auto auf die Bühne und wurden mit Buh-Rufen und Pfiffen bedacht. Mit dem Skandal als Wirkungsabsicht, dem persönlichen Auftreten der Künstler als Zielscheibe der Aggression und der Grenzverwischung zwischen Leben und Kunst traten in dieser Aufführung noch einmal die wichtigsten Strukturmerkmale des Dadaismus in Erscheinung.

Der Surrealismus stand ebenso wie der Dadaismus, aus dessen »Asche« er nach heftigen Auseinandersetzungen, vor allem zwischen Tristan Tzara und André Breton, erwachsen war, in prinzipieller Opposition zur geistigen, materiellen und politischen Situation seiner Zeit. Im Gegensatz zu Dada verharrten aber die Surrealisten nicht in der Negation, sondern setzten einen neuen positiven Wert: das Unbewußte. Sie bestimmten die Kunst als freien Ausdruck der irrationalen Kräfte im Menschen und wollten sie als Mittel zur Umwälzung aller Lebensverhältnisse einsetzen. Die Träume und die Wahnvorstellungen des Unbewußten rückten ins Zentrum des Interesses. Selbstverständlich standen die Surrealisten dabei unter dem Eindruck der Theorien von Sigmund Freud.

Breton hat den Gelehrten übrigens im Oktober 1921 in Wien besucht, wurde aber von ihm mit Höflichkeiten abgespeist. Bei ihrem Schaffen überließen sich die Künstler – ähnlich wie die Patienten in der Psychoanalyse beim »freien Assoziieren« – den ungefiltert aus den Tiefenschichten der Psyche aufsteigenden Bildern. Breton, der mit seinen beiden »Surrealistischen Manifesten« der Bewegung das Programm gegeben hat, propagierte das dichterische Verfahren der »automatischen Niederschrift«. Dabei sollen die kontrollierende Ratio ebenso wie alle ästhetischen und moralischen Bedenken soweit wie möglich ausgeschaltet werden. Das poetische Bild hat den Vorrang gegenüber dem sinnstiftenden Wort; der Autor verfolgt keinerlei inhaltliche oder formale Absichten. In dem zusammen mit Philippe Soupault verfaßten Text »Die magnetischen Felder«, einer Mischung aus Prosa, Lyrik und Aphorismen, hat Breton das Verfahren zum ersten Mal angewandt. Die um ihn als Wortführer versammelten Pariser Surrealisten, zu denen neben Soupault und Aragon auch Roger Vitrac und Antonin Artaud sowie als Maler Max Ernst und André Masson zählten, begriffen sich als revolutionäre Gruppe. Sie gaben die Zeitschrift »La Révolution surréaliste« heraus und unter-

Francis Picabia/ Erik Satie/Jean Börlin: Relâche. Ballets suédois, Paris 1924

hielten ein »Bureau des recherches surréalistes«. Über den Charakter der angestrebten Revolution waren sie sich allerdings uneins. Die einen hatten eine geistig-kulturelle Umwälzung im Auge, die anderen wollten vor allem die ökonomisch-sozialen Verhältnisse von Grund auf verändern; so schien es ihnen konsequent, in die Kommunistische Partei einzutreten, die sie allerdings desillusioniert bald wieder verließen.

In ihrer Überzeugung, daß die von Rationalität, Kausallogik und Nützlichkeitsdenken verdeckten Wirklichkeiten wenigstens in der Kunst ihren Ausdruck finden müßten, hatten die Surrealisten eine Reihe von unmittelbaren Vorläufern. Schon vor der Jahrhundertwende, mitten in der Blütezeit des Naturalismus, hat Alfred Jarry mit seinem Dramenzyklus um die Figur des Monsieur Ubu das Beispiel für ein »überwirkliches Theater« gegeben, auf das sich dann in den zwanziger Jahren Roger Vitrac und Antonin Artaud bei ihrem »Théâtre Alfred Jarry« genannten surrealistischen Unternehmen berufen konnten. Das Stück *König Ubu* (Ubu roi), das der Autor später um einen *Ubu in Ketten* (Ubu enchaîné) und einen *Ubu Hahnrei* (Ubu sur la butte) ergänzte, folgt als Königsmord-Drama mit Vater Ubu als Thronräuber und Mutter Ubu als überzeichneter Lady Macbeth dem Muster von Shakespeares Tragödie und parodiert sie zugleich. Das Werk ist der »Pataphysik« verpflichtet, der Wissenschaft vom Speziellen, die Jarry in Opposition zur Philosophie als der Lehre vom Allgemeinen entwickelte, und die keine gültige Wahrheit, sondern nur die Vielzahl imaginärer Lösungen kennt. Die Titelfigur, von dem jungen Autor nach dem Muster seines Physiklehrers gestaltet, ist eine Karikatur des Bürgers im ausgehenden 19. Jahrhundert. Ubu ist so plump wie grausam, so obszön wie machtgierig. Er handelt nur aus dem Trieb heraus, befriedigt ganz ungeniert seine Habgier, Freßsucht und Eitelkeit. Die Gestalt spricht aus, was die anderen nur denken; so bekennt Ubu zum Beispiel ohne Skrupel: »Ich werde nie aufhören, mich zu bereichern.« Daß Jarry mit diesem schonungslosen Porträt des arrivierten Zeitgenossen einen Skandal provozierte, versteht sich von selbst.

In seinen konzeptionellen Überlegungen attackiert Jarry die »Stupidität der Augentäuschung« der zu seiner Zeit uneingeschränkt herrschenden Illusionsbühne. Sein Theater dagegen definiert er als ein im Verhältnis zur Wirklichkeit, ihren Prinzipien und Ordnungen autonomes Universum. Damit gewinnt er das Recht, ohne Motivierung Zeit und Raum zu wechseln und die verschiedensten Erscheinungen miteinander zu kombinieren. In einer Anweisung zu *König Ubu* heißt es: »Der Vorhang gibt den Blick frei auf ein Bühnenbild, welches das Nirgendwo vorstellen soll, mit Bäumen am Fuß von Betten, weißem Schnee in tiefblauem Himmel.« (Alfred Jarry: Ansichten über Theater. S. 36) Bei anderer Gelegenheit verlangte er die Bezeichnung der Schauplätze einfach mit Schrifttafeln, die seiner Auffassung nach allen naturalistischen Dekorationen »suggestiv überlegen« sind. Auf Abstraktion zielte auch Jarrys Idee der »heraldischen Dekoration«, die einfach aus farbigen Tüchern besteht, vor denen sich der Schauspieler »wie in einem Wappenfeld« bewegt. Imagination statt Illusion forderte der Autor auch von den übrigen Elemen-

Alfred Jarry: König Ubu.
Kostümentwurf
des Autors, 1896

ten des Theaters. Bei der Uraufführung des *König Ubu* beispielsweise wurde die Parade der polnischen Armee nur von einem einzigen Schauspieler dargestellt. Seine Absicht, in den Figuren den »ewigen Charakter« der Person, einen Archetypus gleichsam aufscheinen zu lassen, hat Jarry vor allem durch überdimensionale Masken zu erreichen versucht. Der Darsteller des König Ubu trug eine Ganzmaske mit ausgepolstertem Bauch und einer aufgemalten Spirale als Symbol für die Egozentrik des Typus'. Auf Entindividualisierung zielten auch das Sprechen mit verstellter Stimme und eine spezielle Bewegungsform, für die sich der Autor das Puppentheater zum Vorbild genommen hatte.

Ganz auf der Linie von Alfred Jarrys *Ubu*-Trilogie liegt das von dem Dichter und Kunstkritiker Guillaume Apollinaire 1917 verfaßte Drama *Die Brüste des Tiresias* (Les mamelles de Tirésias). Dabei handelt es sich um einen gegen den Bevölkerungsschwund im Frankreich der Vorkriegszeit gerichteten Aufruf. Im Mittelpunkt des verwickelten Geschehens steht die Verwandlung einer »Thérèse« in einen »Tirésias«, der an einem Tag über vierzigtausend Kinder zur Welt bringt. Selbstverständlich gibt es weder psychologische Motivierungen noch logische Raum- und Zeitstrukturen. Ausschnitte der Alltagsrealität erscheinen zu einer neuen »Überwirklichkeit« zusammengefügt. Insofern trifft die von Apollinaire gefundene Gattungsbezeichnung »drame surréaliste« – dieses Wort taucht hier übrigens zum ersten Mal auf – das Phänomen sehr genau.

Sein Programm hat der Autor in einem Prolog zu dem Stück dargelegt; darin heißt es:
»Es ist richtig, daß er (der Dichter) die
Massen, die unbelebten Dinge sprechen läßt
Wenn es ihm in den Sinn kommt
Und daß er nicht mehr Rücksicht nimmt
auf die Zeit
Als auf den Raum (...)
Er ist der Schöpfergott
Der nach seinem Belieben anordnet
Die Töne die Gesten die Schritte die
Massen die Farben.«

Das surrealistische Kunstwerk solle nach Apollinaires Auffassung Einblicke in die Tiefenschichten der Realität geben, die den Zuschauer überraschen, »vor den Kopf stoßen«, und seine eingefahrenen Sehweisen in Frage stellen. Im Sinne der Zielsetzung verbinden sich die theatralen Elemente zu einer umfassenden Synthese. Für dieses »Totaltheater« müsse ein neues Gebäude errichtet werden, in dem die Zuschauer vom Bühnengeschehen gleichsam eingehüllt würden:
»Ein rundes Theater mit zwei Bühnen
Eine in der Mitte die andere bildet eine Art
Ring
Um die Zuschauer herum und wird
ermöglichen
Die große Entfaltung unserer modernen
Kunst.«
(Zitiert nach Jürgen Grimm: Das avantgardistische Theater Frankreichs. S. 89 ff.)

Als »surrealistisch« bezeichnet Apollinaire auch das Werk *Parade*, das 1917 von Sergej Diaghilews »Ballets russes« realisiert wurde. Das Libretto stammte von Jean Cocteau, die mit Jazzelementen und Alltagsgeräuschen durchsetzte neoklassische Musik von Erik Satie. Die Handlung ist einfach: Eine Gruppe von Artisten präsentiert vor einem Pariser Theater eine Werbeschau, mit der sie das Publikum in ihre Vorstellung locken will; die Zuschauer nehmen aber die Ankündigung schon für das Spektakel selbst. Pablo Picasso hat für diese Produktion den Vorhang, ein einfaches Bühnenbild in Schwarz und Weiß und die überdimensionierten kubistischen Staffagen für die Figuren eines französischen und eines amerikanischen Managers entworfen.

Das Stück *Die Hochzeiter auf dem Eiffelturm* (Les mariés de la Tour Eiffel) für die »Ballets suédois« konzipierte Jean Cocteau als eine Mischung aus Tanz, Pantomime und Schauspiel. Der Text wurde nicht von den Akteuren gesprochen, sondern kam aus zwei Lautsprechern, die auf beiden Seiten der Bühne aufgestellt waren. Das Werk behandelt die seltsamen Abenteuer einer Hochzeitsgesellschaft beim Besuch auf dem Eiffelturm: Aus dem Apparat

*Jean Cocteau/Erik Satie/Léonide Massine:
Parade. Ballets russes, 1917.
Entwürfe für die kubistischen Staffagen
von Pablo Picasso*

des Photographen steigen ein Vogel Strauß und ein Löwe, vom Himmel fällt eine riesengroße Depesche, ein kleiner Junge will den Eiffelturm füttern, der soeben gestorbene General kehrt plötzlich unter die Lebenden zurück. Die Eigenschaften der Dinge und der Menschen vermischen sich, die Technik bricht willkürlich ein, die Logik steht Kopf – ein »drame surréaliste«. Die Absurdität und die Poesie des Werkes wurden bei der Uraufführung verstärkt durch das in zarten Farben gehaltene Bühnenbild von Irène Lagut und die phantastischen Kostüme und Masken von Jean Hugo.

Unter ausdrücklicher Bezugnahme auf Apollinaires *Die Brüste des Tiresias* schrieb der als Elsässer zwischen der französischen und der deutschen Kultur stehende Yvan Goll Anfang der zwanziger Jahre zwei »Überdramen« unter dem gemeinsamen Titel *Die Unsterblichen* und die Farce *Methusalem oder Der ewige Bürger*, in der er mit grotesken, satirischen und parodistischen Mitteln entlarvende Porträts zeichnete von einem neureichen Spießer, seiner beschränkten Ehefrau, der höheren Tochter und dem geschäftstüchtigen Sohn, der statt des Herzens einen Mechanismus in der Brust trägt. Die Figuren verändern während des Spiels ihre Identität, nehmen Züge von Tieren und Maschinen an. George Grosz hat das in seinen Figurinen anschaulich zum Ausdruck gebracht; sein Entwurf zum Hintergrundprospekt kontrastiert den Naturraum der Tochter mit der technisch-urbanen Welt des Studenten.

In seinen theoretischen Schriften fordert Yvan Goll die künstlerische Darstellung dessen, »was dem Dichter selbst nicht bewußt ist«, was »hinter der Stirnmaske steckt«. Auf der Bühne solle die »unwirkliche Wahrheit« erscheinen. Deshalb müsse die Realität, bevor sie ins »Überdrama« eingehe, eine Verfremdung ins Groteske erfahren. Nur so könne das Theater seine Funktion als »Vergrößerungsglas« erfüllen. Das wichtigste Gestaltungsmittel des Grotesken ist für Goll die Maske, in der sich die Charaktere schon rein äußerlich offenbaren. Zusammen mit der Alogik der Sprache sollen die visuellen Mittel des »Überrealismus« den Menschen erschrecken und dadurch bessern.

Die meisten der um André Breton gescharten Surrealisten standen dem Theater ablehnend gegenüber. Das Medium erschien ihnen ungeeignet für einen authentischen Selbstausdruck. Indem sich die Schauspieler wie auch die Stückeschreiber hinter einer Maske versteckten, würden sie die Kunst verraten. Außerdem müßten sie angesichts der kommerziellen Ausrichtung des Theaters stets Kompromisse schließen. Trotzdem haben sich Antonin Artaud und Roger Vitrac in der zweiten Hälfte der zwanziger Jahre mit dem Théâtre Alfred Jarry um die Entwicklung eines Theatermodells aus dem Geiste des Surrealismus bemüht. Roger Vitrac schrieb in diesem Zusammenhang die aus Traum- und Realsequenzen komponierte Dreiecksgeschichte *Die Geheimnisse der Liebe* (Les mystères de l'amour) und *Victor oder Die Kinder an der Macht* (Victor ou les enfants du pouvoir), eine Farce um zwei von ihren Kin-

Yvan Goll: Methusalem oder Der ewige Bürger. Nicht realisierter Kostümentwurf von George Grosz, 1922

dern tyrannisierte Ehepaare. Diese beginnt wie eine Salonkomödie, endet aber als Alptraum mit einem Berg von Leichen. Nur das Dienstmädchen überlebt und ruft am Schluß entgeistert aus: »Das ist ja ein Drama!«

Antonin Artaud, der dann nach 1930 seine Konzeption eines nichtliterarischen, metaphysisch ausgerichteten »Theaters der Grausamkeit« vorlegte, geriet als junger Mann in den Bannkreis André Bretons. Aus seiner Lebenssituation heraus ist das verständlich: Den seit der Kindheit infolge einer Hirnhautentzündung von Kopfweh geplagten, von Schmerzmitteln abhängigen und schließlich opiumsüchtigen Künstler erreichten die Ideen des Surrealismus zu einem Zeitpunkt, da es für ihn, wie er selbst sagte, »nur im Tod oder im Wahnsinn« einen Ausweg zu geben schien. In der Verbindung mit den Surrealisten sah Artaud die Chance, sein individuelles Leiden im kollektiven Protest der Gruppe aufzuheben, denn wie er verabscheuten auch die anderen eine Kunst, die nicht aus innerer Notwendigkeit entsteht. Wie er privilegierten sie den Traum und den Wahn gegenüber der Wirklichkeit, wie er hielten sie eine Revolution für notwendig. In einem Beitrag für die Zeitschrift der Surrealisten umriß Artaud sein Verständnis des Begriffs so: »Diese Revolution zielt auf eine allgemeine Abwertung der Werte, auf eine absolute und neuerliche Verwirrung der Sprachen, auf die Unebenheit des Denkens.« (Antonin Artaud: Surrealistische Texte. S. 54) Als sich die Surrealisten mit der Hinwendung zum Kommunismus politischen Zielen verschrieben, machte Artaud diesen Schritt nicht mit. Er beharrte auf der Unvereinbarkeit von ideell-zeitlosem und historisch-praktischem Engagement und wurde schließlich ebenso wie Vitrac und Soupault aus der Gruppe ausgeschlossen.

Während seiner Zugehörigkeit zu den Surrealisten schrieb Antonin Artaud eine Reihe von Prosatexten sowie das Kurzdrama *Der Blutstrahl* (Le jet de sang), eine Liebesgeschichte, die mit einer kosmischen Untergangsvision endet. Die letzte Szenenanweisung lautet: »In diesem Augenblick sieht man zwei Sterne, die zusammenstoßen, und eine Reihe von Beinen aus lebendigem Fleisch, die herabstürzen mit Füßen, Händen, Haaren, Masken, Säulenreihen, Säulenhallen, Tempeln, Retorten, aber immer langsamer, als ob sie ins Leere stürzten.«

Für das Théâtre Alfred Jarry inszenierte Artaud außer den beiden Stücken von Vitrac noch Strindbergs *Traumspiel* und – parodistisch überzeichnet – einen Akt aus dem Drama *Mittagswende* von Paul Claudel, der mit seinem katholisch geprägten Symbolismus von den Surrealisten als einer ihrer Hauptgegner betrachtet wurde. In den Programmschriften, mit denen er die praktische Arbeit begleitete, erhob Artaud die Forderung, das Theater »nicht zu bedienen, sondern sich seiner zu bedienen«. Theater solle »nicht Ziel sein, sondern Mittel«, ein direkt mit dem Leben verbundener Faktor in den Auseinandersetzungen mit der als »Perversion aller menschlichen Werte« empfundenen Gegenwart. Mit »großer Ernsthaftigkeit« habe es vor allem die der Ratio nicht zugänglichen Dimensionen des Lebens auszudrücken, »alles das, was es im Geist an Dunklem, Verborgenem, Unenthülltem gib«. (Zitiert nach Jürgen Grimm: Das avantgardistische Theater Frankreichs. S. 402) So wie die »automatischen Niederschriften« sollen sich nach Artauds Auffassung auch die Inszenierungen des surrealistischen Theaters jeder Verstandeskontrolle entziehen. Aus der Spontaneität des Unbewußten geboren, ist jede Aufführung so unvorhersehbar und unwiederholbar wie jeder andere Akt des Lebens. »Der Zufall soll unser Gott sein«, heißt es in den »Manifesten zum Théâtre Alfred Jarry«. In Artauds surrealistischem Theatermodell kommen zum gesprochenen Wort, das vor allem als Klangwert eingesetzt wird, Geräusche und Schreie, heterogen zusammengestellte Dekorationselemente und Lichteffekte sowie als besondere Attraktion Feuerwerke und Explosionen. Alle diese Mittel werden eingesetzt, um den Zuschauer möglichst unmittelbar und intensiv zu erschüttern. »Der Zuschauer, der zu uns kommt, weiß, daß er sich einer wirklichen Operation ausliefert, bei der nicht allein sein Geist, sondern seine Sinne und sein Fleisch auf dem Spiel stehen.« (Zitiert nach Elena Kapralik: Antonin Artaud. S. 66 ff.)

Antonin Artauds Theater der Grausamkeit

Artauds Konzeption eines magisch-religiösen Theaters beruht nicht nur auf seinen Bühnenexperimenten im Geiste des Surrealismus, sondern auch auf Anregungen der französischen Mime-Tradition, wie sie in den zwanziger Jahren wieder aufgenommen und für die Schauspielkunst fruchtbar gemacht wurde. Im Umkreis von Charles Dullin und dessen Schülern Etienne Decroux und Jean-Louis Barrault lernte er neue Techniken der Körperarbeit kennen und integrierte sie in seinen Darstellungsstil. Ein Schauspielerkollege hat Artauds Eigenart so beschrieben: »Sein gequältes Spiel vergrößerte ihn, verwandelte ihn, verlieh ihm jedes Alter. Ich sehe die blasse Hautfarbe seines Gesichtes wieder, seine verschatteten Wangen. (...) Man nannte ihn den ›Schauspieler aus Draht‹, denn sobald sich Artaud zu bewegen hatte, spannten sich seine Muskeln, beugte sich sein Leib vor, sein blasses Gesicht wurde hart, aus seinen Augen schoß Feuer; so trat er vor und spielte mit Händen, Armen und Beinen. Im Zick-Zack sah man ihn gehen, seine Glieder griffen im Raum aus, zeichneten wildgewordene Arabesken hinein.« (Zitiert nach Elena Kapralik: Antonin Artaud. S. 35)

Artauds Ausrichtung seiner schauspielerischen Praxis wie seiner Theorie auf das Körperliche entsprang einer tiefen Skepsis gegenüber der Wortsprache. Auch sein dichterisches Schaffen war davon bestimmt; in seiner Spätphase schrieb er nurmehr Lautgedichte, die er selbst vortrug. »Wenn ich Gedichte rezitiere, so nicht, um applaudiert zu werden, sondern um zu empfinden, wie die Körper von Männern und Frauen, ich sage Körper, in Übereinstimmung mit dem meinen zittern und herumwirbeln.« (Antonin Artaud: Briefe aus Rodez. S. 17) Für Artaud sind die wahren Dichter »Statthalter des Körpers«, die falschen dagegen »Agenten des Geistes«.

Was in Artauds Manifesten zum Théâtre Alfred Jarry bereits umrißhaft ausgeführt war, verdichtete sich Anfang der dreißiger Jahre zum Konzept eines magisch-metaphysischen Theaters. Der einzige (nach einer Vielzahl von gescheiterten Plänen) zustande gekommene Versuch der praktischen Umsetzung war Artauds Inszenierung der im Renaissance-Italien angesiedelten Rachetragödie *Les Cenci* des englischen Romantikers Percy Shelley, die er selbst bearbeitet hatte. Die Aufführung fand beim Pariser Publikum kaum Interesse, und die Kritiken waren vernichtend; hervorgehoben wurde lediglich, daß der Regisseur selbst die Hauptrolle mit »kaum vorgetäuschter Raserei« gespielt habe.

Als das wahre »Théâtre de la cruauté«, das »Theater der Grausamkeit«, könnte man das zerrissene Leben von Antonin Artaud ansehen, das erfüllt war von Drogenrausch und Entziehungsschmerzen, von Verzweiflung und Auflehnung, vom Schwanken zwischen Wahnsinn und äußerster Klarsicht. Auf der Suche nach den in Europa schon versunkenen »kollektiven Mythen« reiste Artaud 1936 zum Indianerstamm der Tarahumaras nach Mexiko, der auf steinzeitlichem Niveau lebte und in dessen Kulten die rauschgifthaltige Peyotlpflanze eine wichtige Rolle spielte. Auf einer Reise nach Irland 1937 wollte er, bewaffnet mit einem Stock, welchen er für den des Heiligen Patrick hielt, die »Geheimnisse der Druiden« erforschen. Wegen »auffälligen Verhaltens«, wie es im Polizeibericht heißt, wurde er interniert. Dann begann seine fast ein Jahrzehnt währende Odyssee durch psychiatrische Kliniken der französischen Provinz. Die letzten Monate seines Lebens konnte er, dank des Engagements prominenter Künstlerfreunde, in einer offenen Privatklinik in der Nähe von Paris verbringen und auf diese Weise wieder am kulturellen

*Les Cenci, nach Percy Shelley.
Inszenierung: Antonin Artaud, Paris 1935.
Artaud in der Rolle des Vaters*

Leben teilnehmen. Seinen letzten öffentlichen Auftritt nutzte er 1947 an der Pariser Sorbonne für eine spektakuläre Abrechnung mit der Psychiatrie. Im März des folgenden Jahres ist Antonin Artaud gestorben.

In seinen Manifesten, die gesammelt unter dem Titel »Das Theater und sein Double« (Le théâtre et son double) erschienen sind, beschreibt Artaud seine Intentionen nicht diskursiv, sondern mit Hilfe von Analogien. Die Überschriften der einzelnen Texte bezeichnen die Bereiche, die seine Konzeption erhellen sollen: »Das Theater und die Pest«, »Das alchimistische Theater«, »Das Theater der Grausamkeit«. Die analoge Darstellungsweise ist Ausdruck eines tiefen Unbehagens an der abendländischen Kultur und ihrer Sprache. Als Gegensatz zu deren rationaler Begriffswelt führt Artaud den Terminus »Leben« ein. Er nimmt also Bezug auf die von Friedrich Nietzsche begründete Lebensphilosophie, wie sie sich um die Jahrhundertwende als Reaktion auf die einseitige Durchrationalisierung der modernen Welt herausgebildet hatte. Artauds Hoffnung auf eine Erneuerung der abendländischen Zivilisation durch die Bühne wurzelt in der Begegnung mit dem balinesischen Tanztheater auf der Pariser Kolonialausstellung von 1931. Es handelt sich hierbei um ein rituell fundiertes Theater, das mit gestischen Mitteln hinduistische Mythen zur Darstellung bringt. Alles ist genau vorgeschrieben: jedes Requisit, jedes Kostümdetail, jede Maske, jeder Schritt, jede Geste, jede Mundbewegung, jedes Augenrollen. Vor allem die Handbewegungen und ihre Bedeutungen sind durch einen hochartifiziellen Code fixiert. Die Wirkung beschrieb Artaud so: »Beim orientalischen Theater mit seinen metaphysischen Tendenzen, das dem abendländischen Theater mit seinen psychologischen Tendenzen entgegengesetzt ist, führt die ganze komplexe Ansammlung von Gebärden, Zeichen (...) das Denken notwendigerweise dazu, tiefsinnige Haltungen einzunehmen, die das darstellen, was man tätige Metaphysik nennen könnte.« (Antonin Artaud: Das Theater und sein Double. S. 47) Das abendländische Publikum hat sich seit der Renaissance an ein wirklichkeitsabbildendes, rein beschreibendes Theater gewöhnt, das immer nur erzählt, psychologische Konflikte darstellt, wie sie dem Menschen in der täglichen Aktualität des Lebens begegnen. Im fernöstlichen Theater dagegen besteht die Aufgabe des Schauspielers nicht darin, das Diesseitige darzustellen, sondern eine suggestive Ansicht vom universellen Sein zu enthüllen, die den Zuschauer in seinen seelischen Tiefenschichten erschüttert. »Eine Art von Schrecken erfaßt uns beim Anblick dieser mechanisierten Wesen, denen offenbar weder ihre Freuden noch ihre Leiden gehören, die vielmehr bewährten und gleichsam von höheren Geistern diktierten Riten zu gehorchen scheinen.« (Antonin Artaud: Das Theater und sein Double. S. 62)

Nicht nur in der Funktion, sondern auch in der Zeichengestalt der asiatischen Bühne sah Artaud eine prinzipielle Alternative zum abendländischen Theater. »Dieses Schauspiel«, schrieb er begeistert über die Aufführung der Balinesen, »gibt uns eine wunderbare Mischung reiner Bühnenbilder, zu deren Verständnis eine ganz neue Sprache erfunden worden zu sein scheint; die Schauspieler (...) sind über und über mit einer bestimmten Anzahl von Gebärden, von geheimnisvollen Zeichen geschmückt, die irgendeiner märchenhaften, obskuren Realität entsprechen, die wir Abendländer für immer verdrängt haben. Es gibt da etwas, das teilhat am Geist eines magischen Vorgangs. (...) Diese Idee vom reinen Theater wird vom balinesischen Theater in einer verblüffenden Realisation dargeboten, und zwar in dem Sinne, daß sie jede Möglichkeit der Zuhilfenahme von Wörtern bei der Verdeutlichung der abstraktesten Themen ausschließt.« (Antonin Artaud: Das Theater und sein Double. S. 65 f.)

Den Verzicht der Balinesen auf die Wortsprache empfand Artaud als Bestätigung seiner Sprachskepsis und seiner Opposition gegen das Literatur-Theater. Dieses leistet nach seiner Auffassung nicht mehr, als das verbale Gebilde, das ihm vom Autor geliefert wird, zu illustrieren. Solange diese Struktur erhalten bleibt, ist für Artaud das Theater »pervertiert«, »krank«, »tot«. So opponiert er mit äußerster Radikalität gegen die »dramatischen Meisterwerke«, gegen die »Diktatur des Schriftstellers« und des vorgefertigten Textes. Die Bühne ist für ihn ein Ort des Konkret-Körperlichen, an dem, wenn überhaupt, ein konkretes Idiom gesprochen werden muß, eine Sprache, die sich primär an die Sinne richtet. Artaud geht es darum, die artikulierte Sprache, in der die Worte zu starren Formen erkaltet sind, durch eine »körperliche, stoffliche, handfeste« Sprache zu ersetzen, die zurückkehrt zur Spontaneität der Geste, die die Worte gleichsam an ihrem Ursprung erfaßt und »jene Bahn wiederherstellt, die zur Erschaffung der Sprache geführt hat«.

Um die Zeichen des balinesischen Theaters zu charakterisieren, greift Artaud auf den Vergleich mit den Hieroglyphen der Ägypter zurück. Im Gegensatz zu den Zeichensystemen der abstrakten Buchstaben und Laute gewinnen dort die Gedanken und Gefühle eine konkret-bildhafte Gestalt. Des gleichen Beispiels bedient sich übrigens auch Sigmund Freud zur Kennzeichnung des Traumes: »Gedanken werden in – vorwiegend visuelle – Bilder umgesetzt, also Wortvorstellungen auf die ihnen entsprechenden Sachvorstellungen zurückgeführt, im ganzen so, als ob eine Rücksicht auf Darstellbarkeit den Prozeß beherrschen würde.« (Sigmund Freud: Gesammelte Werke. Bd. X. S. 418) Und an anderer Stelle: »In der Tat ist die Deutung eines Traumes durchaus analog der Entzifferung einer alten Bilderschrift, wie der ägyptischen Hieroglyphen.« (Sigmund Freud: Gesammelte Werke Bd. VIII: S. 403 f.) Ohne sich direkt auf diese Erkenntnisse zu beziehen, sieht Artaud in der Traumsprache eine Analogie zum Zeichensystem des von ihm entworfenen Theatermodells. Was die Inhalte betrifft, unterscheiden sich allerdings seine Auffassungen grundsätzlich von denen der Psychoanalyse. Artaud sieht im Traum nicht eine bloße Ersatzhandlung, die es auszudeuten und damit letztendlich zu rationalisieren gilt, sondern gesteht den Manifestationen des Unbewußten einen autonomen und positiven Status zu. In seinem Theater sollen sie zum »Leuchten und Triumphieren« gebracht werden. Die wahre Sprache eines Theaters, das dem Medium seine ursprüngliche Bedeutung wiedergewinnen will, muß nach Artaud nicht nur eine Sprache der Gebärden sein, sondern auch eine des Raumes und der Objekte. Zu ihren bevorzugten Elementen gehören »meterhohe Puppen«, nach »rituellen Vorbildern« gestaltete Kostüme, »unvorhergesehene Lichtwechsel«, »Gegenstände unbekannter Form und Bestimmung«, »die zauberhafte Schönheit der Stimmen«, »seltene Musiknoten« und schließlich auch »allerlei Knalleffekte«. Das Publikum soll, in der Mitte des Saales auf Drehstühlen sitzend, vom Bühnengeschehen allseitig »umhüllt und durchzogen werden«. In allen vier Ecken des Raumes entfaltet sich die Handlung; es wird auf umlaufenden Galerien gespielt; durch Verfolgungsjagden und Feuersbrünste wird dafür gesorgt, daß die »unmittelbare Einwirkung der Handlung auf den Zuschauer kein leeres Wort mehr ist«. (Antonin Artaud: Das Theater und sein Double. S. 99 ff.) In Artauds Theatervision ist alles darauf gerichtet, den Zuschauer in seiner Totalität anzusprechen, in Beschlag zu nehmen, seine Sinne und seine Nerven zu attackieren, keinen Teil seiner Sensibilität unbesetzt zu lassen. Die Bühne soll den Geist der Anarchie zum Ausdruck bringen, die »große metaphysische Angst« wieder einführen und die magischen Wurzeln der Kultur ins Blickfeld rücken. Es geht Artaud allerdings nicht um die einfache Wiederherstellung eines Zustandes, in dem der Mensch durch Rituale die Natur zu bezwingen und sein Schicksal zu meistern suchte; sein verzweifeltes Bemühen, durch ein »religiöses Theater« die Verbindung mit dem Transzendenten wiederherzustellen, ist darum nicht als Rückfall, sondern als ein dialektisches Höherstreben zu begreifen. Artaud zielt nicht auf die individuelle Dimension des menschlichen Daseins, sondern auf das »universale und umfassende«, zum Wesenhaften befreite Leben, in dem die Individualität »beiseite gefegt« und der Mensch als »Widerschein transzendenter Mächte« gesehen wird.

Als Stoff für eine solche Bühnenkunst schienen Antonin Artaud vor allem die überlieferten Mythen geeignet, denen (nach der Lehre von C. G. Jung) als »Archetypen« bezeichnete Bilder zugrunde liegen. Die für Artaud wichtigsten unter diesen Elementen des »kollektiven Unbewußten« sind der »Hang zum Verbrechen«, die »erotische Besessenheit« und der »utopische Sinn für das Leben«. Es handelt sich dabei um überhistorisch und transkulturell gültige Phänomene, die in den verschiedensten Erscheinungsformen zum Ausdruck kommen. So hielt Artaud für seine Zwecke das »Buch Sohar« aus der »Kabbala« ebenso geeignet wie die antiken Mythen oder das Märchen vom König Blaubart. Unter den Dramen interessierten ihn nur solche, die als Ausdruck triebgesteuerter Seeleninhalte zu interpretieren sind, zum Beispiel Georg Büchners *Woyzeck* oder die Rachetragödien der Elisabethaner. Auch in Shelleys *The Cenci* waren es die tiefpsychologischen Motive des Inzestes und des Vatermordes, die ihn zu der Inszenierung bewegten. Der zentrale Archetypus ist bei Jung wie bei Artaud die Lebensenergie; der Psychologe faßt sie ins Bild der »Anima«, der Theatervisionär spricht vom »chaotischen Lebensdrang« und setzt dafür den Begriff der »Grausamkeit«. Das Wort steht also nicht für Brutalität im alltäglichen Sinne; es bezeichnet vielmehr die »Lebensgier«, die verbunden ist mit den Zwängen einer »kosmischen Unerbittlichkeit«. Wie Gott unterliegt auch der Künstler-Mensch der grausamen »Notwendigkeit des Erschaffens«. In diesem Sinne kann Artaud das »Theater der Grausamkeit« als eine »Fortsetzung der Schöpfung« bezeichnen.

Um die angestrebte Wirkung seines Theaters zu verdeutlichen, zieht Artaud die Pest als Analogie heran. Basierend auf historischen Schilderungen skizziert er den typischen Verlauf der Epidemie. Die erste Parallele betrifft das nicht kalkulierbare Ausbrechen und das planlose Wuchern: »Sie erwischt den Feigling und verschont den Wüstling, der sich an Leichen befriedigt.« Die Willkür führt zu einem absurden Verhalten der Bedrohten. In der Ausnahmesituation kommen latente Kräfte zum Vorschein, halluzinatorische Bilder werden wachgerufen; sie sind »letzte Ausbrüche erlöschender geistiger Kräfte.« (Antonin Artaud: Das Theater und sein Double. S. 24 ff.) Nur sind diese im Theater nicht aus einem organischen, sondern aus einem metaphysischen Konflikt gespeist. Wie der Pestkranke ist auch der Schauspieler determiniert durch »inspirierende Kräfte«, die ihm ein höheres Bewußtsein seiner Existenz verleihen. »Wenn ich lebe, merke ich nicht, daß ich lebe. Aber wenn ich spiele, dann merke ich, daß ich existiere.« (Antonin Artaud: Das Theater und sein Double. S. 162) In einer Art »bewußter Trance« soll der Schauspieler seine äußersten körperlichen Möglichkeiten aktivieren; er soll ein »Athlet des Herzens« sein.

In Artauds Verständnis der schauspielerischen Arbeit kommt dem Atem eine besonders wichtige Rolle zu. »Er, der das Leben nährt, ermöglicht es, dessen Stadien wieder stufenweise zu erklimmen. Und mittels des Atems kann sich der Schauspieler ein Gefühl, das er nicht hat, wieder zu eigen machen.« Auch müssen die Darsteller erst wieder lernen, »wie ein Schrei ausgestoßen« wird, denn sie haben »nicht nur ihren Körper, sondern auch ihren Kehlkopf vergessen«. Durch extreme Ausdruckszeichen muß der Schauspieler im Theater der Grausamkeit seine Zuschauer in ein Delirium versetzen; er muß sie hypnotisieren wie ein Schlangenbeschwörer; er muß ihnen »Metaphysik via Haut« vermitteln.

Die Bedeutung des Begriffs »Double« erschließt sich aus der Analogie zwischen dem Theater und der Alchimie. Die materiellen Vorgänge im alchimistischen Laboratorium sind, wie es C. G. Jung dargestellt hat, nur eine Projektion, ein »Double«, des Geschehens, das sich im Inneren des Laboranten, in seinem Unbewußten, abspielt. Ebenso soll auch das Theater ein Double der inneren Realität sein, »jener gefährdenden und typischen Realität«, wie Artaud sagt, »in der Prinzipien wie Delphine, die gerade ihren Kopf gezeigt haben, eilig wieder in die Dunkelheit des Wassers zurückkehren«. (Antonin Artaud: Das Theater und sein Double. S. 51) So wie der Alchimist das Bemühen um die Umwandlung von Metallen in Gold mit der Suche nach dem »Gold der Weisheit« verbindet und zu einer Purifikation, einer Reinigung seiner Seele kommt, bewirkt auch das Theater der Grausamkeit mit körperlich-materiellen Mitteln eine »Therapeutik der Seele«.

Das Living Theatre und die Off-Off-Broadway-Bewegung

Als sich in den fünfziger Jahren das Bühnenwesen in den USA immer stärker auf das kommerzielle Unterhaltungstheater des New Yorker Broadway und auf Remakes der dort erfolgreichen Stücke konzentrierte, entstand unter der Parole »Off-Broadway-Theatre« eine kräftige Oppositionsbewegung. Sie setzte sich das Ziel, die vom Kommerztheater nicht angenommenen Stücke herauszubringen und jungen Theaterleuten eine Chance zu geben. Nach einigen Jahren geriet das Off-Broadway-Theatre selbst in den Sog der Kommerzialisierung, und es bildete sich als Reaktion darauf eine Reihe von experimentell ausgerichteten Truppen, für die der Sammelname »Off-Off-Broadway-Theatre« geprägt wurde. Um ihre Kunst von finanziellen Zwängen freizuhalten, arbeiteten die (meist autodidaktisch ausgebildeten) Schauspieler nebenbei in ihren bürgerlichen Berufen oder verdienten sich ihren Lebensunterhalt durch Jobs. Ihre Grundintentionen waren die Kritik an den herrschenden sozialen und politischen Zuständen auf der einen und ein Hang zum Mythischen auf der anderen Seite. Die meisten bemühten sich um die Entwicklung körperlich-ritueller Spielweisen, wie sie zur gleichen Zeit in Europa Jerzy Grotowski und Eugenio Barba pflegten. Als Grundlage ihrer Arbeit dienten ihnen entweder die Texte von Autoren aus dem eigenen Kreis, oder sie entwickelten ihre Szenarien selbst auf dem Weg über die Improvisation.

Die künstlerisch herausragenden Truppen der Off-Off-Broadway-Bewegung waren der »La Mama Experimental Theatre Club«, das »Open Theatre«, die »Performance Group« und das »Bread and Puppet Theatre«, alle in New York ansässig. Das La Mama wurde Anfang der sechziger Jahre von der farbigen Schauspielerin Ellen Stewart in einem Café eingerichtet. Es avancierte schnell zu einem beim Szene-Publikum erfolgreichen, von verschiedenen Stiftungen geförderten Unternehmen, das auch Ableger in Europa hatte, die sich meist aus Workshops der Gründerin entwickelt hatten. Das Hauptverdienst des La Mama Theatre bestand einerseits in der Erarbeitung und Verbreitung einer exzessiven Spielweise und andererseits in der Präsentation einer Vielzahl von Stücken junger amerikanischer Autoren, die das Lebensgefühl und die politischen Überzeugungen der Sechziger-Jahre-Generation exemplarisch zum Ausdruck brachten.

Das Open Theatre verdankt seine Entstehung dem Theatermacher Joe Chaikin, der aus dem Ensemble des Living Theatre hervorgegangen ist. Mit einigen Schauspielern, die wie er eine konventionelle Ausbildung nach den Methoden von Stanislawski und seinem amerikanischen Nachfolger Lee Strasberg absolviert hatten, machte Chaikin in seinen Workshops Experimente, die das realistisch-psychologische Instrumentarium des Schauspielers erweitern sollten. Eine zentrale Rolle spielten dabei die »Transformations-Übungen«, bei denen innerhalb einer Improvisation die gegebenen Umstände mehrfach verändert werden, so daß die eben geschaffene Bühnenrealität durch die nächstfolgende zerstört und ersetzt wird. Mit seinen Trainingsmethoden, die stark gruppendynamisch ausgerichtet waren, übte das Open Theatre beträchtliche Vorbildfunktion für andere Gruppen des Off-Off-Broadway-Theatre und für eine ganze Reihe von europäischen Ensembles aus. Als Ausgangspunkt für seine Produktionen benutzte die Truppe nur selten fertige Stücke. Am Anfang des Probenprozesses stand häufig die Improvisation, ausgehend von abstrakten Begriffen und Stimmungen, von Mythen und Träumen. Die Ergebnisse wurden aufgezeichnet, diskutiert und immer wieder in der gemeinsam festgelegten Richtung weiterentwickelt. Die Autoren, die an den Improvisations-Workshops teilnahmen, strukturierten das so gefundene Material und formten es zu Szenen und Stücken. Daneben schrieben sie aber auch, basierend auf den neuen Spielweisen und -techniken, eigenständig Vorlagen, die dann im Open Theatre einstudiert wurden. Zu den wichtigsten Inszenierungen der Truppe zählten *America Hurrah*, ein dreiteiliges Werk von Jean-Claude van Itallie über die Dekadenz der amerikanischen Zivilisation, das gegen den Vietnam-Krieg agitierende Stück *Viet Rock* von Megan Terry und *The Serpent*, wiederum eine Gemeinschaftsproduktion mit van Itallie. Diese Szenenfolge, die (ausgehend von der Schöpfungsgeschichte) die ewigen Menschheitsprobleme Gewalt und Krieg, Liebe und Sexualität, Freiheit und Bindung behandelte, wurde exzessiv bis zum Umschlagen der theatralen Fiktion in Realität verkörpert. Bei der Verführung Evas durch die Schlange gaben die Akteure den Zuschauern echte Äpfel zu essen, um sie den Sündenfall gleichsam sinnlich miterleben zu lassen.

Ähnliche Intentionen verfolgte die Performance Group, die von dem Theaterwissenschaftler Richard Schechner Ende der sechziger Jahre gegründet wurde. Diese Truppe strebte vor allem nach der Aufhebung der Grenze zwischen Bühnengeschehen und Publikum. Bei *Dionysos 69*, der bedeutendsten Produktion der Performance Group, konnte jeder Zuschauer seine Position im Raum frei wählen und während der Vorstellung beliebig wechseln. Der ganze Saal wurde auf diese Weise zu einem »Environment«. Die Darsteller dieser Produktion, die auf den *Bakchen* von Euripides beruhte, unterbrachen immer wieder das Spiel, um ihre privaten Emotionen auszuagieren; die Intensität des Zusammenspiels blieb dabei aber durchaus gewahrt. Das Gemeinschaftsgefühl sollte sich auch auf das Publikum ausdehnen. Ziel war das Verschmelzen beider Hemisphären zu einer »Gemeinde«, ähnlich wie bei magischen und religiösen Ritualen. In diesem Sinne wählte sich die Performance Group für die Gestaltung der Bühnenvorgänge

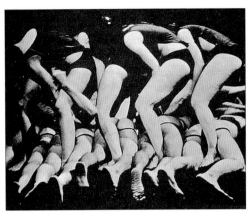

Dionysos 69. Performance Group,
New York 1969.
Leitung: Richard Schechner

von *Dionysos 69* die rituellen Praktiken eines Naturvolkes in Neuguinea zum Vorbild. Die Problematik einer solchen Übertragung von Riten in einen ganz anderen Kulturkreis wurde nicht weiter reflektiert. Naiv mutet auch der Versuch an, durch die den Spielern wie den Zuschauern für bestimmte Sequenzen abgeforderte Nacktheit das Gemeinschaftsgefühl zu fördern. Die Inszenierung von *Dionysos 69* begann mit der Geburt des Gottes: Der Darsteller arbeitete sich durch einen Kanal, der aus den Leibern der liegenden Männer und der darüberstehenden Frauen gebildet wurde. Unter den Klängen von Flöte und Trommel führten die Spieler ekstatische Tänze auf und simulierten den Geschlechtsakt. Dem Pentheus, Symbolfigur des Rationalen und Gegenspieler des Rauschgottes Dionysos, bereiteten die Bakchen ein rituelles Blutbad. Am Schluß traten die Akteure aus ihren Rollen und holten die Zuschauer in die aktuelle Realität zurück. Der Darsteller des Dionysos erklärte, daß er für die nächsten Präsidentschaftswahlen kandidieren würde und verteilte entsprechende Werbebuttons an die Zuschauer.

Das Bread and Puppet Theatre, das 1961 von dem aus Deutschland stammenden Bildhauer Peter Schumann gegründet wurde und (mit veränderter Zielsetzung und Ästhetik) bis heute besteht, unterscheidet sich von den genannten

Grey Lady Cantata. Bread and Puppet Theatre, ca. 1970.
Bauersfrauen

Gruppen vor allem dadurch, daß nicht die darstellerische, sondern die bildnerische Komponente in den Vordergrund gestellt wurde. Mit Hilfe von archaisch anmutenden Masken und lebensgroßen Puppen suchte man – häufig in Zusammenhang mit politischen Demonstrationen und Meetings – Botschaften zu vermitteln, die am Ideal einer alle sozialen, rassischen, nationalen Gegensätze überwindenden, in Frieden zusammenlebenden Gemeinschaft aller Menschen ausgerichtet war. Eine rituelle Vorwegnahme dieses Ziels war das Austeilen von Brot an die Zuschauer nach jeder Aufführung, auf die auch der Name des Ensembles anspielt. Das Bühnengeschehen des Bread and Puppet Theatre bestand einerseits aus Vorgängen und Bildern, die den verschiedensten Mythologien entstammten, und andererseits aus ganz kunstlos dargebotenen politischen Aufrufen.

Ein wichtiges Vorbild für die gesamte New Yorker Off-Off-Broadway-Szene war das »Living Theatre«, das schon seit 1947 in immer neuen Anläufen nach Alternativen zum profitorientierten amerikanischen Nachkriegstheater suchte. Gegründet wurde es von zwei jungen Theaterleuten europäischer Abstammung, von Judith Malina, der in Kiel geborenen Tochter eines Rabbiners und einer Schauspielerin, und von Julian Beck, dem Sohn einer Amerikanerin und eines jüdischen Einwanderers aus dem Osten der ehemaligen österreichisch-ungarischen Monarchie. Die beiden lernten sich im New Yorker Dramatic Workshop kennen, der geleitet wurde von Erwin Piscator, dem aus Nazi-Deutschland geflohenen Protagonisten des Politischen Theaters. Von ihm übernahmen sie die Überzeugung, daß man sich als Theatermacher engagieren müsse, und man nur etwas mitteilen solle, woran man selbst glaube. Das Ziel ihrer Arbeit war zunächst noch recht vage. Den Namen gab es früher als ein konkretes Programm, »Living Theatre« stand für nichts weiter als die Orientierung an den Künsten in ihrer lebendigen Erscheinungsform. Die ersten Versuche bezogen sich vor allem auf die Form. Man inszenierte surrealistische Dramen von Alfred Jarry und Jean Cocteau sowie Texte der amerikanischen Avantgardistin Gertrude Stein. Julian Beck brachte als Maler die neuen Ansätze der bildenden Kunst ein; er entwarf die Bühnenbilder, Judith Malina besorgte meist die Inszenierung. Die materiellen Möglichkeiten waren äußerst beschränkt. Erst spielte man in der eigenen Wohnung, dann in einer Scheune und schließlich in einem mit Unterstützung von Avantgarde-Künstlern umgebauten Kaufhaus.

In der zweiten Hälfte der sechziger Jahre, in jener Zeit also, in der das Living Theatre seinen Hauptbeitrag zur Entwicklung des alternativen Theaters geleistet hat, erprobte die Truppe auch eine alternative Lebensform. Beflügelt von der Aufbruchsstimmung der Studentenbewegung, die alle Bereiche des gesellschaftlichen und privaten Lebens erfaßte, von der Staatsverfassung bis zum Haarschnitt, von der Wirtschaftsstruktur bis zum Sexualverhalten, von den gesellschaftlichen Verhältnissen bis zur Einstellung gegenüber Rauschmitteln, realisierte das Living Theatre den von ihren Gründern schon lange gehegten Plan des Zusammenlebens in einer von Prinzipien der Anarchie bestimmten »Kommunität«. In der aus ungefähr dreißig Erwachsenen und einigen Kindern bestehenden Gemeinschaft sollte keine Regel Gültigkeit besitzen; jeder sollte sich frei von den Bevormundungen der anderen entfalten können; keiner sollte moralische Urteile über die anderen fällen. Erfüllt von der Kraft der Utopie versuchte man, autoritäres Verhalten und Hierarchien abzubauen, aber ohne dabei in Gleichmacherei zu verfallen. »Wir sind eine Gruppe von Individualisten«, so Judith Malina, »und jeder kann sein eigenstes Leben weiterführen und sich innerhalb der Kommunität seine private Sphäre bewahren.« (Zitiert nach Erika Billeter: The Living Theatre. S. 24) Offen sein für das Glück des anderen, dessen Leid miterleben, die Angst voreinander überwinden – das waren die Hauptziele der Kommunität. Das Streben nach Besitz wollte man ebenso abbauen wie die Tabuisierung des Konsums weicher Drogen. Dazu die Aussage eines Mitgliedes: »Ich rauche Hasch, weil es mir gefällt. (...) Ich habe ein geweitetes Bewußtsein bekommen. (...) Keiner von uns ist süchtig. (...) Man muß wissen, wann man die Droge richtig anwendet, dann dient sie ausschließlich dazu, die Sensibilität zu steigern, sich zu öffnen und frei zu sein für alle Eindrücke, an denen die Welt so reich ist.« (Zitiert nach Erika Billeter: The Living Theatre. S. 31)

Das Living Theatre suchte das zu leben, was auch Inhalt seiner Theaterarbeit war. Die Kommunität bildete die eigentliche Energiequelle seiner künstlerischen Praxis, und diese wurde wiederum produktiv für die Selbstfindung des einzelnen in der Gruppe. So war es nur konsequent, daß für die Aufnahme neuer Mitglieder weniger das schauspielerische Können als die Tatsache ausschlaggebend war, daß man »innerlich dazugehört«. Peter Brook hat das Wesen der Truppe so umrissen: »Im Living Theatre werden drei Bedürfnisse zu einem: Es existiert, um zu spielen, es verdient den Lebensunterhalt durch das Spielen, und das Spiel enthält die intensivsten und intimsten Augenblicke seines kollektiven Daseins.« (Peter Brook: Der leere Raum. S. 108)

In politischer Hinsicht verfolgte das Living Theatre die Ideale des Anarchismus, war aber fest davon überzeugt, daß diese nur auf absolut gewaltfreie Weise zu verwirklichen seien. Man forderte die Öffnung aller Gefängnisse, die Abschaffung des Staates, überhaupt aller Autoritäten, sowie die Aufhebung der Macht des Geldes. Man war der Meinung, daß das Heil der Welt durch die Vereinigung aller positiven Kräfte zu gewinnen sei. Diesen Glauben haben sich die Mitglieder des Living Theatre nicht nehmen lassen, obwohl sie dafür öfter, meist unter fadenscheinigen Vorwürfen, eingesperrt wurden. Die fast schon religiös zu nennende Hoffnung auf eine bessere Welt einerseits und die radikale Kritik an den herrschenden Zuständen andererseits brachte die Gruppe in ihren Werken der sechziger Jahre auf die Bühne: *The Connection, The Brig, Mysteries, Frankenstein, Antigone* und *Paradise Now*. In allen diesen Arbeiten wurde die äußerste Authentizität des Spiels und die möglichst direkte Verbindung mit den Zuschauern angestrebt. In *The Connection*, geschrieben vom amerikanischen Dramatiker Jack Gelber, geht es um eine Gruppe Drogensüchtiger, die in einem düster-trostlosen Verschlag auf Nachschub wartet, den eine »Cowboy« genannte Figur bringen soll. Derweil reden sie und reden, dösen vor sich hin. Einer hält es nicht mehr aus und beginnt zu schreien und zu toben. Er schlägt auf die anderen ein und wird von ihnen zusammengeschlagen. Endlich erscheint »Cowboy« mit dem Stoff und setzt jedem einen Schuß; langsam verebbt das Geschehen im Schweigen. Das ganze Spiel entwickelte sich in einem Oszillieren zwischen Realität und theatraler Fiktion. Gleich zu Beginn traten zwei als »Autor« und »Regisseur« ausgewiesene Figuren auf und erklärten ihre Absicht, das Problem absolut realitätsgetreu auf die Bühne zu bringen und darum wirklich Süchtige auftreten zu lassen. Später dann gab sich das Geschehen als Fiktion zu erkennen: Die Schauspieler traten aus ihren Rollen, und die Figur des Autors bekundete, daß keine echten Drogen verwendet würden, weil das ja verboten sei. In dieser

Arbeit gelang es dem Living Theatre, eine überraschende Wirkung zu erzielen. Peter Brook hat sie so beschrieben: »Es gibt kein Stück im konventionellen Sinne, keine Exposition, keine Entwicklung, keine Geschichte, keine Entwicklung der Figuren, keinen Handlungsaufbau und, vor allem, kein Tempo. (...) In *The Connection* ist das Tempo das Tempo des Lebens selbst. Ein Mann tritt (...) mit einem Grammophon in den Raum. Er will (...) eine Platte spielen. Und da es eine Langspielplatte ist, müssen wir warten, bis sie zu Ende ist – ungefähr eine Viertelstunde lang. (...) Und wie wir dasitzen, verblüfft, irritiert und gelangweilt, stellen wir uns plötzlich selbst in Frage. Warum sind wir verblüfft, warum sind wir irritiert, warum sind wir gelangweilt? Weil wir nicht mit dem Löffel gefüttert werden. Weil uns nicht gesagt wird, was wir anschauen sollen, weil uns unsere Gefühlsregungen und Urteile nicht fertig vorgesetzt werden. (...) Und dann erkennt man, die beiden Kriterien – Langeweile und Interesse – sind in diesem Fall keine mögliche Kritik an dem Stück, sondern an uns selbst. (...) Wenn wir angesichts dieser Ansammlung innerlich zerstörter, seltsamer, unglücklicher Menschen die Achsel zucken, fällt es schwer, die Unzulänglichkeit anderswo als bei uns selbst zu suchen.« (Peter Brook: Wanderjahre. S. 43 ff.)

Zu Ende der fünfziger Jahre waren Judith Malina und Julian Beck mit der Theatervision von Antonin Artaud bekannt geworden; sie hatte als eine »Erleuchtung« auf sie gewirkt. In der Inszenierung von Kenneth Browns Drama *The Brig*, das den Terror, die Brutalität und den Sadismus in einem Straflager der US-Marine-Infanterie behandelt, wurde dieser Einfluß unmittelbar wirksam. Ausgehend von Artauds Auffassung, daß die Bühne ein Ort sein solle, an dem sich »das Böse austobt«, wurde der Tagesablauf der Gefangenen und ihrer Wärter identifikatorisch nachvollzogen. Bei jeder Aufführung gingen die Spieler durch jene Hölle, deren Abschaffung das Ziel der Produktion war. Sie verleugneten gleichsam ihre Individualität, um jene Depersonalisierung zur Darstellung zu bringen, welche die perfektionistischen Machtapparate bei den von ihnen beherrschten Menschen erreichen wollen, unabhängig davon, ob sie Täter oder Opfer sind. Das Bühnenwerk zeigte die Übereinstimmung im Verhalten der Gefangenen und ihrer Wärter; beide Gruppen sprechen die gleichen Formeln des Lageralltags und bewegen sich in derselben zeremoniellen Weise. Die strenge Choreographie erinnerte an die Spielweise des asiatischen Theaters. Durch die Synthese von psychologischem Naturalismus und artifizieller Formalisierung wurde das Publikum geradezu hypnotisiert. Die politische Tendenz dieser Inszenierung führte zur Schließung des Living Theatre; den vordergründigen Anlaß boten den Behörden die Steuerschulden der Truppe.

Um dem Druck auszuweichen, unternahm man eine ausgedehnte Europa-Tournee; die folgende Produktion entstand in Paris. Schon im Titel drückte sich die Intention aus: *Mysteries* zielte auf eine quasi magische Beziehung zwischen den Darstellern und den Zuschauern. Das Bühnenwerk bestand aus Meditations- und Yoga-Übungen, begleitet von Raga-Musik, aus Elementen des Schauspieler-Trainings sowie aus rhythmischen Exerzitien, die den Eindruck von Maschinen aus Menschenleibern entstehen ließen. Die letzte Szene war inspiriert von Antonin Artauds Behauptung der Analogie zwischen dem Theater und der Pest. Ein Augenzeuge gab folgende Beschreibung: »Von der dunklen Bühne hört man Husten und Stöhnen, langsam in der Intensität zunehmend. Im Lichtschimmer erkennt man allmählich Gestalten. (...) Die Schmerzenslaute nehmen zu. Die Gestalten fangen an, in Krämpfen zu zucken, übereinanderzufallen, zu schreien, in Todesangst zu röcheln – eine Höllenvision. (...) Im Wahnsinn der Agonie fallen Körper von der Bühne in den Zuschauerraum. Während des entsetzlichen Sterbens kriechen einige die Gänge entlang, schleppen sich mühsam, bitten verzweifelt um Linderung. Einer nach dem anderen stirbt, sie liegen verstreut auf der Bühne und im Zuschauerraum. Endlich Stille. Schweigen, Tod.« (Ernst Wendt in: Theater heute. Jah-

Frankenstein.
Living Theatre.
Leitung:
Judith Malina/
Julian Beck

resheft 1965. S. 101) Die ungewohnte Intensität des Spiels wirkte auf das Publikum schockierend. Oft haben Panik-Reaktionen zum Abbruch der Vorstellung geführt. Die Attacke auf die seelischen Tiefenschichten der Zuschauer war verbunden mit politischer Indoktrination. Immer wieder wurden die gleichen Parolen verkündet: »Stop the war – Change the world – Brot für die Armen – Kein Krieg mehr in Vietnam – Freedom now!« Die Absicht dieser Produktion bestand darin, eine Veränderung der Welt durch die Veränderung des einzelnen in einem Prozeß der unmittelbaren Selbsterfahrung zu bewirken.

Die Verbindung von höchster Emotionalität und strenger Ritualisierung kennzeichnete auch die nächsten Bühnenwerke des Living Theatre, die alle in Europa entstanden sind, wo weit bessere Produktionsbedingungen und eine stärkere Resonanz gegeben waren als in den USA. Im Jahre 1965 schuf die Truppe für die Biennale von Venedig, ausgehend von Mary Shelleys Roman, eine szenische Version von *Frankenstein*. Auf einem Stahlrohrgerüst wird eine Gruppenmeditation vollzogen, die zur Levitation einer Teilnehmerin führen soll. Als diese mißlingt, »sterben« alle – jeder auf andere Weise. Aus den Leichenteilen stellt Dr. Frankenstein eine künstliche Kreatur her, die sich dann gegen ihren Schöpfer selbst wendet.

Die Kämpfenden beschuldigen sich gegenseitig, für die Sünden der Welt verantwortlich zu sein. Die Aggression schlägt um in Szenen der Liebe; Paare sinken übereinander; eine Lautsprecherstimme sagt: »Die Gesetze verbieten uns, weiterzugehen.«

Auf Bertolt Brechts Bearbeitung der Sophokles-Tragödie beruhte die *Antigone*-Inszenierung des Living Theatre 1967 am Theater in Krefeld. Der Krieg wurde hier nicht, wie bei Brecht, vom Ökonomischen aus begründet, sondern durch den irrationalen Machthunger des Kreon; ihm dienten die Alten des Chores als »Laufhunde«.

Paradise Now wurde 1968 für das Theaterfestival in Avignon geschaffen und war dann als Gastspiel in mehreren Städten Westeuropas und der USA zu sehen. Die Arbeit bildete den Höhepunkt und gleichzeitig das Ende der produktiven Phase des Living Theatre. Das in kollektivem Prozeß unter der Leitung von Judith Malina und Julian Beck erarbeitete Werk zeigte in acht »Stufen der Erleuchtung« den Weg von dem durch Unterdrückung, Ausbeutung und Krieg geprägten Weltzustand über die gewaltfreie Revolution zum Paradies hier und heute. Die Vorstellung eines Garten Eden, geschaffen von dem als identisches und totales Wesen wiederhergestellten Menschen, bezog das Living Theatre einerseits aus der Gedankenwelt der

Antigone.
Living Theatre.
Leitung: Judith Malina/Julian Beck

Kabbala, einer mystischen Strömung im mittelalterlichen Judentum, und andererseits aus dem buddhistischen Tantrismus, der durch mystische Spekulationen, magische Riten und eine komplizierte Geheimsprache gekennzeichnet ist. Der dramaturgische Aufbau war streng: Jede der acht Stufen bestand aus drei Abschnitten, dem Ritus, der Vision und der Aktion. Während die ersten beiden Teile festgelegt waren, überließ man den dritten der Improvisation; hier wurden – in engem Kontakt mit dem Publikum – aktuelle politische und gesellschaftliche Probleme behandelt. Gleich zu Beginn mischten sich die Spieler unter die Zuschauer und flüsterten ihnen Slogans zu, wie zum Beispiel: »Ich habe kein Recht, ohne Paß zu reisen.« – »Ich weiß nicht, wie man Kriege beendet.« – »Ich kann nicht ohne Geld leben.« – »Ich habe kein Recht, Haschisch zu rauchen.« – »Ich habe kein Recht, meine Kleider abzulegen.« Diese Sätze wurden wiederholt und variiert; beim letzten steigerte sich der Chor zu einem befreienden Schrei, und die Spieler begannen sich auszuziehen. Die Vision der ersten Stufe demonstrierte die Vernichtung der Indianer sowie den Versuch, die Toten für einen Moment wieder auferstehen zu lassen. In dieser Sequenz sollte die Pervertierung der abendländischen Kultur zum Ausdruck gebracht werden. Dies geschah auch in der »Aktion« des ersten Teiles, und zwar am Beispiel des Molochs New York. Der Aufruf zur Veränderung wurde in eine symbolische Handlung gefaßt: Die liegenden Schauspieler brachten durch rhythmisches Klopfen den Bühnenboden zum Vibrieren; dazu sangen sie einen Text des Psychiaters Ronald D. Laing, in dem die Wiederherstellung der Einheit von Körper und Geist beschworen wird. Entsprechend dieser Struktur wurden in den folgenden Abschnitten die Grundthemen immer wieder neu variiert. In der letzten Stufe bauten die Schauspieler aus ihren Körpern einen »Baum der Erkenntnis«, der aber nicht mehr als Quelle des Unheils erschien, sondern als »Baum des Lebens«. Am Ende von *Paradise Now* sollte eine gemeinsame Straßenprozession von Darstellern und Publikum stehen, eine Art symbolische Begehung jenes Gartens Eden, in den das Living Theatre die Welt verwandeln wollte. In den meisten Aufführungen kam es nicht dazu, weil sich schon vorher das Geschehen in einem Chaos aufgelöst hatte.

Aus der Konzeption des Living Theatre ergaben sich Kriterien für die Schauspielkunst, die mit denen des herkömmlichen Theaters wenig gemein hatten. Das Bemühen um Authentizität in der Begegnung mit dem Zuschauer erforderte weniger die Fähigkeit zur Nachahmung anderer als die zur Findung und Darstellung des eigenen Ich. Dementsprechend hat das Living Theatre sein Training nicht an der konventionellen Schauspielausbildung orientiert, sondern an Techniken der Gruppenpsychologie und der Meditation. Die Aktionen der Gruppe waren hier wesentlich wichtiger als das schauspielerische Handeln des einzelnen. Die Sprache der Worte war der des Körpers absolut untergeordnet; sie beschränkte sich auf Parolen und Textfetzen, so daß die unterschiedliche Herkunft der Akteure keine Rolle spielte. Zur Steigerung der Gefühlsintensität wurden oft unartikulierte Laute benutzt; der Schrei, auf den Artaud so großen Wert gelegt hatte, gehörte beim Living Theatre zum festen Ausdrucksrepertoire. Die typischen Gesten waren die der Ekstase: emporgeworfene Arme, verschlungende Gliedmaßen, gegenseitige Umarmungen. Den Kontrast dazu bildeten die Gesten der Meditation, des In-sich-Versinkens, des Eingehens der Gliedmaßen in den Rumpf.

Das Living Theatre konnte sich seiner provozierenden Wirkung sicher sein, solange die immer wieder hervorgerufenen Momente des Umschlagens der theatralen Fiktion in Realität für die Zuschauer überraschend kamen. Sobald aber das Geschehen auf Zuschauer stieß, denen diese Wirkungsstruktur bekannt war, degenerierte die theatrale Kommunikation zum unverbindlichen Happening. Das war zum Beispiel an der Yale School der Fall, wo sich Zuschauer splitternackt auszogen und auf die Bühne drängten, kaum daß die Schauspieler die entsprechende Parole ausgegeben hatten. Beim Gastspiel im Berliner Sportpalast kam noch die unterschiedliche politische Haltung des Publikums dazu. Ihm ging der naive Illusionismus des Living Theatre auf die Nerven; hier war man, auf dem Höhepunkt der Studentenbewegung, auf die Durchführung einer faktischen Revolution eingestellt. Man vertrieb das Ensemble von der Bühne. Das Publikum war sich selbst überlassen; viele Zuschauer diskutierten hitzig, andere rutschten die Steilkurven der Radrennbahn hinunter.

Die eigentlich kreativen Energien des Living Theatre waren Ende der sechziger Jahre verbraucht. Ein Teil des Ensembles ging mit Judith Malina und Julian Beck nach Brasilien, um dort mit einheimischen Schauspielern politisches Straßentheater für die Slum-Bewohner zu machen. Dann arbeitete die Truppe vor allem in Italien, wo sie ein Stück mit psychisch Kranken produzierte. Immer wieder gab es finanzielle Schwierigkeiten und Auseinandersetzungen mit den Behörden. Auch nach dem Tod von Julian Beck im Jahre 1985 blieb das Living Theatre bestehen. Zusammen mit neuen Partnern verfolgte Judith Malina ihr Ziel weiter, das sie jetzt so formulierte: »Dem Theater seine Funktion zurückgeben als Mittel der Transzendenz und der Befreiung vom Kuß der Peitsche.« (Judith Malina in dem Film »The Living Theatre – Signal of the Flams«)

Das »Arme Theater« des Jerzy Grotowski

Der polnische Theatermacher Jerzy Grotowski entwickelte sein Theatermodell in intensiver Auseinandersetzung mit der Tradition. Vor allem studierte er die Lehren von Stanislawski, die Biomechanik Meyerholds, verschiedene Erscheinungsformen des fernöstlichen Theaters und nicht zuletzt die Konzeption Antonin Artauds. Mit dessen Vorstellungen ging er konform in der Ablehnung der einseitigen Rationalität, der Dominanz des Wortes und der Oberflächen-Psychologie des neuzeitlichen Schauspiels. Für falsch jedoch erachtete er Artauds Ausrichtung auf das rituell fundierte Tanztheater der Balinesen, weil dessen Zeichensystem nur von dem damit vertrauten Zuschauer entschlüsselt werden könne und somit nicht ohne weiteres in eine andere Kultur übertragbar sei. Die Zeichensprache seines eigenen Theaters bestimmte Grotowski als die allgemein verständliche »Artikulation des psycho-physischen Zustandes der Schauspieler«. Erst diese Umorientierung auf den konkreten Schauspieler-Menschen machte es möglich, den Visionen Artauds eine faßbare ästhetische und schauspielmethodische Gestalt zu geben.

Nach der Ausbildung an den Theaterschulen in Krakau und Moskau gründete Grotowski im Jahre 1959 zusammen mit dem Theaterkritiker Ludwik Flaszen in Opole sein »Theater der 13 Reihen«, dem er später den Namen »Theater-Laboratorium« und das Attribut »Institut zur Erforschung der Schauspielkunst« gegeben hat. Im Zeitraum bis zu seiner Auflösung gegen Mitte der achtziger Jahre sind drei Entwicklungsphasen des in seiner Zusammensetzung ziemlich stabilen, aus ungefähr zehn Schauspielern bestehenden Ensembles zu unterscheiden: Zwischen 1959 und 1961 erprobte man verschiedene künstlerische Ansätze in Inszenierungen von Jean Cocteaus *Orphée* und Lord Byrons *Kain*, von Goethes *Faust* und Wladimir Majakowskis *Mysterium buffo*, von Kālidhāsas altindischem Märchenspiel *Shakuntalā* und dem romantischen Drama *Ahnenfeier* des Polen Adam Mickiewicz, das in Analogie zum Neuen Testament die Leiden und die Auferstehung des polnischen Volkes beschreibt. Jerzy Grotowski und sein Dramaturg Ludwik Flaszen experimentierten in dieser Zeit mit der Zerlegung der dramatischen Vorlagen in einzelne Partikel und deren Montage zu neuen Synthesen, unter der Verwendung auch zusätzlichen Materials. Dabei bediente man sich einer Dramaturgie der Kontraste von »heiligen« und »profanen« Elementen. Bei der Inszenierung von *Kain* konfrontierte man liturgische Rituale mit sportlichen Wettkämpfen; in die Groteske von Majakowski fügte man Szenen aus einem mitteralterlichen Passionsspiel ein; das orientalische Märchenspiel durchsetzte man mit Elementen der Travestie. Die zweite wesentliche Komponente der Arbeit war in dieser Periode die Erkundung verschiedener räumlicher Beziehungen zwischen Darstellern und Zuschauern. Für jede Produktion bestimmte Grotowski zusammen mit seinem Bühnenbildner Jerzy Gurawski die Relation neu, entsprechend den spezifischen Wirkungsabsichten. Bei *Shakuntalā* zum Beispiel waren an den beiden Längsseiten der Spielfläche Podien für die Zuschauer aufgebaut, in deren Rücken Kommentatoren agierten; bei *Ahnenfeier* bewegten sich die Darsteller zwischen den im Raum verteilten Publikumsinseln. Während dieser Erprobungsphase blieb der Erfolg jedoch weitgehend aus. Oft mußten Vorstellungen ausfallen, obwohl man sich bemühte, durch Diskussionsveranstaltungen Publikum heranzuziehen.

Die zweite Entwicklungsperiode dauerte bis 1969; während dieser Zeit siedelte das Laboratorium ins größere Wrocław über. In diesen Jahren entstanden sechs Produktionen, in denen Grotowski sein Modell zur Reife brachte. Parallel zur praktischen Arbeit legte er seine Konzeption dar, und zwar fast ausschließlich in Reden und Interviews. Die Schriftform lehnte er ab, um sich nicht in ein starres Gedankenkorsett einzuschnüren oder von anderen eingeschnürt zu werden. Seine Äußerungen sind unter dem Titel »Towards a Poor Theatre« 1968 zuerst in englischer Sprache erschienen und wenig später auch in deutscher Übersetzung (»Für ein armes Theater«). Der ersten jener Arbeiten lag Juliusz Słowackis *Kordian*, ein Drama der polnischen Romantik, zugrunde. Der Regisseur verlegte die Handlung in eine psychiatrische Klinik und zeigte das Geschehen als Wahnvorstellung von Kranken. Die Zuschauer saßen mit auf den Anstaltsbetten und wurden zum Mitsingen animiert. Durch diese Rollenzuweisung ergab sich eine gemeinsame Ebene, die zu einer wechselseitigen Durchdringung von Fiktion und Realität führte. In mehreren Schichten gestaltete Grotowski das Bühnengeschehen auch in *Akropolis* nach dem 1916 entstandenen Drama von Stanisław Wyspiański. Inmitten des Publikums agierend, verkörperten die Schauspieler nicht nur die Figuren des in der biblischen Welt und in der klassischen Antike angesiedelten Stückes, sondern zugleich auch Traumgestalten, die aus dem Rauch des Krematoriums in einem Vernichtungslager auftauchen und dahin wieder zurückkehren. Die Darsteller trugen löchrige Säcke am nackten Körper und erweckten, indem sie ihre Mimik erstarren ließen, den Eindruck von Masken. Zur akustischen Dimension des Bühnengeschehens gehörten neben den litaneihaft vorgetragenen Texten und den krächzenden Tönen einer Violine auch die Geräusche von Schritten und das Hämmern beim Bau eines absurden Gebildes aus Ofenrohren, Schubkarren und einer Badewanne.

Die Inszenierung von Christopher Marlowes *Doctor Faustus* definierte die Zuschauer als Gäste bei einem Abschiedsbankett, das Faust nutzt, um sein Gewissen zu prüfen und Episoden aus seinem Leben zu präsentieren. Gespielt wurde auf den hufeisenförmig zusammengestellten Tischen. Alle Gestalten trugen dunkle Kutten, nur Faustus selbst eine weiße. Dies sollte zum Ausdruck bringen, daß sein unbedingtes Streben nach Wahrheit ein Zeichen von Heiligkeit ist, einer Heiligkeit allerdings, die sich gegen Gott richtet.

In den letzten drei Inszenierungen des Theater-Laboratoriums rückte die Arbeit der Schauspieler immer stärker in den Mittelpunkt. Die *Studie über Hamlet* (nach Shakespeare und Wyspiański) wurde von vornherein als Demonstration darstellerischer Probenprozesse konzipiert. *Der standhafte Prinz* (nach Calderóns *Das Leben ein Traum*) und *Apocalypsis cum figuris* (nach Motiven von Dostojewski, Simone Weil, T.S. Eliot und der Bibel) wurden noch während der Aufführungen schauspielerisch weiterentwickelt. Im Zentrum des *Standhaften Prinzen* stand die Auseinandersetzung zwischen dem »fanatischen Konformismus einer Gesellschaft« und dem kompromißlosen Glauben des Helden. Dieser wurde verkörpert von

Stanisław Wyspiański:
Akropolis.
Theater-Laboratorium Wrocław, 1965.
Inszenierung: Jerzy Grotowski,
Zygmunt Molik und
Rena Mirecka

Ryszard Cieślak, der Grotowskis Intentionen am reinsten zum Ausdruck brachte. Den »totalen Akt«, wie ihn der Regisseur als Ziel der Arbeit des Schauspielers postulierte, sollten die Zuschauer hier in der Haltung von Medizinstudenten miterleben, die einer Operation beiwohnen, oder auch in der Haltung von Touristen, die von einem sicheren Ort aus heimlich die ihnen unzugänglichen Riten der Eingeborenen beobachten.

Der Titel von *Apocalypsis cum figuris*, 1968 entstanden, spielt auf den Helden in Thomas Manns Roman *Doktor Faustus* an. Adrian Leverkühn hat im Alter von 35 Jahren (nach Texten der »Apokalypse«) sein letztes großes Werk komponiert und ist dann dem Irrsinn verfallen. Grotowski war bei der Uraufführung des Stückes genauso alt – und es war auch sein letztes Werk für die Bühne. In der Vision des Weltuntergangs wurde den Zuschauern die Rolle von Zeugen zugewiesen. Die Armut der Mittel war hier bis zum Äußersten getrieben; es gab nur einen Laib Brot, einen Eimer Wasser, ein Messer, ein Handtuch, hundert Kerzen und zwei Scheinwerfer.

Die dritte Arbeitsperiode führte das Theater-Laboratorium ab 1970 auf Auslandstourneen in den Iran und den Libanon, in die USA und nach Lateinamerika sowie in viele europäische Städte. Für die Aufführungen von *Der Standhafte Prinz* und *Apocalypsis* fahndete Grotowski mit Akribie nach atmosphärisch entrückten Orten. In Venedig wurde auf einer der Stadt vorgelagerten unbewohnten Insel gespielt, zu der man einen eigenen Fährdienst einrichten mußte. Während der ausgedehnten Gastspielreisen suchte Grotowski bereits nach Interessenten für sein erstes »paratheatralisches« Unternehmen. Dabei sollten sich unter dem Motto »Holiday« Menschen begegnen, die – wie es in der Ausschreibung hieß – bereit waren, auf »private Bequemlichkeit zu verzichten« und sich »in Freiheit auf die Suche nach sich selbst zu begeben«. Die Trennung zwischen Schauspielern und Zuschauern – und insofern die Struktur von Theater überhaupt – wurde dadurch aufgehoben.

Die Grotowskis Arbeiten für die Bühne zugrunde liegende Konzeption beruht auf der Überzeugung, daß das Theater heute für die überwiegende Mehrheit kein authentisches geistiges Bedürfnis mehr darstelle. Für den Zuschauer sei es meist eine kulturelle und soziale Konvention, für den Schauspieler sei Theater vor allem er selbst. Der Regisseur nähre sich vom »Diebesgut« der Einzelkünste, deren Synthese ihm nur unvollkommen oder gar nicht gelinge. Das konventionelle Bühnen-Geschehen bestehe in der nahezu wahllosen Anhäufung von Zeichen unterschiedlichster Herkunft. Das in diesem Sinne »reiche« Theater verfertige »Konglomerate ohne Sinn und Form«. Indem es die Zeichenebenen potenziere, versuche es sich der Konkurrenz von Film und Fernsehen zu erwehren – ein Vorhaben, das in dieser Art von vornherein zum Scheitern verurteilt sei. Die Möglichkeit zur Überwindung der degenerierten Erscheinungsform sieht Grotowski einzig in der Besinnung des Theaters auf sein Wesen. Dieses bestehe allein

Calderón de la Barca: Der standhafte Prinz.
Theater-Laboratorium Wrocław, 1965.
Inszenierung:
Jerzy Grotowski

in dem Prozeß, der sich zwischen dem Darsteller und dem Zuschauer abspiele. Für die praktische Arbeit des Theater-Laboratoriums zog man daraus den Schluß: »Indem wir schrittweise eliminierten, was sich als überflüssig erwies, fanden wir heraus, daß Theater ohne Schminke, ohne eigenständige Kostüme und Bühnenbild, ohne abgetrennten Aufführungsbereich (Bühne), ohne Beleuchtungs- und Toneffekte usw. existieren kann. (...) Wir fanden, daß es vollendet theatralisch für den Schauspieler ist, wenn er sich von (...) Rolle zu Rolle verwandelt – während das Publikum zusieht – auf arme Weise. Durch seine (...) Gestik verwandelt der Schauspieler den Boden in ein Meer, einen Tisch in einen Beichtstuhl, ein Stück Eisen in einen lebendigen Partner.« (Jerzy Grotowski: Für ein armes Theater. S. 15 ff.)

Die Beschränkung auf das, »was aus dem Menschen kommt«, ist in Grotowskis Konzeption die Voraussetzung für die umfassende Entfaltung der schöpferischen Kräfte des Schauspielers. Er soll in einem »totalen Akt«, der auf die Enthemmung von Psyche und Physis zielt, sich selbst erkennen, offenbaren und befreien. Der »totale Akt« bedeutet für Grotowski, »sich innerlich bloßzulegen, sich die Alltagsmaske abzureißen, die Grenze zu überschreiten, die innere Leere zu füllen«. So stellt sich nach seiner Meinung die Einheit von Bewußtsein und Instinkt wieder her. Durch die »Selbstoffenbarung« des Schauspielers entstehe auch für die Zuschauer die Möglichkeit, zu einer Erfahrung zu gelangen, die in »psychische Schichten unterhalb der Verhaltensmaske dringt«. Aber er müsse dazu eine gewisse Bereitschaft mitbringen, ein »echtes geistiges Bedürfnis« nach einer »Wiedergeburt zu sich selbst«. Ein Zuschauer, der kämpft, »um seine Lügenmaske um jeden Preis intakt zu halten«, wird außerstande sein, die Herausforderung des Schauspielers anzunehmen. Grotowski weiß, daß sein Theater nur einer Elite zugänglich ist, die sich aber weder sozial definiert noch durch Bildung: »Der Arbeiter, der niemals über die Grundschule hinausgekommen ist, kann diesen kreativen Prozeß der Suche nach sich selbst sehr wohl aufnehmen, während der Universitätsprofessor abgestorben sein kann, für immer verformt, grauenhaft starr wie ein Leichnam.« (Jerzy Grotowski: Für ein armes Theater. S. 31)

Um seine Wirkung auf die seelischen Tiefenschichten des Zuschauers zu erreichen, müsse das Bühnengeschehen jene »Kollektivkomplexe« attackieren, die allen Mitgliedern eines Volkes und einer Kultur gemeinsam seien. Dazu gehören für Grotowski vor allem die religiösen Mythen, wie die von Christus und Maria, die nationalen Mythen, wie die vom Leiden und der Auferstehung des polnischen Volkes, und die biologischen Mythen, wie jene, die sich um Geburt, Geschlechtsreife und Tod ranken. Diese hätten in der abendländischen Kultur weithin ihre Verbindlichkeit eingebüßt. Grotowski ist der Überzeugung, daß allein der menschliche Körper den Zugang zu universellen Wahrheiten eröffnen könne. Die Entblößung »bis zum äußersten Exzeß« führe auf eine konkrete mythische Situation zurück, »läßt uns eine gemeinsame menschliche Wahrheit er-

Calderón de la Barca:
Der standhafte Prinz.
Theater-Laboratorium
Wrocław, 1965.
Inszenierung:
Jerzy Grotowski

fahren«. Die überlieferten Mythen dagegen sind für Grotowski nurmehr das Thema, an dem sich die psychophysische Offenbarung des Schauspielers vollziehe. Sie bilden gemeinsam das Trampolin, von dem der Schauspieler in den »totalen Akt« abspringe. Dieser benutze die Rolle als Instrument, um damit eine »Querschnitt-Sektion des eigenen Ichs« vorzunehmen, um »sich zu finden« und dadurch die Begegnung mit dem anderen zu ermöglichen.

Die Selbstergründung des Schauspielers soll den Zuschauer zu einer ähnlichen Aktivität herausfordern, jedoch nicht auf dem üblichen Weg der »emotionalen Ansteckung«. Nach Grotowski hat der Schauspieler nicht für den Zuschauer zu spielen, sondern in Konfrontation mit ihm, oder »noch besser: (...) anstelle des Zuschauers«. Diese Auffassung ist tief verwurzelt im Messianismus des katholischen Polen: So wie Christus als Stellvertreter der sündigen Menschheit, so agiere der Schauspieler als Stellvertreter des Publikums und rufe dieses auf, ihm zu folgen. Die Forderung nach einer möglichst intensiven Konfrontation der beiden Hemisphären des Theaters läßt selbstverständlich keine großen Auditorien zu; der Zuschauer müsse den Atem des Akteurs spüren und dessen Schweiß riechen. So waren in keiner Aufführung des Theater-Laboratoriums mehr als fünfzig Zuschauer zugelassen, meist sogar noch weniger.

Die wesentliche Aufgabe des Schauspielers im »Armen Theater« besteht in der Integration aller Kräfte, die sich aus den tiefsten Schichten seiner Existenz herleiten und in einer Art »Durchleuchtung« aufscheinen. Dieser Akt, der sich ohne die geringste Spur von Eitelkeit oder Egozentrik vollziehen muß, hat eine therapeutische Komponente. Der Schauspieler überwindet die Schizophrenie des täglichen Lebens, den Konflikt von Körper und Seele, von Intellekt und Gefühl. Der Weg dahin führt über die Arbeit an der Überwindung aller körperlichen Hindernisse, die dem unmittelbaren Ausdruck der psychischen Impulse entgegenstehen. Nach der von Grotowski entwickelten Methode wird dem Schauspieler keine »Ansammlung von Fertigkeiten« beigebracht, keine »Wundertüte voller Tricks« ausgehändigt. Er hat keinen positiven Weg zu beschreiben, sondern die »via negativa«. Deren Ziel ist der »heilige Schauspieler, der das Sühneopfer wiederholt« – eine Bestimmung, in der sich wiederum deutlich der polnisch katholische Messianismus zeigt. Im absoluten Gegensatz zum »heiligen Schauspieler« steht in Grotowskis Konzept der »käufliche Schauspieler«; der Unterschied zwischen beiden läßt sich vergleichen mit dem zwischen der Kunstfertigkeit einer Hure und der »Haltung des Gebens und Nehmens, die wahrer Liebe entspringt«. (Jerzy Grotowski: Für ein armes Theater. S. 26)

Soll sie nicht im ästhetischen Chaos münden, so erfordert die theatrale Selbstoffenbarung des Schauspielers eine Objektivierung des Ausdrucks in bedeutungshaltigen und kommunizierbaren Zeichen. Es muß eine Kunstform ausgearbeitet werden, in der sich die Spontaneität der inneren Impulse mit der formalen Disziplin des Ausdrucks verbindet. Eine solche Sprache kann nicht aus ein für allemal fixierten Elementen bestehen, wie es Artaud vorschwebte, sondern muß immer wieder neu kreiert werden. Die von Grotowski »Ideogramme« genannten Zeichen des Armen Theaters sollen lebendige Formen sein, überformte »Artikulationen des psycho-physischen Zustandes«, in denen »Grundbedingungen des Menschlichen« zum Ausdruck kommen. Ihre Allgemeinverständlichkeit gewinnen sie, indem die Schauspieler mittels Training ihrem Körper eine solche Durchlässigkeit verleihen und ihren Ausdruckskanon so verdichten, daß hinter den individuellen Seeleninhalten die kollektiven aufscheinen. An fast allen Inszenierungen Grotowskis fällt auf, daß diese Zeichen geprägt sind durch die christliche Ikonographie. Man findet die Gesten der Qual und der Verzweiflung, aber auch die der Erlösung und der Verklärung. Nicht nur die Ideologie, sondern auch die Erscheinungsform des Armen Theaters zeigt also die Spuren der intensiven Auseinandersetzung ihres Begründers mit der sein Heimatland prägenden Konfession.

Eugenio Barba und das Odin Theater

Das von dem Italiener Eugenio Barba geleitete »Odin Teatret«, das seinen Sitz im dänischen Holstebro hat, zählt zu den wichtigsten experimentellen Theatergruppen der Gegenwart. Über die künstlerische Arbeit hinaus entwickelt es eine Fülle von Aktivitäten. Es gibt Bücher heraus, produziert Lehrfilme, veranstaltet Workshops und organisiert die »Internationale Schule für Theateranthropologie«, die sich der interdisziplinären Erforschung der Schauspielkunst widmet, insbesondere dem Vergleich europäischer und asiatischer Methoden. Im Sinne der wissenschaftlichen Anthropologie liegt der Schwerpunkt – so Barba – auf dem »Studium menschlichen Verhaltens auf biologischer und sozio-kultureller Ebene in einem Zustand der ›Darstellung‹« (Eugenio Barba: Jenseits der schwimmenden Inseln. S. 124) Alle diese Unternehmungen sind mit dem Odin Theater und einigen von ihm abgespalteten Gruppen im »Nordischen Theaterlaboratorium« zusammengefaßt.

Eugenio Barba, der Gründer und Spiritus rector des Odin Theaters, wurde 1936 in einem Fischerdorf im äußersten Süden Italiens geboren und besuchte als Sohn eines Offiziers die Militärakademie. Als Siebzehnjähriger trampte er durch Europa, blieb in Norwegen hängen, arbeitete dort in der Fabrik, fuhr zur See und studierte schließlich Literatur- und Religionswissenschaft. Dann setzte er seine Ausbildung an der Theaterhochschule in Warschau fort. Bald darauf schloß er sich Jerzy Grotowski an, der ihn als seinen einzigen Schüler betrachtete. In diese Zeit fiel auch eine ausgedehnte Exkursion nach Indien. Barba interessierte sich im besonderen für das Kathakāli-Theater, eine Form des Bewegungstheaters, bei dem hinduistische Mythen von Tänzern und Pantomimen gestisch dargestellt werden, während im Hintergrund Sänger und Rezitatoren die entsprechenden Texte vortragen. Im Gegensatz zu Artaud, der im asiatischen Theater nur die Bestätigung für die eigene Konzeption suchte, setzte sich Barba unvoreingenommen den neuen Eindrücken aus. Am Kathakāli-Theater faszinierten ihn nicht nur die mythologische Ausrichtung und die Künstlichkeit der Zeichensprache, sondern auch das von der westlichen Auffassung grundsätzlich verschiedene Verständnis des Darstellers. »Der Schauspieler im orientalischen Theater steht in Verbindung mit einer Tradition, die völlig respektiert werden muß. Er führt lediglich eine Rolle aus, deren winzigstes Detail in mehr oder weniger entfernter Vergangenheit von einem Meister wie in einer Partitur erarbeitet wurde. (…) Im westlichen Theater dagegen ist der Schauspieler ›kreativ‹ – oder er sollte es sein. (…) Auch heute beginnt der Kathakāli-Schauspieler sein Training im gleichen Alter wie ein europäisches Kind, das sich dem Ballett widmen möchte. Die psychologischen und physiologischen Folgen liegen auf der Hand. Es ist sinnlos, (…) aus dem Kathakāli Übungen zu entnehmen, um sie passiv der europäischen pädagogischen Tradition anzupassen. (…) Nicht die Übungen sind entscheidend, sondern die persönliche Haltung. Und das mit einer Logik, die es nicht erlaubt, sich in der Wahl des Berufs durch Worte irreführen zu lassen.« (Eugenio Barba: Jenseits der schwimmenden Inseln. S. 59 f.)

Nach seiner Lehrzeit kehrte Barba Mitte der sechziger Jahre zurück nach Oslo und bemühte sich, im institutionalisierten Theater Fuß zu fassen – ohne Erfolg. So gründete er mit abgelehnten Bewerbern der dortigen Theaterakademie eine Freie Gruppe, die er nach dem germanischen Gott Odin benannte. Die Wahl des Namens erklärte er so: »Ebenso wie unsere Vorfahren ihre Dämonen beschwören, sind auch wir zusammen, um den Aspekt Odins, der in unserer Dunkelheit lauert, zu demaskieren, um ihm selbst im Tageslicht entgegenzutreten.« (Eugenio Barba: Jenseits der schwimmenden Inseln. S. 263) Man trainierte einige Monate gemeinsam in der Art, wie sie Barba in Grotowskis Theater-Laboratorium kennengelernt hatte, und begann dann mit der Arbeit an der ersten Produktion. Als Vorlage diente das unvollendete Stück des Norwegers Jens Bjørneboe mit dem Titel *Ornitofilene* (Die Vogelfreunde). Es spielt in einem italienischen Dorf, aus dem deutsche Ornithologen gern ein »Touristenparadies« machen wollen, jedoch nur unter der Bedingung, daß die Einwohner ihre Jagd auf Singvögel einstellen. In der Rückblende wird gezeigt, daß die Vogelfreunde von heute die Nazischergen von gestern sind und ihre Opfer von gestern die Jäger von heute. Die Atmosphäre des Terrors wird beschworen, die Erinnerung an Gewalt und Grausamkeit. Ein Vater, der das Vergessen akzeptiert, wird durch den Selbstmord seines Kindes bestraft. Das theatrale Geschehen vollzog sich mitten unter den Zuschauern; die vier Schauspieler stellten eine Vielzahl von Figuren dar, wechselten ständig vom Tragischen zum Grotesken. Die erste Produktion des Odin Theaters konnte in Oslo nur zehnmal gezeigt werden; es gab kein Publikum in der Stadt und keine Subventionen, die das Überleben der Truppe hätten garantieren können. In jenem Moment kam der Ruf aus Holstebro, einer Kleinstadt in Dänemark, die einen neuen Weg in der Kulturpolitik versuchte. Trotz der sprachlichen und familiären Bindungen an Norwegen entschloß sich die Truppe zur Übersiedlung, da Aussicht bestand auf die Bereitstellung von Proberäumen und eine regelmäßige finanzielle Unterstützung.

In Holstebro entstand in mehrjährigen Abständen eine Reihe von Produktionen, die das Odin Theater international bekannt gemacht haben: In der *Kaspariana* (1967/68) wurde die geheimnisumwobene Geschichte Kaspar Hausers erzählt, jenes außerhalb der Zivilisation aufgewachsenen Mannes, der erst als Jugendlicher sprechen lernte. Die Texte waren in verschiedenen Sprachen gehalten; das Wort diente vor allem als Klangelement. Die Schauspieler agierten auf kleinen Gerüsten, die – geringfügig variiert – auch als Musikinstrumente, als Versatzstücke und Requisiten, sogar als Kostümteile Verwendung fanden. Für die Inszenierung gab es in Holstebro nur ein kleines Publikum; so ging das Odin Theater, wie später mit all seinen Produktionen, auf Tournee durch Dänemark und die Nachbarländer.

Die nächste Arbeit trug den Titel *Ferai*; das ist der Name einer altgriechischen Stadt und zugleich die lateinische Bezeichnung für die Färöer-Inseln. Hier vermischten sich der griechische Alkestis-Mythos und die germanische Sage von König Frode zu einem Szenarium (nach einer Vorlage von Peer Seeberg) um das Problem von Herrschaft und Macht, das direkte Assoziationen zu den politischen Auseinandersetzungen in den ausgehenden sechziger Jahren zuließ. Die dem Grundriß eines Grabschiffes der Wikinger nachgebildete Spielfläche war auf zwei Seiten von einer eng begrenzten Zahl von Zuschauern umgeben. Ähnlich wie bei Grotowski wurde das Publikum durch die exzessiv-rituelle Darstellung extrem herausgefordert. Botho Strauß, damals noch als Kritiker tätig, hat die Spielweise des Odin Theaters

Kaspariana
(nach Ole Sarvig).
Odin Theater, 1967/68

ebenso feinfühlig wie präzise beschreiben: »Der Körper (der ausschließlich ganz jungen Schauspieler) beherrscht die winzigsten Bewegungsnuancen und die heftigsten Explosionen, vom kaum merklichen Nervenzittern, von ruhiger, ikonenhafter Figuration bis hin zu harten Karatekämpfen und wilden Kosakensprüngen. Dennoch erlaubt die Feinstruktur und die Ökonomie des Spiels, das ausschließlich auf die spontane Vergegenwärtigung, Veranschaulichung mythischen Erlebens konzentriert ist, keine überflüssige artistische Bravour, keine beliebigen artistischen Formalismen. (...) Gleichwohl darf man nicht vergessen, daß hier kein stummes Theater spielt, daß vielmehr Klang und Melos der Sprache als ebenso flexibel beherrschtes Instrumentarium in die körperlich-gestischen Bilder einstimmen. (...) Es scheint sogar, als sei die Körperbewegung (...) der Bewegung der Sprache untergeordnet, als suche der Körper sich jeweils nur die Stellung aus, welche der Stimme, dem dramatischen Sprechen die freieste, nachdrücklichste Artikulation erlaubt. (Dieses Theater) fordert von seinen Zuschauern (nicht) die kritisch-distanzierende Reflexion, sondern es fordert die implosive Mitleidenschaft.« (Botho Strauß in: Theater heute. Heft 8/1970. S. 29)

Der plötzliche, unerwartete Erfolg, den das Odin Theater mit *Ferai* auf allen großen Festivals feierte, erschien Eugenio Barba in künstlerischer Hinsicht als Gefahr, und so löste er die Truppe auf. Nur drei Schauspieler akzeptierten das Angebot, wieder ganz von vorne zu beginnen. Zusammen mit einigen neu Hinzugekommenen überprüften sie die Grundlagen ihrer Schauspielkonzeption und arbeiteten an der Weiterentwicklung des Trainings. Nach einigen Monaten begannen sie mit den Proben zu einem neuen Stück: *Min Fars Hus* (Meines Vaters Haus). Erstmals basierte die Arbeit nicht auf einem schon vorliegenden literarischen Text, sondern auf einem Szenarium, das Barba selbst zusammen mit seiner Truppe entwickelt hatte. Es handelte vom Leben Fjodor Dostojewskis, von dessen Auseinandersetzung mit dem Vater, von seinen erotischen Abenteuern und seiner Leidenschaft für das Glücksspiel, von seinem Weg zu einer tief religiösen Haltung. Die Darsteller haben das Werk als Begegnung mit dem russischen Schriftsteller empfunden. In einem Arbeitsbericht schrieben sie: »Man findet Spuren und Situationen aus seinem Leben, aber gefiltert durch unsere eigenen Wahrheiten, Erfahrungen und Sehnsüchte. Wir zogen durch *Meines Vaters Haus*, wir erkannten uns selbst.« (Eugenio Barba: Jenseits der schwimmenden Inseln. S. 41) In formaler Hinsicht war die Verwandlung der Objekte durch die Darsteller eines der wesentlichen Merkmale dieser Produktion. Versatzstücke, Requisiten, Kostüme, Musikinstrumente wechselten ständig ihre Bedeutung entsprechend ihrem jeweiligen Gebrauch.

Mit dieser wiederum sehr erfolgreichen Produktion endete die erste Entwicklungsperiode des Odin Theaters. Hatte man bisher nur in den Aufführungen den Kontakt mit der Öffentlichkeit gesucht, so gestaltete man jetzt die Theaterarbeit in ihrer Gänze als einen Akt der Begegnung. Monatelang lebte die gesamte Truppe in einem Dorf in Süditalien, in einer theaterlosen Region also, arbeitete dort an einer neuen Produktion und entwickelte – in aller Öffentlichkeit – ihr Training weiter. Bald wurden die Ortsbewohner neugierig und baten um eine Aufführung. Die Theaterleute ließen sich darauf ein, allerdings nur unter der Bedingung, daß auch die Einheimischen etwas zeigten. Bei der gemeinsamen Vorstellung sangen die Schauspieler skandinavische Volkslieder und demonstrierten Elemente aus ihrem Training. Die Italiener antworteten mit ihren überlieferten Spielen und Gesängen, so daß das Ganze zu einem »Kollektivfest« wurde. Über die Motive für diesen kulturellen »Tauschhandel« äußerte sich Barba in einem Interview: »Was das Odin dazu bewegt, in Carpignano zu arbeiten, ist in gewisser Hinsicht egoistisch. Wir sind hier, weil wir es stimulierend finden, in eine neue Arbeitssituation versetzt zu sein. (...) Mit ihrem skandinavischen kulturellen Hintergrund, ihrem Verhalten und ihrer Art zu denken, mit ihrem Vorurteil, angeblich vorurteilsfrei zu sein, sind unsere langhaarigen Schauspieler völlig anders als die enggestrickten Bauernkulturen mit ihren rigiden Normen. Aber gerade dieser Unterschied, dieses ›Anderssein‹, ist unser Ausgangspunkt gewesen. Wir wollten nicht irgend etwas ›lehren‹ noch die Leute hier über ihre soziale und kulturelle Situation aufklären. (...) Auf der anderen Seite werden wir uns nicht den lokalen Normen beugen: wir werden unsere eigenen Erfahrungen, unsere Lebensweise und unseren freieren Umgang mit Gefühlen nicht verleugnen. (...) Wir haben unsere Güter nicht weggegeben und sie nicht die ihrigen. Beide Teile gingen mit mehr weg, als sie mitgebracht hatten.« (Eugenio Barba: Jenseits der schwimmenden Inseln. S. 76 f.)

Die Begegnung von Menschen aus zwei verschiedenen Kulturen war auch das Thema der nächsten Produktion des Odin Theaters: *Come! And the Day Will Be Ours* (Komm! Und der Tag wird unser sein) Der Titel ist ein Zitat aus dem letzten Brief eines amerikanischen Generals, bevor er zusammen mit seinen Soldaten von indianischen Kriegern vernichtet wurde. Die Worte spiegeln die Siegesgewißheit der weißen Pioniere wider. Die Schauspieler wurden hier mit Rollen konfrontiert, die nicht durch einen bestimmten Charakter, sondern durch Objekte oder Musikinstrumente (»Der mit dem Buch«, »Die mit der Trommel«) definiert waren. Die Akteure zeigten ihre artistischen Fähigkeiten und sprachen teilweise in einem künstlichen Idiom, das direkt auf die Emotionen der Zuschauer wirken sollte. Drei von ihnen verkörperten »zivilisierte«, die anderen »unzivilisierte« Menschen. In dem vom Publikum gebildeten Kreis suchten und trafen, bekämpften und beraubten sich die beiden Gruppen; die einen demonstrierten die Gewalttätigkeit der Sieger, die anderen die Verzweiflung der Besiegten. Während eines Aufenthalts in Venezuela zeigte das Odin Theater seine Produktion einer Gruppe von Yanomami-Indianern, deren Stamm vom Aussterben bedroht ist; im Gegenzug führten diese ihre Kriegstänze vor.

Ein wichtiges Element des »Tauschhandels« waren auch die Straßenparaden des Odin Theaters, aus denen sich im Laufe der Zeit eine Bühneninszenierung mit dem Titel *Anabasis* herauskristallisierte. Sie ging zurück auf eine Geschichte des antiken Autors Xenophon, die von der Reise einer griechischen Militärexpedition durch fremde Länder handelt. Aufgrund der Hindernisse und Gefahren bildet sich trotz der unterschiedlichen Sprachen und Traditionen eine Gemeinschaft aus, die aber sofort wieder zerfällt, als man in die Heimat zurückkehrt. In der Performance des Odin Theaters sammelten und zerstreuten sich die Schauspieler wie ein Trupp von Soldaten; plötzlich erschienen sie auf Balkonen und inszenierten von den Dächern aus Angriffe auf fiktive Gegner. Sie waren ausstaffiert mit Trommeln und Fahnen, mit Masken und Stelzen. Zwei große Figuren des Todes traten in direkten Kontakt mit den Zuschauern. Die theatrale Reise endet mit der Verhüllung aller Spieler durch ein großes schwarzes Tuch.

Gegen Ende der siebziger Jahre begab sich das Odin Theater auf die Suche nach einem neuen Ansatz. Junge Schauspieler kamen hinzu, deren Integration sich als schwierig erwies. So verpflichteten sich die älteren Schauspieler, den einen oder anderen Anfänger, von dem sie sich eine Stimulation der Arbeit erwarteten, zu »adoptieren«: Für einen solchen Schüler über-

Come! And the Day Will Be Ours.
Odin Theater, 1976-1980.
Leitung: Eugenio Barba

nahmen sie die künstlerisch-fachliche wie die ökonomisch-materielle Verantwortung; sie trainierten mit ihm – und zwar getrennt von der Hauptgruppe. So mußten die Neuen nicht gleich der ganzen Truppe entgegentreten, und es kam trotzdem zu einem Austausch. Die Stammschauspieler verarbeiteten die Erfahrungen ihrer Reisen in der Performance *Il Millione* (Der Millionen-Marco). Mit diesem Ausdruck wurde Marco Polo von seinen Landsleuten verspottet, als er aufschneiderisch von all den großartigen Erlebnissen auf seinen Weltreisen berichtete. In dem als »musikalische Komödie« bezeichneten Stück lag der Schwerpunkt auf Gesang und Tanz. Jeder Schauspieler produzierte sich auf einem Musikinstrument, das, wie immer beim Odin Theater, gleichermaßen als festes Attribut der Figur und als integrales Element des Bühnengeschehens behandelt wurde. Über die Funktion der Klänge in dieser Inszenierung sagte Barba: »Wenn ich fremde Kulturen besuche, wenn ich zum Beispiel in Bangkok ankomme, dann berührt mich immer sehr stark, wie auf Straßen und in Geschäften die Transistorradios amerikanische oder japanische Lieder, durchsetzt mit einheimischen Melodien, plärren. Ob in Lima, in Marakkesch, in Tokio – wo auch immer –, der erste musikalische Eindruck, den man erhält, ist dieses Gebräu, diese weltweite ›Musikkultur‹, die sich wie die Nadel eines wildgewordenen Kompasses in alle Richtungen dreht. (...) In *Der Millionen-Marco* (befinden) wir uns unter musikalischen Ruinen, Trümmern, oberflächlichen und überflüssigen Klischees. (...) Aber bewußt endet auch dieses Stück mit einem Lied, mit einer bloßen menschlichen Stimme ohne jede musikalische Verbrämung. Alle Stücke des Odin Theaters hören mit einem (...) Lied auf, als verkörpere die menschliche Stimme eine Aufforderung, ein Bedürfnis nach Gegenwart und Beziehungen.« (Eugenio Barba: Jenseits der schwimmenden Inseln. S. 83)

Ausgangspunkt für die Produktion *Brechts Aske* (Brechts Asche) war das Leben des Dichters in der Emigration, ein Dasein, welches Barba und seine Schauspieler aus eigener Erfahrung kannten und als wichtige Bedingung ihrer Arbeit betrachteten. Im Gegensatz zu den Ensembles der ortsfesten Theater, die bestimmten lokalen und nationalen Bedingungen verpflichtet sind, verstand sich die Odin-Truppe immer als eine Vereinigung von Menschen, die überall Fremde bleiben und darum in der Lage sind, wirklich interkulturell zu arbeiten. In der Brecht-Collage wurden Szenen aus dem Exil-Leben des Schriftstellers kombiniert mit Passagen aus seinen Stücken, so daß ein höchst lebendiger Eindruck von der Auseinandersetzung der Schauspieler mit einem ihrer Vorbilder entstand, dessen Asche nach ihrer Auffassung immer noch glüht. Als die Erben Brechts weitere Aufführungen verhinderten, ersetzte das Odin in einer zweiten Version die Worte des Dichters durch die Quellentexte, die ihn selbst inspiriert hatten: mittelalterliche Balladen und Gedichte aus dem Chinesischen sowie zeitgenössische Lyrik von Erich Mühsam und Kurt Tucholsky.

Das um die Mitte der achtziger Jahre entstandene Bühnenwerk *Das Oxyrhincus-Evangelium* trug das Motto »Es gibt fünf Evangelien und das fünfte ist unvollendet. Wir alle schreiben es mit unseren Werken. Jede Generation fügt ein Wort hinzu.« Oxyrhincus ist der Name einer ägyptischen Stadt, in der frühchristliche Schriften gefunden wurden. Ihnen entnahm Barba einige Themen und Figuren und führte sie mit Gestalten zusammen, welche die Schauspieler für ihre Darstellung frei gewählt hatten: Antigone, Johanna von Orleans, Sabbatai Zevi (der Jude, der sich als Messias ausgab und dann Moslem wurde), der Großinquisitor von Sevilla, ein brasilianischer Cangaceiro und ein chassidischer Jude. Barbas Worten zufolge handelte die Inszenierung »von der Revolte, die lebendig begraben wird, von der Banalisierung der Grausamkeit, vom tagtäglichen Akzeptieren des Bösen, als sei es unvermeidlich«. Als Sprache wählte man das Koptische und eine späte Erscheinungsform des Alt-Griechischen. Auf diese Weise begegnete man dem Problem, daß die Darsteller aus verschiedenen Sprachräumen stammten und erreichte eine überzeugende Homogenität des Klanges. An ganz bestimmten Stellen wurde die Handlung unterbrochen, so daß die Zuschauer im Programmheft die Fabel nachlesen konnten. Wie bei allen anderen Produktionen des Odin Theaters war die räumliche Beziehung zwischen Akteuren und Publikum von den spezifischen Inhalten und Absichten abgeleitet. Das Bühnengeschehen ereignete sich hier auf einem schmalen Steg zwischen zwei Reihen von Zuschauern, die sich gegenseitig erst erblickten, als die Vorhänge hochgezogen wurden.

Was die Grundkonzeption seines Theaters betrifft, stimmt Barba in vielen Punkten mit seinem Lehrer Grotowski überein. Auch für ihn realisiert sich das Wesen von Theater in der möglichst unmittelbaren Begegnung von Schauspielern und Zuschauern. Das Publikum soll Zeuge einer Selbstdarstellung werden, in der die Schauspieler Bericht von ihren inneren Reisen geben, »von ihren Besessenheiten, Träumen und Sehnsüchten«. In ihren Aufführungen sucht die Truppe ein »utopisches Gefühl« wachzurufen, das im Gegensatz steht zur »Sprachlosigkeit, Feigheit und Anpassung im Alltagsverhalten«. Die kritische Haltung bezieht sich nicht nur auf die Zuschauer, sondern auf den eigenen »Pragmatismus und Zynismus« der Theatermacher, auf ihren »Mangel an Mut«, der sie davon abhält, sich selbst zu ändern und auf diese Weise auch »die Welt zu verändern, in der wir leben«. Das Odin Theater geht nicht von allgemeingültigen Wahrheiten aus, sondern baut auf die Suche des einzelnen nach seiner persönlichen Wahrheit und deren Konfrontation mit den täglichen Erfahrungen. In diesem Sinn ist für Barba (ähnlich wie für Grotowski) Schauspielen ein Akt der Selbstanalyse. Dem Darsteller geht es nicht um die Demaskierung der Gesellschaft, sondern um die Demaskierung seiner selbst als Teil dieser Gesellschaft. In einem Brief an einen seiner Schauspieler schrieb Barba: »Es spielt keine Rolle, welche persönlichen, verborgenen Beweggründe Dich zum Theater gebracht haben; wenn Du dabei bist, mußt Du eine Bedeutung dafür finden, die über Deine eigene Person hinausgeht und Dich

gesellschaftlich mit anderen konfrontiert. (...) Deine Arbeit ist eine Art sozialer Meditation über Deine gesellschaftliche Situation und über die Ereignisse, die Dich in der Erfahrung unserer Zeit in Deinem Innersten berühren. Jede Vorstellung (...) kann Deine letzte sein. Und so mußt Du sie auch sehen, als letzte Möglichkeit, zu dir selbst zu finden, indem Du den anderen das Protokoll Deiner Handlungen, Dein Testament übergibst.« (Eugenio Barba: Jenseits der schwimmenden Inseln. S. 24)

Im Prozeß der Selbstdarstellung und Selbstoffenbarung für die Zuschauer erlebt der Schauspieler auch eine Selbstbefreiung – und zwar in einem durchaus konkreten und sozialen Sinn. Der vom Odin Theater praktizierte Rückzug in eine Miniaturgesellschaft von Gleichgesinnten, in die Abgeschiedenheit eines künstlerischen Laboratoriums, wurde oft als politisch verantwortungslos kritisiert. Barba und seine Schauspieler setzen der geringen Breitenwirkung den Tiefgang ihrer Arbeit entgegen. Um den »Schatz« zu heben, der in jedem Menschen verborgen liege, müßten Widerstände überwunden werden, denn es schmerze, wenn man ihn berühre. Barba benutzt für diese tiefsten Seelenschichten Worte wie »verborgene Heimat« oder »gemeinsame Quelle«. Vom Hinabtauchen in die Bereiche des »kollektiven Unbewußten« erhofft er sich die Wiederentdeckung der mythischen Dimension. Nur wenn der Schauspieler seine Kraft aus »der Flamme nimmt, die im glühenden Eisen verborgen ist, aus der Stimme im brennenden Busch«, wird sein Handeln in der Erinnerung der Zuschauer weiterleben und zu Konsequenzen führen.

Die Selbstoffenbarung des Schauspielers hat beim Odin Theater nicht das geringste mit chaotischen Ausbrüchen zu tun. Der körperliche Ausdruck der psychischen Impulse muß kontrolliert und in deutlichen Zeichen geschehen; Disziplin ist dafür unerläßlich. Zur Beschreibung dieses für die Schauspielkunst zentralen Problems führt Barba die drei Begriffe »Spontaneität«, »Kommunikation« und »Kreativität« an. An der Spontaneität sind für ihn die »Freiheit« und die »Sicherheit« das Wesentliche, »die Freiheit, aus einer Fülle von Alternativen wählen zu können« und die »Sicherheit, das was man gewählt hat, auch durchführen zu können«. Um zu einem authentischen Ausdruck zu finden, brauche der Schauspieler den Widerstand eines Regelsystems, das er sich selbst wählen könne, dann aber streng befolgen müsse.

Die Kraft zur Kommunikation erreicht der Schauspieler, indem er seine Energie in eine Form bringt. Der Erwerb dieser Fähigkeit dauert extrem lange, weil es sich um eine Neukonditionierung des Körpers handelt, der im Prozeß der Sozialisation durch eine bestimmte Kultur geprägt, in einer bestimmten Weise »kolonisiert« wurde. »Er kennt nur die Bräuche und die Perspektiven«, so Barba, »zu denen er erzogen wurde. Um andere zu finden, muß er sich von seinen Modellen entfernen. Er muß sich fatalerweise einer neuen Form von Kultur zuwenden, um von dieser ›kolonisiert‹ zu werden. Aber gerade dieser Übergang läßt den Schauspieler sein eigenes Leben entdecken, seine eigene Unabhängigkeit und seine physische Aussagekraft. Die Übungen des Trainings sind diese ›zweite Kolonisierung‹.« (Eugenio Barba: Jenseits der schwimmenden Inseln. S. 101f.)

Im Verständnis des Odin Theaters ist das Training eine unabdingbare Voraussetzung nicht nur für die Transformation der Energie in Kommunikation, sondern auch für jene »physische Intelligenz«, die den Schauspieler in der Improvisation und in der Aufführung zur Kreativität führt. Das von jedem Schauspieler entsprechend seiner Individualität ausgeformte körperliche und stimmliche Übungsprogramm trägt zur Selbstdisziplinierung und Selbstfindung des einzelnen bei. Darüber hinaus ist es das Fundament einer »Gruppenkultur«, die einen produktiven Umgang der Mitglieder untereinander und mit der Autorität des Leiters möglich macht. Der schöpferische Prozeß des Schauspielers gleicht dem eines Malers oder Schriftstellers; sein Wesen besteht darin, »die Spannung zwischen technischer Disziplin, der Regel, und deren kreativer Variation zu beherrschen.« Im Odin Theater vollzieht sich dieser Prozeß in der kollektiven Improvisation, wobei dem Regisseur die Aufgabe zukommt, »sprachliche Analogien« zu den psycho-physischen Aktionen der Schauspieler zu finden, um diese Aktionen bewußt und damit wiederholbar zu machen.

Durch seine Gastspiele, Seminare und Publikationen hat das Odin Theater seit Mitte der siebziger Jahre wesentlich zur Entstehung einer Erscheinungsform von Theater beigetragen, die Eugenio Barba als das »Dritte Theater« bezeichnet, weil sie weder mit der Tradition noch mit der rein ästhetischen Avantgarde etwas zu tun hat. Sein Hauptcharakteristikum ist die Zentralposition des nicht auf formale Professionalität beschränkten Schauspielers und seines Trainings sowie die Offenheit für die verschiedenen Kulturen. »Es ist ein Theater«, schreibt Barba, »das von Menschen gemacht wird, die sich als Schauspieler, Regisseure, als Theaterleute verstehen, ohne den traditionellen Werdegang und Ausbildungsgang durchlaufen zu haben. (...) Wie Inseln, die nicht miteinander in Kontakt stehen, treffen sich junge Leute in Europa, Nord- und Südamerika, in Australien und Japan; sie bilden Theatergruppen, die entschlossen sind, zu überleben. (...) Vielleicht kann man gerade im Dritten Theater das sehen, was am Theater lebendig ist, eine alte Bedeutung, die dem Theater neue Energien zuführt, und die das Theater trotz allem auch in unserer heutigen Gesellschaft lebendig erhält. (...) Es ist, als ob die verschiedenen persönlichen Bedürfnisse (...) in Arbeit verwandelt werden wollten. Und das geschieht entsprechend einer Haltung, die von außen als ein ethischer Imperativ begründet wird, der nicht nur auf den Beruf beschränkt ist, sondern sich über das ganze tägliche Leben ausdehnt. Schließlich sind sie jedoch die ersten, die den Preis für ihre Entscheidung bezahlen müssen.« (Eugenio Barba: Jenseits der schwimmenden Inseln. S. 215 f.)

Peter Brooks Theater der Einfachheit

Wie bei allen bedeutenden Reformern des 20. Jahrhunderts war auch bei Peter Brook der radikale Zweifel an der Wirksamkeit der vorherrschenden Erscheinungsformen von Theater Ausgangspunkt für den Entwurf eines neuen Modells. In dem 1968 erschienenen Buch »Der leere Raum« prägte der Regisseur für das Bühnenwesen seiner Zeit den Begriff des »Tödlichen Theaters«; dieses verwechsle »Magie mit Hokuspokus«, »Liebe mit Sex« und »Schönheit mit Ästhetizismus«, pervertiere die Tragödie zur Darbietung von »Prunk und Tamtam« und die Katharsis zu einem »Dampfbad der Gefühle«. Gegen das banale, gedankenlose und von falschen Emotionen erfüllte Theater setzt Brook das Ideal eines lebendigen, volkstümlichen und zum Transzendenten hin offenen Theaters, wie es aus seiner Sicht in vollendeter Form William Shakespeare verwirklicht hat. Für Peter Brook verkörpert das Werk des Elisabethaners »das Modell eines Theaters, das Brecht und Beckett einschließt, aber über beide hinausreicht«. Seine Forderung: »Wir müssen in der nachbrechtschen Epoche einen Weg vorwärts finden, der zu Shakespeare zurückführt. Gerade durch den unversöhnlichen Gegensatz von Derbem und Heiligem (...) erhalten wir die aufwühlenden und unvergeßlichen Eindrücke seiner Stücke.« (Peter Brook: Der leere Raum. S. 142 f.)

Angesichts dieser Aussage überrascht es nicht, daß Brook fast ein Viertel seiner ungefähr achtzig Inszenierungen Shakespeare gewidmet hat. Schon die allerersten Regiearbeiten des Siebzehnjährigen, der 1925 als Sohn russischer Emigranten in London geboren wurde, befaßten sich neben den damals aktuellen Dramen von Sartre, Anouilh und Tennessee Williams mit den Shakespeare-Stücken *Romeo und Julia*, *Hamlet*, *Maß für Maß* und *Das Wintermärchen*. Ohne je eine spezielle Ausbildung genossen oder assistiert zu haben, realisierte Brook als junger Mann auch sechs große Opern am Londoner Covent Garden, verfilmte 1952 John Gays »Bettleroper« (The Beggar's Opera) und drehte auch in der Folge weitere Spielfilme, darunter so vielbeachtete wie »Stunden voller Zärtlichkeit« (Moderato cantabile), nach dem Roman von Marguerite Duras, und »Herr der Fliegen« (Lord of the Flies), nach dem Roman von William Golding. Die wichtigste Arbeit seiner Frühzeit war die legendäre *Titus Andronicus*-Inszenierung 1955 mit Laurence Olivier und Vivien Leigh. Brook hielt sich dem damals herrschenden historisierenden Illusionismus fern, griff zurück auf die nur sparsam mit Versatzstücken ausgestattete Shakespeare-Bühne. Den dramaturgischen Aufbau des Stückes veränderte er grundlegend; er teilte das Geschehen, ähnlich wie beim Film, in kurze Sequenzen, die nach dem Prinzip der Montage so zusammengefügt waren, daß sie sich im Bewußtsein des Zuschauers gegenseitig interpretierten. Bei einem Gastspiel in Polen hat der Theaterwissenschaftler Jan Kott, der mit seiner Abhandlung »Shakespeare heute« die Aufführungsgeschichte wesentlich beeinflußt hat, die Inszenierung als »Offenbarung« eines Shakespeare empfunden, den er »vorausgeahnt« und von dem er »geträumt« habe: »Es ist ein heftiger, grausamer, brutaler Shakespeare, ein irdischer und höllischer, ein Shakespeare des Grauens und der Sehnsüchte, der Träume und der Poesie, ein überwahrer und ein unwahrscheinlicher, ein dramatischer, sarkastischer und leidenschaftlicher Shakespeare, ein wahnsinniger und ein weiser Shakespeare.« (Jan Kott: Shakespeare heute. S. 356)

Zu Beginn der sechziger Jahre wurde Peter Brook zum Co-Direktor der »Royal Shakespeare Company« berufen, dem damals bedeutendsten englischen Theaterunternehmen. In der

Einrichtung eines eigenen Experimentierstudios zeigte sich zum ersten Mal sein suchender und forschender Geist. Die Fragen ergaben sich insbesondere aus der Arbeit an Shakespeares Tragödie *König Lear*, die Brook (basierend auf Jan Kotts Interpretation) als ein absurdes »Endspiel« im Geiste Becketts inszenierte. Über die grundsätzliche Wende, die er mit dieser Arbeit vollzog, gab er in einem Interview Auskunft: »Unmittelbar bevor die Proben beginnen sollten, zerstörte ich das Bühnenbild. Ich hatte es in rostigem Eisen entworfen, sehr interessant und sehr kompliziert. (...) Plötzlich hatte ich etwas verstanden. Ich begann zu erkennen, weshalb das Theater ein Ereignis ist. Weshalb es nicht von einem Bild oder einem speziellen Kontext abhängt – beispielsweise war die Tatsache, daß ein Schauspieler einfach nur die Bühne überquerte, das Ereignis.« (Peter Brook: Wanderjahre. S. 26 f.)

Diese Erfahrung führte zur Konzentration der Experimente auf die Arbeit des Schauspielers. Wie das zur gleichen Zeit mit den gleichen Fragen beschäftigte Theater-Laboratorium Grotowskis in Wrocław orientierte sich auch Peter Brook an der Konzeption von Antonin Artaud. Zusammen mit Charles Marowitz gründete er eine »Lamda Theatre« genannte Studiobühne und arbeitete dort mit jungen Schauspielern an der Entwicklung der körperlichen und stimmlichen Ausdrucksfähigkeit. Das Material bildeten Szenen von Shakespeare und Genet sowie Artauds surrealistisches Kurzdrama *Der Blutstrahl*. Die Ergebnisse wurden in immer neuen Varianten der Öffentlichkeit präsentiert. Die Arbeit stand unter dem Motto »Theater der Grausamkeit«; im Sinne Artauds waren aber nicht Brutalität und Blutrünstigkeit damit gemeint, sondern die Unerbittlichkeit des Künstlers sich selbst gegenüber, das Eintauchen in die Tiefen seines Unbewußten.

Die Experimente des Lamda-Theatre haben sich niedergeschlagen in der Inszenierung von Peter Weiss' Drama *Die Verfolgung und Ermordung Jean Paul Marats, dargestellt durch die Schauspielgruppe des Hospizes zu Charenton unter Anleitung des Herrn de Sade*. Den Bezug zur Ästhetik Artauds, die im Stück vorgegeben und mit Elementen des Epischen Theaters von Brecht kontrastiert wird, hat Brook scharf herausgearbeitet. Es gab unterdrückte Gewalt, ausgelebte Sexualität, somnambule Trance, flirrenden Irrsinn im Spiel der Kranken. Am Schluß entstand aus einer allgemeinen Kopulation ein rasender Aufruhr; die Irren überwältigten ihre Wärter, rückten gegen die Rampe vor. Da erschien die Inspizientin und brach mit einem schrillen Pfiff das Spiel ab. Die Schau-

Peter Weiss: Die Verfolgung und Ermordung Jean Paul Marats, dargestellt durch die Schauspielgruppe des Hospizes zu Charenton unter Anleitung des Herrn de Sade. Aldwych Theatre London, 1964. Inszenierung: Peter Brook. Ausstattung: Sally Jacobs

spieler traten daraufhin aus ihren Rollen und klatschten den Beifall nieder, wiesen ihn gleichsam zurück und verschwanden, ließen das Publikum mit sich selbst allein.

Die Erfahrungen mit einer Dramaturgie locker gefügter Einzelteile, die Brook bei der Zusammenstellung der Produktionen für das Lamda-Theatre gemacht hatte, wurden dann bei der Revue *US* produktiv. Der Titel dieser vom Regisseur selbst als »Gruppen-Happening-Kollaborativ-Schaustück« bezeichneten Produktion steht einerseits als Abkürzung für »United States« und andererseits für »Uns«. Es geht um das Engagement der Vereinigten Staaten im Vietnam-Krieg. Auf der nur mit einer Skulptur aus Kriegsschrott und einer überdimensionierten GI-Puppe aus Pappmaché – mit einer Rakete als Penis – ausgestatteten Bühne zeigten die Schauspieler mit Hilfe der verschiedensten theatralen Mittel – von der Dokumentation bis zum Agitprop, vom asiatischen Maskenspiel bis zum lyrischen Vortrag – die Greuel des Krieges und provozierten damit die Zuschauer zur Diskussion und zum Protest. Als Höhepunkt der Herausforderung wurde jedoch der Schluß empfunden, eine ebenso kühne wie einfache Symbolhandlung, die ein Kritiker so beschrieb: »Während alle unbeweglich am Boden kauern, kommt einer ganz nach vorn an die Rampe mit schwarzen Handschuhen, einem schwarzen Pappkarton und öffnet ihn wie in einem Zeremoniell, nimmt vorsichtig zwischen zwei Fingern einen Schmetterling heraus, läßt ihn hochflattern zur Saaldecke, und dann noch einen, der flattert ebenfalls erschreckt ins Licht, und einen dritten: den hält er vor sich, entzündet ihn mit der Flamme eines Feuerzeugs. Ein kurzes, bescheidenes Aufflackern – und es ist, als hörten wir es knistern, bevor die gelben Flügel des Insekts zu Asche zerfallen. (Ernst Wendt in: Theater heute. Heft 2/1967. S. 16) Weder der Kritiker noch irgendein anderer Zuschauer hatten allerdings gemerkt, daß statt des Tiers ein zerknittertes Stück Papier verbrannt worden war.

An diesem Beispiel werden zwei Grundsätze deutlich, die Brooks Theaterarbeit in hohem Maße prägen. Da ist zum einen das unbedingte Festhalten an den Prinzipien des »Als ob« und der theatralen Illusion; und da ist zum anderen das Suchen nach dem jeweils einfachsten Zeichen für die Präsentation eines bestimmten Vorgangs. Brook dazu in einem Interview: »Das, was wir suchen, ist etwas sehr Einfaches, das aber nur sehr schwer zu erreichen ist. Es geht darum, wie man am Theater einfache Formen herstellen kann. Einfache Formen, die in ihrer Einfachheit zugleich verständlich und voller Bedeutung sind.« (Peter Brook: Wanderjahre. S. 175) Daß diese eher im außersprachlichen Bereich zu finden sind, ist für den Regisseur in den späten sechziger Jahren immer deutlicher geworden. Schon im Zusammenhang mit *US* hatte er davon gesprochen, daß nur »einem Akt jenseits der Worte und jenseits der Vernunft« noch »irgendeine Bedeutung« zukomme. Darin bestätigte ihn der von Antonin Artaud exemplarisch formulierte Zweifel an der Wortsprache, der ihn aber nicht hinderte, immer wieder Texte der dramatischen Literatur als Basis seiner Theaterarbeit zu nutzen, allerdings mit dem hohen Anspruch der authentischen Beglaubigung durch die Darsteller.

Dem nächsten Projekt Brooks lag der *Ödipus* des römischen Philosophen und Dichters Seneca zugrunde, mit dem sich schon Artaud, motiviert durch die im Vergleich mit der Version des Sophokles wesentlich höhere Konzentration des Grauens, beschäftigt hatte. Bezeichnenderweise beginnt Brooks Inszenierung nicht mit einer der für Seneca so typischen rhetorischen Tiraden, sondern mit unartikulierten Summtönen. Sie kommen von den im ganzen Theaterraum verteilten Chorspielern; die Zuschauer werden gleichsam akustisch davon eingehüllt. Bei der Entwicklung der Klänge hatte man auf Material zurückgegriffen, das bei den Kulthandlungen von Naturvölkern aufgezeichnet worden war. Auch in der Bewegung suchte man nach rituellen Mustern. Die Schauspieler verzichteten weitgehend darauf, das in den Text einprogrammierte Verhaltensrelief der Figuren realistisch nachzuvollziehen. Sie setzten vielmehr einprägsame Körperzeichen und folgten damit Artauds Ansicht, daß der Bereich des Theaters »nicht das Psychologische, sondern das Plastische und Körperliche« ist. Beim Selbstmord der Jokaste zum Beispiel hockte die Darstellerin mit weit geöffneten Schenkeln über einem aufragenden Schwert, um es sich dann in die Scheide zu stoßen. Sexus und Tod, die beiden wirksamsten Seelenkräfte, kamen in diesem Bild zur Synthese. Auf die Triebsphäre zielte auch die Schlußsequenz der *Ödipus*-Inszenierung: In einer Phallus-Prozession löste sich die Spannung, und wie im Satyrspiel des antiken Theaters festigte sich die kathartische Wirkung der Tragödie. Nach dieser Auseinandersetzung mit der Antike kehrte Brook zu Shakespeare zurück; angeregt vom chinesischen Zirkus und gespeist aus den romantischen Energien der aktuellen Hippie-Kultur, inszenierte er den *Sommernachtstraum* als ein hochartistisches Spiel in einem weißen Kasten, der außer Trapezen und Schaukeln nur silberne Spiralen als Zeichen für Wald enthielt.

Mit der Übersiedlung nach Paris und der Gründung des »Internationalen Zentrums für Theaterforschung« (Centre International de Recherche Théâtrale/C.I.R.T.) begann 1970 eine neue Schaffensperiode des Regisseurs. Ausgehend von dem Gedanken, daß nur die Gesamtheit aller Kulturen der Welt das voll entwickelte Wesen des Menschen ausmacht, und dementsprechend auch jeder Mensch an der universellen Weltkultur teilhat, stellte er ein Ensemble von Schauspielern zusammen, die aus Frankreich, Deutschland, Rumänien, Japan, Nordamerika und Afrika stammten. Finanziert wurde das Unternehmen von verschiedenen Stiftungen; die Räume, eine ehemalige Gobelin-Fabrik, wurden vom französischen Staat zur Verfügung gestellt. Schon die Tatsache der unterschiedlichen Muttersprachen zentrierte die Arbeit auf den nonverbalen Bereich. Die Suche nach einer gemeinsamen Sprache der Laute und der Gesten war aber auch Programm – ganz im Sinne von Artauds Forderung, daß auf der Bühne die »Sprache der Worte« ihren Platz abtreten müsse an die »Sprache der Zeichen«, deren objektive Erscheinung uns augenblicklich berühre. Ziel war selbstverständlich nicht der interkulturelle Austausch von Fertigkeiten und Kunstgriffen, sondern das gemeinsame Beschreiten einer »via negativa«. Über die Anfänge des Projekts berichtet Brook: »Als erstes mußten wir versuchen, den Stereotypien ein Ende zu bereiten, was nicht bedeutete, jeden auf eine neutrale Anonymität zu reduzieren. Streift er seine ethnischen Manieriertheiten ab, wird ein Japaner japanischer und ein Afrikaner afrikanischer, und man kommt an den Punkt, an dem Verhaltensformen und Ausdruck nicht länger voraussagbar sind. Es entsteht eine neue Situation, die die Menschen von unterschiedlicher Herkunft befähigt, gemeinsam schöpferisch tätig zu sein.« (Peter Brook: Wanderjahre. S. 146 f.) Spontaneität im Handeln, Unmittelbarkeit des Ausdrucks und die intuitive Fähigkeit, den anderen auch ohne gemeinsame Sprache zu verstehen, sind nach Brook die Voraussetzungen für eine kollektive Kreativität, die ein Theater hervorbringt, das die Menschen – über alle Grenzen hinweg – so direkt und so tief berührt wie die Musik.

Den ersten Versuch zur Umsetzung dieser Intention in einer Aufführung unternahm die Truppe schon im ersten Jahr ihres Bestehens und zwar mit dem für das Festival von Shiraz erarbeiteten Bühnenwerk *Orghast*. Man stellte dafür einen Text zusammen, der aus einer von dem englischen Lyriker Ted Hughes kreierten Kunstsprache sowie aus Elementen des Lateinischen, des Alt-Griechischen, des Sanskrit und der altpersischen Zeremonialsprache bestand, die der Produktion auch den Titel gab. In thematischer Hinsicht bezog man sich vor allem auf japanische Samurai-Legenden, auf orientalische Fabeln, auf den Prometheus-Mythos und auf Calderóns Drama *Das Leben ein Traum*. Gespielt wurde in Persepolis, der erste Teil vor einer imposanten Ruinenlandschaft, der zweite vor einer hundert Meter hohen Felswand mit den zweieinhalbtausend Jahre alten Königsgräbern. Schon die Kulisse erzwang einen feierlich-zeremoniellen, an Ritualen orientierten Bewegungsstil. Das gestische Vokabular war dem Tai Chi und dem japanischen Nô ebenso entnommen wie dem persischen Volkstheater und dem expressionistischen Stummfilm; dazu kamen Elemente aus dem eigenen Körpertraining.

Das Übungsprogramm der Truppe bildete oft den konkreten Ansatzpunkt für die Begegnungen mit den Angehörigen fremder Kulturen, die das Ensemble auf drei großen Reisen gesucht hat. Die erste führte 1973 durch die Sahara ins Innere Afrikas, die zweite in den Süden der USA zum »Teatro Campesino«, einer Gruppe, die für lateinamerikanische Gastarbeiter spielte, und die dritte nach Australien, wo man eigene Produktionen zeigte und mit einer Gruppe von Ureinwohnern zur wechselseitigen Vorführung von Tänzen, Liedern und Spielen zusammentraf. Improvisationen mit einfachen Objekten, wie zum Beispiel einem Paar Schuhe oder einem Satz Pappkartons, führte man auf der Theater-Safari in afrikanischen Dörfern vor und animierte die Einheimischen dazu, ihre traditionellen Tänze zu präsentieren. Auf diese Weise kam es zu einem Austausch, der die Konzeption des interkulturellen Theaters mit konkreten Erfahrungen speiste. In manchen Augenblicken verschmolzen die Aktivitäten beider Gruppen miteinander. Peter Brook erinnerte sich: »Einmal saßen wir den ganzen Nachmittag in einer kleinen Hütte und sangen. Wir sangen zusammen mit der afrikanischen Gruppe, und plötzlich stellten wir fest, daß wir genau auf dieselbe Klangsprache gekommen waren. Wir verstanden ihre, und sie verstanden unsere. Es geschah etwas ganz Aufregendes, weil von all den verschiedenen Liedern eines plötzlich in diesem gemeinsamen Bereich lag.« (Peter Brook: Wanderjahre. S. 169)

Den Hauptwert solcher Untersuchungen sah Brook im Zwang zur Besinnung auf die elementaren Gegebenheiten und Forderungen eines lebendigen Theaters. Wichtig ist ihm vor allem das Ausgehen vom Nullpunkt, die ständige Suche nach der einfachsten Lösung, das möglichst unkalkulierte Handeln des Schauspielers. Dafür hat er mit seinen Schauspielern im Rahmen des C.I.R.T. eine Fülle von Übungen entwickelt. Eine der bekanntesten ist die mit den Bambusstöcken, die ein Begleiter der Theater-Safari so beschrieben hat: »Wenn ich den Schauspielern zusah, wie sie mit ihnen arbeiteten, wurden die Stöcke lediglich als Übungsgeräte für Rhythmus und Zeitsinn, Geschicklichkeit, Gleichgewichtssinn, Schnelligkeit und – Brooks Lieblingswort – Bewußtsein verwendet. Sie konnten etwa dazu gebracht werden, eine Maschine darzustellen, und wurden dann herumgewirbelt wie die Schneideblätter eines Mähdreschers. Jeder Schauspieler mußte durch die ›Schneiden‹ hindurchgehen, ohne von einem Stock berührt zu werden. Brook bezeichnete die Stöcke jedoch nicht als mechanische oder abstrakte, sondern als in hohem Grade persönliche, intensive und gefühlsgeladene Gegenstände. Es ist kein Zufall, daß Yoshi Oida, der zwanzig Jahre lang in der Technik des Nô-Theaters geschult wurde, die Gruppe bei den Stockübungen führte. (...) Und in jeder japanischen Kunstform, vom Blumenstecken bis zur Fechtkunst, ist das letzte angestrebte Ziel nicht eine Geschicklichkeit oder Technik, Fertigkeit oder Kunst. Das Ziel ist immer ein geistiges. So zielt der Bogenschütze, der viele Jahre lang von seinem allmächtigen Zen-Meister geschult wurde, letzten Endes darauf ab, sich selber zu treffen. Das Ziel ist vor ihm, in Wirklichkeit aber ist er es selbst. Und der Meisterschütze vermag das Ziel jederzeit zu treffen. (...) In gewissem Sinn hat der Meister zu existieren aufgehört. Er ist das Ziel ›geworden‹. Ebenso bemühen sich Brooks Schauspieler, der Stock zu ›werden‹. ›Hört auf ihn‹, sagt Brook, ›er wird euch führen‹. Die Gruppe stellt sich im Kreis auf. Jeder zweite hält einen Stock in der Hand. Ein Schauspieler läuft innen im Kreis herum, fängt den Stock auf, der ihm zugeworfen wird, und wirft ihn sofort dem nächsten Schauspieler zu, der keinen Stock hat. (...) Aber wenn die Übung gelingen soll, müssen das Fangen und das Werfen eine einzige Handlung werden. (...) Zuletzt sieht es so aus, als hätte der Stock einen eigenen Antrieb. ›Es‹ wirft. ›Es‹ fängt. (...) Ein solcher Zustand, der ohne Anstrengung oder bewußte Willensanspannung – unvermeidlich

– erreicht wird, wird die ›kunstloseste Kunst‹ genannt. Und für Brook ist er das Höchste.« (John Heilpern: Theater-Safari. S. 205 ff.)

Gegen Mitte der siebziger Jahre wurde das Forschungszentrum erweitert um ein Produktionszentrum, das sich Centre International de la Création Théâtrale (C.I.C.T.) nannte. Es nahm seinen Sitz im »Théâtre des Bouffes du Nord«, einem Guckkastentheater aus dem 19. Jahrhundert, das mit Absicht nicht renoviert wurde. Die einzige Veränderung bestand im Einbau einer in den Zuschauerraum vorspringenden Spielfläche, wie sie das Elisabethanische Theater besaß. Zur Eröffnung inszenierte Peter Brook das Shakespeare-Stück *Timon von Athen*, wobei er besonderen Wert auf die Gruppe legte und den Darsteller der Hauptfigur gleichsam zum Sprecher des ganzen Ensembles machte. Diesem Prinzip folgte er auch bei der Erarbeitung drei weiterer Shakespeare-Stücke: *Maß für Maß*, *Antonius und Cleopatra* und (Ende der achtziger Jahre) *Der Sturm*. Die letztgenannte Inszenierung wurde wegen ihrer Schlichtheit und Leichtigkeit als Höhepunkt von Brooks Auseinandersetzung mit Shakespeares Werk gerühmt. Große Faszination ging auch von seiner *König Ubu*-Inszenierung aus. Danach hat der Regisseur seinen Arbeiten nur noch selten dramatische Werke zugrunde gelegt. Sieht man einmal von Bizets *Carmen* und Maeterlinck/Debussys *Pelléas und Mélisande* ab, die Brook, ganz entgegen den Konventionen des Musiktheaters, wirklichkeitsnah und um psychologische Glaubwürdigkeit bemüht auf die Bühne brachte, bleibt nur *Der Kirschgarten* von Anton Tschechow, den er Anfang der achtziger Jahre in Paris und am Ende des Jahrzehnts noch einmal in New York realisiert hat.

Obwohl er seine Verantwortung für die Ganzheit der Inszenierung durchaus entschieden wahrnimmt, bemüht sich Peter Brook doch mit aller Kraft, die kollektive Kreativität in seinem Ensemble zu fördern und produktiv zu machen. Eine wichtige Rolle spielt dabei, neben dem gemeinsamen Training, die offene Atmosphäre in den Proben, in der es den Schauspielern möglich ist, auch an der Gesamtkonzeption der Inszenierung mitzuarbeiten. Er gibt selten etwas vor, sieht vielmehr die Aufgabe des Regisseurs in erster Linie darin, den Schauspieler zum Graben und Forschen in seinen Gedanken und Gefühlen zu stimulieren, und das immer auch in bezug auf die anderen. Erst in der allerletzten Arbeitsphase greift Brook stärker in den darstellerischen Prozeß ein, indem er alles wegnimmt, was »lediglich zum Schauspieler« und nicht zur »intuitiven Verbindung des Schauspielers mit dem Stück« gehört, so daß eine »organische Form« übrigbleibt. Seine Regiearbeit beruht nicht auf einer vorab fixierten Konzeption. In einem Dialog mit Peter Stein sagte Brook: »Der Regisseur muß versuchen, den Text zu durchdringen, die (darin aufgehobenen) Realitäten aufzuzeigen, aber er darf sie nicht interpretieren. (...) Es geht nicht darum, ob ich mit einer Person einverstanden bin oder nicht. Man muß allen Charakteren ihre vollständige Berechtigung zugestehen, der Schauspieler darf sie nicht auf seine eigene Sichtweise herunterziehen. Das Theater muß zum Leben bringen, aber nicht versuchen, zu erklären. Prospero ist Prospero. Basta!« (Peter Brook in: Theater heute. Heft 1/1991. S. 24) In dieser Äußerung wird noch ein anderes Charakteristikum von Brooks Theaterverständnis offenbar: die absolut zentrale Position des Darstellers im Bühnengeschehen. Der Schauspieler muß sich im Raum entfalten können; alles, was ihn hindert, läßt Brook weg. Das bedeutet allerdings nicht, daß er die Möglichkeiten der bildnerischen Gestaltung geringschätzt. Es geht ihm nur darum, daß die Darsteller nicht von vornherein durch das Materielle determiniert werden. Darum stellt er an seine Ausstatter die Forderung, ihre Entwürfe in engem Zusammenhang mit der Probenarbeit zu entwickeln.

Bei den interkulturell angelegten Theaterarbeiten des C.I.C.T. der siebziger und achtziger Jahre waren Bühnenbild und Kostüm bescheiden und dabei höchst sinnfällig gestaltet. Bei *Les Iks*, einer Rekonstruktion des allmählichen Verhungerns einer afrikanischen Stam-

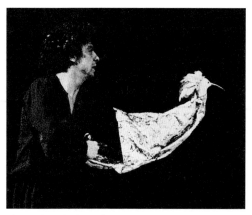

Jean-Claude Carrière: Die Konferenz der Vögel. Festival d´Avignon 1979. Inszenierung: Peter Brook. Ausstattung: Sally Jacobs

Jean-Claude Carrière/Peter Brook: Mahabharata, Zürich 1981. Inszenierung: Peter Brook. Ausstattung: Chloé Oblinsky

mesgruppe (auf der Basis von Beschreibungen und Photographien eines Ethnologen), kam die Unfruchtbarkeit des Bodens durch eine Schicht schwarzer Erde, übersät mit Steinen, zum Ausdruck; die Hütten wurden von den Darstellern selbst aufgebaut, nachdem sie die originale Technik genau studiert hatten. In der Inszenierung der afrikanischen Farce *L'os* (Der Knochen) benutzte man nur Strohmatten und einfache Geräte aus dem bäuerlichen Leben. In *La conférence des oiseaux* (Die Konferenz der Vögel), nach dem Poem eines mittelalterlichen persischen Mystikers, wurde die hohe Zivilisationsstufe dieser Welt durch einen kostbar wirkenden Bodenteppich angedeutet, der zugleich die Assoziation von orientalischen Märchenerzählern auslöste. Die Erscheinung der Vögel imaginierten die Schauspieler hauptsächlich durch Gesten und Laute; die wenigen Kostümteile wurden zusammen mit den Bildnern auf den Proben gefunden. Dieses Prinzip galt übrigens auch für den Text. Der Autor Jean-Claude Carrière beobachtete die Improvisation und entwickelte daraus Textvorschläge, die dann im Probenprozeß wiederum weiterentwickelt wurden.

Auch bei dem bisher letzten großen Projekt arbeitete Brook eng mit Carrière zusammen. Über fast ein Jahrzehnt beschäftigten sich beide immer wieder mit dem dreitausend Jahre alten indischen Epos *Mahabharata*; sie kürzten den recht umfangreichen Text, in dem es um Haß und Liebe, um Krieg und Frieden geht und in dem Götter, Helden, Fabelwesen auftreten, auf eine Spielzeit von neun Stunden und reduzierten ihn auf den Handlungskern, die tödliche Rivalität zwischen zwei blutsverwandten Fürstengeschlechtern. In der Inszenierung hat Brook die verschiedensten theatralen Ausdrucksmittel kombiniert: Tanz und Pantomime, Maskenspiel und Puppentheater, Improvisation und Erzählung. Ein ungeheurer Reichtum ergab sich auch aus den unterschiedlichen Individualitäten der Spieler. Japaner und Europäer, Inder und Afrikaner – alle zusammen bildeten eine Einheit, ohne daß ihre Verschiedenartigkeit ausgelöscht worden wäre. Mit großer Leichtigkeit und Selbstverständlichkeit realisierten sie etwas von der Utopie eines universellen Theaters, das bei jedem Besucher die gleichen Saiten anschlägt, unabhängig von seiner kulturellen Prägung.

Ariane Mnouchkine und das Théâtre du Soleil

Als die Studentin Ariane Mnouchkine Mitte der sechziger Jahre mit Freunden in Paris eine Theatergruppe gründete, schlug sie dafür den Namen »Théâtre du Soleil« vor, denn die Sonne bedeutet für sie Licht, Schönheit und Leben. Auf diese Ideale ist ihr Theater ausgerichtet bis heute. Durch die intensive Auseinandersetzung mit der Philosophie Jean-Paul Sartres und der Theaterkonzeption Bertolt Brechts gelangte das Ensemble zur Bestimmung seiner Arbeit als einer Form von Gesellschaftskritik. In dieser Auffassung sah es sich bestärkt durch die einsetzende Studentenbewegung. In formaler Hinsicht orientierten sich die jungen Theatermacher einerseits am überlieferungsgebundenen Theater des Fernen Ostens, das Ariane Mnouchkine während einer ausgedehnten Exkursion kennengelernt hatte, und andererseits an den Traditionen des volkstümlichen Mimus-Theaters in Gestalt der Commedia dell'arte und des französischen Jahrmarktstheaters. Die Methoden und Techniken des Körpertheaters eigneten sie sich in der Schule von Jacques Lecoq an, der aus Ansätzen des Maskenspiels und der »Mime corporel« von Etienne Decroux ein pädagogisches System entwickelt hatte.

Die Geschichte des Théâtre du Soleil läßt sich in drei Perioden einteilen: In der ersten, zwischen 1964 und 1969, inszenierte Ariane Mnouchkine vorliegende dramatische Werke, meist in eigenen Adaptionen; in der zweiten, 1969 bis 1975, erprobte man die Kreation von Stücken im Kollektiv, und in der dritten, ab Mitte der siebziger Jahre, kehrte man wieder zur Literatur zurück.

Die erste Inszenierung galt Maxim Gorkis realistischem Sozialdrama *Die Kleinbürger*, wobei sich das Ensemble in schauspielmethodischer Hinsicht vor allem auf Stanislawskis Psychotechnik stützte. Die folgende Darbietung der Bühnenversion von *Le Capitaine Fracasse* (nach Théophile Gautiers gleichnamigem Abenteuerroman) ließ dann schon einige für den Stil von Ariane Mnouchkine charakteristische Merkmale erkennen: die entfesselte Spielfreude, den Hang zur Thematisierung des eigenen Metiers, den Rückgriff auf Züge der Commedia dell' arte-Figuren, das Schminken der Schauspieler vor den Augen der Zuschauer. Der Probenprozeß zeigte bereits Züge kollektiven Schaffens und Schöpfens. Die Schauspieler improvisierten über die einzelnen Kapitel des Romans, und Philippe Léotard, ein schriftstellerisch begabtes Mitglied der Truppe, stellte daraus dann die Textvorlage zusammen. Die folgende Arbeit, der Shakespeares *Ein Sommernachtstraum* zugrunde lag, war geprägt von der Auseinandersetzung mit den Ideen von Antonin Artaud. Ariane Mnouchkine deutete Shakespeares Komödie als Manifestation des Unbewußten, in der Tabus durchbrochen und Triebwünsche offenbart werden. Diesen Ansatz vermittelte sie in bewegten Traumbildern; für die Rollen von Titania und Oberon engagierte sie Tänzer. Unterstützt von einer Choreographin, komponierte sie ein körpersprachliches Geschehen, hinter dem das Wort in seiner Bedeutung weit zurücktrat. Die halbrunde Spielfläche und ein großer Teil des Zuschauerraums waren ausgelegt mit mehr als tausend Ziegenfellen, auf denen die Schauspieler herumkrochen, sich wälzten und akrobatische Kunststücke vollführten.

Die Revolte im Mai 1968 unterbrach dann jäh die Entwicklungsarbeit des Théâtre du Soleil. Das Ensemble solidarisierte sich mit den Studenten und Arbeitern, spielte beispielsweise das realistisch-sozialkritische Stück *Die Küche* von Arnold Wesker in besetzten Fabriken. Politische Gegensätze innerhalb der Truppe brachen auf, die während eines gemeinsamen

Sommeraufenthaltes auf dem Lande in heftigen und intensiven Diskussionen ausgetragen wurden und zu einer genaueren Bestimmung der Ziele und Inhalte, der künstlerischen Formen und Methoden der Arbeit führten. Die praktischen Ergebnisse wurden sichtbar in den vier Produktionen *Die Clowns, 1789, 1793* und *L'age d'or* (Das goldene Zeitalter), mit denen die Truppe und ihre Regisseurin in die Theatergeschichte eingegangen sind. Angeregt vom emanzipatorischen Impetus der Studentenbewegung entwickelte das Ensemble bei diesen Inszenierungen die Methode der »Création collective«, die dann von einer Vielzahl von Gruppen in ganz Westeuropa übernommen, mit der Änderung des Zeitgeistes Mitte der siebziger Jahre jedoch meist wieder aufgegeben wurde. Beim Théâtre du Soleil sind nicht nur die Vorgänge und die Figuren, sondern zum Großteil auch die Texte im gemeinschaftlichen Prozeß des Improvisierens entstanden. Ebenso wie die Literatur verlor auch die Regie an Bedeutung. Indem sich die Schauspieler stärker in das entstehende Bühnenwerk einbringen konnten, wuchs ihre Identifikation mit dem Ganzen und die Intensität ihrer Kommunikation mit dem Publikum. Ariane Mnouchkine fiel als Regisseurin in dieser Entwicklungsperiode vor allem die Rolle einer Geburtshelferin der Darsteller zu. In einem Interview sprach sie von einem »aktiv leitenden Part, der das schöpferische Potential hervorlockt«, und von der »gleichberechtigten Partnerschaft« im Entstehungsprozeß. Ihr spezifisches Verhalten gegenüber den Darstellern erklärte sie mit ihrem Geschlecht: »Ich habe keine Lust zu ›modellieren‹. (...) Es ist eine sehr männliche Eigenschaft. (...) Ich suche etwas, was der Schau-

1789.
Théâtre du Soleil
Paris, 1970/71.
Leitung:
Ariane Mnouchkine

spieler und die Schauspielerin in sich haben und nicht etwas, was ich ihnen erst eingeben muß. Ich glaube, daß eine Frau nicht so leicht in diesen Irrtum verfallen kann, während männliche Regisseure sehr oft meinen, sie seien es, die dem Schauspieler etwas einblasen.« (Ariane Mnouchkine in: Theater heute. Jahresheft 1978. S. 137) Bei den Produktionen in dieser Arbeitsperiode beschränkte sich die Regisseurin auf die Anleitung und Auswertung der Improvisationen. Dabei agierten die Darsteller lange Zeit in mehreren Rollen, ehe sich die endgültige Besetzung herauskristallisierte. Erst in einem späten Probenstadium griff Ariane Mnouchkine ein, um das gefundene Material zu strukturieren.

Die erste Arbeit nach der neuen Methode basierte auf Improvisationen der Schauspieler in den Rollen von Clowns – so auch der Titel dieser Produktion. Die Verbindung zwischen den Szenen stellte die Wunderblume Mandragora her, die ihrem Besitzer hilft, sich all seine Wünsche zu erfüllen. Aus den Spielversuchen ergab sich eine Fülle märchenhafter Geschichten, die um Liebe und Tod, Angst und Macht kreisten, aber es fanden sich auch Alltagsszenen mit sozialkritischer Tendenz, wie etwa die über das Leben einer Hausfrau in einer kinderreichen Familie. Die Regisseurin traf aus dem Material eine Auswahl und sorgte für die Übergänge. Die einzige Schwäche des Unternehmens lag darin, daß es zu keinem Zusammenspiel des Ensembles kam und jeder nur seine Story erzählte. Als außerordentlich produktiv erwies sich die *Clowns*-Produktion aber in schauspielmethodischer Hinsicht. Die Aufgabenstellung half den Akteuren, sich von der psychologischen Spielform zu befreien, allen Naturalismus abzustreifen und zu stilisierten Körperzeichen und Sprechweisen zu finden. Roberto Moscoso, der fast alle Inszenierungen des Théâtre du Soleil ausgestattet hat, ergänzte die Guckkastenbühne durch einen Laufsteg, was wesentlich zur Intensivierung der Kommunikation zwischen den Spielern und dem Publikum beitrug. An die Seitenwände der Bühne hängte er mit Glühlampen umrandete Spiegel und imaginierte auf diese Weise die Sphäre des Zirkus'; auch die sichtbare Musikgruppe, die die Bewegungen der Akteure begleitete, diente diesem Zweck.

Für seine nächste Arbeit wählte das Théâtre du Soleil mit der Französischen Revolution einen (in Frankreich) im Bewußtsein von relativ breiten Bevölkerungsschichten verankerten Stoff. Mit dem Bühnenwerk, das einfach die Jahreszahl des Ereignisses als Titel trug, wollte man vor allem auch ein nicht-bürgerliches Publikum ansprechen. *1789* zeigte das Revolutionsgeschehen gespiegelt in der Darstellung einer fiktiven Schauspielertruppe. Durch das Kunstmittel des »Theaters im Theater« war die Gefahr eines Abgleitens in die historische Faktenschau ebenso gebannt wie die der Verklärung nach dem Muster der offiziösen Geschichtsschreibung. Bei den Recherchen (unter Leitung einer Fachwissenschaftlerin) wurde schnell klar, daß die gewaltige Stoffmenge nicht in einem einzigen Werk zu bewältigen war. So entschloß man sich, die Vorgänge nach dem Massaker auf dem Marsfeld einer eigenen Produktion vorzubehalten. Die praktische Umsetzung des Wissens, das sich die Schauspieler im gemeinsamen monatelangen Studium erworben hatten, erfolgte in Kleingruppen, die sich mit jeweils einem Abschnitt des darzustellenden Geschehens beschäftigten. Die Ergebnisse ihrer Improvisationen wurden immer wieder im Plenum vorgeführt, diskutiert und verändert. In engem Zusammenhang mit der Arbeit der Schauspieler entstand die Raumkonzeption: ein Steg und vier Podien, die teilweise synchron bespielt wurden. Für das Publikum waren keine festen Sitze vorgesehen; jeder konnte herumwandern und so seine Perspektive wechseln. Wenn Akteure ihre Spielgerüste verließen, bildeten sich Trauben von Zuschauern um sie. Eine unkritische Identifikation mit den Figuren war insofern ausgeschlossen, als die Schauspieler immer wieder ihre Rollen wechselten. Zur Charakterisierung der Figuren wurden neben den dramaturgisch genau durchdachten Kostümen vor allem die nonverbalen Mittel eingesetzt: Gestik, Tanz, Pantomime und Akrobatik. Nur die Marat-Gestalt gab von Zeit zu Zeit Erklärungen ab über die Machtverhältnisse zwischen den diversen Parteien.

Die räumlichen und finanziellen Anforderungen des Revolutionsstückes brachten das Théâtre du Soleil an den Rand des Bankrotts. Während man bisher in bescheidenen Räumen probiert und sich für die Aufführungen in verschiedenen Theatern eingemietet hatte, erforderte das neue Projekt großzügigere Bedingungen. Nach langem Drängen stellte die Stadtverwaltung von Paris dem Theater eine Halle der Cartoucherie, einer aufgelassenen Munitionsfabrik im Wald von Vincennes am äußersten Ostrand der Stadt, für die Proben zur Verfügung. Aufführungen konnten aber in diesem baufälligen Gebäude nicht stattfinden. So nahm die Truppe dankbar das Angebot von Giorgio Strehlers »Piccolo Teatro« in Mailand an, für die Premiere auf die dortige Sporthalle auszuweichen. Um die Produktion in Paris zeigen zu können, fehlte jedoch weiterhin eine Spielstätte. In dieser Situation sah das Théâtre du Soleil nur die Möglichkeit, die Räume in der Cartoucherie zu besetzen. Dank der Unterstützung einer Stadträtin wurde die Aktion von den Behörden im nachhinein gebilligt und der Truppe für eine symbolische Miete eine der Hallen überlassen. In Eigenarbeit renovierte man das Gebäude, so daß dort schließlich im Dezember 1970 die Pariser Premiere von *1789* über die Bühne gehen konnte.

Auch hinsichtlich der Gagen spitzte sich seinerzeit die Situation zu. Obwohl die Truppe, die sich als Genossenschaft organisiert hatte, einen kleinen Zuschuß von der Stadt Paris bekam und einige erfolgreiche Künstlerfreunde das Unternehmen förderten, konnten sich die Mitglieder nur einen geringen Einheitslohn auszahlen, der kaum zum Leben reichte. Im Laufe der Zeit erhöhten sich die staatlichen Unterstützungen, ohne aber jemals in die Nähe der in Deutschland üblichen Summen zu gelangen. Das geringe Einkommen hat zusammen mit der enormen Arbeitsbelastung immer wieder zu Spannungen innerhalb der Gruppe geführt. Einer der Hauptschauspieler sagte in einem Interview: »Man kann nur dann wirklich zum Théâtre du Soleil gehören, wenn man sich ihm völlig hingibt, wenn man Junggeselle ist, ohne Familie, ohne Kinder, ohne Liebesgeschichten woanders. Es nimmt uns unsere ganze Zeit, unsere ganze Energie, und gleichzeitig verdammt es uns zu einem eingeschränkten Leben, materiell meine ich.« (Philippe Hottier in: Theater heute. Jahresheft 1984. S. 20)

Ebenso wie der erste Teil des Bühnenwerkes über die Französische Revolution entstand auch der zweite, der den Titel *1793* trägt und die Spanne vom Sturm auf die Tuilerien bis zur Aufhebung der Volkssouveränität behandelt, als Gemeinschaftsarbeit. Wieder wurden die Vorgänge in Improvisationen gefunden, wobei jeder Darsteller die Eigenschaften seiner Figur selbst entwickelte und zu einer als »Personnage« bezeichneten Charakteristik zusammenfaßte. Die beiden wie Kirchenschiffe wirkenden Bereiche der Halle in der Cartoucherie wurden zu Beginn von einem Vorhang geteilt. Davor war ein Podium aufgebaut, auf dem die Mächtigen paradierten, vorgestellt von einem Conférencier mit Mikrophon. Dann wurde der Vorhang gelüftet und das Publikum in einen Raum geführt, der durch das Spiel zur Kneipe, zum Waschhaus, zur Kirche und zur Kaserne werden konnte. Auch in *1793* stellten Ariane Mnouchkine und das Théâtre du Soleil das Geschehen aus der Perspektive des Volkes dar; die politischen Ereignisse wurden sichtbar im Leben und Treiben einer der achtundvierzig Pariser Sektionen der Sansculotten.

Ihren Höhepunkt erreichte das vom Prinzip der kollektiven Kreation und der Wiederbelebung historischer Volkstheaterformen bestimmte Arbeitsperiode des Théâtre du Soleil mit der Produktion *L'age d'or* von 1975. Das thematische Zentrum bilden hier die aus der distanzierenden Perspektive des Jahres 2000 gesehenen Erlebnisse des algerischen Gastarbeiters Abdallah. Der Handlung vorgeschaltet war eine Commedia dell'arte-Sequenz in Neapel um 1720, in der Arlecchino seine Figur samt der typischen Maske symbolisch weitergibt an Abdallah. Auch andere Gestalten des Bühnenwerkes erinnern deutlich an ihre Herkunft aus der italienischen Volkskomödie. Die Geschichte Abdallahs von seiner Ankunft in Frankreich über die Ausbeutung bis zum Tod auf einer Baustelle läßt den Titel als Ironie verstehen. Wie in der Commedia dell'arte dominieren in *L'age d'or* die körpersprachlichen Vorgänge, die sich in vier mit Teppichen ausgelegten Mulden vollzogen, zwischen denen die Zuschauer hin und her wanderten.

Bevor das Théâtre du Soleil in seiner dritten Arbeitsphase die Methode der gemeinschaftlichen Stückentwicklung aufgab und wieder dazu überging, vorliegende Dramentexte zu realisieren, gestaltete es im Jahre 1977 einen Spielfilm über das Leben und Werk von Molière. Dafür hat Ariane Mnouchkine zwar allein das Drehbuch geschrieben und Regie geführt, doch versuchte sie, trotz des in diesem Metier herrschenden Zwangs zur Ökonomisierung und Hierarchisierung, die schöpferische Energie der Truppe produktiv zu machen. In einem Interview sagte sie: »Schauspieler und Techniker haben meine Vision angenommen (...), und auf dieser Basis hat dann die Kollektivarbeit angefangen, und das ist phantastisch. Ich schlug also Philippe Caubère, der die Rolle spielte, meine Vision von Molière vor, und er bereicherte sie in einem Umfang und auf eine Weise, die ich nicht zu hoffen gewagt hatte, und so war es auf allen Ebenen. (...) Alles, was ich im Drehbuch vorgeschlagen hatte, wurde von den Künstlern (...) aufgenommen und verwandelt, so daß es schließlich viel schöner wurde als das, was ich ursprünglich geplant hatte.« (Ariane Mnouchkine in: Theater heute. Jahresheft 1978. S. 137)

Wenn auch die kollektive Kreation als Methode der Stückentwicklung in der zweiten Hälfte der siebziger Jahre aufgegeben wurde, so unterschied sich der Probenprozeß im Théâtre du Soleil doch weiterhin wesentlich von dem in konventionellen Theatern. Die Anfangsphase der Arbeit, die in der Regel begleitet wurde von individueller Lektüre und dem Studium von Bildzeugnissen, hat ein Schauspieler so beschrieben: »Am ersten Probentag machen wir sofort Theater, wir analysieren nicht; wir haben gemeinsame Bilder, Vorstellungen, wir kostümieren uns sofort, wir schminken uns, andere schauen zu, es wird improvisiert. Das ist eine gemeinsame Selbstverständlichkeit; (...) es ist ein bißchen, als ob Kinder zusammen spielten. Wir sind bereit, alle Rollen auszuprobieren. (...) Je länger man mit den Figuren herumprobiert, desto größer die Chance, diejenige dabei zu entdecken, die man spielen wird, ohne daß wir oder Ariane dabei einen Irrtum begehen. (...) Ab einem bestimmten Zeitpunkt weiß ich, durch Ariane und die anderen, daß ich eine bestimmte Rolle spielen werde, und diese Figur begünstige ich bei meiner Arbeit. Das hindert mich aber überhaupt nicht daran, auch an den anderen weiterzuarbeiten.« (Georges Bigot in: Theater heute. Jahresheft 1984. S. 22)

Die erste Inszenierung der dritten Arbeitsperiode basierte auf Klaus Manns Roman »Mephisto«, der die Verführbarkeit des Künstlers durch die politische Macht thematisiert, wobei die Figuren nach historischen Vorbildern aus dem Umkreis des Autors gezeichnet sind, die Hauptgestalt nach seinem Ex-Schwager Gustaf Gründgens. Dessen Erben hatten ein Erschei-

Kollektiv: L'age d'or.
Théâtre du Soleil Paris, 1975.
Leitung: Ariane Mnouchkine

nen des schon 1936 geschriebenen Werkes verhindert. Freigegeben wurde es erst im Zusammenhang mit der Inszenierung des Théâtre du Soleil. In der Adaption von Ariane Mnouchkine erscheint der von den Nazis ermordete Kommunist Otto Ulrich, alias Hans Otto, als Antagonist des Karrieristen Hendrik Höfgen. In der Inszenierung des *Mephisto* fand wiederum das Prinzip des »Theaters im Theater« Anwendung: An den beiden Stirnseiten des Raumes waren Bühnen aufgebaut; die eine mit rotem Samtvorhang und Stuckportal, die andere mit einem grell bemalten Rahmen, das kommunistische Kabarett »Sturmvogel« darstellend.

Für die großangelegte Beschäftigung mit Shakespeare, die man sich zu Beginn der achtziger Jahre vorgenommen hatte, mußte das Ensemble erweitert und verjüngt werden. Das geschah wie immer nicht durch Vorsprechen und ähnliche problematische Prozeduren, sondern durch mehrwöchige Workshops. Die Bewerber arbeiteten dann mit Ariane Mnouchkine und den Schauspielern gemeinsam an konkreten Aufgaben. Schauspielschulen steht die Regisseurin eher skeptisch gegenüber; sie vermutet, daß man dort den jungen Leuten hauptsächlich das Funktionieren nach vorgefertigten Mustern beibringt. Daraus erklärt sich ihre Vorliebe für Darsteller, die relativ ungeformt zur Gruppe stoßen und erst in deren Rahmen die eigentliche Ausbildung erfahren. Die Arbeit mit Anfängern empfindet sie für sich selbst als Gewinn. Eine große Rolle im Übungsprogramm spielt die von der eigenen Ausbildung bei Jacques Lecoq übernommene Maskenarbeit, weil sie dem Schauspieler Mut gibt, sein Inneres im Körperausdruck zu offenbaren. Für Ariane Mnouchkine ist die Maske aber auch die Inkarnation des magisch-religiösen Wesens von Theater, ein Aspekt, der im Laufe der Zeit immer wichtiger für sie geworden ist. Was die Arbeit des Akteurs betrifft, hat sie zu einem – im Vergleich zum mimisch-körperlichen Ansatz der Frühzeit – recht differenzierten Konzept gefunden: »Die Arbeit des Schauspielers ist es, in die Tiefen hinabzutauchen. Uns hilft gelegentlich das Bild des Diamantsuchers, der in der Tiefe ein Gefühl im Rohzustand auffindet – einen unbearbeiteten Stein. Wenn man ihn nicht schleift, sieht man nicht einmal, daß er ein Diamant ist. Ein Schauspieler geht also in die Tiefe und sucht sich dort den Urzustand des Gefühls, den er während des Wieder-nach-oben-Steigens zu einer vorzeigbaren Form bearbeitet, die sich in seinem Körper ausdrückt.« (Ariane Mnouchkine in: Theater heute. Heft 6/1991. S. 10) Neben der Klarheit der Vision und einer kräftigen »Imaginationsmuskulatur« verlangt sie vom Darsteller die Fähigkeit, seine »inneren Landschaften« in Bewegungen und Bilder zu fassen, die beim Zuschauer »emotionale, metaphysische, politische Resonanzen« erzeugen.

Für ihr nächstes Vorhaben gab Ariane Mnouchkine die Parole aus: »Bei Shakespeare in die Lehre gehen auf der Suche nach Ausdrucksformen, die die Geschichte unserer Zeit erzählen!« Kein antiquarisches Interesse bildete also den Ausgangspunkt, sondern ein aktuell politisches. Als Textsubstrat – für den Versuch, durch die »Poesie des Körpers« die »Poesie des Textes« wiederzuentdecken – dienten die von der Regisseurin selbst angefertigten Übersetzungen von *König Richard II.*, *König Heinrich IV.* und *Was ihr wollt*. Als schauspielästhetisches Vorbild wählte man für die Themenfelder von Macht und Gewalt in den beiden Königsdramen die Zeichensprache des Kabuki-Theaters und für die Bereiche der Liebe und des Spiels in der Komödie die des Kathakāli-Tanzes. Für die Art des Gehens ließ man sich inspirieren vom Nô-Theater; dort bewegen sich die Schauspieler mit leicht gebeugten Beinen vorwärts, wodurch der Eindruck entsteht, sie würden gleiten oder schweben. Auch die rasanten Auftritte und die artistischen Sprünge, die den atemberaubenden Furor in Ariane Mnouchkines Shakespeare-Inszenierungen bewirkten, wurden dem Formenkanon des asiatischen Theaters entnommen. Bei den Masken und Kostümen mischten sich asiatische Elemente mit solchen des Elisabethanischen Zeitalters. Selbstverständlich gewannen die Mittel des orientalischen Theaters im Kontext mit der westlichen Kultur eine andere Funktion. Sie dienten zum einen der Typisierung, zum Beispiel, wenn König Heinrich IV. mit einer dem Nô-Theater entlehnten Holzmaske auftritt, während die jungen Rebellen durch weiße Schminkmasken charakterisiert sind, zum anderen führten sie zu einer Verfremdung und damit zu einer vertieften Erkenntnis der dargestellten Vorgänge. Eine solche Funktion erfüllte auch die (ebenfalls an fernöstlichen Vorbildern ausgerichtete) Musik, die nicht das Ergebnis eines individuellen Kompositionsprozesses war, sondern in der Zusammenarbeit des Ensembles mit Jean-Jacques Lemêtre, einem Virtuosen auf den verschiedensten Instrumenten, im Probenprozeß selbst entstanden ist. Sie war integraler Bestandteil des Bühnengeschehens und fungierte als Bindeglied zwischen Bewegung und Text. Die Rhetorik erinnerte an die Sprechweise des Kabuki-Theaters mit der extremen Variation der Stimmhöhe und den langgezogenen Vokalen. Die Bühne war für alle drei Shakespeare-Inszenierungen im Grundsatz die gleiche: der Boden ausgelegt mit einem ockerfarbenen Teppich, durch schwarze Streifen in Bahnen geteilt, riesige, kostbar wirkende Vorhänge im Hintergrund, die je nach Stimmungslage wechselten, wenige praktikable Versatzstücke und schließlich zwei dem Blumensteg des Kabuki-Theaters nachgebildete lange Holzpisten, über die die Akteure auf die Bühne wirbelten.

Ehe sich Ariane Mnouchkine und das Théâtre du Soleil mit dem Atriden-Zyklus der Erkundung einer anderen bedeutenden Epoche der Theatergeschichte zuwandten, brachten sie zwei Stoffe des 20. Jahrhunderts auf die Bühne: *L'histoire terrible mais inachevée de Norodom Sihanouk, roi du Cambodge* (Die schreckliche, aber unvollendete Geschichte von Norodom Sihanouk, König von Kambodscha) und *L'Indiade*, beide nach Textvorlagen der Romanautorin Hélène Cixous. Das erstgenannte Stück schildert in fünfzig Sequenzen den Leidensweg des kambodschanischen Volkes von der Abdankung König Sihanouks im Jahre 1955 über die Machtergreifung des proamerikanischen Generals Lon Nol, die Eroberung durch die Roten Khmer und die Schreckensherrschaft Pol Pots bis zur Invasion des vietnamesischen Erzfeinds. Das andere Werk behandelt die letzte Etappe des Unabhängigkeitskampfes der Inder gegen das britische Imperium und zugleich die inneren Machtkämpfe zwischen den verschiedenen Völkern und Religionen des Subkontinents, die schließlich zum Bruderkrieg und zur Teilung des Landes führten. Was die beiden Inszenierungen über das Niveau des Dokumentartheaters hinaushob, war die unbändige Spielfreude des En-

William Shakespeare:
König Richard II.
Théâtre du Soleil
Paris, 1981.
Inszenierung:
Ariane Mnouchkine

Euripides:
Iphigenie in Aulis.
Théâtre du Soleil
Paris, 1991.
Inszenierung:
Ariane Mnouchkine

sembles. Wieder gab es die dynamische und präzise Körpersprache, die fulminanten Auftritte und die Luftsprünge, die asiatischen Masken und die kostbaren Textilien, die archaisch anmutenden Klänge von Gong und Pauke.

Im Zentrum des Atriden-Zyklus', den Ariane Mnouchkine aus *Iphigenie in Aulis* von Euripides und der *Orestie* des Aischylos unter Beteiligung von Hélène Cixous zusammengestellt und zu Beginn der Neunziger inszeniert hat, stand der Chor als das Herzstück der griechischen Tragödie. Sein Erscheinen auf der Bühne des Théâtre du Soleil hat ein Kritiker so beschrieben: »Gelb, golden, rotgeschürzt, mit phantastischen Hauben, weiten Reifröcken, orientalischen Schmuckstücken fällt er zu griechisch-indischen Rhythmen, Märschen, Tänzen in die Spielstätte ein, wirbelnd und schwebend, neun und manchmal mehr Artisten. (...) Der Chor wird im Gespräch und im Kommentar allmählich (...) zur Streitmacht, zur Phalanx, in drei Reihen frontal zum Zuschauer gestaffelt, dirigiert von der Chorführerin (...), die wie eine asiatische Tempeltänzerin mit flach gestreckten oder aufgebogenen, an der Innenseite rot gefärbten Handflächen ihre schnellen Zeichen gibt und mit kurzgerufenen ›Ta!‹ ihre Mitspielerinnen und Mitspieler in immer neue, stampfende oder fliegende (...), in furios entzückte oder entsetzte Bewegungen versetzt, in ohnmächtigen Taumel, in jubilierende Schwerelosigkeit.« (Peter von Becker in: Theater heute. Heft 6/1991. S. 3) Neben dem Chor konnte sich letztlich nur die kindhafte, indo-französische Darstellerin der Iphigenie mit ihrem von abrupten Umschlägen gekennzeichneten Spiel behaupten. Da flüchtete sie zum Beispiel in den Schoß ihres Vaters und flehte um ihr Leben, um sich im nächsten Augenblick aufzurecken und tanzend – als Jüngste – die Führung des Frauenchores zu übernehmen und den eigenen Tod zu akzeptieren, wenn sie dadurch ihr Volk retten kann. Die Schauspielerin verkörperte in dieser Sequenz exemplarisch jene Qualität, die Ariane Mnouchkine als den eigentlichen Ertrag der Auseinandersetzung mit dem antiken Drama benannt hat: »Das war einer dieser Momente, die für uns außerordentlich schwer zu begreifen sind. Er bleibt unverständlich. Das haben wir gespürt und daraus gelernt, daß wir (...) aufhören mußten, alles begreifen zu wollen. Wir mußten vielmehr die Fähigkeit entwickeln, einerseits alles, was unserem Verständnis zugänglich ist, zu verstehen und andererseits zuzulassen, daß es für Augenblicke wichtig ist, nicht zu begreifen, sondern uns ergreifen zu lassen.« (Ariane Mnouchkine in: Theater heute. Heft 6/1991. S. 10)

Happening – Fluxus – Wiener Aktionismus – Performance Art

Nach dem Zweiten Weltkrieg, der zu einer Lähmung des kreativen Potentials in ganz Europa geführt hatte, kamen die ersten Impulse für eine Erneuerung der Kunst aus Amerika. Wichtige Vertreter des deutschen Expressionismus und der Bauhaus-Kunst waren in die USA emigriert und hatten dort zusammen mit einigen aus Frankreich kommenden Surrealisten die Grundlagen geschaffen für eine als »Action Painting« bezeichnete Richtung in der Malerei, bei der dem künstlerischen Schaffensprozeß, verstanden als Manifestation des Unbewußten, mindestens ebensogroße Bedeutung zugemessen wurde wie dem fertigen Bild. Neben dem surrealistischen Prinzip des »Psychischen Automatismus« rezipierten die jungen amerikanischen Künstler die Methode des Collagierens, wie sie von den Dadaisten entwickelt worden war. Sie montierten Gegenstände in ihre Bilder ein, ergänzten die fiktive Welt des Tafelbildes durch Elemente der Realität. So entstand eine als »Assemblage« bezeichnete Mischform von Malerei und Skulptur. Die Verselbständigung des Plastischen führte schließlich zur Kreation des »Environments«. Dabei wurden Objekte des täglichen Lebens, oft solche, die schon auf dem Schrottplatz gelandet waren, in einem Raum zusammengestellt und dieser dann als Ganzes zum Kunstwerk erklärt. Mit dem Übergang von der statischen Rauminstallation zur bewegten Szenerie war der letzte Schritt zum »Aktionismus« als einer neuen, zwischen bildender Kunst und Theater angesiedelten Kunstrichtung vollzogen.

Ihre früheste Ausprägung fand die Aktionskunst in der »Happening«-Bewegung und der »Fluxus«-Kunst. Beide Richtungen traten um 1960 in New York, bald darauf auch in einigen westeuropäischen Ländern in Erscheinung. In Deutschland waren es vor allem Joseph Beuys und Wolf Vostell, die dieser Kunstrichtung wesentliche Impulse gaben, in Österreich die Protagonisten des »Wiener Aktionismus«, vor allem Hermann Nitsch mit seinem »Orgien Mysterien Theater«. In den siebziger Jahren entfaltete sich der Aktionismus in Gestalt der »Performance Art«, die als Herausforderung auf das Theater gewirkt hat und mannigfache Verbindungen mit ihm eingegangen ist. Das Ziel der Aktionskünstler war die Überwindung der Kluft zwischen Kunst und Leben. Im mehr oder minder bewußten Rückgriff auf die historischen Avantgarden des Futurismus und des Dadaismus suchten sie das Publikum einzubeziehen in den kreativen Prozeß. Der Zuschauer sollte sich als Mitgestalter eines Geschehens erfahren, das nicht den stringenten Normen des Alltagsverhaltens folgt, sondern das Zufällige und scheinbar Widersinnige zum Prinzip erhebt. Durch die Konfrontation mit dem Überraschenden und Außergewöhnlichen wollten sie ihn dazu bewegen, das Selbstverständliche in Zweifel zu ziehen, Blockaden zu überwinden, zu einem authentischen Verhalten zu gelangen, das die inszenierte Scheinhaftigkeit des modernen Lebens konterkariert. Wolf Vostell hat seine Intention so beschrieben: »Charakteristisch für meine Happenings ist, zu provozieren durch neue Verhaltensweisen, (...) das bringt die Teilnehmer dazu, sich zu öffnen und sich selbst darzustellen.« (Zitiert nach Rolf Weweder: Vostell. S. 304)

Die Geburtsstunde des neuen künstlerischen Mediums schlug 1959 in einer kleinen New Yorker Galerie. Der von der Malerei herkommende Allan Kaprow inszenierte ein Ereignis mit dem Titel *18 Happenings in 6 Parts*. Die einzelnen Teile waren unterschiedlichster Art: Ein Mädchen preßte Orangen aus, ein unverständlicher Text wurde rezitiert, vier Leute, die vorher noch nie ein Instrument in der Hand gehabt hatten, gaben ein Konzert, Filmausschnitte wurden gezeigt, zwei Männer malten gemeinsam ein Bild, wobei sich der eine auf Linien und der andere auf Kreise zu beschränken hatte. Die sich wiederholenden Vorgänge waren aufgeteilt in drei durch halbtransparente Plastikfolien getrennte Räume. Auf diese Weise war sich jeder Teilnehmer stets bewußt, daß nebenan ebenfalls ein Ereignis stattfand. Dessen konkreten Verlauf konnte er aber erst wahrnehmen, als nach einer Pause die Räume gewechselt wurden. Schon in der Einladung hatte Kaprow angekündigt, daß die Gäste »Teil eines Geschehens« sein würden. Bei der Veranstaltung selbst scheint er dem Publikum dann aber doch die Rolle normaler Theaterzuschauer zugewiesen zu haben. Indem er nach der »Premiere« noch fünf Wiederholungen ansetzte, folgte er gleichfalls den Konventionen des Theaters. In beiden Punkten revidierte Kaprow aber seine Ansicht schon nach der ersten praktischen Erfahrung. Als Hauptmerkmal des Happenings bestimmte er jetzt »das Aufgehen der Zuschauer in der Schar der Teilnehmer« und die »Originalität«, die nur bei einer einmaligen Durchführung gewährleistet sei.

Im Unterschied zum Theater mit seiner »Als ob«-Struktur geht es im Happening um den Vollzug faktischer Ereignisse. Diese werden aus ihren gewohnten Zusammenhängen gerissen und zur Kunst erklärt. Weder die Handlungen noch die dabei benutzten Gegenstände sind in ästhetischer Hinsicht irgendwie zurechtgemacht. An die Stelle der künstlerischen Schöpfung tritt hier das Prinzip der Auswahl aus der existierenden Realität. Dieses Verfahren hat der Dadaist Marcel Duchamp in die Kunstgeschichte eingeführt, als er banale Gegenstände, wie zum Beispiel das Rad eines Fahrrads oder ein Pissoir-Becken, in einer Galerie als Kunstwerke ausstellte. Im neuen Kontext gewinnen die bekannten Dinge und Vorgänge eine neue Bedeutung. Der Teilnehmer des Happenings wird dadurch irritiert und herausgefordert, gewinnt eine veränderte Sicht auf die Wirklichkeit.

Allan Kaprows *18 Happenings in 6 Parts* wirkte als Initialzündung: Innerhalb weniger Monate entstand in New York eine breite Happening-Szene. Bildende Künstler, vor allem aus dem Kreis der »Pop-art«, bemächtigten sich des neuen Mediums und führten es zu einer Blüte, die bis in die zweite Hälfte der sechziger Jahre währte. Das Erscheinungsbild des Happenings war überaus vielfältig: Claes Oldenburg richtete sich einen Laden ein, in dem er imitierte Lebensmittel aus Gips verkaufte und traumartige Aktionen veranstaltete. Robert Whitman zerstörte in seinem Happening *Ein kleiner Geruch* eine Schaufensterpuppe und ließ dabei kleine Farbsäckchen platzen. Durch verbrennendes

Jim Dine: Car Crash. Happening. Ruben Gallery New York, 1960

Schwefelpulver wurden die Teilnehmer zudem in eine infernalisch stinkende »Duftwolke« gehüllt. Jim Dine verwandelte in seiner Aktion *Car Crash* einen Galerieraum in ein weißes Environment, in dem sich ebenfalls ganz in Weiß gekleidete Gestalten zwischen den Zuschauern bewegten. In einem anderen Happening trat der Künstler als Heiliger Nikolaus auf und improvisierte mit einer Plastikfolie, einem Stück Kuchenteig und einer Taschenlampe absurde Mini-Szenen. Ohne einen Schluß zu markieren, verschwand er und hinterließ auf dem Kopfkissen eine von Weihnachtskerzen beleuchtete Baby-Puppe.

Als die zentrale Persönlichkeit der Aktionskunst in Deutschland gilt Wolf Vostell. Zwischen Köln und New York pendelnd, brachte er die Konzepte der Amerikaner nach Europa. Für sein eigenes Schaffen fand er den Begriff »Dé-coll/age«, dessen Sinngehalt er durch die besondere Schreibweise verdeutlichte. Das Wort war ihm zuerst 1954 in einem Artikel des Pariser »Figaro« begegnet, der über den Absturz eines Flugzeugs kurz nach dem Start berichtete. Es steht für die Unterbrechung gewohnter Abläufe, eingefahrener Prozesse. Während die Collage aus der Kombination von Partikeln der Realität entsteht, ist die Dé-coll/age das Produkt eines zerstörerischen Eingriffs in die Realität. Bei ihrer Schöpfung handelt es sich also um einen Akt kreativer Destruktion. Das gilt für die durch das Abreißen von Plakaten oder das Übermalen entstehenden Bilder ebenso wie für die aus den gewohnten Zusammenhängen gerissenen Ereignisse des Happenings. In der ersten Hälfte der sechziger Jahre inszenierte Vostell eine Reihe breit angelegter Dé-coll/agen. Bei *Cityrama 1* (Köln 1961) schickte er die Teilnehmer auf Schrottplätze und Trümmergrundstücke, zu bestimmten Straßenecken und in Hauseingänge, wo sie Ereignisse beobachten, Erinnerungen wachrufen oder vorgeschriebene Handlungen vollziehen sollten. In der Partitur zu diesem Happening ist zu lesen: »Ruine Maximinenstraße (Eingang Domstraße): Mehrere Trümmerlöcher; gehen Sie dort hinein. Bleiben Sie ruhig stehen und hören Sie die Geräusche des Hauptbahnhofs, verlieben Sie sich! Sudermannplatz: Urinieren Sie in dem Trümmergrundstück und denken Sie an ihre besten Freunde. Hohenzollernring 60: Stellen Sie sich an diese Stelle, so lange, bis der nächste Unfall passiert. (...) Ecke Lübecker-Maybachstraße: Stellen Sie sich 5 Minuten an diese Stelle und überlegen Sie, ob 6 oder 36 Menschen in der Nacht des 1000-Bomber-Angriffs hier umgekommen sind.« (Zitiert nach: Wolf Vostell. Retrospektive 1958-1974. S. 96) Bei diesem Happening ging es Vostell vor allem darum, die in den jeweiligen Ort einprogrammierte »Wahrheit« zu offenbaren und »Schichten des verschleierten Bewußtseins abzureißen«. Seine generelle Zielsetzung hat er so formuliert: »Ich will zur Humanisierung und Qualifizierung des Lebens in meiner Epoche beitragen durch die Erhebung von scheinbar unwichtigen Tatsachen und Verhaltensweisen zu beachtenswerten Vorgängen. (...) Mein Beitrag kann über das rein Reflektorische hinaus ein Handlungs-Modell für den Alltag werden. (...) Kunst kann Moral sein.« (Zitiert nach Jürgen Schilling: Aktionskunst. S. 9) Einen Höhepunkt erreichte die Aktionskunst von Wolf Vostell mit dem legendären Dé-coll/age-Happening *In Ulm, um Ulm, um Ulm herum*. Nach einem minutiös vorbereiteten Plan wurden die zweihundertfünfzig Teilnehmer in einem Zeitraum von sechs Stunden an vierundzwanzig Schauplätze in der Stadt und in ihrer Umgebung gebracht, unter anderem zu einem Flugplatz, auf dem man einem Konzert von zehn Düsenjägern lauschte, zu einem winterlichen Acker, auf dem sich die Teilnehmer gegenseitig ihre Lebensgeschichten erzählten, in eine Autowaschanlage, in der ein Auto erst geputzt und dann mit Farbe besprüht wurde, in eine Tiefgarage, in der eine von Frauen mit Gasmasken und Kinderwagen angeführte Prozession stattfand, auf eine Müllhalde, auf der Rauchbomben gezündet und zwei Fernsehapparate verbrannt wurden, in einen Schlachthof, in dem man ein Mahl einnahm. Am Schluß wurden die Teilnehmer in einem Steinbruch ausgesetzt und sich selbst überlassen.

Sein Verständnis des Happenings als Gesamtkunstwerk, in dem auch die akustische Dimension eine wesentliche Rolle spielt, führte Vostell fast zwangsläufig zur Fluxus-Bewegung. Von Anfang an hatte der Künstler den bei seinen Aktionen entstehenden Geräuschen hohe Bedeutung beigemessen und sie zu Musik erklärt.

In dieser Auffassung traf er sich mit John Cage, aus dessen New Yorker Kursen einige der wichtigsten Fluxus-Künstler hervorgingen und dessen Konzeption die geistige Wurzel der Bewegung war. So wie die bildenden Künstler der Zeit bezog sich auch der Komponist auf die historischen Avantgarden: auf die Geräuschmusik der Futuristen, auf die dadaistischen Lautkonzerte und die Experimente von Erik Satie. Ab Ende der vierziger Jahre komponierte Cage aus den verschiedensten akustischen Reizen des Alltags seine experimentellen Musikaktionen, bei denen er sich vor allem mit dem Phänomen des Zufalls und der Strukturierung der Zeit beschäftigte. In der Aktion *4'33"* zum Beispiel setzte er sich exakt vier Minuten und dreiunddreißig Sekunden ans Klavier, ohne einen Ton anzuschlagen, hob nur dreimal den Arm, um den Beginn eines neuen Satzes anzudeuten. Das Konzert bestand aus den währenddessen vom Publikum verursachten Geräuschen. Mit der Akzentuierung des Ereignischarakters von Musik und der Einbeziehung des Publikums wurde Cage zu einem wichtigen Anreger der Aktionskunst. In seinen Kursen am Black Mountain College in North Carolina sowie an der New Yorker School of Social Research haben Künstler wie Merce Cunningham, Robert Rauschenberg und Allan Kaprow, aber auch eine Reihe von Fluxus-Vertretern entscheidende Prägungen erfahren.

Wie schon der Name sagt, ging es den Künstlern dieser Richtung um das »Fließende«, um das permanente Werden und Vergehen, um die gleitenden Übergänge. Fluxus strebte nach der Überwindung der starren Grenzen zwischen den Staaten und Kulturen, zwischen den künstlerischen Sparten, zwischen der Kunst und dem Leben. Jeder Künstler hatte sein eigenes Verständnis der Bewegung. Einig war man sich nur darin, daß Kunst ohne Anstrengung produziert und rezipiert werden sollte. George Maciunas, ein in New York lebender Litauer, Erfinder und Organisator von Fluxus, formulierte diese Maxime so: »FluxusKunstVergnügen muß einfach, unterhaltend, anspruchslos sein, es muß sich mit unbedeutenden Dingen beschäftigen, es darf keine Geschicklichkeit oder zahllose Proben erfordern, darf keinen Waren- oder institutionellen Wert haben.« (George Maciunas in: 1962. Wiesbaden Fluxus. 1982. S. 79)

Die wichtigsten Vertreter der Fluxus-Bewegung, deren produktive Phase bis ungefähr 1970 dauerte, waren neben Vostell und Maciunas die Amerikaner George Brecht, Robert Watts, Emmett Williams, Dick Higgins, La Monte Young, die beiden Franzosen Ben Vautier und Robert Filliou, die Dänen Per Kirkeby und Henning Christiansen, die Japanerin Yoko Ono, der Koreaner Nam June Paik und nicht zuletzt Joseph Beuys. Seinen Höhepunkt erreichte Fluxus in einigen öffentlichen Veranstaltungen in Westeuropa und in den Vereinigten Staaten, bei denen die Künstler in wechselnder Zusammensetzung das Publikum mit ihren als »Events« bezeichneten Aktionen konfrontierten. Im Unterschied zum Happening handelte es sich dabei um kurze, einfach strukturierte Ereignisse, durch die die Zuschauer zwar nicht zur Teilnahme animiert, jedoch radikal herausgefordert wurden. Die meisten Fluxus-Events standen in direkter Beziehung zur Musik. Beim ersten Fluxus-Festival, das 1962 im Kunstmuseum von Wiesbaden stattfand, wo George Maciunas als Designer bei der US-Army arbeitete, konnte man beispielsweise sehen und hören, wie eine Violine zertrümmert, ein Flügel mit Axt und Säge traktiert, eine Plexiglaswand mit Glühlampen und einer Sahnetorte beworfen und ein Klavierdeckel bis zur Erschöpfung auf- und zugeklappt wurde. Daneben gab es noch ein »Konzert« aus den Geräuschen tropfenden Wassers und ein dreiviertelstündiges Klopfen auf eine Pfanne.

Die Offenheit des Fluxus-Programms machte es möglich, daß sich auch künstlerisch so ausgeprägte Individuen wie Joseph Beuys und Nam June Paik der Bewegung zurechnen und an gemeinsamen Aktivitäten beteiligen konnten. Paik, der mit seinen Video-Experimenten zu den bedeutendsten Künstlern des ausgehenden 20. Jahrhunderts gehört, hatte eine gründliche Ausbildung sowohl in der traditionellen asiatischen als auch in der modernen europäischen Musik absolviert, als er unter dem Einfluß von John Cage die eingefahrenen Gleise verließ und im Rahmen von Fluxus vor allem die Energien der Destruktion und der Erotik für die Entwicklung der Neuen Musik produktiv zu machen suchte. Bei einer Veranstaltung unter dem programmatischen Titel »Neo-Dada in der Musik«, im Jahre 1962 in den Düsseldorfer Kammerspielen, demolierte Paik eine Schaufensterpuppe, warf rohe Eier ins Publikum und zerschmetterte wild eine Geige. Die dahintersteckende Intention wird in der folgenden Beschreibung eines Augenzeugen deutlich: »Paik hebt mit beiden Händen in einem abgedunkelten Saal langsam eine Violine hoch, die Zeit verstreicht, bis sie über seinem Kopf ist; die Zeit zerdehnt sich, jeder ahnt, es wird etwas Heftiges passieren: Paik zerschlägt mit einer plötzlichen Bewegung die Violine auf dem vor ihm stehenden Tisch – gleichzeitig wird das Saallicht voll eingeschaltet.« (Wulf Herzogenrath: Nam June Paik. S. 8)

Im künstlerischen Werdegang von Joseph Beuys war die Fluxus-Phase der einzige Zeitraum, in dem sein Schaffen synchron ging mit dem Hauptstrom der Kunstentwicklung. Viele seiner späteren Werke und Ideen hatten hier ihre Wurzel. Die erste Fluxus-Aktion, unter dem Titel *Sibirische Symphonie. 1. Satz*, führte Beuys im Frühjahr 1963 durch. Neben einem Flügel, einer Schultafel und einer Stehleiter – diese Versatzstücke gehörten zur Grundausstattung der Fluxus-Events – benutzte er einen toten Hasen und Lehmklumpen, aus denen er auf dem Flügel eine Miniaturlandschaft aufbaute. Selbstverständlich Fliegerweste und die als »Fluxus-Stiefel« bezeichneten festen Schuhe tragend, setzte sich Beuys zu Beginn seinen Hut auf. Zum Schluß schnitt er dem Hasen das Herz heraus, hing es an die Tafel und verband es über eine Kordel als »Energieleitung« mit den übrigen Objekten, so daß die ganze Installation nach Ansicht ihres Schöpfers wie eine »leere sibirische Landschaft« aussah. Typisch für den Fluxus-Charakter war eine kleine musikalische Einlage: Beuys spielte, wie er selbst sagte »eher andeutend als ausführend«, zwei Klavierstücke von Erik Satie.

Nachdem er 1963 in einer Wuppertaler Galerie eine »Klavierzertrümmerung« exerziert hatte und auf diese Weise ganz den Intentionen von Fluxus gefolgt war, entfernte sich Beuys ziemlich schnell davon. Seine späteren Aktionen nahmen immer deutlicher autobiographische Züge an und wurden zu mythisch aufgeladenen Manifestationen psychischer Prozesse. Eine solche Ausrichtung hat es bei Fluxus nie gegeben; die Events waren nicht an die Personen ihrer Erfinder gebunden, konnten ohne Schwierigkeiten von anderen wiederholt werden. In Beuys' Aktionen dagegen war der Künstler ein durch niemanden ersetzbarer Faktor. Sie lebten ganz und gar durch seine Person und deren Charisma. Dem Theater am nächsten stand die von Beuys im Jahre 1969 inszenierte Aktion *Iphigenie/Titus Andronicus*. Hier trat er zusammen mit einem Schimmel

Joseph Beuys: Iphigenie/Titus Andronicus.
Frankfurt am Main, 1969

auf, hantierte mit Zucker und Fett und rezitierte – synchron zu einer von ihm selbst ganz monoton gesprochenen Bandaufnahme – Textfragmente von Goethe und Shakespeare, die den Gegensatz von Humanität und Barbarei zum Ausdruck brachten. Peter Handke hat seinen Eindruck von dieser Vorführung so formuliert: »Das Pferd und der Mann, der auf der Bühne herumgeht (verbinden sich) zu einem Bild, das man ein Wunschbild nennen könnte. In der Erinnerung scheint es einem eingebrannt in das eigene Leben, ein Bild, das in einem Nostalgie bewirkt und auch den Willen, an solchen Bildern selber zu arbeiten.« (Zitiert nach Jürgen Schilling: Aktionskunst. S. 147)

Parallel zu Happening und Fluxus entstand in Wien zu Beginn der sechziger Jahre eine eigenständige Form der Aktionskunst. Ihre Protagonisten waren hauptsächlich motiviert durch den repressiven Konservatismus, der damals in der österreichischen Hauptstadt herrschte. Otto Mühl, ein Hauptvertreter der Bewegung, beschrieb deren Intentionen so: »Wir sind der Ansicht, daß dieser Staat und alle seine Insassen Manopsychoten sind, nur haben sie einen Fehler, sie wissen es nicht. Wir wollen es diesem Gesindel bewußt machen. Denn erst, wenn dieses Gerümpel weg und ausgeräumt ist, dann wird es überhaupt möglich, als freier Mensch zu existieren.« Mit aggressiver Energie brachen die Wiener Aktionisten ein in die zentralen Tabubereiche des Religiösen und des Sexuellen. Dabei bezogen sie sich, mehr oder weniger bewußt, auf spezifisch wienerische Traditionen: auf den Erotismus des Jugendstils, die Todessehnsucht des Fin de Siècle und die Tiefenpsychologie Sigmund Freuds. Im Gegensatz zu der eher unbeschwert-anarchischen Grundhaltung der Happening- und Fluxus-Künstler gaben sich die Wiener Aktionisten bewußt exhibitionistisch und blasphemisch. Damit verfolgten sie die Absicht, die als verlogen empfundenen, überkommenen Moralvorstellungen zu attackieren. All ihre Aktionen, ob sie nun rituell ausgerichtet waren wie bei Hermann Nitsch und Günter Brus, eher heiter-satirisch wie bei Otto Mühl oder selbstbezogen-

destruktiv wie bei Rudolf Schwarzkogler, sie stellten die gängigen Normen des Denkens und Verhaltens radikal in Frage und bewirkten damit wütende Proteste und nicht selten auch das Eingreifen der Staatsgewalt. Selbst die an moderner Kunst grundsätzlich interessierte Öffentlichkeit und die liberale Kritik reagierten lange Zeit mit Entrüstung und Ablehnung. Das verbindende Element dieser vier relativ eng miteinander kommunizierenden Künstler des Wiener Aktionismus, zu denen sich zeitweise noch einige Randfiguren gesellten, war ihr unbändiges Streben nach Befreiung von den Fesseln der Konventionen und der Selbstkontrolle des Über-Ichs. Indem sie in die Abgründe der Seele hinabstiegen und ihre Triebenergien auslebten, suchten sie ihr Ego möglichst schrankenlos zu verwirklichen. »Das freimütige Bekennen zu den eigentlichen Gestaltungsantrieben ist das ethische Anliegen meiner Apparatur. Sadismus, Aggression, Perversität, Geltungstrieb, Geldgier, Scharlatanerie, Obszönität, Senkgrubenästhetik sind die moralischen Mittel gegen Konformismus, Naturalismus und Dummheit.« (Otto Mühl zitiert nach: Wiener Aktionismus. Bd. II. S. 198)

Von den Wiener Aktionisten ist allein Hermann Nitsch den eingeschlagenen Weg konsequent weitergegangen. Die Konzeption seines »Orgien Mysterien Theaters« nimmt auf die verschiedensten Traditionen der modernen Kunst Bezug: Den italienischen Futuristen fühlt sich Nitsch im aktionistisch-performativen Grundcharakter seiner Kunst verpflichtet, den Dadaisten (insbesondere Duchamp und Schwitters) in der Verwendung von Objekten und Materialien aus der Alltagsrealität, den Surrealisten im Rekurs auf das Unbewußte. Antonin Artauds Vision des »Theaters der Grausamkeit« betrachtet Nitsch als direkte Parallele. Was der Theaterprophet um 1935 entworfen hatte, lernte der Österreicher allerdings erst kennen, als er die eigene Grundkonzeption bereits ausgeformt und praktisch erprobt hatte.

Um die Mitte der sechziger Jahre kreierte Nitsch die wesentlichen Szenen des Orgien Mysterien Theaters, die er dann in über achtzig

Aktionen immer wieder aktualisiert und variiert hat. Im Zentrum stehen die Vorgänge um einen Schafskadaver; dieser wird mit Essenzen eingerieben, mit Blumen geschmückt, dann mit Blut und Eingeweiden überschüttet und geschlagen. Mit Innereien hantieren auch die in weiße, kuttenartige Hemden gehüllten Protagonisten. Nitsch leitet das Geschehen und ist gleichzeitig voll involviert. Er gießt den Akteuren Blut in den Mund, das sie wieder ausspeien, so daß sich ihre Kittel allmählich rot färben. Ein Teilnehmer wird entkleidet und mit Gedärmen bedeckt, so daß es aussieht, als würden sie aus seinem Bauch hervorquellen. Ekstatische »Schreichöre« und die Musik eines »Lärmorchesters« begleiten die Vorgänge. Aber so wie das visuelle kennt auch das akustische Geschehen ruhige, fast meditative und heiter-lösende Passagen, wie etwa die Klänge eines Blasorchesters oder eines »Schrammel-Quartetts«. Der Kontrast von dionysisch-bewegten und apollinisch-statischen Sequenzen ist durchgängiges Kompositionsprinzip.

Ein ganz wesentlicher Bestimmungsfaktor des Orgien Mysterien Theaters ist der Aufführungsort. Als es der Ehefrau und Freunden des Künstlers 1973 gelungen war, das alte, baufällige Schloß Prinzendorf im niederösterreichischen Weinviertel zu erwerben, mit dem Nitsch intensive Kindheitserlebnisse verbindet, fanden sämtliche Aufführungen dann dort statt, und zwar – aus klimatischen wie symbolischen Gründen – immer zu Pfingsten. Die Stallungen, ein katakombenartiger Keller, die Schloßkapelle, ein riesiger Schüttboden, das Jauchebecken im Hof boten hervorragende Aktionsmöglichkeiten, genauso der Obstgarten, eine Kastanienallee, die Wiesen, Äcker und Kellergassen in der nächsten Umgebung.

Bei der Bestimmung des Ziels seiner Theaterarbeit geht Hermann Nitsch vom Begriff der »Abreaktion« aus, den er allerdings nicht im Sinne der Individualpsychologie gebraucht. Vielmehr bezeichnet er damit einen elementaren Sachverhalt der Kollektivpsyche: Im Unterbewußtsein des Menschen lauern unterdrückte Bedürfnisse und bewirken irrationale Handlungen. Aggressions- und Destruktionstriebe können jederzeit zu einer Massenpsychose führen, die allzuleicht in Gewalt und Krieg mündet. Die Gefahr solcher Triebdurchbrüche ist nach Nitschs Auffassung zu einer ständigen Bedrohung geworden, weil mit fortschreitendem Zivilisationsprozeß die Feste und Feiern verschwunden sind, in denen das Bedürfnis nach Abreaktion in früheren Zeitaltern sein Ventil gefunden hat. Für die in diesem Zusammenhang wichtigsten Rituale der Vergangenheit hält Nitsch das Schlachten und Essen des Totem-Tieres, die rituelle Kastration, den Königsmord, die Blendung des Ödipus und die Kreuzigung Christi. Eine zentrale Bedeutung mißt er dem Kult des Dionysos bei, aus dem bekanntlich die griechische Tragödie entstanden ist. Einem Gedanken Friedrich Nietzsches folgend, begreift der Künstler den Mythos von Jesus Christus als eine Weiterentwicklung der Dionysos-Legende, in der sich die Triebsubli-

Hermann Nitsch: 80. Aktion.
New York, 1964

mierung des Menschen im Zuge des Zivilisationsprozesses widerspiegelt. Der Tod am Kreuz erscheint ihm als die ins Masochistische gewendete Orgiastik. So erklärt sich die oft als blasphemisch empfundene Verwendung von Kirchengewändern und Monstranzen. Aus diesem sowie aus den Tragbahren und den blutbefleckten Hemden komponiert Nitsch nach den Aufführungen Objekte, die er als eigenständige Kunstwerke betrachtet.

Aus der Aktionskunst der sechziger Jahre entwickelte sich im darauffolgenden Jahrzehnt in Gestalt der »Performance Art« eine Ausdrucksform der bildenden Kunst, die dem Theater nahesteht und auf dieses erheblichen Einfluß ausübt. Im Gegensatz zum Happening, zur Fluxus-Kunst und zum Wiener Aktionismus, die das Publikum möglichst intensiv einzubeziehen trachten, akzeptiert die neue Spielart der Live-Kunst den Unterschied zwischen Produzenten und Rezipienten, zwischen Menschen, die etwas darstellen, und solchen, die sich (davon ausgehend) etwas vorstellen. Der Begriff »Performance«, durch den inflationären Gebrauch recht unscharf geworden, bedeutet im Englischen nichts anderes als »Vorführung« oder »Darstellung«. So kann jede theatralische Veranstaltung als Performance, aber nicht jede Performance als Theater bezeichnet werden. Der Grund dafür liegt im unterschiedlichen Wirklichkeitsbezug: Während der Schauspieler theatralisch handelt, das heißt gleichzeitig als Realexistenz und so, als ob er ein anderer wäre, präsentiert der Performer unmittelbar seine Person und nutzt damit die Möglichkeit zum authentischen Ausdruck seiner selbst. Eine weitere Differenz liegt im Umgang mit Raum und Zeit: Theater spielt sich im fiktiven Raum ab, Performance bezieht sich auf real vorhandene Räume; Theater komprimiert im Regelfall die Zeit, Performance arbeitet mit der realen Zeit. Im Gegensatz zur (innerhalb eines gewissen Spielraums) limitierten Dauer einer Theateraufführung kann eine Performance wenige Minuten oder auch mehrere Tage dauern.

Die Verwandtschaft der Performance Art mit der Aktionskunst der sechziger Jahre – wie auch mit den gemeinsamen Vorläufern im Futurismus und Dadaismus – bezieht sich in erster Linie auf die Erscheinungsform. Auch hier wird das Kunstwerk nicht als Objekt angesehen, sondern als Ereignis, das sich in Anwesenheit von Zuschauern (oder zumindest einer dokumentierenden Kamera) vollzieht. Als Material dienen – ebenso wie beim Happening – reale Geschehnisse. Auch die Performance ist intermedial ausgerichtet, tendiert zur Überschreitung der Grenzen zwischen den Künsten und bedient sich aus dem Fundus aller. Außer Musik und Geräusch, Kostüm und Objekt, Rauminstallation und Aktionsmalerei, Foto und Film benutzt sie häufig Video. Eine völlig untergeordnete Rolle spielt die Sprache; im Vordergrund steht der Körper. Die Grenze zum Tanz verläuft fließend, ebenso die zur »Body Art«. Wie dort wird auch in der Performance der Körper als Material eingesetzt, das heißt nackt ausgestellt, durch Kostüme und Objekte überformt, in verschiedener Weise manipuliert und absichtlich verletzt. Die physische Präsenz des Schöpfers ist ein konstitutives Merkmal der Performance. Sie kann von anderen Personen nicht wiederholt werden. Das Werk bleibt grundsätzlich gebunden an seinen Urheber; es erscheint und verschwindet mit ihm. Die Performerinnen und Performer bereiten sich in der Regel gründlich vor. Das improvisatorische Element spielt bei ihnen eine viel geringere Rolle als bei den Happenings und den Events der Fluxus-Künstler. Die Wahl des Ortes und der Zeit ist genau bedacht, die Materialien und Objekte sind sorgfältig vorbereitet, der Ablauf meist präzise festgelegt. Über die konventionellen Gesten der Zustimmung und des Mißfallens hinausgehende Reaktionen des Publikums werden hier als Störung empfunden.

Der gravierendste Unterschied zwischen der Performance Art und ihren Vorläufern besteht in der Zielsetzung. Den Performern geht es nicht primär um die Verletzung festgefahrener gesellschaftlicher Konventionen durch die gezielte Provokation, sondern um die emotionale Aktivierung. Das Künstler-Individuum präsentiert, bewußt subjektiv, seine Meinungen und Erfahrungen, offenbart seine Sehnsüchte, trägt seine Verletzungen in die Öffentlichkeit und tut damit einen ersten Schritt zu ihrer Heilung. Unter Einsatz seiner ganzen Existenz gibt der Künstler ein lebendiges Beispiel für die radikale Konfrontation des Menschen mit sich selbst. Indem er ästhetisch überformte, oft auch durch Wiederholung ritualisierte Partikel seiner Lebensrealität darbietet, verweist er den Betrachter auf dessen eigene Innenwelt und animiert ihn zur Auseinandersetzung mit sich selbst.

Diese Intention steht in engem Zusammenhang mit der Tatsache, daß es sich bei der Performance Art um eine ausgesprochen weibliche Kunst handelt. Bisher nur Objekte, werden die Frauen hier erstmals auf breiter Front zu Subjekten der Kunst. Mit der Bindung an das Individuelle und das Private, an das Organische und das Gegenwärtige steht die Performance Art in Opposition zu den verdinglichten, von ihren Urhebern abgelösten, universelle Gültigkeit beanspruchenden Werken einer von Männern dominierten Tradition. Die Performance Art gibt sich zufrieden mit flüchtigen und begrenzten Ausschnitten des menschlichen Lebens. Sie läßt Fragmente für sich bestehen, kennt nicht den Zwang zur Zusammenfassung nach einem vorab festgelegten Plan. Sie beruht nicht auf stringenten und umfassenden Vorstellungen vom Ablauf der Geschichte des Individuums und der Menschheit. Insofern erscheint die Performance Art in besonderem Maße geeignet, weibliche Biographien mit ihren Umbrüchen wie auch die diskontinuierliche Geschichte des ganzen Geschlechts zur Anschauung zu bringen. Gerade die von einer Männergesellschaft in den Untergrund verdrängten Perioden und Aspekte können in dieser Kunst wieder zum Vorschein gebracht werden. Eine ganze Richtung der Performance Art betreibt die Ausgrabung versunkener Dimensionen weiblicher Entwicklung. Beispiele sind Mary Beth Edelsons Aktion mit dem Titel *Gedenkstätte für neun Millionen Frauen, die die Christenheit als Hexen verbrannt hat* oder Carolee Schneemans Performance, in welcher der »gestorbenen Musen« gedacht wird. Bei den archäologischen Reisen in die Vergangenheit ihres Geschlechts tauchen die Performerinnen oft in die Welt des Mythos' ein, die im Zuge des abendländischen Zivilisationsprozesses durch den Logos zugedeckt, mit Hilfe des rationalen Denkens und der diskursiven Sprache fast gänzlich ausgelöscht wurde. Eine Annäherung an diese Dimension menschlichen Seins kann am besten durch die Sprache des Körpers erfolgen. Nicht zufällig kommen viele Performerinnen vom Tanz her, der in den Ritualen eine so große Rolle gespielt hat und dessen Material gerade durch seine Vergänglichkeit auf das Transzendente verweist. In diesem Sinne stellen sie ihren Körper gleichsam als lebendige Skulptur den erstarrten Manifestationen der traditionellen Männerkunst gegenüber. Dabei lassen sie sich weniger von gedanklichen Programmen leiten als von ihren Emotionen und Affekten. Carolee Schneeman kennzeichnet »das persönliche Wirrwarr und die fortdauernden Gefühle« als Hauptimpulse ihrer Arbeit, und ihre Kollegin Judy Chicago bringt den Sachverhalt auf die einfache Formel: »Wut liefert den Brennstoff für meine Performance.« (Zitiert nach Ingrid Stephan/Sigrid Weigel: Weiblichkeit und Avantgarde. S. 5 ff.)

Die Performance Art ist im künstlerischen Treibhausklima New Yorks entstanden. Neben der Happening- und der Fluxus-Bewegung wirkten vor allem der »Postmodern Dance« mit Merce Cunningham als Mittelpunktsfigur und die experimentelle Musik von John Cage und dessen Schülern als Anregung. Viele amerikanische Performerinnen haben eine hervorragende tänzerische oder musikalische Ausbildung genossen; ihre Arbeiten bewegen sich – im Gegensatz zu der in Europa häufig anzutreffenden Halbprofessionalität – auf höchstem Niveau. Ein Beispiel ist Meredith Monk, die in ihren Performances den Körper ebenso extrem und souverän einsetzt wie die Stimme. Die Künstlerin hat eine Reihe von Performances mit stark autobiographischen Zügen geschaffen, in denen eine friedfertige Welt der Frauen dargestellt wird, die immer schon existiert hat, jedoch verschüttet wurde vom Tatendrang der Männer und dessen zweifelhaften Ergebnissen. Diese Vorstellung liegt auch Monks Verständnis des künstlerischen Schaffensprozesses zugrunde. Im Gegensatz zur »männlichen« Arbeitsweise, die darauf ausgerichtet ist, um jeden Preis etwas Neues und Originelles zu schaffen, bemüht sie sich, die schon immer vorhandene Form zu finden. Monks Performances, von denen vor allem *Education of a Girlchild* – eine Auseinandersetzung mit dem Leben ihrer aus Osteuropa in die USA eingewanderten Großmutter – bekannt geworden ist, zielen auf die Ausgrabung von Dimensionen des Weiblichen, die vor allem im Mythos und im Ritual ihre Entsprechung finden.

Zu einer ähnlichen Form der Performance Art hat Laurie Anderson gefunden, obwohl ihr Ausgangspunkt nicht die darstellende, sondern die bildende Kunst gewesen ist. Sie fügte den visuellen Komponenten, unter denen Film und Foto die Hauptrolle spielten, das gesprochene und das gesungene Wort sowie die live produzierte Instrumentalmusik hinzu. Das Geigenspiel war ein wesentlicher Faktor ihrer Performances. *For Instant – Part 5* etwa begann mit einem Violin-Solo vor der Projektion eines Fensters mit wehenden Gardinen. Dann erzählte die Künstlerin autobiographische Stories, in denen sie verschiedene emotionale Erinnerungsfelder aktualisierte. Durch ihren Sprechatem wurde eine Kerzenflamme zum Flackern gebracht, die wiederum das Licht eines Scheinwerfers steuerte. Dadurch wurde der auf den Boden geschriebene Text sichtbar, den die Performerin sprach. Dann deckte sie mit ihrem Körper die Projektion ab, so daß als Schlußbild ihr Schatten auf der hellen Leinwand erschien.

Unter den New Yorker Performerinnen ist noch Carolee Schneeman zu erwähnen, die bereits in die Happening-Bewegung involviert war und – beeinflußt von der Psychologie Wilhelm Reichs – die sexuelle Selbstbestimmung der Frau als das Ziel ihrer Kunst ansah. In einer nur photographisch dokumentierten Aktion stellte sie ihren bemalten Körper aus und ließ Schlangen als mythische Zeichen des Matriarchats darüberkriechen. (Dieses Motiv spielt auch bei Marina Abramović eine Rolle, die zu den bedeutendsten Performerinnen in Europa zählt.) Die Aktion *Meat Joy*, die in ihrer exzessiven Körpersprache an das Living Theatre erinnert, gestaltete Carolee Schneeman als »erotischen Ritus«. Dabei wollte die Künstlerin zeigen, wie die Frau in der Umklammerung durch die Männer unfähig geworden ist zu

Carolee Schneeman:
Meat Joy, 1970

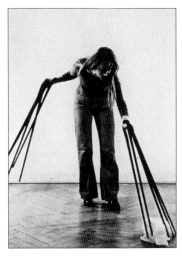

Rebecca Horn:
Handschuhfinger, 1972

irgendeiner selbstbestimmten Bewegung. In der Performance *Up to and including her limits* ließ sich Carolee Schneeman an einem Seil durch den Raum schwingen und hinterließ dabei an den mit Papier bespannten Wänden Spuren der Farbstifte, die sie in ihren Händen hielt; dazwischen fügte sie Worte und Satzfetzen ein, die ihre Befindlichkeit zum Ausdruck brachten. Zusätzlich wurden noch Filmausschnitte und Videobänder von den Vorbereitungen dieser Aktion eingespielt.

Im Unterschied zu den amerikanischen Performance-Künstlerinnen kamen die europäischen in der Regel nicht vom Tanz oder von der Musik her, sondern von der bildenden Kunst. Der Schwerpunkt ihrer Aktionen lag stärker bei der Idee; der zur Charakterisierung ihrer Arbeiten benutzte Begriff »Raw Performance« will sagen, daß die Mittel gleichsam im Rohzustand eingesetzt werden. In den siebziger und achtziger Jahren hat sich die Kunstform in die verschiedensten Richtungen entwickelt. Die Französin Gina Pane zum Beispiel demonstrierte Akte der Verletzung des eigenen Körpers: Sie wälzte sich in Glasscherben, trieb sich Dornen in den Leib und zerschnitt sich mit einer Rasierklinge die Zunge, um auf diese Weise gegen das Tabu der Unantastbarkeit des weiblichen Körpers anzugehen. Die aus Frankreich stammende, in den USA arbeitende Performerin Colette stellte berühmte Gemälde der Kunstgeschichte nach. Die zwischen New York und Berlin hin und her pendelnde Rebecca Horn schuf Objekte, die ein intensiveres Gefühl für den eigenen Körper vermitteln: Durch schwarze, röhrenförmige Gebilde verlängerte sie die Arme, durch dünne Metallstäbe die Finger. Diese sollten gleichsam das Sensorium für die Wahrnehmung der Umwelt schärfen; ebenso wie die am Kopf getragenen Stäbe, die wie Sensoren wirken.

Neben Rebecca Horn ist unter den deutschen Performerinnen vor allem Ulrike Rosenbach zu erwähnen, die als Schülerin von Joseph Beuys von dessen Fluxus-Events gelernt hat. Sie arbeitete hauptsächlich mit Symbolen der Weiblichkeit. Bei der Aktion *Glauben Sie nicht, daß ich eine Amazone bin* schoß sie Pfeile auf Stephan Lochners Bild »Madonna im Rosenhag« und montierte dann daraus ein Videoband, auf dem ihr Gesicht mit dem von Pfeilen durchbohrten Antlitz der Madonna überblendet wurde. Die Performances *Reflexionen über die Geburt der Venus, 10.000 Jahre habe ich geschlafen* und *Salto mortale* verstand Ulrike Rosenbach als »feministische Kunst«, die sie als »Auseinandersetzung von Künstlerinnen mit ihrer eigenen Identität, mit ihrem Körper, ihrer Psyche, ihren Gefühlen, ihrer gesellschaftlichen Stellung« definierte, welche »die Frage nach der potentiellen Eigensubstanz der Frau stellt.« (Zitiert nach: Körpersprache. o. S.)

Tadeusz Kantors »Theater des Todes«

Der polnische Künstler Tadeusz Kantor (1915-1990) hat ab Mitte der siebziger Jahre eine Erscheinungsform experimentellen Theaters entwickelt, die er selbst »Theater des Todes« nannte. Dieses Modell eines ganz aus der Erinnerung seines Schöpfers gespeisten Bühnenkunstwerkes, das gerade mit der Beschwörung des Todes ein neues Lebenskonzept für eine durch die Herrschaft der toten Materie bedrohte Welt finden will, hat er in fünf Inszenierungen entfaltet, die hauptsächlich in seiner Heimatstadt Krakau entstanden sind und als Gastspiele dann in den europäischen Theatermetropolen zu sehen waren. Auf dem Wege zum »Theater des Todes« hat Kantor als Maler, Zeichner, Objektkünstler und Regisseur ein reiches Werk geschaffen, in dem sich die Entwicklung der Künste in der zweiten Hälfte des 20. Jahrhunderts exemplarisch widerspiegelt. Dessen Vielfalt erklärt sich aus Kantors permanenter Suche nach dem Neuen. »Ein Künstler ist jemand«, so schrieb er in einem Aufsatz, »der sich selbst verraten kann. Bei mir sieht dieser Verrat so aus, daß ich in einem gewissen Augenblick alle Inhalte und Formen aufgeben muß und auf diese Weise eine neue Schaffensperiode eröffne.« (Tadeusz Kantor: Ein Reisender. S. 9) Nur die »permanente Revolution« und die »extremistischen Ideen« garantieren nach seiner Auffassung den »Fortschritt« in der Kunst. Mit dieser Akzeptanz des Entwicklungsgedankens bekannte sich Kantor – als einer der letzten seines Metiers – uneingeschränkt zum Prinzip der Avantgarde.

Das Anpeilen des Zukünftigen korrespondierte bei ihm mit der systematischen Aneignung der künstlerischen Tradition. Schon als Student an der Krakauer Akademie der Schönen Künste beschäftigte er sich intensiv mit der Kunst der Jahrhundertwende und brachte Maurice Maeterlincks symbolistisches Märchendrama *La mort de Tintagiles* als Marionettenspiel zur Aufführung. Von Edward Gordon Craigs Theaterkonzeption mit ihrem Plädoyer für die »Über-Marionette« ließ er sich zur Verwendung lebensgroßer Puppen inspirieren. Dem Dadaismus fühlte sich Kantor in der Absicht des aufrüttelnden Provozierens verbunden; von Marcel Duchamp übernahm er die Bestimmung des künstlerischen Schaffens als Auswahl bereits vorhandener Objekte, von Kurt Schwitters die Methode des Collagierens. Am Surrealismus beeindruckte ihn der Rekurs auf das Unbewußte und das schöpferische Prinzip des »Psychischen Automatismus«. Die russischen Konstruktivisten interessierten Kantor wegen ihres Versuchs, die ästhetische Revolution mit der politischen in Einklang zu bringen. An den Bauhaus-Künstlern schließlich schätzte er den Willen zur radikalen Abstraktion; die Programmschriften von Oskar Schlemmer, Paul Klee und László Moholy-Nagy übersetzte er als Student ins Polnische.

Aus der Opposition gegen die »Bewußtlosigkeit« und die konservative Auffassung von Malerei bei seinen Professoren an der Krakauer Akademie erwuchsen bei Kantor Einsichten, die seine weitere Arbeit entscheidend geprägt haben. »Immer stärker wurde in mir die Überzeugung, daß ein Kunstwerk etwas Geistiges ist, daß es sich lediglich aus Not auf die ›materielle Stütze‹ des Bildes verläßt, daß es viel intensiver in meiner Vorstellung lebt. Die Elemente jener Vorstellung oder jenes Bewußtseins auf die Leinwand zu übertragen, muß nicht unbedingt in diesem Augenblick die richtigste Handlung sein. Ich spürte, die Zeit, in der ich lebe, erforderte irgend etwas mehr, irgendeine Verschmelzung der Bildfläche mit meinem Organismus.« (Tadeusz Kantor: Ein Reisender. S. 19) Aus solchen Überlegungen heraus strebte Kantor auf den verschiedensten

Wegen nach einer Annäherung der Kunst an die Lebenswirklichkeit. Ein erster Schritt war die Rückbesinnung auf die »rohe, reale, nicht künstlerisch bearbeitete Materie«. So interessierte er sich bei seinem ersten Paris-Besuch weniger für die Kunstmuseen als für eine Ausstellung mikroskopischer Aufnahmen von Zellen, Genen und Molekülen. Sie erschienen ihm wie ein Müllhaufen, in dem alle menschlichen Werte und Normen zerstört sind. Von da an beschäftigte sich Kantor mit den Gegenständen der »niedrigen Realität«, die keinen praktischen Zweck mehr erfüllen, die dabei sind, sich in Materie zurückzuverwandeln. Indem er mit solchen Objekten arbeitete, holte er gleichsam den organischen Prozeß des Werdens und Vergehens in das Kunstwerk hinein. Das simple Einmontieren von Gebrauchsgegenständen nach dem Muster der dadaistischen Collage erschien ihm aber bald als eine »überflüssige Verschönerung« des Bildes. Wenn die Fundobjekte eine ästhetische Existenz gewinnen sollten, mußten sie der Alltagswelt entfremdet werden. Kantor fand dafür eine Methode, die inzwischen zu den gängigen künstlerischen Verfahrensweisen gehört: das Verbergen, Verhüllen, Einwickeln. Mit dem Wort »Emballage«
bezeichnete er sowohl die Arbeitstechnik als auch das Ergebnis: die Rucksäcke und Koffer, die verschnürten Bündel, die Pakete und Briefumschläge, wie er sie in seinen Zeichnungen darstellte, als Objekte präsentierte und in seinen Inszenierungen einsetzte. »Schon das Einwickeln allein birgt in sich eine sehr menschliche Leidenschaft und ein sehr menschliches Bedürfnis nach Aufbewahren, Absondern, Überleben und Weitergeben. Und dann birgt es noch den Geschmack des Unbekannten und des Geheimnisses in sich.« (Tadeusz Kantor: Ein Reisender. S. 91)

Durch die Verbindung von Mensch und Gepäckstück schuf Kantor die archetypische Figur des »Menschen-Wanderers«. Der mit seiner Last gleichsam verwachsene Mann stellt den Prototyp jener »Bio-Objekte« dar, die sowohl in den bildnerischen Arbeiten als auch in den Bühnenwerken in den verschiedensten Varianten vorkommen. Ein Mensch, der einen riesigen Rucksack schleppt, war Kantors Partner auch in seinem ersten Happening mit dem Titel *Begegnung mit einem Nashorn*, das er zeitgleich mit den ersten amerikanischen Veranstaltungen dieser Art in den sechziger Jahren durchführte. Ein weiteres Beispiel für Kantors Arbeit

Tadeusz Kantor: Begegnung mit einem Nashorn. Zeichnung, 1967

in diesem Medium ist *Der Brief*. Dabei ließ er einen vierzehn Meter langen und siebenundachtzig Kilogramm schweren Umschlag von acht Postboten in der offiziell vorgeschriebenen Dienstuniform quer durch Krakau transportieren; die an der Strecke postierten Berichterstatter gaben dem am Ziel – in einer Kunstgalerie – versammelten Publikum telephonisch Informationen über den Verlauf des Unternehmens durch.

Seine frühesten Experimente mit dem Theater hat Tadeusz Kantor schon während der nationalsozialistischen Besetzung Polens unternommen. Zwischen 1942 und 1944 betrieb er mit Freunden aus den verschiedensten Berufen das »Teatr Niezalezny«. Die Aufführungen dieses »Theaters der Katakomben«, wie es der Künstler selbst nannte, fanden in Kellern, Bunkern und Privatwohnungen statt. Der ersten bedeutenden Inszenierung lag das symbolistische Drama *Die Rückkehr des Odysseus* von Stanisław Wyspiański zugrunde. Kantor bezog den antiken Mythos auf die aktuelle Situation, zeigte die Titelfigur als einen deutschen Offizier, der sich einst als Held ausgezeichnet hat, aber nun ruhmlos auf dem Heimweg ist und die letzten grausamen Taten vollbringt. Odysseus kommt aus dem Krieg vor Troja zurück, zugleich aber von »jenseits des Grabes«, aus dem Reich der Toten. Für Kantor wurde der zurückkehrende Odysseus »zum Präzedenzfall und Prototyp für alle späteren Figuren. Davon gab es sehr viele. Einen ganzen Umzug. Aus vielen Stücken und Dramen. Aus dem Land der Fiktion. Alle waren ›tot‹, alle kehrten in die Welt der Lebenden zurück, in unsere Welt, in die Jetztzeit. Der Widerspruch Tod – Leben entsprach vollkommen der Opposition Fiktion – Realität. (...) Vor den Augen des Zuschauers steht der Schauspieler, der den Zustand eines Toten annimmt.« Ähnlich wie der Shite, die Zentralfigur des japanischen Nô-Spiels, so ist im »Theater des Todes« der Akteur als die Reinkarnation eines Verstorbenen zu verstehen; Kantor spricht vom »lebendigen Schauspieler, in dem ein Toter wohnt«. Die Welt des Todes, für Kantor die Ewigkeit, ist absolut und rein; die Sphäre des Lebens dagegen hält er für verunreinigt, für eine Wirklichkeit von »niedriger Qualität«. Ihr exemplarischer Ausdruck sind die Gegenstände von der Müllhalde. Bei *Rückkehr des Odysseus* waren das alte Bänke, verstaubte Kisten und eine schrottreife Kanone. Den Zusammenhang zwischen diesem konzeptionellen Ansatz und der konkreten historischen Situation erklärte Kantor so: »In den entfesselten Wahnsinn des Krieges brachen der Tod und ungeheuerliche Sphären ein, die weder der menschlichen Vernunft noch den menschlichen Sinnen unterworfen sind, und verflochten sich mit ihr untrennbar. (...) Man könnte sagen, daß sich das Transzendente im alltäglichen Leben ›eingenistet‹ hat, daß es ›domestiziert‹ wurde. Als ob es seinen heiligen Tabernakel verlassen, sich seines Geheimnisses entblößt hätte. Ich verlor mich in diesem Labyrinth ermattender Grübeleien, deren Stoff mir die dramatische Wirklichkeit lieferte, zu jeder Tag- und Nachtstunde. Zum Schluß reichte es mir, ein Gleichheitszeichen zwischen die beiden Begriffe zu setzen: das Transzendente und die Kunst.« (Tadeusz Kantor: Ein Reisender. S. 25 f.)

Seine Theorien entfaltete und erprobte Tadeusz Kantor zwischen 1955 und 1975 in einer Reihe von Inszenierungen seines Theaters »Cricot[2]«. Der Name war eine Referenz an das in den dreißiger Jahren von avantgardistischen Krakauer Malern geführte erste »Cricot«-Theater. Als Debüt-Inszenierung brachte das Cricot[2] das von einem Ensemblemitglied, Kazimierz Mikulski, geschriebene Stück *Zirkus* heraus, als nächstes *Der Tintenfisch* von Stanisław Ignacy Witkiewicz. Cricot[2] spielte in der Folgezeit ausschließlich Werke von Witkiewicz, der mit seinen fast zwei Dutzend Stücken, die größtenteils Anfang der zwanziger Jahre entstanden sind, und mit seiner Programmschrift »Einführung in die Theorie des Theaters der reinen Form« zu den bedeutendsten Avantgarde-Künstlern der ersten Jahrhunderhälfte zählt. Während er in seiner Theorie ein durch keinerlei Inhalte »verunreinigtes« Theater fordert, das seinem Publikum den Zugang zu metaphysischen Bereichen öffnen sollte, schloß Witkiewicz in der Praxis durchaus Kompromisse. In seinen Dramen beschränkte er sich nicht auf das reine Formexperiment, sondern griff doch auf konkrete Inhalte zurück. Bei ihrer Behandlung ließ er sich von Prinzipien und Verfahren leiten, die mit denen des französischen Surrealismus verwandt sind, vor allem mit denen von Antonin Artauds Théâtre Alfred Jarry. Weder die Handlung noch die psychologische Entwicklung der Figuren folgt einer nachvollziehbaren Logik. Die Gefühlslage der Personen ändert sich sprunghaft; die Sprache besteht aus emotional aufgesteilten Passagen auf der einen und trockenen philosophischen Tiraden auf der anderen Seite. Aus dem abrupten Wechsel verschiedener Ebenen erwächst der Eindruck des Widersinnigen und Grotesken.

Tadeusz Kantor faszinierte an Witkiewicz' Stücken vor allem die Tatsache, daß die Protagonisten oftmals sterben, aber immer wieder lebendig werden. Bei der Arbeit an *Der Tintenfisch* ging es ihm nicht um die mehr oder minder »werkgetreue« Inszenierung. Vielmehr konzipierte er das Bühnengeschehen als »Parallelaktion« zum Drama. Dessen Vorgänge und Figuren ergänzte und konfrontierte er mit Elementen, die ihn als bildenden Künstler in der jeweiligen Arbeitsperiode beschäftigten. In diesem Falle zum Beispiel eine durch Bandagen verhüllte Figur, eine Art lebende Emballage.

Die Konzeption eines »Theaters informel«, orientiert an der »informellen Malerei« mit ihrer Bevorzugung des Materials gegenüber der Form, erprobte Kantor in seiner theatralen Umsetzung von Witkiewicz' *In einem kleinen Landhaus*. Die zentrale Sequenz hat der Regisseur selbst so beschrieben: »Die Schauspieler sind zusammengepfercht im engen, absurden Raum eines Kleiderschrankes, durcheinandergemischt, vermischt mit leblosen Gegenständen (Säcken, eine Unmenge von Säcken). (...) Sie hängen kraftlos herab wie Kleiderstücke; und die Schauspieler sind eins geworden mit dieser schweren Masse von Säcken.« (Tadeusz Kantor: Ein Reisender. S. 120)

Bei seiner Arbeit an Witkiewicz' *Narr und Nonne* ging Kantor von der Idee eines »Zero-Theaters« aus; er reduzierte alle Komponenten des Bühnengeschehens auf den Nullpunkt, um damit zum Ausdruck zu bringen, daß die Anschauung von einem Wachstum der Kunst »nach oben«, »ins Plus«, eine naive Fiktion sei. Kantor versuchte hier, die emotionale Intensität des Spiels zu vermindern, die Bewegungen der Darsteller auf ein Minimum zu beschränken. Eine absurde »Zerstörungsmaschine« in Gestalt einer formlosen Masse alter Klapp-

Das Wasserhuhn (nach Stanisław Ignacy Witkiewicz). Teatr Cricot², 1967. Leitung: Tadeusz Kantor

stühle verengte den Raum der Schauspieler immer mehr; sie kämpften dagegen an, um am Schluß aber doch zu unterliegen.

Für die Übertragung von Wietkiewicz' *Wasserhuhn* auf die Bühne baute Kantor aus Gerümpel eine »Foltermaschine«. Die Spieler, teilweise ausstaffiert als »ewige Wanderer«, bewegten sich mitten unter den Zuschauern. In dieser Produktion tauchten erstmals die Ebenbild-Puppen auf, die in den späten Arbeiten dann ganz ins Zentrum rückten.

Das Witkiewicz-Drama *Zierpuppen und Schlampen* realisierte Kantor in der Garderobe eines Theaters, zwischen den Gestängen und den Kleiderständern. Im Mittelpunkt stand ein aus Fundstücken »niedriger Realität« zusammengebautes Objekt, das an ein fahrbares Krankenbett oder auch eine Mausefalle erinnerte.

Mit der Inszenierung von *Die tote Klasse*, nach Motiven aus dem Witkiewicz-Drama *Tumor Hirnowitsch*, begann im Jahre 1975 die letzte Schaffensperiode Tadeusz Kantors. In fünf Werken brachte er sein eigenes Leben auf die Bühne. Der Zwang zur Erinnerung und die Angst vor dem Vergessen waren dabei die wichtigsten Antriebskräfte. Bezogen auf *Die tote Klasse* hat er das künstlerische Prinzip so beschrieben: »Diese Rekonstruktion der Kindheitserinnerungen sollte nur jene Momente, Bilder, Klischees enthalten, welche die Erinnerung des Kindes zurückbehält, (...) eine Auswahl, die außerordentlich wesentlich (künstlerisch) ist, denn sie nähert sich gänzlich der Wahrheit. (...) Als einzige Erinnerung an das Leben gewisser Personen hat mein Gedächtnis nur einen Ausdruck fixiert, nur einen Charakterzug. (...) Diese Methode wird zu einer wirklichen Einschränkung. Eine wunderbare Einschränkung!« (Tadeusz Kantor: Wielopole, Wielopole. S. 15)

In der *Toten Klasse* mischen sich unter die Figuren des Witkiewicz-Stückes Kantors Schulkameraden. Kostümiert wie eine Begräbnisgesellschaft, kehren sie als Greise am Rande des Grabes zurück in ihren ehemaligen Klassenraum und wiederholen ihre Spiele und Streiche von damals. Als »Erinnerungsmaschine« dienen die morschen Bänke und die zerfallenen Bücher. Eine Putzfrau erscheint – mit einem Besen und einer Sense – als Todesbotin. Sie liest aus den »Neuesten Nachrichten« vom Sommer 1914 die Meldung von der Ermordung des österreichischen Thronfolgers vor, die das Gemetzel des Ersten Weltkriegs auslöste. Ein damals von seinen Kameraden gequälter Schüler trägt Todesanzeigen aus. Eine Frau wird gejagt und gefangen, dann auf eine »Familienmaschine« gesetzt, die ihre Beine mechanisch

Die tote Klasse (nach Stanisław Ignacy Witkiewicz). Teatr Cricot², 1975. Leitung: Tadeusz Kantor

öffnet und schließt. Zeitweise schleppen die Gestalten Puppen mit sich herum, die ihrer kindlichen Gestalt nachgebildet sind. Kantors Auffassung zufolge sind Puppen und Wachsfiguren, weil sie an den »Peripherien der sanktionierten Kunst«, in den »Jahrmarktsbuden« und »Gauklerkabinetten«, ihren Platz haben und für den »Geschmack des Pöbels« bestimmt sind, die adäquate Verkörperung der niedrigen Realität, in der sich die »tote Größe«, das Ewige und Absolute, offenbart. »Ich meine nicht, daß die Puppe den lebendigen Schauspieler ersetzen könnte, wie es Kleist und Craig wollten, das wäre zu leicht und naiv. Ich bemühe mich, die Motive und die Vorherbestimmung dieses ungewöhnlichen Geschöpfs zu bestimmen, das plötzlich in meinen Gedanken und Ideen aufgetaucht ist. Sein Erscheinen stimmt mit meiner immer stärker werdenden Überzeugung überein, daß man das Leben in der Kunst nur durch das Fehlen des Lebens ausdrücken kann, durch das Sichberufen auf den Tod, durch den Anschein, durch die Leere und das Fehlen von Mitteilung.« (Tadeusz Kantor: Ein Reisender. S. 253)

Kantors Verständnis von Puppen war beeinflußt von den phantastischen Erzählungen des von den Nazis ermordeten polnischen Schriftstellers Bruno Schulz, die in ihrer Mehrzahl unter dem Titel »Die Zimtläden« in den dreißiger Jahren erschienen sind. Darunter findet sich auch ein Text mit dem Titel »Traktat über die Mannequins«, wobei der Begriff in seinem ursprünglichen Sinn als »Gliederpuppe« gebraucht ist. Wie Kantor setzte auch Schulz seine Kunstfiguren in Beziehung zur »niedrigen Realität«: »Demiurgos war verliebt in bewährte, vollkommene und komplizierte Materialien, wir geben dem Trödel den Vorzug. Uns fesselt und begeistert ganz einfach das Billige, das Wertlose und Trödelhafte des Materials.« (Bruno Schulz: Gesammelte Werke. Bd. I. S. 39)

Deutlicher noch als *Die tote Klasse* war das 1980 in Florenz realisierte, nach dem Geburtsort des Künstlers benannte Bühnenwerk *Wielopole, Wielopole* autobiographisch konzipiert. Wiederum schürfte Kantor in seinem Gedächtnis; was an die Oberfläche kam, waren keine unbeschwerten Reminiszenzen, sondern eine Mischung aus Schrecken und Groteske. Die Gestalten einer abgestorbenen Welt lebten wieder auf, die nicht nur für Kantors Biographie, sondern auch für die Leidensgeschichte seines Volkes stehen. In dem Dorf Wielopole in der Nähe Krakaus wohnten einst Juden und Katholiken in Harmonie zusammen; die Mutter des Künstlers gehörte der einen, sein Vater der anderen Religionsgemeinschaft an. Aus seinen Erinnerungen komponierte Kantor ein vielschichtiges Geschehen, wobei er weder auf Logik noch auf Psychologie Rücksicht nahm. In *Wielopole, Wielopole* erschien der Vater als Bräutigam, Frontsoldat und Gefallener, die Mutter trug schon zu Beginn Spuren der Vergewaltigung an sich, der sie erst später zum Opfer fiel. Die wichtigsten Stationen inszenierte Kantor hier in Anlehnung an Ereignisse der christlichen Heilsgeschichte (Verhöhnung, Abendmahl, Kreuzigung) und stellte sie so in einen universellen Zusammenhang. Seinen Vater kannte er nur von einem Photo, welches ihn als Rekruten inmitten seiner Kameraden zeigt. Dieses Bild war für Tadeusz Kantor der eigentliche Ausgangspunkt für die Inszenierung. Auf der Bühne sah man dann eine Szene, in der Soldaten beim Aufspringen auf den Zug, der sie an die Front bringen soll, photographiert werden. Durch das Spiel verwandelte sich die Kamera in ein Maschinengewehr, mit dem die ganze Einheit niedergemäht wurde. Auch hier waren Ebenbild-Puppen in das Bühnengeschehen integriert. Das Double der Braut diente als Spielball der Kameraden des Bräutigams; auf diese Weise wurde die Vergewaltigung symbolisch angezeigt.

Mitten im Trubel agierte der Regisseur – wie in allen seinen Spätwerken – als eine Art Dirigent oder Zeremonienmeister. Immer mit schwarzem Anzug und weißem Hemd bekleidet, trieb er das Spiel an oder suchte es zu verlangsamen, rückte die Objekte zurecht und gab den Technikern stumme Zeichen. So wurde jede Aufführung, ähnlich wie beim Happening, zu einem einmaligen Ereignis. Kantors gleich-

Wielopole, Wielopole. Teatr Cricot², 1980. Leitung: Tadeusz Kantor

sam »illegale« Anwesenheit auf der Bühne zielte auf die Zerstörung der Illusion. »Meine Rolle (...) besteht darin, die Grenze der Illusion zu kontrollieren. Wenn ich sehe, daß der Schauspieler beginnt, sich ins Spiel zu vertiefen, (...) dann erlaube ich ihm das für eine gewisse Zeit, (...) aber in einem bestimmten Augenblick stehe ich neben ihm. Das genügt, denn ich bin ja Zuschauer und kein Schauspieler.« (Tadeusz Kantor, zitiert nach Jan Kłossowicz: Tadeusz Kantors Theater. S. 88) In *Wielopole, Wielopole* gab Kantor auch das Schlußsignal für die Aufführung, indem er das weiße Tischtuch zusammenfaltete und die Bühne verließ. Im Kontext der Inszenierung wurde das Laken zu einem Symbol des Vergessens und des Sterbens.

Die Künstler sollen krepieren. Teatr Cricot², 1985. Leitung: Tadeusz Kantor

Auf die Frage nach der Bedeutung des Titels *Die Künstler sollen krepieren* pflegte Tadeusz Kantor eine Anekdote zu erzählen: In der Zwischenkriegszeit wollte der Besitzer einer Pariser Galerie die Nachbarn von baulichen Veränderungen überzeugen, aber diese wehrten sich heftig. Auf das Argument, daß die Galerie durch Ausstellungen berühmter Künstler den Bezirk bekannt machen würde, antwortete eine Anwohnerin: »Die Künstler sollen krepieren!« Eine zusätzliche Dimension erhielt der Titel durch die Tatsache, daß die Produktion von einem Mäzen aus Nürnberg finanziert wurde. Die Bewohner dieser Stadt hatten einst ihrem Mitbürger Veit Stoß aufgrund von Steuerschulden Nägel durch die Wangen gebohrt, als er aus Kantors Heimatstadt Krakau – nach Vollendung des berühmten Marienaltars – nach Hause zurückgekehrt war. Der Bildhauer trat in dem Stück als Figur auf; Kantor selbst erschien nicht nur in seiner realen Gestalt als Dirigent, sondern auch als Junge im Soldatenmantel – im Gefolge des polnischen Generals und Diktators Józef Piłsudski, der auf einem Pferdeskelett reitet – und schließlich als alter Mann auf dem Totenbett. Diese Situation wurde durch die Zwillinge verkörpert, die in einer ganzen Reihe von Kantors Bühnenwerken mitgewirkt haben. Der eine mußte das Geschehen erleiden, der andere beobachtete und kommentierte es von außen. Die beiden Akteure machten daraus

Ich kehre nie mehr hierher zurück. Teatr Cricot² 1988. Leitung: Tadeusz Kantor

eine Slapstick-Nummer, so daß die traurige Sequenz ins Groteske umkippte. Der Tod erschien hier als eine verführerische junge Frau in schwarzen Dessous. Als Anführerin einer Revolution schwang sie eine schwarze Fahne, die den Tod, aber auch die Anarchie symbolisierte. Folterapparate, Todesmaschinen und mit ihren Trägern zu »Bio-Objekten« verschmolzene Gegenstände bestimmten das visuelle Antlitz der Inszenierung.

In der Produktion *Ich kehre nie mehr hierher zurück* schien Kantor hineingerissen zu sein in den selbstentfachten Sturm des Bühnengeschehens. Widerstrebend ließ er sich auf den Dialog mit den noch einmal auftretenden Figuren aus seinen vorherigen Inszenierungen ein. Er kam mit einem schwarzen Kasten auf die Bühne, der sowohl Geigenkoffer als auch Kindersarg hätte sein können. Die anwesenden Figuren kommentierten seinen Auftritt mit Äußerungen wie »Da ist er!« oder »Er ist unter uns!« Sie diskutierten mit ihm und begannen schließlich, ihn zu beschimpfen. Kantor ging nicht auf sie ein; aus dem Off ertönte seine Anweisungen gebene Stimme. Im weiteren Verlauf verlas er dann auf der Bühne einige Passagen aus dem Regiebuch zu seiner Produktion *Die Rückkehr des Odysseus*, die fast ein halbes Jahrhundert zuvor entstanden war.

Auch die letzte Bühnenarbeit Tadeusz Kantors, *Heute ist mein Geburtstag*, war eine Montage aus Erinnerungsfragmenten. Der Fünfundsiebzigjährige blickte zurück auf die historischen Ereignisse während seiner Lebenszeit. Der Bogen des Geschehens spannte sich vom Ausbruch des Ersten Weltkriegs über die Wirren der Russischen Revolution und die Judenverfolgung der Nationalsozialisten bis zum Inferno des Zweiten Weltkriegs. Im Zentrum stand die Gestalt einer Ärztin mit dem bezeichnenden Namen Dr. Klein-Jehova, die zerlumpte und verkrüppelte Opfer der Gewalt auf ihre Lebenstauglichkeit hin untersuchte und der Reihe nach in den Tod schickte. Auf der Bühne erschien auch Kantors Künstlerfreundin Maria Jarema, in Ledermantel und Kommissarsmütze, die Parolen für die abstrakte Kunst abfeuerte und sich schließlich doch dem Dogma des sozialistischen Realismus beugen mußte. Auch die Geschichte des Malers Janosz Stern, der sich bei einer von den Nazis durchgeführten Massenhinrichtung unter die Leichen fallen ließ und auf diese Weise überlebt hat, wurde erzählt – als Drama des Künstlers unter einem diktatorischen Regime. Die Bühne war als Wohnzimmer, gleichzeitig aber auch als Museum und als Künstleratelier eingerichtet. In einem Bilderrahmen posierte eine Figur, die an Velásquez' Porträt der Infantin erinnerte, das für Kantor zu einer der ersten prägenden Begegnungen mit der abendländischen Kunstgeschichte wurde. Die übrigen Rahmen waren leer, ebenso die Staffelei. Dazwischen stand ein Klappstuhl, auf dem eigentlich Kantor als »Dirigent« sitzen sollte, doch war er kurz vor den Endproben im Dezember 1990 gestorben. Bei der Premiere in Krakau wurde der leere Stuhl von den Darstellern so in das Spiel einbezogen, als erwarteten sie von dort Anweisungen. Als Kantors Stimme über Tonband zu sprechen begann, übernahm ein Schauspieler dessen Rolle auf der Bühne. Nach dem Ende der Aufführung legten Zuschauer Blumen auf den leeren Stuhl.

Robert Wilsons Bildertheater

Mit seinem faszinierenden und rätselhaften Theater der Bilder, das durch eine schier unerschöpfliche Phantasie und ein Formbewußtsein von äußerster Strenge gekennzeichnet ist, gehört der 1941 in Waco/Texas geborene Robert Wilson zu den bedeutendsten Theatermachern im letzten Viertel des 20. Jahrhunderts. Sein Werk brachte die Entwicklung jener Theaterform zum Abschluß, für die Hugo von Hofmannsthal zu deren Beginn das Wort von der »Bühne als Traumbild« geprägt hat. Mit seinem Bemühen, die Einzelkünste zusammenzuführen, aus ihren Elementen neue Synthesen zu komponieren, knüpfte Wilson zugleich an den seit Richard Wagner immer wieder aufgegriffenen Gedanken des theatralen Gesamtkunstwerks an. Von ihm selbst als »Opera« bezeichnet, im einfachen Sinn von »Werken«, sind die Arbeiten der siebziger Jahre, die seinen Ruhm begründet haben, weder zum Schauspiel noch zur Oper oder zum Ballett zu rechnen. Es handelt sich um eine eigenständige Gattung, bei der keine der Komponenten eindeutig dominiert, wenn auch das Bildnerische häufig vorherrschend ist. Mit der Verweigerung von Kausalität und Psycho-Logik erscheinen sie eher als »Tagträume« denn als Nachahmung wiedererkennbarer Realitäten. Von der schmalen Schicht des mit nicht-naturalistischen Bühnenkonventionen vertrauten Publikums wurden die Operas begeistert aufgenommen. Wilsons Inszenierungen der achtziger und neunziger Jahre, denen meist Schauspiele und Opern zugrunde lagen, und die in der Regel unter den Bedingungen der europäischen, vor allem der westdeutschen Theaterbetriebe entstanden sind, haben die hochgespannten Erwartungen nur noch selten erfüllt. In der langen Reihe der mit ungeheurem Tempo aufeinanderfolgenden Bühnenwerke haben sich im Laufe der Zeit immer mehr beiläufige Arbeiten und Wiederholungen eingeschlichen. Anläßlich der Inszenierung von *Der Mond im Gras*, nach einem Märchen der Brüder Grimm, die Wilson 1994 an den Münchner Kammerspielen herausgebracht hat, schrieb ein Kritiker: »Der wundertätige Magier schaut lächelnd zurück, zitiert sich selber, meisterlich; scherzt und plaudert, väterlich. Die Aufbruchsenergie, das zehrende Fernweh der frühen Stücke scheint aufgebraucht zu sein: Wilson ist keiner mehr, der auszieht, uns mit jedem Stück aufs neue das Fürchten und Staunen zu lehren.« (Manuel Brug in: Theater heute. Heft 6/1994. S. 94)

Die im Vergleich zum Schauspiel europäischer Prägung geringe Bedeutung der Sprache in den Wilsonschen Operas hat Heiner Müller, sein Mitarbeiter in einigen Produktionen, aus der »merkwürdigen Situation« eines Landes mit Einwanderern aus verschiedenen Sprachräumen erklärt, in dem »logischerweise das Bild eine primäre Rolle spielt in der Kommunikation, weil die Sprachen nicht so schnell zusammengehen«. (Heiner Müller im Film »Robert Wilson and the CIVIL warS«) Gründe für Wilsons Hang zum Bildertheater liegen aber auch in seiner Biographie: Nachdem er einige Semester des (von den Eltern gewünschten) Jura-Studiums an der Universität von Austin/Texas absolviert hatte, ging er nach Paris, nahm dort Malunterricht und studierte dann Innenarchitektur am renommierten Pratt-Institut in New York. Bald begann seine Beschäftigung mit dem Theater, die er aber immer als »Fortsetzung der Arbeit als bildender Künstler« verstand. Während Wilson der Oper und dem konventionellen Schauspiel gar nichts abgewinnen konnte, entwickelte er ein starkes Interesse für den Tanz. An Georges Balanchines »New York City Ballet« beeindruckte ihn die »architektonische Konstruktion«. Interessant erschienen ihm auch die Experimente von

Merce Cunningham. Dessen »Postmodern Dance« hat keinen anderen Inhalt als sich selbst; es werden keine Geschichten erzählt, keine Gefühle dargestellt, keine Figuren präsentiert und keine Musik ausgedeutet. Merce Cunningham hat oft mit Kompositionen von John Cage gearbeitet, mit dem ihn eine enge Künstlerfreundschaft verband. Er benutzte das musikalische Material aber nicht im traditionellen Sinne als Vorlage, die es in Bewegung umzusetzen gilt, sondern als geschlossenes Kunstwerk, zu dem sich das weitgehend unabhängig davon entstandene Tanzgeschehen in Konfrontation begibt. Dieses ästhetische Prinzip, das dann in seinem eigenen Theater eine große Rolle spielte, hat Robert Wilson in einem Vortrag so beschrieben: »Was man sah und was man hörte, konkurrierte nicht miteinander, sondern verstärkte sich gegenseitig. (...) In der Zusammenarbeit zwischen Cunningham und Cage illustrierte die Partitur nicht die Bewegungen. Das waren zwei Dinge, die getrennt voneinander existierten (...) und dann zusammengebracht wurden, wie bei einer Collage. (...) Der Grund dafür, daß ich es mag, war, daß ich mühelos sehen und hören konnte und daß es so viel Raum zum Überlegen gab, wie in einer Landschaft.«

Eine andere wichtige Prägung erfuhr Wilsons Theaterkonzeption durch seine Arbeit mit Behinderten. Der Künstler hatte als Kind selbst unter Sprachhemmungen gelitten und sie erst überwunden, als ihm die Tänzerin und Pädagogin Byrd Hoffman durch Techniken zum Verlangsamen der Bewegungen dabei half, Körperspannungen abzubauen und das physische Instumentarium kontrollierter einzusetzen. Ihre Methoden benutzte Wilson in der eigenen Arbeit mit Behinderten, durch die er sein Studium finanzierte, und dann auch in den Workshops der »Byrd Hoffman School of Byrds«, in der sich junge Leute verschiedenster Herkunft und Ausrichtung zum Malunterricht und Bewegungstraining zusammenfanden. Aus den »Byrds«, wie er seine Schüler nannte, rekrutierten sich die Darsteller von Wilsons frühen Theaterarbeiten.

Gleich in den beiden ersten für eine größere Öffentlichkeit bestimmten Produktionen wurde die Eigenart von Wilsons Bühnenästhetik deutlich. Im Gegensatz zum damaligen Streben der Avantgarde, die Kunst der Realität anzunähern, wie es sich in der Pop-art und im Happening zeigte, stellte er sich in die Tradition des Illusionismus. Zu seiner Opera *The King of Spain* aus dem Jahre 1969 erklärte der Regisseur: »Das war ein (...) Drama, in dem die riesigen, neun Meter großen Katholischen Könige durch den Saal gehen. Es gab ein kompliziertes System von Flaschenzügen, und nicht weniger als zwanzig Mann zogen diesen riesigen Apparat über die Bühne. Das war offensichtlich ein Theaterkonzept des 19. Jahrhunderts. Das war alles hinter einem Rahmen verborgen. In den Sechzigern versuchte man, den Rahmen zu zerstören. Ich stellte zur gleichen Zeit den Rahmen eigentlich genau vor die Maschinerie.« (Zitiert nach Sylvère Lothringer: Es gibt eine Sprache, die universell ist. S. 373) Zum Illusionismus, der charakteristisch ist für das gesamte Werk Wilsons, kamen in der wenige Monate später entstandenen Produktion *The Life and Times of Sigmund Freud* die traumartig wirkende Verlangsamung der Vorgänge und die an surrealistische Collagen erinnernde Zusammenführung heterogener Elemente zu einem Bild. So saß zum Beispiel am Anfang der Aufführung eine junge schwarze Frau ganz still auf einem Stuhl, mit einem schwarzen Vogel, der sich auf ihrer Hand niedergelassen hatte, während ein Mann in einem altmodischen Badeanzug im Hintergrund der Bühne hin und her lief. Eine künstliche Schildkröte bewegte sich quer über die Bühne, zwei barbusige Frauen gingen langsam über den Sandboden. Die Produktion wurde von einem Kritiker sehr zutreffend als »stumme Oper« bezeichnet, denn wie in all seinen Frühwerken setzte Wilson fast ausschließlich die visuellen Mittel des Theaters ein, diese allerdings in grandioser Üppigkeit.

Mehr oder minder bewußt führte Wilson mit seinen Operas die Tradition der historischen Avantgarden fort. Als Louis Aragon 1971 anläßlich eines Gastspiels in Paris *Deafman Glance*

Robert Wilson: Deafman Glance. New York 1970

(Der Blick des Tauben) sah, war er so fasziniert, daß er in einem offenen Brief an seinen (schon fünf Jahre toten) Surrealisten-Freund Breton das Werk als Erfüllung ihres gemeinsamen Traumes rühmte: »Ich habe niemals etwas Schöneres auf dieser Welt gesehen, (...) denn es ist zugleich das wache Leben und das Leben bei geschlossenen Augen, die Verwirrung zwischen der Welt aller Tage und der Welt jeder Nacht, Realität vermischt mit Traum, das gänzlich Unerklärliche im Blick des Tauben.« (Louis Aragon: An Open Letter to André Breton. In: Performing Arts Journal. Heft 1/1976. S. 3 ff.)

Der Hauptdarsteller des Bühnenwerkes war tatsächlich taubstumm; Wilson hatte an dem damals dreizehnjährigen Raymond Andrews, der in miserablen Verhältnissen lebte und keine Schule besuchte, eine bestimmte Art von Intelligenz beeindruckt, die sich ausschließlich im Visuellen manifestierte. Der Regisseur freundete sich mit dem Jungen an und arbeitete in einigen Inszenierungen mit ihm zusammen. In *Deafman Glance* gestaltete er aus den Erfahrungen und Träumen, die Raymond ihm durch Zeichnungen und Gesten mitteilte, eine fast stumme, siebenstündige Folge von Szenen, wie zum Beispiel dieser: Eine schwarze Frau steht vor einer hellen Wand. Sie trägt an der linken Hand einen Handschuh, die rechte hält sie auf dem Rücken. Sie dreht sich zum Tisch, streckt die Hand aus, zieht den Handschuh von der einen Hand und stülpt ihn über die andere. Sie nimmt eine Flasche vom Tisch und gießt Milch in ein Glas. Sie stellt die Flasche wieder hin, nimmt das Glas, dreht sich und geht auf ein Kind zu, das mit dem Rücken zu ihr auf einem Hocker sitzt und ein Comic-Heft liest. Sie beugt sich über das Kind, berührt es an der rechten Schulter und reicht ihm das Milchglas. Das Kind nimmt es und trinkt. Die Frau nimmt das leere Glas, dreht sich in die Diagonale, geht zurück und stellt das Glas wieder auf den Tisch. Sie nimmt ein Messer, wischt zweimal mit einem Tuch die Klinge ab, legt das Tuch nieder. Sie dreht sich um und geht mit dem Messer auf das Kind zu. Sie berührt das Kind sanft mit dem

Messer. Als sie das Messer zurückzieht, fällt das Kind zu Boden. Raymond Andrew, der von einer hoch über der Szene hängenden Schaukel das Geschehen beobachtet hat, stößt einen unartikulierten Schrei aus. – Der bis zum Äußersten gedehnte und völlig mechanische Vollzug der Handlung verhinderte ein naives Miterleben des Zuschauers, lenkte seine Aufmerksamkeit auf den Akt des Zuschauens selbst, machte die Komplexität der Wahrnehmung bewußt.

Das beschriebene Verfahren trieb Robert Wilson in seiner nächsten Produktion auf die Spitze. Das 1972 beim Festival im iranischen Shiraz aufgeführte Stück KA MOUNTAIN AND GARDENIA, in dem die Geschichte einer Familie über mehrere Generationen hin von mehr als fünfhundert Akteuren dargestellt wurde, dauerte an die dreißig Stunden, verteilt auf sieben Abende.

Nur annähernd diese Dimension erreichte die in New York entstandene Opera *Life and Times of Josef Stalin*, mit der Wilson die Reihe seiner Bühnen-Biographien fortsetzte. Er trat hier selbst als Darsteller auf, und zwar in einem improvisierten Dialog mit Christopher Knowles, einem geistig behinderten Jungen, der aber über die Fähigkeit verfügt, komplizierte mathematische Strukturen zu erkennen. Von der Art, in der Christopher in seinen auf Tonband gesprochenen Erzählungen über das tägliche Leben mit der Sprache umging, war Wilson fasziniert: »Er nahm gewöhnliche, alltägliche Wörter und zerstörte sie. Sie wurden so etwas wie Moleküle, änderten sich dauernd, brachen immerfort auseinander. (...) Er definierte die verschiedenen Sprachcodes dauernd neu. Chris baut beim Sprechen. Er macht optische Konstruktionen. (...) Was er machte, sprach mich mehr als Künstler an. Ich habe eigentlich nicht versucht, es intellektuell zu verstehen. (...) Christopher und Raymond haben eine Verbindung zur Sprache, die darauf hinweist, daß wir auf Laute reagieren, bevor wir die Bedeutung eines Wortes lernen. Es gibt also etwas sehr Fundamentales an der Sprache, die universell ist.« (Zitiert nach: Sylvère Lothringer: Es gibt eine Sprache, die universell ist. S. 374 ff.)

Von solchen Überlegungen und Erfahrungen ausgehend, begann Wilson, sich mit der Wortsprache als theatralem Element zu beschäftigen. Mit Christopher Knowles gestaltete er unter dem Gesamttitel *Dialog* eine Reihe von halb improvisierten Kurzstücken, in denen sie verschiedene Möglichkeiten des Dialogisierens erkundeten. Inspiriert vom experimentellen Umgang mit Sprache, gestaltete Wilson auch die Textebene seiner nächsten größeren Produktion: *A Letter of Queen Victoria*. Das musikalische Element gewann zum ersten Mal bei *Einstein on the Beach* eine zentrale Bedeutung. In enger Kooperation mit dem amerikanischen Komponisten Philip Glass, einem der bedeutendsten Vertreter der »Minimal Music«, schuf Wilson die Grundlage zu der Oper, und zwar in Gestalt von Skizzen, einem Zeitplan und einem komplizierten Strukturschema, das die Verbindung der vier Akte durch kurze Gelenkstücke vorsah. Die Uraufführung dauerte ohne Unterbrechung fünf Stunden; wenn man zwischendurch eine Pause machen wollte, versäumte man aber nichts, weil das Stück auf kein Ziel zulief, sondern einfach Bilder und Episoden aus dem Leben des Physikers nebeneinanderstellte. In allen seinen szenischen Biographien verknüpfte Wilson in assoziativer Weise banale Fakten und Vorgänge aus dem Leben der jeweiligen Individuen mit den historisch

Robert Wilson/Philip Glass: Einstein on the Beach. Metropolitan Opera New York, 1976

bedeutsamen und exemplarischen Ereignissen ihrer Zeit. Indem er Personen wählte, die von einer mythischen Aura umgeben sind, konnte er mit einem bestimmten Vorwissen beim Publikum rechnen. »Der Mann auf der Straße«, so Wilson, »weiß etwas über Einstein, etwas über Freud, Stalin; es ist wie in der griechischen Mythologie und wie zur Zeit des griechischen Theaters, als das Publikum ein bestimmtes Wissen teilte, eine Geschichte, die bereits bekannt war.« (Zitiert nach Dorine Mignot: Ein Raum für Salome. S. 87)

Mit der Zeit wurde es für Wilson aus finanziellen Gründen immer schwieriger, seine aufwendigen Produktionen in den USA mit ihrer relativ bescheidenen öffentlichen Kulturförderung zu realisieren. Er wandte sich Ende der siebziger Jahre nach Europa, inszenierte am Theater in Lyon die Biographie *Edison* und im Jahr darauf an der Berliner Schaubühne am Halleschen Ufer *Death Destruction & Detroit*. Unter diesem rätselhaften Titel, der hauptsächlich wegen des Klangwertes gewählt wurde, verbarg sich die Darstellung von Partikeln aus der Biographie von Rudolf Heß, dem Stellvertreter Adolf Hitlers. Ausgangspunkt war ein Photo, das der Regisseur in einer Zeitschrift gefunden hatte. Er entwickelte daraus eine Folge phantastischer Szenen, deren Bedeutungsfeld sich allerdings nur den mit dem Leben und der Zeit von Rudolf Heß gut vertrauten Zuschauern erschloß. Da gab es einen Tanz von Dinosauriern, die Landung zweier Raumschiffe, eine Ballszene in Zeitlupe, einige Sequenzen vor einer kahlen Mauer, die an das Kriegsverbrechergefängnis in Berlin-Spandau denken ließ, in dem Heß (zuletzt als einziger Häftling) sein Leben fristete. Dazwischengeblendet waren Fragmente einer Liebesgeschichte, von verschiedenen Figuren im Wechsel gesprochene stereotype Sprechakte.

Mit der Verlagerung nach Europa erfuhr die ästhetische Ausrichtung Robert Wilsons erhebliche Veränderungen. Der Regisseur schuf jetzt nur noch relativ selten eigene Bühnenkompositionen, konzentrierte sich vielmehr auf die Inszenierung von Werken des traditionellen Opern- und Schauspielrepertoires. Ab 1980 brachte er jährlich mehrere Produktionen heraus, die meisten davon an den großen westdeutschen Staatstheatern. Oft arbeitete er gleichzeitig an drei oder vier Projekten, was ihn kaum störte, da er seine Arbeit als ein einziges »großes Gewebe« betrachtete. Durch den selbstverordneten Dauerstreß und die einschränkenden Bedingungen des institutionalisierten Theaterbetriebs wurde Wilsons Kreativität durch Routine gefährdet. Von manchen seiner Arbeiten ging jedoch nach wie vor eine unvergleichliche Faszination aus, wie zum Bei-

Robert Wilson: Death Destruction & Detroit. Schaubühne am Halleschen Ufer Berlin, 1979

spiel vom Mammut-Unternehmen *The CIVIL warS*, das in seiner vollständigen Form mit einer Dauer von zwölf Stunden bei den Olympischen Spielen 1984 in Los Angeles aufgeführt werden sollte. Die Anregung war hier von Photos aus dem amerikanischen Bürgerkrieg ausgegangen. Als Vorlage für die einzelnen Teile, die in Marseille, Tokio, Rom, Köln und Rotterdam produziert wurden, wählte der Regisseur Mythen der jeweiligen Völker. Das Projekt kam aus finanziellen Gründen nicht zum Abschluß, obwohl die meisten Teile bereits fertiggestellt und einzeln gezeigt worden waren. So die niederländische Sequenz mit märchenhaft-folkloristisch gefärbten Darstellungen des Jahreslaufs und der Riesenfigur der Königin Wilhelmine; der italienische Part mit Garibaldi als Mittelpunktsgestalt, und die amerikanischen *Knee plays*, in denen weißgekleidete Akteure vom traditionellen japanischen Puppenspiel Bunraku inspirierte Sequenzen mit Stabmarionetten präsentierten. Der überzeugendste Teil von *CIVIL warS* war der an den Städtischen Bühnen in Köln entstandene. Heiner Müller hatte dafür eine Text-Collage aus Szenen von Shakespeare und aus seinem eigenen Drama *Leben Gundlings Friedrich von Preußen Lessings Schlaf Traum Schrei* sowie aus Briefen des Soldatenkönigs an seinen Sohn, Friedrich dem Großen, zusammengestellt. Dieses Material über »häusliche Kriege« konfrontierten Wilson und Müller mit Bildern vom massenhaften Abschlachten in den Kriegen der Völker. In anderen Szenen ließen sie einen Mann und eine Frau, auf hohen Leitern stehend und als Astronauten ausstaffiert, banale Dialoge führen, die das allmähliche geistige Absterben einer der Transzendenz entbehrenden Zivilisation deutlich machten. Auf der Attrappe eines Schimmels bewegte sich Friedrich der Große, dargestellt von einer Frau, langsam über die Bühne; dazu wurde Goethes schaurige Ballade »Der Erlkönig« rezitiert.

Höhepunkte von Wilsons Theaterschaffen in den achtziger Jahren waren zwei Stücke von Heiner Müller: *Quartett* (in Cambridge/USA) und *Die Hamletmaschine* mit Schauspielschülern am Hamburger Thalia-Theater. Für beide Werke fand der Regisseur Bilder von wunderbarer Klarheit und einer »an sich selbst schier ersterbenden Schönheit«. Selbstverständlich ging es ihm nicht darum, die Texte durch die Inszenierung in irgendeiner Weise auszudeuten. »Es gibt keine ausschließliche Weise«, so Wilson in einem Interview, »Heiners Texte zu lesen, denn in einem einzigen Wort sind so viele Möglichkeiten. (...) Die Texte können nicht interpretiert werden. Wer sie inter-

Robert Wilson:
The CIVIL warS.
Deutscher Teil.
Städtische Bühnen
Köln, 1984

pretieren will, dem verweigern sie sich.« Verallgemeinernd fügte er bei anderer Gelegenheit hinzu: »Theater soll nicht interpretieren, sondern uns die Möglichkeit geben, ein Werk zu betrachten und darüber nachzudenken. Wenn man so tut, als hätte man alles begriffen, ist das Werk erledigt. (...) Es ist nicht unsere Aufgabe, Antworten zu geben, sondern Fragen möglich zu machen. Wir müssen fragen, dann öffnet sich der Text, und dann entsteht ein Dialog mit dem Publikum.« (Robert Wilson: Statements)

Mit dem Mythos des klassischen Altertums beschäftigte sich Wilson in seiner Stuttgarter Doppel-Inszenierung der *Alkestis*-Tragödie von Euripides und der Oper *Alceste* von Christoph Willibald Gluck. Für das Musikdrama schuf er Bilder von suggestiv-magischer Wirkung: zwei Lichtdreiecke, die sich so langsam bewegen, daß man es kaum bemerkt, projiziert auf einen in Blautönen ausgeleuchteten Vorhang. Davor die Statue eines griechischen Jünglings; ein stummes Double unterstreicht an manchen Stellen durch ritualisierte Gesten den musikalischen Ausdruck der Sängerin der Titelpartie. Unter den mythischen Gestalten des Mittelalters interessierte Wilson neben den *Nibelungen* – im Jahr 2000 inszenierte er Wagners *Ring* am Züricher Opernhaus – vor allem Parsifal.

Die Geschichte vom »reinen Toren« brachte er zuerst 1987, ausgehend von einem Text aus Tankred Dorsts *Merlin*, auf die Bühne des Hamburger Thalia-Theaters; 1991 inszenierte er dann Wagners Musikdrama an der Hamburgischen Staatsoper. In der Schauspiel-Fassung, *Parzival – auf der anderen Seite des Sees*, setzte er die mythische Vergangenheit in Kontrast zur Gegenwart. Wilsons Parzival, ein College-Boy mit Jeans und Turnschuhen, dargestellt von Christopher Knowles, lebt in einer Märchenlandschaft mit hohen Tannen und einem Eisblock, in dem der tote König eingefroren ist.

Seinen bislang letzten Triumph feierte Robert Wilson mit der Produktion *Black Rider* (Thalia-Theater Hamburg, 1990). Die englisch-deutsch gemixten Texte stammten vom greisen Beat-Poeten William S. Burroughs; die Musik komponierte Tom Waits, beide legendäre Künstlerfiguren. In dieser Version des *Freischütz* geht es um Drogen und Waffen, um Liebe und Tod, und auch des Teufels Hand ist mit im Spiel. Wilson hat dafür Bilder gefunden, die mit ihren windschiefen Architekturen und den stilisierten Gestalten mit bleichen Gesichtern, schwarzen Augenhöhlen und wirren Mähnen an expressionistische Stummfilme erinnern.

Betrachtet man Robert Wilsons Bühnenwerk im Überblick, so fällt vor allem die artifi-

William S. Burroughs/ Tom Waits/ Robert Wilson: The Black Rider. Thalia-Theater Hamburg, 1990. Inszenierung und Bühnenbild: Robert Wilson

zielle Gestaltung sämtlicher Komponenten des Bühnengeschehens auf. Damit steht er in der antinaturalistischen Tradition, wie sie sich seit der Jahrhundertwende parallel zum realistisch-psychologischen Theater entwickelt hat. Wie so viele Theaterkünstler der Avantgarde bezog auch er wesentliche Impulse aus der Beschäftigung mit der bildenden Kunst. Quellen seiner Inspiration sind das konstruktivistische Denken des Architekten, die Fähigkeit des Objektkünstlers zum dreidimensionalen Gestalten und die visuelle Kreativität des Zeichners. Das zeigt sich schon in der Eigenart des Schaffensprozesses. Wilson entwirft nach einer ungefähren Bestimmung des Themas zuerst den dramaturgischen Aufbau und die Zeitstruktur, und zwar nach ausschließlich formalen Gesichtspunkten. Dann schafft er, meist ausgehend von der Vorstellung eines Objektes oder eines Bildes, die visuelle Gestalt des Bühnengeschehens, indem er jede Grundsituation immer und immer wieder zeichnet. Diese Blätter werden dann oft zur Aufbesserung des Produktionsetats verkauft; der Künstler betrachtet sie also nicht nur als Vorlagen für die Inszenierung, sondern auch als eigenständige Kunstwerke. Die meist mit dem Graphitstift hingeworfenen Skizzen geben schon Anhaltspunkte für die Formen, für die Proportionen und für das Verhältnis von Licht und Schatten, dem Wilson eine zentrale Bedeutung beimißt. Es strukturiert das Bühnengeschehen, stellt Zusammenhänge zwischen verschiedenen Aktionsfeldern her und definiert den emotionalen Gehalt der Szenen. Wilsons Bühnenwerke bauen sich aus einem relativ kleinen Fundus von Bildelementen auf: exotische Tiere, kahle Nadelbäume, erleuchtete Hausfassaden, techni-

William S. Burroughs/ Tom Waits/ Robert Wilson: The Black Rider. Thalia-Theater Hamburg, 1990. Inszenierung und Bühnenbild: Robert Wilson. Szenenskizze von Robert Wilson

sche Apparate und Verkehrsmittel, hängende und schwebende Objekte und Figuren und die von ihm selbst entworfenen Stühle und Liegen, die entweder funktional oder als reine Dekorationsobjekte eingesetzt werden.

Ebenso wie die bildnerischen Komponenten stilisiert Robert Wilson auch die Bewegungen der Akteure zu extremer Künstlichkeit. Er zerlegt die physischen Handlungen seiner Darsteller in so kleine Teile und läßt sie so langsam ausführen, daß sie nicht mehr als Zeichen für andere Realitäten aufzufassen sind, sondern nurmehr für sich selbst stehen. Der Körper des Darstellers und seine Bewegungen bedeuten nicht mehr als sie sind. Ähnlich den »Ready mades« in der bildenden Kunst werden sie aus den gewohnten Zusammenhängen gerissen und zu künstlerischen Ereignissen erklärt. Die Aufmerksamkeit soll sich auf ihre Materialität, nicht auf ihre Bedeutung richten. Das Bühnengeschehen ist eine Welt für sich mit einer eigenen Logik, eigenen Raumgesetzen und einer eigenen Zeitstruktur. Der Zuschauer wird in seiner gewohnten Wahrnehmungsweise irritiert. Durch die Wiederholung der immer gleichen, arg minimalisierten Bewegungssequenzen verliert er das Gefühl für den Ablauf der Zeit; Vergangenheit und Gegenwart verschwimmen.

In den Inszenierungen von Robert Wilson ist keine Aktion dem Zufall überlassen. Alles wird genau festgelegt und mit maschineller Präzision ausgeführt. Der Regisseur bestimmt und überwacht jedes Detail, jede Position eines Körperteils, jede Geste, jeden Schritt. So wie Edward Gordon Craig mit seiner Vision der Über-Marionette und Antonin Artaud mit seinem am ostasiatischen Theater orientierten Ideal des Darstellers als lebender Hieroglyphe erhoffte sich auch Robert Wilson von einem durchmechanisierten Bewegungsstil die intensivsten Wirkungen. Seine Überzeugung formulierte er so: »Theater ist ein Forum – und wie hält man das offen auf einfachste Weise? Für mich ist der beste Weg, um das zu erschaffen, etwas, das total kontrolliert und mechanisch ist. (...) Das ist schwierig, denn es ist unangenehm

Robert Wilson: I was sitting on my patio this guy appeared I thought I was hallucinating. New York, 1977

zu lernen, wie man eine Maschine wird. (...) Und ich denke, wir haben Angst davor. (...) Nur dadurch, daß man total mechanisch wird, gewinnt man Freiheit zurück.« (Robert Wilson/Heiner Müller/Wolfgang Wiens: The CIVIL warS. S. 54 f.) Wilson kommt es darauf an, daß der Darsteller die Handlungen in ihrer äußeren Form mit Präzision vollzieht. Mit welchen Gedanken sie motiviert, mit welchen Emotionen sie fundiert werden, überläßt er den Schauspielern. Er beschreibt auf den Proben nur die Wirkungen, spielt häufig auch das ihm vorschwebende Ergebnis vor. Im Gegensatz zu den Regisseuren der realistisch-psychologischen Schule verweigert er aber jede Erörterung der Handlungslogik und der Figurenpsychologie. Das Ideal eines Schauspielers ist für ihn Christopher Knowles, der weder dem Regisseur noch sich selbst Fragen zur Rolle stellt, der sich keinen »Untertext« und keine Interpretation zurechtlegt, sondern einfach die Handlung vollzieht, die von ihm verlangt wird. Daß Darsteller, die nach der naturalistischen Methode von Stanislawski oder Strasberg ausgebildet sind, mit dieser Arbeitsweise Schwierigkeiten haben, versteht sich von selbst. Neben den Kosten war auch das ein Grund, warum Wilson in seinen Produktionen der siebziger Jahre vorwiegend mit Laien gearbeitet hat. Im

Zuge seiner Integration in die europäische Theaterkultur ist seine Haltung zu diesem Schauspielertypus offener geworden. In einem Gespräch sagte er 1988: »Wenn ein Schauspieler gut ist, dann ist er gut. Psychologischer Schauspieler oder formalistischer Schauspieler, das macht keinen Unterschied.« (Robert Wilson: Statements)

Obwohl den visuellen Komponenten in Wilsons Theater eine gewisse Führungsrolle zukommt, werden die akustischen nicht vernachlässigt. Der Künstler hat immer wieder betont, wie wichtig ihm neben dem Sehen das Hören ist. Ab Mitte der siebziger Jahre war die Wortsprache ein integraler Bestandteil seiner Arbeiten. Allerdings kam ihr eine wesentlich andere Bedeutung zu als im konventionellen Sprechtheater. Wilson hat den Unterschied so erläutert: »Normalerweise ist im Theater der Text das Primäre. Wenn einer ein Bühnenbild konzipiert, dient es nur zur Illustration. Ich denke anfangs nicht an eine Einheit, ich denke separatistisch und bringe dann alles zusammen. Das Bühnenbild illustriert nicht den Text, der Text nicht unbedingt das Thema; das Thema wird zu einem autonomen Element, wie die Musik, wie die Körperbewegungen. (...) Alle diese Elemente, die ich zuerst als voneinander unabhängig behandelt habe, werden dann, ähnlich wie bei einer Collage, zusammengefügt.« (Zitiert nach Peter Friedl: Die Balance zwischen den Wachträumen. S. 79) Bei Wilson ist der Text befreit von der Aufgabe, das Thema zu explizieren, eine Handlung zu entwickeln, Aussagen der Figuren und des Autors über sich selbst und die Welt zu treffen. An die Stelle eines sinnstiftenden Kontinuums tritt die in erster Linie nach formalen Gesichtspunkten strukturierte Montage. So wie den verschiedenen Komponenten des Bühnengeschehens, beläßt Wilson auch den Handlungsteilen eine gewisse Selbständigkeit. Auf diese Weise eröffnet er dem Zuschauer die Möglichkeit, in eine vom Alltag unterschiedene Welt der Traumbilder einzutreten, deren Fremdheit staunend wahrzunehmen, assoziative Beziehungen zwischen den Phänomenen herzustellen und so zu einem Verstehen jenseits der alltäglichen Rationallogik zu gelangen.

WELT-THEATER UM DIE JAHRTAUSENDWENDE: EINE ANNÄHERUNG

Von Grit van Dyk

Nehmen wir an: Theater ist ein spezieller Ort. Ein Ort, an dem eine Gesellschaft über sich selbst nachdenken kann. Dieser spezielle Ort befindet sich in Bangladesh oder Beirut, Berlin oder Buenos Aires. Überall auf der Welt findet Theater statt, aus den verschiedensten Gründen. Welt-Theater ist ein Wesen, das sich aus kulturellen Situationen herausgebildet hat, das sich auf historische, gesellschaftliche und politische Entwicklungen geographischer Regionen bezieht und das ganz unterschiedliche Bedeutungen in verschiedenen Ländern haben kann. Welt-Theater ist ein janusköpfiges Wesen. Wie kann sich einem solchen Wesen genähert werden, obwohl klar ist: Ein einziges Wesen dieser Gattung gibt es nicht. Der kleinste gemeinsame Nenner dieses ach-so vielgestaltigen Wesens ist, daß Welt-Theater Erfahrungen schafft: die Erfahrung von Identitätsstiftung, die Erfahrung direkter Kommunikationsmöglichkeiten, die Erfahrung eines politischen Raumes, die Erfahrung kultureller Integration.

Aufgrund der rasanten Entwicklung der modernen Technik scheinen die Kontinente beinahe kongruent. Kulturelle Grenzen schwinden immer mehr. Zugleich wird das Wissen um die eigene Identität immer fragiler. Theater, das sich per se mit dem Spiel um Identität auseinandersetzt, kann Identität stiften, indem es Heimatlosigkeit und Entwurzelung beschreibt, kulturelle Besonderheiten in andere Kontexte aufnimmt und wieder neu ausstellt.

Bedingt durch die medialen Kommunikationsweisen ist die hiesige Welt durch die enge Verschmelzung von Realem und Virtuellem geprägt. Das zeitgenössische Theater versucht, dies aufzugreifen und in seiner narrativen und szenischen Struktur zu verarbeiten. Im Theater werden diese Gewohnheiten demaskiert: Denn Theater ist geprägt von der geteilten Jetzt-Zeit und dem geteilten Jetzt-Ort der Zuschauer und Darsteller, einer gemeinsamen Lebenszeit. Theater schafft die Erfahrung anderer, direkter Kommunikationsmöglichkeiten.

In den vergangenen zwanzig Jahren haben weltweit einschneidende politische und soziale Veränderungen stattgefunden wie die Implosion des Sozialismus und der sich global durchsetzende Kapitalismus. Das Welt-Theater reflektiert die Auswirkungen dieser Phänomene und reagiert auf sie in seiner eigenen, direkten Weise: Es schafft die Erfahrung eines politischen Raumes, in dem andere soziale Modelle ausprobiert werden können.

Trotz – oder vielleicht sogar: wegen – Globalisierungstendenzen sind in vielen Gesellschaften sich schleichend ausbreitende nationale Strömungen zu erkennen, die das Unbekannte, das Fremde verdächtigen. Im Gegensatz dazu ist die Entwicklung des Theaters aber seit jeher durch den kulturellen Austausch vorangetrieben worden. Im zeitgenössischen Theater werden die unterschiedlichsten kulturellen Techniken und Erzählweisen zu einer Einheit verbunden. Theater schafft die Erfahrung der kulturellen Integration, vielmehr: der gegenseitigen, toleranten Wertschätzung.

Diese Erfahrungen hat das Welt-Theater für den Zuschauer geschaffen. Die hier vorgestellten Theatergruppen und Regisseure haben in den vergangenen zwanzig Jahren durch ihre außergewöhnlichen Arbeiten an diesen Erfahrungen mitgearbeitet und das Theater erneuert und weiterentwickelt. Sie stehen exemplarisch – und gewiß nicht lückenlos – für eine allgemeine Tendenz des westlichen Welt-Theaters, wobei sich die Betrachtungen auf ein provokatives Sprechtheater des amerikanischen und europäischen Kontinentes konzentrieren. Die meisten der genannten Gruppen haben sich jenseits der etablierten Theaterstrukturen, die in den einzelnen Ländern ganz unterschiedlich ausfallen, entwickelt und stellen mit ihren »Theater-Laboren« nicht nur inhaltlich und ästhetisch, sondern auch strukturell-organisatorisch neue Formen des Theaterschaffens vor. Blickt man von Deutschland, dem Land der jahrhundertealten subventionierten Theaterkunst, auf die Theaterstrukturen der meisten anderen Länder, erscheint die hiesige Theaterlandschaft immer noch wie ein Paradies: Nirgendwo sonst gibt es eine vergleichbare Dichte an Spielstätten und Ensembles; aus momentan (noch!) fast 110.000 Aufführungen jährlich kann sich der Zuschauer hierzulande ein vielseitiges Programm von verschiedensten Stilen und Stücken zusammenstellen. Nirgendwo sonst gibt es ein derartiges staatliches Subventionssystem für das Theaterschaffen. Im Unterschied zu anderen Ländern wird Theater in Deutschland primär als eine öffentliche Aufgabe betrachtet und nicht als eine privatwirtschaftlich-kommerzielle Unternehmung wie etwa in den USA, wo zirka 85 Prozent aller Kulturprojekte durch Fundraising finanziert werden. International gefeierte Regisseure sind daher gern und häufig an deutschen Bühnen zu Gast oder sind mit ihren Inszenierungen auf Theaterfestivals vertreten, was dem Zuschauer die Möglichkeit bietet, ihre Arbeiten zu erleben und andere Theaterformen, eben: Welt-Theater kennen zu lernen.

Das hier beschriebene Welt-Theater weist einige stilistische Kennzeichen auf: den selbstverständlichen, perfektionierten Umgang mit audiovisuellen Medien und dem Internet, die Aufhebung der Grenzen zwischen verschiedenen Genres wie Sprechtheater, Tanz und Performance und damit einhergehend die projektgebundene Zusammenarbeit von Künstlern unterschiedlichster Bereiche. Auffallend ist auch, daß es zu einer Re-Installation des Textes gekommen ist, der wieder mehr – wenn auch nicht ausschließlich – als Grundlage der theatralen Veranstaltung dient. Adaptionen dramatischer und nicht-dramatischer Texte, die in Zi-

taten oder Collagen zusammengefügt werden, bilden den Rahmen vieler Inszenierungen.

Viele dieser Elemente lassen sich in den Produktionen der besprochenen Gruppen wiederfinden, Gruppen, die mit ihren außergewöhnlichen Arbeiten ganz besondere, andere Erfahrungen vermittelt haben.

THEATER DER IDENTITÄTSSTIFTUNG

The Builders Association

Die New Yorker Theatergruppe The Builders Association wurde 1993 von der Regisseurin Marianne Weems, einer ehemaligen Dramaturgin der Wooster Group, gegründet und setzt sich aus etablierten amerikanischen Künstlern der unterschiedlichsten Bereiche zusammen. Sie produziert Multimedia-Performances, in denen die Bühnengeschehnisse – dem TV-Zappen ähnlich – zeitgleich ablaufen. Mediale Kommunikationstechniken werden zu gleichberechtigten Partnern der Darsteller in Inszenierungen, in denen der Schwerpunkt weniger auf der narrativen Struktur des Stückes liegt als vielmehr auf der rhythmisch-visuellen Umsetzung. In ihren beiden *Faust*-Versionen *Imperial Motel* (1995) und *Jump Cut* (1997) versucht Weems, klassische Texte mit neuen elektronischen Medien zu verbinden. Die Handlung wird in eine Art Filmstudio à la *Big Brother* verlegt, in dem jede Handlung der Schauspieler von Videokameras überwacht und zu einem visuellen Ereignis wird. Fast scheint es, als agierten die Schauspieler nicht für das Publikum, sondern ausschließlich für die Kameras. Projiziert werden die Live-Videostreams auf den oberen Teil der Bühne, wobei der Zuschauer seine Wahrnehmung in Zusammenhang mit den im unteren Teil agierenden Schauspielern bringen muß. Seine Sinne sind permanent gefordert, reale und virtuelle Ebenen zu verbinden. Hierdurch entsteht eine neue Art von Illusionstheater, das sich erst durch den starken Einsatz von Technik entfalten konnte. Die elektronischen Medien und ihre neuen, innovativen Erzählweisen, feste Bestandteile der heuti-

The Builders Association in Jet Lag

gen Welt, werden hier zu Werkzeugen, mit denen alte Mythen auf zeitgenössische Weise erzählt werden. Weems spielt in ihrer Inszenierung mit der Gleichzeitigkeit von Ereignissen, was zu einer Überreizung der Zuschauer führt. Doch das ist Strategie: Der Zuschauer muß selber wählen, welche Art von Stück er wahrnehmen will.

In ihrer Inszenierung *Xtravaganza* (2000) läßt sich die Gruppe von Musicals der zwanziger Jahre inspirieren und läßt sowohl mit alten Filmsequenzen als auch in live nachgespielten Szenen Biographien berühmter Künstler aufleben, um an die Anfänge der Unterhaltungsindustrie zu erinnern. Durch die gleichzeitige Einbeziehung moderner Musikstile wie Trip-Hop und Drum'n'Bass verbindet die Inszenierung Theatergeschichte mit zeitgenössischen Strömungen. Die Cross-Media Performance *Supervision* (2006) versucht, auf die unüberschaubare Datenflut einzugehen, die jeden Tag über jedermann produziert wird. Es werden Geschichten von drei Figuren erzählt, die sich mit einem anonymen Gegenüber von Daten auseinandersetzen müssen. Hierbei werden digitale Animationen, Videotechniken, elektronische Musik wie auch Live-Performance miteinander verbunden. Der Zuschauer wird zum Akteur, der sich diesem alltäglichen Wahnsinn zu stellen hat und sich fragen muß, worin der Zusammenhang besteht zwischen dem, der er ist, und den scheinbar identitätsstiftenden Daten, die über ihn produziert werden.

Jan Fabre & Troubleyn

Der belgische Regisseur Jan Fabre konfrontiert durch seine formalistischen Inszenierungen den Zuschauer mit der Entdeckung der Langsamkeit. Fabre kommt aus der Bildenden Kunst: Seine Produktionen sind in Szene gesetzte Bilder, Performances, die Darsteller zu Schauspielern und Tänzern werden lassen. Seit 1980 arbeitet Fabre mit der Gruppe Troubleyn zusammen, eine Verbindung von Künstlern aus unterschiedlichsten Bereichen. Bei ihren gemeinsamen Inszenierungen wie *This is the theatre one should have awaited and expected* (1982), *Sweet Temptation* (1991) oder *Glowing*

Els Deceukelier in Jan Fabres Inszenierung Das Glas im Kopf wird vom Glas

Fabres Inszenierung *Quando l'uomo principale è una donna* (2004) ist eine Ode an die Arbeit von Yves Klein. Sie greift auf das Motiv eines Fotos von Klein zurück, auf dem ein Mann in freiem Fall vom Vordach eines Hauses stürzt. Die Tänzerin in Fabres Inszenierung scheint sich wie auf einen Ritus auf den größten Sprung ihres Lebens vorzubereiten, wobei sich ihr Menschliches mehr und mehr zum Animalischen verwandelt. In Fabres Theater bedeuten die Agierenden nicht mehr – und nicht weniger – als sich selbst. Sie sollen zu keiner Sinnsuche verleiten, sondern sie sollen betrachtet werden – und dienen dabei einem Formalismus der Körper und der Bühne. Sie werden hierbei scheinbar zu funktionierenden Maschinen, was durch langandauernde Wiederholungen und Symmetrien verstärkt wird. Der Zuschauer wird provoziert, doch erschafft Fabre durch den Zeitfaktor und die Seriellität eine Sensibilität für das Detail. In seiner Inszenierung *Universal Copyrights 1&9* (1995) führen die Tänzer immer wieder die gleichen Bewegungen aus. Fabre spielt hierbei mit Alltag und Theater: Langsamkeit bildet auf seiner Bühne nicht Dauer ab, sondern bewirkt vielmehr eine andere, durch Verlangsamung bedingte Erfahrung von Zeit.

Icons (1998) führte er Regie und entwarf Bühnenbild und Licht. Die Malerei ist für Fabre der Ursprung der künstlerischen Suche: Hier ist es für ihn am leichtesten, aus einer Idee ein Konkretes entstehen zu lassen, eine Sprache zu finden, mit der er sich ausdrücken kann. Deshalb erklärt er in seinen Inszenierungen nichts, zeigt keine Referenzen, sondern setzt wie ein abstrakter Maler Bilder gegeneinander, die Farben, Linien, Flächen und Materialität betonen. Theater wird bei Fabre zur Bearbeitung von Raum, Zeit, Körperlichkeit, Klang, Bewegung und Farbe. Grundlage seiner Inszenierungen sind die Erfahrungen und Träume seiner Darsteller. Durch ihr gemeinsames Arbeiten heben Schauspieler und Tänzer Grenzen verschiedener Genres auf, wobei die unterschiedlichen szenischen Elemente nach keiner Hierarchie geordnet sind.

Luc Perceval

Luc Perceval, belgischer Schauspieler, Regisseur und Autor, absolvierte sein Studium am Koninklijk Conservatorium Antwerpen. Nach seinem Engagement als Schauspieler bei der Koninklijke Nederlandse Schouwburg in Antwerpen gründete er 1984 zusammen mit Guy Joosten aus Unzufriedenheit über das gängige Stadttheatersystem die freie Gruppe Blauwe Maandag Compagnie, eine der wichtigsten Vertreterinnen der Künstlerbewegung Flämische Welle: Deren Vertreter inszenierten Klassikertexte in kondensierten Fassungen, teilweise im flämischen Dialekt. Ab 1991 leitete Perceval die Blauwe Maandag Compagnie alleine, die sich nach und nach zu einem festen Ensemble entwickelte. Geprägt wurde ihre Arbeit und Ästhetik vor allem durch die Intensität des Spiels und die starke Auseinandersetzung aller an der Stück-Konzeption Beteiligten. 1998 gründete Perceval Het Toneelhuis, eine Fusion der Blauwe Maandag Compagnie mit der Koninklijke Nederlandse Schouwburg, deren künstlerischer Leiter er wurde. Ziel dieser Gruppe war es, eine künstlerische Plattform für Theaterexperimente junger flämischer und niederländischer Theatermacher zu schaffen. Zu ihren Produktionen gehört unter anderem der Shakespeare-Marathon *Ten orloog*, als deutschsprachige Version unter dem Titel *Schlachten!* (1999) bekannt. Seit 2000 arbeitet Perceval regelmäßig als Regisseur an deutschen Theatern, wo er zum Beispiel Tschechows *Kirschgarten* (2001), *Andromache* nach Racine (2003) oder auch zeitgenössische Stücke wie Fosses *Traum im Herbst* (2001) inszenierte. Zu seinen jüngsten Arbeiten gehören Operninszenierungen wie *Tristan und Isolde* (2004) und *Die Sache Makropulos* (2005).

Perceval erarbeitet aus klassischer Dramatik gerne eigene Textversionen, wie er es zum Beispiel in seiner herausragenden Inszenierung *Schlachten!* getan hat. Hier hat er zusammen mit dem flämischen Autor Tom Lanoye eine neue Fassung der »Rosenkriege« von Shakespeare erstellt, die die Aktualität dieser historischen Königsdramen freilegt. *Schlachten!* erzählt konsequent die Geschichte von Macht und vom Zerfall der Gesellschaft, die wie eine moderne Vision vom Ende unserer demokratischen Welt anmutet. Es ist eine Geschichte der Dekadenz, die sich in dem zwölfstündigen Theatermarathon auch szenisch niederschlägt. Zunächst fühlt man sich wie in einem mittelalterlichen statuarischen Theater, das dann in die Nähe zum Volkstheater rückt. Auf die Psychologie der bürgerlichen Dramatik folgen Slapstick und amerikanischer Slang, die an Quentin Tarantinos Mafiawelt erinnern, bevor im Sprachgewirr aus Deutsch und Englisch der letzte der Könige in die Einsamkeit entlassen wird. Dabei wird auf der Bühne mit einfachsten Mitteln über Stunden eine intensive Spannung aufgebaut, die die Phantasie des Publikums fordert.

Szenenbild aus Luc Percevals Schlachten!

Seine Adaption von William Shakespeares *König Lear* nennt Perceval *L. King of pain* (2002). Die Inszenierung ist eine Koproduktion des Theaters Het Toneelhuis, des Schauspiels Hannover und des Schauspielhauses Zürich. Die Schauspieler kommen aus allen drei Häusern. Perceval siedelt das Stück bewußt zwischen deren verschiedenen Sprachen an, da das Flämische, Niederländische, Deutsche und Französische jeweils eigene historische und soziale Milieus, also Identitäten beschreiben. Wenn sich zum Beispiel L.s Töchter und Schwiegersöhne über seinen Kopf hinweg über die Probleme mit dem alten Vater verständigen wollen, sprechen sie ein Französisch der Aufsteiger; L. selbst mischt ein paar Brocken Mittelhochdeutsch ein. Perceval produziert mit diesem »germanischen Esperanto« sprachliche Grenzüberschreitungen, die nicht nur strukturell, sondern auch inhaltlich nach verschiedenen Theaterlandschaften und Sprachräumen Europas fragen und sowohl Schwierigkeiten als auch Möglichkeiten des europäischen Einigungsprozesses aufzeigen.

THEATER DER DIREKTEN KOMMUNIKATIONSWEISEN

The Wooster Group

In den sechziger und siebziger Jahren entstanden in den USA freie Theatergruppen, die den Alltag unterbrechen und theatralisieren wollten, um damit revolutionäre Absichten durchzuspielen. Eine von ihnen war die legendäre New Yorker Performance Group, 1967 von dem Theaterprofessor Richard Schechner gegründet. Diese wollte mit ihren provokativen Aufführungen die Normen und Masken der Gesellschaft durchbrechen. Akteure und Publikum teilten den Raum gemeinsam, der nicht durch Konventionen fragmentiert wurde. So wurden die Zuschauer in Aufführungen wie *Dionysus in '69* (1969) oder *Commune* (1970) selbst zu bespielbaren Objekten des Raumes: Sie wurden angeschrien, bemalt und betastet und erlebten somit das Geschehen am eigenen Leib.

1980 gab Schechner die Leitung der Gruppe auf, die sich unter Elisabeth LeCompte, Jim Clayburgh und Spalding Gray in The Wooster Group umbenannte. Der Name rührt von der Adresse ihrer eigenen Spielstätte her, der Performing Garage 33, Wooster Street, Soho, New York City. Wesentliche Elemente ihrer Inszenierungen sind der freie Umgang mit den Rollen der Schauspieler, Videoprojektionen, die nicht als Einspielung, sondern als Akteure fungieren, eine Bühne auf der Bühne, das Zitieren unterschiedlicher Stilformen und ein assoziativer Umgang mit Textvorlagen. Seit ihrer Gründung hat sich die Wooster Group mit sozialen Themen wie Gewalt, kultureller Integration bzw. Abgrenzung auseinandergesetzt. In ihrer Inszenierung *Route 1&9* (1981) treten weiße Schauspieler schwarz geschminkt auf und spielen unter anderem Szenen aus dem dritten Akt

Eugene O'Neills The Hairy Ape in der Interpretation von The Wooster Group

von Thornton Wilders *Unsere kleine Stadt* im Idiolekt der Vaudeville-Shows und der afroamerikanischen Bevölkerung von New York, so daß Zeichenklischees der weißen wie auch der schwarzen Kulturen aufeinander prallen.

Bei ihren späteren Textadaptionen von Tschechows *Drei Schwestern*, der Inszenierung *Brace up!* (1990 / zweite Version 2003), und von O'Neills *Hairy Ape* (1997) bedient sich die Wooster Group einer eigenen Art von Montage, in der Fragmente der dramatischen Literatur, persönliche Erlebnisse und Ausschnitte aus Filmen und Videos sowie der Musik miteinander verwoben werden. In einem »work-in-progress«-Prozeß kommen die unterschiedlichen Elemente zu einer Aufführung zusammen: Ein Gesamtkunstwerk entsteht, in dem sämtliche Elemente gleichbedeutend sind. Dabei bezieht sich die Wooster Group immer wieder auf das Medium Theater selbst, indem sie die Produktion von Theater in ihren Inszenierungen sichtbar macht. So führt in *Brace Up!* eine Erzählerin durch die Handlung und fordert Debatten über die Notwendigkeit bestimmter Textpassagen heraus, wodurch sich der Zuschauer wie auf einer Theaterprobe fühlt. Als Vorlage für ihre Inszenierung von William Shakespeares *Hamlet* (2006) diente der Gruppe nicht das Drama selbst, sondern die berühmte Aufzeichnung der Broadway-Inszenierung mit Richard Burton aus dem Jahre 1964. Diese Aufzeichnung ist in stark bearbeiteter Form als Hintergrundprojektion zu sehen, während die Darsteller der Wooster Group das Spiel der Filmschauspieler technisch perfekt kopieren und auch die Kamerabewegungen im Verhältnis zum Betrachter ausloten. Wird zum Beispiel der Darsteller im Film in einer Großaufnahme gezeigt, kommt der Schauspieler der Gruppe ganz nah an die Rampe. Das Verhältnis zwischen den drei *Hamlet*-Versionen (Shakespeare, Broadway, Wooster Group) wird zum Spielraum der Inszenierung, denn fast immer sind alle drei in wechselnden Gewichtungen präsent. Aus dem Film wurden ganze Figuren technisch herausgeschnitten, wodurch häufig das leere Broadway-Bühnenbild zu sehen ist, während Kamerabewegung und Tonspur davon nicht beeinflußt wurden. So bleibt den Schauspielern der Wooster Group genügend eigener Raum für ihre Interpretation der Shakespeare-Figuren. Ein Spiel mit dem Spiel eines Spieles der Kommunikation.

La Fura dels Baus

Die katalanische Performance-Gruppe La Fura dels Baus ist 1979 in Barcelona unter dem Einfluß von Theatergruppen wie den 1965 gegründeten Els Joglars und den seit 1971 existierenden Els Comediants entstanden. Diese beiden spanischen Gruppen suchten mit ihren Inszenierungen, in denen sie mit Elementen der Commedia dell'arte, der Akrobatik, der clownesken Mimekunst eines Marcel Marceaus oder Jango Edwards sowie mit religiösen Ritualen spielten, die vom franquistischen Staat verhängte Zensur zu umgehen. La fura dels Baus nahm in ihren ersten Inszenierungen wesentliche Stilelemente dieser Gruppen auf und verließ den traditionellen Theaterraum, um den Zuschauer in seiner gewohnten Umwelt zu konfrontieren. Ihre Aufführungen fanden auf öffentlichen Plätzen und Straßen statt, so daß das Publikum denselben Raum wie die Akteure teilte und dadurch eine ähnliche Erfahrung machte: Ziel war eine »kollektive Schöpfung«. In ihren frühen Performances *Accions* (1983), *Suz/o/Suz* (1985) oder *Tier Moon* (1989) versetzte La Fura dels Baus den Zuschauer in eine beengende Hölle: Nackte Akteure durchlebten unter Schmerzen rituell Geburt und Tod, während durch den Zuschauerraum schnell und scheinbar unkontrolliert kleine Wagen gezogen wurden, so daß die Menge plötzlich auseinander bersten mußte. Lärmende Trommelmusik und grelle, pyromanische Lichteffekte verstärkten den Angstzustand des Zuschauers. Schauspieler und Publikum wurden beide zu Performern, Darsteller eines gemeinsamen Geschehens, dem sie nicht entkommen konnten.

Im Laufe der neunziger Jahre erweiterte die Gruppe ihre künstlerischen Projekte auf eher traditionelles Sprechtheater, digitales Theater sowie auf die Realisierung großangelegter Events. Großes Aufsehen erregte die Gruppe zum Beispiel durch die Gestaltung der Eröffnungsfeier der Olympischen Sommerspiele 1992 in Barcelona oder durch ihre Performances für große Konzerne wie Pepsi oder Mercedes Benz, in denen eine aggressive Körperästhetik, experimentelle Videos und Musik die Werbeveranstaltungen zu verstörenden Multimedia-Spektakeln werden ließen. Mit den Opern *Atlantide* von Manuel de Falla (1996) oder *Le martyre de Saint-Sébastien* von Claude Debussy (1997) stellte sich die Gruppe dem musikalischen Genre und überzeugte mit der Opulenz der Inszenierungen.

Die Produktion *Fausto versión 3.0* (1998) ist auf der Grundlage von Goethes *Faust* entstanden. Sie verknüpft auf erstaunliche Weise Multimedia, Schattenspiel und Geräuschkulissen zu einer modernen und magischen Lesart der Faust-Figur. Die Gruppe entwickelte für diese Inszenierung ein neues Verfahren: Die visuelle Sprache der Videokunst wird mit den agierenden Schauspielern verbunden, was eine Gleichzeitigkeit szenischer Sprachen schafft. Faust befindet sich vor einem riesigen Computerbildschirm und sucht im virtuellen Raum nach Gesellschaft. Aber er bleibt alleine; selbst Mephisto spricht zu ihm nur über den Bildschirm. Manchmal verwandelt sich der Körper des Hauptdarstellers dabei in eine Projektion, manchmal wird nur sein Schatten Projektion, manchmal wird aber auch sein Körper zum Bildschirm. In dieser Verbindung »Körper-Bildschirm-Projektion« hat La Fura dels Baus das »digitale Theater« für sich entdeckt. Durch die Mischung von Live-Präsenz und Material, das vorweg filmisch aufgenommen wurde, werden unterschiedliche Zeiträume miteinander vernetzt, wodurch Identität lediglich als temporär und als konfliktreich erfahren wird. 2001 verfilmte die Gruppe den Faust-Mythos als *Fausto 5.0*.

Mit der Inszenierung *Metamorfosis* (2005) hat La Fura dels Baus dann eine freie Adaption des Klassikers *Die Verwandlung* von Kafka auf die Bühne gebracht. Bei dieser Produktion tritt die Gestalt des Gregor Samsa in einem Glaskasten auf, der an ein Terrarium erinnert. Die Einsamkeit und die völlige Unfähigkeit, mit anderen Menschen eine reale und nicht nur virtuelle Beziehung einzugehen, sind die zentralen Themen der Inszenierung, die im Gegensatz zu früheren rauschhaften Sessions eher ruhig daher kommt.

Gob Squad und Station House Opera

Die Aufführungen verschiedener britischer Performance Groups finden an ungewöhnlichen Orten statt, um Alltäglichkeit zu demonstrieren und mit dem Publikum in direkte Kommunikation treten zu können: So bespielt die 1994 gegründete Künstlergruppe Gob Squad aus Nottingham/Berlin in der Performance *House* (1994) ein Einfamilienhaus und läßt den Zuschauer minutiös Spielzeug und Haushaltswaren bewundern, um damit auf die Rituale des Alltags aufmerksam zu machen. Umgebungen, die sozial bestimmt und beladen sind, werden zum Theaterraum erklärt. Die Gruppe arbeitet ohne feste Regisseure und kollaboriert für bestimmte Projekte mit anderen Künstlern. Sie ist auf der Suche nach neuen Formen der Kommunikation und Interaktion zwischen Darstellern und Zuschauern, um Themen wie Liebe, Sehnsüchte und Identität assoziativ zu erforschen. Dabei verwendet Gob Squad meistens keine textlichen Grundlagen, sondern entwickelt ihre Projekte aus Ideen, Improvisationen und Biographien. Die Darsteller nutzen alltägliche Situationen einer jugendlichen Clubkultur: Wie auf langweiligen Partys werden Witze zum Besten gegeben oder derbe Geschichtchen erzählt. Als szenische Mittel dienen Fotos, allerlei unsinniger Krimskrams, Videos oder nachgestellte Dialoge aus bekannten Filmen oder Shows, Zitate trivialer Kultur. Eine besondere Funktion nimmt häufig der Zuschauer ein, der in der Performance selbst zum Akteur wird. So etwa in *Say It Like You Mean It* (2000): Hier wird er aufgefordert, zusammen mit der Gruppe den ersten Abend nach dem Weltuntergang zu verbringen, während er in *King Kong Club* (2005) in einem Affenkostüm bei Dreharbeiten zu einem Film mitwirken muß und sich am Ende des Abends den entstandenen Film anschauen kann.

Die 1981 gegründete Londoner Theatergruppe Station House Opera zeigt in ihrer Inszenierung *Roadmetal Sweetbread* (1998) den Wettkampf zwischen einem Mann und einer Frau um Authentizität, indem sie beide um die Aufmerksamkeit des Zuschauers wetteifern läßt. In atemberaubendem Tempo entwickelt sich ein wortloses Beziehungsdrama, das mit seinen Wiederholungen und Zeitschleifen an Stummfilme erinnert. Die verschiedenen Versionen der Protagonisten, die sich in Selbstbildern und Videoprojektionen manifestieren, begegnen einander mit widerstreitenden Gefühlen und zeigen so verdeckte Sehnsüchte und geheime Leidenschaften suchender Individuen auf. Die Inszenierung *Play on Earth* (2006) ist ein Spiel mit Zeitzonen und Ortswechseln: An drei verschiedenen Orten der Welt (Singapur; São Paulo; Newcastle, England) wird simultan vor Videokameras gespielt, die das Geschehen live ins Internet übertragen. Dabei nehmen die Geschichten der Figuren aufeinander Bezug: Ein brasilianisches Ehepaar frühstückt, aber die Frau ist mehr an dem schlafenden Mann aus Singapur interessiert als an ihrem echten Gatten; die Frau aus England wiederum findet Gefallen an dem Brasilianer. Die Schauspieler spielen sowohl live vor einem realen Publikum als auch vor einem Internetpublikum und vermitteln den Zuschauern so den Eindruck von »alles-möglicher«, gleichzeitiger Kommunikation.

Jan Lauwers & Needcompany
Die Inszenierungen des Belgiers Jan Lauwers thematisieren die veränderten Wahrnehmungsgewohnheiten des medialen Zuschauers. 1979 gründete der Belgier mit verschiedenen Künstlern das Epigonentheater, aus dem 1985 die Brüsseler Needcompany hervorging. Lauwers' Inszenierungen sind durch Gegensätze gekennzeichnet: individuelles Spiel versus kollektive Handlung, Einfühlung versus Distanz, Schönheit versus Verfall. Lauwers läßt den Zuschauer im formalen Ungewissen, setzt auf bildgewaltige Fragmentarisierung. Wenn der Regisseur Dialoge durch eingeschobene Tanznummern plötzlich unterbrechen läßt, verzichtet er auf eine geschlossene Handlungsführung, und Zeit- und Raumebenen schweben übereinander. Durch diese Unterbrechungen verliert die Aufführung zwar an Spannung, aber der Zuschauer wird gezwungen, sich auf die Körperlichkeit der Darsteller zu konzentrieren und die Echt-Zeit ihres Agierens genauer wahrzunehmen. Gesten, Stimmen und Bewegungen werden in Lauwers' Arbeiten zu neuen Zusammenhängen verbunden und szenisch collagiert, wodurch der Zuschauer die Möglichkeit hat, sein eigenes Bild in seiner Phantasie zu vollenden.

Lauwers' frühe Inszenierungen mit dem Epigonentheater wie *Already Hurt and Not Yet War* (1982) oder *Vogel Strauß* (1984) haben keinen literarischen Text zur Grundlage, ganz im Gegensatz zu seinen späteren Inszenierungen, in denen er zum vorgeformten Wort zurückgefunden hat. Mit seinen Shakespeare-Versionen *Julius Caesar* (1990), *Antonius und Cleopatra* (1992), *Needcompany's Macbeth* (1996) und *Needcompany's King Lear* (2000) beweist er immer wieder die gelungene Verbindung von Text und Raum. Die lineare Handlung wird hierbei aufgelöst; dennoch finden die behandelten Themen durch die Montage ihre logische Ordnung. Lauwers knüpft mit diesem Verfahren an die fragmentierenden Kommunikations- und Erzählweisen des Films an.

1994 startete er den ersten Teil der *Snakesong-Trilogie*, einer 1996 abgeschlossenen Suche nach Tod, Gewalt und Sexualität. Mit dem letzten Teil der Trilogie, *Part 3 Snakesong/Le Désir*, verdeutlicht Lauwers seine bilderhaften Collagen: Ein alternder Mann schildert Fragmente dunkler Alpträume, die von Gewalt und Liebe handeln. Am Ende stirbt der Mann und wird von einer Darstellerin ausgeknipst wie eine Lampe. Oder wie ein Fernsehapparat. Mit *Isabella's Room* (2004) erzählt Lauwers dem Zuschauer die Geschichte einer Frau, die ihr Leben auf vielschichtigen Lügen aufgebaut hat und sich nun, neunzigjährig, erinnert. Inspi-

Needcompany's Macbeth in der Inszenierung von Jan Lauwers

riert wurde der Autor und Regisseur Lauwers von der befremdlichen Erbschaft seines Vaters: Der hatte ihm eine Kollektion von Sammlerstücken aus Afrika vermacht und ihm so die Vorlage für diese Reise ins koloniale Denken geliefert. Auch in dieser Inszenierung arbeitet der Regisseur wieder mit sequenzhaften Erzählweisen und einer nicht linearen Handlungsführung, wodurch der Zuschauer aufgefordert wird, sich seine eigene Version der Geschichte zu bauen.

THEATER DES SOZIAL-POLITISCHEN RAUMES

Eimuntas Nekrosius

Der Reformer des modernen litauischen Theaters, der Regisseur Eimuntas Nekrosius, wurde an einem Moskauer Eliteinstitut zum Regisseur ausgebildet. Als Mitte der achtziger Jahre vor allem die jüngere Generation im Baltikum offen gegen die Dominanz der russischen Kultur aufbegehrte, wurde Nekrosius durch seine Inszenierungen in litauischer Sprache und mit litauischen Schauspielern zum Protagonisten eines jungen litauischen Nationaltheaters. Er übernahm 1980 die Leitung des Jungen Theaters in Vilnius und gründete 1998 das unabhängige Künstlerzentrum The Fort of Art. Er legt in seinem poetisch-metaphorischen Theater das Hauptaugenmerk auf die psychologischen Momente der Figuren. In seinen Inszenierungen entstehen eigentümliche Bilder vom Mensch-Sein, deren Bedeutungen vielschichtig und rätselhaft sind: Mysterien der Symbole. Reduktion und Stilisierung bilden den Rahmen für die antinaturalistische Bühne seiner Produktionen, wodurch das emotionale und plastische Spiel der Akteure besonders wichtig wird. Texte benutzt Nekrosius lediglich als eine Grundlage, als einen Impuls, um eine für ihn bedeutende Essenz der Geschichte zu erzählen.

In seinen Inszenierungen der neunziger Jahre setzt er sich hauptsächlich mit Werken Shakespeares auseinander. Seine Produktionen von *Hamletas* (1997) und *Makbetas* (1998) werden dabei zu rauschenden Studien, die eine neue Lesart der Texte offen legen: Die drei Macbethschen Hexen sind blutjunge Girlies à la MTV, die selbstsicher und kichernd Macbeth zu immer neuen Morden anstacheln und den Mörder damit zum Opfer machen. Macbeth – entblößt von den Szenen um Verrat, Machtintrigen und Krieg – und seine Suche nach Selbsterkenntnis stehen ganz im Mittelpunkt der Handlung. Hierbei wird er von den drei Hexenschwestern in imposanten Bildern begleitet: Mal wird er auf ein Brett gestoßen und ihm werden große Nägel zwischen die Füße gehämmert, um das ganze Objekt anschließend sanft kreisen zu lassen; mal versuchen sie ihn dazu zu verführen, weiter zu morden, wobei Steine aus dem Bühnenhimmel auf ihn niederprasseln. Macbeths Absichten um Selbsterkenntnis und Freiheit sind vielleicht gut gemeint, führen aber doch nur zum Pakt mit dem Bösen: Die szenische Meditation Nekrosius' zeigt die Dialektik von Macht auf und zieht deutlich ihren Bogen zum Untergang des kommunistischen So-

Szenenbild aus Makbetas in der Regie von Eimuntas Nekrosius

Ricardo Bartis Truppe Sportivo Teatral in Die Sünde, die man nicht beim Namen nennen darf

wjetimperiums. Eine klare politische Anspielung, die aber immer noch genügend Raum für eigene Assoziationen läßt.

Mit seiner Inszenierung von Tschechows *Kirschgarten* (2003) in Russland gelang Nekrosius ein großer Erfolg: Über weite Strecken hat die Inszenierung den Charakter einer Revue von Tschechow-Nummern, einer Parodie also auf die bekannten Momente des russischen Klassikers. Nekrosius weckt mit seiner Lesart geschickt ein neues Interesse an diesen vertrauten Stoffen. In den letzten Jahren hat er eine neue Leidenschaft für sich entdeckt: Mit den Inszenierungen der Opern *Macbeth* von Verdi (2002), *The Children of Rosenthal* von Leonid Desyatnikov (2005; Libretto von Vladimir Sorokin) und *Die Walküren* (2007) von Richard Wagner widmet er sich sehr erfolgreich dem Musiktheater und überrascht auch hier durch seine spezielle Lesart.

Ricardo Bartis und Sportivo Teatral

Die freie Theaterszene in Argentinien bot schon während der Militärdiktatur eine ästhetische Alternative zu den subventionierten, die öffentliche Meinung bestätigenden Staatstheatern. Sie benutzte Räume und Ressourcen, um sich der absoluten Macht der Militärdiktatur zu widersetzen, und wurde somit zu einem geheimen Ort der Versammlung und der Kommunikation. In so genannten »Schuhkartons«, Theaterräumen, die nicht mehr als hundert Zuschauer fassen konnten, wurde politisch andersdenkendes Theater gezeigt, wobei die Räumlichkeiten weniger aus ästhetischen als vielmehr aus materiellen Gründen gewählt wurden. Diese »Schuhkartons« sind bis heute Programm geblieben. Die Gruppen haben sich finanziell weitgehend unabhängig gemacht, indem sie ihren Lebensunterhalt mit dem Abhalten von Workshops bestreiten. Gerade durch die Reduktion der szenischen Mittel und den Verzicht auf teure Bühnentechnik wird das Publikum dazu aufgefordert, sich mehr auf Schauspieler und Sprache zu konzentrieren. Die Projekte setzen sich häufig mit der Bewältigung der Militärdiktatur und mit dem bis heute kaum geklärten Thema des Verschwindens von 36.000 Argentiniern in dieser Zeit auseinander.

Der Autor und Regisseur Ricardo Bartis, der

1986 die Theatergruppe Sportivo Teatral gegründete hat, ist einer der bedeutendsten Vertreter dieses Theaters. Bartis ist mit seiner Gruppe auf der Suche nach der Darstellbarkeit subtiler Vorgänge, die sich der Exposition großer Ideen verweigern und – ganz der Tradition des argentinischen Schriftstellers Jorge Luis Borges folgend – neue, phantastische Mythen schaffen und sie anschließend dekonstruieren. Dies zeigt er sehr anschaulich mit Inszenierungen wie *Telarañas* (1985), *Hamlet o la guerra de los teatros* (1992) oder der nach der Romanvorlage Roberto Arlts entstandenen Arbeit *El pecado que no se puede nombrar* (1998). Bartis forscht bei seinen dramaturgischen Kompositionen nach der Musikalität der Sprache verschiedener Autoren, um Strukturen des Tragischen und Komischen zusammenzuführen. Die Szenen in seinen Inszenierungen rutschen häufig ins Absurde und Groteske ab, finden aber ihren Weg in die Realität immer wieder, wodurch sie ein großes gesellschaftskritisches Moment aufweisen. Dabei bezieht sich Bartis nicht auf konkrete Verhältnisse im Land, sondern bleibt mit seiner Erzählweise im Allgemein-Menschlichen. Die Inszenierung *De Mal en Peor* (2005), eine Hommage an die Texte von Florencio Sánchez, erzählt die Geschichte einer historisch merkwürdigen Begebenheit: Die Nordamerikanerin Mary Helen Hutton gehörte zu einer Gruppe von Lehrern, die in einer groß angelegten Kampagne der Bevölkerung Argentiniens das Lesen und Schreiben beibringen wollte. Sie wurde von einer indianischen Gruppierung sechsundzwanzig Jahre lang gefangen gehalten. Bei der Befreiung erhielt sie von der Regierung als Entschädigung Staatsanleihen, die jedoch nie gefunden wurden. Mit seiner skurril-düsteren Inszenierung wirft Bartis wieder einmal einen ungewöhnlichen Blick auf Geschichte und entläßt den Zuschauer mit vielen Fragen, auf die er selbst Antworten zu suchen hat.

ZT Hollandia

Die ZT Hollandia, 1985 unter der künstlerischen Leitung des Regisseurs und Choreographen Johan Simons und des Komponisten Paul Koek in Amsterdam entstanden, wählt für ihre Aufführungen ungewöhnliche Orte: einen Autofriedhof etwa, ein Fußballstadion oder einen Fischmarkt. Hierdurch verstärkt sich der konkret-sinnliche Erfahrungsgehalt für den Zuschauer.

Industrieprojekt 1: KLM Cargo der Theatergroep Hollandia

Die Großproduktion *Der Fall der Götter* (1998) findet in einer immensen Fabrikhalle statt und erzählt eine Art politische Familiensaga des Fabrikantenclans Krupp: Die alte Fabrikhalle ändert für einen Abend ihre Funktion, nicht aber ihren Bedeutungszusammenhang. In der Inszenierung übernehmen die einzelnen Schauspieler jeweils mehrere Rollen, unterstützt von einer Einsprecherin, die Textanweisungen gibt und damit immer wieder den Spielfluß unterbricht. Ein wesentliches Element der Inszenierungen ist die harmonische Verbindung von Text und Musik: Bei dieser Produktion spielt ein auffällig plaziertes Cello- und Percussion-Trio verfremdete SA-Lieder und improvisiert Geräuschkulissen, um die Gefühlszustände der Figuren zu unterstreichen.

2001 fusionierte ZT Hollandia mit dem Het Zuidelijk Toneel in Eindhoven und umfaßt nun sowohl das Veenstudio, ein experimentelles Musiklabor, das Paul Koek leitet, als auch das Jonghollandia, ein Theaterrefugium für junge Absolventen der Toneelacademie Maastricht. Johan Simons, der 2005 Leiter des Nederlands Toneel Gent wurde, hat in den letzten Jahren auch an deutschen Theatern inszeniert, wie zum Beispiel *Anatomie Titus Fall of Rome. Ein Shakespearekommentar* (2003) von Heiner Müller an den Münchner Kammerspielen.

Theater der kulturellen Integration

Robert Lepage

Der Kanadier Robert Lepage hat durch seinen vielseitigen und souveränen Umgang mit unterschiedlichen Medien die Grenzen des Theaters erweitert. Er verschmilzt in seinen Inszenierungen verschiedene Künste zu einer beruhigenden Harmonie und läßt dabei jeder Ausdrucksform ihre eigene Kraft.

Von 1989 bis 1993 leitete er das französische Theater des National Arts Center Ottawa. In dieser Zeit entstanden unter anderem eine Shakespeare-Trilogie mit *Coriolan*, *Macbeth* und *The Tempest*. 1994 gründete Lepage die Produktionskompanie Ex Machina, mit der er nach einem freieren Umgang mit Text sucht. Er entwickelt gemeinsam mit seinen Schauspielern in sogenannten »collective writings« Texte, von denen es kaum eine Druckfassung gibt. Die Arbeiten sind von unterschiedlichsten Kultur- und Spracheinflüssen durchzogen, die sich auch in Lepages Inszenierungen widerspiegeln. *The seven streams of river Ota* etwa wurde zu einem »work in progress«, das vier Jahre andauerte. Die endgültige Fassung der siebenteiligen Geschichte war 1996 zu sehen: ein Acht-Stunden-Epos, eine interkulturelle Familiensaga zwischen Japan, den USA und Kanada. Die Geschichte beginnt 1945 in Hiroshima mit einer Szene mit Überlebenden des Holocaust, wobei merkwürdige Zeiteinschneidungen durch die gleichzeitige Darstellung von Atombombenopfern stattfinden. 1997 endet die Geschichte an eben diesem Ort: ein familiärer Zyklus voller Leidensgeschichten. Das Bühnenbild, ein japanisches Teehaus, benutzt Lepage geschickt für die Vermischung kultureller Theatertechniken wie dem indonesischen Schattenspiel, dem japanischen Kabuki und Videoprojektionen, die die unterschiedlichen Zeit- und Raumebenen der fast mythisch anmutenden Erzählung darstellen.

1997 eröffnete Lepage in einer umgebauten alten Feuerwache das Theaterlaboratorium La Caserne Dalhousie, das mit verschiedenen Studios und Computerräumen ausgestattet ist. Hierhin werden Künstler aus der ganzen Welt eingeladen, um multidisziplinäre Projekte zu realisieren. Hier entstanden Arbeiten wie *Geometry of Miracles* (1998) und *the far side of the moon* (2000).

Neben seiner Tätigkeit als Regisseur und Schauspieler im Theater dreht Lepage auch sehr erfolgreich Filme wie *Le Confessional* (1995), *Le Polygraphe* (1996) oder *Nô* (1998). Als Opernregisseur erarbeitete er unter anderem *La Damnation de Faust* (1999) von Berlioz und *1984* von Lorin Maazel nach Orwell (2005). Daneben inszenierte er verschiedene Tourneeproduktionen für Peter Gabriel sowie die Show *KÀ* für den kanadischen Cirque du Soleil.

The seven streams of river Ota von Robert Lepage

Lepage setzt bei seiner Theaterarbeit auf das »Romantische der Kunst«, um den Zuschauer immer wieder auf eine Reise ins Traumhafte und Visionäre zu entführen. Mit seiner Hamlet-Version *Elsinore* (1996) kehrt er zur Bearbeitung eines dramatischen Textes zurück. Als Darsteller sämtlicher Rollen vollbringt er einen meisterlichen Solo-Abend und erzählt seine Geschichte mit höchster technischer Perfektion. Damit sucht er die These des »Zeitalters der Reproduzierbarkeit der Kunst« zu untermauern. Auch seine Inszenierung *The Andersen Project* (2005) ist ein grandioser Solo-Abend, für den er Hans Christian Andersens Märchen *Die Dryade* als Vorlage gewählt hat. Aus diesem baut er seine eigene Geschichte: Ein Komponist – vielleicht ein heutiges Alter ego des dänischen Dichters – soll für eine französische Oper ein Libretto nach Andersens Märchen verfassen. Voller Hoffnung auf einen Erfolg beginnt der Künstler seine Arbeit, scheitert aber an der rauhen Wirklichkeit des Kunstbetriebes. Lepage nutzt zur Verwebung der verschiedenen Figuren Projektionen und Live-Kameras auf der Bühne. Dabei versteht er es perfekt, die verschiedenen Künste zu einem Gesamtkunstwerk zu verschmelzen und somit die Grenzen des Theaters zu erweitern. Wie in anderen Inszenierungen spielt er in den zweieinhalb pausenlosen Stunden der Solo-Show selbst ein Dutzend Rollen mit Hilfe von wenigen Requisiten und schnell wechselnden Kostümen, was eine große Freude für Freunde großer Schau-Spielkunst ist.

Socìetas Raffaello Sanzio

Die italienische Theatergruppe Socìetas Raffaello Sanzio ästhetisiert mit ihren bemerkenswerten Inszenierungen die Erfahrung körperlicher Besonderheit. Die 1981 von Romeo und Claudia Castellucci und Chiara und Paolo Guidi in Cesena gegründete Gruppe gehört zu den radikalsten Vertretern des nuovo teatro in Italien. Die Gruppe versteht Theater als Kunstform, die andere Künste in sich vereint und alle Sinne des Zuschauers ansprechen soll. Ursprünglich aus dem Bereich der Bildenden Kunst kommend, entwerfen die Künstler für die Bühne erstaunliche Installations- und Klangräume. Die

Inszenierungen verstören mit ihrem gewaltigen und doch sensiblen Bildertheater den Zuschauer immer wieder aufs Gröbste. Die Gruppe arbeitet als Projekttheater, in dem für jede Arbeit ein neues Ensemble zusammengestellt wird. Das scheint auch notwendig, denn die Künstler bauen aus krankhaft veränderten Menschenkörpern szenische Skulpturen. In Textadaptionen wie *Gilgamesh* (1990), *Hamlet* (1992) oder *Orestea* (1997) wird der Zuschauer auf quälende Art herausgefordert, am sprachlosen Leiden der Figuren teilzunehmen: Julius Caesar wird von einem Schauspieler dargestellt, der, durch eine Kehlkopfkrankheit bedingt, lediglich mit einen Sprechapparat blecherne Worte produzieren kann, Agamemnon von einem am Down-Syndrom erkrankten Schauspieler, Apollo von einem Mann, dessen beide Arme verstümmelt sind. Die klassischen Stoffe werden in den bildgewaltigen Performances verkürzt und auf das Wesentliche reduziert: das Entsetzen über die Taten, zu denen der Mensch fähig ist. Text verkommt bei diesen rauschhaften, einer morbid-expressiven Ästhetik verpflichteten Inszenierungen zu einer Farce, zu einem Sowieso-Nicht-Ausdrückbaren. Die Figuren werden so sehr über ihre körperlichen Besonderheiten charakterisiert, daß jegliches Erzählen der eigenen Geschichte unbedeutend wird – wobei sich der geplagte Zuschauer zuweilen durchaus fragt, ob es sich hierbei nicht doch auch um entblößendes Ausstellen von körperlicher Andersartigkeit handelt. Daß die Figuren so gezeichnet sind, deutet aber auf ihre Umstände hin: Sie können ihrer eigenen Geschichte (und ihrem Körper) nicht entkommen und müssen sich ihrer Lebenssituation stellen. Wird der hagere Orest zu Beginn der Aufführung noch von einem an weichen Schnee erinnernden Staub fast zärtlich bedeckt, steht er am Ende in einem roten, dreckigen Blutmeer, das er durch sein Handeln heraufbeschworen hat. Ähnlich wie bei den Surrealisten der zwanziger Jahre vertraut auch der Regisseur Romeo Castelluci auf die Macht suggestiver Bilder, die beim Zuschauer archaische Eindrücke von Geburt und Tod hervorru-

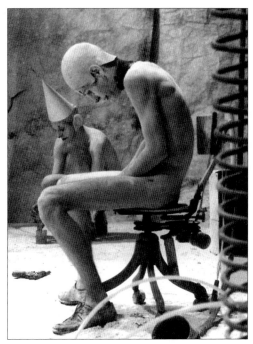

Szene aus Orestea von der Società Raffaello Sanzio

fen. Castelluci verschreckt den Zuschauer in seinen neueren Inszenierungen mit dem Ausweiden von Kühen und Pferden und begibt sich mit diesem Element, das Opfer-Riten aufgreift, in die Nähe des Orgien- und Mysterientheaters eines Hermann Nitsch. Auch wenn die Produktionen ob ihrer Wirklichkeitsnähe nicht den ungebrochenen Jubel der Zuschauer hervorrufen, steht doch eines fest: Die Inszenierungen der Società Raffaello Sanzio wirken lange nach.

Ihr Projekt *Hey Girl!* (2005) spielt mit Bildern von Frauen und deren ständigem Wechsel von Identitäten. Auf einem Tisch liegt zum Beispiel eine undefinierbare Masse, aus der sich eine junge Frau herausschält, die sich im Verlauf des tänzerischen Spiels zu einer Kreuzritterin entwickelt und sich schließlich als ein Schmetterling mit durchbohrten Flügeln entpuppt. Auch hier werden symbolische Ordnungen gegeneinander gestellt und mythische Konnotationen gebrochen. Der Zuschauer ist gefragt, für sich zu entscheiden, was er in dem Erlebten gesehen haben will.

Richard Maxwell

Die Inszenierungen des New Yorker Autors und Regisseurs Richard Maxwell sind direkt, minimalistisch und gespickt mit sarkastischem Humor. Material seines hyperrealistischen Theaters ist die Banalität amerikanischer Alltäglichkeit, ein Blick, der Amerika fernab vom goldenen Glanz zeigt. Dieser Blick ist ein unterkühlter, der von außen tief ins Innere vordringt.

Richard Maxwell studierte Schauspiel an der Illinois State University, bevor er Ende der Neunziger nach New York zog, um sich in der experimentellen Downtown-Theaterszene zu etablieren. Derzeit fungiert er als künstlerischer Leiter der Theatergruppe New York City Players. Seine Stücke, wie zum Beispiel *House* (1999) oder *Good Samaritans* (2004), wurden national und international bereits mehrfach ausgezeichnet. Maxwell baut sich seine Texte aus philosophischen Schriften und aus Alltagsgesprächen zusammen, um diese dann in knappen Dialogen zu verdichten. In vielen seiner Inszenierungen arbeiten professionelle Schauspieler und Laien zusammen, wodurch es zu starken Spannungen zwischen den Akteuren kommt. Charakteristisch für seine Theaterarbeiten ist außerdem, daß sie einen eigenen Weg zwischen Schauspiel und Musiktheater suchen und musicalähnliche Elemente aufweisen.

The End of Reality (2006), verfaßt und inszeniert von Maxwell, ist eine Parabel auf eine verängstigte Gesellschaft, in der die Praxis der Angst und die der Kontrolle längst Teil des Privaten geworden sind. Die Inszenierung ist eine eigensinnige, provozierende Mischung aus Vorabendserie, Actionfilm, Sozialstudie und kulturpolitischem Essay über den gegenwärtigen Zustand der USA, in der die private Sicherheitsindustrie nach dem 11. September 2001 zu einem boomenden, tief ins gesellschaftliche Netz Amerikas eingewobenen Wirtschaftszweig geworden ist. Gezeigt wird das Innere einer Sicherheitsfirma, die unschwer als die heutige westliche Welt erkennbar ist. Am Anfang

The Frame von Richard Maxwell

des Stücks stürmt das Böse in Person eines B-Movie-Eindringlings in diese Sicherheitsfirma und tötet einen Mitarbeiter. Die daraufhin aufkommende angsterfüllte Stimmung lichtet sich erst nach der Festnahme des Mannes, bricht jedoch wieder aus, als dieser grundlos von einer Auszubildenden freigelassen wird. In dieser Stimmung werden Menschen gezeigt, die ihr Geld mit der Angst Anderer verdienen und selbst völlig von ihr durchdrungen sind; ihre banalen, abgebrochenen Gespräche kreisen um den unsichtbar lauernden Feind, um notwendige Verteidigungsmaßnahmen und Überlebensstrategien, die ihre eigenen Gefühle und Gedanken überlagern.

Das deutsch-amerikanische Musical *The Frame* (2006), eine Koproduktion mit dem Theater Bonn, erzählt die Geschichte von gescheiterten Träumen und enttäuschten Hoffnungen und ist zugleich eine musikalische Reise von Deutschland nach Amerika, von den Wurzeln europäischer Volksmusik zum Pop. Der Zuschauer begleitet in diesem ungewöhnlichen Theaterprojekt eine Familie auf ihrem Weg in eine fremde, unberechenbare Welt – und teilt deren Erfahrung von Fremdheit: Denn die Szenen in Amerika werden zum Teil in Englisch gespielt, von Ensemblemitgliedern der New York City Players, die eigens für dieses Projekt nach Bonn gekommen sind. Maxwell nutzt einfache Requisiten als Bühnenversatzstücke; ein selbstgezimmertes Boot auf Rollen fährt die Darsteller in der großen Halle von Spielort zu Spielort, einem Stationendrama gleich. Alle Darsteller sind durchgängig auf der Bühne, kein Lichtwechsel lenkt den Blick des Zuschauers. Wer nicht spricht, geht still seinem Alltag nach, näht weiter oder füttert Pappkühe. Alles ist in Maxwells experimentellem Wirklichkeitstheater jederzeit gleich wichtig, der Zuschauer im Alltagslicht entscheidet selbst, welcher der Geschichten auf der Bühne er folgen will. Die realistisch gezeichneten Figuren verraten dabei nicht die Realität der Bühnensituation und nehmen die ratlose, stagnierende und angsterfüllte Situation der heutigen USA zielgenau ins Visier.

Ein Exkurs: Moderne Dramatik

Seit Beginn der neunziger Jahre zeigt sich, daß zunehmend junge Dramatiker mit ihren Texten die Bühnen erstürmen. Diese Dramatik zeigt wütende, von der Gesellschaft enttäuschte Menschen, die kaum andere Handlungsalternativen als zerstörerische Gewalt oder ebenso zerstörerische Ohnmacht kennen. In vielen europäischen Ländern wird die junge Dramatik durch die Gestaltung der Spielpläne einzelner Bühnen, Schreibkurse zur Förderung junger Autoren oder Festivals speziell gefördert. 1994 beschloß zum Beispiel die künstlerische Leitung des Royal Court Theatre in London, die neue Dramatikergeneration gezielt zu unterstützen. Texte junger Autoren wie Sarah Kane (*Blasted*, *Phaedra's Love*, *4.48 Psychosis*) und Mark Ravenhill (*Shopping & Fucking*, *Some Explicit Polaroids*, *Product*) hatten hier ihre Uraufführung und traten von hier ihren Siegeszug an andere europäische Bühnen an.

Ein ähnliches Ziel verfolgt das Théâtre National de la Colline in Paris, das 1963 in einem alten Kino gegründet wurde und 1972 den Status eines Nationaltheaters erhielt. Seit seinem Beginn sucht das Theater die Auseinandersetzung mit zeitgenössischer Dramatik. 1993 wurde dort ein Lektorenkomitee ins Leben gerufen, das versucht, die zeitgenössische französische und ausländische Dramatik durch Inszenierungen und Lesungen bekannt zu machen. Junge Autoren wie Olivier Cadiot (*Platanov*, *Le Colonel des Zouaves*) oder Daniel Danis (*Le Chant du Dire-Dire*) wurden hier uraufgeführt.

Auch in Spanien wird die junge Dramatik gefördert. In Madrid befaßt sich mittlerweile das staatliche Centro Dramático Nacional mit den zeitgenössischen Stücken eines Juan Mayorga (*Cartas de amor a Stalin*) oder einer Yolanda Pallín (*Lista Negra*), und in Barcelona hat das Theater Sala Beckett junge Autoren wie Sergi Belbel (*Caricíes*) bei der Entwicklung ihrer Dramen stark unterstützt.

In den Texten lassen sich strukturelle Ähnlichkeiten feststellen, wie zum Beispiel, daß sich selten kausale und lineare Handlungsbögen finden, Zeit- und Raumebenen verschoben werden, die Figuren kaum psychologisch motiviert sind und eher Schematisierungen aufweisen. Häufig sind die Protagonisten Vertreter der jungen Generation selbst. Bei der Sprache der Texte handelt es sich meistens um eine rüde, alltägliche Umgangssprache. Die Strukturen der Texte spiegeln ganz deutlich die Wahrnehmungsgewohnheiten dieser Generation wider, die durch die Erzählweisen des Fernsehens, des Kinos und der Neuen Medien geprägt worden sind: Kurze, knappe Handlungssequenzen – wie in Videoclips – folgen aufeinander, es wird von einem Ort zum nächsten gesprungen.

Resümee

Viele der Theatermacher, die hier vorgestellt wurden, sind auf Festivals oder mit Gastspielen in Deutschland aufgetreten. Dadurch erhielten sie überhaupt erst eine Präsenz außerhalb ihrer Heimatländer. Unterschiedliche Institutionen versuchen, das ungeheure Wesen »Welt-Theater« zu nähren, um damit Theatererfahrungen zu schaffen. Zu nennen wäre hier besonders das International Theatre Institute (ITI), das 1946 von der UNESCO gegründet wurde, um mit Hilfe von Theater den Blick auf das Fremde und das Eigene zu relativieren. Unter diesem gutgemeinten Motto sind verschiedene Aktivitäten ins Leben gerufen worden wie zum Beispiel internationale Symposien, die Förderung von Forschung und von Publikationen zu ästhetischen und sozialen Zusammenhängen des Theaters sowie internationale Festivals. In Deutschland ist unter dieser Schirmherrschaft 1978 das größte internationale Theaterfestival Theater der Welt entstanden, das alle drei bis fünf Jahre in wechselnden Städten Deutschlands zu Gast ist. Theaterfestivals haben in den vergangenen Jahrzehnten an Bedeutung zugenommen, um einem breiten Publikum kulturelle und ästhetische Grenzüberschreitungen erfahrbar zu machen. Verschiedene Festivals mit unterschiedlichen Ansätzen wie zum Beispiel das Festival d'Avignon, das Edinburgh Festival of Music and Drama, die Wiener Festwochen, die Biennale Bonn, die Ruhrfestspiele Recklinghausen und das Festival Theaterformen in Hannover/Braunschweig programmieren und koproduzieren international und vermitteln damit eine neue, eine andere Sicht auf das, was Theater auch sein kann.

Ebenso haben im europäischen Kontext Theaterhäuser die Internationalisierung von Theaterproduktionen vorangetrieben. Besonders zu erwähnen sind hierbei die Aktivitäten des ehemaligen Hebbel Theaters, jetzigen Hebbel am Ufer in Berlin, der Kampnagelfabrik in Hamburg, des Brüsseler Kaaitheaters sowie des Felix Meritis in Amsterdam. Immer häufiger schließen sich auch kleinere Theater zusammen, um Produktionen gemeinsam zu finanzieren und durch Publikationen den Austausch über ästhetische Fragen zu intensivieren.

Ziel der Europäischen Theater Convention (ETC) ist es, durch verschiedenste Projekte und Kooperationen daran mitzuwirken, daß europäische Theaterschaffende sich über sprachliche Barrieren hinweg begegnen und unterschiedliche Arbeitsbedingungen kennen lernen. Die ETC wurde 1988 gegründet und ist eine Vereinigung von derzeit zweiunddreißig europäischen Theatern. Die Zahl der Mitgliedstheater pro Land ist begrenzt – je nach Größe des Landes auf zwei bis fünf Theater. Die Aktivitäten dieser Vereinigung tragen dazu bei, die Vielfalt und den Reichtum des europäischen Theaters ins öffentliche Bewußtsein zu rücken.

Das Welt-Theater hat in den vergangenen zwanzig Jahren ein reiches Angebot an Erfahrungen geschaffen, die im Gegensatz zum medialen Alltag stehen. Dadurch hat es sein Publikum berührt und herausgefordert. Zu wünschen bleibt, daß das Welt-Theater sich weiterhin dieser Aufgabe stellt. Die anhaltenden Diskussionen um den Wert und Nutzen von Theater werden sicher auch in Zukunft nicht verstummen, und weiterhin wird das Theater um sein Überleben kämpfen müssen. Aber sicher ist auch: Theater bleibt gerade in der medial versetzten Welt von ungeheurem Wert – weil Theater Erfahrungen schafft.

Anhang

Literaturverzeichnis

Hilfsmittel

Lexika

Brauneck, Manfred/Schneilin, Gérard (Hg.): Theaterlexikon. Begriffe und Epochen, Bühnen und Ensembles. Reinbek bei Hamburg 1986.
Enciclopedia dello spettacolo. Bd. I - IX. Rom 1954 ff.
Kindlers Literaturlexikon im dtv. Bd. 1 - 12. München 1974 ff.
Parvis, Patrice: Dictionary of the theatre. Toronto 1998.
Rischbieter, Henning: Theaterlexikon. Zürich/Schwäbisch Hall 1983.
Sucher, Bernd C.: Theaterlexikon. Bd. 1 und 2. München 1995/96.
Trilse-Finkelstein, Jochanan Ch./Hammer, Klaus: Lexikon Theater International. Berlin 1995.

Schauspielführer

Adams, Christian (Hg.): Harenberg-Schauspielführer. Dortmund 1997.
Berger, Karl-Heinz/Böttcher, Kurt und Gerda, Hoffmann, Ludwig, Naumann, Manfred, Seeger, Gisela: Schauspielführer in zwei Bänden. Berlin 1988.
Hensel, Georg: Spielplan. Bd. 1 und 2. Frankfurt am Main/Berlin/Wien 1966.
Kienzle, Siegfried/zur Nedden, Otto C. A.: Reclams Schauspielführer. Stuttgart 1996.
Rischbieter, Henning/Berg, Jan (Hg.): Welttheater. Braunschweig 1992.
Völker, Klaus (Hg.): Bertelsmann Schauspielführer. Gütersloh/München 1992.
Zelton, Heinrich: Der große Schauspielführer. München 1992.

Zeitschriften

Theater heute. Jg. 1960 ff.
Theater der Zeit. Jg. 1946 ff.

Überblickswerke

Albert, Anna Amalie: Geschichte der Oper. Kassel/Stuttgart 1984.
Arpe, Verner: Bildgeschichte des Theaters. Köln 1962.
Aust, Hugo/Haida, Peter/Hein, Jürgen: Volksstück. Vom Hanswurstspiel zum sozialen Drama der Gegenwart. München 1989.
Bahr, Erhard (Hg.): Geschichte der deutschen Literatur. Bd. 1 - 3. Tübingen 1987/88.
Balme, Christopher (Hg.): Das Theater von Morgen. Texte zur deutschen Theaterreform. Würzburg 1988.
Berckenhagen, Ekhart/Wagner, Gretel: Bretter, die die Welt bedeuten. Entwürfe zum Theaterdekor und zum Bühnenkostüm in fünf Jahrhunderten. Berlin 1978.
Berthold, Margot: Weltgeschichte des Theaters. Stuttgart 1968.
Best, Otto F./Schmitt, Hans-Jürgen (Hg.): Die deutsche Literatur. Ein Abriß in Text und Darstellung. Bd. 1 - 16. Stuttgart 1974 ff.
Beutin, Wolfgang u.a.: Deutsche Literaturgeschichte. Stuttgart 1979.
Borgmeister, Raimund (Hg.): Die englische Literatur in Text und Darstellung. Bd. 1 - 10. Stuttgart 1992.
Brockett, Oscar: History of the Theatre. Boston 1987.
Couty, Daniel/Rey, Alan (Hg.): Le théâtre. Paris 1985.
Daniel, Uta: Hoftheater. Stuttgart 1995.
de Boor, Helmut/Newald, Richard: Geschichte der deutschen Literatur. Bd. 1 - 7. München 1979 ff.

Devrient, Eduard: Geschichte der deutschen Schauspielkunst. Leipzig 1848. Neuausgabe: Berlin 1905.
Doll, Hans Peter/Erken, Günther: Theater. Stuttgart 1985.
Ebert, Gerhard: Der Schauspieler. Geschichte eines Berufs. Berlin 1991.
Fischer-Lichte, Erika: Geschichte des Dramas. Bd. 1 und 2. Tübingen 1990.
Fischer-Lichte, Erika: Kurze Geschichte des deutschen Theaters. Tübingen/Basel 1993.
Frenzel, Herbert A.: Geschichte des Theaters. Daten und Dokumente 1470 - 1840. München 1979.
Freydank, Ruth: Theater in Berlin. Von den Anfängen bis 1945. Berlin 1988.
Friedell, Egon: Kulturgeschichte der Neuzeit. München 1967.
Gelfert, Hans-Dieter: Die Tragödie. Theorie und Geschichte. Göttingen 1995.
Glaser, Horst Albert (Hg.): Deutsche Literatur. Eine Sozialgeschichte. Bd. 1 - 9. Reinbek bei Hamburg 1980 ff.
Gregor, Joseph: Weltgeschichte des Theaters. Zürich 1933.
Greham, Rob: Theater. München/London/New York 1999.
Greiner, Bernhard: Die Komödie. München 1992.
Grimm, Jürgen (Hg.): Französische Literaturgeschichte. Stuttgart 1989.
Gronemeyer, Andrea: Schnellkurs Theater. Köln 1995.
Hansers Sozialgeschichte der deutschen Literatur vom 16. Jahrhundert bis zur Gegenwart. Bd. 1 - 12. München 1986 ff.
Hartnoll, Phyllis: Das Theater. Wien/München/Zürich 1970.
Hauser, Arnold: Sozialgeschichte der Kunst und Literatur. München 1973.
Hinck, Walter (Hg.): Handbuch des deutschen Dramas. Stuttgart 1980.
Hürlimann, Martin (Hg.): Das Atlantisbuch des Theaters. Zürich 1966.
Institut für Publikumsforschung der österreichischen Akademie der Wissenschaften: Das Theater und sein Publikum. Wien 1977.
Keller, Max: Bühnenbeleuchtung. Köln 1991.
Kindermann, Heinz: Theatergeschichte Europas. Bd. I - X. Salzburg 1957 ff.
Klotz, Volker: Dramaturgie des Publikums. München 1976.
Knapp, Volker (Hg.): Italienische Literaturgeschichte. Stuttgart/Weimar 1992.
Knudsen, Hans: Deutsche Theatergeschichte. Stuttgart 1959.
Lazarowicz, Klaus/Balme, Christopher (Hg.): Texte zur Theorie des Theaters. Stuttgart 1991.
Melchinger, Siegfried: Geschichte des politischen Theaters. Velber 1971.
Michael, Friedrich/Daiber, Hans: Geschichte des deutschen Theaters. Frankfurt am Main 1989.
Möhrmann, Renate (Hg.): Theaterwissenschaft heute. Eine Einführung. Berlin 1986.
Molinari, Cesare: Theater. Freiburg im Breisgau 1975.
Petronio, Giuseppe: Geschichte der italienischen Literatur. Bd. 1 - 3. Tübingen/Basel 1993.
Pfister, Manfred: Das Drama. München 1977.
Pignarre, Robert: Geschichte des Theaters. Hamburg o. J.
Profitlich, Ulrich (Hg.): Tragödientheorie. Reinbek bei Hamburg 1999.
Profitlich, Ulrich (Hg.): Komödientheorie. Reinbek bei Hamburg 1999.
Propyläen Geschichte der Literatur. Bd. 1 - 6. Frankfurt am Main/Berlin 1988.
Sallé, Bernard: Histoire du théâtre. Paris 1990.
Scheit, Gerhard: Dramaturgie der Geschlechter. Über die gemeinsame Geschichte von Drama und Oper. Frankfurt am Main 1995.
Schmidt, Leopold: Das deutsche Volksschauspiel. Berlin 1962.
Schmitz, Thomas: Das Volksstück. Stuttgart 1990.
Schöne, Günther: Tausend Jahre deutsches Theater. München 1962.
Schuberth, Othmar: Das Bühnenbild. Geschichte. Gestalt. Technik. München 1955.

Seeber, Hans-Ulrich (Hg.): Englische Literaturgeschichte. Stuttgart 1991.
Southern, Richard: Die sieben Zeitalter des Theaters. Gütersloh 1966.
Stackelberg, Jürgen von: Kleine Geschichte der französischen Literatur. München 1990.
Stramm, Robert: Geschichte des englischen Theaters. Bern 1951.
Unruh, Walter: Theatertechnik. Berlin/Bielefeld 1969.
Thiel, Erika: Geschichte des Kostüms. Berlin 1980.

DAS THEATER VON DEN URSPRÜNGEN BIS ZUM BAROCK

Allgemeines

Albrecht, Siegfried u.a.: Teatro. Eine Reise zu den oberitalienischen Theatern des 16. - 19. Jahrhunderts. Marburg 1991.
Borchardt, Hans-Heinrich: Das europäische Theater im Mittelalter und in der Renaissance. Reinbek bei Hamburg 1969.
Borries, Ernst und Erika von: Mittelalter. Humanismus. Reformationszeit. Barock (= Deutsche Literaturgeschichte. Bd. 1). München 1991.
Brauneck, Manfred: Die Welt als Bühne. Geschichte des europäischen Theaters. Bd. 1, 2 und 3. Stuttgart 1994/1996/1999.
Buck, August: Renaissance und Barock I und II (= Neues Handbuch der Literaturwissenschaft. Bd. 9 und 10). Wiesbaden 1972.
Calendoli, Giovanni: Der Tanz. Kult. Rhythmus. Kunst. Braunschweig 1986.
Dietrich, Margret: Europäische Dramaturgie. Wien 1952.
Eder, Klaus: Antike Komödie. Aristophanes, Menander, Plautus, Terenz. Velber bei Hannover 1968.
Hösle, Johannes: Das italienische Theater von der Renaissance bis zur Gegenreformation. Darmstadt 1984.
Kindermann, Heinz: Theatergeschichte Europas. Bd. I: Das Theater der Antike und des Mittelalters. Salzburg 1957.

Pochat, Götz: Theater und bildende Kunst im Mittelalter und in der Renaissance in Italien. Graz 1990.
Rupprich, Hans: Die deutsche Literatur vom späten Mittelalter bis zum Barock (= de Boor/Newald: Geschichte der deutschen Literatur. Bd. 4. Teil 1 und 2). München 1973/1994.
Schöne, Günther: Die Entwicklung der Perspektivbühne. Leipzig 1933.

Die Wurzeln des Theaters

Aristoteles: Poetik. Eingeleitet, übersetzt und erläutert von Manfred Fuhrmann. München 1976.
Brunner-Traut, Emma: Der Tanz im alten Ägypten. Glückstadt/Hamburg/New York 1958.
Burkert, Walter: Antike Mysterien. Funktion und Gestalt. München 1990.
Eberle, Oskar: Cenalora. Leben, Glaube, Tanz und Theater der Naturvölker. Olten/Freiburg im Breisgau 1955.
Girshausen, Theo: Ursprungszeiten des Theaters. Berlin 1999.
Nietzsche, Friedrich: Die Geburt der Tragödie aus dem Geiste der Musik. Stuttgart 1952.
Otto, Walter F.: Dionysos. Mythos und Kultus. Frankfurt am Main 1960.
Schechner, Richard: Theater-Anthropologie. Spiel und Ritual im Kulturvergleich. Reinbek bei Hamburg 1990.
Thomson, George: Aischylos und Athen. Eine Untersuchung der gesellschaftlichen Urspünge des Dramas. Berlin 1956.
Turner, Victor: Vom Ritual zum Theater. Der Ernst des menschlichen Spiels. Frankfurt am Main/New York 1989.

Das griechische Drama und seine Aufführungsform

Binder, Gerhard: Das antike Theater. Trier 1998.
Blume, Horst-Dieter: Einführung in das antike Bühnenwesen. Darmstadt 1978.

Dihle, Albrecht: Griechische Literaturgeschichte. München 1991.

Ehrenberg, Victor: Aristophanes und das Volk von Athen. Zürich/Stuttgart 1968.

Flashar, Hellmut: Inszenierung der Antike. Das griechische Drama auf der Bühne der Neuzeit. München 1991.

Flashar, Hellmut: Sophokles. München 2000.

Kindermann, Heinz: Das Theaterpublikum der Antike. Salzburg 1979.

Kott, Jan: Gott - Essen. Interpretationen griechischer Tragödien. München/Zürich 1975.

Krumeich, Ralf/Pechstein, Nikolaus/Seidensticker, Bernd: Das griechische Satyrspiel. Darmstadt 1999.

Latacz, Joachim: Einführung in die griechische Tragödie. Göttingen 1993.

Lehmann, Hans-Thies: Theater und Mythos. Die Konstitution des Subjekts im Diskurs der antiken Tragödie. Stuttgart 1991.

Meier, Christian: Die politische Kunst der griechischen Tragödie. München 1988.

Melchinger, Siegfried: Sophokles. Velber bei Hannover 1966.

Melchinger, Siegfried: Euripides. Velber bei Hannover 1967.

Melchinger, Siegfried: Das Theater der Tragödie. München 1974.

Murray, Gilbert: Aischylos. Velber bei Hannover 1969.

Reich, Hermann: Der Mimus. Berlin 1903.

Schadewaldt, Wolfgang: Die griechische Tragödie. Frankfurt am Main 1991.

Seeck, Gustav Adolf: Die griechische Tragödie. Stuttgart 2000.

Wiemken, Helmut: Der griechische Mythos. Bremen 1971.

Zimmermann, Bernhard: Die griechische Tragödie. München/Zürich 1986.

Drama und Theater im antiken Rom

Blänsdorf, Jürgen: Theater und Gesellschaft im Imperium Romanum. Tübingen 1990.

Büchner, Karl: Das Theater des Terenz. Heidelberg 1974.

Lefévre, Eckehard (Hg.): Die römische Komödie: Plautus und Terenz. Darmstadt 1973.

Lefévre, Eckehard (Hg.): Das römische Drama. Darmstadt 1978.

Newiger, Hans-Joachim (Hg.): Aristophanes und die Alte Komödie. Darmstadt 1975.

Traditionelles Theater im Fernen Osten

Akademie der Künste Berlin (Hg.): »Ich werde deinen Schatten essen.« Das Theater des fernen Ostens. Berlin 1985.

Banu, Georges: Der Schauspieler kehrt nicht wieder. Japanisches Theater heute. Berlin o.J.

Barth, Johannes: Japans Schaukunst im Wandel der Zeiten. Wiesbaden 1972.

Benl, Oscar: Seami Motokiyo und der Geist des Nô-Schauspiels. Wiesbaden 1952.

Brandon, James/Kokusai-Koryu-Kikin: Japanisches Theater in aller Welt. Katalog: Museum Villa Stuck. München 1998.

Gargi, Bawant: Theater und Tanz in Indien. Darmstadt 1960.

Immoos, Thomas/Mayer, Fred: Japanisches Theater. Zürich 1975.

Izytsu, Toshio und Toyo: Die Theorie des Schönen in Japan. Köln 1980.

Kindermann, Heinz (Hg.): Fernöstliches Theater. Stuttgart 1966.

Lee, Sang-Kyon: West-östliche Begegnungen. Weltwirkung der fernöstlichen Theatertradition. Darmstadt 1960.

Lee, Sang-Kyon/Obraszow, Sergej: Das chinesische Theater. Hannover 1965.

Lee, Sang-Kyon: Nô und europäisches Theater. Frankfurt am Main/Bern/New York 1983.

Lee, Sang-Kyon/Panzer, Peter: Japanisches Theater. Wien 1990.

Leims, Thomas/Trökes, Manuel: Kabuki. Das klassische japanische Volkstheater. Berlin 1985.

Leims, Thomas: Die Entstehung des Kabuki. Leiden/New York/København/Köln 1990.

Mayer, Fred/Burger, Helga: Chinesische Oper. Zürich 1982.

Oida, Yoshi: Zwischen den Welten. Berlin 1992.
Pound, Ezra/Fenollosa, Ernest/ Eisenstein, Sergej: Nô - Genius Japans. Zürich 1963.
Rebling, Eberhard: Die Tanzkunst Indiens. Berlin 1982.
Rebling, Eberhard: Die Tanzkunst Indonesiens. Berlin 1989.
Samson, Leela/Pasricha, Avinash: Der klassische indische Tanz. Stuttgart/Bonn 1987.
Scheng, Julie: Gesichter der Peking-Oper. Hamburg 1990.
Spitzing, Günter: Das indonesische Schattenspiel. Köln 1981.
Weber-Schäfer, Peter: Vierundzwanzig Nô-Spiele. Frankfurt am Main 1961.

Geistliches und weltliches Spiel im Mittelalter

Augustinus: Bekenntnisse. Frankfurt am Main 1987.
Braet, Hermann u.a. (Hg.): The Theatre in the Middle Ages. Leuven 1985.
Catholy, Eckehard: Das Fastnachtspiel des Spätmittelalters. Tübingen 1961.
Glier, Ingeborg (Hg.): Die deutsche Literatur im späten Mittelalter 1250 - 1370. Zweiter Teil: Reimpaargedichte, Drama, Prosa (= de Boor/Newald: Geschichte der deutschen Literatur. Bd. III/2). München 1987.
Greisenegger, Wolfgang: Die Realität im religiösen Drama des Mittelalters. Wien 1978.
Kindermann, Heinz: Das Theaterpublikum des Mittelalters. Salzburg 1980.
Michael, Wolfgang F.: Das deutsche Drama im Mittelalter. Berlin 1971.

Drama und Theater im Humanismus und in der Renaissance

Bloch, Ernst: Vorlesungen zur Philosophie der Renaissance. Frankfurt am Main 1972.
Burckhardt, Jacob: Die Kultur der Renaissance in Italien. Basel 1930.
Kindermann, Heinz: Theatergeschichte Europas. Bd. II: Das Theater der Renaissance. Salzburg 1959.
Kindermann, Heinz: Das Theaterpublikum der Renaissance. Bd. I und II. Salzburg 1984/86.
Luther, Martin: Tischreden und Colloquia. Leipzig 1879.
Michael, Wolfgang F.: Das deutsche Drama der Reformationszeit. Bern 1984.

Die Commedia dell'arte

Dshiwelegow, A.K.: Commedia dell'arte. Berlin 1958.
Duchartre, Pierre Louis: The Italian Comedy. New York 1966.
Esrig, David (Hg.): Die italienische Commedia dell'arte. Nördlingen 1985.
Hansen, Günther: Formen der Commedia dell'arte in Deutschland. Emsdetten 1984.
Hink, Walter: Das deutsche Lustspiel des 17. und 18. Jahrhunderts und die italienische Komödie. Stuttgart 1965.
Krömer, Wolfram: Die italienische Commedia dell'arte. Darmstadt 1976.
Nicoll, Allerdyce: The World of Harlequin. Cambridge 1976.
Pandolfi, Vito: La Commedia dell'arte. Storia e testi. Bd. 1 und 2. Florenz 1957.
Thiele, Wolfgang (Hg.): Commedia dell'arte. Wiesbaden 1997.

Drama und Theater im Elisabethanischen England

Finkelstein, Sidney: Brauchen wir Shakespeare? Eine Einführung in das Gesamtwerk. Königstein/Ts. 1981
Greenblatt, Stephen: Verhandlungen mit Shakespeare. Berlin 1990.
Habicht, Werner u.a. (Hg.): Shakespeare. Kommentar zu den Dramen, Sonetten, Epen und kleineren Dichtungen. München 1972.
Klein, Karl: Aspekte des Tragischen im Drama Shakespeares und seiner Zeit. Darmstadt 1979.
Kott, Jan: Shakespeare heute. München 1970.

Mander, Gertrud: Shakespeares Zeitgenossen. Velber bei Hannover 1966.
Melchinger, Siegfried: Shakespeare. Frankfurt am Main 1986.
Muir, Kenneth/Schoenbaum, Samuel (Hg.): Shakespeare. Eine Einführung. Stuttgart 1975.
Müller-Schwefe, Gerhard: William Shakespeare. Welt – Werk – Wirkung. Berlin/New York 1978.
Naumann, Walter: Die Dramen Shakespeares. Darmstadt 1978.
Posener, Alan: William Shakespeare. Reinbek bei Hamburg 1995.
Schabert, Ina (Hg.): Shakespeare-Handbuch. Die Zeit. Der Mensch. Das Werk. Die Nachwelt. Stuttgart 1972.
Schlösser, Anselm: Shakespeare. Analyse und Interpretation. Berlin/Weimar 1977.
Suerbaum, Ulrich: Das elisabethanische Zeitalter. Stuttgart 1989.
Suerbaum, Ulrich: Shakespeares Dramen, Tübingen 1996.
Vollmann, Rolf: Shakespeares Arche. Ein Alphabet von Mord und Schönheit. Nördlingen 1988.
Weimann, Robert: Shakespeare und die Tradition des Volkstheaters. Berlin 1967.
Weiß, Wolfgang: Das Drama der Shakespeare-Zeit. Stuttgart 1979.
Zschirnt, Christine: Shakespeare-ABC. Leipzig 2000.

Barocktheater in Italien und Deutschland
Alewyn, R./Sälzle, K.: Das große Welttheater. Die Epoche der höfischen Feste. Reinbek bei Hamburg 1955.
Alexander, Robert: Das deutsche Barockdrama. Stuttgart 1984.
Asmuth, Bernhard: Daniel Casper von Lohenstein. Stuttgart 1971.
Baur-Heinold, Margarete: Theater des Barock. München 1966.
Benjamin, Walter: Der Ursprung des deutschen Trauerspiels. Berlin 1928.
Elias, Norbert: Die höfische Gesellschaft. Neuwied/Berlin 1969.
Flemming, Willi (Hg.): Das Ordensdrama. Leipzig 1930.
Flemming, Willi: Andreas Gryphius. Köln/Mainz 1965.
Kindermann, Heinz: Theatergeschichte Europas. Bd. III: Das Theater der Barockzeit. Salzburg 1959.
Mannack, Eberhard: Andreas Gryphius. Stuttgart 1986.
Wentzlaff-Eggebracht, Friedrich-Wilhelm und Erika: Andreas Gryphius 1616 - 1664. Darmstadt 1983.

Spanisches Drama und Theater im »Goldenen Jahrhundert«
Dieterich, Anton: Miguel de Cervantes. Reinbek bei Hamburg 1984.
Franzbach, Martin: Geschichte der spanischen Literatur im Überblick. Stuttgart 1993.
Gerstinger, Heinz: Calderón. Velber bei Hannover 1967.
Gerstinger, Heinz: Spanische Komödie. Lope de Vega und seine Zeitgenossen. Velber bei Hannover 1968.
Gregor, Joseph: Das spanische Welttheater. München 1937.
Müller, Hans-Joachim: Das spanische Theater im 17. Jahrhundert. Berlin 1977.
Pörtl, Klaus (Hg.): Das spanische Theater von den Anfängen bis zum Ausgang des 19. Jahrhunderts. Darmstadt 1985.
Strosetzki, Christoph: Miguel de Cervantes. Epoche - Werk - Wirkung. München 1991.
Vossler, Karl: Lope de Vega und sein Zeitalter. München 1932.

Drama und Theater der Französischen Klassik
Eder, Klaus: Corneille/Racine. Velber bei Hannover 1969.
Hartau, Friedrich: Molière. Reinbek bei Hamburg 1976.
Hösle, Johannes: Molière. Sein Leben, sein Werk, seine Zeit. München 1987.

Mander, Gertrud: Molière. Velber bei
 Hannover 1967.
Stackelberg, Jürgen von: Molière.
 München/Zürich 1986.
Stenzel, Hartmut: Die französische »Klassik«.
 Darmstadt 1995.
Taine, Hippolyte: Philosophie der Kunst.
 Berlin 1987.
Theile, Wolfgang: Racine. Darmstadt 1974.

Das Theater des bürgerlichen Zeitalters

Allgemeines
Balet, Leo/Gerhard, E.: Die Verbürgerlichung
 der deutschen Kunst, Literatur und Musik
 im 18. Jahrhundert. Frankfurt am Main/
 Berlin/Wien 1973.
Borries, Ernst und Erika von: Aufklärung und
 Empfindsamkeit. Sturm und Drang
 (= Deutsche Literaturgeschichte. Bd. 2).
 München 1991.
Cowen, Roy C.: Das deutsche Drama im 19.
 Jahrhundert. Stuttgart 1988.
Diderot, Denis: Ästhetische Schriften. Bd. I und
 II. Berlin/Weimar 1967.
Fontane, Theodor: Theaterkritiken. Bd. 1 - 4.
 Frankfurt am Main/Berlin/Wien 1979.
Grimminger, Rolf (Hg.): Deutsche Aufklärung
 bis zur Französischen Revolution (= Hansers
 Sozialgeschichte der deutschen Literatur
 von den Anfängen bis zur Gegenwart. Bd. 3).
 München 1980.
Jørgensen, Sven-Aage: Aufklärung, Sturm und
 Drang und Frühe Klassik (= de Boor/Ne-
 wald: Geschichte der deutschen Literatur.
 Bd. 5). München 1990.
Kafitz, Dieter: Grundzüge einer Geschichte des
 deutschen Dramas von Lessing bis zum
 Naturalismus. Bd. 1 und 2. Königstein/Ts.
 1982.
Kaiser, Gerhard: Aufklärung. Empfindsamkeit.
 Sturm und Drang. München 1976.
Kindermann, Heinz: Theatergeschichte Euro-
 pas. Bd. V und VI: Von der Aufklärung zur
 Romantik. Salzburg 1961/62.
Kindermann, Heinz: Theatergeschichte Euro-
 pas. Bd. VII: Realismus. Salzburg 1965.
Kindermann, Heinz: Theatergeschichte Euro-
 pas. Bd. VIII und IX: Naturalismus und
 Impressionismus. Salzburg 1968/70.
Klotz, Volker: Bürgerliches Lachtheater.
 Reinbek bei Hamburg 1987.
Lange, Wolf-Dieter: Französische Literatur-
 geschichte des 19. Jahrhunderts. Bd. I - III.
 Heidelberg 1980.
Lessing, Gotthold Ephraim: Sämtliche Werke.
 Bd. 1 - 17. Leipzig 1886 ff. Neuausgabe:
 München 1979.
Mc Innes, Edward: Das deutsche Drama im
 19. Jahrhundert. Berlin 1983.
Rinsum, Annemarie und Wolfgang van:
 Realismus und Naturalismus (= Deutsche
 Literaturgeschichte. Bd. 7). München 1994.
Schulz, Gerhard: Die deutsche Literatur
 zwischen Französischer Revolution und
 Restauration (de Boor/Newald: Geschichte
 der deutschen Literatur. Bd. 7. Teil I und II):
 München 1983/89.
Szondi, Peter: Theorie des modernen Dramas.
 Frankfurt am Main 1956.
Ueding, Gert (Hg.): Klassik und Romantik im
 Zeitalter der Französischen Revolution
 (= Hansers Sozialgeschichte der deutschen
 Literatur. Bd. 4). München 1987.
Zmegač, Victor (Hg.): Geschichte der deutschen
 Literatur vom 18. Jahrhundert bis heute.
 Bd. I - III. Königstein/Ts. 1978 ff.

Die Entstehung des bürgerlichen Dramas
Alt, Peter-André: Tragödie der Aufklärung.
 Tübingen/Basel 1994.
Bahr, Ehrhard (Hg.): Was ist Aufklärung?
 Thesen und Definitionen. Stuttgart 1989.
Barner, Wilfried u. a.: Lessing. Epoche -
 Werk - Wirkung. München 1987.
Bitter, Rolf von: Voltaire. Leben und Werk in
 Daten und Bildern. Frankfurt am Main 1978.
Brock-Sulzer, Elisabeth: Lessing. Velber bei
 Hannover 1967.
Fischer-Lichte, Erika (Hg.): Theater im Kultur-
 wandel des 18. Jahrhunderts. Göttingen 1999.

Gottsched, Johann Christoph: Versuch einer critischen Dichtkunst. Leipzig 1730. Neudruck: Darmstadt 1962.
Guthke, Karl S.: Gotthold Ephraim Lessing. Stuttgart 1967.
Guthke, Karl S.: Das deutsche bürgerliche Trauerspiel. Stuttgart 1972.
Hardt, Dietrich: Gotthold Ephraim Lessing oder Die Paradoxien der Selbsterkenntnis. München 1993.
Jacobs, Jürgen: Lessing. München/Zürich 1986.
Koopmann, Helmut: Drama der Aufklärung. München 1979.
Moritz, Karl Philipp: Anton Reiser. Ein psychologischer Roman. Frankfurt am Main 1979.
Pütz, Peter: Die deutsche Aufklärung. Darmstadt 1991.
Stackelberg, Jürgen von: Diderot. München/Zürich 1983.
Stackelberg, Jürgen von: Das Theater der Aufklärung in Frankreich. München 1992.
Szondi, Peter: Die Theorie des bürgerlichen Trauerspiels im 18. Jahrhundert. Frankfurt am Main 1973.

Europäisches Lustspiel im 18. Jahrhundert

Attinger, Gustave: L'esprit de la Commedia dell'arte dans le théâtre français. Paris 1950.
Bamberger Angelika: Ludvig Holberg und das erste dänische Nationaltheater. Frankfurt am Main 1983.
Bauer, Roger/Wertheimer, Jürgen (Hg.): Das Ende des Stegreifspiels. Eine Wende in der Geschichte des europäischen Dramas. München 1983.
Goldoni, Carlo: Geschichte meines Lebens und meines Theaters. München 1968.
Hinck, Walter: Das deutsche Lustspiel des 17. und 18. Jahrhunderts und die italienische Komödie. Commedia dell'arte dans le Théâtre italien. Stuttgart 1965.
Hösle, Johannes: Carlo Goldoni. Sein Leben, sein Werk, seine Zeit. München/Zürich 1993.
Marcard, Michaele von: Rokoko oder das Experiment am offenen Herzen. Reinbek bei Hamburg 1993.

Miething, Christoph: Marivaux. Darmstadt 1979.
Pokorny, Jaroslav: Goldoni und das venezianische Theater. Berlin 1968.
Riedt, Heinz: Goldoni. Velber bei Hannover 1967.
Scheible, Hartmut: Carlo Goldoni. Reinbek bei Hamburg 1993.
Theile, Wolfgang: Goldoni. Velber bei Hannover 1967.

Von der Wanderbühne zum Stehenden Theater

Bender, Wolfgang F. (Hg.): Schauspielkunst im 18. Jahrhundert. Stuttgart 1992.
Fetting, Hugo: Konrad Ekhof. Ein Schauspieler des 18. Jahrhunderts. Berlin 1954.
Kindermann, Heinz: Konrad Ekhofs Schauspieler-Akademie. Wien 1956.
Kosenina, Alexander: Anthropologie und Schauspielkunst. Studien zur »eloquentia corporis« im 18. Jahrhundert. Tübingen 1995.
Maurer-Schmoock, Sibylle: Deutsches Theater im 18. Jahrhundert. Tübingen 1982.
Neuber, Friederica Caroline: Ein deutsches Vorspiel. Leipzig 1897. Neudruck: Darmstadt 1966.
Pies, Eike: Prinzipale. Zur Genealogie des deutschsprachigen Berufstheaters vom 17. bis zum 19. Jahrhundert. Ratingen 1973.
Riccoboni, Francesco: Die Schauspielkunst. Berlin 1954.

Drama des Sturm und Drang und der Deutschen Klassik

Berels, Christoph (Hg.): Sturm und Drang. Katalog: Freies deutsches Hochstift. 1968.
Borchmeyer, Dieter: Die Weimarer Klassik. Bd. 1 und 2. Königstein/Ts. 1980.
Borries, Ernst und Erika von: Die Weimarer Klassik. Goethes Spätwerk (= Deutsche Literaturgeschichte. Bd. 3). München 1991.
Börsch-Supan, Helmut: Karl Friedrich Schinkel – Bühnenbildentwürfe. Bd. 1 und 2. Berlin 1990.

Boubia, Fawzi: Theater der Politik - Politik des Theaters. Mercier und die Dramaturgie des Sturm und Drang. Frankfurt am Main/Bern/Las Vegas 1978.

Conrady, Karl Otto: Goethe - Leben und Werk. München 1994.

Einsiedel, Friedrich Hildebrand von: Grundlinien zu einer Theorie der Schauspielkunst. Leipzig 1797.

Engel, Johann Jakob: Ideen zu einer Mimik. 1785/86. Neudruck: Frankfurt am Main 1971.

Flemming, Willi: Goethe und das Theater seiner Zeit. Stuttgart/Berlin/Mainz/Köln 1968.

Glaser, Horst Albert: Das bürgerliche Rührstück. Stuttgart 1969.

Goethe, Johann Wolfgang: Sämtliche Werke. Bd. 1 - 18. Zürich/München 1977.

Goethe-Handbuch. Bd. 1 – 4. Stuttgart 1995/98/99

Hamann, Johann Georg: Sokratische Denkwürdigkeiten. Stuttgart 1973.

Häussermann, Ulrich: Friedrich Hölderlin. Reinbek bei Hamburg 1968.

Henze, Walter: Goethe. Bd. I und II. Velber bei Hannover 1968/69.

Herder, Johann Gottfried: Werke. Bd. I und II. München 1984.

Hinck, Walter: Goethe - Mann des Theaters. Göttingen 1982.

Hohoff, Curt: J.M.R. Lenz. Reinbek bei Hamburg 1977.

Huyssen, Andreas: Das Drama des Sturm und Drang. München 1980.

Jeßing, Benedikt: Johann Wolfgang Goethe. Stuttgart 1995.

Jørgensen, Sven-Aage: Johann Georg Hamann. Stuttgart 1976.

Kindermann, Heinz: Theatergeschichte der Goethezeit. Wien 1948.

Kließ, Werner: Sturm und Drang. Gerstenberg, Lenz, Klinger, Leisewitz, Wagner, Maler Müller. Velber bei Hannover 1966.

Koopmann, Helmut: Friedrich Schiller. Bd. I und II. Stuttgart 1966.

Lenz, Jakob Michael Reinhold: Werke in drei Bänden. München 1987.

Mercier, Louis Sébastian: Neuer Versuch über die Schauspielkunst. Leipzig 1776. Neudruck: Heidelberg 1967.

Müller-Harang, Ulrike: Das Weimarer Theater zur Zeit Goethes. Weimar 1991.

Reichenberger, Theo: Goethes Reflexionen über das Theater. Kassel 1995.

Rischbieter, Henning: Schiller. Bd. I und II. Velber bei Hannover 1968/69.

Schiller, Friedrich: Sämtliche Werke. Bd. 1 - 5. München 1975.

Ueding, Gert: Friedrich Schiller. München 1990.

Wackwitz, Stefan: Friedrich Hölderlin. Stuttgart 1985.

Winter, Hans-Gerd: Jakob Michael Reinhold Lenz. Stuttgart 1987.

Zeller, Berhard/Scheffler, Walter: Schiller. Leben und Werk in Daten und Bildern. Frankfurt am Main 1977.

Drama und Theater der europäischen Romantik

Borries, Ernst und Erika von: Zwischen Klassik und Romantik: Hölderlin, Kleist, Jean Paul (= Deutsche Literaturgeschichte. Bd. 4). München 1993.

Hoffmeister, Gerhart: Deutsche und europäische Romantik. Stuttgart 1990.

Hohoff, Curt: Kleist. Reinbek bei Hamburg 1958.

Huch, Ricarda: Die Romantik. Tübingen 1951.

Kindermann, Heinz: Theatergeschichte Europas. Bd. VI: Romantik. Salzburg 1964.

Kleist, Heinrich von: Sämtliche Werke. München/Zürich 1951.

Michaelis, Rolf: Kleist. Velber bei Hannover 1968.

Novalis: Blüthenstaub (Athenaeum. Bd. 1). Berlin 1798.

Novalis: Briefe und Werke. Bd. 1 - 3. Berlin 1943.

Paulin, Roger: Ludwig Tieck. Stuttgart 1987.

Pikulik, Lothar: Frühromantik. Epoche - Werk - Wirkung. München 1992.

Schulz, Gerhard: Novalis. Reinbek bei Hamburg 1969.

Wichmann, Thomas: Heinrich von Kleist. Stuttgart 1988.

Theater des hohen Stils und Volkstheater in Wien

Bachmaier, Helmut (Hg.): Franz Grillparzer. Frankfurt am Main 1991.
Basil, Otto: Johann Nestroy. Reinbek bei Hamburg 1967.
Grillparzer, Franz: Sämtliche Werke. Bd. 1 - 4. München 1965.
Hein, Jürgen: Ferdinand Raimund. Stuttgart 1970.
Hein, Jürgen: Johann Nestroy. Stuttgart 1990.
Hein, Jürgen: Das Wiener Volktheater. Darmstadt 1991.
Kahl, Kurt: Raimund. Velber bei Hannover 1967.
Mauthner, Bruno: Johann Nestroy. Heidelberg 1974.
Müller, Joachim: Franz Grillparzer. Stuttgart 1963.
Nestroy, Johann: Komödien. Bd. 1 - 3. Frankfurt am Main 1970.
Raimund, Ferdinand: Sämtliche Werke. Leipzig o.J.
Rommel, Otto: Die Alt-Wiener Volkskomödie. Wien 1952.
Schäble, Günther: Grillparzer. Velber bei Hannover 1967.
Scheit, Gerhard: Grillparzer. Reinbek bei Hamburg 1989.
Urbach, Reinhard: Die Wiener Komödie und ihr Publikum. Wien 1973.
Viviani, Annalisa: Grillparzer Kommentar. Bd. 1. München 1972.
Weigel, Hans: Flucht vor der Größe. Beiträge zur Erkenntnis und Selbsterkenntnis Österreichs. Wien 1960.
Weigel, Hans: Nestroy. Velber bei Hannover 1967.

Das deutsche Drama zwischen Restauration und Revolution

Büchner, Georg: Sämtliche Werke und Briefe. Bd. 1 und 2. München 1971.
Denkler, Horst: Restauration und Revolution. Politische Tendenzen im deutschen Drama zwischen Wiener Kongreß und Märzrevolution. München 1973.
Hauschild, Jan-Christoph: Georg Büchner. Stuttgart 1993.
Hermand, Jost (Hg.): Das Junge Deutschland. Texte und Dokumente. Stuttgart 1966.
Hermand, Jost (Hg.): Der deutsche Vormärz. Texte und Dokumente. Stuttgart 1967.
Knapp, Gerhard P.: Georg Büchner. Stuttgart 1984.
Matthiesen, Hayo: Hebbel. Reinbek bei Hamburg 1970.
Metz, Anni: Friedrich Hebbel. Stuttgart 1962.
Petzoldt, Günther: Büchner. Velber bei Hannover 1965.
Rinsum, Annemarie und Wolfgang von: Frührealismus 1815 - 1848 (= Deutsche Literaturgeschichte. Bd. 6). München 1992.
Schaub, Martin: Hebbel. Velber bei Hannover 1967.
Steffens, Wilhelm: Grabbe. Velber bei Hannover 1966.

Die Übernahme des Theaters durch das Bürgertum

Aust, Hugo: Literatur des Realismus. Stuttgart 1977.
Borchmeyer, Dieter: Das Theater Richard Wagners. Stuttgart 1982.
Dienes, Gerhard Michael: Fellner & Hellmer – die Architekten der Illusion. Katalog: Stadtmuseum. Graz 1999.
Freytag, Gustav: Die Technik des Dramas. Stuttgart 1983.
Hamann, Richard/Hermand, Jost: Epochen deutscher Kultur von 1870 bis zur Gegenwart. Bd. 1: Gründerzeit. München 1971.
Hoffmann, Hans-Christoph: Die Theaterbauten von Fellner und Helmer. München 1966.
Hoffmeier, Dieter: Die Meininger. Berlin 1988.
Schanze, Helmut: Drama im bürgerlichen Realismus. Frankfurt am Main 1973.
Steinmetz, Anna: Scribe. Sardou. Feydeau. Untersuchungen zur französischen Unter-

haltungskomödie im 19. Jahrhundert. Frankfurt am Main/New York/Nancy 1984.
Wagner, Richard: Gesammelte Werke. Bd. III. Leipzig 1871.

Drama und Theater des Naturalismus, Impressionismus und Symbolismus

Antoine, André: Meine Erinnerungen an das Théâtre libre. Berlin 1960.
Bahr, Hermann: Zur Überwindung des Naturalismus. Stuttgart/Berlin/Köln/Mainz 1968.
Bayerdörfer, Hans-Peter u.a. (Hg.): Literatur im Wilhelminischen Zeitalter. Tübingen 1978.
Brahm, Otto: Theater. Dramatiker. Schauspieler. Berlin 1961.
Braulich, Heinrich: Die Volksbühne. Berlin 1976.
Cowen, Roy C.: Hauptmann Kommentar. München 1980.
Daus, Ronald: Zola und der französische Naturalismus. Stuttgart 1977.
Delius, Anette: Intimes Theater. Königstein/Ts. 1976.
Funke, Peter: Oscar Wilde. Reinbek bei Hamburg 1969.
Goldschmitt, Rudolf: Hofmannsthal. Velber bei Hannover 1968.
Hamann, Richard/Hermand, Jost: Epochen deutscher Kultur von 1870 bis zur Gegenwart. Bd. 2: Naturalismus. München 1973.
Hamann, Richard/Hermand, Jost: Epochen deutscher Kultur von 1870 bis zur Gegenwart. Bd. 3: Impressionismus. München 1974.
Hamburger, Käthe: Ibsens Drama in seiner Zeit. Stuttgart 1989.
Hoefert, Siegfried: Gerhart Hauptmann. Stuttgart 1982.
Hoefert, Siegfried: Das Drama des Naturalismus. Stuttgart 1993.
Holz, Arno: Das Werk. Bd. X. Berlin 1925.
Irmer, Hans-Jochen: Der Theaterdichter Frank Wedekind. Berlin 1975.
Jost, Dominik: Literarischer Jugendstil. Stuttgart 1980.
Koch, Hans-Albert: Hugo von Hofmannsthal. Darmstadt 1989.
Kohl, Norbert (Hg.): Oscar Wilde. Leben und Werk in Daten und Bildern. Frankfurt am Main 1976.
MacGuiness, Patrick: Maurice Maeterlinck and the making of modern theatre. Oxford 2000.
Maeterlinck, Maurice: Prosa und kritische Schriften. Bad Wörrishofen 1983.
Mahal, Günter: Naturalismus. München 1975.
Mander, Gertrud: Shaw. Velber bei Hannover 1969.
Mayer, Hans: Hauptmann. Velber bei Hannover 1967.
Mayer, Matthias: Hugo von Hofmannsthal. Stuttgart 1993.
Meyer, Hans Georg: Ibsen. Velber bei Hannover 1967.
Meyer, Theo (Hg.): Theorie des Naturalismus. Stuttgart 1973.
Nietzsche, Friedrich: Sämtliche Werke in zwölf Bänden. Stuttgart 1964.
Ollén, Gunnar: Strindberg. Velber bei Hannover 1968.
Paul, Fritz: August Strindberg. Stuttgart 1979.
Perlmann, Michaela L.: Arthur Schnitzler. Stuttgart 1987.
Rieger, Gerd E.: Henrik Ibsen. Reinbek bei Hamburg 1993.
Scheible, Hartmut: Schnitzler. Reinbek bei Hamburg 1976.
Schnitzler, Arthur: Aphorismen und Betrachtungen. Frankfurt am Main 1967.
Schütze, Peter: August Strindberg. Reinbek bei Hamburg 1990.
Seehaus, Günter: Wedekind. Reinbek bei Hamburg 1974.
Sprengel, Peter: Gerhart Hauptmann. Epoche - Werk - Wirkung. München 1984.
Strindberg, August: Über Drama und Theater. Köln 1966.
Strindberg, August: Werke in zeitlicher Folge. Bd. 4, 5, 8, 10. Frankfurt am Main. 1984 ff.
Szondi, Peter: Das lyrische Drama des Fin de Siècle. Frankfurt am Main 1975.
Tank, Kurt Lothar: Hauptmann. Reinbek bei Hamburg 1959.
Urbach, Reinhard: Schnitzler. Velber bei Hannover 1968.

Urbach, Reinhard: Schnitzler Kommentar. München 1974.
Vincon, Hartmut: Frank Wedekind. Stuttgart 1987.
Volke, Werner: Hofmannsthal. Reinbek bei Hamburg 1967.
Völker, Klaus: Wedekind. Velber bei Hannover 1965.
Völker, Klaus: Irisches Theater I. Yeats und Synge. Velber bei Hannover 1967.
Wülfing, Wulf: Junges Deutschland. Texte. Kontexte. Abbildungen. Kommentare. München 1979.
Zola, Émile: Le Naturalisme au théâtre. Paris 1881.

Drama und Theater des russischen Realismus
Čechov, Anton: Briefe in fünf Bänden. Zürich 1979.
Gogol, Nicolai: Gesammelte Werke. Bd. 1 - 4. Stuttgart o.J.
Gourfinkel, Nina: Gorki. Reinbek bei Hamburg 1958.
Hoffmeier, Dieter: Stanislavskij. Auf der Suche nach dem Kreativen im Schauspieler. Stuttgart 1993.
Lavrin, Janko: Tolstoj. Reinbek bei Hamburg 1961.
Lettenbauer, Wilhelm: Tolstoj. München/ Zürich 1984.
Melchinger, Siegfried: Tschechov. Zürich/ München 1978.
Rischbieter, Henning: Gorki. Velber bei Hannover 1973.
Stanislawski, Konstantin S.: Briefe. 1866 - 1938. Berlin 1975.
Stanislawski, Konstantin S.: Mein Leben in der Kunst. Berlin 1987.
Stanislawski, Konstantin S.: Die Arbeit des Schauspielers an sich selbst. Bd. I und II. Berlin 1988.
Stanislawski, Konstantin S.: Die Arbeit des Schauspielers an der Rolle. Berlin 1996.
Storch, Wolfgang: Gogol. Velber bei Hannover 1967.

Wolffheim, Elsbeth: Anton Čechov. Reinbek bei Hamburg 1982.
Zelinsky, Bodo (Hg.): Das russische Drama. Düsseldorf 1986.

DAS THEATER DES 20. JAHRHUNDERTS IM DEUTSCHSPRACHIGEN RAUM

Allgemeines
Barner, Wilfried (Hg.): Geschichte der deutschen Literatur von 1945 bis zur Gegenwart (= de Boor/Newald: Geschichte der deutschen Literatur. Bd. 12). München 1994.
Berg, Jan u.a.: Sozialgeschichte der deutschen Literatur von 1818 bis zur Gegenwart. Frankfurt am Main 1981.
Briegleb, Klaus (Hg.): Gegenwartsliteratur seit 1968 (= Hansers Sozialgeschichte der deutschen Literatur von den Anfängen bis zur Gegenwart. Bd.11). München 1992.
Buddecke, Wolfram/Fuhrmann, Helmut: Das deutschsprachige Drama seit 1945. München 1981.
Eckert, Nora: Das Bühnenbild im 20. Jahrhundert. Berlin 1998.
Engler, Winfried: Französische Literatur des 20. Jahrhunderts. Bern 1994.
Fischer, Ludwig (Hg.): Literatur in der Bundesrepublik Deutschland bis 1967 (= Hansers Sozialgeschichte von den Anfängen bis zur Gegenwart. Bd. 10). München 1986.
Fischer-Lichte, Erika (Hg.): Berliner Theater im 20. Jahrhundert. Berlin 1998.
Forster, Heinz/Riegel, Paul: Die Nachkriegszeit 1945-1968 (= Deutsche Literaturgeschichte. Bd. 11). München 1995.
Glaser, Hermann: Kulturgeschichte der Bundesrepublik Deutschland. Bd. 1-3. München 1985 ff.
Hermand, Jost/Trommler, Frank: Die Kultur der Weimarer Republik. München 1978.
Hermand, Jost: Die Kultur der Bundesrepublik Deutschland 1965 - 1985. München 1988.
Holthusen, Johannes: Russische Literatur im 20. Jahrhundert. Bern 1992.

Jessner, Leopold: Schriften. Theater der zwanziger Jahre. Berlin 1979.

Jhering, Herbert: Der Kampf ums Theater und andere Streitschriften 1918-1933. Berlin 1974.

Lattmann, Dieter (Hg.): Kindlers Literaturgeschichte der Gegenwart. München 1980.

Mennemeier, Franz Norbert: Das moderne Drama des Auslandes. Düsseldorf 1961.

Mennemeier, Franz Norbert: Das moderne deutsche Drama. Bd. 1 und 2. München 1973.

Rischbieter, Henning (Hg.): Durch den eisernen Vorhang. Theater im geteilten Deutschland. Katalog: Akademie der Künste. Berlin 1999.

Rühle, Günther: Theater in unserer Zeit. Frankfurt am Main 1976.

Schnierer, Peter Paul: Modernes englisches Drama seit 1945. Tübingen 1997.

Schöne, Lothar: Neuigkeiten vom Mittelpunkt der Welt. Der Kampf ums Theater in der Weimarer Republik. Darmstadt 1994.

Weyergraf, Bernhard (Hg.): Literatur der Weimarer Republik (= Hansers Sozialgeschichte der deutschen Literatur von den Anfängen bis zur Gegenwart. Bd. 8). München 1995.

Žmegač, Victor (Hg.): Geschichte der deutschen Literatur vom 18. Jahrhundert bis heute. Bd. I - III. Königstein/Ts. 1978.

Das Theater Max Reinhardts

Fiedler, Leonhard M.: Max Reinhardt. Reinbek bei Hamburg 1975.

Fuhrich, Edda/Prossnitz, Gisela (Hg.): Max Reinhardt. »Ein Theater, das den Menschen wieder Freude gibt...«. München/Wien 1987.

Huesmann, Heinrich: Welttheater Reinhardt. Bauten. Spielstätten. Inszenierungen. München 1983.

Reinhardt, Max: Leben für das Theater. Briefe. Reden. Aufsätze. Interviews. Gespräche. Auszüge aus den Regiebüchern. Berlin 1989.

Drama und Theater des Expressionismus

Baensch, Dieter: Else Lasker-Schüler. Stuttgart 1971.

Best, Otto F.: Theorie des Expressionismus. Stuttgart 1976.

Denkler, Horst: Drama des Expressionismus. München 1967.

Durzak, Manfred: Zu Carl Sternheim. Stuttgart 1982.

Hamann, Richard/Hermand, Jost: Epochen deutscher Kultur von 1870 bis zur Gegenwart. Bd. 5: Expressionismus. München 1976.

Kaiser, Herbert: Der Dramatiker Ernst Barlach. München 1972.

Karasek, Hellmuth: Sternheim. Velber bei Hannover 1970.

Klüsener, Erika: Lasker-Schüler. Reinbek bei Hamburg 1980.

Kokoschka, Oskar: Das schriftliche Werk. Bd. 1 - 3. Hamburg 1973.

Kornfeld, Paul: Die Verführung. Nachwort an den Schauspieler. Berlin 1916.

Linke, Manfred: Sternheim. Reinbek bei Hamburg 1979.

Rothe, Wolfgang (Hg.): Expressionismus als Literatur. München 1969.

Rothe, Wolfgang: Toller. Reinbek bei Hamburg 1983.

Rötzer, Hans Gerd: Begriffsbestimmung des literarischen Expressionismus. Darmstadt 1976.

Steffens, Wilhelm: Expressionistische Dramatik. Velber bei Hannover 1968.

Steffens, Wilhelm: Kaiser. Velber bei Hannover 1969.

Vietta, Silvio/Kemper, Hans-Georg: Expressionismus. München 1975.

Viviani, Annalisa: Das Drama des Expressionismus. München 1970.

Das Zeitstück und das Volksstück in der Weimarer Republik

Bronnen, Barbara: Karl Valentin und Lisl Karlstadt. Reinbek bei Hamburg 1998.

Fleißer, Marieluise: Gesammelte Werke. Bd. I - IV. Frankfurt am Main 1989.

Hildebrandt, Dieter: Horváth. Reinbek bei Hamburg 1975.
Horváth, Ödön von: Gesammelte Werke. Bd. I - IV. Frankfurt am Main 1970.
Jhering, Herbert: Regie. Berlin 1943.
Jhering, Herbert: Berliner Dramaturgie. Berlin 1947.
Kahl, Kurt: Horváth. Velber bei Hannover 1966.
Kässens, Wend/Töteberg, Michael: Marieluise Fleißer. München 1979.
Krischke, Traugott/Prokop, Hans F. (Hg.): Ödön von Horváth. Leben und Werk in Dokumenten und Bildern. Frankfurt am Main 1977.
Krischke, Traugott (Hg.): Horváths Stücke. Materialien. Frankfurt am Main 1988.
Lehfeldt, Christiane: Der Dramatiker Ferdinand Bruckner. Göppingen 1975.
McGowan, Moray: Marieluise Fleißer. München 1987.
Rühle, Günther (Hg.): Materialien zum Leben und Schreiben der Marieluise Fleißer. Frankfurt am Main 1973.
Schulte, Michael: Karl Valentin. Reinbek bei Hamburg 1968.

Erwin Piscators Politisches Theater
Amelung, Ulrich (Hg.): »Leben - ist immer ein Anfang!«. Erwin Piscator 1893 - 1966. Marburg 1993.
Goertz, Heinrich: Erwin Piscator. Reinbek bei Hamburg 1974.
Hoffmann, Ludwig/Hoffmann-Ostwald, Daniel: Deutsches Arbeitertheater 1918 - 1933. Bd. 1 und 2. Berlin 1973.
Hoffmann, Ludwig/Pfützner, Klaus: Theater der Kollektive. Bd. 1 und 2. Berlin 1980.
Kirfel-Lenk, Thea: Erwin Piscator im Exil in den USA. Berlin 1984.
Piscator, Erwin: Schriften. Bd. 1: Das Politische Theater. Bd. 2: Aufsätze. Reden. Gespräche. Berlin 1968.
Wangenheim, Gustav von: Da liegt der Hund begraben und andere Stücke aus der Truppe 1931. Reinbek bei Hamburg 1974.
Weber, Richard: Proletarisches Theater und revolutionäre Arbeiterbewegung 1918 - 1925. Köln 1976.
Willett, John: Erwin Piscator. Die Eröffnung des politischen Zeitalters auf dem Theater. Frankfurt am Main 1982.

Bertolt Brechts Episches Theater
Brecht, Bertolt: Briefe. Bd. 1 und 2. Frankfurt am Main 1981.
Brecht, Bertolt: Tagebücher 1920 - 1922. Aufzeichnungen 1920 - 1954. Frankfurt am Main 1975.
Brecht, Bertolt: Werke. Große kommentierte Berliner und Frankfurter Ausgabe. Bd. 1 - 25. Berlin/Weimar/Frankfurt am Main 1989 ff.
Brecht, Bertolt: Schriften. Bd. 1 - 5. Berlin/Weimar/Frankfurt am Main 1991 ff.
Grimm, Reinhold: Bertolt Brecht. Berlin 1966.
Knopf, Jan: Brecht-Handbuch. Stuttgart 1981.
Krabiel, Klaus-Dieter: Brechts Lehrstücke. Entstehung und Entwicklung eines neuen Spieltyps. Stuttgart/Weimar 1993.
Rischbieter, Henning: Brecht I und II. Velber bei Hannover 1966.
Steinweg, Reiner: Brechts Modell der Lehrstücke. Frankfurt am Main 1976.
Voigts, Manfred: Brechts Theaterkonzeption bis 1931. München 1977.
Völker, Klaus: Brecht-Kommentar. München 1983.

Drama und Theater im Nationalsozialismus
Daiber, Hans: Schaufenster der Diktatur. Theater im Machtbereich Hitlers. Tübingen 1995.
Drewniak, Boguslaw: Das Theater im NS-Staat. Düsseldorf 1983.
Dussel, Konrad: Ein neues, ein heroisches Theater. Bonn 1988.
Gertz, Heinrich: Gustaf Gründgens. Reinbek bei Hamburg 1982.
Reichl, Johannes M.: Das Thingspiel. Frankfurt am Main 1988.

Drama und Theater im Exil

Feilchenfeldt, Konrad: Deutsche Exilliteratur 1933 - 1945. München 1986.

Mennemeier, Franz Norbert/Trapp, Frithjof: Deutsche Exildramatik 1933 - 1945. München 1980.

Mittenzwei, Werner: Das Zürcher Schauspielhaus 1933 - 1945 oder Die letzte Chance. Berlin 1979.

Wächter, Hans Christof: Theater im Exil. Sozialgeschichte des deutschen Exil-Theaters 1933 - 1945. München 1973.

Das Theater der ersten Nachkriegszeit

Akademie der Künste (Hg.): Fritz Wisten. Drei Leben für das Theater. Berlin 1990.

Beckmann, Heinz: Wilder. Velber bei Hannover 1966.

Biemel, Walter: Sartre. Reinbek bei Hamburg 1964.

Borchert, Wolfgang: Das Gesamtwerk. Hamburg/Stuttgart/Berlin 1946.

Braem, Helmut M.: O'Neill. Velber bei Hannover 1965.

Frisch, Max: Erinnerungen an Brecht. (In: Kursbuch 7/1966. S. 54 ff.).

Gay-Grosier, Raymond: Camus. Darmstadt 1976.

Gumton, Helmut: Wolfgang Borchert. Berlin 1969.

Jauslin, Christian: Tennessee Williams. Velber bei Hannover 1968.

Kuna, Franz: T.S. Eliot. Velber bei Hannover 1969.

Lange, Rudolf: Zuckmayer. Velber bei Hannover 1969.

Lebesque, Morvan: Albert Camus. Reinbek bei Hamburg 1960.

Lübbren, Rainer: Miller. Velber bei Hannover 1966.

Mann, Thomas: Deutsche Hörer! Europäische Hörer! Radiosendungen nach Deutschland 1940 - 1945. Darmstadt 1986.

Melchinger, Christa: Camus. Velber bei Hannover 1968.

Riehle, Wolfgang: T.S. Eliot. Darmstadt 1979.

Sändig, Brigitte: Albert Camus. Eine Einführung in Leben und Werk. Leipzig 1988.

Schneider, Rolf: Theater in einem besiegten Land. Frankfurt am Main/Berlin 1989.

Schröder, Claus B.: Draußen vor der Tür. Eine Borchert-Biographie. Berlin 1988.

Wolff, Rudolf: Wolfgang Borchert. Werk und Wirkung. Bonn 1984.

Zehm, Günter Albrecht: Sartre. Velber bei Hannover 1965.

Drama und Theater in der Deutschen Demokratischen Republik

Berliner Ensemble (Hg.): Theaterarbeit. 6 Aufführungen des Berliner Ensembles. Frankfurt am Main 1961.

Bertisch, Klaus (Hg.): Ruth Berghaus. Frankfurt am Main 1989.

Besson, Benno: Jahre mit Brecht. Willisau o.J.

Braun, Matthias: Drama um eine Komödie. Das Ensemble von SED und Staatssicherheit, FDJ und Ministerium für Kultur gegen Heiner Müllers *Die Umsiedlerin oder Das Leben auf dem Lande*. Berlin 1995.

Emmerich, Wolfgang: Kleine Literaturgeschichte der DDR. Frankfurt am Main 1989.

Fischer, Bernd: Christoph Hein. Heidelberg 1990.

Franke, Konrad: Die Literatur der Deutschen Demokratischen Republik. Zürich/München 1974.

Funke, Christoph: Der Bühnenbildner Heinrich Kilger. Berlin 1975.

Hacks, Peter: Die Maßgaben der Kunst. Düsseldorf 1977.

Hasche, Christa/Schölling, Traute/Fiebach, Joachim: Theater in der DDR. Berlin 1994.

Hein, Christoph: Schötel oder Was solls? Stücke und Essays. Darmstadt/Neuwied 1986.

Hörnigk, Frank (Hg.): Heiner Müller Material. Text und Kommentare. Leipzig 1990.

Hörnigk, Frank u. a. : Ich Wer ist das Im Regen aus Vogelkot Im Kalkfell. Für Heiner Müller. Berlin 1996.

Hörnigk, Frank (Hg.): Volker Braun. Berlin 1999.

Keim, Katharina: Theatralität in den späten Dramen Heiner Müllers. Tübingen 1998.
Kranz, Dieter: Berliner Theater. 100 Aufführungen aus drei Jahrzehnten. Berlin 1990.
Laube, Horst: Peter Hacks. Velber bei Hannover 1972.
Mittenzwei, Werner (Hg.): Theater in der Zeitenwende. Bd. 1 und 2. Berlin 1972.
Müller, André (Hg.): Der Regisseur Benno Besson. Gespräche. Notate. Aufführungsfotos. Berlin 1967.
Müller, Heiner: Theater-Arbeit. Berlin 1975.
Müller, Heiner: Gesammelte Irrtümer. Bd. 1 - 3. Frankfurt am Main 1986 ff.
Neef, Sigrid: Das Theater der Ruth Berghaus. Berlin 1989.
Neubert-Herwig, Christa (Hg.): Benno Besson. Theaterspielen in acht Ländern. Berlin 1998.
Pietzsch, Ingeborg: Thomas Langhoff. Schauspieler. Regisseur. Intendant. Berlin 1993.
Profitlich, Ulrich (Hg.): Dramatik in der DDR. Frankfurt am Main 1987.
Raddatz, Frank-Michael: Dämonen unterm roten Stern. Zur Geschichtsphilosophie und Ästhetik Heiner Müllers. Stuttgart 1991.
Rosellini, Jay: Volker Braun. München 1983.
Schievelbusch, Wolfgang: Sozialistisches Drama nach Brecht. Darmstadt/Neuwied 1974.
Schmitt, Hans-Jürgen (Hg.): Die Literatur der DDR (= Hansers Sozialgeschichte der deutschen Literatur von den Anfängen bis zur Gegenwart. Bd. 11). München 1983.
Schulz, Genia: Heiner Müller. Stuttgart 1980.
Stuber, Petra: Studien zum DDR-Theater. Berlin 1998
Wilzopolski, Siegfried: Theater des Augenblicks. Die Theaterarbeit Frank Castorfs. Berlin 1992.
Wolf, Friedrich: Gesammelte Werke. Bd. 1 - 16. Berlin/Weimar 1967.

Theater in der Bundesrepublik Deutschland während des Wiederaufbaus

Adorno, Theodor W.: Versuch, das Endspiel zu verstehen. (In: Noten zur Literatur II. Frankfurt am Main 1961. S. 188 ff.).
Bair, Deidre: Samuel Beckett. Hamburg 1991.
Birkenhauer, Klaus: Beckett. Reinbek bei Hamburg 1971.
Bondy, Francois: Ionesco. Reinbek bei Hamburg 1975.
Bondy, Francois/Jelenski, Constantin: Witold Gombrowicz. München 1978.
Camus, Albert: Der Mensch in der Revolte. Reinbek bei Hamburg o.J.
Camus, Albert: Der Mythos von Sisyphos. Ein Versuch über das Absurde. Reinbek bei Hamburg 1959.
Canaris, Volker: Anouilh. Velber bei Hannover 1967.
Daus, Ronald: Das Theater des Absurden in Frankreich. Stuttgart 1977.
Endres, Elisabeth: Die Literatur der Adenauerzeit. München 1980.
Engelhardt, Helmut (Hg.): Samuel Beckett. Frankfurt am Main 1984.
Esslin, Martin: Das Theater des Absurden. Reinbek bei Hamburg 1965.
Gründgens, Gustaf: Wirklichkeit des Theaters. Frankfurt am Main 1963.
Hensel, Georg: Beckett. Velber bei Hannover 1968.
Hermand, Jost: Kultur im Wiederaufbau. München 1986.
Hildesheimer, Wolfgang: Wer war Mozart? Becketts *Spiel*. Über das absurde Theater. Frankfurt am Main 1966.
Ionesco, Eugène: Argumente und Argumente. Neuwied/Berlin 1962.
Jehle, Volker (Hg.): Wolfgang Hildesheimer. Frankfurt am Main 1989.
Kließ, Werner: Genet. Velber bei Hannover 1967.
Kortner, Fritz: Aller Tage Abend. München 1959.
Lindtberg, Leopold: Reden und Aufsätze. Freiburg im Breisgau 1972.
Mander, Gertrud: Giraudoux. Velber bei Hannover 1969.
Matthaei, Renate: Pirandello. Velber bei Hannover 1967.
Mayoux, Jean-Jacques: Über Beckett. Frankfurt am Main 1966.

Mennemeier, Franz Norbert: Der Dramatiker Pirandello. Köln 1965.
Michaelis, Rolf: García Lorca. Velber bei Hannover 1969.
Nagel, Ivan: Kortner, Zadek, Stein. München 1989.
Otto, Teo: Meine Szene. Köln 1966.
Rogmann, Horst: García Lorca. Darmstadt 1981.
Schuh, Oscar Fritz/Willnauer, Franz: Die Bühne als geistiger Raum. Köln 1963.
Sellner, Gustav Rudolf: Theatralische Landschaft. Bremen 1962.
Völker, Klaus: Fritz Kortner. Schauspieler und Regisseur. Berlin 1987.
Wendt, Ernst: Ionesco. Velber bei Hannover 1967.

Rischbieter, Henning: Weiss. Velber bei Hannover 1967.
Schmitz, Walter (Hg.): Über Max Frisch II. Frankfurt am Main 1976.
Siblewski, Klaus (Hg.): Martin Walser. Frankfurt am Main 1981.
Spaich, Herbert: Rainer Werner Fassbinder. Leben und Werk. Weinheim 1992.
Stephan, Alexander: Max Frisch. München 1983.
Taëni, Rainer: Rolf Hochhuth. München 1977.
Waine, Anthony: Martin Walser. München 1980.
Walser, Martin: Erfahrungen und Leseerfahrungen. Frankfurt am Main 1965.
Weiss, Peter: Rapporte. Bd. 1 und 2. Frankfurt am Main 1971.

Politisierung des Dramas: Parabel - Dokumentarstück - Kritisches Volksstück

Beckermann, Thomas (Hg.): Über Max Frisch I. Frankfurt am Main 1979.
Blumer, Arnold: Das dokumentarische Theater der sechziger Jahre in der Bundesrepublik Deutschland. Stuttgart 1977.
Carl, Rolf-Peter: Franz Xaver Kroetz. München 1978.
Cohen, Robert: Peter Weiss in seiner Zeit. Stuttgart 1992.
Dürrenmatt, Friedrich: Theaterprobleme. Zürich 1955.
Gerlach, Rainer (Hg.): Peter Weiss. Frankfurt am Main 1984.
Ismayer, Wolfgang: Das politische Theater in Westdeutschland. Maisenheim an der Glan 1977.
Jenny, Urs: Friedrich Dürrenmatt. Velber bei Hannover 1970.
Karasek, Hellmuth: Max Frisch. Velber bei Hannover 1967.
Knapp, Gerhard P.: Friedrich Dürrenmatt. Stuttgart 1993.
Mayer, Hans: Über Friedrich Dürrenmatt und Max Frisch. Pfullingen 1977.
Melchinger, Siefried: Hochhuth. Velber bei Hannover 1967.
Petersen, Jürgen H.: Max Frisch. Stuttgart 1989.

Theater in der Bundesrepublik Deutschland im politischen Aufbruch

Büscher, Barbara: Wirklichkeitstheater. Straßentheater. Freies Theater. Entstehung und Entwicklung freier Gruppen in der Bundesrepublik Deutschland. 1968 - 1976. Frankfurt am Main/Bern/New York/Paris 1987.
Canaris, Volker: Peter Zadek. Der Theatermacher und Filmemacher. München 1979.
Carstensen, Uwe B.: Klaus Michael Grüber. Frankfurt am Main 1988.
Hermand, Jost: Die Kultur der Bundesrepublik Deutschland 1965 - 1985. Frankfurt am Main/Berlin 1990.
Hüfner, Agnes (Hg.): Straßentheater. Frankfurt am Main 1970.
Iden, Peter: Die Schaubühne am Halleschen Ufer 1970 - 1979. München 1979.
Koberg, Roland: Claus Peymann – aller Tage Abenteuer. Berlin 1999.
Korte, Hermann: Eine Gesellschaft im Aufbruch. Die Bundesrepublik Deutschland in den sechziger Jahren. Frankfurt am Main 1987.
Kranz, Dieter: Positionen. Strehler, Planchon, Koun, Dario Fo, Långbaka, Stein. Gespräche mit Regisseuren des europäischen Theaters. Berlin 1981.

Kraus, Hildegard: Johann Kresnik. Frankfurt am Main 1990.
Lange, Mechtild: Peter Zadek. Frankfurt am Main 1986.
Linke, Manfred (Hg.): Theater/Theatre 1967–1982. Berlin 1983.
Mennicken, Rainer: Peter Palitzsch. Frankfurt am Main 1993.
Schedler, Melchior: Kindertheater. Geschichte, Modelle, Projekte. Frankfurt am Main 1972.
Schmidt, Dietmar N.: Regie ... Luc Bondy. Berlin 1991.
Strauß, Botho: Versuch, ästhetische und politische Ereignisse zusammenzudenken. München 1987.
Völker, Klaus: Irisches Theater II: Sean O'Casey. Velber bei Hannover 1968.
Zadek, Peter: Das wilde Ufer. Ein Theaterbuch. Köln 1990.
Zadek, Peter: My way. Köln 1998.

Drama und Theater der siebziger und achtziger Jahre im westlichen deutschsprachigen Raum

Bayerdörfer, Hans-Peter (Hg.): Theater gegen das Vergessen: Bühnenarbeit und Drama bei George Tabori. Tübingen 1997.
Becker, Peter von: Der überraschte Voyeur. Theater der Gegenwart. München 1982.
Beil, Hermann: Theaternarren leben länger. Wien 2000.
Dittmar, Jens (Hg.): Thomas Bernhard. Werkgeschichte. Frankfurt am Main 1981.
Drews, Jörg (Hg.): Herbert Achternbusch. Frankfurt am Main 1982.
Erken, Günther (Hg.): Tankred Dorst. Frankfurt am Main 1983.
Erken, Günther: Hansgünther Heyme. Frankfurt am Main 1989.
Fellinger, Raimund (Hg.): Peter Handke. Frankfurt am Main 1985.
Gamper, Herbert: Thomas Bernhard. München 1977.
Gronius, Jörg W./Kässens, Wend: Tabori. Frankfurt am Main 1989.

Handke, Peter: Prosa. Gedichte. Theaterstücke. Hörspiel. Aufsätze. Frankfurt am Main 1969.
Hensel, Georg: Das Theater der siebziger Jahre. Kommentar, Kritik, Polemik. Stuttgart 1980.
Hensel, Georg: Spiel's noch einmal, Sam. Das Theater der achtziger Jahre. Frankfurt am Main 1990.
Hofmann, Kurt: Aus Gesprächen mit Thomas Bernhard. Wien 1988.
Hoghe, Raimund: Pina Bausch. Tanztheatergeschichten. Frankfurt am Main 1986.
Höller, Hans: Thomas Bernhard. Reinbek bei Hamburg 1988.
Iden, Peter: Theater als Widerspruch. Plädoyer für eine zeitgenössische Bühne. München 1984.
Iden, Peter: Jürgen Flimm. Frankfurt am Main 1998.
Janz, Marlies: Elfriede Jelinek. Stuttgart 1995.
Jocks, Heinz Norbert/Polenz, Harald/Raddatz, Frank-M.: Die Theatervisionen des Roberto Ciulli. Essen 1991.
Kapitzia, Ursula: Bewußtseinsspiele. Drama und Dramaturgie bei Botho Strauß. Frankfurt am Main/Bern 1987.
Kässens, Wend/Gronius, Jörg W.: Theatermacher. Gespräch mit Luc Bondy, Jürgen Flimm, Hansgünther Heyme, Hans Neuenfels, Peter Palitzsch, Frank-Patrick Steckel, George Tabori, Peter Zadek. Frankfurt am Main 1987.
Mittermayer, Manfred: Thomas Bernhard. Stuttgart 1995.
Nägele, Rainer/Voris, Renate: Peter Handke. München 1978.
Ohngemach, Gundula: George Tabori. Frankfurt am Main 1989.
Pütz, Peter: Peter Handke. Frankfurt am Main 1982.
Radix, Michael (Hg.): Strauß lesen. München 1987.
Renner, Rolf Günter: Peter Handke. Stuttgart 1985.
Roeder, Anke (Hg.): Autorinnen. Herausforderungen für das Theater. Frankfurt am Main 1989.

Roeder Anke: Junge Regisseure: Frankfurt am Main 1994

Rühle, Günther: Anarchie der Regie. Frankfurt am Main 1992.

Rühle, Günther: Was soll das Theater? Frankfurt am Main 1992.

Schieb, Roswitha (Hg.): Peter Stein inszeniert »Faust« von Johann Wolfgang Goethe. Berlin 2000.

Schlicher, Susanne: TanzTheater. Tradition und Freiheiten. Pina Bausch, Gerhard Bohner, Reinhild Hoffmann, Hans Kresnik, Susanne Linke. Reinbek bei Hamburg 1987.

Schultz, Uwe: Handke. Velber bei Hannover 1973.

Simhandl, Peter: Achim Freyer. Frankfurt am Main 1991.

Sorg, Bernhard: Thomas Bernhard. München 1977.

Sucher, Bernd C.: Theaterzauberer. Von Bondy bis Zadek. 10 Regisseure des deutschen Gegenwartstheaters. München/Zürich 1990.

Sucher, Bernd C.: Das Theater der achtziger und neunziger Jahre. Frankfurt am Main 1995.

Tabori, George: Unterammergau oder Die guten Deutschen. Frankfurt am Main 1981.

Tabori, George: Betrachtungen über das Feigenblatt. Ein Handbuch für Verliebte und Verrückte. München 1991.

Weber, Richard (Hg.): Deutsches Drama der 80er Jahre. Frankfurt am Main 1992.

Welcker, Andrea (Hg.): George Tabori. Das Gedächtnis, der Trauer und dem Lachen gewidmet. Wien/Linz/Weitra/München 1994.

Das Ende der Normalität.
Einige Entwicklungen des Theaters seit 1990

Balitzky, Jürgen: Castorf, der Eisenhändler. Ch. Links Verlag, Berlin 1995.

Dermutz, Klaus: Christoph Marthaler. Residenz Verlag, Salzburg und Wien 2000.

Detje, Robin: Castorf – Provokation aus Prinzip. Henschel Verlag, Berlin 2002.

Fischer-Lichte, Erika: Ästhetik des Performativen. Suhrkamp Verlag, Frankfurt am Main 2004.

Frank Castorf, Christoph Marthaler, Christoph Schlingensief, Hans Kresnik – die Vier von der Volksbühne. Ein Gespräch. In: Theater heute, Heft 8/9/1999.

Groys, Boris: Gesamtkunstwerk Stalin. Carl Hanser Verlag, München 1988.

Lehmann, Hans-Thies: Postdramatisches Theater. Verlag der Autoren, Frankfurt am Main 1999.

Lehmann, Hans-Thies: Das Politische Schreiben – Essays zu Theatertexten. Theater der Zeit, Berlin 2002.

Lilienthal, Matthias / Philipp, Claus: Schlingensiefs »Ausländer raus. Bitte liebt Österreich.« Eine Dokumentation. Suhrkamp Verlag, Frankfurt am Main 2000.

Lochte, Julia / Schulz, Wilfried (Hg.): Schlingensief! Notruf für Deutschland. Rotbuch Verlag, Hamburg 1998.

Mayer, Verena / Koberg, Roland: Elfriede Jelinek – ein Porträt. Rowohlt Verlag, Hamburg 2006.

Müller, Heiner: Krieg ohne Schlacht. Leben in zwei Diktaturen. Kiepenheuer und Witsch, Köln 1992.

Müller, Heiner: Gesammelte Irrtümer, Interviews, Texte und Gespräche. 3 Bde., Verlag der Autoren, Frankfurt am Main 1986, 1990 und 1994.

Odenthal, Johannes / Regitz, Hartmut / Wesemann, Arnd: körper.kon.text. Das Jahrbuch der Zeitschrift ballett international / tanz aktuell 1999, Friedrich Berlin Verlag 1999.

Schleef, Einar: Droge Faust Parsifal. Suhrkamp Verlag, Frankfurt am Main 1997.

Schütt, Hans-Dieter: Die Erotik des Verrats. Gespräche mit Frank Castorf. Dietz Verlag, Berlin 1996.

Schütt, Hans-Dieter / Hehmeyer, Kirsten: Castorfs Volksbühne. Verlag Schwartzkopf und Schwartzkopf, Berlin 1999.

Wesemann, Arnd: Jan Fabre. Fischer Taschenbuch Verlag, Frankfurt am Main 1994.

Wille, Franz: Welches Theater für welche

Gesellschaft? In: Theater heute (Das Jahrbuch), Heft 13/1998.
Wille, Franz: Postdramatisches Theater. In: Theater heute, Heft 12/1999.
Wille, Franz: Im Kreml brennt noch Licht. In: Theater heute, Heft 13/1999.
Wille, Franz: Wo bitte geht's zur Wirklichkeit? In: Theater heute, Heft 13/2000.
Zadek, Peter: My Way. Eine Autobiographie. Kiepenheuer und Witsch, Köln 1998.

Das Theater der Avantgarde

Allgemeines
Bablet, Denis: Estétique générale de décor de théâtre de 1870 à 1930. Paris 1965.
Ball, Hugo: Kandinsky. (In: Deutsche Vierteljahresschrift für Literaturwissenschaft und Geistesgeschichte. Jg. 51/1977).
Balme, Christopher (Hg.): Das Theater von Morgen. Texte zur deutschen Theaterreform 1870 - 1920. Würzburg 1988.
Blüher, Karl Alfred (Hg.): Das moderne französische Theater. Darmstadt 1982.
Brandstetter, Gabriele: Grenzgänge. Theater und die anderen Künste. Tübingen 1998.
Brandt, Sylvia: BRAVO & BUM BUM!: neue Produktions- und Rezeptionsformen im Theater der historischen Avantgarde: Futurismus, Dada und Surrealismus. Frankfurt am Main/Bern/New York 1995.
Brauneck, Manfred: Theater im 20. Jahrhundert. Programmschriften. Stilperioden. Reformmodelle. Reinbek bei Hamburg 1982.
Fiebach, Joachim: Von Craig bis Brecht. Studien zu Künstlertheorien in der ersten Hälfte des 20. Jahrhunderts. Berlin 1975.
Fischer-Lichte, Erika (Hg.): TheaterAvantgarde: Wahrnehmung - Körper - Sprache. Tübingen/Basel 1995.
Fischer-Lichte, Erika: Die Entdeckung des Zuschauers. Tübingen 1997.
Fischer-Lichte, Erika: Theater seit den 60er Jahren. Tübingen 1998.
Grimm, Jürgen: Das avantgardistische Theater Frankreichs 1895 - 1930. München 1982.

Hoßner, Ulrich: Erschaffen und Sichtbarmachen. Das theaterästhetische Wissen der historischen Avantgarde von Jarry bis Artaud. Bern/Frankfurt am Main/New York 1983.
Kott, Jan: Das Gedächtnis des Körpers. Essays zu Theater & Literatur. Berlin 1990.
Lehmann, Hans-Thies: Postdramatisches Theater. Frankfurt am Main 1999.
Lista, Giovanni: La scène moderne. Paris 1997.
Mennemeier, Franz Norbert/Fischer-Lichte, Erika (Hg.): Drama und Theater der europäischen Avantgarde. Tübingen/Basel 1994.
Pörtner, Paul: Experiment Theater. Zürich 1960.
Rischbieter, Henning/Storch, Wolfgang (Hg.): Bühne und Bildende Kunst im XX. Jahrhundert. Velber bei Hannover 1968.
Schirn-Kunsthalle Frankfurt (Hg.): Die Maler und das Theater im 20. Jahrhundert. Katalog: Frankfurt am Main 1986.
Schober, Thomas: Das Theater der Maler. Studien zur Theatermoderne anhand dramatischer Texte von Kokoschka, Kandinsky, Barlach, Beckmann, Schwitters und Schlemmer. Stuttgart 1994.
Simhandl, Peter: Bildertheater. Bildende Künstler des 20. Jahrhunderts als Theaterreformer. Berlin 1993.
Städtische Galerie im Städelschen Kunstinstitut (Hg.): Raumkonzepte. Konstruktivistische Tendenzen in Bühnen- und Bildkunst 1910 - 1930. Katalog: Frankfurt am Main 1986.
Weiler, Christel: Kultureller Austausch im Theater. Theatrale Praktiken Robert Wilsons und Eugenio Barbas. Marburg 1994.

Die Theaterreform um 1900
Appia, Adolphe: Die Musik und die Inscenierung. München 1899.
Bablet, Denis: Edward Gordon Craig. Köln 1965.
Bablet, Misolette: Adolphe Appia und Jaques-Dalcroze in Hellerau. (In: Bühnenkunst. Heft 3/1990. S. 37 ff.).
Behrens, Peter: Fest des Lebens und der Kunst. Leipzig 1900.

Craig, Edward Gordon: Über die Kunst des Theaters. Berlin 1969.
Freud, Sigmund: Gesammelte Werke. Bd. I - X. Frankfurt am Main 1967.
Fuchs, Georg: Die Schaubühne der Zukunft. Berlin/Leipzig 1905.
Fuchs, Georg: Die Revolution des Theaters. München/Leipzig 1909.
Hamann, Richard/Hermand, Jost: Epochen deutscher Kultur von 1870 bis zur Gegenwart. Bd. 4: Stilkunst um 1900. München 1967.
Löffler, Michael Peter: Gordon Craigs frühe Versuche zur Überwindung des Bühnenrealismus. Berlin 1969.
Pro Helvetia (Hg.): Adolphe Appia 1862 - 1928. Katalog: Zürich 1979.
Prütting, Lenz: Die Revolution des Theaters. Studien zu Georg Fuchs. München 1971.

Theaterentwürfe der italienischen Futuristen
Apollonio, Umberto: Der Futurismus. Manifeste und Dokumente einer künstlerischen Bewegung 1908 - 1918. Köln 1972.
Baumgarth, Christa: Geschichte des Futurismus. Reinbek bei Hamburg 1993.
Hesse, Eva: Die Achse Avantgarde-Faschismus. Reflexionen über Filippo Tommaso Marinetti und Ezra Pound. Zürich 1991.
Landes, Brigitte (Hg.): Es gibt keinen Hund. Das futuristische Theater. München 1989.
Lista, Giovanni: La scène futuriste. Paris 1989.
Löffler, Peter (Hg.): Futurismus. Fünfundzwanzig Stücke. Basel/Boston/Berlin 1990.
Schmidt-Bergmann, Hansgeorg: Futurismus. Geschichte, Ästhetik, Dokumente. Reinbek bei Hamburg 1993.

Drama und Theater im russischen Futurismus
Akademie der Künste (Hg.): Sieg über die Sonne. Aspekte russischer Kunst zu Beginn des 20. Jahrhunderts. Berlin 1983.
Chlebnikov, Velimir: Werke. Poesie. Prosa. Schriften. Briefe. Bd. I und II. Reinbek bei Hamburg 1972.
Huppert, Hugo: Majakowski. Reinbek bei Hamburg 1965.
Majakowski, Wladimir u.a.: Eine Ohrfeige für den öffentlichen Geschmack. Hamburg/Zürich 1988.
Majakowski, Wladimir: Wladimir Majakowski Tragödie. (Übersetzung: Heiner Müller). Berlin 1983.
Müller-Scholl, Christine: Das russische Drama der Moderne. Frankfurt am Main/Bern 1992.
Ripellino, Angelo Maria: Majakowski und das russische Theater der Avantgarde. Köln 1964.
Shadowa, Larissa Alexejewna (Hg.): Tatlin. Weingarten 1987.
Storch, Wolfgang: Wladimir Majakowski. Velber bei Hannover 1969.

Das Theater der Russischen Revolution
Bochow, Jörg: Das Theater Meyerholds und die Biomechanik. Berlin 1997.
Blok, Alexander: Ausgewählte Werke. Bd. 1–3. München 1978.
Eisenstein, Sergej M.: Schriften 1: Streik. München 1974.
Gorsen, Peter/Knödler-Bunte, Eberhard (Hg.): Proletkult. Bd. 1 und 2. Stuttgart/Bad Cannstatt 1974.
Hoffmeier, Dieter/Völker, Klaus (Hg.): Werkraum Meyerhold. Zur künstlerischen Anwendung der Biomechanik. Berlin 1995.
Kerschenzew, Platon M.: Das schöpferische Theater. Hamburg 1922. Neudruck: Köln 1984.
Lobanov, Nikita: Die russische Avantgarde und die Bühne. Katalog: Schleswig-Holsteinisches Landesmuseum Schloß Gottorf. 1991.
Meyerhold, Wsewolod E.: Schriften. Aufsätze. Briefe. Reden. Gespräche. Bd. 1 und 2. Berlin 1979.
Paech, Joachim: Das Theater der Russischen Revolution. Kronberg/Ts. 1974.

Rudnitsky, Konstantin: Russian & Soviet Theatre. London 1988.
Tairoff, Alexander: Das entfesselte Theater. Potsdam 1923. Neudruck: Berlin 1989.
Wachtangow, Jewgeni B.: Schriften. Aufzeichnungen. Briefe. Protokolle. Notate. Berlin 1982.
Weise, Eckhard: Eisenstein. Reinbek bei Hamburg 1975.

Abstraktes und mechanisches Theater
Boissel, Jessica: Solche Dinge haben ihre eigene Geschichte. Kandinsky und das Experiment »Theater«. (In: Der Blaue Reiter. Katalog: Kunstmuseum Bern. 1986).
Eller-Rütter, Ulrika Maria: Kandinsky. Bühnenkomposition und Dichtung als Realisation seines Synthese-Konzepts. Hildesheim 1990.
Kandinsky, Wassily: Über die Abstrakte Bühnensynthese. (In: Staatliches Bauhaus 1919 - 1923. Weimar/München 1923).
Kandinsky, Wassily: Über das Geistige in der Kunst. München 1912. Neuausgabe: Bern 1963.
Kandinsky, Wassily: Die gesammelten Schriften. Bd. 1. Bern 1980.
Kandinsky, Wassily: Über Theater, Du théâtre. O TEATPE. Köln 1998.
Kleist, Heinrich von: Sämtliche Werke. München/Zürich o.J.
Louis, Eleonora: Oskar Schlemmer – Tanz. Theater. Bühne. Klagenfurt 1997.
Marc, Franz/Kandinsky, Wassily (Hg.): Der Blaue Reiter. München 1912. Neuausgabe: Berlin. 1988.
Schawinsky, Xanti: Malerei. Bühne. Grafikdesign. Fotografie. Katalog: Bauhaus-Archiv Berlin 1986.
Scheper, Dirk: Oskar Schlemmer. Das Triadische Ballett und die Bauhausbühne. Berlin 1988.
Schlemmer, Oskar/Moholy-Nagy, László/ Molnár, Farkas: Die Bühne im Bauhaus. München 1925. Neuausgabe: Mainz/Berlin 1965.
Schlemmer, Oskar: Briefe und Tagebücher. Stuttgart 1977.
Schlemmer, Oskar: Bühne. (In: Bauhaus. Heft 3/1923).
Schlemmer, Oskar: Tanz. Theater. Bühne. Katalog: Kunstsammlung Nordrhein-Westfalen Düsseldorf/Kunsthalle Wien/Sprengel-Museum Hannover. 1994/95.
Schönberg, Arnold/Kandinsky, Wassily: Briefe, Bilder und Dokumente einer außergewöhnlichen Freundschaft. München 1983.
Worringer, Wilhelm: Abstraktion und Einfühlung. München 1908.

Theatrale Elemente im Dadaismus und Surrealismus
Artaud, Antonin: Surrealistische Texte. München 1985.
Ball, Hugo: Gesammelte Gedichte. Zürich 1963.
Barck, Karlheinz (Hg.): Surrealismus in Paris 1919 - 1939. Leipzig 1990.
Bergius, Hanne: Das Lachen Dadas. Die Berliner Dadaisten und ihre Aktionen. Gießen 1989.
Breton, André: Manifeste des Surrealismus. Reinbek bei Hamburg 1977.
Breton, André: Die verlorenen Schritte. Essays, Glossen, Manifeste. Berlin 1988.
Bürger, Peter: Der französische Surrealismus. Frankfurt am Main 1995.
Cocteau, Jean: Werke. Bd. 1 - 4. Frankfurt am Main 1988.
Fock, Holger: Antonin Artaud und der surrealistische Bluff. Bd. 1 und 2. Berlin 1988.
Gallissairs, Pierre (Hg.): Dada-Paris. Hamburg 1989.
Grimm, Jürgen: Roger Vitrac. Ein Vorläufer des Theaters des Absurden. München 1977.
Grimm, Jürgen: Guillaume Apollinaire. München 1993.
Huelsenbeck, Richard (Hg.): Dada. Eine literarische Dokumentation. Hamburg 1964.
Jarry, Alfred: Ansichten über das Theater. Zürich 1970.
Mayer, Hans: Dada in Zürich. Frankfurt am Main 1990.

Nadeau, Maurice: Geschichte des Surrealismus. Reinbek bei Hamburg 1965.
Nündel, Ernst: Kurt Schwitters. Reinbek bei Hamburg 1981.
Riha, Karl (Hg.): Dada Berlin. Texte, Manifeste, Aktionen. Stuttgart 1977.
Riha, Karl/Schäfer, Jürgen: DADA total. Manifeste, Aktionen, Texte, Bilder. Stuttgart 1994.
Riha, Karl/Wende-Hohenberger, Waltraud (Hg.): Dada Zürich. Texte, Manifeste, Dokumente. Stuttgart 1992.
Schumann, Klaus (Hg.): Sankt Ziegenzack springt aus dem Ei. Texte, Bilder und Dokumente zum Dadaismus in Zürich, Berlin, Hannover und Köln. Leipzig/Weimar 1994.
Schwitters, Kurt: Das literarische Werk. Bd. 1 - 5. Köln 1981.
Short, Robert: Dada und Surrealismus. Stuttgart/Zürich 1984.

Antonin Artauds »Theater der Grausamkeit«

Artaud, Antonin: Briefe aus Rodez. Postsurrealistische Schriften. München 1979.
Artaud, Antonin: Das Theater und sein Double. Frankfurt am Main 1979. Neuausgabe: München 1996.
Artaud, Antonin: Schluß mit dem Gottesgericht. Das Theater der Grausamkeit. München 1980.
Artaud, Antonin: Surrealistische Texte. München 1985.
Blüher, Karl Alfred: Antonin Artaud und das »Nouveau théâtre« in Frankreich. Tübingen 1991.
Freud, Sigmund: Gesammelte Werke. Bd. I - X. Frankfurt am Main 1961.
Jung, Carl Gustav: Psychologie und Alchimie. Zürich 1944.
Jung, Carl Gustav: Von den Wurzeln des Bewußtseins. Zürich 1954.
Kapralik, Elena: Antonin Artaud. Leben und Werk des Schauspielers, Dichters und Regisseurs. München 1977.
Thevenin, Paul/Derrida, Jacques: Antonin Artaud. Zeichnungen und Portraits. München 1986.

Das Living Theatre und die Off-Off-Broadway-Bewegung

Beck, Julian: The Life of the Theatre. San Francisco 1972.
Billeter, Erika: The Living Theatre. Paradise Now. Bern/München/Wien 1968.
Brecht, Stefan: The Bread an Puppet Theatre. New York 1987.
Buchholz, Imke/Malina, Judith: Living Theater heißt Leben. Linden 1980.
Fröhlich, Petra: Das nicht-kommerzielle amerikanische Theater. Rheinfelden 1974.
Heilmeyer, Jens/Fröhlich, Pea: Now - Theater der Erfahrung. Köln 1971.
Schechner, Richard: Theater-Anthropologie. Spiel und Ritual im Kulturvergleich. Reinbek bei Hamburg 1990.
Schechner, Robert: Environmental Theater. New York 1973.
Schumann, Peter: Puppen und Masken. Das Bread an Puppet Theater. Frankfurt am Main 1973.

Das »Arme Theater« des Jerzy Grotowski

Burziński, Tadeusz/Osiński, Zbigniew: Das Theater-Laboratorium Grotowskis. Warszawa 1979.
Falcke, Christoph: Über das Workcenter Grotowskis. Köln 1996.
Grotowski, Jerzy: Für ein Armes Theater. Velber bei Hannover 1969. Neuausgabe: Zürich/Schwäbisch Hall 1986.
Richards, Thomas: Theaterarbeit mit Grotowskis physischen Handlungen. Berlin 1996
Schwerin von Krosigk, Barbara: Der nackte Schauspieler. Die Entwicklung der Theatertheorie Jerzy Grotowskis. Berlin 1986.

Eugenio Barba und das Odin Theater

Barba, Eugenio/Nagel Rasmussen, Iben: Bemerkungen zum Schweigen der Schrift. Odin Teatret. Schwerte 1983.
Barba, Eugenio: Jenseits der schwimmenden Inseln. Reflexionen mit dem Odin Theater. Theorie und Praxis des Freien Theaters. Reinbek bei Hamburg 1985.

Barba, Eugenio: Vom Entstehen einer Tradition. Köln 1995.
Barba, Eugenio: Kanu aus Papier. Köln 1998.
Watson, Ian: Towards A Third Theatre. Eugenio Barba und das Odin Teatret. London 1995.

Peter Brooks Theater der Einfachheit
Brook, Peter: Der leere Raum. Möglichkeiten des heutigen Theaters. Hamburg 1969.
Brook, Peter: Wanderjahre. Schriften zu Theater, Film & Oper. Berlin 1989.
Brook, Peter: Das offene Geheimnis. Gedanken über Schauspielerei und Theater. Frankfurt am Main 1994.
Brook, Peter: Vergessen Sie Shakespeare. Berlin 2000.
Brook, Peter: Zeitfäden. Erinnerungen. Frankfurt am Main 1999.
Fiebach, Joachim/Schramm, Helmar (Hg.): Kreativität und Dialog. Theaterversuche der 70er Jahre in Westeuropa. Berlin 1983.
Heilpern, John: Peter Brooks Theater-Safari. Hamburg 1979.
Kott, Jan: Shakespeare heute. München 1970. Neuausgabe: Berlin 1989.
Oida, Yoshi: Zwischen den Welten. Berlin 1992.
Ortolani, Oliver: Peter Brook. Frankfurt am Main 1988.
Smith, A.C.H.: Peter Brooks *Orghast* in Persepolis. Frankfurt am Main 1974.

Ariane Mnouchkine und das Théâtre du Soleil
Neuschäfer, Anne/Serror, Frédéric: Le Théâtre du Soleil - Shakespeare. Köln o.J.
Neuschäfer, Anne: Das Théâtre du Soleil. Rheinfelden 1983.
Seym, Simone: Das Théâtre du Soleil. Ariane Mnouchkines Ästhetik des Theaters. Stuttgart 1992.
Théâtre du Soleil (Hg.): Mephisto. München 1983.

Happening - Fluxus - Wiener Aktionismus - Performance Art
1962 Wiesbaden Fluxus 1982. Katalog: Museum Wiesbaden/Nassauischer Kunstverein Wiesbaden/Harlekin Art, Wiesbaden/Neue Galerie der Staatlichen Kunstsammlungen Kassel/daad-Galerie Berlin. 1982/83.
Almhofer, Edith: Performance Art. Die Kunst zu leben. Wien/Köln/Graz 1986.
Battcock, Gregory/Nickas, Robert (Hg.): The Art of Performance. New York 1984.
Becker, Jürgen/Vostell, Wolf (Hg.): Happening. Fluxus. Pop Art. Nouveau Réalisme. Reinbek bei Hamburg 1965.
Happening & Fluxus. Katalog: Kölnischer Kunstverein. 1970.
Herzogenrath, Wulf (Hg.): Nam June Paik. Werke: Musik - Fluxus - Video. Katalog: Kölnischer Kunstverein. 1976.
Horn, Rebecca. Katalog: Nationalgalerie Berlin. 1994.
Jaffé, Elisabeth: Performance. Ritual. Prozeß. Handbuch der Aktionskunst in Europa. München 1993.
Körpersprache. Katalog: Haus am Waldsee Berlin/Frankfurter Kunstverein. 1975/76.
Meschede, Friedrich (Hg.): Abramović. Stuttgart o.J.
Nitsch, Hermann: Das Orgien Mysterien Theater. Manifeste, Aufsätze, Vorträge. Salzburg/Wien 1990.
Rosenbach, Ulrike: Videokunst. Foto. Aktion/Performance. Köln 1982.
Schäfer, Rolf: Ästhetisches Handeln als Kategorie einer interdisziplinären Theaterwissenschaft. Aachen 1988.
Schilling, Jürgen: Aktionskunst. Identität von Kunst und Leben? Frankfurt am Main 1978.
Schneede, Uwe M.: Joseph Beuys. Die Aktionen. Stuttgart 1994.
Stärk, Eckehard: Hermann Nitschs Orgien Mysterien Theater. München 1987.
Stephan, Ingrid/Weigel, Sigrid (Hg.): Weiblichkeit und Avantgarde. Berlin/Hamburg 1983.
Vostell. Retrospektive 1958 - 1974. Katalog: Neuer Berliner Kunstverein/Nationalgalerie Berlin. 1975.

Weweder, Rolf (Hg.): Vostell. Bonn/Köln/ Leverkusen/Mülheim/Mannheim 1992.

Wiener Aktionismus. Bd. 1 und 2. Klagenfurt 1988/89.

Tadeusz Kantors »Theater des Todes«

Kantor, Tadeusz: Ein Reisender - seine Texte und Manifeste. Nürnberg 1988.

Kantor, Tadeusz: Theater des Todes. Die tote Klasse. Wielopole, Wielopole. Nürnberg 1983.

Kłossowicz, Jan: Wielopole, Wielopole. Nürnberg 1981.

Scholze, Dietrich: Zwischen Vergnügen und Schock. Polnische Dramatik im 20. Jahrhundert. Berlin 1989.

Schulz, Bruno: Gesammelte Werke in zwei Bänden. München 1992.

Wiewora, Dietmar: Materie, kollektive Erinnerung und individuelle Existenz im Theater von Tadeusz Kantor. Kraków 1998.

Witkiewicz, Stanislaw Ignacy: Verrückte Lokomotive. Frankfurt am Main 1985.

Robert Wilsons Bildertheater

Aragon, Louis: An Open Letter to André Breton. In: Performing Arts Journal, Heft 1/1976. S. 3 ff.

Brecht, Stefan: The Origin Theatre of the City of New York. Bd. 1: The Theatre of Visions. Frankfurt am Main 1978.

Graff, Bernd: Das Geheimnis der Oberfläche. Der Raum der Postmoderne und die Bühnenkunst Robert Wilsons. Tübingen 1994.

Keller, Holm: Robert Wilson. Frankfurt am Main 1997.

Richterich, Uwe: Die Sehnsucht zu sehen. Der filmische Blick auf dem Theater. Robert Wilsons *the CIVIL warS*. Frankfurt am Main/Berlin/Bern/New York/Paris/Wien 1993.

Rockwell, John (Hg.): Robert Wilson. The Theater of Images. New York 1984.

Quadri, Franco/Steams Robert: Robert Wilson. Firenze 1997.

Shyrer, Lawrence: Robert Wilson and his Collaborators. New York 1989.

Wilson, Robert: »Die Balance zwischen den Wachträumen und meinen eigenen Bildern finden.« Gespräch über Robert Wilsons Theater.(In: Theater heute. Jahresheft 1981. S. 77 ff.).

Wilson, Robert: »Es gibt eine Sprache, die universell ist.« (Sylvère Lothringer im Gespräch mit Bob Wilson. (In: Karlheinz Barck u. a.: Aisthesis. Wahrnehmung heute. Leipzig 1990. S. 372 ff.).

Wilson, Robert/Müller, Heiner/Wiens, Wolfgang: Programmheft *the CICIL warS*. Städtische Bühnen Köln. 1984.

Wilson, Robert: Typoskript eines Vortrags in der Akademie der Künste Berlin. 1994.

Wilson, Robert: Statements in: Programmheft *The Forest*. Freie Volksbühne Berlin. 1988.

Welt-Theater um die Jahrtausendwende: Eine Annäherung

Banham, Martin: The Cambridge Guide to Theatre. Cambridge 1995.

Brauneck, Manfred (Hg.): Theaterlexikon. Hamburg 1992.

Carlson, Marvin: Theories of the theatre. New York 1996.

Fiebach, Joachim (Hg.): Theater der Welt. Berlin 1999.

Fiebach, Joachim: Manifeste europäischen Theaters. Berlin 2003.

Fischer-Lichte, Erika: Das eigene und das fremde Theater. Tübingen 1999.

Lehmann, Hans-Thies: Postdramatisches Theater. Frankfurt am Main 1999.

Sucher, Bernd C. (Hg.): Theaterlexikon. München 1996.

Personenregister

A

Achternbusch, Herbert 323
Adamov, Arthur 294
Adenauer, Konrad 288
Adorno, Theodor W. 258, 296, 347
Agatarchos 30
Aillaud, Gilles 318f.
Aischylos 16–21, 24, 29f., 32, 36, 222, 263, 317, 458
Albee, Edward 293
Aleotti, Giovanni Battista 98–100
Alexander der Große 25
Andersch, Alfred 260
Andersen, Hans Christian 502
Anderson, Laurie 468
Andrews, Raymond 481f.
Anna Amalia (Herzogin von Sachsen-Weimar) 139, 154
Annenski, Innokenti 396
Anouilh, Jean 16, 291f., 444
An-Ski, Scholem 397
Antoine, André 189, 192–194, 197, 202
Apollinaire, Guillaume 415f.
Appen, Karl von 270f., 279
Appia, Adolphe 218, 231, 362–370, 372, 374, 388
Aragon, Louis 412f., 480f.
Aretino, Petro 65
Arion 14
Ariost, Ludovico 65
Aristophanes 22-25, 222, 279, 332
Aristoteles 14–16, 22, 30, 65, 83, 89, 110, 120f., 144
Arlt, Roberto 500
Arnim, Achim von 162, 164
Arroyo, Eduardo 318f.
Artaud, Antonin 6, 13, 16, 39, 160, 297, 363, 413f., 416–423, 428, 431f., 436f., 445–447, 451, 464, 487
Arwatow, Boris 387
Augustinus, Aurelius 55
Augustus, Gajus Octavianus 63

Avancini, Nicolaus von 93
Ayckbourn, Alan 330
Ayrer, Jacob 68
Azari, Fedele 379

B

Baader, Johannes 441
Bachmann, Stefan 349
Bacon, Francis 117, 213
Bahr, Hermann 211
Bahro, Rudolf 277
Baierl, Helmut 274
Balanchine, George 479
Ball, Hugo 389, 409f.
Balla, Giacomo 377, 379f.
Balzac, Honoré de 272
Barba, Eugenio 6, 39, 363, 424, 437–443
Bärfuss, Lukas 356
Barlach, Ernst 226, 229
Barlog, Boleslaw 289
Barrault, Jean-Louis 419
Bartis, Ricardo 499f.
Baudissin, Graf Wolf von 164
Baudrillard, Jean 342
Bäuerle, Adolf 170
Bauernfeld, Eduard von 187
Bausch, Pina 313, 334f., 340
Beaujoyleux, Balthazar de 97
Beaumarchais, Pierre-Augustin Caron 123, 132, 144
Beaumont, Francis 81
Bebel, August 197
Becher, Johannes R. 229, 258, 267, 273
Beck, Julian 426, 428–431
Beckett, Samuel 83, 284, 294, 296f., 329, 444f.
Behan, Brendan 313
Behrens, Peter 219, 373, 375
Béjart, Armande 113
Béjart, Madeleine 112
Belbel, Sergi 505

Belinski, Wissarion 200
Benedix, Julius Roderich 177, 187
Benjamin, Walter 311
Bennent, Anne 338
Benozzi, Gianetta 130
Beolco, Angelo 69
Berg, Barbara 279
Berghaus, Ruth 277 f.
Bernard, Claude 191
Bernhard, Thomas 323, 326 f., 332, 340
Bernhardt, Sarah 189
Besson, Benno 270 f., 279 f.
Beuther, Friedrich 157
Beuys, Joseph 459, 462 f., 499
Bharata 40
Bibbiena, Casentino 65
Bickel, Moidele 316 f., 319
Bidermann, Jacob 92
Biermann, Wolf 277, 330
Bilabel, Barbara 335
Billiet, Bénédicte 335
Billinger, Richard 254
Birch-Pfeiffer, Charlotte 177, 187
Bismarck, Fürst Otto von 254
Bizet, Georges 440
Bjørneboe, Jens 438
Blauwe Maandag Compagnie 492 f.
Blin, Roger 297
Bloch, Ernst 141, 309
Blok, Alexander 390
Boccaccio, Giovanni 65, 68
Boileau, Nicolas 110
Böll, Heinrich 296
Bondy, Luc 318, 331, 349
Bonnard, Pierre 214
Borchert, Wolfgang 260, 266 f.
Borges, Jorge Luis 500
Börlin, Jean 412 f.
Börne, Ludwig 177, 180
Bragaglia, Anton-Giuglio 377
Brahm, Otto 189, 192, 197, 202, 212, 218 f., 370
Brando, Marlon 244
Brandt, Willy 277, 308, 321
Brasch, Thomas 280–282
Braun, Volker 277, 283 f.
Brecht, Bertolt 13, 16, 39, 47, 75, 124, 216, 233–235, 238, 245–249, 261 f., 267, 269–273, 275 f., 283 f., 287, 295 f., 299, 301, 303, 307, 316 f., 327, 341, 343, 345, 350, 387, 397, 429, 441, 444 f., 451
Brecht, George 462
Brentano, Clemens von 162, 164, 180, 404
Breth, Andrea 347, 359
Breton, André 294, 412 f., 416 f., 481
Brinkmann, Rolf Dieter 355
Brion, Friederike 147
Brioschi, Carlo 188
Brockmann, Johann 165
Broich, Margarita 337
Bronnen, Arnolt 227, 229, 233
Brook, Peter 6, 39, 83, 329, 427 f., 444–450, 531
Brown, Kenneth 428
Bruckner, Ferdinand 43, 234, 257 f.
Brühl, Karl Graf 158
Brunner, Lore 332
Bruno, Giordano 65
Brus, Günter 464
Büchner, Georg 164, 177, 179–181, 186, 222, 422
Büchner, Ludwig 182
Buckwitz, Harry 289
Buhre, Traugott 313, 327
Buñuel, Luis 292
Burbage, James 77
Burljuk, David 381
Burnacini, Familie 99
Burroughs, William S. 485 f.
Busch, Ernst 270
Busse, Sylta 304
Burton, Richard 495
Byron, Lord George 160 f., 432

C

Cadiot, Olivier 505
Caesar, Gajus Julius 37
Cage, John 462 f., 467, 480
Calderón de la Barca, Pedro 91, 103–105, 154, 157, 164, 167 f., 223, 396, 433–435, 447
Camus, Albert 266 f., 293 f.
Cangiullo, Francesco 377 f.
Carrá, Carlo 377
Carrière, Jean-Claude 450
Castellucci, Claudia 502

Castellucci, Romeo 341, 502
Castorf, Frank 280, 345–348, 351
Castro, Fidel 283
Caubère, Philippe 455
Celtis, Konrad 66
Cervantes Saavedra, Miguel de 102, 104
Chaikin, Joe 424
Chamisso, Adalbert von 162
Chaplin, Charlie 412
Chateaubriand, François René de 161
Chesterton, Gilbert Keith 396
Chicago, Judy 467
Chlebnikow, Welimir 381f., 384f.
Chodowiecki, Daniel 122
Christiansen, Henning 462
Churchill, Winston 303
Cieślak, Ryszard 434
Cito, Marion 335
Ciulli, Roberto 332
Cixous, Hélène 457f.
Clair, René 412
Claudel, Paul 214f., 367, 418
Clausen, Andrea 360
Claven, Gilberto 379
Clayburgh, Jim 494
Clever, Edith 313, 315f.
Cocteau, Jean 415f., 426, 432
Coleridge, Samual Taylor 160
Colette 469
Comte, Auguste 190f.
Congreve, William 123f.
Copeau, Jacques 368
Corinth, Lovis 219f.
Corneille, Pierre 109–112, 114, 118, 120f., 124, 154
Corvinus, Laurentius 66
Courteline, Georges 187
Craig, Edward Gordon 39, 47, 207, 214, 218, 362, 368–373, 388f., 470, 478, 487
Craig, Edward William 368
Cranach, Lucas 412
Credé, Carl 234, 240, 244
Croce, Benedetto 9
Crommelynck, Fernand 392
Cromwell, Oliver 123
Cronegk, Ludwig 188
Csokor, Franz Theodor 258

Cunningham, Merce 462, 467, 480
Cysat, Renwart 57
Czeschka, Carl 220f.

D

Dalberg, Wolfgang Heribert von 140, 148
d'Alembert, Jean le Rond 118
Dalí, Salvador 292
Danis, Daniel 505
Danjurô VII. 52
Danjurô XI. 53
Darwin, Charles 182, 191
Debussy, Claude 449, 496
Deceukelier, Els 492
Decroux, Etienne 419, 451
Dene, Kirsten 332
Depero, Fortunato 377, 379
Derrida, Jacques 340
Descartes, René 108, 112, 117
Dessau, Paul 271, 273
Desyatnikov, Leonid 499
Deutsch, Ernst 220, 231
Diaghilew, Sergej 367, 379, 415
Diderot, Denis 110, 119–121, 139f., 142–144
Dine, Jim 460f.
Dingelstedt, Franz von 185, 188
Dix, Otto 234
Dmitrijew, Wladimir 391
Doebbelin, Theophil 135
Domröse, Angelica 280
Dorn, Dieter 331f., 337, 349
Dorst, Tankred 322f., 485
Dostojewski, Fjodor 272, 433, 439
Draws-Tychsen, Hellmuth 236
Dresen, Adolf 277, 280
Dryden, John 124
Duchamp, Marcel 412, 460, 464, 470
Düllberg, Ewald 368
Dullin, Charles 419
Dumas, Alexandre, fils 187
Dumas, Alexandre, père 162
Duncan, Isadora 207, 335, 370
Duras, Marguerite 444
Düren, Fred 270, 279
Durieux, Tilla 220
Düringer, Annemarie 338

Dürrenmatt, Friedrich 299–302
Duse, Eleonora 189, 370 f.
Dutschke, Rudi 309

E

Eckermann, Johann Peter 156
Edelson, Mary Beth 467
Eggmann, Marietta 328
Ehrenburg, Ilja 393
Eichendorff, Joseph von 162, 164
Eichinger, Bernd 357
Eichmann, Adolf 303
Einsiedel, Friedrich Hildebrand von 156
Einstein, Albert 362, 482 f.
Eisenstein, Sergej 39, 387 f.
Eisler, Hanns 244, 271 f.
Eisner, Kurt 228
Ekhof, Konrad 136–140, 154, 158
Eliot, Thomas Stearns 265, 433
Elisabeth I. (Königin von England) 75 f., 79, 82 f.
El Lissitzky 394
Els Joglars 495
Els Comediants 495
Encina, Juan del 103
Engel, Erich 270
Engel, Jakob 156
Engel, Wolfgang 280
Ensslin, Gudrun 309
Enzensberger, Hans Magnus 317, 329
Epigonentheater 497
Erasmus von Rotterdam 66
Erdman, Nikolai 394
Erhard, Ludwig 288
Ernst II. (Herzog von Sachsen-Gotha-Altenburg) 140
Ernst, Max 413
Erpenbeck, Fritz 269, 272 f.
Ethelwood von Winchester 55
Euripides 14, 16, 20 f., 24, 36, 65, 157, 262, 318 f., 329, 332, 425, 458, 485
Ex Machina 501
Exter, Alexandra 395 f.
Eysoldt, Gertrud 220

F

Fabre, Jan 341, 491 f.
Falck, August 216
Falckenberg, Otto 231, 246
Falla, Manuel de 496
Fallada, Hans 333 f.
Farquhar, George 123 f., 270 f.
Fassbinder, Rainer Werner 235, 299, 305, 313, 339
Fehling, Jürgen 233, 256, 266
Fellner, Ferdinand 184 f.
Ferdinand III. (Römisch-Deutscher Kaiser) 93
Feuerbach, Ludwig 175, 182
Feydeau, Georges 187
Fichte, Johann Gottlieb 162 f.
Filbinger, Hans 327
Fillia 380
Filliou, Robert 462
Filonow, Pawel 384
Finzi, Samuel 359 f.
Flaszen, Ludwik 432
Fleißer, Marieluise 235 f., 299, 305–307, 339
Fletcher, John 81
Flimm, Jürgen 313, 331 f., 337, 349
Fo, Dario 330
Folz, Hans 59
Fontane, Theodor 186, 202
Ford, Henry 391
Ford, John 81
Foregger, Nikolai 391
Fort, Paul 214
Fosse, Jon 493
Foucault, Michel 340
Franken, Christoph 354
Franz, Ellen 188
Franz Joseph I. 340
Freud, Sigmund 210, 212, 237, 328, 362, 413, 421, 480, 483
Freyer, Achim 332, 335
Freytag, Gustav 186
Fried, Martin 328
Friedell, Egon 9
Friedrich, Caspar David 318, 320
Friedrich II. (König von Preußen) 117, 275, 460
Friedrich III. (Römisch-Deutscher Kaiser) 66
Friedrich Wilhelm IV. (König von Preußen) 164
Frisch, Max 261, 299–301

Fritsch, Henry 346
Fry, Christopher 265
Fuchs, Georg 362, 373–375, 389, 394
Fuentes, Giorgio 156 f.
Fuller, Loïe 335
Furttenbach, Joseph 93 f.

G

Gabriel, Peter 501
Galli-Bibiena, Carlo 99
Galli-Bibiena, Giuseppe 99 f.
Ganz, Bruno 313, 315 f., 320
Garibaldi, Giuseppe 484
Garrick, David 125
Gasbarra, Felix 244
Gassendi, Pierre 112
Gaugin, Paul 214
Gaulle, Charles de 309
Gautier, Théophile 451
Gay, John 444
Gehlen, Arnold 347
Geibel, Emanuel 186
Gelber, Jack 427
Gellert, Christian Fürchtegott 121
Genet, Jean 294, 297 f., 445
Georg II. (Herzog von Meiningen) 188 f.
Gerstenberg, Heinrich Wilhelm von 144
Geschonneck, Erwin 270
Giehse, Therese 257, 270, 317
Giraldi, Cinzio 65
Giraudoux, Jean 16, 34, 291 f.
Gladkow, Fjodor 287
Glass, Philip 482
Glittenberg, Marianne 332
Glittenberg, Rolf 332
Gluck, Christoph-Willibald 157, 367, 485
Gob Squad 341, 496
Goebbels, Joseph 253, 256
Göring, Hermann 256
Goering, Reinhard 228
Goerres, Joseph von 162
Goethe, Johann Wolfgang von 42, 117, 124, 133 f., 142–145, 147–157, 167, 176, 178, 186, 222, 232, 260, 281, 290 f., 306, 315, 331 f., 369, 432, 464, 484, 496
Goetz, Reinald 355

Gogol, Nikolai 161, 199, 201, 393
Golding, William 444
Goldoni, Carlo 123, 126–129, 157, 167, 222, 306
Goldsmith, Oliver 123 f.
Goll, Yvan 416 f.
Gombrowicz, Witold 293
Gorbatschow, Michail 281, 284
Gorki, Maxim 199, 204–206, 267, 270, 272, 316–318, 324, 451
Gosch, Jürgen 280, 353 f.
Gotscheff, Dimiter 359 f.
Gottsched, Johann Christoph 120
Gottsched, Luise Adelgunde Victoria 121
Gozzi, Carlo 123, 126, 128 f., 156, 390, 396 f.
Grabbe, Christian Dietrich 177–179, 233, 246
Grass, Günter 347
Gray, Spalding 494
Grein, Jacob Thomas 192, 196
Gribojedow, Alexander 199 f.
Grillparzer, Franz 165–168, 188
Grimm, Jakob 162, 455
Grimm, Wilhelm 162, 455
Gropius, Walter 242, 402
Grosz, George 243, 411, 416 f.
Grotowski, Jerzy 6, 161, 329, 363, 424, 432–438, 442, 445
Groys, Boris 345
Grüber, Klaus Michael 313, 318–320, 331, 349
Gründgens, Gustaf 256, 261, 266, 289 f., 455
Gryphius, Andreas 94, 332
Guarini, Battista 66
Gudzuhn, Jörg 337
Guidi, Chiara 502
Guidi, Paolo 502
Gurawski, Jerzy 432
Gutzkow, Carl 176 f., 180

H

Haase, Annemone 278
Habermas, Jürgen 321
Hacks, Peter 34, 274 f., 279, 282
Haeckel, Ernst 182
Hager, Kurt 280
Halm, Friedrich 177
Hamann, Johann Georg 143
Händel, Georg Friedrich 369

Handke, Peter 310, 323f., 332, 464
Happel, Wilfried 340
Harms, Oswald 96
Harnisch, Jutta 286
Hartmann, Eduard 182
Hartmann, Matthias 349
Hartmann, Thomas von 398, 400
Hartmann, Viktor 402
Hartung, Gustav 230
Hašek, Jaroslav 243, 258
Hasenclever, Walter 227
Hatheway, Anne 82
Hauff, Wilhelm 162
Haug, Helgard 351
Hauptmann, Elisabeth 248
Hauptmann, Gerhart 192, 197f., 216, 218, 331
Hausmann, Raoul 411
Havel, Václav 293, 297
Havemann, Robert 277
Haydn, Joseph 169
Heartfield, John 244, 411
Hebbel, Friedrich 174, 179, 232f., 284, 307
Heinrich Julius (Herzog von Braunschweig) 95
Hegel, Georg Wilhelm Friedrich 19, 175f., 186
Heidegger, Martin 347, 355
Hein, Christoph 283
Hein, Pieter 280
Heine, Heinrich 176f.
Heising, Ulrich 306
Heinz, Wolfgang 257, 262
Helmer, Hermann 184f.
Henschel, Bruno 269
Herder, Johann Gottfried von 142f., 150
Hermlin, Stephan 269
Herrmann, Karl-Ernst 313, 316–319, 332, 335
Hertling, Nele 342
Herzl, Theodor 330
Herzog, Joachim 317
Heß, Rudolf 483
Het Toneelhuis 493
Het Zuidelijk Toneel 501
Heym, Georg 226, 282
Heym, Stefan 273
Heyme, Hansgünther 313, 330f.
Heyse, Paul 186
Heywood, Thomas 81

Higgins, Dick 462
Hildesheimer, Wolfgang 294
Hilpert, Heinz 256, 261, 289
Hindemith, Paul 234
Hirschfeld, Kurt 257
Hirschfeld-Mack, Ludwig 407
Hitchcock, Alfred 327
Hitler, Adolf 229, 252, 254, 327, 483
Hochhuth, Rolf 244, 299, 302f., 343f.
Hoffman, Byrd 480
Hoffmann, Ernst Theodor Amadeus 162, 390, 408
Hoffmann, Hilmar 313
Hoffmann, Jutta 278, 280
Hoffmann, Reinhild 313, 334f., 340
Hofmannsthal, Hugo von 16, 60, 209, 211–213, 219–223, 357, 367, 369, 370, 479
Hoger, Hannelore 313, 333
Holberg, Ludvig 123, 125f., 157, 167, 199
Hölderlin, Friedrich 149f., 319f.
Holtz, Jürgen 278, 280
Holz, Arno 189, 197
Homer 34
Honecker, Erich 269, 277, 281, 337
Horn, Rebecca 468f.
Horny, Conrad 157
Horváth, Ödön von 235–237, 257, 299, 305–307, 319, 339
Hübchen, Herbert 346
Hübner, Kurt 313
Huchel, Peter 269
Huelsenbeck, Richard 409–411
Hughes, Ted 423
Hugo, Victor 161f.
Humboldt, Alexander von 150
Humboldt, Wilhelm von 150
Hurwicz, Angelika 270
Hutten, Ulrich von 61

I

Ibsen, Henrik 19, 86, 192–195, 197, 209, 215, 218, 220, 264, 280, 317, 324, 331, 334, 350, 369–371
Ichikawa III. 26
Iffland, August Wilhelm 136, 140, 157f., 167, 177

Immermann, Karl 178
Impekoven, Leo 219
Ionesco, Eugène 294–296
Irving, Henry 368
Itallie, Jean Claude van 425

J

Jacobs, Sally 445, 450
Jagemann, Karoline 157
Jahnn, Hans Henny 226, 229f., 233
Jäkel, Gisbert 359
Jakob I. (König von England) 75, 81, 85
Jakulow, Giorgi 397
Janco, Marcel 410
Jannings, Emil 220
Jaques-Dalcroze, Émile 366–368, 374
Jarema, Maria 477
Jarry, Alfred 294, 414–416, 418f., 426, 473
Jawlensky, Alexej von 398
Jegorow, Wladimir 214
Jelinek, Elfriede 322, 340, 344, 355
Jessner, Leopold 230–232, 290
Jhering, Herbert 222, 232, 247
Johst, Hanns 229, 246, 254
Jonghollandia 501
Jonigk, Thomas 340
Jonson, Ben 81, 118, 123
Jooss, Kurt 335
Joseph II. (Römisch-Deutscher Kaiser) 166
Jouvet, Louis 292
Jung, Carl Gustav 422f.
Jung, Franz 411
Jürgens, Curd 345

K

Kaegi, Stefan 351
Kafka, Franz 329, 496
Kainz, Joseph 184
Kaiser, Georg 226–228, 233, 258
Kālidāsa 43, 432
Kanami, Kiyotsugu 48
Kandinsky, Wassily 398–402
Kane, Sarah 349, 505
Kant, Immanuel 116, 151, 175
Kantor, Tadeusz 6, 363, 470–478

Kaprow, Allan 459f., 462
Karge, Manfred 280
Karl August (Großherzog von Sachsen-Weimar-Eisenach) 133, 139, 154
Karl Theodor (Kurfürst von der Pfalz) 140
Karl X. (König von Frankreich) 177
Kästner, Erich 234
Kater, Fritz 356–358
Katharina II. (Kaiserin von Rußland) 199
Kaufmann, Christoph 147
Kaulbach, Wilhelm 188
Kazan, Elia 327
Kean, Charles 188
Keiser, Reinhard 96
Keller, Gottfried 186
Kelling, Gerhard 317
Kerndl, Rainer 274
Kerner, Justinus 162
Kershenzew, Platon 386
Kessler, Harry Graf von 369
Kiesinger, Kurt Georg 308
Kilger, Heinrich 279
Kimmig, Stephan 351
Kipphardt, Heinar 244, 299, 302f.
Kirchner, Ignaz 338
Kirkeby, Per 462
Klee, Paul 470
Klein, César 231
Klein, Yves 492
Kleist, Heinrich von 164–167, 188, 233, 270, 289, 291, 317f., 324, 331f., 403, 475
Kleon 23
Klinger, Friedrich Maximilian 141, 147
Kneidl, Karl 306
Knowles, Christopher 482, 485, 487
Koch, Heinrich 289f.
Koch, Wolfram 359
Koek, Paul 500f.
Kohl, Helmut 340
Kokoschka, Oskar 225, 230, 401
Koltès, Bernard-Marie 330
Kommissarshewskaja, Vera 389f.
Koniarski, Helmut 266
König, Herbert 280
König, Michael 313f.
Kopernikus, Nikolaus 61
Kornfeld, Paul 229–231

Kortner, Fritz 220, 231, 290f., 313, 349
Kott, Jan 444f.
Kotzebue, August von 157, 177
Kraus, Georg Michael 137, 157
Krauss, Werner 220
Kresnik, Johann 312–314, 340, 345
Kriegenburg, Andreas 351
Kroetz, Franz Xaver 235, 299, 305–307, 339
Krutschonych, Alexander 381–383
Kunzelmann, Rainer 310
Kurz, Joseph von 170
Kutscher, Arthur 245
Kyd, Thomas 80

L

Laban, Rudolf von 255, 335, 410
Labiche, Eugène 187, 317, 324
Lacis, Asja 311
La Fura dels Baus 495f.
Lampe, Jutta 313, 315f.
Lampel, Peter Martin 234, 241
Landauer, Gustav 228
Lang, Alexander 280, 283
Lang, Franciscus 93
Langbehn, Julius 210
Langhans, Carl Gotthard 158
Langhans, Rainer 310
Langhoff, Matthias 277, 280
Langhoff, Thomas 284
Langhoff, Wolfgang 257, 262, 270
Lania, Leo 243
Lanoye, Tom 394
Laroche, Johann 170
L'Arronge, Adolph 187
Lasker-Schüler, Else 225, 318
Laube, Heinrich 177, 185
Lause, Hermann 333
Lautenschläger, Carl 185
Lauwers, Jan 492, 497f.
LeCompte, Elisabeth 494
Lecoq, Charles 397
Lecoq, Jacques 451, 456
Lehmann, Hans-Thies 341f.
Leisewitz, Anton 147
Lemêtre, Jean-Jacques 457
Lenin 387, 391

Lenz, Jakob Michael Reinhold 141–144, 146f., 270
Leopardi, Giacomo 161
Leo X. (Papst) 66
Léotard, Philippe 451
Lepage, Robert 501f.
Lermontow, Michail 161, 390
Lessing, Gotthold Ephraim 34, 91, 110, 118, 120–122, 124, 136–140, 142f., 149, 157, 167, 186, 199, 260, 291, 331
Liebknecht, Wilhelm 197
Lillo, George 118, 121
Lindau, Paul 187
Lindtberg, Leopold 257, 290
Linke, Susanne 334f.
Lissitzky, El 394
Littmann, Max 374
Litvak, Anatole 327
Livius, Andronicus Lucius 34
Lochner, Stephan 469
Lohenstein, Casper von 94, 331
Loher, Dea 356–358
London, Jack 387
Lorca, Federico García 291f.
Losey, Joseph 327
Lotti, Cosimo 107
Loyola, Ignatius von 92
Louis Philippe (König der Franzosen) 177
Ludwig, Volker 311
Ludwig XIII. (König von Frankreich) 108, 112
Ludwig XIV. (König von Frankreich) 92, 97f., 108
Ludwig XVI. (König von Frankreich) 129, 132
Lugné-Poë, Aurelien-François-Marie 214f.
Lühr, Peter 331
Lukács, Georg 272
Lully, Jean Baptiste 98, 112f.
Lunatscharski, Anatoli 388
Luther, Martin 66f., 254
Lutz, Regine 270
Lyly, John 81

M

Maazel, Lorin 501
Macchiavelli, Niccolo 65
Mach, Ernst 210f.

Maciunas, George 462
Macke, August 398 f.
Maeterlinck, Maurice 206, 209, 213 f., 219 f., 389, 400, 449, 470
Majakowski, Wladimir 381 f., 384, 390, 394, 432
Makart, Hans 184
Malewitsch, Kasimir 381–383, 390
Malina, Judith 244, 310, 426–431
Mallarmé, Stéphane 214
Mann, Heinrich 269, 334
Mann, Klaus 234, 455
Mann, Thomas 260, 327, 434
Manthey, Axel 335
Manuel, Niklas 67
Manzel, Dagmar 337
Manzoni, Alessandro 161
Marc, Franz 398 f.
Marceau, Marcel 495
Marcuse, Herbert 309 f.
Marinetti, Filippo Tommaso 376–379, 381
Marivaux, Pierre Carlet de Chamblain de 123, 130–132, 157, 162
Marlowe, Christopher 80 f., 245, 433
Marowitz, Charles 445
Marthaler, Christoph 347 f.
Martin, Karl Heinz 230, 290
Marx, Karl 176, 195, 247, 284
Massine, Léonide 416
Masson, André 413
Matjuschin, Michail 381–383
Mattes, Eva 333
Mauer, Burkhard 314
Maximilian I. (Römisch-Deutscher Kaiser) 66
Maxwell, Richard 504 f.
Mayenburg, Marius von 349, 356
Mayorga, Juan 505
Mazarin, Jules 108
Medebac, Girolamo 126
Mehring, Walter 244, 411
Mei Lanfang 47
Melles, Sunnyi 331
Menander 23, 25 f., 31 f., 34, 36
Mendelssohn-Bartholdy, Felix 164
Mercier, Louis-Sébastian 144
Mertz, Franz 289 f.
Meyer, Conrad Ferdinand 186
Meyer, Heinrich 157

Meyerhold, Wsewolod 39, 47, 206, 388–397, 432
Michelangelo, Buonarrotti 62
Mickiewicz, Adam 161, 432
Middleton, Thomas 81
Mikulski, Kazimierz 472
Miller, Arthur 244, 264 f.
Minarik, Jan 335
Minetti, Bernhard 327, 332
Ming Huang (Kaiser von China) 46
Minks, Wilfried 313–315, 335
Mirecka, Rena 433
Mnouchkine, Ariane 6, 39, 311, 451–458
Moholy-Nagy, László 244, 403, 405, 470
Moissi, Alexander 220
Molière 34 f., 98, 108, 112–114, 121, 123, 125, 127 f., 131, 154, 157, 165, 167, 186, 188, 199, 222, 270, 390, 455
Molik, Zygmunt 433
Molina, Tirso de 102, 105, 113
Möller, Wolfgang Eberhard 255
Monk, Egon 270
Monk, Meredith 467 f.
Monteverdi, Claudio 96
Monzaemon 52
Moritz (Landgraf von Kassel) 96
Moritz, Karl Philipp 116, 134
Moscoso, Roberto 453
Motte-Fouqué, Friedrich de la 162
Mozart, Wolfgang Amadeus 156–158, 169
Mrożek, Sławomir 293
Mühl, Otto 464
Mühsam, Erich 441
Müller, Friedrich (»Maler« Müller) 147
Mueller, Harald 323, 329
Müller, Heiner 16, 274, 276–278, 282–287, 317, 337, 339, 341 f., 346 f., 349, 360, 479, 484, 501
Müller, Inge 276
Müller, Traugott 242 f.
Munch, Edvard 220
Münter, Gabriele 398
Münzner, Wolf 330
Musset, Alfred de 162, 180, 201, 318
Mussorgski, Modest 200, 402

N

Nagel, Ivan 290
Naharro, Bartolomé de Torres 103
Napoleon I. (Kaiser der Franzosen) 176, 254
Nederlands Toneel Gent 501
Needcompany 497
Neher, Caspar 245, 250, 270
Neidhart von Reuenthal 59
Nekrosius, Eimuntas 49 f.
Nemirowitsch-Dantschenko, Wladimir 192, 205, 388
Nero, Claudius Drusus 36
Nestroy, Johann 95, 170, 172–174, 262, 346
Neuber, Friederike Caroline 121, 133, 137
Neuenfels, Hans 313, 331 f.
Newton, Isaac 362
New York City Players 504 f.
Nietzsche, Friedrich 13, 183, 197, 209 f., 343, 348, 404, 420, 465
Nikolaus I. (Kaiser von Rußland) 200
Nitsch, Hermann 459, 464–466, 503
Niwinski, Ignati 396 f.
Novalis 159, 402

O

Oberlin, Johann Gottfried 179
Oblinsky, Chloé 450
O'Casey, Sean 313
Ohnesorg, Benno 309
Oida, Yoshi 448
Okuni 52
Oldenburg, Claes 460
Olivier, Laurence 444
O'Neill, Eugene 16, 262 f., 265, 494 f.
Ono, Yoko 462
Opitz, Martin 94, 96
Orlik, Emil 220
Orth, Elisabeth 360
Orwell, Gorge 501
Ostermaier, Albert 356
Ostermeier, Thomas 349-351
Ostrowski, Alexander 199, 201 f., 270, 387 f.
Otto, Sven-Joachim 352
Otto, Teo 257, 290, 295
Ottokar II. (König von Böhmen) 168
Otway, Thomas 370

P

Pabst, Peter 334 f.
Paik, Nam June 462 f.
Palitzsch, Peter 270, 313
Palladio, Andrea 64
Pallenberg, Max 220, 243
Pallín, Yolanda 505
Pane, Gina 469
Paquet, Alfons 241
Paris, Rainer 351
Paryla, Karl 257
Peachum, Henry 87
Pearls, Frederick S. 328 f.
Peisistratos 14 f.
Perceval, Luc 492 f.
Peri, Jacopo 96
Perikles 27 f.
Perten, Hans Anselm 280
Petras, Armin 351, 357 f.
Peymann, Claus 313, 316, 323, 326, 329, 332 f., 337, 349
Philipp II. (König von Spanien) 104
Philipp IV. (König von Spanien) 102, 106
Picabia, Francis 412 f.
Picasso, Pablo 415 f.
Piccolomini, Enea Silvio 65 f.
Pilsudski, Józef 476
Pinter, Harold 293, 330
Pirandello, Luigi 222, 291
Pirchan, Emil 230 f.
Piscator, Erwin 230, 233, 238–244, 257, 262, 299, 302, 304, 310, 313, 387, 393, 426
Pius XII. (Papst) 231, 302
Planck, Max 362
Plautus, Titus Maccius 34–36, 62, 65, 69, 85, 94, 113, 146, 156, 165
Pleitgen, Ulrich 331
Plenzdorf, Ulrich 281
Plutarch 89
Poe, Edgar Allan 390
Poelzig, Hans 222
Pohl, Klaus 322
Poliziano, Angelo 65
Pollesch, René 355
Pompejus, Gnaeus Magnus 37
Pomponius Laetus 62 f., 66
Popowa, Ljubow 392 f., 396

Prampolini, Enrico 377, 379 f.
Priestley, John Boynton 265
Protagoras 20
Pucher, Stefan 351, 359
Purcell, Henry 369
Puschkin, Alexander 161, 199 f.

Q
Quest, Hans 266

R
Raben, Peer 305
Racine, Jean Baptiste 109–112, 114, 118, 120 f., 124, 154, 156, 199, 396, 493
Raimund, Ferdinand 95, 170–172
Rame, Franca 330
Raschig, Susanne 317–319
Raupach, Ernst 177
Rauschenberg, Robert 462
Ravenhill, Mark 349, 505
Recalcati, Antonio 319
Rehm, Werner 316
Rehberg, Hans Michael 338
Reich, Wilhelm 468
Reichel, Käthe 270
Reigbert, Otto 227, 231, 246
Reinhardt, Andreas 278
Reinhardt, Edmund 219
Reinhardt, Max 6, 197, 212, 218–223, 230, 233, 255, 290, 367, 369, 375
Reinshagen, Gerlind 322, 332
Renucci, Jeanne 333
Ribemont-Dessaignes, Georges 388
Riccoboni, Luigi 130
Riccoboni, Francesco 139
Richelieu, Armand Jean du Plassis 108, 110
Riefenstahl, Leni 255
Rilke, Rainer Maria 376
Rimini Protokoll 351–353
Rinke, Moritz 356
Rinuccini, Ottavio 96
Ritter, Nina 331
Rojas, Fernando de 103
Roller, Alfred 220, 368
Rose, Jürgen 331 f.

Rosenbach, Ulrike 469
Rosenberg, Alfred 252 f.
Rosenplüt, Hans 59
Rossini, Gioacchino 132
Roswitha von Gandersheim 36
Roth, Friederike 322
Rousseau, Jean Jaques 142, 168
Rowley, William 81
Rueda, Lope de 103
Runge, Philipp Otto 402
Russolo, Luigi 377
Ruzante 69

S
Sacchi, Antonio 129
Sachs, Hans 59, 67 f., 145
Sagert, Horst 279
Saint-Simon, Graf Claude-Henri 176, 179
Sainte-Albine, Pierre Rémond de 139
Salvini, Tommaso 189
Salvitini, Lionardi 63
Salzmann, Alexander von 367, 407
Samel, Udo 360
Sánchez, Florencio 500
Sander, Otto 316
Sandrock, Adele 220
Sardou, Victorien 187
Sartre, Jean-Paul 16, 162, 266, 444, 451
Sarvig, Ole 438
Satie, Erik 410, 412 f., 415 f., 462 f.
Savigny, Friedrich von 162
Scalzi, Alessandro 74
Scamozzi, Vincenzo 64
Schad, Christian 234
Schäfer, Helmut 332
Schall, Ekkehard 270, 279
Schalla, Hans 289 f.
Schawinsky, Xanti 408
Schechner, Richard 425, 494
Schelling, Friedrich 162, 164, 175
Schenk, Johannes 317
Schikaneder, Emanuel 169
Schiller, Friedrich von 135–137, 140–142, 148–156, 159, 161, 167, 178, 186, 188, 231 f., 241, 260, 280, 284, 291, 302 f., 314, 330–333, 343, 352

Schimmelpfennig, Roland 356
Schinkel, Karl Friedrich 158
Schirach, Baldur von 253
Schitthelm, Jürgen 316
Schkolnik, Josif 384
Schlaf, Johannes 197
Schlageter, Leo 254
Schleef, Einar 278, 342–345, 348, 355
Schlegel, August Wilhelm 159, 161 f., 164
Schlegel, Friedrich 159, 162–164
Schlegel, Johann Elias 121
Schlemmer, Oskar 402–408, 470
Schley, Karl Maria 295
Schlichter, Rudolf 234
Schliecker, Hans-Joachim 283, 286
Schlingensief, Christoph 351
Schmidt, Gesine 353
Schmückle, Hans-Ulrich 304
Schneeman, Carolee 467–469
Schnitzler, Arthur 209–213, 332, 357, 390
Schönberg, Arnold 401, 410
Schönemann, Friedrich 137 f.
Schönthan, Franz von 187, 261
Schönthan, Paul von 187, 261
Schopenhauer, Arthur 182 f., 201, 263
Schreyer, Lothar 402
Schreyvogel, Joseph 165
Schröder, Friedrich Ludwig 140, 147, 165
Schröter, Corona 154 f.
Schuh, Oskar Fritz 289 f.
Schulz, Bruno 293, 475
Schumacher, Kurt 288
Schumann, Peter 425
Schüttler, Katharina 350
Schütz, Heinrich 96
Schütz, Stefan 280, 283–285
Schwab, Martin 332, 338
Schwab, Werner 323, 339 f.
Schwaegermann, Maria Magdalena 342
Schwarz, Jewgeni 279
Schwarzkogler, Rudolf 464
Schweikart, Hans 261, 289
Schwerdtfeger, Kurt 407
Schwiedrzik, Wolfgang 316
Schwitters, Kurt 411, 464, 470
Schygulla, Hanna 305
Scott, Walter 160

Scribe, Eugène 187
Seeberg, Peer 438
Seghers, Anna 244, 269 f., 273, 284, 287
Seidel, Georg 282
Sellner, Gustav Rudolf 261, 289 f.
Seneca, Lucius Annaeus 36, 63, 65, 80, 88, 94, 446
Senkel, Günter 353
Seyler, Abel 135
Shaffer, Peter 330
Shakespeare, John 82
Shakespeare, William 75–90, 95, 120, 134, 140, 143–146, 156, 161–164, 167, 178 f., 186, 188 f., 203, 219–222, 230 f., 286, 291, 314 f., 317 f., 325, 329, 331, 334, 339, 351, 354, 369, 378, 395, 414, 433, 444 f., 447, 449, 451, 456 f., 464, 484, 493, 495, 497 f., 501
Shaw, George Bernard 86, 195 f., 222, 357, 367, 396
Shelley, Mary 429
Shelley, Percy 160, 163, 419 f., 422
Shepard, Sam 330
Sheridan, Richard Brinsley 123–125
Showcase beat le Mot 341
Sidney, Philip 87
Sievert, Ludwig 231
Simons, Johan 500 f.
Sirk, Douglas 305
Skrjabin, Alexander 407
Slevogt, Max 220
Słowacki, Juliusz 161, 433
Smyschljajew, Walentin 387
Sobol, Joshua 330
Socìetas Raffaello Sanzio 502 f.
Sokrates 24
Sonnemann, Emmy 256
Sonnenthal, Joseph 184
Sophokles 16, 18–21, 30, 36, 64, 157, 193, 222, 270, 284, 286, 300, 306, 429, 446
Sorge, Reinhard Johannes 226, 230
Sorokin, Vladimir 499
Soupault, Philippe 412 f., 418
Southampton, Henry Earl of 82
Sperr, Martin 235, 299, 305, 314
Sportivo Teatral 499 f.
Stadler, Ernst 226
St. Denis, Ruth 335

Staël, Anne Louise Germaine de 161
Stalin, Josif 273, 283, 337, 345, 347, 483
Stanislawski, Konstantin 189, 192, 199,
    204–208, 262, 269, 273, 328, 350, 367, 371,
    388 f., 392, 394, 397, 424, 432, 451
Station House Opera 496 f.
Steckel, Frank-Patrick 316, 347
Steckel, Leonard 257, 270
Steele, Richard 118
Stein, Charlotte von 147
Stein, Gertrude 342, 426
Stein, Peter 308, 313, 315–319, 325, 331, 337,
    349, 449
Steiner, Rudolf 374
Stemann, Nicolas 355
Stenberg, Georgi 396
Stenberg, Wladimir 396
Stepanowa, Warwara 392
Stern, Ernst 220 f.
Stern, Janosz 478
Sternberg, Fritz 247
Sterne, Lawrence 118
Sternheim, Carl 225 f.
Stewart, Ellen 424
Stoppard, Tom 330
Storey, David 330
Storm, Theodor 186
Stoß, Veit 476
Strahl, Rudi 274 f.
Stramm, August 226
Stranitzky, Joseph Anton 95, 169 f.
Strasberg, Lee 328 f., 424, 487
Straub, Agnes 231
Strauß, Botho 317, 319, 323–326, 331 f., 347, 438
Strauß, David Friedrich 175, 182
Strauß, Richard 213
Strawinsky, Igor 379 f.
Strehler, Giorgio 451
Strindberg, August 192, 195, 197, 209, 215 f.,
    218, 226, 278, 331, 418
Strittmatter, Erwin 272
Stroux, Karl Heinz 261, 289, 295
Stuart, Maria 76
Sturm, Dieter 316, 318
Suchowo-Kobylin, Alexander 392
Sudeikin, Sergej 389
Sulershitzki, Leopold 214

Synge, John Millington 209

T

Tabori, George 323, 327–330, 332
Taine, Hippolyte 109, 191
Tairow, Alexander 39, 394–397
Tarantino, Quentin 493
Tasso, Torquato 65, 154
Tatlin, Wladimir 384 f.
Tauentzien, Bogislaw Friedrich von 122
Taylor, Frederick 391
Telemann, Georg Philipp 96
Terenz (Terentius Publicus Afer) 34–36, 62 f.,
    65 f., 69, 85, 156
Terry, Ellen 368 f.
Terry, Megan 425
Teufel, Fritz 310
Thalheimer, Michael 351
Thate, Hilmar 280
The Builders Association 490 f.
Theophrast 26
The Performance Group 424 f., 494
Thespis 15
The Veenstudio 501
The Wooster Group 490, 494 f.
Thimig, Helene 220
Thimig, Hermann 220
Thomasius, Christian 117
Tieck, Ludwig 163 f.
Toller, Ernst 228 f., 242 f., 258, 267, 307
Tolstoi, Graf Alexej 199 f., 205 f., 243
Tolstoi, Leo 192, 197, 199, 202 f., 218, 272, 369
Torelli, Giacomo 100, 111
Tourneur, Cyril 80
Tragelehn, B. K. 277 f.
Tretjakow, Sergej 387 f., 393 f.
Trissino, Giangiorgio 65
Troubleyn 491
Tschechow, Anton 199, 201, 203 f., 206, 284,
    319, 331, 334, 338, 351, 353, 358–360, 449,
    493, 495, 499
Tschechow, Michail 396
Tscholakowa, Ginka 286
Tucholsky, Kurt 234, 441
Turgenjew, Iwan 199, 201
Turrini, Peter 305, 323, 332

Tzara, Tristan 294, 409 f., 412 f.

U
Uhland, Ludwig 163
Ulbricht, Walter 277
Unruh, Fritz von 228, 230, 258

V
Valentin, Karl 235, 245, 269
Vallentin, Maxim 262
Vautier, Ben 462
Vega, Lope de 91, 101 f., 104, 107, 154, 164, 167, 306
Veiel, Andres 353
Velásquez, Diego de Silva 478
Verdi, Giuseppe 499
Verhaeren, Emile 391
Vicente, Gil 103
Vicentini, Tommaso 130
Viebrock, Anna 347 f.
Viertel, Berthold 270
Vitrac, Roger 413 f., 416, 418
Vitruv (Vitruvius Polio) 63 f.
Vollmoeller, Karl 222
Voltaire 118, 156
Voss, Gert 332, 338, 360
Vostell, Wolf 459, 461 f.
Vuillard, Edouard 214
Vulpius, Christian August 157

W
Wachtangow, Jewgeni 396 f.
Wachtangow, Sergej 394
Wagner, Heinrich Leopold 141, 144, 146
Wagner, Richard 174, 182, 186 f., 363 f., 368 f., 372, 401, 479, 485, 499
Wagner, Wieland 368
Waits, Tom 485 f.
Wakhevitch, Georges 333
Walser, Karl 220
Walser, Martin 299, 301 f.
Walser, Theresia 356
Walsh, Enda 349
Wälterlin, Oskar 257

Wangenheim, Gustav von 239, 241, 258, 262, 269
Warhol, Andy 340
Watanabe, Kazuko 328
Watteau, Jean-Antoine 130 f.
Watts, Robert 462
Weber, Carl M. 270
Webster, John 80
Wedekind, Frank 209, 216, 233, 278, 314
Weems, Marianne 490 f.
Weichert, Richard 230
Weidig, Ludwig 179
Weiffenbach, Klaus 316
Weigel, Helene 270, 277
Weil, Simone 423
Weill, Kurt 234, 248
Weise, Christian 94
Weisenborn, Günther 267
Weiss, Peter 244, 299, 302–304, 312, 445
Wekwerth, Manfred 270, 278
Welk, Ehm 241 f.
Werefkin, Marianne von 398
Werfel, Franz 223
Werner, Zacharias 164
Wesker, Arnold 451
Wesnin, Alexander 396
Wetzel, Daniel 351
Whitman, Robert 460
Wickram, Jörg 67
Wieland, Christoph Martin 161
Wieler, Jossi 355
Wigman, Mary 255, 335
Wilde, Oscar 209, 219, 372
Wilder, Thornton 262, 265
Wildgruber, Ulrich 333 f.
Wilhelmine (Königin der Niederlande) 484
Wilhelm II. (Deutscher Kaiser) 198
Wilhelm von Occam 56
Williams, Emmett 462
Williams, Tennessee 244, 264 f., 444
Wilson, Robert 340 f., 363, 479–488
Winckelmann, Johann Joachim 91, 150
Winkler, Angela 388
Wischnewski, Wsewolod 317
Wisten, Fritz 261
Witkiewicz, Stanisław Ignacy 293, 472–474
Witt, Johannis de 77

Wolf, Christa 281, 284
Wolf, Friedrich 229, 234, 241, 244, 257f., 267, 269, 272
Wolter, Charlotte 167, 184
Wonder, Erich 331f.
Worringer, Wilhelm 398
Wyspiański, Stanisław 433, 472

Y
Yeats, William Butler 209
Young, La Monte 462

Z
Zadek, Peter 313–315, 318, 333f., 337, 388, 349, 360
Zaimoglu, Feridun 353
Zeami, Motokiyo 48, 50
Zeiss, Carl 230
Zola, Émile 190–192
ZT Hollandia 500f.
Zuckmayer, Carl 235, 247, 257, 267, 345
Zweig, Arnold 258, 269
Zweig, Stefan 184

Register der Bühnenwerke

A

18 Happenings in 6 Parts 459f.
80. Aktion 465
Abenteuer des braven Soldaten Schweyk, Die 243
Abenteurer und die Sängerin, Der 212
Ablaßkrämer, Der 67
Abstecher, Der 301
Absurda comica oder Herr Peter Squenz 94
Accions 495
Acharner, Die 23, 25
Advent 215
Agamemnon 36
Agnes Bernauer (Hebbel) 186
Agnes Bernauer (Kroetz) 307
Agrippina 94
Ägyptische Helena, Die 213
Ahnenfeier 161, 408
Ahnfrau, Die 167
Aias 19, 306
Akropolis 433
Alceste 485
Alchimist, Der 81
A Letter of Queen Victoria 482
Alices Reise in die Schweiz 356
Alkestiade 262
Alkestis 21, 485
Allee der Kosmonauten 341
Alle meine Söhne 264
Alpenkönig und der Menschenfeind, Der 172
Already Hurt and Not Yet War 497
Alte Land, Das 323
Alt Heidelberg 245
Amazonen, Die 285
America Hurrah 425
Aminta 65
Amphitryon (Plautus) 34
Amphitryon (Hacks) 282
Amphitryon (Kleist) 165
Amphitryon (Molière) 113
Amphitryon 38 292

Amymone 18
Am Ziel 327
Anabasis 440
Anarchie in Bayern 306
Anatol 211
Anatomie Titus Fall of Rome. Ein Shakespearekommentar 501
Andorra 300
Andromache (Euripides) 21
Andromache (Racine) 111, 493
Anja und Esther 234
Anna Christie 263
Anthony 162
Antigone (Anouilh) 292
Antigone (Brecht) 403, 405f., 427, 429
Antigone (Sophokles) 19, 270, 300
An der Landstraße 203
Antonius und Cleopatra 87, 89, 449, 497
Apocalypsis cum figuris 433f.
Arabische Nacht, Die 356
Arden of Feversham 80
Ariadne auf Naxos 212
Arme Konrad, Der 234
Arme Vetter, Der 229
Arthur Aronymus und seine Väter 225
Arzt am Scheideweg, Der 196
Arzt wider Willen, Der 113
Athalie 111
Atriden, Die 198
Aufhaltsame Aufstieg des Arturo Ui, Der 258
Auf dem Chimborazo 322
Auftrag, Der 287
Auf hoher See 293
Aus dem bürgerlichen Heldenleben 226
Auseinandersetzung, Die 317
Ausländer raus 351
Ausnahme und die Regel, Die 251, 317

B

Baal 245
Babel (Weisenborn) 267
Babel (Jelinek) 355
Badener Lehrstück vom Einverständnis, Das 251
Bajazet 111
Bakchen, Die 14, 21, 318 f., 425
Balkon, Der 298
Bär, Der 203
Ballet comique de la Reine 97
Ballet de la nuit 97 f.
Bambiland 355
Barbier von Sevilla, Der 132
Barometermacher auf der Zauberinsel, Der 171
Bau, Der 277
Bauer als Millionär, Der 172
Bäurische Machiavellus, Der 94
Bauernsterben 307
Baukastenspiel 406
Baumeister Solness 215, 334
Beaumarchais oder Die Geburt des Figaro 258
Begegnung mit einem Nashorn 471
Beiden edlen Vettern, Die 87
Beiden Veroneser, Die 85
Bekannte Gesichter, gemischte Gefühle 324
Belagerungszustand, Der 266
Benachrichtigung, Die 293
Bérénice 111
Bernarda Albas Haus 292
Berühmten, Die 327
Besucher 326
Besuch der alten Dame, Der 301
Betlehem 369
Bettler, Der 226, 230
Bettler oder Der tote Hund, Der 247
Biberpelz, Der 198
Biedermann und die Brandstifter 299 f.
Bilder einer Ausstellung 401
Biografie 300
Bitteren Tränen der Petra von Kant, Die 306
Blasted 505
Blaue Boll, Der 229
Blaue Vogel, Der 206, 213 f.
Blick von der Brücke 265
Blinden, Die 213

Bluthochzeit 292
Blut am Hals der Katze 306
Blutstrahl, Der 418, 445
Boris Godunow 161, 200
Böse Geist Lumpazivagabundus, Der 173
Brace up! 495
Brand 193
Brandstätte, Die 216
Braut von Messina, Die 152 f., 155
Brechts Asche 441
Bremer Freiheit 306
Brennende Dorf, Das 105, 306
Brennende Dornbusch, Der 225, 230
Brief, Der 472
Britannicus 111
Bruder Eichmann 303
Brüder, Die 35, 62
Bruderzwist in Habsburg, Ein 168
Brüste des Tiresias, Die 415 f.
Büchse der Pandora, Die 216
Bürger als Edelmann, Der 113
Bürgermeister Anna 272
Bürger Schippel 226
Bürger von Calais, Die 226
Bus, Der 356
Büsching-Fragment 276

C

Cain 160
Calandria 65
Caligula 266
Car Crash 460 f.
Carícies 505
Carmen 449
Carmen Kittel 282
Cartas de amor a Stalin 505
Castle of Perseverance, The 60
Catharina von Georgien oder Bewehrete Beständigkeit 94
Cécile oder Die Schule der Väter 292
Celestina 103
Cenci, The 160, 419 f., 422
Cenodoxus 92
Chor der Arbeit 239
Chrysis 65
Cid, Der 110 f.

Cinna 110
Cityrama 1 461
Clara S. 322
Claudine von Villa Bella 141, 145
Clavigo 144f.
Cleopatra 94
Clowns, Die 452f.
Cocktailparty, Die 265
Commune 494
Coriolan 87, 89, 501
Cromwell (Hein) 283
Cromwell (Hugo) 161
Cyankali 234, 241

D

Da liegt der Hund begraben 241
Damals 296
Dame ist nichts fürs Feuer, Die 265
Dame Kobold 105, 396
Dämonen 345
Daphne (Peri) 96
Daphne (Schütz) 96
Dantons Tod 179f., 222
Das Glas im Kopf wird vom Glas 492
Deafman Glance 480f.
Death, Destruction & Detroit I 483
Death Valley Junction 356
De Mal en Peor 500
Demetrius 152, 284, 330
Der Widerspenstigen Zähmung 85
Des Ruzante Rede, so er vom Schlachtfeld kommen 69
Des Teufels General 267, 345
Detonation 378
Deutsche Hinkemann, Der 229, 307
Deutschen Kleinstädter, Die 157
Deutsches Vorspiel 133
Dialog 482
Diamant des Geisterkönigs, Der 171
Dido und Äneas 369
Die Freunde machen den Philosophen 147
Diener zweier Herren, Der 127, 222
Dionysos in 69 425
Disco Pigs 349
Dmitri 284
Doctor Faustus 80, 433

Dolomitenstadt Lienz 307
Doña Rosita bleibt ledig 292
Don Carlos 148, 152, 260
Don Gil von den grünen Hosen 105
Don Juan (Molière) 113, 270, 390
Don Juan (Tirso de Molina) – siehe: Der Verführer von Sevilla
Don Juan oder Die Liebe zur Geometrie 300
Don Juan und Faust 178
Drache, Der 279
Draußen vor der Tür 260, 266f.
Dreigroschenstück, Das 35
Dreigroschenoper, Die 248, 397
Drei Schwestern 203, 284, 319, 354, 359, 495
Dunkel ist licht genug, Das 265
Dybbuk, Der 397

E

Echo und Narziß 367
Echten Sedemunds, Die 229
Edison 483
Eduard II. 80
Education of a Girlchild 468
Egmont 153
Ehe des Herrn Mississippi, Die 301
Ehrbare Dirne, Die 266
Eiche und Angora 301
Eindringling, Der 213
Eine Dummheit macht selbst der Gescheiteste 203, 387f.
Eines langen Tages Reise in die Nacht 263
Eingebildete Kranke, Der 112f., 222
Eingeschlossenen von Altona, Die 266
Einhorn von den Sternen, Das 209
Einladung ins Schloß 292
Einsame, Der 212, 246
Einsame Menschen 197f.
Einstein on the Beach 482
Einzige Geschichte, Die 322
Eismann kommt, Der 263
Elektra (Euripides) 21
Elektra (Giraudoux) 292
Elektra (Hofmannsthal) 213, 219, 369f.
Elektra (Sophokles) 19
Elektratext 287
Elisabeth II. 327

Ella 323
El pecado que no se puede nombrar 500
Elsinore 502
Emilia Galotti 122, 147, 157, 186
Empedokles-Hölderlin lesen 319
Ende gut, alles gut 86 f.
Endlich tot endlich keine Luft mehr 323
Endspiel 296 f.
Endstation Sehnsucht 264
Entfesselte Prometheus, Der 160
Entfesselte Wotan, Der 228
Epicharis 94
Erde bäumt sich, Die 393
Erdgeist 216
Erinnerungen an zwei Montage 265
Ermittlung, Die 244, 302, 304
Ermordete Majestät oder Carolus Stuardus 94
Eröffnung des indischen Zeitalters, Die 275
Erste himmlische Abenteuer des Monsieur
    Antipyrine, Das 412
Er treibt einen Teufel aus 247
Erwin und Elmire 145
Eselskomödie, Die 34
Esther 111
Es bleibt ja in der Familie 202
Eunuch, Der 35, 66
Evchen Humbrecht 146
Everyman 60

F
Fächer, Der 128
Fahnen 241
Fall der Götter, Der 501
Falschen Vertraulichkeiten, Die 131
Familientag, Der 265
Familie Schroffenstein, Die 164
Familie Selicke 197
Fantasio 162, 180
Fast ein Poet 263
Faust 42, 145, 154, 220, 222, 241, 290 f., 293,
    332, 432, 490, 496
Fausto versión 3.0 496
Favola d'Orfeo 65
Fegefeuer in Ingolstadt 236
Feinde, Die 204
Ferai 438 f.

Feststellung, Die 274
Fest für Boris, Ein 326
Feuergesicht 349
Feuerwerk 380
Figaros Hochzeit 123, 132
Fight City. Vineta 354
Figurale Kabinett, Das 402, 407
Findling, Der 229
Fischzug, Der 247
Fledermaus, Die 346
Fliegen, Die 266
Florian Geyer 198
Floridsdorf 258
Flucht nach Ägypten 328
Fossil, Das 226
For Instand – Part 5 468
Francillon 187
Frankenburger Würfelspiel, Das 255
Frankenstein 427, 429
Frauen am Thesmophorienfest, Die 24
Frau Flinz 274
Frau vom Meer, Die 215
Frau von früher, Die 354, 356
Frau Warrens Gewerbe 196
Fräulein Julie 195, 197, 278
Freier, Die 164
Freigeist, Der 121
Freiheit in Krähwinkel 174
Freischütz, Der 485
Freiwild 211
Fremdenführerin, Die 325
Frieden, Der 24, 279, 282
Friedensfest, Das 197 f.
Fröhliche Weinberg, Der 235
Frosch, Der 323
Frösche, Die 24, 332
Früchte der Bildung 203
Frühlingsfest, Das 322
Frühlings Erwachen 216, 278, 314
Fuhrmann Henschel 198
Furcht und Elend des Dritten Reichs 257, 259,
    267
Furcht und Hoffnung der BRD 307
Fußgänger der Luft 295 f.

G

Ganze ein Stück, Das 322
Gartenfest, Das 293
Gasherz 412
Gasmasken 388
Gas I 228
Gas II 228
Geburt der Jugend, Die 227
Geburtstagparty, Die 293
Gedenkstätte für neun Millionen Frauen, die die Christenheit als Hexen verbrannt hat 467
Gefangenen, Die 34
Gefangenen und Sklaven von Algier, Die 104
Gefesselte Prometheus, Der 18
Gegen den weißen Schrecken – für Sowjetrußland 238
Geheimnisse der Liebe, Die 416
Geisel, Die 313
Geisterbahn 306
Geizige Ritter, Der 200
Geizige, Der 113 f.
Gelage während der Pest, Das 200
Gelbe Klang, Der 398–401
Gelehrten Frauen, Die 113
Geometry of Miracles 501
George Dandin 113
Gerechten, Die 266
Gerettete Venedig, Das 376
Germania Tod in Berlin 284, 287
Gesang der Nachtigall, Der 379
Gesang vom Lusitanischen Popanz, Der 304, 312
Geschichten aus dem Wiener Wald 236 f., 319
Geschlecht, Ein 228, 230
Geschlossene Gesellschaft 266
Gespenst, Das 35
Gespenster 194, 196 f., 220
Gespenstersonate 216
Gespräch im Hause Stein über den abwesenden Herrn von Goethe, Ein 282
Gestentanz 407
Gestern 212
Gestiefelte Kater, Der (Dorst) 322
Gestiefelte Kater, Der (Tieck) 164, 178
Gewehre der Frau Carrar, Die 249, 257, 270
Gewitter, Das 202
Gewitter über Gottland 241 f.
Ghetto 330
Gier unter Ulmen 263
Gigant, Der 254
Gilgamesh 503
Giroflé-Girofla 397
Glasmenagerie, Die 264
Glastanz 407
Glaube Liebe Hoffnung 236
Glauben Sie nicht, daß ich eine Amazone bin 469
Gläubiger 195
Glowing Icons 491
Glückliche Tage 297, 329
Goethes Faust Wurzel aus 1+2 (Wurzelfaust) 347
Goldberg-Variationen 330
Goldtopfkomödie, Die 35
Goldene Vließ, Das 168
Goldene Zeitalter, Das (L'age d'or) 452, 454 f.
Golo und Genoveva 147
Good Samaritans 504
Götter, Helden und Wieland 145
Götz von Berlichingen 144
Graf Öderland 300
Gräfin Katlin 209
Grey Lady Cantata 426
Grobiane, Die 128
Großmütiger Rechtsgelehrter oder Sterbender Aemilius Paulus Papianus 94
Großer Frieden 284
Großer Wolf 323
Große Schmährede an der Stadtmauer, Die 322
Groß und klein 325
Große Welttheater, Das 91, 105, 223
Grüne Kakadu, Der 212
Grüne Klang, Der 398 f.
Guevara oder der Sonnenstaat 283
Gust 323
Gute Mensch von Sezuan, Der 257, 259
Gute Zeit, Die 229
Gyges und sein Ring 186

H

Halbdeutsch 323
Halle und Jerusalem 164

Hamlet 80, 83, 88f., 207, 222, 241, 287, 329, 334, 337, 349, 371, 444, 495, 498, 502
Hamletas 498
Hamletmaschine 287, 337, 484
Hamlet o la guerra de los teatros 500
Hände weg von China 240
Handschuhfinger 468
Hanneles Himmelfahrt 198, 216
Hannibal 179
Hanswursts Hochzeit 145
Happy End 248
Hauptmann von Köpenick, Der 235
Haus der Temperamente 173
Häuser des Herrn Sartorius, Die 196
Haus Herzenstod 196
Hausmeister, Der 293
Hausvater, Der 119f.
Hedda Gabler 194, 350
Heilige Johanna der Schlachthöfe, Die 247
Heilige Johanna, Die 196, 222, 396
Heiliger Krieg 355
Heimarbeit 306
Heinrich III. 162
Heinrich oder Die Schmerzen der Phantasie 322
Heinrich von Lettland 258
Heirat, Die 200
Heiratsantrag, Der 203
Heiratsvermittlerin, Die 262
Heißes Geld 322
Hekabe 21
Held der westlichen Welt, Der 209
Helden 196
Helden im Keller 258
Heldenplatz 327
Held Henry 314
Helena 21
Hermannsschlacht, Die (Grabbe) 179
Hermannsschlacht, Die (Kleist) 165
Hernani 161
Herodes und Mariamne 186, 233
Hérodiade 214
Herr Geiler 281
Herrliche Hahnrei, Der 392, 396
Herr Puntila und sein Knecht Matti 235, 250, 259, 270, 301, 343
Herzog Theodor von Gothland 178

Herzogin von Malfi, Die 81
Heute Abend wird aus dem Stegreif gespielt 291
Heute ist mein Geburtstag 477
Hexenjagd 264
Hey Girl! 503
Himmel und Hölle 229f.
Hin und her 257
Hippolytos (Euripides) 21
Hirse für die Achte 270
Hochzeit, Die 203
Hochzeit des Figaro, Die 123, 132
Hochzeiter auf dem Eiffelturm, Die 415
Hofmeister, Der 146, 270
Hölle Weg Erde 228
Hoppla, wir leben! 242f.
Horace 110
Horatier, Die 65
Horatier und die Kuratier, Die 251
Horribilicribrifax 94
Hörst Du, Moskau?! 388
Hose, Die 226
House (Gob Squad) 496
House (Richard Maxwell) 504
Hughie 263
Hund des Generals, Der 303
Hungerkünstler 329
Hunsrück 322
Hypochonder, Die 324

I

Ibrahim Passa 94
IchundIch 225
Ich kehre nie mehr hierher zurück 477
Ich will ein Kind haben 394
Ich wollte meine Tochter läge tot [...] 329
Ignorant und der Wahnsinnige, Der 326
Illegalen, Die 267
Il pastor fido 66
Im Dickicht der Städte 247
Immanuel Kant 326
Imperial Motel 490
Impresario von Smyrna, Der 128
In der Sache J. Robert Oppenheimer 244, 302f.
Industrieprojekt 1: KLM Cargo 500
In einer Nacht 223

Insel der Sklaven, Die 131
Insel der Vernunft, Die 131
In einem kleinen Landhaus 473
Inspektor kommt, Ein 265
In Sachen Adam und Eva 275
Interieur 213
In Ulm, um Ulm, um Ulm herum 461
Iphigenie auf Tauris (Euripides) 21
Iphigenie auf Tauris (Goethe) 149, 152–155, 266, 306, 330
Iphigenie in Aulis 434
Iphigenie/Titus Andronicus 463
Iphigénie (Racine) 111
Irdene Wägelchen, Das 43
Irrer Duft von frischem Heu, Ein 275
Irre von Chaillot, Die 292
Isabella's Room 497
Isthmosfahrer, Die 18
Italienische Nacht 236
Iwanow 203, 337f., 349, 359f.
I was sitting on my patio this guy appeard I thought I was hallucinating 487

J

Jadwiga 258
Jagdgesellschaft, Die 326
Jagdszenen aus Niederbayern 305
Jahrmarktsfest zu Plundersweilern, Das (Goethe) 145
Jahrmarktsfest zu Plundersweilern (Hacks) 282
Jasager und der Neinsager, Der 251
Jean de France 126
Jedermann 60, 213, 221f.
Jeder stirbt für sich allein 334
Jenseits vom Horizont 263
Jeppe vom Berg 125f.
Jet Lag 491
Jochen Schanotta 282
Joel Brand 303
Johanna von Döbeln 274
Johann Faustus 272
John Gabriel Borkman 215, 220
Jubiläum 328f.
Juden, Die 121
Jude von Malta, Der 80

Jüdin von Toledo, Die 168
Judith (Hebbel) 174
Judith und Holofernes (Nestroy) 174
Julius Cäsar 87, 89, 188f., 222
Julius von Tarent 147
Jump Cut 490
Junge Gelehrte, Der 121
Jungfrau von Orleans, Die 152
Jux will er sich machen, Einen 173

K

KÀ 501
KA MOUNTAIN AND GARDENIA 482
Kabale und Liebe 148, 152, 186, 260, 291, 315
Kaffeehaus, Das 128, 306
Kahle Sängerin, Die 294
Kain 432
Kaiser Friedrich Barbarossa 179
Kaiser Heinrich der Sechste 179
Kaiser Jones 263
Kalldewey, Farce 318, 325
Kammersänger, Der 216
Kampf der Kulissen 378
Kannibalen, Die 328
Karlsschüler, Die 177
Karl Stuart 236
Karol 293
Kasimir und Karoline 236
Kaspar 323f.
Kasparina 438
Kästchenkomödie, Die (Ariost) 65
Kastenkomödie, Die (Plautus) 35
Katastrophe 297
Käthchen von Heilbronn, Das 165, 332f.
Katze auf dem heißen Blechdach, Die 264
Katzgraben 272
Katzelmacher 305
Kaufmann von Berlin, Der 244
Kaufmann von London, Der 118, 121
Kaufmann von Venedig, Der 86, 329, 334
Kaukasische Kreidekreis, Der 270, 273
Kean 162
Kerzenmacher, Der 65
Kesselflickers Hochzeit 209
Kick, Der 353
Kinder der Sonne 205

Kindermörderin, Die 146
King Kong Club 496
King Kongs Töchter 356
Kirschgarten, Der 203, 206, 319, 359, 449, 493, 499
Klaras Verhältnisse 358
Kleinbürger, Die 451
Kleinbürgerhochzeit, Die 247
Klein Eyolf 215
Kleine Platz, Der 128
Kleiner Geruch, Ein 460
Kleiner Mann, was nun? 333 f.
Kleines Theater der Liebe 379
Kluge Närrin, Die 104
Knochen, Der 450
Kollege Crampton 197
Kolonie, Die 131
Komische Illusion, Die 110
Komische Theater, Das 128
Komödie der Irrungen 35, 85
Komödie ohne Titel 292
Konferenz der Vögel, Die 450
König Kymbelin 87
König Heinrich IV. 84, 456 f.
König Heinrich V. 85, 314
König Heinrich VI. 84 f.
König Heinrich VIII. 85
König Hirsch 129
König Johann 84
König Lear 88 f., 203, 220 f., 334, 445
König Lear (Needcompany) – siehe: Needcompany's King Lear
König Ödipus 19, 64, 193, 222, 279
König Ottokars Glück und Ende 168
König Richard II. 84, 456 f.
König Richard III. 84, 230, 233, 256
König stirbt, Der 296
König Ubu 414 f., 449
König von Zion 258
Konjunktur 243
Kordian 433
Korrektur, Die 276
Krankheit der Jugend 234
Krankheit oder Moderne Frauen 322
Kronbraut, Die 215
Kronprätendenten, Die 193, 371
Krönung Richard III., Die 230

Krötenbrunnen 322
Küche, Die 451
Kulissentanz 406
Kümmernisspiel 411
Künstler sollen krepieren, Die 476
Kurve, Die 322
Kyklop, Der 21, 65

L

La Balkona Bar 322
La Capitaine Fracasse 451
La Damnation de Faust 501
La Terre 192
Lächerlichen Preziösen, Die 113
Land der Sehnsucht, Das 209
Landshuter Erzählungen 305
Lange Ankunft des Alois Fingerlein, Die 274
Lassalle fragt Herrn Herbert nach Sonja 283
Lästerschule, Die 124 f.
Lauf der Welt, Der 124
Launen der Marianne, Die 162
Laune des Verliebten, Die 144
Leben des Galilei 257, 259
Leben Eduard II. 245
Leben ein Traum, Das 105, 168, 433, 447
Leben Gundlings Friedrich von Preußen
    Lessings Schlaf Traum Schrei 287, 484
Lebende Leichnam, Der 203
Lebendige Stunden 212
Leben und Tod der heiligen Genoveva 164
Le Chant du Dire-Dire 505
Le Colonel des Zouaves 505
Leidende Weib, Das 147
Le martyre de Saint-Sébastien 496
Lenins Tod 283
Leo Armenius 94
Leocadia 292
Leonce und Lena 164, 180
Letzte Band, Das 297
Letzten, Die 205
Libussa 168
Liebelei 211
Lieber Fritz 306
Lieber Georg 282
Liebesüberraschung, Die 131
Liebe für Liebe 124

Liebe zu den drei Orangen, Die 129, 390
L'Indiade 457
Lista Negra 505
L. King of pain 493
Lohengrin (Nestroy) 174
Lohengrin (Wagner) 174
Lohndrücker, Der 276, 317
Lokomotiven-Ballett 379
Lorenzaccio 162
Lovely Rita 282
Lücke, Die 295
Lucréce Borgia 162
Lügner, Der (Corneille) 110
Lügner, Der (Goldoni) 127
Lulu 216
Lustigen Weiber von Windsor, Die 86, 220
Lux in Tenebris 247
Luzerner Passionsspiel 57 f.
Lysistrate 24 f., 222

M

M (Medea) 329
Macbeth (Shakespeare) 77, 83, 88 f., 156, 164, 286 f., 353 f., 371
Macbeth (Verdi) 499
Macbeth (Needcompany) – siehe: Needcompany's Macbeth
Macht der Finsternis, Die 197, 202 f.
Macht der Gewohnheit, Die 326
Mädchen aus der Feenwelt, Das 172
Mädchen von Andros, Das 35
Mahagonny 248
Mahabharata 450
Mahomet 118, 156
Maitre Pathelin 60
Major Barbara 196
Makbetas 498 f.
Mandat, Das 394
Mandragola 65
Manfred 160
Mann der Donnerstag war, Der 396
Männersache 305
Mann ist Mann 247
Man spielt nicht mit der Liebe 162, 318
Märchen, Das 211
Maria Magdalena (Hebbel) 186, 307

Maria Magdalena (Kroetz) 307
Maria Stuart 152, 291
Maria und Josef 323
Marie Tudor 162
Marionetten 212
Marquis von Keith, Der 216
Märzstürme, Die 317
Maschinen-Sinnlichkeit 380
Maschinenstürmer, Die 229
Maskerade 390
Maß für Maß 86 f., 314 f., 444, 449
Masse Mensch 229
Maßnahme, Die 251, 287
Matrosen von Cattaro, Die 234
Maulheld, Der 35
Mausefalle, Die 241
Mauser 287
Meat Joy 468
Mechanische Tiller-Girls 408
Medea (Anouilh) 292
Medea (Euripides) 21, 331 f.
Medea (Jahnn) 230
Medea (Seneca) 36
Medeaspiel 287
Meeres und der Liebe Wellen, Des 168
Meines Vaters Haus 439
Mein Herbert 323
Mein Kampf 330
Mélite 110
Menschenfeind, Der 25, 113
Mensch Meier 307
Menschenhaß und Reue 157
Mensch und Übermensch 196
Mephisto 456
Merlin oder Das wüste Land 322, 485
Merope 118
Messingkauf, Der 248
Metalltanz 406 f.
Metamorfosis 496
Methusalem oder Der ewige Bürger 416 f.
Mexikaner, Der 387
Michis Blut 306
Millionen-Marco, Der 441
Minderleister, Der 323
Minna von Barnhelm 122, 291
Mirakel, Das 222
Mirandolina 128

Miß Sara Sampson 122
Mißverständnis, Das 266
Mithridate 111
Mitschuldigen, Die 144
Mittagswende 215, 418
Mörder, Hoffnung der Frauen 225
Monat auf dem Lande, Ein 201
Mond für die Beladenen, Ein 263
Mond im Gras, Der 479
Mord im Dom 265
Morgenröte 391
Moritz Tassow 275
Möwe, Die 203, 206, 334
Mozart und Salieri 200
Müll, die Stadt und der Tod, Der 306
Müller von Sanssouci 275
Münchner Freiheit 305
Mündel will Vormund sein, Das 323 f.
Mürrische Herr Todero, Der 127
Murx den Europäer! Murx ihn! Murx ihn! Murx ihn! Murx ihn ab! 347 f.
Musik 216
Mutter Courage und ihre Kinder 257, 259, 270, 272, 274
Mutter, Die 270, 272, 316
My Fair Lady 196
Mysteries and Smaller Pieces 403 f.
Mysterium buffo 366, 408

N
1913 226
1984 501
Nach Damaskus 215, 226
Nach dem Sündenfall 265
Nachtasyl 204 f.
Nacht des Leguans, Die 264
Nacht mit Gästen 303
Nacht mit Kompromissen 274
Napoleon oder die hundert Tage 179, 233
Narr und Nonne 473
Nashörner, Die 295
Nathan der Weise 122, 261, 291, 332
Natürliche Sohn, Der 120
Na Zemlje 341
Nebbich 226
Needcompany's Macbeth 497 f.

Needcompany's King Lear 497
Neger, Die 298
Neidhartspiel, Das 59
Nest, Das 307
Netzfischer, Die 18
Neue Arria, Die 147
Neuen Leiden des jungen W., Die 281
Neue Menoza, Der 144, 147
Neue Mieter, Der 295
Neuer Lübecker Totentanz 230
Nibelungen, Die 186, 284
Nicht Fisch nicht Fleisch 307
Nicomède 110
Niemandsland 293
Noch mal ein Ding drehen 275
Nora oder Ein Puppenheim 193, 350
Nordische Heerfahrt 369
Nusser, Der 307
Nutzlose Vorsicht oder der Barbier von Sevilla 132

O
Oberösterreich 307
Ödipus (Seneca) 36, 446 f.
Ödipus (Voltaire) 118
Ödipus auf Kolonos 19
Ödipus und die Sphinx (Hofmannsthal) 213, 220
Odysseus Heimkehr 285
Ohio Impromptu 297
Omphale 282
Onkel Wanja 203, 331
Operette 293
Optimisten, Die 356
Optimistische Tragödie, Die 317
Orest 21
Orestea 503
Orestie, Die 18 f., 36, 222, 263, 317, 458
Orghast 447
Ornitofilene 438
Orfeo (Monteverdi) 96
Orphée (Cocteau) 432
Orpheus und Eurydike (Kokoschka) 225
Orpheus und Eurydike (Gluck) 367
Ostern 215
Othello 88 f., 140, 280, 334

Otto 147
Oxyrhincus-Evangelium, Das 441
Ozeanflug, Der 251

P

§ 218 – Frauen in Not 234, 240, 244
Palästinenserin, Die 330
Paduanerin, Die 69
Paolo Paoli 294
Paracelsus 210
Parade 416
Paradise Now 427, 429 f.
Park, Der 318, 325
Parsifal 363 f.
Pastor Ephraim Magnus 229
Pastor Hall 258, 267
Pater Brey 145
Pauken und Trompeten 124, 270 f., 305
Pedro von Urdemalas 104
Peepshow 329
Peer Gynt 193, 317 f., 324
Pelléas und Mélisande 213, 219 f., 449
Pension Schöller 346
Penthesilea 165, 289, 332
Perikles 83, 87
Perser, Die 17
Perser, Der 35
Phädra (Racine) 156, 396
Phädra (Seneca) 36, 63
Phaedra's Love 505
Philoktet (Sophokles) 19, 284
Philoktet (Heiner Müller) 284, 286
Phönikerinnen, Die (Euripides) 21
Phönikerinnen, Die (Seneca) 36
Phormio 35
Physiker, Die 301
PIGasUS 312
Ping-Pong 294
Pioniere in Ingolstadt 236, 305
Platanov (Cadiot) 505
Platonow (Tschechow) 203, 359
Plötzlich im letzten Sommer 264
Play on Earth 497
Plutos 23–25
Politische Kannegießer, Der 125
Polizei, Die 293

Polly 282
Polyeucte 110
Ponce de Leon 164, 180
Pornogeographie 323
Präsident, Der 326
Präsidentinnen, Die 323
Preispokal, Der 313
Preparadise Sorry Now 306
Prinzessin Maleine 123
Prinz Friedrich von Homburg 165, 317 f., 324
Privatsekretär, Der 265
Product 505
Professor Bernhardi 212
Professor Mamlock 257 f., 267
Professor Unrat 334
Prozeß der Jeanne d'Arc zu Rouen 270
Publikum, Das 292
Publikumsbeschimpfung, Die 323
Pugatschew 177
Push up 1–3 356
Pygmalion 196

Q

Quadrat 297
Quando l'uomo principale è una donna 492
Quartett 287, 337, 484
Quelle der Heiligen, Die 209

R

Rabe, Der 129
Rasende Herkules, Der 36
Rasputin, die Romanows, der Krieg und das Volk, das gegen sie aufstand 242 f.
Rassen, Die 257 f.
Ratten, Die 198
Rattenjagd 305, 323
Raub der Sabinerinnen, Der 187, 261
Räuber, Die 135, 142, 148, 241, 280, 314, 332
Rauhnacht 254
Rausch 215
Rebell, der keiner war, Der 313
Reflexionen über die Geburt der Venus 469
Reifentanz 407
Reigen, Der 211 f.
Reiter ans Meer 209

Relâche 412 f.
René 161
Republik Vineta 356
Reue nach der Tat, Die 146
Revisor, Der 200 f., 393
Revolte im Erziehungshaus 234, 241
Revue Roter Rummel 238, 240
Richter von Zalamea, Der 104 f.
Riesen 398
Riesen vom Berge, Die 291
Ring des Nibelungen, Der 187, 364, 367, 485
Ritt auf die Wartburg 322
Ritter, Die 23
Ritter der Tafelrunde, Die 283
Ritt über den Bodensee 323
Ritter vom Mirakel, Der 104
Ritter von der flammenden Mörserkeule, Der 81
Roadmetal Sweetbread 497
Rodogune 110
Romeo und Jeanette 292
Romeo und Julia 37, 145, 188, 395 f., 444
Romulus der Große 301
Rose Bernd 198
Rosenkavalier, Der 213
Rosmersholm 215, 370
Rosse 254
Rote Hahn, Der 198
Rotter 282
Route 1 & 9 494
Rückkehr des Odysseus, Die 472, 477
Ruf des Lebens, Der 211
Rundköpfe und die Spitzköpfe, Die 258
Ruy Blas 162

S
1789 452–454
1793 452, 454
Sache Makropulos, Die 493
Salome 209, 219, 396
Salto Mortale 469
Salzburger große Welttheater, Das 213, 222
Sangesi 384 f.
Sappho 167
Satyros oder Der vergötterte Waldteufel 145, 281

Sauschlachten 305, 323
Say It Like You Mean It 496
Schade, daß sie eine Hure ist 81
Schatten der Bergschlucht, Der 209
Schatten eines Mädchens 274
Schattenspiel 411
Schaubude, Die 390
Schein trügt, Der 327
Scheiterhaufen, Der 216
Scherz, Satire, Ironie und tiefere Bedeutung 178
Schiedsgericht, Das 25
Schinderhannes, Der 235
Schlacht bei Lobositz, Die 275
Schlacht, Die 284 f., 287
Schlachten! (Ten orloog) 493
Schlaf Gefangener, Ein 265
Schlageter 254
Schleier der Pierette, Der 390
Schmutzigen Hände, Die 266
Schöne Ferien 275
Schöne Helena, Die 282
Schöngrüne Vögelchen, Das 129
Schreckliche, aber unvollendete Geschichte von Norodom Sihanouk [...], Die 457
Schule der Frauen, Die 113
Schule der Männer, Die 113
Schule der Väter 137
Schutzflehenden, Die 18
Schwanenweiß 215
Schwarze Jungfrauen 353
Schwarze Schwan, Der 302
Schwarz und Weiß 398–400
Schweigsame Frau, Die 81
Schwester Beatrix 389
Schweyk im zweiten Weltkrieg 259, 301
Schwiegermutter, Die 35
Schwierige, Der 213, 222
Schwitzbad, Das 395
Sechs Personen suchen einen Autor 222, 291
Seeschlacht 228, 230
Sehr jung, sehr blond und das gewisse Etwas 275
Seidene Schuh, Der 215
Selbstmörder, Der 394
Selbstquäler, Der 35
Senecas Tod 282

Sexuellen Neurosen unserer Eltern, Die 356
Shakuntalā 43, 432
Shoppen und Ficken (Shopping & Fucking) 349 f.
Sibirische Symphonie/1. Satz 463
Sieben gegen Theben 17
Sieben Türen 325
Siegfried Frauenprotokolle Deutscher Furor 284
Sie starb an ihres Gatten Güte 81
Sieg über die Sonne 382 f.
Sigmunds Freude 328 f.
Simplex Deutsch 284
Simsone Grisaldo 147
Sklavin ihres Geliebten, Die 104
Snakesong-Trilogie 497
Snob, Der 226
Sobald fünf Jahre vergehen 292
Sodom und Gomorrha 292
Sofonisba (Trissino) 65
Sophonisbe (Lohenstein) 94
Sohn, Der 227
Soldaten (Hochhuth) 303
Soldaten, Die (Lenz) 146
Some Explicit Polaroids 505
Sommergäste 205, 317 f., 324
Sommernachtstraum, Ein 83, 86, 163 f., 219–221, 223, 325, 447, 451
Sonntagskinder 322
So ist es – wie es Ihnen scheint 291
Sorgen und die Macht, Die 275, 282
Sozialstation 351
Spanische Tragödie, Die 80
Sparschwein, Das 317, 324
Spaßvogel, Der 313
Spel van den Winter ende van den Somer 59
Sphinx und Strohmann 225, 410
Spiele, in denen es dunkel wird 294
Spieler, Der (Goldoni) 127
Spieler, Die (Gogol) 200
Spiel vom Fragen, Das 324
Spiel von Liebe und Zufall, Das 131
Sportstück, Ein 344, 355
Spürhunde, Die 19
Stäbetanz 406 f.
Stallerhof 306
Standhafte Prinz, Der 433–435

Starke Stamm, Der 236
Strandgut 323
Stegreifspiel von Versailles, Das 113, 128
Steinerne Gast, Der 200
Stella 145, 147
Stellvertreter, Der 244, 302 f.
Sterbende Cato, Der 120
Stimmen 398
Stramme Max, Der 307
Strategen der Liebe 124
Streit, Der 131
Striptease 293
Struensee 177
Stück Monolog, Ein 297
Studie über Hamlet 433
Stühle, Die 294
Stumme Diener, Der 293
Stunde da wir nichts voneinander wußten, Die 324
Stunde Null oder die Kunst des Servierens 347
Sturm, Der (The Tempest) 87, 449
Sturmflut 241
Sturm und Drang 147
Stützen der Gesellschaft, Die 193
Sündflut, Die 229
Supervision 491
Susn 323
Süßer Vogel Jugend 264
Suz/o/Suz 495
Sweet Temptation 491

T

Tabula rasa 226
Tag des großen Gelehrten Wu, Der 270
Tag und Nacht 397
Tage der Commune, Die 273
Tai Yang erwacht 244
Talisman, Der 173
Talk Show 329
Tamerlan der Große 80
Tancred 156
Tannhäuser (Nestroy) 174
Tannhäuser (Wagner) 174
Tanz, Marie! 322
Tarelkins Tod 392
Tartuffe 113

Tätowierung 357
Teatro magnetico 379
Telarañas 500
Thamyra, der Kithara-Spieler 395 f.
The Andersen Project 502
Theatermacher, Der 327
The Black Rider 485 f.
The Brig 427 f.
The Cenci 422
The Children of Rosenthal 499
The CIVIL warS 479, 484, 487
The Connection 427 f.
The End of Reality 504
the far side of the moon 501
The Frame 504 f.
The Hairy Ape 263, 494 f.
The Iks 449
The King of Spain 480
The Life and Times of Joseph Stalin 482
The Life and Times of Sigmund Freud 480
The Making Of. B-Movie 356
The Masque of Love 369
The Recruiting Officer 124, 270 f.
The Serpent 425
The seven streams of river Ota 501 f.
This is the theatre one should have awaited and expected 491
Thomas Chatterton 230
Thyestes 36
Tiefseefisch, Der 236
Tier Moon 495
Timon von Athen 88, 90, 449
Tintenfisch, Der 472 f.
Tipografia 379
Titus 156 f.
Titus Andronicus 87 f., 444
Tod der Bessie Smith, Der 293
Tod des Empedokles, Der 149, 320
Tod des Tintagiles, Der 470
Tod des Tizian, Der 212
Tod eines Handlungsreisenden, Der 264
Tod Iwan des Schrecklichen, Der 200
Tod und Teufel 323
Toller 322
Tolle Tag, Der 123, 132
Topfkomödie, Die 35
Torquato Tasso 154, 315 f., 319, 333

Tor und der Tod, Der 212
Tote Klasse, Die 474 f.
Totenfloß, Das 323, 329
Totentrompeten (I und II) 343
Tote ohne Begräbnis 266
Tote Tag, Der 229
Tragische Geschichte des Doktor Faust, Die 80
Tragödie der Rächer 80
Traktor 276
Transit Europa 284
Transportarbeiter Jacob Kuhn 317
Trauer muß Elektra tragen 263
Traum ein Leben, Der 168
Traum im Herbst 493
Traumspiel, Ein 215, 418
Trauung, Die 293
Treiben in Algier, Das 104
Treppe, Die 370, 373
Treuer Diener seines Herrn, Ein 168
Triadische Ballett, Das 402–405
Trilogie des Wiedersehens 318, 325
Tristan und Isolde 367, 493
Tritte 297
Triumph des Todes 296
Troerinnen, Die (Euripides) 21, 329
Troerinnen, Die (Seneca) 36
Troilus und Cressida 86 f., 331
Troiluswahn und Cressidatheater 323
Trojanische Krieg findet nicht statt, Der 292
Trojanische Pferd, Das 258
Trommeln in der Nacht 246 f., 284
Trotz alledem! 240
Trümmer des Gewissens 230
Trust D.E. – Her mit Europa! 393
Tryptichon 300
Tumor Hirnowitsch 474
Turandot 129, 156, 396 f.
Turm, Der 303
Two Cigarettes in the Dark 335

U

Über allen Gipfeln ist Ruh' 327
Übergangsgesellschaft, Die 284
Über die Dörfer 324
Überlebensgroß Herr Kott 302
Ubu Hahnrei 414

Ubu in Ketten 414
Ugolino 144
Uhren, Die 294
Ulla Windblad 257
Ulrike Maria Stuart 355
Umsiedlerin, Die 276
Unbeständigkeit auf beiden Seiten 131
Unbestechliche, Der 213
Und das Licht scheint in der Finsternis 203
Undine 292
Und Pippa tanzt 216
Unheilbringende Zauberkrone, Die 172
Universal Copyrights 1&9 491
Unschuld 358
Unsere kleine Stadt 262, 495
Unsterblichen, Die 329
Unten 354
Untergeschoben, Die 65
Untergang der Titanic, Der 329
Unter Aufsicht 297
Unvergnügte Seele, Die 94
Unvernünftigen sterben aus, Die 324
Up to and Including Her Limits 469
Urfaust, Der 145, 270, 272
US 446

V

4' 33" 462
4.48 Psychosis 505
24. Februar, Der 164
Vater, Der 195
Vatermord 227
Venezianischen Zwillinge, Die 128
Venus im Licht 265
Verbrecher, Die 234
Verdienter Staatsmann, Ein 265
Verfolgung und Ermordung des Jean Paul Marats [...], Die 303, 445
Verführer von Sevilla, Der 102, 105
Verführung, Die 231
Verhör von Habana, Das 317
Verkehrte Welt, Die 164
Verkommenes Ufer Medeamaterial Landschaft mit Argonauten 287
Verkündigung 215, 367
Verliebte Doktor, Der 112
Verlorene Liebesmüh' 146
Vermächtnis, Das 212
Verratene Rebell, Der 274
Verschwender, Der 172
Verschwörung des Fiesco zu Genua, Die 148, 152
Versicherung, Die 303
Verstand schafft Leiden 199
Verseuchte Familie, Die 202
Versunkene Glocke, Die 198, 216
Verurteilung des Lukullus, Die 273
Verwandlung, Die 496
Victor oder die Kinder an der Macht 416
Viel Lärm in Chioggia 128
Viel Lärm um nichts 86, 369
Viet Nam Diskurs 304, 312, 315
Viet Rock 425
Villa, Die 322
Villa Jugend 282
Vögel, Die 24
Vogel Strauß 497
Volksbuch von Herzog Ernst, Das 275
Volksfeind, Ein 194
Volpone 81
Vom Babst und seiner Priesterschaft 67
Von morgens bis mitternachts 227
Vor dem Ruhestand 326
Vorher/Nachher 356
Vor Sonnenaufgang 197
Vor Sonnenuntergang 198

W

Wahre Geschichte des Ah Q, Die 283
Wald, Der 202, 369
Walküren, Die 499
Wallenstein 152, 352
Wandernutten 356
Wände überall 298
Wandlung, Die 228
Wanze, Die 394
Warten auf Godot 284, 296 f., 329
Wasserhuhn, Das 473 f.
Was geschah, nachdem Nora ihren Mann verlassen hatte? 322
Was ihr wollt 85 f., 222, 291, 456
Wassa Schelesnowa 205

WE ARE CAMERA/jasonmaterial 358
Weber, Die 197f.
Wechselbalg, Der 81
Weh dem, der lügt! 168
Weiberlist, Die 67
Weibervolksversammlung, Die 23–25
Weisman und Rotgesicht 330
Weiße Teufel, Der 81
Weite Land, Das 212
Weltverbesserer, Der 326, 332
Wenn wir Toten erwachen 215
Werk, Das 355
Werwolf 306
Wer ist der Dümmste? 241
Wespen, Die 24
Wessis in Weimar 343–345
Wetterleuchten 216
Wie dem Herrn Mockinpott das Leiden ausgetrieben wird 303
Wie die ersten Menschen 275
Wie es euch gefällt 85f., 317f.
Wielopole, Wielopole 474–476
Wildente, Die 194, 280
Wildwechsel 306
Wilhelm Tell 152f., 231, 233
Wintermärchen, Das 87, 220, 444
Winterreise 320
Winterschlacht, Die 258, 267
Wirrwarr, Der 147
Wirtin, Die 128
Wir sind noch einmal davongekommen 262
Wladimir Majakowski Tragödie 384
Wolken, Die 24
Wolken.Heim 355
Wolokolamsker Chaussee IV: Kentauren 342
Woyzeck 180f., 422
Wo es dünn ist, reißt es 201
Wullenweber 177
Wundertätige Magier, Der 105

Wunschkonzert 306
Wupper, Die 225, 318

X

Xtravaganza 491

Y

Yerma 292
Yvonne, die Burgunderprinzessin 293

Z

10.000 Jahre habe ich geschlafen 469
Zaire 118
Zar Boris 200
Zar Fjodor 200, 205
Zauberflöte, Die 158, 169
Zeichen, Das 374
Zeit und das Zimmer, Die 325
Zeit und die Conways, Die 265
zeit zu lieben zeit zu sterben 358
Zement 278, 287
Zerbrochne Krug, Der 165, 270, 291
Zerstörung von Numancia, Die 104
Ziehtochter, Die 270
Zierpuppen und Schlampen 474
Zirkus 472
Zofen, Die 297
Zoogeschichte, Die 293
Zurück zu Methusalem 196
Zusammenstoß 411
Zu ebener Erde und im ersten Stock 173
Zweite himmlische Abenteuer des Monsieur Antipyrine, Das 412
Zweite Tartuffe, Der 132
Zwillinge, Die (Klinger) 147
Zwillinge, Die (Plautus) 35

BILDNACHWEIS

Agentur Zenith, David Baltzer: 341, 348, 499 (rechts)
Akademie der Künste Berlin: 241, 242, 304
Baus, C.: 484, 485
Beu, T.: 504
Braun/drama-berlin.de: 352
Buhs, I.: 314, 316
Buttmann, A.: 317
Clausen, R.: 266, 306, 334
Declair, A.: 350, 357
Delheye, G.: 335
Deprez, P.: 498
Du Vinage: 426
Eichhorn, T.: 328 (oben)
Englert, G.: 289
Foullois/drama-berlin.de: 359
Franck, M./Magnum: 457, 458
Gearhart, M.: 494
Glas, F.: 492
Gregor: 346
Hecke, R.: 333, 338
Hochschule der Künste Berlin: 158, 198, 401, 460, 471, 473, 477
Höpfner, J.: 328 (unten)
Kilian, H.: 330, 332 (oben)
Kneidl, H.: 318, 319
Kühnel, G.: 474, 476
Laskus, A.: 315
Linders, J.: 500
Max-Reinhardt-Forschungsstätte, Salzburg: 219, 221 (unten)
Rabanus, W.: 493
Rothweiler, S.: 354
Saeger, W.: 279 (oben), 283
Schweizerische Theatersammlung, Bern: 364, 366, 367
Steinfeldt, M.: 278 (unten)
Sternberg, O.: 331 (oben)
Tenschert, V.: 278 (unten)
Theatersammlung der Österreichischen Nationalbibliothek Wien: 396 (unten)
Theatermuseum der Universität zu Köln: 220, 221 (oben), 227, 243, 417
Tüllman, A.: 332 (unten)
Uhlig, B.: 430, 502
Vitali: 452
Walz, R.: 483

Albrecht, S. u.a.: Teatro. Marburg (Jonas) 1991: 64
Almhofer, E.: Performance Art. Graz/Köln (Böhlau) 1986: 468 (links)
Barba, E./Savarese, N.: Anatomie de l'acteur. Cacilhac (Bouffonneries Contrastes) 1984: 40
Barba, E.: Jenseits der schwimmenden Inseln. Reinbek bei Hamburg (Rowohlt) 1985: 440
Baur-Heinold, M.: Theater des Barock. München (Callwey) 1966: 98 (unten), 99
Berliner Ensemble: Theaterarbeit. Berlin (Henschel) 1961: 250
Berthold, M.: Weltgeschichte des Theaters. Stuttgart (Kröner) 1968: 28, 35, 87, 88, 134
Black Rider – Programmheft. Thalia-Theater Hamburg/1990: 486
Blaue Reiter, Der. Katalog: Kunstmuseum Bern, 1986: 400
Boardman, J. u.a: Die griechische Kunst. München (Hirmer) 1976: 14, 18
Brauneck, M.: Die Welt als Bühne. Bd. I. Stuttgart (Metzler) 1993: 22, 23, 55, 74
Brauneck, M.: Die Welt als Bühne. Bd. II. Stuttgart (Metzler) 1996: 109, 122
Brockett, O.: History of the Theatre. Boston (Allyn & Bacon) 1990: 125, 194
Centre national de la recherche scientifique: Les voies de la création théâtrale. Bd. I. Paris 1970: 141, 429
Centre national de la recherche scientifique: Les voies de la création théâtrale. Bd. V. Paris 1977: 455

Centre national de la recherche scientifique: Les voies de la création théâtrale. Bd. X. Paris 1982: 450 (links)

Centre national de la recherche scientifique: Les voies de la création théâtrale. Bd. XIII. Paris 1985: 445

Couty D./Rey A.: Théâtre. Paris (Bordas) 1989: 30, 106, 373

Deutschmann, W.: Theatralische Bilder-Galerie. Dortmund (Harenberg) 1980: 171

Dieckmann, F.: Karl von Appens Bühnenbilder am Berliner Ensemble. Berlin (Henschel) 1971: 271

Futurismo & Futurismi. Katalog: Venedig. 1986: 377, 381

Grotowski, J.: Für ein Armes Theater. Zürich/ Schwäbisch Hall (Orell Füssli) 1986: 434

Heilmeyer, J./Fröhlich, P.: Now – Theater der Erfahrung. Köln (DuMont) 1971: 425

Hoffmann, H.-C.: Die Theaterbauten von Fellner und Helmer. München (Prestel) 1966: 184

Hoffmann L./Hoffmann-Ostwald D.: Deutsches Arbeitertheater. Bd. 1.und 2. Berlin (Henschel) 1961: 240

Hoffmeier, D.: Stanislavskij. Stuttgart (Urachhaus) 1993: 204, 205

Hürlimann, M.: Das Atlantis-Buch des Theaters. Zürich/Freiburg im Breisgau (Atlantis) 1966: 135

Internationale Sommerakademie des Tanzes: Das Ballett und die Künste. Köln (Ballett-Bühnen-Verlag) 1981: 413

Jean Cocteau. Köln (DuMont). 1989: 416

Jessner, L.: Schriften. Berlin (Henschel) 1971: 230

Kapralik, E.: Antonin Artaud. München (Matthes & Seitz) 1977: 420

Kindermann, H.: Theatergeschichte Europas. Bd. I. Salzburg (Otto Müller) 1957: 26, 30, 32, 57, 58

Kindermann, H.: Theatergeschichte Europas. Bd. II. Salzburg (Otto Müller) 1959: 63, 97

Kindermann, H.: Theatergeschichte Europas. Bd. III. Salzburg (Otto Müller) 1959: 71 (oben), 73, 76, 77, 95, 96, 100, 170

Kindermann, H.: Theatergeschichte Europas. Bd. IV. Salzburg (Otto Müller) 1961: 98 (oben), 111, 114, 127, 137, 147

Kindermann, H.: Theatergeschichte Europas. Bd. V. Salzburg (Otto Müller) 1962: 126, 155

Kindermann, H.: Theatergeschichte Europas. Bd. VI. Salzburg (Otto Müller) 1964: 163, 201

Kindermann, H.: Theatergeschichte Europas. Bd. VII. Salzburg (Otto Müller) 1968: 173, 187, 188

Kindermann, H.: Theatergeschichte Europas. Bd. VIII. Salzburg (Otto Müller) 1968: 222

Kindermann, H.: Theatergeschichte Europas. Bd. IX. Salzburg (Otto Müller) 1970: 192, 214, 370, 389, 412

Kindermann, H.: Das Theaterpublikum der Antike. Salzburg (Otto Müller) 1979: 17, 31, 37

Kindermann, H.: Das Theaterpublikum des Mittelalters. Salzburg (Otto Müller) 1980: 59

Kranz, D.: Berliner Theater. Berlin (Henschel) 1990: 279 (unten)

Leims, T./Trökes, M.: Kabuki. Berlin (Quadriga) 1985: 51, 52

Maler und das Theater, Die: Katalog: Schirn-Kunsthalle Frankfurt am Main, 1986: 392, 395

Mander, G.: Shakespeares Zeitgenossen. Velber (Friedrich) 1966: 80

Maske und Kothurn. 1. Jg. Köln/Graz (Böhlau) 1955: 93

Mayer F./Burger H.: Chinesische Oper. Zürich (Edition Popp) 1982: 45

Molinari, C.: Theater. Freiburg im Breisgau (Herder) 1975: 13, 38, 71 (unten), 119, 246, 270, 396 (oben)

Meyerhold, W.: Schriften. Bd. I. Berlin (Henschel) 1979: 393

Nakamura, Y.: Noh – The Classical Theatre. New York/Tokyo (Walker/Weatherhill) 1971: 48, 49

Nicoll, A.: The World of Harlequin. Cambridge (University Press) 1976: 70, 72

Nitsch. Das bildnerische Werk. Salzburg (Residenz) 1988: 465

Oskar Schlemmer. Katalog: Staatsgalerie

Stuttgart. 1977: 404

Otto, T.: Meine Szene. Köln/Berlin (Kiepenheuer & Witsch) 1965: 290

Parkett – Kunstzeitschrift. Heft 16/1988. Zürich/Frankfurt am Main (Parkett-Verlag): 481

Pierrot in der Kunst. Katalog: Haus der Kunst München, 1995: 130

Pietzsch, I./Kaiser, G.: Bild und Szene. Berlin (Henschel) 1988: 280, 286

Pochat, G.: Theater und bildende Kunst. Graz (Akademie Druck- und Verlagsanstalt) 1990: 62

Raumkonzepte. Katalog: Städel-Galerie Frankfurt am Main, 1986: 379, 391

Rebecca Horn. Katalog: Neue Nationalgalerie Berlin, 1995: 468 (rechts)

Rebling, E.: Die Tanzkunst Indiens. Berlin (Henschel) 1982: 41, 42, 43

Rebling, E.: Die Tanzkunst Indonesiens. Berlin (Henschel) 1989: 44 (rechts)

Robert Wilson. The Theatre of Images. New York (Harper & Row) 1984: 482, 487

Rocholl, K.: Szenenbild aus *Wessis in Weimar*: 344

Rocholl, K.: Werner Schwab mit Skelett: 339

Samson, L./Pasricha, A.: Der klassische indische Tanz. Stuttgart/Bonn (Burg-Verlag) 1987: 40

Schäble, G.: Grillparzer. Velber (Friedrich) 1967: 167

Schaubühne am Lehniner Platz: Tschechow und das Ensemble Stanislawskis. Berlin 1984: 206

Schenk, J.: Gesichter Pekings. Hamburg (Christians) 1990: 46

Scheper, D.: Oskar Schlemmer. Berlin (Akademie der Künste) 1988: 406, 407

Schlemmer, O./Moholy-Nagy, L./Molnár, F.: Die Bühne im Bauhaus. Mainz/Berlin (Kupferberg) 1965: 402, 403, 405

Schneede, U. M.: Joseph Beuys. Die Aktionen. Ostfildern/Ruit (Hatje) 1994: 454

Schnitzler, H. u.a.: Arthur Schnitzler. Frankfurt am Main (S. Fischer) 1991: 212

Schöne, G.: Tausend Jahre deutsches Theater. München (Prestel) 1962: 156, 189

Schwab, L./Weber, R.: Theater-Lexikon. Frankfurt am Main (Cornelsen/Skriptor) 1991: 157

Schwerin von Krosigk, B.: Der nackte Schauspieler. Berlin (Publica) 1986: 433, 435

Shadowa, L.: Tatlin. Weingarten (Kunstverlag Weingarten) 1987: 384 (oben)

Sieg über die Sonne. Katalog: Akademie der Künste Berlin, 1983: 383, 384 (unten)

Spitzing, G.: Das indonesische Schattenspiel. Köln (DuMont) 1981: 44 (links)

Tendenzen der zwanziger Jahre. Katalog: Europäische Kunstausstellung Berlin, 1977: 392

Theater der Stadt Heidelberg: Johann Kresnik. Choreographisches Theater. 1985: 312

Theaterfestival SPIELART München/Peter Norrman: Szenenbild aus einer Inszenierung von The Builder's Association: 491

TheaterZeitSchrift. Heft 30/1988. Schwalbach/Ts. (Wochenschau-Verlag): 225

Wendt, E.: Ionesco. Velber (Friedrich) 1967: 295

Willett, J.: Explosion der Mitte. München (Rogner & Bernhard) 1981: 388

Xanti Schawinsky. Katalog: Bauhaus-Archiv Berlin, 1986: 408

Nicht in allen Fällen war es möglich, die Rechteinhaber heute geschützter Bilder zu ermitteln. Selbstverständlich wird der Verlag berechtigte Ansprüche auch nach Erscheinen des Buches erfüllen.

DIE AUTOREN

Peter Simhandl, geboren 1939 in Niederösterreich, war nach seinem Studium der Volkskunde und Theaterwissenschaft in Wien als Dramaturg für Film und Fernsehen tätig. Von 1970 bis 1999 war er Ordinarius für Literatur- und Theaterkunde an der Hochschule der Künste in Berlin. Außerdem hat er als Dramaturg bei Produktionen der HdK sowie verschiedener Theater in Berlin und Wien mitgewirkt und diverse Publikationen zur Schauspielkunst herausgegeben.

Franz Wille, geboren 1960, studierte in München und Berlin und promovierte zur Theorie der Aufführungsanalyse. Von 1982 bis 1986 war er Dramaturg an der Freien Volksbühne Berlin (Intendant Kurt Hübner). Seit 1990 Redakteur von Theater heute.

Grit van Dyk, geboren 1974, studierte Theater- und Erziehungswissenschaft in Gießen, Berlin und Madrid. Seit der Spielzeit 1992/93 ist sie als Schauspieldramaturgin am Volkstheater Rostock tätig.